A SOCIEDADE POR QUOTAS UNIPESSOAL NO DIREITO PORTUGUÊS

Contributo para o estudo do seu regime jurídico

RICARDO ALBERTO SANTOS COSTA
Assistente da Faculdade de Direito da Universidade de Coimbra
Advogado

A SOCIEDADE POR QUOTAS UNIPESSOAL NO DIREITO PORTUGUÊS

Contributo para o estudo do seu regime jurídico

Dissertação de Mestrado em Ciências Jurídico-Empresariais, apresentada na Faculdade de Direito da Universidade de Coimbra

ALMEDINA

TÍTULO:	A SOCIEDADE POR QUOTAS UNIPESSOAL NO DIREITO PORTUGUÊS CONTRIBUTO PARA O ESTUDO DO SEU REGIME JURÍDICO
AUTOR:	RICARDO ALBERTO SANTOS COSTA
EDITOR:	LIVRARIA ALMEDINA – COIMBRA www.almedina.net
LIVRARIAS:	LIVRARIA ALMEDINA ARCO DE ALMEDINA, 15 TELEF. 239851900 FAX 239851901 3004-509 COIMBRA – PORTUGAL livraria@almedina.net LIVRARIA ALMEDINA – PORTO R. DE CEUTA, 79 TELEF. 222059773 FAX 222039497 4050-191 PORTO – PORTUGAL porto@almedina.net EDIÇÕES GLOBO, LDA. R. S. FILIPE NERY, 37-A (AO RATO) TELEF. 213857619 FAX 213844661 1250-225 LISBOA – PORTUGAL globo@almedina.net LIVRARIA ALMEDINA ATRIUM SALDANHA LOJAS 71 A 74 PRAÇA DUQUE DE SALDANHA, 1 TELEF. 213712690 atrium@almedina.net LIVRARIA ALMEDINA – BRAGA CAMPOS DE GUALTAR UNIVERSIDADE DO MINHO 4700-320 BRAGA TELEF. 253678822 braga@almedina.net
EXECUÇÃO GRÁFICA:	G.C. – GRÁFICA DE COIMBRA, LDA. PALHEIRA – ASSAFARGE 3001-453 COIMBRA E-mail: producao@graficadecoimbra.pt ABRIL, 2002
DEPÓSITO LEGAL:	178257/02

Toda a reprodução desta obra, por fotocópia ou outro qualquer processo, sem prévia autorização escrita do Editor, é ilícita e passível de procedimento judicial contra o infractor.

*Aos meus Pais,
a quem devo tudo*

APRESENTAÇÃO

O estudo que agora se divulga reproduz o texto que, depois de concluído em Outubro de 2000, correspondeu à dissertação para Mestrado em Ciências Jurídico-Empresariais discutida em Abril de 2001 na Faculdade de Direito da Universidade de Coimbra, perante um Júri composto pelos Senhores Profs. Doutores António Pinto Monteiro, Jorge Coutinho de Abreu e Rui Pinto Duarte.

Relativamente ao original, a diferença consiste em pequenas modificações de estilo linguístico, bem como num ou noutro aditamento de conteúdo, que vão de encontro às avisadas recomendações dos elementos que constituíram o Júri nessa discussão e à necessidade de, aqui e ali, retocar o texto em algumas matérias. Para a publicação, introduzimos e actualizámos algumas referências bibliográficas, ainda que a busca desse acervo tivesse caducado em Julho de 2000.

Decerto que a apreciação mais reiterada por esse mesmo Júri consistiu na inusitada extensão do texto, em particular de muitas das suas notas de fundo de página, com a consequente penalização da clareza e da transparência pretendidas numa monografia desta índole. Diga-se, porém, que a visão inicial deste trabalho não ia tão longe, mas não coloquei a priori *grandes dramas na sua extrapolação. As polémicas reivindicadas ao longo da investigação e o acesso a inúmeras fontes de informação adensaram o produto final, ainda que, por muito que seja difícil convencer o leitor, me esforçasse por seleccionar e filtrar. A confissão é óbvia: não o logrei fazer na medida do razoável. Espero, contudo, que sobrem o interesse e a utilidade de muitos desses trajectos.*

Na hora do conhecimento público da dissertação, creio que a responsabilidade do momento deve ser acompanhada pela homenagem e pelo tributo a quem este trabalho se deve mostrar credor.

Ao Senhor Prof. Doutor António Pinto Monteiro, que presidiu ao Júri da prova e de quem tenho sido assistente nos últimos anos na área do Direito Civil, quero exprimir o meu apreço pela atenção que tem concedido ao exercício da minha função docente e pelo incentivo ao trabalho como pressuposto fundamental de desempenho *na nossa Escola.*

Ao Senhor Prof. Doutor Jorge Coutinho de Abreu manifesto o meu penhorado reconhecimento pela orientação material e amiga *com que vigiou a dissertação desde o seu início, sempre com uma ininterrupta disponibilidade para ler o que se ia escrevendo e conversar sobre um tema tão desafiante. Acima de tudo, lembro o seu rigor e argúcia no(s) debate(s) dos problemas, que resultaram invariavelmente em preciosos ensinamentos para o desenvolvimento da pesquisa em momentos fulcrais do seu curso. Não olvido, por fim, o facto de nunca ter poupado no estímulo à criatividade (avisada) para a resolução das controvérsias que me foram aparecendo, o que me animou a encarar com mais confiança o desafio de deslaçar os vários nós que enfrentei e a compreender melhor o direito das sociedades.*

Ao Senhor Prof. Doutor Rui Pinto Duarte, e, na sua pessoa, à Faculdade de Direito da Universidade Nova de Lisboa, estou grato por ter acedido integrar, na qualidade de principal arguente, o Júri perante o qual sustentei a dissertação e, aquando da realização das provas, pelos termos abonatórios do meu trabalho e reparos construtivos que o mesmo lhe mereceu.

O momento deve ser aproveitado para recordar o Prof. Doutor Orlando de Carvalho, cujo desaparecimento impossibilitou que as conversas aprazadas para enriquecer a dissertação tivessem lugar. Na memória fica o reduzido período em que, no início do meu percurso académico, fui seu assistente, ensejo esse que serviu para conhecer, não obstante a brevidade da(s) experiência(s), um jurista-personalidade singular e um saber desconcertante.

Ao Prof. Doutor Rabindranath Capelo de Sousa, de quem tenho sido igualmente assistente, endereço um sentido agradecimento, em função do denodo e combatividade com que me apoiou num momento delicado da minha vida académica, cuja resolução propiciou todo um outro contexto para a realização da tese.

Ao Prof. Doutor Jorge Sinde Monteiro, meu professor na componente escolar do Mestrado, estou reconhecido pelos diálogos que sedimentaram as matérias atinentes à responsabilidade civil.

Devo um agradecimento aos meus colegas da cadeira de Teoria Geral de Direito Civil, tanto na Faculdade de Direito de Coimbra como na Universidade Moderna do Porto, em virtude de me terem permitido a realização do trabalho docente a que estava vinculado da forma menos onerosa para a consecução deste trabalho.

Entre os meus colegas de Coimbra, realço o apoio da Dra. Carolina Cunha, uma vez que foi ela quem sistemática e pacientemente apaziguou muitas das dúvidas e incertezas que me foram perturbando ao longo da investigação, além de ter lido algumas parcelas importantes do resultado final. Mas não esqueço os contributos dos Drs. Nuno Castello Branco, Paulo Henriques e Alexandre Soveral Martins, pelas ajudas prestadas, antes e depois da entrega, na revisão do texto e no esclarecimento dos embaraços terminais.

Para a formulação do nosso texto em áreas da sua especialidade, foram importantes as contribuições dos Drs. Vieira Cura (direito romano) e Miguel Mesquita (processo civil), também meus colegas em Coimbra, e da Dra. Dulce Soares (direito fiscal).

Aproveito esta oportunidade pública para expressar agradecimentos ao Dr. José Beleza, pelo empenhamento, e à Fundação Rangel de Sampaio, pelo subsídio atribuído, que, dessa forma, contribuíram para a investigação que levei a cabo no Istituto Giuridico Antonio Cicu, *da* Facoltà di Giurisprudenza *da Universidade de Bolonha, durante os meses de Outubro e Novembro de 1999.*

Aos colegas de escritório onde advogo e aos amigos mais próximos quero registar o meu sincero obrigado pelo facto de, muitas vezes, ao longo dos últimos anos, com o seu permanente ânimo e desconfortável leitura de um texto estranho, me fazerem acreditar que era plausível um epílogo coincidente com o meu propósito inicial.

Permito-me destacar, neste grupo, o Dr. Nuno Barbosa, que empreendeu comigo, quase dia após dia, "caminhada" idêntica no Mestrado, com tudo o que isso significou de cumplicidade e solidariedade recíprocas.

À Susana devo grande parte do alento que me acompanhou ao longo de todo este itinerário, que foi imprescindível para a superação das incertezas, das ansiedades e das muitas ausências que uma investigação absorvente gera.

Endereço do Autor:

Faculdade de Direito da Universidade de Coimbra
Pátio da Universidade
3004-545 Coimbra

E-mail: rcosta@fd.uc.pt

SIGLAS DE REVISTAS E PUBLICAÇÕES PERIÓDICAS

AC	Actualidad Civil, Revista Semanal Técnico-Juridica de Derecho Privado, Madrid (La Ley – Actualidad, S.A.)
AcP	Archiv für die Civilistiche Praxis, Tübingen (J.C.B. Mohr/Paul Siebeck)
AG	Die Aktiengesellschaft, Köln (Verlag Dr. Otto Schmidt)
AJA	Actualidad Juridica Aranzadi, Madrid (Editorial Aranzadi)
Annuario Dir. Comp.	Annuario di Diritto Comparato e di Studi Legislativi, Roma (Istituto Italiano di Studi Legislativi)
Archiv. Civ.	Archivio civile – Rivista mensile di dottrina, giurisprudenza e legislazione, Piacenza (Editrice La Tribuna)
Archiv. Giur.	Archivio Giuridico "Filippo Serafini", Modena (Società Tipografica Editrice Modenese)
BB	Betriebs-Berater, Heidelberg (Verlag Recht und Wirtschaft)
BBT	Banca, Borsa e Titoli di Credito, Milano (Giuffrè Editore)
BFD	Boletim da Faculdade de Direito da Universidade de Coimbra, Coimbra (Faculdade de Direito)
BICAM	Boletin del Ilustre Colegio de Abogados de Madrid (Madrid)
BMJ	Boletim do Ministério da Justiça, Lisboa (Ministério da Justiça)
BOA	Boletim da Ordem dos Advogados, Lisboa (Ordem dos Advogados Portugueses)
BOMJ	Boletim Oficial do Ministério da Justiça, Lisboa (Ministério da Justiça)
CI	Contratto e Impresa, Padova (CEDAM)
CJ	Colectânea de Jurisprudência, Coimbra (Associação Sindical dos Juízes Portugueses)
Camb. LJ	Cambridge Law Journal, Cambridge (Faculty of Law, University of Cambridge)

CDC	Cuadernos de Derecho y Comercio, Madrid (Consejo General de los Colegios Oficiales de Corredores de Comercio)
Corr. Giur.	Il Corriere Giuridico – Mensile di attualità, critica, opinione, Milano (SPOA Editore)
CT	Crónica Tributaria, Madrid (Ministerio Economia y Hacienda, Instituto de Estudios Fiscales)
CTF	Ciência e Técnica Fiscal, Boletim da Direcção-Geral das Contribuições e Impostos, Lisboa (Ministério das Finanças)
DB	Der Betrieb, Düsseldorf (Handelsblatt)
DDC	Documentação e Direito Comparado, Boletim do Ministério da Justiça, Lisboa (Gabinete de Documentação e Direito Comparado, Procuradoria-Geral da República)
Dir. Imp.	Diritto dell'Impresa (Edizioni Scientifiche Italiane)
Dir. Fall.	Il Diritto Falimentare e delle Società Commerciali, Padova (Ed. Antonio Milani)
Dir. Com. Sc. Int.	Diritto Comunitario e degli Scambi Internazionali
Dir. Giur.	Diritto e Giurisprudenza – Rassegna di Dottrina e di Giurisprudenza Civile, Napoli (Casa Editrice Dott. Eugenio Jovene)
Dir. Prat. Comm.	Diritto e Pratica Commerciale, Padova (CEDAM)
DJ	Direito e Justiça, Lisboa (Faculdade de Direito da Universidade Católica Portuguesa)
Dr. Sociétés	Droit des Sociétés, Paris (Éditions Techniques)
DStR	Deutsches Steuerecht, München-Frankfurt (Verlag C.H. Beck)
ED	Enciclopedia del Diritto, Milano (Giuffrè Editore)
EG	Enciclopedia Giuridica, Roma (Istituto della Enciclopedia Italiana)
FI	Il Foro Italiano, Roma (Società Editrice del "Foro Italiano")
Foro Pad.	Il Foro Padano, Varese (La tipografica Varese)
GC	Giurisprudenza Commerciale – Società e Fallimento, Roma/Milano (Ed. Giuffrè)
Gazz. Palais	La Gazette du Palais, Paris
Giust. Civ.	Giustizia Civile, Roma (Ed. Giuffrè)
Giur. Comp. Cass.	Giurisprudenza Completa della Corte Suprema di Cassazione/Sezione Civile, Roma (Istituto Italiano di Studi Legislativi)

Giur. It.	Giurisprudenza Italiana, Torino (UTET)
Giur. Piem.	Giurisprudenza Piemontese, Torino (UTET)
GmbHR	GmbH-Rundschau, Köln (Verlag Dr. Otto Schmidt)
HarvardLR	Harvard Law Review, Cambridge (The Harvard Law Review Association)
J. Bus. Law	The Journal of Business Law, London (Stevens & Sons Limited)
Jus	Jus – Rivista di scienze giuridiche, Milano (Facoltà di Giurisprudenza dell'Università Cattolica di Milano)
JuS	Juristische Schulung, München-Frankfurt (Verlag C.H. Beck)
JZ	Juriszeitung, Tübingen [J.C.B. Mohr (Paul Siebeck)]
LQR	Law Quarterly Review, London (Stevens & Sons Limited)
Monit. Trib.	Monitore dei Tribunali – Giornale di Legislazione e Giurisprudenza Civile e Penale, Milano (Giuffrè Editore)
NJW	Neue Juristische Wochenschrift, München/Frankfurt (C.H.Beck'sche Verlagsbuchhandlung)
Nuova Riv. Dir. Comm.	Nuova Rivista di Diritto Commerciale. Diritto dell'Economia. Diritto Sociale, Padova (CEDAM)
Nuova Giur. Civ. Com.	La Nuova Giurisprudenza Civile Comentata, Padova (CEDAM)
Quad.	Quadrimestre. Rivista di Diritto privato, Milano (Giuffrè)
RCC	Revista de Contabilidade e Comércio, Porto (José Henriques Garcia)
RCDI	Revista Critica de Derecho Inmobiliario, Madrid
RCDP	Rivista Critica del Diritto Privato, Bologna (Società Editrice Il Mulino)
RD	Recueil Dalloz Sirey, Paris (Éditions Dalloz)
RDC	Rivista di Diritto Civile, Padova (CEDAM)
RDComm.	Rivista del Diritto Commerciale e del Diritto Generale delle Obbligazioni, Roma (Francesco Vallardi)
RDE	Revista de Direito e Economia, Coimbra (Centro Interdisciplinar de Estudos Jurídico-Económicos)
RDES	Revista de Direito e Estudos Sociais, Coimbra (Atlântida Editora)
RDN	Revista de Derecho Notarial, Madrid (Junta de Decanos de los Colegios Notariles de España)

RDP	Revista de Derecho Privado, Madrid (Editorial Revista de Derecho Privado)
RDS	Revista de Derecho de Sociedades, Pamplona (Aranzadi Editorial)
RDM	Revista del Derecho Mercantil, Madrid
Rev. Soc.	Revue des Sociétés, Paris (Dalloz)
RFDUSP	Revista da Faculdade de Direito da Universidade de São Paulo, São Paulo
RGD	Revista General de Derecho, Valencia
RIDC	Revue Internationale de Droit Comparé, Paris (Société de Législation Comparée)
RIDE	Revue Internationale de Droit Economique (Association Internationale de Droit Economique), De Boeck Université, Bruxelles
Riv. dir. imp.	Rivista di Diritto dell'Impresa (Edizioni Scientifiche Italiane)
Riv. dir. int.	Rivista di Diritto Internazionale Privato e Processuale, Padova (CEDAM)
Riv. dott. comm.	Rivista dei Dottori Commercialisti, Milano (Giuffrè Editore)
Riv. Not.	Rivista del Notariato, Roma/Milano (Ed. Giuffrè)
RJ	Revista de Justiça, Lisboa
RJC	Revista Jurídica de Catalunya, Barcelona (Illustre Collegi d'Advocats de Barcelona, Academia de Jurisprudencia i Legislación de Catalunya)
RJUM	Revista Jurídica da Universidade Moderna
RN	Revista do Notariado, Lisboa (Associação Portuguesa de Notários)
RNRP	Revista de Notariado e Registo Predial, Lisboa (A. Faria e P. Pitta)
ROA	Revista da Ordem dos Advogados, Lisboa (Ordem dos Advogados Portugueses)
RT	Revista dos Tribunais, Porto (Sá Carneiro)
RTDC	Revue Trimestrielle de Droit Commercielle (et de Droit Économique – após o ano de 1980), Paris (Sirey)
RTDCiv.	Revue Trimestrielle de Droit Civil, Paris (Sirey)
RTDPC	Rivista Trimestrialle di Diritto e Procedura Civile, Milano (Dott. A. Giuffrè Editore)
SI	Scientia Iuridica, Braga (Associação Jurídica de Braga)

Sem. Jur.	La semaine juridique. Juris-Classeur Périodique, Paris (Éditions Techniques)
Società	Le Società – Rivista di Diritto e Pratica Commerciale, Societaria e Fiscale, Milano (IPSOA)
Studi Mat.	Studi e Materiali, Milano (Consiglio Nazionale del Notariato, Giuffrè Editore)
TAss.HC	Travaux de l'Association Henri Capitant, Paris (Litec)
Temi Rom.	Temi Romana – Rassegna di Dottrina e Giurisprudenza, Milano (Casa Editrice Dott. A. Giuffrè)
Vita Not.	Vita Notarile. Esperienze giuridiche, Palermo (Edizioni Giuridiche Buttitta)
WM	Zeitschrift für Wirtschafts- und Bankrecht – Wertpapiermitteilungen, Frankfurt (Postverlagsort Frankfurt a. M.)
ZGR	Zeitschrift für Unternehmens- und Gesellschaftsrecht, Berlin-New York (Walter de Gruyer & Co.)
ZHR	Zeitschrift für das gesamte Handelsrecht und Konkursrecht / Wirtschaftsrecht, Heidelberg (Verlagsgesellschaft – Recht und Wirtschaft mbH)
ZIP	Zeitschrift für Wirtschaftsrecht, Köln (RWS Verlag Kommunicationsforn)
ZRP	Zeitschrift Fur Rechtspolitik, München (C.H. Beck'sche Verlagsbuchhandlung)

ABREVIATURAS

Ac. / Acs.	Acórdão / Acórdãos
AktG	Aktiengesellschaft (Alemanha)
AGesetz	Lei das Sociedades por Acções e em Comandita por Acções, Alemanha, de 6 de Setembro de 1965
al. / al.	alínea / alíneas
art. / arts.	artigo / artigos
BGB	Bürgerliches Gesetzbuch (Código Civil alemão)
BGH	Bundesgerichtshof (Tribunal Superior Federal da Alemanha)
CCiv.	Código Civil português, de 25 de Novembro de 1966
CCIt.	Código Civil italiano, de 16 de Março de 1942
CCom.	Código Comercial português, de 6 de Setembro de 1888
CEE ou UE	Comunidade Económica Europeia ou União Europeia
Cfr.	Conferir, confrontar
CIRS	Código do Imposto sobre o Rendimento das Pessoas Singulares (aprovado pelo Decreto-Lei nº 442-A/88, de 30 de Novembro, com a redacção introduzida pelo Decreto-Lei nº 198/2001, de 3 de Julho)
CIRC	Código do Imposto sobre o Rendimento das Pessoas Colectivas (aprovado pelo Decreto-Lei nº 442-B/88, de 30 de Novembro, com a redacção introduzida pelo Decreto-Lei nº 198/2001, de 3 de Julho)
CNot.	Novo Código do Notariado (aprovado pelo Decreto-Lei nº 207/95, de 14 de Agosto)
CPC	Código de Processo Civil (aprovado pelo Decreto-Lei nº 44 129, de 28 de Dezembro de 1961, com a redacção introduzida pelo Decreto-Lei nº 329-A/95, de 12 de Dezembro, e Decreto-Lei nº 180/96, de 25 de Setembro)

CPEREF	Código dos Processos Especiais de Recuperação da Empresa e de Falência (aprovado pelo Decreto-Lei nº 132/93, de 23 de Abril, com a redacção introduzida pelo Decreto-Lei nº 315/98, de 20 de Outubro)
CRC	Código do Registo Comercial (aprovado pelo Decreto-Lei nº 403/86, de 3 de Dezembro)
CSC	Código das Sociedades Comerciais (aprovado pelo Decreto-Lei nº 262/86, de 2 de Setembro)
CVM	Código dos Valores Mobiliários (aprovado pelo Decreto-Lei nº 486/99, de 13 de Novembro)
D.	Digesto
DL	Decreto-Lei (também no plural)
DGRNE	Direcção Geral dos Registos e do Notariado, Espanha
DR	Diário da República
EIRL	Estabelecimento individual de responsabilidade limitada, criado pelo Decreto-Lei nº 248/86, de 25 de Agosto, com a redacção introduzida pelo Decreto-Lei nº 36/2000, de 14 de Março (também no plural)
Esp. / Em esp.	Especialmente / Em especial
GmbH	Gesellschaft mit beschränkter Haftung (Alemanha)
GmbHG	Lei das Sociedades de Responsabilidade Limitada, de 20 de Abril de 1892, Alemanha
IRS	Imposto sobre o Rendimento das Pessoas Singulares
IRC	Imposto sobre o Rendimento das Pessoas Colectivas
JOCE	Jornal Oficial das Comunidades Europeias
Loc. cit.	Local citado
LSAE	Lei do Regime Jurídico das Sociedades Anónimas, de 17 de Julho de 1951 (Texto Refundido pelo Real Decreto Legislativo 1564/1989, de 22 de Dezembro de 1989), Espanha
LSCF	Lei nº 66-537 das Sociedades Comerciais, de 24 de Julho de 1966, França
LSQ	Lei das Sociedades por Quotas, de 11 de Abril de 1901, alterada pelo Decreto-Lei nº 43 843, de 5 de Agosto de 1961
LSRLE	Lei do Regime Jurídico das Sociedades de Responsabilidade Limitada, de 17 de Julho de 1953, revogada e substituída pela Lei 2/1995, de 23 de Março, Espanha

n. / ns.	nota / notas
Ob. cit.	Obra citada
OLG	Oberlandesgericht (tribunal de última instância em cada Estado federado da Alemanha, ressalvado o caso da Baviera, onde a instância superior é o Bayerisches Oberstes Landesgericht)
P.	Página
Pp.	Páginas
P. ex.	Por exemplo
Sec. / Secs.	Secção / Secções
SQU	Sociedade por quotas unipessoal (também no plural)
STJ	Supremo Tribunal de Justiça
T.	Tomo
Últ.	Último (a)

"Il diritto si svolge spesso lentamente, ma organicamente; i nuovi istituti non sorgono improvvisamente, ma si sviluppano gradualmente sul tronco di vecchi istituti che si vengono via via rinnovando, vengono acquistando nuove funzioni, adempiendo nuovi compiti. Ed è attraverso questo continuo adattamento di vecchi istituti a compiti nuovi che il diritto si viene faticosamente, ma sicuramente svolgendo, trascinando così spesso con sè la sua storia, nelle forme, che spesso permangono identiche pur nel rinnovarsi delle funzioni."

TULLIO ASCARELLI, "Il negozio indiretto e le società commerciali", *Studi in onore di Cesare Vivante*, volume I, 1931, p. 25.

"Le droit ne doit pas être une cuirasse rigide et immuable qui renferme la société humaine et en empêche le développement. Le droit doit servir précisément à encadrer son développement, et lorsque certains principes juridiques s'opposent aux réalités de la vie sociale, ce sont ces réalités que doivent l'emporter."

FELIPE DE SOLÁ CAÑIZARES, "L'entreprise individuelle a responsabilité limitée", *RTDC*, 1948, p. 383.

"Le culte de la tradition, le fait de ne considérer comme intangible et prestigieux que ce qui est un héritage des générations passées, conduit davantage à travailler avec de vieilles institutions – peut-être en les déformant dans leur structure et leur finalité –, plutôt qu'à présenter sans préjugés des formules nouvelles."

MARIO ROTONDI, "La limitation de la responsabilité dans l'entreprise individuelle", *RTDC*, 1968, p. 1.

INTRODUÇÃO

SUMÁRIO: **1.** Considerações preliminares. – **2.** Razão de ordem.

1. Considerações preliminares

Quando se convoca o tema das sociedades comerciais unipessoais, parece inequívoca, à primeira vista, mesmo no actual estado da comercialística legislativa e doutrinal, a sensação de enfrentarmos uma *contra-*

---

* A apresentação das notas de fundo de página observará os seguintes critérios essenciais:

(i) os *Autores* serão citados pelo nome mais conhecido ou divulgado e, depois da primeira referência, será citado apenas o seu nome quando desse Autor for consultado uma única obra, monografia, um artigo de revista ou obra colectiva;

(ii) os *títulos* das obras, monografias, dos artigos de revistas ou obras colectivas serão referenciados na íntegra e acompanhados pela indicação da sua data quando forem indicados pela primeira vez e depois só pelo título, que será abreviado quando isso se justifique em virtude da sua extensão;

(iii) os *títulos de obras, monografias, obras colectivas e de revistas* serão apresentados em itálico (e no caso das últimas, através do uso de siglas) e os *títulos de partes de monografias, de obras colectivas e os de artigos de revistas* serão apresentados entre vírgulas altas;

(iv) os *artigos de revistas* e *de obras colectivas* serão referenciados pelo nome do Autor, seguido do respectivo título e da revista ou da obra colectiva onde se inserem, quando forem descritos pela primeira vez, em conformidade com o critério (i); nas indicações posteriores serão citados pelo nome do Autor, seguido ou não pelo título do artigo, em conformidade com os critérios *supra* referidos em (i) e (ii);

(v) os *Autores* são citados, em regra, pela ordem cronológica da data da publicação das respectivas obras ou artigos; as excepções a este critério justificar-se-ão sempre que a relevância dos Autores e dos seus escritos seja indiscutível para a compreensão do ponto ou matéria discutidos nesse momento da investigação ou quando a sua citação corresponda a passagens de texto.

dictio in terminis, na medida em que a sociedade se deveria referir necessariamente a uma pluralidade de pessoas que nela se associam[1]. Na reali-

---

[1] Mesmo no país mais condescendente com a manifestação da unipessoalidade societária, a Alemanha, ela não deixou de ser individualizada pela doutrina como uma "contradição em si mesmo" (*Widerspruch in sich selbst*) e até insusceptível de ser justificada dogmaticamente em face do "contrasenso lógico" (*logischen Widersinn*) que constituía – neste sentido, com referências bibliográficas, cfr. WOLFGANG SCHILLING, "Zweiter Abschnitt. Rechtsverhältnisse der Gesellschaft und der Gesellschafter. Anhang zu § 13", in MAX HACHENBURG, *Kommentar zum Gesetz betreffend die Gesellschaften mit beschränkter Haftung*, 1956, Anm. 1, pp. 339-40. Para um outro continente e para um momento mais próximo, a sugestiva ilustração de BARRERA GRAF, "La sociedad de un solo socio en el derecho mexicano", *RDM*, 1979, p. 241, diz-nos que a contradição é a mesma que se verifica quando se fala de uma comunhão ou de uma compropriedade com uma única pessoa na comunhão ou com um único comproprietário.

Chegou mesmo a qualificar-se como "heresia" a sociedade constituída *ab ovo* por uma única pessoa (utilizando o termo, no sentido de negar a sua proclamação quando se "aplica [a sociedade como técnica de organização da empresa] também à iniciativa individual", cfr. ROBERTO WEIGMANN, "Le società unipersonali: esperienze positive e prospettive di diritto uniforme", *CI*, 1986, p. 842; depois de consagrada a nova figura, o mesmo Autor (cfr. "Società di un solo socio", *Digesto delle Discipline Privatistiche. Sezione Commerciale*, XIV, 1997, p. 212) *evoluiu* por força das circunstâncias para a mera referência a "uma contradição nos termos", na senda da terminologia anteriormente difundida por GASTONE COTTINO, "Società per azioni", *Novissimo Digesto Italiano*, volume XVII, 1970 (?), pp. 577-8. Também clamando pela heresia jurídica e *etimológica*, cfr. LORENZO CHIARELLI, "La dodicesima direttiva Cee alla luce di alcuni ordinamenti nazionali", *RDC*, 1992, p. 143, mas as qualificações críticas não se resumiram a essa. Encontramos o fenómeno mencionado como uma "aberração jurídica" (ALAIN SAYAG, "De nouvelles structures pour l'entreprise", *Sem. Jur.*, 1985, p. 3217, n. 7), uma "monstruosidade jurídica" (SOLA CAÑIZARES, "L'entreprise individuelle à responsabilité limitée", *RTDC*, 1948, p. 379) ou até um "absurdo" (ANGELO SRAFFA, "L'esistenza formale di una società con un solo azionista", *RDComm.*, 1929, p. 154) ou uma "expressão bárbara" (JACQUES AUSSEDAT, "Société unipersonnelle et patrimoine d'affectation", *Rev. Soc.*, 1974, p. 242). Mais suavemente, como uma "falácia, uma irrealidade, uma fraude técnica" (CALVO SORIANO, "Consideraciones a la empresa mercantil individual de responsabilidad limitada", *Homenage a Juan Berchmans Vallet de Goytisolo*, volume III, 1988, p. 178), uma "verdadeira paródia do jogo social" (PIERRE ORTSCHEIDT, "La société unipersonnelle (11e Journées Juridiques Franco-Latino-Américaines)", *RIDC*, 1990, p. 379), uma "sociedade bem estranha" (GILLES FLORES/JACQUES MESTRE, "L'entreprise unipersonnelle à responsabilité limitée", *Rev. Soc.*, 1986, p. 16), o "momento de passagem de um fenómeno societário para um outro ao invés extrassocietário (CARLO ANGELICI, *La società nulla*, 1975, p. 141). Para outros uma realidade "sem sentido" (JEAN PAILUSSEAU, "L'E.U.R.L. ou des intérêts pratiques et des conséquences théoriques de la société unipersonnelle", *Sem. Jur.*, 1986, 3242, n. 9) ou "algo de inconcebível" (FERRER CORREIA, *Lições de Direito Comercial*,

dade, parece ainda hoje entender-se predominantemente que a concentração *ab initio* da totalidade do capital social (em rigor, da participação ou das participações sociais cujo valor representa) de uma sociedade na titularidade de uma única pessoa, seja ela pessoa singular ou humana, seja ela pessoa colectiva ou jurídica em sentido estrito[2] – em particular uma outra

---

volume II, *Sociedades Comerciais. Doutrina Geral*, com a colaboração de Vasco Lobo Xavier, Manuel Henrique Mesquita, José Manuel Sampaio Cabral e António A. Caeiro, 1968, p. 148). Também RAÚL VENTURA, *Dissolução e liquidação de sociedades. Comentário ao Código das Sociedades Comerciais*, 1993, p. 115, afirma ter "como certo ser o termo «sociedades» impropriamente aplicado às «sociedades unipessoais»".

Interessantes para estas primeiras observações também serão algumas colorações metajurídicas, com especial desígnio para as *refracções filosófico-sociológicas* e *económicas* que o fenómeno da sociedade unipessoal – "um sujeito curioso do direito societário, similar a certas bizarrias que por vezes se descobrem na natureza e que fazem a felicidade dos estudiosos fascinados pelo chamamento subtil do paradoxo" –, na perspectiva de GIORGIO MARIA ZAMPERETTI/LUCA BONOMELLI/LORENZO CECCON, "La società unipersonale a responsabilità limitata. Uno studio sulla prassi operativa", *GC*, 1997, p. 98, faz ocorrer: por um lado, o seu reconhecimento será idóneo a fazer-nos reflectir sobre "o progressivo isolamento do ser humano, sempre menos capaz de relações de colaboração com os próprios semelhantes, de tal modo que se tornou necessária a palingenesia de institutos milenares que nessa colaboração viam a sua razão e fundamento"; por outro lado, conclui-se que a máxima «cada um de nós, por si só, não vale nada» pois não será mais que "um *slogan* manifestamente inadaptado a tempos dominados, também no campo da iniciativa económica, por um enraizado individualismo". Esta "vontade de agir só" foi, justamente, para JEAN DE FAULTRIER/PATRICK ROQUET, *Entreprise unipersonnelle à responsabilité limitée*, 1999, p. 13, um dos apelos essenciais para a lei colocar à disposição dos empresários a SQU, um verdadeiro "altar jurídico e económico" a que eles poderão recorrer quando entendem ficar "soberanos exclusivos do destino do negócio que lançaram".

Sob um ponto de vista etimológico, é comummente apontada a origem latina de sociedade no termo *societate*, como sinónimo de "associação, reunião, comunidade, sociedade; associação comercial, industrial; sociedade, companhia; união política, aliança". No respeitante a sócio, provém do latim *sociu*, recebido na língua portuguesa por via culta ou erudita, com o o significado de "associado, em comum, aliado [como adjectivo], companheiro, associado, sócio em questões comerciais, aliado [como substantivo]" (cfr. JOSÉ PEDRO MACHADO, *Dicionário etimológico da língua portuguesa*, p. 2129).

[2] Corresponde à terminologia tradicional ou clássica referirmo-nos às *pessoas colectivas* quando falamos de (ou das) "organizações constituídas por um agrupamento de pessoas ou por um complexo patrimonial (massa de bens), tendo em vista a prossecução dum interesse comum determinado, e às quais a ordem jurídica (...) reconhece como centros autónomos de relações jurídicas" (MANUEL DE ANDRADE, *Teoria Geral da Relação Jurídica*, volume I, *Sujeitos e Objecto*, 1992, p. 46). Apesar de se realçar que a personificação da organização integradora e coordenadora daqueles elementos representa a criação de uma *forma jurídica* (cfr., sobre a teoria da *realidade jurídica* aqui recebida, por todos

sociedade comercial –, constitui (mais) uma *excepção*, imperativamente introduzida *ope legis*[3], ao princípio da contratualidade, que reivindica à constituição de uma sociedade o concurso de, pelo menos, duas pessoas.

Aceitar a figura, através da sua consagração pela lei, constitui um passo de inegável relevo – "e ela aí está, admitida por um direito indiferente a violações lógico-lexicais"[4] –, capaz de extravasar o regime em

---

e com as indicações bibliográficas pertinentes, CARVALHO FERNANDES, *Teoria Geral do Direito Civil*, volume I, *Introdução. Pressupostos da Relação Jurídica*, 2001, pp. 515-18), destinada a dar corpo a uma realidade extra-jurídica, isto é, "atribuir individualidade jurídica a um substrato real diverso do que constitui o suporte da personalidade singular" (MANUEL DE ANDRADE, *ibid.*, p. 50; atente-se, em complemento, à sugestiva descrição deste fenómeno como "organizações de interesses que *urge* personificar ou tratar como pessoas, para conveniente tutela dos interesses do indivíduo": ORLANDO DE CARVALHO, *Teoria Geral do Direito Civil. Sumários desenvolvidos para uso dos alunos do 2º Ano (1ª Turma) do Curso Jurídico de 1980/81*, 1981, p. 26, sublinhado nosso), não se adoptaram outras designações – como sejam a de *pessoas jurídicas* ou a de *pessoas morais* – que, porventura, se enquadrassem melhor à circunstância de estarmos aqui a tratar de um ente corpóreo que não coincide com uma pessoa física ou natural – *vide* as razões apontadas por MANUEL DE ANDRADE, *ibid.*, pp. 53-4, para recusar aquelas designações e realçar a *colectividade* (no caso das corporações) e a *finalidade colectiva* (no caso das fundações). Em adição a este ponto, não se olvide que a técnica da personificação colectiva não constitui o único instrumento técnico-jurídico destinado ao tratamento de interesses colectivos: cfr. CARVALHO FERNANDES, *ibid.*, pp. 424, 536, ss.

Deste modo, não admira que o legislador não tenha ido contra a corrente e também tenha acolhido a designação *pessoa colectiva* no capítulo II, Título II, Subtítulo I, do Livro I – Parte Geral, do CCiv., antecedendo os arts. 157º e ss, que constituem o respectivo regime jurídico, em oposição à designação *pessoa singular* no capítulo I, precedendo os arts. 66º e ss. Porém, insurgindo-se contra a dicotomia referida e propondo, em alternativa, a nomenclatura *pessoas humanas – pessoas jurídicas*, que merece a nossa concordância pela *diferença qualitativa* que introduz nos fenómenos da personalidade jurídica humana e a personalidade jurídica *stricto sensu*, cfr. ORLANDO DE CARVALHO, *ibid.*, p. 160.

[3] Assim prescreve o art. 7º, nº 2, do CSC, que, no fim da sua previsão, admite que a lei «permita que a sociedade seja constituída por uma só pessoa». A partir deste momento, na falta de indicação em contrário (em texto ou em nota), todos os preceitos referidos deverão ser reportados ao CSC.

[4] COUTINHO DE ABREU, *Da empresarialidade (As empresas no direito)*, 1996, p. 146.

Essa admissão traz consigo dois traços fortemente inovadores. Um é essa possibilidade de se constituir uma sociedade de responsabilidade limitada com um único sócio. O outro consiste na sua consequência mais imediata: a manutenção do princípio da responsabilidade limitada também na circunstância de unipessoalidade societária *ab initio*. Dizer

que se coloque "para se projectar directamente sob as fundações mais gerais do próprio direito das sociedades" e, mais do que isso, implicar "uma crise nos quadros jurídico-dogmáticos tradicionais deste ramo"[5].

---

isto assim é retirar de cada um dos traços a sua lógica e nesta lógica regressar ao traço matriz. Mais astuto, porém, deverá ser rasgar um outro horizonte, na medida em que possamos reconhecer que o benefício da responsabilidade limitada se *exportou* para o domínio da unipessoalidade, independentemente do relevo *formal* (o sócio único não responde pelas obrigações sociais porque as obrigações em causa não são do sócio mas da pessoa jurídica-sociedade) ou *funcional* (as sociedades de capitais, entendendo aqui sem mais e por comodidade de exposição as sociedades por quotas, são dotadas de autonomia patrimonial perfeita capaz de permitir a organização de uma pessoa corporativa e a respectiva discriminação entre a titularidade da propriedade social e a administração da sociedade) que se dê ao acontecimento.

[5] Ambas as citações de ENGRÁCIA ANTUNES, *Os Grupos de Sociedades. Estrutura e organização jurídica da empresa plurissocietária*, 1993, p. 711. Já se pronunciava deste modo JEAN PAILUSSEAU, "Les fondements du droit moderne des sociétés", *Sem. Jur.*, 1984, 3148, ns. 1-3 e 8 – "o divórcio não se situa pois ao nível do direito e da realidade sócio-económica: o direito adapta-se insensivelmente e mais ou menos bem a esta realidade (...), mas, essencialmente, ao nível dos fundamentos do direito das sociedades e daquele respeitante à noção de sociedade" (no mesmo sentido, cfr. PIERRE ORTSCHEIDT, "La société unipersonnelle...", loc. cit., p. 379). Será por isso, para alguns, extraordinariamente penoso entender que a inovação da unipessoalidade originária não traumatiza os princípios gerais do sistema societário, uma vez que demasiadas são as derrogações aos princípios gerais para que o evento seja *apenas* visto como uma *pretensa excepcionalidade do instituto societário* sem incidência relevante sobre o tecido sistemático dos seus princípios (por exemplo, cfr. RAFFAELE TOMMASINI, "Relazione introdutiva", *La società a responsabilità limitata con unico socio*, Seminario di Studio, Messina, 8 maggio 1993, 1994, p. 5). Sem sobrevalorizar esse trauma, também a título de exemplo, com a sua posição consubstanciada no facto de a superação do princípio geral da contratualidade societária e da responsabilidade ilimitada do sócio único ser expressa e *exclusivamente* delimitada na forma da sociedade por quotas, não se estendendo à sociedade por acções, cfr. SABINO FORTUNATO, "Il diritto societario in prospettiva europea: principi generali e ricadute comunitarie", *RS*, 1994, p. 438, que se assume defensor de encararmos o fenómeno da unipessoalidade primitiva como uma *normatividade excepcional insusceptível de se traduzir em novos princípios de direito societário*. Contudo, note-se que há quem tenha aceite a instituição da SQU como uma "grande mutação da história do direito privado", já que "o legislador não se contentou em entronizar a sociedade unipessoal, limpando-a da sua heresia (*en la lavant de son hérésie*), e fez de *uma excepção* um *verdadeiro princípio*" (FRÉDÉRIC ZÉNATI, "Législation française et communautaire en matière de droit privé", *RTDCiv.*, 1985, pp. 772-3, sublinhado nosso).

Sem grandes alarmes, pelo contrário, foi perspectivado o tema da unipessoalidade inicial na *GmbH* alemã pela doutrina desse país, que em geral demonstra ignorar qualquer preocupação de natureza conceitual que pudesse justificar reparos à opção conducente à admissibilidade da criação de uma sociedade-pessoa jurídica por um único associado fundador, uma vez que "o problema da *Einmann-Gründung*, de um ponto vista sistemático (...), é apenas o de assegurar que na espécie de constituição unipessoal o capital [social, nas regras disciplinadoras da sua formação e conservação, cujo respeito constitui o contraponto da limitação da responsabilidade das *AG* e das *GmbH*, sem que nada com essa limitação tenha o "substrato" corporativo das sociedades a ver – acrescentamos nós] seja de igual modo amparado, no interesse dos credores, como no caso da constituição pluripessoal" (UWE JOHN, *Die Grundüng der Einmann-GmbH*, Köln, 1986, na recensão feita por MARCO SPOLIDORO, "La costituzione unipersonale delle società in Germania", *RS*, 1988, p. 845). Aliás, essa atitude perante a novidade explica-se pelo facto de, antes do reconhecimento normativo da *Einmann-GmbH* em 1980, se admitir largamente a existência como pessoa jurídica autónoma e o pleno funcionamento (*maxime*, a responsabilidade exclusiva do respectivo património perante os credores sociais) da sociedade unipessoal, fundamentalmente nesse tipo social (devido à sua estrutura jurídica ser facilmente adaptável à importante função económica de responder às necessidades do comerciante individual). Por um lado, isso era assim porque se considerava que a concentração das participações não era uma circunstância que importasse a responsabilidade ilimitada do sócio único, a não ser que um comportamento contrário à cláusula geral da boa fé (*Treu und Glauben*) ou à segurança e certeza do comércio jurídico fundasse uma superação em concreto do princípio da separação (*Trennungsgrundsatz*) entre o património social e o património do, nesta situação, sócio único (cfr., por todos, WOLFGANG SCHILLING, "Die Einmanngesellschaft und das Einzelunternehmen mbH", *JZ*, 1953, p. 161, que exemplificava, em conformidade com a doutrina dominante, p. ex., de Feine, Griebel ou Krause, com as situações em que o único associado tenha actuado de uma forma pessoal na conclusão de um compromisso negocial da sociedade e a sua conduta, apesar de faltar a intenção de se obrigar pessoalmente, tenha feito a contraparte inferir de boa fé e confiadamente no seu propósito de corresponsabilidade individual, além de se fazer também referência às hipóteses específicas de responsabilidade da sociedade ou empresa dominante por negociações concretas feitas em benefício da sociedade dependente, por força, na senda de Geiler ou Kronstein, de uma tutela da aparência jurídica ou de uma sanção por *culpa in contrahendo*). Por outro, no plano dogmático, afirmou-se ser indiferente para a vida da sociedade, que sempre manteria o invólucro associativo dado pela autonomia de ser um ente próprio e privilegiado pela separação patrimonial, as alternâncias pessoais dos sócios, não oferecendo a unipessoalidade, assim, especiais particularidades (o que valia essencialmente para a sociedade anónima): cfr. OTTMAR KUHN, *Strohmanngründung bei Kapitalgesellschaften*, 1964, p. 70. Por fim, não era essa vicissitude uma causa de dissolução das sociedades de capitais, o que não se alterou mesmo quando se reformou a legislação da *AktG*. Vejam-se, a título de exemplo, as decisões de **9.Outubro.1956** e de **26.Setembro.1957**, ambas do **BGH**, tal como são citadas e relatadas por MARCO TRONTI,

"La *Einmann-GmbH* nella giurisprudenza tedesca", *RS*, 1993, pp. 1429-30. Cfr., com indicações bibliográficas e jurisprudenciais, RUDOLF REINHARDT, "Considerazioni sull problema dell'identitá dinanzi alla società in una mano", *Nuova Riv. Dir. Comm.*, 1956, p. 261; HANS WÜRDINGER, "Die Einmann-Gesellschaft", *Deutsche Landesreferate zum VII. Internationalen Kongreß für Rechtsvergleichung in Uppsala 1966*, 1967, pp. 340-7 (com várias referências de decisões de tribunais a reconhecer a *licitude* da sociedade unipessoal); KARL OTTO KONOW, "Zum problem der Gründung einer Einmann-GmbH", *GmbHR*, 1967, pp. 143-4; UWE HÜFFER, "Vorgesellschaft, Kapitalaufbringung und Drittbeziehungen bei der Einmanngründung – Rechtsfragen nach dem Entwurf der Bundesregierung zur Änderung des GmbHG", *ZHR*, 1978, pp. 487-91. [Na Suíça, os arts. 625, para a sociedade anónima, e 775, para a sociedade de responsabilidade limitada, do Código das Obrigações, revisto em 1936, prevêem apenas uma dissolução judicial facultativa, que seria ordenada pelo juiz, a requerimento de um sócio ou de um credor, caso não se restabelecesse o mínimo legal dentro de um período adequado: cfr., sobre o ponto, PAUL CARRY, "La limitation de la responsabilité dans les entreprises commerciales et les moyens de parer à ses dangers. Rapport sur le droit suisse", *TAss.HC*, 1957, pp. 148-9].

Ora, assim sendo, o recurso ao esquema societário era frequentemente o instrumento utilizável a fim de promover o exercício individual de uma empresa com a vantagem da limitação da responsabilidade proporcionada pelas formas sociais que a isso se prestavam, pelo que por este rodeio se reconhecia a limitação da responsabilidade das empresas comerciais unissubjectivas: cfr., por todos, OTTMAR KUHN, pp. 23 e ss. O procedimento normalmente seguido era a *subentrada*, após a constituição da sociedade (ou, até, o que se generalizou na prática germânica, antes desse momento, *id est*, no período anterior à inscrição do acto constitutivo no registo comercial), de um sócio único em vez da pluralidade de sócios fundadora, isto em execução de um negócio feito entre os fundadores, agindo em nome próprio mas por conta do seu parceiro social, de transmissão das partes sociais para a titularidade do futuro único sócio. Uma outra técnica proliferada foi a estipulação do contrato social por sujeitos na veste de mandatários com representação de um terceiro, estranho à relação de constituição, que depois se assumiria como único associado (contrato esse, porém, que estaria ferido de invalidade com base nos §§ 2 e 3 da *GmbHG* e § 5 da *AGesetz*). Contudo, nem sempre da sociedade constituída saíam todos aqueles que constavam do pacto social (conduzindo a uma sociedade unipessoal *in engerem Sinne*, em resultado da preordenação a esse resultado), pois, algumas vezes, permanecia na sociedade o sócio fictício, fazendo manter a pluralidade de sujeitos constituintes (*Einmanngesellschaft in weiteren Sinne*, que também se qualificou como *Quasi--Einmanngesellschaft*). Em todo o caso, haveria sempre na *Strohmanngründung* (assim se denominava o difuso fenómeno) uma especial relação entre o sócio principal (*Hauptgründer*) e os sócios homens-de-palha (*Strohmänner*), nuns casos destinada a esgotar-se no decurso ou depois de concluído o procedimento de constituição da sociedade em causa, em outros prolongada durante a vida do ente societário funcionalizado por um

A introdução da sociedade de responsabilidade limitada por quotas constituída *ab origine* por um único sócio, depois da entrada em vigor do DL nº 257/96, de 31.Dezembro[6], permite ao quotista beneficiar desse tipo de responsabilidade quando atacado para responder pelas dívidas sociais – isto é, o exercício de uma empresa individual[7] acede ao modelo de exercício social em que o sócio não arrisca, em caso de insucesso das actividades do giro comercial, o seu património pessoal e familiar[8].

---

dos sócios. Neste último tipo de casos, a posição volitiva esmagadora do sócio dominante (ou sócio *substancialmente* único) era não raras vezes reforçada (ou assegurada) pela celebração de acordos de vinculação do direito de voto dos sócios de fachada (e cuja violação poderia dar lugar ao ressarcimento dos danos produzidos: neste sentido, entre outros, ULF SIEBEL, "La societá di capitali con unico socio nel diritto tedesco e inglese", *RDComm.*, 1954, p. 95). Em geral, *vide*, com uma adequada tipicização das *espécies* de sociedades reduzidas a um só sócio, formal e substancialmente, WOLFGANG SIEBERT, "Einmann--GmbH und Strohmann-Gründung", *BB*, 1954, p. 417, ss; ANGELO GRISOLI, *Le società con un solo socio*, 1971, pp. 179-94; analisando com rigor a validade das sociedades constituídas com subscritores de complacência e das sociedades preordenadas à unipessoalidade e aditando referências bibliográficas, ANTONIO PIRAS, "Aspetti e problemi della «Strohmanngründung» nel diritto tedesco", *Studi in memoria di Giovan Battista Funaioli*, 1961, pp. 169 e ss, em esp. 180 e ss.

[6] O respectivo estatuto normativo foi depois alterado pelo art. 1º do DL nº 36/2000, de 14.Março, que veio dar uma nova redacção aos arts. 270º-A e 270º-D.

[7] Entendemos a referência ao longo do estudo para o conceito de *empresa* (ou actividade *empresarial*) em sentido objectivo: *vide*, por todos, sempre de COUTINHO DE ABREU, *Da empresarialidade...*, ob. cit., pp. 304-5; *Curso de Direito Comercial*, volume I, *Introdução, Actos de comércio, Comerciantes, Empresas, Sinais distintivos*, 2000, pp. 191 ("empresas como instrumentos ou estruturas produtivo-económicos de direitos e de negócios"), 194 e ss (com precisões dilatadas para a empresa comercial).

[8] Tal como para os outros ordenamentos europeus que trataram de transpor as determinações da Décima Segunda Directiva do Conselho das Comunidades Europeias, publicada no JOCE nº L 395, de 30.Dezembro.1989, pp. 40 e ss – a partir deste momento, sempre denominada em texto por XII Directiva –, pensamos ser esta a relevância maior (note-se que *não é a única*) dos diplomas de adaptação (como o nosso DL nº 257/96), isto é, a possibilidade de o empresário individual explorar a sua empresa em regime de limitação da responsabilidade pelos respectivos encargos e débitos ao capital predisposto para esse exercício. Digamos que essa garantia assume um *efeito central* no contexto da Directiva – que a leva a poder ser considerada, de acordo com GIOVANNI IUDICA, "La limitazione di responsabilità dell'unico socio nella disciplina comunitaria. Il commento", *Corr. Giur.*, 1990, p. 516, como uma "normatividade societária sectorial" –, desde logo por esse alcance corresponder a um dos fundamentais objectivos do legislador comunitário, tal como resulta, no Preâmbulo da XII Directiva, do V «Considerando», em que se diz ser "conveniente prever a criação de um instrumento jurídico que permita a limitação

da responsabilidade do empresário individual, em toda a Comunidade". *Vide*, dentro da escassa literatura nacional sobre o ponto, antes do diploma comunitário, MARIA ÂNGELA COELHO, "A limitação da responsabilidade do comerciante individual", *RDE*, 1980/81, *passim*, esp. pp. 4-11; ANTÓNIO PEREIRA DE ALMEIDA, "A limitação da responsabilidade do comerciante individual", *Novas Perspectivas do Direito Comercial*, 1988, pp. 271-274. Na doutrina estrangeira, só para amostra, cfr. CARLO ANGELICI, "Il progetto di direttiva CEE sulla società unipersonale", *RDComm.*, 1988, p. 403; BRUNO INZITARI, "La limitazione di responsabilità dell'unico socio nella proposta CEE di società unipersonale", *Corr. Giur.*, 1988, p. 1322; GIOVANNI IUDICA, "La direttiva CEE sulla «società a responsabilità limitata con un unico socio»", *RS*, 1988, pp. 816-7; IDEM, "La direttiva CEE sulla società a responsabilità limitata con socio unico", *RS*, 1989, p. 1257; SCOTTI CAMUZZI, "Srl con unico socio non responsabile e impresa individuale a responsabilità limitata nella 12ª direttiva CEE", *RS*, 1990, p. 501; GIAN DOMENICO MOSCO, "La dodicesima direttiva CEE sulle società unipersonali a responsabilità limitata", *GC*, 1991, pp. 34-5 e 40; ALONSO UREBA, "La 12.ª Directiva comunitaria em materia de Sociedades relativa a la sociedad de capital unipersonal y su incidencia en el Derecho, doctrina y jurisprudencia española, con particular consideracion de la RDGNR de 21 de junio de 1990", *Derecho Mercantil de la Comunidade Economica Europeia – Estudios en homenage a José Girón Tena*, 1991, pp. 79-80; MARCO SPOLIDORO, "Il tipo s.r.l.: ragioni di una scelta", *Riv. Not.*, 1992, p. 22 (onde se refere explicitamente que "a verdadeira novidade da directiva não consiste tanto no autorizar a constituição de uma sociedade por um sujeito singular (...), antes no facto de a directiva admitir *de plano* a limitação da responsabilidade a favor do único sócio de uma sociedade de capital"); LORENZO CHIARELLI, pp. 140 e 142; LOREDANA NAZZICONE, *Le società unipersonali*, 1993, p. 10; FEDERICO TASSINARI, "La società a responsabilità limitata con un unico socio", *GC*, 1994, p. 707; MARCO IEVA, "Le società a responsabilità limitata unipersonali. Profili organizativi ed applicativi", *Riv. Not.*, 1994, p. 573; ILARIA CHIEFFI, "La nuova s.r.l unipersonale", *RS*, 1994, p. 534; IDEM, "S.r.l. unipersonale e gruppi societari", *RDC*, p. 82, ss, com especial atenção às passagens bibliográficas referenciadas na n. (2); GIULIANA SCOGNAMIGLIO, "La disciplina della s.r.l. unipersonale: profili ricostruttivi", *GC*, 1994, p. 237; MASSIMILIANO BOVESI, "La dodicesima direttiva CEE sulle società unipersonali a responsabilità limitata e il suo recepimento da parte dell'Italia", *Dir. Com. Sc. Int.*, 1994, p. 483; ALDO SCHERMI, "Riflessioni sulla società a responsabilità limitata con unico socio", *Giust. Civ.*, 1995, p. 133; JIMÉNEZ SÁNCHEZ/DÍAZ MORENO, *Sociedad unipersonal de responsabilidad limitada*, Comentario al regimen legal de las sociedades mercantiles, t. XIV, volume 5º, dirigido por Rodrigo Uría, Aurelio Menéndez e Manuel Olivencia, 1998, p. 35.

Para uma apreensão rigorosa e em síntese da evolução técnico-jurídica conducente ao desentranhamento de um património mercantil do património civil do comerciante--empresário em nome individual, capaz de, no início através de empresas-patrimónios autónomos, agora através do mecanismo societário, abafar o recurso a *sociedades de favor*

Tal diploma veio adaptar ao nosso ordenamento a XII Directiva[9], nº 89/667/CEE, de 21.Dezembro.1989, em matéria de direito das sociedades comerciais, relativa às sociedades de responsabilidade limitada

---

ou *fictícias* e, no caso português, colmatar o fracasso do EIRL (introduzido pelo DL nº 248/86, de 25.Agosto) na *praxis* mercantil, correspondendo ao "estalar" do preconceito, "quase metafísico", da ilimitação da responsabilidade, *vide* ORLANDO DE CARVALHO, "Empresa e lógica empresarial", *BFD* - «Estudos em Homenagem ao prof. Doutor A. Ferrer-Correia», IV, 1997, n. 7, pp. 22 e ss. Finalmente, sobre a *ratio legis* da introdução das SQU, atente-se no esclarecedor ponto 2 do Preâmbulo ao DL nº 257/96. Entre outras passagens, destacamos: (i) "as sociedades unipessoais por quotas existem em quase todos os estados membros da Comunidade Europeia"; (ii) "(com a criação do EIRL, o legislador de então – introduzimos nós) não conseguiu ultrapassar a concepção contratualista da sociedade e por isso rejeitou qualquer concessão à sua concepção institucional. Quedou-se pela constituição de um património autónomo afectado a um fim determinado, mas desprovido dos benefícios da personalidade jurídica"; (iii) "Impõe-se, pois, sem abjurar, de momento, nenhuma das figuras legalmente estabelecidas, criar um novo tipo de sociedade, em que a responsabilidade do sócio único seja limitada".

[9] *Rectius*, a Nona do Conselho, uma vez que as restantes três foram verdadeiramente elaboradas pela Comissão Europeia, e incluídas na numeração desses diplomas comunitários, apesar de não terem sido ainda adoptadas pelo Conselho. Falamos da Quinta Directiva, sobre a estrutura das sociedades por acções, da Nona Directiva, respeitante à matéria dos grupos de sociedades, e a Décima Directiva, em matéria de fusões transfronteiriças. A XII Directiva foi precedida de uma Proposta da Comissão Europeia ao Conselho, datada de 19.Maio.1988 (in JOCE, nº C 173, de 2.Julho.1998, p. 10), acompanhada pela respectiva Relação integrada pelas considerações gerais que lhe estavam subjacentes e pelas motivações que presidiam a cada um dos seus preceitos. O normativo comunitário caracterizou-se entretanto por alguma controvérsia entre as instâncias competentes quanto à sua versão final. Para uma análise do seu complexo *iter* de elaboração e aprovação, num vai e vem entre pareceres e pronúncias dos órgãos competentes, decorrente do procedimento de cooperação introduzido pelo Acto Único Europeu (do qual fazem parte o Parlamento Europeu e o Comité Económico e Social), *vide* BRUNO CAPPONI, "Le società unipersonali nel diritto comunitario", *Società*, 1990, pp. 874 e ss; GIAN DOMENICO MOSCO, p. 32, n. (4); bem como os respectivos textos, p. ex., em CARLO IBBA, *La società a responsabilità limitata con un solo socio*, 1995, pp. 185 e ss. Para uma comparação sistematizada das diferenças entre a Proposta inicial e o articulado definitivo da XII Directiva, *vide*, por todos, ALONSO UREBA, pp. 83 e ss.

A mais importante modificação da Proposta de XII Directiva diz respeito ao art. 2º, que circundava de especiais cautelas e limitações a hipótese particular de o sócio único da sociedade unipessoal ser uma pessoa colectiva. Na sua versão original, essa norma prescrevia, no seu nº 2, que nesse caso a pessoa jurídica não poderia ser sócio único de uma outra sociedade. O seu nº 3, por outro lado, nas suas duas alíneas, estabelecia para essas situações a previsão alternativa por parte dos Estados-membros de uma das duas medidas seguintes: ou estatuir a responsabilidade ilimitada desses entes pelas obrigações sociais da sociedade durante o período em que fosse sócio único (salvo se a unipessoalidade fosse derivada, situação que legitimaria os países a aplicar essa regra de ilimitação de responsabilidade apenas se no decurso do ano seguinte à concentração das participações não fosse encontrado outro sócio); ou, de acordo com a alínea b) desse número e artigo, fixar um capital mínimo para essa modalidade de sociedades unipessoais e prescrever que a sociedade unipessoal e o seu sócio único fossem sociedades que, à data do encerramento do balanço, não superassem os limites quantitativo-dimensionais referenciados em pelo menos dois dos três critérios de que fala o art. 27º da Quarta Directiva sobre direito das sociedades comerciais, nº 78/660/CEE, de 25.Julho.1978, referente às exigências das contas anuais e do relatório de gestão nas sociedades de capitais, sob pena de, ultrapassando-se esses limites (bastaria para o efeito que qualquer uma das sociedades, participante ou participada, o fizesse) e não sendo regularizada a situação no ano seguinte a esse encerramento, o associado único responder ilimitadamente pelas obrigações contraídas depois desse facto contabilístico. A intenção era óbvia: impedir que um mesmo sujeito pudesse dar vida (directa e indirectamente) a uma série de sociedades que se emanam de uma outra, sendo a responsabilidade substancialmente limitada ao capital da sociedade "cabeça do grupo" pelas obrigações assumidas por todas as sociedades reconduzíveis ao único *dominus*.

Neste âmbito, as disposições originais da Comissão manifestavam-se claramente hostis à propensão do mecanismo societário unipessoal para ser utilizado como benefício normativo comum pelos agrupamentos "em cascata", entrincheirando-o o mais possível no espaço confinado da pequena e média empresa desenvolvida pela pessoa humana (o que era justificado pela influência dos critérios de política jurídica que tinham presidido às reformas da França e dos países do seu raio de acção, tradicionalmente contrários à figura da sociedade unipessoal e que, por isso, a configuraram como um *mero instrumento técnico ao serviço do empresário individual que deseja participar no tráfico mercantil com o benefício da limitação de responsabilidade*: a prova dos nove dessa inspiração era o tratamento do expediente societário-unipessoal como "entreprise unipersonnelle a responsabilité limité"...). Sinal disso mesmo era a inexistência de qualquer condicionamento para a hipótese de a sociedade unipessoal ser formada por uma pessoa singular, nomeadamente no que se refere à possibilidade de a mesma pessoa constituir mais do que uma sociedade unipessoal (o que viria a ser alterado pela al. a) da versão definitiva do art. 2º, nº 2), ao invés do que era reservado para a sociedade possuída totalitariamente por uma pessoa colectiva. Este facto foi apreciado negativamente: dizia-se, em primeiro lugar, que era uma postura demasiado rígida na abertura do expediente à composição de grupos de sociedades, assaz difusa no tecido económico-financeiro de uma economia de mercado; desconfiava-se, em segundo lugar, do grau de efectivação dessas restrições, que convidavam inevitavelmente à utilização de técnicas elusivas das inibições recomendadas; sentenciava-se como inoportuna, por último, a inserção subreptícia, no corpo de uma directiva de objecto limitado à sociedade unipessoal, de um conjunto de disposições com um alcance e implicações muito rigorosos, que respeitavam a uma matéria demasiado complexa, como é a do direito dos grupos de sociedades, merecedora de ser afrontada numa outra sede e nutrida com uma intervenção mais cuidada e calibrada. Para uma confirmação do que vai dito, cfr. CARLO ANGELICI, "Il progetto...", loc. cit., p. 404; PIER LUCA TROJANI, "*De iure condendo*: la società unipersonale in margine ad una proposta di direttiva comunitaria", *Vita Not.*, 1988, pp. 1357-8; BRUNO INZITARI, "La limitazione...", loc. cit., p. 1325; BRUNO CAPPONI, "Le società unipersonali a responsabilità limitata", *Società*, 1988, p. 1123; GIOVANNI IUDICA, "La direttiva CEE sulla «società a responsabilità limitata con un unico socio»", loc. cit., p. 818; IDEM, "La direttiva CEE sulla società a responsabilità limitata con socio unico", loc. cit., pp. 1258-9; MARIA ARMANNO, *La società a responsabilità limitata tra società di capitali e società di persone. L'esperienza delle «close corporations» negli Stati Uniti d'America e delle «sociétés unipersonnelles» in Francia*, 1990, p. 131; ALONSO UREBA, pp. 79 e ss, 87-90.

A redacção final optou por uma espécie de "norma em branco", através da qual se delegou nos Estados-membros a faculdade genérica de introduzir nas suas legislações «disposições especiais ou sanções aplicáveis» nas situações de constituição de uma sociedade unipessoal por uma pessoa singular, relativamente à possibilidade de a mesma pessoa ser sócia única de várias sociedades, e de uma outra sociedade unipessoal ou qualquer outra pessoa colectiva ser o sócio único de uma sociedade. Foi uma óbvia mudança de política legislativa. Afastou-se o legislador comunitário da órbita de condicionamento dos critérios "desconfiados" de introdução da unipessoalidade, em qualquer das suas manifestações, e aproximou-se do modelo germânico, tradicionalmente avesso a conceber a sociedade unipessoal como uma figura anómala e irregular, antes predisposto a vê-la como uma forma de organização da empresa que se abstrai do seu substrato associativo--pessoal, bem como da sua fundamentação jurídico-conceptual de base, aproveitável em toda a plenitude no âmbito dos grupos de empresas.

A estratégia dessa mutação passou pela criação de uma ampla atribuição discricionária aos direitos nacionais, com o que se confiava que cada um deles adoptasse a *melhor posição em face das suas idiossincrasias* em torno da delicada matéria. Sem que possamos dizer que a margem de manobra conferida aos direitos internos fosse ilimitada. Essas disposições ou sanções *apenas* podiam ser, de acordo com o precioso auxílio interpretativo do VI «Considerando» da Directiva (que torna plausível o sentido de exclusividade, num dos sinais óbvios da função *hermenêutica* essencial que os «Considerandos» têm na disciplina comunitária), a previsão de restrições no acesso à SQU ou a responsabilidade ilimitada do sócio único (faculdade alternativa que veio na realidade a ser seguida na concretização dada pelos Estados).

O preceito é, ainda assim, vago, desde logo por atribuir o exercício de uma faculdade, ainda segundo o mesmo Considerando, "em relação a casos específicos" e atendendo "às particularidades actualmente existentes em determinadas legislações nacionais", combinando *especificidade* e *interesses nacionais* com aquelas limitações dispositivo-

com um único sócio[10]. Colocou-se, assim, um ponto terminal num longo caminho[11], marcado pela hesitação em *deformar* através de tal possibilidade o esquema social de prossecução das actividades económicas.

-sancionatórias (sobre este ponto, desenvolvidamente, cfr. GIAN DOMENICO MOSCO, pp. 43-4, e MASSIMILIANO BOVESI, pp. 484-5). Em complemento, pelo menos, surge a questão: a especialidade é para ser operativa em face da disciplina comum das sociedades por quotas em vigor ou relativamente à da sociedade unipessoal delineada pela Directiva? Não obstante a relativa indeterminação da versão definitiva (fruto de um compromisso entre a *restritiva* posição francesa e as orientações germânicas tradicionalmente favoráveis a um *amplo* reconhecimento da sociedade de capitais unipessoal, sem o estabelecimento de limitações ditadas de acordo com a condição ou a natureza do sócio único), compreende-se que foi abandonada a excessiva desconfiança e circunspecção, de certo injustificadas em face da oportunidade de intervenção (ainda que limitada) que a Directiva oferecia, com que se enfrentrava a *facti species* da sociedade unipessoal formada por pessoa colectiva. Julgou-se então que a mesma hipótese delineada para o empresário individual devia ser considerada, acima de tudo, como uma *forma de organização da empresa*, com independência do seu exercício individual ou colectivo, devendo para isso ganhar em versatilidade e servir para satisfazer o *perfil do grupo de sociedades* (neste sentido, cfr., a título exemplificativo, SCOTTI CAMUZZI, "Srl con unico socio..", loc. cit., p. 503; ALONSO UREBA, pp. 89-90; LOREDANA NAZZICONE, p. 10, n. (14); RODRIGO URÍA/AURELIO MENÉNDEZ/IGLESIAS PRADA, "La sociedad unipersonal", *Curso de derecho mercantil*, volume I, 1999, pp. 1224-5; JIMÉNEZ SÁNCHEZ/DÍAZ MORENO, pp. 36-7). Parece, em suma, tal como escreveu BRUNO CAPPONI, "Le società unipersonali nel diritto comunitario", loc. cit., p. 878, que "os órgãos comunitários emendaram os aspectos discriminatórios que respeitavam às sociedades unipessoais detidas por pessoas colectivas, mas, ao mesmo tempo, evitaram empenhar-se numa *escolha precisa*", sem que não deixassem de "formar o objecto de uma espécie de disciplina «de base», igualmente aplicável tanto ao empresário pessoa singular, quanto ao empresário pessoa colectiva" (sublinhado nosso). Nestes mesmos sentidos conclusivos, cfr. GIOVANNI IUDICA, "La limitazione...", loc. cit., p. 517. Numa linha claramente adversa à abolição das restrições originariamente adoptadas no que respeita à possibilidade de estender o uso da SQU também às pessoas colectivas, na exacta medida em que a sua (potencial) transformação em bilhete de acesso a um mosaico grupal estaria em flagrante incoerência com os objectivos específicos que estavam na base do ordenamento comunitário, cfr. EDOARDO COURIR, *Limiti alla responsabilità imprenditoriale e rischi dei terzi*, 1997, pp. 292-4.

[10] A nossa lei insere-se no vasto processo inovador que tem caracterizado o direito societário nos últimos anos, pelo menos referido às duas últimas décadas. Esse trajecto apresenta algumas linhas de força fulcrais, como sejam a derivação das linhas legislativas comunitárias, com a consequente harmonização tendencial das legislações europeias em certas matérias, ao abrigo do art. 94º (anterior art. 100º) do Tratado de Roma, que instituiu a CEE, a preocupação pela disciplina da sociedade anónima como grande empresa e dos grupos de sociedades e a recente sensibilidade para a regulação dos mercados financeiros

mobiliários, bem como dos valores que neles circulam e se transmitem (sobre o assunto, *vide* as interessantes resenhas históricas e considerações a respeito do processo de integração que coenvolve os países da União Europeia a cargo de TITO BALLARINO, "Le direttive comunitarie sull'armonizzazione del diritto delle società", *Verso un diritto europeo delle società*, 1991, pp. 1 e ss, em esp. pp. 11-14 e 54-7, e SABINO FORTUNATO, "L'armonizzazione comunitaria del diritto societario: technique e metodologie", *Società*, 1993, pp. 901 e ss; para uma vista de olhos em relação à eficácia das directivas em matéria societária nos direitos nacionais, em particular no que toca à sua aplicação (na perspectiva da interpretação das suas normas) antes de serem incorporadas pelos direitos internos, cfr. GIUSEPPE DI MARCO, "Applicazione delle direttive negli Stati membri. Commento", *Società*, 1991, pp. 180-1; FAUSTO CAPELLI, "Portata ed efficacia delle direttive CEE in materia societaria", *Società*, 1991, pp. 440 e ss; em geral sobre as diversas facetas do reconhecimento das directivas no direito nacional, numa perspectiva mais jusconstitucionalista, *vide* MARCELO REBELO DE SOUSA, "A transposição das directivas comunitárias na ordem jurídica portuguesa", *O Direito Comunitário e a construção europeia*, 1999, pp. 66 e ss). O regime da sociedade unipessoal responde às preocupações primeiramente aduzidas e, se deixarmos de lado fundamentalismos estéreis, também se deverá incluir, como a seu tempo discutiremos, como mais um recurso para se dispor de uma forma *coligada* de relação entre sociedades *juridicamente* autónomas.

A imposição feita em sede comunitária vinha, além do mais, a representar uma nítida superação dos modelos adoptados na maioria das codificações europeias em matéria de pluralidade subjectiva constituinte das sociedades comerciais e de exercício *não societário* de uma empresa individual, mas que não era uma *via original* para atingir o fito de consagrar a escolha de um direito favorável a soluções normativas que dessem ingresso a uma forma (ou formas) de limitar a responsabilidade do comerciante individual. Nessa tomada de posição comunitária era evidente que se seguia a inspiração dos modelos já experimentados antes da XII Directiva, com as disciplinas referenciais de países particularmente influentes como são a Alemanha e da França, com a consequencial expressão de uma preferência pelo esquema societário, em detrimento de outras técnicas em teoria aproveitáveis (*vide infra* Capítulo I, ponto 4.1.).

Na realidade, procederam-se *espontaneamente* a reformas de acolhimento do fenómeno da unipessoalidade originária nos direitos alemão (*GmbH-Novelle* de 4.Julho.1980) e francês (Lei nº 85-697, de 11.Julho.1985, e Decreto nº 88-909, de 30.Julho.1988), mas também no holandês (Lei de 16.Maio.1986, que a recebeu na sociedade anónima e na sociedade de responsabilidade limitada) e belga (Lei de 14.Julho.1987), não esquecendo a legislação precursora do Liechtenstein de 1926, para as sociedades de capitais, bem como a Dinamarca, que admitiu a sociedade de responsabilidade limitada unipessoal originária, com a aplicação do regime jurídico desse tipo social (com a Lei nº 371, de 13.Junho.1973, art. 3º). As fontes por nós consultadas fizeram, aqui e ali, menção a alguns outros ordenamentos a tratar positivamente de sociedades unipessoais, como sejam, tão distantes entre si, o Brasil, pela Lei nº 6 404, de 15.Dezembro.1976 (sobre sociedades por acções, que permite, nos seus arts. 251 a 253, a sociedade anónima "subsidiária integral", ou seja, constituída exclusivamente por outra sociedade), o Iraque, desde a Lei nº 36 de 1983, ou a Checoslováquia, que previa na Lei de 8.Abril.1990, reguladora da sociedade por acções, mais concretamente o seu art. 15, a constituição dessa forma social também por um único fundador.

Depois dos ditames comunitários, os diplomas de incorporação pelos direitos europeus foram-se sucedendo: na Holanda, através de legislação emitida nos anos de 1991 e de 1992 (*Wet van* 19.Dezembro.1991, e *Besluit van* 24.Janeiro.1992); na Dinamarca, pela Lei n. 289 de 8.Maio.1991; no Luxemburgo, veja-se a Lei de 28.Dezembro.1992; no Reino Unido, pelas *Companies (Single Member Private Limited Companies) Regulations* 1992, de 14.Julho.1992 – Statutory Instruments nº 1699, e, para a Irlanda do Norte, pela *Companies (Single Member Private Limited Companies) Regulations* 1992, de 21.Setembro.1992 – Statutory Rules of Northern Ireland nº 405; na Itália, a reforma fez-se com o Decreto Legislativo n. 88, de 3.Março.1993; na Grécia, o Decreto Presidencial nº 279/1993, de 27.Julho.1993; na Irlanda, vejam-se a *European Communities (Single-Member Private Limited Companies) Regulations* 1994 – Statutory Instruments nº 275 de 1994, tal como a *European Communities (Single-Member Private Limited Compagnies) Forms Regulations* – Statutory Instruments nº 306 do mesmo ano; na Alemanha, pela Lei de 18.Dezembro.1991; na Espanha, a Lei n. 2/1995, de 23.Março.1995; a Lei de 13.Abril.1995 na Bélgica. Veja-se o conteúdo de alguns desses textos legais em JOSEFINA BOQUERA MATARREDONA, *La sociedad unipersonal de responsabilidad limitada*, 1996, pp. 215 e ss, e/ou CARLO IBBA, *ibid.*, pp. 225 e ss. Já efectuando a recensão dos dados legislativo-comparatísticos seus contemporâneos, mesmo para fora do espaço europeu, *vide*, na doutrina portuguesa mais recente, COUTINHO DE ABREU, *Da empresarialidade...*, ob. cit., pp. 137-8; CATARINA SERRA, "As *novas* sociedades unipessoais por quotas", *SI*, 1997, p. 118; ALEXANDRE SOVERAL MARTINS, "Código das Sociedades Comerciais – alterações introduzidas pelo Decreto-Lei nº 257/96, de 31 de Dezembro", *RJUM*, 1998, pp. 307-8 e n. (4); na doutrina estrangeira, cfr. ROBERTO WEIGMANN, "Le società unipersonali: esperienze positive...", loc. cit., pp. 831 e ss (especialmente sobre os precedentes da sociedade unipessoal e os modelos estrangeiros adoptados até 1986); EMANUELE FERRARI, "Società unipersonale ed esperienze straniere", *Riv. Not.*, 1992, pp. 1403 e ss.

Fora do continente europeu, também recentemente foi adoptada a unipessoalidade em África, em concreto pela OHADA (Organização para a Harmonização em África do Direito dos Negócios), criada pelo Tratado relativo à Harmonização do Direito dos Negócios em África, assinado em Port-Louis, Mauritânia, a 17.Outubro.1993. Actualmente fazem parte dessa organização internacional dezasseis estados: o Benim, o Burkina-Faso, os Camarões, a África Central, a Costa do Marfim, o Congo, as Camares, o Gabão, a Guiné, a Guiné-Bissau, a Guiné-Equatorial, o Mali, a Nigéria, o Senegal, o Chade e o

Esse passado justifica que se fale no despontar de uma crise, uma vez que a velha questão de determinar a natureza do acto constitutivo de uma sociedade comercial já cabia ao pretérito (aceso, é verdade) da discussão dos comercialistas, mas que estabilizara há algumas décadas no sucesso do paradigma contratualista. Este fora reconhecido, com predominância, aquele que melhor se ajustara aos elementos *pessoal, comunitário-finalístico* e *teleológico* do conceito de sociedade[12,] como espécie que é do género associação (seu *genus proximum*[13]), ou melhor, do género de pessoa colectiva corporação[14,] Logo, a perturbação advém do manifesto incó-

---

Togo. Pretendendo estabilizar e desenvolver as economias dos Estados-membros através da modernização e *harmonização* das infraestruturas legais responsáveis pela regulação do comércio, por meio da disposição de *regras comuns* simples e directamente aplicáveis nos direitos nacionais, a OHADA, através do seu Conselho de Ministros, adoptou, em 17.Abril.1997, um Acto Uniforme relativo ao direito das sociedades comerciais e do agrupamento de interesse económico, a que os Estados se obrigavam a partir de 1.Janeiro.1998. No que nos interessa, esse direito societário *uniforme* admite a unipessoalidade inicial (nos termos do art. 5, «a sociedade comercial pode ser igualmente criada, dentro dos casos previstos pelo presente Acto uniforme, por uma só pessoa, denominada «associé unique», por acto escrito») e organiza a sociedade de responsabilidade limitada unipessoal (cfr. art. 309, II) e a sociedade anónima unipessoal (cfr. art. 385, II, com um particular regime jurídico previsto nos arts. 558 a 561, que se debruça sobre a competência do accionista único para as decisões próprias da assembleia geral, ordinária e extraordinária, bem como a sua forma e publicidade).

[11] Dedicaremos *infra* uma atenção detalhada a diversos contornos desse trajecto, tanto no direito comparado como no direito nacional, nos pontos 3, 4 e 5 do Capítulo I.

[12] Sobre os elementos ou notas essenciais do conceito genérico de sociedade, *vide* VASCO LOBO XAVIER, *Sociedades comerciais. Lições aos alunos de de Direito Comercial do 4º ano jurídico*, 1987, pp. 6 e ss; COUTINHO DE ABREU, *Curso de Direito Comercial*, volume II, *Das Sociedades*, 2002, pp. 5 e ss.

[13] Cfr. FERRER CORREIA, "O problema das sociedades unipessoais", *BMJ*, 1967, p. 193; BRITO CORREIA, *Direito Comercial. Sociedades Comerciais*, volume II, 1997 (1989), p. 9 ("Quando personalizada (a sociedade), é certamente uma pessoa colectiva de base pessoal (não fundacional) e, nesse sentido, de tipo associativo"); PUPO CORREIA, *Direito Comercial*, 1999, pp. 380 e 382.

[14] Na verdade, sob o ponto de vista estrutural, a sociedade comercial apresenta um *substrato* de conteúdo predominantemente *pessoal*, uma vez que assenta, no momento da sua constituição e organização e da disciplina e regência da sua actividade, numa actuação de um conjunto de pessoas agrupadas para a prossecução de um interesse comum a todas elas, embora se encontrem elementos de carácter patrimonial necessários ao desenvolvimento da actividade do agrupamento. Ora, é esta característica que enforma a modalidade de pessoa colectiva *corporação* enquanto tipo *doutrinal*: cfr. MANUEL DE ANDRADE, *Teoria Geral da Relação Jurídica*, volume I, ob. cit., pp. 54-55, 56 a 59; MOTA PINTO,

modo em compreender como, mesmo ignorando a ausência da pluralidade de sócios, se poderá *com um único sócio*: (i) exercer *em comum* uma certa actividade económica; (ii) destinar como fim mediato do exercício societário a *repartição* dos lucros resultantes dessa actividade exercida *socialmente*(!); continuando ainda a movermo-nos no terreno de actuação de uma sociedade comercial[15].

Teoria Geral do Direito Civil, 1985, pp. 268 e ss. Porém, assinale-se que estes últimos Autores conjugam este critério, baseado na natureza do substrato da pessoa colectiva, com um outro, baseado no modo de formação e manifestação da *vontade* da pessoa colectiva: nas pessoas colectivas de *tipo corporativo*, existe uma *vontade imanente* que comanda de dentro a pessoa colectiva, desde a sua constituição até ao seu funcionamento organizativo, fim, objecto e destino último, o que as caracteriza como "auto-organizações para um interesse próprio" (a título originário, cfr. MANUEL DE ANDRADE, *ibid*., p. 70, apoiando-se na terminologia consagrada por Ferrara; HEINRICH HÖRSTER, *A parte geral do Código Civil português. Teoria Geral do Direito Civil*, 2000 (1992), p. 358, ss; CARVALHO FERNANDES, *Teoria Geral...*, volume I, ob. cit., pp. 480 e ss).

Com esta precisão, não pretendemos superar uma distinção que, em geral, é insignificativa, uma vez que corporação e associação são termos usados num nexo de sinonímia. Apenas a fazemos na medida em que a associação e a sociedade são *tipos legais distintos* de pessoas colectivas (entendidas em sentido amplo, isto é, como "formações que, não sendo pessoas singulares, possuem personalidade jurídica": HEINRICH HÖRSTER, p. 360), ainda que em sentido estrito-normativo apenas poderíamos entender como pessoas colectivas as que vêm mencionadas no art. 157º do CCiv. (que manifestamente apenas atende ao critério do *fim* ou do *escopo*), uma vez que esse preceito exclui, em virtude de o lucro que persegue na sua actividade, as sociedades – de facto, a lei opõe as associações às sociedades, "na medida em que estas visam fins económicos lucrativos e aquelas não": MOTA PINTO, *ibid*., p. 293. Isso está bem patente no facto de o legislador civil tratar das associações (podemos denominá-las, para efeito de compreensão da lei, *em sentido estrito*, como sugere, embora inconsequentemente, CASTRO MENDES, *Teoria Geral do Direito Civil*, volume I, 1997 (1978), pp. 270-1, e usa CARVALHO FERNANDES, *ibid*., p. 486) nas Secs. I e II do Capítulo II, *supra* referido na n. (2), e não se debruçar aí das sociedades (cfr. PIRES DE LIMA/ANTUNES VARELA, *Código Civil Anotado*, com a colaboração de M. Henrique Mesquita, volume I, 1987, pp. 161-2), reservando a determinação do seu regime para a matéria dos contratos em especial – arts. 980º e ss do CCiv. –, embora o art. 157º do mesmo diploma mande aplicar às sociedades o normativo geral sobre pessoas colectivas (que são, na sistematização da lei civil, como vimos, apenas as associações *em sentido estrito* e as fundações) em casos justificados pela «analogia das situações». Cfr., sobre este ponto e por todos, na doutrina estrangeira, FRANCESCO GALGANO, *Il contratto di società. Le società di persone*, 1973, p. 16, ss.

[15] Com o que isso significa, na esteira de SÁNCHEZ CALERO, "Derecho de las sociedades de responsabilidad limitada y el derecho de la sociedad anónima. Una valoración de la reforma", *Tratado de la sociedad limitada*, 1997, p. 1289, para o obscure-

A impossibilidade da criação originária de sociedades unipessoais foi sendo condenada gradualmente pela florescente (quando permitida) prática das sociedades, uma vez que se multiplicou a criação *ex novo* de sociedades cujo capital social era subscrito apenas por uma única outra sociedade – ou alguém por ela –, em particular nas relações societárias de grupo (sociedade-mãe *versus* sociedade filial), e, dentro destas, aquelas que se ramificaram juridicamente por vários países[16]. Por outro lado, nas sociedades destinadas à prossecução de actividades de menor dimensão em meios e capital, a inadmissibilidade *de iure* da unipessoalidade originária era contornada por aqueles que pretendiam dedicar-se ao exercício do comércio e evitar a comunicação ao património pessoal e familiar da responsabilidade pelas obrigações comerciais contraídas através da constituição de sociedades *fictícias* com *testas-de-ferro* ou *sócios de favor*: a peça simulada de um contrato que não o era, mas que o teria de ser no momento formal de constituição da "sociedade", que se deixava "identificar como *o outro* sócio, desaparecendo depois discretamente para deixar o empresário entregue aos desígnios da sua actividade comercial"[17]. Na

---

cimento, para não dizer desaparecimento, da estrutura corporativa inerente às sociedades de capitais.

[16] Cfr. ENGRÁCIA ANTUNES, *Os Grupos de Sociedades...*, ob. cit., p. 710, onde se aduzem paradigmáticos exemplos referentes a empresas multinacionais, mencionados na bibliografia, referida nas respectivas ns. (1380) e (1381). Entenda-se com amplitude o que se diz em texto, aproveitando a exposição do mesmo Autor, uma vez que, sempre que faltasse regime jurídico próprio, e para respeitar o número mínimo legal de associados, as sociedades filiais eram controladas pelas sociedades *fundadoras* através de – e as modalidades de participação eram variadas – outra ou outras (sub)filiais constituídas *secundo legem*, dos administradores ou quadros da sociedade-mãe ou das filiais ou das pessoas com que mantém laços de parentesco, de aliança ou de amizade, sem que a unipessoalidade *encapotada* deixasse de ser óbvia, pois a sua constituição regular, com a consequente autonomia jurídica, não maquilhava de todo a dependência económica e deliberativa absoluta relativamente à sociedade-mãe.

No sentido de que são os grandes grupos empresariais, mais do que os comerciantes de pequena dimensão, que utilizam (ou utilizaram) o instrumento societário unipessoal, nos ordenamentos onde essa *esquematização grupal* fosse admitida, cfr. LORENZO CHIARELLI, p. 140, n. (5). Para considerações sobre este fenómeno de constituição de sociedades filiais para gerir uma parte determinada das actividades e do património, de modo que se solidifique uma política de controlo de manifestações individuais de vontade contrárias ao interesse compreendido no grupo onde as filiais são parte, cfr. JACQUES AUSSEDAT, p. 241.

[17] CATARINA SERRA, "As *novas* sociedades unipessoais por quotas", loc. cit., p. 121, sublinhado como no original.

Sobre o recurso dos operadores económicos à *pluripersonalidade inicial fictícia* e à

realidade, a extensão do benefício da responsabilidade limitada ao empresário individual motivou a criação artificial destas sociedades, que nada mais pretendiam ser do que simulacros do exercício individual de uma actividade económica, cujo risco de perdas e incumprimento estaria limitado a um quinhão *pré-afectado* do seu património.

A nova disciplina vem cortar com esse transcorrido período de absoluta e intransigente recusa dessa anormalidade-impossibilidade lógica (e, espera-se, de práticas societárias e grupais que a contornavam), marcado, como se verá, pela legitimidade apenas, em princípio temporária e sempre em casos de *superveniência*, da concentração das acções ou das quotas nas mãos de um único sujeito *no decurso da vida da sociedade comercial*, depois de um nascimento dentro da normalidade pluripessoal demandada pelo ordenamento legislativo. Com a criação da SQU e a renúncia ao requisito da pluralidade dos sócios surge, portanto, um evento com um impacto de grande relevo, seja sob o ponto de vista dogmático, seja, o que será o cerne do nosso estudo, sob a perspectiva prático-aplicativa (o que poderá significar uma outra consequência para a reconstrução e a regulamentação do fenómeno societário).

Perguntar-se-á por que razão se opta por referir *sociedade por quotas unipessoal* (desde o início referida pela abreviatura anunciada, isto é, SQU, seja no número singular ou plural) quando a lei, na epígrafe que anuncia o recente Capítulo X do Título III do CSC, denomina a figura como *sociedades unipessoais por quotas* (em consonância com a terminologia também assim usada no Preâmbulo do DL nº 257/96), o que, se formos ao âmago terminológico, não superará o mero patamar da redundância sem sentido. Porém, a *ausência de um regime específico da sociedade unipessoal* legitima, a nosso ver, a escolha que assumimos, porquanto o legislador apenas teria andado no trilho certo se, antes ou em simultâneo, tendo consagrado tal regime de sociedade unipessoal, viesse nesse momento regulativo dispor acerca das particularidades de tal mecanismo quando fosse

---

ridícula pluripersonalidade sucessiva (atentatória da legalidade e da tutela dos interesses alheios, públicos e privados, de terceiros e da colectividade), *vide* ERNESTO SIMONETTO, "Riforme necessarie: la società unipersonale a responsabilità limitata", *Dir. Fall.*, 1981, pp. 115-16. Destacando o desfazamento entre o direito positivo e a realidade económica das *verdadeiras* empresas individuais que, por razões práticas, adoptavam a estrutura social e das sociedades-filhas controladas a 100% pelas sociedades-mãe no interior dos grupos, cfr. JACQUES AUSSEDAT, pp. 223 e 254-5; *vide* ainda ALAN SAYAG, "De nouvelles structures pour l'entreprise", *Sem. Jur.*, 1985, p. 3217, n. 4.

adoptado o tipo societário *por quotas* – tal como, mais tarde, eventualmente, a *anónima*[18].

---

[18] Por aqui ficamos, em virtude de a unipessoalidade, com o ensejo que lhe está ligada de usufruir da responsabilidade limitada predisposta por lei aos seus participantes, apenas se justificar para as ainda comummente chamadas sociedades de *capitais* (*vide*, sobre a distinção entre sociedades *personalísticas* e sociedades *capitalísticas*, ANTÓNIO CAEIRO, "A exclusão estatutária do direito de voto nas sociedades por quotas", *Temas de direito das sociedades*, 1984, pp. 18 e ss; IDEM, *As sociedades de pessoas no Código das Sociedades Comerciais*, 1984, pp. 5 e ss; NOGUEIRA SERENS, *Notas sobre a sociedade anónima*, 1997, pp. 5-6; *vide* ainda *infra* n. 201). Mas mesmo que esse não fosse o factor decisivo, pelo menos numa das categorias de sociedades de pessoas, as em comandita simples ou por acções, a unipessoalidade não é *tipologicamente* possível em virtude da sua estrutura subjectiva. Em verdade, a sua composição subjectiva requer sem mais e de uma forma *essencial* a presença de duas modalidades de sócios – os comanditados e os comanditários –, pelo que a relação social tem que envolver imperativamente pelo menos dois sujeitos representativos de cada uma dessas modalidades, nos termos do disposto pelos arts. 465º, n.º 1, e 466º, n° 1. No que respeita às sociedades em nome colectivo, elas distinguem-se pela forte atendibilidade das qualidades pessoais dos sócios, sobretudo nas relações com terceiros, em que esse *intuitus personae* assume um peso decisivo. À sua natureza acrescente-se o regime da transmissão das partes sociais e a consequência da morte dos sócios, por exemplo, para concluirmos pela exigibilidade estrutural para esse tipo da presença, fundacional ou superveniente, de dois ou mais sócios.

Contudo, sendo isto exacto em via de princípio, teremos que, em aproveitamento da *sui generis* figura da *GmbH & Co. KG* da prática jurídica alemã, configurar como possível *de iure* a constituição de uma sociedade em comandita simples (e não por acções, pois aí o número mínimo de associados comanditários é, por disposição expressa do art. 479º, de cinco) em que o sócio comanditário é A, respondendo pelas dívidas sociais até ao montante da sua entrada (sem qualquer outra especialidade), e o sócio comanditado é a SQU formada por A (veja-se o art. 465º, n° 2, que permite o estatuto de sócio comanditado a uma sociedade por quotas), cuja responsabilidade ilimitada se traduz no facto de as forças do respectivo património social responder solidariamente pelas obrigações da sociedade, preservando o património pessoal do único.

Na nossa doutrina, já ENGRÁCIA ANTUNES, *Direito das sociedades comerciais. Perspectivas do seu ensino*, 2000, p. 97, n. (256), reconheceu que as potencialidades desta figura, associadas ao facto de a sociedade em comandita poder aproveitar do estatuto subjectivo conferido pelo art. 465º, n° 2, e, deste modo, propiciar "aos empresários comerciais um processo expedito e imaginativo de organização da sua actividade sob a forma de uma sociedade comercial que, sob a aparência de uma parcial responsabilidade ilimitada, sucede na verdade a obter uma *responsabilização virtualmente residual graças à interposição de patamares intermédios de responsabilidade limitada*", "foram ainda *mais* exponenciadas pela recente consagração da sociedade por quotas unipessoal" (sublinhados da nossa responsabilidade).

Voltaremos a debruçar-nos sobre esta possibilidade de organizar a empresa individual sem o seu titular associar todos os seus bens aos riscos desse empreendimento no

Podia argumentar-se que a escolha do legislador, apesar de destituída de valor acrescido, foi a mais acertada, uma vez que também há uma sociedade *unipessoal anónima* de cujas acções um outro sujeito societário é inicialmente o único titular (arts. 488°, n° 1, e 481°, n° 1), daí se depreendendo que, implicitamente pelo menos, se sustentará que estas novas realidades são tipos normativos-organizativos a individualizar na espécie societária respectiva. Todavia, o nosso legislador foi mais radical do que isso, talvez porque menos reflectido sobre o alcance das suas palavras, já que, de uma forma expressa, afirmou, no Preâmbulo do DL n° 257/96, impor-se, "sem abjurar, de momento, nenhuma das figuras legalmente estabelecidas, criar um *novo tipo* de sociedade, em que a responsabilidade do sócio único seja limitada"[19]. Pareceu depois precipitar essa sua posição no art. 270°-D, n° 3, quando menciona, a propósito de um aspecto do regime *da transfor-*

Capítulo II, ponto 10.3., a propósito da sua inclusão no conceito de "sócio único" reivindicado pelo regime especial da SQU.

Diga-se, à guisa de resumo e para terminar, que a *GmbH § Co. KG* vulgarizou-se no tráfico jurídico da Alemanha, caucionada pela jurisprudência e pela Administração fiscal, como um tipo social misto (*Grundtypenvermischung*) de uma sociedade de pessoas a que acedia na constituição uma sociedade de índole capitalística, em particular devido aos benefícios fiscais que estavam associados a essa forma de sociedade. De facto, havia a faculdade de estipular que a parte maior ou esmagadora dos lucros seriam repartidos pelos sócios comanditários, de modo a que ficassem sujeitos à tributação sobre o rendimento, o que implicava que esses lucros não entrassem para o montante do imposto sobre as sociedades a que se encontra sujeita a sociedade de responsabilidade limitada que assume a qualidade de sócia comanditada, aproveitando-se assim o facto de os benefícios realizados por uma sociedade personalística apenas relevarem na esfera jurídica pessoal de cada um dos associados. Esta característica fiscal das sociedades de pessoas mais benéfica em termos de "dupla tributação" dos lucros em relação às sociedades de capitais não resistiu, todavia, a uma reforma da tributação das sociedades, o que contribuiu para a redução do seu interesse prático. Apesar disso, a doutrina aponta outras necessidades a que esta espécie de sociedade visava responder, entre as quais se realçam as aplicações mais favoráveis em matéria de administração e de sucessão de sócios do regime das sociedades de pessoas, a existência de uma maior margem de manobra nas transacções financeiras, a entrada mais fácil de sócios com limitação de responsabilidade como meio de facilitar a cooperação no interior da sociedade entre os sócios, bem como o saneamento de empresas propiciado pela flexibilidade deste tipo. *Vide*, entre outros, THOMAS GROOS, "La GmbH & Co KG, forme particulière de société commerciale du droit allemand", *Rev. Soc.*, 1972, pp. 658 e ss; PETER ULMER, "Allgemeine Einleitung. Die GmbH im deutschen Recht", in MAX HACHENBURG, *Gesetz betreffend die Gesellschaften mit beschränkter Haftung (GmbHG) – Großkommentar*, 1992, *Rdn.* 11, pp. 7-8; FRIEDRICH KÜBLER, *Gesellschaftsrecht*, 1998, pp. 295 e ss.

[19] Cfr. DR, I Série, parte A, de 31.Dezembro.1996, p. 4703, sublinhado nosso.

mação de uma SQU em sociedade plural que primitivamente tenha sido sociedade por quotas pluripessoal, «se a sociedade tiver adoptado antes o tipo de sociedade por quotas...», fazendo crer que estava a lei a introduzir, ainda que embrionariamente, um novo tipo societário, que toma feição na volatilidade do trânsito com o outro tipo, a sociedade por quotas pluripessoal.

Tais pontos, porém, não fazem cair a nossa posição, uma vez que a SQU não corresponde a um novo tipo social (a sociedade com único sócio *limitadamente responsável*?, ou a sociedade por quotas *constituída originariamente* por um só sócio?), antes a uma modalidade *subjectiva*[20] ou uma *variedade*[21] do tipo social relativamente ao qual foi reconhecida a sua utilização[22] – isto é, não configura uma "espécie jurídica societária autónoma, mas insere-se no âmbito do ordenamento das sociedades de responsabilidade limitada"[23]. Ora, parece-nos que aquilo que a sua disciplina faz é somente ditar um conjunto de normas especiais respeitantes à SQU nos diversos momentos que o legislador considerou relevantes[24]. Não acrescenta mais um tipo social, até porque, na nomenclatura legislativa, esses "tipos" apenas correspondem àqueles que aparecem no n° 2 do art. 1°, num elenco fechado que nos recorda nesta sede o *princípio da tipi-*

---

[20] Quanto ao seu substrato pessoal, desde logo. Por isso se defende que mais exacto seria falar de *sociedade com único sócio* em vez de sociedade unipessoal: assim, PASQUALE MACCHIARELLI, "La s.r.l. unipersonale", *Riv. Not.*, 1994, p. 987; CONCETTO COSTA, "Brevi considerazioni sulla società con unico socio", *La società a responsabilità limitata con unico socio*, Seminario di Studio, Messina, 8 maggio 1993, 1994, p. 17; em sentido concordante, GIOVANNI CESÀRO, "In tema di S.r.l. unipersonale", *Riv. dir. imp.*, 1996, p. 16, n. (11).

[21] Assim é qualificado o fenómeno por JEAN-PIERRE BERTREL, "Droit des sociétés", *Droit de l'entreprise. L'essentiel pour comprendre*, 2000, parte 2, p. 322, n. 399, embora em França não se negue que a existência de um único sócio não deixa de conferir um carácter original à situação, "em razão da ausência de qualquer organização colectiva", pelo que se distingue entre o caso normal (a sociedade plural) e o caso da sociedade unipessoal (assim, cfr. YVES GUYON, *Droit des Affaires. 1. Droit commercial général et Sociétés*, 1998, p. 532).

[22] Como se pretenderá demonstrar *infra* no Capítulo II, ponto 9.1.

[23] GERARDO VILLANACCI/GIOVANNI CALAFIORE, "La società a responsabilità limitata unipersonale: fallibilità dell'unico socio in estensione del fallimento della società", *Dir. Fall.*, 1996, p. 412.

[24] Assim, cfr. MARCO SPOLIDORO, "Riflessioni sulla s.r.l. unipersonale con unico socio illimitatamente responsabile per le obbligazioni sociali", *GC*, 1993, p. 648; EDOARDO COURIR, *Limiti alla responsabilità...*, ob. cit., pp. 298-9; FRANCO DI SABATO, *Manuale delle Società*, 1999, p. 413.

cidade das sociedades-entidades[25] (n° 3 do mesmo preceito[26]), que se extrai do facto de a lei regular taxativamente as formas jurídicas admitidas para o exercício de uma actividade social. Nem se objecte que um *novo tipo* resulta dos regimes jurídicos, mais ou menos completos, que disciplinam as SQU e a(s) sociedade(s) anónima(s) unipessoal(ais), já que esses programas normativos surgem apenas como enquadramento, adicional à regulamentação geral da sociedade por quotas ou da sociedade anónima, para essas específicas situações jurídicas criadas pela unipessoalidade *ab initio*, mas não implica a criação de novos tipos de sociedade, que por hoje constituem um conjunto fechado *ex vi legis*[27].

---

[25] Ou das sociedades-*negócios* constitutivos, tal como entende RUI PINTO DUARTE, *Tipicidade e atipicidade dos contratos*, 2000, p. 106 e n. (354), onde se serve da regulação tipológica em matéria societária justamente para exemplificar que "pode suceder que a lei não apresente qualquer definição de um conceito que utiliza e que nem por isso deixe de se dever entender o mesmo como *fechado*" (sublinhado nosso).

[26] Cfr., por todos, PINTO FURTADO, *Curso de Direito das Sociedades*, 2000, p. 25, ss; PEDRO MAIA, "Tipos de sociedades comerciais", *Estudos de Direito das Sociedades*, sob a coordenação de Coutinho de Abreu, 2001, pp. 7 a 9, ss.

[27] Cfr., sobre este último ponto e expressando a posição que apoia o nosso discurso, com matizes diferenciados mas uniformes na conclusão, MARCO SPOLIDORO, "La legge sulla s.r.l. unipersonale", loc. cit., pp. 97 e 103; GIOVANNI CABRAS, "Le società unipersonali", *GC*, 1994, pp. 280-1, para quem a unipessoalidade é simplesmente uma possibilidade eventual, originária ou superveniente, que na sociedade por quotas determina a aplicação de algumas normas, diversas das que ordenam as sociedades por quotas pluripessoais e também das que moderam a sociedade anónima unipessoal; LUIGI SALVATO, "La società unipersonale a responsabilità limitata: osservazioni sulla tutela dei terzi e dei creditori", *Riv. dir. imp.*, 1994, p. 409, que recusa ser a SQU um "tipo especial" de sociedade por quotas, antes implicou a instituição de disposições para uma *fattispecie* peculiar, ainda que *típica*; ILARIA CHIEFFI, "La nuova s.r.l. unipersonale", loc. cit., p. 606: veja-se a opinião de que "a passagem da situação de «unipessoalidade» para a situação de «pluripersonalidade» não pode ser vista como uma mudança de tipo"; PASQUALE MACCHIARELLI, p. 987; FEDERICO TASSINARI, pp. 735-6; ALDO SCHERMI, p. 127; ANA MARIA ALTAMURA, "La società a responsabilità unipersonale", *Giur. Piem.*, 1995, p. 294; GUIDO PETTARIN/LUCA PONTI, "Fallibilità del socio di società di capitali e s.r.l. unipersonale", *Nuova Giur. Civ. Comm.*, 1995, p. 712; ARANGUREN URRIZA, "Sociedad Unipersonal de Responsabilidad Limitada", *La sociedad de responsabilidad limitada*, t. I, 1996, pp. 1412-3 e 1415; SÁNCHEZ ALVAREZ, *La fundación de la sociedad anónima*, 1996, p. 232; GIORGIO MARIA ZAMPERETTI [*et all.*], p. 100; JIMÉNEZ SÁNCHEZ/DÍAZ MORENO, p. 41; FRANCESCO FERRARA Jr./FRANCESCO CORSI, *Gli imprenditori e le società*, 1999, p. 863, segundo os quais a novidade legislativa limita-se a disciplinar a eventualidade de a sociedade se poder cons-

Abre-se assim um vasto terreno no qual perpassam as exigências de investigar (e até, porventura, sugerir aqui e ali) preceitos e remédios

---

tituir com um único sócio, consentindo-lhe a manutenção do privilégio da responsabilidade limitada.

Ainda se considere, optando por qualificar a nossa figura como um *subtipo* do tipo sociedade de responsabilidade limitada, DUQUE DOMÍNGUEZ, "La 12.ª Directiva del Consejo (89/67/CEE de 21 de diciembre de 1989) sobre la Sociedad de responsabilidad limitada de socio único en el horizonte de la empresa individual de responsabilidad limitada", *Derecho Mercantil de la Comunidad Economica Europeia – Estudios en homenage a José Girón Tena*, 1991, pp. 276 e 282; FABRIZIO KUSTERMANN, "Osservazioni sulla s.r.l. unipersonale italiana", *Società*, 1993, p. 733 (isto na medida em que estaria submetida a um regime peculiar e propício a garantir, especialmente no confronto com terceiros, um grau mais qualificado de informação, de publicidade, de transparência e de fiabilidade); MARTÍN ROMERO, "La sociedad unipersonal de responsabilidad limitada", *La empresa familiar ante el derecho. El empresario individual y la sociedad de caracter familiar*, 1995, p. 126; FRANCESCO DI BELMONTE, "Le società a responsabilità limitata con unico socio", *Riv. Not.*, 1996, p. 795.

Entre nós, na mesma linha de dividir o tipo de sociedade por quotas em dois *subtipos*: o subtipo *fundamental* – a sociedade plural por quotas – e o subtipo *acrescentado* pelo DL nº 257/96 – a sociedade unipessoal *por quota* –, cfr. PINTO FURTADO, *Curso de Direito das Sociedades*, ob. cit., pp. 32-3. No campo oposto, cfr. ENGRÁCIA ANTUNES, *Direito das sociedades...*, ob. cit., p. 99, n. (262), que já declarou não poder a SQU, enquanto "modalidade especial da sociedade por quotas (...), colocando o seu estudo problemas equivalentes aos das sociedades quotistas pluripessoais", constituir "um subtipo em sentido próprio".

Uma última nota para comentar, ao que nos chama aqui, a terminologia adoptada na doutrina nacional. Parecendo "revoltar-se" contra a linguagem do CSC, também PINTO FURTADO, *ibid.*, p. 34, utiliza a expressão sociedade por quotas unipessoal, embora residualmente e sem que a explique. Na verdade, a sua escolha dominante (visível em alguns pontos do seu curso, como a pp. 33, 245, 278, 522) vai para a denominação de *sociedade unipessoal por quota*. Tal opção tem um mérito indiscutível, que aplaudimos sem rebuço. Na realidade, se no tipo quotista o capital social está, por imperativo da lei (cfr. art. 197º, nº 1), "dividido em quotas", tal implica que as quotas se devem referir a partes da totalidade do capital, encabeçadas pelos diversos participantes na relação social. Ora, quando o sócio é um só, se o capital não se fracciona em mais do que uma participação social, *não há qualquer sociedade por quotas*, mas sim *uma sociedade com uma quota*, que não é uma parte do todo mas só... esse mesmo todo. Pelo que esteve bem o Autor em acentuar o ponto, embora não justifique essa preferência de termos. Mas seria talvez mais indicado uma outra ordem na denominação, de modo a colocar a palavra "unipessoal" depois da expressão "por quota", pelas mesmas razões que observamos a imperfeição do legislador, ou seja, para que não fique no ar a ideia de que estamos perante um novo tipo social. Perguntar-se-á, então, por que é que não designamos a figura em apreço como

razoavelmente eficazes e sindicantes dos múltiplos desafios, em várias direcções, que a nova realidade jurídico-legal nos reserva.

O que se tratará fundamentalmente, no campo das *precauções*, é de estabelecer mecanismos de controlo com o fim de impedir situações ou comportamentos (sócio-economicamente tipicizados como) abusivos: a confusão e a osmose entre o património pessoal do sócio e o património da sociedade, a subcapitalização da sociedade, os financiamentos do sócio à sociedade (quando o sócio podia ter fornecido capital próprio), os empréstimos da própria sociedade ao sócio, como a abertura de crédito

---

sociedade por quota unipessoal, como resultaria de tudo o que dissemos e reparámos. Concedemos que seria *prima facie* o mais rigoroso e lógico. Advogamos mesmo que uma eventual revisão do direito constituído a devesse ponderar, embora isso devesse desencadear mais um ou outro acerto. Na verdade, essa terminologia seria apenas rigorosa para a unipessoalidade originária (tendo em conta o sistema de "quota única inicial" disposto pelo art. 219°, n° 1), não servindo às situações de unipessoalidade derivada em que o sócio que resta é proprietário de mais do que uma quota. Não se justificaria discriminações legais excessivas, antes ficaríamos melhor servidos com uma designação uniforme. Essa incomodidade de ter de chamar "por quota" ou "por quotas", em conformidade com as circunstâncias concretas da reunião das participações na carteira de uma única pessoa sócia, poderia ser obtemperada, porém, se a declaração de transformação da sociedade unipessoal em SQU, no caso de haver mais do que uma quota, obrigasse à *unificação* das quotas, tal como ela é prevista no art. 219°, n° 4 e 5 (salvo na sua configuração como faculdade do titular de mais do que uma quota). Mesmo assim, no momento actual (e as ideias seguintes poderão travar a dignidade da ideia anterior...) não devemos ir tão longe na contrariedade aos termos consolidados na prática. Ninguém chamará ao nosso instituto "sociedade por quota", na medida em que a forma social é, e não deixará de ser pelo facto de ter um único sócio, uma sociedade por quotas. Além do mais, a unipessoalidade – e a existência de uma única quota – pode ser um fenómeno temporário, ou, pelo menos, sempre susceptível de evoluir para a pluralidade: é a própria lei, no art. 270°-D, que a pressupõe, indicando as formas e o regime de passagem da unipessoalidade para a pluralidade social. Tal como esta poderá ser também temporária. O trânsito entre as duas circunstâncias subjectivas pode ser de uma grande fluidez e não se afigura imprescindível uma constante mutação da respectiva denominação. O que sobreleva é, nesse caso, o conhecimento da modificação pelos terceiros e esse é garantido pelo preceito legal que obriga à inclusão e eliminação na e da firma da sociedade por quotas da expressão ou da palavra que indique a unipessoalidade (cfr. arts. 270°-B e 270°-D, n° 1, 2ª parte). Pelo que, sendo esta em suma a nossa posição, não deveremos contrariar em demasia o que a lei chama e os operadores jurídicos absorvem com naturalidade. Basta-nos corrigir o imprescindível para que não se cometam erros graves de qualificação do nosso fenómeno e possuamos uma correcta apreensão dos eventos que se nos deparam.

ou a aquisição de créditos *pro solvendo*, em condições sem qualquer vantagem para a SQU, que apenas consubstanciarão uma infrutífera assistência financeira (p. ex., negócios dessa índole sem a fixação de alguma prestação correspectiva que favoreça a sociedade, o que traduz uma desproporção entre as prestações das partes envolvidas, o sócio único e a SQU), a sistemática celebração de garantias pessoais ou reais na dependência dos negócios sociais (que tornam a SQU excessivamente dependente do sócio ou oneram o património social em detrimento dos interesses dos credores não privilegiados). O perigo essencial destas condutas será sempre, em primeira linha, a depauperação substancial do património social (que será, pelo menos ao início, coincidente com o capital social declarado, se não for mesmo superior) e a desvirtuação da tutela merecida pelos terceiros que entram em contacto com a SQU[28].

Sob um outro prisma, agora animador, cumpre apregoar, em jeito de prognóstico, que a extensão da *opção societária* aos empresários indivi-

---

[28] Cfr. ILARIA CHIEFFI, *La società unipersonale a responsabilità limitata*, 1996, pp. 15-18.

Alguma doutrina tem em consequência chamado a atenção para a circunstância de a nova disciplina da sociedade unipessoal não ter contribuído para resolver alguns dos perigos diagnosticados, antes ter aumentado a exigência de individualizar meios eficazes de repressão dos abusos da autonomia patrimonial perfeita das sociedades: cfr. FABRIZIO GUERRERA. "La s.r.l. con unico socio. Osservazioni sparse", *La società a responsabilità limitata con unico socio*, Seminario di Studio, Messina, 8 maggio 1993, 1994, pp. 53-4 (e deste Autor subscrevemos ainda que "a jurisprudência deveria surgir mais motivada na elaboração e no emprego de técnicas sancionatórias, que em outras situações têm permitido colocar um freio e uma regra ao exercício do poder de controlo"). Por isso o problema da sociedade unipessoal centra-se, antes de tudo o mais, no estabelecimento das direcções em que a situação de unipessoalidade reclama modificações à disciplina societária, originariamente e em via de princípio contemplada para arranjos de interesses de índole pluripessoal: cfr. CARLO ANGELICI, "Società unipersonali: l'esperienza comparatistica", *Società*, 1993, p. 895. Em idêntico sentido, antes da consagração legal, cfr. LAURA BALSANO, "Un seminario sulle imprese unipersonali a responsabilità limitata", *Giust. Civ.*, 1988, p. 229, que se interroga sobre a possibilidade de fazer funcionar satisfatoriamente o complexo de regras e de garantias do direito societário (predispostas a "constituir e a contrabalançar o privilégio da responsabilidade limitada") na ausência da estrutura organizativa pluripessoal que nele constitui o pressuposto normal – haveria porventura a "necessidade eventual de adaptar e reforçar o direito societário «comum», por assim dizer, de modo a permitir enfrentar os particulares problemas e os particulares riscos de abusos inerentes à fórmula da sociedade unipessoal de responsabilidade limitada".

duais terá, na sua passagem à prática, dois *méritos fundamentais*[29]. O mérito de *incentivar*, desde logo, o número de novas iniciativas empresariais, em particular para quem via com olhos desconfiados a falta de uma barreira entre o próprio património pessoal e os credores da actividade empresarial. Mas não só. Também o mérito de *simplificar* a realidade jurídica da qual se deverá expurgar (pelo menos, tenderá à diminuição) todos aqueles casos patológicos de utilização distorcida do instrumento societário, pois não será mais preciso recrutar amigos, parentes e afins para poder retirar a fortuna pessoal das adversidades da sorte da empresa.

Os efeitos económicos desejados pediriam, no entanto, para colmatar aquelas sombras, uma *sólida margem de segurança normativa* para quem recorre ao mecanismo da responsabilidade limitada, instrumentalizado pela SQU, para organizar a sua vida empresarial e para quem se vier a relacionar com essa sociedade peculiar.

Ignorando essas considerações basilares para o sucesso da medida, pois a responsabilidade limitada encerra custos e encargos, a ocasião da reforma não foi aproveitada pelo legislador nacional para inserir uma *disciplina jurídica especial e completa* da constituição, formação e actividade funcional da *sociedade unipessoal*, em particular no que tange às relações com os terceiros que com ela entabulam relações jurídicas.

Tal medida, que implicava uma opção político-jurídica de assinalável recorte em matéria societária, além do mais, já se justificaria no nosso ordenamento, na medida em que se multiplicaram as situações de unipessoalidade societária normativizadas por lei[30], que surgem em vir-

---

[29] Em conformidade com o pensamento de EDOARDO COURIR, *Limiti alla responsabilità...*, ob. cit., pp. 318-20.

[30] A começar pelos arts. 488°, n° 1 – unipessoalidade originária por iniciativa de uma sociedade por quotas, uma sociedade anónima ou uma sociedade em comandita por acções (*vide* art. 481° e ponto 2 do Preâmbulo do DL n° 257/96, de 31 de Dezembro), que vale só para a anónima – e 489°, n°s 1, 2, al. c), e 3 – unipessoalidade derivada e mantida por deliberação da assembleia geral da sociedade dominante, tomada nos seis meses seguintes à concentração das partes sociais –, integrados na disciplina da coligação de sociedades em relações de grupo. Com a diferença de a unipessoalidade concedida pelo domínio total *ab initio* apenas ser permitida à sociedade anónima, enquanto que o domínio total superveniente (aquele em que o domínio integral deriva de uma concentração das partes sociais ocorrida posteriormente à constituição da sociedade dominada) se estender, à falta de previsão restritiva, igualmente às sociedades por quotas. A estas regras, na sua vertente originária, encontra-se, porém, uma excepção colocada pelo regime jurídico das sociedades gestoras de participações sociais, a saber, o DL n° 495/88, de 30.Dezembro (com a redacção alterada pelos DLs n° 318/94, de 24.Dezembro, e 378/98, de 30.De-

tude de necessidades económicas e sociais as convocarem e não só por afã ou dever legislativo.

---

zembro). No seu art. 8º, nº 1, diz-se que «As sociedades que tenham por objecto social uma actividade económica directa mas que possuam também participações noutras sociedades podem, nos termos do art. 488º do Código das Sociedades Comerciais, constituir com essas participações uma SGPS...», pelo que, conjugando-se esse preceito com o art. 2º, nº 1 («As SGPS podem constituir-se segundo o tipo de sociedades anónimas ou de *sociedades por quotas*»: itálico nosso), se admitiu a constituição de sociedades por quotas unipessoais com esse objecto: assim se descobre o precedente legislativo, no que respeita ao tipo social, entenda-se, da SQU. Sobre o regime das sociedades unipessoais decorrentes de uma participação totalitária por uma outra sociedade nas condições determinadas pelas relações de grupo, cfr. ENGRÁCIA ANTUNES, *Os Grupos de Sociedades*..., ob. cit., pp. 712 e ss; BRITO CORREIA, *Direito Comercial. Sociedades Comerciais*, volume II, ob. cit., pp. 224-6. Note-se que a doutrina portuguesa trata geralmente do art. 488º como o acolhimento *in genere* da sociedade unipessoal originária, no caso optando pelo tipo anónimo para tal recepção. Daí se perceber as reservas que fazem quanto a não se ter seguido no CSC os precedentes legislativos dos países europeus que por essa altura já tinham criado a sociedade por quotas constituída por um único sócio. Para nosso entender, essa é uma perspectiva nebulosa de encarar o reconhecimento da unipessoalidade no nosso país. A *sociedade subsidiária integral* consagrada no CSC é apenas e só isso, resulta de uma outra sociedade ter resolvido constituir *só ela* uma sociedade anónima, submetendo-se à disciplina própria das sociedades coligadas, isto é, em particular, os arts. 481º e 501º a 504º (estes *ex vi* art. 491º). Não se apresenta, portanto, como *a* sociedade anónima unipessoal, aberta a ser fundada por uma pessoa singular e por qualquer pessoa colectiva: é apenas *uma forma legal* de sociedade anónima unipessoal, com os seus requisitos e condicionalismos próprios, tendente a fornecer uma alternativa construtiva de um grupo de sociedades por domínio total originário.

Depois, surgiram algumas hipóteses de *atribuição*, em determinados sectores, a sujeitos públicos ou privados do poder de constituir sociedades unipessoais através de um acto unilateral. A título de exemplo, anote-se o DL nº 387/89, de 9.Novembro, pelo qual uma empresa pública seguradora pode constituir por si só uma sociedade anónima, nas circunstâncias aí previstas, bem como o DL nº 212/94, de 10. Agosto, que prevê (na sequência do DL nº 352-A/88, de 3.Outubro, pelo qual se concedeu a possibilidade de constituição e manutenção de sociedades anónimas unipessoais de *trust offshore*) a criação – ou a transformação de sociedades pluripessoais já existentes em – de sociedades por quotas e sociedades anónimas unipessoais, licenciadas para operar na Zona Franca da Madeira.

Além dessas duas categorias de unipessoalidade *convivente* com a noção codicístico-contratual de sociedade, registe-se a faculdade que ao Estado (cfr. art. 545º, que identifica as entidades equiparadas ao Estado, com excepção do IPE, por força do DL nº 406/90, de 26.Dezembro, art. 5º) assiste de, através de *acto legislativo derrogatório*, dar origem, por imposição ou a solicitação directamente feita pela lei, a sociedades unipessoais de capitais exclusivamente públicos, em que ao Estado ou a outros entes públicos pertence a totalidade das acções. [Não nos referimos aqui à constituição de sociedades

Esses casos têm sido entendidos apenas como situações *de excepção* ao direito societário comum, atenta a formulação do art. 7°, n° 2, *in fine*, estando assim devidamente juridicizados por via da lei. A essa norma

> de capitais maioritariamente públicos, embora estas encontrem a sua proliferação no mesmo âmbito de justificação e ao início também se terem caracterizado pela concentração de todo o capital subscrito nas mãos do Estado: cfr. a título meramente de exemplo, o DL n° 293-A/86, de 12.Setembro – SILOPOR-Empresa de Silos Portuários, S.A.R.L., art. 3°, n° 1; o DL n° 353/88 – UNICER-União Cervejeira, S.A.; o DL n° 65/89 – Centro Cultural de Belém-Sociedade de Gestão e Investimento Imobiliário, S.A.; o DL n° 103- -A/89, de 4.Abril – Petróleos de Portugal-PETROGAL, S.A.; o DL n° 147/89, de 6.Maio – Telefones de Lisboa e Porto (TLP), S.A.; o DL n° 226/89, de 7.Julho – GDP-Gás de Portugal, S.A.; o DL n° 313/89, de 21.Setembro – EDM-Empresa de Desenvolvimento Mineiro, S.A.; o DL n° 337/89, de 4.Outubro – SOCARMAR-Sociedade de Cargas e Descargas Marítimas, S.A.; o DL n° 376/90, de 30.Novembro – ENU-Empresa Nacional de Urânio, S.A.; o DL n° 405/90, de 21.Dezembro – PORTUCEL-Empresa de Celulose e Papel de Portugal, S.A.; o DL n° 55/91, de 26.Janeiro – Estaleiros Navais de Viana do Castelo, S.A.; o DL n° 56/91, de 26.Janeiro – SETENAVE-Estaleiros Navais de Setúbal, S.A.; o DL n° 113/91, de 20.Março – Siderurgia Nacional, S.A.; o DL n° 117/91, de 21.Março – TABAQUEIRA-Empresa Industrial de Tabacos, S.A.; o DL n° 312/91, de 17.Agosto – TAP-Transportes Aéreos Portugueses, S.A. Digamos que estes diplomas somente operam a privatização *formal*, correspondente à adopção da forma jurídica privatística, enquanto a fase sucessiva da passagem parcial da propriedade da empresa (por meio da alienação de um determinado pacote accionista) para as mãos de sujeitos privados, permanecendo o Estado como accionista maioritário, representa a privatização *substancial*: neste sentido, cfr. PIER GIUSTO JAEGER, "Problemi attuali delle privatizzazioni in Italia", *GC*, 1992, p. 991.]
> Neste último campo, as sociedades unipessoais dispersaram-se quase sem sentido, de modo que poderemos dizer que o Estado foi talvez o sujeito jurídico que mais vezes recorreu à celebração de actos unilaterais de constituição de sociedades anónimas, sem que essa constituição *ope legis* acarretasse qualquer cominação dissolutória ao abrigo do ressalvado pelos arts. 142°, n° 1, al. a), *in fine*, e 464°, n° 3, *in fine*. Assim o fez nomeadamente para afirmar a *transformação* de uma empresa pública (para uma panorâmica da empresa pública, à luz dos pertinentes dados normativos, que mais uma vez sofreram uma intervenção legislativa em virtude da entrada em vigor do DL n° 558/99, de 17.Dezembro, na sequência da Lei n° 47/99, de 16.Junho, que autorizava o Governo a legislar sobre o *regime geral* das empresas públicas e sector empresarial do Estado, *vide* COUTINHO DE ABREU, *Da empresarialidade...*, ob. cit., pp. 117 e ss, mas também antes o seu *Definição de empresa pública*, 1990, pp. 166 e ss) e, em alguns casos (consubstanciadores de uma sociedade unipessoal estadual *temporária*), permitir a posterior alienação total das acções representativas do capital dessas sociedades. Tal não deixou indiferente a doutrina portuguesa, que duvidou da justeza da opção transformadora de empresas públicas em sociedades geradas unilateralmente pelo "Estado-legislador-accionista" [feliz expressão!] com capitais próprios, tendo em conta que "a disciplina legal das sociedades (a geral e a

reguladora do número mínimo de sujeitos constituintes, portanto, se imputa tradicionalmente a derrogação do princípio da constituição ao menos

---

específica das anónimas) foi primordialmente pensada para sociedades pluripessoais (não sendo pois aplicável em boa me-dida às sociedades unipessoais)": COUTINHO DE ABREU, *Da empresarialidade...*, ob. cit., p. 132. Observe-se, pelo engenho da construção, que PIERO SCHLESINGER, "La legge sulla privatizzazione degli enti pubblici economici", *RS*, 1992, pp. 131-2, entende que a privatização das empresas públicas, mediante transformação em sociedades, concretiza, pela ausência de um contrato, a institucionalização com *carácter fundacional* de novos entes que em rigor não resultaram de uma transformação como se entende para as sociedades comerciais, assente num *modelo dualístico*: o ente a quem se pretende modificar a estrutura e o seu "proprietário" que tem tenções de lhe alterar a natureza. No caso das empresas públicas, que substancialmente seriam também antes verdadeiras fundações (concedendo à empresa pública a natureza de *tipo fundacional- -institucional*, CARLOS FERREIRA DE ALMEIDA, *Direito Económico*, 1979, pp. 175 e ss, esp. 181-2), por falta de um sujeito externo que pudesse considerar-se "proprietário", a transformação não pode ser vista, por tal motivo, como o resultado de uma decisão que tenha o ente como objecto, mas deve representar uma modificação *ex se*, uma *auto-transformação*, um procedimento com o qual o ente muda a estrutura e a natureza por força e vontade puramente *interna*. A decisão de transformação, a cargo da vontade governamental, não é, por isso, efeito de um acto *do ente* – que é sujeito à vontade imodificável do fundador – mas sim de um acto *externo* ao ente e que se dirige ao ente como seu *objecto*. Esta seria a singularidade de uma figura em que uma entidade pública empresarial deixa de ser o que era e assume a veste jurídica de *uma sociedade*, ainda que essa deliberação não venha tomada ou avalizada por nenhum outro sujeito que possa considerar-se "proprietário" ou "sócio" do ente, atribuindo-se, quando se determina o nascimento da nova sociedade (ainda que como "continuação" do ente público "transformado"), ao titular do fundo *de dotação* a qualidade de "sócio". Em sentido idêntico, cfr. GIORGIO MARASÀ, "Su una proposta di riforma dell'art. 2247 c.c. La nuova nozione di società", *GC*, 1992, p. 1007, que realça a *unilateralidade* da transformação (estamos em presença de um único sujeito, ou seja, o ente transformando, e não se encontra a vontade *de outros*, que seriam *na situação normal* de transformação os sócios da sociedade a transformar) e o *condicionamento* pelo legislador da vontade do ente transformando.

Bondades e edifícios dogmáticos à parte, o que é certo é que a prática estadual, implicando o aparecimento de variadas sociedades unipessoais, intensificou-se depois de generalizado o movimento de reestruração e privatização das empresas públicas, que poderá ser repartido em duas etapas jurídico-legislativas – a primeira, lenta e contada, na qual ainda se integrará a vigência da Lei nº 84/88, de 20.Julho, reguladora da Transformação das empresas públicas em sociedades anónimas; a segunda, impetuosamente impulsionada pela Lei Quadro das Privatizações, 11/90, de 5.Abril –, através do qual se procedeu à transformação dos entes públicos responsáveis pela produção em sectores fundamentais da economia nacional em sociedades anónimas. A metodologia usual passou pela atribuição das acções emitidas e representativas do capital subscrito pelo Estado à

Direcção Geral do Tesouro, com o exercício dos seus direitos sociais a ser entregue a quem fosse nomeado pela tutela ministerial, em particular uma entidade do sector público (aliás, a *praxis* obteve reconhecimento legal com o art. 10°, n° 1, do DL n° 555/99, que dispõe, no seu n° 1, que «Os direitos do Estado como accionista são exercidos através da Direcção--Geral do Tesouro, sob a direcção do Ministério das Finanças, que poderá delegar...»). Um elenco exaustivo dessas previsões legislativas não terá para o leitor uma valia compreensiva decisiva, além de poder ser, *mea culpa*, inelutável e potencialmente lacunosa. Mas importará sempre ter uma ideia das situações *de unipessoalidade* normativizada por via de lei reguladora da constituição das sociedades comerciais – seja ela uma lei-providência entendida como material, com conteúdo *normativo*, *geral* e *abstracto* (cfr. NUNO SÁ GOMES, "Notas sobre a função e regime jurídico das pessoas colectivas públicas de direito privado", *CTF*, 1987, pp. 144 e ss), ou em sentido formal, enquanto comando individual e concreto (neste sentido, cfr. PINTO FURTADO, *Curso de Direito das Sociedades*, ob. cit., pp. 66-8) –, ainda que isso sirva para nos interrogarmos "se o legislador não estará suplantando o notariado na estatística anual de constituição de sociedades anónimas" [ALBINO MATOS, *Constituição de sociedades. Teoria e Prática. Formulário*, 1998, p. 19, n. (10)]. No sentido de se agilizar a percepção do fenómeno, deveremos catalogá-lo em dois conjuntos, arregimentados até meados de 1999.

Um, decorrente da instituição de sociedades de uma forma *imediata* (e aqui incluímos tanto as sociedades criadas por um "diploma de tranformação" ou "de criação" ou até de "cisão-constituição", onde geralmente se aprova e publica os seus estatutos). Apontemos a maioria das suas manifestações, através da referência dos decretos-lei e das respectivas sociedades: 125/79, de 10.Maio – PARAGESTE-Sociedade Parabancária para a Recuperação de Empresas, S.A.R.L. (depois designada como PAREMPRESA, por determinação do DL n° 310/79, de 20.Agosto); 250/82, de 26.Junho – FINANGESTE-Empresa Financeira de Gestão e Desenvolvimento, S.A.R.L.; 330/82, de 18.Agosto – IPE-Investimentos e Participações do Estado, S.A.R.L.; 336/84, de 18.Outubro – PORTILINE-Transportes Marítimos Internacionais, S.A.R.L., e TRANSINSULAR-Transportes Marítimos Insulares, S.A.R.L.; 243-A/86, de 20.Agosto – DRAGAPOR-Dragagens de Portugal, S.A.R.L.; 293-A/86, de 12.Setembro – SILOPOR-Empresa de Silos Portuários, S.A. (alterado pela Lei n° 32/87, de 10.Julho); 351/86, de 20.Outubro – UNIÃO DE BANCOS PORTUGUESES, S.A.R.L.; 232/88, de 5.Julho – Banco Nacional Ultramarino, S.A.; 12/90, de 6.Janeiro – RNIP-Rodoviária nacional, Investimentos e participações, S.A.; 279/90, de 12.Setembro – Banco Fonsecas & Burnay. S.A.; 7/91, de 8.Janeiro – EDP--Electricidade de Portugal, S.A.; 26/91, de 11.Janeiro – EPAC-Empresa para Agroalimentação e Cereais, S.A.; 98/91, de 2.Março – Fábrica-Escola Irmãos Stephens, S.A.; 197/91, de 29.Maio – CIMPOR-Cimentos de Portugal, S.A.; 230/91, de 21.Junho – EPAL-Empresa Portugesa das Águas Livres, S.A.; 362/91, de 3.Outubro – INDEP-Indústrias e Participações de Defesa, S.A.; 452/91, de 11.Dezembro – PARTEST-Participações do Estado (SGPS), S.A.; 453/91, de 11.Dezembro – ANAM-Aeroportos e Navegação Aérea da

Madeira, S.A.; 87/92, de 14.Maio – CTT-Correios e Telecomunicações de Portugal, S.A.; 88/92, de 14.Maio – CN-Comunicações Nacionais, SGPS, S.A.; 213-A/92, de 12.Outubro – PEC-Produtos Pecuários e Alimentação, S.A.; 213-B/92, de 12 de Outubro – PEC--Nordeste-Indústria de Produtos Pecuários do Norte, S.A. / PEC-Lusa-Indústrias de Produtos Pecuários de Aveiro, Coimbra e Viseu, S.A. / PEC-Tejo-Indústria de Produtos Pecuários de Lisboa e Setúbal, S.A. / PEC-BAL-Indústria de Produtos Pecuários da Beira e Alentejo, S.A.; 88/93, de 23.Março – Parque EXPO 98, S.A.; 93/93, de 24.Março – SIMAB-Sociedade Instaladora de Mercados Abastecedores / AGA-Álcool e Géneros Alimentares, S.A.; 149/93, de 3.Maio – Companhia Nacional de Petroquímica, S.A.; 287/93, de 20 de Agosto – Caixa Geral de Depósitos, S.A.; 42/94, de 14.Fevereiro – OGMA--Indústria Aeronáutica de Portugal, S.A.; 142/97, de 6.Junho – JAE-Construção, S.A.; 404/98, de 18.Dezembro – ANA-Aeroportos de Portugal, S.A.; 170/99, de 19.Maio – Imprensa Nacional-Casa da Moeda, S.A.; 137-A/99, de 22.Abril – GALP-Petróleos e Gás de Portugal, SGPS, S.A.

Outro, com a constituição operada de uma forma *mediata* (como as que são autorizadas por um diploma que prevê a formalização da instituição societária pela outorga de uma escritura pública, aliás, uma metodologia raramente utilizada, que caiu em desuso e foi criticada pelo facto de não se ver claramente a função *suspensiva* da escritura pública quando a sociedade já estava criada por lei: cfr. NUNO GOMES SÁ, pp. 143-4). Veja-se o DL nº 502/80, de 20.Outubro – CAICA-Complexo Agro-Industrial do Cachão, S.A.R.L.; os DL nº 425/82 e 426/82, de 20.Outubro – Companhia Portuguesa de Resseguros; recentemente, dando quadro legal a esse tipo de sociedades, a Lei nº 58/98, de 18.Agosto, que estabelece o regime jurídico das empresas municipais, intermunicipais e regionais (sobre esta disciplina, *vide* JOÃO PACHECO DE AMORIM, *As empresas públicas no direito português. Em especial, as empresas municipais*, 2000, pp. 27 e ss; COUTINHO DE ABREU, *Curso...*, volume I, ob. cit., pp. 242 e ss).

Neste âmbito, convirá fazer algumas considerações a respeito do emprego, sobre base legislativa, da sociedade anónima por parte da iniciativa pública. Poderá confrontar-se, seguindo de perto as inquietações de GUSTAVO VISENTINI, *Argomenti di diritto commerciale*, 1997, pp. 388 e 398-9, a lógica funcional do instituto, marcadamente *privatística*, na medida em que o que se permite com esse tipo social é a disposição pelo direito de um instrumento organizativo ao serviço da autonomia dos privados para com ele se poder empreender a gestão da empresa comercial, nomeadamente aquela que pretende repartir as parcelas do seu capital difusamente entre o público sem perder a centralidade da decisão e da administração da entidade personificada, e a titularidade da pessoa societária pelo Estado. Quando a sociedade anónima aparece ordenada ao serviço de uma finalidade pública, a função instrumental da organização faz dela um ente submetido a uma racionalidade diferente da que viria da iniciativa de sujeitos privados: surge uma organização da empresa pública preocupada em densificar um serviço público. Neste caso, a sociedade anónima é esvaziada da sua substância privada. Porém, mais do que isso, o sócio (único ou de controlo) tem natureza pública, a acção é substancialmente pública, mas os seus poderes são exercidos sob uma forma privada (retirando da completa sujeição das sociedades comerciais colocadas em mãos públicas à disciplina geral do direito privado das sociedades o argumento decisivo para negar a qualificação desses entes societários participados pelo Estado como empresa pública, cfr. GUIDO ROSSI, "Impresa publica e riforma delle società per azioni", *RS*, 1971, pp. 292-3, para quem em rigor a distinção alternativa seria entre empresas que operam *em regime privatístico*, participadas pelos privados ou pelo Estado e/ou entes públicos, e empresas que operam *em regime publicístico*). Assim, como será fiscalizável a imparcialidade do título público, de modo a que a utilização da sociedade não se revele uma maneira de iludir o estatuto de direito público? Noutros casos análogos, a participação estadual não é formalmente determinada por particulares razões de gestão de serviços públicos: p. ex., evitar a crise de um sector, sanear uma empresa, promover o desenvolvimento de áreas deprimidas, incentivar a (re)privatização, total ou parcial, de empresas do sector público com a posterior venda dos títulos ao início exclusivamente detidos pelo Estado. Também aqui o instrumento societário não foi objecto de uma vontade privada: o poder é estadual e nessa veste actuará, influenciando a natureza substancial do ente (no exemplo de Visentini, tal subverteria a forma privada, a deliberação da assembleia, de nomeação dos representantes da sociedade). No mesmo caudal problemático entendemos COUTINHO DE ABREU, pelo menos em dois pontos das suas reflexões: quando coloca argumentativamente em causa a *flexibilidade decisória* propiciada às empresas públicas pela orgânica de funcionamento da sociedade anónima, em face do *poder de influência* do accionista estadual sobre a administração societária (cfr. *Da empresarialidade...*, ob. cit., pp. 132-3); no pedaço em que discute a eventual colisão do interesse público de que é portador o sócio público com o fim lucrativo (nótula privada da questão), resolvendo-a, tanto nas sociedades de capitais públicos como nas sociedades de economia mista, em favor da compatibilidade da finalidade pública com a finalidade lucrativa (*vide* pp. 154-8; confiram-se igualmente as conclusões de GUIDO ROSSI, pp. 294-6). Note-se ainda, a pp. 155-6, as *especialidades* focadas pelo Autor nacional nas sociedades de capitais públicos de iniciativa legislativa, responsáveis pela postergação do escopo lucrativo, com particular destaque para as sociedades sem fim lucrativo e o reforço *estatutário-legal* do quadro de competências da assembleia geral de algumas dessas sociedades entretanto criadas. As contradições podiam ser descritivamente alargadas. Porém, parece-nos razoável sustentar, com LOREDANA NAZZICONE, p. 8, que as sociedades anónimas públicas continuam a revestir, até pela sua integração no sector empresarial público, um "papel de modelo publicístico, permanecendo investidas de peculiares prerrogativas e funções", o que até poderia aconselhar, à míngua de certezas na adaptação do instituto societário à exigência de se constituir como um meio funcionalizado à intervenção estadual na economia, uma disciplina especial da empresa pública sob a forma societária anónima, aquilo a que ENRICO REDENTI, "Le società «fasulle»", *RTDPC*, 1960, p. 568, chamou, ao sugeri-la, de "regime jurídico próprio e apropriado".

Pareceria, todavia, que quando a participação estadual fosse a única, à luz das actuais estruturas normativas, a sociedade não pertence ao "sector empresarial do Estado", entre nós dividido em *empresas públicas* (sociedades de certo tipo e entidades públicas empresariais) e em *empresas participadas*, de acordo com a categorização feita pelo art. 2º, nº 1, do DL nº 558/99. Com efeito, da sua leitura cruzada com o art. 3º, nº 1, que define a empresa pública *societária*, resulta à primeira observação literal uma exclusão dessa tipologia, e consequentemente do sector empresarial-estadual, das sociedades constituídas pelo Estado e nas quais detém a exclusividade do capital (!): aliás, a referência feita por esse diploma no art. 10º, nº 3, até poderia indicar que as únicas sociedades de capitais exclusivamente públicos seriam as "entidades de capitais exclusivamente públicos" que, a par do Estado (mas essas não são já Estado?...), formam as sociedades *gestoras de participações sociais* que poderão, indirectamente, exercer os direitos do Estado-accionista. O absurdo da suposição nunca se alcandoraria a interrogação se o legislador tivesse sido um pouco mais claro e *óbvio* na redacção, uma vez que, se se refere à detenção da maioria do capital pelo Estado ou outras entidades públicas estaduais na densificação das empresas públicas [cfr. art. 3º, nº 1, al. a)], o mais natural é que se acrescentasse aí, sem margem para dúvidas, as situações de integral titularidade do capital societário pelo ente estadual. Isso deve, no entanto, assim ser entendido por interpretação *extensiva* dessa norma, em homenagem, tanto mais não fosse, à razoabilidade do legislador que o art. 9º, nº 3, do CCiv., presume quanto à *consagração das soluções mais acertadas*. Em nosso entender, o espírito da alínea a), do nº 1 do art. 3º, é manifestamente demandante, em sede de detenção capitalística e de direitos de voto, das sociedades constituídas a 100% pelo Estado, exercendo essas desse modo a «influência dominante» de que o corpo da norma fala. Além do mais, devemos entender que assim é por uma ou outra razão adicional. Se assim não o fizéssemos, o que conduziria a integrar as sociedades de capitais exclusivamente públicos no rol das empresas participadas (outra alternativa não restaria...), por aplicação do ditame legal do nº 2 do art. 2º – esta norma define essa categoria de empresa integrada no "sector empresarial do Estado" como a que tem «uma participação permanente do Estado ou de quaisquer outras entidades públicas estaduais, de carácter administrativo ou empresarial, por forma directa ou indirecta, *desde que o conjunto das participações públicas não origine qualquer das situações previstas no nº 1 do artigo 3º*» (sublinhado da nossa responsabilidade) – algumas formulações legais deixar-nos-iam inseguros sobre se essa teria sido a intenção do legislador: p. ex., os termos do art. 6º, em matéria de enquadramento sectorial, apenas se referem às empresas participadas por mais do que uma entidade pública e deixaria cair a dúvida sobre se a técnica do legislador visava resolver o problema *dessas* empresas ou, resolvendo-o, o encarava *só para essas* empresas (uma incoerência que não seria fácil de explicar...). De todo o modo, outras interrogações permaneceriam, pois, quanto mais não fosse, não ficariam visíveis (em alguns casos até mal se compreenderia a discriminação) os parâmetros que teriam levado o legislador a distinguir o regime jurídico das sociedades de capitais exclusivamente públicos, como empresas participadas, das sociedades de capitais maioritariamente públicos, na qualidade de empresas públicas, ao abrigo do disposto pelos arts. 7º (legislação aplicável), 8º (regras

bilateral das sociedades[31]. Porém, o elenco de sociedades unipessoais permitido pelo sistema societário e aproveitado pelo Estado e pelos agentes jurídicos dá actualmente ao fenómeno uma dimensão demasiado ampla para ainda o vermos como evento residual[32]. Ao invés, a sociedade unipessoal (capitalística) já parece ser um amplo e reconhecido *genus* do direito societário, que, como tal, recomendaria uma regulamentação *genérica* que fornecesse um remate às inseguranças que o fenómeno ainda incentiva.

Sob tal aspecto, tal regime possibilitaria, pelo menos do ponto de vista dos *terceiros credores*, defender o tráfico negocial das evoluções materiais que o património separado titulado pela sociedade unipessoal

---

concorrenciais), 12º (controlo financeiro), 13º (deveres de informação), 14º (poderes de autoridade estadual). Repare-se, o que irá dar ao mesmo, que mesmo que não optássemos pela extensão do preceito discutido, deveríamos sempre entender que a enumeração das *circunstâncias demonstrativas de influência dominante* teria sempre que ser *exemplificativa*, pelo menos para que a *taxatividade* não excluísse do seu campo de aplicação, ou seja, do domínio das empresas públicas, as sociedades estaduais unipessoais. Para uma viagem (crítica e superadora) pelo regime jurídico do sector empresarial do Estado, *vide* COUTINHO DE ABREU, *Curso...*, volume I, ob. cit., pp. 234 e ss (assinale-se a inclusão das sociedades de capitais inteiramente públicos no seio das empresas públicas *societárias*, feita na respectiva n. 148).

No direito comparado, em virtude das semelhanças *históricas* decorrentes da necessidade de privatização de sectores nevrálgicos da economia italiana (com especial destaque para a banca pública e os grupos creditícios), considerem-se as sociedades unipessoais de criação *legislativa* em Itália: *vide*, para uma primeira aproximação, ANDREA ARENA, *Le societá commerciali pubbliche*, 1942, *passim*; depois, com valorações exemplares e uma identificação meticulosa, ambos de CARLO IBBA, *Le società «legali»*, 1992, *passim*, e "Gli statuti singolari", *Trattato delle società per azioni*, diretto da G. E. Colombo e G. B. Portale, volume 8, t. 2, 1992, pp. 625 e ss; para considerações mais específicas, cfr. RENZO COSTI, "Le innovazioni nel settore creditizio e societario", *Società*, 1991, pp. 433, ss; FRANCESCO CAPRIGLIONE, "Evoluzione del sistema finanziario italiano e riforme legislative (Prime riflessioni sulla legge «Amato»)", *BBT*, 1991, pp. 49-58; M. T. CIRENEI, "Le società per azioni a partecipazioni pubblica", *Trattato delle società per azioni*, diretto da G. E. Colombo e G. B. Portale, volume 8, t. 1, 1992, pp. 63 e ss; PAOLO FERRO-LUZZI/ /PIERGAETANO MARCHETTI, "La disciplina del gruppo creditizio", *RS*, 1992, pp. 786 e ss.

[31] Em acrescento, cfr., legislativamente, o ponto 6 do Preâmbulo do DL nº 248/86, no qual expressamente se alude ao carácter de excepção da previsão e regime do art. 488º. Doutrinalmente, por todos, cfr. VASCO LOBO XAVIER, *Sociedades comerciais...*, ob. cit., pp. 8-9.

[32] Sensivelmente com a mesma opinião, cfr. COUTINHO DE ABREU, *Curso...*, volume II, ob. cit., pp. 4, 64-5 ("a pretensa regra do mínimo de dois revela-se excepção com respeito à maior parte dos tipos societários"), 85-7.

inevitavelmente sofre, uma vez que tal instrumento técnico poderá aqui ser pouco eficaz se não for acompanhado por um sistema de publicidade que anuncie e informe sobre as modificações estatutárias e as decisões e consequências da gestão. Deste modo, evitar-se-ia que um controlo e uma direcção exclusiva efectuados pelo único sócio originassem irremediavelmente uma recepção surpreendida por parte dos credores sociais de alterações da sua garantia patrimonial... mas, como veremos ser a nossa atitude em alguns dos pontos a analisar, sem que se aumentassem sem sentido e exageradamente as cautelas.

Por outro lado, também sob o ponto de vista do *único sócio* se aconselharia um sistema de regras distinto da modalidade plural do tipo societário correspondente. A sua competência residiria, pelo menos no campo das empresas de menor dimensão, no desiderato de conferir a elasticidade e a agilidade no exercício da gestão económica individual, que não necessita de atender aos valores da colegialidade e do interesse colectivo próprios das sociedades *típicas*[33].

---

[33] Atendendo a estas duas ordens de interesses – os dos terceiros, assentes na publicidade e na consistência patrimonial (mas quase sempre mais apontados à integridade do capital social...), e os do único sócio, reportados à exigência de dispor de uma exploração ágil da actividade de administração – na abordagem de um sistema regulador da sociedade de responsabilidade limitada unipessoal, que, na nossa perspectiva, seriam de igual modo os pólos fulcrais na construção de uma *disciplina genérica* da sociedade unipessoal, dotada de "controlos *mais penetrantes* e regras *mais rigorosas*" (ILARIA CHIEFFI, *La società unipersonale...*, ob. cit., p. 19, sublinhado da nossa responsabilidade), cfr. ERNESTO SIMONETTO, "Riforme necessarie...", loc. cit., pp. 110 e ss; CARLO ANGELICI, "La novella tedesca sulle società a responsabilità limitata", *RDComm.*, 1981, pp. 186 e ss; ILARIA CHIEFFI, "La nuova s.r.l. unipersonale", loc. cit., p. 531. Com FABRIZIO KUSTERMANN, p. 733, julgamos também que os interesses ligados à tutela de terceiros, porventura os prioritários, implicarão a prevenção de danos provocados no tráfico jurídico-económico e na confiança em geral propugnada para o comércio jurídico.

Apesar de tudo, é opinião corrente que a sociedade unipessoal não requisita necessariamente uma disciplina autónoma e distinta em relação à da sociedade pluripessoal, à imagem do que foi feito aquando da introdução da *Einmann-GmbH* na Alemanha pela *GmbH-Novelle* de 1980, uma vez que é uma sociedade como as outras, pelo que são as normas da respectiva sociedade, sobre cuja organização se estrutura a sociedade unipessoal, a aplicarem-se-lhe directamente, com as eventuais excepções a esse regime supletivo a fundarem-se sempre necessariamente na presença de um único sócio (e só este facto legitima um tratamento jurídico diverso). Só para amostra, cfr. UWE JOHN, *Die Grundüng der Einmann-GmbH*, ob. cit., na resenha de MARCO SPOLIDORO, "La costituzione unipersonale delle società...", loc. cit., p. 840; FEDERICO TASSINARI, p. 739; PASQUALE MACCHIARELLI, p. 987; ILARIA CHIEFFI, últ. loc. cit, p. 545.

No entanto, a escolha nacional seguiu o exemplo dos ordenamentos que nos são mais próximos, ao circunscrever a actuação da XII Directiva exclusivamente sobre o terreno da sociedade por quotas. O modelo de sociedade de responsabilidade limitada unipessoal que se introduziu no nosso sistema societário reduziu-se, na verdade, a esse tipo social, acrescentando-se, sem uma intervenção normativa *de fundo*, mais uma *species* particular ao género unipessoal. Esta opção *restritiva* no acolhimento das coordenadas comunitárias quanto à unipessoalidade não deve deixar, pois, de merecer o nosso reparo perante a transposição feita para a ordem jurídica interna. Isto porque, além das exigências de política legislativa, nos parece que a incorporação da Directiva foi realizada de um modo *parcial* tendo em conta o estatuído no respectivo art. 6º:

«As disposições da presente directiva são aplicáveis nos Estados--membros que permitam a existência de sociedades unipessoais, na acepção do nº 1 do art. 2º [«A *sociedade pode ter um sócio único* no momento da sua constituição, bem como *por força da reunião de todas as partes sociais numa única pessoa* (sociedade unipessoal)»], também em relação às *sociedades anónimas*»[34].

Com esta formulação gramatical, parece-nos razoável considerar que a Directiva impunha, para a sua aplicação *integral*, a *consagração* da sociedade anónima unipessoal originária e a sua *submissão* ao regime enunciado, sempre que um Estado-membro admitisse a unipessoalidade, *pelo menos sucessiva*.

Ora, como se tratará, a unipessoalidade superveniente (ainda que em termos transitórios, mas sem que se perca a *subsistência* da responsabilidade limitada em favor do sócio único) é permitida pelo nosso sistema societário – que também a permite *especificamente* no art. 489º –, e os casos *pontuais*, de todo o modo reincidentes, de sociedades anónimas originariamente unipessoais (seja em actuação do art. 488º, nº 1, seja por concretização de actuações legislativas *ad hoc* para o caso do sócio estadual), ou até de sociedades desse tipo (mas também por quotas) com um único sócio dedicadas à gestão de participações sociais [35], vulgarizaram-se entre nós.

---

[34] Sublinhados nossos, justificados pela ênfase que essas parcelas das normas comunitárias merecem para este ponto.

[35] Não serão tão raros quanto isso esses casos, embora se devam concentrar em áreas de maior concentração de capitais e de estruturação grupal das sociedades. Por ex., ocorre-nos que a mais importante instituição financeira privada nacional recorreu a esse expediente para organizar as suas sociedades participadas: falamos da BCP IF, S.G.P.S., Sociedade Unipessoal, Lda.

Estaria assim preenchida, em matéria de *compatibilidade das normas internas com a norma comunitária*, a hipótese normativa[36] que requi-

---

[36] Em sentido dubitativo, cfr. DUQUE DOMÍNGUEZ, "La 12.ª Directiva...", loc. cit., pp. 280-1, que não explana o art. 6º da XII Directiva da mesma forma. O Autor espanhol questiona, de facto, se esse preceito pode ter o significado de legitimar a constituição de uma sociedade por acções unipessoal, sempre que a remissão feita para o art. 2º, nº 1, da XII Directiva, se entenda também referida ao reconhecimento da unipessoalidade por efeito de um processo de concentração de todas as acções em um único accionista. Para ele, esta é uma questão que o art. 6º deixa no ar, pois, ao contrário da nossa posição, essa remissão apenas quer dizer *inquestionavelmente* que *no momento da criação da sociedade anónima unipessoal, seja originária seja derivada*, ou *estando essas modalidades subjectivas de sociedade* admitidas nos Estados-membros, a sua disciplina também estaria submetida às normas da XII Directiva. O que é liminarmente negado por esta doutrina é a *extensão da remissão* prevista no art. 6º às sociedades anónimas unipessoais estaduais, pois essa constituição originária de sociedades unipessoais era ao tempo manifestamente excepcional, o que, além de não corresponder à intenção legislativa dos órgãos comunitários nem corresponder literalmente ao texto final da Directiva, *ampliaria* o âmbito da unipessoalidade na sociedade anónima.

Entendemos que contestar alguma coisa do que se expôs e eliminar as dúvidas terá a sua bondade. A gramática do legislador comunitário não foi, porventura, a mais feliz. Mas nada discriminou no art. 6º nem no art. 2º, nº 1. Aí não se distingue entre unipessoalidade excepcional ou reconhecida. Nem entre unipessoalidade reconhecida expressamente e unipessoalidade tolerada, tal como ALONSO UREBA, pp. 83-4, e SÁNCHEZ RUZ, pp. 12955-6, "La sociedad de un solo socio", *RGD*, 1994, pp. 12955-6, implicitamente discriminam, a fim de aplicar a disciplina da XII Directiva à sociedade anónima quando a sua unipessoalidade for superveniente (em sentido contrário, cfr. IGLESIAS PRADA, "La sociedad de responsabilidad limitada unipersonal", *Tratado de la Sociedad Limitada*, 1997, p. 1013, n. (30), não obstante este Autor ser adepto da admissibilidade generalizada da unipessoalidade para as sociedades de capitais, mas não a ver reconhecida na anónima sob o amparo do mandato da XII Directiva, antes na "pragmática conveniência de clarificar a opaca e insegura situação preexistente" em matéria de unipessoalidade); acrescente-se que, apesar disso, Ureba e Prada admitiram a extensão do regime da Directiva à sociedade anónima criada por ente público, não vendo aí outro qualquer imperativo de introdução da sociedade anónima unipessoal originária). Não se afasta unipessoalidade estadual de unipessoalidade privatística. Nem sequer se demarca qualquer fronteira entre unipessoalidade derivada transitória ou admitida sem a expectativa que cesse. Muito menos será defensável, como o faz ROBERTO WEIGMANN, *Relazione* al Convegno di studi sul tema "La società unipersonale a responsabilità unipersonale", inédito, *apud* ILARIA CHIEFFI, *La società unipersonale..*, ob. cit., p. 26, n. (25), dizer que a unipessoalidade a que o art. 6º faz menção apenas será aquela que *não mereça sanção*, a fim de encontrar no regime de responsabilidade ilimitada do sócio único uma dessas formas sancionatórias (assim, o nosso art. 84º não "permitiria" a sociedade anónima unipessoal porque previa para o único accionista a sanção da responsabilidade ilimitada).

O n° 1 do art. 2° da XII Directiva apenas se refere à sociedade unipessoal originária e à sociedade unipessoal superveniente. Directamente, a norma do art. 2° serve para elencar as formas de unipessoalidade que a lei deve tratar no tipo escolhido *em primeira instância* para a receber. Mas na remissão operada pelo art. 6°, indirectamente, o que a norma nos dá são as *acepções de unipessoalidade* que os Estados-membros permitem. E só este sentido, para essa remissão, tem, na nossa perspectiva, pleno cabimento, ficando apenas a dúvida de saber se essas acepções apenas se restringiriam à sociedade anónima, o que é aparentemente sugerido pelas traduções do art. 6° em outros países da Comunidade (mais em Espanha, menos em Itália, p. ex.), mas que não resulta da redacção nacional, cuja exegese indicia que, sempre que o direito nacional permita a existência de sociedades unipessoais originárias e supervenientes, as disposições da XII Directiva *também* se aplicam às sociedades anónimas (mesmo em caso mais restrito, derivado de uma tradução deficiente no nosso país, a diferença estaria, atento o nosso sistema jurídico, apenas na sociedade por quotas derivada e tolerada, nos termos das permissões legais pertinentes, com um só sócio e na sociedade gestora de participações sociais por quotas unipessoal constituída originariamente, o que é manifestamente pouco para abrir uma frente de indagação teórica...). Claro que, como alguma doutrina sugere (por todos, cfr. SCOTTI CAMUZZI, "Srl con unico socio...", loc. cit., p. 504), essa unipessoalidade deverá ser dotada de *irresponsabilidade do sócio único (accionista)*.

Ora, os casos referidos em texto assim o preconizam e a entrada em cena do art. 84°, que será responsável pela quebra desse benefício na unipessoalidade derivada *no âmbito da sua hipótese* – transcrevemos o n° 1: «Sem prejuízo da aplicação do disposto no artigo anterior e também do disposto quanto a sociedades coligadas, se for declarada falida uma sociedade reduzida a um único sócio, este responde ilimitadamente pelas obrigações sociais contraídas no período posterior à concentração das quotas ou das acções, contanto que se prove que nesse período não foram observados os preceitos da lei que estabelecem a afectação do património da sociedade ao cumprimento das respectivas obrigações.» –, corresponde a um cúmulo de alguns requisitos e reveste, por isso, foros de excepcionalidade. Sendo assim, estavam preenchidas as premissas para se produzir a consequência do art. 6°, que, como se verá, reivindicaria a criação de igual figura unipessoal no tipo anónimo.

Há ainda um outro ponto que nos parece ter a maior relevância: aquele que diz respeito à alteração do teor literal do art. 6° relativamente à primeira versão da Proposta de 1988. Nesta o art. 6° prescrevia: «As disposições da presente directiva são aplicáveis nos Estados-membros que permitam a sociedade anónima unipessoal». No comentário feito pela respectiva Exposição de Motivos, a Comissão justificava a norma com a necessidade de fazer respeitar as obrigações da directiva sugerida aos Estados cuja legislação previsse a sociedade anónima unipessoal, evitando desse modo uma discrepância na tutela dos interesses dos sócios e dos terceiros *sempre que em algum país se permitisse a sociedade*

sitava plenamente a disciplina da unipessoalidade para essa *fattispecie* societária[37] e criada a oportunidade para uma *reconstrução normativa unitária* do direito societário em matéria de unipessoalidade[38].

unipessoal para a sociedade anónima. No percurso de apreciações e reapreciações que essa Proposta sofreu, o parecer do Comité Económico e Social acusou a Proposta de ser "pouco clara" nesta matéria. Mais ninguém se lançou a comentar este artigo e a versão final dada pelo Conselho modifica-o. Como? Remetendo para os casos de unipessoalidade previstas no art. 2°, n° 1. Com que significado? Parece-nos que com a intenção de exceder a meta inicial, a fim de, sempre que se verificassem as circunstâncias da remissão (como as entendemos...), aproveitar a oportunidade para uniformizar um regime da sociedade unipessoal, tanto no tipo quotista como no tipo anónimo, que, neste último caso, teria que ser adaptado ou introduzido. Com o intuito de dar resposta a esse reparo de falta de clareza; portanto, com o móbil de clarificar o seu sentido. Se assim não fosse, não compreendemos a razão de ser da mudança de redacção, que, atente-se, teve o cuidado de retirar a referência apenas à sociedade anónima unipessoal e passar a remeter *in genere* para as sociedades unipessoais originárias e para as sociedades unipessoais supervenientes (sempre que admitidas ou toleradas). Se os termos dessa prescrição tivessem sido os primitivamente adoptados, também nós não nos inclinaríamos a defender o exposto. Antes pensaríamos que seria lógico sustentar a exclusão da necessidade de introdução e de atender à disciplina ditada pela Directiva no que toca à sociedade anónima, ou seja, não veríamos como discordar de que a sociedade anónima não fazia parte do objecto da XII Directiva e que a sua extensão a essa forma social era matéria de exercício facultativo pelos singulares Estados-membros, com excepção daqueles que já tivessem feito um reconhecimento legislativo expresso da sociedade anónima unipessoal. Mas a evolução no final é demasiado notória para que o mérito desse raciocínio nos convença. Essa variação poderá suprir, em nosso entender, algumas das dúvidas que se possam manter sobre a interpretação do art. 6°, embora este permaneça como uma questão analiticamente *aberta* e de solução *discutível*. Mas esta é a nossa opinião, que não nos inibimos de veicular depois de verificados friamente algumas das tonalidades que a pintam. Aparentemente na mesma linha, mas sem desenvolvimentos, cfr. FRANK WOOLDRIDGE, "The draft Twelfth Directive on single-member companies", *J. Bus. Law*, 1989, p. 87; ARAUJO BOYD, "La adaptación del Derecho español a la Duodecima Directiva del Consejo en materia de Derecho de Sociedades, relativa a las sociedades de responsabilidad limitada de socio único", *La Ley*, 1992, p. 931; LORENZO CHIARELLI, pp. 146-7, embora *a final* conclua, tal como neste particular SCOTTI CAMUZZI, "Srl con unico socio...", loc. cit., p. 504, ou LOREDANA NAZZICONE, p. 10, n. (16), que a Directiva não é aplicável à sociedade por acções pelo facto de, sendo a remissão feita pelo art. 6° apta apenas a incluir as sociedades unipessoais em que se conserve a regra da responsabilidade limitada ao património social, o art. 2362 do *CCIt*. subtrair esse privilégio ao sócio único (esquecendo-se que isso só assim será, não como princípio, antes em caso de insolvência da sociedade unipessoal derivada...); ANTONIO PIRAS, "Gruppi e società unipersonali", *RS*, 1993, p. 596.

[37] Cfr., neste sentido para o direito italiano, VITTORIO PISAPIA, "Recepita la direttiva sulla società a responsabilità limitata con un unico socio", *Corr. Giur.*, 1993, p. 657;

Mas não foi assim que sucedeu. A um regime de tratamento da unipessoalidade social *relativamente* unitário sucede um regime *diferenciado*, que se funda numa opção político-legislativa de consentir à

ANTONIO PIRAS, "Gruppi e società unipersonali", loc. cit., p. 596; GIULIANA SCOGNAMIGLIO, "La disciplina...", loc. cit., p. 248; GIOVANNI CABRAS, p. 281; ELENA GELATO, "«Gruppi» e «società unipersonali»: note sulla limitazione di responsabilità nelle sr.l. monosocio", *GC*, 1996, pp. 690, n. (58), 692 e n. (65). Em sentido diverso, GIUSEPPE ZANARONE, "Le altre società di capitali. II. La società a responsabilità limitata", *Diritto Commerciale*, 1999, p. 389, sustenta que providenciar sobre uma solução análoga para a sociedade anónima, de modo que não se adoptasse uma restrição tipológica da medida, era algo que se depreendia do *contexto* do documento comunitário mas foi expressamente deixado à *liberdade* dos singulares Estados (com linguagem idêntica, cfr. GIAN DOMENICO MOSCO, pp. 37-8 e 39). Por seu turno, falando da *faculdade consentida* pela Directiva de prever também a sociedade por acções unipessoal de responsabilidade limitada, cfr. GIOVANNI IUDICA, "La direttiva CEE sulla società a responsabilità limitata con socio unico", loc. cit., p. 1261; MARIA ARMANNO, p. 134; LOREDANA NAZZICONE, pp. 10-11, n. (16); GIAN FRANCO CAMPOBASSO, *Diritto Comerciale. 2. Diritto delle Società*, 1999, p. 288, n. (1). Em Espanha, SOTO VÁSQUEZ, *Tratado práctico de la sociedad de responsabilidad limitada*, 1996, p. 510, bem como JIMÉNEZ SÁNCHEZ/DÍAZ MORENO, p. 17, falam da *possibilidade* de estender à anónima a regulação da sociedade por quotas, sem a impor, o que consistiria, para os últimos Autores, em atribuir à sociedade anónima unipessoal um certo carácter "residual".

Não obstante o que veiculamos, há-de reconhecer-se que a XII Directiva *foi pensada e ditada em primeira linha* para as sociedades equivalentes ao nosso tipo quotista, tendo em conta a "maleabilidade estrutural" da espécie societária e a funcionalidade desejada para os objectivos da política comunitária de incentivo da empresa individual. A esta luz, não haveria que pensar primeiro em formas sociais especialmente direccionadas para a captação de capitais entre os investidores mobiliários, tendencialmente marcadas em razão da sua própria natureza por uma ampla base pessoal em ordem à integração do seu capital, e, de qualquer modo, caracterizadas por uma diversificação substancial entre propriedade e gestão. Antes parece lógico instrumentalizar à partida a situação de unipessoalidade num tipo social "fechado" ou privado de vocação para a livre e aberta circulação das fracções representativas do respectivo capital social, que desenvolve a sua actividade preferencialmente mediante recursos económicos aportados por um número reduzido de pessoas. Nestes termos, a recondutibilidade da escolha *em primeiro grau* à sociedade por quotas faz todo o sentido, quanto mais não fosse devido "ao facto de a sociedade de responsabilidade limitada ser considerada o modelo de sociedade de capitais mais vizinho às exigências dos novos empresários e das pequenas e médias empresas que a directiva (...) quer favorecer" (GIAN DOMENICO MOSCO, p. 36), uma vez que "se presta a uma acentuação da relevância do elemento pessoal no exercício de actividades empresariais mais contidas" (EDOARDO COURIR, *Limiti alla responsabilità...*, ob. cit., p. 291) e se assume como "idóneo a consentir o ingresso de novos sócios sem necessidade de modificações estatutárias" (ROBERTO WEIGMANN, "Società di un solo socio", loc. cit., p. 213). Em

sociedade por quotas a possibilidade de ser utilizada para o exercício *materialmente* individual de uma actividade de empresa, sem que isso acarrete aos seus membros a subtracção do privilégio da responsabilidade

segundo grau aparecia a aplicação da XII Directiva às sociedades anónimas nas condições previstas pelo art. 6°, sendo nítido que para ambos os tipos a unipessoalidade obedeceria à mesma regulação. Se esta não for a compreensão, dever-se-á achar que o legislador comunitário incorreu numa grave e obscura *incoerência* ao enfrentar o problema do *tipo de sociedade* em cujo regime se integrará a responsabilidade limitada do sócio único (sobre este ponto, cfr. RENATO RORDORF, "Fallimento del socio unico di società a responsabilità limitata unipersonale. Il commento", *Società*, 1996, p. 554). Não teria lógica, a não ser nesta relação de diferença de graus, estabelecer como premissa de promoção da disciplina a agilização da pequena e média empresa, e depois abalá-la com a indicação da sociedade anónima, *prima facie* pouco vocacionada para esse tipo de empresas, em plano de igualdade com a sociedade por quotas.

Poderia, ao invés, ainda opinar-se que o art. 6° da XII Directiva quer apenas dizer que o seu regime jurídico servirá de disciplina orientadora se, ou quando, houver nos Estados-membros a previsão da sociedade anónima unipessoal. Neste sentido, entre outros, cfr. SCOTTI CAMUZZI, "Srl con unico socio...", loc. cit., p. 504, e DUQUE DOMÍNGUEZ, "La 12.ª Directiva...", loc. cit., p. 281, que não se inibiu de depor a favor da formulação de uma norma para o acolhimento da sociedade anónima unipessoal, susceptível de clarificar a situação legislativa e integrar explicitamente no sistema jurídico a fundação por uma pessoa de uma sociedade anónima. O Autor espanhol (atente-se ainda às pp. 273-5), antes da recepção da sociedade unipessoal, apesar de entender que o campo de aplicação da nova forma social respeita *às sociedades de capitais*, pois a regulação da XII Directiva aplica-se, em algumas circunstâncias, às sociedades anónimas de um único accionista, atribui sem rebuço ao diploma comunitário uma *eleição* da sociedade de responsabilidade limitada como meio de organizar uma empresa individual, em detrimento *reflectido* da sociedade anónima, por razões que têm a ver com a diferente estrutura dos dois tipos, o que confirma o facto de não ter prefigurado a necessidade de criar também a sociedade anónima monossubjectiva.

Parece-nos, contudo, que, no essencial, esta doutrina entra em contradição. Uma vez decantada da intenção comunitária uma *vontade de uniformização de regime jurídico da sociedade de capitais unipessoal*, não se deve dizer que se pôs de lado a sociedade anónima porque não serve para o que se pretende. Isto é, se se entende que o essencial é essa uniformidade, não se pode depois entender que os Estados-membros poderiam escolher o momento para prever a sociedade anónima unipessoal e só quando o decidissem a submeteriam à regulamentação entretanto adoptada para a sociedade de responsabilidade limitada unipessoal. Não nos parece que seja esse o sentido a considerar do enunciado comunitário.

Essa liberdade discricionária, para nós, de facto, não assistia (assiste) aos Estados--membros. Tanto mais que, ademais da *mens legislatoris,* os elementos gramaticais podem ser dúbios, mas deverão ser clarificados. Como? Em passo imediatamente anterior, tomámos posição sobre uma primeira etapa de resolução interpretativa do art. 6°, consistente no âmbito da aplicação por ele feito para o n° 1 do art. 2°. A outra etapa respeita precisamente

limitada aquando da exigibilidade das obrigações sociais, seja para uma pessoa singular, física ou humana, seja para uma pessoa colectiva.

à sua parte final. Quando o art. 6º fala em aplicar as disposições da Directiva «também em relação às sociedades anónimas», isso quererá significar que o legislador comunitário entende ficar *só* pela *prevenção de futuras ou presentes dessintonias* entre a sociedade anónima unipessoal e a sociedade de responsabilidade limitada unipessoal? Ou, tendo em conta que o art. 1º da Directiva é muito evidente em aplicar as suas medidas ao tipo quotista, será que o art. 6º *dilata o âmbito de aplicação do art. 1º*, sempre que a hipótese nele prevista se verifique, isto é, como já se viu, a permissão da unipessoalidade societária? Esta última visão é aquela que mais utilidade retira da prescrição comunitária e a mais verosímil atendendo aos dados racionais por que mostrámos simpatia. Representa, além de tudo, a concretização da capacidade do normativo comunitário *de qua* para se expandir para além das balizas inicialmente traçadas pela Proposta de Directiva da Comissão Europeia: como vimos, a versão final da XII Directiva rompeu com a hostilidade primitiva à utilização da unipessoalidade na organização técnica de cadeias empresariais-societárias, o que se perspectivou como um alargamento da susceptibilidade de aproveitamento do mecanismo societário-unipessoal para além da empresa individual detida pela pessoa humana, ainda que fosse esta empresa que se quisesse agilizar em primeiro e central lugar.

Assim vistas as coisas, também joga melhor a adopção nos mesmos termos da unipessoalidade no tipo accionista. Veja-se o raciocínio de paralelismo que julgamos convincente. Se é certo que não se pode circunscrever à pequena e média empresa o âmbito de *utilização* da sociedade unipessoal, também será legítimo acompanhar essa mutação com a ampliação do âmbito de *aplicação* da Directiva à sociedade anónima, mais próxima da estrutura e da dinâmica dos grupos. Se assim não fosse, aliás, era incompreensível a insistência da Comissão Europeia em fazer com que se reconhecesse a sociedade anónima unipessoal, esforços esses que, em "termos diplomáticos", se exprimiram num *convite* aos Estados-membros para «permitir a criação da sociedade anónima com um único associado, *nos termos previstos pelo art. 6º da Décima Segunda Directiva 89/667/CE do Conselho*» (cfr. art. 4º, al. c), itálico nosso, da Recomendação de 7.Dezembro.1994, sobre a transmissão das pequenas e médias empresas, in JOCE nº L 385, pp. 14 e ss; veja-se igualmente a Comunicação da Comissão relativa a essa recomendação, in JOCE nº C 400, pp. 1 e ss, esp. p. 4, ambas publicados em 31.Dezembro.1994).

Diremos ainda que esta será a melhor via para se apreender uma das parcelas da recente intervenção do Conselho da UE, aquando da disciplina relativa ao estatuto da *sociedade anónima europeia,* introduzida pelo Regulamento (CE) nº 2157/2001, de 8.Outubro.2001 (in JOCE nº L 294, de 10.Novembro.2001, p. 1), uma vez que, nos termos do respectivo art. 3º, nº 2, as sociedades europeias (necessariamente anónimas) constituídas como filiais por *uma outra* sociedade europeia poderão existir mesmo que as disposições do Estado-membro da sede da sociedade europeia filial não permitam a unipessoalidade anónima (não será o nosso caso), e, mais relevante para o que aqui nos importa, essa sociedade europeia unipessoal deverá ser regulada *mutatis mutandis* pelas *normas que*

Chegamos a este entendimento por ser nossa crença que o art. 84º estava pensado para um sistema legislativo que como *regra* não admitia que a sociedade comercial se pudesse constituir pela vontade unilateral e

---

foram adoptadas na tarefa de transposição da XII Directiva, isto é, para o nosso ordenamento, os arts. 270º-A e ss. Com isto, gera-se, a nosso ver, um esforço adicional para equiparar os regimes da sociedade unipessoal por quotas e anónima e supre-se o que parece que já devia ter sido empreendido: a consagração de uma normatividade própria para a sociedade anónima unipessoal em cumprimento da XII Directiva.

A circunscrição do tratamento da unipessoalidade ao tipo quotista tem merecido outras considerações, para além da mais óbvia respeitante à violação (ou não) do comando comunitário (mas em escassa medida), neste quadro de *desequilíbrio sistemático* de difícil justificação (SABINO FORTUNATO, "Il diritto societario...", loc. cit., p. 438, bem como GIAN FRANCO CAMPOBASSO, "La responsabilità del socio nella s.r.l. unipersonale", *GC*, 1994, p. 229, optam por denominar a decisão do legislador como "incongruência sistemática"). Em primeiro lugar, há quem mesmo chegue ao ponto, no direito comparado, de defender a *ilegitimidade constitucional* de uma lei em tal teor restritiva, devido à inconstitucionalidade da disciplina à luz da vigência do princípio da igualdade (entre nós, como se sabe, *ex* art. 13º da Constituição da República Portuguesa). A pertinência da questão não tem, contudo, recebido uma recepção unânime. Se há quem veja na mera exclusão, no caso da unipessoalidade, da sociedade anónima do benefício da responsabilidade limitada, pois este deve actuar independentemente da dimensão da sociedade, uma diferença de tratamento a sancionar por actuação dos princípios constitucionais (cfr. GIOVANNI CABRAS, pp. 281-2), outros asseguram que "o princípio da igualdade não implica que se deva poder limitar a responsabilidade também através do recurso a outro tipo social nem ... *implica igualdade de tratamento entre tipos sociais*" (GIORGIO OPPO, "Società, contratto, responsabilità (a proposito della nuova società a responsabilità limitata)", *RDC*, 1993, p. 191, o itálico é nosso; no mesmo sentido, cfr. FEDERICO TASSINARI, p. 732, que se "agarra" à insubsistência de identidade entre os dois tipos de sociedade, cada um deles idóneo a disciplinar uma peculiar realidade económica e submetido a um corpo normativo autónomo e susceptível de ser modificado *sem dependência* do outro; também CARLO IBBA, "La s.r.l. unipersonale fra alterità soggettiva e separazione patrimoniale", *Studi in onore di Pietro Rescigno*, 1998, p. 262). Outra parcela da investigação, apesar disso, entende que a discriminação retratada entre os credores da sociedade anónima e os credores da SQU não pode deixar de erguer uma difícil justificação em confronto com o princípio constitucional (assim, GIULIANA SCOGNAMIGLIO, *ibid.*, p. 248).

Não obstante estes diferentes modos de encarar um problema demasiado lateral ao nosso objecto de estudo, não é este o espaço para ir mais longe. Quando muito, digam-se, a propósito das reflexões transalpinas, algumas palavras. Se se fala de desigualdade, parece-nos que esta contenderá, não com a sociedade anónima enquanto *fattispecie* social, mas antes com o preenchimento da faculdade jurídica primária titulada pelos *sujeitos que pretendem constituir unipessoalmente as suas empresas sob essa forma* através da celebração de um negócio social a isso tendente. Por conseguinte, a controvérsia parece surgir a jusante do poder de auto-determinação do indivíduo que deseja constituir uma sociedade

exclusiva de um só sujeito e, por outro lado, que o único sócio de uma sociedade de responsabilidade limitada pudesse gozar do benefício da responsabilidade limitada. A operatividade do art. 488º, nº 1, e a multi-

---

anónima unipessoal e não o pode fazer, apesar de parecer razoável sustentar que à colocação no sistema jurídico desse mecanismo o Estado estar vinculado.

Na verdade, o princípio da igualdade tem uma primordial relevância no direito privado onde se densifica com particular acuidade a sua valência axiológico-normativa geral. Como ensina GOMES CANOTILHO, *Direito Constitucional e Teoria da Constituição*, 1999, p. 399, esse princípio "dirige-se ao próprio legislador, vinculando-o à *criação de um direito igual para todos os cidadãos* (...): para todos os indivíduos que têm as mesmas características devem prever-se, através da lei, iguais *situações* ou *resultados jurídicos*" (sublinhado do Autor). Para além deste postulado formal, tem vindo a crescer, a fim de evitar as discriminações relativamente ao conteúdo das normas legais em face de não se individualizar daquele modo o igual e o desigual, "a ideia de uma igualdade *jurídico-material* ou substancial, em virtude da reivindicação de um fundamento axiológico-jurídico material da igualdade e de atitudes críticas sobre a ordem socio-económica existente, ligadas à consciência da necessidade e da possibilidade de a modificar" (RABINDRANATH CAPELO DE SOUSA, *Teoria Geral do Direito Civil*, volume I, 1998, p. 60, n. (90), sublinhado do Autor), com a qual se concretiza, em primeira linha, o ditame de se tratarem igualmente situações de interesses iguais e de se tratarem diferentemente situações de interesses diversos, em correspondência com a sua particularidade. Para a valoração de um juízo sobre a (des)igualdade tem sido comummente referido como critério a ponderação da teleologia da decisão jurídica; e a resposta apenas será no sentido da violação da igualdade jurídica se não se verificarem não só "fundamentos sérios" ou "fundamentos materiais suficientes", se não estivermos perante o cumprimento da "exigência de critérios razoáveis e suficientes... em função de certo tratamento jurídico", se se apresentar um "sentido ilegítimo", se se "estabelecer diferenciação jurídica sem um fundamento razoável", mas sobretudo, apelando à "intenção materialmente específica do direito", a igualdade será respeitada se "o conteúdo concreto da decisão jurídica surge referido a fundamentos, normativas *ab extra*, que a ele próprio e à sua teleologia autonomamente os justifiquem", atendendo, por isso, em qualquer caso, à "razão pela qual ela deve ser tratada de certo modo" (fórmulas que, entre outras, encontramos para precipitar um critério de valoração: cfr. CASTANHEIRA NEVES, *O instituto dos «assentos» e a função jurídica dos Supremos Tribunais*, 1983, pp. 172-180, seguido por RABINDRANATH CAPELO DE SOUSA, *ibid.*, p. 61; MARIA DA GLÓRIA FERREIRA PINTO, "Princípio da igualdade – Fórmula vazia ou fórmula «carregada» de sentido?", *BMJ*, 1986, pp. 38-46 e 52-3; JORGE MIRANDA, *Manual de Direito Constitucional – Direitos Fundamentais*, tomo IV, 1993, pp. 213-15; GOMES CANOTILHO, p. 402, que não menospreza, em complemento, "a imprescindibilidade da análise da «natureza», do «peso», dos «fundamentos» ou «motivos» justificadores de soluções diferenciadas").

Logo, se aqui se pode erguer algum problema, esse remete-nos para a *igualdade relacional* que o art. 13º, nº 1, da Constituição, também persegue. De facto, se o sujeito A (suponhamos, com ambições empresariais mais modestas e com vontade de sedimentação da sua actividade) é igual ao sujeito B (que deseja colocar a sua futura empresa num

plicação das sociedades anónimas de capitais exclusivamente públicos forneceram, no entanto, ao quadro normativo-positivo *uniforme* do art. 84°, privativo das sociedades de capitais *reduzidas a um único sócio*,

---

estádio jurídico susceptível de proporcionar uma facilidade mais palpável de transmissão da sua empresa) quanto à legítima aspiração, no exercício da sua liberdade de iniciativa económica, de constituir uma sociedade através da qual possam realizar um interesse que lhes é comum – a limitação da responsabilidade patrimonial que decorre da actividade empresarial-societária –, estando reunidas as condições pessoais e formais que a lei exige para a constituição de sociedades mercantis, parece pouco plausível que o sujeito A possa formar uma SQU e o sujeito B não possa constituir uma sociedade anónima unipessoal. Além disso, não se esqueça que quando o sector estadual pretendeu fazer uma reiterada intervenção em variados ramais da actividade económica, elegeu a anónima unipessoal como forma jurídico-privada idónea para levar a cabo tal intento, à imagem do que já era permitido em sede de grupos de sociedades em domínio total (sobre a *neutralidade ideológica*, a *susceptibilidade de adaptação instrumental* e o *aproveitamento da maior agilidade de funcionamento* da estrutura normativa da sociedade anónima, enquanto facto organizativo da empresa sob a forma colectiva, para essa reivindicação de intervenção do Estado na economia, cfr., em conjunto, BROSETA PONT, "Las empresas públicas en forma de sociedad anónima", *RDM*, 1966, pp. 287-8; GUIDO ROSSI, p. 299; ANTONIO POLO, "Reflexiones sobre la reforma del ordenamiento jurídico mercantil", *Estudios de Derecho Mercantil en homenaje a Rodrigo Uría*, 1978, pp. 610-12), pelo que "uma *igualdade da concorrência* no mercado parece reclamar para o empresário privado a possibilidade de acesso às mesmas estruturas organizativas da empresa" (IGLESIAS PRADA, "La sociedad unipersonal y el Proyecto de Ley de Sociedades de Responsabilidad Limitada", *La reforma de la sociedad de responsabilidad limitada*, 1994, p. 927). Portanto, não obstante o favorecimento pretendido da pequena e média empresa (mas, anote-se, como "factor de revitalização da iniciativa privada e da actividade económica em geral": cfr. DR, I Série--A, 31.Dezembro.1996, pp. 4702-3, o que poderá afastar a tentação de aí ver qualquer propósito de se favorecerem arbitrária e unilateralmente apenas os pequenos empresários *com exclusão de todos os outros*), não será de todo descabido entender que houve uma deficiente apreciação das situações que *potencialmente* preenchiam os mesmos pressupostos materiais de facto. Do modo como está o sistema societário, sendo o negócio jurídico de constituição de uma sociedade anónima unipessoal vedado ao sujeito (a *qualquer sujeito*, de modo a salvaguardar a previsão do art. 488°, n° 1), até poderá ser viável desenvolver, por quem esteja habilitado, a eventual afectação da relevância do princípio da igualdade no domínio das relações negociais em sede de acto gerador de uma sociedade desse tipo só com um sócio, "pois o negócio jurídico, sendo um instrumento de autodeterminação, é, por natureza, um meio de exprimir preferências subjectivas (...) em relação aos bens, mas também em relação às pessoas, aos outros com quem se deseja ou não contratar" (SOUSA RIBEIRO, "Constitucionalização do direito civil", *BFD*, 1998, p. 751).

Por outro lado, outra corrente doutrinal sustenta que, com esse restritivo procedimento legislativo, se negligenciou um efeito que não deve ser assumido e que poderá mesmo ser contraditório com a realidade concreta dos operadores jurídicos (presente e futura), que é a *equívoca* conexão entre a sociedade unipessoal e a pequena e média empresa (cuja promoção, por ser um dos motivos inspiradores da XII Directiva, não deverá exaurir por si só as potencialidades da sociedade unipessoal, repete-se). Ora, à falta de parâmetros objectivos na regulamentação da SQU, em sede de facturação anual, de número de trabalhadores dependentes, de montante máximo de capital, entre outros limites configuráveis, nada legitimirá essa associação, que, aliás, também não deverá ser apoiada pelo facto de a sociedade por quotas ser, *prima facie*, o tipo de estrutura mais apropriada para essa dimensão empresarial: cfr. CARLO IBBA, *ibid.*, pp. 262-3. Parecendo concordar com esse registo, uma vez que põe em causa a valência sistemática da decisão de comunicar a limitação da responsabilidade, enquanto "privilégio", apenas à actuação de um determinado arranjo organizativo, cfr. CARLO ANGELICI, "Società unipersonali: l'esperienza comparatistica", loc. cit., p. 893; ademais o Autor entende que isso não se compreenderá comodamente atendendo à tendencial assonância das soluções organizativas adoptadas para a sociedade por quotas e para a sociedade anónima no direito italiano. Em sentido contrário, GIORGIO OPPO, *ibid.*, p. citada, que pretende "reconduzir a limitação da responsabilidade [instituída em benefício do sócio único da sociedade por quotas] a um *favor* para um modelo de exercício que tipicamente e socialmente, se não em sentido rigorosamente técnico, é entendido – tanto mais não fosse pela «elasticidade» e pela possível simplificação da estrutura – como melhor adoptado pela empresa de menor dimensão". Com o mesmo género de apontamentos, caracterizados pela enfatização da sociedade de responsabilidade limitada unipessoal como aparelho jurídico de promoção da criação e de prossecução sob a forma societária de pequenas e médias empresas uninominais, cfr. PASQUALE MACCHIARELLI, p. 983; GERARDO VILLANACI/GIOVANNI CALAFIORE, pp. 410-11, 413; GIAN FRANCO CAMPOBASSO, *Diritto Commerciale. 2...*, ob. cit., p. 513; em Espanha, DUQUE DOMÍNGUEZ, *ibid.*, pp. 274-5 e 277, que destaca a maior *objectivação* e *despersonalização* da sociedade anónima, visível na aptidão para fazer circular as acções, em contraponto com o maior grau de personalização que a estrutura quotista conserva (entre outros exemplos, são dados a inexistência de acções substituídas por participações, o círculo mais fechado e quantitativamente limitado dos seus sócios e o regime de adopção de acordos e de administração), para justificar a adopção da sociedade de responsabilidade limitada como resposta ao *objectivo de política jurídica* de atribuição às pequenas e médias empresas da limitação da responsabilidade e, com esta, *estimular as iniciativas individuais de índole empresarial* e *equilibrar o tecido económico entre essas empresas individuais e as grandes empresas.*

É, todavia, para nós evidente, tal como é para GIAN FRANCO CAMPOBASSO, "La responsabilità...", loc. cit., pp. 235-6, que isso não esgota a utilidade da figura uninominal, pois a falta de previsão de um número máximo de sócios e a elasticidade da disciplina ordinária da sociedade por quotas permitirão a utilização da SQU também para o exercício de empresas individuais com uma abastada e consistente dimensão. Mais ainda partilhamos com outra parte da doutrina. "A ideia de uma sociedade unipessoal é na verdade útil no campo das pequenas e médias empresas, mas talvez seja ainda mais relevante e importante no campo dos grandes *grupos em cascata*" (GIOVANNI IUDICA, "La società unipersonale e l'impresa individuale a responsabilità limitata", *Impresa e Società. Nuove tecniche comunitarie*, 1992, p. 151, sublinhado nosso), uma vez que, fechando o círculo do diálogo, a reconhecida polivalência e maleabilidade de regime do tipo quotista em cotejo com o da sociedade anónima – veja-se, só para uma sugestão breve, em matéria de exercício temporal da administração, os arts. 256° e 391°, n° 3 – pode preencher até com mais eficácia o papel que a sociedade unipessoal pode desempenhar nesse domínio. Com este enfoque, parece-nos um pouco descabido defender que a SQU seja um utensílio a utilizar *exclusivamente* (ou até *predominantemente*, para certos domínios de actividade) pelo pequeno e médio *empresário em nome individual* para aceder ao benefício da limitação da responsabilidade.

Esta ideia, na verdade, não chegou a ser integralmente acolhida, uma vez que, como sabemos, o texto definitivo da XII Directiva não confirmou as originárias restrições à possibilidade de uma pessoa colectiva ser sócia de uma sociedade unipessoal, antes deixando à liberdade dos legisladores nacionais, de acordo com o VI «Considerando» e o art. 2°, n° 2, a previsão sobre o modelo de SQU utilizável só pelo empresário individual, ou também pelas pessoas jurídicas e, logo, pelos grupos societários. Exercendo a preferência que o legislador comunitário convencionou, essa valoração *restritiva*, por fim, não chegou a ter tradução positiva na lei portuguesa, pois o art. 270°-A, n° 2, permite a constituição unilateral de SQU por pessoa colectiva, ou seja, por sujeitos colectivos para os quais aquela pretensa *ratio* (no seu sentido exclusivista, entenda-se) não encontra qualquer meio de preenchimento: "por aqui se vê que o objectivo do legislador foi *também* o de criar um novo expediente para a formação de grupos de sociedades" (ALEXANDRE SOVERAL MARTINS, "Código das Sociedades...", loc. cit., p. 306, sublinhado nosso). Em sentido próximo para o direito italiano, *vide* ainda MARCO SPOLIDORO, "La legge sulla s.r.l. unipersonale", loc. cit., p. 103; LOREDANA NAZZICONE, p. 10, n. (14). No direito espanhol, antes da positivação legal do mecanismo unipessoal societário originário, era também claro que, se se entendesse alargar o benefício da limitação da responsabilidade às pessoas colectivas, "mudava de certo modo a *filosofia da instituição*, que de um mecanismo para o fomento da pequena e média empresa titular se converte ademais em técnica de livre utilização por sociedades e grupos capitalistas" (HERRERO MORO/FERNÁNDEZ DEL POZO/GONZÁLEZ DEL VALLE GARCÍA, "El empresario individual de responsabilidad limitada: ventajas, problemas, soluciones", *RCDI*, 1990, p. 21, sublinhado da nossa responsabilidade). Apesar do desinteresse em regular qualquer aspecto relacionado com os grupos, apenas colmatado com a atribuição ao legislador nacional da faculdade de adoptar medidas ou estabelecer sanções, também DUQUE DOMÍNGUEZ, *ibid.*, p. 282, reconhece que "a Directiva será também um *instrumento ordinário para a constituição e funcionamento dos grupos de empresas* – como o tem sido" (sublinhado do Autor). Entre nós, no contexto de uma convincente defesa *de iure condendo* da introdução da sociedade anónima unipessoal, que a XII Directiva encorajaria, também CATARINA SERRA, "As *novas* sociedades unipessoais por quotas", loc. cit., p. 130, entendeu que seria vantajoso aproveitar o expediente da unipessoalidade para fazer face às "necessidades da máxima quantidade e diversidade de empresas possível, nomeadamente, que ele viesse a ser utilizável no âmbito das sociedades anónimas, posto ao serviço de outros fins (por exemplo, para a criação de grupos de sociedades)".

Sob um outro prisma, tal escolha determina algumas dissonâncias no tratamento de cada uma das espécies societárias quando se apresentam apenas com um único sócio. Desde logo, ressalta, em sentido específico, a disparidade entre os credores do único *quotista* (ou seja, da SQU) e os credores do único *accionista* (melhor, da sociedade por acções unipessoal) sob o prisma de uma possível diferença de responsabilidade patrimonial. Por outro lado, deveria ser razão estimável para evitar a cirucunscrição do reconhecimento legal da unipessoalidade à previsão da sociedade por quotas o facto de isso dar lugar a que as anónimas unipessoais derivadas possam estar *de facto* em melhor condição, sob certos aspectos, do que as SQU, ao não estarem submetidas a uma disciplina especial. Depois, numa vertente mais global, pelo facto de a lei não permitir também à sociedade anónima a possibilidade de se constituir (*rectius*, de ser constituída pelos sujeitos interessados) com um único sócio fundador, impedindo que com ela se possa alcançar o resultado da limitação da responsabilidade no exercício individual da empresa e deixando escapar uma solução uniforme na tentativa de erradicar do tráfico a anómala situação de real e tolerada subsistência de sociedades de favor, preordenadas à detenção integral por um só sócio, mantendo ou não a pluralidade pessoal mediante testas-de-ferro, para *todas* as sociedades de capitais. O silêncio sobre uma regulação expressa da sociedade anónima unipessoal de raiz não é idónea a resolver as indefinições que uma *diferença de tratamento subjectivo dos tipos* acarreta. Fica, só para inquietação, a pergunta incómoda: será aplicável à *sociedade anónima unipessoal superveniente*, na circunstância de se preencher alguma das previsões normativas que integram a disciplina específica da SQU, o regime particular da unipessoalidade quotista? Configuremos uma situação: se os negócios feitos pela sociedade anónima de um único sócio com este extravasarem o âmbito de aplicação e sanção do art. 397° (bastará que esse sócio não seja administrador), poderão aplicar-se as consequências previstas pelo art. 270°-F, n° 4, ou mesmo que se integrem nessa hipótese da norma específica da sociedade anónima, poderá a nulidade prescrita pelo n° 3 do art. 397°, nas condições de violação aí previstas, ser cumulada com a declaração da responsabilidade ilimitada do accionista remanescente? [Sobre as potencialidades interpretativas do art. 270°-F, n° 4, *vide infra* Capítulo IV, em esp. o respectivo ponto 20.] Por fim, da abstinência legislativa advém ainda a desvantagem de assim não se proporcionar, particularmente em matéria de grupos, as soluções tecnicamente mais favoráveis ou concordantes com a dimensão da empresa (o que obstaculiza em determinados casos o emprego da SQU para pôr no terreno iniciativas económicas de grande magnitude e necessitadas da obtenção de recursos financeiros nos mercados de capitais: sobre o ponto, *vide infra* Capítulo II, ponto 12) e de não se permitir o acesso à unipessoalidade em todas as situações em que a forma anónima seja imposta por lei para o desenvolvimento de determinadas actividades como seu objecto social. Sobre estes assuntos, cfr., entre outros, SÁNCHEZ RUZ, p. 12955--6; IGLESIAS PRADA, "La sociedad de responsabilidad limitada unipersonal", loc. cit., p. 1012-13; JIMÉNEZ SÁNCHEZ/DÍAZ MORENO, p. 18.

Ainda assim se poderia defender a perspectiva do legislador pátrio. Este partiu dos pressupostos *mais consensuais*: os tipos sociais ainda se abrigam na concepção predeteminada de empresas de diferente envergadura e, neste âmbito, a anónima não está nitidamente construída para a pequena e média empresa. Logo, a opção do legislador será válida e nada obrigava a que alargasse à anónima o privilégio da unipessoalidade. Essa escolha, aliás, é tão válida como as feitas no que respeita a outras sociedades com objectos especifícios e actividades de certa estirpe que apenas poderão ser constituídas com as formas que o legislador permite. Ou as "indiscutidas" opções numéricas mínimas para constituição de certas espécies societárias, como na sociedade anónima. Tudo isto é verdade mas não nos parece resistir ao que já argumentámos, em particular no que se refere à mudança de *política jurídico-finalística* da XII Directiva, que impõe ir um pouco mais longe do que a simples reserva feita da sociedade por quotas para a unipessoalidade, pois a sua adequada interpretação racional implica a *ilegitimidade* de qualquer discriminação entre sociedade por quotas e sociedade anónima em atenção à *função económica* que se busque em cada um dos tipos. Aliás, os caminhos seguidos recentemente pela Alemanha e a França, com a *kleine Aktiengesellschaft* e a *société per actions simplifiée*, demonstram a vontade de se moldar a técnica de organização proporcionada pela anónima, desde logo em maleabilidade estrutural, a empresas de menor ambição *dentro das iniciativas económicas de porte assinalável*, mas que, por isso mesmo, não necessitam de se financiar nos mercados de transacção de valores mobiliários (veja-se nota seguinte).

Diga-se, não obstante, que se o papel económico pode não ser importante para a discussão, a disciplina de cada um dos tipos terá a habilitação para obviar a uma uniformidade das sociedades de capitais em sede de unipessoalidade. Os regimes em matéria de funcionamento e de órgãos são diferentes, diferenças de regime que justificariam um regime desigual. É verdade, mas também partilham alguns âmbitos funcionais – não se esqueça, o que será nuclear na regulação societária da unipessoalidade, que a protecção dos interesses de terceiros está sustentada em *bases semelhantes*, que se estruturam predominantemente na existência de um capital de responsabilidade patrimonial fixo e intangível, cujo regime jurídico *essencial* aparece disciplinado de forma idêntica na Parte Geral do CSC: cfr. arts. 25º e ss (para a obrigação de entrada), 31º e ss (para a conservação do capital) –, não sendo suficientemente relevante o estatuto próprio da sociedade anónima e a sua característica despersonalização para fundamentar o impedimento do acesso à unipessoalidade da forma accionista, reduzindo o espectro de possibilidades de configuração formal da sociedade unipessoal, em clara incompatibilidade com a *sã convivência* de "dois modelos organizativos de sociedades de capitais com uma polivalência funcional de certo modo concorrente" (IGLESIAS PRADA, "La sociedad de responsabilidad limitada unipersonal", loc. cit., p. 1014). Mesmo que o problema fosse esse, o importante é que se estabelecesse um *regime complementar* destinado a regular a unipessoalidade, que se juntaria ao regime comum das normas legais (e estatutárias) que têm por base a pluralidade dos sócios.

Um caminho de pensamento com premissas distintas também nos parece dar razão. Podia dizer-se: só se deverá admitir a sociedade anónima unipessoal se a diferença de regimes entre os dois tipos for *significativamente relevante em certas matérias*. Se não o for, a desigualdade é defensável. Ou seja, a anónima unipessoal deveria ser admitida apenas e só quando essa circunstância se preenchesse e houvesse uma razão ou razões para o empresário individual escolher a anónima em detrimento da sociedade por quotas, o que anula o argumento de já ter disponível a SQU. E, de facto, a mero título de ilustração mais evidente, em sede de transmissão (e respectivas formalidades) de participações sociais (em conformidade com as modalidades de acções), ou em sede de tributação do capital representado por acções, *há diferenças*. Logo, há diferentes *interesses* a serem convocados na opção de uma das duas espécies de unipessoalidade a fornecer à *praxis* mercantil. Portanto, *não será indiferente poder escolher* entre a anónima unipessoal e a quotista unipessoal, uma vez que *variam os critérios de decisão* do operador jurídico que se confronta com essa alternativa.

Mesmo havendo diferenças de regime que justifiquem um interesse legítimo de escolher, a recomendação da anónima unipessoal tem ainda outro crivo a passar, uma vez que parece que essa pode não ser aconselhável se se afectarem interesses superiores de terceiros e o interesse público. Na verdade, poderá aventar-se uma hipótese de justificação do receio de admitir a sociedade anónima unipessoal, justamente aquela que residirá na *potencial não personalização* dessa modalidade, tendo em conta a ductilidade possibilitada na mudança da titularidade. Tendo em conta o regime de transmissão da participação social na anónima, que é a da empresa, a associação da empresa ao empresário volatiliza-se, o que é dizer que muda de mãos num domínio de anonimato que poderá causar surpresas danosas nas pessoas que com essa sociedade se relacionassem. Pelo menos, dir-se-ia, a cessão de quotas exige medidas (escritura pública e registo) que acautelam os interesses desses terceiros. Ao menos, terá pensado o legislador, se a unipessoalidade encerra perigos, não os aumentemos na sua ligação a partes da disciplina do tipo social que a acolhe: na verdade, deverá haver uma ligação mais acentuada entre o tipo quotista e a pessoa do sócio único e uma maior permanência desse sócio no exercício da empresa social respectiva. Na anónima unipessoal, o património garantia dos credores pode desvanecer-se rapidamente com a transmissão da participação social. No entanto, sabe-se que mesmo nas sociedades pluripessoais os terceiros credores acabam na prática por garantir com especiais cautelas as suas relações jurídicas, nomeadamente os credores fortes. E também se sabe que nas sociedades fictícias com domínio esmagador de um dos sócios, este sócio transmite a sua participação (e, com toda a probabilidade, os seus sócios complacentes, que estão lá só para satisfazer o intento empresarial desse sócio) muito facilmente e sem garantias adicionais especiais para os credores. Logo, os perigos adicionais da unipessoalidade anónima não devem ser sobrevalorizados ao ponto de a não vislumbrarmos no nosso horizonte. Se há interesses a preencher, como pensamos que os diferentes mecanismos societários associados a cada um dos tipos revelam, esses perigos devem ser atenuados ou supridos.

Foi precisamente neste trilho, a nosso ver, que andou o legislador que regulou a unipessoalidade das sociedades anónimas destinadas a operar na Zona Franca da Madeira. O art. 3º, nº 1, do DL nº 212/94, restringiu as acções à modalidade nominativa («As acções de sociedades anónimas unipessoais são *obrigatoriamente* nominativas»: sublinhado nosso). Com essa opção, impôs-se a transmissão dos *títulos* de acções dessas sociedades com a solenidade mais exigente dessa categoria de acções da anónima (para o então vigente art. 326º, entretanto revogado pelo art. 15º, nº 1, al. d), do DL nº 486/99, de 13.Novembro, que aprovou o actual CVM; veja-se, neste diploma, para o regime de transmissão das acções tituladas nominativas, o art. 102º) – numa natural aproximação da sociedade anónima unipessoal aí consagrada à sociedade anónima "fechada ou familiar", onde se costuma usar da prerrogativa dada pelo art. 328º (e 329º), no que se refere ao condicionamento da transmissão das acções, que motiva também a obrigatoriedade de acções nominativas nos termos do art. 299º, nº 2, al. b) –, categoria essa que, pela definição que hoje nos é dada pelo art. 52º, nº 1, do CVM, permite à sociedade emitente conhecer a todo o tempo a identidade dos titulares [constante dos registos em conta que a sociedade tem ao seu dispor – no caso de serem acções escriturais: cfr. arts. 61º e ss do CVM –, ou dos títulos – na hipótese de acções tituladas: cfr. art. 97º, nº 1, al. c), igualmente do CVM], o que não se passa com as acções ao portador.

[38] Assim também com essa ambição reconstrutiva, embora não levada a cabo através da elaboração de um regime geral como sustentamos, se pode explicar a reforma dos mais proeminentes ordenamentos europeus no campo de enfoque da sociedade por acções. Na Alemanha, a *Gesetz für kleine Aktiengesellschaften und zur Deregulierung des Aktienrechtes*, de 2.Agosto.1994, foi responsável por uma disciplina da *pequena sociedade por acções* e por algumas medidas de desregulamentação do direito aplicável a esse tipo social, pela qual passou a ser possível, por alteração do § 2 da *AGesetz*, a um único sujeito (e não apenas a um número mínimo de cinco sócios) constituir uma sociedade anónima. A modificação do direito alemão visou eliminar a diminuta flexibilidade e o formalismo administrativo que caracterizam a sociedade por acções, a fim de tornar o tipo accionista mais interessante para as sociedades de pequenas e médias dimensões, e, talvez ainda mais nuclear, propiciar-lhes o acesso aos mercados de capitais resultante da possível cotação em bolsa e, com isso, novas modalidades de financiamento da sua actividade. A consagração da unipessoalidade na sociedade por acções vem, de acordo com a doutrina germânica, pôr o ordenamento societário de acordo com o art. 6º da XII Directiva e, segundo MARINA PLANCK, "Kleine AG als Rechstform-Alternative zur

GmbH", *GmbHR*, 1994, p. 501 (em geral, sobre a *Einpersonen-AktG*, pp. 501 *in fine*-502), oferecer aos interessados a possibilidade de se habituarem, formando de origem ou transformando a já existente forma de organização societária (principalmente a *GmbH*), às principais regras em matéria de sociedade por acções, o que lhes permitirá uma "fase de aquecimento" (*Aufwärmphase*) destinada a preparar a sua entrada em bolsa com a cotação dos seus títulos. Complementarmente, adicionou-se um período ao § 36, al. 2, que estatui a obrigação de o sócio fundador conceder uma garantia relativa à parcela da entrada em dinheiro que supere a quantia realizada; elaborou-se uma nova norma, o § 42, pela qual o único accionista ficou vinculado a declarar ao registo empresarial o seu nome e apelido, a profissão e a residência. Ficou mais uma vez claro que não se criou um novo tipo social, mas a linha de demarcação entre as sociedades de capitais deixa cada vez mais de se fazer com base na forma jurídica – houve quem avançasse que as sociedades por acções se dividiam entre aquelas que se encontravam cotadas em bolsa e as que não estavam, aproximando estas da normatividade da sociedade de responsabilidade limitada: cfr. MARCUS LÜTTER, "Das neue «Gesetz für kleine Aktiengesellschaft und zur Deregulierung des Aktienrechts", *AG*, 1994, p. 430 (especificamente sobre a sociedade anónima unipessoal, pp. 430-6). Sobre o assunto, *vide* PETER KINDLER, "Die Aktiengesellschaft für den Mittelstand", *NJW*, 1994, pp. 3042-3; JÜRGEN HAHN, "«Kleine AG», eine rechtspolitische Idee zum unternehmerischen Erfolg", *DB*, 1994, pp. 1662-3; OLAF SCHMIDT, "Una struttura più flessible per l'accesso ai mercati di capitali: la piccola s.p.a.", *Società*, 1995, pp. 580-2.

Exactamente no mesmo contexto de entendimento aconteceu algo de similar em França. Este país, um pouco antes, inserira através da Lei n° 94-1, de 3.Janeiro.1994, uma espécie societária, a *société par actions simplifiée*, em função da disciplina dos arts. 262- -1 e ss da *LSCF*, mas o seu regime previa a sua constituição por duas ou mais pessoas – sobre o ponto, com particular destaque para a visão do evento como responsável pela instituição de um novo tipo social, cfr., entre outros, YVES GUYON, "Présentation générale de la société par actions simplifiée", *Rev. Soc.*, 1994, pp. 207 e ss; YVES REINHARD, "Sociétés et autres groupements. Sociétés par actions. Société par actions simplifiée", *RTDC*, 1994, pp. 300 e ss; MICHEL GERMAIN, "La société par actions simplifiée", *Sem. Jur.*, 1994, pp. 153 e ss; SYBILLE PLANTIN, "Transformer une société anonyme en société par actions simplifiée: motifs et procédure", *Sem. Jur.*, 1999, pp. 1906 e ss (a propósito, realce-se, das razões que podem motivar a passagem de uma sociedade por acções *tradicional* para esta forma *simplificada*). Só se andou no mesmo caminho dos alemães com a recente modificação dessa regulamentação pela Lei n° 99-587, de 12. Julho.1999, no sentido da admissibilidade de essa modalidade de sociedade por acções poder ser constituída por uma (*associé unique*) ou mais pessoas a responder pelas perdas sociais no limite das suas entradas (novo art. 262-1, al. 1). A exemplo da *AktG*, também algumas disposições foram tomadas em razão da unipessoalidade originária doravante legitimada, em matéria de redacção necessária do balanço e do relatório de gestão da sociedade pelo presidente (representante estatutário perante os terceiros) da sociedade por acções simplificada unipessoal, com um prazo para a aprovação desses documentos pelo sócio único; de impossibilidade de delegação dos poderes do sócio único; de insusceptibilidade de aplicação da disciplina restritiva da circulação de acções. Porém, manteve-se o encerramento da sociedade ao recurso à subscrição pública e ao financiamento através do mercado de capitais, em virtude da inalteração do art. 262-3. Sobre a reforma gaulesa, cfr. MICHEL GERMAIN, "La SAS libérée", *Sem. Jur.*, 1999, pp. 1505-6; CLAUDE CHAMPAUD/DIDIER DANET, "Sociétés et autres groupements. Sociétés en général. Formes de sociétés. Règles générales. Réforme de la SAS. Introduction d'une société par actions simplifiée unipersonnelle", *RTDC*, 1999, pp. 872-5; YVES REINHARD, "Sociétés et autres groupements. Sociétés par actions. La nouvelle société par actions simplifiée est arrivée", *RTDC*, 1999, pp. 898-9; JEAN PAILUSEEAU, "La nouvelle société par actions simplifiée. Le big-bang du droit des sociétés", *RD*, 1999, pp. 333 e ss; DOMINIQUE RANDOUX, "Une forme sociale ordinaire: la société par actions simplifiée (SAS)", *Sem. Jur.*, 1999, pp. 1812 e ss, esp. 1813-14 e 1818; JEAN-JACQUES CAUSSAIN, "Du bon usage de la SAS dans l'organization des pouvoirs", *Sem. Jur.*, 1999, p. 1664, ss. Sobre este fenómeno germano-francês, sintomático das exigências de simplificação, flexibilidade e eficiência que inspira o moderno direito societário e, em sua consequência, as directivas de harmonização comunitária, cfr. ALAIN VIANDIER, "Libre circulation et mobilité des sociétés", *Actes de la conférence sur le droit des sociétés et le marché unique*, 1998, pp. 36-7. Em consequência, também este Autor acolhe em França a ideia de que actualmente se entrou num processo de erosão da tradicional classificação das sociedades comerciais, cabendo à doutrina e à jurisprudência fixar a ruptura entre *dois* direitos das sociedades, passando o critério a ser o do acesso ao financiamento dos mercados financeiros: "as necessidades, os actores, os riscos, as inspirações são profundamente diferentes na esfera do direito das sociedades cotadas em bolsa e naquela das sociedades não cotadas"("Le droit des sociétés, demain", *Sem. Jur.*, 1999, pp. 3-4).

Também em Itália, há muito que se encara a unipessoalidade no campo das sociedades de capitais. Em boa verdade, o art. 2362 do *CCIt.* [«Em caso de insolvência da sociedade, pelas obrigações sociais contraídas no período durante o qual as acções se encontram pertencentes a uma só pessoa, esta responde ilimitadamente.»] prevê e regula as hipóteses em que, depois da constituição da sociedade e no decurso do seu funcionamento, todas as acções (para as sociedades por quotas, como depois veremos melhor, vigora o similar art. 2497, § 2º), representando o inteiro capital social, se concentram nas mãos de uma única pessoa, verificando-se efectivamente uma hipótese de sociedade por acções unipessoal. Assim é, pois a unipessoalidade superveniente não é causa de dissolução das sociedades de capitais no sistema italiano (só as sociedades simples, as sociedades em nome colectivo e em comandita simples, vindo a faltar a pluralidade de sócios, poderão vir a dissolver-se se, no período de seis meses, não se reconstituir a pluralidade dos sócios, nos termos da norma central do art. 2272, nº 4, do *CCIt.*: vide infra

n. 165). Daí se deverá extrair que se pactua com o perdurar *definitivo* da sociedade por acções, enquanto estrutura organizativa e pessoa jurídica titulada por um único accionista, que se faz valer só ele da organização societária, admitindo-se sem rodeios a legitimidade da actuação lícita de uma sociedade por acções supervenientemente unipessoal – nada veda, aliás, que se tenha constituído a sociedade, nesse tipo social, predeterminada à consecução desse escopo e, portanto, rapidamente adquirindo o *bilhete de ingresso* para o estatuto monossubjectivo, através das pertinentes actuações dos sócios *a sair* da sociedade originariamente pluripessoal –, que assim poderia funcionar até à dissolução, liquidação e extinção da sociedade.

Com a entrada em vigor do diploma que veio instituir a sociedade de responsabilidade limitada com um único sócio, contudo, uma fatia significativa da doutrina deste país veio efectuar uma *clarificação das águas* nesta matéria. Segundo ALDO SCHERMI, pp. 131--2, a modificação introduzida pela criação da dita sociedade unipessoal originária modifica os termos da admissibilidade da unipessoalidade societária: esta apenas poderia ser adoptada como *solução definitiva* na *única* hipótese de sociedade que podia ser constituída com um único sujeito, mediante negócio unilateral. No sistema modificado, as hipóteses, normativamente previstas e reguladas, de sociedades por acções com único accionista, devem ser temporárias e provisórias, destinadas a cessar se a plurisubjectividade, na qualidade de requisito necessário e indispensável da estrutura societária, não viesse a ser readquirida. Ao dizer-se isto, está a apontar-se *de iure condendo* o caminho da dissolução às sociedades reguladas pelo art. 2362, desde que não se tornem novamente plurinominais. Para contornar a ausência de dados positivos no regime das sociedades de capitais, esta doutrina sustenta *de iure condito* que a sociedade unipessoal derivada poderia ser dissolvida à luz da determinação do art. 2448, § 1°, n° 3, igualmente do *CCIt.*, que prevê como causa apta a esse fim a *impossibilidade de funcionamento* da sociedade: neste caso, seria possível (como já o fazia alguma doutrina: cfr. SALVATORE PUGLIATTI, "Il rapporto giuridico unisoggettivo", *Studi in onore di Antonio Cicu*, volume II, 1951, pp. 224--5; bem como alguma jurisprudência, mesmo anterior ao *CCIt.* e que enfrentava o mesmo problema: cfr. a decisão da **Corte d'Appelo de Milano**, de **27.Novembro.1925**, in *RDComm.*, 1929, I, p. 167, ss) sustentar essa impossibilidade pela circunstância de não se poder novamente convocar e reunir um órgão primário e essencial ao desenvolvimento da actividade societária, a assembleia *dos sócios,* um espaço de reunião e deliberação de mais do que uma pessoa, quando apenas passava a existir decisões manifestadas pelo único titular das participações, ainda que se mantivesse (aparentemente) a forma da assembleia. Sem interpretações forçadas da lei e mais *realista* é a atitude direccionada para a reformulação dos termos legais respeitantes à unipessoalidade social exprimida para o direito italiano por CONCETTO COSTA, pp. 14-5. Num tom menos ambicioso, dir-se-ia a meio caminho na interiorização das evidências, apesar de entender que a reconstrução dos dados normativos é impedida pela *explícita* limitação comunitária à sociedade de responsabilidade limitada da possibilidade de constituir uma sociedade por acto unilateral, houve quem decantasse no silêncio legislativo sobre a *especificidade* da sociedade unipessoal (no contexto do carácter *normalmente* contratual das sociedades) a susceptibilidade de ele ser utilizado, no futuro, para um alargamento das *perspectivas unipessoais* da sociedade (cfr. EDOARDO COURIR, *Limiti alla responsabilità...*, ob. cit., p. 298).

O que nos parece certo é que a existência de uma desarmonia entre dois géneros de sociedade unipessoal vigentes no ordenamento societário em vigor tem uma *dupla perversão* que conviria evitar. Note-se, em primeira linha, que se tem referido insistentemente que a nova (e restrita ao tipo quotista) disciplina da SQU introduz um elemento adicional de afastamento entre a sociedade por quotas e a sociedade anónima, reiterando incisivamente com isso as consequências da distinta vocação dos dois modelos, um respeitante à formação de sociedades de base diminuta e de menor dimensão, o outro tangente às empresas com larga participação e com uma circulação difusa de títulos: cfr. FEDERICO TASSINARI, p. 708; GASTONE COTTINO, *Diritto Commerciale. Le società e le altre associazione economiche*, volume I, t. II, 1994, p. 706; GIUSEPPE ZANARONE, "S.r.l. contro s.p.a. nella legislazione recente", *GC*, 1995, pp. 391-2 e 415-16. Há quem diga, neste horizonte, que a unipessoalidade originária consagrada na sociedade de responsabilidade limitada trouxe-lhe *uma nova função* (com o consequente *alargamento da função* que lhe era reconhecida) de abrir a possibilidade de um empresário individual, sem deixar de ser o titular único do negócio e não ter que partilhar o seu poder empresarial, beneficiar da responsabilidade limitada ao património empresarial investido para realizar a actividade da empresa. Essa função, sendo para aqui isto que mais nos importa, só lhe foi imputada por essa forma social *conservar tipicamente os traços de uma personalização ausente da sociedade anónima*: assim, cfr. DUQUE DOMÍNGUEZ, "La 12.ª Directiva...", loc. cit., p. 275. Uma voz doutrinal importante defende mesmo que a introdução da SQU constitui a *última fase* dessa tendência de separação entre a sociedade por quotas, talhada para o exercício de empresas de menor dimensão, e a empresa constituída sob a forma de sociedade anónima: falamos de FRANCESCO GALGANO, *Diritto privato*, 1996, p. 746.

Em segunda linha, entenda-se que a sociedade anónima unipessoal superveniente assume relevo no momento de declarar a responsabilidade *ilimitada* do único accionista pelas obrigações sociais, em caso de falência, enquanto a SQU trata de conferir necessariamente a *irresponsabilidade* do único quotista pelas dívidas da sociedade. Mas ambas, em razão da sua unipessoalidade, ainda que pensada para ser temporária no caso da sua superveniência na anónima mas que se poderá solidificar pois não opera *de iure* como causa de dissolução, tratam de enfrentar a protecção de interesses que se pode supor que exigem o mesmo, ou similar, patamar de tutela (em sentido semelhante para o direito italiano, ainda que reflectindo sobre um terreno normativo regulador da sociedade de responsabilidade limitada unipessoal que é absolutamente estranho ao nosso regime, cfr. GIULIANA SCOGNAMIGLIO, "La disciplina...", loc. cit., pp. 248-9). Pensemos, para exemplificar apenas com as disposições positivadoras do regime da SQU, na norma do art. 270º-B e relativa à obrigação de incluir na firma a expressão "sociedade unipessoal" ou a palavra "unipessoal". Uma referência ainda mais clara se junta, respeitante à regulação dos negócios jurídicos celebrados entre a sociedade e o sócio único, ditada pelo art. 270º-F, em que a comunhão de *interesses* a proteger é mais do que subsistente, o que impõe a difícil compreensão de não ser normativamente prevista *em conjunto* para os dois tipos na modalidade unipessoal.

Por tudo o que dissemos é que entendemos que o exemplo de direito comparado mais expedito e avisado foi o de Espanha. Nas Bases para um Anteprojecto de Lei de Sociedades de Responsabilidade Limitada, de 15.Janeiro.1990, dispunha-se, na 18ª base, nos 1 e 2, sobre a necessidade de estabelecer o "regime especial" da sociedade de responsabilidade limitada unipessoal, tanto originária como derivada, que deveria ser aplicado à sociedade anónima unipessoal derivada (o que revelava, como se irá ver, a notória influência da doutrina mais decisiva no domínio mercantil). Tal sugestão, *que não admitia a anónima originariamente unipessoal*, da Sección de Derecho Mercantil de la Comisión General de Codificación, responsável pela reforma proposta, poderá ter-se baseado na mencionada adequação da sociedade de responsabilidade limitada, com a sua característica *menor personalização* em face da anónima, ao objectivo de se oferecer uma estrutura adequada para a limitação da responsabilidade no âmbito da pequena e média empresa. Contudo, andou bem depois o legislador desse país quando ouviu as críticas da doutrina espanhola – por todos, cfr. IGLESIAS PRADA, "La sociedad unipersonal...", loc. cit., p. 927, para quem os traços mais personalistas que se manifestam na vertente interna da sociedade por quotas, substancialmente através da disciplina supletiva que permite acentuar o seu carácter fechado *ou* flexibilizar o procedimento de adopção das decisões societárias, deixam de ser uma característica diferenciadora, ou, se se quiser, *perdem utilidade*, quando se está perante uma sociedade com um único sócio, isto supondo, o que se duvida, ser esse um motivo plausível para nomear a forma social apropriada ao objectivo de política legislativa perseguido – e optou pela ordenação uniforme do regime da sociedade unipessoal para ambos os tipos. Assim é por aplicação do art. 311º (preceito único do Capítulo XI) da *LSAE*, introduzido pela Lei 2/1995, que reconhece a possibilidade de criar originariamente ou de forma superveniente sociedades anónimas unipessoais e *limita* a aplicar-se-lhes o disposto pelo regime das sociedades de responsabilidade limitada unipessoais. "O regime jurídico básico das sociedades unipessoais é, pois, *o mesmo*, sejam estas anónimas ou de responsabilidade limitada" (JOSEFINA BOQUERA MATARREDONA, *La sociedad unipersonal de responsabilidad limitada*, ob. cit., p. 178, itálico nosso; ainda LUIZ FERNÁNDEZ DE LA GÁNDARA, "La Ley de Sociedades de Responsabilidad Limitada: acto final", *RDS*, 1995, pp. 14-5; RODRIGO URÍA, *Derecho Mercantil*, 1996, p. 566), situando o direito espanhol, ao reconhecer com grande amplitude a figura da sociedade de capitais unipessoal não só para instrumento técnico do empresário individual mas igualmente um expediente técnico para albergar iniciativas de grandes dimensões não necessariamente reconduzíveis à sociedade por quotas, servindo as exigências de qualquer categoria de empresas (como resulta da Exposição de Motivos da *LSRLE*, ponto IV), em

um carácter precário na regulação da unipessoalidade[39]. Isto é, a suposta unidade que essa norma geral daria foi sensivelmente abalada pela possibilidade ou prática legal de constituição de sociedades com um único sócio, que, a nosso ver, concederam alguma *normalização* à unipessoalidade originária, ainda que com o seu reconhecimento a ser inserido na circunstância da excepcionalidade (crescente).

Desta forma, a única regra aceite para a sociedade anónima unipessoal enquanto *tipo hospedeiro incondicionado*[40] da monossubjectividade

---

perfeita sintonia com as ambições reconhecidamente mais latas da XII Directiva (cfr., para este assunto, entre outros, GARCÍA COLLANTES, "Sociedad unipersonal de responsabilidad limitada", *La sociedad de responsabilidad limitada*, t. I, 1995, p. 542; JIMÉNEZ SÁNCHEZ/ /DÍAZ MORENO, pp. 38-9).

[39] Quadro esse completado, na estruturação normativa do CSC, pelo art. 83º (veja--se a ressalva feita pelo art. 84º, nº 1, ao início da sua previsão, deixando inequívoca a possibilidade de a responsabilidade que comina acrescer à responsabilidade que provém da aplicação do art. 83º), que, ainda que relativo à *responsabilidade solidária* de qualquer sócio *com a administração* por actos lesivos da sociedade e dos sócios, vê a sua convocação facilitada quando se trate de sócio único (neste sentido, cfr. RAÚL VENTURA, *Dissolução e liquidação*..., ob. cit., p. 192).

[40] Adopta-se a formulação para nela não incluir a possibilidade de constituir sociedades anónimas *originariamente* unipessoais *nos exactos termos e pressupostos* que o art. 488º oferece no âmbito das sociedades coligadas. Por um lado, porque estas anónimas unipessoais de raiz dispõem de um regime próprio de responsabilidade ilimitada, previsto nos arts. 491º e 501º, para a sociedade constituinte (dominante) dessa espécie unipessoal [sobre a explicação da ressalva inicial feita no art. 84º com base neste facto, cfr. COUTINHO DE ABREU, *Da empresarialidade*..., ob. cit., p. 150, n. (390); CATARINA SERRA, *Falências derivadas e âmbito subjectivo da falência*, 1999, p. 123, n. (294)]. Por outro lado, como já demos a entender, essa prescrição não faz mais do que conceder a normativização de uma forma *delimitada* de unipessoalidade originária a esse tipo social, mas não a reconhece como forma de constituição *normal* a par da pluripessoalidade mínima exigida por lei, ao abrigo do disposto no art. 273º, nº 1. Além disso, as sociedades anónimas unipessoais que, em certas modalidades de empresas societárias, se podem constituir de raiz, como é o caso, em especial, da sociedade anónima de *trust offshore* que se constitua na Zona Franca da Madeira (cfr. art. 22º do DL nº 352-A/88), da sociedade anónima, em geral, licenciada para aí operar (cfr. art. 1º do DL nº 212/94) ou da sociedade gestora de participações sociais (*vide supra* n. 30), alargam o número de situações excepcionadas por lei à interdição de se criar originariamente uma sociedade anónima com uma só pessoa.

O legislador, apesar de tudo, deu já sinais de que pelo menos pondera, *num futuro próximo*, a legitimação *incondicionada* (para reiterarmos a terminologia usada para a forma derivada) da sociedade anónima unipessoal. Pelos termos do Preâmbulo do DL nº 257/96 (cfr. DR, loc. cit., p. 4703), parece que, ao afirmar-se que "não se acolhe,

continuará a ser prescrita *em sede de derivação* e aí permanece a atribuição da responsabilidade ilimitada ao sócio único remanescente nas condições do art. 84º.

O que fica opinado comporta uma implicação sistemática óbvia. A responsabilidade limitada do único sócio é actualmente o *padrão normativo* para a sociedade por quotas, devendo reconhecer-se carácter excepcional ao caso de desconsideração da limitação da responsabilidade do sócio único na situação prevista pelo art. 270º-F, nº 4, em matéria atinente à violação das normas a observar na conclusão dos negócios entre esse sócio e a SQU. De facto, enquanto que a responsabilidade ilimitada do sócio único *no sentido do art. 84º* será *a regra* em matéria de unipessoalidade anónima[41], na disciplina da SQU essa constitui *a excepção*[42-43].

---

nesta fase inicial, a possibilidade, que a prática imporá ou não, da criação autónoma e por tempo indeterminado da sociedade anónima unipessoal", se espera pela receptividade da SQU para tomar esse passo. Assinale-se, porém, que melhor seria desde logo que o legislador percebesse que essa ocasião terá que ser caracterizada pela reelaboração do regime jurídico da unipessoalidade, a fim de eliminar, por essa altura, os arts. 270º-A e ss, bem como alguns dos preceitos do DL nº 212/94, que configuram como que um *regime paralelo* da unipessoalidade originária e superveniente das sociedades de capitais a operar na Zona Franca da Madeira, e *refundá-los* num *capítulo autónomo* da parte geral do CSC, onde se estatuiria toda a regulamentação geral e especial da sociedade capitalística unipessoal, usando apenas e só no estritamente necessário a técnica remissiva para a disciplina comum das formas societárias abrangidas.

[41] Derivada, repita-se, mas também a originária nessa regra se inclui, em virtude da aplicação do art. 501º, ainda que com diferenças assinaláveis (para um cotejo argumentativo entre os preceitos dos arts. 84º e 501º, *vide* ENGRÁCIA ANTUNES, *Os Grupos de Sociedades...*, ob. cit., pp. 742-4).

[42] Somos de opinião que este edifício entre regra e excepção tem a validade de destrinçar com acuidade a consequência da unipessoalidade para a modalidade de responsabilidade patrimonial dos sócios nos tipos de sociedades de capitais, uma vez introduzida no ordenamento a SQU. Porém, se quisermos ser rigorosos, da análise das regras da dissolução motivada pela unipessoalidade derivada estatuídas pelo CSC resulta que isso não será assim tão líquido, dado que a vicissitude pode estabilizar-se e durar mesmo toda a vida da sociedade. Desde que a sociedade possa pagar os seus débitos, esta regra tem uma importância extraordinariamente relativa: pode ser que a sociedade se mantenha sempre a funcionar com a responsabilidade limitada a beneficiar o sócio único como beneficiara a *pluralidade dos sócios*. Por isso, note-se que a regra da responsabilidade ilimitada vem referida ao *sentido (e, como efeito, às condições) previsto pelo art. 84º*, em contraponto ao *sentido do art. 270º-F* aplicável à SQU, na medida em que só entrará em acção quando a sociedade vem declarada como falida, porque aí é que se afigura justo que pelas

Em suma, a constituição de uma SQU para o desenvolvimento de uma actividade económica tem a qualidade de, em termos de autonomia patrimonial e salvaguarda do seu património, tornar o sócio insensível às *vicissitudes da sociedade*, desde que respeite o estatuto legal específico da SQU[44].

---

obrigações sociais responda ainda o sócio, já que foi ele na realidade a dominar a vida da sociedade. A propósito, *vide infra* Capítulo I, ponto 5.

[43] Em sentido próximo para o direito italiano, cfr. GIORGIO OPPO, "Società, contratto, responsabilità...", loc. cit., p. 186; GIAN FRANCO CAMPOBASSO, "La responsabilità...", loc. cit., p. 230; GUILIANA SCOGNAMIGLIO, "La disciplina...", loc. cit., p. 293; GIOVANNI CABRAS, p. 293; FEDERICO TASSINARI, p. 732; GIORGIO MARIA ZAMPERETTI, "Rilievi in tema di nuova disciplina della s.r.l. unipersonale e modificazione del regime di responsabilità d'impresa", *GC*, 1995, pp. 413-4 e n. (25); FABIO RICCI, "Nozione di «socio unico» ed eccezionalità della disciplina: ragioni di una riaffermazione", *RDComm.*, 1998, pp. 147, 150 e 156-7; FRANCESCO FERRARA Jr./FRANCESCO CORSI, p. 886. Objectou-se, porém, em Itália, que a estrutura dos factos normativamente indicados no art. 2497, § 2º, do *CCIt.*, enquanto circunstâncias que excluem a responsabilidade limitada do sócio único (sobretudo, a qualificação em *termos constitutivos* das menções publicitárias respeitantes à situação da unipessoalidade e à identidade do sócio único previstas no art. 2475 *bis*, do mesmo diploma), induz à conclusão de a responsabilidade limitada não ser um efeito natural e automático da constituição de uma sociedade de responsabilidade limitada por parte de um único sujeito. Ao contrário do pretendido objectivo da lei em generalizar a limitação do risco no seio da empresa individual, a multiplicação de ocasiões de perda da responsabilidade parece tornar incerta e aleatória a normal irresponsabilidade do sócio (cfr. GIUSEPPE ZANARONE, "Le altre società...", loc. cit., p. 392), ou, mais precisamente, as situações de *acesso negado* à irresponsabilidade inculcam a ideia de que a responsabilidade limitada não deriva da adopção do tipo quotista, antes aparece sobretudo como um benefício adquirível só por determinados sujeitos e em determinadas condições. Ora, apesar de não se ter ido tão longe que, invertendo por completo os termos da relação, se encarasse a responsabilidade ilimitada como a regra e a limitada como excepção, considerou-se que responsabilidade limitada e responsabilidade ilimitada afirmam-se melhor como *duas regras distintas*, tendo cada uma delas um *autónomo campo de aplicação* (referimo-nos à construção dogmática de CARLO IBBA, *La società...*, ob. cit., pp. 132-3, apoiada por ROBERTO ROSAPEPE, *La società a responsabilità unipersonale*, 1996, pp. 132--3). Não é esta, contudo, uma opinião a condividir no nosso ordenamento, em face da singular previsão de responsabilidade ilimitada se encontrar restringida à situação da negociação entre sócio e SQU. Mesmo que se atribua à área da responsabilidade ilimitada uma *capacidade expansiva* em sede sancionatória, como é nossa convicção, tal extensão, entre nós, resultará sempre de uma actividade de interpretação proposta à concretização judicativa, o que está longe de corresponder a um elenco de premissas de acesso à responsabilidade limitada em situações de unipessoalidade no tipo sociedade por quotas. Deste modo, o princípio operativo geral é o único quotista não responder em regra pelos débitos

Assumindo a preferência, o legislador previu a regulamentação de algumas situações específicas colocadas pela SQU – como sejam o regime de transformação de uma sociedade pluripessoal por quotas ou de um EIRL em sociedade unipessoal e desta, quando originária ou superveniente, em sociedade plural; a firma; a forma, mais ou menos solene, para os actos de criação *ab initio* ou por transformação de uma SQU; os efeitos da unipessoalidade quanto à impossibilidade de um sócio único singular vir a ser sócio de uma outra SQU, bem como quanto à impossibilidade de uma SQU constituir uma outra SQU como sua sócia única; o regime e publicidade das decisões do sócio; a disciplina dos negócios jurídicos celebrados entre o quotista único e a sociedade – e remeteu tudo o resto para as disposições que regulam as sociedades por quotas, «salvo as que pressupõem a pluralidade dos sócios», de acordo com a prescrição ditada pelo art. 270º-G[45]. A sociedade unipessoal para este tipo, portanto, deverá

---

sociais, sendo a sua responsabilidade pessoal convocada como *sanção* onde ele contravencione aquela disposição da lei, embora o preceito possa (e deva, como defenderemos mais tarde, essencialmente no Capítulo IV) ser aproveitado para penalizar outras condutas do sócio único, em ordem à tutela dos terceiros em geral e em particular dos credores. Com efeito, quanto à excepção ditada pelo legislador, pensamos que essa norma poderá servir para, através da melhor técnica interpretativa, *sancionar* outros comportamentos abusivos do instrumento societário e da sua autonomia patrimonial, com grave prejuízo para os interesses dos credores. Essa perspectiva, à falta de um elenco legal (ao que parece até aconselhado *textualmente* pelo V «Considerando» da XII Directiva), conduzirá ao alargamento dos incidentes em que o benefício da responsabilidade limitada se perde, sem que se arvorem essas hipóteses em *regra autónoma* do instituto. Note-se que falamos de padrão normativo e que, portanto, a faculdade de *estipulação* negocial de uma conduta perante os credores sociais que *derrogue* a regra da responsabilidade limitada (como se sabe permitida pelo art. 198º e, de acordo com a sua gramática, também integrada por termos supletivos, como é o caso do seu nº 3, que permitirá excluir o exercício do direito de regresso contra a sociedade ao sócio *pagante* das dívidas sociais) não se subsume nele.

[44] Se, de facto, como afirma GIUSEPPE FERRI, *Manuale di diritto commerciale*, a cura di Carlo Angelici/Giovanni B. Ferri, 1999, p. 105, a admissão da SQU pode de certo modo ser vista, na hipótese mais genérica, como o exercício da empresa individual *sob nome de outrem* (o da sociedade), a utilização desse instrumento só será viável dentro do estrito respeito dos procedimentos e limites que a lei lhe baliza, sob pena de ser coerente prever o impedimento da limitação do risco e consagrar o regresso aos termos de responsabilidade da empresa em nome individual.

[45] Deu-se forma de lei, o que não foi comum no direito comparado, à doutrina tradicionalmente discorrida por FERRER CORREIA, *Sociedades fictícias e unipessoais*, 1948, p. 305: "São em princípio aplicáveis ao funcionamento da sociedade unipessoal

actuar com os mesmos *utensílios previstos pela normatividade correspondente ao regime geral da sociedade por quotas*, seja sob o ponto de vista formal, seja sob uma perspectiva substancial, sempre e na medida em que *se possam cumprir os limites da compatibilidade das regras de decisão e de administração próprias* de uma sociedade pluripessoal enquanto molde aplicativo a uma sociedade unipessoal[46].

Com esta decisão legislativa, fundada na *tranquilidade* de se entender que a aplicação das regras fundamentais e dos normais controlos societários da *fattispecie* não é turbada pela presença de um único sócio, muitas questões poderão vir a levantar-se, tanto na configuração da remissão assim operada como nas soluções jurídicas que as normas destinatárias estatuem: falamos de aplicar uma "disciplina elaborada a pensar em centros de inte-

---

todas as disposições legais concernentes à espécie jurídica em que se enquadrar – salvo naturalmente aquelas que se mostrarem inconciliáveis com a situação de facto existente".

[46] Sobre a integração do regime particular da SQU pelo regime comum da sociedade por quotas na nova disciplina da SQU, a solução indicada doutrinalmente, à falta de expressa indicação legal, em Itália, *vide*, entre outros, as apreciações de GIORGIO OPPO, "Società, contratto, responsabilità...", loc. cit., p. 184; CONCETTO COSTA, p. 21; FEDERICO TASSINARI, pp. 708-9 e 717; PASQUALE MACHIARELLI, p. 987; ALDO SCHERMI, p. 127; CARLO IBBA, *La società...*, ob. cit., pp. 34-5; GERARDO VILLANACI/GIOVANNI CALAFIORE, pp. 412-14; FRANCESCO DI BELMONTE, p. 795; FRANCO DI SABATO, *Manuale delle Società*, ob. cit., p. 413. Claro que em caso de *contradição aplicativa* entre as normas ditadas pelo regime da SQU e os preceitos da disciplina ordinária do tipo social, entende-se que prevalece o âmbito de aplicação das primeiras em homenagem ao princípio da especialidade.

Também nos outros ordenamentos se chamou a atenção para a *metodologia* de *simples manutenção* e *adaptação* das regras comuns da sociedade de responsabilidade limitada. Em França, cfr., por todos, PIERRE ORTSCHEIDT, "La société unipersonnelle...", loc. cit., p. 379. Em Espanha, ALONSO UREBA, p. 111, clamando por uma observância especial para as normas funcionais do tipo que perseguem primordialmente a protecção de terceiros (integração do património social, correspondência mínima entre património e capital, contabilidade, benefícios, publicidade, ...); no mesmo sentido, IGLESIAS PRADA, "La sociedad de responsabilidad limitada unipersonal", loc. cit., p. 1009, n. (18); DUQUE DOMÍNGUEZ, "La 12.ª Directiva...", loc. cit., pp. 282 e 289, com a especialidade de aqui se convocar um particular cuidado com a edificação de *normas congruentes com a função da sociedade unipessoal* e que *garantam o seu correcto funcionamento*, a acrescentar às *normas mínimas* da XII Directiva; ARANGUREN URRIZA, p. 1412; CARMEN BOLDÓ RODA, *Levantamiento del velo y persona jurídica en el derecho privado español*, 1996, p. 329; JIMÉNEZ SÁNCHEZ/DÍAZ MORENO, p. 40. Para um esboço de normas do regime comum das sociedades por quotas *inaplicáveis* à SQU em função da incompatibilidade referida em texto, *vide infra* Capítulo I, ponto 6.II.

resse em *relação dialéctica*"⁴⁷. Mais uma vez se resolveu acolher a novidade preservando na medida do possível os princípios de orientação basilares sobre que se arma o sistema societário e edificando um regime feito de ajustamentos locais, tidos por indispensáveis de acordo com o comando comunitário, e de recusa em empreender uma intervenção de maior fôlego. Percebe-se que, com esta opção técnica, se pretende modificar o ordenamento nacional e, ao mesmo tempo, minimizar os efeitos *traumáticos* que, de uma maneira mais ou menos explícita, desabrocham sobre algumas realidades, em particular do direito societário⁴⁸.

É duvidoso que o legislador se tivesse que manter refém desse panfleto. Parece-nos mesmo que uma operação mais radical na génese unilateral das sociedades de capitais poderia ter suavizado o choque das particularidades estruturais e organizativas em que uma fundação unissubjectiva se cifra. Pelo menos, perdeu-se uma oportunidade para se reduzir o espaço de *indeterminação regulativa* resultante do simples facto de se anotar que, nas longínquas palavras de FERRER CORREIA, "associado único são expressões absolutamente inconciliáveis: o único accionista, o quotista único teria de ser... sócio de si mesmo!"⁴⁹.

Vejamos panoramicamente, como deverá ser o estilo de referências com ambições estritamente introdutórias, esses factores de tremor no que respeita a asserções várias.

Associada à estupefacção causada pelo facto de ser reconhecida à solidão de uma única pessoa o recurso ao mecanismo societário aparece a decadência da indissociação entre a concessão da responsabilidade limitada e a iniciativa económica levada a cabo por organismos de *índole colectiva* (arpoados na pluralidade de pessoas)⁵⁰, conexão essa que "atirava"

---

⁴⁷ GIORGIO MARIA ZAMPERETTI, *La società a responsabilità limitata. Organizzazione interna e procedimenti decisionali*, 1996, p. 9, com sublinhado da nossa responsabilidade.

⁴⁸ Nesta linha, cfr. ANTONIO ROSSI, "S.r.l. unipersonale e «tramonto dello scopo lucrativo»", *GC*, 1997, p. 116.

⁴⁹ "Sociedades Unipessoais de Responsabilidade Limitada", *RDES*, 1945-46, p. 234.

⁵⁰ Salientando que a sociedade não devia ser empregada no interesse de um empresário singular, em virtude de se tratar de uma estrutura colectiva organizada *contratualmente* para finalidades sociais (com as suas normas e formulações jurídicas determinadas), que lhe permitia erigir um património a si afectado e apresentar um interesse distinto dos sócios (que supõe um agrupamento de sócios unidos sob o mesmo interesse) e por isso do sócio, cfr. GIUSEPPE RAGUSA MAGGIORE, "Osservazioni e proposte sullo schema di disegno di legge per la riforma delle società commerciale", *Dir. Fall.*, 1966,

pp. 162 e ss, bem como JACQUES AUSSEDAT, p. 244. Em suma, como antes NICOLA GASPERONI, *La trasformazione delle società*, 1952, p. 74, dissera, "pressuposto para a validade do negócio constitutivo de sociedade é um interesse real na instauração de uma *relação social*, necessariamente intersubjectiva, de um vínculo entre mais pessoas acomunadas por uma finalidade económica a atingir. Não se pode recorrer ao esquema negocial, que está na base da organização social, para escopos *radicalmente* diversos daqueles que são pressupostos pela lei (...), para o único fim de criar uma nova pessoa jurídica, uma sociedade-ente" (sublinhado nosso). Na sequência, a conexão da limitação da responsabilidade ao exercício colectivo da empresa *sob determinada forma* implicava que esse benefício decaísse sempre que à forma não correspondesse *substância societária* (como era o caso da solução italiana do art. 2362 do *CCIt*.): cfr. VINCENZO GRECO, "L'abuso dello schermo societario. Profili di responsabilità", *Dir. Imp.*, 1983, p. 175.

Para a doutrina, na realidade, a solução do art. 2362, similar ao nosso art. 84°, visava em primeira linha evitar reconhecer indirectamente, *permitindo-a*, a limitação da responsabilidade no exercício individual de uma empresa no momento da concentração das participações sociais nas mãos de um único titular. Assim se optava *politicamente* por não admitir em qualquer circunstância a empresa individual de responsabilidade limitada, bem como, sob o ponto de vista formal, se impunha ao único sócio uma *garantia subsidiária* pelo pagamento das dívidas da sociedade. Deduz-se daí que o facto de a sociedade ser apenas detida por uma só pessoa implicava uma "dupla passagem lógica e normativa". Em primeiro lugar, a submissão do único sócio à responsabilidade *da empresa*, enquanto razão substancialmente inspiradora da norma. Em segundo, a configuração de tal responsabilidade como uma responsabilidade ilimitada pelas dívidas sociais como o seu significado técnico-formal (sobre a fundamentação da responsabilidade patrimonial ilimitada do único accionista ou quotista pelo pagamento das obrigações sociais da sociedade insolvente, com observações paralelas que aqui se reputam como adicionais ao ponto abordado, cfr. SCOTTI CAMUZZI, "L'unico azionista", *Trattato delle società per azioni*, diretto da G. E. Colombo e G. B. Portale, volume 2, t. II, 1991, pp. 678-81).

Por isso, algumas construções, considerando a personalidade jurídica das sociedades de capitais como verdadeira técnica de subjectivação da empresa, compreendiam dogmaticamente a sociedade unipessoal (derivada) como uma expressão da *continuidade da empresa*, o que, apesar de a sociedade dever ser originada geneticamente por um facto colectivo, no caso da unipessoalidade, permitiria a sua permanência na forma societária, ainda que caracterizada por ser uma forma "degradada" e diversa da normalidade: cfr., nesta linha, ANTONIO PIRAS, *Il problema delle società unipersonali*, 1964, pp. 94 e ss. Foi, ademais, na *incompatibilidade substancial* entre domínio pessoal sobre a empresa social e fruição do benefício da responsabilidade limitada, dada pela ausência de um grupo social, que se compreendia, para uma relevante doutrina congénere, a norma da responsabilidade ilimitada do sócio único, que não teria sido afectada pela tendência legislativa internacional vocacionada para permitir a criação de empresas societárias individuais de responsabilidade limitada [neste sentido, cfr. FRANCESCO GALGANO, *Diritto civile e commerciale. L'impresa e le società. Le società di capitali e le cooperative*, volume III, t. 2, 1999, pp. 122-3 e n. (26); ao contrário, prognosticando efeitos inovadores na interpretação do art. 2362 depois da adequação do sistema italiano à disciplina da XII Directiva, cfr. VALERIA BUTITA, "Articolo 2362 c.c. – unico azionista", *Vita Not.*, 1991, p. LXXVII e n. (15)]. Não admira, portanto, que, estando sedimentada a antítese conceitual entre o exercício individual das empresas e a responsabilidade patrimonial limitada, se tenha qualificado a sociedade unipessoal de raiz como uma "inovação de grande monta" que representa uma "evidente superação do modelo adoptado em sede de codificação": cfr. GIOVANNI IUDICA, "La direttiva CEE sulla «società a responsabilità limitata con un unico socio»", loc. cit., p. 817. *Vide*, complementarmente a estes propósitos, BRUNO INZITARI, "La limitazione...", loc. cit., p. 1323; EDOARDO COURIR, "Per una limitazione della responsabilità limitata", *Quad.*, 1992, p. 705; CONCETTO COSTA, p. 15; CARLO IBBA, "Società unipersonali", *Enciclopedia Giuridica Treccani*, XXIX, 1994, pp. 1 e 3 (note-se a descrição matemática da existência de uma "rigorosa consequencialidade com a equação «empresa societária=empresa colectiva»" que hoje se pode considerar superada, ainda que limitadamente ao tipo sociedade por quotas).

Colocando a origem histórica da moderna sociedade anónima nas companhias coloniais que se disseminaram pela Europa seiscentista e setecentista (para uma genealogia anterior, *vide* RUI MARCOS, *As companhias pombalinas. Contributo para a história das sociedades por acções em Portugal*, 1997, pp. 16 e ss), relembre-se que a concessão do privilégio da responsabilidade limitada (*rectius*, da não responsabilidade) aos membros dessas companhias era um *mecanismo excepcional* afastado da livre disponibilidade dos interessados. A criação dessas companhias surgiu, de facto, na dependência exclusiva de um acto *soberano* do poder real, e era este que definia *em concreto* o *específico* regime de cada uma das companhias constituídas. Cfr., sobre o assunto e para as convenientes indicações bibliográficas, FRANCESCO GALGANO, "Società per azioni e classi sociali", *RS*, 1972, pp. 943-45; IDEM, *Storia del diritto commerciale*, 1980, pp. 61 e ss; entre nós, PEDRO MAIA, *Função e funcionamento do Conselho de Administração da sociedade anónima*, 1994, pp. 25-7; COUTINHO DE ABREU, *Curso...*, volume II, ob. cit., pp. 77-8. Ora, segundo alguns, daí virá o princípio da excepcionalidade *absoluta* e *típica* das hipóteses *legais* de responsabilidade limitada, que nesta "concepção paleocivilística" e "antidiluviana de países subdesenvolvidos" continuava a ser "uma concessão graciosa do príncipe (ordenamento) não extensível; ou seja, uma excepção apenas reconhecida em função da excepcionalidade da espécie singular": cfr., com a expressiva adjectivação que é própria do seu estilo discursivo, ERNESTO SIMONETTO, "La società unipersonale a responsabilità limitata nel processo di integrazione comunitaria e nelle prospettive del 1993", *Vit. Not.*, 1991, p. 849. Esta doutrina, de facto, entende a responsabilidade limitada como um instrumento operativo que o ordenamento jurídico oferece aos seus operadores para que se promova a produtividade e o progresso económico e, assim, se contribua para o benefício

inelutavelmente o exercício individual de uma actividade empresarial para o risco inerente à responsabilidade ilimitada do empresário[51].

---

da economia nacional: para o provar estaria a revolução industrial e o desenvolvimento macroscópico do século XX (do artigo citado, *vide* ainda p. 851). A esta luz, não se compreenderia a subsistência de motivações válidas para restringir o benefício da responsabilidade limitada à associação de duas pessoas e negá-lo a uma única: o verdadeiro nódulo seria avançar para essa medida com a predisposição de garantias para os credores e para os terceiros, equivalentes, pelo menos, às que são previstas nas tradicionais formas de responsabilidade limitada, desde que elas se assumissem suficientes (neste sentido, cfr. PASQUALE MACHIARELLI, p. 985).

[51] O art. 601º do CCiv. determina que: «Pelo cumprimento da obrigação respondem todos os bens do devedor susceptíveis de penhora, sem prejuízo dos regimes especialmente estabelecidos em consequência da separação de patrimónios.». A ressalva final origina que só através da via da criação *legal* de patrimónios afectados a uma certa actividade (e só aqueles) se permitirá limitações de responsabilidade pelo cumprimento de obrigações em sentido técnico-jurídico. Ora, para o que aqui nos interessa mais directamente, não encontrávamos antes da consagração da SQU outro caso *explícito* de limitação da responsabilidade para o empresário individual *em sede de institutos societários*. A opção portuguesa tinha sido outra e consistiu na adopção de um património de afectação especial, o EIRL, para satisfazer essa impossibilidade em termos societários, o que demonstrava total concordância, como salientou ORLANDO DE CARVALHO, "Empresa e lógica empresarial", loc. cit., p. 25, n. (30), na manutenção da "unidade da pessoa jurídica humana" e no "carácter antropomórfico da pessoa jurídica *stricto sensu*". Tal como, de igual tom, na conservação de alguns dos corolários que acompanham essa *atribuição restrita* da responsabilidade limitada, pois deveriam ser preservados alguns factores de qualificação *tipológica* das sociedades de capitais como modelos organizativos (e falamos em primeira análise do tipo "tocado" pelo legislador). Alguma doutrina menciona, pelo menos, o princípio do desiderato de limitação integral do risco e concentração da garantia das obrigações sociais exclusivamente sobre o património de afectação constituído para o exercício social, bem como o princípio do regime da responsabilidade limitada como aspecto essencial da disciplina aplicável à sociedade por quotas: cfr., entre outros, CARLO IBBA, "S.r.l. unipersonale e responsabilitá del fondatore: dalla giurisprudenza tedesca alla legge italiana", *GC*, 1996, p. 619; ILARIA CHIEFFI, *La società unipersonale...*, *ob. cit.*, p. 21.

Ainda mais, na nossa perspectiva, se deve reter. Essa coerência *inibitória* em não permitir qualquer limitação de responsabilidade no domínio das sociedades comerciais ao comerciante individual traduzia-se na *integral valência normativa* do art. 84º como norma *confirmativa* da projecção do art. 601º do CCiv. na disciplina societária do tipo quotista e anónima. Pois não será ainda esse regime uma forma última (porque dos derradeiros sinais de vida de uma sociedade unipessoal superveniente "declarada falida" se trata) de evitar que uma sociedade fosse aproveitada, pelo seu único e remanescente sócio na condição *material* de empresário a exercer individualmente a empresa social *depois da concen-*

Um segundo registo tem a ver com o declínio da figura societária como contrato plurilateral[52], uma vez que o negócio (ou acto) unilateral se afigura crescentemente como *uma das* modalidades de dar vida a uma sociedade[53].

---

tração nas suas mãos da titularidade das participações sociais, para usufruir do respectivo regime de responsabilidade limitada? A alguns destes assuntos, agora puxados ao texto com a leveza própria de quem ainda vai infante na temática, voltaremos e com suficientes novidades para os tornar mais maduros.

[52] Já se anunciou o evento, aliás, em termos impressivos – "... com o DL n.º 257/96, de 31 de Dezembro, foi dado o golpe de misericórdia no princípio da contratualidade...": CATARINA SERRA, "As *novas* sociedades unipessoais por quotas", loc. cit., p. 127; "... a consagração legislativa da figura (...) faz cair uma das «vacas sagradas» da doutrina societária tradicional (o seu arreigado paradigma contratualista)...": ENGRÁCIA ANTUNES, *Direito das sociedades...*, ob. cit., p. 100.

[53] Como será devidamente sublinhado *infra* no Capítulo II, ponto 9, supera-se assim um princípio estrutural do nosso ordenamento societário, assente na demandada pluralidade de associados ao tempo da constituição de uma pessoa colectiva societária. Assim se abre, como se explicará melhor no decurso da nossa investigação (na expectativa de daí retirar alguns resultados operativos...), à configuração *unilateral* do negócio jurídico social a aptidão para dar origem a uma sociedade de capitais (ainda que com elementos claramente pessoalísticos no seu regime dispositivo que poderão integrar a sociedade por quotas como categoria de sociedade *pessoal* se, no caso, os sócios imprimirem tal personalidade funcionante na carta estatutária).

A consagração da unipessoalidade originária, aliás, acrescenta mais um capítulo à história de sucessivos comprometimentos da configuração contratual do pacto social. Num prisma diverso da sociedade anónima com domínio total inicial e das sociedades constituídas por acto legislativo com apenas o sócio estadual (*vide supra* n. 30), deve discutir-se se o CSC não permitia já de outra feição a constituição de uma sociedade mediante acto unilateral em regime de *cisão* das sociedades comerciais. O art. 118º, nº 1, als. a) e b) [a al. c) remete-nos para as situações de cisão *por incorporação*, ou seja, com transferência a uma ou mais sociedades preexistentes de parte do património da sociedade cindida], na verdade, prevêem as formas de uma sociedade operar o seu fraccionamento, sem ou com dissolução, e originar outra ou mais sociedades *novas* mediante deliberação da sociedade a cindir (por aplicação do art. 103º, correspondente ao regime da fusão, mas aqui aplicável pela determinação do art. 120º). Se se entender que o acto deliberativo-constitutivo reveste carácter unilateral – e assim parece ser, uma vez que estamos perante uma manifestação interna de vontade somente da sociedade, representada pelo órgão competente para o efeito, que se vem a cindir, sendo apenas e só ela a exprimir através de procedimento próprio as condições e os efeitos da cisão constitutiva de novas sociedades, ainda que desencadeada pela conjunção da decisão volitiva de várias pessoas –, essa visão terá pleno cabimento, pois apenas *um sujeito* deu origem à sociedade resultante do destaque e da transferência de parte do património da sociedade *constituenda* em favor da sociedade

Reconhece-se, por seu turno, que a concepção *institucional* do fenómeno societário e a sua compreensão *organizativa* ganham terreno e foros

---

beneficiária *constituída*: a decisão imputa-se ao órgão de decisão colectiva dos sócios. *Rectius*, a ausência da vertente contratual está subjacente ao facto de ser sempre um só sujeito, ainda que com um conteúdo *colectivo*, que dá vida à nova sociedade através de um facto jurídico que tecnicamente aparece como uma *actividade unilateral*. Cfr., no sentido do exposto, BRITO CORREIA, *Direito Comercial. Sociedades Comerciais*, volume II, ob. cit., p. 8; RAÚL VENTURA, *Fusão, cisão, transformação de sociedades. Comentário ao Código das Sociedades Comerciais*, 1999 (1990), pp. 369-70. Na lição de direito comparado, entre outros, cfr. FLORIANO D'ALESSANDRO, "La scissione della società", *Riv. Not.*, 1990, p. 883; ALBERTO MORANO, "Prime osservazioni in tema di scissione", *Società*, 1991, pp. 1317-8; MARCO MAUGERI, "L'introduzione della scissione di società nell'ordinamento italiano: prime note sull'attuazione della VI direttiva CEE", *GC*, 1991, p. 750, ss, com um interessante diálogo doutrinal e jurisprudencial, esp. pp. 753-4; PAOLO FERRO-LUZZI, "La nozione di scissione", *GC*, 1991, pp. 1071-2 (com a variante de a unilateralidade residir no *acto* de cisão, participante com a *deliberação* de cisão no respectivo procedimento que comporta, e de, talvez por essa sensibilidade, se reiterar com a figura a *funcionalização* da essência própria e caracterizante do acto constitutivo dos fenómenos associativos em detrimento do perfil *estrutural* desse acto, a pluralidade: não será bem assim, como teremos ocasião de esgrimir de seguida); CARLO IBBA, "Scissione, scorporo e società unipersonali", *RDC*, 1991, pp. 702 e ss; GIORGIO MARASÀ, "Su una proposta...", loc. cit., pp. 1005-6; LUCA AMADEI, "Cause di perdita del beneficio della responsabilità limitata", *Società*. 1993, p. 1171, n. (3); PIER GIUSTO JAEGER/FRANCESCO DENOZZA, *Appunti di diritto commerciale. I. Impresa e società*, 1997, p. 114. Com tese adversa, cfr. GIAMPAOLO DE FERRA, "La scissione delle società", *RS*, 1991, pp. 216-7, para quem a feição contratual do acto fundador da nova sociedade se manteria pelo facto de essa constituição ser decidida em assembleia geral, por deliberação, tomada *pelos sócios da sociedade que se cinde*, que, contextualmente, deliberam e aprovam tanto a repartição da sociedade existente quanto os actos constitutivos dos quais nascem a nova sociedade, mesmo que no exercício da maioria e em representação dos sócios ausentes. Aponte-se ainda uma outra voz discordante, com certas identidades. Não se conformando com a apelidação desta realidade societária como um exemplo legislativo de constituição unipessoal de uma sociedade, o que acarretaria a alusão a mais uma escolha legislativa que derrogaria implicitamente a contratualidade do acto constitutivo, *vide* GIORGIO OPPO, "Fusione e scissione delle società secondo il D. Leg. 1991, n. 22: profili generali", *RDC*, 1991, pp. 509-10 (mas também 507-8), concebendo-a esta doutrina como um "mandato conferido ao administrador dos sócios que deliberaram a cisão" (ainda que em maioria e *em representação dos outros*), na qualidade de partes substanciais da futura *relação social* na medida em que *a* representam na constituição da sociedade nova, isto é, como uma espécie de *contrato consigo mesmo*, tornado possível pela predeterminação do conteúdo contratual que o administrador concluiria "em representação" de mais partes (logo, no perímetro *de licitude* susceptível de afastar a invalidade do negócio consigo mesmo, para nós aferido *ex* nº 1 do art. 261º do CCiv.). [Uma vez interiorizada a compreensão no discurso, veja-se sobre a deliberação social como negócio jurídico e declaração de vontade da pessoa jurídica, distinta dos votos singulares das pessoas humanas que contribuíram para a formação do acto, onde fará vencimento a proposta que resultar da aplicação da regra da maioria, reconhecida como a *communis opinio*, com amplo noticiário bibliográfico, VASCO LOBO XAVIER, *Anulação de deliberação social e deliberações conexas*, 1998, pp. 554-6, ns. (14), (15); nesse sentido, cfr., com remissões para a doutrina germânica, qualificadora da deliberação social como negócio jurídico *plurilateral* de natureza não contratual, LUCAS COELHO, *A formação das deliberações sociais. Assembleia geral das sociedades anónimas*, 1994, pp. 210-11; ainda COUTINHO DE ABREU, *Curso*..., volume II, ob. cit., pp. 235-6, que, porém, acrescenta que "há deliberações que não merecem essa qualificação (não constituem, modificam ou extinguem relações ou posições jurídicas). É o caso de muitos dos chamados votos de louvor, de confiança, de protesto, de pesar, etc.". Sem acolher a natureza negocial, mas vendo na deliberação uma *sui generis* declaração *unilateral* de vontade plurissubjectiva, cfr. PINTO FURTADO, *Deliberações dos sócios. Comentário ao Código das Sociedades Comerciais*, 1993, p. 54; porém, com novidades qualificativo-dogmáticas, cfr. BRITO CORREIA, *Direito Comercial. Deliberações dos sócios*, vol. III, 1990, p. 117 – é susceptível de ser um negócio jurídico ou mera declaração negocial componente de outros negócios jurídicos (estes unilaterais ou bilaterais), diferente dos demais negócios jurídicos; também OLIVEIRA ASCENSÃO, *Direito Comercial. Sociedades Comerciais*, volume IV, 1993, p. 307, ss, sufraga a tese de que as deliberações, como acto unilateral – porque referente a uma só parte – e colegial – porque deriva de uma pluralidade de declarações, embora com uma apresentação final que nos surge numa posição de relativa autonomia em relação às declarações individuais dos sócios (os votos) –, numa perspectiva estrutural, podem ser ou não ser, conforme os casos, um negócio jurídico.]

Com a presente normatividade societária, acrescente-se que nada proíbe que a sociedade a cindir, nesse momento, esteja reduzida a um só sócio, dando origem a que a sociedade nascida da cisão se componha com esse mesmo único sócio (desde que não esteja preenchido o âmbito de actuação vedado pelo art. 270º-C, nº 1, p. ex.). Em sentido similar, ainda que com consequências legais diversas, cfr. FRANCESCO FERRARA Jr./FRANCESCO CORSI, p. 926. Encarando a questão numa óptica que nos parece menos precisa, anote-se que OLIVEIRA ASCENSÃO, *ibid.*, p. 211, parece entender como possível a constituição de sociedades unipessoais originárias na cisão "desde que se admita que desta pode resultar a atribuição de parte do património a um ou mais sócios, e de outra parte a outro ou outros". Porém, em rigor, e abstraindo das situações verificadas na constituição de sociedades de capitais exclusivamente públicos, o instituto não possibilita essa criação *ab initio*, pois deve entender-se que a sociedade constituída *ex novo* deve ser integrada por mais do que um sócio (neste sentido, para o direito espanhol, cfr. DUQUE DOMÍNGUEZ, "La escisión de sociedades", *Estudios de Derecho Mercantil en homenage a Rodrigo Uría*, 1978, p. 149), salvo as hipóteses legais de geração primitiva de sociedades unipessoais, inclusivamente agora a SQU, ou os casos em que a sociedade cindida fosse, de sua parte,

de domínio reconhecido[54], além de se verificar que o princípio da unicidade ou indivisibilidade do património individual sucumbe *ex vi legis* mais uma vez[55].

---

já anteriormente unipessoal por se terem concentrado as acções ou as participações nas mãos de um único sujeito. Insiste-se: como mecanismo de surgimento de sociedades comerciais, esse evento criador, a ser imputado a um único sujeito e tendo como acto fundante um negócio unilateral, terá de respeitar escrupulosamente as expressões legais de unipessoalidade originária. Por isso não se percebe a cisão-constituição como excepção à regra da pluripessoalidade no campo da *relação social* a estabelecer no seio da sociedade instituída por esse meio (antes da vigência do CSC, houve quem esclarecesse adequadamente que "na constituição da sociedade nova há que respeitar as disposições que exijam para o tipo de sociedade escolhido um número mínimo de sócios": DURVAL FERREIRA, *Cisão de Sociedades. No direito português e comparado e no projecto do Código das Sociedades*, 1985, pp. 37-8), antes se revestindo a sua especialidade no facto de tornar possível o nascimento de uma nova sociedade mediante um acto de natureza *não contratual* (cfr. JIMÉNEZ SÁNCHEZ/DÍAZ MORENO, p. 33). Por conseguinte, o que se deve afirmar é a configuração unilateral do acto constitutivo que lhe é inerente, que terá como expediente exegético essencial a virtude de reconhecer que *nem todos os negócios unilaterais de constituição das sociedades dão origem a sociedades unipessoais*. Ao fim e ao cabo, proceder a esta luz faz-nos assumir uma outra irradiação da pouca bondade da indissociação entre a natureza do acto gerador da sociedade e a natureza da sua estrutura organizativa (à qual voltaremos, mais tarde). Partir, portanto, da superação da necessária comunicação entre sociedade *como acto* (o contrato constitutivo da sociedade) e sociedade *como relação* (a relação contratual constituída pela fonte homónima), terá, a nosso ver, a virtude da lucidez nesta matéria: o negócio unilateral de cisão poderá espoletar estruturas societárias unipessoais ou pluripessoais. Mas sem que essa diferenciação se desvirtue e demonstre o que não pode, como parece fazer FRANCESCO GALGANO, *Diritto commerciale. 2. Le società*, 1996/97, p. 439, quando pouco subtilmente e manifestamente contra a emergência das novas figuras societárias, vê na cisão uma vicissitude que age sobre a *relação contratual* originária, constituída pelo originário *contrato de sociedade*, ramificando este em mais relações contratuais que se juntam à relação contratual originariamente unitária, alterando-se a primeira identidade da sociedade. Não nos merece apoio esta descrição e sugerimos duas interrogações. Será que valerá a pena semelhante divagação, apenas com o intuito de evitar a paternidade "incongruente" (por que razão se é a lei que o obriga) de uma sociedade por uma deliberação tomada por maioria? E onde está a relação contratual *mãe* quando a sociedade originária se dissolve: permanece em abstracto ou devemos considerar as relações contratuais como *orfãs*, permanecendo o problema...?

[54] *Vide infra* os variados desenvolvimentos desta realidade no Capítulo II, ponto 9.

[55] Em complemento ao que se descreveu *supra* na n. 51, acrescente-se algo mais. O art. 601º do CCiv., em coordenação com o art. 821º do CPC, à imagem de outros ordenamentos, consagra um princípio geral de unicidade ou indivisibilidade do património do devedor, no intuito de estabelecer aí a *garantia geral* do cumprimento das obrigações, que se tornará *efectiva* por meio da *execução*. Todavia, desde logo reconhece, na parte final

Introdução

Algumas destas novidades e abalos, contrastantes com alguns valores da tradição jurídica civil e societária, não devem ser considerados de um modo tão despedaçante e enfatizado como em regra se entendem. Antes

---

da sua previsão, a excepcional possibilidade de criação de patrimónios separados *ex vi legis* (em diversos domínios, como nos acervos hereditários – cfr. art. 2071º, nos 1 e 2, do CCiv. –, ou na substituição fideicomissária – cfr. arts. 2286º e ss do CCiv. –, já coexistiam vários patrimónios separados ou autónomos sob a tutela de uma mesma pessoa singular, além de outros fenómenos geralmente associados a pessoas colectivas, como na massa falida – cfr. arts. 147º, nº 1, 150º, 155º, 208º e 209º e ss, do CPEREF), cuja autonomia patrimonial se consubstancia precisamente no facto de, sendo o critério a *responsabilidade por dívidas* certas e determinadas, uma "certa massa de bens (estar) afectada ao pagamento de um conjunto próprio de dívidas" (PIRES DE LIMA/ANTUNES VARELA, p. 618). Mais esclarecedora é a linguagem de ORLANDO CARVALHO, *Teoria Geral...*, ob. cit., pp. 125 e ss, que fala, tal como antes MANUEL DE ANDRADE (*Teoria Geral da Relação Jurídica*, volume I, ob. cit., p. 219), de *afectação especial* (património exclusiva ou preferencialmente adstrito a certos e determinados encargos), e, dentro deste quadro, distingue entre património *separado* – aquele que pressupõe a titularidade de um sujeito já determinado, como a herança aceite, o património do morto presumido, a separação do art. 2098º, nos 2 e 3, do CCiv., e o EIRL (junção feita no respectivo ensino oral) – e património *autónomo* – este outro sendo o que, ou por não existência, ou por indeterminação, não se apresenta referido a qualquer sujeito concreto, como seja a herança jacente, o património dos activos do nascituro (pelo menos, dos não concebidos: cfr. arts. 952º, 2033º, nº 2, do CCiv.), a comunhão de bens no casamento e o património social nos entes societários ainda não reconhecidos como pessoas jurídicas. O património *colectivo* aparece como uma derivação do património autónomo, em que à indeterminação do sujeito num complexo de bens estruturalmente patrimonial, como no regime da "mão comum", se junta a respectiva finalidade ou escopo de liquidação.

Outra construção é a estabelecida por HEINRICH HÖRSTER, pp. 193 e ss, que, dentro do património separado – "complexo patrimonial, distinto do resto do património, com escopo específico comum e para efeitos especiais, nomeadamente para efeitos da responsabilidade por dívidas" (adaptação nossa) –, faz aparecer duas modalidades, com tratamento jurídico não uniforme (embora a ambas, segundo o Autor, se refira a parte final do art. 601º citado): (i) o património *separado*, que será a massa patrimonial autonomizada do património geral do *mesmo* titular (sendo casos típicos a herança aceite e a massa falida); (ii) o património *colectivo*, que, estando também autonomizado de um património geral, pertence a *vários* titulares, aos quais cabe globalmente e que é diferente dos patrimónios que cada um dos titulares possui a título individual (como sejam o fundo comum das associações sem personalidade jurídica e a herança indivisa). Curiosa é a sua qualificação da comunhão conjugal como património colectivo *incompleto* (tradicionalmente vista como um exemplar paradigmático de património colectivo *sem mais*: cfr. MANUEL DE ANDRADE, *ibid.*, p. 226; ORLANDO DE CARVALHO, *ibid.*, p. 126), em virtude de não se apresentar, em relação aos bens próprios de cada um dos cônjuges, como um complexo patrimonial estanque no que respeita à responsabilidade por dívidas (o que é bem certo, em face do regime do nº 1 do art. 1695º e do art. 1696º, do CCiv.), além de a própria lei (p. ex., quando se refere às meações dos membros do casal no património conjugal) pressupor uma individualização, ainda que *a posteriori*, das parcelas ou *entradas* de cada um dos cônjuges na comunhão. A mesma qualificação merecem, para este Autor, os patrimónios sociais das sociedades civis e das sociedades comerciais de componente *personalística* (além das sociedades por quotas em que se estipule convencionalmente a responsabilidade pessoal e directa dos sócios perante os credores sociais, prevista no art. 198º, por remissão do nº 3 do art. 197º, e das sociedades a que se aplique a solução *desconsideradora* do art. 84º), pelo facto de nesses casos o património pessoal dos sócios poder ser atacado, ainda que a título subsidiário, depois da insuficiência do património social ser atestada. Para a certificação do património colectivo ("um património com vários sujeitos") fora da categoria de património separado ("um sujeito com vários patrimónios"), cfr. MANUEL DE ANDRADE, *ibid.*, pp. 224 a 226.

Neste contexto, com a afectação de um património destinado ao exercício societário individual, forma-se, ainda que não referido ao mesmo titular mas a um novo ente jurídico "colectivo", um núcleo independente de bens adstrito a um destino próprio, separado do património geral do sócio único. Na verdade, mesmo que raciocinemos que "o princípio da insensibilidade dos bens sociais às obrigações dos sócios é quanto basta para podermos caracterizar essa massa como um património autónomo ou separado – e, daí, para eventualmente se poder concluir pela qualificação da sociedade comercial como verdadeira corporação, isto é, como um ente jurídico distinto da colectividade dos sócios" (FERRER CORREIA, "A autonomia patrimonial como pressuposto da personalidade jurídica", *Estudos Vários de Direito*, 1982, p. 560) –, tal face da autonomia patrimonial é completada integralmente pela outra vertente caracterizadora da autonomia *perfeita* – o facto de o património autónomo ou separado só responder pelas suas dívidas (cfr., sobre este aspecto dos corolários respeitantes ao princípio da autonomia patrimonial, MANUEL DE ANDRADE, *ibid.*, pp. 219-20; CARVALHO FERNANDES, *Teoria Geral...*, volume I, ob. cit., pp. 151-4) –, pois, como se sabe, o património social garante exclusivamente os credores sociais no domínio das sociedades por quotas, onde os sócios, neste caso o sócio único, de acordo com o catálogo legal *supletivo* [que permite aos sócios assumir *negocialmente* responsabilidade, solidária ou subsidiária com a da sociedade, pelas obrigações sociais *até determinado montante*; o sócio-quotista, *hoc sensu*, nunca assume, portanto, uma responsabilidade *ilimitada* perante os credores sociais: cfr., sobre o tema, RAÚL VENTURA, *Sociedades por Quotas. Comentário ao Código das Sociedades Comerciais*, volume I, 1989, pp. 53 e ss; PEDRO MAIA, "Tipos de sociedades comerciais", loc. cit., pp. 13-14)], nenhuma responsabilidade pessoal assumem pelas dívidas da sociedade, no plano das relações externas, ao abrigo do nº 3 do art. 197º.

É nesta base que se diz lá fora que a regra da indivisibilidade se rompeu mais uma vez, ainda que em rigor isso não seja assim tão fácil de qualificar. Mas se isso não originar confusões, não nos incomoda, como amiudada e tacitamente se defende no direito comparado, que este património assim autónomo se refira a uma pessoa jurídica distinta do sócio único e ainda assim entendamos (transpondo o argumento para os nossos dados

será mais oportuno destacar os elementos de *continuidade* e de *homogeneidade* que o novo instituto[56] exibe quando confrontado com o sistema jurídico-legal, de forma a que a resolução dos problemas que os novos preceitos levantam se possa empreender a coberto de uma elaboração

---

legais) que o princípio geral do art. 601° se excepciona. Assim será na medida em que *substancialmente*, pelas mesmas razões que caracterizam tecnicamente de igual modo o EIRL, se verifica que a mesma pessoa passa a dispor de um património *geral* e de um património *mercantil de afectação especial*, que constituem núcleos estanques de responsabilização separada, sendo o último organizado sob uma forma societária, no qual se limita a responsabilidade da pessoa singular, pelas obrigações assumidas no exercício da sua empresa, ao montante de dinheiro e/ou de bens em espécie indicado no negócio social constitutivo como entradas realizadas na SQU: "definitivamente, o empresário separa uma parte do seu património destinando-a ao escopo de exercício da empresa e, consequentemente, limitando a essa parcela a sua responsabilidade" (ALDO SCHERMI, p. 140; igualmente GIORGIO OPPO, "Società, contratto, responsabilità...", loc. cit., p. 185; EDOARDO COURIR, *Limiti alla responsabilità...*, ob. cit., pp. 264 e 299). Agora, como se aperceberá o leitor, não se utilize tal compreensão para se partir para outros retiros dogmáticos, como a não compreensão societária da figura ou a da identidade de interesses entre a sociedade unipessoal e o seu sócio único, pois aí já não seremos do mesmo aviso. A seu tempo, voltaremos a estes assuntos...

O que, em conclusão, nos parece líquido é que com a criação de um mecanismo societário individual colocado à disposição do empresário singular para lhe limitar a responsabilidade se estabeleceu *mais uma etapa* "na transição de um sistema jurídico fundado sobre a universalidade e a concursualidade da responsabilidade patrimonial (onde *todos* concorrem sobre *todo* o património do devedor) para um sistema centrado na especialização da mesma responsabilidade" (CARLO IBBA, "La s.r.l. unipersonale fra...", loc. cit., p. 250; sobre esse tema, vide LELIO BARBIERA, *Responsabiltà patrimoniale. Disposizioni generali*, 1991, pp. 34 e ss), sistema no qual, ao invés do que acontece com a empresa individual *tout court* (em cujo campo não cumpre diferenciar, a não ser a título descritivo, entre credores *empresariais* e credores *extra-empresariais*), se afigura juridicamente relevante, em consideração do diverso conteúdo da respectiva garantia patrimonial, distinguir entre os credores cujo crédito resulta de relações jurídicas entabuladas pelo devedor no exercício da empresa (social, para o que importa agora) e os *outros* credores cuja posição activa, ao invés, provém da actuação extra-empresarial do sujeito obrigado (a este propósito, vejam-se, entre outros, GIORGIO MARASÀ, *Le società. Società in generale*, 1991, pp. 1 e ss, e FRANCESCO FERRARA Jr./FRANCESCO CORSI, pp. 195-7 e 214-6).

[56] Ou, se se preferir dizer como o faz ANDREA PISANI MASSAMORMILE (cfr. "Prime riflessioni sulla s.r.l unipersonale", *Riv. dir. imp.*, 1994, p. 387), a inovação criada no *pre-existente instituto* da sociedade por quotas, que passa a apresentar duas faces-instrumentos utilizáveis para alcançar a individualização de um património empresarial (cfr. EDOARDO COURIR, *Limiti alla responsabilità...*, ob. cit., p. 299).

interpretativa e prática já suficientemente consolidada e interiorizada pelo sistema normativo *comum*[57].

De facto, se quisermos ser rigorosos, além das plúrimas sociedades unipessoais originárias de capitais públicos criadas por diploma legal e da sociedade anónima unipessoal *nas condições em que a temos*, a novidade que a surpreendente figura acarreta não deverá ser de todo sobredimensionada, sob pena de se perder a noção do que *já existia no sistema*. Não se pode afirmar que é novo aquilo que manifestamente não o é, nem apelidar de *câmbio profundo* um fenómeno que vinha obtendo gradativo reconhecimento, uma vez que é de todo curial afirmar que a ideia de uma sociedade constituída por um sujeito sem qualquer outro *partner* não é considerada enigmática no nosso ambiente jurídico, antes se conforta em modelos já consolidados no nosso ordenamento em função de outras e recorrentes intervenções legislativas.

Se entendemos, numa outra perspectiva, que inovador é a possibilidade de uma sociedade de capitais (digamos de responsabilidade limitada) funcionar apenas com um único sócio, oferecendo-lhe o privilégio de entrar no fenómeno societário com uma responsabilidade pelas dívidas sociais restrita ao património que a sociedade apresenta no momento da sua exigibilidade, isso igualmente não é verdade. Tal realidade, avançando um pedaço mais, já é permitida pela regulamentação predisposta pelo art. 84º, porque os seus dados gramaticais, na nossa perspectiva, não per-

---

[57] Esta constitui a nossa perspectiva de princípio em sede de unipessoalidade societária e corresponderá a uma *conduta metodológica* na assunção e tentativa de solução das proposições que surgem ao longo da nossa exposição. Acompanhamos assim alguma doutrina que partilha dessa configuração, o que nos permite não conduzir à partida o nosso trabalho, portanto, pela aversão pessimista ao esquema organizativo que conjuga sociedade comercial e unicidade da pessoa do sócio, baseada no temor de a sua introdução no sistema se traduzir na incursão de uma *nau corsária*, susceptível de disferir ataques contra os quais poucos meios de defesa estariam disponíveis (cfr. LUIGI SALVATO, p. 401, adaptando a apelativa linguagem bélica, usada em reacção à repreendida regulamentação institucionalista do regime dos grupos de sociedades, de FLORIANO D'ALESSANDRO, "Il diritto delle società da i «batelli del Reno" alle «navi vichinge», *FI*, 1988, p. 56). Antes nesse esquema apreendemos mais um traço de evolução – e de *normalidade* nessa evolução – do próprio direito das sociedades comerciais, ao contrário de quem envereda pela assunção do rompimento da *unidade de fundo* das sociedades, em face dos esquemas em parte comuns que valem para os vários tipos, com particular acuidade para a sociedade por quotas e para a sociedade anónima (neste sentido, cfr. GIUSEPPE RAGUSA MAGGIORE, "Il legislatore funambolo e la società a responsabilità limitata", *Dir. Fall.*, 1993, p. 577).

mitirão que a responsabilidade limitada de que o sócio remanescente usufrui seja afastada, a não ser em caso de a sua sociedade ser declarada falida (mesmo que, nos termos do seu nº 2, «a falência ocorra depois de ter sido reconstituída a pluralidade de sócios»[58]) e apenas pelas obrigações sociais contraídas no período posterior à concentração das participações sociais. E, repare-se no pressuposto adicional, desde que se demonstre, com elementos de prova que nem sempre serão fáceis de carrear, que nesse período não foram observados os preceitos legais que estabelecem a separação patrimonial ao acervo de direitos e de bens da sociedade. Daí que, pela nossa parte, a lei – chamando igualmente aqui as normas que regulamentam a dissolução das sociedades comerciais reduzidas a um único sócio, que apenas opera por iniciativa e não automaticamente[59] – não importa a modificação do *estatuto de responsabilidade* do sócio restante durante a vida normal da sociedade *economicamente viável*, isto é, sem que se atenda à unipessoalidade. Ou seja, mesmo que decorra o prazo legal de reconstituição da pluralidade, os bens pessoais do sócio restante não ingressam para o quadro de vinculação jurídica da actividade social enquanto dura a unipessoalidade posterior à constituição da sociedade *e* não se entende proceder à dissolução do ente unissubjectivo.

Em resumo, tudo depende das circunstâncias do caso concreto. Se a sociedade funciona bem, se paga e em tempo, se os credores não vêem na unipessoalidade qualquer desvantagem, estarão reunidas as condições para que a sociedade se mantenha validamente e uma situação precária se estabilize mais ou menos no tempo. Ou seja, para que se mantenha a distinção da empresa social e do seu património do património pessoal do sócio único, terá que a sociedade tornada unipessoal funcionar em termos eficientes na sua existência com o exterior e na dinâmica dos seus órgãos. Se assim for, a sanção do art. 84º não entrará em acção[60].

---

[58] O que significa que, havendo uma situação em que será difícil presumir que a condução da sociedade durante o tempo que durou a unipessoalidade foi a causa da falência, a lei se basta com "a verificação de que, durante certo tempo, bens do património social foram desviados do fim a que legalmente estavam afectados e presume que isso prejudicou a satisfação dos créditos constituídos durante o mesmo período" (RAÚL VENTURA, *Dissolução e liquidação...*, ob. cit., p. 194).

[59] Vejam-se os arts. 142º, ss, bem como as considerações expendidas no Capítulo I, ponto 5.

[60] Neste sentido se ajustam, mais uma vez, as palavras de RAÚL VENTURA, *últ. ob. cit.*, p. 192: "Em vez, portanto, de aumentar a responsabilidade do sócio único só por causa da unipessoalidade, o CSC preferiu cominar a responsabilidade do dito sócio *em função do seu comportamento*, durante aquela situação" (itálico da nossa responsabilidade).

Nesse contexto (antecipando conclusões), é inegável reconhecer, em conjunto com o regime das sociedades unipessoais supervenientes, a pose de *abertura legislativa* às correntes que sufragam a permeabilidade do ordenamento societário à unipessoalidade[61].

A novidade normativa mais sugestiva reside, assim, na faculdade jurídica (lícita) que se dá aos sujeitos singulares de constituírem por negócio unilateral uma sociedade sem que com eles concorra nesse momento inicial qualquer outro sujeito[62], com a utilidade não desdenhável de, com

---

[61] A contemporização legal para com a unipessoalidade derivada foi entendida como uma senha indesmentível de que a relutância para com a sociedade unipessoal "se filiaria mais propriamente num preconceito e na normal feição plural das *sociedades* do que no falado imperativo de interesse público, a proibir a separação patrimonial e a limitação da responsabilidade do operador individual da actividade económica" (PINTO FURTADO, *Curso de Direito das Sociedades*, ob. cit., pp. 243-5, citação da p. 245, com sublinhado como no original). Assiste assim razão a OLIVEIRA ASCENSÃO, *Direito Comercial. Sociedades Comerciais*, ob. cit., p. 348, quando clama que, a ser diferente este comportamento legislativo claramente *engagé* com a *potencial* perpetuação da sociedade unipessoal resultante de um acidente ulterior à sua constituição e entrada em funcionamento, a única postura plausível do nosso direito deveria ser estatuir *sem mais* a responsabilidade ilimitada do sócio único, depois de esgotado o tempo para o retorno da sociedade à primitiva pluralidade. Não o tendo feito, não se poderá dizer que a unipessoalidade seja um *corpo indesejado* no sistema pátrio.

[62] Reitere-se, em abono da verdade, a ideia de que esta era uma novidade certamente esperada no direito português, pois, como iremos compreender mais à frente e ademais do que já avançámos, nesta sede já se tinha evoluído da inadmissibilidade da sociedade unipessoal para a regulação da sociedade unipessoal *superveniente*, bem como da sociedade unipessoal derivada como ente a dissolver para a sociedade unipessoal derivada enquanto pessoa jurídica *a manter* pela reconstituição da pluralidade primitiva, mas que poderia, se não se procedesse à dissolução por vontade deliberativa ou propositiva de uma acção judicial, *subsistir* no estado de sociedade unipessoal. No lado da origem, sob o ponto de vista normativo, a *licitude genérica* da fundação de sociedades originariamente unipessoais era recusada até à entrada em vigor do DL nº 257/96. A concorrência no negócio fundacional de uma pluralidade de vontades efectivas era um requisito básico, pelo menos com carácter geral, sendo desse modo a falta desse pressuposto causa de nulidade do contrato de sociedade (atentos os arts. 42º, nº 1, al a), e 43º, nº 1 e 2), podendo ser tal fundamento precludido, o que abona em favor da tolerância em sede de unipessoalidade originária, pela expressa permissão legal da constituição unipessoal apenas para as sociedades anónimas, as sociedades por quotas e as sociedades em comandita por acções no caso da anónima unipessoal. De um ponto de vista lógico, com efeito, este passo recente da legislação societária deve entender-se em face da compreensão normativa crescente da existência de um só sócio no momento do nascimento da sociedade *ao lado* da actuação unissubjectiva de sociedades depois da constituição. Isto independentemente

essa previsão, se promover, de certo modo, a *normalização* da anomalia que a sociedade com um só sócio constituía[63]. Mais do que isso, a inquietação que daí resulta consistirá em enfrentar a urgência de coordenação das normas que regulam a SQU com os institutos de direito societário vigentes[64], que em si transportam alguns dos aspectos nevrálgicos das sociedades comerciais.

---

da oportunidade dogmática de criar uma sociedade, pensada para o exercício colectivo da empresa, beneficiária da responsabilidade limitada, por sua vez conferida para consentir a recolha da disponibilidade patrimonial *de muitos* em redor de grandes iniciativas, que seja utilizada por um único sujeito na veste da sua empresa, para além das factualidades ocasionais que façam cessar a pluralidade inicial. Abordando esta linha de raciocínio, cfr., por todos, ALESSANDRO GRAZIANI/GUSTAVO MINERVINI/UMBERTO BELVISO, *Manuale di Diritto Commerciale*, 1994, p. 238.

[63] Nestes termos se expressaram, na Bélgica, EDDY WYMEERSCH, "L'introduction de la société unipersonelle en droit belge", *RS*, 1988, p. 827, e, em Itália, FRANCESCO FERRARA Jr./FRANCESCO CORSI, p. 863. Em sentido oposto, MASSIMO FABIANI, *Società insolvente e responsabilità del socio unico*, 1999, p. 166, é de parecer que o fenómeno das sociedades unipessoais joga ainda "um papel de substancial anomalia do sistema". Há quem pense, na mesma linha, que o mecanismo construído pela lei, em virtude da anomalia da sua génese e do constrangimento conceptual e lógico que a sociedade nascida com um só sócio exerce, vai, em coerência, ao limite da contradição: cfr. GASTONE COTTINO, *Diritto Commerciale...*, ob. cit., p. 706. Mas a técnica legislativa adoptada, ao regular normativamente a SQU na sua génese e em algumas parcelas do seu funcionamento, retrata definitivamente a figura como uma hipótese *fisiológica* da sociedade por quotas, desenhando nesse tipo uma estrutura *subjectivamente* unipessoal (cfr. ALDO SCHERMI, p. 127), ainda que, estando aqui o significado maior da pronúncia do legislador, configurada através de um regime especificamente aplicável a tal situação, o que constituirá a inovação mais desafiante em relação ao regime anteriormente em vigor (cfr. JIMÉNEZ SÁNCHEZ/ /DÍAZ MORENO, pp. 31-2).

[64] Essa vigência estaria sedimentada em duas regras férreas – a saber, que a sociedade, tanto a de pessoas como a de capitais, não pudesse em caso algum constituir-se com um único sócio; que, nas hipóteses de perda de pluralidade, não sendo essa reconstituída ou não sendo requerida a respectiva dissolução, o único quotista ou o único accionista eram ilimitadamente responsáveis, verificada a condição de falência da sociedade, pelas dívidas surgidas no período de concentração das participações sociais no sujeito remanescente (em sentido próximo para o ordenamento italiano, cfr. GASTONE COTTINO, "La sociedad de responsabilidad limitada entre norma y realidad: reflexiones sobre un proyecto de reforma", *RDS*, 1994, p. 148: mas relembre-se que em Itália a unipessoalidade superveniente não é causa de dissolução das sociedades de capitais que se apresentam com *reductio ad unum*) –, que assim se *relativizam* e perdem a sua força normativa no contexto do ordenamento societário.

Diremos até que, mais do que os seus preceitos específicos, lacunosos no âmbito de tutela que se pretenderia coberto[65], só a simples realidade que a SQU anuncia permitirá descobrir ou redescobrir com uma nova alma exegética algumas regulações da nossa codificação societária.

Apesar das perplexidades aplicativas[66], desfrutamos, como já com certeza se notou, da sensação de a nova disciplina da SQU produzir um *impacto positivo* sobre o sistema societário e sobre alguns dos seus tradicionais problemas[67]. Se o leitor nos perdoar a revelação da nossa intimidade como investigador, só se perceberá o móbil mais imediato do nosso estudo se se compreender essa incidência na discussão de variados problemas do direito societário, pelo que a sistematização do trabalho se norteia precisamente pela busca da abordagem desses desafios. Pensemos na relação entre o elemento *negocial* e o elemento *organizatório* no fenómeno societário, na conflitualidade entre interesse da sociedade e interesse dos sócios (na hipótese, do sócio), na compreensão da responsabilidade do sócio durante o período de constituição da sociedade-pessoa jurídica (entidade de si distinta já nesse período), na necessidade de repressão dos abusos decantados da utilização pouco escrupulosa dos institutos da personalidade jurídica e da autonomia patrimonial e de, para isso, encontrar as técnicas (por via interpretativa, suspeita-se) mais adequadas a esse escopo, etc.

Por outro lado, este confronto com a nova disciplina da unipessoalidade quotista, além da influência que pode produzir no sistema de direito societário comum, pode determinar algumas alterações no sistema específico da SQU, que *deverão ir para além das normas directamente introduzidas*, modificadas ou retiradas em função da unipessoalidade[68]. Com isto queremos dizer que o regime da SQU não se deverá esgotar nessa disciplina e poderá ser enriquecido pelo *exame interpretativo* que fizermos dos problemas e dos interesses mobilizados pela implantação do novo instituto no sistema das sociedades. Poderemos, pois, percorrendo esse *julgamento da compatibilidade* entre a estrutura unipessoal da sociedade e a

---

[65] Igualmente ENGRÁCIA ANTUNES, *Direito das sociedades...*, ob. cit., p. 101, se manifestou convicto da "escassa regulamentação legal da figura".

[66] Pois será inegável que, em certos pontos, parafraseando YVES GUYON, *Droit des Affaires...*, ob. cit., p. 542, a regulamentação da SQU "não provoca uma simplificação mas antes uma *desnaturação* das regras aplicáveis" (itálico nosso).

[67] No mesmo sentido, cfr. GIULIANA SCOGNAMIGLIO, "La disciplina...", loc. cit., pp. 264-5.

[68] Veja-se a linha de rumo seguida por CARLO IBBA, "La s.r.l. unipersonale fra...", loc. cit., p. 261 e n. (32).

regulação ordinária que lhe é aplicável, chegar a soluções exegéticas *especialmente valoradas* para a SQU: esta será esta uma das nossas fundamentais *posições metodológicas* quando nos lançarmos ao trabalho.

O estudo a que nos propomos dirige-se a delinear, numa primeira parte, os aspectos mais gerais a sublinhar pela criação da figura societária unipessoal, com a finalidade primária de avaliar o seu alcance histórico e o seu reflexo à luz de alguns princípios essenciais existentes no âmbito do nosso direito societário.

O tema da SQU, de facto, aponta várias e delicadas controvérsias. Dessas, julgamos oportuno desenvolver com uma maior dignidade algumas delas, que serão particularmente aprofundadas no decurso da investigação pelos três últimos capítulos, atribuindo maior autonomia às duas derradeiramente abordadas nos últimos dois. Todas as outras, particularmente aquelas que resultam dos dados expressos da disciplina jurídica da SQU, nos específicos problemas de interpretação e de aplicação que suscitam, serão percorridas *en passant*, conexionadas com as questões tratadas a título principal, ou até antes. Muitas delas mereceriam, sem rodeios, um inquérito cuidado e mais composto e por essa razão não nos alargaremos para elas.

Sob este ponto de vista, escusamo-nos a avançar para uma descrição *exaustiva* do regime jurídico da SQU. Optamos por encarar e tentar compreender os problemas *mais peculiares* que desafiam o sistema normativo da sociedade por quotas e, em geral, das sociedades de capitais, contribuindo para um debate que tenha as virtualidades exigidas para obter um efeito que não se confine à estrita análise da disciplina da SQU. Algo mais seria extrapolar do objectivo último que na linha de partida de um estudo desta estirpe se vislumbra para a sua chegada.

2. Razão de ordem

A difusão da figura da SQU coloca inevitavelmente diversas querelas de carácter técnico-jurídico e prático, relacionadas com a estrutura societária geral e com o perfil de sociedade perfilhado pelo regime jurídico atinente ao instituto. Da análise da função, do sentido de funcionamento (*maxime*, no que concerne à modalidade *unilateral* da sua constituição e ao regime da responsabilidade do sócio pelas obrigações sociais em todas as suas consequências e possíveis restrições) e da sua utilidade esperamos que surja uma colaboração válida para a percepção dos elementos normativos que o ordenamento português precipita (ou poderia vir a precipitar no futuro). Contra o nosso fito essencial ergue-se a juventude (ou melhor, a infância) que a figura exibe. As reflexões que sobre ela se debrucem são tenras e escassas e não se encontram litígios nos tribunais, pelo menos superiores, relativos a matérias geradas pela operatividade, ou à actuação tendente a essa operatividade, de uma SQU. Por estas razões, o nosso caminho recolherá uma influência decisiva na tentativa de suprir essas ausências com o recurso ao repertório de contributos registado nos sistemas jurídicos que nos são mais próximos. Já assim seria se essas lacunas nacionais não se verificassem, mas o acesso à preciosa *geografia do direito comparado*[69] tem para nós um papel irrecusável na observação dos problemas que têm merecido discussão na experiência jurídica do estrangeiro.

Com este pressuposto desde já assumido, convirá dizer que o nosso itinerário começará pelo mais elementar, algo que não nos podíamos demi-

---

[69] Expressão popularizada entre nós pelos trabalhos de PINTO MONTEIRO (cfr., entre outros artigos ou obras onde foi referida, *Cláusulas limitativas e de exclusão de responsabilidade civil*, 1985, p. 81; "Contratos de adesão: o regime jurídico das cláusulas contratuais gerais instituído pelo Decreto-Lei nº 446/85, de 25 de Outubro", *ROA*, 1986, p. 744; "Contrato de agência (Anteprojecto)", *BMJ*, 1986, p. 52).

Sobre a relevância dos resultados da comparação jurídica para o *conhecimento* e a *interpretação* do direito nacional, vide CARLOS FERREIRA DE ALMEIDA, *Introdução ao Direito Comparado*, 1998, pp. 15-16.

tir de mencionar: a envolvência económica e social da unipessoalidade societária e o trajecto *de propostas de preenchimento jurídico* que as necessidades que a requisitam predispôs ao longo das últimas décadas, até que a legislação comunitária se expressasse positivamente pela unipessoalidade social. Em complemento, faremos uma breve referência à história e evolução da figura em consideração no nosso país antes da XII Directiva. Encerraremos esta área com a concisa descrição do nosso regime actual (usada para dar conta de alguns dos problemas operativos de direito positivo) e das proposições vigentes nos países europeus que mereceram a nossa atenção[70].

Captada a emergência histórica e sócio-económica do instituto, antes de entrar na discussão das *notas mais individualizadas* da dissertação[71], resolveu autonomizar-se numa etapa superveniente um complexo de questões, denominadas como *perplexidades* e tal já será suficientemente elucidativo sobre o seu carácter, que se relacionam com algumas das inquietações que a unipessoalidade societária gera no edifício sistemático do direito das sociedades comerciais. Questões despertadas pela configuração jurídica do acto gerador de uma sociedade unipessoal, pela problematizada evanescência ou apagamento do fim lucrativo, pelos contornos menos óbvios da titularidade única da participação social dada como pressuposto na lei societária, pela explicitação do regime da sociedade unipessoal na fase da sua constituição, pela relação e disciplina em sede de responsabilidade da SQU enquanto peça de um grupo de

---

[70] Este ponto servirá, em primeira linha, para fornecer ao leitor o conteúdo dos regimes jurídicos respectivos em sede de sociedades de responsabilidade limitada unipessoais *ab initio*, desde logo conhecido na órbita de um capítulo inicial e a partir daí referido sem mais. Com essa medida, pretendemos assegurar depois, no decurso do estudo, uma sempre importante economia, aquando da sua menção pelos diversos níveis de problematização e de diálogo, que a técnica de *integração remissiva* no texto promoverá. Além disso, essa breve resenha não será de todo despicienda se pensarmos que a emergência nos diplomas legais da SQU é recente e nem sempre foi considerada em virtude do *preconceito* que a figura enfrentava na nossa comunidade científica.

[71] A presente investigação anuncia o estudo que sirva de *contributo para o estudo do regime jurídico* da SQU no direito português. Se é correcto assumir que "a escolha de um título é a indicação de um caminho e traduz, desde logo, uma opção" [PINTO MONTEIRO, *Cláusula penal e indemnização*, 1990, p. 16, n. (55)], a denominação da nossa investigação mostra que o caminho se fará pela discussão sistematizada de algumas, e não todas, das questões fundamentais que a criação da SQU faz surgir, mas a opção será no sentido de dar um maior relevo a certas questões clarificadoras, precisamente as que surgem com uma mais densa individualização nos três últimos capítulos.

sociedades, e que são aparentemente de difícil resolução, tendo em conta as incertezas que provocam. Trata-se de um capítulo tipicamente *problemático*, que entendemos ter, relativamente aos restantes, um interesse *metodologicamente* distinto mas inalienável para a valia de uma investigação adequada sobre a figura. Por isso, em muitos desses pontos, a nossa postura, soerguida pela polivalência desses problemas, será a de, fundamentalmente, levantar questões e *abrir alguns horizontes* para uma sua possível solução e posterior enriquecimento dialógico-doutrinal em momentos ulteriores.

Temas de ulterior desenvolvimento do trabalho serão os desembrulhados nos capítulos seguintes, dedicados ao entendimento orgânico e possível funcionamento da assembleia sem o agrupamento que lhe é ínsito, pela discussão das relações internas entre o sócio como sujeito-órgão decisor e a gerência como órgão de administração e representação da sociedade, pela preservação (ou não) de um interesse social referido a uma sociedade desprovida de uma colectividade de sócios e as consequências que daí se podem retirar em termos de regime (Capítulo III), e à configuração de uma responsabilidade do sócio único pela prática de condutas e factos abusivos da personalidade jurídica societária e da autonomia patrimonial que lhe vai associada (Capítulo IV). A sua (relativa) maior robustez é justificada pelo insuficiente ou ausente tratamento normativo dessas questões no regime arquitectado pelo legislador pátrio, tendo em conta as hesitações que a solvência dessas matérias potencialmente equívocas poderão fazer emergir. Por isso, algumas posições aí expressas aspiram somente a dar início a eventuais aprofundamentos no que toca a decifrar esses temas. Para isso, não reflectiremos posições definitivas, mas não nos inibiremos de exercer, ainda que muitas vezes com reservas, as funções do intérprete.

A estrutura assim posta, contudo, poderá não legitimar-se sem um esclarecimento suplementar. Como o leitor mais atento à análise das monografias e artigos estrangeiros que se dedicaram ao tratamento do nosso tema saberá, é comum abordá-lo, depois de mais parcas ou mais alongadas explanações de ordem introdutória, seguindo uma discriminação entre a *fase da constituição* e a *fase da operatividade* da SQU[72]. Não foi essa a nossa opção. O posicionamento das matérias deseja evitar que os temas que nomeamos como credores de maior atenção se "perdessem" em dois longos e arrastados capítulos, um risco que entendemos

---

[72] Designadamente em Itália.

não dever correr em face da natureza e dos alvos a atingir com a índole de uma investigação do género da nossa, que, *et pour cause*, não se poderá debruçar exaustivamente sobre as múltiplas coordenadas do novo regime jurídico da SQU. Com isso, elegemos alguns *desafios* do instituto, como os decorrentes da constituição da SQU e os residentes na sua atracção em sede de arranjo e de controlo de agrupamentos empresariais, que se optou por tratar com um carácter menos individualizado, e enfrentamos com maior sistematização aqueles temas que se destacam, a nosso ver, pela previsível conflitualidade que a consagração do instituto acarreta.

Por isso também se entenderá o carácter paralelo da exposição referente a esta Introdução e ao primeiro capítulo, que servem em larga medida para apresentar ao leitor, com a discussão e o diálogo que se afiguraram e afigurarem pertinentes, um núcleo essencial de informações, destinadas a amenizar as surpresas e as modificações que a situação de unipessoalidade acarreta ao estatuto *trazido* da disciplina ordinária pela SQU[73].

Convém, por último, aclarar uma derradeira orientação. Estimamos não merecer um cuidado próprio o debate sobre a natureza jurídica da figura instituída pela SQU. Esse ensaio viria depois de encerrarmos o diálogo com os mecanismos oferecidos pelo direito positivo, seria enriquecido com as mais ou menos significativas contribuições dogmáticas e contribuiria para a compreensão das *potenciais incertezas* originadas pelo instituto. Contudo, se pensarmos bem, poderia ser um terreno mais ou menos fértil de insignificantes flutuações, mas sem frutos assinaláveis a colher, e que se justificava mais num outro tempo, em que a unipessoalidade ainda não era reconhecida de raiz. Actualmente, olhando para o direito objectivo, estamos perante uma sociedade comercial e todas as

---

[73] Digamos assim que a Introdução no seu ponto 1 e grande parte do Capítulo I podem ser vistos como um fragmento auxiliar na arrumação principal da matéria. Aí poder-se-á, a propósito do que lá se trata *ex professo* (pois nada aí, como também no restante discurso, se poderá compartimentar num círculo fechado), abordar outros assuntos, que podem mesmo vir a merecer uma atenção particularmente digna, sempre e na medida em que isso se afigure legítimo pelo decurso do estudo. Por isso, adverte-se para a importância que a leitura das notas de fundo de página pode importar, uma vez que daí se poderá adquirir informação e conhecer exames sobre alguns problemas de regime, ou outros, que não correspondam à tipologia dos problemas gizados no alinhamento dos capítulos. Note-se, aliás, que este aviso será producente de igual modo no que respeita a todo o trabalho, porque muitas vezes se enveredará pelo tratamento de questões paralelas e de certa maneira inevitáveis, algumas delas propostas sob a forma de texto recolhido. A estratégia será criticável mas terá pelo menos a virtude de evitar a mostra final de uma dissertação penosa e desperdiçadamente prolixa...

construções que a partir daí se façam daí resultam ou à volta da sua natureza se enredam. Deste modo, daremos notícia de algumas sensibilidades mais relevantes que o tema toca (antes e agora), por um lado, à medida que o estudo for tocando pontos que sensibilizem essa informação, e, por outro, com um esquema sensivelmente mais agrupado no ponto 9 do Capítulo II. Assim, *polvilhando o texto pertinente*, sem rubricar exaustivamente o debate mas sem dele nos demitirmos, expectamos ser este um método suficiente para saber algo que não adiantará muito mas poderá ajudar neste ou naquele pormenor.

Após situarmos o leitor nas mensagens que o assunto em consulta prenuncia, uma vez indicado o rumo, balizados os seus limites e justificadas as opções, parecem estar reunidos os requisitos para se concretizarem as ambições previstas pelo nosso plano, na esperança de sermos capazes de envolver a explicação – e até, porventura, prevenção – dos dissensos dignos de serem provocados pelo aparecimento da SQU no nosso ordenamento.

Como há mais de meio século se disse no único estudo monográfico elaborado em Portugal sobre a unipessoalidade, o facto de ela hoje ser um fenómeno várias vezes previsto pelo legislador não a desprende ainda de ser uma "situação singular", carente de um regime aplicável "em todos os seus múltiplos aspectos e possíveis implicações" e suplicante de uma tentativa de "interpretação criadora" para "o conjunto das normas a ela aplicáveis"[74].

Para a difícil tarefa partimos com a esperança de se incutir alguma acalmia nos que ainda vêem a sociedade unipessoal como um *corpo estranho*, cientes que estamos de nos lançarmos sobre *mais uma peça* da engrenagem societária, que nela se deve encaixar sem demasiadas fricções... pelo menos sem aquelas que não se justifiquem na exacta medida da *especialidade* que ela é na disciplina ordinária da sociedade por quotas.

---

[74] FERRER CORREIA, *Sociedades fictícias e unipessoais*, ob. cit., p. 325.

CAPÍTULO I

O PROBLEMA DA UNIPESSOALIDADE SOCIETÁRIA NAS SUAS VERTENTES ECONÓMICA E JURÍDICA E O SEU TRATAMENTO LEGISLATIVO

SUMÁRIO: **3.** O contexto de emergência da limitação da responsabilidade do empresário individual. – **4.** Os instrumentos técnico-jurídicos aptos a garantir a responsabilidade limitada do comerciante singular. 4.1. *A sociedade unipessoal como última opção no painel de instrumentos destinados a concretizar o instituto*. 4.2. A rendição *ao expediente societário protagonizada pela Décima Segunda Directiva*. – **5.** A experiência jurídica portuguesa até 1997. – **6.** As *especialidades* do actual quadro normativo português. – **7.** Referência comparatística da unipessoalidade em sede de sociedades de responsabilidade limitada. 7.1. *O quadro jurídico alemão*. 7.2. *O quadro jurídico francês*. 7.3. *O quadro jurídico italiano*. 7.4. *O quadro jurídico espanhol*.

3. O contexto de emergência da limitação da responsabilidade do empresário individual

O desejo de adopção da unipessoalidade societária como mecanismo aprovado pelos ordenamentos jurídicos cresceu com a perda de importância do exercício individual do comércio e da indústria como "fórmula dos negócios de alguma importância"[75]. A amplitude das empresas (circunstância que veio sendo determinada pelas exigências técnicas e financeiras dos mercados) e o risco das suas actividades criavam uma instabilidade inaceitável, isto é, um *risco acrescido*, nas fortunas pessoais dos empresários. Em face disso, os proprietários de pequenas e médias empresas *fugiram* frequentemente do comércio "em nome próprio" e das estruturas jurídicas previstas para a empresa pessoal e refugiaram-se nas formas de sociedades comerciais onde a sua responsabilidade era limitada à entrada que investiam inicialmente. A experiência demonstrava que aí os associa-

---

[75] A expressão é de SOLÁ CAÑIZARES, "Las formas juridicas de las empresas. La empresa individual limitada, el contracto de sociedad y la institución por acciones", *RDM*, 1952, pp. 295-6.

dos que se juntavam ao proprietário do negócio apenas o faziam para satisfazer o formalismo legal, fazendo com que a sociedade *de facto* unipessoal[76] proliferasse, contornando os textos legislativos que a proibiam ou a "condenavam" em termos originários[77]. Sem o amparo de uma forma

---

[76] Esta é uma entre outras fórmulas que serviram para denominar as sociedades comerciais de pluralidade fictícia, tanto aquelas em que os sócios concorrentes para o formalismo numérico inicial se mantivessem na sociedade em favor do domínio e dos interesses de um dos sócios, sem gozarem das vantagens e sem estarem vinculados aos deveres correspondentes à figura do sócio, como as outras em que a pluralidade se mantivesse até à execução ou produção de efeitos do preordenado acto parassocial tendente à transferência das participações sociais para a esfera jurídica de um só dos sócios. Para uma abordagem sistemática destas duas categorias de *desvio* ao requisito subjectivo da pluralidade de sócios, vide GIOVANNI IUDICA, "Società di comodo", *Quad.*, 1988, pp. 150-9. Advirta-se que a denominação de sociedades fictícias será utilizado na investigação apenas para as sociedades que dissimulam a participação de mais do que um sócio, mas esclareça-se que a qualificação poderá ampliar-se, genericamente, para os vários casos em que uma sociedade típica e regularmente constituída é instrumentalizada para obter finalidades, vantagens e funções que divergem das que são normais e caracterizantes do instituto e este é suposto a elas estar preordenado no modelo legal-abstracto. Nesta vicissitude, o desvio afecta o requisito *objectivo* da causa da fundação da sociedade, atinentes, no fundamental, ao exercício em comum de uma actividade económica e ao escopo de lucro.

[77] Apesar dessa proibição originária, as sociedades unipessoais, além dos eventos de pluralidade fictícia, expandiram-se, agora na verdadeira acepção da palavra, graças à complacência dominante com que a sua superveniência foi sendo sancionada pelas legislações comparadas. De facto, a titularidade única da empresa, por acção das incidências que remetiam todas as participações sociais para o bolso de um só sócio, foi sendo mais ou menos *envergonhadamente* objecto de uma indulgência normativa, que, ao considerar interina e estranha ao sistema essa situação, expunha-se ao reconhecimento da subsistência da sociedade *que esperava* pelo restauro da pluralidade que a caracterizava inicialmente. Digamos que a influência do direito alemão, onde não se dissolviam as sociedades em razão da concentração subjectiva das suas participações, nem se previa qualquer regime especial de responsabilidade a cargo do sócio único pelas dívidas sociais, foi decisiva para se promover a erosão em muitos ordenamentos da regra da dissolubilidade das sociedades com base nesse fundamento (à imagem da tradicionalmente conservadora atitude do ordenamento francês, durante muito tempo a âncora mais imperecível do dogma da inadmissibilidade das sociedades unipessoais). A decadência dessa regra remontava, aliás, à ideia já difundida no direito romano de que, não sendo os elementos requeridos para a criação de uma relação jurídica necessários para a sua continuação, a redução dos componentes de uma *universitas* a um só não acarretava a sua dissolução: «*Non est novum, ut quae semel utiliter constituta sunt, durent, licet ille casus exstiterit, a quo initium capere non potuerunt*» (D. 50, 17, 85, 1).

Relativamente às soluções legais que nos finais da década de sessenta, do século passado, se confrontavam, FERRER CORREIA fez uma resenha comparatística e sistema-

jurídica idónea, o comerciante individual tratou de se refugiar nas formas sociais e conseguir, mediante o cumprimento dos requisitos legais, a

---

tizou-a, sempre para a unipessoalidade superveniente, em quatro categorias básicas: (i) sistemas que repudiavam inteiramente as sociedades de um único sócio; (ii) sistemas que dissolviam de pleno direito as sociedades de pessoas e que não dissolviam as sociedades de capitais; (iii) sistema italiano de dissolução *ipso iure* diferida quanto às sociedades de pessoas e de não--dissolução quanto às restantes sociedades; (iv) sistema francês de dissolução judicial diferida para todas as sociedades comerciais: cfr. "O problema das sociedades unipessoais", loc. cit., 1967, pp. 188-92; *Lições*..., ob. cit., pp. 154-62. De acordo com ANGELO GRISOLI, *Le società con un solo socio*, ob. cit., pp. 101-2, nos princípios da década de setenta, indo mais longe, a sociedade unipessoal estaria a ser objecto de um reconhecimento *indirecto*, fosse pela existência de normas *explícitas* que expressamente excluíam a dissolução dos efeitos decorrentes da concentração ou que permitiam a conservação da sociedade com consequências laterais em termos de responsabilidade do sócio supérstite, fosse pelas condições legais que equipavam o regime de dissolução prevista como efeito da concentração, condicionando-a de tal modo que mais não significava do que uma admissibilidade *de facto* da sociedade reduzida a um único sócio, fosse ainda *implicitamente* pelas decisões jurisprudenciais que, em aplicação de normas gerais ou referentes a causas de dissolução diferentes da concentração monopolista das concentrações sociais, optassem pela manutenção do anormal ente societário.

Dentro desta sistematização, as soluções legais delineavam, com efeito, uma crescente deferência ao deixarem de dissolver automaticamente a sociedade unipessoal derivada. Partiam, nessa escolha, *em geral*, de uma "presunção de transitoriedade" (a elucidativa locução é de CALVO SORIANO, p. 176), que se manifestava no estabelecimento de um *prazo de prorrogação* dessa subsistência até à requisição da normalidade perdida. Esse veio a ser, aliás, o patrocínio dado pelo art. 5º da Segunda Directiva do Conselho das Comunidades Europeias, sobre direito das sociedades comerciais, nº 77/91/CEE, de 13.Dezembro.1976 (publicada no JOCE, nº L 026, de 31.Janeiro.1977, pp. 1 e ss, denominada daqui em diante por II Directiva; *vide infra* ns. 220 e 221). Uma notícia doutrinal comparatística sobre as razões essenciais que justificavam *a dissolução da sociedade* por efeito da concentração das participações sociais num só sócio – a saber, a noção contratual do negócio plurilateral de sociedade, a pluralidade de sujeitos como elemento condicionante do substrato da personalidade, a diferenciação de patrimónios (o da sociedade e o particular dos sócios), a residência da razão de ser da regulamentação das sociedades comerciais na convicção da pluralidade de pessoas constituintes – e daquelas que se expuseram em favor da *não dissolução* – como sejam a insusceptibilidade da pluralidade de pessoas ser um requisito indispensável para a persistência da sociedade unipessoal, a não extinção da personalidade jurídica e a conservação da autonomia do património da sociedade na qual se concentram as acções ou as quotas, a exclusão deste facto da regulação legal das causas de dissolução da sociedade em várias legislações, a possibilidade de evitar a interposição de testas-de-ferro e a produção de danos a credores sociais e a terceiros que tenham adquirido acções, o objectivo de incrementar a continuidade da sociedade como ente gerador de riqueza e trabalho, sem que se paralise e fazendo até que se reconstitua a situação originária, nomeadamente pela possibilidade de circulação e de transmissão dos títulos – pode ser vista em JOSEFINA BOQUERA MATARREDONA, *La concentración de acciones en un solo socio en las sociedades anónimas*, 1990, pp. 52-7 e 59--67, com as respectivas remissões bibliográficas, muitas a que não somos indiferentes ao longo do texto.

Não obstante, alguns sistemas, como o italiano (cfr. arts. 2362 e 2497, § 2°, na sua versão primitiva, do *CCIt.*) e o inglês (cfr. sec. 31 do *Companies Act* de 1948, mais tarde reproduzido pela sec. 24 do *Companies Act* de 1985, embora só depois de um prazo de seis meses sem que cessasse a situação de unipessoalidade, que, contudo, podia ser fundamento, atento o disposto nas secs. 222 e 224, para se requerer ao tribunal a sua dissolução, a solicitação de possíveis interessados e da própria *private company*), recusavam prolongar, digamos que numa solução *intermédia* entre dissolver instantaneamente e dissolver diferidamente, essa complacência durante esse período para algo mais que não fosse a simples conservação do ente societário capitalístico e sancionavam a *falta de diligência* do sócio remanescente em recompor o *status quo ante* com a perda do benefício da responsabilidade limitada, evitando que a veste da personalidade jurídica se mantivesse sem lhe imputar a seu cargo pessoal o pagamento das dívidas da sociedade contraídas durante esse tempo. Soluções semelhantes eram adoptadas, ao tempo da informação recolhida em JEAN-PIERRE SORTAIS, "La société unipersonnelle", *Melanges en l'honneur de Daniel Bastian. I. Droit des Sociétés*, 1974, p. 326, n. (6), em outros países, como a Finlândia, Israel, México e Noruega.

O direito francês é particularmente elucidativo da evolução que o tratamento da unipessoalidade sofreu, pois este país sempre foi apontado como o paradigma da rigidez normativa nessa matéria, tradicionalmente ancorada, com referência inabalável à noção legal de contrato de sociedade, no princípio da nulidade e na sua aplicação *a qualquer forma de surgimento da sociedade com um só sócio*. Essa intolerância reflectia-se também na ortodoxa disciplina da sociedade reduzida a um único associado. Antes da *LSCF*, a reunião de todas as participações nas mãos de uma única pessoa acarretava *de pleno direito* a dissolução imediata e instântanea da sociedade [como acontecia também no direito belga: cfr. JEAN BAUGNIET, "La société d'une personne", *Rapports belges au VIIe Congrès international de droit comparé*, 1966, p. 171, n. (11)], que perderia concomitante e definitivamente o seu *ser jurídico*, tanto para a doutrina como para a jurisprudência, as quais decidiam, baseando-se na indivisibilidade do património individual e na definição contratual de sociedade que se encontrava codificada civilmente no art. 1832, que a pessoa societária não poderia ressuscitar mesmo que o sócio restante tentasse repartir e ceder as suas partes sociais. Assim se entendia, não obstante o teor do art. 38 da Lei de 24.Julho.1867, que regulou o regime da sociedade por acções, anónima e em comandita, durante o século posterior, permitir – o que foi entendido como uma "simples faculdade" para os casos em que as situações de permanência da sociedade se prolongasse durante mais de um ano – que a dissolução fosse pronunciada judicialmente a demanda de qualquer interessado depois de esgotado esse período. Desta norma nada se tirou em sentido contrário aos argumentos solidificados. Pelo que, ao sócio restante, apenas lhe restaria a cedência às formalidades de constituição de uma *nova* sociedade, após ter liquidado a anterior, sendo que esta apenas *ficticiamente* mantinha a sua personalidade jurídica para a duração e as necessidades que essa liquidação exigia, propiciadora da transmissão de todos os bens e direitos, activos e passivos, da sociedade para o património do último sócio cessionário. A liquidação das operações sociais que aqui se faria revestia-se de um carácter *sui generis*, pois não visava repartir mas satisfazer todos os direitos que os terceiros possuíam sobre o passivo social, a fim de obter um activo plenamente identificado e que se viria a confundir com o património do associado remanescente. Defendeu-se que essa "operação liquidatória", a cargo do sócio único, permitia uma verdadeira separação de patrimónios, entre o activo que a sociedade tinha e o património pessoal do proprietário de todas as participações sociais, antes que, uma vez pago o passivo social e integrado o saldo no seu património, tudo se reunisse na sua exclusiva titularidade pessoal. Cfr., desenvolvidamente e com as indicações bibliográficas e jurisprudenciais pertinentes, JEAN LEBLOND, "De la réunion de toutes les parts ou actions d'une société entre les mains d'une seule personne au point de vue juridique et fiscal", *RTDC*, 1963, pp. 417 e ss (quanto à preferência dos credores sociais sobre o activo social dissolvido e a limitação da responsabilidade do sócio único a esse mesmo activo em decisões jurisprudenciais, *vide* pp. 423--5). Ainda JACQUES AUSSEDAT, pp. 224-7, Autor que refere, todavia, com eco futuro nas decisões do legislador do seu país, que a superveniência da unipessoalidade implicava a *imediata* passagem do património social para a propriedade do sócio único, sem haver lugar a qualquer liquidação, pois, não nascendo qualquer tipo de acervo indiviso, não ocorria a necessidade de partilha dos bens.

Depois de 1966, a dissolução deixou de ter esse efeito e passou a estar na disponibilidade demandante de qualquer interessado (em particular, os credores, sociais ou pessoais do associado único, e o Fisco) se a situação não se regularizasse no espaço de um ano (cfr. art. 9). Por outro lado, o Decreto nº 67-236, de 23.Março.1967, sobre sociedades comerciais, dispunha, atento o seu art. 5 – cujo teor foi repetido pelo art. 8 do Decreto nº 78-704, de 03.Julho.1978 –, que o sócio único *podia* a qualquer momento dissolver a sociedade derivadamente unipessoal, bastando-lhe emitir uma declaração na secretaria do tribunal de comércio, tendo em vista a menção desse evento no registo comercial e o exercício das funções liquidatórias que lhe cabiam (a menos que nomeasse uma outra pessoa para exercer essa competência). Observou-se que daí se podia "deduzir que a pluralidade de associados não é mais a essência da sociedade, mas esse *estado de facto* não pode ser mais do que temporário" (PIERRE ORTSCHEIDT, "La société unipersonnelle...", loc. cit., p. 380). Fosse como fosse, essa circunstância, pelo simples facto de se conservar o benefício da personalidade jurídica e de se poder dar a falta de interesse em regularizar a situação subjectiva e isso não incentivar, desde logo pela viabilidade *económica* da empresa social, qualquer interessado em pôr fim ao ente social, podia manter-se sem que se impedisse que a sociedade funcionasse regular e prolongadamente para além desse prazo, logo que ninguém pedisse, no uso dessa *faculdade*, a dissolução social. A revolucionária mudança na tradicional atitude de reprovação da unipessoalidade social era por demais evidente, pelo que era notoriamente perceptível o reconhecimento jurídico da validade (provisória e precária, mas plausível) da sociedade unipessoal por essa via (cfr., entre outros, CLAUDE CHAMPAUD, "Sociétés Commerciales. I. Sociétés en général", *RTDC*, 1967, p. 179; DANIEL ALIBERT, "A la recherche d'une structure juridique pour l'entreprise individuelle", *Dix ans de droit de l'entreprise*, 1978, pp. 68 e 70). O relato conclusivo de JACQUES AUSSEDAT, p. 232 (sem deixar de o consultar para o efeito a pp. 229-34), não deixa transparecer qualquer hesitação: "Por outras palavras, o demandante *deve* estar interessado, senão a demanda não será admissível. Em qualquer situação, o interessado tem a escolha entre duas soluções: a manutenção do *status quo* ou a demanda da dissolução. São as circunstâncias que decidirão o interesse em escolher entre um ou outro dos termos da alternativa, mesmo se esse interessado é o fisco, geralmente expedito, portanto, em agarrar as oportunidades de encher as caixas do Tesouro" (sublinhado conforme o original). Sobre a polémica doutrinal relativa ao alcance do art. 9, preceito que dava *direito de cidadania* à sociedade tornada unipessoal *ou* prescrição que concedia a manutenção *limitada* da unipessoalidade durante o período dado para a dissolução *voluntária* ou *judicial*, vide JEAN-PIERRE SORTAIS, pp. 328-32.

Estas diferentes contribuições doutrinais no tempo acabam por passar incólumes à revogação do art. 9 da *LSCF* pela Lei nº 81-1162, de 30.Dezembro.1981, que o substitui, completando-o na previsão, pelo art. 1844-5, al. 1ª, do *Code Civil*, preservando-se a ideia nuclear. A prescrição veio ainda motivar uma outra tomada de posição por parte do legislador pela Lei nº 88-15, de 05.Janeiro.1988. Este diploma, tendo como móbil a simplificação das formalidades provocadas pela dissolução de uma sociedade de uma só pessoa e precipitando a posição de Jacques Aussedat antes noticiada, determinou que essa decisão acarreta a *transmissão universal* do património da sociedade para a esfera jurídica do associado único, sem que haja qualquer procedimento de liquidação, ainda que com a atribuição aos credores sociais de um direito processual *de oposição* à dissolução (al. 3ª). Esta tutela creditória implica, por isso, que só após o decurso desse prazo, que é de trinta dias, ou o completar das diligências judiciais realizadas no âmbito desse processo, que serão a rejeição da oposição ou a sua aceitação e concomitante ordem de reembolso dos credores reclamantes e/ou constituição de garantias suficientes, se transmita o património e desapareça a personalidade jurídica da sociedade tornada unipessoal.

A evolução do ordenamento francês, em conclusão, apenas confirma a aproximação, que culminaria na unipessoalidade originária para as sociedades de capitais, que então se fortalecia às teses que viam na dissolução *de iure* de uma sociedade unipessoal vários inconvenientes. Era a hora de se enfatizar que a unipessoalidade não teria que ser *necessariamente* fraudulenta, poderia sobreviver sem qualquer intenção reprovável, sendo, além do mais, um bom instrumento jurídico colocado ao serviço da *técnica de gestão* das

sociedades comerciais, principalmente nas relações de grupo (cfr. CLAUDE DUCOULOUX--FAVARD, "La société d'un seul, technique de gestion", *RS*, 1973, p. 1273; ainda EMANUELE FERRARI, "La société d'une personne", *Vita Not.*, 1986, p. 1003).
Também em Espanha a repugnância pela sociedade unipessoal se encontrava rebatida desde que a DGRNE tomou uma Resolução, em 11.Abril.1945, a admitir a validade da sociedade anónima que funcionasse com um só accionista enquanto se preservasse a possibilidade de recuperar a pluralidade (confirmada por uma outra Resolução de 22.Novembro.1957, que dispensava a pluralidade de partes para a conservação em funcionamento de uma sociedade comercial, bem como pelas Resoluções de 18.Junho.1979 e de 7.Julho.1980). Esse foi o marco de transição para afastar do *estádio de dissolução* as sociedades em que todas as participações se concentrassem numa só mão, conclusão a que se chegava mediante uma técnica de *diferenciação conceptual* entre o momento constitutivo da sociedade (que pedia a pluralidade subjectiva, nos termos gerais dos arts. 1254, 1255, 1257, 1261, 1°, 1262 e 1665, todos do *Código Civil*, e especiais do art. 116, bem como dos seus relacionados arts. 125, 145 e 151, do *Código de Comercio* de 1885) e a subsistência *transitória* de uma sociedade anónima unipessoal superveniente, que não se enquadrava nos motivos de dissolução previstos nos arts. 221 e 222 desse mesmo *Código de Comercio*. A abertura deste período de tolerância provava-se fundamentalmente pelo relevo que esse vazio legal passava a ter, pois antes a anomalia da sociedade unipessoal derivada conduzia à *inexistência* da sociedade por falta da pluralidade organizada de pessoas, que tinha sido o fundamento da atribuição a uma entidade de personalidade jurídica própria, independente da que dispõe cada um dos seus associados. A partir daí, robusteceu-se o princípio de que a situação e a posição jurídica de uma anónima não seriam afectadas por transferências de acções que as fizessem ser possuídas por uma só pessoa, não modificando esse facto a posição ou situação de *pessoa jurídica* constituída pela sociedade. Reflectindo estas orientações na doutrina, cfr. F. BOTER, "Anónimas unipersonales", *RDP*, 1947, pp. 31-4 e 38, que, além do mais, considera lícito o propósito de utilização das sociedades anónimas unipessoais para o comerciante individual limitar a responsabilidade da sua empresa.

Essa orientação registal veio a influenciar claramente a *LSAE*, que omitiu (ou continuou a omitir) do elenco das causas de dissolução da sociedade previstas no art. 150 (actual art. 260) o caso do accionista único – o que veio também a acontecer no art. 30 da *LSRLE* de 1953 (actual art. 104) –, veredicto esse sentenciado expressamente pelo legislador, na respectiva Exposição de Motivos da primitiva versão do diploma, em nome da sinceridade que deve mostrar sempre que ateste um divórcio entre a realidade e o direito legislado. Nessa altura, entendeu-se que o melhor era consagrar a subsistência da sociedade anónima unipessoal depois da reunião de acções na esfera jurídica de uma só pessoa, em face da reconhecida facilidade com que a determinação legal contrária poderia ser contornada mediante a interposição de testas-de-ferro, pois assim, desde logo, se obteria a demonstração da dualidade de personalidades e de responsabilidades da sociedade e do sócio, além de se permitir a reposição da normalidade subjectiva. Assim se estabilizou jurisprudencialmente o *princípio da subsistência* (pelo menos *temporal*, mas sem que se tivesse assinalado qualquer prazo para a reconstrução subjectiva da sociedade, que era portanto de natureza prudencial) das sociedades anónimas e de responsabilidade limitada reduzidas a um só sócio, sem que nada mais o limitasse, a não ser o abuso de direito e o respeito pela boa fé (*vide*, por exemplo, SOLÁ CAÑIZARES, "La limitation de la responsabilité dans les entreprises commerciales et les moyens de parer à ses dangers. Rapport sur le droit espagnol", *TAss.HC*, 1957, p. 120, num sentido claramente favorável à admissibilidade da sociedade unipessoal superveniente), o que não deixava de ser uma situação anómala mas permitida pelo legislador, na medida em que, por ser *transitória por natureza*, a considerava *interina* e *potencialmente normalizável* com a posterior reconstituição da pluralidade dos sócios (cfr. JORDANO BAREA, "La sociedad de un solo socio", *RDM*, 1964, pp. 21-2).

A indefinição do regime social e a sua contradição com a natureza e a estrutura de funcionamento de uma sociedade comercial geraram, todavia, um forte coro de animosidades sobre as incongruências e os efeitos da manutenção de uma sociedade unipessoal. Uns entendiam que essa circunstância, apesar de se ter retirado das causas imediatas de dissolução das sociedades com base no desejo de conservar a sociedade e esperar pelo reestabelecimento da pluralidade perdida, não autorizaria que se afirmasse que a unipessoalidade superveniente ficaria excluída do regime legal. Na realidade, ela conduziria a evidentes dificuldades de ordem funcional (o caso da reunião da assembleia era o mais focado) e, por isso, "indicia-se" que deveria, caso a falta de plurissubjectividade se prolongasse indefinidamente, levar à dissolução da sociedade, aplicando o art. 150, 2°, da *LSAE*, por manifesta impossibilidade de realizar o fim estatutário-social devido à paralização dos órgãos sociais (entre outros, cfr. JOAQUIN GARRIGUES/RODRIGO URÍA, *Comentario a la Ley de Sociedades Anónimas*, tomo II, 1976, pp. 796 e ss, em esp. pp. 800-1). Alguns concordavam, mas sem daí se passar para a liquidação da sociedade, que deveria transformar-se em empresa individual, para o que devia conceder-se um período breve, submetida às suas particulares normas (RODRÍGUEZ DEL BARCO, "Sociedades y empresas mercantiles unipersonales", *RGD*, 1966, pp. 795 e ss, esp. 800-2). Outros, ainda, sustentavam, *por princípio e em sede de política legislativa*, o incluir da reunião de todas as participações numa só esfera jurídica na sistemática legal da dissolução das sociedades como a saída mais eficaz e justa do problema, mas, como se mantiveram independentes a disciplina da dissolução da disciplina da sociedade unipessoal, acabaram por retirar *energicamente* essa matéria do terreno da dissolução e tratá-la em sede de apreciação dos requisitos essenciais da existência de uma sociedade. Neste sentido interpretamos JESUS RUBIO, *Curso de derecho de sociedades anónimas*, 1974, pp. 493 e ss, esp. p. 496 [ao invés de muita doutrina espanhola, que parece não se aperceber dessa opinião nuclear do Autor: cfr., p. ex., ROCA FERNÁNDEZ-CASTANYS, "Reflexiones en torno a la sociedad unipersonal", *RDM*, 1991, p. 475, n. (21)], que nega a extinção da sociedade através do processo liquidatário decorrente da dissolução e antes parece dar a entender a preferência pela inexistência de uma sociedade, pois sem pluralidade pessoal ela desaparece como organização e pessoa jurídica, não sendo sociedade nem lhe sendo aplicáveis mecanismos que o Direito lhe reserva. Regressa-se, assim, por esta tese, à observação mais antiga nos tribunais espanhóis sobre a unipessoalidade, a saber, a sentença do **Tribunal Supremo** de **13.Junho.1891**, onde, incidentalmente e perante um caso de sociedade colectiva, se afirmou não ser possível a existência de uma sociedade com um só indivíduo. Observou-se, para além do tratamento a dar à unipessoalidade derivada, e reproduzimos a intervenção de CÁMARA ALVAREZ e PRADA GONZÁLEZ, que o legislador, por muito sincero que quisesse ser, não podia admitir a fraude à lei por se considerar incapaz de a reprimir. Segundo estes Autores, uma de duas: ou se sancionava a viabilidade da sociedade de um só sócio, como *instrumento para possibilitar o exercício do comércio com o benefício da responsabilidade limitada*, admitindo-a, sem estabelecer uma distinção artificiosa entre a fase da constituição e a vida posterior da sociedade, ou *se condenava abertamente a fraude*, com o respectivo decretamento automático da dissolução e a imposição da responsabilidade pessoal e ilimitada pelas obrigações sociais durante o tempo em que durasse a irregularidade (cfr. SÁNCHEZ RUZ, pp. 12927-8, onde se podem notar outras anotações doutrinais reprovadoras; para outras teses, inclusive acolhedoras, cfr. SOTO BISQUERT, "La sociedad unipersonal", *RDN*, 1986, pp, 289 e ss). Por isso, pode dizer-se que a doutrina maioritária manteve durante a vigência da *LSAE* de 1951 uma posição contrária à admissão e ao reconhecimento da sociedade de capitais unipessoal.

Esta tendência, porém, não se confirmava no comércio jurídico. Obedecia-se à orientação de não requerer *na prática* registal (e em relevante jurisprudência do Tribunal Supremo, no meio de ambiguidades em outras instâncias) a pluralidade de sócios para a subsistência da sociedade comercial, o que legitimou a vulgarização de inscrições de deliberações, *maxime*, de aumento de capital, tomadas por órgãos de sociedades cujas participações pertenciam a um sócio único, bem como de escrituras de fusão por incorporação de sociedades em que a incorporada (dissolvida) adoptou a necessária deliberação social, sendo a sua única sócia a própria sociedade incorporante. Vivia-se, por isso, como o denominou SÁNCHEZ RUZ, p. 12928, um regime de "reconhecimento matizado" da sociedade unipessoal (contra, afirmando ao invés uma linha predominantemente desfavorável ao reconhecimento da sociedade de capitais unipessoal, "em claro contraste com a evolução do Direito e da doutrina europeia", cfr. ALONSO UREBA, p. 103). A realidade disseminada no tráfico societário sofreu, no entanto, uma importante nota adversária com a doutrina das Resoluções de 13 e 14.Novembro.1985, da DGRNE: para MARTÍN ROMERO, "La sociedad unipersonal de responsabilidad limitada", *La empresa familiar*... cit., p. 123, ela supõe mesmo um *retrocesso* na configuração da unipessoalidade superveniente. Essas intervenções confirmaram a decisão de um conservador que tinha negado a inscrição de uma deliberação de aumento de capital em que a totalidade das novas acções postas em circulação e representativas do dito aumento tinham sido subscritas e desembolsadas pelo único sócio restante, assinalando que, em virtude de estar em questão a inscrição de uma escritura de deliberação de uma assembleia geral que, configurando uma nulidade insanável, se tinha reunido com um único associado (ademais revelando a intenção de perpetuar essa situação anormal), "... se assim se fizesse, verificar-se-ia uma situação registal que não é reflexo fiel da essência e noção de sociedade e sancionar-se-ia com a sua publicidade a existência de patrimónios separados afectados a uma determinada responsabilidade...". Sobre esta posição isolada, *vide* os comentários profusamente hostis de BADIA LABAL, "Sociedades unipersonales o de accionista único", *RJC*, 1986, pp. 227 e ss, dos quais retemos uma das suas conclusões na p. 237: "A rígida postura de inabilitar o accionista único para adoptar deliberações sociais na Assembleia Geral, requisito institucional necessário para o efeito, equivale a decapitar a Sociedade, impedindo «de iure» e «de facto» a sua subsistência, contra o estabelecido na L.S.A.". Cfr., da mesma maneira, a completa recensão dos dados bibliográficos e jurisprudenciais, a propósito e em sentido igualmente crítico das Resoluções, levada a cabo por SUÁREZ SÁNCHEZ-VENTURA, "Las sociedades de un solo socio: ficción o realidad", *RJC*, 1987, pp. 161 e ss; em apreciação não tão depreciativa, cfr. ELÍAS-OSTÚA Y RIPIO, "Actualidad de la sociedad unipersonal de responsabilidad limitada", *CT*, 1986, pp. 63-5.

Depois da publicação da Lei 19/1989, de 25.Julho, tendente a adaptar o ordenamento espanhol às Directivas comunitárias em matéria de sociedades, da qual arrancou o Texto Refundido da *LSAE*, de 22.Dezembro.1989, o Regulamento do Registo Mercantil, de 29.Dezembro.1989, e algumas modificações da *LSRLE* (posteriormente derrogada e substituída pela Lei 2/1995), as incertezas sobre a unipessoalidade desceram e "a doutrina tendia a interpretar o silêncio legal sobre esta matéria como um *acatamento* do Direito comunitário e um reconhecimento da possibilidade de sociedade unipessoal, salvo na constituição inicial da sociedade anónima" (ÁVILA NAVARRO, *La sociedad limitada. Modificación. Transformación. Fusión y escisión. Cuentas anuales. Disolución. Sociedad unipersonal*, tomo II, 1996, pp. 1012-3, sublinhado nosso). A propósito, o Anteprojecto de Lei de 1979 – que previa a dissolução da sociedade se o número mínimo de sócios não se reestabelecesse no prazo mínimo de um ano – e o Anteprojecto de Lei de reforma e adaptação da legislação mercantil às Directivas da CEE em matéria de sociedades de 1987 – que admitia a sociedade unipessoal fundada por outra sociedade anónima e reconhecia a figura do único accionista para lhe impor uma responsabilidade ilimitada de segundo grau, isto é, se o património social fosse insuficiente – não tiveram continuidade nequelas reformas, que omitiram qualquer nova referência ao tema.

Desta forma, de acordo com JIMÉNEZ SÁNCHEZ/DÍAZ MORENO, p. 27, por esta altura "podia apreciar-se um forte movimento na doutrina tendente a ver a situação da unipessoalidade superveniente como uma situação *ordinária*, não *anómala*, e, por isso, não necessariamente transitória. E isto sem prejuízo de que se propugnasse a correcção dos comportamentos de abuso de direito ou de fraude que se pudessem produzir no campo das sociedades unipessoais". Neste contexto nacional, conjugado com um momento histórico em que juriscomparatisticamente se generalizavam as legislações que reconheciam a unipessoalidade originária no tipo de sociedade de responsabilidade limitada e estavam em plena vigência as determinações da XII Directiva, assume foro de *reconhecimento expresso* da unipessoalidade resultante da concentração das participações sociais a Resolução de 21.Junho.1990, igualmente da DGRNE. A sua doutrina veio a remover as barreiras dogmáticas tradicionalmente opostas ao reconhecimento da unipessoalidade derivada e a proporcionar as bases para encarar uma admissão legislativa da unipessoalidade originária (neste sentido, entre outros, cfr. GUI MORI, "La sociedad unipersonal. Comentario a la Resolución de 21 de Junio de 1990 DGRN", *La Ley*, 1990, pp. 886 e ss, em esp. pp. 892--3 e 894-6; VICENT CHULIÁ, *Compendio Critico de Derecho Mercantil*, tomo I, volume 1º, 1991, p. 381; RODRIGO URÍA/AURELIO MENÉNDEZ/IGLESIAS PRADA, p. 1224; *vide* o documento em BOLÁS AFONSO/ARMAS OMEDES/GARCÍA DE PARADA [*et. all.*], *La sociedad de responsabilidad limitada*, 1992, pp. 99 e ss). Para isso, dinamitou os obstáculos que a doutrina e a jurisprudência opunham à sociedade unipessoal, que não deveria ser entendida como uma *contradictio in substantia* (cfr., para o efeito, entre outros, BOTANA AGRA, "La sociedad de responsabilidad limitada de socio único en los Derechos comunitario y español", *CDC*, 1990, pp. 50-3; ROCA FERNÁNDEZ-CASTANYS, pp. 479-83; SÁNCHEZ RUZ, pp. 12932-3; RIVERO ALEMÁN, "La sociedad unipersonal como respuesta de la Lei 2/1995, de 23 de Marzo, a la responsabilidad limitada", *AC*, 1996, pp. 312-15), antes se deveria aceder à tendência, que não podia ser ainda uma possibilidade legal, de acolher uma sociedade capitalista unipessoal (cfr. SOTO VÁSQUEZ, p. 510). Entendeu-se assim porque a intervenção do órgão superior dos registos e do notariado incidiu sobre um suposto similar ao da(s) discutida(s) Resolução(ões) de 1985 e tomou uma posição contrária (repristinatória da doutrina da Resolução de 1945), ao declarar válida a inscrição no registo de uma modificação de estatutos realizada por escritura pública pelo único sócio titular de todas as acções integrantes do capital da sociedade: demarca "uma mudança de orientação radical no que respeita aos antecedentes jurisprudenciais que tinham contemplado a sociedade de um só sócio com um marcado carácter restritivo" e "supõe uma acentuação da ideia de que a sociedade de um só sócio deve ser contemplada como um fenómeno transitório encaminhado para a reconstrução da pluralidade ou para a dissolução..." (SÁNCHEZ RUZ, p.12932). Essa orientação tolerante da unipessoalidade veio a ser reiterada pela Resolução de 5.Janeiro.1993, da mesma DGRNE, pela qual se reconheceu a possibilidade de levar a registo uma escritura pública de compra e venda de acções através da qual uma sociedade anónima passava a ser detida exclusivamente pelo adquirente e onde este último, como único accionista da dita sociedade, qualidade adquirida nesse acto, aproveita o acto para conferir à sua actuação o carácter de assembleia geral universal e extraordinária da sociedade e, no seguimento, adopta por unanimidade determinadas deliberações, entre elas avultando a alteração dos estatutos fundacionais conducente à substituição do primitivo Conselho de Administração pela figura de um Administrador único, exercido pelo único sócio: *vide* "Resoluciones de la Dirección General de los Registros y del Notariado",

protecção legislativa *mais oportuna* para os seus intentos de monopólio empresarial[78].

Essa era a realidade, pois o direito do estabelecimento comercial individual passou a compor um suporte jurídico declaradamente insuficiente e inadaptado. O empresário individual, com a criação e o desenvolvimento da sua empresa, assume um risco *económico* e *pessoal* ao

---

Colegios Notariales de España, *La sociedad de responsabilidad limitada*, tomo II, 1995, pp. 910 e ss. Estava criado o ambiente propício para uma pacífica recepção da XII Directiva (assim, cfr. SÁNCHEZ ALVAREZ, p. 246; RODRIGO URÍA, p. 566) *e* alguma doutrina já entendia que o próximo passo, numa ocasião em que se preparava uma nova legislação para o tipo social de responsabilidade limitada, teria que ser o *reconhecimento pleno* da sociedade unipessoal, dotando-a, em conformidade com a evolução dos ordenamentos jurídicos europeus, de um regime jurídico claro e preciso (cfr., por todos, ALONSO UREBA, p. 106).

Para se verificar a situação merecida pela unipessoalidade superveniente em outros países, para além do que foi e irá ser dito, *vide*, ainda que em diversos momentos, inclusivamente para informações jurisprudenciais, "La limitation de la responsabilité dans les entreprises commerciales et les moyens de parer à ses dangers", *TAss.HC*, 1957, p. 49, ss, *passim*; FRÉDÉRIC SPETH, "La limitation de la responsabilité commerciale individuelle", *RIDC*, 1957, pp. 32 e ss; FERRER CORREIA, "O problema das sociedades unipessoais", loc. cit., pp. 183 e ss; ANGELO GRISOLI, *Le società con un solo socio*, ob. cit., pp. 103 e ss; IDEM, "La società con un solo socio", *I grandi problemi della società per azioni nelle legislazioni vigenti*, 1976, pp. 447 e ss; ALAIN SAYAG/CAMILLE JAUFFRET-SPINOSI, *L'entreprise personnelle. 1. Expériences européennes*, 1978, *passim*; JEAN-MICHEL CALENDINI, "Compte rendu de la conférence débat: la société unipersonnelle en France et dans les États membres des Communautés Européennes", *Rev. Soc.*, 1980, p. 637.

[78] A concentração das participações sociais num único sócio, porém, não foi entendida por todos como uma limitação *de facto* à responsabilidade civil universal que inicidiria sobre o único sócio (sendo tratado, nessa perspectiva, como empresário singular). Com efeito, não obstante a independência jurídica da empresa social e da pessoa singular associada, verificava-se uma genérica aceitação doutrinal e jurisprudencial de que o sócio--proprietário não poderia fazer através da sociedade o que não poderia efectuar individualmente, convertendo a sociedade num cómodo subterfúgio para contornar as leis e defraudar terceiros, situações que mereceriam a ignorância da autonomização das personalidades jurídicas e a responsabilização dos bens pessoais do único sócio pelas obrigações da sociedade. Logo, se a unipersonalização não se absolutalizava em duas esferas jurídicas impenetráveis, não haveria pelas sociedades unipessoais supervenientes *em pleno funcionamento* a limitação fáctica (ou reconhecimento *indirecto* da sociedade unipessoal) da responsabilidade do único sócio: propugando esta tese, cfr. VICENTE Y GELLA, "La responsabilidad limitada en la empresa individual", *RDM*, 1953, pp. 171-5, Autor que, minoritariamente, não se mostrou convencido da vantagem em consagrar a empresa individual de responsabilidade limitada.

actuar no círculo mercantil com o seu nome e o da sua famíllia, mas também um risco *moral*, pois está em jogo o seu prestígio e a sua reputação, com as consequências que daí decorrem, encerrando-se o diagnóstico de riscos novamente no campo económico, com relevo nuclear para a sua capacidade de obtenção de crédito pessoal[79]. A limitação da responsabilidade da empresa individual surgia com naturalidade, urgente e recomendada pelas necessidades económicas e pelas realidades sociais das épocas mais recentes, já que a forma de incrementar a iniciativa económica apareceu cada vez em maior medida ligada à ablação no espectro do empresário da actuação (possível ou previsível) da(s) sua(s) esfera(s) de risco, como efeito da responsabilidade indiscriminada que merecia o seu património. Assim se verifica que a pressão no sentido da unipessoalidade societária *ab initio* surge concomitantemente ligada ao estímulo que os sujeitos individuais sentem para que, à criação das suas empresas, não corresponda um aumento do seu risco individual – em particular, as empresas com um volume diminuto de negócios e uma organização rudimentar ou modesta em factores de produção. Vê-se assim que a limitação da responsabilidade surgia como importante e decisivo estímulo ao *espírito de empresa*, como, aliás, já tinha estado no cerne do dinamismo da sociedade anónima e da sociedade de responsabilidade limitada[80], fornecendo ao empresário do pequeno comércio, do artesanato e da indústria média uma *segurança pes-*

---

[79] Realçando este lote de riscos que o exercício individual da empresa por uma pessoa singular acarreta, cfr. SOTO BISQUERT, pp. 269-70, que verifica ainda a generalização de convenções matrimoniais a outorgar o regime patrimonial da separação de bens, com o fim de salvaguardar os bens e os direitos que são da propriedade do cônjuge dos resultados negativos da actividade empresarial.

[80] Salientando o ponto exemplificativamente, cfr. CLAUDE CHAMPAUD, "L'entreprise personnelle à responsabilité limitée. Rapport du group d'étude chargé d'étudier da possibilité d'introduire l'E.P.R.L. dans le droit français", *RTDC*, 1979, pp. 586-7; PATRICK SERLOOTEN, "L'entreprise unipersonnelle à responsabilité limitée", *RD*, 1985, p. 187; MARIE THÉRÈSE CALAIS-AULOY, "Appréciation critique de la loi du 11 juillet 1985 instituant l'E.U.R.L.", *RD*, 1986, p. 249; DUQUE DOMÍNGUEZ, "La 12.ª Directiva...", loc. cit., p. 248. Tendo por base a exigência de uma realidade operante numa sociedade técnico--científica urbana e industrial, fundada sobre uma economia de mercado, afastada de molduras jurídicas clássicas, essencialmente imobiliárias, agrícolas e rurais (na linha das palavras da passagem citada de Champaud), é natural que essas modernas considerações se sobreponham a qualquer tipo de respeito pelas categorias dogmáticas vigentes e sedimentadas, desde logo, pela sua indiferença *natural* em relação a essas categorizações (assim, cfr. GASTONE COTTINO, *Diritto Commerciale...*, ob. cit., pp. 99 e 706).

soal mínima que as outras categorias sociais já tinham conseguido conquistar[81].

A tendência para limitar a responsabilidade aparecia, mais uma vez, quase como uma qualidade inata no homem e ganhava corpo na medida em que o exercício de uma qualquer actividade comportasse uma *maior dose de responsabilidade*[82]. A ambição do empresário individual de sepa-

---

[81] Neste sentido respigamos o apelativo discurso de CLAUDE CHAMPAUD, "L'entreprise personnelle...", loc. cit., pp. 588 e 595. Na sua esteira, observava-se que essa situação assumia um relevo mais chocante pelo facto de a sociedade comercial se ter tornado pouco a pouco uma *técnica de limitação patrimonial de riscos*, e utilizada muito frequentemente como tal na sociedade anónima e na sociedade de responsabilidade limitada, de pequenas dimensões, em que o chefe da empresa social detém a quase totalidade do capital e gere-a a seu bel-prazer, com a prestação dos restantes sócios na vida social a ser completamente nula (cfr. PHILIPPE MERLE, *Droit commercial. Sociétés commerciales*, 1998, pp. 232-3). O *choque* que essa proliferação de sociedades fictícias provocava na ausência da margem de segurança de que se fala em texto voltará a ser convocada neste ponto do nosso estudo: vai aqui e agora ventilada apenas como uma primeira abordagem da sua consideração no multifacetado ambiente do surgimento de um sistema predisposto *expressamente* para a limitação da responsabilidade do empresário individual.

[82] Assim, cfr. PÉREZ FONTANA, "Responsabilità limitata del commerciante", *RDComm.*, 1960, p. 325, que chama a atenção para o facto de aquilo a que chama "a conquista da limitação da responsabilidade material" ter progredido constantemente e o princípio da responsabilidade ilimitada se ter atenuado. Talvez neste contexto se compreenda que, "se existisse uma escala para medir o sucesso das regras jurídicas, não se pode negar que a norma segundo a qual pelas dívidas de uma sociedade responde só a sociedade com o seu património estaria provavelmente no vértice de tal escala" (EDOARDO COURIR, "Per una limitazione...", loc. cit., p. 704). Para o comprovar bastaria focar a notável quantidade de institutos e de contratos que recorrem e funcionam com essa limitação, desde o contrato de seguro e as suas cláusulas de limitação da responsabilidade civil (sobre o ponto, *vide* PINTO MONTEIRO, *Cláusulas limitativas...*, ob. cit., pp. 69 e ss, especialmente p. 72, para que as enquadremos como um reflexo de um *favor empresarial*), as sociedades comerciais que a prevêem, a renúncia liberatória, o benefício de inventário, o benefício da separação patrimonial, a limitação da garantia hipotecária à massa ou ao produto dos bens onerados, à impenhorabilidade de certos bens que limitam a garantia dos direitos de crédito e a responsabilidade dos devedores. Como muito bem refere AUGUSTO LEVI, "From one-man company to commercial fondation", *Annuario Dir. Comp.*, 1967, p. 271, "isso mostra que *um novo elemento de equidade* tem sido tomado em consideração em várias relações económicas, isto é, que é injusto impor a responsabilidade demasiado onerosa sobre a pessoa que deseja investir em alguma actividade comercial, quando a outra parte da transacção tem ao seu dispor os meios para prever a percentagem de risco que ele próprio tem que suportar" (sublinhado da nossa responsabilidade).

rar os bens utilizados na sua actividade económico-mercantil dos demais bens pessoais (integrados na sua vida individual e familiar) corresponde, nessa medida, não mais do que à *última fase da evolução jurídica da noção de responsabilidade*. Na verdade, o devedor originariamente respondia pelas suas dívidas com a vida, depois com a privação da sua liberdade, depois com todos os seus bens, nos tempos modernos apenas as garantia com a parte correspondente a um lote de acções, nas sociedades anónimas, ou a uma participação social, nas sociedades por quotas, depois de essa limitação de responsabilidade ter sido admitida com as sociedades em comandita. O empresário individual acabava de forma lógica e normal essa evolução, ao pedir ao ordenamento que pudesse instalar uma empresa sem ser forçado a responder com mais do que com a parcela patrimonial que para esse efeito seleccionasse[83].

Daí se ter dedicado a doutrina em variados países a advogar o fim do vazio normativo e a introdução de uma fórmula que permitisse dar corpo jurídico a essa ambição[84], evitando, assim, que o património individual e

---

[83] Este naco de texto aproveita a suculenta imagem utilizada por SOLA CAÑIZARES, "L'entreprise individuelle à responsabilité limitée", loc. cit., p. 384, apropriada abusivamente, entre outros, por PATRICK SERLOOTEN, "L'entreprise unipersonnelle à responsabilité limitée", loc. cit., p. 187. A perspectiva de mudança do sistema vem assim preencher a linha exigida para a *adequação das formas jurídicas à substância económica dos institutos*, em que a realidade substancial é representada pelo esvaziamento do princípio da responsabilidade individual ilimitada em termos de "regra" do sistema jurídico (sublinhando este ponto, cfr. PIETRO RESCIGNO, "La persona giuridica «unico azionista» (note attorno all'art. 2362 c.c.)", *BBT*, 1971, p. 492). Contudo, não se perca um outro sentido nuclear da reforma pedida, que com ela se aproveitaria para combinar. Além da limitação da responsabilidade pecuniária pessoal do empresário individual, procurava atingir-se, de facto, a *individualização da empresa* dissociada do empresário (cfr., por todos, CLAUDE CHAMPAUD, "L'entreprise personnelle..", loc. cit., p. 600; *vide infra*, a propósito, as considerações feitas na n. 137). Colocada assim a questão na sua verdadeira globalidade, a opção seguinte consistiria em seguir *indirectamente* a aparelhagem da sociedade unipessoal, mais ou menos moldada a esse estatuto novo, ou partir *directamente* para a instituição de uma inovação legislativa completa e construída *ex novo*, sem outras interferências funcionais ou teleológicas, que a sociedade como expediente inevitavelmente apresentaria.

[84] A ideia de permitir ao comerciante individual um meio que limitasse a sua responsabilidade empresarial encontra os seus antecedentes doutrinais em finais do século XIX, e desde esses primeiros passos vária doutrina se manifestou a favor de tal pretensão [sempre que não se indique, os dados que aqui se noticiam foram recolhidos em PÉREZ FONTANA, pp. 326-8; MARIO ROTONDI, "Per la limitazione della responsabilità mediante fondazione di un ente autonomo (Proposta di un progetto di legge comune europea)",

familiar desaparecesse sempre que o giro comercial não corresse de feição, atendendo à elevada *sensibilidade social* dessa incidência patrimonial: "uma tal situação não será nem justa, atendendo aos interesses da *família*,

---

Études de droit commercial en l'honneur de Paul Carry, 1964, p. 52, ss; IDEM, "La limitation de la responsabilitè dans l'entreprise individuelle", *RTDC*, 1968, p. 2, ss]:

    a) na Inglaterra, posicionou-se pioneiramente G. JESSEL, já em 1873, que revelava a sua estranheza pelo facto de a limitação da responsabilidade não poder ser obtida pelo indivíduo que desejasse limitar os riscos da empresa, mediante uma declaração apropriada (p. ex., uma notificação prévia aos credores) e a apresentação de garantias a terceiros que com ele contratassem no exercício do seu comércio individual, quando tal desiderato podia ser concretizado através da constituição de uma sociedade mercantil de tipo adequado a essa limitação.

    b) também os juristas suíços do final do século XIX se pronunciaram sobre a matéria:

        (i) PAUL SPEIZER avançava com a técnica da autonomia patrimonial, nutrida com a publicidade adequada do capital investido na empresa, como instrumento eficaz para realizar a distinção entre a fortuna privada e a fortuna comercial do comerciante individual (1890);

        (ii) numa conferência datada de 1892, KARL WIELAND tomou o partido de limitar a responsabilidade do comerciante individual, o que veio depois a confirmar e desenvolver em letra de texto em 1895 (in *Zeitschrift für Schweizerisches Recht*, XIV, pp. 205 e ss), onde defende que "a exclusão das empresas privadas do benefício da responsabilidade constituiria um privilégio injustificado das empresas sociais" (cfr. PAUL CARRY, *La responsabilité limitée du commerçant individuel*, 1928, p. 14);

        (iii) em 1893, a Assembleia da Associação Suíça do Comércio e da Indústria propôs, a propósito de uma reforma do Código das Obrigações, pela voz do delegado G. KHAN (cfr. PAUL CARRY, *ibid.*, pp. 25-6), que fosse estudada a possibilidade de introduzir a referida limitação da responsabilidade do empresário individual;

        (iv) depois, já no início do século, obras de OTTO LIEBMANN e OSKAR PASSOW consagraram atenção ao tema através de um esforço doutrinal de desenvolvimento das teses anteriores dos seus compatriotas nos seus estudos "Die Gesellschaft mit beschränkter Haftung in der Praxis", in *Deutsche Juristen Zeitung*, 1902, p. 327, e *Die wirtschaftliche Bedeutung und Organization der Aktiengesellschaft*, p. 222, respectivamente;

    c) esta concepção foi, em 1910, desenvolvida, com uma análise do fenómeno das sociedades fictícias como um desvio a que os particulares recorriam para restringir os riscos dos seus negócios, e inclusivamente concretizada num projecto legislativo concreto, orientado para a criação de uma empresa individual de responsabilidade limitada, à qual expressa e energicamente se nega a atribuição de *personalidade jurídica*, pelo austríaco OSKAR PISKO, que, inspirado pelo conceito de autonomia patrimonial (*Sondergruf* ou *Sondergut* ou *Zweckvermögen*) publicou "Die beschränkte Haftung des Einzelkauf-

nem salutar para a *economia*, pois poderá desencorajar possíveis iniciativas económico-mercantis"[85].

---

mannes – Eine legislatorische Studie" (in *Zeitschrift für das privat- und öffentliche Recht der Gegenwart*, B. 37, 4.Heft, pp. 698 e ss), que, veio, mais tarde, a ser a matriz regulativa desta questão no Principado do Liechtenstein (*vide*, para uma apresentação e exame desse projecto legislativo, pioneiro na regulamentação do instituto, ROGER ISCHER, *Vers la responsabilité limitée du commerçant individuel*, 1939, pp. 99 e ss; ainda ANGELO GRISOLI, *Le società con un solo socio*, ob. cit., pp. 42 e ss), que foi a primeira legislação a admitir a limitação da responsabilidade do comerciante individual em 1926, com a *fartura* de três institutos diversos, dois dos quais baseados, respectivamente, sobre o património separado e, no outro caso, na sua elevação à condição de pessoa jurídica, e o terceiro consistente na pessoa jurídico-societária de estrutura unipessoal (*vide infra* n. 164);

d) na Alemanha, essencialmente voltadas para o tratamento da sociedade unipessoal preordenada (*Strohmanngründung*), as considerações dogmáticas parecem ter-se iniciado com DAMKOEHLER e a sua obra de 1908 *Wesen und Bedeutung der one man company bei der Gesellschaft mit beschränkter Haftung*;

e) em França, parece que a primeira iniciativa destinada a acolher a empresa individual de responsabilidade limitada se encontra no projecto legislativo apresentado por JEAN MAILLARD e GEORGES BUREAU à Câmara dos Deputados, contudo rejeitado pela Câmara de Comércio em 1920;

f) a nossa investigação surpreendeu, para o território italiano, nos inícios do século, a pronúncia, a propósito da consequência da unipessoalidade superveniente nas sociedades anónimas, de GUSTAVO BONELLI, "La personalità giuridica della società anonima con un solo azionista", *RDComm.*, 1911, pp. 592-3, opinando adversamente que "não é desejável que o privilégio da responsabilidade limitada seja concedido ao indivíduo singular, e substancialmente aquilo que vem a conseguir-se com a redução do capital social nas mãos de um só accionista é na realidade a posse de um património duplo, ou seja de uma personalidade dupla, num só indivíduo e sob uma só vontade", enquanto que, em 1922, ANGELO SRAFFA e PIETRO BONFANTE consideravam ser digna de tutela a necessidade de isolar do património da pessoa um complexo de bens destinado a um escopo comercial, a fim de que só aquele património pudesse responder pelo passivo empresarial desse sujeito, evitando o recurso ao expediente da anónima (cfr. "Societá anonima in *fraudem legis*?", *RDComm.*, 1922, p. 653), tal como GIUSEPPE FERRI, "Responsabilità dell'unico socio di un'anonima", *FI*, 1932, p. 734, advogado de um desenvolvimento da empresa individual de responsabilidade limitada, atendendo à evolução das exigências práticas, mas sem falsear o conceito de sociedade anónima tido em conta pelo legislador italiano.

[85] MARIA ÂNGELA COELHO, "A limitação...", loc. cit., pp. 4-5, sublinhado nosso.
Numa perspectiva contabilística, já na década de 50 se defendia, no nosso país, a autonomização do património mercantil que se utiliza nos actos de comércio (*capital produtor* ou *de giro* – o registo contabilístico apenas se referiria ao movimento desta categoria de capital, afectada à exploração mercantil) do restante património civil do comerciante individual que pudesse ser alterado com actos de diferente natureza (*capital pessoal* ou

As correntes de pensamento que se formaram a favor da introdução de um expediente, que, em face dos riscos associados à natureza da profissão mercantil, era por de mais justificável, encontraram um verdadeiro e definitivo impulso a partir da tomada de posição de Paul Carry, que, nesta matéria, pretendeu recolher com proveito os ensinamentos anteriormente explanados[86].

Antes dele, de facto, verificou-se não ser de reconhecimento geral o princípio da responsabilidade limitada, a não ser quando estivéssemos perante relações jurídicas onde o titular da empresa-sociedade comercial não tivesse a possibilidade de administrar autonomamente o seu capital ou se visse obrigado a confiá-lo a estranhos. Isto é, sempre que se verificassem situações de *administração pessoal do capital próprio* ou de *intervenção* (ou, pelo menos, *fiscalização*) *pessoal na actividade empresarial*, os seus titulares respondiam com todos os seus bens pelos resultados da empresa.

Esta verificação permitiu estabelecer um critério explicativo essencial do funcionamento das sociedades comerciais[87], que apelava para uma

---

de garantia), abrindo caminho assim à consagração de uma empresa individual de responsabilidade limitada ao património comercial (por forma a delimitar o capital com que o indivíduo trabalha e só por ele responde), que se aconselharia pela vantagem em não misturar os elementos patrimoniais que se utilizam nos actos de comércio com os da casa particular, desde logo pelo *factor técnico* que permite distinguir o património de uma sociedade do património dos seus componentes, mesmo que a sua responsabilidade pelas dívidas sociais seja ilimitada (cfr. HERNÂNI DE BARROS BERNARDO, "Da firma individual de responsabilidade limitada", *RCC*, *passim*, esp. pp. 430-1, 438, ss, 442-3).

[86] No já utilizado *La responsabilité limitée du commerçant individuel*, que corresponde à publicação de uma conferência apresentada à Faculdade de Direito da Universidade de Genebra, em 8.Fevereiro.1928.

[87] Reparemos que a análise de Paul Carry parte dos elementos positivos do direito suíço da altura, que admitia, na III Parte do Código das Obrigações, três *tipos legais* de sociedades comerciais: a *sociedade em nome colectivo*, a *sociedade em comandita* e a *sociedade anónima*. Por isso observe-se o apelo do Autor: "a introdução da sociedade de responsabilidade limitada virá quebrar este princípio ao criar uma forma de sociedade baseada, sob o ponto de vista interno, sobre *o tipo da sociedade em nome colectivo*, mas na qual os seus membros não serão mais indefinidamente responsáveis" (cfr. *La responsabilité*..., ob. cit., p. 8, sublinhado do Autor). A tal requisição – respondida pelo surgimento deste tipo social em consequência da revisão do Código das Obrigações suíço, que entrou em vigor em 1.Julho.1937, vindo a confirmar o prognóstico do Autor, porquanto se afirmou também nesse país como "um tipo de sociedade *mista* que pede emprestado alguns dos seus caracteres às sociedades de pessoas e outros à sociedade de capitais; não há dúvidas todavia de que o legislador suíço acentuou fortemente o carácter *pessoal* desta sociedade e de que ela se avizinha mais da sociedade em nome colectivo do que da

correlação de sentido inverso entre a extensão da responsabilidade do sócio (*Haftung*) e o seu direito de participação no exercício da gestão (*Herrschaft*). Deste binómio resultavam duas consequências fundamen-

---

sociedade anónima": PAUL CARRY, "La limitation...", loc. cit., pp. 141-2, sublinhado conforme o original – não era indiferente a experiência, de mais de trinta anos, da Alemanha, onde já tinha sido criada a *GmbH* pela Lei de 20.Abril.1892 (*Gesetz betreffend die Gesellschaften mit beschränkter Haftung*), que introduzia, assim, no esquema societário uma estrutura de responsabilidade limitada dos sócios: a partir daí, a *GmbH*, como filha espiritual da ciência jurídica alemã do final do século XIX, teve em todo o mundo um sucesso inigualável (cfr. MARCUS LUTTER, "Die Entwicklung der GmbH in Europa und in der Welt", *Festschrift 100 Jahre GmbH-Gesetz*, 1992, p. 51). Aliás, o primeiro exemplo de sucesso duradouro dessa exportação é precisamente, como se sabe, o nosso país, cujo legislador foi o primeiro a olhar para o exemplo germânico e receber essa figura societária, denominando-a como *sociedade por quotas*, pela *LSQU*, que entrou em vigor em 1.Julho.1901.

Não se olvide, todavia, que, em rigor, a origem do esquema organizativo e estrutural da sociedade de responsabilidade limitada deve remeter-nos para a figura inglesa da *private company*, sucessiva e implicitamente tida em conta em preceitos contidos nos *Companies Acts* de 1844, 1856, 1862 e 1867. Caracterizada pela elasticidade da disciplina e pela ampla autonomia dos sócios na escolha da estrutura, pela diminuta base accionista, motivada pelo seu carácter predominantemente familiar, pela exiguidade do capital subscrito, pela responsabilidade subsidiária dos sócios, em caso de liquidação, até ao concurso de uma soma predeterminada, e pelas limitações estatutárias à transferência das participações, essa espécie de sociedade vulgarizou-se na praxe mercantil da segunda metade do século XIX e foi referenciada em várias decisões judiciais. É comum na doutrina inglesa referir-se, depois disso, o *Companies Acts* de 1907 como o diploma responsável pelo seu reconhecimento legislativo e consequente definição disciplinadora, apesar de o *Companies Act* de 1900 desenhar já a distinção entre sociedades que ofereciam as suas participações por subscrição ao público e *as outras*: cfr. CLIVE SCHMITTHOFF, "How the English discovered the private company", *Quo vadis, Ius Societatum? Liber amicorum Pieter Sanders*, 1972, pp. 183-7; IDEM, *Palmer's Company Law. I. The treatise*, in collaboration with Maurice Kay/Geoffrey K. Morse, 1976, p. 37; ROBERT PENNINGTON, *Company Law*, 1985, p. 11. Na doutrina fora do Reino Unido, cfr., sobre o tema, GIAN CARLO RIVOLTA, "Sulla società a responsabilità limitata: precedenti storici ed orientamenti interpretativi", *RDC*, 1980, pp. 480-3; GASTONE COTTINO, *Diritto Commerciale...*, ob. cit., p. 592; entre nós, dando apenas relevo criador à *GmbH*, cfr. RAÚL VENTURA, *Sociedades por quotas. Comentário...*, volume I, ob. cit., pp. 8-10; COUTINHO DE ABREU, *Curso...*, volume II, ob. cit., p. 82 e n. (63).

A designação deste tipo de sociedade como de responsabilidade limitada (aliás, assim também chamada em França, Itália ou Espanha) levanta, para alguns Autores (*vide*, a título exemplificativo, ente nós, FERRER CORREIA, *Lições...*, ob. cit., pp. 35-6; no direito comparado, FEDERICO DE CASTRO Y BRAVO, "Formación y deformación del concepto de persona jurídica", *Centenario de la Ley del Notariado. Sección tercera. Estudos Jurídicos*

tais: a impossibilidade de o destino da sociedade estar nas mãos de quem não suporta uma responsabilidade patrimonial ilimitada (*keine Herrschaft ohne Haftung*) e a impossibilidade de excluir o sócio, que responde ilimitadamente pelos resultados das operações societárias, das tarefas de gestão (*keine Haftung ohne Herrschaft*). Desta dupla função extrai-se claramente o princípio de que só quem investe capital (*Unternehmenbesitz*) *e* assume a direcção da empresa social (*Unternehmensleitung*) deve responder com todo o seu património pelo risco empresarial[88].

Assim se explicavam alguns dados normativos claramente solidificados, como a responsabilidade pessoal e ilimitada das chamadas sociedades *de pessoas*, as sociedades em comandita (entenda-se, para os sócios comanditados, isto é, aqueles que têm influência na gestão da sociedade) e em nome colectivo. Desta forma, entendia-se que na sociedade anónima, a única que concretizava a responsabilidade limitada dos seus accionistas, estes se vissem afastados da gestão da sociedade de que são proprietários, uma vez que a sua responsabilidade pelos encargos

---

Varios, volume I, 1964, p. 97; PAOLO SPADA, *La tipicità delle società*, 1974, pp. 29 e ss; GIAN CARLO RIVOLTA, *La società a responsabilità limitata*, 1982, p. 1, ss, com referências bibliográficas), um reparo em absoluto acertado: na verdade, se quisermos, a sociedade, enquanto "ordenação patrimonial" (COUTINHO DE ABREU, *ibid.*, pp. 22-3), tem de responder pelas suas dívidas até onde o património social lhe permitir; enquanto isso, a responsabilidade do sócio exonera-se no preciso momento em que efectiva a entrada a que está vinculado pelo contrato social. Com tal qualificação apenas se pretende exprimir a *exclusão de responsabilidade do património, pessoal ou familiar, dos sócios*. Com efeito, se bem que se reconheça, em determinados tipos sociais, a existência de uma limitação de responsabilidade, esta faz referência às pessoas dos sócios e não à *pessoa jurídica* titular da empresa social, que está submetida à regra geral da responsabilidade universal. Daí que há quem proponha como alternativa a dicotomia sociedade de responsabilidade *imanente* (exclusiva responsabilidade do património social pelos encargos sociais) e sociedade de responsabilidade *transcendente* (o património pessoal dos sócios acompanha o património da sociedade na satisfação das obrigações da sociedade): cfr., neste sentido, reflectindo a construção alemã de Steiger, PÉREZ DE LA CRUZ BLANCO, *La reducción del capital en sociedades anónimas y de responsabilidad limitada*, 1973, p. 26, n. (2).

[88] Para esta nodular construção do direito das sociedades comerciais contribuiu, em particular, a doutrina de língua alemã, com múltiplas participações: *vide*, com as referências aos diversos Autores que se ocuparam do tema e por todos, HERBERT WIEDEMANN, *Gesellschaftsrecht. Ein Lehrbuch des Unternehmens- und Verbandsrechts*, Band I, 1980, pp. 543 e ss. Para uma perspectiva crítica sobre os fundamentos da conexão *poder de direcção – responsabilidade patrimonial*, LUIZ FERNÁNDEZ DE LA GÁNDARA, *La atipicidad en derecho de sociedades*, 1977, pp. 453-4, ss.

sociais apenas se circunscrevia ao montante da sua participação, determinada pelo *quantum* de acções por eles subscritas.

Fugindo a este esquema bimodal, a consagração de uma sociedade de responsabilidade limitada, com a *GmbH* como modelo, respondeu à necessidade de criar um tipo social onde os sócios mantivessem uma relação próxima e activa com e no desenvolvimento da vida societária (o *domínio fáctico da empresa*), mas, sendo inegável que "a limitação da responsabilidade dos sócios é, pois, o grande factor da reunião de capitais, a alavanca da associação para fins comerciais"[89], pudessem ainda assim beneficiar de um limite à responsabilidade individual na qualidade de participantes da empresa social[90].

Não era este, todavia, o único móbil. As restantes necessidades eram conhecidas e justificavam a criação desse novo tipo societário, independentemente dos contextos de cada um dos países europeus.

Primeiro, a tentativa de promover a criação de novas empresas, nomeadamente as constituídas por um número diminuto de pessoas, que se conheceriam bem e teriam confiança mútua (as pequenas e médias empresas, apresentando ou não uma natureza familiar, cujos laços incutiam uma maior dose de vigilância e aversão a grandes aventuras negociais), e que antes seriam *empurradas* para o tipo de sociedade anónima, de estrutura pesada e complexa para projectos empresariais, na maioria dos casos de feição familiar, sem meios maiúsculos ou capital social significativo[91].

---

[89] RAÚL VENTURA, *Dissolução e liquidação...*, ob. cit., p. 116.

[90] Anotando o facto na doutrina nacional, *vide* MARIA ÂNGELO COELHO, "A limitação...", loc. cit., pp. 5-6: "Com o aparecimento da sociedade de responsabilidade limitada, e em virtude da estrutura respectiva definida pelo legislador, estamos perante um esquema societário em que, a par da sua *responsabilidade limitada*, aos sócios – substrato pessoal da entidade jurídica sociedade – compete o *domínio real* da empresa" (sublinhados da nossa responsabilidade).

[91] A propósito do preenchimento da ambição de o empresário individual poder restringir a responsabilidade patrimonial decorrente da sua actividade empresarial, foi, em variegadas oportunidades, relembrada a justa compatibilidade da estrutura da sociedade de responsabilidade limitada, a nossa sociedade por quotas, à gestão das empresas de pequena e de média dimensão (em geral, *vide* FRANZ SCHOLZ, *Kommentar zum GmbH-Gesetz*, 1960, pp. 21 e 24; ALFREDO DE GREGORIO, *Corso di Diritto Commerciale. Imprenditori – Società*, 1957, pp. 354-5; JEAN PAILUSSEAU, *La Société anonyme. Technique d'organization de l'entreprise*, 1967, pp. 151-2; CLIVE SCHMITTHOFF [*et all.*], *Palmer's Company Law*, ob. cit., p. 41, ss, em função das linhas de regime predispostas à *private company* pelo *Companies Act* de 1948; para uma datada comparação das origens da forma social

Em segundo lugar, a tendência de limitar os riscos de exploração aos meios financeiros correspondia ao desejo de discriminar, em face de empresas de maior dimensão (onde todos os recursos económicos podiam

---

ao tempo da sua entrada em vigor no *CCIt.*, cfr. LORENZO MOSSA, "Diritto comparato e società a responsabilità limitata del codice civile", *Atti del Primo Convegno Nazionale di Studio Giuridico-Comparativo*, s/d, pp. 411 e ss; ALESSANDRO GRAZIANI, "La società a responsabilità limitata", *Scritti giuridici in onore di Antonio Scialoja*, volume II, 1953, pp. 421 e ss), que se afiguravam como o núcleo de preocupações dessa averiguação. A título de exemplo entre aqueles que inicialmente se mostravam favoráveis ao expediente societário, cfr. ROGER HOUIN, "Le IIIe Congrès des S.A.R.L.", *RTDC*, 1950, p. 196 (argumentando com a *mens legislatoris* de 1925, data do diploma que criou essa forma de sociedade em França, que vedaria a sua manipulação para dissimular empresas especulativas ou de carácter extra-familiar, o que mereceu forte crítica pelos participantes no 3º Congresso das S.A.R.L., realizado em Março de 1949), e M. R. RIPERT, "La limitation de la responsabilité dans les entreprises commerciales et les moyens de parer à ses dangers", *TAss.HC*, 1957, p. 54.

Tal verificação justifica-se em absoluto se atentarmos na reconhecida característica *identificadora* deste tipo de sociedade, isto é, a sua elasticidade ou flexibilidade, derivada da ampla liberdade de estipulação contratual que aos sujeitos negociais é reconhecida pela lei na regulamentação da *sua* sociedade por quotas, dentro das fronteiras imperativas colocadas pela moldura legal (cfr. RAÚL VENTURA, *Sociedades por quotas. Comentário...*, volume I, ob. cit., pp. 35-7), e em virtude da qual se poderá, no exercício da liberdade de modelação do conteúdo estatutário da sociedade, acentuar os elementos personalísticos ou criar os elementos capitalísticos, *in casu*, da estrutura corporativa adoptada. Sublinhando o ponto, cfr. VASCO LOBO XAVIER, "Relatório sobre o programa, os conteúdos e os métodos do ensino de uma disciplina de Direito Comercial", *BFD*, 1986, pp. 457-8; na sua esteira, mais recentemente, COUTINHO DE ABREU, *Curso...*, volume II, ob. cit., pp. 69-70; ENGRÁCIA ANTUNES, *Direito das sociedades...*, ob. cit., pp. 98-9, n. (260), onde se destaca precisamente a "extraordinária *maleabilidade* do quadro regulatório do «tipo legal» e a consequente *diversidade* fenomenológica dos seus «tipos fácticos»" (itálico do Autor), que explicam que "não exista verdadeiramente um tipo uniforme e intangível mas antes, passe a força de expressão, *tantos e tão diversos tipos quantos os congeminados pela imaginação e necessidades dos empresários*" (itálico nosso).

Além disso, a suavidade do exercício da administração através do órgão gerência, as regras das obrigações dos sócios, a simplicidade das formalidades que respeitam às decisões ordinárias dos associados e a facilidade de representação perante o exterior, representam um estímulo decisivo para a que sociedade por quotas apareça como o *instrumento de organização* preferido pela maioria dos empresários, que, a não ser que tal se imponha para os objectivos que perseguem, preferem subtrair-se ao rigor e ao formalismo inerentes à disciplina das sociedades anónimas, que "é, por via de regra, imperativa, estando este seu carácter ligado a um escopo de protecção quer dos investidores quer da capacidade funcional do mercado de capitais (as acções são instrumentos de mobilização de fundos concebidos como destinados à circulação)", ao contrário da regulamentação

ser requeridos para satisfazer a execução dos vínculos e obrigações assumidos), o conjunto de bens que constituíam o património *comercial* em face dos outros activos do titular da empresa.

---

da sociedade por quotas, que "quase só é imperativa onde se trata de tutelar os interesses dos credores, exibindo, *em matéria de estruturação interna e dos arranjos admissíveis entre os sócios*, uma ampla flexibilidade e tolerância" (as ilustrativas passagens são da lavra de CARLOS OSÓRIO DE CASTRO, "Participação no capital das sociedades anónimas e poder de influência. Breve relance", *RDES*, 1994, p. 353, com sublinhado nosso). Assim sendo, o tipo quotista, ainda que repetindo alguma coisa, "pela derrogabilidade da disciplina, pela flexibilidade e pela adaptabilidade das soluções, pela *fantasia* de quem concretamente redige o Estatuto" (MARCO SPOLIDORO, "La società a responsabilità limitata (le ragioni di una scelta)", *Foro Pad.*, 1991, p. 22, sublinhado nosso; cfr., a este propósito, GIUSEPPE ZANARONE, "La società a responsabilità limitata come «tipo» normativo", *Trattato di Diritto Commerciale e di Diritto Pubblico dell'Economia*, volume VIII, 1985, p. 183; EMBID IRUJO/MARTÍNEZ SANZ, "Libertad de configuración estatutaria en el derecho español de sociedades de capital", *RDS*, 1996, pp. 21-2), promove-se como quadro normativo ideal para a empresa constituída entre familiares e amigos, geralmente de modestas dimensões e com uma composição societária restrita e activa (neste sentido, cfr. GIAN FRANCO CAMPOBASSO, *Diritto Commerciale. 2...*, ob. cit., p. 510). Mas também, não o ocultemos, como forma jurídica utilizada para numerosas empresas de dimensão extraordinariamente importante e de reputação internacional (contra essa relação entre sociedades de responsabilidade limitada e a pequena e média empresa capitalística, cfr. GIAN CARLO RIVOLTA, "Sulla società...", loc. cit., pp. 506 e ss, com diversos argumentos a suportar a *simplicidade* daquele raciocínio). Essa será, por isso, a razão mais notória para a sua proliferação (p. ex., na Alemanha, em finais de 1979, mais de 230.000 sociedades de responsabilidade limitada tinham sido matriculadas no registo comercial, enquanto apenas 2.300 sociedades por acções lá se encontravam registadas, numa impressionante relação de um para cem...; no final do ano de 1990, esse número já ascendia a mais de 400.000 *GmbH*, enquanto as sociedades por acções ainda não tinham alcançado a cifra dos três milhares, o que demonstra uma intensificação da desproprocionalidade do recurso às duas formas sociais): a possibilidade de ser utilizada para fins diversos, cabendo à vontade estatutária dos sócios acentuar o seu vector *personalístico* ou aprofundar as componentes de sociedade de capitais (dando corpo, neste modo de conformação da liberdade negocial deixado em aberto pelas normas dispositivas, à verdadeira *identificação da sociedade caso a caso*), conforme o significado das entidades empresariais a que se pretende dar abrigo. Com interesse para o que vai dito em texto, sobre os termos de caracterização da sociedade por quotas em Espanha, atento o regime jurídico-legal basicamente capitalístico de tratamento, em especial, da posição jurídica do sócio depois da reforma de 1995 (a acentuação dessa vertente conduziria mesmo a um "risco de absurdo concorrencial" entre esse tipo e a sociedade anónima...), como uma *corporação personalizável* (para o caso português, seria justo qualificá-la como uma corporação *capitalizável*?: *vide infra* n. 201), se para o efeito forem concretizados os poderes e faculdades conferidos para densificar um *hibridismo convencional*, que dá a este tipo societário a funcionalidade e a polivalência que

Depois, em empresas modernas, ainda que pequenas, a impossibilidade de concentração, numa única mão, da gestão efectiva e global de todos os negócios e decisões empresariais, que deve ser repartida ou dele-

faltará à sociedade anónima, *vide* ALONSO ESPINOSA, "La sociedad de responsabilidad limitada, ¿corporación personalizable?", *RDS*, 1996, pp. 31 e ss, em esp. p. 40, ss.
Em sede de discriminação da *ratio* explicativa da extensão da normatividade comunitária da XII Directiva apenas para as sociedades por quotas, diga-se que será neste quadro de adequação à pequena e média empresa do tipo social em discussão que compreendemos, embora não nos conformemos com essa restrição (o que será distinto de não compreender a razão do tipo escolhido para o exercício dessa restrição: *vide supra* n. 37), a escolha do legislador (comunitário, em primeira linha, entenda-se) em, por um lado, escolher a sociedade por quotas para *âmbito de acolhimento* da unipessoalidade inicial, e, por outro, não avançar ainda para a mesma atitude no que tange à sociedade anónima, a não ser que, para este caso, se preenchesse certo pressuposto previsto no art. 6º da XII directiva (ou seja, uma escolha e uma não-escolha, esta eminentemente de responsabilidade de cada um dos Estados unionistas). No nosso país, CATARINA SERRA, "As *novas* sociedades unipessoais por quotas", loc. cit., pp. 127 e ss, tenta evitar esse critério da "diferente dimensão do empreendimento proposto" para, estando ultrapassado na distinção tipológica entre sociedade anónima e sociedade por quotas, fundamentar a escolha do legislador comunitário e português. O critério é, ao invés, a função de cada uma das formas sociais, que se reflecte num modelo legal tendencialmente personalístico da sociedade por quotas e num modelo mais complexo, rigoroso e sólido da sociedade anónima, mais adequado para estruturas subjectivas plurais e organicamente mais pesadas. Contudo, a Autora, no final do seu raciocínio, volta ao princípio que, *prima facie*, recusara: "A sociedade por quotas era, em conclusão, pela sua configuração *mais familiar*, a forma societária mais adequada ao desempenho da função que lhe estava destinada no DL n.º 257/96, de 31 de Dezembro, por isso tendo merecido a distinção da lei" (sublinhado nosso). Na realidade, esta "fraqueza" é absolutamente compreensível. É o próprio regime da sociedade por quotas (mesmo nos países em que ele se aproxima mais da sociedade anónima e de uma matriz capitalística) que nos mostra que, pelo menos prevalentemente, ela dá cobertura a um "pedaço" da realidade económica diferente daquele que é abrangido pela anónima. Esse tecido empresarial por ela equipado é o das iniciativas de tamanho mais diminuto, de carácter mais fechado na entrada e saída de sócios, de gestão mais casuística, sem aspiração a recorrer ao mercado de capitais. Foi, a nosso ver, esta crença, fortemente enraizada nos ordenamentos (mas que não impede a existência de sociedades por quotas de grandes dimensões e sociedades anónimas "blindadas" e pouco ou nada expostas à circulação dos seus títulos, como as sociedades de cunho familiar), que levou o legislador da Comunidade a entender mais adequado o tipo quotista para as empresas individuais.
Em Itália, há mesmo quem considere que essa eleição não pode deixar de constituir um "ulterior elemento de acentuação das características «personalísticas» deste tipo social, e um seu ulterior elemento de distinção perante a figura da sociedade por acções" (CONCETTO COSTA, p. 18, tal como antes BRUNO INZITARI, "La limitazione...", loc. cit., p. 1323). Aparentemente em sentido adverso (pois o que resulta é uma aproximação da

gada, implicava um outro esquema, mais próximo da base individualista da sociedade em nome colectivo, com outros instrumentos de administração e representação.

---

sociedade de responsabilidade limitada à sociedade anónima) é a posição de ANDREA PISANI MASSAMORMILE, "Prime riflessioni sulla s.r.l. unipersonale", loc. cit., p. 399, que, a respeito do impacto da disciplina regulamentadora da sociedade de responsabilidade limitada unipessoal no direito societário, entende que com ela se reforça e até se confirma a fronteira entre as sociedades de pessoas e as sociedades de capitais, já que para aquelas a noção *contratual* de sociedade permanece e só para as últimas, no que tange a um dos seus tipos, se configura legítimo a sua constituição por um acto unilateral e com um único sócio inicial.

Ao invés destas construções *de princípio*, note-se que o essencial será sempre, quando de uma sociedade por quotas se trate, a averiguação dos exactos termos do clausulado no pacto social, na medida em que só *em concreto* se verá se a liberdade de fixação do conteúdo negocial do pacto deixada ao sócio instituidor pela lei foi usada em maior ou menor grau, conferindo à sociedade um cariz mais ou menos *capitalístico* (ou inversamente). Neste pormenor, não entendemos haver qualquer diferença para o que se registaria numa sociedade por quotas pluripessoal, embora não escondamos a perspectiva de *tendencialmente* não ocorrerem, na SQU, as circunstâncias propiciadoras para uma alteração signi-ficativa do modelo supletivo que o CSC fixa para o tipo social quotista, que, como se dirá melhor *infra* na n. 201, se apresenta como marcadamente pessoalista. Aliás, pelo menos superficialmente, o que se disse poderá até conduzir à conclusão oposta, pois as circunstâncias peculiares de uma sociedade unipessoal poderão é levar à configuração de uma SQU como predominantemente capitalística, uma vez que a conformar diferentemente do que se extrai dos termos legais, tal será nesse sentido. O facto de não se justificar, exemplifiquemos, que se reforçe a necessidade de consentimento em matéria atinente à transmissão e cessão da quota única – de facto, a deliberação de consentimento é da sociedade constituída pelo seu ... único sócio que cede a participação –, antes, pelo contrário, se disponha positivamente sobre a liberdade de transmissão da participação social (ao abrigo do art. 229°, n° 2), indiciará claramente esse traço. Noutro patamar, principalmente nas situações em que a SQU surja como a cabeça de um núcleo de outras sociedades participadas (isto é, quando a SQU apareça como a empresa *holding* de outras sociedades totalmente por si detidas) ou seja constituída por uma outra sociedade comercial, poderá ser comum que a firma a adoptar seja integrada por uma denominação particular de índole não nominativa (note-se na faculdade disjuntiva e/ou copulativa apresentada pelo n° 1 do art. 200°), o que nos remeterá para a mesma verificação. Daí a nossa posição não implicar uma tese *aprioristicamente* diferente da que se partilha no domínio geral da sociedade por quotas, mas com certeza passará pela recusa em ver a SQU como um mecanismo apenas a utilizar, o que levaria à personalização do tipo, para "promover o nascimento de novas empresas de pequenas dimensões idóneas a absorver as energias expulsas pelas grandes reestruturações" (ROBERTO WEIGMANN, "Società di un solo socio", loc. cit., p. 213, que, a propósito, também sustenta a adequação do tipo da sociedade por quotas à recepção da unipessoalidade inicial enquanto *iniciativa individual*, em face do seu carácter personalístico e

Finalmente, e sem querermos ser exaustivos, os obstáculos que a responsabilidade ilimitada e imprevisível colocavam ao fomento económico, quando a actuação empresarial implicava sempre a assunção de compromissos que poderiam ser mais ou menos avultados, convocavam a formação de um novo tipo de sociedade[92].

Estas similares razões, defendeu-se, estiveram também, num outro momento histórico, no cerne da urgência em reivindicar o benefício da responsabilidade limitada para o exercício singular do comércio[93]. Pensa-

---

da sua usual destinação a grupos restritos de sócios), como esteve expressamente subjacente à escolha comunitária, e nisso uma relação de *causalidade necessária* com uma *acentuação* personalística da sociedade por quotas na sua qualidade de tipo societário.

[92] A responsabilidade exclusiva da sociedade de responsabilidade limitada-pessoa jurídica, em que a sua propriedade se fragmentava através de uma participação social concretizada na quota, pelas obrigações sociais, com a consequente irresponsabilidade dos sócios – em sentido menos técnico, com a responsabilidade dos sócios traçada pelo valor da quota respectiva –, implicava, com base no princípio *keine Herrschaft ohne Haftung* (postulado da dissociação entre a gestão da empresa e a qualidade de sócio), que o risco limitado de que os sócios beneficiavam devia corresponder necessariamente a um poder limitado através do qual o sujeito económico não pudesse adoptar iniciativas económicas que extravasassem, total ou parcialmente, a possibilidade objectiva que detinha para suportar as suas eventuais consequências negativas.

Deste modo, haveria que arquitectar um edifício orgânico capaz de proteger os interesses de terceiros e mesmo o interesse público de *correcta gestão* da empresa social. No plano das relações externas da sociedade, requisitar-se-ia uma rigorosa disciplina voltada para salvaguardar a integridade do património social em benefício dos credores sociais. De outro lado, na vertente das relações internas, o regime a dispor envolveria uma organização *limitativa* dos poderes *empresariais* do sócio, que seriam distribuídos por uma pluralidade de órgãos e/ou exercidos sob o respeito de uma diversidade de regras de procedimento: este equilíbrio de poderes e o controlo recíproco entre os diversos órgãos sociais representaria o pressuposto da possibilidade *de administrar sem assumir uma responsabilidade ilimitada pelas vicissitudes económicas da vida social*. Cfr., sobre este aspecto, GIUSEPPE ZANARONE, "S.r.l. contro s.p.a. nella legislazione recente", loc. cit., p. 392; FRANCESCO GALGANO, *Diritto commerciale. 2. Le società*, ob. cit., p. 409.

[93] Notava KARL WIELAND, *Zeitschrift für Schweizerisches Recht*, ob. cit., p. 207, *apud* PAUL CARRY, *La responsabilité...*, ob. cit., pp. 14-5: "uma vez introduzido o princípio, segundo o qual a responsabilidade limitada está ligada a uma participação puramente impessoal e passiva na gestão da empresa, não persistem objecções sérias contra a extensão desta responsabilidade à empresa do comerciante individual". Mas nem sempre essa extensão, com o princípio que lhe era associada, foi recebida com entusiasmo. Na verdade, entendeu-se que a *moralidade comercial* imporia uma solução adversa a essa rota predominantemente favorável à "audiciosa metaformose". Como primeiro ponto, não se advogaria que aquele que dispõe da prosperidade e do proveito das operações comerciais

va-se que a admissão dessa prerrogativa incitaria ao lançamento de novos comércios e de novas indústrias, favorecidos pela potencial eliminação das células produtivas, atrofiadas ou mortas, e pelo investimento (ou substitu-

---

ou industriais deixasse de sucumbir de igual modo aos riscos de resultados deficitários da exploração, uma vez que se compreendia mal que os ganhos fossem *ilimitados*, enquanto que as perdas seriam *limitadas* aos bens entregues ao comércio. Num ponto adicional, argumentava-se veladamente com a perspectiva de multiplicação dos patrimónios comerciais autónomos a cargo do mesmo negociante, que poderia criar fortuna num só deles e deixar aos credores dos restantes uma percentagem insignificante e medíocre na sua liquidação. Cfr., sobre o ponto, M. R. PIRET, "La limitation de la responsabilité dans les entreprises commerciales et les moyens de parer à ses dangers. Rapport général", *TAss.HC*, 1957, p. 68; M. G. LAGARDE, "La limitation de la responsabilité dans les entreprises commerciales et les moyens de parer à ses dangers. Rapport sur le droit français", *TAss.HC*, 1957, pp. 76-7. Em suma, teria que configurar-se mais uma manifesta subtracção ao princípio da correspondência entre poder (ilimitado) de gestão e responsabilidade ilimitada, o que "aparece assim como uma *ruptura da ética dos negócios*, inadmissível sob o ponto de vista da correcção ética, incompatível com os princípios da constituição económico-social e prejudicial para o próprio funcionamento da empresa individual" (DUQUE DOMÍNQUEZ, "La 12.ª Directiva...", loc. cit., p. 247, sublinhado conforme o original).

Não obstante essa resistência, depois de Paul Carry, o instituto não foi esquecido e continuou a ser objecto de tratamento e considerações várias até ao fim da década de 60 [em caso de falta de acesso directo, os dados mencionados continuam a fazer fé, essencialmente, nas fontes utilizadas *supra* na n. 84, ou seja, nas menções, por vezes incompletas, feitas por Pérez Fontana e Mario Rotondi].

Na Alemanha, relevantemente, H. SCHÜTZ tentou (com a sua obra de 1936 *Das Recht der wirtschaftlichen Unternemungen und der Grundsatz der verantwortliche Führung*) encontrar uma estrutura organizativa para as empresas individuais, e, sensivelmente duas décadas mais tarde, o estatuto jurídico da empresa individual de responsabilidade limitada voltou a ser motivo de análise detalhada pela mão de WOLFGANG SCHILLING, "Die Einmanngesellschaft und das Einzelunternehmen mbH", loc. cit., pp. 161 e ss, e ULF SIEBEL, "Die «gefährliche» Einmanngesellschaft", *JZ*, 1953, p. 724 e seguinte, a propósito da abordagem do reconhecimento pela doutrina e jurisprudência alemãs da sociedade de responsabilidade limitada a funcionar com um único sócio, fictícia ou não.

No nosso vizinho da Península Ibérica, em particular por ROIG Y BERGARA (*Las sociedades de responsabilidad limitada*, Barcelona, 1930, pp. 199 e ss), onde profetiza que "um dia virá em que a responsabilidade limitada será a regra e a excepção será precisamente a responsabilidade ilimitada" (apud SOLÁ CAÑIZARES, "L'entreprise individuelle...", loc. cit., p. 384), onde, mais tarde, foi continuado, de um modo destacado, por GARCÍA ALVAREZ, com a sua obra *La O. I*. [«Organização Industrial», esclarecimento nosso, que denominaria a proposta criação de uma entidade patrimonial mercantil dotada de personalidade jurídica], *persona jurídica mercantil de fisionomía unipersonal*, Madrid, 1944, em esp. pp. 96 e ss, por HECTOR HENZ ("Empresa individual de responsabilidade limitada", in *Revista de la Facultad de Ciencias economicas, sociales y politicas de Rosario*,

ição) em empresas activas e viáveis, que aproveitassem a acumulação de fortunas e a liberdade de estabelecimento, o que não podia senão contribuir para o progresso das economias. A pequena empresa, pela natureza

---

1944, p. 402), PALÁ MEDIANO (*Sociedades unipersonales*, Valencia, 1947, pp. 30 e ss), TRÍAS DE BES ("La limitácion de la responsabilidad aplicada a las empresas individuales", in *Anuario de la Academia Matritense y del Notariado*, volume IV, 1948, pp. 364 e ss), VALLS TABERNER ("Hacia la limitación de responsabilidad en la empresa individual", *RJC*, 1952, pp. 510 e ss), VICENTE Y GELLA (no já citado "La responsabilidad limitada en la empresa individual", pp. 153 e ss) e por SOLA CAÑIZARES (entre outros vários estudos, cfr. "La limitation de la responsabilité dans les entreprises commerciales et les moyens de parer à ses dangers. Rapport sur le droit espagnol", *TAss.HC*, 1957, pp. 112 e ss).

Ainda na Suíça, ROGER ISCHER seguiu, ainda que com diversa proposta técnica – a *personalização* do património comercial da empresa –, as teses de Pisko e Carry, com a sua obra já citada *Vers la responsabilité limitée du commerçant individuel*, assim como JEAN VACHERON, em determinado passo do seu ensaio, de 1949, *Essai sur l'usage abusif de la société anonyme en droit suisse*.

Em França, o interesse apareceu, mas sem igual ardor, uma vez que, ao que nos é dado a conhecer, apenas foi "puxado" ao debate pela reflexão de PAUL DURAND, "Noción jurídica de la empresa", in *La Ley*, 1947, volume XLVI, p. 971, sem esquecer depois os esforços doutrinais de M. MASSIN ("Nécessité d'introduire dans le droit français la notion d'affectation de patrimoine", *RTDC*, 1950) e YVONNE LAMBERT-FAIVRE ("L'entreprise et ses formes juridiques", *RTDC*, 1968, p. 912, ss, esp. pp. 920 e ss). Mesmo na Bélgica, em 1957, também FRÉDÉRIC SPETH se mostrou curioso pelos antecedentes e compreensão dogmática da figura, na sua obra *La divisibilité du patrimoine et l'entreprise d'une personne*.

Em Itália, merecem destaque as teses precursoras protagonizadas por CESARE VIVANTE, "Contributo alla riforma della società anonima", *RDComm.*, 1934, pp. 314 e ss, que traduzem a exposição de um projecto legislativo, a seu cargo e juntamente com De Gregorio, Frè e Biamonti, destinado a admitir a constituição da sociedade anónima por acções por uma única pessoa, com carácter *fundacional* e natureza de *promessa unilateral*, a reconhecer por um notário. Com a adopção dessa proposta, refere-se a p. 315 do artigo citado, "o direito colocar-se-á de acordo com a realidade, único remédio para a seriedade da sua função". Mais tarde, anote-se o artigo, já por nós citado, "Per la limitazione...", de MARIO ROTONDI, onde consta a proposta de adopção pelas legislações nacionais de "um texto de lei uniforme, que discipline um instituto idóneo a assegurar a constituição e o funcionamento de um ente, através do qual seja garantida a limitação da responsabilidade consequente ao exercício de uma empresa, prescindindo do número de participantes e da forma hoje adoptada da constituição de uma sociedade por acções", para a qual indica os *pontos de referência* fundamentais (*vide* pp. 73 e ss). E o vasto trabalho de ANGELO GRISOLI, desde logo no seu artigo "Unipersonalità, patrimonio separato, impresa individuale a responsabilità limitata e problemi affini", *RTDPC*, 1967, pp. 286 e ss (para o que aqui nos interessa, em esp. as pp. 293-6), culminando na sua monografia *Le società con un solo socio* (com igual consideração, esp. as pp. 69-74), onde, apesar de, a dado passo, ter afirmado que o tema da limitação da responsabilidade do empresário

do seu capital, pelas suas dimensões físicas e pessoal requisitado, pelas suas práticas de gestão, pelo seu volume de facturação, adaptava-se pior ao regime legal das sociedades de responsabilidade limitada, de que os

individual tinha *passado de moda* na Europa e apenas mantinha o interesse dos juristas da América Latina, entende que – e só assim é de compreender essa passagem do seu discurso, ao contrário de MARIA ÂNGELA COELHO, "A limitação...", loc. cit., p. 13, n. (20), que parece dessas palavras extrair um desinteresse do Autor pela importante temática –, em vez de se levar a cabo uma reforma fundada sobre a *elaboração de um novo instituto*, essa limitação de responsabilidade deveria ser obtida, numa primeira fase, pela modificação das normas existentes em matéria de concentração de todas as participações sociais e, numa segunda fase, pela aceitação de uma disciplina legislativa de *todas as hipóteses* de sociedade com um só sócio.

Curioso e intenso movimento doutrinal sobre esta matéria, feito de interessados debates e vontades de legislar, foi empreendido na América Latina, uma vez que se gerou um movimento de opinião para apoiar um regime regulador da empresa individual de responsabilidade limitada: em Cuba, com ERNESTO DIHIGO, *Sociedades de responsabilidade limitada*, La Habana, 1936; no México, anote-se o apêndice sobre empresas individuais limitadas a cargo de CERVANTES AHUMADA, *La sociedad de responsabilidad limitada en el derecho mercantil mexicano*, Méjico, 1943; para o Uruguai, o estudo de FERNÁNDEZ GOYECHEA, *Empresa individual limitada*, Montevideo, 1948, e a peça já citada de PÉREZ FONTANA, "Responsabilità limitata del commerciante"; até no Panamá se vê um artigo e um projecto de lei a cargo de RENATO OZORES, *Empresas de responsabilidad limitada*, 1962, e, no Salvador, o projecto de Código de Comercio (data por nós desconhecida) previa a empresa individual de responsabilidade limitada, nos seus arts. 600 a 622 (cfr. MARIO ROTONDI, "Per la limitazione...", loc. cit., p. 63).

Assinale-se, porém, com maior relevo as participações intensas que sobre o tema vieram da Argentina, com os artigos de ESTEBAN LAMADRID, MARIO RIVAROLA, JACQUES ALBERT CUTTAT, FRANCISCO ORIONE, GUILLERMO BALL LIMA, RAUL SORDELLI e VICTOR CINOLLO VERNENGO (estes dois últimos, de 1940, contendo a elaboração de projectos legislativos tendentes à consagração do instituto unipessoal; porém, já em 1929, na discussão do Senado argentino sobre o projecto de sociedade de responsabilidade limitada, um dos seus senadores, Guzmán, acenava com a possibilidade de uma limitação da responsabilidade individual, o que mereceu um adiamento sem qualquer tipo de aproveitamento); os debates e as declarações do Congresso Nacional de Direito Comercial (reunido em Buenos Aires e marcado pelo relatório de CARLOS MALAGARRIGA favorável à limitação da responsabilidade do comerciante individual, apoiado por MARIO RIVAROLA e WALDEMAR ARECHA) e da V Conferência Nacional de Advogados, ambos ocorridos no ano de 1940; o projecto de lei tendente a admitir e a regular a empresa individual de responsabilidade limitada depositado na Câmara de Deputados pelo deputado OSKAR ROSITO nesse mesmo ano; a reforma sugerida pela Câmara de Comércio de Buenos Aires ao Ministério da Justiça no sentido de aproveitar o desenho feito por MIGUEL LANCELLOTTI para uma "empresa unipessoal de destinação patrimonial limitada"; o anteprojecto de empresa individual de responsabilidade limitada, com o carácter de um verdadeiro ente jurídico

empresários individuais se serviam para dissociar o seu património pessoal. Um instrumento operativo e funcionalmente mais seguro, que permitisse uma satisfação favorável aos interesses em jogo, poderia contribuir

---

autónomo e distinto do fundador, da autoria de WALDEMAR ARECHA, aprovado pelo Instituto Argentino de Direito Comercial na reunião pública que levou a cabo em 1943 na cidade de Santa Fé; e, pelo fim da década de 40, os apontamentos de ARTURO DE LA VEJA, GUILLERMO MICHELSON, ENRIQUE AZTIRIA e OSVALDO STRATTA, a propósito de mais um projecto de lei apresentado pelo senador Felipe Gomez del Junco, aprovado em 1949 pelo Senado e transmitido novamente sem continuidade à Câmara dos Deputados (para uma análise pormenorizada do estatuto jurídico estabelecido por esse documento, que se aplicaria ao que foi denominado como "entidade de responsabilidade limitada individual", vide M. BERNARDO SUPERVIELLE, "La limitation de la responsabilité dans les entreprises commerciales et les moyens de parer à ses dangers. Rapport sur le droit argentin et uruguayen", *TAss.HC*, 1957, p. 92, ss). Novas discussões se abriram aquando do II Congresso Nacional de Direito Comercial de 1953 e, cinco anos depois, com a X Conferência Internacional dos Advogados na capital argentina, mas sem que delas saíssem mais do que contributos complementares à densa polémica até então existente. Com as indicações bibliográficas para este vasto movimento, ainda mais completas, cfr., ambos de SOLA CAÑIZARES, "L'entreprise individuelle à responsabilité limitée", loc. cit., pp. 376-8, e "Las formas juridicas de las empresas. La empresa individual limitada, el contrato de sociedad y la institución por acciones", *RDM*, 1952, pp. 299-300, bem como MARIO ROTONDI, "Per la limitazione...", loc. cit., p. 56, ss, e PÉREZ FONTANA, p. 328-40.

Ainda que com menor fulgor, também no Brasil se avançou com a matéria, desde logo com ADOLFO THILER ("Empresa individual de responsabilidade limitada", in *Paraná Judiciário*, 1940, volume 32), ADAMASTOR LIMA ("Sociedade individual de responsabilidade limitada", in *Paraná Judiciário*, 1944, volume 40) e TRAJANO MIRANDA DE VALVERDE ("Estabelecimento autônomo", in *Revista Forense*, 1943, volume 96, p. 577). Igualmente as reflexões doutrinais impulsionaram um projecto de diploma apresentado no Parlamento pelo deputado Freitas e Castro em 1947, sobre a base do projecto do Instituto de Direito Comercial do país vizinho e repousando na ideia matriz da equiparação da figura à sociedade comercial, que não teve a sorte da recepção pelas decisões contrárias da Comissão da Constituição e da Justiça e da Comissão da Indústria e Comércio. O problema foi retomado pelo Congresso Jurídico Nacional Comemorativo do Cinquentenário da Faculdade Jurídica de Porto Alegre, realizado em 1951, onde mereceram aprovação as intervenções de ANTÓNIO MARTINS FILHO (destaque-se a sua contribuição, publicada como "Limitação da responsabilidade do comerciante individual") e SALVADOR PERROTA, que propugnavam o princípio da responsabilidade limitada da empresa individual, embora se devesse estudar com acuidade a sua disciplina de modo a garantir os direitos de terceiros. Contra a outorga da vantagem de limitar a responsabilidade do comerciante individual se manifestou entretanto WALDEMAR MARTINS FERREIRA [cfr., entre outros trabalhos onde se pronuncia nesse sentido, *Instituições de Direito Comercial*, São Paulo, 1955, volume I, t. I, n. 203, pp. 330-331, apud MARIO ROTONDI, "La limitation...", loc. cit., p. 9, n. (6)]. Depois disso, a defesa de um instituto predisposto ao desiderato da limitação da

para a criação e a manutenção de postos de trabalho nos sectores económicos dominados pela pequena empresa (dominantes em regiões mais deprimidas, que disso beneficiariam em termos de crescimento), o que teria reflexos positivos no volume e na estabilidade do emprego, logo, nas economias nacionais e nos índices de satisfação das sociedades[94].

responsabilidade patrimonial do exercício individual da empresa conheceu os mais consistentes avanços com as monografias de SYLVIO MARCONDES MACHADO, *Limitação da responsabilidade do comerciante individual*, 1956, esp. pp. 275 e ss (observe-se aí, de todo o modo, a pp. 88 e ss, o cotejo pormenorizado da evolução da matéria no território brasileiro, onde se pretende dignificar a construção de uma separação patrimonial desprovida de personalidade jurídica).

Contudo, os impulsos da doutrina destes últimos dois países não obtiveram resultados práticos nos respectivos ordenamentos jurídicos – ainda que se tenha estado próximo disso quando, em 1949, foi aprovado pelo Senado argentino o projecto de lei que mencionámos sobre a empresa individual de responsabilidade limitada, mas sem resultados práticos por não ter baixado à discussão na Câmara de Deputados (*vide* a reprodução desse texto em MARIA ÂNGELA COELHO, "A limitação...", loc. cit., pp. 40-1) –, o que não deixa de suscitar alguma estupefacção, pois, "com todo o discurso feito na imponente literatura especializada sobre o assunto, seria lícito esperar-se uma experiência legislativa nessa mesma direcção" (ANGELO GRISOLI, "Fondazioni ed istituzioni autonome unipersonali, imprese individuali a responsabilità limitata e società con un solo socio (L'esperienza del Liechtenstein)", *BBT*, 1969, p. 569). A confirmar o interesse do assunto e da sua notória emergência, em Fevereiro de 1969, a Federação Interamericana de Advogados foi da opinião unânime, em conclave que discutiu e aprovou o *princípio* da responsabilidade limitada individual, de propor "a consagração institucional de tal princípio, adaptando-o aos respectivos sistemas nacionais..." (cfr. DUQUE DOMÍNGUEZ, "La 12.ª Directiva...", loc. cit., p. 255).

Finalmente, não se podia esquecer uma referência aos relatórios sobre a limitação da responsabilidade das empresas, e as medidas adequadas a evitar os perigos respectivos, decorrentes da Jornada de Louvain, promovida pelos *Travaux de l'Association Henri Capitant*, em 1955 (cfr. "La limitation de la responsabilité dans les entreprises commerciales et les moyens de parer à ses dangers", *TAss.HC*, 1957, tomo IX, p. 49, ss): aqui se podem verificar reflexões sobre os direitos então vigentes em França, na Bélgica, na Argentina e no Uruguai, no Canadá, em Espanha, no Luxemburgo, na Suíça e na Alemanha, que não deixamos de aproveitar para algumas passagens do nosso texto.

[94] Cfr., entre vários, nomeadamente em França e Espanha, CESARE VIVANTE, "Contributo...", loc. cit., p. 315; M. BERNARDO SUPERVIELLE, "La limitation...", loc. cit., p. 96; ALAIN SAYAG/CAMILLE JAUFFRET-SPINOSI, pp. 336-7; CLAUDE CHAMPAUD, "L'entreprise personnelle..", loc. cit., pp. 586, 587, 588-9; TERESA GISPERT, "Afectación del patrimonio de pequeños empresarios a los riesgos de negocio", *RDM*, 1982, pp. 286 e 288; EMANUELE FERRARI, "La société d'une personne", loc. cit., p. 1013; ELÍAS-OSTÚA Y RIPIO, pp. 66-7; CALVO SORIANO, p. 166; HERRERO MORO/FERNÁNDEZ DEL POZO/GONZÁLEZ DEL VALLE GARCÍA, pp. 19-20; JOSEFINA BOQUERA MATARREDONA, *La sociedad unipersonal de responsabilidad limitada*, ob. cit., p. 30; ARANGUREN URRIZA, p. 1418.

Podem juntar-se à consideração outros argumentos que aconselhavam essa limitação, porventura mais específicos da *situação-quadro* em que se encaixa a actividade de um empresário singular, independentemente do facto de a solução encontrada para consagrar o instituto ser a empresa individual de responsabilidade limitada-património autónomo, a personificação jurídica do património afectado ao exercício do comércio ou a unipersonalização de uma sociedade comercial[95].

Trata-se, *prima facie*, de um mecanismo facilitador da *continuidade* e *conservação* da empresa, em particular quando o seu titular falece, se reforma ou é declarado incapaz para o exercício da sua actividade económica, já que a transmissão de direitos reais sobre a empresa (pela via da sua posição jurídica ou pela via das participações sociais tituladas) – ou, entre outros efeitos *reflexos* de quilate social, a manutenção dos postos de trabalho – não encontra impedimentos de relevância maior. Aqui assumiria vantagem a solução societária, pois seria aquela que melhor integraria a pluralidade, em qualquer momento, sem novação e sem os inconvenientes decorrentes da falta de um *centro de imputação* de todo o património (beneficiando-se assim da separação da empresa da pessoa do seu titular), com uma passagem serena do empresário solitário para a pluralidade de participantes, quanto mais não fosse por já se achar o empresário, ou a sua empresa, maduro(a) para acolher a pluripessoalidade[96].

---

[95] Estas as soluções que se confrontaram como os expedientes *mais comuns* sugeridos para dar forma ao instituto, como se verá breve mas sistematizadamente no ponto seguinte deste capítulo.

[96] Nestes termos, em geral, cfr. CLAUDE CHAMPAUD, "L'entreprise personnelle...", loc. cit., pp. 587 e 596, em França, e, em Espanha, HERRERO MORO/FERNÁNDEZ DEL POZO/GONZÁLEZ DEL VALLE GARCÍA, p. 18; DUQUE DOMÍNGUEZ, "La 12.ª Directiva...", loc. cit., p. 272; JOSEFINA BOQUERA MATARREDONA, *La sociedad unipersonal de responsabilidad limitada*, ob. cit., p. 30. Para a sociedade unipessoal, ANGELO GRISOLI, *Le società con un solo socio*, ob. cit., pp. 64-5 e n. (4); ERNESTO SIMONETTO, "Riforme necessarie...", loc. cit., p. 112; IDEM, "La società unipersonale...", loc. cit., p. 850; EMANUELE FERRARI, "La société d'une personne", loc. cit., p. 1014; CARLO ANGELICI, "Il progetto...", loc. cit., pp. 404-5 (com realce exclusivo para o pormenor de maior agilização da empresa social no caso de sucessão *mortis causa*); LORENZO CHIARELLI, pp. 140 e 144; MARTÍN ROMERO, "La sociedad unipersonal de responsabilidad limitada", *RGD*, 1994, p. 5556; ARANGUREN URRIZA, p. 1419; SÁNCHEZ-CRESPO CASANOVA, "Las sociedades unipersonales", *BICAM*, 1996, pp. 19-20. Ao analisar a vantagem da estrutura positivada da sociedade de responsabilidade limitada unipessoal, cfr. JEAN-JACQUES DAIGRE, "La société unipersonnelle en droit français", *RIDC*, 1990, p. 671; LUIGI SALVATO, p. 406; ROBERTO WEIGMANN, "Società di un solo socio", loc. cit., p. 213; GIOVANNI CABRAS, p. 294; GUILIANA SCOGNAMIGLIO, "La disciplina...", loc. cit., p. 238; CARMEN BOLDÓ

Depois, a responsabilidade limitada do empresário singular proporciona-lhe, sem outras vontades com quem se conciliar, uma flexibilidade e uma ductilidade no processo de tomada de decisões económico-financeiras, em virtude de não enfrentar destarte uma confusão inevitável na configuração do seu património (o que é da empresa?, o que é do sujeito empresário?), o que desencadearia uma gestão financeira e contabilística mais eficaz dos patrimónios separados, com contas a serem auditadas e débitos a serem verificados. Com a benesse suplementar de incutir a resistência perante a tentação de confundir a *caixa comercial* e o *bolso pessoal do empresário*, diminui-se o risco de desinvestimento que se produz, inevitavelmente, nos períodos de desaceleração negocial ou de retirada da empresa do mercado[97].

Por sua vez, o empresário individual também se *escondia* na instituição social para se aproveitar de uma carga tributária mais leve, em virtude de a mesma capacidade produtiva ser objecto de uma incidência fiscal distinta. Como acertadamente se referiu, a tributação do empresário individual não é *neutral* nem *equitativa*[98]. Não é indiferente a eleição do desenvolvimento da *mesma* actividade como empresa singular ou como sociedade para o efeito constituída, pois isso faria a diferença entre o ingresso dos proveitos da empresa no rendimento do empresário ou a sujeição desses mesmos benefícios aos impostos que gravam os rendimentos das sociedades e aos mecanismos de repartição e de dedução susceptíveis de evitar a dupla tributação. Dessa forma, uma nova aparelhagem jurídica deveria servir para elaborar um estatuto fiscal globalmente mais favorável do que aquele que o comerciante individual dispunha, mas sem que se perdesse a oportunidade para clarificar e prevenir eventuais comportamentos fraudulentos[99].

RODA, *Levantamiento de velo...*, ob. cit., p. 329; SÁNCHEZ CALERO, *Instituciones de Derecho Mercantil. I. Introducción, Empresa y Sociedades*, 1998, p. 502.

[97] Seguimos de perto, mais uma vez, a linguagem discursiva de CLAUDE CHAMPAUD, "L'entreprise personnelle...", loc. cit., p. 586-7 e 596, tal como o fazem, na doutrina espanhola, com uma ou outra variação, HERRERO MORO/FERNÁNDEZ DEL POZO/GONZÁLEZ DEL VALLE GARCÍA, p. 19, DUQUE DOMÍNGUEZ, "La 12.ª Directiva...", loc. cit., p. 248, e JOSEFINA BOQUERA MATARREDONA, *La sociedad unipersonal de responsabilidad limitada*, ob. cit., p. 32.

[98] *Vide* HERRERO MORO/FERNÁNDEZ DEL POZO/GONZÁLEZ DEL VALLE GARCÍA, p. 20. Também DUQUE DOMÍNGUEZ, "La 12.ª Directiva...", loc. cit., p. 272, refere que a distinção entre o empresário e a sua empresa permitiria alcançar um tratamento tributário do empresário igual ao de outros trabalhadores.

[99] Sobre este assunto, desenvolvidamente, em particular no que se refere ao tratamento fiscal *discriminatório* dos rendimentos do trabalho do titular da empresa, que obvie

Como vimos, o impulso dado à limitação da responsabilidade visa, em primeira linha, subtrair o património de afectação geral do empresário às vicissitudes típicas da sua empresa, de forma a que os credores do seu comércio, em caso de insucesso no negócio comercial, não se lancem sobre os bens que não foram colocados ao serviço do desenvolvimento da actividade mercantil. O que é o mesmo que dizer que não deve pagar a família do comerciante pela desgraça do seu empreendimento.

Mas, para além desta realidade óbvia, outro cenário se nos coloca quando recusamos a consagração de uma responsabilidade restrita: a debilidade da posição jurídica dos credores *civis* do empresário – nomeadamente nos casos em que não se tenham socorrido de uma garan-

---

a que este beneficie das deduções à colecta merecidas pelos salários pagos pela actividade profissional própria, resultantes das suas competências *puramente* pessoais, quando verdadeiramente aí se incluam também os proveitos decorrentes da exploração do capital e da especulação patrimonial, em detrimento da actividade empresarial e em favor dos patrimónios privados, vide CLAUDE CHAMPAUD, "L'entreprise personnelle...", loc. cit., pp. 590 e ss. Para esse efeito, propunha-se *de lege ferenda* que o chefe da empresa e os membros da sua família que desempenhassem declaradamente um trabalho na empresa recebessem o estatuto fiscal de assalariados, o que, juntamente com a resolução de outros problemas que essa regra levantaria – como o regime fiscal dos gerentes maioritários das sociedades de responsabilidade limitada, a determinação do montante dos salários dedutíveis, a existência de uma contabilidade fiável, os métodos de controlo eficaz dos comportamentos em harmonia com a actividade de colaboradores e de conselhos especializados, mesmo a sensibilidade da categoria sócio-profissional dos empresários que pudessem estar interessados pela nova forma jurídica –, seria imprescindível para que o novo equipamento jurídico não corresse o risco de não passar de letra morta e de uma opção desprovida de interesse. Além do mais, para o Fisco essa seria uma oportunidade de combater mais firmemente situações próximas de fraude em virtude da *claridade* que resultaria do novo estatuto jurídico empresarial (recorde-se, tal como fez ENRICO REDENTI, "Le società «fasulle»", loc. cit., p. 564, que um dos principais interesses que estavam na origem do fenómeno das sociedades fictícias residia no ensejo de evasão fiscal que isso, a coberto dos métodos de cálculo tributário da actividade das sociedades, proporcionava, nomeadamente pelo ocultar de réditos e consistências patrimoniais sujeitos a imposto ou pelo subtrair de bens e valores à tributação disposta para transmissões, permutas ou sucessões, em geral com a apresentação de balanços falsificados e a distribuição simulada de dividendos; frisando a *motivação fiscal* que empurra o empresário para a criação de uma sociedade unipessoal, cfr. LORENZO CHIARELLI, p. 140). Mas observe-se igualmente nesse estudo as apontadas *vantagens fiscais* em sede de afectação ou aumento de afectação dos bens da empresa e de transmissão da empresa, tanto ao nível da despesa registal como da tributação de mais-valias, que favoreceriam o seu desenvolvimento, relacionado com a acumulação de capitais próprios e com o incentivo à cessão global do património afectado.

tia acrescida no sentido de uma satisfação do seu direito –, resultante do conflito, que em regra se resolveria com o decaimento das suas pretensões, travado com os credores *mercantis* no que respeita ao ataque dos bens não predispostos ao negócio empresarial. Uma *forma* de respeitar a confiança que os credores comuns do comerciante individual depositam no património dos seus devedores, como garantia geral de cumprimento das obrigações contraídas, consiste, neste domínio, em assegurar-lhes que o único património a responder pelas dívidas comerciais será o património afectado voluntariamente à empresa ou à sociedade[100]. Deveria tratar-se, para o seu próprio sucesso, de um património *intangível* para interferências estranhas ao âmbito de actuação e de exploração da empresa e *indisponível* para finalidades exteriores à sua gestão[101].

---

[100] Cfr., por todos, PAUL CARRY, *La responsabilité...*, ob. cit., pp. 42-3.

[101] Em consequência, também para os credores comerciais resulta uma maior certeza e previsibilidade sobre a realidade pessoal e patrimonial da empresa individual no caso de limitação da responsabilidade, uma vez que, certos de que não terão acesso ao património privado do empresário, seguros estarão igualmente de que não suportarão o concurso dos credores pessoais ou dos membros da família do empresário. Assim, por outra parte, se obviam os casos de dissimulada apresentação de um património artificial (que não corresponde ao seu conteúdo activo real), inexistência de privilégios creditórios sobre os bens introduzidos no giro comercial ou mesmo de uma possível dissipação dos bens, seja para evitar a execução coactiva do crédito (tanto mais que muitas vezes não funcionam os meios de conservação da garantia patrimonial predispostos ao interesse do credor), seja para os destinar para a satisfação de necessidades familiares, ou outras. Assim, tanto para este ponto como para o conteúdo deste parágrafo em texto, cfr., entre nós, ANTÓNIO PEREIRA DE ALMEIDA, *La société a responsabilité limitée en droit portugais et sa réforme*, 1971, pp. 70-1; MARIA ÂNGELA COELHO, "A limitação...", loc. cit., pp. 8, 9-10. No direito comparado, PÉREZ FONTANA, pp. 335 e 339, destacando a vantagem de se poderem estabelecer vínculos, sabendo de antemão com o que se conta para realizar os créditos, com uma forma empresarial em que o seu titular está vinculado nas suas relações com o público a um regime organizado de publicidade e de controlo; ANGELO GRISOLI, *Le società con un solo socio*, ob. cit., p. 44; DANIEL ALIBERT, pp. 74, 77-8, seguindo as simples observações de PAUL CARRY, *La responsabilité...*, ob. cit., p. 43, mas com a valia de sugerir *de lege ferenda* que os credores civis, pelo menos os mais importantes, poderiam obter, para tutela dessa garantia do património *não empresarial*, a designação de um *inspector judicial*, que teria a seu cargo a verificação da exactidão dos documentos contabilísticos e da compatibilidade das decisões de gestão com parâmetros de normalidade, respeitantes ao património de afectação económica; TERESA GISPERT, pp. 291-2; PATRICK SERLOOTEN, "L'entreprise unipersonnelle à responsabilité limitée", loc. cit., p. 187; ELÍAS--OSTÚA Y RIPIO, p. 73; DUQUE DOMÍNGUEZ, "La 12.ª Directiva...", loc. cit., p. 272 ("O empresário que dispõe de uma fórmula de limitação observará uma *atitude mais cuidadosa*

Outrossim se considera que, nas situações de maior dimensão empresarial, como aliás a prática veio a confirmar, as grandes sociedades (ou grupos de sociedades) preferem, em muitos casos, constituir as suas filiais, sucursais e agências (como suas participadas) através do recurso a este instituto, que se revela adequado, nomeadamente na forma de unipessoalidade societária. A sociedade-mãe gozaria *prima facie* de uma elevada flexibilidade na administração pelo simples facto de não partilhar com qualquer outra pessoa a propriedade da sua participada e ser-lhe conferida a limitação da resposta pelos respectivos encargos. Além do óbvio, o recurso a essa forma unissubjectiva serviria para especializar sectores de actividade e arrancar com novos estabelecimentos, cujo risco ainda se desconhece (p. ex., quando as sociedades-mãe se lançam em mercados diversificados relativamente às suas actividades tradicionais), mas é acautelado pela limitação da responsabilidade patrimonial e pelo controle total da estrutura empresarial. Além de se permitir a criação de unidades produtivas com organização técnica autónoma, mas sujeitas ainda à lógica e aos interesses comerciais da sociedade constituinte ou do grupo[102],

---

em conservar o património da sua empresa, *rigorosamente respeitado* em benefício dos seus credores": sublinhado conforme o original).

[102] Cfr., neste sentido, JACQUES AUSSEDAT, pp. 242-3 e 255, que não compreende porque é que as filiais tituladas integralmente por outra sociedade "não poderiam ser unipessoais", ao contrário das sociedades unipessoais criadas *ex nihilo* por uma pessoa singular, que seriam inviáveis em seu entender, desde logo pela *diferença de objectivos* entre a pessoa colectiva que recorre à unipessoalidade e a pessoa singular que empreende o mesmo – é que aquela seria responsável, solidariamente por via legal ou coactivamente por via judicial, pelas dívidas e perdas da filial, recorrendo na prática os credores desta a dois patrimónios, sendo que um, por si só, serviria para os pacificar, enquanto que a pessoa humana, ao contrário, não teria outro desejo em constituir uma sociedade unipessoal que não fosse aceder a *um meio* para limitar a sua responsabilidade (vedada como fim último às pessoas colectivas monopolizadoras de uma sociedade comercial), encontrando aí os seus credores apenas e exclusivamente uma só e mesma pessoa e um só e mesmo património. Em sentido idêntico, isto é, restringindo as sociedades unipessoais originárias para o caso das unidades patrimoniais e económicas detidas a 100% por outra sociedade e totalmente dependentes de um grupo, cfr. CLAUDE CHAMPAUD, "L'entreprise personnelle...", loc. cit., p. 597. Na Alemanha, é comum a doutrina passar sempre sobre esta faceta positiva da unipessoalidade, que permitiria dar solução às necessidades de constituição, com titularidade a 100%, de sociedades filiais por grupos de empresas, que não precisariam assim de sociedades testas-de-ferro para atingir esse desiderato: cfr., entre vários, GÖTZ HUECK, *Gesellschaftsrecht*, 1991, p. 349; FRIEDRICH KÜBLER, p. 306. *Vide* ainda sobre o assunto, ENRICO REDENTI, "Le società «fasulle»", loc. cit., p. 565; ANGELO GRISOLI, *Le società con un solo socio*, ob. cit., p. 66; HERRERO MORO/FERNÁNDEZ DEL

num movimento crescente e proporcional ao fenómeno económico da concentração de recursos e factores produtivos pelas empresas transnacionais.

Por seu turno, também o Estado, facilitado pelo recurso directo ao poder legislativo, recorreu em diversas ocasiões, nos mais variados países, a sociedades comerciais por si exclusivamente constituídas (ou adquiridas) e controladas, ainda que indirectamente, para a prestação de serviços públicos, exploração de recursos, venda e distribuição de bens de consumo ou de produção, organização de eventos ou empreitadas que se prolongariam por um certo período de tempo. Todas elas permitem situações de domínio público total das estruturas societárias em causa com a cumulativa subtracção à organização administrativa e técnica que caracteriza o funcionamento dos ordenamentos burocráticos e legais de controlo das empresas públicas[103].

Objectava-se, porém, e todos os estudos evidenciavam esse impedimento à inexequibilidade das virtudes *anunciadas*, que a fórmula jurídica de limitação da responsabilidade do comerciante individual representaria a entrada em cena de abusos, de fraudes e de outros perigos susceptíveis de prejudicar terceiros que se relacionassem com o novo ente[104].

Pozo/González del Valle García, pp. 18-9; Jean-Jacques Daigre, "La société unipersonnelle en droit français", loc. cit., p. 672; Antonio Piras, "Gruppi e società unipersonali", loc. cit., esp. pp. 593-4; Josefina Boquera Matarredona, *La sociedad unipersonal de responsabilidad limitada*, ob. cit., pp. 30-1; Sánchez-Crespo Casanova, p. 20; Sánchez Calero, *Instituciones de Derecho Mercantil...*, ob. cit., p. 502.

[103] Assim, entre vários, cfr. Tulio Ascarelli, "Il negozio indiretto e le società commerciali", *Studi di Diritto Commerciale in onore di Cesare Vivante*, 1931, pp. 77 e ss; Lorenzo Mossa, *Trattato del nuovo diritto commerciale. III. Società a responsabilità limitata*, 1953, pp. 118 e ss; Enrico Redenti, "Le società «fasulle»", loc. cit., pp. 567-8; Karl Otto Konow, p. 143; Barrera Graf, pp. 246 e 268; Giancarlo Laurini, "L'impresa individuale a responsabilità limitata e il superamento della personalità giuridica della società di capitali", *Riv. Not.*, 1974, p. 19.

[104] Cfr., entre outros, Vicente y Gella, pp. 156 e 182; Rodríguez del Barco, p. 790. Em consequência, a projectada limitação da responsabilidade incorreria numa violação de *princípios morais*, decorrente da subtracção do devedor ao cumprimento das próprias obrigações depois de ter usufruído das vantagens dos negócios que geraram essas mesmas obrigações (violando o preceito do *suum cuique tribuere* e comportando-se em desarmonia com a valoração de *ubi commoda, ibi incommoda*), valendo-se da limitação da responsabilidade que lhe seria concessionada: cfr., para o esquema limitativo *em geral*, Pérez Fontana, p. 335; para a sociedade unipessoal *em especial*, foi dito que suscitava, em ordem a considerações de moralidade comercial, "uma certa desconfiança" (Jacques Aussedat, p. 241), sendo certo que contra os seus possíveis escândalos "será indubitavelmente mais difícil de reagir..." (Jean-Pierre Sortais, p. 344). O argumento, no

Outras vezes, avançou-se com as referências de sinal contrário aos méritos da limitação da responsabilidade. Entre essas, foi repetidamente observado que os empresários individuais sofreriam de uma *restrição* (ou até *retracção*) *de crédito* ou de uma *concessão de crédito que praticamente inviabilizaria as vantagens da limitação da responsabilidade*.

---

entanto, poderia ser esgrimido também contra as sociedades que permitissem a responsabilidade limitada e, mais ainda, contra as sociedades unipessoais supervenientes, sem que ninguém tivesse por isso sugerido que se devia suprimir as formas societárias que limitam a responsabilidade dos seus associados. Neste sentido, a título exemplificativo, cfr. SOLÁ CAÑIZARES, "La limitation...", loc. cit., p. 123, que, além do mais, manifesta então a suspeita de que uma *fórmula de facto*, não regulamentada pela lei, como era o recurso à constituição de sociedades com sócios complacentes, seria mais perigosa que uma *fórmula de direito* convenientemente regulada. Esta realidade, com efeito, assistindo pois razão a YVONNE LAMBERT-FAIVRE, p. 924, suporia que o empresário individual respeitasse as regras de *um novo jogo* – feito de "normas claras e precisas que ofereçam garantias a todas as pessoas implicadas nas actividades económicas": JOSEFINA BOQUERA MATARREDONA, *La sociedad unipersonal de responsabilidad*, ob. cit., pp. 31-2 –, que, a não serem cumpridas por irresponsabilidade na gestão, imprudência, prodigalidade ou desonestidade, acabariam na perda da limitação de responsabilidade que a obediência a essas regulações em primeira instância fornecia.

Essa submissão a preceitos desenhados especialmente no interesse de terceiros constituiria a *parte onerosa* do benefício (assim, HERRERO MORO/FERNÁNDEZ DEL POZO/GONZÁLEZ DEL VALLE GARCÍA, p. 16) e a melhor garantia da observância de uma conduta *obrigada* e *leal* no comércio jurídico e preventiva de abusos. Em sentido concordante, cfr. DANIEL ALIBERT, p. 78. Também DUQUE DOMÍNGUEZ, "La 12.ª Directiva...", loc. cit., pp. 270-1, respondendo à suposta *diminuição da atitude de diligência do empresário* na gestão da sua empresa e à reflexa transferência (pouco ética...) do risco empresarial para os credores sociais (prejudicados com a insusceptibilidade de cobrança dos seus créditos), chama a atenção para a *melhoria* da situação de tutela dos credores com o novo expediente, nomeadamente aqueles que não têm poder negocial para exigir a prestação de cautelas adicionais sobre o património pessoal do empresário, como os pequenos fornecedores a crédito ou os assalariados. Na verdade, a garantia da totalidade do património do empresário é muitas vezes *ilusória*, pois pode acontecer que aquilo de que o empresário dispõe e usa, contribuindo para a exteriorização de um nível de vida elevado, não lhe pertence e não serve, portanto, de garantia às consequências da actividade da empresa: quando disto se apercebe o credor menos privilegiado, já é tarde e os seus créditos tornam-se incobráveis. Tudo seria melhor se a parte que negoceia com um empresário individual pudesse conhecer o valor real da sua empresa, o que se torna difícil sem uma *fórmula estatutária* adequada (fornecedora de uma indicação mínima, como é o capital social para as sociedades de capitais) e sem regras contabilísticas mais estritas. Esta formulação clarificaria, então, todo o funcionamento da empresa e os terceiros credores deixariam de ser facilmente ludibriados.

Assim seria, já que os credores de posição negocial mais significativa deveriam adoptar, até com mais intensidade nessa forma jurídica individual, a *praxis* consistente na exigência de garantias pessoais suplementares, pelo que só relativamente aos outros credores a tutela da lei se irradiaria no interesse do empresário beneficiário da limitação obrigacional.

Dilucidando um pouco melhor, destacava-se que o empresário individual que desfrutasse de responsabilidade limitada usufruiria de um crédito menos favorável, tanto no seu custo como na quantidade e qualidade das respectivas garantias, do que o comerciante individual responsável por todos os seus negócios com toda a sua fortuna: "mas este é um preço aceitável para muitos comerciantes que pretendem dormir um pouco mais descansados durante a noite"[105]. Costuma ser apontada esta *limitação creditícia* como uma importante objecção ao reconhecimento da limitação da responsabilidade do comerciante singular, pois, na prática comercial, os bancos e os credores de mais forte capacidade de discussão negocial, os mais decisivos, exigirão, para assegurarem o cumprimento dos seus créditos, a celebração de garantias pessoais do empresário, ou reais (em particular, hipotecária), a incidirem sobre bens da sua titularidade pessoal ou conjugal, desde que não afectados ao negócio empresarial. Por isso, não se deveria ter excessivas ilusões sobre a real efectividade do benefício da limitação da responsabilidade[106]. Deste modo, apenas se aproveitaria dos

---

[105] NORBERT HORN, "L'entreprise personnelle à responsabilité limitée. L'expérience allemande", *RTDC*, 1984, p. 9. Sobre o ponto, a título exemplificativo, cfr. ALAN SAYAG/CAMILLE JAUFFRET-SPINOSI, pp. 4-5, 336; TERESA GISPERT, pp. 288-9; DUQUE DOMÍNGUEZ, "La 12.ª Directiva...", loc. cit., p. 261.

[106] Neste sentido, ROBERTO WEIGMANN, "Società di un solo socio", loc. cit., p. 213.
Esta foi uma preocupação sempre presente nas múltiplas análises que se fizeram sobre o melhor instituto para receber esse privilégio. O direito comparado fornece-nos alguns casos de desistência desse desiderato, dada a importância da barreira. Em França, a persistência na bondade desse objectivo foi o incentivo para o desenho de um esquema alternativo de cobertura do risco das empresas individuais organizadas pela forma de responsabilidade limitada. No relatório elaborado sob a liderança de CLAUDE CHAMPAUD, "L'entreprise personnelle...", loc. cit., pp. 605 e 616-7, ao aceitar-se o perigo para a competitividade dessas empresas que derivava das limitações impostas ao respectivo crédito, sugeriu-se uma solução *imaginativa* para compensar essa ameaça à subsistência financeira da empresa individual, pondo os credores a coberto de possíveis insolvências. Essa seria o estabelecimento de uma *Caixa de garantia*, cuja adesão seria uma condição formal para a constituição da empresa individual de responsabilidade limitada (para a sua configuração

benefícios dessa limitação perante determinados credores, precisamente aqueles que, pelo seu menor poder negocial, necessitassem da tutela dos mecanismos legais[107].

---

em concreto, vide pp. 614-5). Com ela, alimentada pelas quotizações obrigatórias, se garantiriam os credores vítimas da insolvabilidade da empresa na exacta medida do prejuízo que lhe tivesse causado a intangibilidade da massa patrimonial pessoal do empresário, o que quer dizer que a Caixa apenas responderia até ao valor dos bens pessoais indisponíveis, precisamente aqueles que poderia encontrar como garantia se não estivessem subtraídos à exploração patrimonial (sobre as massas patrimoniais do empresário, *vide infra* o ponto 4.1.). Com essa medida, esperava-se facilitar o crédito às empresas individuais com a facilidade dada aos seus credores de poderem lançar mão de um meio cómodo e célere para pagar as suas dívidas, sem ter que recorrer à execução das garantias pedidas previamente ou ao ataque posterior do acervo de bens individual.

A proposta tinha o mérito de tentar ir ainda mais longe. Além de se pretender facilitar a vida financeira da empresa pela existência da *bolsa patrimonial* conferida pela Caixa, susceptível de manter integralmente a capacidade de obtenção de crédito pela empresa fundada sobre a fortuna pessoal do empresário (pela folga que lhe dava, tor-nando-a mais atractiva para os credores mais decisivos), entendeu-se também que seria possível uma outra via de apaziguar os credores mais importantes para a vida da empresa, precisamente as instituições ficanceiras. Era principalmente a pensar nelas que se sustentava que as somas reunidas pela Caixa podiam ser *convencionalmente delegadas* à empresa em proveito desses credores, criando-se assim uma garantia mobiliária menos custosa que a realização de hipotecas ou a execução da caução hipotecária que se tenha consentido fazer sobre a espécie patrimonial que formaria o património intangível.

A viabilidade desta *mutualização do risco* não chegou a ser testada, mas, além de não superar a tradicional desproporção de poderes entre as diferentes qualidades de credores de uma empresa, cremos que iria criar uma notória desigualdade entre os credores da empresa individual de responsabilidade limitada e os credores da empresa social, que viam a sua vida mais difícil no momento de superarem as situações de cessação de pagamentos. Isto é, a benigna atenção que se dava à empresa individual – tanto mais que se acreditava que o estabelecimento das Caixas de Garantia teria ainda a virtude de contribuir para uma estruturação contabilística mais eficaz da empresa individual e uma vigilância permanente da sua administração financeira – podia desencadear um efeito perverso nas condições de crédito das sociedades comerciais, em particular as de mais diminutos argumentos patrimoniais, gerando maiores dificuldades para os seus sócios e para os seus gerentes e administradores. Esta proposta foi recenseada por TERESA GISPERT, pp. 293-4, que entendia poder ser a função das Caixas de Garantia desempenhada em Espanha por uma forma específica de sociedade, as Sociedades de Garantia Recíproca, que deveriam ser aproveitadas como instrumento que possibilitasse às pequenas e médias empresas solucionar os seus problemas de financiamento.

[107] Enfatizando este ponto, cfr. PÉREZ FONTANA, p. 336.

Para o nosso tema, a introdução da SQU acabaria, portanto, por aprofundar uma tendência para acentuar a discriminação entre credores *contratualmente* fortes e credores débeis, no que se poderá descortinar o risco de prejudicar precisamente a classe creditória que, como já se referiu, a XII Directiva mais pretendia favorecer, ou seja, as empresas de menor porte e estrutura[108].

A nossa posição, contudo, não partilha desse cepticismo, desde logo em sede de discussão da bondade do instituto limitativo da responsabilidade empresarial do comerciante singular. A demanda de garantias adicionais pelos credores, tendo eles *poder* para essa tomada de posição, não se norteia pelo tipo organizativo dos devedores, mas antes pela sua robustez patrimonial. É natural que um credor exija *algo mais* que assegure a viabilidade da prestação que lhe é devida sempre que lhe pareça insuficiente o património "atacável" do seu devedor.

Assim era e é nas sociedades comerciais, sempre que o capital social declarado ou, fundamentalmente, o património realmente existente não chega para responder às pretensões dos seus credores. Esta prática dos credores mais fortes, em virtude do seu peso e importância para a actividade comercial e empresarial quotidiana das sociedades (referimo-nos, principalmente, como é fácil de ver, à banca financiadora), que poderá transformar a SQU num instrumento nefasto para a categoria dos credores mais débeis, não é, em verdade, um fenómeno que se vaticine restritamente para a sociedade unipessoal, sendo recorrente nas sociedades com mais sócios, de património e recursos exíguos em face das responsabilidades debitórias[109]. Se assim é em geral, assim seria e será em qualquer dos instrumentos utilizados para proporcionar ao empresário solitário um exercício comercial ou industrial.

Pelo contrário, perfilamo-nos com maior à vontade nas posições minoritárias que vislumbram em tal prática creditícia uma possibilidade de

---

[108] Chamando genericamente a atenção para este aspecto, cfr., entre outros, BRUNO CAPPONI, "Le società unipersonali a responsabilità limitata", loc. cit., p. 1122; GIAN DOMENICO MOSCO, p. 60 e n. (103); LORENZO CHIARELLI, p. 140, n. (4); MASSIMILIANO BOVESI, p. 495; ILARIA CHIEFFI, "La nuova s.r.l. unipersonale", loc. cit., p. 608, n. (132); ANA MARIA ALTAMURA, p. 295, n. (34); GEORGES RIPERT/RENÉ ROBLOT, *Traité de Droit Commercial*, Tomo I, 1998, p. 1025.

[109] Combatendo por aqui a força de tal argumento quando usado como arma de arremesso contra a dignidade da limitação da responsabilidade do empresário individual, cfr. MARIA ÂNGELA COELHO, "A limitação...", loc. cit., pp. 10-11. Na ocasião, defendia-se que a única maneira de pôr cobro a tal prática era a elevação do montante de capital mínimo investido à partida nessas sociedades e o reforço das garantias de terceiros, o que serviria como escudo protector tanto para as formas sociais como para a eventual constituição de uma empresa individual de responsabilidade limitada.

fazer crescer a latitude de actuação e de crescimento das empresas individuais que vistam a roupagem oferecida pelos ordenamentos[110], e de dar ao empresário de responsabilidade limitada "a opção de eleger os créditos que gozariam de uma garantia adicional sobre o seu próprio património pessoal, excluindo assim um *efeito indiscriminado*"[111]. Se o empresário individual – raciocinemos como estando organizado em sociedade unipessoal – pretende financiar um seu investimento com um mútuo financeiro, o seu interesse na prossecução dessa tarefa será com certeza compatível com a *voluntária e por si proposta* caução pessoal ou com a constituição hipotecária de um dos seus imóveis pessoais, a fim de garantir essa dívida sem colocar em risco a viabilidade da sua ambição empresarial. O mesmo raciocínio se adequará às situações em que se queira aumentar o montante de capital inves-tido. Não nos parece que o empresário seja surpreendido com as práticas dos seus credores, actuais ou potenciais, que deve considerar normais no mundo dos negócios. Não cremos que o empresário não conte com elas *e* seja por elas que desista ou não avance para a exploração de uma empresa. Ao invés: se o credor é importante e se for o empresário a *seleccionar* (ou a *indicar*) *o que* dará (ou *como* dará) em garantia suplementar, é ele que conserva essa significativa *reserva volitiva* de salvaguardar a integridade do seu património desligado da empresa. Não vemos, por isso, qualquer condicionalismo inultrapassável, apenas mais um reflexo das relações de interesses que se estabelecem entre sujeitos jurídicos, com uma única rubrica diversa: a conciliação dos interesses *do crédito* com o *estatuto jurídico-limitativo* da responsabilidade do empresário individual.[112]

Apesar de tudo[113], algo havia que continuava a ser incompreensivelmente inquietante. Como se realizariam os fins empresariais do sujeito que

---

[110] Cfr. YVONNE LAMBERT-FAIVRE, p. 923.
[111] DUQUE DOMÍNGUEZ, "La 12.ª Directiva...", p. 269, sublinhado nosso.
[112] Sobre a matéria, *vide infra* as referências da n. 181.
[113] Descreveram-se em texto apenas duas das *conotações desvantajosas* de carácter económico e social que se apontaram para reprovar a configuração legal de um expediente técnico-jurídico para limitar a responsabilidade do comerciante singular. Não as esgotamos neste ponto, pois muitas das já faladas ou das restantes se compartimentam em função do mecanismo que se discute. Referimo-nos à diminuição da diligência do empresário na gestão da empresa com a transladação económica do risco (parcial) para os credores, à responsabilidade *intermitente* do empresário (resultante da possibilidade de imputação exclusiva das operações inconvenientes à empresa, guardando para a sua esfera pessoal as operações de sinal inverso) ou à impossibilidade de execução dos bens pessoais do empresário em virtude da separação de patrimónios. Se quiséssemos levar o esforço de sistematização *ao limite*, seria este já o momento para se referir a (não)

não se adaptasse aos estatutos característicos das sociedades de capitais e pretendesse desfrutar de uma vida comercial mais segura: deveriam as suas pretensões decair ou deverá ser-lhe fornecido um quadro adequado de actuação jurídica? Chegou a inquirir-se: "Mas se ele possui um espírito independente ou autoritário, se lhe repugna o *animus societatis*, se não tem de sustentar dois patrões na sua empresa, se não tem os expedientes suficientes para necessitar de capitais estrangeiros, será ele pior tratado porque está apaixonado pela sua própria liberdade ou porque o seu negócio é modesto?"[114].

A reclamação que ao legislador se fazia no sentido de aderir à construção de uma categoria jurídica predisposta à limitação da responsabilidade do comerciante individual vinha, além do mais, a constituir a aplicação de um princípio de conformidade jurídica entre a aparência exterior e a realidade interna nas sociedades que se constituíam com recurso a

---

preservação da indivisibilidade do património da pessoa singular, a delibitação da correspondência entre a responsabilidade pelo exercício social e o poder de gestão ou o crescimento do risco para os credores da nova entidade empresarial (para esse efeito, para além das referências bibliográficas entretanto indicadas, *vide* DUQUE DOMÍNGUEZ, "La 12.ª Directiva...", loc. cit., p. 261, ss; JOSEFINA BOQUERA MATARREDONA, *La sociedad unipersonal de responsabilidad limitada*, ob. cit., pp. 30, 33 e ss). De uma forma ou de outra, esses factos acabarão por ser confrontados quando encetarmos a estrada de compreensão dos esquemas propostos para viabilizar a ambição do empresário individual. Com maior ou menor realce, eles aparecerão (ou apareceram já...), mas sem que, a nosso ver, possam ser reunidos num elenco meramente descritivo. Cada um dos esquemas técnico-jurídicos, de que falaremos no próximo ponto deste capítulo, enfrentou as suas fraquezas e será aí que os mais importantes prejuízos serão ventilados. Repare-se, contudo, que a reiteração de algumas notas negativas apenas irá demonstrar que a oposição à limitação da responsabilidade no exercício individual do comércio aparece nevralgicamente aglutinada pelo esforço de não admitir *ab initio* uma sociedade constituída por uma só pessoa, ou seja, pela oposição à forma societária para a alcançar. Mas muitos dos que concluíam ser inadmissível a constituição originária de uma sociedade unipessoal por não ser possível ao comerciante individual limitar a sua responsabilidade empresarial (em particular, fazendo apelo aos preceitos que ditavam a suposta unicidade patrimonial do devedor), já deitavam para trás das costas os seus escrúpulos e consideravam salvaguardados os princípios "quando o comerciante individual é proprietário de todas as acções *menos uma*, que aparece como propriedade de um amigo complacente ou de um dócil empregado que se presta a representar a função de acólito" (F. BOTER, p. 35, sublinhado conforme o original).

[114] A passagem é referida em ROGER HOUIN, "Le IIIe Congrès des S.A.R.L.", loc. cit., p. 199.

homens-de-palha[115], figurantes com presença requisitada para tornar possível o negócio constitutivo da sociedade *necessariamente* pluripessoal. Passou este recurso a ser uma *máscara* jurídica para as empresas que se desejavam a laborar sob vontade de um único sujeito. Se a união, e só a união, tornava possível aos indivíduos evitar o pagamento das perdas empresariais com os seus próprios meios, essa medida – *et pour cause* – conduziria inevitavelmente à adopção de um mecanismo que terminasse com o surto de sociedades (sociedades anónimas, primeiro, em virtude do estádio inicial de introdução das sociedades de responsabilidade limitada, e estas, depois, no momento da sua consolidação) de um único membro[116], onde todas as acções ou participações acabavam por ficar, ao início ou depois, concentradas, formal ou materialmente, na titularidade de um único sócio[117]. Logo, com essa decisão ao alcance do empresário individual, ele deixaria de precisar de recorrer a meios indirectos para realizar o que procurava atingir com combinações e vias tortuosas[118], conducentes à "deformação" das figuras socie-

---

[115] Neste sentido, cfr. PAUL CARRY, *La responsabilité...*, ob. cit., p. 42.

[116] Prognosticando a *inutilidade* das sociedades de favor no momento em que se adoptasse um estatuto jurídico das empresas pessoais de responsabilidade limitada, cfr. M. G. LAGARDE, "La limitation...", loc. cit., p. 76, o que levaria, para DANIEL ALIBERT, p. 79, DUQUE DOMÍNGUEZ, "La 12.ª Directiva...", loc. cit., p. 271, ou GIOVANNI IUDICA, "La direttiva CEE...", loc. cit., p. 1258, ao presumível *desaparecimento* dessa prática. Independentemente dessas qualificações e previsões, o que é certo é que "a criação, por via legislativa, de estruturas próprias para que as empresas individuais possam traduzir em termos jurídicos a entidade económica que elas representam sem recorrer a hipocrisias jurídicas e a comparsas mais ou menos fictícios não pode deixar de ser considerado como *um progresso*" (CLAUDE CHAMPAUD, "L'entreprise personnelle...", loc. cit., p. 586, sublinhado nosso).

[117] No entanto, esta mesma ideia era usada num sentido inverso, de pessimismo corrosivo da bondade do movimento em favor da responsabilização limitada do empresário individual, pelos mais importantes e precursores mentores dessa mobilização doutrinal: veja-se a frustração de PAUL CARRY, "La limitation...", loc. cit., p. 151, que exclamava ser a falta de eco das legislações e de disseminação na opinião pública da proposta que a sua voz veiculou causada "talvez muito simplesmente porque a S.A.R.L. de membro único tornava essa instituição *inútil*" (sublinhado nosso).

[118] Veja-se ainda PAUL CARRY, *La responsabilité...*, ob. cit., pp. 43-4. Entre nós, FERRER CORREIA, *Sociedades fictícias e unipessoais*, ob. cit., p. 7, n. (I), manifestou alguma dúvida sobre o poder da outorga ao comerciante individual do benefício da responsabilidade limitada para eliminar *por completo* a existência de sociedades unipessoais (entendidas, então, apenas a título derivado ou encoberto).

tárias[119] ou à situação indesejada de estar sujeito à vontade dos outros sócios, como é próprio da colegialidade societária.

---

[119] Destacando este aspecto, cfr. SOLA CAÑIZARES, "L'entreprise individuelle à responsabilité limitée", loc. cit., p. 379; noutra oportunidade, o mesmo Autor, mais conformado com a proliferação das sociedades de pluralidade fictícia, diz compreender mal que aquilo que se admite a um comerciante que se *disfarça* de sociedade não se admita a um comerciante que pretende aceder ao respeito e à lealdade de não ter que se disfarçar: cfr. "La limitation...", loc. cit., p. 123; DANIEL BASTIAN, "La limitation de la responsabilité dans les entreprises commerciales et les moyens de parer à ses dangers. Rapport sur le droit allemand", *TAss.HC*, 1957, p. 158, advogado do *reconhecimento franco* da limitação da responsabilidade do comerciante individual *em vez de se obrigar* ao recurso à incontestável ficção que é a sociedade unipessoal. Igualmente dignos de nota são VICENTE Y GELLA, pp. 175-6: "é mais leal, menos hipócrita, ir directamente para a regulação da empresa individual de responsabilidade limitada", pois "o franco reconhecimento pela lei dessa possibilidade de limitação permitiria uma regulamentação adequada em benefício do próprio interessado e dos terceiros que com ele contrataram", embora, note-se, esta doutrina não considere curial que a limitação da responsabilidade seja fundamentada pelo facto de esse condicionamento poder lograr-se com a adopção de outros procedimentos e entender, ademais, que essa limitação de responsabilidade, atendendo às excepções – conducentes à responsabilidade ilimitada do empresário pelas obrigações que a lei determinasse ou que pactos convencionais impusessem – e ao jogo de garantias para conforto de terceiros que teriam que ser assimilados pela respectiva regulamentação, acarretaria sensivelmente mais dificuldades do que vantagens, pelo que a sua utilidade seria mais do que duvidosa (confirme-se pormenorizadamente, sobre o assunto, pp. 178 e ss); EMANUELE FERRARI, "La société d'une personne", loc. cit., p. 1014. Mais próximo no tempo, SÁNCHEZ RUZ, p. 12937, designa ser possível com o expediente obter "uma depuração do direito das sociedades e do próprio conceito de «sociedade», que ficaria circunscrito ao seu âmbito natural (instrumentalizar as relações de colaboração entre indivíduos distintos) evitando que o empresário individual que deseje limitar a sua responsabilidade se devesse socorrer de formas irregulares...".

Sem quaisquer dúvidas, a doutrina francesa pugnava pela clarificação desse estado de multiplicação de sociedades de fachada (e só se poderia imputar um verdadeiro espírito de *ignorância* ou de *hipocrisia* a quem negasse a existência de sociedades unipessoais dissimuladas pela via de sócios de favor: cfr., a título de exemplo, CLAUDE CHAMPAUD, "Sociétés Commerciales. I. Sociétés en général", loc. cit., pp. 179-80; DANIEL ALIBERT, pp. 66-7), recurso como que *oficializado* pelo reconhecimento do carácter inadaptado dos textos vigentes, e de perenização das sociedades tornadas unipessoais, que não podiam senão favorecer as fraudes, fazer crescer a incerteza e a descrença jurídica. A oportunidade, depreendendo que a lei tenha entendido dever aprovar as evoluções das relações sociais, apontava para a estabilização dessas relações através da predisposição de sistemas regulativos e institucionais claros, simples e credíveis, dotados de existência e eficácia conhecidos e reconhecidos por todos, em suma, uma *estrutura jurídica* específica, ori-

Reconhecia-se, deste modo, que se empregava exagerada e abusivamente a sociedade como meio de limitação da responsabilidade empresarial pelos sujeitos singulares, explorando a tolerância que a regulamentação positiva conferia a essa circunstância. Esse estado de dispersão, *sob disfarce*, de títulos pelas mãos de *subscritores de fachada*, familiares ou amigos complacentes, constitui realmente "um *fenómeno anormal, que revela indubitavelmente uma lacuna*"[120], a pedir uma providência legislativa destinada a suprimir "a desigualdade de tratamento a que o comerciante individual está hoje submetido – sem qualquer razão plausível – em relação à sociedade comercial"[121].

Na realidade, essas sociedades simuladas reproduziram-se no tráfico jurídico sem que, descontadas as sempre ocorrentes excepções que confirmariam a regra, fossem utilizadas para a obtenção de fins ilícitos ou fraudulentos, ou atacassem perigosamente a garantia dos credores[122], pelo que

---

ginal e autónoma, sistematizada para a obtenção de resultados próximos das técnicas societárias, mas como sistema arredado da ficção societária (cfr. CLAUDE CHAMPAUD; "L'entreprise personnelle...", loc. cit., pp. 600-1). Contra a dignidade do argumento da proliferação das sociedades fictícias para justificar a consagração da unipessoalidade como *regra de direito*, tanto mais que estariam ao dispor do julgador os remédios suficientes para castigar os abusos que essas situações pudessem engendrar, cfr. JEAN-PIERRE SORTAIS, pp. 342-3.

[120] PAUL CARRY, *La responsabilité...*, ob. cit., p. 20, com sublinhado como no original.

Realmente, seguindo as interrogações de DANIEL BASTIAN, p. 158, "se dois comerciantes podem, juntando-se, limitar a sua responsabilidade, porque não poderão eles, individualmente, beneficiar da mesma vantagem? Não é um privilégio injustificado outorgar às empresas constituídas sob forma social a reserva da limitação da responsabilidade?". Ou a de YVONNE LAMBERT-FAIVRE, p. 923: "Mas porque não lhe [ao empresário] permitia o legislador chegar aos mesmos fins *abertamente* e *lealmente*, em lugar de o incitar a defraudar o espírito da lei pela constituição de uma sociedade de fachada?" (itálico da nossa responsabilidade). Na Alemanha, KARL OTTO KONOW, p. 145, afirmava que a legitimação, pelo menos prática, das sociedades constituídas com testas-de-ferro, que, como disse Siebert, eram considerados como um "segundo sócio lógico", devia conduzir a excluir, mesmo que isso colidisse, à primeira vista, com a natureza específica da organização de uma sociedade comercial, a tese proibitiva da constituição unipessoal de uma sociedade. Mais recentemente, também HERRERO MORO/FERNÁNDEZ DEL POZO//GONZÁLEZ DEL VALLE GARCÍA, p. 17, anotavam existir nesta matéria "uma virtual lacuna de regulamentação específica do fenómeno empresarial unipessoal: existe um *salto normativo* entre o estatuto do comerciante e o normativo societário" (sublinhado nosso).

[121] PAUL CARRY, *La responsabilité...*, ob. cit., p. 44.

[122] Cfr. WOLFGANG SCHILLING, "Die Einmanngesellschaft und das Einzelunternehmen mbH", loc. cit., p. 164, que defendia ser ingénuo afirmar que as cerca de 28%

o mais lógico seria, em face da experiência nada nociva dessas sociedades dominadas e geridas por uma única pessoa, confiar-lhes uma regulação legal que solucionasse a falta de transparência e as retirasse do limbo da fraude à lei, para o qual foram *empurradas* pela falta de adaptação do legislador a uma realidade económica e social carecida de empreendimento.

Não se percebia, na verdade, as motivações que permitiam a duas pessoas associadas beneficiarem do mecanismo legal da responsabilidade limitada e o negavam se tal desiderato fosse pretendido por uma só pessoa, observadas que fossem as devidas garantias para terceiros[123], quando o poderia fazer se se agregasse com outros sujeitos na prossecução de uma actividade económica. Num momento em que a *necessidade* o reclamava – dar satisfação à humana aspiração de a fortuna pessoal estar a coberto dos riscos da actividade comercial –, a *utilidade* o demandava – o interesse público sairia favorecido pelo lançamento de negócios que, pela sua novidade, volume ou risco, de outra forma não veriam a luz do dia – e a *equidade* o aprovava – já não haveria objecções racionais ao dogma da *necessária conjunção* de responsabilidade ilimitada e gestão directa[124], pelo que privar o empresário individual do privilégio da responsabilidade limitada constituiria uma discriminação sem justificação a favor das empresas sociais[125] –, a oferta de um estatuto jurídico demorava a surgir por impulso do legislador. Este continuava a fazer vista grossa e a adoptar uma atitude de *dissimulatio* e de tolerância ao comprovar que o *ius scrip-*

---

de sociedades de responsabilidade limitada que eram unipessoais (incluindo as anónimas), para dados estatísticos da Alemanha em 1938, o que dava um número de 8400 comerciantes individuais, se teriam formado ou conservado para a prossecução de fins desonestos. Noutro ordenamento, TERESA DE GISPERT, pp. 284-5, aceitava a viabilidade e não se opunha à licitude – em princípio, ou seja, desde que não implicasse uma distorção das previsões legais referentes às roupagens sociais e/ou não causassem abusos e fraudes em relação aos credores – das fórmulas societárias unipessoais (tanto as sociedades fictícias como as supervenientes) no direito positivo espanhol anterior à reforma das sociedades de capitais operada em 1995, "porque não se trata mais do que a eleição por parte dos operadores económicos de instrumentos que o ordenamento jurídico lhes oferece para a satisfação dos seus interesses".

[123] Cfr., como referência por todos, PAUL CARRY, *La responsabilité...*, ob. cit., pp. 24-5 e 41.

[124] Cfr., por todos, MARIO ROTONDI, "Per la limitazione...", loc. cit., pp. 72-3.

[125] Sobre esta tríade de razões, em referendo de TRÍAS DE BES, p. 371, e CÁMARA ALVAREZ/PRADA GONZÁLEZ, "Sociedades Comerciales", *RDN*, 1973, pp. 77 e ss, cfr. SOTO BISQUERT, p. 272.

tum estava a ser ultrapassado pela vivência prática[126], sem se aperceber que estava cerceada a *faculdade de escolher livremente a estrutura jurídica* de desenvolvimento empresarial, a gosto e à medida da finalidade a que se propunham os sujeitos jurídicos[127].

Com a apresentação de tais e poderosos argumentos (transponíveis sem mais para os diversos ordenamentos jurídicos com uma mesma identidade estrutural e para os respectivos países, que apresentam uma forte

---

[126] Cfr. JORDANO BAREA, p. 7. Por isso, muitos, como ULF SIEBEL, "La società di capitali...", loc. cit., p. 90, foram aqueles que não isentavam de culpa os legisladores na crescente popularidade das sociedades unipessoais e no abuso dos esquemas predispostos pela lei pelos indivíduos que pretendiam o domínio exclusivo da empresa, limitando o seu risco ao património da empresa, uma vez que não colocavam à disposição da economia outra *forma de empresa* que respondesse a semelhante necessidade prática, em flagrante omissão do seu dever de estimular a economia e de a dirigir por trilhos apropriados.

[127] Aliás, sempre foi tónica comum o extraordinário interesse por este problema – "para dizer a verdade, as propostas e estudos sobre a limitação da responsabilidade na empresa individual não têm faltado, e o exame dos precedentes e das discussões pode ser precioso, também para a elaboração de um instituto, que pudesse ser adoptado com as formas e uma disciplina comuns no direito dos diversos países" (MARIO ROTONDI, "La limitation...", loc. cit., p. 2) –, mas só depois da década de 70 se colheram os frutos desse labor dogmático. Contudo, nomeadamente em França, não foi por ausência de projectos legislativos que o reconhecimento jurídico do instituto não foi alcançado. Pelo menos, a Proposta de Lei nº 1384, de 9.Setembro.1970 – personificada no deputado Modiano –, a Proposta nº 287, de 25.Abril.1973 – defendida pelo deputado Cousté (vejam-se os seus principais traços em JEAN-MICHEL CALENDINI, pp. 636-7) –, ambas pretendendo criar sociedades unipessoais para reconhecer a limitação de responsabilidade, e a Proposta nº 435, de 13.Junho.1978, liderada pelo deputado Martin. Entre este percurso de iniciativas parlamentares, merece ainda destaque a sugestão fornecida pelo *Rapport Sudreau*, o relatório das propostas obtidas do trabalho elaborado pelo *Comité pour l'étude de la réforme de l'entreprise*, nomeado em Julho de 1974 pelo Presidente da República Francesa e presidido por Pierre Sudreau. Isto porque, no seu capítulo VII, consagrado ao tema «Promover a criação de empresas", se opinava favoravelmente no que respeita ao consentimento da criação de *empresas unipessoais de responsabilidade limitada*, desde que a participação de capital fosse proporcional ao volume de actividade da empresa (sobre o assunto, cfr., na literatura italiana, GIOVANNI COLOMBO, "Il Rapport Sudreau sulla riforma dell'impresa", *RS*, em geral, p. 311, ss, em particular, p. 322). Com tal desassossego em matéria tão sensível como era a da forma jurídica da empresa individual de responsabilidade limitada, explica-se facilmente que tenha sido constituído em Outubro de 1977 um grupo de trabalho interministerial, liderado por CLAUDE CHAMPAUD, com o objectivo de justificar e apontar um *estatuto* nessa sede. O respectivo relatório foi apresentado em Fevereiro de 1978 e foi publicado na íntegra por Champaud ("L'entreprise personelle...", loc. cit., pp. 579 e ss) e algumas partes do nosso texto têm para ele remetido.

semelhança nas suas vertentes económicas), não se podia deixar de reconhecer que, pelo próprio substrato que oferece, tradutor de uma certa e determinada situação económica conducente à necessidade de limitação da responsabilidade, a *sociedade* fosse o expediente tecnicamente mais ajustado a tal desiderato, desde logo pela existência de uma personificação em volta de uma realidade extra-jurídico-económica.

Em face disto, a regulamentação de uma sociedade de *responsabilidade limitada* e *unipessoal* foi sendo encarada como uma mutação inevitável e até mesmo como uma *reforma necessária*[128]. Assim o aconselharia a idoneidade do instrumento para satisfazer aqueles que não tenham confiança nos instrumentos societários colectivos, no âmbito dos quais, em maior ou menor medida, se deve pactuar com a vontade alheia e com os consequentes riscos que resultam da actuação *dos outros*, que podem mesmo incluir a repressão ou eliminação da vontade própria[129]. Nesses mecanismos pluripessoais enfrenta-se a dificuldade de se obter uma *vontade comum* que seja capaz de reunir as vontades divergentes, pois o grosso das decisões vem à tona pelos débeis caminhos da regra da maioria, menos eficiente como procedimento do que o instrumento de decisão individual. A *utilidade prática* do organismo societário unipessoal seria evidente: a agilidade na decisão e na produção, o fluido escorreito da gestão em equipamentos produtivos que nele se estruturassem, seriam propícios a incrementar iniciativas e a acumular capitais destinados à criação de empresas ágeis, lucrativas e densificadoras dos centros de ocupação exigidos pelas necessidades de cada momento. Essa vitalidade devia ser aproveitada precisamente no tecido económico mais dinâmico, onde se incluem as unidades de produção com força de trabalho e capital mais escassos, mas, porventura, com mais rasgo e susceptibilidade de inovação, sem menosprezar a contemplação dos grupos capitalistas. Em última instância estaria a contribuir-se para a vitalidade das economias nacionais pelas novas possibilidades de actuação lucrativa que se abririam.

---

[128] Cfr. ERNESTO SIMONETTO, "Riforme necessarie...", loc. cit., pp. 110 a 112, cujo texto *quase panfletário* iremos seguir de perto, para dar fim a este ponto com a necessária ponte para o seguinte.

[129] Na verdade, o Autor que se segue reitera mais tarde esta mesma ideia ao sustentar que a *ratio legis* de acolhimento da sociedade unipessoal consistiria no aproveitamento da iniciativa económico-produtiva daqueles que não pretendem participar com outros, pois neles, por experiência ou por intuito, não confiam, pensando que *qui amat periculum peribit in illa* (cfr. ERNESTO SIMONETTO, "La società unipersonale...", loc. cit., p. 850).

4. Os instrumentos técnico-jurídicos aptos a garantir a responsabilidade limitada do comerciante singular

Uma vez surpreendidos os méritos de o comerciante e o industrial procurarem uma forma jurídica de lhes limitar a responsabilidade da sua actividade empresarial, o trabalho seguinte seria dedicado, depois de superados os pruridos de ordem moral[130], a uma construção a edificar

---

[130] Foi levantada, como já se mencionou, a probabilidade *pouco ética* de o mecanismo limitativo da responsabilidade do comerciante individual constituir um perigo para os terceiros, nomeadamente os credores. Foi em resposta bastantes vezes contestado que essa leviandade podia e devia ser neutralizada através do respectivo acompanhamento por uma *regulamentação garantística* para esses terceiros (de teor idêntico à das sociedades de responsabilidade limitada e porventura acrescida de algumas regras que pudessem prevenir as fraudes e os abusos), bem como por um regime adequado de sanções para as situações em que fossem violadas determinadas disposições legais ou se actuasse dolosamente contra os interesses legítimos de terceiros, que seriam a contrapartida lógica e natural do benefício atribuído pelo instrumento.

Recorde-se, aliás, o que um dos fundamentais pioneiros nos estudos sobre este problema elucidava em tema de inatendibilidade desse problema moral, quando dizia que a intervenção aconselhada em sede de responsabilidade civil modificaria simplesmente a *distribuição dos riscos* no âmbito de certos negócios; ora, essa decisão apenas se movia dentro de um universo técnico-jurídico, ao qual é alheio qualquer juízo de responsabilidade moral (assim, cfr. ROGER ISCHER, p. 11). A melhor demonstração disso será a própria selecção do tipo de sociedade pelos operadores económicos, na medida em que essa *escolha tipológica* é fruto da valoração, em especial, do *regime de risco* que está natural ou inderrogavelmente coligado à organização capitalístico-corporativa e à capacidade fisionómica precisa da sociedade eleita: as pessoas que se pretendem reunir numa sociedade comercial fazem-no atendendo ao facto de o tipo social escolhido ser governado por um determinado regime de *participação no saldo negativo da actividade social*. Neste sentido, cfr. CATERINA MONTAGNANI, *Responsabilità limitata ed assunzione di responsabilità personale nel diritto delle società*, 1988, pp. 226-32; num discurso mais simplista, também EMANUELE FERRARI, loc. cit., p. 1008: "a sociedade foi amplamente afastada do seu objecto essencial de actividade lucrativa para se tornar cada vez mais numa técnica de limitação patrimonial dos riscos"; GIORGIO MARASÀ, *Le società. Società in*

no campo da *técnica jurídica*. Aqui o desafio é ordenar uma figura normativa idónea para receber a separação entre o património civil e o património comercial do empresário, abrigando a sua decisão em aderir a um sistema obrigacional de responsabilidade limitada, que o sujeitaria a uma disciplina legal efectivamente tuteladora dos interesses que conviria proteger, não prejudicando, em primeira análise, os terceiros que contratassem com o comerciante aderente a essa nova estrutura empresarial.

Em rigor, essa técnica parecia estar encontrada. Tratava-se de operar uma separação entre o património geral do empresário individual e o seu património comercial, adequado a ingressar e viver no tráfico mercantil. A dúvida residia na via da promoção jurídica dessa massa patrimonial distinta. Isto é, o *mecanismo da sua densificação* é que teria que ser objecto de uma escolha: ou se trabalhava no *direito dos bens*, ou se intervinha no *direito das pessoas* [131]. Isto porque havia a consciência, como bem precisou ORLANDO DE CARVALHO, de "que não só o comércio tendia a fazer--se entre pessoas cada vez menos próximas e, por conseguinte, mais abstractas umas em relação às outras, como o que importava, do ponto de vista da garantia, era menos a pessoa do que os bens, o activo patrimonial exequível, a liquidez da situação financeira", uma vez que "o sujeito, (...)

---

generale, ob. cit., pp. 212-13; em Espanha, TERESA DE GISPERT, pp. 283 e 286. Isto é tanto mais verdade quanto o regime da responsabilidade dos sócios pelas obrigações sociais, como salienta PAOLO SPADA, *La tipicità delle societá*, ob. cit., p. 60, ss, é aquele que a lei prevê e só aquele, até mais impressivamente, "é o *a priori* da juridicidade (relevância para o ordenamento geral) de qualquer acção (naturalmente, no âmbito das relações patrimoniais)", independentemente de normas legais ou preceitos estatutários *acrescentarem* à responsabilidade *da sociedade* uma ou outra variante debitória, referente às garantias avançadas por *outros* patrimónios, que digam respeito à responsabilidade *dos sócios*. Entretanto, repare-se que para esse fito, como destaca GASTONE COTTINO, *Diritto Commerciale*..., ob. cit., p. 108, ss, em sede de relevância da etiqueta adoptada pelos sócios, a escolha de um determinado *nomen* societário pelos sócios não é suficiente para sujeitar a sociedade à disciplina de um tipo em vez da disciplina de um outro. Tudo depende, o que não será de fácil resolução, de uma análise de conformidade entre o *regulamento declarado* e o *regulamento adoptado*, o que poderá frustrar a intenção inicial dos associados de se "abrigarem" sob a forma de funcionamento social e de estrutura organizativa pretendidos e terem que se submeter à disciplina e ao modelo de sociedade por eles desenhado com variantes em relação aos tipos legais ou com lacunas sobre pontos essenciais (p. ex., em matéria de responsabilidade ou de organização interna).

[131] Cfr. JEAN-JACQUES DAIGRE, "La société unipersonnelle en droit français", loc. cit., p. 669.

no que concerne à garantia ele vale sobretudo como centro de imputação que garante a celeridade e integridade da leitura da situação patrimonial em causa, impedindo que a contínua osmose entre património civil e património mercantil (e, no caso de o sujeito ter várias empresas, entre os «patrimónios» de cada uma das últimas) – osmose fisiológica em toda a esfera jurídica – funcione em prejuízo ou até em fraude aos credores": a limitação (*rectius*, a exclusão) da responsabilidade aparecia assim possível em virtude de a técnica da separação patrimonial ser susceptível de conseguir "essa unidade de *controle* e de *leitura*"[132].

4.1. *A sociedade unipessoal como última opção no painel de instrumentos destinados a concretizar o instituto*

Começar a tratar de sociedades unipessoais constituídas *ab origine* neste domínio é começar pelo fim, em face da resistência que só há bem poucas décadas parece ter cedido em acolher essa fórmula. Assim colocamos a ordem de exposição do problema no ponto anterior, fazendo uso da faculdade de inverter a sequência cronológica dos expedientes, apenas para nos aproximarmos da categoria. É chegada então a altura de percorrer o itinerário que nos conduziu até ao momento actual, de total e inequívoca *utilização funcional* da figura monossubjectiva, que afastou a sociedade mercantil da sua matriz originária... ou talvez não.

Reitere-se, desde já, que a empresa individual dotada do privilégio da limitação da responsabilidade patrimonial *sub specie societatis* constitui o remate do caminho, marcado por uma hesitante demora em fazer acompanhar essa reinvindicação por instrumentos técnico-jurídicos susceptíveis de preencher essa demanda[133]; e, porventura, o início de outro, derivado

---

[132] Ambas as citações em "Empresa e lógica empresarial", loc. cit., p. 24 (itálico da responsabilidade do Autor).

[133] Cfr., entre muitos, ALDO SCHERMI, p. 140.

Pode considerar-se natural, e neste ponto estamos em plena concordância com PÉREZ FONTANA, p. 337, que, tratando-se da adopção de um instituto completamente inovador, sem ter sido testado com o avalizado prestígio que resultaria da sua introdução em legislações proeminentes, como a alemã, a italiana ou a francesa, que teriam a força para indicar o caminho, a resistência a admiti-lo fosse de facto maior, sobretudo quando o país que aparecia como referência era o pequeno Liechtenstein e daí não vinha nada de enriquecedor sobre a experiência de funcionamento dos institutos colocados ao serviço desse desideratum. Houve mesmo quem sugerisse, como FELICE SANTONASTASO, "Limitazione della responsabilità e impresa individuale a responsabilità limitata (Riflessioni sull'Anstalt

da possibilidade de aproveitamento do fenómeno, antes absolutamente *degenerativo* e *patológico*, para outros perímetros de actuação jurídica[134].

---

del Liechtenstein)", *RDComm.*, 1969, p. 368, que, em face da falta (ou inexistência) de utilização dos instrumentos jurídicos colocados à disposição do empresário individual nesse pequeno Estado cabouqueiro nessa matéria, o problema da identificação de uma estrutura jurídica para o exercício de uma actividade empresarial individual em regime de responsabilidade limitada se encontraria interrompido, depois de ter vivido à sombra de uma temporada inicial de fervorosos estudos.

[134] O domínio que vimos tratando demonstra um dos terrenos em que se tem mostrado, por excelência, a força do *ius positivum* no direito comercial, uma vez que a radical alteração a que o terreno das sociedades comerciais, em conluio com as necessidades de reconhecimento de um mecanismo apto à responsabilização *condicionada* do comerciante singular, estava condenada a sofrer, foi e é promovida pela galopante, nos últimos vinte anos pelo menos, *conformação legislativa* de tais instrumentos. No nosso objecto de estudo, a necessidade determinada pelo dinamismo económico e social das pequenas e médias empresas, que razoavelmente aspiravam à limitação da responsabilidade patrimonial, mas também, não o desprezemos, pela disseminação, em época mais recente, dos grupos empresariais (sobre o ponto, cfr., a título exemplificativo, MARIA ARMANNO, pp. 27 e ss, em articulação com o conexo problema económico da concessão de crédito empresarial; IGLESIAS PRADA, "La sociedad de responsabilidad limitada unipersonal", loc. cit., pp. 1002-3), desempenhou uma influência decisiva no exercício desta *pressão dinâmica* sobre o direito legislado, "pois, como regra de conduta destinada a disciplinar a vida humana em sociedade, o direito não poderá alhear-se da realidade concreta que pretende conformar, a fim de se manter apto a ajuizar correctamente dos problemas e a fornecer resposta actualizada às renovadas necessidades práticas da vida" (PINTO MONTEIRO, *Cláusulas limitativas e de exclusão de responsabilidade civil*, ob. cit., pp. 14-15).

Mais uma vez se confirma a evolução social e económica como *energia propulsora* do avanço dos dados jurídicos (sobre a sociedade unipessoal como uma concretização legislativa da *vaga de fundo* de adaptação do direito das sociedades aos imperativos das realidades económicas, cfr. JEAN PAILUSSEAU, "L'E.U.R.L. ...", loc. cit., ns. 96-99), ainda para mais numa área em que se propagava uma unipersonalização *substancial* (através do recurso recorrente às sociedades com sócios *de fachada*) do esquema societário, pois, "quando o legislador não fornece os meios adequados para satisfazer interesses económicos e sociais legítimos, os particulares recorrem às formas jurídicas de que dispõem, subvertendo-as com o beneplácito da doutrina e da jurisprudência" (ANTÓNIO PEREIRA DE ALMEIDA, "A limitação...", loc. cit., p. 272).

Na Alemanha, houve oportunidade para se referir que "a sociedade com um único sócio é um *exemplo típico* que demonstra como a vida económica passa por cima de todas as formalidades para alcançar os fins a que se propõe" (ULF SIEBEL, "La società di capitali...", loc. cit., p. 108, sublinhado nosso). Por isso, embora não só, o direito, como instrumento de liberdade das partes, deve fornecer aos sujeitos jurídicos a escolha de técnicas e meios predispostos a fazê-los chegar aos resultados queridos com as operações jurídicas que pretendem realizar, obviamente com a maior eficácia possível (assim, cfr. RENÉ

Mesmo assim, entender-se-á que digamos que foi essa mesma espécie societária que incrementou a problematização técnica do enquadramento da empresa individual de responsabilidade limitada. Com efeito, esta era

---

SAVATIER, *Métamorphoses économiques et sociales du droit privé d'aujourd'hui*, 1959, pp. 201-2, mas também as apreciações a pp. 203-10) e em estado de alerta rigoroso para a evolução social. Só assim, aliás, se cumprirá em globo a realização do direito *justa* enquanto "histórico-social adequação normativamente material do jurídico – adequação normativa nas suas duas dimensões dialécticas, de «condicionalidade» e de «normatividade» (...), e que na perspectiva do sistema se traduzirá quer na assimilação da mutabilidade histórica da intencionalidade normativo-jurídica, quer na «adaptação» à variável e dinâmica realidade social que lhe cabe dirigir juridicamente" (CASTANHEIRA NEVES, "A unidade do sistema jurídico: o seu problema e o seu sentido", *Digesta. Escritos acerca do Direito, do Pensamento Jurídico, da sua Metodologia e Outros*, volume 2º, 1995, p. 122).

Sem pretendermos alongarmo-nos com considerações mais próprias da filosofia jurídica, reconhece-se *funcionalmente* a norma jurídica como um recurso adequado a legitimar legislativamente os fenómenos e os comportamentos que tenham tido a aptidão de alcançar a sua legitimação no complexo valorativo do sistema social: de entre os exemplos contemporâneos que expressam essa função na génese das normas jurídicas, a notória receptividade e tolerância, não obstante a inicial relutância legislativa, doutrinal e jurisprudencial, em face do fenómeno da unipessoalidade no círculo das sociedades de capitais é paradigmática da força que a realidade económico-social exerce sobre o sistema jurídico. Ou, se quisermos falar como na "digressão crítica" de ORLANDO DE CARVALHO, "Para um novo paradigma interpretativo: o Projecto Social Global", *BFD*, 1997, *passim*, em esp. pp. 7 e ss, será mais esta uma manifestação jurídica através da qual se visualiza que o feixe de escopos que a sociedade se propõe, correspondendo cada um deles a uma *necessidade* sócio-histórica cuja satisfação equivalerá ao triunfo da estratégia que a sociedade, enquanto incorporante de "um modelo de convivência que ela realiza – e que internamente a dinamiza – (...)", "em que se consciencializa e exprime", se atribui concretizar em certo projecto de fins, meios e tácticas espácio-temporalmente circunscrito, chega a um momento em que ganha a carga valorativa suficiente para se juridicizar.

Com efeito, entre várias formas em conformidade ou contra o sistema jurídico (na qualidade de instrumento tendencialmente imóvel e estanque desse projecto), tal incorporação realizar-se-á quando esse projecto social global agir sobre o Direito e, de um *modo sistemático*, através da legislação (fazendo uso do pensamento, para a criação legal da SQU enquanto instituto novo destinado a responder a uma necessidade), penetrar fisiologicamente no sistema de Direito, que receberá esses valores com o fim de normalizar as condutas. Todavia, a mediação jurídico-normativa requerida pelos operadores jurídicos – na fórmula de Orlando de Carvalho, a demanda, feita pelo bloco social no poder, de um valor do projecto ser proclamado como valor jurídico – surge, as mais das vezes, com atrasos, pois a disciplina jurídica da realidade económico-social sobre que se pretende actuar, disponível para acorrer às mutações económicas e sociais, nem sempre se poderá sedimentar sem que intervenha o trabalho legislativo. No nosso caso, caberia sempre ao legislador fazer a devida *escolha política*, positivando a urgência social, em coordenação com

já uma *fórmula jurídica* que se vulgarizara na realidade dos factos quotidianos do comércio jurídico com a adopção dissimulada de sociedades com "sócios de palha". Como se entendeu desconsiderar a valia desse recurso, tornava-se mister pedir aos juristas que a regulamentassem, naturalmente partindo de uma alternativa oposta: se o que se queria abolir era a sociedade *de facto* unipessoal, não se vislumbrava resolver o dilema e o concomitante vazio legal dando-lhe a aprovação para esse efeito[135].

---

os objectivos que o Estado pretende implementar em cada momento histórico (sobre este ponto, cfr. CASTANHEIRA NEVES, *O Instituto dos «Assentos» e a Função Jurídica dos Supremos Tribunais*, 1983, pp. 603-4; em complemento, com a explicação moldada ao que nos interessa, PINTO MONTEIRO, *ibid.*, pp. 32-4). Ora, também aqui é certo que a unipessoalidade societária foi uma das mais eloquentes demonstrações da mora do legislador. Como veremos, hesitou, demorou, inovou com o EIRL, mas, compelido pelo mandato comunitário, finalmente actuou, com a legislação do final de 1996, submetendo-se à solução mais evidente porque a mais desejada pela comunidade jurídica: a que deu *carta de alforria* à sociedade constituída com um único sócio, legitimando finalmente a seiva precursora das factualidades da prática comercial-societária e terminando com a exasperante passividade normativa perante a energia criadora do tráfico. Para uma crítica "datada" da sobreposição da realidade aos argumentos da lógica jurídica e à validade teórica, que serviria para satisfazer *determinados* interesses e mascarar fenómenos de *discutível ortodoxia*, como, em princípio, seria a utilização de um instituto predisposto a limitar a responsabilidade *colectiva* no exercício de uma actividade económica para engenhar de um certo modo e com determinadas garantias formais e estruturais a limitação da responsabilidade individual no exercício do mesmo tipo de actividade, *vide* GASTONE COTTINO, "Società per azioni", loc. cit., p. 578.

[135] Apesar da tentação em estender, por analogia, a unipessoalidade superveniente ao momento constitutivo da sociedade, aproveitando muito simplesmente a ordenação legal dos tipos sociais para conseguir limitar a responsabilidade patrimonial da empresa, o problema do sócio único, foi dito (referimo-nos a um acérrimo crítico da técnica societária com associado único, CALVO SORIANO, p. 176, ss, 185-6), enquadrava-se em rigor dentro da *patologia* da empresa social de responsabilidade limitada e, por isso, não servia para arbitrar a ambição da empresa individual, que é composta de uma *biologia diversa* relativamente à empresa social. Mais: compreendia-se que, com certas limitações, o comerciante individual incorresse em simulações por falta de normas positivas para concretizar os seus desejos, mas o recurso a essas fórmulas simulatórias e indirectas não podia ser permitido ao legislador que quisesse organizar novas ordenações na matéria, pois o contrário, em nome da simplicidade e da facilidade, finalizaria em graves distorções do idioma e da técnica jurídica, além da confissão de uma grave penúria em meios técnicos. Além do mais, essa insuficiência técnica não se justificaria, na medida em que a sociedade só era solução porque a sua personalidade jurídica permitia a autonomia patrimonial que se buscava – havendo outros esquemas, eram de evitar, como sustentou DANIEL ALIBERT, pp. 69-70, os problemas que a outorga de personalidade a uma sociedade unipessoal implicavam. Em

Na verdade, muito antes de se ousar destacar o problema da sociedade unipessoal, outro era o esquema técnico dominantemente referido para atingir o resultado esperado: a instituição de um património de afectação (*Sondervermögen*, *patrimonio separato*, *patrimoine d'affection*) à exploração da empresa individual, resultante da cisão de uma parcela do acervo de bens do empresário e da sua destinação a esse objecto[136], assegurando a sua autonomia em relação aos outros bens do empresário e salvaguardando o respeito e a garantia dos direitos de terceiros.

Uma solução que tradicionalmente encontrava um obstáculo jurídico importante na *unidade patrimonial* do sujeito, que, no entanto, não se

---

Itália, onde pouco se tratou do tema da limitação da responsabilidade do comerciante individual, entre os poucos que a ele se referiram (embora no caso a pretexto de encontrar uma estrutura sã e sincera para substituir a suposta sociedade com um só "patrão"), falou-se, neste mesmo contexto doutrinal, do reconhecimento de uma empresa organizada como uma entidade objectivamente individualizável para um determinado comércio, com um património separado ou *preferencial*, com uma administração própria e um procedimento executivo particular: era esta a confessada "intuição" de ENRICO REDENTI, "Le società «fasulle»", loc. cit., p. 566. Continuando com JACQUES AUSSEDAT, p. 245, a preferência pela solução destinada a erigir a empresa individual a património separado, em alternativa à criação da sociedade unipessoal, "tem o mérito de evitar, por um lado, toda a contradição respeitante à dualidade, considerada como perigosa, da pessoa do titular da empresa e da personalidade jurídica da sociedade e, por outro, e de uma só vez, a possível negação da personalidade jurídica de que necessariamente gozaria a sociedade unipessoal".

Porém, essa exclusão *in limine* da opção societária não deveria ter sido tão denodadamente avançada, pensamos nós, já que, como HERRERO MORO/FERNÁNDEZ DEL POZO/GONZÁLEZ DEL VALLE GARCÍA, p. 16, mencionaram, o que se procurava era, sem preconceitos, a forma *estrutural* ou *organizativa* mais conforme à natureza da empresa de responsabilidade limitada, a moralização da disciplina societária, a gestão mais eficaz das contas da empresa, entre outros muitos factores que se considerassem atendíveis. Além do mais, para finalizar, diversa doutrina sentenciou, mesmo quando não lhe agradava ou colocava reticências à sociedade unipessoal, a inevitabilidade de uma disciplina jurídica da empresa individual de responsabilidade limitada ter de transplantar diversas regras do regime jurídico das sociedades, no intuito, em particular, de conciliar a autonomia patrimonial conferida ao empresário individual com os interesses de terceiros credores, o que implicitamente deixava cair o privilégio da sociedade (a legitimar com um único sócio) como *quadro exemplar* de tutela [cfr., p. ex., TULIO ASCARELLI, "Considerazioni in tema di società e personalità giuridica", *RDComm.*, 1954, p. 442, n. (16)].

[136] Aqui se desdobram as duas operações que se realizam para a formação de um tal património. Por um lado, o destaque de uma entrada em bens, a fim de se proceder à sua reunião material. Em complemento, a sua afectação a uma função ou a um interesse. Para um desenvolvimento dos elementos imprescindíveis a cada uma dessas operações, cfr., por todos, DANIEL ALIBERT, pp. 73-4.

alcandorou a uma situação suficientemente vedante do esquema de *separação patrimonial*. A sua fragilidade dogmática era realçada por falta de dignidade racional quando se intentava esbater os argumentos contrários, tendentes a esmorecer o monolitismo do princípio clássico[137]. Além de

---

[137] O postulado doutrinal clássico da *unicidade do património* da pessoa singular – todo o património pertence a *uma* pessoa, que não pode ter mais do que um património, o qual é indivisível tal como a sua personalidade –, que encontrou em França a sua defesa originária com os trabalhos novecentistas de AUBRY e RAU (*vide Cours du Droit Civil*, tomo IX, 1917, pp. 332 e ss, esp. 336-9), assente na sua rígida configuração como uma *universalidade de direito* que se deduzia, qual reflexo indissolúvel, directamente da personalidade jurídica (em função da interpretação conjugada dos arts. 2092 e 2093 do *Code Civil*), seria o resultado de um mero *silogismo*, nutrido de uma ortodoxia que se alimentava de pouco mais do que uma petição de princípio contingente. Se assim não era, a fidelidade a essa teoria era de pouca consistência. Só assim se explicavam os diversos golpes que lhe tinham sido desferidos, em diversos domínios como as sucessões, os regimes matrimoniais ou o direito comercial, que o bom senso e as necessidades práticas impuseram (elucidativamente, cfr., por todos, CLAUDE CHAMPAUD, "L'entreprise personnelle...", loc. cit., p. 602). Logo, essa aliança com o princípio nunca sobrevivera sem reservas e não se via por que razão haveria de ressurgir como inabalável quando superiores interesses o desaconselhavam vivamente. Para um breve confronto deste argumento da doutrina da unidade do património com a sociedade unipessoal, cfr. THOMAS MAYRHOFER, *Französische und deutsche Einmann-GmbH*, 1992, pp. 7-9.

Tal ressurgimento colocava, de facto, importantes inconvenientes ao progresso de um *estatuto do empresário*, uma vez que este, à falta de uma técnica subsidiária de separação de patrimónios, via-se compelido a entregar sem discriminação todo o seu património à sorte da empresa por si explorada. Por essa razão, "a teoria da unidade do património volta-se então contra o interesse da própria empresa" (cfr., sobre o ponto, YVONNE LAMBERT-FAIVRE, pp. 912 a 915, do qual se retira a citação da p. 914). A ortodoxia jurídica desse princípio foi principalmente combatida, por essa razão, no plano das vantagens e dos inconvenientes que essa rigidez traria, prejudicando, tanto o *empresário*, como a *empresa*, porque "ela é um centro de interesses múltiplos, os do empresário, sem dúvida, mas também os das pessoas que ele emprega ou com os quais ele se relaciona, e *não é nem sadio nem mesmo lógico que esses interesses não sejam, de qualquer forma, protegidos como o são os dos associados e dos credores da empresa em sociedade* em que o património é nitidamente definido" (JACQUES AUSSEDAT, pp. 239-40, sublinhado nosso, que por isso reclama, a p. 223, a criação de uma instituição *sui generis*, capaz de conciliar todos os interesses em presença: os da economia, da empresa, do empresário, do pessoal, dos credores e dos terceiros, e do interesse público). Portanto, em conformidade com o pensamento de CLAUDE CHAMPAUD, *ibid.*, pp. 589, 595 e 609, a forma de estruturação jurídica da empresa individual concretizaria a sua *individualidade* e a sua *identidade* na consciência colectiva, uma vez que ela iria a par de uma dissociação entre a função patronal e a propriedade. Isso acrescentaria, o que favorecia a adopção dessa entidade organizativa, uma tomada de consciência, perceptível pelo empresário e por terceiros, dos

que os dados legislativos contradiziam tal princípio de *indivisibilidade*, uma vez que, em outros domínios da lei, já coexistiam vários patrimónios separados ou autónomos sob a tutela de uma mesma pessoa singular[138], o

---

seus interesses e da sua função dentro da sociedade e ao serviço da economia, perfeitamente separada da pessoa do empresário: era a passagem expressa da *empresa-objecto* para a *empresa-sujeito*. Cfr., ainda, neste sentido, DANIEL ALIBERT, pp. 71-2; PATRICK SERLOOTEN, "L'entreprise unipersonnelle à responsabilité limitée", loc. cit., p. 190; MARIE THÉRÈSE CALAIS-AULOY, p. 249; manifestamente contrário, cfr. RODRÍGUEZ DEL BARCO, p. 791.

Esta conversão era nitidamente pedida pelo reconhecido fenómeno de *objectivação da empresa*, resultante da racionalização, da automatização e, essencialmente, da divisão do trabalho e da especialização, todo um conjunto de eventos que conjugadamente contribuiram para que a empresa se dessubjectivasse por impossibilidade de o seu sujeito dominante ter capacidade para manipular todas as variáveis do mundo dos negócios. Este contexto económico, feito de imprevisibilidade, de insusceptibilidade de cálculo certo e de dependência perante as circunstâncias não domináveis do ente empresarial, tem o seu reflexo na *natural* diminuição da responsabilidade pessoal do seu proprietário pela gestão da empresa e na busca de mecanismos (societários) apropriados que lhe proporcionassem a limitação da responsabilidade. Esta era, sem dúvida, para além da natural relutância de o empresário individual assumir responsabilidades ilimitadas na empresa, uma importante causa da urgência em traduzir juridicamente o exercício individual da empresa moderna. Cfr., entre vários, WOLFGANG SCHILLING, "Die Einmanngesellschaft und das Einzeluntemehmen mbH", loc. cit., p. 164, bem como o discurso cuidado de JUTTA LIMBACH, *Theorie und Wirklichkeit der GmbH*, 1966, pp. 98 e ss, sinteticamente apoiado em tempos mais recentes por DUQUE DOMÍNGUEZ, "La 12.ª Directiva...", loc. cit., pp. 267-8.

[138] Mesmo o direito romano comportava situações em que o devedor não respondia pelos seus débitos com a totalidade dos seus bens. A doutrina chamou variadas vezes a atenção essencialmente para a responsabilidade limitada do *paterfamilias* pelas dívidas da forma comercial do *peculio*, fosse a soma destinada ao comércio terrestre ou ao marítimo – p. ex., o D. 15, 1, 44, rezava que «*Si quis cum filio familias contraxerit, duos habet debitores, filium in solidum et patrem dumtaxat de peculio*» (para mais desenvolvimentos sobre as hipóteses de *actio de peculio*, vide SANTOS JUSTO, *As acções do pretor*, 1990, pp. 41-5). Logo, a contradição entre a pretensa imutabilidade do princípio e as previsões legais de divisão do património geral pertencente a uma mesma pessoa – que por não serem tão poucas quanto isso, seriam melhor perspectivadas como uma verdadeira *multiplicação de patrimónios*, na linha apontada por P. DE PAGE/H. MICHEL/G. VAN FRAEYENHOVEN, *La société d'une personne à responsabilité limitée*, Ed. Academia, Bruxelles, 1987, p. 13, apud JOSEFINA BOQUERA MATARREDONA, *La sociedad unipersonal de responsabilidad limitada*, ob. cit., p. 35 – , que se proliferou um pouco por todos os ordenamentos jurídicos mais próximos do nosso, vem desde a matriz do direito ocidental.

Porém, de acordo com ANGELO GRISOLI, "Impresa individuale a responsabilità limitata e la sua configurabilità come patrimonio di destinazione", *Studi in onore di Giuseppe Grosso*, volume V, 1972, pp. 911 e ss, esp. 933-4, essas multifacetadas situações jurídicas (para o direito português, vide supra n. 55) não se poderiam reconduzir a uma *unidade*

que não deixava de legitimar *o acréscimo de uma nova excepção às excepções já consagradas pelo direito positivo*[139]: a realização de uma "afectação suplementar"[140], não dotada de personalidade jurídica, mas caracterizada por um *vínculo jurídico de destinação* à actividade comercial[141], que não repugnaria nem, muito menos, seria estranha à lei.

---

categorial, pois, em face dos diferentes atributos normativos das suas disciplinas, elas configurariam, segundo os critérios apontados pela doutrina, a categorias tão diferentes como a "personalidade jurídica", a "universalidade patrimonial", o "património sob administração", "autónomo" ou "separado". Logo, se o agrupamento numa *categoria jurídica autónoma* era insusceptível de uma identificação segura, a tentativa de remeter essas situações à mesma base dogmática conduziria à falência de individualizar nessa "separação" (e em mais uma "separação"...) o instrumento adequado à *instituenda* empresa individual de responsabilidade limitada (no mesmo sentido, cfr. igualmente GIANCARLO LAURINI, pp. 1-4 e 18). Numa outra vertente de análise, diremos mais técnica, não deixemos sem a devida atenção as apreciações críticas de PÉREZ FONTANA, pp. 331 e ss, que parece, independentemente de não recusar a admissão do princípio da limitação da responsabilidade do comerciante, dar alento a essa falta de méritos com base nas *finalidades de mera solvência liquidatória* da separação de certas partes do património de uma pessoa por força da lei. De acordo com esta doutrina, esses fenómenos legais não permitiam uma destinação de bens para uma finalidade determinada de carácter dinâmico, ou seja, afastavam-se claramente da configuração de um património destinado a uma actividade determinada e responsável em consequência pelas obrigações contraídas pelo seu titular no exercício dessa actividade, com a exclusão de outros bens e da concorrência de outros credores que o proprietário tivesse por outras causas negociais, como seria o procedimento a seguir para atingir a limitação da responsabilidade patrimonial do comerciante singular.

[139] Assim, entre vários, FRÉDÉRIC SPETH, p. 38; DANIEL ALIBERT, p. 72; entre nós, ANTÓNIO PEREIRA DE ALMEIDA, *La société*..., ob. cit., pp. 71-2.

[140] ALAN SAYAG, "De nouvelles structures pour l'entreprise", loc. cit., n. 5.

[141] Já existia, porém, um específico comerciante individual que gozava de responsabilidade limitada. No direito francês (*vide* art. 216, II, do *Code de Commerce*, de 1807; arts. 58 e ss da Lei de 03.Janeiro.1967) e espanhol (*vide* arts. 587 e 590 do *Código de Comercio*, mas também os arts. 592 e 837), repare-se na existência do *património de mar*, que permite ao património *terrestre* do proprietário de um navio ou frota (o armador) não responder pelos encargos da sua profissão marítima. Havendo, nessa medida, para o empresário cujo objecto de actividade fosse o comércio marítimo, a disponibilização de duas massas de bens distintas – a "fortuna da terra" e a "fortuna do mar", como lhe chama YVONNE LAMBERT-FAIVRE, p. 922, seguida, entre outros, por DANIEL ALIBERT, p. 72, ainda que se tratem de expressões algo vulgarizadas –, essa medida legislativa, para além das separações patrimoniais *não empresariais,* confortava a ideia de que nada obstaculizava, atento esse precedente ilustrativo da autonomização de um acervo patrimonial afectado às vicissitudes desse tipo *de empresa*, à generalização dessa filosofia de tutela às empresas, que passariam a beneficiar de uma dualidade de patrimónios encabeçados pelo empresário, tolhido na sua iniciativa pela falta de uma

O primeiro Autor a propugnar a solução de um património especial do comerciante para fins comerciais (*als Sondervermögen des Kaufmanns zu Handelsswecken*) foi Oskar Pisko[142], que, embora entendendo ser a personalização do património uma solução mais simples, apontava ser a alternativa uma estrutura susceptível de dissimular a personalidade dos sujeitos interessados sob o manto de uma pessoa jurídica. Assim, deveria permitir-se a criação de um complexo de bens, delimitado com rigor, que

---

afectação patrimonial que o protegesse. Cfr., por todos, JACQUES AUSSEDAT, p. 237, e CALVO SORIANO, pp. 164 e ss.

Também em Itália se prevê algo de semelhante no chamado *património naval*, decorrente da estatuição do art. 275, do Código da Navegação. De acordo com esta norma, a responsabilidade do armador pelas obrigações contraídas por ocasião e necessidades da realização de uma viagem e resultantes de factos ocorridos durante essa mesma viagem *pode* ser limitada, através do exercício de um acto jurídico unilateral que dá lugar a um procedimento de limitação de responsabilidade, a um montante equivalente ao valor da embarcação, ao preço do frete e a um outro qualquer proveito que tivesse origem na viagem. Esta é, no entanto, uma previsão algo diferente da que existe nos ordenamentos francês e espanhol, uma vez que o pressuposto objectivo da limitação não é o *exercício em geral de uma empresa com um determinado objecto*, mas tão-só uma *fase particular desse exercício*: a *utilização da embarcação em relação a uma viagem singular*. Assim, não está aqui em causa conceder um benefício em atenção aos elevados riscos técnicos que o armador suporta no desenvolvimento *daquela* actividade empresarial (ou sequer de uma actividade empresarial, já que para a doutrina italiana dominante a exploração de uma frota ou de um navio não conferia a qualidade de comerciante, no sentido do art. 2082 do *CCIt.*, salvo se a actividade comercial actuada em concreto se pudesse integrar na disposição do art. 2195, que discrimina no *CCIt.* os empresários sujeitos à obrigação de registo, e implicasse uma organização empresarial idónea, produtiva e para além da mera actividade náutica...), mas sim uma especial consideração do legislador pelas *exigências económicas derivadas do facto típico da nevegação*, com o fim de constituir uma massa patrimonial distinta em benefício dos credores das obrigações contraídas em razão das relações desenvolvidas *em conexão com a unidade embarcação-viagem*. Apesar do rigor das singularidades, e não obstante não se referir *prima facie* a uma actividade empresarial em sentido técnico, não deixou de constituir o património naval um instituto que, pelos motivos que o inspiraram, não estava muito longe dos pretextos que sugeriam a introdução da limitação da responsabilidade do empresário individual enquanto tal. Cfr., sobre o assunto e exprimindo a opinião tida em conta *a final*, GIANCARLO LAURINI, pp. 4-7.

[142] *Vide supra* n. 84, na sua al. c). Ao seu projecto legislativo é vulgarmente imputado o ponto de viragem decisivo na captação da atenção geral sobre a oportunidade de limitar a responsabilidade do empresário individual e na promoção de um movimento de pensamento e de discussão sobre o tema, de alcance quase universal e influência disseminada pelas décadas que se seguiram: neste sentido, cfr., entre outros, ANGELO GRISOLI, *Le società con un solo socio*, ob. cit., p. 50; GIANCARLO LAURINI, p. 11.

sempre responderia pelos débitos negociais, mesmo que fossem utilizados noutras actividades do sujeito titular do património, em homenagem à tutela da *aparência jurídica*, de forma a que sempre fossem incluídos na massa patrimonial executada, tendente a satisfazer os interesses dos terceiros que confiaram na aparência patrimonial[143].

Esta técnica de limitação oferecia a grande comodidade de não abalar o conceito nem a estrutura básica de funcionamento das sociedades comerciais. Por um lado, um dos traços inalienáveis da sociedade mercantil será a *affectio societatis*: a vontade deliberada e continuada dos sócios em cooperar de uma forma activa tendo em vista a obtenção de um resultado comum[144]. Por outro, o funcionamento interno das relações dos sócios com a sociedade e o funcionamento externo da sociedade, representada pelos seus órgãos sociais, ambos assentam numa ideia de composição de interesses, eventualmente em conflito – os vários interesses encontrar-se-ão no momento em que a todos os sócios seja dada a obtenção da máxima vantagem decorrente da sua participação –, em função dos quais se predispõem os preceitos aplicáveis a cada um dos tipos legais de sociedade. Ora, nem a cooperação entre sócios, nem, de qualquer modo, a concorrência entre interesses oponíveis, se podem figurar num esquema em que o sócio é o único elemento pessoal da pessoa jurídica sociedade, com a potencial prevalência de um interesse privado *extrassocial*[145], em denegação da sociedade e dos seus credores ou terceiros interessados na sua viabilidade jurídica e económica.

O esforço de configurar e delimitar o *regime de funcionamento* de um "património separado comercial" não era, porém, isento de dificuldades. Concentremo-nos em algumas delas[146]. Em primeiro lugar, as

---

[143] Cfr. ROGER ISCHER, pp. 111 a 113. Depois dele voltamos a enfrentar a ideia em ROGER HOUIN, "Le IIIe Congrès des S.A.R.L.", loc. cit., pp. 201-2.

[144] Observe-se, porém, como sublinhou M. R. PIRET, pp. 55-6, que essa congregação de esforços, que marcaria indelevelmente a ideia de "sociedade", desvanece-se nas situações de transmissão dos títulos pelos originários fundadores das sociedades. Esta verificação ganha particular acuidade nas sociedades anónimas que tenham as acções colocadas nos mercados financeiros de subscrição e de alienação de valores mobiliários, já que os adquirentes *inominados* dos títulos não têm mais do que a vontade de empreender as colocações bolsistas remuneradoras ou as que permitam os mais eficazes retornos especulativos, sem que ambicionem, por isso, levar a cabo na vida societária qualquer papel activo.

[145] Para projecções deste assunto, *vide infra*, os pontos 9 (Capítulo II) e, fundamentalmente, 16 (Capítulo III).

[146] Seguindo, por todos, SÁNCHEZ RUZ, p. 12938.

questões jurídicas que advêm do conflito (e da respectiva graduação de interesses) entre as várias *classes de credores* que se passarão a confrontar com o empresário individual, sem atender às diversas combinações que o regime económico-matrimonial do empresário pode gerar: os credores de dívidas contraídas no tráfico empresarial, que apenas poderão, *em regra*, fazer valer os seus créditos sobre o património afectado à actividade empresarial; os credores ordinários, estranhos ao tráfico empresarial; finalmente, os credores *anteriores* à constituição do património separado, que não foram tidos nem achados no nascimento da empresa individual de responsabilidade limitada e no consequente fraccionamento patrimonial operado. Em segundo lugar, a necessidade de definir *a todo o momento* o património afectado à empresa individual, o que implicaria uma formulação muito clara dos princípios de subrogação real. Por fim, as relações entre o património empresarial e o património pessoal, que, em homenagem à tutela dos terceiros, fariam requerer uma cuidada regulação da afectação e da desafectação (*maxime*, a retirada dos rendimentos obtidos) de bens do património da empresa, a fim de esta não ser privada de uma "cifra de retenção", uma espécie de soma mínima que obviasse à extracção livre de benefícios e desempenhasse funcionalmente algo de semelhante ao que representa o capital social nas sociedades de capitais.

A pensar em alguns destes desafios, numa oferta de conteúdo técnico complexo e interessante pelos múltiplos reflexos práticos que poderia suscitar, desponta o resultado do grupo de trabalho liderado por Claude Champaud, cuja proposta inédita no direito comparado[147], incentiva a criação de três massas patrimoniais separadas, pelas quais se definiria qual o património indisponível para responder pelas perdas empresariais (consagrando-se uma verdadeira *delimitação negativa da responsabilidade*).

Deste modo, o património do empresário individual dividir-se-ia em três porções, distintas no seu conteúdo e na sua susceptibilidade para garantir a solvabilidade das dívidas do sujeito empresário: (i) o património *afectado* à gestão empresarial, munido de garantia privilegiada perante as dívidas da empresa; (ii) o património não afecto à vida empresarial, mas *disponível* em favor da empresa, de forma voluntária (por iniciativa do empresário) ou forçada (por acção dos credores da empresa individual), tendo em vista a satisfação do interesse desses credores, sempre que se encontrassem insatisfeitos pelo recurso ao património afectado à empresa; (iii) o património nem afectado à empresa nem disponível, isto é,

---

[147] Cfr. "L'entreprise personnelle...", loc. cit., pp. 610 e ss.

indisponível pelo facto de apenas responder pelas dívidas pessoais e familiares do empresário, e, pois, inatacável para os fins empresariais[148].

Mas outra possibilidade se podia configurar, nomeadamente para aqueles que pretendiam não ver de qualquer modo violado o princípio da responsabilidade de todo o património do devedor perante os seus credores: a atribuição de personalidade jurídica ao património de afectação[149].

---

[148] Esta inviolabilidade não era, todavia, absoluta. Ao contrário das estruturas societárias de responsabilidade limitada, em que só se poderá ultrapassar o limite da responsabilidade colocado pelo montante das entradas até à medida do prejuízo sofrido pelos terceiros em consequência de *facto pessoal* do administrador responsável pela insuficiência do património da sociedade – note-se, não por *facto da sociedade* –, o empresário individual poderá ser responsabilizado pelos efeitos danosos decorrentes da sua gestão, nas situações excepcionais de faltas particularmente graves. Essa responsabilidade comercial iria incidir sobre esta massa em princípio intangível, com o que se determinava uma solidariedade obrigacional do empresário com a empresa nessas situações de condutas precisas e provadas como fonte da insubsistência de facto da empresa individual: cfr. CLAUDE CHAMPAUD, "L'entreprise personnelle...", loc. cit., pp. 604 e 623.

[149] Porventura, melhor se dirá que esta não é uma técnica autónoma relativamente à criação de um estabelecimento comercial com património autónomo, mas apenas uma variação desta técnica jurídica ou um instrumento alternativo da sua concretização. Assim se poderá compartimentar na categoria técnica o património separado *personificado* e *não personificado*.

Igualmente como variação à técnica da autonomia patrimonial se deverá entender o expediente sugerido por ALAIN SAYAG/CAMILLE JAUFFRET-SPINOSI, pp. 337-9, apesar de isso não ser reconhecido por estes Autores. Para estas vozes, a limitação da responsabilidade do empresário seria obtida pela discriminação de uma parcela do seu património, apresentada por escrito, regulamentadora dos direitos de certos credores (os da empresa) sobre esse acervo de bens e conferida contabilisticamente por regras adequadas à consulta precisa, em cada momento, da composição desse *património* da empresa. Esta contabilidade especial deveria, depois, ser publicada periodicamente num registo, através de um formulário próprio e capaz de informar convenientemente os terceiros sobre a exacta situação patrimonial e financeira da empresa. Estes bens *afectados* à empresa poderiam vir, ou não, a ser integrados juridicamente numa universalidade de direito ou de facto (opção a cargo da lei ou mesmo da jurisprudência), mas a limitação patrimonial desejada poderia decair sempre que o empresário, em geral, cometesse excessos ou, em particular, falhasse no cumprimento das normas contabilísticas, levasse a cabo uma conduta negligente ou uma irregularidade dolosa, originando a responsabilidade *da totalidade* do seu património. Nesta proposta, este procedimento permitiria salvar o património pessoal do empresário em caso de insucesso, por mor da concretização de uma espécie de *acordo tácito* outorgado pelos poderes públicos, os credores da empresa (presentes e futuros) e o empresário. Assim, se este defraudasse as prescrições, nomeadamente de

Na sua origem doutrinal, esta foi a técnica defendida por Roger Ischer[150], que entendia, por oposição a Oskar Pisko, ser a personalização do património destinado ao fim empresarial a melhor forma de realização jurídica da responsabilidade limitada da empresa privada, tanto mais que essa limitação de responsabilidade estava tradicionalmente ligada à personificação jurídica. Aqui, o empresário deixaria de ser titular da propriedade da empresa para assumir a qualidade de simples órgão do novo ente jurídico. Ao Autor perpassava, ademais, uma óbvia dificuldade na regulamentação do *Zweckvermögen*, já que isso exigiria a disciplina de um particular regime de falência (*Partikularkonkurs*), restringido à actuação da empresa com património individualizado, o que conduziria à agressão de um outro princípio, o da unidade e generalidade dos procedimentos falimentares. Na realidade, podia acontecer que a mesma pessoa fosse declarada falida no que respeita aos credores *empresariais*, enquanto que relativamente aos restantes mantivesse a plena fruição dos direitos e faculdades sobre a restante parte dos seus bens[151].

---

ordem contabilística, a unicidade do património na responsabilidade por dívidas, *suspensa por esse acordo tácito*, como que se revigoraria e voltava a adquirir a sua plenitude inicial.

[150] *Passim*, esp. pp. 110 e ss, 157 e ss.

[151] Concordando com esse mesmo tipo de dificuldades colocadas pelos "oportunos ajustes concernentes à lei falimentar" que a introdução de um instituto correspondente ao *Zweckvermögen* importaria no direito italiano, cfr. ANGELO GRISOLI, *Le società con un solo socio*, ob. cit., p. 40; para o direito espanhol, cfr. ARANGUREN URRIZA, pp. 1418-9.

Porém, nem todos se impressionaram com o significado desse argumento contrário à não personificação do património separado empresarial, como foi o caso de PÉREZ FONTANA, pp. 336-7. Diz-nos serenamente esta doutrina que essa mesma pessoa poderia ser sócia de uma sociedade de responsabilidade limitada ou comanditária de uma sociedade em comandita declaradas falidas, e também nesses casos os bens que teria levado para essas sociedades seriam sujeitos ao procedimento falimentar, como a sociedade, enquanto que essa pessoa, a título pessoal, e o resto do seu património não se submeteriam a qualquer vínculo legal dessa ordem. Assim sendo, a objecção seria privada de qualquer relevo, dado que a falência na personificação da empresa individual produziria uma situação em tudo similar àquela que se verifica no caso da falência de uma sociedade na qual os sócios respondem limitadamente. Além do mais, o princípio da generalidade da falência não é de todo absoluto, pois se tem convertido gradualmente, dizia esse Autor, num "procedimento de liquidação de um património que não abraça a generalidade dos bens do devedor", pelo que "é possível que um falido administre e disponha livremente de um rico património, constituído de bens impenhoráveis, de modo que a objecção não tem a importância que à primeira vista se lhe atribui". Em conclusão, a estruturação do procedimento a aplicar no caso de falência de um comerciante que tenha limitado a sua responsabilidade, em protecção dos direitos dos credores empresariais e dos credores que depositam con-

Mas a busca da simplicidade regulamentadora e da aplicação dos mecanismos já conhecidos não foi suficientemente persuasiva. Recusava--se o nascimento de um novo sujeito jurídico a quem seria reportada a propriedade desse acervo de bens, uma vez que o interesse desse novo ente não seria em nada distinto do interesse da pessoa singular que afectava esses bens – se era esta distinção de interesses que justificava a formação do património de uma sociedade, em que a afectação dos bens a um objecto social e o *interesse social* não se confundiam com o interesse dos associados, se ela não existia de todo no *património personificado* (ainda para mais, necessitado de um mecanismo legal que permitisse o isolamento dentro do património do indivíduo de uma parcela com vida jurídica própria), em função de que desideratos se haveria de trilhar esta via?[152].

---

fiança sobre a responsabilidade do seu restante acervo patrimonial, seria um problema de *política e técnica jurídicas*, que teriam que dispor da habilidade suficiente para efectuar uma qualificação da falência do empresário limitado, fazendo-lhe perder parcial ou totalmente o benefício da limitação como sanção nas situações em que tivesse violado determinadas disposições da lei ou agido dolosamente com terceiros.

[152] Cfr., por todos, JACQUES AUSSEDAT, pp. 243-4.

Na doutrina espanhola, também não vingou esta tese. Precipitámo-nos, por exemplo, nas críticas de RODRÍGUEZ DEL BARCO, pp. 788 e 791, à construção *personificadora* oferecida por GARCÍA ALVAREZ (*vide supra* n. 93), assentes na dissemelhança entre as sociedades comerciais, que mereceriam a personalidade jurídica pela urgência prática em unificar as diversas vontades dos sócios, em alguns casos contrapostas, para que se pudessem realizar as finalidades negociais que constituíam o seu objecto, e o comerciante individual, em que não se vislumbrava essa necessidade, sendo claro que aqui apenas importava uma única vontade para a prossecução da empresa criada. Sem se atemorizar com a afirmação da personalidade jurídica do novo ente, que seria apenas uma consequência da absoluta autonomia do seu património em relação ao do sujeito constituinte, como acontecia nas sociedades de capital, cfr. MARIO ROTONDI, "Per la limitazione...", loc. cit., p. 76. No seguimento da posição contrária, concluída pela supérflua duplicidade de pessoas jurídicas, que apenas não coincidiam pela diferenciação de patrimónios, colocaram-se, em tempos diferentes, a título exemplificativo, YVONNE LAMBERT-FAIVRE, p. 975 ("Porque se o espírito mais cartesiano admite muito bem que uma pessoa jurídica tem dois patrimónios, ele admite mais dificilmente que uma mesma pessoa física seja duas pessoas jurídicas..."), e, mais recentemente, CALVO SORIANO, pp. 172-4 e 187, que confirma como insustentável a personificação de uma separação patrimonial predisposta ao exercício empresarial, pois seria essa uma técnica que levaria a acolher para o mesmo sujeito de direito duas personalidades na sua vida jurídica: a personalidade singular derivada do nascimento (no nosso direito, cfr. art. 66º, nº 1, do CCiv.) e a personalidade moral ou jurídica, destinada a ser um instrumento predisposto por lei a efectivar o tratamento unitário de uma massa patrimonial determinada ao exercício da empresa. Esta duplicação

Derivando desta solução personificadora, podia sustentar-se que restava ainda a possibilidade de, não criando figuras anómalas no sistema jurídico, aproveitar a pessoa colectiva *fundação*, para este efeito necessariamente de interesse particular[153]. Não se levantando, na opinião de

---

de personalidades jurídicas constitui, para o Autor, um recurso manifestamente excessivo, susceptível de criar confusões no sistema jurídico, quando, em idênticas situações de separação patrimonial (p. ex., acrescenta o Autor, e acrescentaríamos nós em igual direcção, na herança aceite a benefício de inventário, no património marítimo do armador), não foi essa a opção da lei.

Apesar das resistências, a primeira vocação para resolver o problema da limitação da responsabilidade do comerciante individual em Espanha residiu precisamente no património personificado. Tratou-se da Proposta de Lei sobre o Regime Jurídico das Empresas Individuais de Responsabilidade Limitada, apresentada em 1985, pelo Grupo Parlamentar do Partido Popular (*vide* o texto em JOSEFINA BOQUERA MATARREDONA, *La sociedad unipersonal de responsabilidad limitada*, ob. cit., pp. 221 e ss), mas que se veio a frustrar, pois o Senado não a levou na devida conta. Num ou outro país, porém, da América Latina, a empresa individual de responsabilidade limitada como pessoa jurídica foi introduzida: referimo-nos à República da Costa Rica, com a respectiva disciplina a estar contida nos arts. 9 a 16 do seu *Código de Comercio* [cfr. GIANCARLO LAURINI, pp. 9-10, n. (8)], e ao Perú, com a regulação a ser feita pelo Decreto-Lei de 14.Setembro.1976 [cfr. JOSEFINA BOQUERA MATARREDONA, *ibid.*, pp. 47-8, n. (84)].

[153] Cfr. MARIO ROTONDI, "La limitation...", loc. cit., pp. 20-1, bem como "Per la limitazione...", loc. cit., pp. 76-7. A ânsia do Autor italiano consistia na edificação de um texto legislativo uniforme, que disciplinasse um instituto idóneo a assegurar a constituição e o funcionamento de um ente, através do qual fosse garantida a limitação da responsabilidade inerente ao exercício de uma empresa, prescindindo-se do número de participantes e da forma generalizadamente adoptada da constituição de uma sociedade comercial. A entidade de carácter fundacional seria essa instituição, propiciando ao comerciante individual a absoluta autonomia do património que a sociedade de capitais proporcionava.

A ideia central do contributo deste Autor foi seguida (e esmiuçada com uma maior pormenorização) para o direito israelita por AUGUSTO LEVI, "From one-man company to commercial fondation", loc. cit., pp. 261 e ss, esp. pp. 268-73, que, observando a inadequação da estrutura e da função do instituto societário (na forma de sociedade de uma só pessoa de garantia limitada) ao objectivo do comerciante individual – desde logo pela insusceptibilidade de ajustamentos que o colocassem em sintonia com a existência de um único sócio, em sede de funcionamento orgânico interno ou de utilização do capital subscrito –, sustentou a criação de uma *fundação comercial*, com especiais garantias e formas de publicidade para a sua iniciativa empresarial em defesa de terceiros, originariamente pertencente a uma só pessoa (física ou jurídica), com um capital destinado à sua vida e separado dos bens dessa pessoa e um escopo de realização de uma actividade económico-lucrativa. Esta construção vinha dar razão a quem entendia que a criação de uma fundação privada é o exclusivo resultado da vontade de uma pessoa privada, sendo o concurso do

Mario Rotondi, nenhum *obstáculo racional* a que esta "fundação" tivesse uma função desprovida do altruísmo que constitui a sua regra (o que não seria caso único, pois outras figuras *próximas* não eram conservadas na íntegra, como acontecia com a admissão de sociedades sem escopo comercial e sem dedicação exclusiva à obtenção de proveitos lucrativos), e tal como um ente dotado de personalidade jurídica surge nas sociedades através de um acordo de vários sujeitos, um ente igualmente dotado de personalidade poderia surgir *através de um negócio unilateral, como é o negócio de fundação*, que se ajustaria à adjudicação de uma massa patrimonial a um fim económico-lucrativo através desse tipo de pessoa colectiva[154].

Esta solução, porém, seria sistematicamente impossível no nosso ordenamento, onde as fundações prosseguem a afectação duradoura de uma massa patrimonial a um escopo de natureza social e/ou utilidade pública (como se atesta pela leitura do art. 157º do CCiv., mas também dos arts. 188º, nºs 1 e 2, e 192º, nº 2, sempre do CCiv). Por outro lado, o próprio *modus constituendi* do ente fundacional e o seu consequente funcionamento o impediriam, já que a(s) pessoa(s) investida(s) com o poder de gestão da actividade da fundação apenas têm competências funcionalmente adstritas à concretização da vontade do fundador (de uma forma imediata) e à realização dos interesses alheios altruísticos a que está vinculada a

---

Estado nessa criação apenas uma actividade destinada a confirmar a existência das condições requeridas para que a vontade privada possa produzir o efeito legal desejado pela pessoa dela portadora. Além desta pré-compreensão, como diremos em texto, incompatível com o substrato da própria fundação, que *condiciona a vontade do fundador*, destaque-se a premissa do Autor, que em si mesma não é destituída, a nosso ver, de valia, mas não para este efeito. Partia ele, na realidade, de uma concepção *não imobilista* do direito e das suas instituições, em face da transformação contínua das estruturas política, económica e cultural da sociedade, responsável pela criação de novos institutos legais para responder a novas necessidades, mesmo forçando os conceitos mais cristalizados. Essa empresa fundacional compreendia-se se se aceitassem alguns fenómenos nucleares da elaboração da lei: primeiro, as instituições podem ser modificadas; segundo, podem ser ajustadas a novas funções; terceiro, podem induzir à criação de institutos diferentes daqueles que já existem; por último, um novo instituto pode resultar da *fusão de elementos* já existentes em outros institutos. Diríamos que estes seriam belos argumentos para criar um regime particular da sociedade unipessoal, mas de pouco servem para desnaturar (com a feição legal que lhe é dada) a pessoa colectiva fundação.

[154] Sobre o tema, cfr. HERRERO MORO/FERNÁNDEZ DEL POZO/GONZÁLEZ DEL VALLE GARCÍA, p. 30; MARCO SPOLIDORO, "La costituzione unipersonale...", loc. cit., p. 838; JOSEFINA BOQUERA MATARREDONA, *La sociedad unipersonal de responsabilidad limitada*, ob. cit., p. 53.

administração do património afecto (de uma forma mediata), vinculação esta fiscalizada pelo Estado. Ora, a estruturação jurídica das fundações, onde manifestamente as pessoas que preenchem os órgãos de administração da fundação não têm legitimidade originária – nas palavras de MOTA PINTO, "agem no interior da fundação, mas não fazem parte do substrato"[155] –, não se coaduna com a necessária separação de esferas de responsabilidade, através de uma organização pessoal enquadrada dentro do livre exercício da autonomia privada, sem quaisquer limitações *de ordem pública ou social*, pretendida com o instituto que vimos discutindo[156-157].

Como referimos, as propostas não foram poucas, mas esta tornou-se uma polémica menos calorosa nos ordenamentos "não germanizados" a partir dos estudos referenciais de Angelo Grisoli[158], que retirou o problema da órbita da construção e admissão de um mecanismo técnico competente para densificar o estatuto da empresa singular com responsabilidade limitada do seu titular, para o colocar no campo da admissibilidade genérica de uma sociedade de responsabilidade limitada de sócio único[159]. Não obstante o interesse de um novo instituto pendesse,

---

[155] *Teoria Geral do Direito Civil*, ob. cit., p. 272.

[156] Embora o fundador, que no nosso caso seria o empresário individual interessado, viesse, depois de ultrapassada a fase constitutiva da fundação, a integrar os órgãos de administração (um dos órgãos necessários da fundação, a par do conselho fiscal, cuja disciplina será estatuída pelo fundador, ao abrigo da faculdade que lhe é atribuída pelo nº 2 do art. 186º do CCiv., ou, se não for o caso, por pessoa diversa nos exactos temos definidos pelo art. 187º: executor testamentário ou entidade competente para o reconhecimento), a sua posição não será mais do que a de *mero administrador*, sem quaisquer poderes derivados da sua qualidade de fundador que acresçam ao âmbito de competências dos administradores (cfr. arts. 162º, 189º, 190º, nº 1, 191º, nº 1, 192º, nº 1, todos do CCiv.). Tal facto nem sequer seria neutralizado por um eventual poder decisório, já que, valendo aqui, supletivamente, o regime jurídico das associações, a lei não prevê para as fundações um órgão deliberativo do cariz da assembleia geral da sociedade (assim, CARVALHO FERNANDES, *Teoria Geral...*, volume I, ob. cit., p. 656, além da leitura dos arts. 171º e 172º, também do CCiv.). *Vide*, sobre esta matéria, por todos, MANUEL DE ANDRADE, *Teoria Geral da Relação Jurídica*, volume I, ob. cit., pp. 55-6, 69-70, e MOTA PINTO, *últ. ob. cit.*, p. 283.

[157] *Vide infra* o Capítulo II, ponto 9.1., a propósito da pretensa natureza *fundacional* proposta para enquadramento dogmático do instituto da unipessoalidade societária.

[158] *Vide supra* n. 93.

[159] De facto, até então, os complexos problemas conexionados com as manifestações da unipessoalidade societária andavam à volta de dois desenhos essenciais. Por um lado, o que acontecia numa *fase sucessiva* à regular constituição da sociedade, fosse em seguida a uma concentração *acidental* de todas as participações sociais num único associado, fosse em concretização de uma vontade *intencionalmente* preordenada. Por outro

nomeadamente em França, para o expediente do património de afectação especial (ou mesmo o das três massas patrimoniais)[160], a realidade era crua para os seus adeptos: a não ser excepcionalmente, essa preferência não se precipitou em providências legislativas. Subsistiam dúvidas sérias

---

lado, o que respeitava à sua *forma* menos clara, como sociedade fictícia dominada pelo sócio em quem se concentra a maioria do capital e destinada a perpetuar-se (que se abordou insistentemente numa categoria ampla de unipessoalidade). O tratamento mais estendido e sistemático da unipessoalidade pertenceu de início à doutrina alemã, pela mão de HUGO GRIEBEL, *Die Einmanngesellschaft*, Berlin, 1933, seguido mais tarde por HERBERT SCHÖNLE, *Die Einmann- und Strohmanngesellschaft*, Linden, 1957, e OTTMAR KUHN, *Strohmanngründung bei Kapitalgesellschaften* (já citado). Estes últimos, apesar de recensearem essa distinção entre sociedade unipessoal *em sentido estrito* (na qual se deveria igualmente incluir a sociedade *originariamente* unipessoal, sempre que fosse reconhecida por lei) e em *sentido amplo* (na qual se integravam as situações de aproveitamento dissimulado do esquema societário, que mantinha formalmente a dispersão da sua titularidade por mais do que um sujeito mas que se submetia à iniciativa do incontestado *dominus*), canalizaram-se para um nítido processo de valorização dogmática da sociedade fictícia, a que se *constituía no interesse exclusivo* de um dos sócios, e, com isso, da temática da limitação *indirecta* da responsabilidade do empresário individual. Em virtude deste elenco com que a unipessoalidade era tratada, podia afirmar-se que, na realidade, em face dos escassos dados legislativos, a unipessoalidade originária permanecia no limbo do ostracismo. Tão-só pelo simples facto de a sua utilização directa e a descoberto de quaisquer artifícios ter estado sempre na dependência de uma resolução da licitude desse fenómeno a nível legislativo – e aí já a unipessoalidade estaria em conformidade com a lei e a sua categorização viria das suas manifestações legais, isto é, no modo e no momento de surgimento autorizados pelo direito positivo –, que, como se pretende que se perceba, não foi fácil de tomar.

[160] Discussão essa que veio a ter o seu apogeu com o relatório efectuado pelo grupo de trabalho encarregado de oferecer uma solução para o problema e liderado por Claude Champaud, em 1979, já profusamente referido no nosso estudo. A convicção acerca das vantagens desse expediente inovador (mesmo o verosimilmente mais complexo da construção *ex novo* de uma disciplina reguladora de *três esferas patrimoniais* em atenção a *uma realidade e a uma função*) revelou estar sempre solidamente arreigada na doutrina francesa. Mesmo com a negação pelo legislador gaulês das propostas desse trabalho *de iure condendo* e a recepção posterior da empresa individual societária, a alternativa da empresa individual de responsabilidade limitada fruída pela técnica da separação patrimonial recebeu o apoio (com a paralela, expressa ou tácita, desconfiança das virtudes da opção societária) de várias das suas correntes: cfr. PATRICK SERLOOTEN, "L'entreprise unipersonnelle à responsabilité limitée", loc. cit., pp. 187-90; ELIE ALFANDARI/MICHEL JEANTIN, "Sociétés et autres groupements. III. Sociétés civiles, associations et autres groupements", *RTDC*, 1986, p. 107. Em sentido contrário, confiando ser a organização patrimonial da empresa individual mais adequada na "árvore que constitui o direito das sociedades", cfr. MARIE THÉRÈSE CALAIS-AULOY, pp. 251-2.

sobre a *idoneidade* de tal reconhecimento legislativo para colocar um ponto final na prática enraizada da sociedade fictícia e nos pretensos abusos que o "fato" societário permitiria aos interesses de um só indivíduo. A ser esse o caminho, manter-se-iam sem solução os problemas atinentes à concentração de todas as acções ou quotas numa única mão, quando essa se manifestava como fenómeno patológico da vida de uma sociedade regularmente *constituída* e, até então, regularmente *funcionante*, pois, como se perceberá, a partir da adopção desse esquema, a existência de sociedades unipessoais não poderia ser mais tolerada e a unipessoalidade derivada teria que merecer uma disciplina específica e severa[161].

A prioridade, em face dessa relutância em prever legislativamente o património de afectação e da "irresistível difusão da sociedade unipessoal"[162], em vez de assentar no estudo da empresa individual de responsabilidade limitada, consistia em "aprofundar os aspectos jurídicos daquelas formas de emprego do invólucro societário destinadas a garantir (...) o exercício da actividade empresarial individual sob o regime de responsabilidade limitada"[163-164]. Com efeito, dizia ANGELO GRISOLI, "que a

---

[161] Sobre o assunto, cfr. ANGELO GRISOLI, *Le società con un solo socio*, ob. cit., pp. 68-9; GIANCARLO LAURINI, p. 52.

[162] ANGELO GRISOLI, "Unipersonalità, patrimonio separato, ...", loc. cit., p. 292.

[163] ANGELO GRISOLI, *Le società con un solo socio*, ob. cit., pp. 67-8.

[164] As situações de reconhecimento legislativo de *constituição originária* de uma *corporation* (ainda que predominantemente referido a pessoas singulares...) tinham já começado a vulgarizar-se em vários Estados da União da América do Norte, desde que em 1962 o *Model Business Corporation Act*, na sua sec. 47, sugeriu, a pretexto da uniformização do direito das sociedades em todos os Estados Unidos, que: «Uma ou mais pessoas, ou uma sociedade nacional ou estrangeira, podem actuar como sócios (*incorporators*) ou como sócios de uma sociedade, desde que celebrem e entreguem em duplicado à Secretaria de Estado as cláusulas negociais respeitantes à formação de tal sociedade.». Aliás, essa tendência *de lege ferenda* vinha ratificar a opinião doutrinal e a prática jurisprudencial de admissão das sociedades originariamente unipessoais (mesmo que preordenadas a esse feitio) e de irrelevância jurídica da concentração de todas as acções numa única mão durante a vida da sociedade, fosse no sentido de produzir a dissolução da sociedade, fosse na direcção de influir no regime de responsabilidade do sócio único ou, em geral, na subsistência vital da sociedade. Uma posição bem diferente do direito europeu continental, onde tradicionalmente a sociedade unipessoal (ou a sociedade fictícia) se considerava uma manifestação degenerativa do fenómeno societário, mas que se explicava sem grande dificuldade no vulgar uso que os tribunais norte-americanos faziam dos seus poderes de "lift the corporate veil", sempre que surgisse a suspeição que a personalidade jurídica dessas sociedades, formal ou substancialmente, unipessoais tivesse servido para manobras fraudulentas em prejuízo de terceiros ou para elusão de normas

atribuição ao património comercial da empresa individual da qualidade de *bem separado* seja precisamente a estrada a seguir para assegurar ao seu titular um regime de responsabilidade limitada, poder-se-ia, com *fundadas*

---

imperativas. A propósito da gradual formação e desenvolvimento de uma "one-man company law" para fazer face aos litígios colocados pelas práticas societárias do "sole shareholder", considerava-se já algumas décadas antes ser desejável que o movimento de modernização dos *incorporations statutes* tomasse conhecimento dos peculiares problemas e necessidades da unipessoalidade social através da inclusão na nova legislação de providências apropriadas para a gestão e controlo deste tipo de empresa (cfr. WARNER FULLER, "The incorporated individual: a study of the one-man company", *HarvardLR*, 1937-38, *passim*, esp. pp. 1405-6). Vide, desenvolvidamente sobre este assunto, ainda que datado, ANGELO GRISOLI, "Società unipersonali e società di «comodo»", *RS*, 1968, pp. 19 e ss; IDEM, *Le società con un solo socio*, ob. cit., pp. 83-9, 161-9.

No âmbito da *common law*, contudo, o Reino Unido mostrou ser insensível ao apelo de fazer cessar a pluralidade de sócios na formação da *public company* e da *private company*. Apesar disso, parece que não foi tão invulgar quanto isso a outorga régia do estatuto de *corporation* durante os séculos XV e XVI a uma única pessoa, em particular no domínio de certas doações feitas em benefício de instituições religiosas e dos seus representantes (os sacerdotes e os seus sucessores): em sentido contrário, pois não se tratariam aí de verdadeiras licenças do monarca atributivas de personalidade jurídica, apesar de reconhecer que provavelmente se utilizasse nessas situações a *mesma linguagem* que se tinha aprendido no domínio das associações de burgueses, *vide* F. W. MAITLAND, "The corporation sole", *LQR*, 1900, pp. 335 e ss, esp. pp. 338-9 e 353-4, com apreciáveis curiosidades históricas. Por sua vez, além desse prisma, a Inglaterra mostrava-se mais renitente em enveredar por um caminho mais maleável no entendimento de situações que eram de facto verdadeiros casos de unipessoalidade, particularmente no que concerne a algumas consequências a retirar do domínio absoluto de uma sociedade de fachada por um dos seus sócios, o verdadeiro dono da empresa. Essa rigidez, que a ser diferente poderia levar à responsabilização do património pessoal desse sócio dominador, encontra as suas raízes num famoso aresto da Câmara dos Lordes, de 1897, que recusou aceitar a *sociedade unipessoal de facto* para o efeito de responsabilizar o sócio *substancialmente* único, proclamando, no caso da sentença *Salomon v. Salomon and Co. Ltd.*, que envolvia uma demanda contra uma *sociedade fictícia* formada pelo sócio dominante e os seus familiares (que se admitia reconhecer como mero suporte jurídico de uma empresa individual: os *dummies*, como se qualificam os sócios de complacência na linguagem jurídica anglo-saxónica), a absoluta independência e impermeabilidade da personalidade jurídica da sociedade, e da sua esfera patrimonial, relativamente às dos sócios. [Aron Salomon, comerciante individual que se dedicava à produção de couros e botas, decidiu constituir o equivalente a uma sociedade anónima, subscrevendo a quase totalidade das acções, excepção feita a seis delas que distribuiu por familiares seus. A sociedade faliu aproximadamente um ano depois, e os seus credores solicitaram em juízo o reconhecimento da *identidade subjectiva* entre Salomon e a sociedade que monopolizara, para o efeito de o seu património pessoal responder pelas dívidas sociais. Essa pretensão, declarada proce-

reservas, colocá-la em dúvida. Pense-se como o *mesmo resultado* pode lograr-se, com muito menor complicação, «personalizando» a empresa mediante a atribuição de personalidade jurídica. Bastaria recorrer às for-

---

dente pela Primeira Instância (com fundamento na existência de uma relação jurídica de mandato entre a sociedade e o seu sócio dominante, condenando pessoalmente Aron Salomon na qualidade de mandante) e pela Apelação (com recurso à fraude à lei), acabou por ser negada pela última instância judicativa, com base na distinção *legal* entre a companhia e a pessoa jurídica dos seus accionistas.] A valia da sentença permaneceu sempre intacta e serviu, desde então, como precedente judiciário vinculante e variadas vezes operativo na jurisprudência inglesa, e noutras de sua influência, como a neozelandesa, em sede de admissibilidade das sociedades de favor, embora tenha encontrado algumas excepções pontuais em conflitos judiciais que reclamavam, tendo tal pretensão sido deferida, apesar da autonomia jurídica *stricto sensu* existente, a identidade económica entre uma sociedade *holding* e uma sua *wholly owned subsidiary* (cfr. ANGELO GRISOLI, "Società unipersonali e società di «comodo»", loc. cit., pp. 47 e ss). *Vide*, entre outros, para um conhecimento breve mas circunstanciado, no que à matéria e ao percurso nas instâncias judiciais diz respeito, do caso motivador da decisão em causa, bem como das suas sequelas, ANGELO GRISOLI, *Le società con un solo socio*, ob. cit., pp. 109-10, n. (21); LORENZO CHIARELLI, p. 141; ROBERT PENNINGTON, pp. 46-9; NICHOLAS GRIER, *UK Company Law*, 1998, pp. 24 e ss.

Mas o primeiro país, ainda que minúsculo, por isso negligenciado nesta matéria onde foi inovador e precursor (cfr., ambos de ANGELO GRISOLI, "Fondazioni ed istituzioni autonome...", loc. cit., pp. 568 e ss, com o texto jurídico reproduzido a pp. 573 e ss; *Le società con un solo socio*, ob. cit., pp. 50-3 e 79-83) a reconhecer a sociedade unipessoal como realização legislativa *possível* da empresa individual foi o Liechtenstein, através dos arts. 637 a 646, do Código Civil, na respectiva parte III, *Das Personen- und Gesellschaftsrecht-P.G.R.*, reformulada por um diploma de 5.Novembro.1925 e entrado em vigor em 1926, que admitia e disciplinava a constituição de uma sociedade de capitais com um único sócio. A essa solução se juntava (para acabar com a fome, deu-se fartura...) a regulamentação de uma empresa-património autónomo com personalidade jurídica, de composição pluripessoal ou *unipessoal* e escopo comercial ou não (*Anstalt*: arts. 534 a 551, também do *P.G.R.*) e de uma empresa individual de responsabilidade limitada dotada de autonomia patrimonial sem personificação (*Einzelunternehmung mit beshränkter Haftung*: arts. 834 a 896, do *P.G.R.*), por inspiração directa no estudo de Oskar Pisko (que era ao mesmo tempo "traído" pela contemporânea consagração pelo legislador do pequeno Estado da solução que o Autor austríaco tinha veementemente refutado, ignorando as suas preocupações àcerca da *personificação* da empresa individual de responsabilidade limitada: cfr., por todos, ANGELO GRISOLI, *últ. ob. cit.*, pp. 48-9), mas sem qualquer sucesso, pelo menos até 1955, a fazer fé nas palavras de PAUL CARRY, "La limitation...", loc. cit., p. 151, pois até esse ano nenhuma inscrição desse tipo de empresa tinha sido feita no registo comercial desse Estado (para um percurso por esse regime legal, cfr. *vide* o mesmo PAUL CARRY, *La responsabilité*..., ob. cit., pp. 26 e ss).

Entretanto abolida do seu ordenamento jurídico por uma lei de 15.Abril.1980, que veio a remodelar alguns dos preceitos do regime do *Anstalt* [cfr. VITTORIO RAGUSA, "Note preliminari ad una ricerca sulle *Anstalten* del Liechtenstein", *Dir. Fall.*, 1992, pp. 11 e ss;

mas da fundação quando se desejasse regulá-la como instituição autónoma ou *introduzir as necessárias adaptações na disciplina vigente* das sociedades de responsabilidade limitada ou na das sociedades por acções

---

entre nós, MARIA ÂNGELA COELHO, "A limitação...", loc. cit., pp. 24-5, n. (52)], estamos em crer que a regulamentação da unipessoalidade social do Principado encerrava várias virtudes, encimadas pela disposição de um *regime unificado da sociedade de capitais unipessoal*. A unipessoalidade do Principado não deveria ser vista apenas (ou não tanto...) sob a perspectiva do princípio da limitação da responsabilidade: o seu catálogo legal tinha esse *significado técnico* notável, que residia, singularmente, em dar uma *solução global ao problema da sociedade unipessoal*. Vide, sobre essa amplitude de alternativas, sem igual em qualquer outro sistema legislativo, seu alcance e evolução, nomeadamente o *Anstalt*, pois foi, indiscutivelmente, das três soluções oferecidas para o exercício individual do comércio em regime de responsabilidade limitada, a mais utilizada, com abundantes referências bibliográficas, FELICE SANTONASTASO, pp. 324 e ss; VINCENZO GRECO, "Le *Anstalten* del Liechtenstein nell'ordinamento italiano", *BBT*, 1971, pp. 216 e ss; GIANCARLO LAURINI, pp. 8 e ss; GIUSEPPE CASSONI, "L'*Anstalt* nel diritto internazionale privato italiano", *Riv. dir. int.*, 1976, pp. 210 e ss; ALESSANDRO BORGIOLI, "Treunternehmen, Anstalten e la Cassazione", *RS*, 1977, pp. 1156 e ss; ADALBERTO ALBAMONTE, "L'Anstalt del Liechtenstein e l'ordinamento italiano", *Riv. Not.*, 1977, pp. 869 e ss.

Este invulgar interesse pela figura do *Anstalt* em Itália, que se conclui das sucessivas preocupações doutrinais a esse respeito, foi causado pelas controvérsias que a jurisprudência teve de enfrentar no que respeita ao reconhecimento da personalidade e capacidade jurídicas de empresas organizadas sob essa forma no Principado e a desenvolver actividades em território italiano, que maioritariamente não se admitia por violação da ordem pública demandante da responsabilidade ilimitada do comerciante individual (tomando posição contrária, a sentença do **Tribunal de Roma**, de **16.Dezembro.1966**, in *Riv. Not.*, Ano XX, 1966, p. 736, ss, que qualificou o *Anstalt* como um *tertium genus* no qual participavam características de uma fundação e de uma sociedade de capitais, mas acabou por não lhe reconhecer, sendo unipessoal, apesar da compatibilidade com os princípios de ordem pública, moral ou económica, a aplicabilidade da previsão e consequência do art. 2362 do *CCIt.*, o que é a mesma coisa que não figurar o seu efeito *mediador* de limitador da responsabilidade do fundador e, portanto, a sua viabilidade substancial no sistema transalpino...) e por contrariedade com os princípios fundamentais inderrogáveis em matéria de sociedades comerciais, com a consequente inexistência do ente, nuns casos, ou, noutros, com a ignorância da autonomia patrimonial de que gozava em relação ao património da pessoa ou do grupo que nele operava, mas a admissão da entidade para certos efeitos *substanciais* (p. ex., na celebração de negócios) e *processuais* (para intervir como parte legítima em juízo). Vejam-se, a título exemplificativo, as decisões do **Tribunal de Roma**, de **19.Junho.1968** (in *Riv. Not.*, Ano XXII, 1968, p. 802, ss), do **Tribunal de Trieste**, de **27.Fevereiro.1974**, e a da **Corte d'Appelo de Veneza**, de **23.Maio.1975** (in *Riv. dir. int.*, Ano XI, 1975, respectivamente p. 90, ss, e 565, ss). Uma orientação menos restritiva, no entanto, fez escola desde finais da década de setenta na doutrina e na jurisprudência superior de Itália, tendente a reconhecer a

– *admitindo*, por exemplo, *que estas possam ser constituídas com um único sócio* – quando se pretenda garantir o resultado *com menor dispêndio de meios legislativos*". E completava categoricamente, tendo em conta a tolerância que a unipessoalidade derivada estava a merecer, numa óbvia inclinação para a conservação da sociedade dessa modalidade subjectiva, em numerosos ordenamentos jurídicos positivos, com a afirmação de que a sociedade unipessoal era "a via *preferida* para resolver o problema da limitação da responsabilidade do empresário individual, também por colocar um travão ao pulular das sociedades fictícias"[165].

---

admissibilidade do *Anstalt*, atendendo sobretudo à cidadania jurídica que deve ser atribuída, em nome do princípio da reciprocidade, aos entes que têm a qualidade de sujeitos de direito com base no seu direito de origem: cfr., com abundantes referências bibliográficas e jurisdicionais, PIER LUCA TROJANI, pp. 1346-8; LOREDANA NAZZICONE, pp. 138 e ss, em esp. n. (41); ILARIA CHIEFFI, *La società unipersonale*..., ob. cit., p. 119, n. (161).

[165] *Le societá con un solo socio*, pp. 41-2, e respectiva n. (8), sublinhado nosso. Por esta mesma altura, em Itália, como já se depreendeu, GIANCARLO LAURINI, pp. 51-2, secundava a preferência de Angelo Grisoli pela utilização do esquema societário com base unipessoal para satisfazer a difusa aspiração do empresário individual, através de "uma modificação das normas existentes em sede de concentração das acções numa única mão, a fim de chegar a uma disciplina legislativa mais satisfatória, que, considerando-a não como um momento patológico na vida da sociedade pluripessoal, mas como uma *situação plenamente conforme ao direito* e portanto a perseguir livremente, obviasse a alguns inconvenientes e deformações das sociedades fictícias, tornando possível, como efeito ulterior, o exercício da empresa individual em regime de responsabilidade limitada" (sublinhados da nossa responsabilidade). Esta foi, contudo, uma linha de pensamento que demorou a enraizar-se nesse país, tanto no que se refere à bondade de limitar a responsabilidade do comerciante individual, tanto no que tange à admissão da sociedade unipessoal *ab origine* para esse efeito.

Todavia, em abono da verdade, como já se viu (*vide supra* n. 93), tinha sido precoce a primeira intervenção doutrinal em Itália que intentou fazer com que o ordenamento consentisse no reconhecimento legal da sociedade unipessoal originária (bem como a explícita sanção tendente à conservação da sociedade reduzida a um sócio único), inserida numa nova disciplina sobre a sociedade anónima. Pertenceu a CESARE VIVANTE, "Contributo...", loc. cit., p. 317, e previu-se que seria adequada à substituição da prática negocial-societária simulada com a qual se pretendia cobrir com um testa-de-ferro o predomínio de um só sócio. Foi esta uma receita ousada ao tempo mas isolada. O estudo do problema da limitação da responsabilidade do empresário não fazia, na realidade, parte do panorama dos contributos doutrinais italianos. Até ao *Codice Civile* de 1942, esses debruçaram-se fundamentalmente, num sistema que fazia da pluralidade de sócios a condição indeclinável para a constituição de uma sociedade, sobre a sorte da sociedade anónima tornada unipessoal durante a sua própria existência, que não merecia qualquer referência no art. 189 do anterior *Codice di Commercio* de 1882.

Tal como em outros países, a influência da concepção contratualista implicou

Antes desta contribuição, verificava-se a indulgente forma como na Alemanha se aceitava *de iure condito* a criação de sociedades fictícias de responsabilidade limitada, em face do não reconhecimento pela lei da

---

que se analisasse inicialmente se essa vicissitude produzia ou não a *extinção da personalidade jurídica* da sociedade, conforme se entendesse que a personalidade jurídica resistia ou não à concentração das participações sociais. O fim da sociedade *enquanto colectividade* poderia ser inevitável mas discutia-se se o organismo social podia ainda funcionar, pelo menos pelo tempo necessário para que a sociedade pessoa jurídica operasse a sua liquidação. A questão não era problematizar se a unidade subjectiva punha fim à comunhão pressuposta no acordo social, ao contraste de interesses, às relações jurídicas activas e passivas entre sócios e entre sócios e sociedade, à distinção entre os bens do património social e o património do accionista único, enfim, à base de funcionamento da sociedade num sistema de vontades concorrentes, tendo como efeito a dissolução imediata do ente societário, que a lei não indicava. Importaria era concluir se para uma sociedade que findava ainda duraria a sua personalidade, ao princípio, pelo menos, para os efeitos da sua liquidação patrimonial. A interrogação neste momento ainda não era, portanto, sobre a continuidade da sociedade unipessoal mas apenas e só sobre *persistência* da autonomia e da subjectividade da sociedade anónima unipessoal por factos supervenientes, ou seja, a manutenção da personalidade jurídica para além do desaparecimento da pluralidade de contraentes, até ao momento final da liquidação. A polémica, nesta primeira etapa de abordagem da unipessoalidade no direito italiano, consistia, pois, em confrontar a *cessação imediata da respectiva personalidade jurídica, atribuída em consideração à colectividade social*, partindo da premissa que uma sociedade inexistente, dissolvida e destinada a ser liquidada (que nada mais é do que uma sequela necessária para efeitos de separação e devolução de património, aliás, um efeito que se verificava em todos os casos de liquidação de uma sociedade comercial, independentemente da causa da sua dissolução...), não é conciliável com a sua qualidade de ente jurídico. A este apenas pode suceder a pessoa humana tornada titular de todo o património que foi social, para evitar que se confundissem as personalidades, embora só depois de terminado o procedimento de liquidação, sob pena de se prejudicarem os interesses privilegiados dos credores, o que parece configurar, durante esse período, a existência de um património ainda autónomo que não pertenceria a ninguém... (protagonizada aguerridamente, para além de Soprano, no seu primeiro escrito sobre a matéria, e Marghieri, por ULISSE MANARA, "La pretesa personalità giuridica di una così detta società anonima con un solo azionista", *RDComm.*, pp. 1059 e ss, em esp. 1060-5), ou então, mesmo admitindo que se pudesse criar uma causa de dissolução sem fundamento na lei, optar pela subsistência *excepcional* e *temporária* da pessoa jurídica, na sua qualidade de *sujeito de relações jurídicas referentes à sociedade* (em rigor, não a fazia perder como efeito imediato da falta de mais do que um associado), e pelo menos como *sociedade em liquidação*, já que as condições económicas da organização social criada pelo contrato social, das quais derivavam a criação de uma nova pessoa jurídica, se conservavam mesmo se o contrato desaparece ("o contrato é o acto criativo da sociedade, não é a sociedade; a subjectividade jurídica é um efeito do contrato, mas nada impede que o efeito possa sobreviver à causa; a pluralidade das pessoas é necessária

constituição de sociedades unipessoais originárias. O mesmo é dizer que não se impedia que se admitisse como processo normal de constituição de sociedades a associação com subscritores de complacência, que deveriam

---

ao contrato, é também necessária à existência de uma subjectividade jurídica *colectiva*, mas não é mais necessária à existência de uma subjectividade jurídica *não colectiva*..."), bem como a autonomia do património social, capaz de continuar a suportar-se como termo de relações entabuladas com terceiros e de continuar a funcionar de facto e de direito mesmo quando o vínculo social entre os componentes da sociedade se desfez (correspondente às teses de GUSTAVO BONELLI, "La personalità giuridica...", loc. cit., pp. 588 e ss, esp. 589-92 e 599-600; "A proposito della società con un solo socio", *RDComm.*, 1912, pp. 253 e ss, esp. pp. 255 e 257, da qual se retirou a citação, com sublinhado conforme o original). Em sentido intermédio, mas mais simpatizante da derradeira corrente, vivificada no essencial pela equação entre património autónomo e personalidade jurídica, *vide* igualmente FILIPPO PESTALOZZA, "Società con un solo azionista", *RDComm.*, 1926, pp. 466 e ss, esp. 470-2, que afirmava que a concentração das acções, como fundamento de dissolução, implicava necessariamente a *fictio iuris* da permanência da pessoa jurídica para os fins da liquidação e para tutela dos direitos de terceiros, embora, por um lado, o património em liquidação fosse titulado pela pessoa singular do ex-sócio, único interessado a reduzir aquele património ao seu estado puro para o poder juntar e confundir com o restante do seu próprio património pessoal, e, por outro, essa personalidade social a ficcionar se podia considerar extinta sempre que a sociedade não apresentasse qualquer passivo relativo ao período social, pois aí já nada haveria a confundir com o património singular do sócio.

Ao considerar-se que a redução a um único sujeito do substrato pessoal da sociedade como causa de dissolução, sendo uma questão legal (*rectius*, uma lacuna da lei), não tinha uma resposta líquida e, mais importante, era independente do problema que se convocava, ou seja, não importava o desaparecimento do ente jurídico enquanto tal, abriram-se as portas a uma segunda etapa, que cresceu e se solidificou inapelavelmente: as sociedades de capitais, mesmo depois de reduzidas a um só sócio, mantinham a sua autonomia e a sua personalidade, podendo subsistir por algum tempo na sua vitalidade, ainda que "angustiadas" no seu funcionamento. O problema já não era aceitar ou não a pessoa jurídica sociedade unipessoal. A escolha passou a ser *manter a própria vitalidade jurídica da sociedade* (e, como é óbvio, a sua personalidade...). Em termos genéricos, a doutrina partilhou a ideia de que a sociedade unipessoal reduzida a um único associado constituía um ente moral distinto das pessoas dos sócios, que podia continuar a sua normal existência e actividade e até readquirir a sua "vida plena" por meio de uma futura circulação das acções. Apesar de a feição contratual e a comunhão de actividades serem indispensáveis para o surgir da sociedade, esses eventos deixavam de o ser para a sua persistência, uma vez que a forma de que é revestida confere-lhe a figura de sociedade legal e judiciariamente reconhecida e a forma dá-lhe a substância que lhe permite sobreviver como relação social. Ademais, invocavam-se as vantagens decorrentes da *continuidade funcional* da empresa social como um expediente para manter a vinculação do seu património destinada à satisfação preferencial dos credores sociais, no sentido de subtrair

ser tratados como sócios-fundadores, precisamente pelo interesse decisivo que motivava o *futuro* sócio único a procurar *conscientemente* a unipessoalidade, ou seja, encontrar por esta via o benefício da responsabilidade

---

aquele património à garantia dos credores pessoais do(s) sócio(s) até ao momento de todos os encargos da sociedade estarem satisfeitos, e, por seu turno, preservar um centro de indústria e de comércio, gerador de riqueza e de trabalho, de uma dissolução porventura causada acidentalmente e depois irreparável. Cfr., sobre este assunto, entre outros, CESARE VIVANTE, *Trattato di diritto commerciale. II. Le società commerciali*, 1929, pp. 462-4, expressando-se contra o entendimento de a concentração das acções num único accionista dever ser considerada causa de dissolução; ANGELO SRAFFA, "L'esistenza formale...", loc. cit., pp. 154-6, que era, no entanto, o menos entusiasta de todos, pois só concebia uma sociedade de um só accionista como um simples expediente para permitir a destinação do património social ao pagamento preferencial dos credores sociais, quando *substancialmente* a sociedade já não existe; PAOLO GRECO, "Le società di «comodo» e il negozio indiretto", *RDComm.*, 1932, pp. 758-9; ENRICO SOPRANO, "L'azionista unico nel libro del lavoro del nuovo codice civile", *Dir. Fall.*, 1942, pp. 23-6. Este ambiente favorável à saúde da sociedade unipessoal superveniente teve eco na jurisprudência (e por ela foi incrementado, pois a doutrina muitas vezes dela foi atrás), que passou a movimentar-se em terrenos de reflexão não muito distantes da sua congénere alemã, sendo, numa parte significativa, favorável ao reconhecimento da existência de uma sociedade com um só sócio. Vide, a título de exemplo, os seguintes arestos da **Cassazione Civile**: **17.Novembro.1927** (in *Giur. It.*, 1928, I, p. 432, ss); **5.Julho.1928** (in *RDComm.*, 1929, II, p. 154, ss); **8.Novembro.1928** (in *Giur. It.*, 1929, I, p. 21, ss); **27.Maio.1929** (in *FI*, 1930, I, p. 225, ss); **18.Abril.1931** (in *FI*, *Repertorio generale anuale*, 1931, p. 1457, n. 206); **23.Novembro.1931** (in *RDComm.*, 1932, II, p. 13); **10.Dezembro.1932** (in *Giur. It.*, 1933, I, p. 445, ss); **25.Abril.1933** (in *RDComm.*, 1934, II, p. 116, ss).

Como já se aludiu, não havia ainda consenso doutrinal e jurisprudencial no que respeita à consequência da dissolução da sociedade unipessoal superveniente, até porque em Itália, como também se previa noutros ordenamentos, não se pressupunha qualquer *intervalo de tolerância* para repristinar a normalidade da situação. Em trânsito para o que mais importou então desvendar – o âmbito de responsabilidade do sócio único –, ilustremos apenas o estado da controvérsia, sem derramar muito esforço. Verificámos que GUSTAVO BONELLI era contra a dissolução, pelo facto de não se incluir nas formas de extinção das sociedades enunciadas no catálogo da norma respectiva do *Codice di Commercio*: cfr., além dos artigos citados, até pelo seu teor mais explícito, "Sullo scioglimento e sulla liquidazione della società ridotta ad un solo azionista", *RDComm.*, 1926, pp. 167--70. Afirmando-se favorável à dissolução, VITTORIO SALANDRA, "Le società fittizie", *RDComm.*, 1932, p. 296, opôs-se a Bonelli, dizendo que a lei não precisava de nomear explicitamente os casos em que a dissolução era um efeito necessário do desaparecimento de um dos pressupostos essenciais da própria existência da sociedade. No mesmo sentido, também PIETRO SIBERT, "La pseudo società anonima con un solo azionista", *Dir. Prat. Comm.*, 1933, p. 125, que acrescenta o facto de, na situação de accionista único, faltar "a associação de capitais que é a justificação económica da sociedade anónima", e suscita ao legislador a eliminação de uma situação anormal "com uma disposição legislativa pela qual, quando a sociedade anónima se encontre ou venha a encontrar-se nas mãos de um só capitalista, o Tribunal oficiosamente tenha a faculdade de a declarar dissolvida com sentença a encargo dela, nomeando-se liquidatário o sócio accionista administrador, a fim de, arrancando-lhe a máscara, adquirir a verdadeira *figura de comerciante individual e plenamente responsável*" (sublinhado nosso). A contrariedade à solução negativa da dissolução parecia ganhar mais corpo. O que era, porém, indiscutível é que se dispensava a pluralidade de pessoas para fundar a *persistência* do ente social e o princípio geral que daí resultava é que, por pouco ou por muito tempo, com ou sem dissolução, com ou sem a exclusiva finalidade de liquidação, reconhecia-se dominantemente a possibilidade de sobrevivência da sociedade unipessoal. A excepção a esta evolução era constituída por LUIGI BRAGANTINI, *L'anonima con un solo azionista*, 1940, pp. 110 e ss, em esp. 136-9, 143 e ss, aqui em esp. pp. 166-9 e 196-202, que se negava a reconhecer a conservação da personalidade jurídica da sociedade anónima unipessoal, ainda que, no entanto, não desaparecesse instantaneamente sem a dissolução *de iure* do contrato de sociedade, por ausência de um elemento essencial a um contrato continuado – o Autor era contrário ao carácter taxativo das causas de dissolução das sociedades comerciais –, responsável pela cessação do escopo social (persecução do lucro mediante novas operações) e pela organização da sociedade de acordo com o princípio da maioria, e se abrisse (necessitado de uma iniciativa para a nomeação dos liquidatários) e finalizasse um período de liquidação do património: só aqui se extinguiria a pessoa jurídica, que sobrevivera na qualidade de titular de direitos e de obrigações, para permitir os procedimentos legais imprescindíveis para ... morrer.

No entanto, a admissibilidade, adveniente da valoração dos efeitos da concentração das participações sociais em vida da sociedade comercial, da permanência da sociedade como *ente autónomo distinto da(s) pessoa(s) do(s) sócio(s)* – a propósito disse LORENZO MOSSA, "La società per azioni in una mano", *Studi in onore di Antonio Ambrosini*, 1957, p. 743: "Não é pois no número de sócios, mas na *existência da empresa e da sua personalidade*, e nas relações com as pessoas que vivem na sociedade, que se encontra a razão da continuidade da sociedade na mão de uma só pessoa" (sublinhado nosso) –, abriu uma nova frente de batalha, que as discussões de Bonelli e Manara não tinham vislumbrado e, porventura, ambos não quereriam aceitar: apesar das suas diferenças, nenhum deles concebia a validade da criação de uma sociedade originariamente unipessoal para propiciar o gozo pessoal da responsabilidade limitada, nem proclamavam a legalidade de uma sociedade destinada a viver para sempre com um só accionista e a servir os seus interesses pessoais. Digamos, numa leitura própria, que os dois se afastavam *na sobrevivência* e se juntavam *na rejeição do perpetuar* de uma fase que se pretenderia residual... Por essa razão, nunca examinaram as consequências da concentração sobre a *posição da responsabilidade pessoal* do sócio remanescente. O facto é que a teoria e prática incrementaram a expansão da sociedade titulada a favor do único accionista sob a aparência social, sem que se atendesse a qualquer efeito dissolutório *ipso iure* nem se convertesse instantaneamente a sociedade numa situação liquidatória.

Essa realidade não foi entendida, porém, em termos unânimes no que tange ao *âmbito de responsabilidade do único sócio* pelas actividades sociais durante o período de valência da circunstância monossubjectiva. Pugnando pela sua responsabilidade ilimitada e pessoal, cfr. CESARE VIVANTE, últ. ob. cit., p. 463, numa primeira versão; LORENZO MOSSA, "Responsabilità dell'unico socio di una anonima", *RDComm.*, 1931, pp. 322-4; IDEM, *Diritto Commerciale*, 1937, I, p. 219; FILIPPO PESTALOZZA, "Responsabilità dell'unico socio di un'anonima", *RDComm.*, 1932, pp. 364-5; GIUSEPPE FERRI, "Responsabilità...", loc. cit., pp. 733-4; LUIGI BRAGANTINI, pp. 203-7. Em conjunto (façamos o exercício da combinação *dogmática* possível das diferenças...), esta corrente afirmou que a *soberania absoluta* da vontade do sócio singular sobre a actividade empresarial da sociedade, sem a presença de quaisquer interesses corporativos a serem representados, tornava sem sentido a distinção entre empresa, enquanto organização patrimonial revestida de personalidade jurídica, e a simples veste da pessoa jurídica, o que, por sua vez, legitimava que fosse subtraída ao único ponto de referência da actividade económica da empresa, quem tem plenos poderes de disposição sobre a empresa, a vantagem de não fazer entrar no seu património geral a empresa em si personificada, impossibilitando-lhe a comodidade de não ser pessoalmente atacado no confronto dos credores da sociedade e dos terceiros em geral; estaríamos assim perante uma espécie de responsabilidade objectiva, fundamentada sobre o exercício de uma empresa (Mossa, reflectindo o conceito de *Beherrschung* do accionista sobre a empresa da doutrina alemã, nomeadamente de Haussmann e Hamburger, que fundava a dignidade de uma tutela da *aparência* em proveito dos credores, que, pela notoriedade do comando empresarial, criaram expectativas relativamente à responsabilidade do único accionista). De outra forma, uma pessoa poderia lançar--se no exercício individual do comércio com o benefício da responsabilidade limitada, escusando-se ao pagamento subsidiário dos débitos sociais quando era, pela propriedade de todas as acções, o patrão da empresa (Vivante), servindo-se da sociedade anónima para conseguir realizar os seus próprios interesses pessoais numa actividade comercial que não deixava de ser própria (Pestalozza). Isso correspondia, de tal modo, ao aproveitamento do esquema jurídico da sociedade anónima sem que se operasse em concreto o complexo sistema de organização e de controlo que esse esquema supõe e no qual a limitação de responsabilidade encontra o seu fundamento (Ferri). Sustentando, no lado oposto, a conservação da responsabilidade limitada do único sócio ao património social em consequência da continuação da vida do ente que se tornara estruturalmente unipessoal, com personalidade jurídica adquirida com a inscrição no registo comercial, com a imutabilidade da organização produtiva e com a apresentação de um núcleo de interesses distinto, entre outras razões, cfr. ANGELO SRAFFA/PIETRO BONFANTE, "Società anonime *in fraudem legis*?", loc. cit., pp. 649 e ss; TULIO ASCARELLI, "Il negozio indiretto e le società commerciali", loc. cit., pp. 59 e ss, esp. 61-2; PAOLO GRECO, pp. 803 e ss; VITTORIO

SALANDRA, "Società commerciale", *Nuovo Digesto Italiano*, volume XII, I, 1940, p. 508 [Esta posição do Autor vinha na continuidade do que já havia defendido em sede de sociedades de favor no que respeita ao sócio dominante ou, principalmente, ao sócio único: cfr. "Le società fittizie", loc. cit., pp. 308 e ss, esp. pp. 310-12, apesar de excepcionar a máxima em certos *casos determinados*, como naqueles em que se produzam danos para terceiros em consequência do surgimento tardio da sociedade de favor como sujeito contratual, da prestação de informações falsas sobre a consistência patrimonial da sociedade, da diminuição por iniciativa do "patrão" da sociedade da possibilidade de se executar o património da sociedade, do seu enriquecimento indevido depois de um incumprimento ou outro acto ilícito da sociedade.]; CESARE VIVANTE, "Contributo...", loc. cit., p. 316, numa versão posterior e em função da sociedade anónima unipessoal *ab initio*; GIUSEPPE AULETTA, *Il contratto di società commerciale. Requisiti – Conclusione – Vizi*, 1937, pp. 239 e ss, o que não excluía que o sócio único tivesse que assumir, para tal, na esteira de Salandra, bastando um comportamento tácito inequívoco, a garantia do pagamento de um débito da sociedade ou se responsabilizasse pelos prejuízos causados à sociedade pela violação de disposições legais e estatutárias; aparentemente a favor, pois pronuncia-se apoiante de a estrutura societário-accionista permitir o objectivo de exonerar o sujeito singular da responsabilidade ilimitada pessoal, ENRICO SOPRANO, pp. 26-7.

Apesar da riqueza da discussão dogmática e dos alinhamentos jurisprudenciais sediados em Itália (para desenvolvimentos adicionais, de índole jurisprudencial e de sistematização doutrinal, *vide* ainda ANGELO GRISOLI, *Le società con un solo socio*, ob. cit., pp. 353-66), ainda valorizada pela discussão da natureza jurídica da *società di comodo*, que continuava e continuaria a ser vulgarizada como *a forma prática* de ignorar o preconceito societário da actividade *substancialmente individual* de uma empresa social, o legislador italiano de 1942, reflectindo todo o caminho até então empreendido num contexto de falta de regulamentação, tomou uma posição clara no que respeita à sociedade unipessoal derivada. Afirmando que se encontrava superada em sentido negativo a questão da *oportunidade de reconhecer como instituto geral* a limitação da responsabilidade no exercício individual da empresa, devia *logicamente* evitar-se que esse resultado pudesse ser alcançado indirectamente pelo recurso a uma sociedade de capitais em que as participações se concentrassem no único accionista (ou no único quotista) – cfr. *Relazione al codice civile*, tomo V, n. 135 e n. 943 no texto unificado, que se pode ver, p. ex., em LOREDANA NAZZICONE, p. 5, n. (5); confirmando a tese do legislador, *vide*, por todos para a doutrina contemporânea da codificação, ALBERTO ASQUINI, "Profili dell'impresa", *RDComm.*, 1943, p. 12. Razão pela qual, sem que se optasse por dissolver essas sociedades pela previsão da falta de pluralidade de associados no elenco dos seus fundamentos de dissolução (ao contrário da escolha feita em sede de sociedades de pessoas: cfr. os arts. 2272, nº 4, para a *società semplice*, 2308, para a sociedade em nome colectivo, e 2323, para a sociedade em comandita simples, todos do CCIt., mas sempre após decorrido um período de meio ano dado pela lei para reconstituir a situação primitiva), a alternativa usada para chegar ao fito desejado foi agravar a responsabilidade do único sócio, afastando-o da possibilidade de atingir o objectivo que se queria inviabilizar, através da previsão da unipessoalidade como *facto constitutivo* de responsabilidade ilimitada do único sócio (solidária ou subsidiária relativamente ao património social, fronteira interpretativa em que se dividiram a doutrina e a jurisprudência) na hipótese de insolvência da sociedade pelos débitos ocorridos no período da concentração, nos termos dispostos pelos já referidos arts. 2362 e 2497 do *CCIt*.

A doutrina não deixou, por sua vez, de se pôr de acordo com a motivação do legislador e foi farta em reconhecer a *ratio* dessas prescrições no respeito do princípio geral que impedia o empresário individual de levar a cabo a sua actividade em regime de responsabilidade limitada, com o que se aproveitava para tutelar os credores sociais em detrimento dos credores particulares. Cfr., entre outros, GIANGUIDO SCALFI, "I c. d. rapporti interni nelle società con un solo socio e la successione dell'unico azionista", *RDComm.*, 1950, pp. 56-7 e 60; TULIO ASCARELLI, "In tema di società per azioni con un solo azionista e di divisione ereditaria", *FI*, 1950, pp. 1115-6 e 1117; IDEM, "Considerazioni in tema...", loc. cit., pp. 430 e ss; FELICE SANTONASTASO, pp. 348-9 e 366; PIETRO RESCIGNO, "La persona giuridica...", loc. cit., pp. 489-90; GIANCARLO FRÈ, *Società per azioni. Art. 2325--2461*, Commentario del Codice Civile a cura di Antonio Scialoja e Giuseppe Branca, Libro V – Del Lavoro, 1982, *sub* art. 2362, pp. 297-302; FRANCESCO FERRARA Jr./FRANCESCO CORSI, pp. 226 e 398 [em todos, vejam-se amplas remissões para decisões judiciais que suportam a tese respectiva]. Com uma curiosa descrição dogmática da intenção de reprimir o expediente do exercício de uma empresa unipessoal com a protecção da responsabilidade limitada – "entende-se bem (...) que a norma em discussão tenha sido ditada em ordem a esterilizar o efeito do despedaçar da relação entre sujeito real do processo produtivo – ou seja, a pessoa singular – e subjectividade formal – vale por dizer, a sociedade – que se deve ao meio técnico da personalidade jurídica: a concentração das acções numa única mão, de facto, é fenómeno que se insurge contra a tipologia societária, representando, de certo modo, a sua antítese, e, como tal, (...) a norma, concebida em referência à empresa *unipessoal*, tem a finalidade de imputar à referência subjectiva real os efeitos jurídicos da responsabilidade incidente sobre a subjectividade virtual, recompondo, assim, uma relação que a personalidade juridica tinha quebrado" –, cfr. FRANCO FARINA, "Societá per azioni, unico azionista e impresa unipersonale", *Giust. Civ.*, 1984, pp. 3136-7 (sublinhado em conformidade com o original). Observe-se ainda a posição de PIERO VERRUCOLI, "La société d'une seule personne en droit italien", *Anuario Dir. Comp.*, 1966, pp. 127 e 129-30 (na senda de ANTONIO PIRAS, *Il problema delle società unipersonali*, ob. cit., p. 14, ss), que, reconhecendo a intenção de impedir *em todo e qualquer caso* o exercício de uma empresa individual com limitação de responsabilidade, entendia ser aplicável o art. 2362 somente nos casos de extinção do carácter colectivo do exercício do poder na sociedade capitalística, fosse qual fosse a sua forma ou título jurídico. Em contrapartida, se a propriedade dos títulos estivesse reunida numa só mão, mas, ao mesmo tempo, *o poder estivesse dividido entre pessoas diversas* (o caso típico seria o de haver um único proprietário das acções e vários usufrutuários delas), não se poderia dizer que houvesse, *sob um ponto de vista funcional, de acordo com a actividade exercida*, uma empresa individual. Aqui haveria uma verdadeira empresa colectiva e, por esse motivo, o preceito sancionador da unipessoalidade não seria aplicável.

Como sempre, no entanto, algumas vozes discordantes e mais perspicazes (embora estas sejam contas "de um outro rosário", mas que nos podem ajudar a perceber já alguma coisa do que já dissemos na Introdução a respeito do nosso art. 84º...) lograram desmontar a intenção do legislador. Na primeira fila encontrava-se GIORGIO DE SEMO, "Figura giuridica e responsabilità dell'azionista unico", *Dir. Fall.*, 1961, pp. 91-2, que reparou no excessivo optimismo de que padeceu o preceito citado no que tange aos resultados práticos da sua intenção, considerando a contínua constituição de sociedades de favor, nas quais o único sócio se serve da sociedade como se fosse a sua empresa e dispõe do seu património para escopos pessoais, com o consequente dano, ou perigo de dano, dos credores sociais. Mais tarde, SCOTTI CAMUZZI, "Osservazioni in tema di responsabilità dell'unico azionista", *Jus*, 1977, pp. 148-9, afirma sem rodeios que a empresa individual de responsabilidade limitada, em vez de ser excluída, acabou ao invés por ser admitida, ainda que *dentro de certos limites*, contanto que fosse levada a cabo através do trâmite formal de uma sociedade por acções ou de responsabilidade limitada. Neste âmbito, sublinha-se que a regra sobre responsabilidade prevista nos arts. 2362 e 2497 opera exclusivamente nas hipóteses de insolvência e só para os débitos contraídos no período em que dura a unipessoalidade, pelo que legitima a completa separação entre o património do sócio e o património social *enquanto a sociedade é solvente*. Num sentido intermédio, ou seja, jorrando claramente esta última verificação mas encontrando ainda a razão de ser das normas em causa no respeito *formal* do princípio que impede a admissibilidade de uma empresa individual de responsabilidade limitada, *vide* CARLO ANGELICI, "Le disposizioni generali sulla società per azioni", *Trattato di Diritto Privato*, diretto da Pietro Rescigno, volume 16, t. II, 1985, pp. 221-2.

Com a lei assim estatuída, mesmo que se discordasse do valor da sua *ratio*, e mesmo que se frustrasse o fim de limitação da responsabilidade, a sociedade unipessoal conservava sempre uma importante função, que muita doutrina, ainda que em direcções diferentes, não maquilhava. A unipessoalidade superveniente fazia surgir, de facto, um centro autónomo de relações, dotado de um património destinado a satisfazer em exclusivo os credores sociais, regulado em via de princípio pelas regras organizativas e de procedimento, mesmo interno, caracterizantes das sociedades de capitais. Isto é, a empresa social mantinha a sua *autonomia* e apresentava-se ao exterior como um sujeito jurídico distinto do seu sócio (cfr., por todos, GIANCARLO LAURINI, pp. 19-20, que aproveita mesmo para reiterar a definição que ANTONIO PIRAS, *Il problema delle società unipersonali*, ob. cit., p. 72, deu da *fattispecie* constituída pela sociedade unipessoal derivada, ou seja, «empresa individual de *autonomia limitada*»).

Após esta longa jornada, encetando o regresso à base, que é como quem diz ao assunto a que esta nota já longa foi chamada, ou seja, a aceitação da técnica societária em Itália como artifício *melhor colocado* para dar resposta ao ambicionado lema do empresário solitário, é bom que se esclareça que esse passo não era dotado de unanimidade. Longe disso. Mesmo quando se começava a aceitar, doutrinalmente e até legislativamente no direito comparado, a constituição unissubjectiva de sociedades comerciais, e isso levava a deduzir uma tese de fundo segundo a qual a responsabilidade limitada e a personalidade jurídica das sociedades não tinham como condição necessária a pluralidade dos membros do grupo, a validade, pelo menos implícita, da unipessoalidade derivada, conferida pelos dados normativos a que nos acabámos de referir, não diminuiu a resistência em Itália à unipessoalidade originária. Suficientemente paradigmáticas deste ambiente adverso são as observações de FELICE SANTONASTASO, p. 337, n. (65): "Não basta, de facto, reconhecer, por si mesmo, as possibilidades da constituição num certo ordenamento [as menções em causa respeitavam ao Liechtenstein e a alguns Estados dos EUA] de um ente, tradicionalmente recebido e disciplinado como ente de base e estrutura corporativa, em benefício de um só sujeito, para reconhecer a sua validade para determinados fins reconstrutivos, mas é preciso primeiro ver *as suas razões e implicações sobre as mesmas estruturas e sobre o funcionamento da organização* que desse modo se vem a criar. Trata-se mais uma vez de ver qual *a tomada de posição* e *de que modo se coordenam* os correlativos aspectos da personalidade jurídica, da responsabilidade limitada e organização" (sublinhado da nossa responsabilidade). Na realidade, para essa parte da doutrina, os arts. 2362 e 2497 limitavam-se unicamente a prever a possibilidade excepcional de a empresa social perdurar, também quando em presença da concentração totalitária das participações sociais, com a consequência desse estado subjectivo de unicidade da sua titularidade implicar o retorno ao princípio geral de responsabilidade por dívidas, em virtude (recorrente argumento...) do domínio absoluto sobre essa mesma empresa (na esteira de FRANCESCO GALGANO, "Struttura logica e contenuto normativo del concetto di persona giuridica", *RDC*, 1965, pp. 627-9). Mas, a dado passo, pelo contrário, também já se tinha retirado da realidade normativo-positiva suficiente apoio para, através de uma interpretação apropriada das disposições reguladoras da unipessoalidade, se poder constituir uma sociedade por acções por um sujeito singular, não se considerando assim absurda a concessão de licitude plena à constituição de um organismo societário autónomo e predeterminado à fruição do mais favorável regime da responsabilidade limitada por um único sujeito: neste sentido, GIOVANNI PELLIZZI, "Sui poteri indisponibili delle maggioranza assembleare", *RDC*, 1967, pp. 197-8. Para este Autor, aliás, a sociedade com um único accionista não revelaria nada mais do que um fenómeno já evidente no direito das sociedades de capitais: o da conservação ou predisposição de um *instrumento*, sem dependência da presença em concreto da função que ele está destinado a servir, ou, nas palavras de ENRICO REDENTI, "Le società «fasulle»", loc. cit., p. 562, "para a actuação mediata ou indirecta de intenções práticas bem mais remotas do que as que eram idealizadas no código". Quase uma década antes, também TITO RAVÀ, "Esame comparato di

limitada que não lhe era facultado pelo legislador[166]. Neste contexto, e no essencial porque nenhum texto legislativo obrigava a que os fundadores de

---

alcune questioni fondamentali in materia di società per azioni", *RDComm.*, 1952, pp. 332--3, por razões atinentes ao anonimato associado à sociedade anónima, que prevalecia sobre a ideia de contrato, à impossibilidade de evitar a unipessoalidade (ou a diminuição do número dos sócios para um montante inferior ao exigido por lei) se o interesse dos accionistas ou do accionista o requeresse verdadeiramente, à inconsequência da responsabilidade pessoal como factor inibidor dessa unipessoalidade e à falta de argumentação atendível para recusar o benefício da limitação da responsabilidade em favor de uma só pessoa, colocava-se na cruzada a favor da introdução da sociedade unipessoal originária, impondo ao sócio único a obrigação de subscrever todo o capital social antes da constituição ou antes que a sociedade pudesse iniciar a sua actividade negocial e sendo apologista da tradição anglo-saxónica de ignorar a personalidade jurídica sempre que essa fosse instrumento de abusos (voltaremos *infra* a este Autor na n. 246). A doutrina italiana vinha, portanto, unindo-se em reflexões sobre a oportunidade de introduzir no ordenamento italiano a sociedade unipessoal. Mais recente, dando fim a esta digressão, foi GIUSEPPE FERRI, *Le società*, Trattato di Diritto Civile, fondato da Filippo Vassali, volume X, t. III, 1985, pp. 388-9, a acalmar as hostes, dizendo que "a sociedade unipessoal não é de resto um *monstrum* no ordenamento italiano, antes é um fenómeno já institucionalizado nos mais diversos ordenamentos jurídicos, do inglês ao americano, do suíço ao alemão".

[166] Apesar das vozes que levantavam a tradicional polémica da declaração simulada do sócio fictício e da fraude às prescrições da lei em matéria de constituição das sociedades, a doutrina dominante não via qualquer inadmissibilidade na participação do testa-de-ferro na fundação da sociedade (*Strohmanngesellschaft*), ao mesmo tempo que a jurisprudência não fazia aplicação neste domínio da teoria da simulação ou de qualquer outro impedimento legal à constituição de sociedades por meio de homens de palha (tal como no que respeita à cessão antecipada das quotas, como já vimos). Apesar disso, invocou-se em certas circunstâncias a nulidade de actos e de certos negócios jurídicos equiparáveis à constituição fraudulenta de uma sociedade, como era o caso da aquisição de todo o pacote accionista de uma sociedade (*Mantelkauf*), sociedade essa que se tivesse esvaziado de qualquer actividade negocial e se tivesse mantido artificialmente para permitir essa compra e posterior (re)activação, de acordo com os objectivos do adquirente-sócio único, ou que se tivesse constituído propositadamente para ser colocada à disposição desse fito de aproveitamento do invólucro societário (*Mantelgründung*). Para os precursores arestos da jurisprudência sobre esta particular vicissitude, cfr. HANS WÜRDINGER, p. 350. *Vide*, sobre o tema, com as indicações literárias e jurisdicionais ajustadas e desenvolvimentos completos, ULF SIEBEL, "La società di capitali...", loc. cit., pp. 95-7; OTTMAR KUHN, pp. 69-72, 127 e ss, esp. 195, ss; ANTONIO PIRAS, "Aspetti e problemi...", loc. cit., pp. 173-4, 180-8; KARL OTTO KONOW, pp. 143-4; UWE HÜFFER, "Vorgesellschaft,...", loc. cit., pp. 488-9; PETER ULMER, "Die Einmanngründung der GmbH – ein Danaergeschenk?", *BB*, 1980, p. 1001; KARL-HEINZ FEZER, "Die Einmanngründung der GmbH", *JZ*, 1981, p. 611.

uma sociedade permanecessem na sociedade como sócios, vulgarizaram-se as situações consideradas *lícitas* de sociedades unipessoais, ao início plurais mas *preordenadas à redução à unidade*, em que havia simultaneidade do contrato de sociedade com a(s) convenção(ões) de transferência de todas as partes sociais para o sócio *verdadeiro* – aquele que apresenta esse *estatuto material*, presente e futuro, em contraposição aos sócios de *estatuto meramente formal ou posicional*, no contrato, entenda-se, no presente e sem futuro no funcionamento social –, que se operaria as mais das vezes mesmo antes da inscrição da sociedade no registo comercial (isto é, antes de adquirir personalidade jurídica, no estado de *pré-sociedade*, como se diz na Alemanha), para mera comodidade e concretização dos interesses de imediato exercício a título individual da empresa[167-168]. Atendendo à relevante função económica desempenhada

---

[167] Em rigor, as situações de *preordenação* apenas vêm a relevar no momento em que se executa o *contrato parassocial* em que se acordou a transferência para um único sócio de todas as participações sociais dos restantes sujeitos que assumiram a qualidade de sócios, no momento da constituição da sociedade. A existência desse pacto de transmissão é o verdadeiro *elemento caracterizador* desta forma de agrupamento das participações quando se intenta distingui-la das outras formas de aparição de uma sociedade unipessoal. Neste sentido, cfr. ANGELO GRISOLI, *Le società con un solo socio*, ob. cit., pp. 390-3, que não teve igualmente dúvidas em conferir validade a esse tipo de sociedades, atendendo à analogia, pelo menos inicial, com o reconhecimento das sociedades constituídas através de *prestanomi*, e à admissão generalizada das sociedades reduzidas a um só sócio [por isso, o Autor não considerava esta modalidade de persecução da sociedade unipessoal um *grupo autónomo* na problemática da unipessoalidade – em sentido concordante no nosso país, MARIA ÂNGELA COELHO, "A limitação...", loc. cit., p. 16, n. (30)]. Discordando do chamamento à colação da *società di comodo* para decidir desse tratamento jurídico, porque a analogia não caberia relativamente a ela – enquanto a sociedade preordenada era compreendida para as situações em que a pluralidade societária era realmente querida e concretizada *ab origine* não só formalmente mas também substancialmente, ainda que acompanhada pela vontade declarada de, em determinado momento e na presença de determinadas circunstâncias ou pressupostos, como a modificação de situações de mercado ou a superação da fase de *aviamento* da empresa, as participações sociais se concentrarem nas mãos de um único sujeito, nas sociedades fictícias a pluralidade exigida por lei era *estritamente* formal –, cfr. GIANCARLO LAURINI, pp. 41-2. Deverá criticar-se este pensamento, essencialmente pela perspectiva *reducionista* com que se entende a teleologia desse negócio parassocial e a concomitante possibilidade da sua execução. Como estava à vista na Alemanha (em mais um claro sinal da admissibilidade de uma sociedade *exercida* por um único sócio, embora não fosse um procedimento que obtesse a unanimidade do sentido afirmativo da sua validade: cfr. ULF SIEBEL, "La società di capitali...", loc. cit., p. 96), a vontade declarada nesse pacto de reversão poderia executar-se, desde logo, antes da

(patenteada pela expansão quantitativa desse tipo de sociedades de sócio único), parcela relevante da doutrina e a jurisprudência em peso optaram pela ausência de razões dogmáticas suficientes para objectar a esta situação

inscrição da sociedade, o que, a ser obtido, configuraria uma *pura situação de unipessoalidade originária*, salvo se se entendesse, como meio de conservar por um breve momento a pluralidade de sujeitos na fundação da sociedade, que a eficácia da transmissão estava suspensivamente condicionada pela inscrição registal e o(s) alienante(s) mantinha(m) o seu *status* de sócio até à verificação da condição: sobre o ponto, cfr. ANTONIO PIRAS, "Aspetti e problemi...", loc. cit., pp. 189 e ss. Além do mais, parece-nos que Laurini vê a hipótese mais residual do fenómeno. A situação normal de preordenação consistia na realidade mais frequente de se lhe dar cumprimento logo após o nascimento da personalidade jurídica da sociedade. Se não houvesse esse projecto, a fim de contornar a lei, não se explicaria em grande medida as razões (além da vinculação à obrigação de alienação, que seria, no entanto, meramente obrigacional...) pelas quais tinha sido previamente celebrado o pacto para reverter as participações em benefício de um dos sócios. Com ou sem intenção, se já se tivesse prognosticado a eventualidade da redução subjectiva após se terem preenchido algumas condições da própria empresa, os sócios que quisessem sair da sociedade poderiam sempre mais tarde ceder as suas transmissões.

[168] Este reconhecimento era confortado, *mediatamente*, pelo § 15 da *Umwandlungsgesetz*, que regulava na sua versão originária a transmissão do património afectado a uma empresa societária de responsabilidade limitada de sócio único – que não era ainda reconhecida por lei, mas generalizadamente incorporada pela doutrina e jurisprudência, como vimos, como uma realidade económica *aceite juridicamente* – para o património do sócio único. Além disso, esse diploma, desde a revisão operada em 6.Novembro.1969, passou a prever a transformação da empresa de um comerciante individual numa sociedade anónima unipessoal, mediante a oportuna declaração jurídica unilateral de transformação, nos termos dos seus §§ 50 a 56. Além disso, o ordenamento jurídico-fiscal alemão regulador dos impostos sobre os rendimentos das sociedades de capitais apresentava, desde há muito, normas em que se mencionava *expressamente* a sociedade unipessoal, através do tratamento autónomo de sociedade e sócio único como sujeitos fiscais diferentes, o que levou ao reconhecimento da tributação do contrato de prestação de serviços do sócio unico à sociedade e vice-versa, da dedução, como custo operativo da sociedade, da remuneração do sócio único gerente, de uma incidência atenta sobre a distribuição dos lucros, além de particulares considerações sobre a neutralidade fiscal em matéria de aquisição onerosa da própria participação social do sócio pela "sua" sociedade: sobre o assunto, cfr. WOLFGANG SCHILLING, "Die Einmanngesellschaft und das Einzelunternehmen mbH", loc. cit., pp. 163-4. Outras referências expressas à titularidade totalitária de acções nas mãos de um único accionista foram também feitas no § 76, al. VI, da *BetriebsverfassungsGesetz* de 1956, e nos §§ 319 e ss da *AGesetz*, respeitante, em sede de coligação de empresas, às sociedades dominadas pelas sociedades anónimas.

Tudo se passava, então, como se nada impedisse a unipessoalidade societária. Mesmo quando o legislador fazia intervenções pontuais, já se contava com o fenómeno. Não obstante, e apesar dos apelos da doutrina alemã para se proceder a uma reforma do direito das sociedades que contemplasse a possibilidade de constituição de uma *GmbH* com apenas um sócio, precisamente em face de a *praxis* jurídica ter prescindido, independentemente do subterfúgio usado, da necessidade absoluta da presença de dois sócios no momento da constituição desse tipo de sociedades – atente-se, por todos, no apelo de KARL OTTO KONOW, p. 144: "Se a sociedade unipessoal é um instituto jurídico reconhecido, se não existirem razões concretas que advoguem o contrário, não devem subsistir dúvidas sobre a adaptação de todo o âmbito das normas da GmbHG às circunstâncias singulares deste instituto jurídico", secundado pelo resumo da p. 145 –, a primeira proposta de modificação, neste caso geral, da *GmbHG* de 1892, o Projecto Governamental de uma Lei de Sociedades de Responsabilidade Limitada, de 1972 (*Regierungsentwurf eines Gesetzes über Gesellschaften mit beschränkter Haftung*), que surgiu a culminar um trabalho do Ministério da Justiça da República Federal iniciado em meados da década de sessenta, reprovou esse objectivo. Esse Projecto, de facto, conservou, no seu § 2, como sendo de dois o número mínimo de fundadores, quer fossem pessoas singulares ou colectivas, excluindo assim a criação de uma sociedade de responsabilidade limitada unipessoal *ab initio*. Confirmando a regulamentação em vigor, expunha-se então que tal medida originaria o nascimento de uma figura jurídica nova, a empresa individual de responsabilidade limitada, o que sairia do quadro de actuação de uma reforma do direito das sociedades por quotas.

A posição desse esboço legislativo não mudava, contudo, o rumo de aceitação generalizada da unipessoalidade social nesse país. A acreditação *pós-natal* das sociedades de um só sócio por união de todas as participações nas suas mãos continuou a ser largamente aproveitada pelos comerciantes individuais tudescos. Num movimento que não parou de crescer (*vide supra* n. 122), cerca de um quinto das sociedades por quotas em funcionamento na década de sessenta eram entes societários unipessoais, e, nos inícios da década de setenta, estimava-se que esse número já ascendia a cerca de metade das 40.000 sociedades por quotas: cfr. ULRICH MEYER-CORDING, "Der Kritik der Einmann-GmbH – ein Rufer in der Wüste", *JZ*, 1978, p. 10; UWE HÜFFER, "Vorgesellschaft, ...", loc. cit., p. 488. Assim, a reiteração na prática jurídica inculcava a uma grande ruptura do ponto de vista teórico e ao reflexo normativo através da possibilidade de fundação societária por uma só pessoa (*vide* as breves mas impressivas considerações de GUNTHER BOKELMANN, "Reform des GmbH-Rechts", *ZRP*, 1978, p. 33).

Essa repercussão, depois da ignorância a que o *Bundestag* votou o *Regierungsentwurf* de 1972, veio com o Projecto Governamental de 1977 (*Entwurf eines Gesetzes betreffend die Gesellschaften mit beschränkter Haftung und anderer handelsrechtlicher Vorschriften*), que, abdicando de uma revisão integral da *GmbHG* (demonstrando uma indisfarçável decepção pela "reforma menor" que essa legislação representava, sem coragem para efectuar uma viragem em termos substanciais do edifício construído em 1892, cfr. MARCUS LÜTTER, "La réforme de la GmbH (S.A.R.L.) par la Loi du 4 juillet 1980 de la République Fédérale Allemande", *Rev. Soc.*, 1980, pp. 645-6), se apresentava a empreender algumas alterações a esse diploma, além de mexer, entre outros corpos

de unipessoalidade societária, que inclusivamente ganhou foros de *costume* reconhecido[169].

Mesmo na Alemanha, contudo, a opinião, pelo menos doutrinal, não era consensual. Suportava-se que a figura tão negligenciadamente admitida acabava por permitir a qualquer sujeito a *duplicação da sua personalidade jurídica*, a sua originariamente singular e a associada à aquisição da

---

normativos, no *Handelsgesetzbuch* e na *AGesetz*. Dessa *Novellierung* avultava a modificação do § 1 da *GmbHG*, admitindo a constituição da sociedade por quotas através da presença de um único membro, o que veio a concretizar-se com a *Novelle* de 1980. Os números oficiais de então estimavam, em face do crescimento do número total de sociedades de responsabilidade limitada, que 25% das sociedades por quotas na Alemanha fossem unipessoais. Esse número, há uma década atrás, cifrava-se entre 90.000 e 100.000 SQU: cfr. GÖTZ HUECK, *Gesellschaftsrecht*, ob. cit., p. 348.

Para um breve cortejo do *background* histórico-dogmático de admissibilidade doutrinal e jurisprudencial em face do fenómeno da unipessoalidade, que promoveu a discussão alternativa da viabilidade da construção de raiz de uma sociedade unipessoal em confronto com a empresa individual de responsabilidade limitada, e das propostas de reforma do *GmbH-Rechts* que terminaram com o diploma de 1980, *vide*, por todos, KARL--HEINZ FEZER, pp. 611-13.

[169] Variada doutrina alemã reconhecia a pessoa jurídica societário-unipessoal como uma formação de direito consuetudinário, ainda que de conteúdo *prater*, e até mesmo *contra legem*: cfr., com referências bibliográficas, WOLFGANG SCHILLING, "Die Einmanngesellschaft und das Einzelunternehmen mbH", loc. cit., pp. 164-5. Também KARL OTTO KONOW, pp. 143-4, que se destacava da restante doutrina pelo facto de, mesmo perante a letra do § 2 da *GmbHG*, ir mais além e não se coibir de desconsiderar a imprescindibilidade de um acordo contratual entre duas pessoas para dar origem a uma sociedade com aquela forma. Dizia este Autor que essa interpretação era perfeitamente legítima em face da tolerância doutrinal e jurisprudencial perante o fenómeno das sociedades fictícias. Ora, se para isso concorria a compreensão da bipessoalidade como "mera formalidade sem sentido económico", não seria defensável sob o ponto de vista do sentimento jurídico dominante nem perceptível para os participantes na vida económica que um razoável objectivo político-económico não pudesse ser atingido sem *reparos jurídicos* pela via da constitui-ção de uma sociedade por quotas com apenas um sócio. Já depois da *Novelle*, o que é suficientemente elucidativo sobre a experiência anterior de unipessoalidade nas *GmbH*, NORBERT HORN, p. 14, resumiu essa realidade: "a *Einmann-GmbH* é um fenómeno conhecido, popular e quase nada controverso no direito e na prática comercial da Alemanha federal". Semelhante referência foi objecto de amiudada verificação fora da Alemanha: cfr., entre nós, FERRER CORREIA, *Sociedades fictícias e unipessoais*, ob. cit., pp. 203--4, n. (I); no estrangeiro, FRÉDÉRIC SPETH, p. 35; DANIEL BASTIAN, pp. 157-8; ALAN SAYAG/CAMILLE JAUFFRET-SPINOSI, pp. 32 e ss; CLAUDE WITZ/JEAN-MARC HAUPTMANN, "La constitution de la S.A.R.L. unipersonnelle en droit allemand (Loi du 4 juillet 1980)", *Gazz. Palais*, 1982, p. 133.

qualidade de sócio único de uma sociedade de responsabilidade limitada[170]. Numa outra vertente, também se arguiu que a personificação de uma sociedade constituída ou conservada por um único sócio deixava cair qualquer noção de colectividade na configuração da pessoa jurídica, fazendo-a cair numa *pura forma de responsabilidade*, em que o património da sociedade nada mais é do que um bem próprio do sócio único, mas em que este se sujeitava desse modo à totalidade dos direitos e das obrigações que emanavam da legislação das sociedades anónimas e das sociedades de responsabilidade limitada[171]. Ou seja, mesmo as ger-

---

[170] Entre os poucos que doutrinalmente intervieram para se insurgir contra esse paradoxo de *existência dupla*, a fazer lembrar a identidade esquizofrénica dos personagens literários de "Dr. Jekyll e Mr. Hyde", devemos realçar ULRICH MEYER-CORDING, pp. 10--11. Chamando à sociedade unipessoal de constituição originária "criança bastarda da lei", esta doutrina não se conformava com a direcção seguida pelo Projecto governamental de 1977 e depois aprovada pela lei de 1980. Reclamava pela subsistência inviolável da relação directa entre o desempenho da actividade empresarial e a responsabilidade ilimitada que as respectivas decisões acarretavam, que só era excepcionada no direito societário aos associados a quem era retirado o poder de administração empresarial, logo, na presença das particulares e próprias condições de alguns tipos sociais e associada (a excepção) às específicas condições previamente coligidas para essas pessoas jurídicas sociais. Ora, a *EinmannGesellschaft* não podia ser considerada, em primeiro lugar, uma sociedade, nem, por seu turno, reunia os fundamentos que justificavam a limitação da responsabilidade dos sócios. Peculiar, até mesmo *não social*, em conclusão, seria requerer a limitação da responsabilidade, ser figura empresarial *decisória* e fazer incidir depois sobre os credores, em particular os mais fracos, as consequências do fracasso.

[171] Cfr. WOLFGANG SCHILLING, "Die Einmanngesellschaft und das Einzelunternehmen mbH", loc. cit., pp. 165-7, que, ao adoptar essa posição relativamente à configuração jurídica da sociedade unipessoal, não via qualquer diferenciação de interesses entre o sócio único e a sua sociedade, nem sequer uma insuperável urgência de segurança dos credores e de protecção da confiança, que implicassem colocar entre o empresário individual e a sua empresa o muro separador da personalidade jurídica (*Trennwand der juristischen Persönlichkeit*). Os méritos da concessão ao indivíduo singular da responsabilidade limitada confirmavam-se mas não seriam compatíveis com a aplicação do direito convocado pelas pessoas jurídicas societárias, que continuariam a sofrer desvios com a criação de sociedades através do recurso a testas-de-ferro. Assim, defendia-se em alternativa um património separado, dotado de uma massa patrimonial independente, afectada a um fim determinado e com um rendimento próprio, sem personalidade jurídica, em clara repetição das teses de Oskar Pisko e acordo do respectivo regime introduzido no Liechtenstein. Essa empresa traria a recompensa de, quanto mais não fosse, acentuar a responsabilidade moral da pessoa que gere o seu património (mais do que se estivesse a gerir como órgão o património de uma pessoa jurídica, ainda que com a mesma modalidade de responsabilidade imposta por lei...), promoveria uma relação directa dos credores

mânicas idiossincrasias favoráveis ao fenómeno da unipessoalidade não iludiam algumas reservas, que se juntavam ao coro de desconfianças que nos restantes ordenamentos jurídicos continuavam a merecer os propósitos de reconhecer a sociedade unipessoal como mecanismo de se prover à necessidade de limitar a responsabilidade do comerciante indivíduo.

Até este ponto de evolução, em síntese, poderá afirmar-se, em traços largos, o cruzamento, no *destino último de aceitação da sociedade unipessoal a título originário*, de duas asserções bem transparentes. A primeira: o tipo correspondente à sociedade de responsabilidade limitada foi *convertido* na prática em recurso preferencial do empresário individual para gerir a sua empresa através de estruturas societárias em que é sócio solitário[172]. A segunda: a tendência geral e crescente para tolerar a sociedade unipessoal (pelo menos enquanto *fenómeno sucessivo* à constituição) como modo indesmentível de superar os sistemas normativos ainda inflexíveis à mudança das realidades económicas[173]. Esta combinação

---

com o "dono da empresa" e evitaria, nas situações de ilicitude, que se tivesse que tirar o "véu da sociedade" para chegar a resultados justos. Em sentido próximo, partidário do reconhecimento legal da empresa individual de responsabilidade limitada, embora duvidando da capacidade de um novo instituto de criação legislativa resolver o problema da sociedade unipessoal (o que lhe cercearia a sua subsistência) e suprimir os abusos da posição de domínio advenientes do recurso às sociedades de índole monossubjectiva, formal ou substancialmente, *vide* ULF SIEBEL, "Die «gefährliche» Einmanngesellschaft", loc. cit., pp. 724-5. Aparentemente em sentido contrário a essa solução alternativa à sociedade unipessoal, cfr. UWE HÜFFER, "Vorgesellschaft, ...", loc. cit., pp. 506-8.

[172] Cfr., como exemplos, JUTTA LIMBACH, p. 93; GIANCARLO LAURINI, p. 51; THOMAS MAYRHOFER, p. 6.

Sublinhando este ponto na escassa doutrina nacional sobre o assunto, cfr. MANUEL DE ALARCÃO, "Sociedades unipessoais", *BFD*, 1961, pp. 207-8, que associa a procura intencional e consciente da unipessoalidade ao interesse do sócio único em beneficiar por todos os meios do benefício da limitação da responsabilidade: "E se o legislador lhe não faculta directamente esses meios ele irá recorrer às sociedades de responsabilidade limitada, conseguindo, em se tornando o seu único sócio, a *mesma situação em que se encontraria se lhe fosse permitido montar uma empresa com responsabilidade limitada*" (sublinhado nosso). Essa busca da unipessoalidade é ainda acompanhada nas suas causas, segundo o Autor, por outros motivos, a saber, as vantagens fiscais, a criação de um património separado (que se subtraia à acção dos credores comuns – o que será um mero *efeito* da limitação de responsabilidade) e a sujeição de determinado bem ou empresa a um particular regime de gestão.

[173] Para além do que já se referiu no que concerne à unipessoalidade superveniente a respeito da II Directiva (*vide supra* n. 77), a posição comunitária em matéria de unipessoalidade originária era também suficientemente flexível e aberta. Isto pode ser dito em

aconselharia o legislador, como nos informava MARIA ÂNGELA COELHO, "adoptando uma atitude realista, [a] legitimar um tal modo de agir, reconhecendo plenamente a sociedade de um sócio e definindo, simultaneamente, as regras jurídicas da respectiva constituição e funcionamento, de

virtude da análise da Primeira Directiva do Conselho das Comunidades Europeias, sobre direito das sociedades comerciais, n° 68/151/CEE, de 9.Março.1968, publicada no JOCE, n° L 065, de 14.Março.1968, pp. 8 e ss (daqui em diante denominada por I Directiva). O seu art. 11°, n° 2, al. f), determinava que a *invalidade do contrato de sociedade* apenas podia ser reconhecida pelos Estados-membros, entre outros fundamentos taxativamente aí apontados, «quando, contrariamente à legislação nacional aplicável à sociedade, o número de sócios fundadores for inferior a dois». Ora, se era entregue à liberdade dos países comunitários a faculdade de escolher a falta da pluralidade dos sócios como causa de nulidade do contrato social, isso só podia indiciar que esse estádio subjectivo não era mais um princípio geral inamovível do direito societário que se pretendia sintonizar na Europa comunitária, o que não era mais do que um sinal lúcido dos tempos, também em sede de constituição das sociedades. Diga-se, em rigor, que essa disposição comunitária vinha confirmar o que fora prescrito pelo art. 9, § 2°, da Convenção CEE sobre o reconhecimento mútuo das sociedades e das pessoas colectivas (Bruxelas, 29.Fevereiro.1968), pois aí se previa explicitamente que uma sociedade podia ser fundada por um só sócio se a lei reconhecesse a sua existência jurídica (não podendo, para o que aí interessava, ser essa sociedade considerada por um Estado contraente contrária à sua ordem pública de acordo com o direito internacional privado).

Apesar disso, no seu conjunto, o preceituado nesta matéria pelas I e II Directiva, como bem assinalou ALONSO UREBA, p. 78, não procedeu a uma *harmonização positiva*, na medida em que não se optava por um regime concreto sobre as diversas manifestações da unipessoalidade, mas sim a uma *harmonização negativa*, uma vez que não caberia reconduzir a concentração de participações à dissolução de pleno direito. Assim, outorgava-se aos Estados um largo recinto para a sociedade de um único sócio, admitindo ou não a sociedade de fundação originariamente unipessoal e estabelecendo ou não um regime especial, em sede de dissolução e/ou de responsabilidade do sócio único, para a derivada.

Daí até hoje, o *favor* à unipessoalidade mostrado pelo direito comunitário evoluiu e acabou por se radicar naquele tipo de harmonização positiva. Mais uma prova disso, a juntar à XII Directiva, é o estatuto da sociedade anónima europeia (por nós *supra* noticiado na n. 37), directamente aplicável a todos os Estados-membros por intermédio do Regulamento que o aprovou, onde se prevê, no seu art. 3°, n° 2, que «a própria SE [Societas Europae] pode constituir uma ou mais filiais sob a forma de SE». Incentivou-se assim a constituição dessa forma social por uma única sócia fundadora de igual espécie, com o que se dá um importante passo em direcção à admissão das sociedades unipessoais no espaço europeu (tendo como pano de fundo normativo, como já sabemos, as disciplinas nacionais que tenham sido adoptadas em cada um dos países relativamente às sociedades de responsabilidade limitada unipessoais, em cumprimento das disposições da XII Directiva).

molde a afastar os abusos que uma tal iniciativa pudesse trazer consigo"[174].

Note-se que das três soluções *abstractamente* possíveis para resolver o problema da unipessoalidade derivada e *em concreto* disseminadas pelos ordenamentos da área capitalista, resultantes de uma certa evolução que aqui já foi narrada para aqueles mais importantes – a dissolução da sociedade depois da concentração, com a nuance de ser operada automaticamente ou a requerimento dos interessados (com esta hipótese a poder conduzir a um *adiamento* da consequência estatuída); o carácter transitório da situação subjectivo-individual, com efeitos prejudiciais para o sócio único em termos da sua responsabilidade; a persistência do ente sem qualquer inovação na sua continuidade ou no regime de responsabilidade –, foi esta última a recolher adesões mais significativas nos *intentos de reforma* do ordenamento jurídico das sociedades comerciais. De facto, essa tendência, inclinada a considerar a redução a um único sócio das sociedades compatível com a persistência da sociedade e com a conservação do benefício da responsabilidade limitada, vinha a solicitar e a realizar, nas experiências singulares de cada um dos países, a admissão da sociedade unipessoal no âmbito da atribuição desse benefício ao empresário individual.

Não obstante, apesar da crença de que o reconhecimento de uma forma societária a que pudesse o empresário individual recorrer para se subtrair ao rigor da responsabilidade pessoal e ilimitada seria o meio ideal para uma *moralização ética*[175] do tráfico mercantil, uma vez que a tal

---

[174] "A limitação...", loc. cit., p. 17. No mesmo sentido, *vide*, uns bons anos antes, J. VANDEVELDE-WINANT, "La limitation de la responsabilité dans les entreprises commerciales et les moyens de parer à ses dangers. Rapport sur le droit français", *TAss.HC*, 1957, pp. 83-4.

[175] Cfr. DUQUE DOMÍNGUEZ, "La 12.ª Directiva...", loc. cit., p. 271. Antes de tudo o mais, na realidade, a regulamentação da disciplina do empresário individual preencheria uma indesmentível necessidade de *moralização* do direito societário, consubstanciada na tutela de interesses dignos de protecção sem o recurso a estruturas fraudulentas e anti-jurídicas, e, mais do que isso, abriria as portas para uma sanção pelos tribunais das condutas indevidamente utilizadoras dos tipos societários, predominantemente ignoradas pela fiscalização judicial. Neste sentido, cfr., entre outros, ROGER HOUIN, "Le IIIe Congrès des S.A.R.L.", loc. cit., p. 202; YVONNE LAMBERT-FAIVRE, p. 924; HERRERO MORO/ /FERNÁNDEZ DEL POZO/GONZÁLEZ DEL VALLE GARCÍA, pp. 18 e 19; JEAN PAILUSSEAU, "L'E.U.R.L. ...", loc. cit., n. 139; JEAN-JACQUES DAIGRE, "Défense de l'entreprise unipersonelle à responsabilité limitée", *Sem. Jur.*, 1986, p. 3225, n. III, B.; CATARINA SERRA, "As *novas* sociedades unipessoais por quotas", loc. cit., p. 141.
Segundo as palavras radicalmente reprovadoras de CLAUDE CHAMPAUD, "L'entre-

exclusão da responsabilidade ilimitada se escapava com sociedades unipessoais *encobertas*, com as naturais surpresas que isso encerrava para terceiros no momento de se apurar e executar responsabilidades[176], sem-

---

prise personnelle...", loc. cit., pp. 595-6, esse postulado moral era tão mais claro quanto o exigia o facto de 50% a 60% das sociedades comerciais serem, de facto, empresas puramente individuais que se revestiam de uma forma social [cálculo feito para a França da década de setenta; em 1984, por ocasião do Relatório sobre o projecto de lei relativo à sociedade de responsabilidade limitada unipessoal, essa percentagem, relativamente às cerca de 140.000 sociedades anónimas e 270.000 sociedades de responsabilidade limitada, ascendia a dois terços do total dessas entidades sociais: cfr. PHILIPPE MERLE, p. 233, n. (1)]. O direito que se sustentava com tal nível de hipocrisia e de ficção era um *direito morto*, frágil, vazio de sentido e de substância, necessitado, por isso, para quem desaprovava a forma societária de acolher essa disciplina, de instituições jovens, vigorosas e adaptadas à tarefa de conciliar as regras jurídicas e os imperativos económicos. Em Espanha, a configuração legal da empresa individual de responsabilidade, com a adopção de uma normatividade específica que regulasse e conjugasse os possíveis interesses em jogo, foi visto por TERESA GISPERT, p. 286, como "um instrumento de clarificação jurídica". Em Itália, o reconhecimento da sociedade unipessoal chegou a ser encarado como funcionalmente útil para levar a cabo uma "profilaxia da hipocrasia", precisamente neste sentido de eliminar os expedientes simulatórios, ou de outro tom, a que se recorriam para contornar a norma sobre a responsabilidade ilimitada do único sócio das sociedades de capitais: cfr. LAURA BALSANO, p. 230.

[176] A desconfiança e o risco dessas sociedades, para os seus adversários, podem ser exemplarmente simbolizadas pela seguinte passagem de CLAUDE CHAMPAUD, últ. loc. cit., p. 607, acérrimo crítico da solução societária: "As ficções societárias (assembleias soberanas, gestão colegial, eleição dos dirigentes sociais, lei da maioria, informação dos associados, etc.) contribuem mais para enganar os terceiros do que para lhes assegurar a coerência, a integridade e a objectividade das decisões de gestão do património afectado à empresa social". Igualmente ULRICH MEYER-CORDING, pp. 10-12, se retraía perante o risco das sociedades unipessoais. Segundo o Autor alemão, a difusa experiência de unipessoalidade na Alemanha tinha contribuído em grande medida para a colecção de falências empresariais e permitido anotar variadas demonstrações de abusos (principalmente em sede de subcapitalização das sociedades em detrimento das garantias patrimoniais dos credores), que teriam sido evitáveis com o controlo de outros sócios e uma gerência responsável. Tal verificação, resultante de um propagar de sociedades unipessoais preordenadas à unipessoalidade, *lamentavelmente tolerado pela jurisprudência e realisticamente impossível de se proibir em face dessa experiência*, implicaria que a realização pioneira em que o legislador se deveria empenhar, em vez da permissão da sociedade unipessoal originária (ou, retirar-se-á do seu pensamento, da introdução de uma nova instituição que fosse capaz de irradiar as práticas pouco ortodoxas de utilização das formas societárias...), deveria ser a disposição expressa, impedindo as incertezas da valoração judicial, de uma prescrição destinada a permitir o levantamento da personalidade jurídica (*gesetzlichen Anordnung*

pre se defendeu, em variadas ocasiões, que a unipessoalidade, na busca de um remédio, iria espoletar novas maleitas. Fundamentalmente, a transferência do risco pela actividade empresarial para a esfera dos credores (que

---

des Durchgiffes), para tutela dos credores que se confrontassem com situações abusivas, nomeadamente "quando a sociedade unipessoal se torna insolvente e estiver nesse momento consideravelmente subcapitalizada, de uma forma objectiva em relação à envergadura do negócio" (p. 11). Essa disposição, defende o Autor, devia também ser válida, por razões de equidade, para as sociedades fictícias onde o sócio prevalece sobre a sua mulher ou o sócio complacente.

Já muito tempo antes, a doutrina (falamos de RUDOLF REINHARDT, pp. 262, 265 e ss), reconhecendo, na substância, a *identidade económica* entre a sociedade unipessoal e a pessoa do sócio único, apesar da autonomia jurídica do escopo social e da individualidade do organismo societário, uma vez assente que, mediante a utilização dessa organização jurídica, o resultado económico se canalizava imediatamente na esfera do sócio, sob a forma de avaliação da sua quota, considerava que haveria que encontrar uma fórmula susceptível de proteger os credores sociais, que não passaria pela pura e simples responsabilidade do único sócio com fundamento dogmático na conversão dessa identidade económica em *identidade jurídica*. Na verdade, em vez de se recorrer à fórmula do *Missbrauch* da personalidade jurídica, que não teria em conta a situação dos terceiros que entram em relações negociais com a sociedade e não sabem (nem podem saber) se ela foi constituída ou empregue para fins lícitos ou ilícitos, o *Durchgriff* deveria conduzir a uma responsabilidade suplementar do proprietário de todas as quotas pelas dívidas da sociedade nos casos em que se violassem os princípios gerais de ordem público-económica (de ordem extracontratual), respeitantes à proporção entre o escopo, os meios e o risco da empresa para terceiros, em estreita conexão com os particulares deveres de organização derivados da posição de poder do sócio único (dando-se como exemplo típico de infracção merecedora de sanção a insuficiência do capital social para os objectivos e dimensão da sociedade, que levaria, em função da transferência do risco da exploração da empresa para os credores sociais, à responsabilidade pessoal do sócio pela integração do capital necessário para a conservação do equilíbrio agredido); para uma perspectiva crítica da tese geral do Autor alemão, cfr., entre nós, MANUEL DE ALARCÃO, pp. 308-10.

Daqui se pode retirar, em conclusão, que a sociedade unipessoal e o seu corolário fundamental, a limitação da responsabilidade, eram, apesar de uma ou outra resistência, reconhecidas. Mesmo que não se quisesse, a prática tinha ultrapassado a lógica dos conceitos e o rigor dos institutos. O verdadeiro *problema operativo* que se punha era o de saber evitar – ou sancionar – os abusos e as fraudes que a unipessoalidade poderia desencadear em prejuízo dos credores. À falta de uma disposição expressa que derrogasse o princípio da autonomia do património da sociedade em relação ao do associado único, recorria-se ao jogo de interesses perseguidos por algumas normas do direito civil ou do direito das sociedades ou, o que se generalizou em função do esforço judicativo, ao princípio da responsabilização *directa* e *pessoal* do sócio único (*Durchgriffshaftung*). Para uma análise detalhada dos fundamentos doutrinais e legais, à falta desse tipo de normas

sempre, pelo menos potencialmente, poderiam ver os seus créditos incobráveis ou inexecutáveis em épocas de crise económica), que, enquanto sofriam com a impossibilidade de pagamento ou com a sua apenas parcial satisfação, viam o empresário inadimplemente a gozar ainda da parte, muitas vezes maioritária, do acervo patrimonial que não comprometeu à sua actuação mercantil[177]. Mas também se disse, em resposta a esse cepticismo, que o perigo de prejudicar os credores, potenciado pela ausência da fiscalização que pior ou melhor funciona nas sociedades de responsabilidade limitada pluripessoais, seria neutralizado com a proposição de uma *técnica legislativa portadora de uma disciplina adequada* (desde logo à ausência de contraditório com outros eventualmente contrainteressados), nomeadamente em sede de realização e efectivação do capital social[178].

---

expressas (realce-se a violação *teleológica* do § 56 da *AGesetz* para efeitos de transferência ilícita de capitais e de bens, bem como do § 242 do *BGB*, onde se prevê a cláusula geral da boa fé, para situações de subcapitalização), da responsabilidade do sócio dominante, decorrente de uma operação de *Haftungsdurchgriff*, cfr. OTTMAR KUHN, pp. 204 e ss, em esp. as conclusões de pp. 229-32. Em geral sobre o tema, interessante sobretudo pela resenha de jurisprudência que aglutina, cfr. ainda HANS WÜRDINGER, pp. 347 e ss. A estes pontos de análise da doutrina alemã, voltaremos mais afincadamente no Capítulo IV (onde daremos por adquiridas as contribuições acabadas de narrar), com dados mais actualizados e retirando deles outras consequências.

[177] Este foi um argumento largamente utilizado contra a sociedade unipessoal: a título exemplificativo, cfr. JEAN-PIERRE SORTAIS, p. 344.

[178] Assim, cfr. ERNESTO SIMONETTO, "Riforme necessarie...", loc. cit., pp. 111-12 e 114, que chegou mesmo a sugerir a criminalização de condutas violadoras dos traços legais da sociedade unipessoal, através de tipos com escopo *funcionalizante* e *organizativo*, isto é, que se destinassem a proteger o organismo como veículo de tutela do interesse público do incremento da produtividade nacional. Este Autor, aliás, é bom precisá-lo, não dirige as suas críticas à fiabilidade do instituto como opção válida no que concerne à disciplina da empresarialidade "individual" (porquanto seria o mecanismo mais frutuoso no apoio ao desenvolvimento da microempresa e na sua evolução para organismos de pequena e média dimensão, mais ágeis e funcionais, com o benefício de uma mais acentuada direcção interna). O que se repara, de um modo incisivo e inequívoco, é a carência de um regime jurídico que vigore para a *delicadíssima* matéria da unipessoalidade, uma vez que a unicidade do sócio distorce o sentido de vários normativos e institutos nucleares das sociedades de capitais, designadamente no que respeita à realização das entradas, ao funcionamento da assembleia, à nomeação e controlo do órgão administrativo. Mas sem que estes inconvenientes pudessem arvorar-se como adversários da instituição da sociedade de responsabilidade limitada unipessoal, pois eles apenas devem prevenir "o legislador *que conheça o próprio mister* para a disposição dos mecanismos respectivos com o rigor

Por seu turno, a ascensão do instituto a figura societária (além das motivações económicas que também são comuns à necessidade e adopção de uma sociedade de responsabilidade limitada) facilitaria a transmissão

---

devido, mas também dos remédios e sanções, *talvez penais*, destinados a perseguir o abuso do delicado instrumento de operação económica" (p. 115, sublinhado como no original). Isto é, como refere ROBERTO WEIGMANN, se o tratamento diverso que merecia a bipessoalidade e a unipessoalidade *ab initio* tinha a sua justificação no "controlo recíproco que os sócios exercem na condução da vida social e que incita potencialmente a dialéctica entre maioria e minoria, é fácil replicar que basta insistir com os mecanismos de controlo substitutivos" ("Le società unipersonali: esperienze positive...", loc. cit., p. 835). Aliás, dizia já uma anterior doutrina, a limitação da responsabilidade concedida ao sócio único, tal como o deveria ser ao empresário individual dotado de uma forma de exercício "não societária", deveria estar ligada a um rigoroso regime da constituição, do controlo e da publicidade da sociedade unipessoal: cfr. PIETRO RESCIGNO, "La persona giuridica...", loc. cit., p. 492.

Contra a solução societária, com base nessa impossibilidade de manter o sistema de controlos recíprocos entre sócios e os diversos órgãos (assente por excelência na dialéctica da assembleia) e assim preservar a sociedade com um único sócio como uma organização corporativa, precisamente o que justifica a atribuição de personalidade jurídica, cfr., em Itália, FRANCESCO GALGANO, "Struttura logica...", loc. cit., p. 627, ss. Num apontamento de base idêntica, em França, cfr. ROGER HOUIN, "La limitation de la responsabilité dans les entreprises commerciales et les moyens de parer à ses dangers. Discussion", *TAss.HC*, 1957, p. 168, realçando que a omissão dessa fiscalização conduziria a grandes abusos e à ruína do crédito, bem como CLAUDE CHAMPAUD, "L'entreprise personnelle...", loc. cit., p. 586, clamando pela desconformidade da natureza, das dimensões, do espírito, do estilo de vida e dos imperativos de gestão das pequenas e médias empresas, com o ritual jurídico das sociedades de responsabilidade limitada.

Concentremo-nos na posição de princípio assumida pela consagrada voz de Galgano, a quem respondeu circunstanciadamente LUIGI SALVATO, pp. 404-5, que merece a nossa concordância pelo acerto das suas apreciações, ancoradas numa visualização objectiva da realidade na actuação concreta das sociedades comerciais. De facto, se se olhar para o funcionamento das sociedades com uma reduzida base social, em particular as de natureza *familiar* (que ocupam, como se sabe, um lugar predominante no tecido empresarial-societário do nosso país, mesmo quando se fala de empresas de uma dimensão acima da média), o referido controlo poucas ou nenhumas vezes actuará, nomeadamente nas situações em que os sócios são concordantemente acometidos da intenção de utilizar a sociedade enquanto instrumento de elisão das regras de correcção empresarial e de benefício dos seus interesses pessoais em prejuízo dos credores. Aí estariam as desastrosas e apreciáveis irregularidades de gestão das sociedades de elevado porte para comprovar como o controlo interno supostamente assegurado pela pluralidade dos sócios não era garante da manutenção da funcionalidade do instituto societário.

A propósito do controlo interorgânico no instituto societário, veja-se como ele pode ser ilusório, recorrendo-se à análise de uma inovação contemporânea da SQU. No nosso regime das sociedades por quotas, tentou introduzir-se mais uma garantia do *normal funcionamento do instituto societário* através da criação de um *dever de prevenção* a cargo do revisor oficial de contas ou de qualquer membro do conselho fiscal pelo art. 262º-A (introduzido pelo mesmo diploma que instituiu a SQU, ou seja, o DL nº 257/96, no seu art. 4º), cujo conteúdo é fundamentalmente preenchido pela remissão que o nº 4 dessa norma empreende para o art. 420º-A, responsável a partir também desse momento pelo *dever de vigilância* do revisor oficial de contas nas sociedades anónimas. Da *mens legis* sobressai a vontade de acautelar, com a nova competência, a satisfação do interesse social enquanto barómetro de uma actividade *funcionalmente* correcta da sociedade, "que se traduz no poder de desencadear procedimentos de alerta quando entenda [o revisor de oficial de contas ou o membro do conselho fiscal] que na prossecução do interesse da sociedade surgem dificuldades que a ponham em causa" (cfr. DR, 31.Dezembro.1996, I Série-A, p. 4703). Depois, o art. 420º-A, no seu nº 1, exemplifica – porventura com situações demasiadamente atinentes à vida comercial e financeira da sociedade, descurando-se, já que era para apontar actuações susceptíveis de densificarem a cláusula geral que a lei refere («os factos reveladores de graves dificuldades na prossecução do objecto da sociedade»), outro tipo de actividades, de carácter mais ou menos continuado no tempo, que expressassem ou indiciassem uma utilização indevida do mecanismo societário...) – algumas realidades perniciosas para a pretendida prossecução do objecto social, a saber, as reiteradas faltas de pagamento a fornecedores, os protestos de títulos de crédito, a emissão de cheques sem provisão, a falta de pagamento de quotizações para a segurança social e a ausência da devida liquidação fiscal, o que se aplicará de igual modo às sociedades por quotas por força da remissão apontada. Contudo, como a sanção *a final* do procedimento preventivo é o requerimento da convocação de uma assembleia geral da sociedade, apenas se verão efeitos práticos dessa reunião, num sentido penalizador para uma administração irregular (*maxime*, através de uma deliberação de destituição do ou dos sócios-gerentes), se o equilíbrio e o consenso predeterminado entre os sócios se romper por qualquer razão. Logo, também esta nova faculdade legal contribuirá em pouco para a funcionalidade *real* do controlo relacionado com a presença de mais do que um sócio, porquanto, tal como é meta assumida pelo legislador, este procedimento ocorre apenas no interior da estrutura social, sem qualquer intervenção de quaisquer terceiros prejudicados com as condutas sociais denunciadas pelo órgão fiscalizador.

Serve este pequeno desvio para afirmar que, mesmo sem fiscalização de qualquer outro sócio, como conclui Luigi Salvato, "é preferível que lá esteja um só sócio que pretende operar correctamente a dois que querem utilizar de um modo distorcido a sociedade...". Em geral, focando a perigosidade decorrente da falta de acção de controlo dos outros sócios, ou dos sócios de minoria, que, nas sociedades pluripessoais, teriam nos seus braços a tutela do interesse de funcionamento adequado da sociedade, enquanto tal um instrumento indirecto de garantia para terceiros, cfr., entre vários outros, CARLO IBBA, "Società unipersonali", loc. cit., p. 3, e ANA MARIA ALTAMURA, p. 295.

da participação social[179], bem como a cisão e a transmissão da empresa *objectiva*, em virtude do benefício da personalidade jurídica social. Em suma, um instituto que está sempre aberto à pluralidade de sócios e à consequente "transformação" em sociedade de estatuto jurídico respectivo, isto é, à passagem da titularidade *individual* ao exercício *colectivo* da *mesma* empresa, seja, exemplificando, através da entrada de coparticipantes no negócio, seja com a repartição do património empresarial entre os herdeiros do sócio primitivo, apresenta uma maior elasticidade numa

---

[179] O esquema da sociedade unipessoal presta-se melhor do que qualquer outro ao eventual fraccionamento e mobilização das participações sociais depois da sua constituição, em particular se essa participação é a quota. De facto, a cessão da quota social pelo sócio único, depois de convenientemente dividida de acordo com os trâmites exigidos por lei – o art. 221°, que, no seu n° 1, faz menção à «transmissão parcelada ou parcial», ou seja ao seu fracionamento para ser transmitida para outrem; ainda o art. 270°-D, n° 1 –, torna em verdade extraordinariamente facilitada a passagem de uma sociedade unipessoal a uma sociedade ordinária. A aquisição da pluralidade pode ser também atingida por uma deliberação de alteração do negócio social destinada a proceder a um aumento do capital social, seguindo as regras dos arts. 85°, 87° e ss, e 246°, n° 1, al. h), naturalmente a subscrever por terceiros. Deste modo, na esteira de GIOVANNI CABRAS, p. 294, deve entender-se absolutamente infundada a tese de que, nas situações de constituição de uma sociedade por acto unilateral, a adesão de novos sócios requisitaria a estipulação de um contrato. Uma vez constituída a sociedade (negocial ou contratualmente) e adquirida a sua personalidade jurídica com a inscrição no registo comercial, o acto constitutivo assume singelamente um *valor histórico*, esgotando-se a sua função na geração da organização social. As variações da equipa social, com a passagem à pluripessoalidade (tal como a manutenção da unipessoalidade mas com a mudança do sócio), parecem, na realidade, incluir-se no conjunto de *actos de cessão* da participação social – transpondo o argumento para o caso do aumento do capital social, tal será mais um dos possíveis *actos de alteração* do negócio social. Ora, esses actos correspondem sem mais ao preenchimento de direitos nascidos com a organização societária e que podem ser exercidos de acordo com as regras legais, imperativas e supletivas, e estatutárias.

Quanto ao movimento inverso de «concentração na titularidade de um único sócio das quotas de uma sociedade por quotas, independentemente da causa da concentração» (art. 270°-A, n° 2), entre nós, a lei basta-se com a formalização dessa passagem, através da outorga de escritura pública de cessão de quotas fundante da redução a um único sócio (que será a *hipótese particular* prevista pelo legislador na al. a) do n° 3 da norma citada), ou, para *todas as restantes hipóteses de concentração*, pela observância da mesma formalidade ou de documento particular sucedâneo se isso corresponder à previsão da al. b) do n° 3 (na redacção dada pelo DL n° 36/2000), diremos como meio de *anúncio* da vicissitude derivada. Ambas as hipóteses partilham a mesma exigência: o sócio remanescente deve emitir uma declaração volitiva afirmativa da transformação operada.

óptica evolutiva da empresa[180]. É compreensível, em outra medida, que a empresa individual não terá essa versatilidade funcional no caminho da

---

[180] Em sentido próximo, cfr., para a Alemanha, GÖTZ HUECK, *Gesellschaftsrecht*, ob. cit., pp. 348-9; FRIEDRICH KÜBLER, pp. 306-7; em Itália, GIANCARLO LAURINI, p. 52; ERNESTO SIMONETTO, "La società unipersonale...", loc. cit., p. 850; LORENZO CHIARELLI, pp. 140 e 144; FABRIZIO KUSTERMANN, p. 733; DOMENICO SANNINO, "La società a responsabilità limitata con unico socio", *Vit. Not.*, 1994, p. CLXV; LUIGI SALVATO, pp. 406-7, onde se faz referência à "*circulação* mais ágil da empresa" (sublinhado nosso); FEDERICO TASSINARI, p. 710; GIOVANNI CABRAS, pp. 284 e 294; GUILIANA SCOGNAMIGLIO, "La disciplina...", loc. cit., p. 238; PASQUALE MACHIARELLI, p. 984, que anota "a possibilidade da entrada sucessiva na sociedade de outros sócios, o que significa a possibilidade de potenciar a mesma empresa com novos capitais, meios e energia através da constituição da pluralidade de sócios", uma vez que "a disciplina da circulação das quotas sociais – consideradas tipicamente bens de segundo grau – é mais simples e funcional no que respeita às exigências de ágil circulação da riqueza produtiva em comparação com a disciplina da transferência da empresa em todos os seus componentes..."; GIOVANNI CESÀRO, p. 17; ROBERTO WEIGMANN, "Società di un solo socio", loc. cit., p. 213; em Espanha, HERRERO MORO/FERNÁNDEZ DEL POZO/GONZÁLEZ DEL VALLE GARCÍA, p. 18; SÁNCHEZ RUZ, p. 12939; ARANGUREN URRIZA, p. 1419. Neste ponto se deve realçar que, dando relevo às concisas palavras de GASTONE COTTINO, "La sociedad de responsabilidad limitada...", loc. cit., p. 149, a nova disciplina visa "oferecer às pequenas e médias empresas instrumentos societários *elásticos* utilizáveis individualmente ou por grupos, e intercambiários, de modo que se possa passar do exercício individual ao exercício colectivo e viceversa, sem nenhuma formalidade, sem, para isso, recorrer a procedimentos de transformação" (sublinhado do Autor), criando de tal forma "uma sociedade acordeão, que se abre e se fecha" em virtude das circunstâncias e preferências dos sujeitos envolvidos.
  A sociedade por quotas caracteriza-se por serem estas o tipo de participação social conferida aos sócios. Como realçámos, a quota faculta proceder a um oportuno fraccionamento sempre que isso for necessário para promover o ingresso de *novos financiadores* à estrutura social (assim, por todos, cfr. ROBERTO WEIGMANN, "Le società unipersonali: esperienze positive...", loc. cit., pp. 837-8; IDEM, "Società di un solo socio", loc. cit., p. 214, onde se sustenta que se tornaria difícil falar de quota se não se considerasse a sua possível futura divisão). Noutras palavras, a SQU acarreta uma dose adicional de *elasticidade* aos instrumentos oferecidos pelo sistema jurídico aos empresários, já que resulta inequivocamente ágil a passagem da empresa unipessoal a empresa pluripessoal, com a económica associação de novos *partners*, como o seu inverso, tanto pela manutenção da estrutura societária original, como pela sua modificação, recorrendo-se, p. ex., a uma cisão-constituição de uma ou mais SQU (seguimos aqui de perto CONCETTO COSTA, p. 21; LUIGI SALVATO, p. 407). Essa maior *versatilidade* da sociedade por quotas permite, ainda, em claro detrimento do património separado de destinação especial, resolver o problema da *continuação da empresa* em caso de morte do sócio-empresário (sublinhando o assunto, cfr. GIULIANA SCOGNAMIGLIO, "La disciplina...", loc. cit., p. 238).

expansão do negócio e do acolhimento de novos *partners*, pois isso passaria pela adopção de uma operação de reestruturação que implicaria a constituição de um novo e distinto sujeito da empresa preexistente, com a empresa a constituir entrada da nova sociedade. Por isso, sob um ponto de vista prático, com a escolha do meio societário, a pluripessoalidade poderá ser desencadeada sem a necessidade de configurar uma particular disciplina de transformação de uma estrutura individual para uma estrutura pluripessoal e de entradas realizadas com o estabelecimento comercial "a transformar", susceptível de evitar a criação de um novo ente societário.

A unipessoalidade tem, na realidade, esta vantagem de assegurar a perenidade da empresa individual. Contribuiu, para além disso, para salvaguardar a conservação da personalidade das sociedades constituídas pluralmente. Com efeito, a criação legal de uma sociedade unipessoal permite que uma sociedade originariamente plural se torne unipessoal sem passar por um procedimento de dissolução e de liquidação. O que se regista não só para o tipo social que a acolhe como para outras modalidades de sociedades, que assim não estão votadas a desaparecer, sendo possível uma transformação em sociedade unipessoal do tipo que a acolhesse.

Mas os detractores da escolha societária nunca se esqueceram de referir que a prática comercial do sócio único não se afigura fácil, já que o crédito no mercado de financiamento lhe seria difícil de obter sem a contrapartida de fortes garantias sobre o seu património desonerado do jugo empresarial. Deste modo, não se via como se poderia chegar a um aproveitamento da sociedade unipessoal na asfixia das sociedades fictícias[181].

---

[181] Mesmo depois de a unipessoalidade à partida ser direito constituído, tem emitido a doutrina comparada, em particular a italiana, que se pronunciou após a entrada em vigor do diploma permissivo da constituição da sociedade de responsabilidade limitada por acto unilateral de uma única pessoa através da modificação do art. 2475 do *CCIt.*, reiteradas dúvidas sobre a idoneidade prática de uma normatividade respeitante à sociedade de responsabilidade limitada com um único sócio contribuir para a extinção do fenómeno das sociedades de favor, precisamente um dos desígnios principais do reconhecimento legislativo da SQU. No mesmo sentido, em França, mas com base em dados estatísticos que mostravam haver, entre o conjunto total de sociedades de responsabilidade limitada, apenas 0,12% de sociedades unipessoais em 1987, e, no ano seguinte, uma percentagem igualmente insignificante de 2,82%, cfr. PIERRE ORTSCHEIDT, "La société unipersonnelle...", loc. cit., p. 380.

Além disso, no seguimento do que foi dito em texto, contra a relevância prática e consequente difusão-adopção da nova sociedade pelos agentes jurídicos jogaria a *vulgarização* da *prática creditícia* dos credores-financiadores junto da SQU, consistente na

Sem dúvida que, em termos de técnica legislativa, pisar um terreno conhecido e já solidificado na prática, fornecedor de um acervo de meca-

---

exigência de garantias pessoais ao sócio como condição para a concessão de mútuos financeiros: assim se faria malograr o benefício da limitação da responsabilidade e a utilidade de um recurso comum à SQU. Cfr., a título exemplificativo, em França, GILLES FLORES/JACQUES MESTRE, p. 17; em Espanha, SÁNCHEZ ALVAREZ, p. 250; em Itália, BRUNO CAPPONI, Le società unipersonali a responsabilità limitata", loc. cit., p. 1122; MARCO SPOLIDORO, "La legge sulla s.r.l. unipersonale", loc. cit., pp. 117-8; GIORGIO MARIA ZAMPERETTI [et all.], p. 98; em Itália, JOSEFINA BOQUERA MATARREDONA, La sociedad unipersonal de responsabilidad limitada, ob. cit., pp. 149-50; entre nós, CATARINA SERRA, "As *novas* sociedades unipessoais por quotas", loc. cit., p. 140. Em França, porém, de entre as precauções mencionadas para a "boa utilização" das SQU, YVES GUYON, *Droit des Affaires*..., ob. cit., pp. 543-4, adverte os banqueiros da necessidade de "aceitar jogar o jogo", precipitando-se tal atitude no facto de não se exigir que o sócio único caucione todas as dívidas da sociedade, sob pena de o mecanismo legal ser "desnaturado".

Em sentido contrário, prognosticando o sucesso do normativo referente à SQU, não obstante reconhecerem a probabilidade da persistência do expediente de recorrer a sócios de favor para simular a pluralidade de sócios e assegurar a vantagem das sociedades de capitais, cfr. ALESSANDRO GRAZIANI [et all.], p. 240, que *a final* crêem que a nova disciplina, tornando possível obter por via legal aquilo que só era possível alcançar através de negócios simulados, tornará menos indulgentes as decisões judiciais que versam sobre o fenómeno das sociedades que só aparentemente dispõem de uma pluralidade de sócios. Numa exposição de teor neutro e expectante pela adesão *em concreto* da experiência jurídica à aplicação do diploma legal respectivo, cfr. GUILIANA SCOGNAMIGLIO, "La disciplina...", loc. cit., p. 264, que, não obstante, aceita ser difícil eliminar (ou redimensionar) a hipocrisia do recurso a "testas-de-ferro" ou a "homens de palha" como participantes na estipulação do contrato social. Num apontamento de conteúdo predominantemente *construtivo* perante o global juízo pessimista acerca do futuro do instituto da sociedade de responsabilidade limitada unipessoal, designadamente reforçado pela circunstância de a SQU ser uma normal sociedade por quotas com prescrições limitativas da autonomia privada, que poderiam ser *evitadas* pelo método usual do encabeçamento efectivo a uma outra pessoa de uma fracção infinitesimal do capital social da sociedade a constituir, *vide* FEDERICO TASSINARI, p. 709, n. (6), e, esp., pp. 738 e ss. Destarte, observe-se, em acrescento, que esta doutrina, como veremos no ponto 10.4. do Capítulo II, entende que a aplicação analógica de algumas normas da disciplina da SQU às sociedades em que se atribuiu a titularidade ao "homem de palha" de uma parcela ínfima do capital social poderia fazer derramar esse juízo, pois essa susceptibilidade afastaria a pretensão de contornar a disciplina imperativa em matéria de sócio único nos casos em que, apesar da pluralidade formal de sócios, não existisse uma *substancial* pluralidade de titulares da iniciativa económica, tendo em conta a posição absolutamente preeminente assumida por um dos sócios. Além do mais, o mesmo desiderato de vivificação do instituto deveria ser incentivado com a desaplicação de alguns institutos que encontram na pluralidade dos sócios o pressuposto lógico e indefectível de aplicação, como sejam, exemplifica o Autor: (i) o instituto do

nismos sem consequências imprevisíveis[182], oferecia vantagens ao nível da organização e gestão económico-contabilística e dos efeitos jurídicos

---

conflito de interesses do sócio enquanto tal com a sociedade (em Itália regulamentado pelo art. 2373 do *CCIt*. e positivado entre nós na norma reguladora do impedimento de voto do art. 251º, a que daremos interpretação conveniente no ponto 16 do Capítulo III; neste mesmo ponto, voltaremos a fazer referência ao Autor italiano); (ii) as normas respeitantes ao conflito de interesses entre administrador e a sociedade, sempre que estejamos em presença da cumulação da gerência com a titularidade exclusiva da propriedade social; (iii) a operatividade das limitações à actividade social, levadas a cabo pelo representante institucional da sociedade (também quando este seja simultaneamente o gerente único e o único sócio), colocadas pelo objecto social tal como foi indicado nas cláusulas estatutárias definidoras das actividades que *o sócio* propõe que a SQU venha a exercer. Esta hábil utilização da normatividade societária desencadearia, em resumo, a exclusão do emprego de algumas limitações de regime que se justificam pela plurissubjectividade, o que daria ao *ius speciale* que caracteriza a SQU uma natureza, além de uma feição penalizante em alguns dos seus principais traços, de carácter galardoante (*carattere premiante*), diríamos nós, um prémio pela escolha do instituto para o exercício empresarial.

[182] Como já se depreendeu de outras passagens do texto, esta seria uma das mais meritórias dianteiras da técnica societária como *modus operandi* legislativo, até porque, no caso de se seguir a hipótese do património de afectação, seria imprescindível inventar toda uma nova ordenação jurídica, necessariamente caracterizada pela complexidade (decorrente da determinação e do conteúdo das diferentes massas patrimoniais, da coordenação da divisão patrimonial com as regras dos regimes matrimoniais, sucessórios e falimentares, entre outros), que, em muitas situações, se deveria urbanizar sobre o regime societário mais próximo (ou seja, utilizar outro expediente seria reproduzir, em parte substancialmente relevante, a disciplina societária, com o risco de se produzirem lacunas e de levantarem problemas de coordenação...), cujo regime seria susceptível de uma adaptação mais simples e facilitada. Ora, mesmo com o intuito de obter uma aproximação desejável entre os ordenamentos, mais fácil seria concretizar tal objectivo quanto menos estranho em relação à tradição jurídica fosse o instrumento através do qual se encontrasse a tutela e o reconhecimento da empresa individual dotada de responsabilidade limitada. Mais adequado seria, em consequência, por uma atendível razão de simplicidade, quer no conteúdo da intervenção legislativa como na receptividade da prática, adaptar uma disciplina societária já existente do que criar uma figura jurídica nova e necessitada de ensaios. Cfr., entre muitos, a título de exemplo, JEAN DERRUPPÉ, "Chroniques de Législation et de Jurisprudence françaises. I. Organisation générale du commerce", *RTDC*, 1985, p. 739; EMANUELE FERRARI, "La société d'une personne", loc. cit.., p. 1008; JEAN PAILUSSEAU, "L'E.U.R.L. ...", loc. cit., ns. 141-2; CARLO ANGELICI, "Il progetto...", loc. cit., p. 404; BRUNO INZITARI, "La limitazione...", loc. cit., p. 1322; PIERRE ORTSCHEIDT, "La société unipersonnelle...", loc. cit., p. 379; JEAN-JACQUES DAIGRE, "La société unipersonnelle en droit français", loc. cit., pp. 670-1; LORENZO CHIARELLI, p. 144; MARTÍN ROMERO, "La sociedad unipersonal de responsabilidad limitada", *RGD* cit., p. 5556; KARSTEN SCHMIDT, *Gesellschaftsrecht*,

do funcionamento interno da sociedade unipessoal[183]. Contrapunha-se que os abusos da personalidade jurídica suceder-se-iam, a diligência do empresário-sócio na administração diminuiria e permitiria imputar à sociedade a maioria das operações inconvenientes, quando no património pessoal do associado singular se concentravam as operações favoráveis[184].

Mas se fossemos aos princípios básicos de estruturação do próprio direito das sociedades, também não se justificaria semelhante iniciativa. De facto, a tal equação entre poder ilimitado de gestão e responsabilidade ilimitada do gestor, que mais implícita do que explicitamente fazia compreender a configuração jurídica distintiva entre sociedades de pessoas e sociedades de capitais, depois de já ter sofrido uma ruptura *relativa* com a sociedade de responsabilidade limitada[185], sucumbiria definitivamente no

---

1997, p. 1239. Entre nós, ANTÓNIO PEREIRA DE ALMEIDA, *Sociedades comerciais*, 1997, p. 203; CATARINA SERRA, "As *novas* sociedades unipessoais por quotas", loc. cit., p. 131. Aliás, como foi notado na doutrina estrangeira, sintomático dessa maior agilidade era precisamente o exemplo português, que, tendo seguido por outra estrada em 1986 com o EIRL, viu-se constrangido a reproduzir *substancialmente* muita da disciplina societária pertinente, originando assim um potencial risco de lacunas de regulamentação e de problemas de coordenação.

[183] Sem dúvida que a regulamentação mais constrangedora do direito das sociedades oferece, em contraponto à empresa pessoal, a comodidade de uma gestão *funcionalmente* mais rigorosa. A começar pelas regras de formação (e realização) do capital e das reservas, pela nomeação do órgão de fiscalização, pela elaboração de relatórios da gestão e documentos de prestação de contas, e a terminar na fiscalização feita pelas magistraturas judiciais.

[184] Para esta última reserva respeitante à actuação do sujeito empresarial único na condução dos seus negócios, cfr. VICENTE Y GELLA, p. 190: "Se se apresenta a possibilidade de realizar uma operação vantajosa, pode decidir concluí-la em nome da «empresa limitada», de alguma delas se tiver várias, ou decidir-se simplesmente por guardá-la para si como sujeito individual; mas se não há outro remédio que não seja levar a cabo uma operação arriscada e desfavorável, então, separada a sua personalidade extracomercial, ela se celebrará, sem dúvida, em nome da «empresa limitada», ou se são várias, daquela que por uma ou outra razão crê ser mais conveniente expô-la aos encargos que daquela operação podem derivar". No entanto, nunca se deve esquecer que a inibição de o empresário individual realizar as suas operações com o privilégio da responsabilidade limitada vinha a ser contornado pelo recurso a sociedades de favor. Aí, no entanto, apesar de se respeitar a regra de se apresentar dois fundadores, como bem reparou KARL OTTO KONOW, p. 145, não é o simples facto de se criar a sociedade de acordo com a lógica dos conceitos e os ditames da lei que se vai proteger a sociedade de empreendimentos duvidosos ou fraudulentos.

[185] Em termos mais *absolutos*, a Resolução de 21.Junho.1990, da DRGNE, no respectivo 5º Considerando, entendia que o "reconhecimento legislativo de sociedades

caso de ao poder decisório, que pode ser exclusivo, por parte do sócio único, corresponder uma modalidade de responsabilidade limitada pelo seu preenchimento e exercício concreto[186]. Mesmo que se dissesse que as

---

personalistas de responsabilidade limitada – a «Sociedade de Responsabilidade Limitada» – constitui uma *opção indiscutível* do legislador em *desvincular* o privilégio da limitação de responsabilidade do carácter gestor dos membros que integram a sociedade" (sublinhado nosso).

[186] Chamando a atenção, depois de positivada a SQU na Itália, para este mesmo facto de a legitimação, dada ao sócio único de uma sociedade de responsabilidade limitada, para conservar essa modalidade de responsabilidade pelas obrigações sociais atacar a estrutura valorativo-conceitual de correlação entre *poder* e *risco* (traduzido na responsabilidade), que caracteriza o regime do tipo social em causa, *vide* GIUSEPPE ZANARONE, "S.r.l. contro s.p.a. nella legislazione recente", loc. cit., pp. 393-4. A nosso ver, bem esteve o Autor, pois a concentração de todo o *poder da empresa* na esfera decisória de um único sujeito retira-o da anterior situação de ilimitada exposição às perdas da empresa em nome individual ou singular, pelo que se supera indubitavelmente, em termos societários, o princípio *keine Herrschaft ohne Haftung* (no mesmo sentido, DUQUE DOMÍNGUEZ, "La 12.ª Directiva...", loc. cit., p. 261). A irrelevância do princípio na reconstrução do regime de responsabilidade nas sociedades de capitais nem sequer se pode considerar abalada pelo facto de se poder interpretar a peculiar disciplina da SQU, feita de limitações e preceitos de observância especial na regulação da qualidade de sócio único, para além da óbvia função de tutela de terceiros, em termos de identificação de um *papel diferente* do único sócio, *mais central e responsabilizado*, em comparação com aquele que é desempenhado por qualquer sócio de uma sociedade de capitais (neste sentido, cfr. GIORGIO MARIA ZAMPERETTI, "Rilievi in tema...", loc. cit., p. 416). No entanto, essa superação (mais uma...) não era algo de decisivo para se recusar a situação de unipessoalidade, que comprimia inevitavelmente o princípio de correlação poder-responsabilidade, pois – nesta matéria, fazemos integralmente nossas a conclusão do 5º Considerando da Resolução de 21.Junho.1990 da DGRNE, que se pronuncia sobre a relação entre esse princípio e a regra constitucional que reconhece a liberdade de empresa de acordo com o modelo de uma economia de mercado – "o sócio único não está isento de responsabilidade. O sócio único responde com o património social, que, naturalmente, há-de ser adequado ao nível de risco da empresa que pretende desenvolver. Do preceito constitucional deduz-se que aquele que tem o poder e obtém o benefício tem de responder. O que não se deduz é o *quantum* dessa responsabilidade, *e menos ainda que tenha de ser ilimitada*" (sublinhado da nossa responsabilidade).

Além disso, se um dos mais sólidos estribos dogmáticos do modelo capitalístico-societário, representado pela ideia de limitação do poder como contrapartida da situação de limitação da responsabilidade, cai inapelavelmente na empresa social que se realiza na figura do sócio único, parece-nos que Zanarone também encarreira no trilho mais adequado ao propender para aceitar a tese inovadora de FRANCESCO DENOZZA, *Responsabilità dei soci e rischio d'impresa nelle società personali*, 1973, pp. 253-9, segundo o qual a qualificação da responsabilidade pelas obrigações sociais constitui uma variável dependente,

garantias de terceiros estariam salvaguardadas pelas regras gerais da sociedade de responsabilidade limitada, logo se dava o grito final: como compreender uma sociedade que não seja constituída por várias decla-

---

não do poder de direcção, *mas antes do mercado*. De facto, Denozza é apologista da falta de uma coligação funcional entre poder e responsabilidade a fazer com que as empresas sejam administradas por quem suporta pessoalmente os efeitos da vida social, de modo a orientar o exercício do seu poder da maneira mais vantajosa para si e para a sociedade, ou em sentido inverso, uma vez que para ele o factor *de dependência* seria sempre a *natureza* da empresa que devesse ser exercida. Se essa empresa não precisa de recolher capitais consideráveis ou pretende apenas investir-se um montante diminuto de capital e se é possível suprir as suas necessidades financeiras através do crédito individual pessoal dos seus sócios, nada obsta a que se *opte* por um mecanismo caracterizado pela responsabilidade ilimitada. Se o quadro é o oposto, então será com ele mais consentânea a adopção de uma empresa investida de uma outra roupagem societária compaginada com a responsabilidade limitada. Contudo, a alternativa não se decidiria com base numa *escolha entre o exercício do poder de direcção sobre a empresa com um ou com outro conteúdo* (um pessoal e individual, próprio das sociedades de pessoas, o outro impessoal e colectivo, como seria apanágio das sociedades de capitais) mas em termos de uma *escolha entre o exercício de uma empresa com o investimento e consequente vinculação de uma parte relevante do próprio património* e *o exercício de uma empresa com um capital investido menor, mas usufruindo de uma capacidade de crédito ajustada, por força da responsabilidade ilimitada, à globalidade do património próprio*. Exemplificando: quando não se pretende investir no exercício da empresa um capital importante mas sobretudo beneficiar do crédito que deriva da responsabilidade ilimitada, é normal que quem vai suportar essa responsabilidade deseje possuir, e normalmente possuirá, o poder de dirigir a empresa, mesmo quando não exista essa condição e o bom funcionamento empresarial não depende de uma reponsabilidade pessoal e incondicionada ou uma responsabilidade limitada, *independentemente* de um qualquer princípio impor a introdução de tal responsabilidade a cargo de quem se atribui a direcção da empresa. Com isto, a escolha do tipo social, com o respectivo regime de responsabilidade por dívidas, precisaria de ser averiguada nas necessidades económicas da empresa a constituir. Daí decorreria que pertence ao detentor do poder da empresa escolher o regime de responsabilidade em função da aprovação manifestada pelos potenciais financiadores. Exemplificando para o nosso caso, na exposição de Zanarone [p. 395, n. (17)], cabe ao empresário individual seleccionar se deve operar sob a forma de empresa individual ou de SQU, de acordo com as exigências de recurso ao crédito da respectiva empresa e a sua relação com a maior ou menor conveniência do regime de responsabilidade ilimitada ou limitada em face dessas considerações de ordem creditícia.

Note-se ainda que Denozza entende que a regra *keine Herrschaft ohne Haftung* desempenharia um papel *juridicamente* negativo em face das modernas exigências de organização e desenvolvimento das empresas, pois seria um instrumento voltado para favorecer as grandes empresas e para criar um mercado mais "centrado", menos concorrencial e desprovido de pequenas empresas. Em sentido próximo, continuamos a remeter para DUQUE DOMÍNGUEZ, *ibid.*, pp. 266-7, com referência a alguma doutrina alemã pertinente,

rações de vontade negocial destinadas a uma actividade de *cooperação económica*? Como continuar a defender uma sociedade sem património colocado em comum, sem um interesse colectivo, sem colaboração entre

---

que enfatiza o facto de os novos dados da economia terem alterado as condições de um mercado de livre concorrência, em que todos tinham sensivelmente o mesmo peso, e a imagem de um empresário *absolutamente livre* no interior da empresa. O empresário, mesmo que o quisesse, já *não decide livre e autonomamente*, pois o seu poder de decisão relativamente à empresa que dirige se encontra decisivamente influenciado pelas condicionantes ditadas pelo gigantismo das empresas, da sua multinacionalidade, pela actividade de planeamento (indicativo ou não, diremos nós) do poder estadual e também pelos poderes de codecisão atribuídos ao pessoal da empresa através dos seus órgãos representativos, tudo parâmetros que se encontram quase totalmente *fora da influência dos pequenos e médios empresários*. Se seguirmos estes raciocínios complementares, e regressando ao início deste diálogo doutrinal, a tendência para a introdução de uma forma societária de exercício individual em vantagem, desde logo mas não só, das empresas modestas, de natureza familiar ou pessoal, assenta sem mais na ideia de que a decadência dessa regra dogmática (na medida em que se possa ainda dizer que para essa categoria de empresas o poder se pode exercer de uma forma ilimitada...) justifica-se e vem responder à necessidade em que se encontra a vasta categoria dos pequenos e médios empresários que não pretendem estar mais expostos a um risco ilimitado, independentemente do *nível de poder de que dispõem e, o que será decisivo, do grau de independência de exercício desse poder*. Entende-se, assim, que esse princípio teria necessariamente que ser contornado quando se criasse uma figura desse calibre, com todo ou muito poder concentrado numa única pessoa, assistida pelo privilégio da responsabilidade limitada. O fortalecimento da tendência e a sua condução à prática não logram ser explicados com as valorações que inspiram essa regra, mas daí não se deve retirar nada de relevantemente importante. Apenas se deverá concluir, com FRANCESCO DENOZZA, *ibid.*, pp. 260-1, que, "seja a escolha do sujeito sobre o qual deve eventualmente recair o risco da empresa, sejam as escolhas respeitantes à disciplina do mesmo risco, não podem ser explicadas de outro modo que não seja aquele que faz referência ao interesse de desenvolvimento das empresas, concebido como interesse principal, relativamente ao qual a tutela de todos os outros interesses em jogo se apresenta como subordinada ou instrumental".

Com abordagens circunstanciais em sede de responsabilidade limitada do empresário individual e de sociedade unipessoal, cfr. PAUL CARRY, *La responsabilité...*, ob. cit., pp. 7-8, ss; ULF SIEBEL, "La società di capitali...", loc. cit., p. 93; ULRICH MEYER--CORDING, p. 10. Observando a introdução da SQU como um desmentido inabalável da pretendida correlação entre poder e responsabilidade, cfr. GIAN CARLO RIVOLTA, "Gli atti d'impresa", *RDC*, 1994, p. 131; CARLO IBBA, *La società...*, ob. cit., p. 134; SÁNCHEZ RUZ, p. 12914; JOSEFINA BOQUERA MATARREDONA, *La sociedad unipersonal de responsabilidad limitada*, ob. cit., p. 36 (acrescentando-se que a ruptura do binómio gestão exclusiva-responsabilidade ilimitada já se fizera profusamente com a sociedade anónima unipessoal criada pelo Estado e por outras Administrações públicas e até com a sociedade com sócio maioritário administrador); FRIEDRICH KÜBLER, p. 305.

membros diversos, sem ao mesmo tempo deixar ao abandono o conceito contratual de sociedade?[187]

Em suma, fosse qual fosse a técnica ou expediente jurídico pelo qual se inclinasse em definitivo o legislador – e confrontaram-se, fundamentalmente, duas alternativas: o *património separado* ou a *sociedade de um só sócio* –, encontrávamos sempre a ausência de uma base dogmática escorreita, isenta de dúvidas e sobressaltos, que permitisse a adopção da responsabilidade limitada do comerciante individual sem quebra de alguns princípios mais ou menos fundamentais do ordenamento, isto é, sempre teríamos que empreender um certo e determinado *esforço de (re)compreensão dogmática* dos institutos e das figuras jurídicas utilizadas com tal desiderato.

4.2. A rendição *ao expediente societário protagonizada pela Décima Segunda Directiva*

A XII Directiva acabou por aceitar a igual legitimidade daquelas duas vias para atingir o desiderato indicado de consentir a limitação (que

---

[187] O sublinhar da *impossibilidade lógica e conceptual* do nascimento de uma sociedade constituída por um só sócio atravessou as várias localizações do direito comparado, com particular severidade em França, reservando-se a nulidade para uma realidade insusceptível de se pôr de acordo com o seu próprio *nomen iuris*. A título de exemplo, *vide* RODRÍGUEZ DEL BARCO, p. 792, bem como as considerações de ANGELO GRISOLI, *Le società con un solo socio*, ob. cit., pp. 138-41, sobre o direito francês e com abundantes referências bibliográficas. Esta forte convicção explica que, à excepção da Alemanha, e apesar da gradativa interiorização do mecanismo societário unipessoal, se referisse por tradição a unipessoalidade *exclusivamente* às sociedades que, numa fase posterior à sua constituição, obediente ao requisito da pluralidade e protagonistas de um início de actividade normal, registavam a reunião de todas as participações ou quotas que integravam o capital social da sociedade na titularidade de uma só pessoa dos sócios originários. Em Portugal, a única monografia sobre o tema, a cargo de FERRER CORREIA, é o melhor exemplo do que se afirmou: cfr. *Sociedades fictícias e unipessoais*, ob. cit., desde logo a pp. 3 e 4, entre outras partes do texto. Assim se referia a doutrina às sociedades unipessoais *propriamente ditas*, que, para MANUEL DE ALARCÃO, seriam "aquelas que, tendo-se constituído e funcionado normalmente (com um número plural de associados), se encontram em dado momento da sua vida reduzidas a um único sócio em cujas mãos se concentraram todas as participações sociais" (p. 204). Desse entendimento resultavam os *problemas jurídicos* das sociedades unipessoais: a manutenção da personalidade jurídica, a duração do seu funcionamento enquanto ente subsistente, a conservação ou não da responsabilidade limitada como benefício do sócio único.

a exclui, em rigor) da responsabilidade empresarial do comerciante singular, prefigurando, pelo ditame do seu art. 7º[188], o mecanismo de separação patrimonial como meio de individualizar um centro de imputação distinto da restante esfera jurídica patrimonial do sujeito interessado[189]. Com isso, independentemente das diferentes sensibilidades jurídicas e dogmáticas que ambas as realidades fazem emergir, a proposta comunitária reconhece, sob o ponto de vista *substancial* dos fenómenos, a *tendencial fungibilidade e equivalência* da técnica da subjectivação societária e da técnica da separação objectiva patrimonial para obter, em igual plano no patamar da compatibilidade *abstracta*, a desejada insensibilidade do património destinado à empresa perante as obrigações *não empresariais*[190].

---

[188] Que reza assim: «Um Estado-membro pode decidir não permitir a existência de sociedades unipessoais no caso de a sua legislação prever a possibilidade de o empresário individual constituir uma empresa de responsabilidade limitada com um património afecto a uma determinada actividade desde que, no que se refere a essas empresas, se prevejam garantias equivalentes às impostas pela presente directiva bem como pelas outras disposições comunitárias aplicáveis às sociedades referidas no art. 1.º.».

[189] É frequente encontrar referido que a razão da alternativa do art. 7º da XII Directiva reside na existência de uma solução *concorrente* à sociedade unipessoal, devidamente regulamentada, no nosso país. Falou-se mesmo numa norma acrescentada ao corpo da Directiva com o objectivo de não ferir a sensibilidade dos representantes portugueses, que possuíam antecipadamente um expediente para preencher os desideratos nucleares da operação comunitária. Sobre isto, não cremos que a justificação proceda na íntegra. Se analisarmos o Comentário a esta norma, contido na Exposição que acompanhou a Proposta de XII Directiva (que neste ponto não sofreu contestação no essencial), vemos que o exemplo que aí se refere é claramente o nosso. Mas do exemplo parte-se para a intenção. Tal como no exemplo, que se guindou a instituto na salvaguarda da fidelidade às concepções tradicionais de constituição e funcionamento societários, fornecia-se aos Estados-membros a opção de irem por outro caminho (que até parece *prima facie* ser apoiado e incentivado pelos órgãos comunitários...), sempre que se mantivessem as *hesitações teóricas e dogmáticas* ou de *política jurídica* em aceitar o princípio da unipessoalidade social. Mais do que o respeito por um único país, melhor, em vez dele, parece-nos mais razoável considerar que o cuidado era dirigido aos países mais puristas na ideia societária e da sua intrínseca *affectio societatis* no que respeita à escolha primária, a sociedade unipessoal, de forma a que, mesmo esses, não deixassem de criar um expediente *alternativo* ao gozo da subjectividade proporcionada pelo ente societário, que pudesse corresponder ainda aos anseios de tutela dos interesses do empresário individual.

[190] Em favor da interpretação do art. 7º como uma norma atributiva de duas soluções alternativas, cfr. ANTONIO PIRAS, "Gruppi e società unipersonali", loc. cit., p. 596; ILARIA CHIEFFI, *La società unipersonale...*, ob. cit., p. 24; CARLO IBBA, *La società...*, ob. cit., p. 131; IDEM; "La s.r.l. unipersonale fra...", loc. cit., pp. 251-2 e 268-9, com mais desenvolvimentos.
Este último Autor refere-se a uma diferença entre as duas técnicas reduzida a uma

Outra compreensão, aliás, seria mais difícil de recolher. O ditame é alternativo e só o pode ser em virtude de a contraposição não ser plausível. Pensemos, para aí chegar, ao contrário.

---

pura questão de "etiqueta", embora nos pareça que esta doutrina optasse pelo mecanismo da separação patrimonial, regulado por normas substancialmente similares às disposições que constituem o regime da SQU e municiando este regime com um reenvio residual para disciplina da sociedade por quotas sempre que isso não fosse desaconselhado pelas balizas da inconciliação entre os institutos. De facto, entende-se, entre passagens elogiosas ao bem elaborado estatuto legal do nosso EIRL, que a opção pelo esquema da empresa individual dotada de autonomia patrimonial serviria, não só para a instituir formalmente, como em primeira linha para a dotar de uma regulamentação pontual e articulada, capaz de assegurar a terceiros, em conformidade com as prescrições comunitárias, uma tutela *não inferior* à que se atribui aos que se relacionam com uma sociedade de responsabilidade limitada. Deste modo, evitar-se-ia a fractura sistemática na disciplina societária, a contraposição entre a unipessoalidade *boa* da sociedade por quotas e a unipessoalidade *má* da sociedade por acções e seria possível empreender uma construção unitária da relação entre unipessoalidade e o seu regime de responsabilidade, que assim apresentam uma dicotomia de difícil explicação e de nenhuma neutralidade.

Defendendo expressamente a solução *não societária*, cfr. MASSIMO MASTROGIACOMO, "Le società unipersonali: problemi operativi", *Riv. dott. comm.*, 1994, p. 743. Aqui, a instituição de uma disciplina do empresário individual (pessoa singular) de responsabilidade limitada, autónoma do regime societário, permitiria, ao excluir a sociedade de capitais da classe das empresas individuais, destinar a normatividade apenas e só para as pequenas empresas, o que estaria de acordo com as intenções do legislador comunitário. Por outro lado, sob o plano da informação perante terceiros, seriam menores os impulsos dirigidos a eludi-los, dado que seria do interesse do empresário dar a conhecer de modo adequado e cómodo a sua situação operativa em regime de responsabilidade limitada. Finalmente, com a superação da personalidade jurídica da empresa, teríamos um *único sujeito* operativo no plano negocial, o que daria azo a uma mais fácil aplicação dos princípios. Com essa escolha, de acordo com o Autor, não se teria que concluir que é inadequado "vestir" a sociedade unipessoal com um fato, a disciplina da sociedade de responsabilidade limitada, que, apesar das adicionais cautelas de regime previstas, não estaria preparada para fazer incidir sobre o sistema de organização societária, já gravemente abalado no plano dos princípios gerais, mais um motivo de turbação. No mesmo sentido crítico da *incongruência* societária, cfr. GIANCARLO IACCARINO, "Le società unipersonali «il giorno dopo»", *Società*, 1993, p. 681; FRANCESCO DI BELMONTE, p. 797; ou mesmo da *contradição terminológica*, pelo que seria melhor o reconhecimento expresso de empresas individuais de responsabilidade limitada à imagem do nosso EIRL, GASTONE COTTINO, "La sociedad de responsabilidad limitada...", loc. cit., p. 149. Os próprios apoiantes da solução societária não escondem, na tentativa de justificar a liberdade consentida pelo legislador comunitário de optar pela empresa individual de responsabilidade limitada, que esta escolha poderia ser melhor recebida, por razões de carácter dogmático, pelos legisladores nacionais em face da dificuldade de "conceber a constituição de uma sociedade

Reparemos que se, por hipótese, o legislador comunitário tivesse entendido reconhecer o sistema do património de afectação e excluir o da sociedade unipessoal, o que estava em causa era *retrair*, ou mesmo *banir*,

---

sem pluralidade de partes, sem actividade comum e sem finalidade de repartição dos lucros" (FEDERICO TASSINARI, p. 710).

Em sustento da fungibilidade mencionada, tome-se mais esta achega, plena de significado, da autoria de GIULIANA SCOGNAMIGLIO, "La disciplina...", loc. cit., p. 263, que denomina a SQU como uma *empresa individual de responsabilidade limitada sob a forma de sociedade por quotas* (referindo-se ao tipo social equivalente em Itália, a sociedade de responsabilidade limitada). No mesmo sentido, GIORGIO OPPO, "Società, contratto, responsabilità...", loc. cit., p. 183, e ALESSANDRO GRAZIANI [*et all*.], p. 237. Ainda ALDO SCHERMI, p. 133, que a define como *empresa individual «sob a forma societária»*, uma vez que a sua estrutura subjectiva é caracterizada pela existência (definitiva) de um só sócio.

Em tempos menos recentes, num contexto ainda longínquo da emissão da XII Directiva, PIETRO RESCIGNO, "La persona giuridica...", loc. cit., p. 491, pronunciou-se pelo *indiferente relevo de tal escolha*, uma vez que as duas medidas legislativas propícias a consentir a limitação da responsabilidade ao empresário individual "poderiam ser adoptadas conjuntamente, sem que entre elas ocorra uma necessária interdependência". Uns bons anos antes, na Alemanha, a doutrina pronunciava-se em sentido contrário ao do Autor italiano, insurgindo-se contra a possibilidade de a introdução de uma empresa individual de responsabilidade limitada, em cujo regime se plantassem as devidas cautelas, nomeadamente na obtenção e conservação do capital, deixar espaço para a continuidade do funcionamento da sociedade unipessoal como modo de defesa do comerciante individual, que, aliás, depois de criada, devia conduzir a que toda a sociedade unipessoal derivada nela se convertesse: cfr., em resumo, WOLFGANG SCHILLING, "Die Einmanngesellschaft und das Einzelunternehmen mbH", loc. cit., pp. 166-7.

Em França, onde a técnica da separação patrimonial sempre foi preferida, entendeu--se que essa seria a *mais propícia* às características em capital e trabalho que a pequena célula sócio-económica apresentava, que a aproximavam, numa relação de clara dependência, do seu proprietário. Só depois, num outro *estádio de desenvolvimento*, em que a empresa afirmasse a sua identidade e se distanciasse do seu *patrão*, empurrado pelo desenvolvimento para a procura do concurso de financiadores externos e a união com outros sócios, deveria ser adoptada a forma societária (cfr., para esta posição, DANIEL ALIBERT, pp. 78-9). Se olharmos para as características geralmente identificativas da empresa pessoal ou familiar, esta posição pareceria à primeira vista válida. Essas empresas, de acordo com ALAIN COURET, "Le concept d'entreprise familiale et as place dans les économies nationales et européennes", *Annales de l'Université des Sciences Sociales de Toulouse*, tomo XLI, 1993, p. 13, ss, distinguem-se pela forte concentração de poder nas mãos dos detentores do capital, por uma percepção do risco centrada no valor de investimentos próprios sem se recorrer geralmente ao exterior (que vai atrás da *confusão* da propriedade e da gestão) e por uma dependência estrutural da pessoa do seu chefe, que lhe confere a sua perenidade. Porém, são, por exemplo num tecido económico como o nacional, vulgares as

o avanço dessa realidade. Teria, então, que sugerir-se que se *mexesse* no direito das sociedades, de forma a que a constituição de todas as sociedades exigisse não só a participação de, pelo menos, duas pessoas,

---

situações de *roupagem societária* desse tipo de empresas, em especial as familiares que se solidificaram à volta da *centralidade* do seu chefe (designadamente as sociedades por quotas, mas igualmente as anónimas). Mais tarde, com a mudança de ambições, mantêm a forma social que já tinham, adaptando-a porventura com uma diferente relação de poder orgânico que os novos tempos (geralmente trazidos pela sucessão do líder primitivo e pela transmissão do seu poder) promovem. Se o *dado casuístico* é este, interessa daí imputar nenhuma relevância à maior ou menor distância da empresa relativamente ao seu chefe, ou seja, à sua maior ou menor *dependência pessoal*, como um parâmetro de gradação destinado a *desvalorizar a técnica societária* para limitar a responsabilidade da empresa menor, mais chegada ao seu titular e mais virada para a subsistência pelos seus próprios meios.

A *faculdade alternativa* oferecida pela XII Directiva aos Estados de preencher juridicamente a responsabilidade limitada do empresário individual, ou através dasociedade unipessoal, ou por intermédio de uma empresa individual de responsabilidade limitada, foi também objecto de outras contribuições comparatísticas, que não ajudaram a que fosse de todo aventada uniformemente. Em Espanha, no momento de se pronunciar sobre a interpretação do art. 7º da XII Directiva e, assim, acertar a relação entre o regime da sociedade de responsabilidade limitada unipessoal e outros meios técnicos alternativos, DUQUE DOMÍNGUEZ, "La 12.ª Directiva...", loc. cit., pp. 279-80, não aceitava essa fungibilidade *originária* nos termos em que a temos focado. Para esta doutrina, essa configuração dada pelo art. 7º apenas viabilizaria essa escolha para os Estados-membros que *já regulassem* no seu ordenamento a constituição de uma empresa individual de responsabilidade limitada. Não para os restantes, aqueles que sobre o mecanismo limitativo ainda não se tivessem pronunciado. Só *naquele caso* se podia adoptar *duas posturas alternativas*: (i) *não introduzir* a figura societária, desde que a empresa individual de responsabilidade limitada oferecesse as mesmas garantias, atento o disposto no art. 7º; (ii) *introduzir* a sociedade com sócio único e simultaneamente *conservar* a forma da empresa individual de responsabilidade limitada, mantendo para ambas as estruturas jurídicas um naipe equivalente de garantias. Em ambos os casos, haveria que introduzir as garantias exigidas pela Directiva no regime jurídico da empresa individual. Com isto, não haveria dúvidas sobre a opção prioritária do legislador comunitário pela sociedade de responsabilidade limitada como instrumento para alcançar o fim prático da limitação da responsabilidade do empresário, mas consente-se a sua *coexistência* com um normativo que regule a empresa individual de responsabilidade limitada. Ou seja, o art. 7º estaria *exclusivamente* pensado para o modelo em actuação entre nós com o EIRL, ao mesmo tempo permitindo que se salvaguardasse a primeira escolha do nosso legislador, assim como que, de acordo com SÁNCHEZ RUZ, p. 12940, e IGLESIAS PRADA, "La sociedad de responsabilidad limitada unipersonal", loc. cit., p. 1011, uma "fórmula de compromisso" para salvaguardar peculiaridades de *algum* ordenamento interno, em vez de ser o *resultado* de uma finalidade perseguida abertamente pelo legislador comunitário.

Como resulta do que escrevemos em texto e da nota anterior, pensamos que não seja assim. A XII Directiva parece permitir a opção *sem mais* pelo sistema de empresário indi-

mas igualmente a subscrição por cada uma de uma percentagem *mínima* do capital social, além de penalizar com a responsabilidade pessoal pelas dívidas os sócios que se associassem simuladamente ou praticassem fraudes através do instrumento societário. E no caso de concentração *a posteriori* dos direitos sociais num único sócio, a sociedade *deveria* transformar-se nessa "empresa individual de responsabilidade limitada", como *único* mecanismo possível que era para o efeito pretendido, se não fosse reestabelecido o número mínimo de associados dentro de um período dado pela lei, na falta do qual o sócio remanescente passaria a responder pessoalmente pelas perdas sociais[191]. Como se decidiu pela sociedade unipessoal, incitando à sua admissibilidade desde a origem e à concessão de

---

vidual de responsabilidade limitada. E mais, para que seja coerente tal visão, se assim for exercida a preferência, isso *desonera o legislador nacional de regular a sociedade unipessoal*, sempre que, como dita o art. 7º, se estabeleçam as garantias exigidas para essa forma societária (em sentido favorável, mais ou menos alinhados, cfr. SOTO VÁSQUEZ, p. 510; ARANGUREN URRIZA, p. 1417; SÁNCHEZ-CRESPO CASANOVA, p. 19; JIMÉNEZ SÁNCHEZ/ /DÍAZ MORENO, p. 16) e, ademais, para o tipo societário de acolhimento dessa forma.

Em abstracto, parece-nos que a alternativa se coloca com esta feição. Na verdade, seguindo MASSIMILIANO BOVESI, p. 481, ou EDOARDO COURIR, *Limiti alla responsabilità...*, ob. cit., p. 295, se se considerar atentamente a sistemática da Directiva, apreende-se que o que ela verdadeiramente consagra é um princípio de responsabilidade limitada (ou de subtracção de responsabilidade pessoal e ilimitada) do empresário individual, dando à escolha, de acordo com as susceptibilidades de cada um dos Estados, dois institutos, um preferencial e um sucedâneo. Um e/ou outro poderão ser adoptados, desde que sejam disciplinados de maneira o mais equivalente possível, de modo a que não se prejudique a exigência de tendencial uniformidade do direito de derivação comunitária nos Estados-membros. *Em concreto*, todavia, não escondemos a subsidiariedade da figura do "património de afectação" relativamente à sociedade unipessoal, como se explanará a seguir em texto.

[191] Vamos no encalço das medidas submetidas à discussão por JACQUES AUSSEDAT, pp. 245-6. Nesse caso a oposição era defensável, pois só assim seria coerente a medida, no intuito de persuadir de vez a moeda corrente em que se vulgarizaram as sociedades de favor. Talvez por isso, dizemos nós, não teve êxito entre nós o esquema do EIRL, já que, a acompanhá-lo, nada foi alterado no direito societário para alterar as práticas comerciais enraizadas, apenas se confiando na bondade do instituto e na correcção das suas prescrições. E, como propôs CLAUDE CHAMPAUD, "L'entreprise personnelle...", loc. cit., pp. 597 e 610-11, para o esperado sucesso de um mecanismo como o EIRL, o legislador devia ter feito algo mais, o que passaria, ao menos, pelo incitamento ou pela obrigação de transformar as sociedades, que se tornassem unipessoais e não reconstituíssem a pluralidade originária, em estabelecimentos individuais. Foi igualmente isso que exprimiu, aquando da introdução do EIRL, a mais autorizada doutrina nacional (Raúl Ventura, Oliveira Ascensão): *vide infra* n. 243.

responsabilidade limitada independentente do momento da concentração, nada aconselharia a excluir a solução do património de afectação, desde que o *programa regulador* coincidisse no essencial.

Assim se fez. Logo, a deferência ao mecanismo societário não implicou, *porque de limitar a responsabilidade do empresário individual se trata e não de a rejeitar pela alameda societária*, a impermeabilidade ao método de separação patrimonial. Mas não podemos negar que este esquema tem para a XII Directiva, no plano *concreto* das suas determinações, um carácter *subsidiário*. Só assim não seria – quer dizer, *a alternativa em abstracto* concretizar uma *verdadeira faculdade de escolha em concreto* – se a condição prevista para a adopção, isto é, a aplicação das mesmas garantias previstas para a sociedade unipessoal, fosse *integralmente operativa* em sede de património separado empresarial. Porém, nas palavras de ALONSO UREBA, "*as previsões da XII Directiva não são transladáveis para o «empresário individual com limitação de responsabilidade»*: publicidade da concentração de acções ou participações num único sócio (art. 3º), funcionamento e documentação dos acordos da Assembleia Geral (art. 4º), negócios entre a sociedade e o sócio que por sua vez a representa (art. 5º), são normas baseadas na dualidade de sujeitos (sociedade-sócio) e na necessária estrutura orgânica da pessoa jurídica-sociedade, e como tal, não resultam aplicáveis ao empresário individual com limitação de responsabilidade"[192].

Se bem que a opinião do Autor espanhol apenas seja parcialmente correcta, uma vez que a aplicação dos princípios do art. 2º, nº 2, e do art. 3º, pode ser moldada ao regime jurídico de uma empresa individual de responsabilidade limitada[193], não é discutível afirmar que as restantes dis-

---

[192] P. 98 (sublinhado do Autor), onde se acrescenta que a liberdade de actuação que é dada aos Estados-membros para impor disposições e sanções para os casos de uma pessoa singular ser o sócio único de várias sociedades ou quando uma sociedade unipessoal ou outra pessoa colectiva for o sócio único de uma sociedade não é igualmente aplicável para a situação de escolha do património de afectação, atento o disposto no art. 2º, nº 2, da XII Directiva. Isto é, exemplifica o Autor, nada condicionaria o legislador nacional na hora de *decidir* se um único empresário individual pode ou não afectar patrimónios distintos a actividades empresariais diferentes, criando várias «empresas individuais com limitação de responsabilidade», e, em caso afirmativo, nada o vincularia sobre a relação que deveria ser estabelecida com o regime dos grupos de empresas.

[193] Nesta linha, cfr. SÁNCHEZ RUZ, p. 12940. Tanto assim é que *antecipadamente* o regime do nosso EIRL tomou posição sobre essas matérias: veja-se o art. 1º, nº 3 («Uma pessoa só pode ser titular de um único estabelecimento individual de responsabilidade limitada»), bem como os arts. 5º e 6º, referentes à publicidade registal da constituição do EIRL.

posições são específicas da normatividade societária. Não são muitas, é certo, mas tal facto demonstra-nos, por um lado, que a regulação da XII Directiva é inequivocamente pouco pungente e perspicaz[194], e, por outro,

---

[194] Tal como já se referiu no que respeita ao art. 2°, n° 2, o legislador comunitário não usou da melhor técnica para prevenir o risco de soluções diversas entre os países da Comunidade. Mas também a exiguidade das situações previstas nos arts. 3°, 4° e 5°, tidas como as únicas situações merecedoras de uma "disciplina desviada" do regime geral do tipo societário em causa, e apenas relativa à *entrada em funcionamento* (ou *organização*, mediante acto unilateral ou reunião sucessiva das participações) e *actividade funcional* da sociedade unipessoal, contribuiu para substancialmente fazer malograr o objectivo de uniformização jurídico-normativa entre os Estados-membros nesta matéria. Assim foi, como se verá, e é, na exacta medida em que não se fixou outras garantias (para defesa dos terceiros que se relacionam com a sociedade unipessoal, em particular) ou adaptações da disciplina geral à peculiaridade do caso, entre os quais avultariam as sanções gerais, em termos de responsabilidade contratual ilimitada e responsabilidade extranegocial do sócio único, contra os factos abusivos da personalidade societária e da correspondente autonomia patrimonial. Basta dar ao leitor as lacunas que foram observadas por CARLO ANGELICI, "Il progetto...", loc. cit., p. 405, como sejam a exigência de acertar mecanismos idóneos a garantir a realização efectiva das entradas ou definir em concreto a configuração da sociedade unipessoal no decurso da sua fase de formação, ou por FRANK WOOLDRIDGE, p. 89, que aponta os temas da tributação e liquidação, da superação do véu da pessoa jurídica e da qualificação das pessoas que podem ser gerentes, ou ainda RODRIGO URÍA/AURELIO MENÉNDEZ/IGLESIAS PRADA, p. 1225, que mencionam a omissão de disposições relativas ao controlo dos desvios que se podem produzir em matéria de cumprimento das obrigações de prestações acessórias (*vide* art. 209°) e da exclusiva aplicação do património da sociedade ao desenvolvimento do seu objecto, para se perceber que se podia, e devia, ter ido mais longe na redução da "margem de reenvio" para a regulação societária comum de cada um dos países.

O silêncio do legislador comunitário sobre estas matérias obviou, parece-nos, à previsão de um verdadeiro "regime-quadro" da sociedade unipessoal. Sinal de que, como já se notou a propósito do art. 7°, a Directiva quase que se limitou a colocar um objectivo concreto, inerente ao princípio da limitação da responsabilidade pela actividade da empresa, mas, ao deixar *muito terreno por lavrar* à discrição dos ordenamentos internos (visto pelo carácter meramente *opcional* dos preceitos ditados, que deixavam aos legisladores nacionais a margem de escolha entre soluções diversas), fez-se marcar por uma perniciosa demissão de propor um enquadramento técnico-sistemático o mais completo possível do instrumento fornecido para se atingir tal objectivo. Noutro assunto, também é verdade, a talho de foice sobre esse plano de integração sistemática, que nem uma palavra se lê sobre as consequências do licenciamento de uma sociedade unipessoal na noção e na natureza da sociedade, o que induz, com propriedade, EDOARDO COURIR, *Limiti alla responsabilità...*, ob. cit., p. 295, a valorar a XII Directiva como uma intervenção mais preocupada em regulamentar um *fenómeno económico* do que em enfrentar uma questão jurídica, ocupando-se de algumas questões práticas e entregando aos direitos nacionais a

que deveria ser muito mais completa para abranger o estatuto jurídico da empresa individual e esta ser uma *nomeação plausível*. Mesmo que sigamos o ditame final do art. 7º e acrescentemos ao elenco de *garantias equivalentes* todas aquelas que as directivas comunitárias postulam para a tutela do comércio jurídico-societário (nomeadamente, em sede de formação e alterações de capital, de publicidade e de elaboração de contas)[195], isso é pouco para termos um pólo alternativo *atraente* e *motivador*

---

resolução das temáticas teóricas, sem influência sobre os fitos perseguidos. Aliás, como foi sublinhado por LORENZO CHIARELLI, p. 147, mais do que uma posição inovadora e propulsora, com móbil uniformizador (como se esperaria em face do IV «Considerando», que verificava sobre a matéria as "disparidades entre as legislações dos Estados-membros", com o fito de as superar), as instituições comunitárias não ambicionaram mais do que protagonizar uma síntese dos pontos comuns das experiências jurídicas já em acção nos países que tinham então acolhido a sociedade de responsabilidade limitada unipessoal.

Esta falta de incisividade tornou o documento comunitário, de acordo com a doutrina dominante, falho de rasgo no seu conteúdo (mesmo que se atente na valia dos «Considerandos» preliminares) e no contexto de soluções que poderiam ter aí surgido e foram remetidas para a escolha dos direitos nacionais (em comparação com as detalhadas e inúmeras normas, ao invés, contidas em outras directivas comunitárias sobre as sociedades comerciais). Não houve, portanto, a preocupação de ir mais longe do que obter um *mínimo denominador comum entre os países no reconhecimento da empresa individual de responsabilidade limitada*, independentemente da sua forma e da diversificação possível do seu regime. Parece mesmo, em resumo, que a intenção primordial do ordenamento comunitário foi focar a atenção dos direitos internos sobre a empresa individual, que deveria encontrar na sociedade unipessoal ou no património de afectação especial a oportunidade de autonomizar o benefício da responsabilidade limitada na esfera jurídica do seu titular. E essa intenção, face ao relevo da conquista tão arduamente esgrimida ao longo das últimas décadas, em que se tinha discutido *de iure condendo*, sobretudo no direito continental, da justiça de admitir, em termos de *política* económica e legislativa, a responsabilidade limitada (ou irresponsabilidade) do empresário individual, superiorizou-se à de chegar a uma verdadeira conciliação, em termos de *técnica* legislativa e seu *conteúdo*, da disciplina referente à sociedade unipessoal. Ficou-se pela "glória" de conseguir arrecadar o *apport* que representa o reconhecimento legal do fenómeno...

[195] Em concreto, mais uma vez se descortina também aqui uma preferência pelo instrumento societário, pois a disciplina das sociedades comerciais está sujeita ao conteúdo dessas várias directivas, oferecendo desde logo uma maior margem de garantias oferecida a terceiros. O que vem confirmar que o que a Comunidade pretendia era que se admitisse, com um índice diminuto de divergências entre os direitos nacionais, uma fórmula de limitar a responsabilidade do comerciante individual. Para isso, *não impõe um sistema mas inclina-se pela sociedade unipessoal*, porque se pensa ser esse o mecanismo mais precavido para os sujeitos terceiros e dotado de um mais enraizado conhecimento técnico-jurídico na prática. A demonstrá-lo, a Proposta inicial de XII Directiva oferecia, nas

para os Estados-membros. Em particular, quando esse seria sempre uma figura excepcional e o outro pólo, no seu modo normal e comum de funcionamento, já tem o núcleo essencial dessas garantias devidamente incorporado e estabilizado. Não admira, por isso, que os legisladores dos países abrangidos pela eficácia da Directiva tivessem considerado essa relação entre *principal* e *subsidiário*[196] e entendido *preferível* a escolha do mecanismo societário, ao qual o legislador comunitário se parece ter *rendido* definitivamente.[197]

Considerações Gerais da sua Exposição de Motivos, uma certa justificação desta tendência em favorecer a alternativa societária, ao indicar que uma sociedade "representa um instrumento jurídico que, em virtude das medidas comunitárias já adoptadas e da presente directiva, assegura, sobretudo em matéria de publicidade, de constituição da sociedade e controlo de documentos contabilísticos, uma série de garantias equivalentes que permitem a separação entre o património social e o património privado do empresário" (cfr. "Dodicesima direttiva CEE in materia societaria", *GC*, 1990, p. 331).

[196] Igualmente considerando o expediente do "património de afectação", materializado na empresa individual de responsabilidade limitada, como um instrumento acolhido subsidiária ou supletivamente em face da sociedade unipessoal, embora sem a distinção hermenêutica abstracto-concreto empreendida por nós em texto, cfr. SÁNCHEZ RUZ, p. 12940, e IGLESIAS PRADA, "La sociedad de responsabilidad limitada unipersonal", loc. cit., p. 1011. Em Itália, a verificação da preferência do legislador comunitário pela *facti species* societária levou GIORGIO MARIA ZAMPERETTI, *La società*..., ob. cit., p. 2, a caracterizar como *residual* a indicação da empresa individual de responsabilidade limitada, alegando que é possível que essa postura "resida no convencimento, certamente fundado, da existência nos singulares ordenamentos nacionais de complexos de regras já existentes e amplamente aprovadas no instituto societário", que inibiriam aventuras "ao longo da estrada verosimilmente mais difícil da construção *ex novo* de uma disciplina".

[197] A doutrina aplaudiu maioritariamente, em nome dos instrumentos de controlo, de precaução e de publicidade que o regime societário proporciona, e, acima de tudo, pelos esquemas de organização sociais há muito existentes e, por isso, já testados, mais seguros na prevenção de possíveis manobras do empresário individual tendentes a criar confusões em seu benefício e portadores de menores incógnitas na gestão de um património separado, com o qual se satisfazem os credores sociais sem a concorrência dos credores estranhos à iniciativa económica da sociedade unipessoal, tal como também os interesses gerais do mercado e aqueles que coenvolvem a circulação dos bens. Cfr., entre outros, FABRIZIO KUSTERMANN, p. 733; DOMENICO SANNINO, p. CLXV; LUIGI SALVATO, p. 407; FEDERICO TASSINARI, pp. 709-10; GIOVANNI CABRAS, p. 284; PASQUALE MACHIARELLI, p. 984; ROBERTO WEIGMANN, "Società di un solo socio", loc. cit., p. 213; em Espanha, veja-se SÁNCHEZ-CRESPO CASANOVA, p. 19.

Estamos em crer, porém, que essa *quase unanimidade* na bondade do aproveitamento do modelo societário, que exonera o legislador nacional da tarefa de determinar uma disciplina *ad hoc* para o efeito – com excepção do nosso país, as restantes nações

A atitude do legislador supranacional acabou, a nosso ver, por confirmar, aproveitando ROBERTO WEIGMANN, "a marcha triunfal da sociedade fundada por um operador individual"[198], que era evidente, pois o apelo ao consentimento para a formação de uma sociedade de responsabilidade limitada por vontade de *uma* ou mais pessoas apareceu, em face da "atracção inevitável pela personalidade jurídica" demonstrada pelo direito comparado para promover juridicamente a empresa individual[199], a partir de certa altura, demasiado forte. Suficientemente forte para vencer os "obstáculos derivados de princípios jurídicos ou legislações positivas que impeçam a satisfação das necessidades sentidas no transcurso do devir histórico", pois "o Direito, em múltiplas ocasiões, não é mais do que um *mero tradutor* para normas das realidades vitais surgidas e desenvolvidas

---

vinculadas à directriz comunitária precisariam de elaborar e formular *ex novo* uma regulamentação para esse propósito –, não deve obnubilar o "presente envenenado" que a desoneração do legislador estimulou. O problema foi, desse modo, transmitido para a esfera do intérprete, que recebe da lei o especial ónus de indagar a aplicação, caso a caso, norma a norma, das prescrições de direito societário comum à SQU, além das especiais cautelas que devem merecer os reflexos intrassistemáticos (e até extrassistemáticos) que o novo instituto enxertado produz no direito societário – é o que repara num registo frontal CARLO IBBA, "La s.r.l. unipersonale fra...", loc. cit., p. 254, convocando à colação as razões de economia legislativa e o obséquio irracional ao princípio da unidade do património. Em nosso entender, o mérito das apreciações do Autor italiano não devem, porém, servir em exclusivo para atacar o acerto do recente acolhimento da unipessoalidade societária originária. Nem servirão para defender sem mais a idoneidade preferencial da construção objectiva de um património separado empresarial, tanto mais que para o nosso direito os dois mecanismos subsistem lado a lado como duas possíveis técnicas a utilizar, sendo isto um dado adquirido. Antes deverão contribuir para engrossar o lote das razões que recomendam a prescrição de um regime *geral* da sociedade de responsabilidade limitada unipessoal, anónima e por quotas, habilitado a resolver essas dúvidas que inexoravelmente assaltam o estudioso da aplicação de um regime *especial* da sociedade unipessoal.

[198] "Le società unipersonali: esperienze positive...", loc. cit., p. 837. Com efeito, citemos MARTÍN ROMERO, "La sociedad unipersonal de responsabilidad limitada", *La empresa familiar...* cit., p. 121, "a evolução do bloco germânico, juntamente com o reconhecimento nos Direitos italiano e francês das sociedades de favor, a superação ou o abandono da clássica ideia da nulidade por simulação e a existência de sociedades de facto, veio a propiciar o *iter* para a superação do requisito da pluralidade de fundadores na constituição da sociedade", que foi ainda coadjuvada pela "possibilidade de sociedades constituídas por entes públicos".

[199] Cfr. JEAN-JACQUES DAIGRE, "La société unipersonnelle en droit français", loc. cit., p. 670.

à sua margem"²⁰⁰. Suficientemente forte também para se constituir como uma trave essencial de *uma política jurídica e legislativa* atenta às circunstâncias jurídicas, sociais e económicas, que peticionavam para o empresário individual o poder de gozar do benefício da limitação da responsabilidade, em troca da observância das cautelas e prevenções necessárias.

---

²⁰⁰ RODRÍGUEZ DEL BARCO, p. 786.
Apesar das reticências deste Autor à unipessoalidade, foi precisamente no seu país que se deu à luz o mais convicto documento de origem estadual sobre a conveniência *praeter legem* da sociedade unipessoal. Referimo-nos, mais uma vez, à Resolução de 21.Junho.1990, da DGRNE, que no seu 6º Considerando não podia ser melhor remate deste ponto do nosso estudo. Citemo-lo nas quotas mais importantes, à guisa de conclusão: "Apesar de tudo, as melhores razões para admitir a sociedade unipessoal não residem no Direito positivo, que certamente silencia a figura, mas antes em imperativos de *razão prática*. Não pode desconhecer-se que a admissão da sociedade unipessoal responde, com efeito, a necessidades muito dignas de serem tidas em conta. Por um lado, encontram-se as exigências do próprio funcionamento do sistema económico. Sob esta perspectiva, a sociedade unipessoal permite ao pequeno empresário concorrer no mercado em igualdade de condições, sem que isso seja prejudicial – ou, pelo menos, especialmente prejudicial em relação às sociedades anónimas pluripessoais – para terceiros. Por outro lado, a sociedade unipessoal responde a importantes necessidades organizativas da empresa. Abre a possibilidade do organicismo de terceiros (art. 71 II LSA); facilita a conservação da empresa para além da vida do sócio único e simplica o processo hereditário, permite autonomizar juridicamente unidades empresariais facilitando assim a sua transmissão; oferece a possibilidade de reorganizar as empresas no domínio dos grupos de sociedades; etc., e existem, enfim, exigências do próprio tráfico jurídico, que reclamam o reconhecimento da figura. Neste sentido tem de ter-se em conta que a proibição da sociedade unipessoal geraria uma grande incerteza no tráfico, uma vez que o carácter unipessoal da sociedade carece de publicidade e os terceiros poderiam ver-se em dificuldades para saber a quem exigir o cumprimento ou a satisfação dos seus direitos. A negação da personalidade jurídica à sociedade unipessoal significaria, ademais, abrir o património social ao assalto dos credores pessoais do sócio com dano para os credores da empresa. (...) Ainda para mais, negar reconhecimento – ou o que é o mesmo, um *tratamento jurídico igual ao dispensado a outra sociedade* – à sociedade unipessoal seria um empenho inútil posto que os meios para contornar a situação estão ao alcance da mão de qualquer um, sem que praticamente possam ser combatidos com o recurso à fraude à Lei. Basta vender uma acção ou uma quota de compropriedade sobre uma acção para desfazer formalmente uma situação que materialmente não muda nada" (sublinhado nosso).

5. A experiência jurídica portuguesa até 1997

À imagem dos restantes países, é também para a realidade jurídica nacional evidente que a sociedade unipessoal hoje emergente é qualquer coisa de diferente da sociedade unipessoal de ontem.
A configuração *contratual* de todas as sociedades, fossem elas sociedades de pessoas ou sociedades de capitais[201], e a sua personificação

---

[201] Nas sociedades de pessoas, a socialidade é dominada por elementos personalísticos, resultante da atendibilidade predominante da individualidade dos sócios no exercício da actividade social (*intuitus personae*) – o modelo principal são as sociedades em nome colectivo (cfr. arts. 180°, 182° a 184°, 194°, entre outros). As sociedades de capitais "caracterizar-se-iam essencialmente pelo cunho capitalístico da socialidade, que se revela desde logo no modo de atribuição do direito de voto (arts. 250° e 384°, para as sociedades por quotas e para as sociedades anónimas, respectivamente) e faz da obrigação de entrada a principal obrigação dos sócios (ou mesmo a única, como acontece com a grande maioria dos sócios da sociedade anónima, que não sente qualquer apetência para co-administrar a sociedade ou tão-pouco para exercer os chamados «direitos políticos» da socialidade)" (NOGUEIRA SERENS, pp. 5-6), o que, juntamente com as disposições respeitantes à limitação da responsabilidade dos sócios, à livre transmissibilidade das participações sociais, ao afastamento do sócio da gestão social, ao poder da maioria na tomada de deliberações e na composição subjectiva da administração, entre outras, faz realçar o seu *intuitus pecuniae* (embora não se olvide a relevância da denominada "sociedade familiar", ou a possibilidade de se adoptar a firma-nome).
Esta característica, mais ou menos indubitável nas sociedades anónimas – ou sociedades por acções, no direito comparado –, já aparece *diluída* nas sociedades por quotas e nas sociedades em comandita por acções, em particular nas primeiras, que mais nos interessam aqui. Na verdade, só uma atenta investigação das suas estruturas normativas internas, derivadas do exercício (ou não, em maior ou menor escala) da liberdade de conformação convencional no pacto social deixada aos contraentes *no âmbito do espaço de liberdade atribuído pelas normas supletivas da disciplina do tipo*, nos poderá dizer se, em concreto, uma sociedade por quotas, que parte desse regime supletivo com um *modelo abstractamente personalístico* – vide o regime de solidariedade dos sócios pelas entradas, de transmissão de quotas ("[o problema da cessão de quotas] tem servido de fiel da balança das (...) oscilações históricas sofridas pelos modelos legislativos deste tipo social no

jurídica limitada à presença de uma *situação colectiva*, implicava, por um argumento de coerência, que fossem configuradas como possíveis as sociedades constituídas por um único sujeito apenas como *espécie deri-*

«continuum» entre sociedades personalísticas e capitalísticas": ENGRÁCIA ANTUNES, *Direito das sociedades...*, ob. cit., p. 104), de funcionamento da gerência e da assembleia dos sócios, bem como da subordinação da gerência às deliberações em matérias atinentes à gestão, da modalidade de firma estipulado, do amplo direito de informação de que gozam os sócios, entre outros –, adoptou, na sua organização e funcionamento, esse ou um esquema de cariz mais capitalístico. [Já desenvolvemos esta matéria: *vide supra* n. 91.] No sentido do texto, cfr. VASCO LOBO XAVIER, "Relatório...", loc. cit., p. 458; IDEM, "Sociedade por Quotas", *Polis*, 1987, pp. 943-4; RAÚL VENTURA, *Sociedades por quotas. Comentário...*, volume I, ob. cit., pp. 29 e ss, esp. 37-8; PEDRO MAIA, "Tipos de sociedades comerciais", loc. cit., pp. 27-8. Defendendo a *pessoalidade* do tipo abstracto das sociedades por quotas, cfr. ANTÓNIO CAEIRO, *As sociedades de pessoas...*, ob. cit., pp. 11--12. Para uma exemplificação de cláusulas que introduzem elementos mais próximos da sociedade anónima e de cláusulas que criam na sociedade por quotas uma feição característica das sociedades de pessoas, cfr. GIUSEPPE ZANARONE, "La società a responsabilità limitata come «tipo» normativo", loc. cit., pp. 85 e ss. No mesmo tipo de exercício, para uma estruturação das possibilidades de "personalização" societária, *vide* FERNÁNDEZ DEL POZO, "La sociedad de capital de base personalista en el marco de la reforma del Derecho de sociedades de responsabilidad limitada", *RGD*, 1994, pp. 5455 e ss.

Estas dúvidas de categorização dogmática, em especial na sociedade por quotas, não se levantarão se adoptarmos como chave da sua resolução um outro critério, mais recente, de *subordinação da constituição da sociedade à exigência de um capital mínimo*, complementada pela exigência de *realização efectiva e consolidação do capital social* (*vide* arts. 9°, n° 1, al. f), 28°, 30°, 32° a 34°, 202°, 277°), como pressuposto da vertente capitalística (cfr., inclusive com pertinentes indicações bibliográficas, PAULO DE TARSO DOMINGUES, *Do capital social. Noção, princípios e funções*, 1998, pp. 23 e ss – "o capital social é elemento não apenas essencial mas essencialíssimo, uma vez que (....) desempenha um papel insubstituível", p. 24). Neste caso, as sociedades em comandita por acções (art. 478°), as sociedades por quotas (art. 201°) e as sociedades anónimas (art. 276°, n° 3) não deixariam de se enquadrar sob o manto das sociedades capitalísticas (cfr. NOGUEIRA SERENS, p. 5).

Procurar *a priori* um rigoroso carácter personalista ou capitalista será, portanto, tarefa que não logrará sucesso, como já o era na LSQ, à falta de um elemento aglutinador indiscutível. A estrutura assumida pelo legislador de 1986, embora tenha acentuado algumas notas personalísticas, continuou a fazer coexistir elementos mistos à luz da classificação em análise, que variarão em importância de acordo com o figurino concreto de empresa que enfrentemos (cfr. ANTÓNIO CAEIRO, "A exclusão estatutária...", loc. cit., pp. 33-5; COUTINHO DE ABREU, *Curso...*, volume II, ob. cit., pp. 66-70, com o prévio elenco das características personalísticas e capitalistas *típicas*). Posto isto, pese embora a matriz de mais brando teor capitalístico do modelo supletivo que a lei induz, esse teor continua lá. Segue-se, na repartição e balanceamento de poderes dentro dos esquemas de funcionamento, nomeadamente o deliberativo, uma maneira de distribuir as esferas de

vada – aquelas que apresentavam, por fenómenos e vicissitudes várias, depois da sua constituição pluripessoal, uma concentração de todas as participações sociais nas mãos de um único dos sócios originariamente

---

decisão de acordo com a titularidade (em percentagem) de cada um dos sócios no capital social da sociedade. Possui uma organização interna, baseada em órgãos com competências "em regra" exclusivas, para a qual, simplificadamente, a pessoa do sócio pouco interessa, o que influi é a sua força em termos de direitos de voto. Estes atribuem-se em função do valor das participações e realizam-se mediante a actuação do princípio da maioria (embora esta tenha que se qualificar para certos efeitos). Dá-se a possibilidade de a gerência poder ser exercida por membros estranhos ao grémio social.

Para além do conforto que estes traços capitalísticos dão a uma catalogação desse género, a lei não deixa de *objectivar* este tipo social em face da concreta pessoa dos sócios: com óbvios reflexos, quanto mais não fosse, na autonomia que a sobrevivência e o funcionamento da sociedade registam perante a saída ou a troca de sócios. E não basta, na nossa opinião, para agregar a sociedade por quotas como uma sociedade de pessoas, atender à maior elasticidade desse modelo para permitir às partes a estipulação em concreto de maiores ou menores modificações, em particular, à liberdade de acesso de novos associados à sociedade: também é possível numa sociedade anónima, dando protecção aos interesses existentes no carácter fechado de certas anónimas de índole familiar, limitar a transmissão de acções e a constituição de penhor ou de usufruto (vejam-se os arts. 328°, em esp. os seus n°s 2 e 5, e 329°, nomeadamente o n° 3), sem que com isso se debilite a sua natureza de sociedade de capitais. [Mas também a sociedade anónima se tem afastado do estrito modelo capitalístico e fundado no anonimato, o que se fez, nas concisas apreciações de Vasco Lobo Xavier, "Relatório...", loc. cit., pp. 467-8, "em duas direcções, as quais, embora divergentes, têm de comum o propiciarem, dentro da sociedade, um poder de controle estável, enquanto subtraído à formação casual de maiorias. Assim, em muitos casos foi a sociedade anónima que, pela via de acordos *parassociais* ou mesmo de cláusulas estatutárias restritivas da transmissibilidade das acções, de algum modo se «personalizou», tornando-se «fechada» e até, por vezes, «familiar». Noutros casos, em que realmente as acções se difundiram com largueza no público, verificou-se, frente à multiplicidade dos accionistas dispersos, a formação (também com o frequente recurso a acordos *parassociais*) de «grupos de controle» coesos ou «núcleos duros», que asseguram inclusivamente o domínio da sociedade a uma fracção minoritária do capital" (sublinhado conforme o original).] Logo, até por comodidade de "exposição tipológica", foi e será como sociedade capitalística que nos referiremos à sociedade por quotas, o que, para nós, será sinónimo, o que tradicionalmente comunga com a sociedade anónima (cfr. Raúl Ventura, *Sociedades por quotas. Comentário...*, volume I, ob. cit., pp. 28-9), de "sociedade de responsabilidade limitada" *tout court*, como nota que, na relação entre sócios e credores sociais, cabe no conceito de ambas as espécies societárias.

Esta perspectiva tem uma outra comodidade, que resulta da disciplina do CSC. Ambas as sociedades partilham muitos normativos gerais (como seja, desde logo, antes da personificação das sociedades, o art. 40°) e o regime especial da sociedade por quotas não se exime de remeter, em alguns casos desconfortavelmente, para a regulamentação da

constantes da convenção social. Tal admissibilidade da unipessoalidade societária como um fenómeno simplesmente *superveniente* prendia-se com a obediência à configuração contratual do respectivo acto gerador[202].

---

sociedade anónima (observem-se os arts. 214°, n° 7, 216°, n° 2, 218°, n° 2, 220°, n° 4, 248°, n° 1). O agrupamento seguido é, além de cómodo, aquele que melhor se adapta ao facto de a sociedade por quotas, como já notámos, ter evidenciado na sua génese comparatística um rombo à conexão entre o poder de administração e a qualidade de sócio ilimitadamente responsável, que era até aí exclusivo da sociedade anónima. Esta indissociação, aproveitada ou não em concreto, é uma nota capitalística *de fundo* a que a sociedade por quotas, independentemente do seu modelo de actuação em cada um dos ordenamentos, não pode fugir [em termos parcialmente coincidentes, embora mais definitivos na catalogação da sociedade por quotas como sociedade de capitais, cfr., entre nós, PAULO DE TARSO DOMINGUES, "O regime jurídico das sociedades de capitais em formação", *Estudos em comemoração dos cinco anos (1995-2000) da Faculdade de Direito da Universidade do Porto*, 2001, pp. 965-6, n. (1)].

[202] Embora seja de entender que não cabe no âmbito deste estudo a análise detalhada da questão tangente à discussão dogmática da natureza jurídica do negócio jurídico gerador das sociedades comerciais, que hoje por hoje parece ter ganho algum vigor (nomeadamente se pensarmos na dicotomia *institucionalismo-contratualismo*), a sua referência não deixa de ser imperativa. Tradicionalmente apresentam-se dois pólos de descrição do fenómeno. De um lado, o *anti-contratualismo*, que acolhe a teoria do *acto unilateral colectivo* (mera união ou soma de vontades portadoras de uma individualidade que não se dilui nessa manifestação constitutiva) ou *complexo* (fusão ou síntese de vontades numa vontade unitária), de Kuntze, Rocco, Messineo, Oertmann; a teoria do *acto corporativo* ou *de fundação* (Gierke, Ruth, Feine), apontando para uma manifestação de vontade antecipada da autonomia e da personalidade do novo ente, que se afirmaria no próprio momento em que se dá vida à pessoa colectiva societária; a teoria da *instituição* (Hauriou, Renard, Gaillard, Ripert), negadora de qualquer influência da vontade contratual na condição jurídica da pessoa colectiva que criou, pois essa condição sobrepõe-se à vontade dos sócios – a pessoa colectiva é um mero esquema técnico a que os sócios aderem, ficando os seus direitos e interesses subordinados à prossecução da finalidade social, que perdura para além da própria vinculação dos sócios. Do outro, o *contratualismo*, assente em duas vertentes: a do *contrato plurilateral* (Ascarelli), necessariamente com mais de duas partes, em que as prestações de cada uma são dirigidas à realização de um fim comum; e a, inequivocamente dominante nesta polémica, do contrato *de fim comum* (Graziani, Sena, Wieland) e *de organização* (Wurdinger, Reinhardt, Hueck, Asquini, Dalmartello, Auletta, entre nós adoptada por Ferrer Correia, Fernando Olavo, Brito Correia), que nos remete para um contrato comutativo *sui generis*, cujos principais traços caracterizadores podem ser assim resumidos: (i) prossegue-se um interesse comum aos contraentes, apesar de poderem estar em contradição efectiva sobre os meios e os instrumentos para prosseguirem a finalidade comum (a obtenção de lucros a serem repartidos por todos); (ii) a prossecução do fim comum implica a criação de uma organização de elementos humanos, materiais e jurídicos, votada à formação e execução da vontade social e

Consequentemente, a questão que se colocava consistia em debater o destino daquelas sociedades que, depois de se terem formado com o número mínimo de sócios previsto para a constituição da sociedade em causa, legal

---

à concretização das actividades visadas pelos sócios; (iii) as prestações dos vários sócios encontram-se numa *tendencial e potencial relação de contrapartida*, na medida em que é a sua *conjugação* que permite instituir a empresa montada para a consecução da actividade lucrativa; (iv) as prestações não se equivalem, uma vez que *não se encontram num nexo de correspectividade, mas antes de conjugação*, podendo, por isso e como exemplo inicial, as entradas apresentar valores muito diversos, além de poderem ser de conteúdos diversos. Para uma ampla discussão destes termos alternativos e uma análise da aproximação aos contratos sinalagmáticos, *vide*, com amplas referências comparadas, PAOLO FERRO--LUZZI, *I contratti associativi*, 1971, pp. 2 e ss, 83 e ss. Entre nós, leia-se, para descrição e crítica, FERRER CORREIA, *Sociedades fictícas e unipessoais*, ob. cit., pp. 38 e ss; IDEM, *Lições...*, ob. cit., pp. 39 e ss; BRITO CORREIA, *Direito Comercial. Sociedades Comerciais*, volume II, ob. cit., pp. 113 e ss.

Pelo caminho da literatura nacional, veja-se ainda a meritória construção de OLIVEIRA ASCENSÃO, *Direito Comercial. Sociedades Comerciais*, ob. cit., pp. 254 e ss, em especial 260-2, onde se discursa que o único entendimento que pode unificar todas as hipóteses de constituição de pessoas colectivas, entre as quais as sociedades comerciais, é o de compreender o negócio social como um *acto unilateral* – uma vez que "as manifestações de vontade são todas coincidentes, todos têm um interesse comum e não contraposto, e é como uma unidade que se dirigem ao efeito único que é a constituição da sociedade –: (i) *em estado puro* nas sociedades unipessoais, ou (ii) *acrescido de um contrato de conciliação dos interesses contrapostos* no caso das sociedades de constituição pluripessoal. Sem relevo inovador e apenas conjugando a contratualidade com o institucionalismo (a sociedade visualizada como um "conjunto duradouro e coerente de factores produtivos, reunidos e interligados para a prática daquela sucessão de actos que constitui a actividade ou actividades visadas pelos sócios"), não assimilando no conceito a unipessoalidade como *excepção*, assinale-se ainda a configuração indicada por PUPO CORREIA (pp. 422-4), determinando-a como um contrato organizacional de natureza institucional. Repare-se, contudo, que a defesa da natureza contratual nesta sede não conduz a uma relação de *continuidade necessária* com a concepção contratual das sociedades enquanto relação *interna* de funcionamento social. Cfr., no direito comparado, PIER GIUSTO JAEGER, *L'interesse sociale*, 1964, pp.131-2; por cá, COUTINHO DE ABREU, *Do abuso de direito. Ensaio de um critério em direito civil e nas deliberações sociais*, 2000 (1983), p. 108, n. (240); contra, GIAN CARLO RIVOLTA, *La società a responsabilità limitata*, ob. cit., p. 53, bem como FRANCESCO GALGANO, "Contratto e persona giuridica nelle società di capitali", *CI*, 1996, p. 2, ao escrever recentemente que "tem natureza contratual não só o acto constitutivo das sociedades de capitais, mas também a relação que o acto constitutivo instaura entre os sócios, sendo a actividade dos órgãos sociais nenhuma outra coisa a não ser actividade executiva do contrato de sociedade". Para reflexões mais cuidadas sobre este ponto, remete-se para o ponto 9 do Capítulo II.

ou *natural*, vinham a ficar reduzidas a um único sócio. Do que se tratava era de evitar a perpetuação de sociedades unipessoais e incentivar a sua extinção ou a sua regularização.

Numa perspectiva histórica, o fenómeno jurídico da unipessoalidade conheceu no espaço europeu uma evolução sensivelmente uniforme. Portugal não a contrariou. A reacção inicial do nosso ordenamento jurídico foi no sentido inequívoco da sua recusa dogmática, fosse ela originária ou superveniente. Para isso contribuiria o conceito de sociedade do art. 1240º do Código Civil de 1867, que obrigaria a sociedade a ser um organismo que representava a associação de duas ou mais pessoas, na medida em que, utilizando a sumarenta síntese de MANUEL DE ALARCÃO, "a mesma pessoa não pode ser suporte de relações jurídicas consigo mesmo estabelecidas, não pode ser ao mesmo tempo credor e devedor, sujeito activo e sujeito passivo. Reunidas numa só pessoa as qualidades opostas que representam os dois termos da relação jurídica, esta extingue-se lógica e necessariamente. E assim, desaparecida a colectividade dos sócios, têm de extinguir-se todas as relações que integram o contrato de sociedade, e com elas, também, o contrato e a sociedade"[203]. Por outro lado, a personalidade

---

[203] Pp. 215-6 (*vide* também FERRER CORREIA, "Sociedades unipessoais de responsabilidade limitada", *RDES*, 1945-46, pp. 234-5, 242-3; BARBOSA DE MAGALHÃES, "As Sociedades unipessoais à face da Legislação Portuguesa", *RFDUSP*, 1948, pp. 64-5).

Neste sentido, cfr. "Resposta a uma consulta", *RLJ*, pp. 26-7, onde se aponta a redução à unidade da composição subjectiva de uma sociedade como causa de *inexistência imediata de iure* (excepto [parece-nos pelo teor das palavras dos jurisconsultos respondentes – "ao menos, nas sociedades diferentes das anónimas, aquele facto opera de direito os seus efeitos: não é um motivo de dissolução, é uma causa de inexistência"] nas sociedades anónimas, em que seria fundamento de dissolução, ainda que com resultados idênticos) e se recusa, em consonância, a conservação da personalidade jurídica aos entes colectivos societários, ainda que predominantemente organizados sob a forma de fundações, como o seriam as sociedades de capitais (em que o fundo social seria mais importante que a colectividade das pessoas), porque tanto a corporação como a fundação são requisitos considerados indispensáveis pela lei para a existência das sociedades (para esta compreensão das sociedades comerciais como *figuras mistas* de corporações e fundações, cfr. PINTO COELHO, *Lições de Direito Comercial*, fascículo I, 1946, p. 292).

Numa perspectiva de análise algo diversa, *vide* JOSÉ TAVARES, *Sociedades e Empresas Comerciais*, 1924, pp. 636-8, que encontra nessa redução do número de sócios de uma sociedade a um único uma *causa de dissolução*, logo, de extinção a requerimento dos interessados, *não legal* dessa sociedade, que implicava a inexistência da *sociedade* enquanto corporação. Perante o problema de saber se se extinguiria de igual modo a sua personalidade jurídica, o Autor seguia a doutrina estrangeira mais conceituada (em parti-

jurídica atribuída à sociedade comercial estaria condicionada à manutenção do conjunto de pessoas, que, se vem a desaparecer, implica que a pessoa jurídica, criada em função da necessidade de consagrar um meca-

---

cular a de Gustavo Bonelli, por nós relatada *supra* na n. 165), que optava pela sua subsistência (*rectius*, não a fazia perder, como efeito imediato da falta de mais do que um associado) para além do desaparecimento da pluralidade de contraentes e até ao momento final da liquidação, pois as condições económicas da organização social criada pelo contrato social, das quais derivavam a criação de uma nova pessoa jurídica, se mantinham, bem como a autonomia do património social, em virtude das relações entabuladas com terceiros. Nesta orientação, cfr. ainda, apesar de para tal se ancorar ainda nos termos da lei, isto é, do § 3° do art. 120°, do CCom. – postulava este que qualquer interessado podia requerer a dissolução da sociedade anónima quando se tivesse mostrado ter ela existido por mais de seis meses com um número inferior a dez accionistas –, "Anotação ao Acórdão do Supremo Tribunal de Justiça de 7 de Janeiro de 1944", *RT*, ano 62°, 1944, p. 104; "Parecer do Conselho Técnico dos Registos e do Notariado, de 23.4.1952", in *BMJ*, n° 41, Março.1954, p. 98, ss; nos comentadores, SANTOS LOURENÇO, *Das Sociedades por Cotas. Comentário á lei de 11 de Abril de 1901*, II volume, 1926, p. 147; AZEVEDO SOUTO, *Lei das Sociedades Por Quotas. Anotada*, 1973, pp. 198-200.

Contra o reconhecimento de personalidade jurídica às sociedades unipessoais em liquidação, que apenas teriam existência jurídica, cfr. BARBOSA DE MAGALHÃES, pp. 37--40. Com este Autor dialoga MANUEL DE ALARCÃO, p. 222, n. (2), para defender a posição de José Tavares, a quem Barbosa de Magalhães acusa de contraditório, porquanto a sustentação da pessoa jurídica societária em liquidação corresponderia à necessidade prática de garantir a autonomia do património social enquanto os credores não estivessem pagos. O mesmo Manuel de Alarcão retira daqui um argumento decisivo para defender, em sentido contrário, a subsistência da sociedade depois da ausência de *associativismo*, já que, mais do que um contrato, a sociedade constitui um ente jurídico autónomo que vive *por si*, independentemente da pessoa dos sócios (pp. 217-18).

Focando decisões judiciais, os **Acs. do STJ** de **28.Julho.1944**, n° **52.698** e **52.603** (in *BOMJ*, ano IV, n° 21, Março.1944, respectivamente, p. 393 e ss, pp. 403-404) manifestavam ser a redução à unipessoalidade uma causa de dissolução, fora dos casos previstos no art. 120° do CCom., mas *ainda legal*, uma vez que se dissolveria essa sociedade em resultado da definição de sociedade fornecida pelo art. 1240° do Código Civil (neste sentido o primeiro dos arestos referidos, p. 396). Com a mesma orientação, *vide* ainda os **Acs. do STJ**, de **27.Abril.1945** (in *BOMJ*, ano V, n° 27, Março.1945, p. 148 e ss, esp. pp. 149 e 151 – esta última respeitante ao voto de vencido do Juiz Magalhães Barros), e de **7.Junho.1946** (in *BOMJ*, ano VI, n° 35, Março.1946, p. 266 e ss, esp. p. 270). Pronunciando-se pela dissolução de uma sociedade em virtude da cessão onerosa da quota de um para outro dos sócios únicos de uma sociedade, "pois não pode conceber-se a continuação da sua existência com um sócio apenas", *vide* o **Ac. do STJ**, de **7.Janeiro.1947** [(in *RJ*, ano 31°, n° 685, Janeiro.1947, p. 116, ss; no mesmo sentido, numa situação de nulidade declarada da cláusula do pacto social que estipulava a obrigação dos herdeiros de um dos dois sócios falecido de ceder a quota e respectivos direitos a uma entidade apresentada pelo sócio restante, que implicava a falta de acordo entre

nismo eficaz de tutelar os seus interesses de prossecução de um objectivo *comum*, deixe de existir como sujeito jurídico. Finalmente, a aceitação de uma sociedade com um só accionista ou quotista como uma *entidade normal* consubstanciaria mediatamente a falência da lei que recusa ao comerciante individual o benefício da responsabilidade limitada e o reserva para as empresas comerciais colectivas[204].

Depois, coincidindo com a segunda metade da década de quarenta, registou-se uma mudança de rumo na doutrina e jurisprudência portuguesas quanto à posição, de inequívoco fluido lógico-conceitual, até então adoptada, no sentido de uma maior abertura à unipessoalidade superveniente, que iria durar até à aprovação do actual CSC[205].

---

esse e os herdeiros do falecido na continuação da sociedade, o **Ac. da Relação de Lisboa**, de **7.Junho.1946** (in *RT*, ano 65º, 1947, p. 166, ss, esp. p. 168; ainda a propósito, esvoaçando sobre o problema, o **Ac. da Relação de Lisboa**, de **26.Julho.**1946, *últ. loc. cit.*, pp. 168-70)]. Em parecer anexo ao referido aresto superior de 1947, o Auditor Jurídico do Ministério das Finanças referia que a concentração do capital social numa única titularidade não podia ser causa de dissolução, pois não estava contida na enumeração do art. 120º do CCom. Antes seria causa de anulação do pacto social, que teria de ser invocada em juízo de modo a que a sociedade entrasse em liquidação do seu património. Refere-se no discurso exposto a existência de nulidade absoluta, mas, de acordo com o que se menciona relativamente à necessidade de invocação desse vício, julgamos que mais correcto seria ter-se dito que estaríamos perante um caso de *nulidade relativa*, nos termos que a caracterizava Manuel de Andrade, *Teoria Geral da Relação Jurídica*, volume II, 1992, *Facto Jurídico, em especial Negócio Jurídico*, pp. 416, 419 e ss; mas até essa declaração judicial, a personalidade jurídica mantinha-se e a sociedade continuava a sua *vida aparente* (cfr. *RJ* cit., pp. 119-20). Em sentido contrário, cfr. Barbosa de Magalhães, p. 31, que reserva a anulação apenas para a sua *constituição ilegal* e não para as circunstâncias ilegais de *funcionamento* da sociedade.

[204] Cfr. Ferrer Correia, "Sociedades unipessoais de responsabilidade limitada", loc. cit., pp. 241, 252-3.

[205] Abria-se, assim, um período de recusa dos preconceitos dogmáticos que advogavam a impossibilidade lógica das sociedades unipessoais e, numa primeira fase da sua canalização para a sede da dissolução (o que pressupunha a manutenção, antes repudiada em função da sua extinção imediata, da sua personalidade jurídica...), de um sistema dissolutivo *ipso iure*. O poder desse conceptualismo nos ordenamentos jurídicos foi pertinentemente referido a este propósito no seguinte e elucidativo passo de Mota Pinto, *Cessão da posição contratual*, 1982 (1970), p. 40, formulado no âmbito de um relato conciso de alguns dos processos que subtraem a ciência jurídica à sua prognosticada realização dos interesses humanos e sociais que são o objecto da tutela do direito, que situa "a solução do problema da sociedade unipessoal, no sentido de a extinção da colectividade social significar e determinar, necessariamente, a extinção da própria sociedade" como "resultado assente numa perspectivação do fenómeno em termos de pura lógica formal, hoje superada por uma visão das coisas radicalmente diversa". Mas nem toda a doutrina

Desde logo, com a vulgarização de uma defesa consistente da conservação do atributo da personalidade jurídica pelas sociedades *tornadas* unipessoais, na medida do necessário para se desencadear a sua liquidação, enquanto sociedade *a dissolver* que era. A sociedade não perdia a sua autonomia patrimonial, não podendo durante esse período os credores particulares do sócio remanescente atacar o património para satisfação dos seus créditos[206]. A consequência a tirar dessa substituição da pluralidade pela unidade era apenas colocada em sede de dissolução do ente societário, mas sem que essa fosse automaticamente desencadeada[207]. A transito-

apresentou a mesma atitude. Mesmo com o avanço da tolerância comparatística em sede de unipessoalidade superveniente e originária, não queremos deixar, para o ilustrar, de reproduzir o discurso de RAÚL VENTURA, *Dissolução e liquidação...*, ob. cit., pp. 106-7, sem quaisquer valorações, mas pelo menos com a vantagem de se compreender muito do passado nesta questão e a solução que o já desaparecido Autor sustentou no art. 148º do Projecto de CSC de 1983. Atente-se: "Os juristas que durante muito tempo defenderam a dissolução *ipso iure* das sociedades unipessoais merecem, pelo menos, uma palavra em seu abono. Esses juristas verificavam que as suas leis proporcionavam um esquema jurídico às associações de pessoas (falamos em pessoas porque mesmo nas chamadas sociedades de capitais, a associação, com os intuitos específicos, é de pessoas) que pretendiam exercer em comum uma certa actividade, nalguns países necessariamente de natureza económica, noutros países também de outras naturezas. Quando faltava a pluralidade de sócios, era lógico que se pensasse ter deixado de existir o esquema legal de que os interessados tinham lançado mão e desse facto fosse retirado o natural corolário: a dissolução *ipso iure*. Nessa perspectiva, a sociedade unipessoal era uma anormalidade, um desvio de um esquema legal de actividade colectiva para o prosseguimento de uma actividade individual. Se isso era conceptualismo, tem de se lhe reconhecer uma certa solidez; é difícil sustentar que o contrato de sociedade não é um negócio organizativo de uma actividade *comum* e, portanto, *plural*. Se em vez de se encarar o contrato de sociedade, se olhar a personalidade jurídica, pode fazer-se raciocínio paralelo, partindo da premissa da atribuição de personalidade em função do interesse *colectivo* dos associados" (sublinhado como no original).

[206] Cfr., para a exposição e crítica deste obstáculo conceitual, antes enunciado em texto, FERRER CORREIA, últ. loc. cit., pp. 235 e ss; MANUEL DE ALARCÃO, pp. 218-20. O primeiro Autor clama subtilmente para o facto de a defesa da inexistência jurídica imediata do ente social (*vide infra* n. 203) provocar, por sua vez, o desaparecimento imediato da autonomia do património social, que não subsistiria sequer para o efeito de pagamento dos credores anteriores [*vide* p. 256, n. (1)]. Com o mesmo tipo de registo adverso à extinção automática da sociedade unipessoal, que, impedindo a dissolução da sociedade que houve e a liquidação do património comum, conduziria à confusão do património social e do património do sócio único, com eventual prejuízo dos credores sociais ou dos credores pessoais do sócio, cfr. RAÚL VENTURA, *últ. ob. cit.*, pp. 107-8.

[207] Para este ponto, cfr., por todos, FERRER CORREIA, *Sociedades fictícias e unipessoais*, ob. cit., pp. 210 e ss.

riedade da sociedade unipessoal podia mesmo conduzir a um processo legítimo de reposição da pluralidade ou de substituição de sócios, fazendo reconstituir a colectividade que todo o corpo social teria que comportar à partida[208].

---

[208] Encontrando no interesse de reconstituição da colectividade social o fundamento sério e atendível para o reconhecimento da sociedade anónima unipessoal, evitando-se assim o caminho da produção imediata da dissolução, cfr. MANUEL DE ALARCÃO, pp. 251-3.

Contra, pois as "sociedades unipessoais são uma ficção, sem base séria, no nosso direito positivo", cfr. FERNANDO DE OLIVEIRA, "Sociedades Unipessoais", *ROA*, 1954/55/56, pp. 139 e ss. Do seu pensamento podemos extrair algumas ideias básicas, acompanhadas pela falta de qualquer interesse dos credores sociais ou da economia nacional e pela imutabilidade do conceito de sociedade: (i) o art. 120º, § 3º, do CCom., não legitima a identidade material entre uma sociedade anónima com menos de 10 sócios e uma sociedade reduzida a um único sócio, de modo a argumentar com isso que perdure esta última, o que seria desvirtuar por completo a *mens legislatoris* atribuindo-lhe a concepção em termos *anómalos* de uma sociedade comercial (associada à ideia de colectividade), quando o mais usual era a lei regular *expressamente* essa anormalidade – em sentido adverso, a doutrina dominante, como FERRER CORREIA, *Sociedades Fictícias e unipessoais*, ob. cit., p. 268, ss; PINTO COELHO, *Lições de direito* comercial, ob. cit., p. 303; BARBOSA DE MAGALHÃES, p. 31; GUALBERTO SÁ CARNEIRO, "Cláusulas de conservação e sociedades unipessoais", *RT*, 1947, nº 1554, p. 277; (ii) tal como para a dissolução simples, não se verifica o desaparecimento total das sociedades que se dissolvam *ipso iure* enquanto não se fizer a sua liquidação e partilha patrimonial, pois a única diferença é a dispensa de declaração judicial desta última modalidade, permanecendo igual a posição dos credores sociais relativamente ao período anterior à dissolução; (iii) o relevo do elemento pessoal do substrato das sociedades comerciais deve funcionar tanto no momento da constituição como num momento posterior da vida da sociedade – as sociedades criam-se para promover lucrativamente a *associação de esforços e capitais* e, por isso, se exige imperativamente um mínimo plural para a constituição de uma sociedade, ou seja, o elemento colectividade, o que, por maioria de razão, implica que não se permita o funcionamento superveniente de uma sociedade com um indivíduo só; (iv) é do interesse público e do interesse dos credores evitar os fenómenos de preordenação à unipessoalidade, incentivados pela admissibilidade da sociedade unipessoal derivada, que se reconduzam a um mecanismo facilitador do estabelecimento de empresários individuais a comerciar com responsabilidade limitada. Deste modo, contra a corrente, esta posição, corajosa para o seu tempo (quase sempre menosprezada e, talvez por essa razão, aqui suficientemente descrita por nós nas suas especialidades, pois não concordamos que a sua tese possa ser reconduzida no essencial ao argumento conceitualista – com esta análise, cfr. MANUEL DE ALARCÃO, p. 255, n.(1), *in fine*), optava pela dissolução *ipso iure* para as sociedades em nome colectivo e em comandita e pela dissolução a requerimento dos interessados e do Ministério Público para as sociedades de feição capitalista.

Esta doutrina, para concluir, não hesitava sobre a legitimidade processual activa

Informada pela prevalência do interesse público na conservação da empresa em detrimento do interesse eventual e particular dos credores pessoais do sócio na dissolução da pessoa colectiva societária, a tendência que se generalizou negava dignidade à dissolução automática ou *ipso facto*, optando por promover a produção dos efeitos da dissolução apenas depois de deliberação do sócio único nesse sentido ou de decisão judicial definitiva[209]. A forma social garante a subsistência da sociedade, mas apenas temporariamente: esta fase de crise culminará com a *repluralização sub-*

---

do Ministério Público para o efeito dissolutivo, com base no art. 147º do CCom., "que pedirá a *declaração da inexistência* da sociedade, pois ela *funciona em contravenção das disposições do Código Comercial*": p. 148, sublinhado do Autor; expressamente contrário ao reconhecimento dessa legitimidade, cfr. MANUEL DE ALARCÃO, p. 322, porque "não pode dizer-se duma sociedade unipessoal cuja dissolução não foi ainda requerida, que funciona «em contravenção» das disposições daquele código". Contudo, os dados positivos do ordenamento jurídico de então parece que vieram dar razão a Fernando de Oliveira, mercê da aplicação conjugada do art. 57º do Código do Imposto Complementar, aprovado pelo DL nº 45 339, de 30.Novembro.1963 (in *Colecção Oficial de Legislação Portuguesa*, 1963, 2º semestre, 1966, p. 909, ss), que ordenava que «Os chefes das repartições de finanças, sempre que tenham conhecimento da existência de sociedades unipessoais com sede na área do seu concelho ou bairro, comunicarão o facto ao agente do Ministério Público, junto do tribunal competente, para os efeitos do art. 230º, n.º 1, alínea e), do Estatuto Judiciário», com esta última prescrição do Estatuto Judiciário, criado pelo DL nº 44 728, de 14.Abril.1962 (in *Colecção Oficial de Legislação Portuguesa*, 1962, 1º semestre, 1964, p. 330, ss), que, por seu turno, atribuía a competência aos delegados do Procurador da República de informar este da existência de sociedades unipessoais que se tivessem constituído ou funcionassem ilegalmente. Ora, tal cadeia de deveres de informação apenas se explicaria se daí retirássemos o efeito útil de promover a dissolução judicial de uma sociedade dessa índole.

[209] Cfr. PINTO COELHO, *Lições de direito comercial*, ob. cit., p. 289, ss; FERRER CORREIA, *Sociedades fictícias e unipessoais*, ob. cit., p. 268-70; BARBOSA DE MAGALHÃES, pp. 42, 53-4, 57 e ss (onde se recusa a aplicação analógica desse regime, positivamente consagrado nas anónimas, às sociedades por quotas – estas apenas se dissolveriam quando a concentração das quotas nas mãos de um único sócio fosse indicado como causa de dissolução no pacto social), 65-6. Excepcionava-se o caso das sociedades em nome colectivo, pelo menos no caso sobre que incidiu o **Assento de 5.Julho.1931** (in *RLJ*, 64º Ano, 1931-32, pp. 75-6), que determinou que "a morte do sócio duma sociedade em nome colectivo opera desde logo a sua dissolução, salvo convenção em contrário, não havendo assim necessidade de que esta se decrete judicialmente para que a mesma possa liquidar--se". Com base na sua analogia, BARBOSA DE MAGALHÃES sustentava que a dissolução *ipso iure* aplicar-se-ia igualmente às sociedades civis, por esse facto, se não houvesse convenção adversa, e às sociedades por quotas, desde que no pacto social se estipulasse a sua dissolução em virtude do falecimento de qualquer sócio (p. 43).

jectiva da sociedade ou com a deliberação ou sentença de dissolução (com eficácia só para o futuro). Sem se reconhecer a unipessoalidade como causa de dissolução imediata em nome do espaço e do tempo indispensável à *spes refectionis*, só numa fase posterior ela poderá ser declarada ou accionada, uma vez perdida a possibilidade de verificação do pressuposto societário conducente à pluralidade de pessoas associadas.

Apenas uma *sanção* acessória para o sócio único se problematizou. A que dizia respeito à responsabilidade pessoal, em via subsidiária, do associado único pelas dívidas contraídas pela sociedade em todo o período de concentração das participações sociais nas suas mãos, que se justificaria pela soberania e vontade exclusiva desse sócio sobre os destinos da empresa social, e se colocaria ao serviço dos interesses dos credores, sujeitos que contratam nessa fase com a confiança legítima depositada na honradez e na solvabilidade pessoal do único sócio. Até mais do que isso. A *ratio* da efectivação da responsabilidade ilimitada seria, em primeira instância, um meio adequado de *prevenção* e de *repressão de abusos* decorrentes do monopólio da administração, que advinha da unipessoalidade temporária[210]. Mas tal solução não era pacífica, motivou forte constestação (ou evolução) na doutrina[211] e nunca, ao que percebemos, a ela se recorreu nos tribunais.

---

[210] Cfr., neste sentido, FERRER CORREIA, "Sociedades unipessoais de responsabilidade limitada", loc. cit., pp. 256 e ss, ressalvando as obrigações contraídas em ultimação de operações iniciadas e negócios celebrados antes da concentração das partes sociais. Nesta sua primeira incursão pelo tema, o Autor português seguia a tese proposta, em Itália, entre outros, por Lorenzo Mossa e Filippo Pestalozza (*vide supra* n. 165).

[211] Desde logo, o próprio FERRER CORREIA, numa segunda versão do seu pensamento, em *Sociedades fictícias e unipessoais*, ob. cit., pp. 273 e ss. Já antes, PINTO COELHO, *Lições de direito comercial*, ob. cit., pp. 296 e ss; GUALBERTO SÁ CARNEIRO, p. 276. Ainda no mesmo sentido, cfr. BARBOSA DE MAGALHÃES, pp. 72 e ss; MANUEL DE ALARCÃO, pp. 284 e ss (complementarmente, também pp. 245 e ss).

Por todos, poderá sintetizar-se a inadmissibilidade da responsabilidade ilimitada do sócio único em alguns fundamentos essenciais. Por um lado, o injusto sacrifício dos interesses dos credores particulares desse sócio em atacar exclusivamente o seu património pessoal, sem a concorrência dos credores sociais. Depois, a falta de razoabilidade dessa perda da responsabilidade limitada nos casos em que a concentração das participações fosse meramente involuntária, bem como naqueles em que essa concentração se procurava conscientemente, durante um certo lapso transitório de tempo, "como meio de atingir finalidades perfeitamente lícitas, como seja a de proceder a uma renovação da massa associativa" (MANUEL DE ALARCÃO, p. 289). Ainda se realçou que o interesse dos credores comerciais não justificava semelhante derrogação ao princípio geral das sociedades de responsabilidade limitada, já que estes se encontravam suficientemente protegidos

A tolerância em face da sociedade unipessoal, porém, exigiria que se estabelecesse um prazo durante o qual a dissolução não se produzisse e se vislumbrasse a *spes refectionis*. Aqui recorria-se, directamente nas sociedades anónimas, analogicamente nas sociedades por quotas[212], ao

---

pelo regime dessas sociedades ("se, em tal caso, os credores podem ser prejudicados, também o podem ser com a constituição de qualquer sociedade": BARBOSA DE MAGALHÃES, p. 74), o que seria excepcionado apenas em situações *ilícitas* de abuso desse benefício pelo sócio único. Finalmente, *de iure constituto*, nada havia na lei, então (ao contrário do que sucedia no *CCIt.*, nos seus arts. 2362 e 2497), que determinasse uma derrogação do princípio da responsabilidade limitada para o associado único ou sequer que legitimasse a ideia de *soberania absoluta* sobre a sociedade (utilizada como sustentáculo dogmático pelos adeptos italianos da responsabilidade pessoal e ilimitada do sócio único).

Porém, a evolução do ponto de situação relativamente a este problema não cessou aqui. A doutrina portuguesa, pela voz de FERRER CORREIA, na linha do já indiciado na sua *Sociedades fictícias e unipessoais*, ob. cit., pp. 266-7, acabou por reconhecer mitigadamente o princípio da responsabilidade pessoal e ilimitada, se bem que subsidiária do sócio único, em caso de insolvência da sociedade e de desrespeito cumulativo na gestão empresarial das normas dispostas a assegurar a autonomia dos patrimónios e a respectiva responsabilidade separada pelas dívidas da sociedade e pelas dívidas próprias do sócio: cfr. "O problema das sociedades unipessoais", loc. cit., pp. 214-16 (*vide* ainda a segunda disposição proposta para regulação da matéria das sociedades unipessoais, n° 4, a p. 217); ainda, sem alterações, FERRER CORREIA/VASCO LOBO XAVIER/MARIA ÂNGELA COELHO/ /ANTÓNIO CAEIRO, "Sociedade por quotas de responsabilidade limitada. Anteprojecto de lei – 2ª redacção e exposição de motivos", *RDE*, 1977/79, pp. 131-33, relativamente ao art. 140°, n° 2, que constituiu a fonte directa do art. 84°, n° 1, do CSC.

[212] Segundo o raciocínio de FERRER CORREIA, *Sociedades fictícias e unipessoais*, ob. cit., pp. 282 e ss, embora as sociedades por quotas constituíssem um *tipo intermédio*, a relevância do seu elemento patrimonial situa-as mais perto das sociedades de capitais, o que permitiria essa solução para tais sociedades de índole (mais) capitalista. No entanto, salientava que o preenchimento da ampla liberdade contratual que assiste os contraentes poderia desembocar numa prevalência do *intuitus personae* na disciplina convencional de uma sociedade por quotas *em concreto*. Neste caso, deveria aplicar-se à sociedade de índole *personalista* o regime das sociedades em nome colectivo, constituindo a redução da sociedade a um único sócio causa legítima para a dissolução ser requerida (discordando desta distinção, não obstante defender a analogia com o regime de dissolução das sociedades anónimas, cfr. GUALBERTO SÁ CARNEIRO, pp. 276-7). Cfr., ainda, LUCENA E VALE, "Sociedades Unipessoais", *RNRP*, 1955, p. 17; MANUEL DE ALARCÃO, pp. 256 e ss. Contra, BARBOSA DE MAGALHÃES, pp. 54-8. Mais tarde, FERRER CORREIA, *Lições...*, ob. cit., p. 186 e sua n. (1), defendeu mesmo a aplicação, para quem não achasse viável a mencionada aplicação analógica, do princípio depois vazado no art. 1007°, al. d), do CCiv., *apenas e só na parte em que fixa o prazo para a reconstituição da colectividade social*. Em seu apoio, cfr. ANTÓNIO PEREIRA DE ALMEIDA, *La société...*, ob. cit., p. 352.

prazo de seis meses fixado no art. 120º, § 3º, do CCom.[213]. Durante este período, a dissolução não poderia ser exigida, embora pudesse ser decretada pelo sócio único[214]. Expirado esse prazo legal, poderiam os interes-

---

[213] Não obstante, GUALBERTO SÁ CARNEIRO, últ. ob. e loc. cit., excepcionando o caso expresso da sociedade anónima, entendia que o requerimento de dissolução da sociedade supervenientemente unipessoal podia ser intentado a todo o tempo após a verificação daquele evento, pois não se exigiria a carência de qualquer lapso de tempo.

Mais tarde, FERRER CORREIA apresentou um projecto de disposições reguladoras das sociedades unipessoais, em que uma das normas propostas continha o seguinte enunciado, nos primeiros dois dos seus quatro números: (1) Uma sociedade por acções ou por quotas, que se encontre nas condições previstas no artigo anterior ["Uma sociedade em nome colectivo, que se encontre reduzida a um único sócio *há mais de um ano*, será dissolvida judicialmente se qualquer interessado o requerer" (sublinhado nosso)], poderá ser dissolvida judicialmente se qualquer interessado o requerer; (2) O tribunal concederá ao único sócio ou accionista um *prazo razoável, não superior a seis meses*, a fim de que a situação seja regularizada, suspendendo-se entretanto os termos da causa; serão ao mesmo tempo decretadas as providências cautelares que se mostrarem adequadas para garantir a conservação do património social durante aquele prazo, se o autor as tiver requerido (sublinhado nosso). Deste modo, trazendo mais uma vez para a ribalta a preocupação em tutelar a *spes refectionis* da sociedade reduzida à unidade, o Autor jogava com dois prazos, acumuláveis para o efeito. Um *anterior* à acção de dissolução e sua condição de admissibilidade com fundamento na unipessoalidade. Um *posterior* à propositura da acção, fixado pelo juiz para regularização da anomalia subjectiva da sociedade e condição de prosseguimento da causa, entretanto suspensa nos seus termos (cfr. "O problema das sociedades unipessoais", loc. cit., pp. 212-13, 216-7). Esta sugestão veio depois a ser confirmada na 2ª redacção revista do Anteprojecto de lei da Sociedade por Quotas, pelos seus arts. 138º, al. a), e 140º, nº 1 (cfr. FERRER CORREIA/VASCO LOBO XAVIER/MARIA ÂNGELA COELHO/ANTÓNIO CAEIRO, pp. 129, 131-2). Expressando dúvidas que o levavam a discordar da acumulação dos dois prazos, optando por deixar cair o *benefício do prazo de suspensão* a decretar pelo tribunal, cfr. RAÚL VENTURA, "Adaptação do Direito Português à Segunda Directiva do Conselho da Comunidade Económica Europeia sobre o Direito das Sociedades", *DDC*, 1980, p. 20.

[214] Assim, FERRER CORREIA, *Sociedades fictícias e unipessoais*, ob. cit., p. 270 (contudo, a reconstituição da colectividade subjectiva teria que se concretizar antes da propositura da acção destinada a dissolver a sociedade, o que precludiria o ensejo de manter a sociedade em funcionamento – vide n. (2) da p. referida); PINTO COELHO, "Anotação ao Acórdão do STJ, de 31 de Dezembro de 1958", *RLJ*, 1958/59, p. 278; MANUEL DE ALARCÃO, pp. 321 e ss, que se afastou, porém, da tese de Ferrer Correia anteriormente exposta no que respeitava ao impedimento da dissolução, se a reconstituição fosse posterior à propositura da mesma, uma vez que não descortinava qualquer diferença em função do momento da ocorrência da dissolução (veja-se a n. (1) da p. 323).

sados[215] terminar com a *anormalidade*, recorde-se, não admitida pelo nosso direito, apenas tolerada para os efeitos de reconstituição da pluralidade de sócios.

Por outras palavras, a unipessoalidade não era causa de dissolução de uma sociedade anónima e por quotas enquanto não decorresse o período dirigido à sua recomposição colectiva. Depois sê-lo-ia se fosse requerida através da respectiva decisão judicial. Até este momento, essas sociedades não se extinguiam e persistia a pessoa jurídica por elas criada[216].

Sedimentava-se assim um sistema de *dissolução judicial diferida* para estes tipos de sociedades, que possibilitava a sobrevivência dessa sociedade em nome da tutela da *spes refectionis*[217]. Coexistia, portanto,

---

[215] Qualquer interessado, entendia-se, incluindo aí os credores sociais e os credores pessoais do sócio único (sobre a legitimidade do Ministério Público, *vide supra* n. 208): cfr. MANUEL DE ALARCÃO, pp. 321-2. Concordando, GUALBERTO SÁ CARNEIRO, p. 277; em sentido restritivo, excluindo os credores da sociedade do núcleo daqueles que "pudessem ser directamente afectados pelas deficiências e irregularidades da administração do único accionista", cfr. FERRER CORREIA, *sociedades fictícias e* unipessoais, ob. cit., pp. 237, n. (3), 271; excluindo o accionista único, porque *não pode* legalmente *nem precisa*, na medida em que "lhe basta passar a exercer a sua actividade económica, civil ou comercial, em próprio nome", cfr. BARBOSA DE MAGALHÃES, pp. 45-6.

[216] Deste modo, quanto à admissibilidade das sociedades unipessoais, reconhecia-se a sua persistência no tráfico jurídico. Por um lado, nos casos em que o sócio não deliberava a extinção da sociedade ou os interessados não requeriam em juízo a respectiva dissolução, decorrido que estivesse o prazo legal. Por outro lado, haveria mesmo situações em que a dissolução não se operaria *ipso iure* nem poderia ser reivindicada judicialmente. Nomeadamente em sede de sociedade por quotas, em que, defendeu-se, à face do direito positivo, isto é, do art. 42 da LSQ, não se aplicavam os motivos de dissolução previstos para as sociedades anónimas (*vide supra* n. 209), pelo que a concentração das quotas numa só pessoa, a não ser que viesse regulamentada esse resultado terminal na convenção social, não originava a dissolução da sociedade então unipessoal: apenas a sociedade devia ser qualificada como *irregular por defeito de constituição* (cfr. BARBOSA DE MAGALHÃES, pp. 59-60 e 76). Também no sentido relatado no texto, *vide* "Parecer nº 8/52, de 8 de Maio de 1952, da Procuradoria-Geral da República", in *BMJ*, nº 36, Maio.1953, pp. 27 e ss.

[217] *Vide*, por todos, FERRER CORREIA, *Lições*..., ob. cit., pp. 174 e ss. Para as sociedades em nome colectivo, o diferimento também era sustentado em virtude do enunciado trazido para o sistema jurídico pelo art. 1007º, al. d), do CCiv., embora a dissolução operasse *ipso iure* após o decurso dos seis meses previstos pela lei aplicável às sociedades civis (aqui subsidiariamente convocada) sem que se reconstituísse a pluralidade de sócios (cfr. pp. 166-72).

Na jurisprudência, para este último tipo de sociedades, também lentamente se foi vencendo a convicção de inadmissibilidade das sociedades unipessoais, numa interessante evolução que pode ser acompanhada pela consulta do teor das seguintes decisões superiores: **26. Outubro.1950, Relação do Porto** (in *BMJ*, n° 22, Janeiro.1951, p. 354, ss); **26. Abril.1952, Relação do Porto** (in *BMJ*, n° 33, Novembro.1952, p. 290, ss); **13. Maio.1952, STJ** (in *BMJ*, n° 31, Julho.1952, p. 484, ss). Finalmente, numa interpretação restritiva do art. 120°, § 3°, do CCom., que determinaria uma dissolução diferida e *ope judicis* apenas para a anónima reduzida a dois accionistas, advogando para a situação *diversa* da redução da anónima à unipessoalidade um fundamento de dissolução *ipso iure*, embora diferida por seis meses, cfr. RAÚL VENTURA, *Dissolução e liquidação...*, ob. cit., pp. 163 e ss, esp. p. 169.

Em Itália, como já noticiámos (*vide supra* n. 165), apenas as sociedades de pessoas se dissolvem pela falta da pluralidade de sócios por imperativo da lei, mas essa consequência, atento o disposto no n° 4 do art. 2272 do CCIt., só se produz, de uma forma operativo-objectivamente imediata e desencadeando a automática passagem da sociedade para o estado de liquidação (sem que para isso seja necessário qualquer acto formal de reconhecimento desse evento por parte do sócio único ou qualquer procedimento judicial, pois os seus efeitos se desencadeiam *de direito*, excepto, como refere GASTONE COTTINO, *Diritto Commerciale...*, ob. cit., p. 245, se o único sócio se "esquecer" da sociedade e não proceder a qualquer acto de gestão ou de liquidação, caso em que qualquer credor teria legitimidade para obviar à omissão através do recurso à autoridade judiciária, a fim de obter uma declaração de dissolução da sociedade e a nomeação de um liquidatário), depois de expirado um prazo de seis meses para a reconstituição da pluralidade dos sócios. Este facto, no sistema da norma, é qualificado por GIUSEPPE FERRI, *Manuale di diritto commerciale*, ob. cit., p. 296, como *condicio facti* (uma verdadeira condição resolutiva) a que está subordinada essa falta de pluralidade como causa de dissolução, que, a acontecer, opera *ex tunc* (ou seja, considera-se verificada no próprio momento do desaparecimento da pluralidade), com a consequência de não se determinar qualquer *solução de continuidade* na vida da sociedade. Sublinhou-se, por isso, que, no fundo, a causa de dissolução aqui não é exactamente a redução do número de associados, mas antes *a circunstância de a pluralidade não ter sido reestabelecida dentro do prazo previsto pela lei* (cfr., p. ex., PIERO VERRUCOLI, "La société d'une seule...", loc. cit., p. 125). A discriminação da unipessoalidade na enumeração das causas de dissolução desta categoria de sociedades motivou já fortes críticas de parte da sua doutrina, que se bateu contra a *irrazoabilidade da solução*, por violar o princípio cardinal da conservação das sociedades comerciais como contrato essencial para a economia nacional enquanto entidades empresariais produtivas; por outro lado, também se notava a *insuficiência do prazo*, tendo em conta, atendendo ao *intuitus personae* característico desses tipos sociais, a manifesta dificuldade em encontrar, nesse espaço de tempo, sujeitos idóneos a entrar numa relação assaz delicada e perigosa como é a relação societária [cfr. ERNESTO SIMONETTO, "Riforme necessarie...", loc. cit., p. 11, n. (2)]. Em geral sobre a unipessoalidade derivada nas sociedades de pessoas (e só deste tipo de unipessoalidade se trata nesta categoria de formas sociais, cujo

o binómio *pluralidade originária obrigatória* e *unipessoalidade sucessiva tolerada*[218], assente, aproveitando os termos singulares de FERRER CORREIA, num "reconhecimento *iuxta modum*, um meio reconhecimento – melhor dizendo, uma simples atitude de mera *tolerância* por parte do legislador relativamente a tal fenómeno"[219].

O direito comunitário veio igualmente a aceder à forma *judicial* de a dissolução se operar, quando regulou o problema da unipessoalidade derivada na II Directiva, pelo menos no que se refere às situações previstas no seu art. 5º[220], pois aí deixa de ser sustentável a dissolução de direito[221].

---

emprego é de todo estranho ao intento de beneficiar de responsabilidade limitada e de concretizar, como consequência, a realização de um património jurídico autónomo), para o direito italiano e com indagações comparatísticas, tratando com pormenor as variadas problemáticas que ela acarreta (observe-se com atenção as considerações feitas sobre o momento da produção dos efeitos da dissolução, que dependeria da sua natureza retroactiva ou prospectiva), *vide*, com as referências bibliográficas então relevantes, ANGELO GRISOLI, "La disciplina delle società di persone ridotte a un solo socio", *RDComm.*, 1966, pp. 181 e ss. Mais recentemente, cfr., entre outros, GIUSEPPE FERRI, *ibid.*, pp. 295 e ss; FRANCO DI SABATO, *Manuale delle Società*, ob. cit., pp. 95 e ss; FRANCESCO FERRARA Jr./FRANCESCO CORSI, pp. 335 e ss.

[218] Adaptamos aqui as fórmulas sugestivamente utilizadas, para o direito italiano, por GIOVANNI IUDICA, "La società unipersonale e l'impresa...", loc. cit., p. 147, e GERARDO VILLANACCI/GIONANNI CALAFIORE, p. 418.

[219] *Lições...*, ob. cit., p. 180.

[220] Neste preceito, relativo à unipessoalidade e redução do número de sócios abaixo do mínimo legal, dispõe-se que: «1. Se a legislação de um Estado-membro exigir o concurso de vários sócios para a constituição de uma sociedade, a reunião de todas as acções na titularidade de uma só pessoa, ou a redução do número de sócios abaixo do mínimo legal ocorrida depois da constituição da sociedade, não implica a dissolução de pleno direito da sociedade.»; «2. Se, nos casos previstos no n.º 1, a legislação de um Estado--membro determinar que a dissolução judicial da sociedade pode ser decretada, a autoridade judicial competente deve poder conceder-lhe um prazo suficiente para regularizar a situação.»; «3. Se a dissolução for decretada, a sociedade entra em liquidação.».

[221] Chamamos a atenção para que o art. 5º, nº 2, da II Directiva, reduz o seu âmbito de aplicação às legislações nacionais que prevejam a dissolução da sociedade com fundamento em unipessoalidade. *Vide supra* n. 77.

Discordando de a única alternativa lícita de dissolver a sociedade reduzida a um único sócio passar pelo requerimento ao tribunal, que seria a solução ditada pela II Directiva (ou a sociedade nessa condição ficava sujeita a dissolução, ou podia ser dissolvida judicialmente), que *menosprezava* a situação igualmente legítima de outorga de uma escritura de dissolução pelo único sócio, sem que se esperasse pelo decurso de qualquer prazo para a reconstituição, que seria precludido aquando do exercício dessa faculdade

Invertendo esta orientação, que não nos vinculava na altura da sua entrada em vigor, bem como os ditames da nossa doutrina dominante e da jurisprudência superior[222], o Projecto de Código das Sociedades[223], no

---

pelo sócio, cfr. RAÚL VENTURA, "Adaptação do Direito Português...", loc. cit., p. 19. É hoje problema superado, em face da legitimidade da dissolução por deliberação, de acordo com o regime do art. 142º.

Apenas uma breve nota, com o valor que terá, em face da distância e da evolução dos dados jurídico-positivos, para dizer que nos parece não ser aquela a questão primordial, nem que isso fosse posto em causa. Era comum a referência doutrinal sobre a possibilidade que ao sócio se abria de deliberar o fim da vida da sociedade da qual era o único titular. Demos notícia disso. O que se discutia era o cenário na circunstância de esse poder deliberativo não ser exercido pelo sócio tornado único. Saber se a redução à unidade do substrato pessoal da sociedade era causa de dissolução *ipso iure* ou de dissolução *ope judicis*, tal como condicionar ou não esta última, sendo essa a escolha, a um prazo razoável, com o aproveitamento até dos elementos literais da norma pertinente em sede de sociedades anónimas (como já se viu, o art. 120º do CCom.), destinado a salvar a pessoa jurídica societária *em crise*: estes eram os quesitos pertinentes e as restantes vias privadas de extinção da sociedade não estavam em causa (mesmo que isso não fosse consagrado por via legal). Apesar da clareza desta asserção, deparámos com intervenções doutrinais que dão um relevo injustificado à observação de Raúl Ventura, que não descobria nada de novo, fazendo-o apoiante de uma solução que, por simples e óbvia, não merecia até a descrição atenta em outros estudos [(cfr. ANA MARIA PERALTA, "Sociedades unipessoais", *Novas perspectivas do direito comercial*, 1988, p. 262, n. (29)]. Para evitar qualquer tipo de dúvida, talvez em face do que ficou mencionado, o legislador consagrou expressamente a possibilidade e os termos de exercício da deliberação de dissolução que incidisse sobre os mesmos fundamentos da dissolução judicial, como se poderá ver pelo enunciado dos nºs 3 e 4 do art. 142º, e pelo art. 145º, nº 1 [sobre o ponto, cfr. RAÚL VENTURA, *Dissolução e liquidação*..., ob. cit., pp. 82 e ss; este Autor, a p. 84, refere, todavia, com "conhecimento de causa", que "nas sucessivas revisões a que o projecto de CSC foi sujeito alternaram, com momentânea prevalência, duas opiniões: a que *admitia exclusivamente* a via judicial com base em causa facultativa e a que, *ao lado da via judicial, admitia a dissolução por deliberação social*" (sublinhado nosso), o que não tinha correspondência nos contributos doutrinais anteriores (p. ex., vide MANUEL DE ALARCÃO, p. 226)].

[222] Cfr., em particular, o **Ac. do STJ**, de **5.Fevereiro.1963** (in *BMJ*, nº 124, Março.1963, p. 723, ss); o **Ac. da Relação do Porto**, de **5.Novembro.1976** (in *CJ*, Janeiro-Abril.1976, I, p. 684, ss); o **Ac. da Relação de Lisboa**, de **7.Julho.1983** (in *CJ*, 1983, IV, p. 97, ss) do qual se menciona o respectivo Sumário, nos seus três primeiros e pertinentes pontos: "(I) Na sua estrutura típica legal a sociedade por quotas é mais uma sociedade de capitais que de pessoas. (II) A sociedade, reduzida à unipessoalidade, só se dissolve por efeito de sentença proferida em acção proposta por alguém interessado. (III) Se nenhum interessado requerer a dissolução da sociedade reduzida a um sócio, a mesma poderá

seu art. 148°, n° 1, al. e), estatuía a dissolução automática da sociedade unipessoal, sempre que decorresse mais de um ano desde a redução dos sócios à unidade e o sócio não requeresse a concessão de um prazo razoável que lhe permitisse reconstituir a situação originária, o que suspenderia a dissolução da sociedade (de acordo com os termos do art. 149°)[224].

A adesão de Portugal à Comunidade Económica Europeia em 1985 parece ter motivado, porém, um regresso às teses dominantes. O art. 141° retirou dos casos de dissolução imediata a redução do número de sócios ao número mínimo exigido por lei por período superior a um ano e o art. 142°, n° 1, al. a), prevê-a como causa de dissolução *ope judicis*, que poderá ser suspensa (a acção respectiva), ao abrigo do art. 143°, se for isso obtido no decurso do requerimento de concessão de um «prazo razoável a fim de regularizar a situação».[225]

> Em torno da interpretação do art. 143°, colocou-se a dúvida legítima de saber se o sócio único, para o efeito de lhe ser concedido esse prazo razoável, poderia actuar indistintamente em processo (dissolutório) da sua iniciativa e em acção de dissolução não intentada por si.

---

perdurar indefinidamente."; e, finalmente, o **Ac. do STJ**, de **4.Dezembro.1984** (in *BMJ*, n° 342, Janeiro.1985, p. 405, ss), cujo ponto II reza assim: "O facto de a sociedade, por força da cláusula de conservação, poder ficar reduzida a um único sócio, não torna nula tal cláusula, embora possa conduzir à dissolução da sociedade".

[223] Apresentado por uma Comissão presidida pelo então Ministro da Justiça, Meneres Pimentel, que foi a responsável pela revisão de um primeiro anteprojecto elaborado por Raúl Ventura, da qual este fazia igualmente parte, com a companhia de Fernando Olavo e António Caeiro (in *BMJ*, n° 327, Junho.1983, pp. 43 e ss).

[224] Em abono dessa solução, vejam-se, para a percepção da polémica, as considerações de RAÚL VENTURA, *Dissolução e liquidação...*, ob. cit., pp. 106-8, esp. pp. 114-17 (parte já foi transcrita *supra* na n. 205). Aqui, o Autor justifica o regime proposto pelo art. 148° do Projecto, qualificando a opção como um *procedimento de cautela*: pretendia evitar-se a instituição de um regime que permitisse, *de facto e com carácter generalizado*, a limitação da responsabilidade individual do empresário, antes de se decidir sobre a bondade das vantagens dessa limitação e sobre o acerto da sociedade por quotas unipessoal como forma de concretização dessa limitação. Para ANTÓNIO CAEIRO, no entanto, "a solução adoptada no Projecto não só não respeita a Directiva, como representa *um recuo de quarenta anos na ciência jurídica portuguesa*" (cfr. "O projecto de Código das Sociedades. Parte geral. Sociedade em nome colectivo", *RDE*, 1984/85, p. 78, sublinhado nosso).

[225] Sobre este regime, em geral e para além do que se dirá, *vide*, por todos, RAÚL VENTURA, *últ. ob. cit.*, pp. 82 e ss, 95-7, 185 e ss.

A unipessoalidade, como causa facultativa de dissolução (dependente de um *prazo de tolerância* tido por conveniente), pode desencadear este efeito se o sócio único o deliberar nos termos do art. 143º, nº 3 (e 4). Se o não quiser, o sócio pode, em alternativa, accionar a sociedade, nos termos do art. 144º, nº 1. Não faria sentido, atento esses poderes, que o sócio pudesse, por isso, pretender dissolver e, durante esse entretanto, pudesse ainda vir a requerer um prazo para readquirir a pluralidade, quando podia ter "deliberado" quando quisesse. O que faz sentido é que, em fidelidade ao sentido do art. 5º, nº 2, da II Directiva, e do art. 140º, nº 1, do Anteprojecto de lei das sociedades por quotas de responsabilidade limitada, o sócio único apenas possa requerer esse prazo para regularização quando a acção de dissolução for proposta *pelos outros sujeitos com legitimidade* para o efeito, como incidente dessa acção, com a consequência de suspender a instância respectiva[226].

Esta interpretação parece-nos servir, ademais, para determinar o alcance da (recente) proposição adjectiva de um mecanismo processual específico para este fim – a "regularização de sociedades unipessoais", previsto no art. 1497º do CPC, como processo de jurisdição voluntária. Além de o requerente que aí se refere apenas poder ser o sócio único (ou um/ou alguns dos restantes sócios, no caso de o mínimo legal não ser dois sócios), note-se que este processo servirá apenas para densificar o art. 143º, em conjugação com o art. 142º, nº 1, al. a). Com isto, pensamos que não servirá para a acção de dissolução referida no art. 270º-C, nº 3, a intentar pela SQU devidamente representada, e para o «prazo até seis meses para regularizar a situação» mencionado no respectivo nº 4.

De facto, o art. 1497º do CPC serve exclusivamente para «regularizar judicialmente a situação de sociedade reduzida a um único sócio», pelo que se aplica aos casos de unipessoalidade derivada em que se *pretende reconstituir a colectividade societária*, que nunca é o que está em causa nas hipóteses que fundamentam a dissolução do art. 270º-C. É verdade que, a

---

[226] Foi neste sentido que RAÚL VENTURA, *últ. ob. cit.*, pp. 187-8, propugnou a interpretação correctiva do art. 143º.
Num outro sentido parece ter encarreirado ANA MARIA PERALTA, p. 263, embora com a condicionante de ainda raciocinar com a versão primitiva do art. 142º, nº 1, al. a), que não previa um prazo condicionante da acção de dissolução (veja-se o que se dirá em texto). De todo o modo, a Autora entendeu que a regra seria o sócio único pedir a concessão do prazo de regularização antes de a acção ser proposta (por ele ou por outra pessoa, não se distingue), o que suspenderia o direito de interposição da acção de dissolução. Logo, não se interpreta, como fez Raúl Ventura e nós reiteramos, a suspensão da dissolução como suspensão da instância em curso. Não obstante, essa concessão também poderia ser deferida depois de interposta a acção, em homenagem à possibilidade de restabelecimento da base pessoal da sociedade.

seu tempo, entenderemos certo alargar a aplicação do art. 270°-C, n°s 1 e 2, também aos casos de unipessoalidade superveniente em que o sócio-pessoa singular restante seja também sócio único de uma SQU *e* em que o único sócio de uma SQU é uma sociedade supervenientemente constituída por um só dos associados primitivos[227]. Mas aí com fundamento na cumulativa presença desse sócio em outra sociedade unipessoal *e* na similitude das situações entre ser uma SQU ou uma sociedade por quotas supervenientemente unipessoal a sócia única de uma outra SQU.

Com isto queremos ser bem claros. A situação a regularizar nos arts. 143° e 1497° do CPC é a pluralidade legalmente exigida. A situação a regularizar no art. 270°-C, n° 4 (que se reporta ao n° 3), é a instauração (ou a reposição) de uma situação que respeite as proibições dos n°s 1 e 2 da norma, isto é, terminar com uma circunstância de acumulação da qualidade de sócio único em mais de uma SQU (ou em SQU e outra sociedade unipessoal derivada) pela mesma pessoa singular *e* com o facto de uma SQU (ou outra sociedade por quotas incialmente plural e reduzida a um único sócio) ser o sócio único de uma SQU[228].

Ainda outra controvérsia. As previsões *genéricas* dos arts. 142°, n° 1, al. a), e 143° são repetidas na regulamentação especial das sociedades anónimas, no art. 464°, n°s 3 e 4, num plágio escusado e sem qualquer relevo adicional[229].

A versão originária do CSC registava, ao invés, uma diferença de vulto entre o teor do art. 142°, n° 1, al. a), e o art. 464°, n° 3: enquanto que a prescrição geral não previa qualquer prazo para a reconstituição da pluralidade, a norma especial do tipo anónimo dava um prazo de um ano para esse efeito. Tal facto, ainda que imputado à inadvertência dos revisores ministeriais, foi interpretado, sem que nisso se encontrasse qualquer explicação plausível, no sentido de configurar uma *diferença de regime* entre as sociedades anónimas, relativamente às quais a redução do número de sócios abaixo do mínimo de cinco como causa facultativa de dissolução só operaria após o decurso desse prazo, e as *restantes sociedades*, que se poderiam ver dissolvidas imediatamente por esse facto[230]. Entretanto, o DL n° 280/87, de 8.Julho, veio alterar a redacção da al. a) do n° 1 do art. 142°, colocando-a em conformidade com os termos do preceito corres-

---

[227] *Vide infra* ponto 6, ns. 265 e 266.

[228] Igualmente não é despiciendo atentar na óbvia aproximação literal dos arts. 143° e 1497° do CPC, pois este segue aquele no que deve ser feito na tramitação do processo.

[229] Do mesmo aviso, cfr. PINTO FURTADO, *Curso de Direito das Sociedades*, ob. cit., pp. 555-6.

[230] Cfr., neste sentido, RAÚL VENTURA, *Dissolução e liquidação...*, ob. cit., p. 158. Objectivamente crítica do regime de especial favor concedido às sociedades anónimas, cfr. ainda ANA MARIA PERALTA, pp. 264-5, n. (32).

pondente à sociedade anónima. Assim sendo, a norma especial passou a ser uma mera repetição, sem qualquer relação de predominância ou sentido útil a ter em conta.

De igual defeito sofre o art. 464°, n° 4 (correspondente ao primitivo n° 5 da norma), em relação ao art. 143°. Com uma perversão adicional. Na prescrição da anónima, dita-se que o requerimento do prazo razoável para reconstituir a pluralidade exigida deve ser feito «até ao fim do prazo nele referido» [no art. 464°, n° 3], ou seja, até ao fim de um ano a contar da redução do número de sócios. Pois bem (em rigor, mal). Se o requerimento terá de ser proposto nesse prazo, ele está inviabilizado, uma vez que "até ao fim desse prazo a sociedade não pode ser dissolvida, porque *ainda não está completa* a causa de dissolução, e a acção [onde se junta a pretensão moratória] não pode ser proposta"[231]. A contradição não podia ser mais manifesta e ilógica.

Em face da antinomia insanável que esta norma apresenta com a que a antecede – e com a norma geral que regula a matéria, isto é, o art. 142°, n° 1, al. a) –, a única forma de compatibilizar a sobrevivência da norma especial do tipo anónimo é *ignorá-la* nessa parcela onde parece eliminar o período de um ano para a reconstituição da pluralidade exigida como elemento essencial da *facti species* dissolutória (judicial) pertinente à unipessoalidade (ou à redução do número de sócios abaixo do mínimo legal), a fim de continuar, também aí, a exigir o decurso desse prazo para se poder dissolver a sociedade e, entretanto, pedir um prazo para regularizar a sociedade em termos de sujeitos participantes na sociedade.

Se uma mera repetição, como a do n° 3 do art. 464°, nada inova e a nada obsta, é óbvia a falta de clareza normativa da disciplina da sociedade anónima no que concerne ao n° 4 do art. 463°. Para concretizar a ignorância a que nos referimos, houve quem, em referência ao anterior n° 5 do art., desistisse de salvar este preceito e, atendendo ao manifesto lapso que configurava, o considerasse como *não escrito*. A argumentação era convincente e corroboramo-la no seu efeito prático: "Com isso, ninguém é prejudicado, pois às sociedades anónimas aplicar-se-á o art. 143°, que, interpretado correctivamente, (...) ressalva todos os interesses legítimos"[232].

---

[231] RAÚL VENTURA, *últ. ob. cit.*, p. 189. Em sentido diverso, cfr. ANA MARIA PERALTA, p. 264, o que se compreende. Se se entende o exercício desse direito como prévio à acção de dissolução, a sua concretização leva a que o prazo de um ano após a unipessoalidade para requerer a dissolução da sociedade possa ser alargado, "caso o sócio único, até ao seu *terminus*, requeira ao Tribunal o seu alargamento, a fim de obter a regularização da sociedade".

[232] No seguimento do texto, continuamos a reproduzir RAÚL VENTURA, *últ. ob.* e *loc. cit.*

Alternativa com outros contornos, ainda que não de todo irrazoáveis (porém, mais "fortes"), seria sustentar a interpretação abrogante do nº 4 do art. 464º, com base na referida antinomia insanável que propicia, por concorrerem normas lógica ou normativamente contraditórias, faltando, em consequência, qualquer utilidade à regra jurídica estabelecida. Só se pode explicá-la por ter escapado ao legislador a incongruência do regime predisposto na anónima: o preceito não tem lógica, contraria a disciplina--regra, dela não se retira qualquer sentido, está morta (no significado de não ter qualquer eficácia)[233]. Melhor seria, em conclusão *de iure condendo*, o "legislador razoável" aproveitar uma futura intervenção no CSC para retirar as duas normas (tanto o nº 3 como, fundamentalmente, o nº 4, do art. 464º) e deixar esta regulação ao cuidado da disciplina comum nesta matéria.

O sistema jurídico apresentava, no entanto, alguma *contradição*. Permitia-se que uma sociedade unipessoal se radicasse, ainda que transitoriamente (mas por um período assinalável), no tráfico jurídico. Mas podia mesmo subsistir indefinidamente. Por um lado, a dissolução era facultativa e só se justificaria accionar a sociedade se o sócio não quisesse continuar a sociedade sem estar inserido num grupo ou se um credor social estiver insatisfeito. Por outro, o Ministério Público apenas ficou com legitimidade para requerer em juízo a dissolução de sociedades com fundamento na ilicitude superveniente do respectivo objecto contratual (art. 144º, nº 1, que remete para a al. d), do nº 1 do art. 142º)[234].

Para além das probabilidades, até aqui, de não ser requerida a dissolução judicial da sociedade serem elevadas – ao sócio único, em princí-

---

[233] Para a justificação deste resultado interpretativo, utilizamos conjugadamente os respectivos fundamentos apresentados por CASTANHEIRA NEVES, "Interpretação jurídica", *Digesta. Escritos acerca do Direito, do Pensamento Jurídico, da sua Metodologia e Outros*, 1995, p. 367, e OLIVEIRA ASCENSÃO, *O Direito. Introdução e Teoria Geral. Uma perspectiva luso-brasileira*, 1997, pp. 426-7, 428-9.

[234] De facto, o Ministério Público, ao contrário do que advinha dos anteriores dados normativos (*vide supra* ns. 208 e 215), perdia a legitimidade para requerer a dissolução em juízo de uma sociedade com causa na sua unipessoalidade ou redução dos associados abaixo do mínimo legal. Hoje, porém, a magistratura em causa dispõe de uma faculdade *próxima* – ou seja, atribuída em sede de unipessoalidade mas não atendendo à necessidade de a abolir – nos casos de cessar a licença para as sociedades unipessoais operarem na Zona Franca da Madeira. O art. 1º, nº 2, do DL nº 212/94, de facto, concede ao Ministério Público, em expresso aproveitamento das prescrições comuns ditadas pelo CSC (veja-se a parte final do art. 144º, nº 1), a legitimidade para pedir judicialmente a dissolução dessas sociedades que sofram dessa inibição.

pio, não lhe incomodará a solidão, ao credor não lhe interessa promover a liquidação de uma sociedade com que se relaciona bem e relativamente à qual estará protegido em *casos limite de abuso* pela possibilidade de executar o património pessoal do sócio restante nos termos do art. 84º[235]–, acresce que a lei, pelo art. 144º, nº 3, fixou um *prazo de caducidade* para a acção de dissolução. Para a sua determinação, conjugam-se dois prazos: um de seis meses, que se conta a partir da data do conhecimento pelo autor da ocorrência – mas que *nunca se deve começar a contar antes de ter passado um ano após a unipessoalidade* –, outro de dois anos sobre a verificação do facto – que *apenas se completa como constitutivo da dissolução após o decurso daquele ano* –, findo o qual a acção não poderá ser proposta. Ora, isto significa que, como salienta PINTO FURTADO, "se o meio judicial não tiver sido utilizado em tempo, a situação *acabará por ficar sanada, eternizando-se a unipessoalidade* ou o funcionamento com um número de sócios inferior ao número legal"[236]. Sendo assim, pensamos que a intenção do legislador, que era a de consagrar a responsabilidade ilimitada do sócio único como regra, sairá debilitada: a regra bem poderá ser a continuidade do regime da responsabilidade anteriormente proporcionado pela pluralidade.

Na outra margem, continuava, apesar disso, a negar-se as sociedades originariamente unipessoais. A lei fidelizava ainda a sua tradição contratualista, o que implicava que não se menosprezava a pluralidade dos sócios como *requisito fundacional*[237], mas o mesmo não acontecia quando se a

---

[235] Neste contexto podemos entender OLIVEIRA ASCENSÃO, "O estabelecimento individual de responsabilidade limitada ou o falido rico", *O Direito*, 1988, p. 17, quando afirmou: "A dissolução forçada das sociedades unipessoais, por exemplo, é uma previsão quase teórica, dada a falta de interesse em actuar essa dissolução".

[236] *Curso de Direito das Sociedades*, ob. cit., p. 556 (sublinhado da nossa responsabilidade, salvo na palavra unipessoalidade), num resumo ilustrativo do que RAÚL VENTURA tinha já verificado em *Dissolução e liquidação...*, ob. cit., pp. 96-7 e 160, bem como ALBINO MATOS, *Constituição de sociedades...*, ob. cit., p. 32. Acrescente-se que a possibilidade deliberativa de dissolução reforça ainda mais esta ideia, pois essa deliberação, tomada no preenchimento de competência da assembleia exercida pelo único sócio, só avançará na exclusiva dependência da sua vontade. Para o direito comparado pertinente, como é notoriamente o italiano, *vide*, em sentido implicitamente próximo, SCOTTI CAMUZZI, "L'unico azionista", loc. cit., pp. 677-8 e 680-1.

[237] A que a jurisprudência sempre se manteve fiel, mesmo para outras consequências: assim considerou, a título ilustrativo, o **Ac. da Relação de Lisboa**, de **13.Fevereiro.1992** (in *CJ*, 1992, I, p. 156): "Não sendo admitida pela nossa lei a constituição de sociedades unipessoais, vedada está a figura da sociedade irregular unipessoal" (ponto III do Sumário).

encarava como *requisito funcional*. Da conjugação das prescrições em matéria de dissolução motivada pela redução à unidade da associação societária primitiva com o preceituado pelo art. 84º parecia (e parece) lícito afirmar que o facto de as participações sociais se concentrarem numa única mão encena uma *unipessoalidade duradoura*, capaz de desvalorizar a natureza de organização corporativa da sociedade e incapaz de limitar as *possibilidades de acção* dessa mesma sociedade monossubjectiva.

Esse compromisso subsistente entre os momentos da fundação e do funcionamento obviou a que, em Portugal, se optasse logo pela sociedade por quotas para reconhecer o instituto da responsabilidade limitada do comerciante individual. Desde logo, porém, se admitiu que esta seria a melhor solução se houvesse dúvidas sobre a possibilidade de se dotar uma empresa individual como património autónomo de um regime capaz de salvaguardar todos os interesses atendíveis, porquanto "a poucas alterações (como se alcança pelo exemplo alemão) haverá que sujeitar a lei relativa a tais sociedades, para esconjurar os riscos que são implicados pela existência da sociedade de um único sócio"[238].

Mas ainda não era o tempo de semelhante passo. A criação do EIRL, com o expresso repúdio da sociedade unipessoal como instrumento predisposto a tal desiderato[239], transportava ainda consigo o dogma da dis-

---

[238] FERRER CORREIA, "Sobre a projectada reforma da legislação comercial", *ROA*, 1984, p. 20, n. (2), que assume assim uma preferência indisfarçável pelo expediente societário, que, diga-se, não era senão o coerente desfecho pelo ilustre Autor de um itinerário de reconhecimento da unipessoalidade como um fenómeno incontrolável e irreprimível, que se deveria admitir, pois "não seria esta a primeira torção infligida ao princípio da responsabilidade ilimitada em nome das necessidades do comércio" e até se recomendaria talvez como "a *melhor forma de transição para o reconhecimento directo da empresa individual autónoma*, com património seu e dívidas próprias" (cfr. *Lições*..., ob. cit., p. 179, sublinhado da nossa responsabilidade).

[239] Cfr., a este respeito, o teor do Preâmbulo do diploma que introduziu o EIRL no nosso país, onde se defendia a opção pela alternativa técnica do património separado com base no facto de que "entre nós (diferentemente do que acontece na Alemanha) nunca se admitiu – entre outras razões, por *fidelidade à ideia da sociedade-contrato* – a unipessoalidade originária. E não menos certo é, por outro lado, que (e também ao invés do que se passa naquele país) as contribuições doutrinais portuguesas sobre a regulamentação jurídica específica das sociedades de um único sócio são escassas. A hipótese configurada no artigo 488º daquele novo Código [das Sociedades Comerciais – acrescentamos nós] repercute um regime excepcional, que não altera esta forma de ver as coisas" (cfr. ponto 6, sublinhado nosso). Na doutrina, vide RAÚL VENTURA, *Dissolução e liquidação...*, ob. cit., p. 123.

tinção inultrapassável entre limitação da responsabilidade *dos sócios* e limitação da responsabilidade do comerciante individual[240]. De facto, como nos informa, entre nós, RAÚL VENTURA, o sócio beneficiaria da responsabilidade limitada, em virtude da constituição de um património colectivo autónomo, porque se converteu a um mecanismo associativo: logo, não se afiguraria legítimo permitir o preenchimento de um *fim individual* através de uma forma *aparentemente colectiva*, como o é a da sociedade unipessoal, que, por ser sociedade, não se deverá separar dos seus típicos *fim* e *forma* colectivos[241].

O nosso legislador optou primeiro por uma figura *não societária*, com as acrescidas complexidades de regulamentação que determinava. Essa escolha motivou uma cuidada e completa disciplina do *património de afectação especial* criado com tal instituto, fundamentalmente no que tange à adequada tutela das garantias de terceiros[242]. Mas não foi acom-

---

[240] Neste sentido, salientem-se os argumentos adicionais de MARIA ÂNGELA COELHO, "A limitação...", loc. cit., pp. 13-4, 35 e ss. Esta Autora, responsável *material* pela elaboração do regime jurídico do EIRL, era adepta da criação de uma empresa individual de responsabilidade limitada, que permitiria satisfazer os interesses dos comerciantes em nome individual e manter intactos alguns dos princípios e conceitos tradicionalmente aceites e radicados no sistema jurídico. Perante a vantagem apontada de a sociedade unipessoal permitir a unificação da disciplina da sociedade reduzida a uma só pessoa, a Autora contrapõe que esse argumento podia também alinhar a favor da empresa individual configurada como um património separado. Bastaria, para o efeito, que o legislador, além de prever e reger aquela instituição (como meio mais *directo* e despido de *qualquer ficção*) devidamente estruturada com as garantias satisfatórias para os interesses do comerciante e de terceiros, fixasse a possibilidade de transformar uma sociedade unipessoal superveniente na empresa individual de responsabilidade limitada, caso não se quisesse reconstituir a colectividade perdida e, assim, continuar a actividade comercial. Além disso, o aproveitamento do *terreno já conhecido e experimentado* da disciplina societária é implicitamente ignorado no mesmo passo por esta doutrina, isto porque se pronuncia indiferente a uma *parificação de regimes* entre os dois fenómenos, que poderiam coexistir sem mais.

[241] Cfr. *Dissolução e liquidação...*, ob. cit., p. 116.

No mesmo sentido se enquadram as palavras de OLIVEIRA ASCENSÃO, "O estabelecimento individual...", loc. cit., p. 18, em comentário à possível admissibilidade da limitação de responsabilidade por força da técnica da sociedade unipessoal: "... é paradoxal. Não por razões conceituais, mas pela disfuncionalidade que isso acarreta. A sociedade comercial é uma estrutura jurídica fundada na colaboração. Por isso supõe órgãos, formação da vontade colectiva, direitos dos sócios, etc. Que sentido tem recorrer a uma estrutura assente na pluralidade quando está em causa um titular só?".

[242] Sobre o regime jurídico do EIRL, *vide*, ambos de OLIVEIRA ASCENSÃO, "Estabelecimento comercial e estabelecimento individual de responsabilidade limitada", *ROA*,

panhada por medidas que permitissem que o EIRL fosse o único meio legal de criação da limitação de responsabilidade individual[243].

Esta opção não impediu que se introduzissem no sistema jurídico situações normativizadas de unipessoalidade originária, a coberto da excepcionalidade permitida pelo art. 7º, nº 2[244]. Com essa nova realidade positiva, adensavam-se os indícios de que o ordenamento não hostilizava a unipessoalidade societária.

O caminho estava pois lançado, e a necessidade de transpor a XII Directiva[245] apenas veio dar o último, mas imprescindível, golpe na

---

1987, pp. 7 e ss, "O estabelecimento individual...", loc. cit., pp. 20-22, ss, com algumas tonalidades críticas; ANTÓNIO PEREIRA DE ALMEIDA, "A limitação...", loc. cit., pp. 274 e ss; MARIA ÂNGELA COELHO, "Sociedades em nome colectivo. Sociedades em comandita. Sociedades por quotas", *Direito das empresas*, 1990, pp. 601 e ss. Note-se que o instrumento primeiramente abraçado entre nós para resolver o problema da limitação da responsabilidade do empresário individual nunca foi negligenciado no direito comparado e chegou a ser analisado ao pormenor (a título exemplificativo, cfr., em Itália, PAOLA BALZARINI, "L'impresa individuale a responsabilità limitata in Portogallo", *RS*, 1988, pp. 848 e ss).

[243] Em face da contradição existente entre o favorecimento das sociedades que, depois de regularmente constituídas, viessem a ter apenas um sócio e a criação do EIRL, RAÚL VENTURA, *Dissolução e liquidação*..., ob. cit., pp. 123-4, sustentou que se deveria ordenar a transformação da sociedade tornada unipessoal em EIRL, decorrido que fosse um conveniente período de eventual resconstituição da pluralidade. No mesmo entrecho foi manifestada estranheza por OLIVEIRA ASCENSÃO, últ. loc. cit., p. 19, uma vez sendo desiderato do dipoma que institui o (então) novo instituto de lutar contra as distorções introduzidas no domínio das sociedades pela busca da limitação da responsabilidade, pelo facto de o DL nº 262/86 não ter previsto a transformação das sociedades fictícias, unipessoais ou dominadas, existentes em EIRL.

[244] *Vide supra* ns. 30 e 31.

[245] Somos da opinião, na verdade, que o mandato comunitário contribuiu decisivamente para superar as résteas de hesitações legislativas que ainda se mantinham no nosso país em face do real e difuso fenómeno da unipessoalidade societária, não só derivada como também originária. Na verdade, como deflui de outras partes do nosso texto, a unipessoalidade societária de raiz emerge como um dos mais expressivos expoentes de passividade legislativa em face da actividade criadora do tráfico, tanto cá como lá fora, já que essa realidade não parecia suscitar as expectativas de recepção legislativa que se reparavam para outros eventos vulgares no comércio e ainda não positivados. Adverte-se que, não obstante a existência à data de poderosos antecedentes no direito comparado (como eram o da Alemanha e da França), a introdução do EIRL não deixava margem para não ser elucidado como mais um revés na questão do reconhecimento da sociedade originária de um só sócio. Esta tradicional reticência finda, a nosso ver, quando há que transpor a XII Directiva e, talvez mais decisivo, quase todos os países de referência da UE já o tinham feito.

autoridade de uma visão conceitualista que impedia ainda que se rompesse com a sociedade-contrato[246]. Em concomitância, legitimava-se *per subsequententem legem* um fenómeno, directa ou indirectamente, disseminado na experiência económico-social e a que se reservou uma notória receptividade no sistema jurídico[247]. A pouca receptividade do EIRL na realidade portuguesa e a tendência geral do direito comparado desempenharam os restantes papéis na introdução da SQU[248]. Armou-se, destarte, um painel *bivalente* de institutos no nosso sistema jurídico, *sui generis* no momento actual pela disponiblidade simultânea de dois recursos des-

---

[246] Sobre a decadência deste conceito inerente ao princípio da contratualidade, não deixa de ser imperativo introduzir aqui a curiosa, e assaz compreensiva, particularmente no que tange às sociedades por acções, visão sobre esse evento de TITO RAVÀ, pp. 326 e ss, esp. pp. 328, 330 e 332-3, que deveria ser explicado pela valência superior de um princípio do *anonimato* (associado ao próprio mecanismo de transmissibilidade e circulabilidade dos títulos sociais), que, ao sobrepor-se ao princípio *corporativo-contratual* (responsável pela impossibilidade de se admitir uma sociedade sem pluralidade de sócios), entre outros reflexos, estava a legitimar em diversos países a aceitação, sem resultados nefastos para a sobrevivência da respectiva sociedade, da redução em vida da sociedade do número de sócios abaixo do número legal ou mínimo, e, de igual modo, legitimaria a constituição de sociedades por acto unilateral. A pluralidade efectiva de sócios, em muitos sistemas jurídicos, observava-se, era uma mera *condição formal* e *não necessária*, uma vez que o seu principal traço de caracterização era o regime de responsabilidade, e, nesta matéria, nenhuma razão aconselhava a discriminar a limitação da responsabilidade em função do número de sócios (neste mesmo sentido, cfr. WOLFGANG SCHILLING, "Die Einmanngesellschaft und das Einzelunternehmen mbH", loc. cit., p. 164). Assim, parecia que o requisito da pluralidade de pessoas para a constituição das sociedades anónimas era sobretudo um fenómeno de *inércia jurídica*, que impediria a admissibilidade legal da constituição de uma sociedade comercial por um só fundador. Para válidas meditações sobre a força dos conceitos como verdadeiros *preconceitos* responsáveis por uma atitude de pura inércia, cfr. MOTA PINTO, *Cessão da posição contratual*, ob. cit., pp. 9 e ss; em geral sobre o repúdio do conceitualismo jurídico, cfr. ainda CASTANHEIRA NEVES, *Introdução ao Estudo do Direito*, 1971-2, pp. 419 e ss, em esp. 423-5; IDEM, "Método Jurídico", *Digesta. Escritos acerca do Direito, do Pensamento Jurídico, da sua Metodologia e Outros*, volume 2º, 1995, pp. 398 e ss, esp. 313-5.

[247] A fórmula é de WERNER FLUME, "Die Gründung der Einmann-GmbH nach der Novelle zum GmbH-Gesetz", *DB*, 1980, p. 1781, seguido na Alemanha por KARSTEN SCHMIDT, *Gesellschaftsrecht*, ob. cit., p. 1238, e confirmado em Espanha por IGLESIAS PRADA, "La sociedad de responsabilidad limitada unipersonal", loc. cit., p. 1004, quando refere ser "inegável a *função legitimadora* do pressuposto de facto que veio a preencher a disciplina introduzida pela recente Lei de sociedades de responsabilidade limitada".

[248] Igualmente neste sentido, cfr. CATARINA SERRA, "As *novas* sociedades por quotas", loc. cit., p. 126.

tinados a permitir a limitação da responsabilidade ao empresário individual[249].

---

[249] A disciplina do EIRL não foi revogada nem sobre ele se dispôs qualquer norma transitória especial que acautelasse os estabelecimentos constituídos e em funcionamento e, assim, abrisse caminho para a extinção do instituto: defendendo esta solução como aquela que acautelaria os direitos e expectativas adquiridos dos terceiros ou titulares dos EIRL sem caucionar uma *infrutífera duplicação dos instrumentos* de limitação da responsabilidade, cfr. CATARINA SERRA, "As *novas* sociedades unipessoais por quotas", loc. cit., p. 132.

Mantém-se, pois, em vigor (reforçado, porque o seu regime foi objecto de modificações pelo DL n° 36/2000, de 14.Março, o que vale como uma "confirmação" da sua vivência), coexistindo com o regime jurídico das SQU. Ambos como institutos predispostos ao mesmo fim, como dois termos possíveis de uma escolha. Apesar de isso parecer contrariar os termos do art. 7° da XII Directiva, que legitimará que se pense que, havendo entre nós EIRL, não estaria vinculado o Estado português ao *dever de transposição* da Directiva para o direito português. Mas o legislador não quis "abjurar, de momento [quando introduziu a SQU], nenhuma das figuras legalmente estabelecidas" (Preâmbulo do DL n° 257/96, ponto 2).

Essa exclusão do dever estadual em adaptar a Directiva não é, porém, pacífica, e entende-se mesmo que não se justificaria, em virtude do diferente objecto que EIRL e SQU apresentam: enquanto o primeiro apenas pode ser constituído por *comerciantes* (veja-se que o art. 7° se refere à possibilidade de afectar um património a uma *determinada actividade*), as SQU podem ser comerciais ou *civis* (defendendo também que a SQU não tem que ter objecto comercial, cfr. ALEXANDRE SOVERAL MARTINS, "Código das Sociedades...", loc. cit., p. 306). De tal modo que o art. 7° não afastaria pura e simplesmente o dever de transposição, antes abriria cenário para a coexistência do par de instrumentos previstos: assim, cfr. COUTINHO DE ABREU, *Da empresarialidade*..., ob. cit., pp. 142-3, e ns. (366) e (367).

Em Espanha, ALONSO UREBA, pp. 96-7, 98, JOSEFINA BOQUERA MATARREDONA, *La sociedad unipersonal de responsabilidad limitada*, ob. cit., pp. 55-6, e JIMÉNEZ SÁNCHEZ/DÍAZ MORENO, pp. 16-17, defenderam igualmente que a Directiva nada dispõe que impeça que num determinado ordenamento se reconheçam simultaneamente as duas figuras. Embora ambas comunguem os mesmos objectivos de política jurídica, em rigor afastam-se sob um ponto de vista técnico-jurídico, porque se referem a *aspectos não coincidentes* dessa mesma política de permitir a participação no tráfico do empresário individual com limitação de responsabilidade. Logo, atendendo à diversa *natureza teleológica* das duas figuras, não haveria qualquer contradição em introduzir ambos os institutos. Com efeito, enquanto o património autónomo de afectação empresarial se baseia na separação de um património que se afecta a uma actividade económica por um sujeito, a sociedade unipessoal parte da existência de uma *dualidade formal* de sujeitos (sociedade e sócio), que faz relevar os aspectos jurídico-organizativos. Daí resulta que a regulação da empresa individual de responsabilidade limitada pretendia obter *sem mais* o benefício da responsabilidade limitada como *fim em si mesmo*, enquanto a sociedade unipessoal pretende

Esbocemos ainda uma nota final. Apesar dos ventos que por essa altura sopravam já fortemente a favor da unipessoalidade originária, não nos parece totalmente desajustado ter instaurado o instituto sob a forma de um património separado. Pelo menos a *título experimental*, durante um certo número de anos, e como *ultima ratio* no impedimento da recepção da

---

algo mais: fazer aceder a empresa a um determinado modo estrutural de organização interna, assente, entre outros aspectos, na autonomia dos sujeitos jurídicos em presença e nas possibilidades de financiamento, que permite realizar uma actividade económica com esse benefício da responsabilidade limitada mas com uma índole de todo estranha à figura do "empresário individual de responsabilidade limitada". Na mesma linha em Itália, ancorado antes do mais na Exposição de Motivos da Proposta modificada de XII Directiva, onde a Comissão Europeia avançava que os Estados-membros podiam introduzir *contemporaneamente* a *sociedade* unipessoal e a *empresa* unipessoal, cfr. GIAN DOMENICO MOSCO, pp. 38-9 e n. (20); no mesmo sentido de conjunção *de lege ferenda* dos dois expedientes, cfr. SCOTTI CAMUZZI, "Srl con unico socio...", loc. cit., p. 505, e CARLO IBBA, *La società*..., ob. cit., p. 131.

A este propósito, contra a exclusividade *comercial* do objecto nos patrimónios de afectação, cfr., expressamente, JACQUES AUSSEDAT, p. 247; dando a entender estar na mesma linha opinativa, cfr. HERRERO MORO/FERNÁNDEZ DEL POZO/GONZÁLEZ DEL VALLE GARCÍA, p. 23. Em França, CLAUDE CHAMPAUD, "L'entreprise personnelle...", loc. cit., pp. 598-9 e 611, foi ainda mais longe. Além de permitir o acesso à empresa individual de responsabilidade limitada das empresas que exerçam uma actividade civil, por comunhão de interesses e falta bastante de diferenças para esse efeito com a empresa industrial ou comercial, já que tudo iria depender *da actividade à qual estava consagrada o património*, sem ter em conta se o empresário é ou não é comerciante, essa doutrina, proponente de legislação em França, entendia justificável ainda uma *abertura total* da empresa individual que defendia, a fim de não se vedar a sua utilização em função de certas características económicas e sociais. O contrário seria sustentar a interdição a certos comerciantes, artesãos e profissionais civis independentes, em razão da natureza das suas actividades, das modalidades do seu exercício (como sejam o número dos seus empregados), do valor do material utilizado, entre outros factos atendíveis. Tal não se aceitava como princípio – embora se entendesse a excepção feita pela possível ponderação legislativa de *simplificar* esse acesso com a fixação de um montante mínimo de capital afectado ao património separado e de um número determinado de assalariados – e assim era justificado: (i) a harmonização e a declaração da igualdade vigentes nas sociedades modernas não era compatível com uma eventual formulação jurídica *distintiva* entre o negócio familiar clássico e a pequena empresa contemporânea; (ii) a dificuldade de determinar critérios realistas e fiáveis de discriminação criaria margens de arbitrariedade e de inutilidade, pois não se impõe *a priori* e abstractamente, sem ponderar caso a caso os circunstancialismos concretos, quais as entidades que são empresas para aceder a esse estatuto, pois, em última instância, essas interdições deveriam vir, não do regime jurídico da empresa individual, mas do próprio estatuto das profissões em causa.

sociedade unipessoal sem quaisquer limitações. Depois de decorrido esse período de tempo razoável, com certeza já expirado, importaria acertar as conclusões, mesmo antes de se ter introduzido a SQU. Das duas uma: ou tinha tido sucesso e receptividade por parte dos sujeitos jurídicos, o que seria razão para o incorporar definitivamente no ordenamento (até mesmo em coexistência alternativa com a sociedade unipessoal) e para corrigir aqui e ali o que a prática evidenciara como fragilidades da disciplina criada; ou se revelara um instrumento inútil, porque ignorado pelos comerciantes individuais, o que aconselharia a sua erradicação. A exigência determinada pela evolução dos dados jurídicos (e a insistência doutrinal comparada...) exigiam que se realizasse a experiência e a prática encarregar-se-ia de a confirmar e a enriquecer ou, pelo contrário, a renegar e relegar para o armário dos institutos de pouco sucesso.

De acordo com os dados estatísticos recolhidos junto do Registo Nacional das Pessoas Colectivas, até 31 Agosto de 2001, tinham-se constituído no nosso país 14.150 SQU, com o pormenor de, só em 2000, se terem fundado 6.096. Enquanto isso, o número de EIRL constituídos tem vindo a decrescer. Os dados que nos foram fornecidos indicam que, se em 1996 ainda se constituíram 419[250], em 1997 o número de EIRL constituídos desceu para 226 e em 1998 para 82, em 1999 para 23 e, em 2000, criaram-se 56 EIRL.

Hoje, pode dizer-se com alguma segurança que o EIRL não se implantou na prática empresarial[251]. O facto indesmentível é esse e daí

---

[250] Aqui seguimos os elementos estatísticos do Ministério da Justiça, revelados no *BOA*, nº 7, Janeiro/Fevereiro 2000, p. 31.

[251] Concretizando-se assim o vaticínio fortemente crítico de RAÚL VENTURA, *Dissolução e liquidação*..., ob. cit., p. 118, que considerava o instituto melhor guardado num museu de curiosidades do que a ser usado pelos comerciantes.

Não aconteceu exactamente isso, mas a sua presença na vida comercial foi (e é) excessivamente reservada (hoje, absolutamente residual). Entre nós, algumas vozes tentaram explicar o sucedido. Numa perspectiva dogmática, foi dito que o EIRL não conseguiu, apesar de ostentar um sujeito que se responsabilizava *quantum satis* mas em que se perdia "um autónomo referente histórico", com a exposição de uma pessoa "partilhada" mas ainda "como o mesmo ente, o mesmo nome e a mesma substância", fazer aparecer, não obstante a rigorosa discriminação contabilística, "a autonomia de «halo», de sugestão, de apelo, imprescindível a toda a procura eficiente de crédito". Esta impressiva captação da figura por ORLANDO DE CARVALHO, "Empresa e lógica empresarial", loc. cit., p. 26, conduziu o Autor a concluir que o EIRL, na qualidade de património de afectação redutor de uma tentativa de reificação *à outrance* das empresas, estaria condenado, nas actuais condições do comércio contemporâneo, a sofrer com os riscos de distorção e de indeficiência que, em seu parecer, justificaram a introdução da SQU.

Mais tecnicamente, CATARINA SERRA, "As *novas* sociedades unipessoais por quotas", loc. cit., p. 125, encontrava a principal razão para o fracasso do EIRL nas "aliciantes vantagens fiscais que o exercício de uma actividade comercial sob a forma de sociedade apresenta e que a figura do EIRL nunca conseguiu igualar", uma vez que a interposição do sujeito social entre o comerciante e o património afectado ao comércio suscita "uma desafectação destes bens do comerciante em favor da sociedade, o que comporta, desde logo, o desdobramento em dois sujeitos passivos tributários" e "abre algumas possibilidades concretas de elisão fiscal, aliás comuns a todas as formas societárias, mas que, sendo sócio único e gerindo a sociedade em seu exclusivo interesse, ele terá mais liberdade para potenciar", como seja a "possibilidade de o sócio único imputar à sociedade despesas que ele próprio efectuou em seu proveito, com isso simultaneamente aumentando o passivo da sociedade e diminuindo o seu rendimento colectável".

Este assunto merece uma atenção mais cuidada. Não a daremos nós, pelo menos aqui e agora, mas não a podemos ignorar, uma vez que a problemática fiscal é decisiva para se escolher (ou mudar) a estrutura da empresa. Digamos apenas mais algumas palavras. Na realidade, esta potencial *manipulação fiscal* parece-nos um factor importante no (pouco) desempenho da função do EIRL, que, assim, não permitiu a diluição das sociedades fictícias. É verdade que os agentes económicos preferiram continuar a laborar sob o manto fiscal das sociedades, ou seja, continuaram a preferir um regime que em geral já conheciam. Isto porque o regime tributário do EIRL, enquanto estabelecimento, acaba por ser basicamente o do IRC (não obstante a tributação do sujeito ser feita de acordo com as taxas do IRS). Ou melhor, remete para ele e nunca existiram regras que o tornassem mais atractivo relativamente à regras das sociedades. Sendo assim, para quê mudar?

Neste sentido (raciocinemos para o actual quadro legislativo-fiscal), veja-se que, ainda que respeitando a um património de afectação especial, a actividade comercial do estabelecimento, à falta da interposição de um novo sujeito, é tributada em referência à pessoa singular que dele é titular, como rendimento empresarial a integrar na categoria B de IRS (antes de 2001, era integrado na categoria C), a ser englobado, para efeitos de determinação do rendimento colectável, conjuntamente com os restantes rendimentos tributáveis das várias categorias da pessoa singular e do seu agregado fiscalmente relevante. O art. 32º do CIRS faz reger a determinação dos rendimentos empresariais dos sujeitos passivos não abrangidos pelo "regime simplificado" pelas regras estabelecidas no CIRC (em esp., vejam-se as limitações à dedução de encargos para efeitos fiscais, no art. 42º do CIRC). Ou seja, no básico, não há uma diferença significativa que promova, entre o EIRL e uma solução societária, uma economia fiscal saliente, nomeadamente na imputação de despesas relacionadas com a empresa. Se até aqui nada de novo, o que é certo é que em sede de determinação da colecta e de deduções à colecta, a *ponderação* fiscal, digamos assim, aconselha (mais ou menos, em função do caso concreto) a estruturação societária. Basta-nos pensar na

teria o legislador nacional de extrair as ilações mais conformes, conhecendo, por outro lado, o êxito que a SQU tem evidenciado no nosso quotidiano empresarial.[252]

---

progressiva diminuição da taxa de tributação incidente sobre a matéria colectável – essa taxa, hoje de 30%, de acordo com a Lei n° 109-B/2001, de 27.Dezembro (mas já foi de 32% em 2001 e está legislado que deverá ser reduzida para 28% a partir de 2003, com o objectivo de a fixar em 25%, ainda que em função da «avaliação dos resultados alcançados pela reforma da tributação do rendimento das pessoas colectivas" e da "evolução da situação económica» ...: cfr. art. 20° da Lei n° 30-G/2000, de 29.Dezembro) mais a derrama autárquica poderá ser um valor mais atractivo do que a taxa correspondente ao escalão onde se inserem os rendimentos da pessoa singular-titular do EIRL –, nas taxas de IRC mais baixas para sociedades cuja actividade principal se situe nas áreas definidas para efeitos da aplicação dos incentivos fiscais de combate à desertificação e recuperação do desenvolvimento nas áreas do interior (cfr. Lei n° 171/99, de 18.Setembro, com a redacção introduzida pela Lei n° 30-G/2000), ou nos benefícios fiscais que só operam em sede de IRC (p. ex., o crédito fiscal ao investimento previsto no art. 11° ainda da mesma Lei n° 30-G/2000).

Em resumo, a poupança fiscal que a técnica societária permitia e permite (maior ou menor) poderá explicar o insucesso do EIRL em face dos esquemas subtilmente já enraizados na gestão contabilístico-fiscal das contas das empresas. Mas não podemos cair no logro de pensar que essa era a razão última ou decisiva. Juntemo-la com a (i) influência que a falhada autonomia patrimonial completa ou perfeita do EIRL (*vide infra* n. 907) exerça no processo decisório do empresário individual que procura(va) evitar que o seu património pessoal ou familiar seja arrastado pelas "infelicidades" da empresa, a (ii) abstenção de qualquer alteração no direito societário para penalizar e sancionar as sociedades fictícias, e a (iii) idêntica omissão no direito societário para incentivar ou obrigar à conversão das sociedades declaradas como fictícias ou supervenientemente unipessoais (e que não reconstituíssem a pluralidade inicial, p. ex., no prazo mencionado na al. a) do n° 1 do art. 142°) em EIRL, e encontraremos decerto um razoável quadro sinóptico do falhanço do EIRL.

[252] É evidente que esta proliferação de SQU no meio empresarial se deve sobretudo à mudança de estrutura levada a cabo pelos (ex-)empresários em nome individual. Decerto que não são aqueles que têm já uma sociedade de favor com o seu cônjuge e/ou os seus filhos e/ou os seus parentes e/ou amigos de confiança que vão passar para um exercício societário unipessoal. Só o farão, porventura, na circunstância de haver cessões de quotas ou outros factos supervenientes que os deixem com todas as quotas na mão, sendo certo que podem sempre provocar os actos destinados a colocar a "sua" sociedade de acordo com a realidade material, agora que dispõem da SQU.

Mas não é esta a principal causa do fenómeno (de adesão) chamado SQU. Essa será a vontade (instruída) de milhares de empresários individuais, que antes distribuíam com fitos complacentes quotas insignificantes e hoje podem ter para si a única quota correspondente ao único patrão da empresa. Decisão essa que tem, indiscutivelmente, uma importante busca de *economia de imposto*, que, voltamos a alertar, dependerá sempre da averiguação das circunstâncias concretas de cada empresa. Os casos não serão todos idênticos e o simples facto de se saber que muitas empresas em nome individual estão a evoluir para sociedades unipessoais não dispensa, de todo, aquela ponderação, para que a estratégia que se arquitecte não fique só pela mudança de categoria pertinente à actividade do empresário – vir a ser tributado na categoria E de IRS pelos lucros que venha a *decidir* receber da SQU, "manipulando" por aqui os rendimentos a englobar e, por consequência, o escalão onde se integrarão – e não se frustre por falta de particular ganho.

Claro que, para esse exercício prévio, parte-se com a ideia de que a sociedade unipessoal parece encerrar vantagens, convicção essa que se tem solidificado. Estes são alguns desses indícios.

O "regime simplificado", para quem tiver optado por esse meio de determinação do rendimento colectável/lucro tributável, é claramente mais favorável em sede de IRC, tendo em conta, esp., os coeficientes aplicáveis ao valor dos restantes rendimentos/proveitos (que não vendas de mercadorias ou de produtos), nomeadamente nos proveitos (cfr. o art. 31º do CIRS e o art. 53º do CIRC), e a taxa de tributação (12 a 40% no caso do empresário individual: cfr. art. 68º do CIRS; 20% no caso da SQU: cfr. art. 80º do CIRC).

No caso da determinação do rendimento ser feita com base na contabilidade, para além das limitações previstas no CIRC, adicionaram-se outros encargos não dedutíveis na tributação em sede de IRS para a categoria B, o que piora a condição da empresa em nome individual.

Veja-se, ainda, a implicação na determinação do imposto que resulta do facto de as importâncias que os empresários individuais escriturem como remuneração do seu trabalho ou do prestado pelas pessoas que façam parte do seu agregado familar deixarem de ser fiscalmente consideradas como rendimentos da categoria A no IRS (pela revogação da al. b) do art. 3º, nº 2, do CIRS, operada pelo art. 1º da Lei nº 30-G/2000) e, assim, não aproveitarem as deduções específicas ao rendimento bruto de trabalho (proporcionadas pelo art. 25º do CIRS). Importante mudança esta que poderá importar um aumento de imposto decorrente do crescimento do rendimento colectável na declaração de IRS, enquanto que, através da SQU, as remunerações laborais atribuídas permitem a vantagem de continuar a usufruir da disciplina das deduções específicas (atente-se, neste caso, na ponderação/interrogação a fazer: o ganho fiscal em sede de rendimentos da categoria A poderá ser neutralizado pela tributação dos lucros atribuídos ao sócio único na categoria E, depois de calculado o crédito de imposto, chegando mesmo a alterar o escalão do rendimento colectável e, consequentemente, a taxa de imposto aplicável?).

6. As *especialidades* do actual quadro normativo português

I. Decorreram mais de cinco anos desde que o legislador português resolveu introduzir no nosso ordenamento jurídico a SQU, dando assim finalmente acolhimento ao *imperativo de recepção* da XII Directiva. Tratou-se, apesar de quase uma década estar já passada na altura sobre a emissão do comando comunitário, de uma notícia surpreendente para os operadores jurídicos do nosso burgo. Circulou, apenas, por poucas mãos, um projecto de documento legislativo, depois revisto atendendo a algumas vozes. Não se realizaram, na verdade, quaisquer trabalhos de discussão pública da inovação legislativa que se preparava. O que aumentou o índice de surpresa, pois a consagração *ex lege* da unipessoalidade originária em sede de sociedades mercantis fora sempre um dado afastado pela doutrina[253] e jurisprudência sempre que o tema viera a propósito de alguma discussão. Sendo assim, mormente para que se empreendesse, ainda que mínimo fosse, um estudo sobre as consequências dessa decisão no nosso sistema legislativo – tratando, desde logo nos ocorre, das suas ressonâncias nos esquemas civilísticos de agregação de pessoas a fim do desenvolvimento de actividades comuns, como se sabe importado pelos mecanismos comerciais-societários –, seria a ponderação um mister aconselhável nesta matéria, acompanhada da devida serenidade na elaboração das normas que dessem corpo à medida prevista. Mas assim não aconteceu, num país com especialidade reconhecida em nomeação de "comissões para estudo..." ou em "livros brancos sobre...", nem uma palavra se

---

[253] Como já se aludiu *supra* na n. 249, a única intervenção doutrinal conhecida entre nós que excepcionou esse quadro reticente e deu relevo às experiências de direito comparado e à legislação da XII Directiva pertenceu a COUTINHO DE ABREU, *Da empresarialidade...*, ob. cit., p. 143, n. (367), nos seguintes termos *de lege ferenda*: "... dado o insucesso que tem marcado a carreira (ainda que curta) do e.i.r.l., talvez fose conveniente arranjar-lhe um par – *a sociedade unipessoal (nos termos previstos na 12ª directiva)...*" (com itálico nosso).

disse, nem uma linha se escreveu e se estruturou. Ao inverso do que em tantas ocasiões acontece não se adiou, mas, porventura, o tempo urgia e desconfiava-se que fazer algo nesse sentido só viesse a atrasar o que já estaria atrasado[254].

Vale isto para dizer que tratar do nosso regime jurídico da SQU é *olhar* sem mais para o texto literal da lei e para as poucas palavras do preâmbulo que antecede o diploma legislativo, que, a par de outras alterações ao CSC, também se ocupou de aplicar entre nós a XII Directiva. Ao intérprete resta a frustração de enfrentar o seu trabalho sem conhecer mais do que isso em matéria de motivações dogmáticas ou de directrizes de uma política legislativa *pensada* para o novo instituto societário. A isso acresce a *falta de ambição* do legislador nacional em utilizar todos os espaços que lhe eram consentidos pela Directiva (de forma a retirar, para além do estritamente preceituado pelos seus artigos, algo mais dos «Considerandos» preliminares...), em ordem a ocupar e reforçar até ao limite do possível a neutralização dos desafios colocados por um instituto que, na medida da configurável instrumentalização por parte do único sócio, contende com os interesses e as garantias de terceiros, entendendo-se por tais não só os credores da sociedade, mas igualmente os eventuais futuros adquirentes de quotas de participação no capital da mesma sociedade, não menosprezando a transparência e o bom funcionamento do comércio jurídico--societário em geral.

Além da *nova* disciplina especificamente ditada para a SQU, note-se que a técnica de *mero reenvio* para a disciplina *existente*, presente no art. 270º-G[255], provoca uma outra *camada de alterações* decorrente do impacto hermenêutico de uma sociedade unipessoal a um regime concebido para regular a existência de entes de substrato colectivo. Os problemas relativos à operatividade de normas fabricadas em contexto e com pressupostos diversos atravessam alguns aspectos da regulação da SQU. Este facto, porventura, sobrevaloriza o que, *prima facie*, parece ter sido um pouco negligenciado pelo legislador: o perfil *interno* ou *organizativo* da SQU. Esta regulamentação interna fica sempre dependente de uma

---

[254] O art. 8º, nº 1, da XII Directiva, determinava, na realidade, que os Estados--membros poriam em vigor as disposições legislativas, regulamentares e administrativas necessárias para dar cumprimento às disposições da directiva até 31.Dezembro.1991.

[255] Em face da exiguidade da disciplina legal e do reenvio operado pelo art. 270º--G, já se concluiu que houve, por parte do legislador, a vontade implícita em abandonar a tarefa de regulamentação da nossa figura ao intérprete: assim, cfr. ENGRÁCIA ANTUNES, *Direito das sociedades*..., ob. cit., p. 101.

averiguação *in casu*, num *check-up* preceito a preceito, da compatibilidade entre o centro de imputação unissubjectivo e a lógica e a racionalidade da disciplina comum. Pensamos que a lei, mais inventiva e generosa, poderia ter suprido algumas lacunas (poderá no futuro...), mas as incertezas ficaram no ar. Nesta medida, tanto neste ponto, como no Capítulo III, quando volvermos a nossa atenção para o funcionamento(-compreensão) da assembleia e para os procedimentos decisórios da sociedade, único aspecto da organização social da SQU de que o legislador se ocupou, daremos conta mais atentamente de algumas reflexões acerca deste ajustamento na disciplina interna da SQU.

Naturalmente que, ao longo do nosso estudo, focalizaremos preferencialmente a investigação sobre as matérias que têm por objecto os aspectos da relação intercorrente entre a sociedade e os terceiros, se quisermos, a sua disciplina *externa*. *In primis*, porque não almejamos tratar tudo (longe disso) nem sequer desbravar na íntegra a imensidão problemática da unipessoalidade quotista. *In secundis*, porque, no actual estádio do instituto, é mais premente ponderar sobre a maior probabilidade de perigo de dano dos sujeitos que se relacionam com essa sociedade, causada, em termos básicos, pela imperatividade simplificada da actuação não colegial da sociedade. Entre essas avulta, quanto a nós, a responsabilidade perante esses terceiros do sócio único no caso de actuações abusivas, que merecerá atenção especial no Capítulo IV[256].

II. Vamos então ao trabalho. Uma análise sucinta da disciplina resultante dos arts. 270°-A a 270°-G introduzidos pelo DL n° 257/96, com a redacção dada pelo DL n° 36/2000[257], faz emergir algumas especialidades que se entendeu dar como feição à *vida jurídica* (numa *primeira camada*

---

[256] Tal como nos reservará alguma atenção a tutela dos terceiros na fase de constituição da SQU pré-registal, no que toca à adaptação do art. 40° à figura unipessoal. Essa ensaiaremo-la no ponto 11 do Capítulo II.

[257] Um diploma que surge no contexto de modernização do sistema dos registos e do notariado e de simplificação-desburocratização da prática de alguns actos comerciais e societários e que, no nosso caso, como se verá, dispensou de escritura pública, em algumas cirucunstâncias, os negócios de constituição originária das SQU e de transformação de uma sociedade plural em SQU. Com esta opção, foi evidente, aproveitando as palavras do Ministro da Justiça, António Costa, que se acha "desnecessário a existência, para diversos actos, de um *duplo controlo*, o do notário e o do conservador. A eliminação de um dos controlos implica necessariamente reforçar a importância do outro" (in *BOA*, citado *supra* a n. 250, p. 23, itálico nosso).

de alterações) da figura que pretendemos estudar. Pois bem, indiquemo-las de imediato e o mais sistematizadamente possível:

a) a unipessoalidade originária (sem condicionalismos subjectivos) é apenas permitida à sociedade por quotas[258];

b) a unipessoalidade pode manifestar-se desde o acto constitutivo ou em momento posterior através de uma situação derivada de concentração, voluntária ou involuntária[259], daqui resultando que o

---

[258] Já nos debruçámos suficientemente sobre esta escolha do legislador, ao arrepio do sentido da XII Directiva, pois esta parece-nos que não obrigava a preterir a sociedade anónima (*vide supra* Introdução, em esp. as ns. 36 e 37). O legislador estaria convicto, no entanto, que, quanto mais não fosse, a opção por esse tipo societário, enquanto se esperava pelo seu sucesso para depois se promover a unipessoalidade de raiz na sociedade anónima *in genere*, seria capaz de sustar o recurso a "sociedades fictícias indesejáveis", que davam azo "a situações pouco claras no tecido empresarial" (conforme se pode ler no Preâmbulo do DL nº 257/96). Para este efeito, não há dúvidas que, sendo as sociedades por quotas a forma usada predominantemente para o empresário individual se fazer acompanhar do cônjuge, dos filhos, dos familiares e dos amigos na ficção societária que protagonizava, bem como o quadro mais comum de unipessoalidade superveniente, seria a SQU, fazendo nossas as palavras de CATARINA SERRA, "As *novas* sociedades unipessoais por quotas", loc. cit., p. 130, "a solução que promove da forma menos abrupta a conversão das sociedades de favor e das sociedades unipessoais derivadas na nova categoria jurídica, a que apresenta os mínimos incómodos para o sócio único e a que, por isso, melhor favorece o objectivo (de enquadramento das sociedades fictícias e unipessoais no sistema) pretendido".

[259] Ambas as espécies de surgimento da unipessoalidade, tal como a XII Directiva destinara, vêm acomunadas numa *valoração normativa* unitária, traçada pela desvalorização do pressuposto da pluralidade de fundadores ou de sócios constituintes. Convirá, neste momento, dizer alguma coisa sobre a espécie derivada.

A concentração das partes sociais na titularidade de um dos sócios pode verificar-se em virtude de variadíssimos factos. Dentro dos *negócios jurídicos*, que se manifestam através de declarações de vontade dos sócios e dos seus contraentes cujos efeitos queridos e pretendidos por si se conformarão com as consequências determinadas pelo ordenamento jurídico aplicável, a redução do grupo social à unidade pode ser realizada através de uma cessão de quotas, nos termos dos arts. 228º, nº 2, e 229º e ss (modalidade mais característica da transmissão *inter vivos*, que nela se distingue mercê da *voluntariedade* do facto transmissivo por parte do seu titular: sobre a distinção, cfr. RAÚL VENTURA, *Sociedades por quotas. Comentário...*, volume I, ob. cit., p. 577, ss), feita por todos os sócios menos um de uma só vez ou em fases sucessivas em benefício de um só ou feita por todos em favor de um terceiro, abrangendo-se, deste modo, como negócios subjacentes, a compra e venda, a doação, a permuta ou a dação em pagamento. Mas também, desde que se respeite os requisitos do art. 228º, nºs 1 e 3, através de venda de quota, perdida a favor da sociedade, de sócio excluído, nos termos dos arts. 204º e 205º, e de venda ou adjudicação judicial em processo executivo, falimentar ou de insolvência de um sócio, ao abrigo do art. 239º. Por efeito sucessório, legal ou testamentário, no respeito das prescrições dos arts. 225º a 227º, um único sócio (mais rapidamente se a sociedade apenas for constituída por dois sócios) ou um terceiro pode também vir a ser chamado, por herança ou legado, à titularidade de todas as partes sociais.

Por outro lado, dentro dos *simples actos jurídicos*, em que o sujeito remanescente não tem o poder de, seja de que forma for, condicionar com a sua actuação volitiva, uma vez em concurso concreto a ocorrência de determinadas circunstâncias, a produção dos efeitos jurídicos previstos pela norma (apesar deste primado da lei sobre a vontade, haverá normalmente uma concordância entre o conteúdo dessa vontade e os efeitos imperativamente derivados das prescrições em causa, não esquecendo que essa vontade, como no caso da exoneração, será o motor da produção desses efeitos *ex lege*), importa enumerar e fazer algumas intervenções pontuais. Quando todas as quotas menos aquela de que é titular um dos associados são amortizadas, no estrito cumprimento dos seus pressupostos legais (que a podem impor mesmo como dever da sociedade: vejam-se os arts. 225º, nº 2, 226º, nº 2 ou 240º, nº 3) e contratuais, o efeito extintivo das respectivas participações sociais faz reduzir o capital social (desde que não se infrinja o disposto pelo art. 236º), promovendo a propriedade de todas as participações numa única pessoa, ou a sua quota proporcionalmente aumentada a fim de ocupar o espaço deixado vazio pelas quotas extintas, fazendo com que, nos termos do art. 237º, nº 1, 2ª parte, e nº 2 (para uma perspectiva crítica da necessidade de deliberar sobre o assunto, principalmente quando a amortização resultar de deliberação nos termos do art. 234º, cfr. RAÚL VENTURA, *ibid.*, p. 753, ss), o valor da quota do sócio remanescente corresponda ao montante do capital inicial.

Julgamos, no entanto, que estas normas necessitarão de uma adaptação no caso de as participações da sociedade por quotas se concentrarem na titularidade de um dos seus sócios por amortização das restantes quotas e o sócio restante pretender transformar a sociedade em SQU. Geralmente essas amortizações dar-se-ão faseadamente e, para essas situações, funcionarão os patamares regulamentares normais da lei. Quando a sociedade esteja reduzida só a dois sócios (ou fosse inicialmente constituída unicamente por dois), a amortização da quota de um deles implicará uma deliberação de redução do capital social ou de fixação do novo valor nominal da quota, que terão que ser levadas a escritura pública pelo(s) gerente(s), a não ser que essa deliberação conste de acta lavrada pelo notário (em aplicação desse art. 237º, nº 2, que coincide com a exigência feita na al. a) do art. 85º, nº 3). Se o sócio único, porém, quer prolongar a vida da sociedade na qualidade de SQU, terão que se efectuar todos estes passos e ainda transformar a sociedade? Pensamos que os interesses da norma – em resumo, compatibilizar o capital social inicial com as vicissitudes pós-amortização através de operações documentadas para informação a terceiros – não se encontram vivos na questão da tutela da unipessoalidade superveniente. O que aqui relevará é colocar em conformidade esse interesse com a vontade de iniciar uma nova fase da vida da sociedade, que possa igualmente ser conhecida por terceiros. Para isso é suficiente *integrar* na mesma operação as consequências da amortização e a vontade de transformação em SQU. Ora, nesse prisma, é desnecessária uma decisão *deliberativa* do sócio único (nos termos do art. 270º-E, nº 1: sobre o tema, *vide infra* Capítulo III, em esp. pontos 13 e 14) para, alterando o contrato de sociedade primitivo, reduzir o capital ou aumentar proporcionalmente o valor da sua quota. Basta que o sócio, gerente ou não, outorgue escritura pública, onde se pronunciará por qualquer daqueles dois caminhos e declarará, nos termos do art. 270º-A, nº 3, al, b), a sua vontade em transformar a sociedade em SQU, que se passará a reger de acordo com a alteração feita das cláusulas estatutárias alteradas.

A pluralidade subjectiva de uma sociedade por quotas poderá também ser perdida por efeito da exoneração de um ou mais sócios, nos termos do art. 240º (com especial realce para o direito potestativo de exoneração atribuída ao sócio quotista nos casos das als. a) e b) do nº 1 dessa norma, bem como nas situações em que o pacto social consagre a intransmissibilidade da quota por negócio entre vivos, que, por disposição expressa do art. 229º, nº 1, dá ao sócio, após ter decorrido dez anos após o seu ingresso na sociedade, o direito de se separar da mesma), desde que a suas quotas estejam integralmente realizadas no momento da exoneração (*rectius*, da deliberação que decide da exoneração: neste sentido, cfr. RAÚL VENTURA, *Sociedades por quotas. Comentário ao Código das Sociedades Comerciais*, volume II, 1996, p. 25). [Entre os demais casos de exoneração previstos na lei, vejam-se telegraficamente os arts. 3º, nº 6, que se reproduz em sede *especial* no art. 240º, nº 1, al. a); 45º, nº 1; 105º, nº 1 (e o art. 120º), em coordenação com a al. a) do art. 240º, nº 1 (sobre o ponto, cfr. RAÚL VENTURA, *Fusão...*, ob. cit., pp. 140-3); 137º, nº 1; 161º, nº 5; 207º, nº 2; nas relações societárias de grupo, o art. 490º, nº 5.] Diferente deste poder de o sócio determinar, por um acto de vontade unilateral, com causalidade legal ou contratual (ainda que "disfarçada" sob um outro manto, como seja a estipulação no pacto de um direito à amortização da quota, desde que esse poder de exigibilidade invocado perante a sociedade diga respeito à única quota ou a todas as quotas do sócio titular, que, como indica o art. 232º, nº 4, seguirá todo o regime da exoneração dos sócios), a *dissolução da sua relação com a sociedade*, que será depois deliberada pela sociedade e motivará a amortização da quota ou a sua aquisição pela sociedade, por um outro sócio ou por um terceiro, embora se originem efeitos idênticos (compare-se os art. 240º, nº 3, 2ª parte, 241º, nº 2 e 242º, nº 3), é a exclusão do sócio. Nesta situação, por aplicação dos arts. 241º e 242º, o desaparecimento da participação do sócio será imposta por deliberação da própria sociedade, apoiada em caso previsto na lei ou em situação respeitante à sua pessoa ou ao seu comportamento que se fixe *ex contractu*, ou por sentença judicial fundada em «comportamento desleal ou gravemente perturbador do funcionamento da sociedade" que "tenha causado ou possa vir a causar-lhe prejuízos relevantes». Não se trata, acrescente-se, de um dever que incide sobre a sociedade, pois esta, pela letra da lei, «pode» excluir o sócio, não estando obrigada a isso, no exercício discricionário da faculdade que nesta matéria o ordenamento a empossa. Mas será sempre uma discricionariedade *limitada*, julgamos nós, sempre que as factualidades fundantes da exclusão venham previstas na lei, pois esses factos que mereceram a atenção da lei são particularmente perniciosos para o funcionamento da sociedade, em particular no que concerne à sua consistência patrimonial. Entre essas, cabe-nos destacar a falta de realização das entradas (depois de decorrido o tempo previsto para o seu diferimento) dentro do período indicado ao sócio remisso na interpelação de que foi alvo pela sociedade para a efectuar, ao abrigo do disposto nos arts. 203º e 204º, nos 1 e 2, e a omissão da obrigação, exigível em consequência de deliberação social, de realizar prestações suplementares, como estabelece o art. 212º (remetendo para o art. 204º). Mas note-se igualmente o art. 214º, nº 6, que se espraia sobre a produção de prejuízos decorrentes da *má utilização* de um dos direitos fundamentais de um sócio em face da sociedade, o da informação relativamente à sua gestão.

Uma vez ponderado o desinteresse da discussão tida no direito anterior sobre a possibilidade de exclusão de um dos sócios numa sociedade bipessoal, que hoje, tal como ontem, se desfiliou da (in)coerência do tratamento a dar às sociedades unipessoais [resolvida então em sentido afirmativo por FERRER CORREIA, *Lições...*, ob. cit., pp. 149 e ss; IDEM, *Sociedades fictícias e unipessoais*, ob. cit., p. 200, n. (2); mais explicitamente, por MANUEL DE ALARCÃO, pp. 210-11, n. (3); antes, defendendo a possibilidade geral de exclusão nesses casos mas reconhecendo que a sociedade ficava de facto e de direito dissolvida, sem que o sócio inocente ficasse obrigado à liquidação e à partilha, cfr. JOSÉ TAVARES, pp. 605-7], particular atenção nesta sede deve merecer o estatuído pelo art. 1005º, nº 3, do CCiv. – «Se a sociedade tiver apenas dois sócios, a exclusão de qualquer deles só pode ser pronunciada pelo tribunal.». Na qualidade de norma disciplinadora da sociedade civil, não se inibiu a doutrina, não obstante essa sua especialidade, mesmo antes da regulação trazida pelo CSC, de defender a sua exportação sem mais para o regime das sociedades comerciais [assim, FERRER CORREIA, *Lições...*, ob. cit., p. 152, n. (1)] e, em concreto, para as sociedades por quotas, nos casos em que a deliberação social tomada pelo único sócio, independentemente da sua posição maioritária, tivesse como fundamento uma conduta ligada à pessoa do sócio a excluir, de modo que estivesse impedido de votar e a deliberação fosse assim tomada em unanimidade (no sentido da aplicação analógica da norma em discussão, cfr. AVELÃS NUNES, *O direito de exclusão de sócios nas sociedades comerciais*, 1968, p. 454 e ss, em esp. 457-9). Depois do CSC, essa extensão foi sustentada *parcialmente* para a exclusão de sócios nas sociedades por quotas por RAÚL VENTURA, *Sociedades por quotas. Comentário...*, volume II, ob. cit., p. 58, por razões que têm a ver com a protecção do sócio a excluir. A invocação analógica era, no entanto, recusada em certos termos, afastando-se de cena a exclusão judicial, "quando a causa de exclusão é especificamente fixada na lei e esta estabelece os *termos* que lhe devem corresponder" (sublinhado do Autor). Mostrava-se exemplarmente o caso do art. 204º, referente à exclusão do sócio remisso. Além disso, também se aditavam algumas alterações ao regime normal da exclusão neste caso. Por um lado, a acção de exclusão judicial não pressuporia a deliberação prévia estatuída pelo art. 242º, nº 1. [De acordo com PINTO

FURTADO, *Código das Sociedades Comerciais*, 1989, p. 196, o art. 1005°, n° 3, do CCiv, a par do do art. 186°, n° 3, vigente para as sociedades em nome colectivo, fundamentam que, numa situação em que existem dois sócios de quotas iguais, o recurso à acção judicial é a única forma de permitir o poder de exclusão reconhecido por lei, que seria inutilizado pela exigência de tal deliberação. Para conciliar esta ordem de ideias com a letra da lei, esta doutrina admite que a deliberação *empatada* terá o valor de uma eficaz *conditio iuris* da acção a propor.] Por outro, a acção teria que ser proposta por um dos sócios contra o outro, como, aliás, prevê expressamente a norma do art. 2287, § 3°, do *CCIt.*, que foi a fonte directa da nossa prescrição (à excepção dessa parte referente à legitimidade processual), e à imagem da regulação de tema idêntico na previsão da destituição da gerência (art. 257°, n° 5), por manifesta impossibilidade de o sócio que pretende afastar o seu consócio ser "a sociedade". Concordamos com esta doutrina, mais plástica e mais perto do regime do tipo quotista, mesmo depois da introdução da SQU. A filosofia da disposição legal civilística consiste em permitir apenas a via judicial quando os sócios sejam dois, a fim de evitar que um possa excluir o outro através do exercício de um poder insindicado. Essa medida não foi tomada, pelo menos primordialmente, em função da tese que se partilhasse sobre a admissibilidade das sociedades unipessoais. Antes se ponderava a preservação de uma certa "paridade de relacionamento" entre os dois sócios, num ambiente de neutralidade sobre a sua relação de forças nas quotas respectivas. A sua aplicação nas sociedades por quotas mantém essa *ratio* nuclear, mas deve ser confrontada com o facto de os fundamentos de exclusão nas sociedades civis (*vide* os arts. 1003° e 1004° do CCiv.) terem um carácter mais restrito do que no elenco proporcionado às sociedades por quotas (sublinhando este ponto, cfr. FERRER CORREIA/VASCO LOBO XAVIER/MARIA ÂNGELA COELHO/ANTÓNIO CAEIRO, p. 115). Essa maior admissão gerará, a nosso ver bem, as excepções ditadas pelas causas de exclusão legal *mais pormenorizadas e atentatórias do regular funcionamento da sociedade*. Aí poder-se-á deliberar e um sócio poderá ser afastado até que se discuta em sede judicial a validade dessa deliberação. Nos restantes casos, deve manter-se a exclusividade da *via judicial*. Esta solução parece-nos ainda ser mais justificável agora que se permite ao sócio único declarar unilateralmente a transformação da sociedade unipessoal derivada em SQU. Estamos em crer que o facto de se enveredar, em regra, pelo monopólio do tribunal (acrescente-se o art. 242° ao cenário de processos) para decidir da exclusão de um sócio numa sociedade bipessoal desmantela o espectro de situações em que um dos sócios pudesse deliberar a exclusão, transformar a sociedade em SQU e manter esta situação durante todo o tempo de uma eventual acção judicial que viesse *a final* dar procedência à invalidação pedida pelo sócio excluído (isto se, entretanto, não viesse a ser deferido um procedimento cautelar de suspensão da deliberação, que poderia não eliminar esse risco, uma vez que, além dos requisitos gerais de qualquer providência dessa índole, nem sempre fáceis de se preencherem cumulativamente, poderia ser posto em causa, mesmo em caso de violação legal ou estatutário-contratual, se o prejuízo da suspensão cautelar fosse superior ao que derive da sua execução, atento o disposto pelo art. 397°, nº 2, do CPC). Essa perspectiva significaria com certeza a eclosão de uma grande margem de incerteza e de instabilidade da situação jurídica destas sociedades, em virtude da unipessoalidade intencionalmente procurada pelo sócio ter uma origem muitas vezes precária (poderia, p. ex., aproveitar-se de uma deficiente previsão no pacto dos factos pessoais ou comportamentais conducentes à exclusão). Em conclusão, a apreciação judicial como sede de resolução do afastamento de um sócio numa sociedade por quotas constituída por dois sócios, não havendo lugar à "inversão da iniciativa do contraditório" que resultaria da impugnação da solução deliberativa (assim se expressa FRANCESCO GALGANO, *Il contratto di società. Le società di persone*, ob. cit., p. 123), justifica-se ainda mais agora que se consagrou a legitimidade da SQU por factos supervenientes, pois assim se solidificará um regime *estável* de trânsito da sociedade biplural para a SQU sem a tentação de se cometerem abusos e sem o risco, que será lesivo da segurança do comércio jurídico, de repristinação da pluralidade.

Finalmente, poderá a sociedade adquirir (ou ser declarada a perda em seu favor, nos termos do art. 204º, por incumprimento do sócio titular remisso da sua obrigação de entrada) todas as quotas, menos aquela ou aquelas que se encontram na titularidade de um único sócio. Concretizando-se essa aquisição de quotas próprias (segundo a disciplina do art. 220º), focando apenas o mais vulgar, por sua iniciativa (anteriormente clausulada, ou não, com o alienante, onerosa ou gratuita, como prevê em especial o art. 220º, nº 2), por intervenção, como igualmente refere o último preceito citado, em acção judicial executiva intentada contra sócio, ou em consequência do exercício de uma opção alternativa entre outras opções – a título de exemplo, observem-se os arts. 225º, nº 2, em matéria de quotas não transmitidas para os sucessores do sócio falecido; 226º, nº 2, no que respeita à amortização exigível em caso de falecimento de sócio; 231º, nº 1, no que concerne à recusa de consentimento de cessão de quota; 232º, nº 5, quanto ao direito de a sociedade amortizar quotas; 237º, nº 3, no que resulta da criação, devidamente deliberada, em vez da amortização de quota, de uma ou mais quotas, que serão próprias até que se alienem a sócios ou a terceiros; 240º, nº 3, 241º, nº 2 (no sentido remissivo para o art. 232º, nº 5), e 242º, nº 3, para a exoneração e a exclusão de um ou mais sócios –, deve entender-se que, se o resultado final for a detenção das participações representativas do capital social pela sociedade e por um outro sócio, a situação assim criada é *materialmente idêntica* à da unipessoalidade. A sociedade, assim sendo, deve ser tratada como só constituída por esse seu único sócio, pois a sociedade, como suportou a doutrina maioritária, acaba por ser estruturalmente sócia de si mesma, não devendo contar-se as quotas existentes na carteira da sociedade para calcular o número de sócios (entre nós, cfr. CATARINA SERRA, "As *novas* sociedades unipessoais por quotas", loc. cit., p. 139). O direito comparado fornece-nos soluções deste teor que deveriam ser objecto de atenção numa futura clarificação a fazer pelo direito a constituir. Na Alemanha, os §§ 19, al. 4, 35, al. 4, e 48, al. 3, da *GmbHG*, têm em conta essa posição de equiparar à unipessoalidade as situações descritas. A lei espanhola, por seu turno, foi ainda mais longe. O art. 125, al. b), 2ª parte, da *LSRLE*, considera que as participações sociais que pertençam à sociedade unipessoal são propriedade do sócio único. Voltaremos a este assunto mais pormenorizadamente: *vide infra* Capítulo II, ponto 10.3.

O sócio único, no entanto, à luz do n° 4 do art. 270°-D, «pode evitar a unipessoalidade» se restabelecer a pluralidade social *no prazo legal*. Este prazo deve referir-se ao período de tempo durante o qual a sociedade se pode manter *transitoriamente* reduzida a um único sócio, isto é, um ano (pois só após esse decurso temporal se poderá requerer a dissolução judicial da sociedade com fundamento nesse facto, à luz da al. a) do art. 142°, n° 1). Como já debatemos no ponto anterior, a esse lapso de um ano poderá ainda acrescer um prazo complementar concedido pelo tribunal, a pedido do sócio remanescente, o que suspenderá os termos da acção de dissolução entretanto pedida, que será decretado com base em critérios de razoabilidade, depois de ouvidos os credores da sociedade e ponderadas as razões alegadas pelo sócio requerente na sua diligência de adiamento do pedido de dissolução (arts. 143° e 1497°, este do CPC). Esta será, na nossa perspectiva, a solução mais bondosa na interpretação da formulação «no prazo legal» contida no n° 4 do art. 270°-D, pois o interesse que está aqui em causa tutelar é a intenção manifestada pelo sócio supérstite em reconstituir a pluralidade inicial. Ora, se esse sócio não pretende declarar a transformação da sociedade em SQU (confinando a concentração das quotas ao regime geral do CSC, como sustenta ALEXANDRE SOVERAL MARTINS, "Código das Sociedades...", loc. cit., p. 309), se ele preferirá dissolver a sociedade a continuá-la sozinho, deve poder arrogar-se o direito de lhe ser dado mais algum tempo para obter companhia e com ela conservar a sociedade. Ainda mais. Uma vez que a constituição da SQU pressupõe a manifestação de uma vontade *ad hoc*, concretizada nos concomitantes *deveres declarativos* que ela pressupõe, em transformar o que originariamente era plural e se tornou unipessoal posteriormente à constituição, se essa declaração do único quotista não surge, nada legitima que se aplique à sociedade regime diferente do comum, já que a subtracção da unipessoalidade superveniente no tipo quotista a esses preceitos gerais não é, atendendo ao desenho da lei, um *efeito imediato* da reunião das participações na titularidade de um único sócio. Nem o que vai defendido resulta infirmado do quadro possível de constituição das SQU permitido por lei. Ora, assim sendo, não havendo transformação (ou enquanto não a houver) deverá ser seguida a disciplina comum da dissolução com fundamento em redução da "equipa social" à unidade, bem como os termos, se for caso disso, de responsabilização pessoal do sócio único prevista no art. 84°. Na nossa perspectiva, sempre seria isso que resultaria, mesmo que a lei nada tivesse dito. Porém, já que disse, em coerência, pensamos não ter sido feliz o legislador ao utilizar, também no n° 4 do preceito em discussão, a fórmula «evitar a unipessoalidade». Teria sido (será, em futura intervenção legislativa...) mais preciso expressar que, no caso de concentração, o sócio único pode evitar a *dissolução* se, *não tendo transformado a sociedade em SQU através da adequada declaração de vontade prevista no n°3 do art. 270°-A*, restabelecer a pluralidade de sócios dentro *do prazo legal* e, se for caso de dissolução pedida por outrem, do *prazo judicialmente conferido a seu*

elemento identificador da unipessoalidade é a concentração da titularidade de todas as participações sociais numa só mão[260], sendo indiferente que a mesma se produza no momento fundacional ou durante a vida da sociedade;

c) a constituição originária de uma SQU deve, *por princípio*, ser celebrada por escritura pública, e beneficiará de uma derrogação ao regime geral, bastando a existência de um documento particular, sempre que o capital social inicial corresponder à realização de entradas em bens diferentes de dinheiro que não impliquem aquela solenidade para a validade da sua transmissão;

d) a transformação de uma sociedade por quotas plural em SQU[261] implicará sempre a mediação de uma declaração do sócio

---

pedido (neste caso, suspendendo a instância em curso). Não se preocupará, decerto, o legislador com tais minudências, mas cabe sempre ao intérprete buscar alguma lógica e unidade nos normativos que levantarão alguma espécie, a fim de, *malgré tout*, acalentar a esperança de a sua exegese ter algum eco clarificador de formulações menos próprias (e até inúteis, como será o da hipótese).

A terminar, o que se sustenta não preclude a possível aplicação analógica a essas situações de unipessoalidade superveniente ainda não convertidas em SQU do regime específico desta, *rectius*, de alguns dos seus preceitos. Em concreto, uma sociedade por quotas unipessoal superveniente pode ser quase que perpetuada no tempo e, com essa resistência, poderá originar os mesmos perigos para terceiros que uma SQU, pois comungam da existência de uma situação de monopólio decisório. Ora, convocar, pela manifesta identidade de razões, a aplicação por via da analogia dos preceitos que regulam a reunião em assembleia dessas sociedades ou a contratação entre a sociedade e o sócio derivadamente único será uma metodologia razoável, até para incentivar o sócio único, ainda coberto pelo regime geral da sociedade por quotas e não suficientemente ameaçado pela disciplina comum da dissolução e da responsabilidade ilimitada, a sair duma zona de fronteira em que os interesses de terceiros podem ser lesados. Acerca da aplicação analógica das prescrições conformadoras das SQU a situações discutidas de unipessoalidade e às sociedades fictícias, *vide infra* Capítulo II, ponto 10.

[260] Sobre a questão de saber se houve o acolhimento de um conceito formal *ou* substancial de unipessoalidade, relevante para saber se a simples pluralidade de sócios determina o carácter não unipessoal da sociedade por quotas e a consequencial inaplicabilidade do *regime integral* da SQU, remetemos para o ponto 10.1. do Capítulo II.

[261] Em rigor, não se deveria convocar a qualificação de transformação para estes eventos (tal como para a conversão de um EIRL em SQU, nos termos dispostos pelo art. 270º-A, nº 5), uma vez que não se opera de todo uma mudança de tipo legal de sociedade, como determina o art. 130º, nº 1 – cfr., em sentido concordante, na literatura nacional, ALEXANDRE SOVERAL MARTINS, "Código das Sociedades...", *loc. cit.*, p. 309; ALBINO MATOS, *Constituição de sociedades*..., ob. cit., p. 33, n. (39); lá fora, por todos, PETER

único em que expresse essa vontade; essa declaração constará da escritura pública de cessão de quotas responsável pela aquisição da totalidade das participações sociais ou consistirá em escritura

---

ULMER, "Allgemeine Einleitung...", loc. cit., *Rdn.* 9, p. 7: "estas mudanças afectam exclusivamente o plano dos sócios, permanecendo inalterados os princípios societários fundamentais". Aceitando a denominação, pois "a transformação não é um instituto privativo das *sociedades do Código das Sociedades Comerciais*, podendo ocorrer com outras figuras, entre si, e até arrancando de figuras estranhas a ele para chegar às suas *sociedades*", cfr. PINTO FURTADO, *Curso de Direito das Sociedades*, ob. cit., pp. 522-4, sublinhado como no original. Não é assim, até porque a hipótese de transformação de sociedades civis em sociedades comerciais, admitida pelo art. 130°, n° 2, se enquadra na *mudança de tipo social* privativa do instituto regulado no CSC. O que tem acontecido é a *vulgarização* na experiência jurídica do termo para denominar a conversão em sociedade de *entes individuais ou colectivos diversos*, ainda que essas regulamentações especiais registem relevantes elementos de contacto com a transformação de sociedades (neste sentido, cfr., por todos, ALESSANDRO CERRAI, "Trasformazione, fusione e scissione", *Diritto Commerciale*, 1999, p. 460). Mas não nos convence que a geografia normativa ou a incúria terminológica do legislador *molde* o conceito *regulado no CSC*, que envolve sempre o *trânsito entre tipos de pessoas jurídicas societárias*. [Não é de facto partilhável a tese de GIORGIO MARASÀ, "Nuovi confini della trasformazione e della fusione nei contratti associativi", *RDC*, 1994, pp. 347 e ss, que configura a disciplina da transformação das sociedades como expressão de um princípio *geral* de conservação de patrimónios autónomos, extensível a todos os entes associativos sempre que os interesses de tutela de credores ou de interesses gerais não o hostilizam. Nem sequer a de MASSIMO ERSOCH, "Da impresa individuale a società unipersonale", *Il Notaro*, 1994, pp. 1-2, para quem as normas ditadas no *CCIt.* para a transformação das sociedades são uma *espécie* do *género* transformação das empresas comerciais, na qual se integra a constituição de uma SQU a partir da empresa em nome individual de que o único sócio constituinte era o titular (expressamente contra, em Portugal, PUPO CORREIA, p. 568)]. Nessa perspectiva, apesar dos termos, não cabe no conceito técnico de transformação a mudança de fim das fundações (arts. 190° e 186°, n° 2, do CCiv.), nem a conversão das empresas públicas para sociedades anónimas de capitais públicos, tal como não o pode ser a mudança de agrupamento complementar de empresas para agrupamento europeu de interesse económico (art. 11° do DL n° 148/90, de 9.Maio): para este filão opinativo, ainda com mais exemplos, cfr., entre outros, GASTONE COTTINO, *Diritto Commerciale*..., ob. cit., pp. 740 e ss; GIAN FRANCO CAMPOBASSO, *Diritto Commerciale. 2*..., ob. cit., pp. 567-9, e n. (2).

Não haverá, portanto, no sentido do art. 130°, em coerência e salvo o respeito que se reserva à posição contrária, transformação na conversão de uma sociedade por quotas pluripessoal e de um EIRL numa SQU. No primeiro caso, há apenas uma alteração do número de sócios produzida pelas operações adequadas a esse efeito (cessão de partes ou aumento do capital): não se muda de forma social e apenas se reclama uma pertinente alteração (modificação ou introdução de cláusulas) dos estatutos. Na segunda situação, à adopção de uma outra forma jurídica *não personificada* de estruturação da empresa

autónoma, que poderá, nessas outras situações, ser substituída por um documento particular «se da sociedade não fizerem parte bens para cuja transmissão seja necessária a referida forma solene». (art.

individual sucede, estamos em crer, antes uma constituição *ex novo* de uma SQU em que a transmissão (vulgo trespasse) do EIRL funciona como acto de realização da entrada a que o sócio (anterior titular do EIRL) está vinculado (repare-se que depois esta SQU não poderá ser "transformada" em EIRL, o que deve querer dizer alguma coisa em suporte do que se diz...).

Mesmo na primeira referência que nos ocorre quando se revê o tratamento da unipessoalidade em Portugal, ou seja, quando se atenta em FERRER CORREIA, *Sociedades fictícias e unipessoais*, ob. cit., pp. 331 e ss, há que reconhecer que o Autor não se desviou da sua característica acribia dogmática e não se deixou enredar por uma qualificação reservada à passagem de uma forma ou tipo social para outro. Aí, na resolução do enquadramento jurídico da sociedade unipessoal, que se veria como um fenómeno de autonomia patrimonial a que correspondia uma autónoma subjectividade jurídica, se disse que a personalidade jurídica da sociedade unipessoal se mantinha, ainda que, extinta a relação social, se mudasse o seu substrato real, *fazendo-se a transição* de ente corporativo para simples personificação de um património. A dado passo, aliás, dá-se a noção de transformação de sociedade como o "convolar de uma espécie para outra". Apesar disso, para a situação inversa, fala de "transformar-se de novo em verdadeira sociedade" (e relação social) o que era apenas património autónomo personificado, aproveitando o processo de reconstituição da pluralidade inerente à conservação dos mecanismos de funcionamento, estruturais e estatutários, do ente jurídico que se manteve. Este recurso para a explicação da dinâmica entre sociedade unipessoal e plural é, no decurso do texto, totalmente irrelevante, uma vez que para a mesma realidade se usou indiscriminadamente, a par da terminologia da transformação, outras fórmulas, como a "modificação" ou a "mutação", razão pela qual não é crível qualquer adopção da primeira mesmo nesta vertente, ao arrepio do respectivo conceito.

Seja como for, essa incorrecta qualificação não é de agora. Mas foi aquela que parece ter ficado para registar o fenómeno, muito por força da comodidade que a leva a ser utilizada em outros eventos. As "transformações" que se referem no n° 7 do art. 270°-A vêm confirmar essa linguagem legislativa, desprovida do significado técnico que lhe vai associado. [Foi do mesmo passo já utilizada pelo legislador tributário aquando da introdução das regras destinadas a *neutralizar* fiscalmente as operações de transmissão de elementos patrimoniais em sede de "transformação" de empresas individuais e/ou familiares em sociedades, que assim se expressou no Preâmbulo do DL n° 280/95, de 26.Outubro, responsável pelo aditamento dos arts. 36°-A, do CIRS, e 68°-A, do CIRC, que correspondem, hoje, respectivamente, aos arts. 38° e 77°.]

Observe-se que esta não é uma mera adequação terminológica, pois pode mesmo ter consequências normativas. A que desde logo nos salta à vista é a que se prende com a determinação da al. a) do n° 1 do art. 131°: «Uma sociedade não pode transformar-se se o capital não estiver integralmente liberado ou se não estiverem totalmente realizadas as entradas convencionadas no contrato.». Ora, se a passagem de uma sociedade por quotas a

SQU não configura uma transformação, esta disposição não se aplicará, ainda que a especialidade da SQU nos mereça afirmá-lo *cum grano salis*. Na realidade, a posição de princípio legitima a manutenção de créditos da SQU sobre sócios que o deixaram de ser, com a eventual incomodidade para a consistência do património social. Deverá ser normal que antes da transformação a prestação de realização de entradas diferidas (só bens em dinheiro) seja efectuada pelo futuro ex-sócio ou exigida pela sociedade (veja-se, a propósito, o art. 203°, n° 1). No entanto, pareceria mais avisado *de lege ferenda* redigir um preceito específico para a unipessoalidade, que definisse, sob sanção, um prazo para que essas prestações se realizassem. Só para exemplo, o legislador italiano, no 3° § do art. 2476 do *CCIt.*, exigiu que, em caso de unipessoalidade superveniente da SQU, as entradas ainda por realizar teriam que ser prestadas no prazo de três meses, sob pena de responsabilidade ilimitada nos pressupostos do art. 2497, 2° § (*vide infra* ponto 7.3.).

Feita a precisão, não iremos mais longe: usámos e usaremos a terminologia da lei quando mencionarmos o fenómeno em discussão. Mas seremos coerentes com a nossa crítica, o que nos obriga a recorrer ao *nomen iuris* da lei quando se verifique a passagem da unipessoalidade para a pluralidade social (apesar de também acharmos, tal como ALEXANDRE SOVERAL MARTINS, *ibid.*, p. citada, que seria conveniente na lei "a manutenção da mesma terminologia em ambos os casos"). Nessa hipótese, andou melhor o legislador e importa aproveitar o acerto e não caucionar a inexactidão levada a cabo na circunstância pluripessoalidade-unipessoalidade (o que faríamos se adoptássemos a "transformação" para os dois eventos). Na verdade, a nosso ver, a terminologia "modificação" utilizada no caso de expansão da relação monossubjectiva em plurissubjectiva (veja-se o art. 270°-D, n° 1), atendendo à inequívoca habilitação que a lei dá ao tipo quotista para poder sofrer alterações subjectivas, reduzindo ou acrescentando sócios, e assim *mudando internamente a relação* que em cada momento existe sobre essa natureza, é sem dúvida mais adequada para ambas as situações (pluralidade-unipessoalidade e unipessoalidade-pluralidade). Seria assim explícito que não havia lugar ao fenómeno jurídico da transformação, pois tudo se passa no interior do mesmo tipo social, o que aconselharia *de iure condendo* a perfilhação dessa nomenclatura para as duas ocorrências. *De lege lata*, acolitamos no nosso discurso, com as reservas espendidas e os méritos sublinhados, os termos legais.

No domínio rigoroso da transformação *inter societatis*, pode ainda discutir-se se será legítimo que uma SQU delibere a adopção de um outro tipo social. O guia que nos deve conduzir nesta resolução deve ser a indagação das condições de constituição das sociedades. *Id est*, verificar se o instrumento da transformação está a ser manipulado para contornar as regras legais respeitantes a essas condições ou se as respeita. Sendo assim, damos por adquirido que não existe uma proibição *a priori* de transformação das sociedades constituídas por negócio jurídico unilateral, o que arrumaria o assunto, tal como não se pode negar ao único sócio de uma SQU a faculdade de deliberar outras *modificações* congéneres *do negócio social originário* (sobre esta natureza dogmática da transformação, cfr., em sentido contrário mas inconsequente, RAÚL VENTURA, *Fusão...*, ob.

cit., p. 450; em sentido análogo, com as objecções judiciosas ao pensamento de Raúl Ventura, PINTO FURTADO, *ibid.*, pp. 516-17). Esta asserção é apoiada, em termos sistemáticos, pela ruptura da chave contratualística do ordenamento societário. As sucessivas escolhas de *irrelevância* do desrespeito pela base plurissubjectiva na fundação das sociedades depõe a favor da admissibilidade da legitimidade da transformação de uma sociedade unipessoal, pois essa não deixa de ser uma sociedade beneficiária das vicissitudes modificativas preparadas para, no caso da transformação, conservar os entes societários, sem atacar a continuidade económico-substancial da iniciativa empresarial e integrá-la num novo modelo organizativo. A "acumulação" da corporação social na esfera de um só sócio apenas constituiria obstáculo à transformação se se demonstrasse que a falta de uma relação plural era razão para a pessoa societária se dissolver e se extinguir o centro de imputação que ela representa, e, por sua vez, se a reconstituição da pluralidade fosse tratada a título de constituição. Perante a nova disciplina introduzida na regulação da sociedade por quotas, que permite a unipessoalidade originária, que privilegia a sobrevivência da sociedade unipessoal derivada para promover a continuidade *sem ameaças de dissolução* do prolongamento da actividade desenvolvida, e que reconduziu a adesão sucessiva de novos sócios a simples modificação da sociedade, não se pode "impedir a sociedade que pode viver e actuar com um único sócio de escolher as reorganizações dos modelos organizativos mais condizentes às alteradas exigências de gestão da empresa" (MARCELLA SARALE, "La trasformazione della società con unico socio e i limiti dell'ordinamento", *GC*, 1997, p. 793). Por conseguinte, o fornecimento ao empresário individual do benefício da responsabilidade limitada mediante o esquema tutelador da personalidade jurídica trouxe uma mutação de ambiente normativo que não enfrenta a unipessoalidade como algo de relevantemente terminal em sede de dissolução (em termos de se renovar a plurissubjectividade ou se seguir em frente com a possibilidade... de não se seguir) mas antes como uma circunstância *indiferente* na sua referência ao momento de organização da sociedade por quotas. Assim, em nada vai diferir a transformação levada a cabo por uma SQU ou uma sociedade por quotas plural.

Muito bem, mas sem que com isto se violem normas imperativas, até ver. Se a qualquer sociedade é consentido assumir uma outra forma social, como instrumento da autonomia privada disponível para adaptar a aparelhagem organizativa da sociedade às novas reivindicações sobrevindas *durante societate*, sem que os sócios sejam constrangidos a liquidar a sociedade precedente e a constituir uma nova, a transformação, no entanto, não deve servir para iludir as *formas e as garantias* estabelecidas pela lei para a constituição de um certo tipo de sociedade. Assim, quando uma sociedade se transforma em outra, subsistem todas as premissas requisitadas pela lei para o novo tipo que se intenta adoptar, sem que um eventual desrespeito se possa em absoluto fundar na sobrevivência da sociedade anterior (entre outros, cfr. HARALD KALLMEYER, "Das neue Umwandlungsgesetz", *ZIP*, 1994, p. 1750, ss; GEORGES RIPERT/RENÉ ROBLOT, p. 889; FRANCESCO FERRARA Jr./FRANCESCO CORSI, p. 891). Neste sentido, digamos que o acto de transformação, ao realizar *substancialmente* a constituição de uma sociedade, terá necessariamente que conter os *elementos identificativos* do tipo, ou seja, as indicações que caracterizam, interna e externamente, o modelo dos tipos societários adoptados. Entre eles, a pluralidade de sócios se isso for inalienável da forma. Posto isto, não é consentido a uma SQU transformar-se em sociedade de tipo diferente, sempre que essa forma exigir para a sua constituição a participação de um número mínimo de sócios e a SQU se mantiver com um único sócio. Colocado de outra maneira, a SQU só se poderá transformar em sociedade de tipo diferente se esta espécie permitir a unipessoalidade originária. Por isso, estamos em crer que a SQU, a manter a sua base unissubjectiva, só se poderá transformar, quanto *ao tipo em que se transforma*, em sociedade anónima, quando o único sócio é uma sociedade por quotas, uma sociedade anónima ou uma sociedade em comandita por acções, em benefício (e cumprimento) do art. 488º.

Alguma doutrina recente parece infirmar esta solução, advertindo que nem todos os requisitos ou condições de constituição de uma sociedade teriam razão de ser reclamados em relação à deliberação de transformação. Seria o caso da pluralidade de contraentes se a sociedade a transformar fosse originariamente unipessoal, porque uma inversa limitação à transformação vincularia todas as SQU a ficarem prisioneiras da sua veste originária, mesmo quando, nascida por acto unilateral, tivesse sucessivamente adquirido feição colectiva. Seria essa unipessoalidade primitiva como que um vício originário que marcaria indelevelmente a sociedade *ad eternum* e inviabilizaria toda e qualquer transformação. Desaconselhado este impedimento à evolução da estrutura organizativa, a SQU pode aproveitar essa possibilidade de adaptar-se e continuar a sua vida económica e jurídica, agilizando-se assim, ao permitir que o instrumento escolhido em primeira linha se plasme à mutação de vocações, os canais de comunicação entre tipos, em particular entre a sociedade por quotas e a sociedade anónima. Depois, uma vez deliberada a transformação, a sociedade transformanda sujeitar-se-ia ao respectivo regime de unipessoalidade superveniente, que, na circunstância mais provável de adopção do tipo anónimo, poderia mesmo levar a uma mudança do regime da responsabilidade (para nós, o previsto pelo art. 84º). A tese de MARCELLA SARALE, *passim*, esp. pp. 788-9 e 793-6 (veja-se antes, em sentido genericamente concordante com a deliberação de transformação adoptada por um único sócio de uma sociedade de capitais em outra sociedade de capitais, ALESSANDRA VISCOVI, "Trasformazione di società unipersonale", *Società*, 1990, pp. 1025 e ss, esp. pp. 1028-9, apoiada em diversas decisões judiciais), não deve, porém, ser sufragada.

Primeiro que tudo por não ser compreensível que uma sociedade por quotas plural, só pelo facto de ter sido sido primeiro uma SQU, não possa transformar-se em outra espécie plural. Isso demonstra que não se compreendeu a nova forma de funcionamento da *facti species* societário-quotista, subjacente a uma flexibilização pessoal da sociedade a uma *gestão individual ou colectiva* da empresa, sempre aberta à participação de novas pessoas associadas, sem se confinar à unissubjectividade. Não há que absolutizar a importância do negócio constitutivo: este "tem só um valor histórico, tendo exaurido a sua função em dar aviamento à organização social" (GIOVANNI CABRAS, p. 294). Mas a variação da companhia social, decorrentes do exercício de direitos inerentes a essa organização societária e regulados pelas regras desta última, fixadas na lei e nos estatutos, e *que assim se desprenderam do acto constitutivo*, acarreta as naturais diferenças, nomeadamente de regime, ainda que mantendo-se a componente personalística mais chegada e uma participação mais directa na administração, de se estar a funcionar com um só sócio ou mais do que um. Esta é uma delas. Para o ensejo de se permitir a transformação e de seguida subordinar a sociedade à disciplina da superveniência da unipessoalidade, diga-se que, para isso, não haveria qualquer interesse em transformar. Antes ao sócio único conviria extinguir a SQU e criar ficticiamente uma sociedade plural, o que também não abona à doutrina criticada. Depois, mais importante a favor da nossa solução, se a transformação se considerasse lícita estaria a abrir-se a porta para que, justamente por intermédio do instrumento da transformação, a previsão de proporcionar a *constituição* de uma sociedade com único sócio *exclusivamente* na sociedade por quotas e na sociedade anónima, nas condições do art. 488°, fosse defraudada. Ora, enquanto se mantiver o ordenamento como está no que tange à unipessoalidade, não é razoável sustentar outra posição (e assim ficará inteligível o silêncio da lei neste particular...), até porque essa fraude será uma tentação perniciosa e claramente a evitar. Na jurisprudência estrangeira, o aresto da **Corte d'Appelo de Bologna**, de **30.Agosto.1995** (in *GC*, 1997, II, p. 783, que motivou a anotação contrária de Marcella Sarale), confirmou a recusa de homologação do acto de transformação de uma sociedade de responsabilidade limitada unipessoal em sociedade anónima, com base no facto de a falta de pluralidade de sócios ser causa de nulidade, atento o disposto no art. 2332, § 1°, n° 8, do *CCIt*. – veja-se o nosso art. 42°, n° 1, al. a) –, da constituição da sociedade anónima, o que cifrava um acto em fraude à lei.

Por todas estas razões devem ser inequivocamente destrinçadas a(s) situação(ões) em que é legítimo uma SQU transformar-se daquelas em que isso é indamissível. A ser deliberada quando não era admissível, não nos parece haver razão para hesitar em esgrimir a sua nulidade, no decurso do art. 56°, n° 1, al. d). Mesmo que seja completado todo o processo complexo de transformação, a inscrição no registo do negócio social modificado (através da apresentação da respectiva escritura pública onde ele se reproduz) não deve precludir que possa ser declarada a invalidade da transformação por ilicitude da mesma. Sempre por violação da imperatividade ditada pelo art. 273°, n° 1. Estamos em crer que, nesta hipótese, será mais profícuo sentenciar essa invalidade do que remeter o caso para uma nulidade do negócio social levado a registo, por aplicação directa (ou analógica...) do art. 42°, n° 1, a), que sempre levará à entrada em liquidação dessa sociedade resultante da transformação. Com que intuito: apenas para fazer desaparecer aquilo que porventura vai ter que ser novamente criado para o exercício da exploração empresarial do sócio? Deste modo, parece que uma tal consequência contenderia com o interesse em conservar os entes jurídicos personalizados, em benefício do comércio jurídico, até mesmo se o conjugarmos com um princípio de economia de meios. Noutra linha, é nossa posição que quem faz e

270°-A, n° 3, al. b), 2ª parte), e terá como efeito imediato a subtracção aplicativa de todas as cláusulas do contrato de sociedade que pressupunham a pluralidade de sujeitos associados[262];

e) a constituição originária de uma SQU e a transformação de uma sociedade por quotas unipessoal derivada e de um EIRL em SQU tituladas por simples documento particular *não produzem quaisquer efeitos* até ao registo da SQU e à sua publicação, ou seja, até existir a SQU como pessoa jurídica distinta do seu sócio único inicial ou como pessoa jurídico-societária de índole unipessoal composta pelo sócio remanescente[263];

f) admite-se a unipessoalidade de um sócio pessoa humana e também quando seja pessoa colectiva[264], mas com duas importantes

---

obtém uma transformação desta índole pretende fugir às proibições legais. Merece, na verdade, ser penalizado, na exacta medida de recolocar o que foi feito na esfera da sociedade transformanda como se nunca deixasse de ter sido no âmbito da SQU transformada. Em atenção a esta ambivalência argumentativa, será de considerar prevalecente a invalidade da *própria transformação* (no caso de ser a deliberação a ser declarada nula, a sociedade nunca chega a ser transformada...), com a consequente revivescência da sociedade no tipo primitivo e a assunção pela SQU de todos os direitos e obrigações dos negócios e relações jurídicas validamente gerados pela sociedade decorrente da transformação.

[262] O n° 6 do art. 270°-A permite a transformação, *a todo o tempo*, do EIRL em SQU (como já era antes previsto pelo primitivo n° 5 do preceito), mediante a outorga de escritura pública ou a mera redacção de um documento particular, se nesse património empresarial apenas se incluirem bens que não demandem aquela formalidade para a sua transmissão.

[263] Para o exacto esclarecimento do alcance desta especialidade, que aqui apenas se enuncia (imperfeitamente) a olhar para a letra da lei, *vide infra* o ponto 11 do Capítulo II.

[264] Não será verosímil advogar que as pessoas colectivas susceptíveis de constituirem SQU sejam restringidas ao grupo das pessoas *societárias* de qualquer tipo (socidedades de pessoas ou sociedades de capitais). Na verdade, é curial, à falta de expresso impedimento legal, alargar o núcleo de pessoas colectivas às associações (para estas, no direito francês, cfr. THIEERY BONNEAU, "L'associé unique d'une entreprise unipersonnelle à responsabilité limitée peut-il être une association, *Dr. Sociétés*, 1995, pp. 3-4) e às fundações. Na literatura nacional, sobre a matéria, cfr. ALBINO MATOS, *Constituição de sociedades...*, ob. cit., pp. 32 e 45 (embora entenda que a participação apenas se possa admitir, como em geral o deve ser, por aplicação analógica do art. 11°, n° 5, desde que prevista ou autorizada pelos próprios estatutos da associação ou fundação); COUTINHO DE ABREU, *Curso...*, volume II, ob. cit., p. 96 (mas vejam-se mais alguns desenvolvimentos em *Da empresarialidade...*, ob. cit., pp. 163-4).

No direito italiano, a propósito da al. a) do § 2° do art. 2497, do *CCIt*., que prevê que o sócio único perca o benefício da responsabilidade limitada quando seja pessoa

limitações: uma pessoa singular apenas pode ser sócia de uma única SQU[265] e uma SQU não pode ter como sócio único uma outra SQU[266-267];

---

jurídica (para um ligeiro apontamento sobre o acesso da pessoa jurídica à qualidade de sócio único, cfr. ANDREA FUSARO, "S.r.l. con unico socio persona giuridica", *Vita Not.*, 1994, pp. 1478-80), discute-se se essa expressão é utilizada em sentido técnico (compreendendo somente as sociedades de capitais, as fundações e as associações reconhecidas) ou deve ainda alargar-se a todos os entes colectivos não personificados (associações não reconhecidas, consórcios entre empresas não estruturados em forma de sociedade de capitais e sociedades de pessoas – recorde-se que estas últimas, no ordenamento transalpino, estão privadas da personalidade jurídica que caracteriza as sociedades de capitais). Para uma leitura correctivo-extensiva da expressão pessoa jurídica, em exclusiva contraposição ao conceito de pessoa singular, preferível se se vir que a restrição (dificilmente explicável) conduziria a uma disparidade de tratamento entre entes dotados de personalidade jurídica e entes dela privados, além de se notar que uma solução restritiva frustraria o escopo do legislador em limitar o emprego das sociedades unipessoais às pequenas e médias empresas, cfr., entre outros, FABRIZIO KUSTERMANN, pp. 739-40; PASQUALE MACHIARELLI, p. 992; GIAN FRANCO CAMPOBASSO, "La responsabilità...", loc. cit., p. 235; FEDERICO TASSINARI, pp. 733-4; LUIGI SALVATO, pp. 412-13; BARBARA PETRAZZINI, "S.r.l. unipersonale come holding?", *Giur. It.*, 1996, pp. 369-70; ROBERTO WEIGMANN, "*Nota* a Tribunale Ferrara, 7 marzo 1994", *Giur. It.*, 1995, p. 303; FRANCESCO GALGANO, *Diritto Commerciale. 2. Le società*, ob. cit., p. 412; CARLO IBBA, "La s.r.l. unipersonale fra...", loc. cit., p. 264 (ainda que sem convicção plena, depois do teor tipicamente problemático que deu à polémica em *La società*..., ob. cit., pp. 140-1). Ao invés, no sentido de que o conceito de pessoa jurídica foi usado em sentido técnico, de modo que a sanção da responsabilidade ilimitada não encontraria aplicação quando o sócio único fosse um ente não personificado, cfr. MARCO SPOLIDORO, "La legge sulla s.r.l. unipersonale", loc. cit., p. 114; GIULIANA SCOGNAMIGLIO, "La disciplina...", loc. cit., p. 243; GIUSEPPE AULETTA/NICCOLÒ SALANTRINO, *Diritto Commerciale*, 1996, pp. 253 e 255; MASSIMO FABIANI, p. 169. Acabando por não tomar posição – "... o argumento fundado sobre a especialidade da *ratio* do art. 2497 cod. civ., que nos aproxima de uma justificação racional da escolha (resultante do teor literal da norma) em circunscrever a responsabilidade ilimitada somente às pessoas jurídicas propriamente ditas, apresenta, por outro lado, zonas de incertezas tais que nos levam a impor uma extraordinária prudência na sua utilização" – e apenas, ainda com ampla discussão, prognosticando o contencioso a que a prescrição dá origem, *vide* GIORGIO MARIA ZAMPERETTI, *La società*..., ob. cit., p. 111, ss, n. (185).

[265] Seguiu-se a faculdade predisposta pelo art. 2º, nº 2, al. a), da XII Directiva, em prever uma disposição especial para limitar a possibilidade de constituição de sociedades unipessoais pela mesma pessoa singular, compreendida por CATARINA SERRA, "As *novas* sociedades unipessoais por quotas", loc. cit., pp. 136-7, para evitar situações extremas e ilegítimas de prolongamento ao limite da irresponsabilidade pessoal do sócio único, deixando credores pessoais e sociais em situação duplamente precária, "sem prejuízo (...)

g) a unipessoalidade originária pode terminar através da divisão e cessão da quota ou de uma operação de aumento de capital social que promova a entrada de um novo sócio a subscrever parte ou a

---

de ser discutível se o efeito-benefício justifica o efeito-custo, concretamente, se os resultados da prevalência daquele interesse (*não desvirtuamento da regra da indivisibilidade patrimonial*) justificam o sacrifício que sofre o interesse contraposto (*a liberdade de empresa*)..." (sublinhado nosso). Sob um outro ângulo, para outro comentador da nossa lei, ficou no ar, desde logo, a questão: "sendo o regime de responsabilidade o mesmo, seja o sócio único pessoa singular ou pessoa colectiva, por que razão proibir àquela (pessoa singular) e não a esta (pessoa colectiva) a detenção de várias sociedades unipessoais por quotas?": ALBINO MATOS, *Constituição de sociedades...*, ob. cit., pp. 34-5, que defende, *de iure condendo*, a extensão da proibição do art. 270º-C, nº 1, às pessoas colectivas.

Independentemente disto, na matéria normativa que agora nos preocupa, prevista para as pessoas singulares, observe-se que o legislador foi na linha do já adoptado no regime jurídico do EIRL, mais concretamente pelo seu art. 1º, nº 3 (divulgue-se ainda, para o mesmo diploma instituidor do instituto, a nulidade da aquisição de um EIRL prescrita pelo art. 21º, nº 4, no caso de o adquirente ser já titular de um outro EIRL, e a imposição delineada pelo art. 23º, nº 4, de o titular de um EIRL que adquira um outro por sucessão *mortis causa* o dever alienar ou liquidar um deles, ou transmitir a respectiva exploração). Na realidade, aí só se permite a faculdade de exercício de uma actividade mercantil através da constituição de *um só* EIRL, embora se diga, em abono da eleição, que "a um mesmo estabelecimento possam corresponder várias unidades técnicas, por exemplo, vários armazéns ou lojas de venda abertas ao público, referidos no art. 95.º do Cód. Comercial" (MARIA ÂNGELA COELHO, "Sociedades em nome colectivo...", loc. cit., p. 602). Contra a solução legal, por não encontrar justificação para esta limitação à unidade, cfr. OLIVEIRA ASCENSÃO, "O estabelecimento individual...", loc. cit., p. 20 – "Se o EIRL representa um esquema útil, nada deveria impedir que alguém fosse titular de vários EIRL, consoante o objecto a que quisesse dedicar-se. Com efeito, o EIRL tem um objecto determinado, a exemplo das sociedades comerciais [...]; mas o titular não fica certamente inibido de exercer outras actividades comerciais. Porque não o poderá fazer sob a forma do EIRL?" –, onde ainda se destaca uma desarmonia daquele preceito com o art. 23º, nº 4, que acaba por abrir caminho, em rigor, à violação do nº 3 do art. 1º, quando admite a plural titularidade de EIRL, desde que não se explore mais de um simultaneamente; igualmente COUTINHO DE ABREU, *Da empresarialidade...*, ob. cit., p. 141, n. (364), não encontrou "razões fortes para o preceito do art. 1º, 3...".

Por sua vez, segue-se no encalço das medidas condicionantes adoptadas em França (o nosso artigo é uma cópia do art. 36-2, da *LSCF*, na sua redacção primitiva) e na Bélgica e Itália. Nestes dois países não se proibe a constituição de mais do que uma SQU, simplesmente se perde o benefício da responsabilidade limitada nas sociedades em que se participa. Todavia, de uma forma diferente. Não obstante se estatuir peremptoriamente que uma pessoa singular não pode ser associado único de mais do que uma sociedade de responsabilidade limitada, a consequência da previsão belga do art. 123-bis da *Lei das Sociedades Comerciais, coordenadas a 30.Novembro.1935*, não corporiza essa proibição como uma verdadeira "interdição legal", já que o sócio único, na circunstância de ser associado singular de uma outra sociedade unipessoal, será *apenas* responsável solidário, na qualidade de fiador, das obrigações contraídas por essa outra sociedade unipessoal constituída ou detida a título exclusivo por efeito de uma reunião das participações através de um negócio *inter vivos*, perdendo a protecção da responsabilidade limitada relativamente a estas.

Ao contrário da solução belga, onde acaba por se determinar que uma pessoa singular não pode ser associado único de mais do que uma sociedade de responsabilidade limitada *com o benefício da responsabilidade limitada*, na circunstância italiana do art. 2947, § 2º, al. a), 2ª parte, do *CCIt.*, o facto de ser sócio único em outra sociedade de capitais (mesmo se for sócio único com *responsabilidade ilimitada* de uma sociedade anónima), e no caso de insolvência da sociedade, acarreta maior rigidez, pois fá-lo-á perder a responsabilidade limitada associada ao mecanismo associativo usufruído a título exclusivo *relativamente a todas as sociedades de que é sócio*, não a conservando inclusivamente para uma SQU regularmente constituída e inscrita em primeiro lugar. Ou seja, não é suportado pela doutrina italiana dominante que os dados literais da previsão legal possam fundamentar-se num interesse de impedir o exercício contemporâneo de mais do que uma empresa individual *em regime de responsabilidade limitada*, o que garantiria, como nas leis francesa e belga, à pessoa humana-única sócia de mais do que uma sociedade de capitais a responsabilidade limitada ao menos no que respeita a uma das sociedades de responsabilidade limitada a que a lei se refere. Na realidade, a *ratio* da prescrição reside em desencorajar o exercício contemporâneo de mais do que uma empresa individual *sob o esquema de pessoas jurídicas distintas*, o que se traduz em privar da responsabilidade limitada *também* o único sócio de uma SQU unipessoal que seja ao mesmo tempo único sócio (limitada ou ilimitadamente responsável) de uma outra sociedade de capitais (em sentido dubitativo, pois não seria de todo claro que "a pessoa singular que seja contemporaneamente único sócio de mais sociedades de responsabilidade limitada perca o benefício da responsabilidade limitada relativamente a todas, ou relativamente a todas menos uma – p. ex. aquela que foi constituída e inscrita em primeiro lugar", GUILIANA SCOGNAMIGLIO, "La disciplina ...," loc. cit., p. 241). Mas isso não obsta a que a doutrina dominante em Itália reconheça a admissibilidade da constituição de uma sociedade de responsabilidade limitada unipessoal por parte de quem seja já sócio único de outra sociedade de capitais (ou por uma pessoa colectiva), com a única consequência de ser declarada a responsabilidade ilimitada do sócio fundador no caso de insolvência da sociedade constituída. Isso demonstraria que, não havendo uma necessária coincidência entre os requisitos pedidos para excluir a responsabilidade ilimitada e aqueles para proceder à constituição de uma sociedade por quotas por acto unilateral, nem sempre esta importará um regime de responsabilidade limitada e nem sempre este será procurado. Para uma confirmação destas duas ordens de compreensões, cfr. GIORGIO OPPO, "Società, contratto, responsabilità...", loc. cit., p. 186; FABRIZIO KUSTERMANN, p. 734; MARCO

SPOLIDORO, "Riflessioni sulla s.r.l. unipersonale...", loc. cit., pp. 649-51; GIAN FRANCO CAMPOBASSO, "La responsabilità...", loc. cit., p. 234; PASQUALE MACHIARELLI, p. 991; GIULIANA SCOGNAMIGLIO, *ibid.*, pp. 241-3 (que, tal como MARCO IEVA, "Le società...", loc. cit., p. 574, retêm da leitura da norma em apreço que a limitação da responsabilidade deixava de ser um elemento essencial do tipo quotista, bem como não podia mais ser considerada um aspecto indefectível da respectiva disciplina); ILARIA CHIEFFI, *La societá unipersonale...*, ob. cit., p. 115 e n. (155); BARBARA PETRAZZINI, p. 367. Em sentido crítico da disposição legislativa, CARLO IBBA, *La società...*, ob. cit., pp. 142-3, que, assim sendo, acha incompreensível a razão pela qual a limitação da responsabilidade não foi igualmente declarada incombinável com a titularidade, pelo mesmo sujeito, de uma distinta empresa em nome individual, e, em conclusão, define incongruente este meio para perseguir o objectivo de evitar a plúrima fruição da limitação de responsabilidade por uma mesma pessoa.

Entre nós, se esta limitação for violada, a lei (art. 270º-C, n°s 3 e 4) concede a qualquer interessado o direito de requerer a dissolução das sociedades assim constituídas, embora a SQU possa pedir ao tribunal um prazo, que não poderá exceder os seis meses, para que a situação se modifique e se respeite os termos legais. Nada na lei impede, por outro lado, que esse diferimento da (acção de) dissolução, como faculdade que é, possa ser decretado oficiosamente pelo juiz, uma vez verificada a previsão legal.

Na busca de uma explicação, vejamos as anotações comparadas, com particular incidência nas contribuições francesas. Foi usual apontar-se o sentido da condição na tentativa de evitar que se possam constituir tantas sociedades unipessoais quantos os actos de iniciativa económica que se pretendam levar a cabo, com o resultado de se poder decompor numa panóplia de "patrimónios separados" o património comercial da mesma pessoa, cada um deles regulado segundo a disciplina da sociedade por quotas. Com essa decisão, não é permitido multiplicar os centros de exploração autónoma. De outro modo, permitir-se-ia que o empresário jamais arriscasse o seu património pessoal e o dividisse em várias parcelas, provavelmente até o esgotar, cada uma de modestas e refreadas dimensões, para assim melhor se poder "espalhá-lo" e retirá-lo, mesmo na totalidade, da área de poder persecutório dos seus credores pessoais. A limitação é entendida, por alguns, como a refracção da possibilidade de se usufruir da possibilidade de constituir uma sociedade unipessoal *uma só vez na vida*, barrando uma porta que se abriria à fraude pela cisão em repetição do património do empresário, em potencial prejuízo, também, das garantias dos credores de cada uma das sociedades formadas, que não podiam atacar o património das outras sociedades tituladas pelo mesmo sujeito que é sócio único da SQU com quem adquiriram créditos. Dir-se-ia que, se toda a actividade comercial estiver assente numa única sociedade e num único património, os credores sociais estarão mais seguros e garantidos. Dir-se-ia que, se a SQU foi um recurso dado ao empresário individual para beneficiar da responsabilidade limitada, separando a sua vida pessoal e familiar da sua vida profissional, essa vantagem deve ser dada numa única oportunidade *de cada vez*, através *de uma só sociedade*. Foi em França, de facto, que se viu na introdução da SQU o perigo de esse instrumento, em vez de ser utilizado para proteger o património familiar, cair nas mãos dos "capitães da indústria", vocacionados para proliferar a criação de empresas centradas em novas formas de exploração económica, que deveriam ser canalizadas para formas tradicionais de sociedades comerciais (cfr., por todos, ALAN SAYAG, "De nouvelles structures pour l'entreprise", loc. cit., n. 17).

Em Itália, por sua vez, o legislador não arranjou outra maneira de justificar a discriminação das pessoas singulares que procurassem disseminar a sua titularidade por várias SQU que não fosse "abeirar-se" das imposições da legislação comunitária, que ancoravam a SQU na área da pequena e média empresa, das quais se depreendia a circunscrição do consentimento da utilização do instituto ao mesmo sujeito não mais do que uma vez. A norma do art. 2497 do *CCIt*. seria, assim, perspectivada como um consentimento às empresas de menores dimensões do privilégio da responsabilidade limitada, "mas não ao ponto de permitir um fraccionamento (eventualmente arbitrário) da actividade e da correspondente responsabilidade por iniciativas económicas em substância reconduzíveis a um só sujeito" (CARLO ANGELICI, "Società unipersonali: l'esperienza comparatistica", loc. cit., p. 894; *vide* ainda GIOVANNI CABRAS, pp. 291-2; GIULIANA SCOGNAMIGLIO, *ibid.*, pp. 240-1).

Configura-se deste modo castrante a sociedade unipessoal como o instrumento do pequeno empresário que estabelece um determinado negócio e se limita a esse mesmo negócio – até mais, parece acentuar-se o seu carácter de excepção, a administrar *criteriosamente* uma única vez por pessoa singular –, confirmando-se neste pormenor, a despeito da *solução de compromisso* ensaiada pela Directiva, a influência do direito francês na elaboração desta parte do (nosso e de outros) regime(s). Como única saída, entretanto, de acordo com JEAN-JACQUES DAIGRE, "La société unipersonnelle en droit français", loc. cit., p. 674, o associado único de uma SQU pode explorar uma outra (ou outras) actividade(s) em nome individual ou participar simultaneamente num número ilimitado de sociedades, por quotas ou não, plurais. Não se condicionava tudo: trata-se de "uma limitação na *acumulação do uso da forma* e não de uma limitação na *eleição*" (JOSEFINA BOQUERA MATARREDONA, *La sociedad unipersonal de responsabilidad limitada*, ob. cit., p. 96, sublinhado nosso). Apesar de tudo, não vemos, tal como a maioria da doutrina consultada, como se pode aceitar essa limitação da *liberdade de iniciativa económica privada* do sujeito singular, para além das implicações jurídico-constitucionais – pois esta inibição não pode assumir outra qualificação, em desrespeito pelo direito de *criação de empresa* assumido pelo art. 61º, nº 1, da Constituição, mesmo que se possa realizar uma actividade mercantil utilizando uma outra forma jurídica, depois de a mesma pessoa ter constituído por uma vez a unipessoalidade quotista, já que neste caso se estará a contrariar a outra vertente do preceito constitucional, ou seja, o direito de *escolha do objecto e modo de gestão da empresa* (sobre estes dois patamares da mencionada prescrição constitucional, cfr. COUTINHO DE ABREU, *Limites constitucionais à iniciativa económica privada*, 1986, pp. 5-6) –, à luz do espírito da própria XII Directiva. Se o seu objectivo primordial (ou efeito central, como resolvemos designá-lo) era favorecer a figura do pequeno e médio empresário – e, acrescentemos, na categoria se pode aditar também a do profissional liberal, pois sempre que esse tipo de actividades possa ser exercido, sem impedimento legal (como sofrem os advogados), sob a forma de qualquer tipo societário-comercial (contra, PINTO FURTADO, *Curso de Direito das Sociedades*, ob. cit., pp. 104 e ss), não visionamos, tal como COUTINHO DE ABREU, *Curso*..., volume II, ob. cit., p. 47 (*vide*, do Autor, sobre o tema, *Da empresarialidade*..., ob. cit., pp. 108-9), como vedar a essas profissões o recurso à possibilidade de constituição de SQU (a não ser que essa inibição resulte expressamente de norma legal, sob pena de *contra legem*, como é o caso das sociedades de revisores oficiais de contas: cfr. art. 119°, n°s 3 e 4, do DL n° 487/99, de 16.Novembro, que tratam do regime da unipessoalidade superveniente) –, concedendo-lhe um mecanismo técnico idóneo a limitar a sua responsabilidade sem prejuízos para terceiros, é na verdade contraditória (e até dissuasiva...) a restrição feita à disseminação de SQU dedicadas a diferentes centros de actividade organizada por este desenho da lei (cfr., a este propósito, BRUNO CAPPONI, "Le società unipersonali nel diritto comunitario", loc. cit., p. 877).

Um tal condicionamento contrasta deveras com a vontade de fazer da sociedade unipessoal uma figura societária de direito comum (cfr. FRÉDÉRIC ZÉNATI, p. 775), não sendo esta medida compreensível a não ser *pela extensão* em matéria de multiplicação de SQU dos receios, para a posição jurídica dos credores, tradicionalmente associados à unipessoalidade societária. Não somos indiferentes à possibilidade de como uma medida de sinal contrário podia convidar a defraudar a garantia dos credores pessoais do sócio único de várias SQU. Não se pode racionalmente condicionar, todavia, o aproveitamento de um recurso tão precioso: se se criou, não se pode depois restringir quase ao limite a liberdade negocial que se conferiu, uma vez que não é a multiplicação de SQU *em si mesma* que agrava a situação decorrente da unipessoalidade. O que se fez parece ser um ferrolho descabido, posto por quem não estava bem certo dos méritos da criação de sociedades monopessoais. Com um efeito adicional perverso. Com esta proibição apenas se está, secundando, entre outros, PATRICK SERLOOTEN, "L'entreprise unipersonnelle à responsabilité limitée", loc. cit., p. 192, a favorecer a continuação das sociedades de favor na constituição das *segundas sociedades* do comerciante individual, permanecendo nestas a integração dos sujeitos a que OLIVEIRA ASCENSÃO, "Estabelecimento comercial...", loc. cit., p. 7, denominou de "sócios pintados". Ou, menos grave mas só *funcionalmente* interessante, até a constituir SQU com a definição estatutária de um objecto social correspondente a uma pluralidade de actividades heterogéneas, em última instância *não associáveis* mas assegurando-se a sua licitude pela sua determinabilidade, que substancialmente corresponderão a diferentes estruturas técnicas e organizativas, a diferentes capacidades económicas e financeiras, a diferentes equipamentos de laboração, que melhor estariam divididas em várias empresas sociais. Ora, abstraindo deste último grupo de circunstâncias e regressando ao contorno da proibição por via da implantação de sociedades de favor, se a lei intervém na expectativa de pôr fim a um abuso, não pode colocar entraves aos efeitos dessa intervenção, sob pena de ver o abuso revigorar-se em pujança sempre que o empresário queira cumular uma SQU com uma sociedade ficticiamente plural, já constituída ou a constituir, provavelmente, por isso, em conluio com a sua suposta causa de eliminação. Não duvidamos que assim será sempre que se enfrente a exigência de formar mais do que uma SQU, em face de a interdição colocada ser facilmente iludida (neste sentido, cfr. CLAUDE CHAMPAUD/PAUL LE FLOCH, "Sociétés et autres groupements. I. Sociétés en général", *RTDC*, 1986, p. 253; DOMINIQUE RANDOUX, "Une société très spécifique: l'E.U.R.L.", *Sem. Jur.*, 1985, p. 358). Será, por conseguinte, em parte ilusório o objectivo do legislador nacional em reduzir o fenómeno das sociedades de favor, porque, pelo menos nesta parte da matéria, fica "a sensação de que a estrada foi interrompida a meio" (ELENA GELATO, p. 679).

No entanto, a regra da unicidade da SQU por empresário parece, dizemos nós, ter uma qualidade: poderá conseguir diminuir o lote dos problemas de conflitos entre o sócio único e a sociedade, a fim de a disciplina do contrato entre aquele e a SQU não poder ser adulterada pela prática reiterada de contratação entre as SQU submetidas a um único titular. Mas isso não chegará para abafar os seus inconvenientes. Será mais interessante arquitectar para essas situações um esquema, com base na técnica do *piercing the corporate veil* ou, como iremos preferir, adaptando interpretativamente os preceitos societários que nos são oferecidos (*vide infra* Capítulo II, ponto 10.1., e Capítulo IV), susceptível de penalizar *in casu* o sócio único pelos prejuízos causados a outras pessoas singulares ou outras sociedades. Tudo somado e ponderado, encontramos razões bastantes para entender que, além porventura de tratar substancialmente as segundas sociedades como sociedades unipessoais do seu sócio *material* ou *dominante* (*vide supra* Capítulo II, ponto 10.4., esp. na sua n. 498), seria mais avisado numa futura intervenção legislativa, à imagem do que fez o legislador gaulês com a Lei nº 94-126, de 11.Fevereiro.1994 (conhecida por Lei Madelin), retirar da lei um constrangimento que tem tanto de ineficaz como de insuficientemente fundado. Pois, como por ocasião dessa reforma disseram CLAUDE CHAMPAUD//DIDIER DANET, "Sociétés et autres groupements. Sociétés en géneral. Régles générales. Entreprise unipersonnelle a responsabilité limitée", *RTDC*, 1994, p. 290, se as fronteiras estão franqueadas à criação da empresa individual como entidade patrimonial, porquê manter limitações? Note-se, porém, que esta ideia, que presidiu à ausência de quaisquer limites ao número de sociedades unipessoais pertencentes ao mesmo sujeito no ordenamento espanhol, mesmo quando adoptada, mereceu ainda assim críticas da doutrina desse país, já que, mencionaram, a título de exemplo, antes da positivação da sociedade unipessoal, BOTANA AGRA, p. 54, e, depois dela, RIVERO ALEMÁN, p. 321, só uma limitação a este nível poderia respeitar os grupos de actividades e estabelecimentos a separar pelo empresário.

Outra tentativa de *suavizar a limitação*, não a abolindo, porém, seria conferir responsabilidade ilimitada à actividade negocial da segunda (ou outra) SQU constituída (ou adquirida, ou supervenientemente detida...) pelo mesmo sócio único da primeiramente aparecida SQU, ou seja, o outro termo da *alternativa sancionatória* dada pelo VI

«Considerando» da XII Directiva. Na realidade, se a *ratio* da norma proibitiva parece ser, no caso nacional, a de impedir que uma mesma pessoa singular possa usufruir mais do que uma vez, ao mesmo tempo, do privilégio da responsabilidade limitada propiciado pelo expediente societário – faculta-se a dissolução da sociedade *em contrariedade* à lei, não necessariamente a da sucessivamente constituída, que poderá permanecer intacta (apesar da aparente bondade do que se opina, o art. 270º-C, nº 3, menciona a «dissolução das sociedades», talvez em referência ao texto dos dois números anteriores da norma...) –, para tanto bastava que esse benefício apenas pudesse ser associado a uma operação representada uma única vez. Destarte, não se obstaculizaria a um sujeito que quisesse empreender o exercício de duas distintas actividades empresariais o acesso à forma de duas sociedades unipessoais, mas numa teria de abdicar do benefício da responsabilidade limitada se isso fosse invocado. O resultado não seria muito diferente e os seus prejuízos andariam à volta dos mesmos quadros. Esse condicionamento, de facto, afastaria a intenção de fraccionamento do risco que os empresários perseguiriam, assumindo-se indiscutivelmente como um *handicap* para a ambição de autonomizar diferentes ramos de actividade (ou repartições de um mesmo ramo) em distintas massas patrimoniais e para uma eventual transmissão *parcial* da empresa dividida nessas várias organizações societárias (assim, na Bélgica, cfr. HUBERT MICHEL, "Présentation de la nouvelle legislation au regard du droit des sociétés", *La société d'une personne à responsabilité limitée*, 1987, p. 27). Ao invés, deve sublinhar-se que a verdadeira questão não é saber se a divisão do património pessoal do empresário prejudica os terceiros, mas sim, uma vez admitida a unipessoalidade de raiz num tipo social, entender que, independentemente disso, o direito das sociedades deverá ter a *logística necessária* para evitar que esses sejam sinistrados por uma multiplicação de sociedades tituladas por uma só pessoa. Logo, a resolução dos abusos que podem advir da proliferação de SQU sob a égide de uma mesma pessoa encontrará o lugar *próprio* no campo das exigências de funcionamento das sociedades e das regras de responsabilidade (em sentido próximo, cfr. MICHEL COIPEL, "Les freins dans l'accès à la S.P.R.L. unipersonnelle", *La S.P.R.L. unipersonelle. Approche théorique et pratique*, 1988, p. 104).

Apesar da discórdia, a lei que temos não deu qualquer qualquer berço às nossas razões. E, se pretendeu dar cumprimento à sugestão facultada pelo legislador comunitário, também se diga que a ela não estava submetida. De facto, o art. 2º, nº 2, da XII Directiva coloca a disposição nacional dos preceitos restritivos indicados nas suas alíneas *na pendência do estabelecimento de uma normatividade em matéria de direito dos grupos de sociedades*. Ora, tendo Portugal à sua disposição uma disciplina específica nesse campo, cujo móbil essencial é a tutela das sociedades participadas-dominadas e dos seus credores, e não tendo que aguardar pela coordenação dessa regulação, não se deverá entender que o nosso país fosse um dos Estados-membros a que a norma comunitária se aplicasse. Concordamos, pois, com COUTINHO DE ABREU, *Curso*..., volume II, ob. cit., p. 95, n. (23), que confirma ser esta uma proibição facilmente contornável e que "os perigos

advenientes de uma excessiva atomização ou repartição do património das pessoas singulares podem ser evitados por outros meios, incluindo os próprios do direito dos grupos".
O que é certo é que assim não se valorou: cumpre pois explicitar a prescrição em análise.

Em primeiro lugar, cabe-nos atentar nas situações óbvias de existência de duas SQU formadas de raiz, mas também na de uma sociedade por quotas composta por uma SQU e pelo seu sócio único, em que a fraude à norma legal imperativa é evidente, devendo mesmo ser negada a sua escrituração e/ou o seu registo. Devem depois integrar-se no âmbito de aplicação da norma as situações em que a pessoa que é sócia de uma SQU se torna único associado de uma outra sociedade por quotas onde era sócio com outros. Neste último caso, esta sociedade fica sujeita à regra estabelecida pelo art. 270º-C, nº 1, pelo que a transformação da sociedade originariamente plural em SQU deve ser negada, seja no momento da escritura pública respectiva ou, se esta não era necessária para o efeito ou foi realizada, por ocasião do registo da SQU. Se for transformada em SQU, em virtude de nessas duas oportunidades não se ter frustrado essa intenção, a situação entra no campo da hipótese do preceito.

Entendemos, além do mais evidente, que mesmo quando não haja essa declaração de vontade e a sociedade não se transforme, a sociedade tornada unipessoal poderá ser dissolvida com fundamento em *cumulativa pertinência do seu sócio a uma outra sociedade unipessoal*. Em rigor, pelo simples facto de a sociedade que se tornou unipessoal ter nascido com mais do que um sócio e não ter evoluído para a espécie de SQU, a situação cairia nas regras gerais do art. 142º, nº 1, al. a) – logo, também do art. 143º, pelo que o prazo aplicável para a regularização da situação não seria até seis meses, como determina o art. 270º-C, nº 4, mas sim o prazo razoável de que fala a norma geral para a matéria da dissolução em sede de redução dos sócios a número inferior ao mínimo legal –, não se seguindo o regime especial do art. 270º-C. [Para recordar a já expressa discriminação entre os âmbitos de aplicação dos arts. 270º-C, por um lado, e 142º, nº 1, al. a), e 143º, a propósito do art. 1497º do CPC, *vide supra* o ponto 5 do Capítulo I.]

Assim sendo, para obter o resultado pretendido e contornar essa insusceptibilidade de aplicação, poderíamos ir pelo caminho de uma remissão desse preceito comum para o nº 1 do art. 270º-C, de forma a ver aqui um dos factos previstos por lei enunciados no corpo do nº 1 do art. 142º como fundamento da dissolução judicial da sociedade. Essa operação, porém, implicava de qualquer maneira que se identificasse os casos de uma primeira SQU e uma segunda SQU ilícita, previstos na norma remetida, com as situações de uma SQU e uma sociedade por quotas plural reduzida a um único sócio, que é o único associado daquela primeira. Para isso, mais vale então interpretar extensivamente o art. 270º-C, nº 1, a fim de estar submetida ao seu regime a hipótese discutida.

Nestes casos, a demanda de dissolução poderá visar tanto a SQU constituída primeiramente como a SQU resultante de transformação ou a sociedade pluripessoal tornada monossubjectiva, embora sejam estas a cometer a violação das disposições legais. Mas o interesse da lei é impedir a coexistência de duas sociedades unipessoais, não necessariamente o desaparecimento da *segunda* sociedade a surgir (em sentido análogo para o direito belga, cfr. MICHEL COIPEL, *ibid*., p. 111). Como já vimos, se a intenção da prescrição é evitar que o mesmo indivíduo usufrua mais do que uma vez *simultaneamente* do privilégio da responsabilidade limitada para a empresa individual através do esquema societário, as razões substanciais de impedimento dessa *simultaneidade* ficarão preservadas pelo retirar desse benefício a qualquer das sociedades em que a mesma pessoa seja a titular exclusiva. A lei pátria, analisada numa exegese textual, além de tudo, não se preocupou com essa investigação cronológica das situações de unipessoalidade cumulativa: de facto, o art. 270°-C, n° 3, dá a faculdade, não de dissolver a sociedade unipessoal constituída (ou surgida) em segundo lugar, mas de requer a dissolução *das sociedades*.

A mesma solução anteriormente exposta deverá ser sustentada, *a fortiori*, para as situações em que, numa primeira etapa, uma SQU seja regularmente constituída, numa segunda etapa ela se torne pluripessoal, numa terceira etapa um dos sócios dessa sociedade crie uma nova SQU, e, numa quarta etapa, a sociedade plural fique a ser unipessoal por concentração das participações na esfera do sócio que tinha criado a *segunda* SQU. Poderá pensar-se, tal como sustenta para o direito francês GILLES FLORES/JACQUES MESTRE, "L'entreprise unipersonnelle à responsabilité limitée", loc. cit., p. 26, que, à falta de regularização, será a primeira sociedade que deverá ser dissolvida. Na realidade, é esta que acaba por *ficar unipessoal* depois de constituída a *segunda* SQU, que fica *com prioridade* relativamente à SQU primeiramente constituída, depois pluralizada e, por fim, regressada à unipessoalidade. O juízo, contudo, é o mesmo do anterior. Tanto faz qual a sociedade que se dissolve, pois neste caso curiosamente ambas se constituiram na origem isentas de irregularidades nesta matéria, desde que tal desiderato se busque com fundamento no respeito da *ratio* do imperativo legal. Observe-se, por sua vez, que uma indagação temporal das vicissitudes que violassem as disposições em causa, facilitadas pela facilidade de mudança do estado subjectivo da sociedade por quotas, no intuito de saber qual a sociedade que mais recentemente protagonizou a ilicitude de ser unipessoal (como parece defender PATRICK SERLOOTEN, *Entreprise unipersonnelle à responsabilité limitée*, 1994, p. 26), não seria sempre cómodo e fácil. Note-se, contudo, que a proibição da lei não actuará se a primeira SQU adquirir mais sócios e o sócio originário dessa SQU formar uma outra, já que aqui não existe a *copresença de duas SQU* e, como efeito, a sanção dissolutiva prevista na lei para a violação do comando da lei.

Surge-nos, a talhe de foice, uma questão, sugerida pela consulta do art. 36-2, al. 2, da *LSCF*, onde a irregularidade gerada pela reunião de todas as partes sociais numa só mão só poderá motivar a demanda de dissolução após decorrido um ano após essa concentração, ao qual se juntará um prazo máximo de seis meses depois de requerida a dissolução para se regularizar a situação criada. Se a sociedade a dissolver for a originariamente plural sem que se tivesse mudado para o estatuto da SQU, *quid juris* se a sociedade invocar o não esgotamento do prazo de um ano de funcionamento da sociedade com um único sócio, a fim de fazer improceder o pedido com base na al. a) do art. 142°, n° 1? Faltando-nos uma prescrição clara, a situação merece-nos umas palavras. Em coerência, pelo facto de termos excluído a relevância dessa causa de dissolução prevista no catálogo do art. 142º, não se deveria aplicar a norma geral em sede de dissolução judicial por redução dos sócios a uma cifra inferior ao mínimo legal. É certo que, se não fosse a existência de uma SQU, essa norma definiria o destino da acção de dissolução. Não é defensável, então, que se trate a sociedade mais severamente por isso. Não nos parece, porém, que o pedido mereça decair logo ali quando se implicou o apoio do art. 270º-C, nº 1.

Vejamos. O interesse da manutenção da sociedade durante um ano é possibilitar, directamente, a recuperação da *spes refectionis*, e, indirectamente, evitar a produção dos inconvenientes económicos decorrentes de uma liquidação forçada pelo expediente dissolutório (cfr., para este ponto, RAÚL VENTURA, *Dissolução e liquidação...*, ob. cit., p. 186). A lei, em face da esperança que o sócio único tem de refazer a pluralidade, concede um tempo para ela se concretizar, sem prejudicar o sócio e os credores da sociedade. Ora, se se alega que esse período ainda não se completou, é porque o sócio quer mesmo repristinar a situação primitiva. Se assim não fosse, teria sempre a possibilidade de dissolver a sociedade por simples deliberação. Logo, demonstra-se interesse em conservar a sociedade. E o prazo de um ano está lá para isso mesmo. Julgamos, pois, que terá o seu interesse aproveitar uma norma que não será despiciendo aplicar ao caso, ainda que combinada com o regime especial da dissolução consagrado na regulação das SQU, mas sem que dessa aplicação resulte um mero e literal indeferimento da dissolução.

Aproveitando o requerimento e confrontado com o dissenso, o tribunal deverá, na nossa maneira de ver, suspender os termos da causa de dissolução da sociedade e dar um prazo para que a situação aparentemente querida pela sociedade de um só sócio se efective. Para a computação desse período, não se poderá fixar um prazo inferior ao tempo que faltava para se concluir um ano sobre a situação de unipessoalidade e nunca superior à soma desse tempo em falta mais o meio ano atribuído pelo art. 270º-C, nº 4. Aproveita-se assim o facto de o art. 142º, nº 1, al. a), *ainda* ser aplicável e o art. 270º-C *também* o ser, maximizando a razão de ser de ambos os preceitos.

Retornando à proibição em causa, não será igualmente admissível, como já explanámos, contornar a interdição (para este caso dos nºˢ 1 e 2 do art. 270º-C) com a constituição de uma sociedade por quotas, composta por uma SQU e pelo sócio único desta. Esta deverá também poder ser dissolvida por aplicação analógica do art. 270º-C, nº 1 (configurando este procedimento de o sócio único de uma SQU formar com esta última uma ou mais sociedades de capitais plurais como claramente em fraude à disciplina prevista pelo art. 2497, § 2º, al. a), que não pode ter outra consequência que não seja a aplicação directa da norma contornada, ou seja, a perda por parte do sócio único do benefício da responsabilidade limitada, cfr. ILARIA CHIEFFI, "La nuova s.r.l unipersonali", loc. cit., p. 539), mas a faculdade de se conceder um prazo de regularização da situação deverá ser acompanhada pela observação de a única regularização possível ser a substituição da associada SQU por um outro sócio diferente do seu sócio único. Na realidade, se ficar só o sócio, isso viola o n° 1, mas também se ficasse só a SQU, não podia ser viabilizada uma transformação da primitiva sociedade em SQU por violação do n° 2, apto a inibir a formação de uma "cadeia de SQU", segundo a divisa de um único autor (ainda que contornável: *vide infra* Capítulo II, ponto 12). Note-se, contudo, que a proibição da lei não actuará se a primeira SQU adquirir mais sócios e o sócio originário dessa SQU formar uma outra, já que aqui não existe a *simultaneidade de duas SQU* e, como efeito, a sanção dissolutiva prevista na lei para a violação do comando da lei.

²⁶⁶ A consequência é a mesma da cumulação de duas sociedades unipessoais na titularidade da mesma pessoa humana. Apesar da proibição, também neste domínio de interdição esta será facilmente ultrapassável se a sociedade por quotas que detenha uma (ou várias) SQU for de constituição fictícia, de modo a ssegurar a pluralidade de sócios e conseguir a limitação de responsabilidade (e o condicionamento do risco) sem a sujeição à dissolução. Note-se, porém, que deste lote de limitações não consta a impossibilidade de uma mesma pessoa jurídica, que não seja uma SQU, ser sócia única de mais do que uma SQU, pelo que não foi concretizado o núcleo integral de limitações sancionáveis autorizado pelo art. 2°, n° 2, al. b), da XII Directiva. Expressamente contra a proibição da lei, na continuidade do que já referimos do Autor na nota precedente, ou seja, da existência de um direito nacional codificado dos grupos societários que retiraria o nosso país do conjunto de receptores da faculdade limitativa dada pelo art. 2°, n° 2, da XII Directiva, cfr., COUTINHO DE ABREU, *Curso...*, volume II, ob. cit., p. 95, n. (23).

Apesar de tudo, somos de opinião que a actual apresentação da lei não deverá inibir de incluir na previsão do art. 270°-C, n° 2, as hipóteses de uma SQU ser titulada por sociedade por quotas plural e esta se ter tornado unipessoal, com ou sem transformação em SQU (não originária). Tal alargamento do âmbito de aplicação do preceito justifica-se essencialmente nas situações de manutenção de um registo de *não transformação* da sociedade originariamente plural em SQU, pois, mais uma vez (*vide supra* o que já argumentámos no final da n. 259), parece-nos ser de incentivar uma clarificação das hipóteses de unipessoalidade superveniente não declarada (intento esse, aqui, auxiliado pela impossibilidade ditada pelo n° 2 do art. 270°-C).

Por fim, anote-se que, por parecer "indirectamente vedada" pela prescrição em causa, é igualmente por aplicação do n° 2 do art. 270°-C que, de um modo assaz discutível, se censura a hipótese de uma SQU se ter tornado única titular da ou das participações que lhe corresponde(m): assim se manifestou ENGRÁCIA ANTUNES, *Direito das sociedades ...*, ob. cit., p. 101, n. (266).

²⁶⁷ É curial dar notícia da corrente doutrinal que se formou em Espanha a fim de impossibilitar a adopção de medidas legais condicionantes na delimitação da disciplina da sociedade unipessoal. Na interpretação das modificações operadas no art. 2° da XII Directiva, consubstanciadoras de uma mutação de política jurídica e de uma amplicação do campo de utilização da espécie tratada, ALONSO UREBA, p. 90, deduziu que em todos os países (como era o caso espanhol, mas não seria o nosso, em face do preceituado no

totalidade do capital adicional, sendo as escrituras de ambos os actos título bastante para o registo da alteração *subjectiva* da sociedade[268];

---

art. 84°) cuja legislação, no momento da publicação da Directiva, não estabelecesse quaisquer *particularidades restritivas* para a situação de unipessoalidade – como seriam a proibição de uma pessoa jurídica ser sócio único ou a exclusão da responsabilidade limitada do sócio –, não era possível introduzir as reservas previstas na Directiva. Deste modo, regular *limitações à constituição de sociedades unipessoais* em razão de o sócio único ser pessoa colectiva ou sócio único em outras sociedades unipessoais, ou impor a *responsabilidade ilimitada* em tais casos, entraria em contradição com a XII Directiva, que só permitiria essas limitações *residual* e *transitoriamente* até se chegar a uma harmonização decorrente da normatividade comunitária sobre grupos e pretenderia chegar à finalidade de permitir o reconhecimento e admissão da sociedade unipessoal, ultrapassando a sua visão de fenómeno anómalo e irregular, em respeito das especialidades *já* existentes *até essa ocasião* em determinadas legislações (especialmente nas de influência francesa). Em apoio desta tese, que veio a ser seguida quase integralmente pelo legislador espanhol, ressalvada a situação *sui generis* prevista no art. 129, n° 3, da *LSRLE*, cfr. ARANGUREN URRIZA, pp. 1414-5; JIMÉNEZ SÁNCHEZ/DÍAZ MORENO, p. 38. Contra, IGLESIAS PRADA, "La sociedad de responsabilidad limitada unipersonal", loc. cit., pp. 1018-9, receoso de semelhante atitude, sobretudo pensando na restrição de o sócio único ser uma pessoa colectiva, *inclusive* se for, por seu lado, uma sociedade unipessoal, poder suscitar uma tolerância excessiva na interposição dessa qualidade de sócios únicos para a formação de cadeias de sociedades dificilmente identificáveis nas suas relações de vínculos e de escassa transparência.

[268] O n° 3 do art. 270°-D afigura-se-nos um pouco enigmático e de urgente clarificação. Entre nós, o preceito foi interpretado como uma previsão ditada para a unipessoalidade superveniente (a uma situação de pluralidade), onde não se tornaria necessário alterar o contrato de sociedade para dele retirar as disposições que pressupunham a pluralidade de associados contratantes ao início (assim, ALEXANDRE SOVERAL MARTINS, "Código das Sociedades...", loc. cit., p. 312). Para chegarmos a um ponto de delimitação mais conciso, entendemos que teremos que saber analisar um outro preceito, em virtude da redacção ser muito familiar à daquele que nos prende agora a atenção, a saber o art. 270°-A, n° 5, a fim de identificar sem névoas os *âmbitos de aplicação* das prescrições em confronto.

Ora vejamos. No art. 270°-A, n° 5, fala-se da passagem de uma sociedade por quotas plural para uma SQU por concentração superveniente na titularidade de um único sócio das quotas inicialmente subscritas. No art. 270°-D, n°s 1 e 2, trata-se da passagem de uma SQU, originária ou superveniente, tanto faz, para uma sociedade por quotas plu-ral. O n° 3 aperta ainda mais a malha da sua hipótese, pois parece circunscrever-se aos casos em que antes dessa modificação *unipessoalidade-pluripessoalidade* a sociedade originariamente era plural, mandando aplicar novamente, *nesse terceiro estádio subjectivo* da sociedade, as cláusulas do contrato que se consideraram inaplicáveis por efeito da redução à unidade da sociedade. De facto, só se inicialmente a sociedade por quotas era bi ou pluripessoal é que pode existir um *contrato* de sociedade a ser integrado por cláusulas atinentes a essa pluralidade, que, *num segundo estádio subjectivo*, foram declaradas

h) a unipessoalidade permite ao sócio único exercer as competências das assembleias gerais[269], devendo, nos termos do art. 270º-E, nº 2, essas decisões *de natureza igual às deliberações da assembleia geral* ser registadas em acta por ele assinada;

i) a responsabilidade pelas dívidas sociais é a que corresponde ao tipo social adoptado, excepto na situação contemplada para a violação dos requisitos de validade dos negócios jurídicos celebrados entre o sócio único e a SQU, estatuídos na norma do art. 270º-F;

j) a firma das SQU deve ser formada, ou alterada no caso de a unipessoalidade ser derivada, pela expressão "sociedade unipessoal" ou pela palavra "unipessoal" antes da palavra "Limitada" ou da abreviatura "L.ᵈᵃ", devendo, em correspondência, essa expressão ou palavra ser eliminada da firma da SQU que se tenha tornado plural;

k) todo o restante regime aplicável à SQU deriva da disciplina comum das sociedades por quotas, salvo, nos termos do art. 270º--G, «... as que pressupõem a pluralidade de sócios».

Esta última especialidade do direito português é uma regra *geral* do regime *específico* das SQU que convém ter na devida conta, por forma a não resvalar para interpretações pouco consentâneas com a configuração da figura como uma normal sociedade por quotas, que o é. Na linha do que temos exposto, o que se veda aplicar são as *normas que sejam de todo*

---

inaplicáveis pelo facto da unipessoalidade (aplicando o nº 5 do art. 270º-A), e que, readquirindo a pluralidade inicial, recuperam o vigor que perderam enquanto perdurou a unipessoalidade. Além do mais, o legislador recorre à mesma expressão – "sociedade por quotas" – neste nº 3 que utiliza no nº 2 do art. 270º-A, que aqui julgamos significar sociedade por quotas *originariamente* plural.

A finalizar, note-se que o DL nº 36/2000 distraiu-se e não deu conta que esse efeito, para que se remete, passou a estar mencionado no nº 5 da norma respectiva, em vez do anterior nº 4, pelo que deveria ter modificado o teor literal desse nº 3, substituindo «nos termos do n.º 4 do artigo 270º-A» por «nos termos do n.º 5 do art. 270º-A».

[269] O art. 270º-E, nº 1, exemplifica com a possibilidade de nomear gerentes (só um ou mais, como é óbvio). Concordamos com ALEXANDRE SOVERAL MARTINS, "Código das Sociedades...", loc. cit., p. 311, que, a este propósito, afirma que "se o sócio único for uma pessoa singular (...), e embora a lei não o diga, parece que esse gerente tanto pode ser o próprio sócio único como um terceiro". O que tanto mais se compreende se aditarmos a possibilidade convencional que o sócio único sempre teria, atento o disposto no art. 252º, nº 2, de se nomear como único ou cogerente no negócio de sociedade. Para uma crítica a essa *exemplificação* normativa, vide infra n. 683.

incompatíveis com a natureza monossujectiva da SQU e nada mais do que isso.

As anteriores especialidades, previamente acabadas de focar, justificam-se pelos *riscos acrescidos* que a situação de unipessoalidade depreende para a incolumidade do tráfico jurídico. Consagram-se assim algumas particularidades normativas em que o legislador entendeu ser necessário e imprescindível para proporcionar maiores garantias para terceiros e para a segurança do comércio jurídico. No resto, aplica-se *basicamente* a regulação ordinária das sociedades por quotas. Importa pois, com alguma prudência hermenêutica, identificar o ramalhete de preceitos próprios do tipo quotista que carecerão de aplicabilidade às SQU, por terem como pressuposto a existência de uma pluralidade de sócios e daí resultar, em consequência, a sua *incompatibilidade* com a situação de unipessoalidade, que se aglutinarão numa *segunda camada de especialidades aplicativas* do regime da SQU[270-271].

Entrarão neste grupo, desde logo, algumas das regras restritivas que respeitam ao procedimento de transmissão da(s) quota(s). Em pri-

---

[270] Hoje, tendo uma norma remissiva, não nos podemos bastar com um apontamento genérico, dentro de um princípio de aplicação *tendencial* de todas as disposições legais e estatutárias concernentes à espécie jurídica em que a sociedade unipessoal se enquadrar, das prescrições que sejam de não aplicar. A este pretexto, FERRER CORREIA, *Lições...*, ob. cit., pp. 189-90, registou então que não podiam ser convocadas todas as normas que assentassem no pressuposto da pluralidade de sócios, como eram as normas reguladoras das relações entre maioria e minoria, da exclusão do direito de voto em caso de conflito de interesses, da proibição do auto-contrato e da publicidade destinada a proteger os outros sócios; por seu turno, todos os preceitos que visassem tutelar o comércio jurídico, e especialmente os credores, continuariam em vigor, como os preceitos que diziam respeito à realização e conservação do capital social (em matéria de entradas não realizadas, de reembolsos aos sócios, de restituição de quantias indevidamente atribuídas aos sócios, etc.). Independentemente do acerto de Ferrer Correia, a sua visão colocava-se ainda num quadro de subsistência temporária da unipessoalidade. Hoje, temos que nos debruçar sobre o alcance de definir um reduto de normas inaplicáveis à SQU *em razão da sua falta intrínseca de pluralidade*. Por isso, julgamos que não nos devíamos abster de levar a cabo um trabalho breve, respeitante a certas normas, conducente a uma exegese mais global, ainda que sempre incompleta e que não se esgota aqui: *vide infra*, p. ex., o que se dirá a propósito dos arts. 19°, n° 2 (em relação com o art. 40°), 54°, n° 1, 221°, n° 3, e 249°.

[271] Não entraria em rigor neste quinhão, mas, mesmo assim, não se olvide que o facto de à SQU não se aplicar, em conjugação com o art. 7°, n° 2, 2ª parte, a causa de nulidade de que fala o art. 42, n° 1, al. a), se deve à sua submissão directa na previsão feita na 2ª parte dessa alínea, que excepciona dos casos de nulidade do contrato (entenda-se negócio unilateral) por falta do mínimo de dois sócios fundadores as situações em que «a lei permita a constituição da sociedade por uma só pessoa».

meiro lugar, deve sustentar-se que a cessão na SQU deve seguir um sistema de *livre transmissibilidade* – assim o depreende o regime legal: p. ex., note-se o art. 270°-D, que se refere à escritura de cessão de quota para efeitos de aquisição da pluralidade societária, tal como o art. 270°-A (em particular, a al. a) do seu n° 3), que abrange *também* a tranformação de uma sociedade plural, que antes tinha sido SQU, em sociedade unipessoal[272] – e daí não depender a sua produção de efeitos para com a sociedade do seu consentimento: não se convoca, portanto, o art. 228°, n° 2. Também em sede de transmissão *inter vivos* a eficácia para com a sociedade da modificação subjectiva dos direitos sobre a quota (ou quotas) do sócio único é reconhecida tacitamente, aplicando-se *só* neste pormenor o art. 228°, n 3. Por outro lado, as normas que permitem que o pacto social faça depender a cessão de quota do consentimento da sociedade (art. 228°, n°s 3, 4, 5 e 6) não são chamadas aqui. Assim será porque o consentimento a prestar pela sociedade *por decisão do sócio* está inequivocamente implícito na *intrínseca vontade de o sócio único transmitir a totalidade ou parte da sua participação social*, não havendo quaisquer direitos ou interesses (veja-se, a propósito, o art. 231°, n° 4) dos demais sócios a tutelar.

Ainda neste domínio, parece-nos também inaplicável o art. 229°, n° 1, que resolve em sentido afirmativo a validade das cláusulas proibitivas da cessão. Esta prescrição responde a uma ideia de equilíbrio. Permite-se clausular a manutenção de um sócio na sociedade por quotas, mas sem que a cláusula de intransmissibilidade resulte numa vinculação perpétua, por via da atribuição do direito de exoneração[273]. Porém, é crível, com efeito, que não se redijam cláusulas estatutárias deste teor, pois é de todo contrário à filosofia da SQU obstar à sua transformação a todo o tempo em sociedade plural, logo quando uma das formas consagradas legalmente para o fazer passa pela divisão e cessão da quota. Se esta é um mecanismo privilegiado para proporcionar a mudança de *circunstância subjectiva* da sociedade, mantendo o seu património e a sua personalidade, a possibilidade de previsão dessa proibição não se coaduna em absoluto com a necessidade que o

---

[272] Evidentemente que no caso de essa norma ser utilizada para os casos de transformação de uma sociedade originariamente plural em SQU, a concentração das quotas pode resultar de uma vicissitude distinta da cessão, pelo que não se deve estranhar que uma sociedade por quotas que se reja por uma cláusula de proibição de cessão de quotas se possa tornar monossubjectiva e transformar-se em SQU. Mas esse facto, como se verá, conduzirá à expurgação dessa cláusula originariamente estipulada, por via do art. 270°-A, n° 5.

[273] Sobre os interesses em causa, cfr. FERRER CORREIA/VASCO LOBO XAVIER/ /ANTÓNIO CAEIRO/MARIA ÂNGELA COELHO, p. 213, relativamente ao art. 56° do Anteprojecto de lei de Sociedade por quotas, bem como, já para a norma em vigor, RAÚL VENTURA, *Sociedades por quotas. Comentário...*, volume I, ob. cit., p. 599, ss.

instituto visa satisfazer. Razão pela qual se devem excluir do "programa convencional" da sociedade essas cláusulas, ao abrigo do art. 270º-A, nº 5, se a SQU resultar da transformação de uma sociedade originariamente pluripessoal. A mesma razão deve, dado o carácter *potencialmente mutável* da situação de unipessoalidade, tal como a entendemos, em que o esquema societário deverá funcionar como um *harmónio* entre a unipessoalidade e a pluralidade, ou viceversa, afigurar contraditório, igualmente em matéria legal, tornar operativo o nº 1 do art. 229º, sob pena de se comprometer a consecução do resultado a que o legislador quis atender. Se, portanto, o resultado pretendido pelo legislador é incompatível com essa faculdade de clausular a proibição de cessão, essa norma deve restringir a sua aplicação apenas à categoria das sociedades por quotas plurais. Não se aplicando às SQU, em caso de expressa inserção de uma cláusula de proibição de transmissão num negócio constitutivo de uma SQU, esta será *a contrario* nula por violação do comando imperativo do art. 270º-G, em consequência do art. 294º do CCiv. Pois se se entende que a validade das cláusulas de proibição de cessão de quotas é *exclusivamente* estatuída para as sociedades plurais, é presumível que o legislador regulasse o contrário para os casos não contemplados.

Em outra vertente, o direito de informação do sócio quando este seja ademais gerente único da SQU não se exercerá, o que leva a que não se reclame qualquer das suas fragmentações expostas no art. 214º, pois o mesmo sujeito terá em seu poder a documentação e os esclarecimentos instrutórios da formação de vontade indispensável para tomar qualquer decisão. Contudo, se o sócio único não for gerente, tudo indica que se aplique esse normativo, nomeadamente para que o sócio (porventura, o mais alheado da vida da sociedade) possa adoptar as suas decisões com conhecimento de causa, e, mais importante ainda, a prescrição do art. 215, nº 1. Neste caso, delimita-se as balizas em que será legítimo ao gerente não sócio recusar prestar a informação pedida pelo sócio, «quando for de recear que o sócio as utilize para fins estranhos à sociedade e com prejuízo desta e, bem assim, quando a prestação ocasionar violação de segredo imposto por lei no interesse de terceiros». A doutrina encontra o fundamento dogmático desta *legítima recusa em informar* numa manifestação de um abuso de direito, previsto e sancionado entre nós no art. 334º do CCiv.[274]. A lei preocupa-se, não com a informação-conhecimento em si, mas com a *utilização* que será dada ao *conhecimento* que se obteria. Tendo em conta o círculo de interesses que se pretende proteger – a sociedade, por via do receio de que a informação se concretize em fins estranhos, na medida em que sejam

---

[274] Cfr., por todos, também quanto ao regime desta norma, RAÚL VENTURA, *últ. ob. cit.*, pp. 309-10, ss.

provavelmente lesivos; os terceiros, por via da ressalva do segredo imposto por lei –, tal prescrição aplica-se às sociedades plurais e é um instrumento normativo *privilegiado* para prevenir eventuais abusos do sócio único, atentas as esferas de tutela directamente emanadas da lei (ainda que só nas situações em que a titularidade da participação social e a gerência da sociedade não coincidam). Quanto ao nº 2 do art. 215º, apenas se observe que merecerá para a SQU uma ligeira nota: onde se lê «pode o sócio interessado provocar deliberação», deverá entender-se que o sócio único decidirá, exercendo as competências da assembleia nos termos do art. 270º-E, nº 1, ou não, para que a informação lhe seja prestada ou seja corrigida.

Por seu turno, não terá qualquer sentido a aplicação do regime da exoneração de sócio, pois esse direito nunca será exercido contra sua vontade e, além disso, nunca a SQU tomará decisões *contra o seu voto (decisão) expresso(a)* (!), não se verificando assim o pressuposto necessário e estipulado no art. 240º, nº 1, para se preencherem as causas de exoneração previstas no seu nº 1. Muito mais resultará inviável a exclusão do sócio único, pois ele nunca deliberará o seu próprio afastamento (nem se incluirão as suas causas, quando respeitantes à pessoa ou comportamento, no pacto...), que implicaria a extinção da quota e o desaparecimento da sociedade, o que poderá ser feito pela via dissolutiva, cujas normas procedimentais, bem como as da liquidação, se descortinam como perfeitamente aplicáveis[275].

Em resumo, o que parece da orientação das prescrições da lei é que esta contempla a unipessoalidade na sociedade por quotas como uma *situação normal* que essa forma pode revestir, mas ainda um pouco *extravagante* (no sentido de ainda gerador de estupefacções), razão pela qual se prevêem algumas cautelas para obtemperar ao perigo que ela poderá gerar para terceiros, atenta a necessidade de criar à volta da figura, na fórmula de RENATO RORDORF, "uma espécie de cordão protector"[276]. Não se promove qualquer mudança relevante de regime, uma vez que a sociedade unipessoal mantém-se no âmbito do quadro geral da sociedade por quotas. As normas específicas que se vêm a acrescentar às que disciplinam, com carácter geral, o modelo legal da sociedade por quotas, numa construção legal que se caracteriza pela *sectorialidade* e pela *complementaridade*[277],

---

[275] No que respeita às alterações produzidas na estrutura orgânica e interna da SQU pelo facto da unipessoalidade, *vide infra* as observações feitas no ponto 15 do Capítulo III.
[276] "Fallimento...", loc. cit., p. 554.
[277] Acentuando este ponto, cfr. SÁNCHEZ ALVAREZ, p. 249.

são normas de controlo, preventivas ou repressivas, plantadas no terreno legal que se pensou poder ser mais afectado pela unipessoalidade. Tal se fez para ampliar a protecção de terceiros, sem prejuízo de, não impondo uma qualquer modelação *estranha* ao *modus vivendi* da espécie societária, não afectarem a estrutura orgânica nem o conteúdo estatutário da sociedade.

O que antes era excepcional, passa a ser considerado, no sistema regulador desse tipo social, em pé de igualdade com os princípios básicos da sua disciplina, como a constituição dessa espécie de ente societário por uma multiplicidade de pessoas. A possibilidade legal de constituir SQU por uma única pessoa oferece-se, assim, com carácter *indiferenciado*, o que significa que poderá ser operada sempre que se cumpram as regras comuns aplicáveis ao processo genético das sociedades por quotas.

Por isso, precisamente para criar uma imagem de *normalidade* da SQU no contexto normativo da sociedade por quotas, se aconselharia (com o que se poderia levar a cabo uma alteração pertinente na gramática do nº 1 do art. 270º-A) a incluir no art. 197º, nº 1, a fórmula "... (o capital) é constituído inicialmente por uma só quota ou está divido em quotas, independentemente de estas poderem estar concentradas na titularidade de um único sócio, ...".

III. Por fim, uma outra especialidade do nosso direito que não devemos deixar passar em claro. Como já observámos[278], persiste um *regime paralelo* da unipessoalidade para as sociedades anónimas e as sociedades por quotas que operem na Zona Franca da Madeira. Essa disciplina de 1994 não coincide na íntegra com a regulamentação geral do CSC para as SQU, pelo que existe no nosso ordenamento jurídico uma disciplina *comum* da SQU e uma disciplina *especial* da SQU licenciada para operar naquela zona económica. A sobreposição pode não ser perigosa, em face dos especiosos traços das sociedades que se criam para funcionar nessas condições *peculiares*. Mas não deixa de ser um incómodo para um ordenamento jurídico que visa obter uma salutar unidade das suas soluções normativas.

De entre as matérias que não comungam do mesmo tratamento, o DL nº 212/94, o que chama logo a atenção, prevê uma regulação mais suave para os contratos celebrados entre o sócio único e a sociedade unipessoal[279]. Logo de seguida, registe-se que, ao contrário do disposto pelo

---

[278] *Vide supra* ns. 30 e 40.
[279] A regra será a sua *não formalização adicional*, que valerá para os negócios correntes da sociedade, e a excepção, para todas as restantes operações, implica que esses

art. 270º-C, nº 1, nada se prescreve a impedir que a mesma pessoa humana possa ser sócio de várias SQU[280]. Quanto à sua titularidade exclusiva por uma outra sociedade plural, considera-se que entre a sociedade dominante e a sociedade unipessoal se estabelece uma *relação de grupo,* independentemente da localização da sede da sociedade titular das participações (submetida, por isso, à regulamentação dos arts. 488º e ss, com excepção da al. a) do nº 4 do art. 489º, já que essa relação apenas se dará por terminada se se preencherem as situações das restantes duas alíneas deste último preceito[281], como já resultaria de não haver qualquer restrição à nacionalidade do único sócio). Quanto à firma, finalmente, apenas se refere como seu conteúdo a fórmula "sociedade unipessoal", que, no caso de a unipessoalidade ser superveniente, deve ficar a constar dos termos registais da sociedade, a requerimento do órgão administrativo da sociedade ou do sócio único, sem que haja necessidade de qualquer alteração do negócio social[282].

Nesta parte (ou partes de regime) deve prevalecer, como manda a *regra da especialidade,* o regime particular da SQU criada na Zona Franca da Madeira. Em tudo o resto, pensamos que se impõe que essa forma social estará sujeita e beneficiará do regime comum do CSC. Fica sem explicação plausível a vigente discriminação, nem isso nos irá preocupar. Ao menos ficará a potencialidade de um ou outro ponto servir de reflexão para algo que mereça ser recobrado na investigação.[283]

---

actos devem constar integralmente do livro de actas da sociedade e ser transcritos nos relatórios de gestão do exercício da respectiva celebração.

[280] No respeitante à interdição de uma SQU constituir uma outra SQU, a proibição do regime comum é absorvida, embora não a esgote, pelo âmbito de aplicação do art. 5º, nº 1, do DL nº 212/94: «É vedado a uma sociedade unipessoal constituir outras sociedades de que seja a única sócia.».

[281] Que são a dissolução da sociedade dominante e a cessação da pertença de mais de 10% do capital da sociedade dependente à sociedade dominante, directa ou indirectamente, ou às sociedades que com ela estejam em relação de grupo ou às pessoas que têm acções por conta dessas sociedades dominantes.

[282] Em contraponto, o CSC refere-se *in genere* ao conteúdo da firma da SQU no momento da sua constituição ou da sua derivação unipessoal (art. 270º-B) e no momento da aquisição da pluralidade de sócios, motivo pelo qual a menção à unipessoalidade deve ser eliminada (art. 270º-D, nº 1).

[283] Em complemento ao percurso pelo nosso direito vigente, terá igualmente interesse saber, por razões óbvias, como foi regulada a unipessoalidade quotista no actual Código Comercial de Macau (aprovado pelo DL nº 40/99/M, de 3.Agosto), ao qual se reportarão as normas chamadas a esta nota. Uma vez admitida – e até com mais de uma designação: como título da Secção IV, aparece-nos como *sociedade por quotas com um único sócio*; na

epígrafe do art. 390º é referida como *sociedade por quotas unipessoal* –, a ela se dedicaram apenas três preceitos (em rigor, são quatro, uma vez que igualmente se integra nesse lote a prescrição "geral", incluída na Sec. dedicada às "Relações entre os sócios e a sociedade", ditada para a unipessoalidade em caso de falência) e esse dado demonstra desde logo a pouca ambição do diploma para a nossa matéria. Na realidade, as incertezas do instituto foram deficitariamente supridas nessa oportunidade, confiando-se em demasia nas «disposições aplicáveis às sociedades por quotas», «com as necessárias adaptações» (art. 390º, nº 1).

Como notas essenciais desse regime, anote-se que: (i) a confiar no teor literal do nº 1 do art. 390º, somente as pessoas singulares podem constituir uma sociedade por quotas unipessoal; (ii) a disciplina apresentada aplica-se às sociedades unipessoais supervenientes, «decorridos que sejam 90 dias sem ter sido reconstituída a pluralidade dos sócios» (art. 390º, nº 2), o que parece apenas deixar à unipessoalidade derivada uma de duas soluções diferente da submissão ao regime específico da unipessoalidade: ou a reconstituição *em tempo* da pluralidade primitiva, ou a decisão do sócio único de dissolver o ente social, de acordo com o previsto no art. 315º, nº 1, al. a); (iii) os negócios jurídicos celebrados entre o sócio único (ainda que por interposta pessoa, numa circunstância de simulação que a lei expressamente menciona) e a sociedade devem observar duas categorias de pressupostos: no que respeita à sua validade, exige-se cumulativamente a sua formalização através de documento escrito *e* a sua necessidade, utilidade ou conveniência à prossecução do objecto da sociedade, sob pena de nulidade (art. 391º, nº 1); por outro lado, o nº 2 do art. 391º, requer, num plano de equívoco valor sancionatório, o acompanhamento desses negócios pela redacção de um «relatório prévio a elaborar por um auditor de contas sem relação com a sociedade, que, nomeadamente, declare que os interesses sociais se encontram devidamente acautelados e obedecer o negócio às condições e preço normais de mercado, sob pena de não poder ser celebrado»; (iv) no que às decisões sobre matérias que correspondem à competência deliberativa dos sócios diz respeito, o art. 392º determina que elas «devem ser tomadas pessoalmente pelo sócio único e lançadas num livro destinado a esse fim, sendo por aquele assinadas e pelo secretário da sociedade»; (v) por fim, dados os cenários predispostos para a sociedade unipessoal superveniente, o art. 213º (similar ao art. 84º do nosso CSC) aplica-se sem mais a qualquer tipo de sociedade por quotas unipessoal, pelo que, na hipótese de declaração de falência da sociedade, «quer a sociedade seja titular de partes do seu próprio capital, quer não, o sócio único responde pessoal, solidária e ilimitadamente por todas as dívidas da sociedade, se se provar que o património social não foi exclusivamente afectado ao cumprimento das respectivas obrigações» (nº 1) – esta não afectação exclusiva presume-se, de acordo com o nº 2, «quando os livros contabilísticos da sociedade não forem mantidos nos termos previstos nas alíneas *b)* e *g)* do n.º 1 do artigo 242.º [Estas duas alíneas atribuem ao conselho fiscal ou fiscal único a competência de verificar a regularidade e a actualidade dos livros da sociedade e dos documentos que suportam os lançamentos, bem como a de exigir que os livros e registos contabilísticos permitam conhecer, com facilidade, clareza e precisão, as operações da sociedade e a sua situação patrimonial.] ou quando tiverem sido celebrados negócios jurídicos entre a sociedade e os sócio sem revestirem a forma escrita».

7. Referência comparatística da unipessoalidade em sede de sociedades de responsabilidade limitada

Com este ponto, pretende cotejar-se o estado da questão nos principais países da União Europeia, a fim de se poder ilustrar as linhas gerais da evolução do direito comparado no tratamento do regime da sociedade de responsabilidade limitada unipessoal. As reformas introduzidas em algumas legislações para licenciar a sociedade de responsabilidade limitada constituída por um único sócio[284] trouxeram algumas divergências entre os regimes normativos dos Estados-Membros da União Europeia. Particularmente na Alemanha e em França, principais referências no momento anterior à XII Directiva, a característica comum da disciplina jurídica da sociedade unipessoal partia de uma certa convicção em dispor de *medidas específicas* para um funcionamento *igualmente* são e aproblemático da sociedade unipessoal, à imagem das sociedades plurais, mercê do *risco objectivo* que a unipessoalidade levantava.

Logicamente, esse movimento legislativo tinha que exortar o direito comunitário a tomar posição. Sem ter chamado a si a *iniciativa* de divulgar o meio jurídico de construção da empresa individual de responsabilidade limitada – o que equivale a notar que à Comunidade Europeia foi alheia a necessidade de providenciar sobre a criação de *um* instrumento jurídico que se destinasse a consentir a limitação da responsabilidade do empresário individual (que é o mesmo que dizer do exercício individual da empresa) em toda a Europa comunitária –, a XII Directiva veio *ripostar* à tendência consolidada de fundação de uma sociedade com um único sócio, que, entre os países que o tinham feito, originara heterogéneos níveis de protecção e de tutela da empresa societário-individual e dos terceiros. Por isso, como declara DUQUE DOMÍNGUEZ, "a finalidade formal da Directiva é *coordenar as legislações* dos Estados membros, impondo um quadro *mínimo* de normas que eliminem, em benefício de terceiros (e de eventuais

---

[284] *Vide supra* n. 10.

sócios futuros), as disparidades que tenham surgido ou que puderam produzir-se no regime da sociedade de responsabilidade limitada com um único sócio"[285]. Com isso, no entanto, não se desviou da rota inspirada pela ideia de que o instituto da sociedade de responsabilidade limitada unipessoal deveria constituir um instrumento de promoção do desenvolvimento e de difusão da pequena e média empresa com uma estrutura organizativa *unitária*[286].

---

[285] "La 12.ª Directiva...", loc. cit., p. 249, itálico em conformidade com o original.

[286] A este propósito, veja-se o III «Considerando» da XII Directiva, em que se faz referência ao programa de acção para as pequenas e médias empresas (PME), adoptado por Resolução do Conselho de 3 de Novembro de 1986 (cfr. JOCE nº C 287, de 14.Novembro.1986, p. 1, ss).

No entanto, como já se notou (*vide supra* n. 9), a configuração final da XII Directiva distingiu-se da Proposta primitiva pela supressão das medidas restritivas que confinavam a *facti species* de sócio único pessoa colectiva a uma posição de excessivo e irrazoável desfavor e, em consequência, por um alargamento *potencial* da sociedade unipessoal para espaços de relacionamento interssocietário. Essa mudança de posição foi, contudo, empreendida em termos que auspiciavam já uma deficiente harmonização normativa entre os países, pois consentia a sobrevivência ou a introdução *ex novo* de regimes "especiais" ou "sancionatórios" para as circunstâncias indicadas nas alíneas do art. 2º, nº 2, em termos demasiado indeterminados, uma vez que não endereçavam nem antecipavam de um modo *não discricionário* essa "especialidade" e essa "sanção" (apesar de, menor o mal, já termos visto que as opções passariam apenas pela restrição de acesso à sociedade unipessoal ou pela ilimitação da responsabilidade do sócio único). De facto, ao dar aos Estados o poder de regular autonomamente alguns dos problemas relativos a esta forma de sociedade, em particular este, criou o espaço para surgirem novas e relevantes disparidades de tratamento, para além dos desencontros normativos que já existiam e, assim, se manteriam, contrárias ao estabelecimento de uma forma de harmonização mínima entre os direitos internos e um consequente avizinhar entre eles [cfr., entre muitos outros, GIOVANNI IUDICA, "La limitazione...", loc. cit., p. 517; GERARDO SANTINI, *Della società a responsabilità limitata*, Commentario del Codice Civile Scialoja-Branca, a cura di Francesco Galgano, libro V, 1992, p. 385, n. (8)]. Esse prognóstico confirmou-se, como se verá, porquanto foi precisamente nesta importante matéria de *índole subjectiva* – quem pode, em que medida ou sob que sanções, constituir uma SQU – onde surgiram (ou permaneceram) divergências posteriores de disciplina entre os Estados-membros (veja-se, antes da Directiva, os casos belga e francês em contraponto ao regime tudesco, e, depois dela, o caso de Itália).

Ora, parece que o legislador comunitário interveio para sanar os afastamentos entre as legislações que se pronunciaram sobre o tema mas não teve a habilidade suficiente para obviar a divergências ulteriores à sua vigência, o que está longe de ser o objectivo da legislação comunitária, pois procedeu à introdução convicta do princípio da (i)limitação da

Para isso, a disciplina introduzida pela XII Directiva organiza uma tutela que se rasga fundamentalmente em dois perfis, isto no que concerne à atenta defesa da posição de terceiros. *Prevenir*, através da imposição de deveres de informação e de publicidade, e *reprimir*, com isto entendendo--se a oferta aos terceiros de sindicarem, eventualmente em sede jurisdicional, os actos realizados pelo sócio único. Tem-se entendido, porém, que o conteúdo útil da XII Directiva é algo carente na realização de ambas as perspectivas, deixando aos Estados uma adicional tarefa de enriquecimento dos propósitos comunitários.

Na realidade, mais ou menos prontamente, seguindo mais ou menos à risca as suas *recomendações estritas* e *margens de abertura*, os Estados da União aderiram ao apelo da XII Directiva a criar um instrumento jurídico que permitisse limitar a responsabilidade do empresário individual, que, como nos casos da Holanda, da Dinamarca e da Espanha, primeiro, depois da Alemanha e da França, não se restringiu à sociedade de responsabilidade limitada e estendeu-se igualmente à sociedade anónima[287]. De todo esse *movimento legislativo de previsão ou de rearranjo* das soluções

---

responsabilidade do sócio único mas aprovou a susceptibilidade de lhe serem feitas amplas derrogações, sem se preocupar aqui com a ausência de divergência nas soluções substancialmente adoptadas. Tal assim é que já se levantaram vozes a requerer ao legislador comunitário, depois da introdução de uma disciplina dos grupos de sociedades, uma *recondução à unidade* dos direitos nacionais em matéria de sociedades unipessoais: referimo--nos a MASSIMILIANO BOVESI, p. 497. Apesar desse logro, a redacção última da Directiva manteve o mérito de continuar a ser fiel ao efeito central de tutela estrutural-jurídica da pequena e média empresa individual no território da CEE, para o exercício da qual se fornece uma vantajosa forma organizativa caracterizada pelo privilégio da limitação do risco. Tal filosofia reitera-se, de facto, pela manutenção do art. 7º, que dá, nesta óptica finalística, a alternativa do património de afectação especial.

[287] Na realidade, a Holanda, com a Lei de 16.Maio.1986, que deu uma nova redacção aos arts. 64 e 175 do Livro 2 do *Código Civil* desse país, permitiu a constituição de uma sociedade unipessoal à partida, tanto nas sociedades anónimas como nas sociedades de responsabilidade limitada, ficando tal inovação expressa no nº 2 de cada uma dessas normas. A Dinamarca, por seu turno, uniformizou a possibilidade de constituição originária da sociedade de responsabilidade limitada, consagrada já em 1973, com a abolição da regra que previa que fossem pelo menos três os sócios fundadores de uma sociedade anónima. A novidade de esse tipo social poder ser utilizado por apenas uma pessoa surgiu na sequência da Lei nº 61, de 17.Dezembro.1992, responsável por várias modificações da disciplina da sociedade por acções, que entrou em vigor naquele país em 1 de Agosto de 1993 (informação recolhida em JENS LINDE, "Modificate le leggi societarie danesi", *Società*, 1993, p. 1138).

em concreto abraçadas depois da vigência das proposições comunitárias, concentrar-nos-emos nos ordenamentos italiano e espanhol.[288]

7.1. *O quadro jurídico alemão*

O legislador alemão de 1980, dando finalmente recepção normativa à prática generalizada do comércio jurídico-societário enraizada nesse país, veio finalmente mostrar-se sensível aos apelos da doutrina que entendia ser a sociedade unipessoal o melhor mecanismo para dar resposta aos interesses do comerciante individual. Dos ordenamentos jurídicos que iluminam o caminho comparatístico, terminando uma larga tradição de simpatia e tolerância, foi o alemão o primeiro a permitir que se constituíssem, nos termos do § 1 da *GmbHG* [os preceitos legais mencionados neste ponto, na falta da respectiva indicação de proveniência, referem-se a este diploma], «sociedades de responsabilidade limitada por uma ou várias pessoas para qualquer fim legalmente lícito»[289]. Com essa decisão, dir--se-á, como concluíram MARCUS LUTTER e PETER HOMMELHOFF, que "a disciplina jurídico-formal harmonizou-se portanto aqui com aquilo que já acontecia em via de facto"[290].

---

[288] Verifique-se, pois, que a selecção dos ordenamentos jurídicos comparados se fundamentou na *afinidade* dos sistemas jurídicos, designadamente por serem aqueles que se diagnostica terem exercido maior influência na construção normativa do nosso instituto, antes e depois das normas comunitárias: sobre este critério de escolha da comparação jurídica, cfr. CARLOS FERREIRA DE ALMEIDA, *Introdução ao Direito Comparado*, ob. cit., p. 29.

[289] Ao mesmo tempo, optou a Comissão Jurídica do *Bundestag* por recusar a reformulação do § 2 pelo Projecto de 1977, que tencionava acrescentar uma alínea nova que estatuía ser, no caso de instituição da sociedade de responsabilidade limitada apenas por uma pessoa, a declaração de constituição da sociedade *equivalente* ao contrato de sociedade. Ficou assim inalterada a manutenção do *Gesellschaftsvertrag* – um contrato *sui generis* em face do direito vigente, argumentou-se – para todos os tipos de actos geradores de sociedades de responsabilidade, independentemente do número de pessoas fundadoras (esta informação foi pioneiramente anunciada entre nós por MARIA ÂNGELA COELHO, "A reforma da sociedade de responsabilidade limitada (GmbH) pela lei alemã de 4 de Julho de 1980 (GmbH-Novelle)", *RDE*, 1980-1, p. 52, n. (7); com referências à doutrina alemã, *vide infra* n. 333].

[290] "Il diritto delle imprese e delle societá nella Repubblica Federale Tedesca (1980--1984)", *RS*, 1986, p. 137.

Diga-se, no entanto, que a inovação não foi comummente considerada como uma formulação meramente consequencial da tendência contemplativa da sociedade unipessoal na Alemanha. Uma coisa é, de facto, considerar-se que a possibilidade legítima de cons-

Paralelamente, foram instituídos alguns cuidados especiais que, tendo em conta a necessária compensação da perda da corresponsabilidade dos restantes associados pela integral realização do capital social em face da segurança jurídica dos sujeitos terceiros, se dirigiam a garantir o correcto funcionamento da sociedade enquanto pessoa jurídica autónoma e assegurar a integridade da sua base patrimonial. Assim, o § 7, al. 2, frase 3, prescreve que, sempre que o sócio único apenas realize o montante mínimo de entradas previstas nas frases 1 e 2[291], a sociedade fundada por uma única pessoa apenas poderá ser registada se o sócio único prestar garantias relativamente à entrada em dinheiro que se encontre em falta[292]. Ao mesmo tempo, o pedido de inscrição da sociedade no registo comercial deve ser instruído com a declaração do gerente[293] de que foi

---

tituir *ab initio* a sociedade unipessoal não constituiu uma *modificação revolucionária* em termos dogmáticos (essa admissão não seria mais do que uma "batalha dogmática de retaguarda"), nem tal produzira qualquer efeito sobre a realidade jurídica existente (sublinhando este contorno da reforma alemã de 1980, cfr. ULRICH IMMENGA, "Der neue Referentenentwurf zum GmbH-Gesetz", *BB*, 1977, pp. 957-8, *apud* MARCO TRONTI, pp. 1426-7). Outra coisa seria dar resposta, mais no plano técnico das soluções jurídicas, ao salto qualitativo da *Einmanngesellschaft* – que levantava somente problemas de compatibilizar um fenómeno unissubjectivo com os mecanismos de imputação e de funcionamento próprios da actividade societária – para a *Einmanngründung*, que acrescentava novos desafios de construção jurídica e problemas aplicativos, como sejam aqueles que respeitam ao procedimento constitutivo da sociedade (e à responsabilidade do sócio fundador no período de *Vorgesellschaft*) e à consistência do património social (realizado) no momento da constituição da sociedade unipessoal. Para uma particular acentuação deste demandante perfil da reforma germânica, cfr., em face do Projecto de 1977, UWE HÜFFER, "Vorgesellschaft, ...", loc. cit., pp. 491 e ss, e, depois da entrada em vigor da Lei de 1980, PETER ULMER, "Die Einmanngründung...", loc. cit., pp. 1001 e 1002. Não obstante, voltaremos mais desenvolvidamente a esta matéria na n. 508.

[291] De acordo com estas disposições, apenas se homologará o registo quando: (i) se não se acordasse a realização de entradas que não fossem senão em dinheiro, se se tiver efectivado um quarto do montante dessa modalidade de entradas; (ii) se o quantitativo do capital social realizado em dinheiro no momento do registo da sociedade, em relação à soma global das entradas, mesmo as que não sejam em dinheiro, atingir metade do capital social mínimo determinado no § 5, al. 1 (que é agora de 25.000 Euros no total e de 100 Euros para cada sócio).

[292] Essas garantias relativas às entradas residuais, como verdadeiras condições da *Anmeldung*, não se resumem às de natureza real ou pessoal, enumeradas no § 232 do *BGB*, mas alargam-se a todas as espécies de garantias no sentido económico do termo (neste sentido, cfr., por todos, ERNST GESSLER, "Die GmbH-Novelle", *BB*, 1980, p. 1388).

[293] É ao gerente da sociedade por quotas, sócio ou não, que compete efectuar o requerimento da inscrição da sociedade no registo comercial, ao abrigo do disposto no § 78, 1ª parte.

cumprida essa obrigação referente à prestação da garantia, se for esse o caso[294-295].

Um regime específico contempla a situação de concentração de todas as quotas nas mãos de um único sócio. A al. 4 do § 19 acaba por ordenar, para a circunstância de não se ter ainda realizado integralmente o capital social: «Se, no prazo de três anos após a inscrição da sociedade no registo comercial, todas as participações sociais passarem para o poder de um só sócio ou, ademais, da sociedade, o sócio terá um prazo de três meses a partir da concentração numa mão do capital social para realizar integralmente todas as entradas em dinheiro, oferecer à sociedade uma garantia suficiente para o pagamento dos montantes pendentes ou transmitir uma parte das participações sociais a um terceiro.»[296]

No que respeita ao funcionamento da *EinmannGmbH*[297], a título originário ou superveniente, salientem-se dois preceitos essenciais do respectivo regime jurídico. Por um lado, o § 35, al. 4, na última versão dada pela Lei de 18.Dezembro.1991, determina que, nas hipóteses em que

---

[294] Nos termos do § 8, al. 2, frase 2. Em complemento da declaração, tal como para as restantes sociedades pluripessoais, deve também constar que o objecto das entradas em espécie está definitivamente à livre disposição dos gerentes, ao abrigo do prescrito na frase 1 da mesma norma. De igual maneira, o gerente deve fazer uma declaração de igual teor nas situações de aumento de capital, pois assim determina o § 57, al. 2.

[295] O Relatório da Comissão Jurídica do *Bundestag* respeitante à *GmbH-Novelle* acentuou que não se justificava a apresentação de documentos comprovativos da garantia prestada, se fosse o caso, como aliás era estatuído no Projecto Governamental de 1977, na medida em que o § 9a, als. 1 e 2, cominava uma responsabilidade compensatória e indemnizatória pela prestação de falsas declarações a cargo do sócio gerente ou do sócio e do gerente, solidariamente, se forem sujeitos distintos [cfr. MARIA ÂNGELA COELHO, "A reforma...", loc. cit., p. 55, n. (20)], a que se juntava a responsabilidade penal ditada pelo § 82, al. 1, n° 1. De igual forma o gerente fica vinculado a essa responsabilidade se violar a veracidade das declarações em sede de aumento de capital social, tal como sanciona o § 57, al. 4.

[296] A Lei de 18.Dezembro de 1991, que veio adaptar a XII Directiva (*Gesetz zur Durchführung der Zwölften Richtlinie des Rates der Europäischen Gemeinschaften auf dem Gebiet des Gesellschaftsrechts betreffend Gesellschaften mit beschränkter Haftung mit einem einzigen Gesellschafter*), pelo seu art. 1, n° 1, retirou a frase 2 deste preceito, que, na versão de 1980, estabelecia que «Os gerentes comunicarão de imediato ao registo comercial a situação de unipessoalidade». O que se compreenderá pela adição da al. 2 ao primitivo arrazoado do § 40, em 1991, e a mais recente alteração dos termos da sua al. 1.

[297] Por alguma doutrina (antes e depois de 1980) denominada, e bem, como *EinpersonenGmbH*, pois se trata de uma terminologia que não esquece a possibilidade de constituição da sociedade unipessoal pelas pessoas colectivas.

o sócio da sociedade unipessoal for o único gerente da sociedade por si representada, aplicar-se-á aos negócios jurídicos feitos entre si e a sociedade o § 181 do *BGB*[298]. Além disso, mesmo quando o sócio não é o único gerente, esses negócios devem ser lavrados em acta (*Niederschrift*) imediatamente após a sua execução (*Vornahme*). Por outro lado, o § 40, al. 1, frase 1, atribui aos gerentes a obrigação de entregar uma lista dos sócios (*Liste der Gesellschafter*) no registo comercial sempre que se modifiquem as *pessoas* dos sócios, o que absorve o dever de declarar junto dessa entidade a exclusão de um ou mais sócios da colectividade primitiva e a concentração das participações na titularidade de um único associado[299].

O regime é ainda caracterizado pelo disposto na al. 3 do § 48, respeitante à assembleia de sócios, nos termos da qual:

«No caso de todas as participações se encontrarem nas mãos de um sócio ou, além dele, da sociedade, o sócio terá que registar em acta

---

[298] Isto é, aplica-se à sociedade unipessoal o regime da proibição do negócio consigo mesmo que vale para os representantes, que só não valerá se existir permissão em contrário, com a consequente nulidade do negócio em causa. O legislador infirmou, deste modo, a jurisprudência do *BGH*, que tradicionalmente não aplicava a estatuição do § 181 às situações de *EinmannGmbH*, por ausência de conflito de interesses possível entre representado e representante, numa notória estratégia de melhoramento de protecção dos credores da sociedade unipessoal.

[299] A redacção que conhecemos deste preceito, referente à última versão da *GmbHG* (que consultamos depois de incorporadas as modificações introduzidas em 1998 pela *Gesetz zur Einführung des Euro*, de 9.Junho, pela *Gesetz zur Neuregelung des Kaufmanns- und Firmenrechts und zur Ändereung anderer handels- und gellschaftsrechtlicher Vorschriften*, de 22.Junho, e pela *Gesetz zur Änderung des Einführungsgesetzes zur Insolvenzordnung und anderer Gesetze*, de 19.Dezembro), já não coincide com aquela que lhe foi dada pela Lei de 18.Dezembro.1991, segundo a qual o § 40, al. 2, prescrevia aos gerentes a obrigação de entregar uma lista de conteúdo idêntico à frase 1 da al. 1 (de onde terá que constar o nome, apelido, estado civil, domicílio e entradas dos sócios, e que deverá ser apresentada no registo comercial pelos gerentes, juntamente e por ocasião da apresentação do balanço do exercício), logo após a concentração de todas as participações nas mãos do sócio ou, além dele, na sociedade. Na realidade, essa alínea passou a estabelecer que os gerentes deixam de ter que apresentar *anualmente* essa lista (que assumiria a forma de *declaração análoga* sempre que não se tivessem produzido alterações na pessoa dos sócios ou na respectiva participação social), para agora delimitar uma obrigação a cargo dos gerentes de *apenas* apresentarem *após acontecer qualquer modificação nas pessoas dos sócios ou na extensão da sua participação*. A al. 2 é agora reservada para sancionar a falta de cumprimento dessa obrigação pelos gerentes, que, sendo esse o caso, ficam responsáveis pelos danos daí resultantes causados aos credores da sociedade na qualidade de *devedores solidários*.

assinada por ele as deliberações sociais imediatamente após a sua adopção.».[300]

7.2. O quadro jurídico francês

O ordenamento que mais resistências ofereceu ao acolhimento da unipessoalidade social acabou por escolher este instrumento para dar guarida às pretensões do empresário, na senda do exemplo alemão (embora este se destacasse pela tutela da integridade do património da sociedade

---

[300] O art. 5 da *Novelle* de 1980 veio ainda acrescentar à *Umwandlungsgesetz* a disciplina da transformação de uma empresa individual numa sociedade por quotas unipessoal (5ª secção: §§ 56a a 56f), o que já era possível se a sociedade transformanda fosse uma *AktG*. Com esse processo, que funciona como a criação originária *indirecta* de uma *EinmannGmbH* com entradas em espécie – acabava-se, no plano económico, em consequência de se estar tão-só a permitir a "criação por transformação" de uma SQU, por produzir exactamente os mesmos efeitos e resultados que produziria uma constituição directa e imediata da sociedade de uma só pessoa –, faculta-se ao comerciante individual a transferência integral do património da empresa de que é proprietário, sem necessidade de qualquer negócio translativo referente aos bens integrantes de tal património, para uma sociedade por quotas de que é o único sócio, cujo substrato patrimonial é constituído *ex vi legis*, desde a data da inscrição da sociedade no registo, pelo activo e pelo passivo da empresa individual. Sobre o assunto, a que se deu relevo fora da Alemanha, *vide* MARIA ÂNGELA COELHO, "A reforma...*, loc. cit.*, pp. 60-1; GIOVANNI COLOMBO, "La «GmbH--Novelle» del 1980", *RS*, 1981, p. 676; MARC WITZ/JEAN-MARC HAUPTMANN, p. 133. Note-se, porém, que essa legislação foi reformulada pela nova *Umwandlungsgesetz* decorrente da Lei de 28.Outubro.1994, passando a estar disciplinada em geral pelos respectivos §§ 152 e ss, e, em especial, pelos §§ 123, 131, 135 e 136. Pode ver-se, a este propósito, MARCUS LUTTER/PETER HOMELHOFF, *GmbH-Gesetz Kommentar*, 1995, § 1, *Rdn*. 14, p. 16, e KARSTEN SCHMIDT, *Gesellschaftsrecht*, ob. cit., pp. 1245-6.

Entretanto, introduziram-se no regime geral das sociedades por quotas uma série de garantias complementares que poderão ter uma especial aplicação na disciplina das sociedades de um único sócio. De entre essas, veja-se, em primeiro lugar, a proibição de conceder empréstimos com encargo sobre o património social a gerentes sociais e representantes legais da sociedade (§ 43a). Importantes também são, em segundo lugar, as disposições contidas nos §§ 32a e 32b, respeitantes à matéria dos *Gesellschafterdarlehen*, que, reconhecendo a disciplina em sede de responsabilidade por subcapitalização nominal que os tribunais vinham solidificando, *requalificam* o financiamento concedido directa ou indirectamente (por um terceiro, constituindo um sócio a seu favor um depósito de garantia do empréstimo ou uma fiança) pelo sócio à sociedade como um verdadeiro "capital de risco" (*vide infra* Capítulo IV, ponto 20.2, em esp. a n. 933).

unipessoal e o plano francês elevasse a plano prioritário a transparência da sociedade unipessoal perante terceiros) e antes da escolha comunitária. Nos inícios da década de oitenta, o debate sobre a estrutura jurídica que conviria conferir à empresa inidividual ainda não tinha sido concluído mas, ao contrário do que acabou por acontecer, mostrava ser maioritariamente proponente da noção do património de afectação e avesso a lançar mão do direito societário. Contra essa corrente que era predominante, a Lei nº 85-697, de 11.Julho.1985, tomou partido pela aplicação da fórmula societária à empresa singular e deu origem à *entreprise unipersonnelle à responsabilité limitée*, que foi a denominação usada pela lei para dar permissão à sociedade de responsabilidade limitada de um só sócio[301].

Esta forma social passou a poder ser *instituída* por uma só pessoa[302], que se chama *associé unique* e exerce os poderes atribuídos à assembleia dos sócios pelas disposições da lei: art. 34, al. 2ª, da *LSCF* [a que nos reportamos neste ponto, sempre que as normas legais citadas não vierem acompanhadas pela menção da sua proveniência].

Elaboraram-se dois novos preceitos. O art. 36-1 ditou que não se aplicassem à reunião de todas as participações sociais nas mãos de um único sócio as regras respeitantes à dissolução judicial delimitadas pelo art. 1844-5 do *Code Civil*.

O art. 36-2 veio impor algumas limitações à constituição originária das sociedades unipessoais. Na origem, nos termos que se transcrevem:

«Uma pessoa singular só pode ser associado único de uma só sociedade de responsabilidade limitada. Uma sociedade de responsabilidade limitada não pode ter como sócio único uma outra sociedade de responsabilidade limitada composta por uma só pessoa.

Em caso de violação das disposições da alínea precedente, qualquer interessado pode requerer a dissolução das sociedades irregularmente constituídas. Quando a irregularidade resulte da reunião numa só mão de todas as

---

[301] O legislador francês acabou por aproveitar a oportunidade para conferir não só uma, mas duas respostas à hesitação suscitada pela extinção da necessária pluralidade do primitivo vínculo societário. Na verdade, além da sociedade comercial unipessoal no tipo quotista, foi criada, pelos arts. 11 e ss do mesmo diploma, a *exploitation agricole à responsabilité limitée*, que é uma sociedade civil dedicada ao exercício de uma actividade agrícola, que também pode ser instituída por uma ou mais pessoas singulares.

[302] Este preceito passou a ser, desde logo, um dos «casos previstos por lei» em que a sociedade podia ser instituída «por acto de vontade de uma só pessoa», tal como constou a partir da mesma ocasião da redacção então dada ao art. 1832 do *Code Civil*, do qual passamos a transcrever a al. 2ª: «Ela [a sociedade] pode ser instituída, nos casos previstos pela lei, por acto de vontade de uma só pessoa.».

participações de uma sociedade que tenha mais de um associado, o requerimento de dissolução não pode ser feito antes de um ano após a reunião das partes. Em qualquer caso, o tribunal pode conceder um prazo máximo de seis meses para regularizar a situação e não pode pronunciar a dissolução se, no momento em que estatua sobre a matéria, a regularização teve lugar.».

Em 1994, porém, a interdição conferida às pessoas singulares foi suprimida pela Lei n° 94-126, de 11.Fevereiro. Daí em diante, uma pessoa singular pode, tal como as pessoas colectivas, instituir tantas sociedades unipessoais quantas lhe pareça desejáveis.

O igualmente inovador art. 60-1 excluiu da regulamentação da unipessoalidade algumas normas do regime geral do tipo quotista. São os casos das três primeiras als. do art. 56 (referentes à aprovação em assembleia de sócios do relatório de gestão, do inventário e das contas anuais elaboradas pelos gerentes) e dos arts. 57 a 60 (que respeitam *grosso modo* ao funcionamento da assembleia, à mudança de nacionalidade da sociedade e às condições das mudanças estatutárias). Atento o disposto nessa norma, sempre que a sociedade não compreenda mais do que um associado, o relatório de gestão, o inventário e as contas anuais são realizados pelo gerente e as contas aprovadas pelo sócio único (o que acontecerá depois de elaborado o relatório pelo *comissaire aux comptes*) no prazo de seis meses a contar do encerramento do exercício[303].

Nas 2ª e 3ª als., ainda do mesmo preceito, diz-se que:

«O associado único não pode delegar os seus poderes. As suas decisões, tomadas em vez e no lugar da assembleia, são anotadas num registo. As decisões tomadas em violação das disposições do presente artigo podem ser anuladas a requerimento de qualquer interessado.»[304-305].

---

[303] Se o gerente não submeter à aprovação do sócio único esse documento, sujeita-se à responsabilidade criminal prevista no art. 427 da *LSCF*, isto é, a uma pena de prisão de dois a seis meses e uma multa de 60.000 Francos ou, em alternativa, somente uma destas duas penas.

[304] O art. 42-2 do Decreto n° 67-236 (alterado em algumas das suas disposições pelo Decreto n° 88-909, de 30.Julho.1988, tendo em particular atenção algumas precauções no que concerne às sociedades compostas por uma única pessoa), confirma essa obrigatoriedade de apontar nesse livro de registo as deliberações do sócio único e prescreve que esse livro deve ser guardado na sede social e, mais importante, deve ser *numerado* e *assinado* por um magistrado do tribunal de comércio ou do tribunal de instância, ou até pela entidade autárquica correspondente à sede social.

[305] Outras alterações menores, com repercussão na dinâmica da sociedade unipessoal, resultaram do diploma de 1985. Vejamo-las de relance. O art. 40, al. 3ª, dá ao sócio único o poder de designar o *comissaire aux apports* – que, por força do n° 1 da al. 2ª do

Finalmente, o art. 50, al. 3ª, vem dispor, por adição feita pela Lei nº 89-1008, de 31.Dezembro.1989, que os negócios convencionados entre a sociedade e o sócio único devem merecer «menção no registo das deliberações».

---

art. 65, não poderão nem ser os gerentes nem o associado único –, ao mesmo tempo que dispensa essa nomeação se, nos termos da alínea precedente, o valor de alguma entrada em espécie não exceder os 50.000 Francos *e* se o valor total das entradas em espécie em conjunto não submetidos à avaliação do comissário não exceder a metade do capital. Por sua vez, se não existir esse comissário, a al. 2º do art. 50 determina que os negócios concluídos por um gerente não sócio sejam submetidos à aprovação prévia da assembleia, embora o art. 50-1 não exija isso (bem como toda a disciplina do art. 50) para as operações correntes e concluídas em condições normais. Tais negócios, por disposição da al. 2ª do art. 42-2 do Decreto nº 67-236, terão que ser registadas nas mesmas condições fixadas para a inscrição das deliberações do sócio previstas no art. 60-1 da *LSCF* (*vide* a nota de fundo de página anterior). Noutra sede, o art. 45, al. 2ª, passou a estatuir que, quando a sociedade seja plural, o projecto de cessão das partes sociais seja notificado à sociedade e a cada um dos associados.

Também se anotem algumas outras prescrições, com preocupações predominantemente publicitárias, do Decreto nº 67-236. Assim, o art. 42-1 apresenta a seguinte redacção:

«Nas sociedades que funcionem com uma só pessoa e em que o associado único não é o único gerente, e no que respeita às decisões de aprovação das contas tomadas pelo associado único em vez e no lugar da assembleia, ao relatório de gestão, às contas e, sendo o caso, o relatório do comissário de contas, são enviados pelo gerente ao sócio único pelo menos um mês antes de expirar o prazo previsto pela segunda alínea do art. 60-1 da lei sobre as sociedades comerciais. Durante este período, o inventário é mantido na sede social à disposição do associado único.».

A esta norma acrescente-se o art. 44, que ordena que essa documentação esteja à disposição do comissário de contas pelo menos um mês antes da data limite prevista para o seu envio ao associado único pelo art. 42-1. Finalmente, notem-se os termos do art. 44--1, pelos quais se prescreve a obrigação de depositar em duplicado na secretaria judicial, para serem anexados no registo comercial e das sociedades, no mês a seguir à sua aprovação pelo associado único, a documentação exigida por lei à sociedade de responsabilidade limitada, bem como a proposta e a resolução de afectação de resultados submetida e decidida pelo associado único (se o caso for de recusa de aprovação ou de aceitação desses documentos, a al. 2ª da norma manda depositar dentro do mesmo prazo uma cópia da decisão do sócio único). A infracção a estas disposições, de acordo com o art. 53, estará sujeita ao pagamento de uma multa.

7.3. O quadro jurídico italiano

Em Itália, a actuação da XII Directiva deu-se pela *modificação* e *integração* das disposições legislativas existentes no *CCIt*. Não foi escolhida a alternativa ditada pela possível determinação de um novo capítulo ou de uma nova secção que contivesse a disciplina da sociedade de responsabilidade limitada unipessoal.

O reconhecimento da figura foi delimitado pelos termos do Decreto Legislativo n. 88, de 3.Março.1993, e destaca-se pelas seguintes inovações:

(i) a epígrafe do art. 2247 é substituída pela expressão "Contrato de sociedade" (quando antes aí constava "Noção de sociedade");

(ii) nos actos e na correspondência da sociedade unipessoal deve ser indicado se esta tem um único sócio (art. 2250, 4° e último §);

(iii) o facto de a sociedade de responsabilidade limitada poder ser gerada por acto unilateral reflectiu-se na modificação do § 2° do art. 2475, no qual se remete para as normas gerais da fase constitutiva, com excepção do n° 8 do § 1° do art. 2332 (que estatui a nulidade da sociedade pela falta da pluralidade de sócios fundadores);

(iv) aditou-se um 3° § a esse art. 2475, pelo qual, no caso de sociedade constituída por acto unilateral, «pelas operações realizadas em nome da sociedade antes da sua inscrição é responsável, solidariamente com aqueles que agiram, também o sócio fundador»;

(v) ao novo art. 2475 *bis* entregou-se a matéria da publicidade da situação de unipessoalidade, fazendo incumbir aos gerentes ou ao único sócio o dever de depositar, aquando da inscrição registal, uma declaração contendo os dados pessoais e gerais do sócio único, o que também deverá ser feito no momento em que a pessoa do sócio único mude, ou quando se constitua ou reconstitua a pluralidade dos sócios (esta declaração deve ser depositada no prazo de quinze dias após a inscrição no *libro dei soci* e indicar essa mesma data de inscrição);

(vi) o capital, tanto em sede de constituição da sociedade como nas situações do respectivo aumento, deve ser inteiramente realizado no momento da formalização pública do título constituente, em função de se ter excluído a regra da possibilidade de diferimento da realização das entradas em dinheiro prevista no art. 2329, § 1°, al. 2; além de que, se a sociedade se torna

unipessoal, as entradas ainda por realizar devem ser efectivadas no período de três meses (art. 2476, §§ 2° e 3°)[306];
(vii) sempre que a sociedade conclua contratos com o seu único sócio (ou operações a seu favor), o novo art. 2490 *bis*, § 1°, prescreve, *em alternativa*, a sujeição a forma escrita ou a sua transcrição no livro de assembleias e de deliberações da administração, mesmo quando se não tenha observado a publicidade prescrita pelo art. 2475 *bis*; no § 2°, dita-se que os créditos que o sócio único beneficiário de responsabilidade tenha para com a sociedade não podem ser assistidos por causas legítimas de preempção, do que se retira a nulidade ou, pelo menos, a inoponibilidade perante terceiros da eventual concessão de uma garantia pignoratícia ou hipotecária ou de privilégios creditórios;
(viii) por último, por alteração do art. 2497, o respectivo § 2°, nas suas três alíneas, exclui a responsabilidade limitada do sócio único quando este seja uma pessoa colectiva, ou seja pessoa singular e sócio único de uma outra *sociedade de capitais*, e quando não sejam respeitadas as prescrições respeitantes à matéria das entradas e cumprida a obrigação publicitária *supra* mencionadas.

7.4. *O quadro jurídico espanhol*

A nova *LSRLE* dedicou o seu capítulo XI ao regime da sociedade unipessoal de responsabilidade limitada, ao mesmo tempo que introduziu um novo capítulo XI na *LSAE*, com a epígrafe "Da sociedade anónima unipessoal", integrado pelo art. 311, que faz sua a disciplina da sociedade unipessoal do tipo quotista[307]. Assim, temos em Espanha a aplicação de

---

[306] Sobre esta exigente disciplina de realização de entradas, estranha ao nosso direito da unipessoalidade, *vide*, por todos, os completos estudos, com a bibliografia aí indicada, de ILARIA CHIEFFI, "Conferimenti in danaro e s.r.l. unipersonale", *RDC*, 1996, pp. 851 e ss, e de ROBERTO ROSAPEPE, pp. 61 e ss.

[307] Para um cotejo crítico em face do Projecto de Lei de 22.Dezembro.1993 das inovações trazidas para a *LSRLE* em matéria de unipessoalidade, *vide* LUIZ FERNÁNDEZ DE LA GÁNDARA, "La Ley...", loc. cit., pp. 13-16.

normas comuns para ambos os tipos sociais no que concerne ao evento da unipessoalidade[308].

O art. 125 discriminou as *classes* de sociedades unipessoais de responsabilidade limitada e passou a rezar assim:

«Entende-se por sociedade unipessoal de responsabilidade limitada:
a) a constituída por um único sócio, seja pessoa natural ou jurídica.
b) a constituída por dois ou mais sócios quando todas as participações tenham passado a ser propriedade de um único sócio. Consideram-se propriedade do único sócio as participações sociais que pertençam à sociedade unipessoal.».

A norma seguinte ocupa-se da publicidade a dar à constituição de uma sociedade unipessoal, à declaração de unipessoalidade superveniente, à cessação de unipessoalidade ou à modificação do sócio único como consequência da transmissão de alguma ou de todas as participações. Todos estes factos devem constar de escritura pública e esta deve ser inscrita no registo comercial, acompanhados da necessária menção da identidade do sócio único. O nº 2 do art. 126 estabelece, por sua vez, que a subsistência da unipessoalidade motivará que conste expressamente essa condição de unipessoal em toda a documentação, correspondência, notas de encomenda e facturas, assim como em todos os anúncios que tenha que publicar por disposição legal ou estatutária. Quanto à unipessoalidade superveniente, o legislador espanhol tomou um cuidado adicional para que a sociedade não se mantivesse nesse estado sem que essa circunstância não fosse inscrita no registo comercial. Nos termos do art. 129, se passarem seis meses desde a concentração sem que essa comunicação publicitária seja observada, «... o sócio único responderá pessoal, ilimitada e solidariamente pelas dívidas sociais contraídas durante o período de unipessoalidade. Inscrita a unipessoalidade, o sócio único não responderá pelas dívidas contraídas posteriormente.»[309].

---

[308] Sem que se caia na tentação fácil de dizer que *todo o regime* das sociedades de capitais unipessoais seja uniforme. Como é bom de ver, à margem desses preceitos comuns, cada sociedade tem um regime distinto, correspondente à respectiva forma social (cfr., por todos, SÁNCHEZ CALERO, *Instituciones de Derecho Mercantil*..., ob. cit., pp. 500-1).

[309] Esta disposição foi tida como exemplo para se propor entre nós, *de lege ferenda*, a consagração, estimulada pela busca de uma rápida e considerável conversão das sociedades unipessoais supervenientes em SQU, de um dever jurídico de inscrição da sociedade unipessoal no registo comercial, dentro de certos prazos e sob a cominação de consequências no caso de essa obrigação não ser cumprida: assim, cfr. CATARINA SERRA,

No que respeita às decisões do sócio único, o art. 127 confere ao sócio único o exercício das competências atribuídas à Assembleia Geral, devendo as deliberações ser consignadas em acta, com a sua assinatura ou a do seu representante, podendo ser executadas e formalizadas pelo próprio sócio ou pelos administradores da sociedade.

À contratação entre o sócio e a sociedade foi reservado um regime particularmente pormenorizado (art. 128). Devem constar de forma escrita ou da forma documental exigida pela lei para a natureza desse negócio e serão transcritos para um *livro-registo* da sociedade que se terá de legalizar em conformidade com o disposto para os livros de actas das sociedades. Na *memoria* anual da sociedade[310] far-se-á referência expressa e individualizada a estes contratos, com indicação da sua natureza e condições.

No nº 2, dispõe-se, para as situações de insolvência provisória ou definitiva do sócio único ou da sociedade, que esses contratos não serão oponíveis à massa, desde que não tenham sido inscritos no livro-registo e referidos na *memoria* anual ou o tenham sido em memória não depositada nos termos da lei. Finalmente, o nº 3 sanciona o sócio único, durante o prazo de dois anos a contar do momento de celebração dos contratos com a sociedade, com a responsabilidade para com esta pelas vantagens que directa ou indirectamente tenha obtido em seu prejuízo como consequência desses negócios[311-312].

"As *novas* sociedades unipessoais por quotas", loc. cit., p. 139. Em Espanha, a consequência ditada pelo art. 129 da *LSRLE* não foi merecida pela falta da publicidade referenciada no nº 2 do art. 126. Mas tem entendido a doutrina espanhola que a respectiva omissão não passa sem reprovação. Essa será a responsabilidade da sociedade pelos danos e prejuízos que esse incumprimento possa causar. Neste sentido, cfr. SÁNCHEZ CALERO, *últ. ob. cit.*, p. 505.

[310] Este é um documento complementar do balanço e das contas anuais de perdas e ganhos, em que a sociedade deverá clarificar variados dados que figuram naquelas demonstrações contabilísticas. Está prevista nos arts. 199 a 201 da *LSAE*, que se aplicam às sociedades de responsabilidade limitada por remissão estabelecida pelo art. 84 da *LSRLE*.

[311] O legislador espanhol entendeu armar um regime privilegiado para as sociedades anónimas ou de responsabilidade limitada unipessoais, originárias ou supervenientes, quando o sócio único seja o Estado, as Comunidades Autónomas ou Corporações locais, bem como entidades que dependam desses entes públicos. Esse especial benefício obteve-se pela não sujeição dessas sociedades a algumas normas previstas para as sociedades unipessoais comuns, como são os preceitos do art. 126, nº 2, do art. 128, nºs 2 e 3, e o art. 129.

[312] Continuando a seguir a dicotomia entre os ordenamentos que se anteciparam à XII Directiva e aqueles que deram actuação à necessidade de introduzir a sociedade de

responsabilidade limitada unipessoal em reacção ao diploma europeu, indiquemos para uma e outra situação três países mais.

Para o primeiro grupo, a Bélgica, que a introduziu pela Lei de 14.Julho.1987. Este diploma, como se poderá analisar sucintamente em EDDY WYMEERSCH, pp. 829 e ss, veio revogar o art. 120, al. 1ª, nº 1, da *Lei das Sociedades Comerciais, coordenadas a 30.Novembro.1935*, que estabelecia expressamente, desde a reforma operada pelo art. 4 da Lei de 15.Julho.1985, que a sociedade de responsabilidade limitada contasse com pelo menos dois associados (sobre o ponto, cfr. GABRIELE RACUGNO, "La riforma della società a responsabilitá limitata in Belgio", *RS*, 1985, pp. 1411-12, que não deixava então de referir que "a doutrina belga realça que «a empresa pessoal de responsabilidade limitada» não demorará a tornar-se realidade") e reformar o respectivo art. 116 no sentido de dar permissão à fundação do tipo social em causa por uma pessoa. No plano técnico do regime estipulado, centrou as suas atenções no plano de funcionamento da assembleia (desempenhada *normalmente* nos seus poderes pelo sócio único e produtora de deliberações necessariamente consignadas num registo conservado na sede da sociedade), na matéria dos conflitos de interesses (p. ex., inibindo numa gerência plural, havendo oposição de interesses, o gerente de contratar por si próprio com a sociedade, mas, a ser único, implicando que se designe para efectuar a operação por conta da sociedade um mandatário-gerente *ad hoc*; quando o sócio único seja gerente, para a mesma situação, contudo, já se permite a conclusão dos contratos mas devendo ser dada conta da operação num documento que se entregará à autoridade judicialmente conjuntamente com a documentação contabilística anual), na responsabilidade do sócio único-gerente, em face da sociedade e em face de terceiros, por actuações abusivas e levadas a cabo em detrimento da sociedade, e na possibilidade estatutária de o sócio excluir, na transmissão *mortis causa,* a qualidade de sócios para os seus herdeiros e legatários, que, nessa situação, apenas terão direito ao valor financeiro das partes transmitidas. Fora isso, uma pessoa humana apenas poderá beneficiar da responsabilidade limitada numa única sociedade por si totalmente detida. Todas as restantes que funde depois da constituição de uma primeira sociedade unipessoal, ou que delas fique associado único por acto *inter vivos*, perderá tal benefício relativamente às dívidas dessas sociedades, pelo menos até que nelas entre um novo sócio ou se publicite a sua dissolução (salvo quando a "segunda unipessoalidade" resultar de as partes sociais terem sido transmitidas por morte). No mesmo contexto restritivo à fundação ou à detenção exclusiva das partes sociais, decidiu--se também que uma pessoa colectiva, fosse civil ou comercial, não podia participar na constituição de uma sociedade unipessoal ou na aquisição de todas as participações no mesmo pé que uma pessoa singular. Mais exactamente, tal como depois se adoptou em Itália, uma pessoa colectiva pode validamente constituir sozinha uma sociedade unipessoal mas não poderá invocar a limitação de responsabilidade e responderá, como detentora-mãe da sociedade constituída ou adquirida, solidariamente por todas as obrigações contraídas em nome da sociedade unipessoal, desde que no prazo de um ano a sociedade não se torne plural ou que não se dissolva (para mais desenvolvimentos sobre esta restrição da válida utilização da SQU belga como instrumento normativo para a organização de grupos de sociedades, *vide* MICHEL COIPEL, "Les freins...", loc. cit., pp. 93 e ss).

No segundo grupo, veja-se a regulamentação no Luxemburgo, que, através da Lei de 28.Dezembro.1992, levou a cabo as alterações pertinentes na Lei de 10.Agosto.1915 relativa às sociedades comerciais, de modo a cessar a interdição em concreto da forma societária unipessoal no tipo de responsabilidade limitada. Sobre o seu regime de garantias e mecanismos de transparência, sem particularidades que mereçam uma especial descrição, *vide*, com a metodologia expositiva extra de o comparar com a normatividade italiana sobre a matéria, PASCAL MARTIN/GAETANO CASERTANO, "La società unipersonale nel diritto lussemburghese", *Società*, 1994, p. 125, ss. No Reino Unido, de acordo com a prognose de FRANK WOOLDRIDGE, p. 86, a adopção da XII Directiva não levantou dificuldades conceituais, em virtude de a *corporation sole* ser desde há muito reconhecida por necessidades comerciais. Assim se fez com a *Companies (Single Member Private Limited Companies) Regulations*, de 1992, que efectuou as emendas necessárias no *Companies Act* de 1985 – a começar na subsecção 3A da sec. 1, que possibilita a uma pessoa formar, para um fim legalmente permitido, uma *private company limited by shares* ou *by guarantee* – e no *Insolvency Act* de 1986, através do Statutory Instrument nº 1699. Ao que nos chega ao conhecimento, a doutrina tem sido silenciosa em desenvolvimentos sobre a regulamentação daí decorrente, que se explanou nomeadamente em sede de contratação com o sócio único, de publicidade da unipessoalidade, de quorum nos *meetings* de um só membro e de registo das decisões sociais. Para breves referências, cfr. NICHOLAS GRIER, pp. 33-4; PAUL DAVIES, with a contribution from D. D. PRENTICE, *Gower's Principles of Modern Company Law*, 1997, p. 83; JOHN FARRAR/BRENDA HANNIGAN, with contributions by NIGEL FUREY/PHILIP WYLIE, *Farrar's Company Law*, 1998, p. 76.

CAPÍTULO II

ALGUMAS *PERPLEXIDADES* COLOCADAS
PELA CONSAGRAÇÃO LEGISLATIVA DA SOCIEDADE
POR QUOTAS UNIPESSOAL

SUMÁRIO: 8. Esclarecimento prévio. – **9.** A *fundação* da sociedade unipessoal: a crise do paradigma contratualista e o ajustamento do conceito genérico de sociedade (com uma alusão sucinta pelo meio sobre a *natureza jurídica* da sociedade por quotas unipessoal). 9.1. *O carácter societário da unipessoalidade quotista.* 9.2. *Os reflexos da homogeneidade* funcional *entre a sociedade gerada por contrato e a sociedade unipessoal.* – **10.** A precisão de um conceito legal: a «titularidade da totalidade do capital social». – 10.1. *O conceito formal e unitário de sócio único.* 10.2. *O usufruto, o penhor, a contitularidade e a comunhão conjugal.* 10.3. *A opção pela unipessoalidade* material *na aquisição de quotas próprias e no recurso à sociedade em comandita simples.* 10.4. *O tratamento das sociedades de pluralidade fictícia.* – **11.** A disciplina da sociedade por quotas unipessoal *em constituição.* 11.1. *Os modelos de compreensão da sociedade antes do registo.* 11.2. *O modelo adoptado: a configuração da sociedade pré-personificada como entidade dotada de* subjectividade jurídica. 11.3. *A operatividade da remissão para os arts. 40º e 19º.* – **12.** Breves notas sobre a utilização da sociedade por quotas unipessoal no âmbito dos grupos de sociedades.

8. Esclarecimento prévio

A introdução da SQU no direito nacional correspondeu à entrega ao empresário individual de uma estrutura organizativa que lhe permitisse circunscrever a sua responsabilidade pela actividade económica que pretendesse exercer, através da aquisição da qualidade e condição de sócio único de uma sociedade que por lei tem essa responsabilidade limitada em face de terceiros. Essa admissão, tanto na formação como na redução a um único sócio, vem dar resposta à necessidade de incorporar entre nós a XII Directiva e ao seu objectivo declarado de fornecer um recurso limitativo do risco no desenvolvimento das pequenas e médias empresas.

No contexto juscomparatístico, essa tomada de posição da Comunidade Europeia finalizou em sentido positivo dois problemas cuja discussão se prolongou durante décadas. O primeiro, de *política* económica e legislativa, curava da oportunidade e da justiça de consentir a responsabilidade limitada (*rectius*, a irresponsabilidade) também ao empresário individual, quando esse benefício era secularmente compreendido como um privilégio exclusivo do exercício *colectivo* da empresa. O segundo problema, de *técnica* legislativa e *mecanismo jurídico* dessa técnica, debruçava-se sobre o melhor expediente para densificar a resposta positiva a esse primeiro quesito e atingir esse resultado: um património separado e de afectação especial-empresarial, com ou sem personalidade jurídica (a empresa individual de responsabilidade limitada), uma figura de índole fundacional ou o acolhimento da sociedade unipessoal sem responsabilidade do sócio. Apesar da conexão *pouco natural* entre unipessoalidade originária e limitação de responsabilidade, considerados os custos e os méritos, interiorizada nos ordenamentos jurídicos a crescente tolerância com que era tratada a concentração unissubjectiva das participações sociais nas sociedades de capitais, o instrumento societário venceu *de iure condito* a disputa para a qual partiu em clara desvantagem. Venceram-se assim vários preconceitos e alguns paradigmas jurídicos que se supunham inabaláveis, o que levou a admitir a sociedade de capitais unipessoal como figura jurídica *de pleno direito* e integrante da fisiologia do tipo social respectivo, longe da factualidade anómala e ocasional para que era remetida. O desafio seguinte teria de passar pela disposição de um regime a que se submetesse a singularidade que a sociedade de um só sócio apresentava.

Com a entrada em vigor dos arts. 270°-A e ss deu-se mais um passo na confirmação da gradual incorporação da unipessoalidade social nos dados positivos do ordenamento societário. Sendo este reconhecimento legal expresso da unipessoalidade originária e superveniente no tipo quotista uma *evolução na continuidade* dessa mutação de entendimento, a verdadeira novidade no nosso direito das sociedades comerciais é precisamente o de contribuir para fazer cessar a ideia de *anormalidade e irregularidade sistemática* a que a formação de uma sociedade, sem cumprir a exigência comum de obedecer à necessidade de um conjunto plural de fundadores, ainda era associada.

Não se é, todavia, indiferente a sublinhar que esse *corpus iuris* não se limita a consagrar um princípio essencial de admissibilidade da unipessoalidade na sociedade por quotas. A essa pronúncia acrescenta-se a configuração de um regime peculiarmente endossado para essa situação, dotado das *especialidades* (tidas por) necessárias para a protecção dos interesses do tráfico jurídico que o facto de existir um só sócio implica. E nessa disciplina se deve vincar a iniciativa mais inovadora, no que se refere à comparação com o regime anteriormente em vigor.

Seria inevitável que a presença de um instituto societário unipessoal no ordenamento jurídico se apropriasse da ideia de *contradictio in adjecto* que os seus próprios termos gramaticais indiciam. A surpresa é muitas vezes mal digerida pelo jurista, que não encara com naturalidade os incidentes fácticos ou legislativos que contradizem a lógica e os princípios jurídicos que adquiriram, pela sua vigência temporal e sedimentação comunitário-social, o estatuto da imutabilidade, mas que, num certo momento, se vêm ultrapassados pelo ritmo inexorável do acontecimento humano. Este é assim responsável pelo transbordar das mais detalhadas previsões das normas legais e das mais reputadas elucubrações dos juristas, que deverão *valorativamente* ceder para se ajustarem à realidade vital, que, em última instância, se pretende reger[313].

A sociedade unipessoal é mais uma dessas vicissitudes que o jurista terá que digerir e, com isso, superar as evidentes dificuldades em compreender *de novo* algumas das estruturas mais perenes do direito societário, no âmbito do *aggiornamento* que ciclicamente elas sofrem para se moldarem ao apelo reformador das realidades da vida quotidiana.

Como já se depreendeu, a SQU, apesar do seu traço subjectivo menos comum, continua a ser uma sociedade comercial (com o que antecipamos algo que iremos confirmar mais adiante), que tem pela frente o desafio *normativo* de se afeiçoar a uma disciplina que não foi conjecturada para funcionar, tanto nas suas relações externas, como nos seus parâmetros de criação e organização interna, com um sistema de domínio singular. Porém, essa dificuldade é apenas um mero reflexo de a previsão da unicidade do sócio no tipo quotista ser actualmente um dado normativo *programático* e não mais patológico. Com a implantação de uma figura que passa a integrar o âmbito dos fenómenos *típicos* sobre uma *área jurídica* que em muitos pontos lhe é estranha, é inevitável que se fizessem emergir inabilidades, ou melhor, fenómenos de perplexidade, que, foram, aliás, em várias oportunidades zurzidas para contrariar o avanço da unipessoalidade social. Segue-se o momento (ou os momentos) para falar de alguns desses intrincados factores.

---

[313] Aproveitam-se aqui, conjugadamente, as exclamações conformadas de RODRÍGUEZ DEL BARCO, pp. 786-7, e CALVO SORIANO, p. 166.

9. A *fundação* da sociedade unipessoal: a crise do paradigma contratualista e o ajustamento do conceito genérico de sociedade (com uma alusão sucinta pelo meio sobre a *natureza jurídica* da sociedade por quotas unipessoal)

Uma das bases jurídico-dogmáticas tradicionais (a par da personalidade jurídica colectiva) da sociedade mercantil assenta na realização de um contrato, eleito como sua configuração típica. Com efeito, de acordo com o paradigma historicamente dominante, a sociedade seria sempre gerada por um acto negocial bilateral ou plurilateral, com a característica inalienável de ser uma convenção preenchida por um consenso de vontades destinado à produção de um resultado jurídico unitário entre duas ou mais pessoas, a que se acrescentariam as *notas específicas* do contrato de sociedade (como sejam as entradas dos sócios, a repartição de benefícios e perdas, a *affectio societatis* dirigida a uma actividade económica com o intuito lucrativo).

Com a consagração da SQU, possibilita-se legalmente ao empresário individual, através de um outro recurso jurídico, a ascensão à sociedade como estrutura *patrimonial* e *organizativa* autónomas, o que arrola para a sua esfera um complexo de regras legais de funcionamento que fornecem os aspectos essenciais do regime jurídico do tipo quotista[314]. Esta possibilidade foi despachada com carácter geral: qualquer pessoa singular ou pessoa colectiva, desde que respeite as limitações que não lhe iniba o expediente, pode dar vida, na qualidade de sócio único fundador, a uma sociedade por quotas, sempre que *cumpra o núcleo de normas relativas ao processo genético dessas sociedades*.

O que antes era excepcional dentro do sistema legal – a regra geral continuava a ser o imperativo de uma pluralidade de fundadores, ainda que

---

[314] Salientando e desenvolvendo com linear clareza esta característica para a sociedade anónima, cfr. ENGRÁCIA ANTUNES, *Les Groupes de Sociétés et la Crise du Modèle Légal Classique de la Société Anonyme*, 1992, pp. 36-9.

aquilo que era necessário para o nascimento da sociedade pudesse ser tomado como um *requisito dispensável para a sua subsistência* – parece ter conquistado o estatuto que, no contexto do direito das sociedades, possuem os institutos que se mostram em total conformidade com os princípios básicos de uma disciplina, a começar pela formação de uma entidade societária por uma pluralidade de sujeitos. Esta asseveração da *normalidade*, em luta contra a *extravagância* a que a unipessoalidade era votada, pode ser rotulada como a mais profunda mutação que a reforma de 1996 produziu.

Tudo claro, mas sem que se pacifiquem as hostes! O estabelecimento da disciplina de uma organização social que não se reporta à tradicional origem contratual, nem no que toca à *fattispecie* constitutiva, nem quanto à sua *ratio*, adiciona, na verdade, um *importante elemento ruidoso* na coerência dogmática do postulado da *existência originária de um contrato constitutivo das sociedades comerciais*.

9.1. *O carácter societário da unipessoalidade quotista*

Até então, como se reconheceu, a existência de sociedades anónimas unipessoais, fossem estas criadas no desejo de constituição de grupos, fossem determinadas pela concentração *ex lege* de capitais públicos, ou até a unipessoalidade permitida nas sociedades gestoras de participações sociais, podiam ser ainda discorridas na confortável razão da *deformação* dos tipos em ordem à realização de *fins indirectos*, decorrente da dificuldade em ver-se no contrato associativo o critério de qualificação da espécie societária. Na verdade, assim parece ser. Em consequênica, a adopção do instrumento societário para responder aos anseios do empresário individual assume-se como mais uma etapa da tipologia de decisões legislativas que pretendem beneficiar do regime jurídico próprio da estrutura societária. Com isso, aproveita-se o facto de tal código organizativo-estrutural dos tipos sociais se revelar tendencialmente *neutral*, no sentido de que se presta a ser *facilmente adaptado aos mais diversos conteúdos* e *susceptível de ser preso às finalidades e aplicações concretas mais variadas*[315].

Com o alargamento da unipessoalidade à base estrutural e funcional de um tipo social em si mesmo, parece ser de vistas curtas perspectivar o crescimento desta realidade ainda *e só* na sua redução a um pressu-

---

[315] Sobre o tema, *vide*, entre outros, GIORGIO MARASÀ, *Le «società» senza scopo di lucro*, 1984, pp. 165 e ss; SÁNCHEZ CALERO, "Derecho de las sociedades...", loc. cit., p. 1269. *Vide* ainda *infra* as referências bibliográficas da n. 420.

posto legítimo de utilização indirecta de um instituto para um fim atípico[316].

Até mesmo se diga que se adiantam em triunfo as posições dogmáticas que vêm defendendo o desemprego de uma incompatibilidade substancial entre o conceito de sociedade de capitais e a figura da unipessoalidade, ou entre a noção de personalidade jurídica societária e a de sociedade unipessoal. Pelo menos, as novas disposições da SQU padronizam, perceptivelmente, um esquema em que uma sociedade por quotas (originária ou supervenientemente) unipessoal usufrui dos mesmos atributos de *personificação* que qualquer outra sociedade anónima ou por

---

[316] Esta concepção parece estar implícita na corrente doutrinal que continua a afirmar que a sociedade unipessoal originária não se desprende *facticamente* da condição funcional de "empresa individual de responsabilidade limitada" (qualificada como societária por conveniência...), sem da inovação se retirar o essencial e se conformar com o acidental e o acessório: assim, a título de exemplo (em acrescento aos Autores referidos *supra* na n. 190), cfr., na Alemanha, GÖTZ HUECK, *Gesellschaftsrecht*, ob. cit., p. 348; FRIEDRICH KÜBLER, pp. 305-6 (confirmada na p. 311, onde lhe chama sociedade de capitais *atípica*); em Itália, ORESTE CAGNASSO/MAURIZIO IRRERA, "Società a responsabilità limitata", *Digesto delle Discipline Privatistiche. Sezione Commerciale*, 1997, p. 188; FRANCESCO FERRARA Jr./FRANCESCO CORSI, p. 210. Como já demos a entender em alguns excertos do Capítulo I, pontos 3 e 4, essa posição centra-se na predominante utilização do recurso societário-unipessoal no domínio da empresa de pequena e média dimensão, ignorando ou desvalorizando a extraordinária *versatilidade* ou *polivalência funcional* que a sociedade unipessoal manifesta no plano económico (este facto é comummente sublinhado na doutrina espanhola: *vide*, por todos, SÁNCHEZ ALVAREZ, p. 230). Pensamos, e temo-lo manifestado aqui e ali em excursos precedentes, que o estudo jurídico da sociedade unipessoal deve estar consciente dessa susceptibilidade económica de extrapolação do horizonte da *continuação*, realizando-a como capital, da *exploração de uma empresa exercida até então como empresário individual* – em particular, utilizando-a como *forma organizativa* para a constituição ou a reordenação de um grupo empresarial ou com a finalidade de criar uma *holding* intermédia que permita organizar a direcção da empresa em vários níveis: salientando o ponto, cfr. PETER ULMER, "Allgemeine Einleitung...", loc. cit., Rdn. 10, p. 7. Assim, não se correrão *dois riscos* a evitar. O primeiro é o de não destrinçar a SQU de outras figuras *parcialmente* concorrentes, como o EIRL e a empresa em nome individual. O outro é o de, estando a esta visão subjacente a construção da sociedade unipessoal como mero património autónomo do sócio único (fundador ou remanescente), desviar o instituto da sua matriz societária. Sob este último tema, será redutor negligenciar os factores de organização interna e de vinculação externa que o instrumento social traz de inovador à empresa individual, ainda que se admita o papel central que, no regime posto, a questão da responsabilidade adquire, em conjunto com os comportamentos de incumprimento tidos por (i)legítimos, à luz das prescrições legais, para que esse privilégio se perca.

quotas[317]. Deste modo, estando ausente dessa aquisição de personalidade jurídica a origem contratual[318], petrifica-se a relevância do aspecto *organizativo* das sociedades de capitais, entendidas como estruturas oferecidas por lei para servirem de instrumento para o desenvolvimento de iniciativas empresarias *tanto individuais como colectivas*[319].

As distorções que se configuram na compreensão contratual do surgimento das sociedades comerciais, fundamentalmente das sociedades de capitais (nestas se distinguindo a sociedade anónima), não são de agora. Impõe-se decalcar algumas das carestias.

Neste campo, a liberdade de contratar significaria no domínio constitutivo de uma sociedade, essencialmente, a faculdade de adoptar ou não um certo tipo social[320], concomitantemente ligada à escolha do conjunto de participantes na sociedade, para atingir os típicos fins colectivos e organizacionais que lhe são próprios e compatíveis com as necessidades, com

---

[317] Deixa, por isso, de ser abonatória a emissão de apreciações típicas de uma unipessoalidade apenas encarada como vicissitude da sociedade, apreciações assentes em veicular que uma sociedade de capitais, criada para que uma colectividade de sujeitos exerça uma actividade mercantil, ao ser unipessoal, desvirtua o cumprimento da finalidade primordial que o legislador pretende conseguir com a regulação de determinadas sociedades. E, por conseguinte, em admitir que a sociedade de capitais com as respectivas participações sociais concentradas num único sócio é uma pessoa jurídica com a *aparência* (não tem a substância ou a realidade desta) e o seu *efeito principal* (a limitação da responsabilidade). Para exemplo demonstrativo, veja-se JOSEFINA BOQUERA MATARREDONA, *La concentración*..., ob. cit., p. 71.

[318] Ao contrário das sociedades anónimas, que por lei se encontram vinculadas à existência de um número mínimo de fundadores, a disciplina da sociedade por quotas não dispõe de um preceito desse teor, à imagem das legislações estrangeiras que desse tipo social se ocupam. Esse silêncio, aqui ou lá fora, sempre foi resolvido pela remissão que se fazia para o conceito e para o regime do contrato de sociedade, que exigem pelo menos dois fundadores, pois este é o número mínimo de pessoas necessário para a conclusão de um contrato, único meio, até há bem pouco tempo e salvaguardando as excepções delimitadas por lei, de constituir em quase todos os sistemas jurídicos uma sociedade comercial.

[319] Para uma forte crítica à utilização de estruturas organizadas contratualmente tendo em vista finalidades sociais, como o devem ser as sociedades, para aplicação no interesse de um empresário singular, contribuindo para a confusão completa entre contrato, sociedade, fundação, sócio único, empresa social e empresa individual, através de se ter contornado a lei, servindo-se dela, *vide*, por todos, GIUSEPPE RAGUSA MAGGIORE, "Il legislatore funambolo...", loc. cit., pp. 575-8.

[320] Para uma cuidada análise da relação entre o princípio da tipicidade e a (derrogação ou limitação da) autonomia contratual, *vide* PAOLO SPADA, *La tipicità della società*, ob. cit., pp. 6 e ss.

a actividade que se pretende empreender e a dimensão conveniente. Já no que respeita à possibilidade dada aos associados de escolher as regras relativas à organização interna da sociedade, o princípio confronta-se com os limites legais aduzidos pelos interesses daqueles que estão em relação de negócios ou de interesses com a sociedade: nesta vertente, a liberdade dada aos contraentes é *extraordinariamente subsidiária da norma legal*, pois tudo o resto, que não seja entregue ao campo limitado da *livre conformação estatutária* e da *deliberação social*, já está previsto e estatuído na lei. Isto é, se a formação de contratos, como mecanismo jurídico concretizador da autonomia privada no campo dos negócios, se constrói à luz do primado da vontade – no que respeita à decisão de contratar e à decisão de definição do seu conteúdo –, esta existirá em menor medida do que a que se entende para outras espécies contratuais, a não ser nesse elemento volitivo residual que é o de decidir constituir uma sociedade e com estes ou aqueles parceiros. A sua organização e funcionamento internos, no grosso, estão excluídos do livre arbítrio das partes contratantes, encontrando-se pormenorizadamente na legislação societária, geral e especial (se a houver), por razões de ordem e interesse público (onde avultam a tutela da segurança e certeza do comércio e a transparência das actuações internas dos sócios)[321]. Mesmo quem sustente que as atribuições dos

---

[321] É usual a denominação de sociedade comercial aparecer distintamente entre *dois momentos de referência* no discurso jurídico. Um, tradicional, referido ao acto jurídico de constituição de sociedades, responsável pela produção de efeitos nas relações entre os sócios, atribuindo-lhes determinados direitos ou impondo-lhes certas obrigações: a sociedade-*negócio* ou sociedade-*acto*. O outro referido à existência da pessoa jurídica (ou ente, ainda que não personificado) que esse negócio origina e se vem a relacionar no comércio jurídico para a obtenção de um certo escopo, assumindo, em qualquer caso, uma autonomia relativamente aos sujeitos que a compõem e aos respectivos patrimónios: a sociedade-*entidade* ou sociedade-*organização* ou *relação*, de conteúdo mais ou menos complexo de acordo com o tipo ou classe de sociedade que os sócios elegem. Vide, entre nós, VASCO LOBO XAVIER, *Sociedades comerciais...*, ob. cit., pp. 3-4; PINTO FURTADO, *Curso de Direito das Sociedades,* ob. cit., pp. 48-9; COUTINHO DE ABREU, *Curso...,* volume II, ob. cit., pp. 3-5; lá fora, SÁNCHEZ CALERO, *Instituciones de Derecho Mercantil...*, ob. cit., pp. 215-16; GIUSEPPE FERRI, *Manuale di Diritto Commerciale*, ob. cit., p. 236; FRANCESCO FERRARA Jr./FRANCESCO CORSI, pp. 237, 239, ss.

Esta distinção interessa sobremaneira ao nosso raciocínio. Assim, na sua configuração típica, a sociedade comercial reproduz os pressupostos da própria existência de um acto negocial, que é expressão da autonomia privada. Com o seu acto constitutivo, vai regular-se o desenvolvimento da futura actividade social (sobre o ponto, cfr. PAOLO FERRO-LUZZI, *I contratti associativi*, ob. cit., pp. 280 e ss, 318 e ss), assumindo assim esse

órgãos executivos de uma sociedade constituem uma delegação voluntária sob a forma de mandato outorgado pelos sócios contratantes (para garantir a atribuição de competências orgânicas ainda sob o manto das regras

---

facto de composição de interesses um carácter evidentemente instrumental, já que ele é, para o dizermos em termos de relação de causalidade, o *facto constitutivo do fenómeno societário* (por todos, cfr. CARLO ANGELICI, *La società nulla*, 1975, pp. 46-7). Todavia, a satisfação dos interesses tidos em conta na celebração do acto criador apenas se virá a concretizar no momento do desenvolvimento efectivo da actividade projectada. Tal actividade terá uma parte da sua vida regulada pelas normas constantes do acto constitutivo, é certo, mas, sendo a actividade o objecto desse regulamento originário, a sua regulação, estranha à vontade dos contraentes, é que contará na proporção determinante [para estas considerações, respiguem-se ainda as palavras e as referências bibliográficas de ALESSANDRO BORGIOLI, *La nullità della società per azioni*, 1977, pp. 19-22 e, em esp., a n. (40)]. Na verdade, tal como se pode ver na elucidativa lição de COUTINHO DE ABREU, no mesmo local (com sublinhados nossos), "entre acto jurídico constituinte e entidade societária há uma íntima ligação: o acto faz nascer a sociedade, esta assenta geneticamente nele e por ele é *em boa medida* disciplinada. Mas, por outro lado, há um considerável *desprendimento* da sociedade-entidade relativamente ao acto constitutivo: afora o facto de a organização e o funcionamento internos da sociedade serem em larga medida *independentes do acto de constituição* (sendo directamente regidos pela legislação societária), ela é novo sujeito (distinto do(s) sócio(s)) que por si actua e se relaciona com outros sujeitos (não sendo, *no essencial*, tais *actuação e relações da criatura disciplinadas pelo acto criador*...)". Daqui se deslinda uma notória percepção *do restrito campo de actuação* da autonomia privada na configuração das sociedades enquanto entidades – "ora, é evidente que o *tipo*, na parte em que a sua disciplina consta de normas imperativas, limita de modo directo a autonomia privada: se o tipo não existisse, nem sequer existissem estas normas imperativas, e a autonomia privada poderia expandir-se nos territórios que essas lhe precludem" (ENZO ROPPO, "Contratto", *Digesto delle Discipline Privatistiche. Sezione Civile*, IV, 1989, p. 119, itálico como no original) –, à qual se deve ainda ressalvar as limitações que a própria modelação do conteúdo do negócio social sofre por imposição da lei: esta, de facto, faz sentir o seu efeito *orientador-imperativo* desde logo com particular acuidade nesse momento embrionário da sociedade-pessoa jurídica (insurgindo-se contra os constrangimentos artificiais dos mecanismos societários e propondo uma *desregulamentação* para conservar a eficácia das sociedades, cfr. YVES GUYON, *Droit des Affaires*..., ob. cit., p. 92).

Claro que no momento constitutivo *há vontade* de desenvolver uma certa actividade futura, para com ela obter as vantagens prognosticadas e que induziram a negociar-contratar, e para isso se realizam as entradas necessárias. Porém, essa vontade, concretizada nos estatutos da sociedade, não esgota o interesse das partes: é, conforme a melhor doutrina, instrumental à relação social (a letra do art. 980°, do CCiv., é, neste particular, elucidativa), condicionada pela lei e genérica, pois precisa de se completar na futura relação social, feita de actos concretos dirigidos à densificação dessa vontade. De facto, o exercício da actividade económica para que se constituiu a sociedade demanda, pela sua própria natureza, a persistência de uma relação social, feita de *meios* destinados à actividade e

contratuais), não negará que os seus poderes e a sua responsabilidade resultam fundamentalmente, ainda que com a legitimação dos sócios, de um complexo normativo-legal imperativo, destinado a regular a administração da sociedade na direcção do bem comum a realizar[322]. Por isso, apesar de não se poder ignorar os interesses do investimento colectivo, do pessoal da empresa e dos próprios credores, digamo-lo com JEAN PAILUSSEAU, parece que "uma organização de origem legal tende a substituir uma organização de origem contratual"[323].

---

determinações ulteriores às iniciais, ainda que esses mecanismos efectivos de desenvolvimento das operações singulares sejam imprevisíveis. Assim, a necessidade de se pôr em prática um nexo coordenado de comportamentos destinados à satisfação dos interesses regulados no negócio de sociedade (*rectius*, a produção de uma série indefinida de novos actos jurídicos em que se concretiza o exercício da actividade projectada), que se normativizam na identificação dos sujeitos e das condições para a assunção de decisões e para a realização de comportamentos vinculantes, postula, na execução da vontade negocial, um claro princípio organizativo (cfr., para este ponto, AGOSTINO GAMBINO, *Il principio di correttezza nell'ordinamento delle società per azioni*, 1987, pp. 108-9; e ainda GIUSEPPE FERRI, *Le società*, ob. cit., p. 5).

Ora, chegados aqui, conclui-se que a *organização* é a forma jurídica da actividade da sociedade, pois será o seu funcionamento que tornará possível a produção dos efeitos pretendidos e espoletados pelo exercício da panóplia de situações subjectivas de diversa natureza (direitos, obrigações, poderes, faculdades, vínculos e responsabilidades), determinados em primeira linha pelo regulamento *convencional* original (mesmo aqui, sempre será a lei que faz variar o conteúdo e o grau de tutela daquelas situações, de acordo com o singular tipo de sociedade que esteja presente). Sendo esse o *dia-a-dia* da sociedade, ao estar orientada essencialmente pelos regulamentos *legais*, pela própria *individualidade normativa* de que dispõe em virtude da lei e que não se reconduz em grande medida ao negócio estatutário – o que significaria, nas palavras de PIER GIUSTO JAEGER, *L'interesse sociale*, ob. cit., p. 132, que "a vontade contratual dos sócios opera tão-só no momento formativo da instituição, mas que a essa é subtraída pela lei a possibilidade de regular o sucessivo desenvolvimento das relações..." –, caberá pouco espaço para exprimir a liberdade criadora das partes que recorrem aos esquemas societários.

[322] *Vide*, por todos, GEORGES RIPERT/RENÉ ROBLOT, p. 791.
[323] *La société anonyme. Technique...*, ob. cit., p. 35. O mesmo Autor ressalta, em "L'E.U.R.L. ...", loc. cit., n. 120 (ou, mais recentemente, em "La nouvelle...", loc. cit., pp. 345-6), que toda a evolução do direito das sociedades, ainda que em graus diversos de acordo com o tipo de sociedade (mais forte na sociedade anónima, menos aguda nas sociedades de responsabilidade ilimitada), é marcada neste século por duas tendências: a substituição constante do legislador (ele fixa um quadro e os operadores seguem-no) aos utilizadores (que moldariam livremente a sociedade) na organização da sua sociedade e o crescimento inexorável das regras imperativas, percebidas como inderrogáveis nas áreas mais sensíveis.

Por seu turno, o postulado da relação sinalagmático-correspectiva inerente ao contrato – que implicaria a interdependência e reciprocidade de prestações –, mesmo moldado pelos doutrinadores do "contrato de organização"[324], não resiste à simples verificação de uma sociedade persistir independentemente da mudança ou extinção dos seus fundadores, em virtude da lógica de continuidade (mais do que oposição que gera a necessidade de prestações correspectivas e, na maior parte dos casos, infungíveis) que uma realidade colectivo-associativa e dinâmica na sua estrutura de funcionamento, como é a sociedade comercial, persegue. De facto, a sociedade, em particular a sociedade de capitais, não se adapta ao nominalismo ou individualismo característico do modelo contratual, na medida em que a *realidade organizacional*, devidamente normativizada nos seus termos, ao prolongar-se para além dos direitos e obrigações dos seus associados, *se diferencia e se destaca do acto criador da sociedade*, indo muito além de se vincular à manifestação de vontade das pessoas fundadoras (com efeitos nas respectivas esferas jurídicas). Nesta linha, apontavam-se algumas refracções: a relação, depois de adquirida a personalidade jurídica, deixa de ser entre os sócios, para ser entre cada um deles e a sociedade; a relação pode ser modificada para adaptar o acordo primitivo às exigências concretas por deliberação da maioria dos sócios, mesmo que contra a vontade de um sócio; a organização é susceptível de afectar a esfera jurídica de outras pessoas e grupos (os trabalhadores, os credores, os clientes-consumidores) e o próprio interesse colectivo de desenvolvimento económico.

Por estas e outras razões se bateram contra o paradigma contratualista as teses institucionalistas[325], canalizadoras de uma compreensão da

---

[324] Vide supra n. 202.

[325] O pensamento institucional influencia de há muito tempo a esta parte a moderna doutrina que trata do direito das sociedades. Esta foi uma tendência inicialmente fabricada na teoria alemã da *Unternehmen an sich* e que ganhou particular consenso, em certa época, na doutrina francesa, depois do papel precursor desempenhado por Hariou e Renard (*vide* JEAN-PIERRE BERTREL, "Liberté contratuelle et sociétés. Essai d'une théorie du «juste milieu» en droit des sociétés", *RTDC*, 1996, pp. 613-15), além de ter ganho alguns adeptos em Itália (*vide*, com referência à *empresa* – não se deve confundir com o institucionalismo respeitante à sociedade comercial, *maxime* anónima –, além daqueles que se poderão recolher em PIER GIUSTO JAEGER, *L'interesse sociale*, ob. cit., p. 148, n. (68), ALBERTO ASQUINI, "Profili dell'impresa", loc. cit., pp. 9 e ss; WALTER BIGIAVI, *La "piccola" impresa*, 1947, pp. 103, n. (39) e 105 e ss; PIERO VERRUCOLI, "Enti pubblici e impresa", *Nuova Riv. Dir. Comm.*, 1951, p. 82). Um exame circunstanciado das concepções institucionalistas, com particular referência para a sociedade anónima e com abundante

informação sobre a as distintas contribuições doutrinais, pode ser percorrido em PIER GIUSTO JAEGER, *ibid.*, pp. 14 e ss, a pretexto do complexo tema do interesse social. Apesar da longevidade dessas considerações, destaquem-se algumas "plantações" posteriores no debate revigorante da sua originária fonte, a perspectiva da «empresa em si», que se sucederam na Alemanha: neste sentido, *vide* THOMAS BRINKMANN, *Unternehmensinteresse und Unternehmensrechtsstruktur*, 1983, pp. 17 e ss e *passim*; WOLFGANG KOCH, *Das Unternehmensinteresse als Verhaltensmaßstab der Aufsichtsratsmitglieder im mitbestimmten Aufsichtsrat einer Aktiengesellschaft*, 1983, pp. 28 e ss; GUNTHER TEUBNER, "Unternehmensinteresse – das gesellschaftliche Interesse des Unternehmens "an sich"?", *ZHR*, 1985, pp. 470 e ss. Sobre o estado actual da questão no direito alemão, que desde o § 70, al. 1, da *Aktiengesetz* de 1937, fez da protecção de interesses transpersonalistas de carácter público na sociedade (*Gemeinwohl*) uma parcela integrante da normatividade societária, cfr. KARSTEN SCHMIDT, *Gesellschaftsrecht*, ob. cit., pp. 120 e ss, e FRIEDRICH KÜBLER, pp. 134 e ss. Sempre a propósito da matéria do interesse social, cfr., na doutrina portuguesa, COUTINHO DE ABREU, *Do abuso...*, ob. cit., pp. 108 e ss (com um excurso de direito comparado em *Da empresarialidade...*, ob. cit., pp. 233 e ss); BRITO CORREIA, *Direito Comercial. Sociedades Comerciais*, volume II, ob. cit., pp. 41 e ss.

    A sua influência aplanou-se com vias e intensidades de variado grau. Particularmente relevante na densificação do tema do interesse social, interessa-nos aqui para pincelar um pouco a *relação jurídico-societária*. A institucionalização do fenómeno societário precipita-se, essencialmente, em dois planos. Num desses, valora-se a possível atracção de interesses estranhos aos dos sócios na vida da sociedade, de carácter público ou titulados por terceiros, a que se deviam subordinar as vontades individuais, na compreensão das relações entre os sócios e entre estes e os órgãos da sociedade (fundamentalmente, de administração). No outro, observa-se que a possibilidade de coexistirem no âmbito intrassocietário interesses alheios aos interesses próprios dos sócios, como o são o "interesse da empresa" ou o "interesse da sociedade", conferem ao fenómeno societário uma dimensão radicalmente *despersonalizada*, pela qual a sociedade se assume como um organismo (a tal instituição), dotado de vida própria e teleologicamente destinado a perseguir um fim diferente, que transcende os escopos dos indivíduos que o compõem, e mais próximo de interesses gerais-estaduais. A conjugação *normativa* destes dois planos conduziria à cristalização dos diferentes modelos de operação societária, que seriam, como estavam previstos nos diplomas reguladores, um verdadeiro limite imanente à liberdade contratual (sobre este ponto, com uma descrição sucinta das teses de Raiser e Teichmann, cfr. LUIZ FERNÁNDEZ DE LA GÁNDARA, *La atipicidad en derecho de sociedades*, ob. cit., pp. 254-9).

    Depois de feita uma digressão pelo institucionalismo, não nos parece que seja de esconder a vitalidade própria de que a organização social enquanto desenvolvimento da relação social dispõe, *como que* portadora de um interesse próprio e até oposto ao dos sócios. Por um lado, a lei permite à maioria (ou a uma particular maioria...) a alteração do pacto convencionado ao início, para o moldar às evoluções concretas de funcionamento, ignorando-se o conteúdo determinado no acordo e sobrepondo-se a esse (nesta linha, cfr. GEORGES RIPERT/RENÉ ROBLOT, p. 791). Bem assim, o poder de modificação não se circunscreve, no ordenamento das sociedades de capitais, à idónea actuação de interesses primários definitivamente regulados. A competência da maioria estende-se às mais polifacetadas matérias (a alteração do objecto social, a transformação, a dissolução, a transferência de sede da sociedade), desfigurando-se ou terminando-se, se for o caso, a primitiva estrutura da relação jurídica societária. Afigura-se evidente o sacrifício dos interesses individuais ao *comum* interesse do grupo, neste ponto de actuação da *maioria* dos sócios na definição das escolhas relativas à actuação da sociedade (sobre o assunto, cfr. PIER GIUSTO JAEGER, *ibid.*, pp. 96-7; COUTINHO DE ABREU, *Do abuso...*, ob. cit., pp. 114-17, contra a mitificação do princípio maioritário como critério de identificação do interesse social, mas, a p. 121, sem embargo de refutar que a maioria, ou o grupo de controlo, seja o titular do interesse social, reconhece que "é ela que vai determinar qual o bem, qual o meio mais apto a conseguir o máximo lucro": logo, com sublinhado do Autor, "é ela que delibera *o* interesse social em concreto"). Por outro lado, o funcionamento da sociedade regula-se com base nas suas regras autónomas, que em rigor dispensam a vontade dos contratantes. Pragmaticamente, a função do contrato (criado por vontade das partes) acaba por se exaurir no momento da criação e da geração da personalidade jurídica, já que, depois, os sujeitos criadores da sociedade vêem-na fugir das mãos, em virtude do complexo normativo que é imanente à organização (derivada da lei). Por conseguinte, parece que isto escapa aos princípios da contratualidade, dominados pela livre disponibilidade dos interesses próprios por parte dos contraentes.

A lei, na realidade, regula a sociedade-organização de modo autónomo em relação ao negócio estatutário, na medida em que pede quase sempre, para que se produzam os efeitos queridos pelas partes, o concurso de pressupostos ulteriores. Ainda que se diga, como FRANCESCO FERRARA Jr./FRANCESCO CORSI, pp. 242-3, em contraponto, que existe uma parcela do acto constitutivo que permanece intangível, como o escopo de lucro e o direito ao reembolso da quota, que apenas podem ser modificáveis com o concurso de todos os sócios e constituindo em si mesma o núcleo daqueles *direitos individuais* que representam um limite que respeita o *centro de autonomia dispositiva* configurado pela pessoa jurídica. Não procede esta reacção, pois os dados normativos a ela não correspondem. Esses direitos não estão submetidos, como direitos individuais, ao princípio da unanimidade. De facto, em primeiro lugar, não se pode dispor desses direitos nem por unanimidade; em segundo lugar, mesmo esses podem, em concreto, ser prejudicados, com deliberações maioritárias, até mesmo conduzindo ao seu total sacrifício: AGOSTINO GAMBINO, p. 116, que não aplaudia a tese de Ferrara Jr. e Corsi, exemplificava com a emissão de acções privilegiadas na distribuição dos lucros e no reembolso do património resultante da liquidação em concorrência com a exclusão do direito de preferência. Antes se diga que o regulamento de interesses elaborado no contrato de sociedade originário é decisivo para definir o conteúdo essencial das características próprias da organização escolhida para laborar.

Mas essa definição de interesses não é em absoluto imutável. A regulação das sociedades de capitais induz mesmo a concluir que a actividade social não pode ser reconduzida à categoria de execução do acto fundador, dele se abstraindo demasiadas vezes em face do amplo poder de disposição conferido e exercido no âmbito do princípio maioritário. Ora, se se afirma que o esquema estatutário tem (ou pode ter) um papel *decisivo* na organização societária a adoptar (não só em tema de procedimentos, mas também em termos de responsabilidade dos sócios, do tipo de funcionamento interno, de regime de transmissão e de circulação das participações, etc.), sendo essa uma composição essencial e primária, mais aumenta a importância da maioria poder incidir sobre elementos nevrálgicos do originário regulamento de interesses (ainda AGOSTINO GAMBINO, pp. 117-18, 132-3). Por conseguinte, o que devemos salientar é que a dimensão *funcional* das sociedades não deve ser excessivamente ancorada na regra da maioria (feita sobretudo em referência à sociedade anónima), visto que a subordinação do indivíduo às decisões do grupo (consentido pela lei ou pelo acto constitutivo: assinalem-se e leiam-se os arts. 265° e 386°) encontra o seu fundamento e justificação na exigência de uma melhor realização do resultado final. A lei não vai permitir, sejamos claros, a revogação da vontade estatutária, antes abre a via da sua modificação para melhor assegurar a realização do escopo que interessa aos sujeitos conseguir. Ora bem, se o poder dispositivo reconhecido à maioria para modificar o acto constitutivo é legítimo em nome do *interesse final de todos*, é curial dizer-se que se está a perseguir, antes de tudo, os interesses dos sócios. Além do mais, voltando à contratualidade, note-se que se tem visto com naturalidade a aplicação de alguns princípios cardinais que regulam a fase executiva dos contratos à sociedade-organização: em Itália, a doutrina, a jurisprudência e a legislação têm convocado, nomeadamente, o princípio da *correcção e da boa fé – vide*, para um tratamento detalhado do relevo do art. 1375 do *CCIt.*, que determina que «o contrato deve ser cumprido de acordo com a boa fé», AGOSTINO GAMBINO, pp. 145 e ss, 346 e ss; com notável interesse, pela sobrevalorização "em contra-mão" da sociedade como contrato, tanto para o acto constitutivo, como também para a relação que se instaura entre os sócios, cfr. a decisão da **Cassazione Civile**, de **26.Outubro.1995** (in *GC*, 1996, II, p. 329, ss); de sinal oposto foi a solução da mesma instância em **10.Dezembro.1996** (in *Società*, 1997, p. 539, ss) – e o princípio da *paridade de tratamento substancial* entre as partes para avaliar as relações entre sócios e o seu comportamento na assembleia (sobre estes últimos aspectos, será de ler GIAN FRANCO CAMPOBASSO, *Diritto Commerciale. 2...*, ob. cit., pp. 51-2).

Ainda mais. Também tem sido enfatizado que aquela afirmação tangente à cristalização dos modelos normativos correspondentes a cada uma das formas sociais não tem uma dimensão geral, como já demos a entender. Nas sociedades de pessoas, pelo menos, isso não será verdade. Os seus modelos de actuação mereceram por parte dos legisladores rasgos estruturais muito elementares, até ao ponto de se confundirem com os traços funcionais da sociedade; daí que os sócios tenham uma grande liberdade estatutária na configuração organizatória da sociedade. De facto, isto não é assim nas sociedades de capitais, em particular se nos referirmos à grande sociedade anónima (cotada em bolsa). Nesta classe de sociedades, a estrutura organizativa cristalizou-se em normas rígidas que apenas podem ser modificadas (ou substituídas) por intermédio de acordo societário, cumprindo-se deste modo uma *função garantística* de protecção dos interesses extrapessoais. Muito bem. Mas pergunte-se: será hoje porventura o direito societário tomado apenas pela vertente do direito das sociedades anónimas? Pelo contrário, a regulação da sociedade anónima tem aspectos de grande especificidade, enquanto que o direito positivo vigente em matéria de sociedades considera o fenómeno societário de um *modo unitário*, qualquer que seja o tipo adoptado, sendo esse considerado predominantemente em função do interesse dos sócios (neste sentido, em confronto com os interesses, tutelados ou não por normas, de outros sujeitos que não a pessoa dos sócios actuais, cfr., em geral e por todos, PIER GIUSTO JAEGER, *ibid.*, pp. 117 e ss). Além de que é, no mínimo, discutível, que a abertura das portas das grandes sociedades ao interesse público (até porque algumas delas são, total ou maioritariamente, do Estado) confirme as teses institucionalistas: não estará na sua disciplina mais presente a tutela dos aforradores e potenciais investidores nos seus títulos...?

Firmadas estas apreciações, devemos reconhecer o que é de reconhecer, mas sem radicalismos. A lucidez aconselha a ver, ainda que com diferentes níveis de intensidade, e reduzida às sociedades de capitais, a consideração de *certos interesses que extravasam o âmbito de protecção dos sócios*. Neste contexto, a sociedade unipessoal parece ser precisamente *um instituto que consagra na sua disposição enquanto ente e na sua regulamentação um caso desses*: isto é, uma figura que influencia o acostamento a uma indesmentível proliferação de colorações institucionalistas do direito societário, em particular quando pretendemos ver nela um interesse distinto do seu sócio (*vide infra* ponto 16 do Capítulo III). Não obstante, na averiguação da sociedade enquanto relação e entidade, na sua matriz plural, deve continuar-se a firmar que esses diferentes interesses não se situam no mesmo plano de igualdade. Na verdade, o ordenamento do grupo societário continua a ser um instrumento da autonomia privada e não se destina a dar *tutela paritária*, no âmbito da disciplina jurídica vigente da organização interna das sociedades capitalísticas, a interesses diferentes daqueles que pertencem aos seus componentes (aparentemente neste sentido, *vide* VASCO LOBO XAVIER, "Relatório...", loc. cit., pp. 461-3). Mais radical foi, numa primeira aproximação ao problema, COUTINHO DE ABREU, *últ. ob. cit.*, p. 105, pois declarou não ser legítimo "afirmar como fim da sociedade a prossecução de interesses supra-humanos, superiores aos interesses individuais dos associados". Depois do CSC, motivado pela análise do art. 64°, o Autor completou a sua ideia, na esteira de VASCO LOBO XAVIER, *Anulação...*, ob. cit., p. 242, ss, n. (116), ao dizer que "não tem cabida ver nos «interesses dos sócios» interesses «pessoais» ou «extra-sociais» (ou «individuais») dos mesmos – interesses dos sócios como terceiros (frente à sociedade), ou como sócios (no âmbito da sociedade) mas sem serem comuns a todos eles", mas o conteúdo do dever de

sociedade como *técnica de organização jurídica das estruturas patrimoniais e das estruturas de poder da empresa*[326], que se autonomiza do seu

---

diligência imposto à administração da sociedade, "considere-se ou não o mesmo irrealista ou até mistificador", implica que, "para efeitos do art. 64º, os titulares dos órgãos de administração «devem ter em conta», na avaliação do «interesse da sociedade», não apenas os «interesses dos sócios» mas também os «interesses dos trabalhadores»": cfr. *Da empresarialidade...*, ob. cit., pp. 230 e ss. Estas ideias tiveram recentemente confirmação e incremento, nomeadamente no que respeita à medida da *ponderação* dos interesses dos sócios (enquanto interesse comum, "ligado à comunidade do escopo social") e dos interesses dos trabalhadores, no seu *Curso...*, volume II, ob. cit., pp. 294 e ss, em esp. 299--302. Sobre o esforço de síntese, efectuado pelo Autor, entre contratualismo e institucionalismo na noção de interesse social, *vide infra* n. 765.

Reconhecendo a superação da concepção democrática tradicional da sociedade e a sua evolução no caminho da sociedade-instituição no que concerne às relações entre a sociedade e os sócios e no comportamento externo da sociedade em relação ao interesse dos sócios, "caracterizada por uma centralização de poderes e de interesses, também num plano estranho e superior aos interesses dos sócios, na imanência de uma empresa que se organiza e actua só em função do próprio superior interesse do mercado", *vide*, com um bem fundamentado cotejo comparatístico, ANGELO DE MARTINI, "Attuali prospettive della società per azioni sul piano nazionale e su quello europeo", *Temi Rom.*, 1970, p. 456, ss. Em sentido dubitativo do significado jurídico da inserção no ordenamento societário do elemento finalístico-institucional do "interesse público ou geral" ou do "bem comum", *vide* as interessantes contribuições, com variadas remissões bibliográficas, de LUIZ FERNÁNDEZ DE LA GÁNDARA, *ibid.*, pp. 37 e ss (esp. pp. 73-7). Para a afirmação de uma linha tendencial de *compromisso*, na realidade normativa das sociedades anónimas, entre a teoria contratualista – se não explica todas as situações jurídicas, dá sustento às situações internas respeitantes à assembleia geral, uma vez que as suas deliberações não devem ser insufladas senão pelo interesse comum dos sócios – e a teoria institucionalista – com a qual o intérprete compreende as situações jurídicas dos outros órgãos sociais, em particular do administrativo, que detém, emancipado que foi dos poderes de direcção da assembleia, competência exclusiva para a gestão da empresa social –, *vide* FRANCESCO GALGANO, *Diritto civile e commerciale. L'impresa e le società...*, ob. cit., pp. 45 e ss, em esp. p. 54 (também recenseado entre nós por COUTINHO DE ABREU, *Da empresarialidade...*, ob. cit., pp. 233-4).

[326] Cfr. JEAN PAILUSSEAU, *La Société anonyme. Technique...*, ob. cit., pp. 7 e 9. Em resumo, esta doutrina, de grande influência em França (ficou conhecida como a Escola de Rennes), não negando os fundamentos contratuais da sociedade, explicava a estrutura (o corpo organizado nascido do pacto social e autonomizado como sujeito de direito com a formalidade da inscrição da sociedade no *registre du Commerce*, entendido como o seu verdadeiro factor genético) da sociedade (anónima) à margem dos princípios de governo democrático do contrato social – "comparando a sociedade [por acções] a um Estado, podemos afirmar que ela constitui um tipo de *democracia directa ou de governo de assembleia*", em consequência de "os accionistas, considerados como associados

que contratam entre eles, são, a este título, dizemos nós, os *patrões da sociedade* e designam os mandatários para os representar; a assembleia geral é suposto deter o poder supremo": GEORGES RIPERT/RENÉ ROBLOT, p. 1055, sublinhado dos Autores –, decorrentes de um mecanismo que servia de quadro à actuação colectiva de um grupo de sujeitos interessados em satisfazer interesses que comungam. Os últimos Autores consagram-na, ao invés, como uma técnica que organiza as relações entre accionistas e a distribuição de poderes tendo como fito a agregação de capitais e a gestão da empresa – toda aquela democracia seria assim "uma grande ilusão. (...) Economicamente, o accionista é frequentemente um capitalista que contribuiu com os seus bens para a sociedade com o único pensamento de fazer uma colocação; investidor acidental e temporário, ele desinteressa-se da administração e não chega sequer a assistir às assembleias. A colectividade dos associados não exerce, assim, mais do que um poder teórico e o poder real pertence aos administradores da sociedade (...). O funcionamento da empresa é muitas vezes fundado numa dissociação entre a propriedade e o poder...". Assim, a sociedade, em vez de ser considerada um empresário, quer dizer, um proprietário que exploraria a empresa com o mesmo título de uma pessoa singular, aparecia como "o conjunto de regras jurídicas, de técnicas e de mecanismos destinados a permitir a organização jurídica e da via de uma forma de produção ou de distribuição, de um organismo económico: a empresa". Esta será uma concepção institucional da sociedade-entidade qualificada já modernamente como *funcional*, em que a sociedade comercial aparece fundamentalmente como uma "noção jurídica" ou uma "estrutura de acolhimento" da empresa à vida jurídica e à sua organização (cfr. JEAN PAILUSSEAU, "Les fondements du droit moderne des sociétés", *Sem. Jur.*, p. 3148, n. 42, tal como "La modernisation du droit des sociétés commerciales", *RD*, 1996, p. 289), pelo que mais simples seria apelidá-la de "organização legal" em vez de "organização institucional" (cfr. IDEM, "L'E.U.R.L. ...", loc. cit., n. 136, e "La nouvelle...", loc. cit., pp. 344 e ss; no mesmo sentido, cfr. MICHEL COIPEL, "Introduction à l'étude de la loi du 14 juillet 1987", *La S.P.R.L. unipersonelle. Approche théorique et pratique*, 1988, pp. 40-1).

Sobre as mais recentes evoluções do institucionalismo, que surge cada vez mais interligado com fenómenos evidentes de contratualidade no direito societário, o que fez aparecer várias opiniões favoráveis ao *hibridismo* da natureza da sociedade, decorrentes desse crescente movimento de *contratualização* no direito societário, cfr. JEAN-PIERRE BERTREL, "Liberté contratuelle...", loc. cit., pp. 597 e ss, 616 e ss. Em seu apoio, cfr. PHILIPPE MERLE, p. 33. Aparentemente favorável a esta compreensão, visto anotar na lei societária "uma «mistura» de disposições de lógica jurídica muitas vezes contraditória", embora só compreenda certos fenómenos recorrentes na sociedade anónima à luz da teoria da instituição, como a prática de pactos parassociais (*pactes d'actionnaires*) e a multiplicação de acções das minorias (*actions de minoritaires*), cfr. CLAUDE DUCOULOUX-FAVARD, "Actionnariat et pouvoir", *RD*, 1995, pp. 177-8. Apesar de tudo, a defesa da *síntese* entre a teoria contratual (redutora da constituição da sociedade, do aumento e da redução do capital, da dissolução, onde releva a vontade dos associados) e a teoria

substrato originariamente pessoal-associativo e faz com que os direitos e interesses privados dos associados se subordinem aos fins (= interesses da empresa) pretendidos com a normatividade estabelecida[327].

A constituição (ou a sobrevivência) de sociedades unipessoais coloca, mais uma vez, sérios embaraços à concepção contratual da relação societária: aqui não há mesmo (ou deixa de haver) *uma relação entre contraentes*, que seria o pressuposto normativo indispensável para aplicar à actuação dos sócios, para além da fase genética, a disciplina geral do contrato. A sociedade unipessoal põe radicalmente em crise qualquer construção de relação intersubjectiva entre as partes num contrato, independentemente das construções dogmáticas que se fizeram para salvar uma relação interpessoal na sociedade unipessoal, como a esforçada construção da "relação jurídica unissubjectiva" em relação ao único sócio[328],

---

institucional (vista sobretudo no funcionamento dos órgãos da sociedade) vem de há mais tempo: cfr., na esteira de Hamel e Lagarde, JEAN LEBLOND, pp. 421-2.

[327] Neste sentido, cfr., por todos, YVONNE LAMBERT-FAIVRE, p. 935.

[328] Interessantes foram estas tentativas de reconstruir o fenómeno da unipessoalidade *derivada* no esquema da relação contratual (não se vislumbrava ainda a unipessoalidade de raiz). Uma vez recusada essa designação à assumida relação entre o sócio e a entidade, na medida em que a sociedade não é parte no contrato (antes dele resulta) e nem era aceite de há muito a tese qualificativa do contrato de sociedade como contrato a favor de terceiro (cfr., por todos, GIUSEPPE AULETTA, *Il contratto di società commerciale...*, ob. cit., pp. 7-8), os embaraços dogmáticos foram objecto de algumas tentativas de suprimento. Destaque-se aquela doutrina que falou a este respeito de "relação jurídica unissubjectiva", ou seja, a de SALVATORE PUGLIATTI, "Il rapporto giuridico unisoggettivo", loc. cit., pp. 157 e ss, esp. pp. 222-7 ("mera exercitação académica em si mesma" lhe chamou FEDERICO TASSINARI, a p. 717).

Segundo o Autor, essa relação verifica-se naqueles casos excepcionais, legislativamente disciplinados, em que a coexistência no mesmo sujeito de duas qualidades opostas (como, p. ex., a de devedor e a de credor) não conduzia à extinção da relação em si. O sócio único assumiria, então, uma dúplice qualidade na relação, assegurando-se o dualismo subjectivo de interesses opostos que caracteriza a relação jurídica, ainda que apenas sob um ponto de vista formal, mesmo nas relações intercorrentes entre o sócio e a sociedade, porque não se pode "falar de uma relação jurídica na sua eficácia, quando um dos sujeitos é ao mesmo tempo o órgão que faz agir o outro sujeito" (p. 226).

Nesta fileira extraordinariamente conceitual se veio a enquadrar, no intuito de superar criticamente a exigência de individualizar dois termos subjectivos abstractamente contrapostos, a concepção de ALBERTO AMATUCCI, "Le società unipersonali e il problema della qualificazione del rapporto giuridico", *RTDPC*, 1964, pp. 133 e ss, em esp. pp. 168--70, que, sugerindo uma visão da relação jurídica colhida na função de coligar os sujeitos com o ordenamento, visava, para justificar a permanente funcionalidade da relação jurídica unipessoal, a configuração de uma posição jurídica *reflexa* do ordenamento ou, evidenciando o carácter institucionalista da forma social, a referência ao sócio único dos interesses (ainda que hipotéticos e previsíveis) dos sócios

---

societário, já que "na sociedade unipessoal, a relação se instaura directamente entre sócio e disciplina", sendo esta "a normatividade aplicável ao único sujeito de direito, do qual derivam direitos e obrigações perante si mesmo".

Recusando a admissibilidade da "sua" relação jurídica unissubjectiva nas sociedades de capitais, cfr. ainda GIUSEPPE RAGUSA MAGGIORE, "Il rapporto unisoggettivo nell'ambito dell'organizzazione e del rapporto organico (istituti bancari, enti pubblici, società)", *Dir. Fall.*, 1967, pp. 16 e ss, em esp. pp. 39 e ss. Esta tese, mais problemática, encontra na funcionalidade da relação, isto é, no dinamismo dos seus efeitos, diversa da sua normal estrutura plural ou dual, a razão para a relação continuar a funcionar quando, ainda que um dos dois sujeitos exigíveis esteja ausente e tudo se resuma a *uma única posição*, nela se sintetizem a *dualidade de situações jurídicas* susceptível de a constituir como centro de imputação dos efeitos que uma certa disciplina promove. Assim, ainda que seja possível a unicidade de posições no interior do mesmo sujeito, só se permanecer a duplicidade de situações se pode estar em presença da relação unissubjectiva: esta é dada, nas pessoas jurídicas estaduais e societárias, pela possibilidade de relacionamento entre *os vários* órgãos, já que essa relação entre o ente e o único interveniente (as duas situações na mesma posição) só é admissível pela presença de uma pluralidade de órgãos que, agindo sobre planos diversos, consentem a simultânea imputabilidade ao ente e seu interveniente de uma multiplicidade de relações intercorrentes entre os vários órgãos, o que, finalmente, servia para, no caso da organização da sociedade (de capitais) reduzida a um só sócio (sendo a hipótese do raciocínio a de este ser administrador), *não haver lugar à relação interorgânica* que concretizava a relação unissubjectiva. Neste sentido, embora em princípio seja *possível* essa relação entre os vários órgãos do ente, enquanto aparência (e não substância) do funcionamento da sociedade, a prova dos nove é tirada pelo regime da responsabilidade por factos ilícitos intentada contra os administradores pelo sócio singular ou por terceiros, *ex* art. 2395 do *CCIt*. (o equivalente ao art. 79º): "se houvesse a identificação entre sociedade e sócio (e, isto é, se fosse possível uma relação unissubjectiva na sociedade com único sócio) não haveria matéria para uma tal responsabilidade, porque não se poderia distinguir entre prejuízo imputável à sociedade e prejuízo imputável ao sócio. Portanto, o facto de no confronto com terceiros o sócio-administrador dever responder, não impede que ao lado dele, ainda que seja indirectamente, responda a sociedade. Nem a circunstância de a sociedade ter ressarcido o terceiro impede, em teoria, a sociedade de se dirigir contra o sócio-administrador para o regresso. O que se justifica não porque se interpõe uma relação unissubjectiva entre sociedade e sócio, antes pela dissociação que continua a subsistir entre património da sociedade e património do sócio--administrador. (...) Em substância, enquanto nas sociedades de pessoas, onde permaneça um só sócio, poderia ainda admitir-se uma identidade entre imputabilidade do acto à sociedade e ao sócio, o mesmo raciocínio não pode fazer-se para a sociedade de capitais. E não pode fazer-se pelo *princípio da organização*, que regula de qualquer modo estas sociedades, mesmo se reduzidas a um só sócio" (pp. 44-5), excluindo, em suma, a contextual imputabilidade do acto à sociedade e ao sócio-administrador. Doutrina que se

que ingressariam futuramente na estrutura societária, tornando congruente aplicar o regime jurídico que pressuponha a pluralidade contratual.

A concepção de sociedade que se despersonaliza enquanto estrutura jurídico-organizativa da empresa[329] (que remete em menor grau para o *estatuto negocial* contido no pacto social e em maior grau para o respectivo *estatuto legal* e *deliberado*[330]) e se torna independente do seu

---

manteve perene, por sinal, porque, mais de um quarto de século depois, mantinha a convicção de que a "aparente unissubjectividade se evapora quando exista uma estrutura complexa" (Il legislatore funambolo...", loc. cit., p. 578).

[329] O nosso discurso não deixa de atender à distinção, nem sempre mobilizada por alguma doutrina nacional (veja-se PINTO FURTADO, *Curso de Direito das Sociedades*, ob. cit., p. 49), entre a *sociedade-entidade*, como forma de dar uma estrutura jurídica de organização da empresa, e a *empresa*, enquanto instrumento indispensável para o exercício da actividade social: cfr., exemplarmente, COUTINHO DE ABREU, *Do abuso...*, ob. cit., p. 105, n. (233). Deve ainda dizer-se, em abono do rigor (já antes utilizado por nós), que a sociedade, "embora signifique também ordenação da empresa (os órgãos sociais determinam a estruturação da empresa, planificam, dirigem e controlam o processo produtivo através dela actuado), além de ordenação patrimonial (fixação da fronteira entre as esferas patrimoniais de sócio(s) e sociedade e das responsabilidades respectivas), é primariamente organização de sujeitos (determinação dos direitos e deveres do(s) sócio(s), da estrutura orgânico-social, etc.). Quer dizer, a sociedade é, em boa medida, organização da empresa (quando exista) [pois há sociedades a que não correspondem empresas, entendidas em sentido objectivo, acrescentamos nós] – mas não só: *é organização que transcende a empresa*. Por seu lado, a empresa (no direito societário, mas não só) é primordialmente organização objectivo-instrumental da sociedade-sujeito, organização normalmente não composta ou integrada pelo(s) sujeito(s) sócio(s)" (COUTINHO DE ABREU, *Curso...*, volume II, ob. cit., pp. 22-4, sublinhado do Autor; para adicionais desenvolvimentos sobre as diversas facetas das ligações e dos afastamentos entre sociedade e empresa objectiva, *vide*, também do Autor, *Da empresarialidade...*, ob. cit., pp. 214 e ss, com um diálogo crítico com as principais "teorias da identidade" emitidas na Alemanha).

[330] Esta escala da remissão em maior e menor grau está de acordo com aqueles que acertadamente observam que o acto gerador da sociedade, cuja matriz será sempre o contrato, não regula de um modo definitivo os interesses fundamentais dos seus participantes, antes é funcionalmente destinado a criar uma organização idónea à realização de autónomas mudanças da estrutura, através da correlativa atribuição de tais poderes a uma parte dos membros do grupo, deteminados em função de um critério legislativo (o princípio da maioria). Neste poder de tomar decisões vinculantes para todos, e mesmo modificações essenciais do originário regulamento contratual, se manifesta, segundo AGOSTINO GAMBINO, pp. 124-5, o princípio da *heteronomia constitutiva* do ordenamento jurídico, associado à particular forma jurídica de organização derivada do contrato, individualizada pela possibilidade normativa de desenvolvimento autónomo no que respeita à vontade de todos os contraentes e do consequente carácter reflexo das posições jurídicas dos seus com-

substracto sociológico originariamente associativo[331], assentaria, por isso, da melhor forma, na figura anómala da sociedade unipessoal, que se abstrairia da sua constituição não plural para se estabelecer como um mecanismo de gestão e estruturação da empresa individual, bem como de administração de um património que se individualiza para o efeito. Foi, com alguma naturalidade, por isso, que as teorias institucionalistas (só aplicáveis às sociedades de capitais) acolheram a sociedade unipessoal como manifestação do seu vigor, concluindo que a sociedade se sedimentava como *a* técnica, por excelência, de organização de uma empresa, função essa que subsistia tanto fosse esta pertencente a uma colectividade de associados como a um só indivíduo[332].

---

ponentes e pela repartição de competências na organização, com a indeclinável atribuição de poderes de actuação pelo ordenamento a sujeitos (administradores) que agem numa veste diversa da de membros do grupo.

Sobre o significado *normativo* ou *regulamentar* do acto constitutivo das sociedades, cfr. FRANCESCO MESSINEO, *Manuale di diritto civile e commerciale*, 1947, p. 90, segundo o qual o acto que constitui a relação social "tem também, além de um carácter de sinalagma genético, ou seja, de negócio constitutivo, aquele de sinalagma funcional, na medida em que aquele acto contém *normas reguladoras*, que concorrem, com as normas da lei, para disciplinar as relações da vida da sociedade" (itálico correspondente ao original); CARLO ANGELICI, *La società nulla*, ob. cit., p. 90 (com importantes referências bibliográficas da doutrina germânica); e ainda GIANCARLO FRÈ/GIUSEPPE SBISÀ, *Della società per azioni. Art. 2325-2409*, tomo I, Commentario del Codice Civile Scialoja-Branca, a cura di Francesco Galgano, 1997, *sub* art. 2328, p. 14, os quais realçam que este mesmo acto constitutivo tem "uma função prevalentemente contratual até ao momento em que, com a inscrição no registo comercial, a sociedade adquira a personalidade jurídica e tem, pelo contrário, funções prevalentemente *normativas* a partir desse momento em diante" (sublinhado em conformidade com o original).

[331] A título de exemplo, FEDERICO DE CASTRO Y BRAVO, pp. 114-15, conexiona unipessoalidade e autonomização do substracto associativo, ao admitir que a pluralidade de sócios é indiferente para a existência normal da pessoa da sociedade, baseando-se a limitação da responsabilidade do sócio, derivada da personalidade jurídica da sociedade, na respectiva existência registal.

[332] A consagração da sociedade como *instituição organizativa* teria acompanhado a sua transformação, pressionada pelas necessidades económicas, numa estrutura jurídica real de acolhimento à entidade sócio-económica que a empresa constitui. Nesta óptica, a sociedade unipessoal não seria mais do que um dos aspectos da evolução do direito societário e da sua adaptação à realidade económica e, numa primeira etapa que desembocou no reconhecimento da validade das sociedades reduzidas a um único sócio, este reconhecimento da sociedade de uma só pessoa, mesmo que a título temporário, adensava a convicção de que a sociedade não era mais a *expressão de um agrupamento de pessoas*

A esse vigor se juntou a aparente legitimação da concepção institucional de sociedade pela nova formulação dos textos civilísticos que acompanhou a introdução da sociedade de responsabilidade limitada

(para tudo, cfr. JEAN PAILUSSEAU, *La société anonyme. Technique*..., ob. cit., pp. 8-9, 62, 101 e ss) e incitaria a acreditar na fortaleza da compreensão da sociedade como *técnica* destinada a dar à empresa uma *existência* e uma *organização jurídicas*, demarcadas dos seus membros e afastadas do poder de gestão do capital (cfr. CLAUDE CHAMPAUD, "Sociétés Commerciales. I. Sociétés en général", loc. cit., p. 173; CLAUDE DUCOULOUX--FAVARD, "La société d'un seul, technique de gestion", loc. cit., pp. 1267-8; DANIEL ALIBERT, pp. 65 e 68). Foi, aliás, com base nestas considerações que, permita-se-nos a curiosidade extra-europeia, a doutrina argentina apresentou, desde finais do século XIX, uma tendência muito forte para admitir que a sociedade anónima, à falta de comandos normativos que impusessem claramente a pluralidade de accionistas, pudesse subsistir quando todas as acções estivessem concentradas numa só mão. Isso seria compatível com a *natureza institucional* dessa forma de organização, que, apesar de não poder ser considerada como uma sociedade, não obstante conservaria a personalidade jurídica adquirida [sobre o ponto, com as convenientes referências bibliográficas, cfr. M. BERNARDO SUPERVIELLE, "La limitation...", loc. cit., p. 95, n. (4)].

Em Itália, a persistência de um sujeito de direito como pessoa distinta do seu único portador restante foi, já no início do século, fundada sobre um conceito institucionalista (*anstaltlichen*) da corporação, o que propiciaria mantê-la, não como verdadeira corporação, mas representada pela pessoa empossada: cfr. GUSTAVO BONELLI, "La personalità giuridica...", loc. cit., p. 599. Numa perspectiva *acontratualista* da sociedade anónima, *vide* ainda ENRICO SOPRANO, pp. 24-6. Também em Espanha se recusava a feição contratual da sociedade anónima, que enquanto forma jurídica vocacionada para a grande empresa perderia essa qualidade, ao invés assumindo a expressão de uma óbvia concepção institucional. Esta era a única forma de explicar: (i) a tendência geral das legislações a admitir o funcionamento da sociedade anónima unipessoal, ao excluí-la dos motivos de dissolução; mas também (ii) a ausência da finalidade lucrativa de alguns tipos de sociedades anónimas; (iii) o enfraquecimento da cooperação subjectiva, ou seja, da *affectio societatis*, nas sociedades de dispersão accionista. Uma vez que estas são as realidades e a normatividade societária depreende em absoluto a existência de *noções contratuais*, a sociedade anónima não poderia mais ser considerada um contrato de sociedade, na realidade deveria ser *rebaptizada* como um "organismo autónomo e permanente submetido a um estatuto legal, com órgãos próprios e um fim colectivo e que se situa entre o Direito público e o Direito privado", a denominar como *instituição por acções* (cfr. SOLÁ CAÑIZARES, "Las formas jurídicas...", loc. cit., p. 329, ss, 340, ss). Daí que esta importante doutrina espanhola, entendendo *prima facie* que a sociedade de um só sócio aparece como um absurdo jurídico à vista da concepção contratual, não encontrasse inconvenientes em aceitar o associado único nas sociedades anónimas, porque em seu entender essa forma de sociedade *não era um contrato*. Uma empresa institucionalmente assim organizada poderia funcionar com uma só pessoa e daí, acrescentava-se, não sairiam mais perigos para os terceiros do que os que adviriam das situações em que ela funcionasse com mais

unipessoal originária. Apesar de, na Alemanha, o § 2 da *GmbHG* ter conservado a expressão "contrato de sociedade" (*Gesellschaftsvertrag*), ainda que também a referindo à constituição unipessoal, facto do qual se deduz

---

accionistas – não seria o número de pessoas que forma a sociedade a determinar a maior ou menor probabilidade de ocorrência de abusos (cfr., ainda de SOLÁ CAÑIZARES, o seu "La limitation...", loc. cit., pp. 120-1).

Depois (ou na antecâmara) da introdução da sociedade unipessoal originária, o fenómeno inovador continuou invariavelmente a ser invocado como uma manifestação do carácter institucional conferido à sociedade. Além do nosso VASCO LOBO XAVIER, *Sociedades comerciais...*, ob. cit., p. 29, que, a propósito das sociedades unipessoais, observava "a tendência para, quer no sector privado quer no sector público, se recorrer à figura da sociedade comercial (sobretudo na forma de sociedade anónima), desligando-a de algum ou alguns dos elementos do conceito de sociedade (...) – e, no limite, adoptando-a como mero esquema organizatório. E, assim, desde logo – e como acontece naquelas hipóteses –, desligando a sociedade da base voluntária ou do elemento associativo. (Neste último caso é que a sociedade, e designadamente a sociedade anónima, poderá aparecer, na realidade, como a mera «técnica jurídica de organização da empresa», a que certos autores querem invariavelmente reduzi-la)", vejamos alguns (de entre outros) exemplos.

Em Espanha, ALONSO UREBA, pp. 107-8, relata que a figura da sociedade de capitais unipessoal "deixou de ser um facto de difícil encaixe na dogmática e Direito vigente. Hoje explica-se como uma peça na própria evolução das formas societárias capitalistas, no sentido de ser um claro expoente do processo de institucionalização das mesmas, particularmente da sociedade anónima, enquanto formas organizativas da empresa que se tornam independentes do seu substracto originariamente associativo". Do mesmo aviso foi JOSEFINA BOQUERA MATARREDONA, *La sociedad unipersonal de responsabilidad limitada*, ob. cit., p. 63: "A admissão da sociedade unipessoal de responsabilidade limitada provocará modificações na concepção tradicional da sociedade, pois àquela não lhe é aplicável a ideia fundamental de agrupamento de pessoas, base da concepção da sociedade", sendo "um argumento a favor da concepção institucional das sociedades".

Em França, ainda o matricial JEAN PAILUSSEAU, "L'E.U.R.L. ...", loc. cit., ns. 118, 121 e 122, não precisava de se expressar mais claramente para salientar o seu regozijo dogmático: "Pode afirmar-se então que as inovações da lei de 11 de Julho de 1985 constituem uma consagração da concepção moderna da sociedade? É certo que existe um laço de filiação entre as duas, mas em que sentido ele se estabelece? A nosso ver, não podemos falar de consagração mas mais simplesmente de uma *nova afirmação* da concepção moderna. (...) A concepção moderna das sociedades não reflecte de modo nenhum uma preferência por uma organização legal da sociedade (organização de natureza institucional) em detrimento de uma organização contratual ou unilateral (no caso da sociedade unipessoal). Ela traduz, simplesmente, a impossibilidade de deixar aos próprios fundadores de uma sociedade a responsabilidade da sua organização uma vez que a protecção de interesses que lhes são estranhos deve ser realizada por essa organização. Confiar aos fundadores de uma sociedade a organização da protecção de terceiros, de credores e de outros interessados custa a renúncia à sua protecção. Só o legislador pode impor pela lei e

que nela se acaba por incluir, contrariamente à terminologia comum do direito civil, também o negócio unilateral de constituição da *GmbH* desencadeada pelo único fundador[333], não foi assim em outros países próximos.

---

de maneira imperativa uma tal protecção. Assim, a nova noção de sociedade e a instituição da sociedade unipessoal situam-se bem dentro da concepção moderna da sociedade. Elas afirmam o papel da empresa por relação com o de sociedade e sublinham o carácter institucional desta última" (sublinhado nosso). Contemporaneamente, conclui, pelo meio de interrogações, JEAN-JACQUES DAIGRE, "Défense de l'entreprise unipersonelle à responsabilité limitée", loc. cit., n. I, A.: "É verdade que ninguém contrata com ele mesmo; mas a sociedade é um contrato? Mesmo constituída por vários, ela é mais um feixe de vontades unilaterais concordantes, convergindo em direcção a um propósito comum, do que um câmbio de consentimentos. Pouco importa, acrescentamos nós. A sociedade é então uma instituição, e toda a instituição não se concebe apenas com muitos", para depois ainda assumir que a nova figura "oferecerá às empresas individuais que a adoptem uma estrutura de acolhimento melhor organizada, e mais clara para os terceiros em relação de negócios com ela. A S.A.R.L. unipessoal será, *mais do que todas as outras*, uma técnica jurídica de organização das *empresas individuais...*" (itálico da nossa responsabilidade). Contra as conclusões deste Autor, cfr. PATRICK SERLOOTEN, "L'entreprise unipersonnelle à responsabilité limitée", loc. cit., p. 188, uma vez que "a sociedade unipessoal é contrária à própria noção de sociedade, seja esta um contrato ou uma instituição", dado que não pode ser concebida se não comporta ao menos dois associados: "Se não há nada colocado em comum, se não há nenhuma repartição de benefícios, pode falar-se de sociedade? Se não há assembleia geral, se não há maioria, se não há dirigentes, etc., pode falar-se de sociedade? Evidentemente, a resposta é negativa".

[333] *Vide*, por todos, PETER ULMER, "Allgemeine Einleitung...", loc. cit., *Rdn.* 1, p. 4: a sociedade de responsabilidade limitada é "uma sociedade de origem negocial [*Rechtsgeschäft*] (contrato social ou estatutos, ver §§ 2, 3) fundada por um ou vários sócios...".
Na verdade, com base num conceito *organizativo* do contrato de sociedade, que lhe conferia características *sui generis*, a Comissão Jurídica do *Bundestag*, a propósito da alteração do § 2 da *GmbHG*, recusou a proposta governativa da sua reforma feita no Projecto da *GmbH-Novelle*, que visava consagrar a norma, com uma nova frase, a hipótese de constituição da sociedade unipessoal através de acto unilateral, que seria equivalente ao contrato de sociedade: "Wird die Gesellschaft nur durch ein Person errichtet, steht dem Gesellschaftsvertrag die Erklärung über die Errichtung der Gesellschaft gleich". Permaneceu assim a designação *Gesellschaftsvertrag* (quanto mais não fosse, foi dito, por em ambos os actos se partilhar a mesma documentação e as mesmas exigências) e apenas se omitiu a referência à *estipulação* do contrato (*des Abschlusses in*). Sobre o ponto, *vide* ERNST GESSLER, p. 1388; KARL-HEINZ FEZER, p. 613; PETER ULMER, "Erster Abschnitt. Errichtung der Gesellschaft", in MAX HACHENBURG, *Gesetz betreffend...*, ob. cit., § 2, *Rdn.* 3, p. 128; GÖTZ HUECK, "Erster Abschnitt. Errichtung der Gesellschaft", in ADOLF BAUMBACH/ALFRED HUECK, *GmbH-Gesetz: Gesetz betreffend die Gesellschaften mit beschränkter Haftung*, 1996, § 2, *Rdn.* 1, p. 32; UWE HÜFFER, *Gesellschaftsrecht*, 1996, p. 322; ainda MARCUS LUTTER/PETER HOMMELHOFF, *GmbH-Gesetz Kommentar*, 1995,

Em França, a norma do art. 1832 do *Code Civil* deixou de mencionar que «A sociedade é um contrato...», e limita-se a afirmar, depois de 1985, que «A sociedade é instituída por duas ou várias pessoas...» e «... nos casos previstos pela lei, por acto de vontade de uma só pessoa»[334]. A dimensão destas alterações empurrou a doutrina para afirmar que a pluralidade de associados deixa de ser a essência da sociedade: unipessoal ou pluripessoal a sociedade é sempre uma sociedade e uma pessoa jurídica. Com a confirmação suplementar de que o modo de criação da sociedade unipessoal não deve ser mais imputado a uma mera previsão *subsidiária* ou *excepcional*. Desde logo, por ser vontade expressa do legislador evitar essa clivagem entre a criação da sociedade por acto unilateral e por contrato, colocando à disposição *os dois modos de criação da sociedade* em *pé de igualdade*. Em segundo lugar, pouco importará que o modo de constituição seja subsidiário ou excepcional, o que interessa é que a sociedade unipessoal exista: e basta esta existência para condenar a noção tradicional de sociedade[335].

---

§ 2, *Rdn*. 10, pp. 19-20, sublinhando a possibilidade de elaborar os estatutos (*Satzung*) através de estipulação individual (*Individualvereinbarung*).

[334] O que foi notado como um *reforço terminológico* da concepção institucional da sociedade [assim, GILLES FLORES/JACQUES MESTRE, p. 16, n. (8)]. Similar modificação sofreu o art. 1832 do Código Civil belga, embora se tivesse mantido a referência a "constituição" em detrimento da escolha francesa de redigir a inovadora "instituição". Sobre o assunto, cfr., por todos, MICHEL COIPEL, "Introduction...", loc. cit., pp. 23 e ss.

[335] Foi o que arguiu JEAN PAILUSSEAU, "L'E.U.R.L. ...", loc. cit., n. 105. Em sentido oposto, apontava-se o pouco valor normativo e tão-só simbólico da mudança. Isto porque não podia ser negada a *predominância* do carácter contratual da sociedade e não podia deixar de ser considerada como *excepcional* a segunda alínea do art. 1382 do *Code Civil*: cfr. ALAIN SAYAG, "De nouvelles structures pour l'entreprise", loc. cit., n. 14. Este mesmo Autor chama a atenção, no mesmo local do texto citado, para a relevância da modificação da primeira alínea do art. 1382, na qual a formulação "mettre en commun des biens ou leur industrie" é substituída por "affecter à une entreprise commune des biens ou leur industrie", o que indiciaria que o legislador considera, em contradição com o novo princípio enunciado, que uma sociedade *verdadeira* implica uma pluralidade de associados. Numa posição intermédia se coloca PHILIPPE MERLE, p. 234, quando descreve a redefinição da sociedade operada pelo art. 1832 como novo e incontestável marco do declínio da concepção contratual da sociedade (concordando, cfr. CLAUDE DUCOULOUX-FAVARD, "Société d'un seul, entreprise unipersonnelle", *Gazz. Palais*, 1990, p. 577), ainda que a instituição da sociedade unipessoal não seja mais do que uma hipótese excepcionalmente permitida. Duvidando da "consagração oficial" da teoria da instituição aquando da reforma de 1985, *vide* GEORGES RIPERT/RENÉ ROBLOT, p. 791: sendo certo que a teoria contratual estava inadaptada ao conceito de sociedade unipessoal, a teoria da instituição,

Em Itália, mudou-se a epígrafe do art. 2247 do *CCIt*. de "Noção de sociedade" para "Contrato de sociedade"[336]. Assinalou-se que a nova epígrafe quis deixar espaço para a constituição da sociedade de responsabilidade limitada através de uma declaração de vontade da parte de um indivíduo singular (isto é, sem contrato), prestando-se assim a função de evitar uma contradição entre a rubrica do art. 2247 do CCIt. e as normas introduzidas na mesma lei sobre a unipessoalidade quotista, de modo que esse preceito perdesse a sua valência geral (a definição da sociedade como contrato) e se limitasse a definir a sociedade de origem num contrato[337]. Mas não só: a mudança apropriava-se à presença de todas as outras hipóteses de sociedades que não têm um contrato no seu momento genético e contextualizava-se com o *trend* do ordenamento, deveras significativo, na direcção do aumento destas hipóteses de sociedades constituídas por actos *não (negociais) contratuais* e mesmo de origem *não negocial*[338].

---

por sua vez, no dizer dos Autores, foi principalmente elaborada para enquadrar as relações dos associados entre eles e com os administradores: "ora, este tipo de relações é estranho à sociedade unipessoal".

[336] Paralelamente, como já sabemos, introduziu-se no art. 2475 do *CCIt.*, respeitante à constituição da sociedade de responsabilidade limitada, a previsão de que a mesma pudesse ser originada por acto unilateral (§ 3º, frase 1).

[337] Cfr., entre outros, os discursos de CONCETTO COSTA, pp. 16-17 ("o «contrato de sociedade» aí descrito torna-se só numa das modalidades de constituição que podem dar vida a uma sociedade"); ROBERTO ROSAPEPE, pp. 9-10; FRANCESCO FERRARA Jr./ /FRANCESCO CORSI, pp. 210-11. *Ex adverso*, cfr. GIULIANA SCOGNAMIGLIO, "La disciplina...", loc. cit., p. 240, que confirma a *centralidade* da definição dada pelo artigo reformado, no sentido de que "é a essa que se faz referência, sempre que não haja uma diversa, explícita disposição de lei".

[338] *Vide*, no meio de outras intervenções, GIORGIO MARASÀ, "Su una proposta...", loc. cit., pp. 1005-6; ROBERTO ROSAPEPE, pp. 9-10, que destaca que a mudança de epígrafe se deveu à urgência em sublinhar que a definição descrita no artigo se referia apenas à sociedade com pluralidade de sócios e não exclui a admissibilidade de sociedades unipessoais; FRANCESCO GALGANO, *Diritto Commerciale. 2. Le società*, ob. cit., p. 413; CARLO IBBA, "La s.r.l unipersonale fra...", loc. cit., pp. 256-7.

Sobre a proliferação de sociedades que não nasceram de contrato no direito italiano, com atinências evidentes com o nosso ordenamento, *vide*, por todos, MARIO PORZIO, "La rubrica dell'art. 2247 del codice civile", *GC*, 1994, pp. 1004-6 e respectivas notas ilustrativas. O Autor elabora mesmo um catálogo das sociedades desprovidas dessa origem contratual: (i) sociedades que nascem de acto unilateral (a hipótese prevista na SQU); (ii) por efeito da manifestação de vontade de outra sociedade (no caso da cisão); (iii) por providência legislativa; (iv) por acto administrativo (quando se prevê a possibilidade de um órgão estadual deliberar a transformação de empresas públicas em sociedades); ou

Com ou sem modificações legislativas (sendo este último o caso nacional), neste novo cenário, a novidade ficará reduzida à admissão da possibilidade de se constituir uma estrutura societária, subjectivamente formada no momento da sua existência por um único sócio, mediante um *negócio unilateral*[339] como acto fundador, através do qual se declara *destacar certos bens do resto do património e afectá-los a uma certa actividade através de uma nova pessoa jurídica*, criada assim para se *organizar um património autónomo* para o desenvolvimento dessa actividade[340]. Com o alcance de, mediante essa faculdade, se caucionar que os sujeitos jurídicos constituam sociedades comerciais *não só através de contrato*, estendendo à autonomia privada uma *outra forma de constituição de sociedades* que até então lhe estava vedada[341].

(v) por um acto autónomo de uma entidade pública (deliberação de transformação por parte do órgão competente em matéria de modificações estatutárias). Veja-se ainda a discriminação de CARLO IBBA, *La società...*, ob. cit., pp. 7-14. Sobre o assunto, *vide supra* as nossas reflexões (a que também está subjacente uma tipologia de *espécies de configuração unilateral de* sociedades de capitais) expedidas na Introdução, com particular atenção para as ns. 30 e 53.

[339] Entender-se-á este acto como *não receptício*, uma vez que a sua eficácia se liberta no preciso momento da emissão declarativa, prescindindo, deste modo, da sua tomada de conhecimento – ou entrada dessa declaração na sua esfera de disponibilidade ou acção – por um destinatário (entendido como todo o sujeito diverso do sócio-declarante), uma vez que não há destinatário preciso, desde logo por não haver *contraparte*: há apenas uma única pessoa, uma única declaração, um único interesse (assim, cfr. MENEZES CORDEIRO, *Tratado de Direito Civil português*. *I. Parte Geral*, tomo I, 1999, p. 254). Com esta solução resolve-se o premente problema da *perfeição* ou *conclusão* do acto unilateral de constituição da sociedade, fundamentalmente porque a identificação do momento final do respectivo procedimento constitutivo tem implicações decisivas para, p.ex., a possibilidade revogatória e o desencadear dos seus efeitos patrimoniais. Sobre o ponto, cfr., por todos, CARLO ANGELICI, "Società unipersonali e progetto...", loc. cit., pp. 62 e ss; IDEM, "Società unipersonali: l'esperienza comparatistica", loc. cit., p. 895; GÖTZ HUECK, "Erster Abschnitt...", loc. cit., § 2, *Rdn.* 7, p. 33.

[340] Cfr., em conjunto, ANTONIO ROSSI, p. 138, e GEORGES RIPERT/RENÉ ROBLOT, p. 790.

[341] Como é lógico, só e exclusivamente ao Estado, pela via legislativa, seria possível criar um ente ou uma sociedade comercial desta natureza, ou melhor, atribuir a faculdade de adoptar a unipessoalidade *ex nihilo* em confronto com o princípio cardinal da contratualidade em matéria societária. Daí que o princípio geral tenha de ser o de a autonomia dos privados não poder como tal fundar uma sociedade sem contrato [assim, cfr. GIORGIO OPPO, "Società, contratto, responsabilità...", loc. cit., p. 184; PASQUALE MACHIARELLI, p. 986; GIULIANA SCOGNAMIGLIO, "La disciplina...", loc. cit., pp. 239-40 (excluindo,

Não obstante, deve entender-se que a interpretação a deduzir da introdução no nosso ordenamento da SQU não deve ser apenas e só a de que o contrato deixou de ser a única fonte da relação societária. Este conteúdo perceptivo seria correcto se, numa posição conservadora e redutora que não é a nossa, se devesse exclusivamente registar que à fonte *ordinária* da relação de sociedade se acrescenta uma fonte *extraordinária*: aí estaria lançada a ponte para, insistindo no carácter contratual da *fattispecie* societária a que a inalterabilidade do art. 980º do CCiv. dava corpo, impor a asserção de encarar a constituição unilateral de uma sociedade (ainda a SQU) como uma *previsão de carácter excepcional*, uma vez que a sociedade nascerá, no seu processo de formação normal, através de um contrato[342].

---

nesta sede, qualquer aval à ideia, em sede geral, de uma eventual *fungibilidade recíproca* entre contrato e negócio unilateral para o fim de constituição de sociedades, independentemente do tipo social de que se trate); EDOARDO COURIR, *Limiti alla responsabilità...*, ob. cit., p. 298; GIOVANNI CESÀRO, p. 17; CARLO IBBA, "La s.r.l unipersonale fra...", loc. cit., p. 257 (onde se recusa retirar da introdução da SQU e da modificação do art. 2247 do *CCIt*. que a constituição de uma sociedade, qualquer que fosse o tipo, por parte de um só sujeito já não fosse precludida pela lei mas simplesmente não coberta pela definição de sociedade, o que, inadmissivelmente, generalizaria a possibilidade de constituição *unilateral* e *unipessoal* de sociedades); SÁNCHEZ ALVAREZ, p. 233 e n. (191)].

[342] O recurso à relação *regra-excepção*, construindo um esquema seu entre as sociedades *contratuais* e as *sociedades não contratuais*, é o predominantemente utilizado na literatura italiana. Acentuando a excepcionalidade das hipóteses de sociedades que não têm origem contratual, a propósito da SQU, entre outros exemplos doutrinais, mais ou menos explícitos, cfr. MARCO SPOLIDORO, "La legge sulla s.r.l. unipersonale", loc. cit., pp. 97, 100-101; MARIO CLAUDIO CAPPONI, "Società unipersonale a r.l.: finalmente una realtà per l'ordinamento italiano", *Società*, 1993, p. 442 (afirmando ainda que a introdução da SQU, em vez de arrombar, em certo sentido reafirma os princípios tradicionais do nosso ordenamento); GIORGIO OPPO, "Società, contratto, responsabilità...", loc. cit., p. 184: "o art. 2475 [do *CCIt*.] alterado, na medida em que admite a constituição unipessoal, é também *norma excepcional* no sistema das sociedades pessoas jurídicas, enquanto a nulidade «das sociedades» pela falta da pluralidade inicial dos sócios permanece como o princípio geral também para tais sociedades"; PASQUALE MACHIARELLI, p. 986; GASTONE COTTINO, *Diritto Commerciale...*, ob. cit., p. 99; DOMENICO SANNINO, pp. CLXVI-CLXVII, segundo o qual seria difícil congeminar um esquema que congregasse a constituição de sociedades por negócio unilateral e contrato, a não ser que a unilateralidade pudesse ser reconduzida a um conceito de sociedade em sentido lato, em referência "à satisfação de um único interesse que os sócios pretendem perseguir"; GIULIANA SCOGNAMIGLIO, "La disciplina...", loc. cit., pp. 238-9; FEDERICO TASSINARI, p. 715; GIOVANNI CESÀRO, p. 17; ANTONIO ROSSI, p. 119; ALDO SCHERMI, p. 132; FRANCESCO FERRARA Jr./FRANCESCO

Não devemos colocar-nos, no entanto, nesta postura *redutora* e *conservadora*. Há quem o faça para impedir uma "anárquica desintegração de cada categoria e instituto jurídico", a fim de não renegar os princípios com o alargamento das "malhas das excepções"[343]. O facto é que as últimas intervenções do legislador, seja no caso da sociedade por quotas, seja mesmo nos sucessivos actos de transformação de empresas públicas, redimensionaram a importância das categorias jurídicas criadas *extra ordinem*.

Naturalmente que a sociedade comercial (de capitais) nasce hoje, *no seu esquema normal*, de um contrato, mas *não necessariamente*, pois, *nos casos previstos pela lei*, prescinde-se da natureza (contratual) do acto que lhe dá origem. Mas essas novas realidades unipessoais (publicísticas e privatísticas) não se reduzem mais a casos singulares e pontuais, importando, acima de tudo, encontrar o *apport* que elas trazem para o direito das sociedades comerciais: fazer cessar a ideia de *anormalidade e irregularidade sistemática*.

Reiterado isto, parece essencial, sobretudo, chamar a atenção para a *modificação qualitativa* que a introdução da disciplina da SQU trouxe para o sistema do direito societário. Mais do que sublinhar (uma outra vez... e daí não tirar nada!) a (notória) brecha na génese contratual da sociedade, ou confirmar essa linha tendencial, há que atentar na *dimensão geral* da previsão – que deixa de poder ser enquadrada na fileira de outros eventos de unipessoalidade societária, mais ou menos coordenados, aconselhados pela existência de interesses específicos e pela utilidade ao desenvolvimento económico – e na *feição técnica* de desenvolvimento do tipo quotista – a concreta disciplina mostra que o interesse do único sócio não pode juridicamente explicar-se através do desejo de limitação da responsabilidade, mas fundamentalmente baseia-se no *acesso ao significado societário da sua actividade e à operatividade daquele mecanismo de abstracção que se liga à estrutura organizativa da sociedade*[344].

Na verdade, olhando para o edifício normativo que regula a sociedade por quotas, o que se observa? Consente-se hoje uma fluida tran-

---

CORSI, p. 239. Com dúvidas sobre essa construção em face do crescente número de *fattispecie* societárias de origem não contratual, cfr. MARIO PORZIO, "La rubrica...", loc. cit., pp. 1004-6.

[343] GASTONE COTTINO, *últ. ob. e loc. cit.*

[344] A este propósito, no contexto da unipessoalidade superveniente, cfr. CARLO ANGELICI, *La società nulla*, ob. cit., p. 147.

sição entre os *diversos estádios subjectivos* nesta sociedade. Nascendo por contrato, pode transformar-se, no caso de se reduzir à unidade, em SQU, por declaração unilateral do sócio remanescente. Nascendo por negócio unilateral, pode alargar-se a uma participação múltipla. Ambas as manifestações de vontade exibem *legalmente* a susceptibilidade de despertar uma *normal* espécie societária quotista, unipessoal ou pluripessoal. Originariamente, temos contrato ou negócio unilateral. Supervenientemente, temos declarações de vontades unilaterais de um sócio que pretende passar a exercer uma SQU (para passar da pluralidade à unipessoalidade) ou daqueles que participam na cessão da quota ou quotas ou na operação de aumento do capital social (para a SQU adquirir a pluralidade).

O intérprete deve, portanto, dar-se conta desta nova sensibilidade que a disciplina da sociedade por quotas faz emergir e dar-lhe o devido enfoque. Esta espécie, no seu sistema e no seu regime, deve configurar-se como uma *categoria aberta*[345] a ambas as modalidades de participação subjectiva (um ou vários sócios), precipitada na utilização, como num *movimento de harmónio*, dos *vasos comunicantes* que permitem à sociedade passar da unipessoalidade para a multipessoalidade e vice-versa[346].

Apesar da contradição lógica entre o acto criativo de um só sujeito e o nascimento (ou prolongamento) de uma sociedade, a lei conforma a estrutura unipessoal *personificada* e dá-lhe a mesma *dignidade substancial* para se constituir como pessoa jurídico-societária quotista e para beneficiar da responsabilidade limitada. Ou seja, independentemente dessa diversa composição, o reconhecimento da personalidade jurídica confere à génese de uma SQU a cobertura necessária para ela ser uma sociedade por quotas do mesmo timbre, da mesma qualidade e, descontadas as variações marginais relativamente à disciplina do tipo em causa, provida de uma regulação idêntica.

Refuta-se, destarte, mais uma dedução referenciada pela natureza excepcional da SQU: a de que não haveria *uma noção unitária de sociedade*, uma vez nascida através de contrato, outra vez nascida por

---

[345] A terminologia não é nova: adaptamo-la de MARIO PORZIO, "La rubrica...", loc. cit., p. 1006.

[346] Há quem reconheça a validade destas formulações, mas não aliene a normalidade que a composição plural da sociedade encerra nem abdique de entender que só quando a sociedade unipessoal aproveita a *abertura* legal à pluralidade de participantes se encontra um ponto de conjugação com o *modelo de sociedade* disciplinado pela lei (veja-se GASTONE COTTINO, *últ. ob. cit.*, p. 100).

negócio unilateral[347]. Na verdade, a unissubjectividade não altera a qualificação do fenómeno, apenas altera em certos planos a regulação do funcionamento da sociedade e da posição do sócio: de resto, as situações "procedimentais" que caracterizam a sociedade permanecem idênticas[348], já que não se admite uma disciplina disforme (ressalvado o que vai excepcionado na lei) para os dois procedimentos, conceitualmente diversos (um com a forma jurídica do contrato, outro com a de negócio unilateral), mas ambos destinados a pôr em acção uma situação jurídica regulada de modo similar pela lei[349].

Não nos convence, por isso, que tal fenda conceitual corresponda à verdade, pois *a pluralidade de sócios ou a falta dela incide sobre a aplicação de uma certa e determinada disciplina jurídica*, não sobre *a noção ou o tipo de sociedade em causa*[350]. Logo, para o vigente ordenamento jurídico são sociedades *normais* as modalidades unissubjectiva e plurisubjectivas da *fattispecie* quotista, nas quais o elemento negocial, sobre o qual nasce e repousa *um determinado tipo de organização*, tanto pode ser um contrato como uma declaração unilateral.

Quanto a nós, esta será sempre uma polémica estéril e sem sentido aproveitável. Negar a natureza societária da figura em exame seria difícil de explicar, nomeadamente quando a passagem à pluripessoalidade (ou viceversa) é admitida pela lei e facilmente alcançável pela utilização dos mecanismos societários do tipo social em apreço: tanto nos casos de transformação de uma sociedade pluripessoal em sociedade unipessoal (*vide* o art. 270º-A, nºs 2, 3, 5), como nas situações de modificação de uma SQU em sociedade pluripessoal (*vide* o art. 270º-D), "sempre de sociedade se trata, ainda que disciplinadas – quanto aos pressupostos reclamados para se obter o benefício da responsabilidade limitada – de modo sensivelmente diverso"[351].

---

[347] Neste sentido, cfr., por todos, GIUSEPPE RAGUSA MAGGIORE, "Il legislatore funambolo...", loc. cit., p. 577, ao referir-se ao rompimento da unidade de fundo que atravessava as partes comuns dos esquemas que os vários tipos sociais seguiam; implicitamente ("muda, portanto, a «noção de sociedade» pois esta já não pressupõe *ab initio* a pluralidade dos sócios"), GERARDO VILLANACCI/GIOVANNI CALAFIORE, p. 416.

[348] Sensivelmente nesta linha, cfr. CARLO ANGELICI, *La società nulla*, ob. cit., p. 148.

[349] Cfr. GIOVANNI CABRAS, p. 282.

[350] Exemplificativamente, cfr. MARCO SPOLIDORO, "La legge sulla s.r.l. unipersonale", loc. cit., pp. 100-1.

[351] ROBERTO ROSAPEPE, pp. 11-2.

Deste e de outros fragmentos do discurso se depreende que não temos grandes dúvidas sobre a resposta a dar à eventual questão sobre a natureza jurídica da SQU. Quando abordamos a lide de saber se a SQU era ou não um *novo tipo* de sociedade[352], na oportunidade em que considerámos a separação patrimonial levada a cabo pelo empresário individual, com a formação da SQU, mais uma limitação *substancial* do seu património geral[353], ou quando discutimos a fungibilidade da técnica societária e a técnica da separação patrimonial prevista no art. 7º da XII Directiva[354], entre outros momentos do nosso estudo, este instituto nunca veio qualificado com outros caracteres dogmáticos que não aqueles que resultam da sua consideração como pessoa jurídica societária.

Há quem duvide, no entanto, que um ente deste género (originariamente unipessoal, desde logo) possa ser qualificado em termos de *verdadeira e própria sociedade* – como aqueles, como GIORGIO OPPO, que o entendem em termos *não societários*, "nem como contrato nem como relação, pela boa razão que não é nem uma coisa nem outra"[355] – ou, pelo contrário, mal-grado a etiqueta societária que lhe foi atribuída pelo legislador, argumento que deve ser diversamente acreditado.

A situação da unipessoalidade social mudou com a sua consagração a título primitivo e em geral para determinados tipos sociais. Demos notícia dessa evolução conducente ao actual estádio. E durante esse período de *tolerância* do fenómeno parece ele ter sido fundamentalmente configurado como património autónomo do sócio único restante na sociedade. Foi assim que FERRER CORREIA baseou a construção jurídica da sociedade unipessoal[356], visto achar forçada e insatisfatória a recondução da figura ao conceito de sociedade, tradicionalmente protagonizada por Feine, pelo simples facto de, nessa via, a unipessoalidade, em si mesmo considerada, não alterar a estrutura organizativa e a modelação da base capitalista da sociedade de capitais, desencadeando, uma vez indiferente a pluralidade para esse conceito, a aplicação do regime que se condensa naquele instituto. Coincidindo no essencial com o pensamento então de Wieland[357], o Autor

---

[352] *Vide supra* Introdução.
[353] *Vide supra* n. 55.
[354] Em particular, pode ver-se o discurso subjacente à n. 190.
[355] "Società, contratto, responsabilità...", loc. cit., p. 184. Em prol desta opinião, cfr. ANTONIO ROSSI, p. 122.
[356] Cfr. *Sociedades fictícias e unipessoais*, ob. cit., pp. 326 e ss, em esp. pp. 328-9.
[357] Esta concepção de um *gebundenes Sondergut* aparece, de facto, na Alemanha, em KARL WIELAND, *Handelsrecht*, volume I, pp. 510 e ss, volume II, pp. 389 e ss, esp. p. 391 (tal como é citado por Ferrer Correia), depois seguido, com uma ou outra subtileza, por ULF SIEBEL, "La società di capitali...", loc. cit., pp. 93-4, e WOLFGANG SCHILLING, "Die Einmanngesellschaft und das Einzelunternehmen mbH", loc. cit., p. 165.

nacional enquadrava juridicamente a sociedade unipessoal como um caso de autonomia patrimonial a que correspondia uma *autónoma subjectividade jurídica*, sublimada pelo reconhecimento da sua personalidade jurídica[358].

Hoje, parece estar esta construção mais ou menos implícita nas doutrinas que têm dificuldade em mencionar a sociedade unipessoal pelo seu nome próprio, não a referindo, em termos conceituais, como mais do que uma empresa individual *de responsabilidade limitada* ou *sob forma societária*[359]. Porém, em sentido crítico e acompanhando UWE

---

[358] Apesar de mais tarde, nas suas *Lições...*, ob. cit., pp. 191 e ss, não voltar a insistir nesse ponto, antes se preocupando mais em resolver problemas concretos do regime da unipessoalidade social, inspirado "pela ideia de que a sociedade unipessoal *é ainda e apesar de tudo, sociedade...*" (p. 205, sublinhado da nossa responsabilidade).

[359] Ao longo do trabalho, fazemos referência a alguns destes Autores: *vide supra* ns. 190 e 316 (esta com algumas considerações críticas que aqui se reiteram e se juntam às que se fazem agora).

No entanto, um houve que "se excedeu" no conceitualismo que a personalidade jurídica transporta, ao conceber a SQU como um fenómeno de separação patrimonial privado de personificação: falamos da construção de ALDO SCHERMI, pp. 133 e 138-40. Aqui o Autor escreve que o empresário recebido pelo esquema societário é uma só pessoa, sendo o único sócio que, directa ou indirectamente, organiza e dirige a actividade empresarial, que constitui o escopo, o objecto dela, pois ela se refere apenas a ele, pois é dele. O único empresário, assim, é o único sócio, que, na qualificação e regulamentação legislativa, organiza e exerce a actividade empresarial-individual *sob forma societária*, para obter a finalidade que o ordenamento dessa maneira lhe permite – a limitação da responsabilidade pelas obrigações assumidas no exercício da actividade empresarial individual. De sorte que a "técnica legislativa adoptada implica que o instituto em exame – qualificado e regulamentado mediante a inclusão de normas particulares, adicionais ou derrogatórias, no sistema legislativo qualificador e regulamentador do tipo sociedade de responsabilidade limitada – deveria entender-se configurado como *organização ordenadora análoga, ou vizinha, àquele tipo societário*, portanto, caracterizada pelas mesmas estruturas orgânicas" (sublinhado nosso). De facto, enquanto as *típicas* organizações plurissubjectivas, constituídas e funcionalizadas para a prossecução de um escopo comum aos sujeitos que compõem a estrutura orgânica ou dirigido a terceiros, estranhos a essa estrutura, necessitam de ter personalidade jurídica, a fim da sua "operatividade qualificante (juridicamente) e regulamentadora (normativamente)" se poder concretizar num centro de imputação de situações jurídicas, na consagração de uma sociedade de responsabilidade limitada unipessoal, que coincide com o seu sócio, não é necessário ver-lhe configurada a atribuição de subjectividade, pois qualquer estrutura monossubjectiva é necessariamente sujeito jurídico enquanto pessoa singular ou humana. De outro modo, a constituição em pessoa jurídica da SQU, dada pela aplicação do regime geral da aquisição da personalidade jurídico-societária pela inscrição no registo, promove uma inconcebível e inútil *duplicação de subjectividade jurídica* (pessoa singular e pessoa colectiva: note-se que, censuravelmente, o Autor confunde o fenómeno da subjectividade jurídica com o da persona-

JOHN[360], referir o instituto à figura do património separado levará a resultados arriscados, uma vez que o *diminui*: na verdade, se a teoria do *Sondervermögen* pretende (uma vez que tradicionalmente não poderiam ser configurados centros de imputação subjectiva de direitos e obrigações fora da titularidade da personalidade singular e da personalidade jurídica *em sentido próprio*) reconduzir as espécies de subjectivação incompleta (*Teilpersonifikation*), às quais o ordenamento não atribui personalidade jurídica, à categoria de *objecto* de direito, isso mais não faz do que atribuir à empresa de responsabilidade limitada um significado estéril de *não sujeito* ou de *menor subjectividade*.

Estas considerações são confirmadas se se verificar o perfil patrimonial da sociedade unipessoal, na medida em que se registam facetas bem diversas entre o tradicional direito de propriedade e a relação entre a posição de sócio e o património social. Na sociedade unipessoal, de facto, o sócio único desenvolve a sua actividade de administração (em sentido lato) dos bens sociais, não como seu proprietário, mas *uti socius*, não exercendo de todo o poder imediato e directo sobre a coisa correspondente à relação de domínio. Antes, a interposição entre si e os bens pertencentes ao património da sociedade passam a dar-lhe um poder *indirectamente* exercido através dos esquemas organizativos próprios do direito societário e da forma social em questão. Em suma, de acordo com CARLO ANGELICI, "a sua posição jurídica apresenta um conteúdo «procedimental», o «poder» de utilizar aqueles esquemas, e não «substancial»"[361], susceptível de uma única pessoa conservar o significado societário da sua actividade e de permanecer inserido no esquema de operatividade que o mecanismo de *abstracção* que se coliga com a estrutura organizativa da sociedade proporciona.

O preconceito de encarar a unipessoalidade numa problemática *tipicamente* societária engendrou ainda uma visão alternativa da ocorrên-

---

lidade jurídica) respeitante a uma única individualidade subjectiva: "o único sócio, empresário individual, é sujeito de direito; e a esta sua subjectividade se sobreporia uma segunda subjectividade, com a atribuição da personalidade jurídica operada pela lei". Por isso, aquele regime deveria ser só aplicado às sociedades por quotas com pluralidade de sócios. A SQU seria apenas uma empresa individual, com que a legislação societária permitia excepcionar a regra da responsabilidade patrimonial ilimitada do devedor, através da legitimação de uma separação do seu património, indicado no acto unilateral constitutivo como entrada efectuada na (suposta) sociedade e destinando-o, assim, ao escopo do exercício da empresa.

[360] *Die Gründung der Einmann-GmbH*, ob. cit., *apud* MARCO SPOLIDORO, "La costituzione unipersonale delle società...", loc. cit., p. 839.

[361] *La società nulla*, ob. cit., pp. 148-9.

cia. A nossa espécie normativa daria lugar a uma entidade dotada de personalidade jurídica (circunstância que a distinguiria de um património separado destinado ao exercício de uma empresa individual de responsabilidade limitada), regulada pelas regras societárias, na medida em que fossem compatíveis com a estrutura unipessoal, que deveria ser reputada como *fundação lucrativa*, sujeita às regras organizativas e aos controlos da disciplina da sociedade por quotas[362].

Como compreenderemos melhor no excurso que se seguirá, esta é ainda uma tese que pretende manter uma desejada homogeneidade do instituto societário no interior do leito da contratualidade. Porém, como já o leitor sabe, porque se deu o mesmo problema por ocasião de escolher o mecanismo técnico da limitação da responsabilidade do empresário singular[363], esse enquadramento parece demasiado forçado quando se enfrenta a configuração estrutural-funcional da pessoa colectiva fundacional como modelo organizativo a comparar com o das sociedades.

A disciplina codicística das fundações reconhecidas no nosso ordenamento evidencia uma peculiaridade a que urge conferir o devido relevo para dilucidar uma opção, que se decanta muito mais profundamente do que na simples origem unilateral do negócio respectivo, alcandorado a elemento decisivo de convergência *genética* com a sociedade unipessoal, e na "analo-

---

[362] Neste sentido, cfr. GIORGIO OPPO, "Società, contratto, responsabilità,...", loc. cit., pp. 184 e 187, reproduzido por DOMENICO SANNINO, p. CLXVIII. No limiar da tendência generalizada em consagrar a unipessoalidade societária, ANGELO DE MARTINI, p. 453, já falava da sociedade constituída por um só sujeito como uma sociedade-fundação, que estaria para a sociedade-contrato na mesma posição em que se colocava, *mutatis mutandis*, no campo das pessoas jurídicas de direito privado (civil), o relacionamento entre as fundações e as associações. Com uma posição ambígua, cfr. CLAUDIO CALDERONI, "S.r.l. unipersonale ed esercizio dell'attività sportiva", *Dir. Giur.*, 1994, pp. 74 e ss, esp. p. 80, que, após discutir um eventual paralelismo entre a SQU e o *Anstalt*, entendeu que a sociedade unipessoal não podia ser qualificada como fundação, até porque a SQU, ao contrário da fundação, não obstante a unilateralidade dos actos constituintes, podia sempre adquirir a pluralidade de sócios, mas distanciava-se, de qualquer modo, do instituto societário. Na Alemanha, a aproximação da sociedade unipessoal como pessoa jurídica à figura da fundação foi problematizada, entre outros, por FRANZ WIEACKER, "Zur theorie der juristische Person des Privatrechts", *Festschrift für Ernst Rudolf Huber*, 1973, p. 379, *apud* WERNER FLUME, *Allgemeiner Teil des Bürgerlichen Rechts. Die juristiche person*, 1983, p. 118, que a denominou como uma "espécie de fundação económica por conta própria" (*Art wirtschaftlicher Eigenstiftung*), e por FRITZ RITTNER, *Die werdende juristische Person*, 1973, pp. 237-8. Na doutrina nacional, PUPO CORREIA, p. 382, afirma que o acto gerador de uma situação de unipessoalidade originária "não é um contrato, mais se assemelhando ao acto gerador de uma fundação".

[363] *Vide supra* Capítulo I, ponto 4.1.

gia de oferecer o instrumento da separação no interior do mesmo património"[364].

As coisas começam a destrinçar-se pelo diverso funcionamento da organização que vem a ser espoletada pelo negócio fundacional e pelo negócio societário: na fundação, rígido, na sociedade, mais elástico, tendo como critério a possibilidade de o sujeito declarante poder modificar a disposição e a finalidade da pessoa colectiva depois de constituída. De facto, uma vez erigida e reconhecida a fundação, o fundador desprende-se definitivamente da disponibilidade dos bens destinados ao escopo declarado no acto de instituição e não participa na condição de fundador na administração dos bens com que dotou a fundação. Esse vínculo de afectação não pode ser alterado por vontade do fundador, nem dos administradores, nem pela autoridade governativa competente para o reconhecimento. O art. 185º, nº 3, do CCiv., só permite a revogação do negócio de instituição, ainda que escriturado, até ao momento em que seja requerido o reconhecimento ou principie o respectivo processo oficioso. Por outra parte, o art. 189º, ainda do CCiv., remete exclusivamente para a autoridade governativa a competência de modificar os estatutos da fundação (o negócio constituinte permanecerá, em princípio, imutável), ainda que sob proposta da administração da fundação, *desde que* não haja alteração essencial do fim institucional e não se contrarie a vontade do fundador. A única matéria em que a vontade do fundador é relevante prende-se com a faculdade que o art. 190º, do CCiv., atribui à entidade governativa para "transformar" a fundação, que, para o efeito, consiste em dar-lhe um fim diferente, nos taxativos e apertados limites que os seus nºs 1 e 2 predispõem. Estas disposições naturalmente evidenciam que a fundação é uma pessoa jurídica que, uma vez reconhecida, se objectiva numa entidade *predominantemente* de índole patrimonial, que pretere, nas suas vicissitudes sucessivas, e de uma forma quase absoluta, a pessoa do fundador e as eventuais mudanças da sua vontade expressa no acto de instituição[365]: digamos que o elemento pessoal do ente se encontra funcionalmente limitado nas suas competências à estrita actuação da vontade (inalterável) do fundador e do escopo institucional por ele decidido. Em suma, a estrutura, uma vez criada, fica fora da esfera de controlo do fundador.

---

[364] ANDREA ZOPPINI, *Le fondazione. Dalla tipicità alle tipologie*, 1995, p. 155.

[365] A evaporação do elemento pessoal no funcionamento das fundações é tão acentuado que dá molde a permitir, por estatuição do art. 185º, nº 1, do CCiv., que se constituam por testamento, ainda que com a particularidade de a aceitação dos bens integrados na massa da herança e destinados à fundação, em respeito do processo de formação definido por lei, coincidir com o reconhecimento da fundação.

Na sociedade, e também na unipessoal, persiste sempre a possibilidade de o sócio, ainda que privado de um poder directo de administração (intervém através da ordenação orgânica predisposta para essa forma social), influir sobre o ente, modificar-lhe a estrutura e os objectivos através de uma simples modificação do negócio social (através da assembleia onde tem assento ou que nele se esgota). Afora isso, terá ainda a disponibilidade volitiva de "deliberar" – melhor, decidir – a dissolução da sociedade, pondo um fim ao vínculo de destinação, assente na realização das entradas, que se imprimiu aos bens sociais. Pode, pois, provocar o retorno dos bens conferidos à sociedade, depois de concluída a fase da liquidação, ao regime da propriedade civilística e a cessação do regime de propriedade associado à personificação específica do instituto societário. Assim, a estrutura societária é maleável e *mais chegada* à pessoa dos sujeitos que a resolveram montar, que mantêm uma *presença activa* na vida social, tanto na representação externa da sociedade (podem mesmo vir a ser responsabilizados em alguns casos por dívidas da sociedade), como nas relações internas[366]. Maleabilidade essa que é ainda mais notória na sociedade por quotas, em face da manifesta facilidade com que o(s) sócio(s) pode(m) decidir da sua composição subjectiva (e, consequentemente, do seu estatuto, no seu sentido amplo).

Diferentes são, na verdade, as potencialidades de exercício da autonomia privada para o fundador, que se exaurirão no momento genético-conformador do escopo, do complexo patrimonial e das modalidades de actividade da fundação, e para o sócio, que assume através dos órgãos próprios da sociedade os poderes de determinar a sua vida, a sua evolução e a concretização do seu escopo: talvez supremamente explicadas pelo fim supraindividual, vigiado pelo Estado (veja-se o art. 192º, nº 2, do CCiv.), demandante da estabilidade e da definitividade que distingue a espécie fundacional, e ao qual a sociedade permanece ignorante[367]. Logo, as pessoas

---

[366] Com o que se diz não se choca com a caracterização da sociedade por quotas como uma sociedade em que a pessoa dos sócios e a sua mudança, *em confronto com as sociedades de pessoas*, é, em princípio, irrelevante para os terceiros (pode não ser: p. ex., para efeitos de financiamento da sociedade por entidades externas), e realça-se a grande participação dos sócios na actividade deliberativa e de controlo da administração da sociedade quotista (sobre o ponto, *vide* GIUSEPPE ZANARONE, "La società a responsabilità limitata come «tipo» normativo", loc. cit., pp. 46 e ss).

[367] Para uma distinção das duas espécies de acordo com os diversos programas *funcionais* adstritos a cada uma delas, *vide* as descritivas precisões de ANDREA ZOPPINI, *últ. ob. cit.*, pp. 147-50 e 156, que sublinha que, se "se pretende traçar um paralelo cognoscivelmente significativo entre a fundação e o fenómeno societário esse não respeita à sociedade unipessoal, mas sobretudo (...) à sociedade *sem sócios* (*Keinmanngesellschaft*)"

investidas da direcção das actividades levadas a cabo por uma fundação e por uma sociedade dispõem de âmbitos de competência funcionalmente colocados em extremos opostos, o que é confirmado pelo facto de na fundação o pólo de referência ser a "gestão de interesses *alheios*, que (pelo seu carácter, intrinsecamente ligados a um perfil de obrigatoriedade) não podem ser adequadamente reconduzidos a um quadro de autonomia privada"[368].

A remissão de figuras societárias *particulares* (neste caso, constituídas por acto unilateral) qualificadas expressa e objectivamente pelo legislador como sociedades (e na sua disciplina integradas sob um ponto de vista sistemático) para *modelos já existentes* e *coerentes no interior do sistema jurídico* conhece assim mais um episódio, meritório mas incapaz de superar as sapatas estruturais e funcionais em que assenta o edifício dogmático--normativo das fundações, devendo negar-se, por isso, a atribuição à SQU da natureza de negócio (e instituição) fundacional[369]. Seria mesmo uma manifesta contradição (para quê fundar outra quando se visa suprir uma?) com a sistemática das fundações, "determinando para estas últimas a configuração de um estatuto *bem mais singular* do que aquele que provém de se admitir a qualificação societária do instituto em exame"[370]. Depois, além da distinção teleológica, rompia-se com a discriminação de substrato entre as duas entidades – predominantemente pessoal na sociedade e (quase) exclusivamente patrimonial na fundação –, inerente ao elenco tipológico--doutrinal de fundações e corporações ou associações em sentido amplo, através do qual estas vêm contrapostas na convicção de que "nestas últimas o património seja vinculado à pessoa jurídica, enquanto nas fundações seria a pessoa jurídica a estar vinculada ao património"[371-372].

(sublinhado do Autor). Para além desta doutrina, seguimos de perto GIORGIO MARIA ZAMPERETTI, *La società*..., ob. cit., pp. 26-30, e GIOVANNI CESÀRO, pp. 20-1.

[368] UWE JOHN, *Die Gründung der Einmann-GmbH*, ob. cit., *apud* MARCO SPOLIDORO, "La costituzione unipersonale delle società...", loc. cit., p. 838, sublinhado como no original.

[369] No mesmo sentido, entre nós, PINTO FURTADO, *Curso de Direito das Sociedades*, ob. cit., p. 64: "... a função e estrutura desenhadas pelo legislador para a nova categoria, assinando-lhe, à imagem das *sociedades pluripessoais*, um objectivo económico lucrativo do próprio instituidor e um poder de autónoma modificação e adaptação da estrutura criada, transformando-a inclusivamente, em qualquer momento, em *sociedade pluripessoal* (art. 270º-D-1 CSC), demonstram claramente que o propósito legislativo de criação de uma *nova espécie de sociedade*, revelado pela designação que lhe foi dada, é correcto, e estamos realmente em presença de uma *figura societária*, não de uma *fundação*" (sublinhados da responsabilidade do Autor).

[370] GIORGIO MARIA ZAMPERETTI, *últ. ob. cit.*, p. 32, sublinhado nosso.

[371] PIETRO RESCIGNO, "Personalità giuridica e gruppi organizzati", *Persona e*

comunità. Saggi di diritto privato, volume II, 1988 [o texto foi publicado pela primeira vez em 1971], p. 105. Sobre esta matéria, *vide*, na doutrina nacional, MANUEL DE ANDRADE, *Teoria Geral da Relação Jurídica*, volume I, ob. cit., pp. 68-71; MOTA PINTO, *Teoria Geral do Direito Civil*, ob. cit., pp. 270-2; CASTRO MENDES, 269-71. Servindo-se dessa dissemelhança para separar, para além do fim perseguido, as sociedades unipessoais das fundações, cfr. COUTINHO DE ABREU, *Curso...*, volume II, ob. cit., p. 16, n. (33).

372 Porém, a nosso ver, a semelhança *no plano genético-constitutivo* entre a sociedade unipessoal e a pessoa colectiva fundacional – em particular: (i) a unilateralidade da declaração negocial (apesar de haver dúvidas quanto a este ponto no acto instituidor de uma fundação: cfr. HEINRICH HÖRSTER, p. 427; e se considerar que a declaração negocial do instituidor de uma fundação não produz quaisquer efeitos antes do reconhecimento: cfr. PIRES DE LIMA/ANTUNES VARELA, p. 439), (ii) o carácter não receptício comum aos dois negócios (segue-se aqui a posição, entre outros, de MOTA PINTO, *últ. ob. cit.*, p. 389) – poderá autorizar a susceptibilidade de revogação do negócio unilateral de constituição da sociedade unipessoal até ao momento da sua inscrição no registo comercial, em virtude de o reconhecimento estar para a fundação como o referido acto publicitário está para a sociedade. Tal seria fundado num princípio de revogabilidade geral dos negócios jurídicos unilaterais (note-se, respectivamente para a promessa pública e o testamento, os art. 461°, n° 1, e 2179°, n° 1, do CCiv.) ou mesmo numa interpretação analógica do art. 185° do CCiv., n° 3 (e 4), e superaria a insolubilidade que a aplicação dos arts. 36° e 37° levantaria nesta matéria, naturalmente vocacionados para resolver os problemas das relações encetadas com terceiros e estatuídos para sua tutela, não para atender a eventuais interesses dos sócios em voltar atrás com a vontade de constituir a pessoa societária – *ex adverso*, fundando-se na suficiência dessas duas normas societárias, PINTO FURTADO, *Curso de Direito das Sociedades*, ob. cit., p. 64, n. (37), tal como, em Espanha, para normatividade semelhante, SÁNCHEZ ALVAREZ, p. 236, n. (211).

Claro que, pelo menos na situação de ser observada escritura pública, a SQU é já titular de um património e deve considerar-se um centro autónomo de imputação jurídica, dotado de uma imediata subjectividade jurídica. De resto, passa a estar sob a alçada das regras societárias vigentes antes do respectivo registo e consequente aquisição da personalidade jurídica, razão pela qual o acto unilateral não pode deixar de ser visto como um negócio que produz efeitos *que assumem relevância externa*, nomeadamente quando assuma obrigações perante terceiros (*vide infra* Capítulo II, ponto 11.2.). Este realce levar-nos-ia a negar a revogabilidade de um negócio que já se tornara independente dos efeitos que tinha promovido. A única forma *possível* de voltar atrás seria levar a sociedade a dissolução com liquidação.

Todavia, parece-nos que esta valorização da *entrada* do ente na *normatividade societária* não nos obriga a trilhar *obrigatoriamente* este caminho, que, conforme as situações em causa, até poderia ser fundamentado nos arts. 141° e/ou 142°. De facto, os interesses de terceiros não necessitam de demandar a liquidação do passivo para estarem protegidos, pois aí a regulação *pré-registal* oferece-lhes resguardo atendível. Com a vantagem de não se ter que passar por um procedimento demasiado complexo (que será, de facto, o único viável *depois de inscrita a SQU no registo comercial*), comparando com o que se pode simplificar com a simples declaração unilateral do sócio único e a (re)integração da massa patrimonial separada em favor da SQU no restante património do fundador. Na Alemanha, para as situações de constituição unipessoal e superveniente não-registo, ou registo improcedente, KARSTEN SCHMIDT, *Gesellschaftsrecht*, ob. cit., p. 1244, tem dúvidas que o sócio adopte as medidas conducentes à liquidação e deixa cair a sua preferência pela sucessão universal do património-capital investido na esfera do fundador: apesar de não assegurar de todo a certeza jurídica, seria este "o preço (...) que o direito das sociedades tem de pagar pela experiência da *«Einmanngründung»*". Logo, não é crível que se possa defender só o trilho liquidatório como *a* via possível para o desiderato pretendido. Pelo menos, apesar da opinião expressa de não se almejar um exame *funditus* do problema, parece que ambas as situações serão legítimas para se eliminar os efeitos produzidos pelo pacto social unilateral, privando-o da relevância *constituinte* e reduzindo-o a mero facto histórico.

Para a defesa da solução *revogatória* no direito italiano, essencialmente convocando o similar art. 15º do CCIt., cfr. CARLO ANGELICI, "Società unipersonali: l'esperienza comparatistica", loc. cit., p. 895; FRANCESCO DI BELMONTE, pp. 799-800; DOMENICO SANNINO, p. CLXIX; MARCO IEVA, "Le società...", loc. cit., pp. 574-5; GIUSEPPE FERRI, *Manuale di diritto commerciale*, ob. cit., p. 322. Mudando de opinião, veja-se ILARIA CHIEFFI, que em "La nuova s.r.l. unipersonale", loc. cit., p. 548, seguia a posição então emergente da doutrina de Angelici, para depois se tornar adversária da aplicabilidade ao acto constitutivo da sociedade de responsabilidade limitada originariamente unipessoal da disciplina prevista para o negócio de fundação em *La società unipersonale*..., ob. cit., pp. 127-30, com argumentos que nos deixam algumas dúvidas: (i) a rejeição pela moderna doutrina societária do recurso aos institutos de carácter privado para individualizar a disciplina aplicável (ou interpretar a disciplina existente) a uma estrutura organizativa societária; (ii) as diferenças estruturais que caracterizam os dois entes (que *os distinguem radicalmente*, como destacamos, mas sem grande relevo antes do momento da aquisição da respectiva personalidade jurídica); (iii) as diferenças de possibilidade de extinção-dissolução do ente, *depois de reconhecido*, por parte do fundador e por parte dos sócios (através da assembleia), tornam menos plausível a revogação do acto constitutivo de uma SQU com fundamento no regime da fundação, onde o poder estadual exclusivo para levar a cabo essa extinção (concomitante ao seu poder de vigilância) se contrapõe à competência dos sócios para deliberar a extinção da sociedade. Repare-se que esta doutrina não exclui a revogação do negócio constitutivo de SQU, rejeita sim, na segunda versão (mais desenvolvida) do seu pensamento, o seu fundamento no regime da fundação e ancora-a no carácter derrogável e não cogente do art. 2330 do *CCIt* (vejam-se as pp. 132-3). No mesmo sentido negativo, com fundamentos mais

chegados ao processo de constituição das sociedades comerciais em Itália, que envolve uma homologação judicial, cfr. PASQUALE MACHIARELLI, p. 989.
Com a doutrina dominante em Itália, podemos observar igualmente CARLO IBBA, *La società*..., ob. cit., pp. 54-5, e FRANCESCO FERRARA Jr./FRANCESCO CORSI, p. 866, que acrescentam que o momento preclusivo da revogação deve antecipar-se para o início da actividade da sociedade, antes da inscrição, sempre que houver a realização de operações em nome da sociedade, em homenagem à tutela da confiança dos terceiros relativamente à estabilidade dos efeitos, produzidos pelo acto constitutivo, que vão para além da esfera do sujeito. Coloca-se assim o *ponto de não retorno* não tanto na formação de um património autónomo mas antes na assunção de obrigações a ele imputáveis (se se seguir o caminho da oneração do património da sociedade antes do registo). Em sentido oposto à ablação do poder revogatório pela circunstância de o acto de constituição ter tido um princípio de execução, fundamentalmente por entender que os interesses de terceiros se encontram suficientemente salvaguardados pela regulamentação da actividade desenvolvida em nome da sociedade antes da sua inscrição no registo, vide ILARIA CHIEFFI, *últ. ob. cit.*, p. 131, n. (179).

No que toca à forma requerida pela revogação, somos de opinião que essa deverá coincidir com a forma revestida para a constituição (originária ou resultante de transformação) da SQU, nos termos do art. 270°-A, n°s 3 e 4, ou seja, documento particular ou escritura pública, conforme os casos. Esta exigência está em conformidade com o estatuído no regime-regra da promessa pública, atendendo ao art. 461°, n° 2, do CCiv. (embora aqui se ponha um problema de eficácia da revogação), bem como com o regime dos pactos extintivos subsumido no art. 221°, n° 2 (esta parece ser uma hipótese de aplicabilidade das razões da exigência especial da lei: desde logo, assegurar a reflexão do sócio único em detrimento de uma eventual precipitação e proporcionar o grau de certeza necessário para o resguardo de terceiros). Para uma problematização da validade formal da revogação do acto unilateral de constituição de uma SQU no direito italiano, sem qualquer âncora normativa, cfr. CARLO IBBA, *La società*..., ob. cit., pp. 55-6.

Porém, esse revestimento formal só terá sentido, no plano dos interesses, se entendermos, em paralelo, que a declaração revogatória deve ser receptícia *sempre que haja outra parte que deva receber na sua esfera de disponibilidade a declaração ou conhecer o respectivo conteúdo*. Ou seja, para produzir efeitos, a revogação, nessas hipóteses, parece dever ser levada à esfera de acção (com meios idóneos) de outras pessoas, não se bastando com a simples manifestação de vontade do sócio fundador. Será o caso do gerente (ou gerentes) não sócios e de todos os que agem em representação da SQU por indicação do único sócio fundador, tanto pelo facto de poderem vir a ser responsabilizados por negócios celebrados antes do registo (de acordo com o disposto pelo art. 40°), como porque, na condição de representantes da SQU, têm legitimidade para pedir o registo do negócio de sociedade (nos termos do art. 29°, n° 1, e 30°, n° 1, do CRC) – isto independentemente da forma seguida para o acto constituinte. Solução esta talvez pouco ortodoxa, porque o

Mesmo assim, a doutrina estrangeira, conformada com a personificação jurídica do nosso ente[373], tem-se mostrado sensível ao facto de a disciplina societária geral não ser aplicável à SQU de um modo automático e integral. Uma vez que o regime do nosso ins-tituto não se esgota nas modificações directamente introduzidas aquando da criação, antes se consubstancia em toda uma série de alterações e adaptações formuladas *interpretativamente* ao "direito das sociedades pluripessoais", a ideia a sedimentar seria a de que a SQU *tem a forma mas não a substância da sociedade*, ou seja, que é uma pessoa jurídica de natureza *não societária*, que, por vontade do legislador, é submetida ao direito societário comum *nos limites da compatibilidade*[374].

---

carácter recepiendo da revogação dependerá sempre de uma averiguação *in casu* da forma de funcionamento da SQU até ao registo: ou totalmente concentrada na acção do sócio único ou delegada, íntegra ou parcialmente, na acção de outros sujeitos, ainda que não órgãos da sociedade. Chegaríamos assim a uma qualificação *intermitente* que não nos agrada de todo, mas que atende também à *especial situação de domínio volitivo* de uma única pessoa *integrada nos esquemas próprios de uma sociedade*. Todavia, também não nos agrada deixar desprotegidos (desinformados...) os terceiros que actuam em nome da sociedade e permanecem na ignorância, não prevenindo a celebração de actos jurídicos inúteis e responsabilidades futuras. No deve e haver dos interesses, equilibrados pela especialidade da SQU, a nossa posição de princípio será, à imagem de ILARIA CHIEFFI, *La società unipersonale...*, ob. cit., pp. 130-1, a de pender para a configuração inicialmente indicada.

[373] Com a construção da sociedade unipessoal como uma figura naturalmente dotada de personalidade jurídica – e dela dependente para que o sócio possa actuar a sua vontade através das competências da corporação: sobre o tema, cfr. WERNER FLUME, "Die Gründung...", loc. cit., p. 1781; IDEM, *Allgemeiner Teil...*, ob. cit., p. 118 –, é evidente que o titular do património social é a sociedade e não o sócio titular da participação social, de tal sorte que o *Trennunsgsprinzip* entre o património social e a posição (patrimonial) do sócio continua subsistente apesar de falhar a pluralidade que é regra no fenómeno societário. Sobre este ponto, cfr., entre muitos, GÖTZ HUECK, "Erster Abschnitt...", loc. cit., § 1, *Rdn.* 55, p. 30; HELMUT HEINRICH, "Kapitel. Die Entstehung der Gesellschaft. § 10. Besonderheiten der Einpersonen-Gründung", in HANS-JOACHIM PRIESTER/DIETER MAYER, *Münchener Handbuch des Gesellschaftsrechts, Band 3 – Gesellschaft mit beschränkter Haftung*, 1996, *Rdn.* 1, p. 92.

[374] Cfr. CARLO IBBA, "Società unipersonali", loc. cit., p. 14, na esteira, pois as diferenças são de teor *mais nominalístico* que substancial, de GIORGIO OPPO, "Società, contratto, responsabilità...", loc. cit., p. 184, que, antes da construção fundacional, feita essencialmente, como dissemos, para distinguir dogmaticamente a SQU da empresa individual-património separado, qualifica a sociedade de responsabilidade limitada unipessoal como uma entidade e, em vez disso e em rigor, uma pessoa jurídica dirigida, até onde exista compatibilidade, pelas regras da pessoa jurídica-sociedade. Mais tarde, Carlo Ibba

A tal exclusão da SQU do modelo societário responda-se também com a vontade do legislador. Com a introdução do instituto, esse mesmo legislador protagonizou uma opção *precisa e consciente* no que respeita à incorporação no ordenamento da XII Directiva (na circunstância portuguesa, quando até já tinha um instrumento parecido, pelo menos sobreponível na área da empresa individual, o EIRL, o que o dispensava de tal medida, à luz do art. 7º do diploma comunitário): conferir, em pleno, a possibilidade da unipessoalidade num tipo social. Com isso, o ordenamento permite a formação de uma estrutura organizativa predisposta ao exercício individual de uma empresa sob a forma societária, *desde que ela obedeça às regras típicas do esquema tipológico da sociedade por quotas*. Sem mais, o direito objectivo foi por ele usado para qualificar expressamente como sociedade a espécie originada por negócio unilateral e fazer do regime geral o seu regime.

Em suma, por muitas voltas que se dêem, a disputa sobre o sentido e a natureza da sociedade unipessoal regressa sempre ao *nó górdio* de querer compatibilizar uma eventual não socialidade da figura com a aplicação das disposições societárias que regulam a fundação de uma sociedade mediante contrato, ainda que sejam excepcionadas aquelas que resultam incompatíveis com a disciplina específica. Estas ressalvas não comportam, por si só, uma alteração da função e da organização típicas da sociedade por quotas. Quando muito, podem ser descritas em termos de *especialidade quantitativa*, mas isso não exclui, *antes pressupõe* a recondução da SQU à mesma espécie social[375]. É, pois, indeclinável chegar à conclusão de que as teses que encaram a SQU fora da compreensão societária não encontram apoio suficiente nos dados positivos do regime (apesar das excepções), já que a ele *acabam sempre por voltar*: invocam a *ausência de associativismo* no momento gerador da sociedade, mas dessa ausência *se abstraiu inegavelmente o legislador, porque apenas condiciona, em termos aplicativos, a convocação dos esquemas típicos previstos* para a sociedade plural. Isto parece ser sintomático de que, como esclareceu PETER ULMER, "a sua qualificação como

---

veio dizer que a uma sociedade como a SQU, marcada pela identificação substancial do órgão de orientação (*organo d'indirizzo*) com o sócio único e pela possibilidade de que o sócio único seja administrador, a que se junta a quase certa falta do órgão de controlo, é *um pouco menos sociedade* que as outras ("La s.r.l. unipersonale fra...", loc. cit., p. 261). Em França, houve também quem dissesse que a *E.U.R.L.* não era uma *verdadeira sociedade*, mas sim uma "verdadeira técnica de afectação de um património a uma actividade organizada, independente e identificada": cfr. CLAUDE CHAMPAUD/DIDIER DANET, "Sociétés et autres groupements. Sociétés en géneral. Régles générales. Entreprise unipersonnelle a responsabilité limitée", loc. cit., p. 289.

[375] Cfr. LOREDANA NAZZICONE, p. 22.

sociedade e o reconhecimento como pessoa jurídica não dependem do número de sócios"[376].

De todo o modo, coloque-se a dúvida: teria que estar dependente? Não nos parece. Evidentemente que o instituto é novo, mas não é verdadeiramente um *corpo anómalo* e a sua imposição foi resguardada na roupagem dos mecanismos já conhecidos e sedimentados das sociedades clássicas. Precisamente porque a unipessoalidade originária da sociedade por quotas pode explicar-se pela *posição particular que as sociedades de capitais ocupam no âmbito das pessoas jurídicas de base associativa*.

Da conjugação entre a sua estrutura corporativa e o seu carácter capitalista (ou supletivamente pessoal com tendência capitalística) se deduz que nestas sociedades, como na sociedade anónima, em que a técnica de organização do capital assenta na sua divisão em partes sociais, a noção de sócio é abstracta, já que não se refere a uma pessoa concreta e determinada *e é independente da pessoa que conjunturalmente detém tal posição*. A posição de sócio vem, assim, conferida pela realização da entrada ou pela aquisição da parte social. Daí se depreende que essa posição acaba por se *objectivar* e *patrimonializar* na quota (igual seria na acção, se falássemos de sociedade anónima), de tal modo que será titular dos direitos e obrigações derivados da sua inserção na organização societária aquele que, *em cada momento* (o que até pode ser acidental...), é titular da quota: o que conta, em virtude de a quota incorporar e representar uma parte (ou toda, assim sendo) da relação jurídica societária, é a sua posição abstracta em relação à sua participação social, o que a torna, no reverso da medalha, abstraída da pessoa que a detém.

O que importa que, mesmo que acumuláveis numa única pessoa ou *ab ovo* apenas pertencentes a um único sujeito, as participações não perdem essas características. Tanto as situações de unipessoalidade como as de pluripessoalidade não contradizem a unicidade ou a pluralidade de posições abstractas de sócio, podendo uma mesma pessoa ser titular de várias participações, *como todas as participações serem detidas por uma só pessoa*. Para a conservação da independência da posição de sócio, tanto faz. Para a unidade das participações sociais, enquanto tal transmissíveis e acumuláveis, é indiferente. Com o que se pode afirmar claramente, numa sede dogmática, que a sociedade por quotas, enquanto *estrutura e organização* autonomizadas pela personalidade jurídica, que descansa nas posições abstractas do sócio ou dos sócios ligadas às quotas e não na sua personalidade, continua a sê-lo com um só membro[377].

---

[376] "Allgemeine Einleitung...", loc. cit., *Rdn*. 9, p. 7, itálico do Autor.

[377] Paralelamente, como salienta UWE JOHN, *Die Gründung der Einmann-GmbH*, ob. cit., *apud* MARCO SPOLIDORO, "La costituzione unipersonale delle società...", loc.

O que, sobretudo, não podemos deixar escapar é que a referência, originária ou derivada, a uma só mão da totalidade do capital social não afecta em nada a consideração do expediente instituído, *ainda que tenha importantes efeitos quanto ao regime a aplicar*. E *só* esta circunstância não pode fecundar um novo tipo de sociedade a acrescentar aos já existentes, nem um subtipo do tipo onde se acolha, nem uma espécie de sociedade que se venha a juntar à espécie de sociedade pluripessoal, nem uma *qualquer figura* que adopta o nome societário.

Constitui, isso sim, uma *modalidade subjectiva* da composição pessoal da sociedade por quotas, com o consequencial envio da respectiva disciplina para todas as normas que regulam o tipo utilizado para a abraçar[378]. Essa faceta unipessoal, portanto, deve entender-se como uma *circunstância meramente contingente* que pode ocorrer nesse tipo, *de modo permanente ou transitório*, tendo para o efeito que se moldar, adaptando-se, sobre uma forma de sociedade preexistente[379]. Isto é, estamos perante um *particular*

---

cit., p. 839, não é correcto que, podendo o direito "personificar" qualquer *fattispecie* organizatória, a corporação pressuponha um substrato pessoal de pelo menos dois membros e só a existência de um substrato corporativo legitime a limitação de responsabilidade.

Para uma panorâmica da doutrina consultada susceptível de vincular (explicar) a unipessoalidade como fenómeno societário às características definidoras da organização e funcionamento da sociedade de capitais (nomeadamente a sociedade anónima), *vide*, na Alemanha, HANS WÜRDINGER, pp. 342-5; HERBERT WIEDEMANN, *Gesellschaftsrecht...*, ob. cit., pp. 6-7; WERNER FLUME, *Allgemeiner Teil...*, ob. cit., pp. 114 e ss, esp. p. 118, onde se refere que a sociedade unipessoal é um exemplo clássico de pessoa jurídica dependente, em virtude de ser a qualidade de membro (*Mitglied*) da pessoa colectiva que proporciona a uma única pessoa manifestar a sua vontade através das competências (e da consequente actividade) pertencentes à pessoa corporativa; GÖTZ HUECK, "Erster Abschnitt...", loc. cit., § 1, *Rdn.* 50, pp. 28-9; KARSTEN SCHMIDT, *Gesellschaftsrecht*, ob. cit., pp. 1237-8; em Espanha, cfr. ALONSO UREBA, pp. 109-10, e SÁNCHEZ ALVAREZ, pp. 233-6.

[378] Este efeito é também o mais conveniente no plano da tutela dos interesses substanciais do sócio e dos terceiros. Do lado do sócio único, sublinhe-se a possibilidade *procurada* de beneficiar do modelo organizativo acomodado pelo tipo social em causa, cujo desrespeito (ou excessivo suprimento...) seria contraditório – afinal, não foi essa uma das razões fundamentais, suficientemente referida no Capítulo I, pontos 3 e 4, para se escolher o expediente societário na desejada limitação da responsabilidade do empresário individual? Do lado dos terceiros, é inelutável que o seu principal instrumento de protecção consiste, precisamente, nas regras de transparência fornecidas pelas normas organizativas e procedimentais ditadas pelo tipo.

[379] Salientando estes aspectos, cfr., em Espanha, SÁNCHEZ ALVAREZ, p. 227, n. (167) e 232, e, em França, ELIE ALFANDARI/MICHEL JEANTIN, p. 107; CLAUDE

(e só eventual) modo de estar da sociedade por quotas, definido pelas vicissitudes respeitantes à titularidade da(s) sua(s) quota(s) durante o curso da sua vida jurídica, sem que isso logre desencadear uma transformação objectiva do ente ou qualquer mudança de tipo social[380]. Em rigor, concluindo, a sociedade por quotas não *é* unipessoal, nem mesmo quando nasça originariamente com um único sócio. Simplesmente *encontra-se*, desde a sua constituição ou a partir de um momento posterior, numa situação de unipessoalidade, que não é, em absoluto, imutável[381]. Dito de outro modo, está a sociedade numa situação de *identidade na continuidade de um fenómeno societário*, no qual à unidade pode suceder a pluralidade e esta pode reduzir-se à unidade, para depois eventualmente reconstituir-se em pluralidade.

Esta concepção é, por fim, aquela que melhor se coaduna com o que se articulará de seguida. *Id est*, a caracterização do fenómeno societário como actividade organizativa *na fase sucessiva* à sua fundação, orientado por uma certa disciplina de poderes e de competências e virado para a consecução de certo resultado, *à qual permanece indiferente a existência de um só sujeito*. O que faz a diferença é a inscrição da sociedade no registo, considerado como pressuposto para a qualificação do ente em termos personificadores-societários e o acesso *pleno* da actividade programada aos esquemas da *actividade social*. A partir do cumprimento desse ónus publicitário, tanto a sociedade unipessoal como a sociedade pluripessoal passam a dispor de um património pertencente a um *sujeito jurídico distinto e autónomo relativamente ao(s) sócio(s)* e a reger-se por uma disciplina que, quanto à sua aplicabilidade, prescinde da consistência do substrato corporativo do ente[382].

Em síntese, o preenchimento daquele requisito fornece o dado da *alteridade* que separa inequivocamente a posição *organizativa* do sócio, enquanto participante no procedimento social, da posição *substancial* da sociedade, enquanto proprietária de um património que deixou de ser do sócio. Será, portanto, esta uma problemática societária e a resolver nos quadros do direito societário: ainda que unipessoal, temos um ente que desenvolve uma actividade que indiscutivelmente não se refere *uti singuli*, mas que se realiza *uti socius*[383].

CHAMPAUD/PAUL LE FLOCH, p. 253; YVES GUYON, *Droit des Affaires...*, ob. cit., pp. 138 e 513.

[380] Assim se expressam, com particular acuidade, RENATO RODORF, "Fallimento...", loc. cit., p. 555, e ROBERTO ROSAPEPE, p. 12.

[381] Cfr. JIMENEZ SÁNCHEZ/DÍAZ MORENO, p. 41.

[382] Cfr. ANGELO DE MARTINI, pp. 449-51.

[383] Nesta linha, cfr., por todos e para o que nos interessa aqui, ILARIA CHIEFFI, *La società unipersonale...*, ob. cit., pp. 140-3.

Assim, a confirmação da condição societária da SQU – que recusa ser a sociedade

9.2. Os reflexos da homogeneidade funcional entre a sociedade gerada por contrato e a sociedade unipessoal

Esclarecidas as coisas em termos da *natureza societária* da SQU, sobra-nos ainda a sua acareação com a inalterabilidade do art. 980º do CCiv. Uma vez introduzida autonomamente a possibilidade de constituir uma sociedade por quotas por acto unilateral, sem o beneplácito (implicando nova redacção) da norma definitória de sociedade, a necessária *contratualidade* da *fattispecie* societária – profusamente disseminada pelas várias referências a contrato de sociedade nos preceitos do CSC – deve também ser ponderada. Digamos que chega a altura de testar a compatibilidade do perfil *qualificativo* com o perfil *aplicativo*, uma vez que tradicionalmente o momento associativo é entendido não só como pressuposto da *fattispecie* societária, como igualmente da respectiva disciplina.

Em primeiro lugar, depois do que foi dito imediatamente antes em sede de qualificação jurídica da SQU, é de confirmar que daí não resultam implicações materiais no plano técnico-operativo, no sentido de considerar como espécies *distintas* a sociedade-contrato e a sociedade-negócio unilateral[384]. Essa tentação resolve-se, agora, pela compreensão da génese não contratual da sociedade como um facto que escapa à *totalidade* da noção de sociedade aí prescrita. Assim, em coerência com a *mens legislatoris* (por seu turno condicionada pela orientação que informou a intervenção comunitária), estamos perante *dois instrumentos identicamente*

---

unipessoal uma das formas de "organizações intermédias" entre o indivíduo e o Estado legiferante-organizador, através das quais os esquemas predispostos pelo ordenamento, graças à habilidade dos privados, eram contornados ou subvertidos da sua função e objectivo originários para absorver os conteúdos mais vários, como sugere Pietro Rescigno, "Le società intermedie", *Persona e comunità. Saggi di diritto privato*, 1987 [o texto foi publicado pela primeira vez em 1958], pp. 29 e ss, esp. pp. 35-46, quando se refere à gravidade e à imponência da contradição de se ver "empresas individuais enxertadas no tronco da sociedade capitalística, dotadas de subjectividade de direito e com responsabilidade limitada" – pode servir para reiterar alguns dos elementos caracterizantes do moderno direito societário e enquadrar-se em dados essenciais da estrutura e da função das sociedades de capitais.

[384] Cfr., neste sentido, Marco Spolidoro, "La legge sulla s.r.l. unipersonale", loc. cit., p. 101; Federico Tassinari, pp. 714-5; Edoardo Courir, *Limiti alla responsabilità...*, ob. cit., p. 299. Em sentido contrário, vislumbrando na sociedade unipessoal e na sociedade pluripessoal duas espécies do *género sociedade*, cfr. Pinto Furtado, *Curso de Direito das Sociedades*, ob. cit., pp. 63-4.

utilizáveis para obter a individualidade do património da empresa através do tipo quotista.

O critério tido em conta na lei, na fundação das relações societárias, é, historicamente, a pluripessoalidade originária, razão pela qual a *especialidade ditada pela sociedade unipessoal de raiz* não poderia logicamente ter sido levada em linha de conta ao tempo da codificação civilística. O desconforto poderá resolver-se sem grandes alaridos. A utilização do mecanismo societário evoluiu desde então e a essa evolução em nada obstaculizou a definição civilística. Os termos do art. 980° do CCiv. não podem mais significar que a sociedade seja só contrato e por isso é compatível com a possibilidade de a sociedade como relação – ou como tipo, já que este no fenómeno societário se deve aludir ao aspecto organizativo em detrimento do aspecto negocial[385] – ser também originada por um evento não contratual[386].

Esta problemática dogmática tem um interesse fundamental porque desagua numa questão de aplicação de normas. Logo, em sequência natural, problematiza-se se as normas gerais dos contratos, em sede civilística, que pressupõem necessariamente a bilateralidade ou a plurilateralidade (como as que se prendem com o regime do acordo e processo formativo do contrato ou da resolução por incumprimento contratual), se devem referir aplicativamente tanto ao momento da constituição como ao momento da vida da sociedade em funcionamento, independentemente da natureza plurilateral ou unilateral do acto constitutivo, uma vez que essa aplicação é legitimada apenas e só pela natureza contratual da sociedade[387].

Impõe-se distinguir. Do lado da relação que se estabelece na vida da sociedade, ainda poderá admitir-se a subsistência de uma relação contratual (ou de possíveis relações contratuais) nos *vínculos de organização interna* que se estabelecem entre os dois sujeitos jurídicos distintos que temos depois de perfeccionado o negócio constitutivo: o sócio e a

---

[385] Cfr., por todos, PAOLO SPADA, *La tipicità della società*, ob. cit., pp. 75-7.

[386] Cfr. GIUSEPPE MARASÀ, "Su una proposta...", loc. cit., p. 1008.

[387] Não obstante tal perspectiva, não deixa MARCO SPOLIDORO, "La legge sulla s.r.l. unipersonale", loc. cit., p. 102, de opinar que o legislador deixou passar uma oportunidade de esclarecer, como também nos pareceria mais coerente e faz o nosso art. 7°, n° 2, com uma oportuna modificação do art. 2247 do *CCIt.*, vários problemas que inevitavelmente se levantam, se tivesse aí introduzido a menção da possível constituição unilateral de uma sociedade em caso de previsão legal: em particular, para resolver a qualificação jurídica da cisão-constituição, se acto unilateral ou acto plurilateral, antes ou no momento da cisão.

sociedade. Por isso, continua a insistir-se na contratualidade porque se deve reclamar, em geral, a aplicação das regras das relações contratuais àquelas que se instauram *entre sócio* e *sociedade*, em tudo quanto não seja derrogado ou impedido pela unipessoalidade, *e entre sócios*, logo que, sucessivamente, a sociedade unipessoal se torne plural[388]. Essa constelação de regras contratuais, inerentes tanto à *fattispecie* geral "sociedade", como ao tipo quotista, consideram-se de plena validade no caso, em função da natureza contratual das relações que se instauram entre os sujeitos interessados na vida da sociedade, com maior ou menor amplitude, mais tarde ou mais cedo.

Do lado do acto criador, porém, a recuperação do carácter contratual da *fattispecie*, prescindindo-se da estrututura unilateral do acto, colide com a existência de uma única vontade constitutiva e a correspondente veste de declarante (sócio), ambas imputadas a uma só pessoa. Só assim será se o virmos, e também a relação social por arrasto, como um contrato *in fieri*, na medida em que através desse acto se consentiu a criação do instrumento participativo da quota, expressão sintomática do concurso de mais do que um sujeito sobre o mesmo património[389]. Deste modo se poderia compreender, também no plano lógico e sistemático, após, exemplifiquemos, uma divisão e cessão da quota do sócio único (*vide* o nosso art. 270º-D), que a sociedade constituída por negócio unilateral se transformasse sem mais em contrato[390].

---

[388] Cfr. MARCO SPOLIDORO, últ. loc. cit., pp. 101 e 104.

[389] Em rigor, só no momento do acto constitutivo se poderá fazer menção a relações entre pessoas (sócios) diversas. Depois, a actividade da sociedade, definida em maior ou menor grau pelo estatuto convencional, não se distingue tanto por relações directas *entre* os sócios (*actio pro socio*), é caracterizada por relações *de participação* dos sócios na sociedade, ou, se quisermos, entre os sócios (ou cada um deles) e a sociedade. Depois do negócio social, que se insere no processo tendente à personificação jurídica do ente (já) societário, passa a existir um *regulamento da sociedade*, de onde surgem direitos, deveres, poderes, responsabilidades, para quem é membro-associado ou membro dos órgãos *em face da sociedade*. Perdida a uniformidade contratual na geração do ente – como sinónimo de referência a, pelo menos, dois distintos centros de interesses –, ficam as (possíveis) relações de índole contratual na vida de uma sociedade com origem não contratual, na medida em que esta é uma organização separada e independente dos seus sócios pela plena personalização e pela perfeita autonomia patrimonial. O que se perde definitivamente é a contratualidade do negócio constitutivo: é justamente no encalço da doutrina que a tenta salvar que nos encontramos.

[390] Nesta linha, cfr. FEDERICO TASSINARI, p. 716, n. (29).

Por esta razão, mesmo quem não se conforma com a configuração societária, por não ser contratual, da sociedade unipessoal, admite algo que nos parece valioso. A *atitude de transformação* da sociedade unipessoal em sociedade *propriamente dita* (em linguagem que não é a nossa...), ainda por vontade do sócio-fundador e sem que intervenha aí qualquer *contrato de sociedade* (embora originada por uma figura contratual, o contrato de alienação da participação social, pelo qual se determina o subingresso do adquirente numa relação social já *em acto*), é susceptível de justificar a *fattispecie* em discussão numa *perspectiva societária* (pois nessa oportunidade a pluralidade superveniente apresenta-se *constitutiva* da relação social). Deste modo, a unipessoalidade e a responsabilidade limitada (*rectius*, a irresponsabilidade) passaram a ser *fisiológicas*, mas portadoras de uma *esperança de reconstituição da pluralidade natural à sociedade* e, consequentemente, da relação societária.

Neste horizonte dogmático, a SQU nasce de um acto unilateral mas contém em si a *potencialidade imediata*, apesar de faltarem centros plurais de referência subjectiva (apenas uma pessoa tem *vontade jurisgénica*, apenas ela tem a veste de sócio e, portanto, uma unicidade de centro de interesses), para progredir para uma relação contratual. Do acto constitutivo da SQU brotaria uma *relação em estado de quiescência* que se trasladará *activo* assim que a sociedade se torne pluripessoal[391].

---

[391] Referimo-nos a GIORGIO OPPO, "Società, contratto, responsabilità...", loc. cit., p. 187. Segundo este Autor, a disciplina *típica* das sociedades de capitais apresenta(va) a concentração das participações sociais como um acidente de percurso no funcionamento da sociedade, que torna *quiescente* a relação social: mas um acidente recuperável e que, na medida em que os termos legais a regulavam, reportaria aos princípios da responsabilidade patrimonial individual. Na SQU, ao invés, "a concentração e a limitação da responsabilidade do sócio-fundador são fisiológicas e só a eventual pluralidade superveniente é *constitutiva* da relação social". Como seguidores desta enunciação dogmática, DOMENICO SANNINO, pp. CLXVIII e CLXXXXII, que fala de uma "sociedade em estado embrionário"; FEDERICO TASSINARI, p. 716, n. (29); e GIOVANNI CESÀRO, p. 19, que se refere a uma potencialidade *in re ipsa*, reportada a "uma situação monopessoal susceptível de evolução".

Esta corrente será herdeira do verdadeiro precursor destas concepções, que foi SALVATORE PUGLIATTI, "Il rapporto giuridico unisoggettivo", loc. cit., pp. 227-8 e 278-9. Segundo este, a unipessoalidade no momento constitutivo correspondia a simplificações passageiras da estrutura da relação social, merecedoras das modificações e das adaptações que fossem necessárias para que a relação pudesse nascer e permanecer viva, e compatíveis com um estado de quiescência dessa mesma relação até que fosse *integralmente*

Ademais, a reiteração dogmática do princípio da contratualidade acarreta consigo a ideia de que a *mens legis* "concebeu a situação de unipessoalidade como uma fase provisória de suspensão temporária dos

---

perfeccionada a espécie societária: a relação estaria projectada para o futuro e em conexão com a sua *potencialidade de desenvolvimento* e de *pleno funcionamento*. Isto porque, como já mencionara ALESSANDRO BORGIOLI para a unipessoalidade superveniente, não só em *La nullità della società per azioni*, ob. cit., pp. 375 e ss, e 531, n. (210), mas igualmente em *Consorzi e società consortili*, 1985, p. 68, n. (115), o acto unilateral conserva (do contrato) o valor de *programa de actividade*, sendo sempre possível uma sucessiva adesão a esse programa por parte de outros sujeitos. Também neste sentido nos palpita alvitrar as observações, na doutrina pátria, de VASCO LOBO XAVIER, *Sociedades comerciais*..., ob. cit., p. 29, sobre as situações excepcionais de unipessoalidade originária, quando dizia que, mesmo nesse caso, o agrupamento de pessoas "existirá *virtualmente*, dada a possibilidade, sempre aberta, de ao sócio único virem a juntar-se novos sócios" (sublinhado em conformidade com o original), ou, mesmo antes, de MANUEL DE ALARCÃO, p. 217, que, notando as *características particulares* do contrato de sociedade e não enfrentando o fenómeno da unipessoalidade como patológico, foi de parecer que esses traços legitimariam que, nas situações de unipessoalidade, o contrato permanecesse, "aberto à adesão de novos sócios". Apenas parcialmente aderindo à posição de Pugliatti se colocou ALBERTO AMATUCCI, p. 168. De facto, por uma perspectiva, dissertou que "todas as sociedades, mesmo que reduzidas a um só sócio, continuam, *potencialmente*, a cumprir a função de organismos essencialmente destinados ao exercício colectivo de uma actividade económica", de onde dimanava uma aplicação integral da disciplina que as regulam, com excepção para as normas que pressupunham a pluralidade do substrato pessoal; porém, "a exclusão desta parte da disciplina, por outro lado, não incide de tal forma sobre o desenvolvimento da relação social que provoque a quiescência, mas, se tanto, só um *estado de funcionalidade reduzida*, pela falta de relações entre sócios" (sublinhados da nossa lavra).

Contra a coincidência da sociedade por quotas constituída unilateralmente a uma relação *em acto*, pelo simples facto de se *poder* abrir a uma multidão de sócios, e a suposta quiescência (ou vigência *sub condicione*) da relação social, já que "uma sociedade pode nascer, viver e morrer com um único sócio, sem que alguma vez ocorra a pretensa condição que permitiria conciliar a constituição unilateral com a existência de uma relação social", cfr. ANTONIO ROSSI, pp. 121-2, que apoia a tese antiga de MARIO PORZIO, "Sulla disciplina della società di persone con un solo socio", *RS*, 1965, pp. 286 e ss, com base na qual uma sociedade unipessoal originária é uma sociedade *sem relação social*, ao contrário das outras sociedades que, no decurso da sua existência, perdem o requisito da pluripessoalidade, na medida em que estas tiveram origem num contrato que necessariamente criou uma relação social entre os sócios. Contrário, numa outra perspectiva, cfr. MARCO SPOLIDORO, "La legge sulla s.r.l unipersonale", loc. cit., p. 101, para quem o facto de uma sociedade originariamente unipessoal se tornar pluripessoal não implica que tenha sido "estipulado" um contrato social antes inexistente, ou que se tenha instaurado uma

princípios gerais, destinada a desaparecer quando a evolução e o crescimento económico da empresa promoverem a associação de novos sujeitos com o consequente início do desenvolvimento de uma actividade

---

relação jurídica nova, ou que se mude a *fattispecie* que constitui o substracto negocial da sociedade.

Esta posição adversa não parece, todavia, granjear simpatia. Digna de registo é a etiqueta estampada por VINCENZO PANNUCIO à SQU, que, atendendo à alternativa-
-alternância colocada à disposição pela sua estrutura societária – desde logo, entre sócio único e um outro sócio único, mas designadamente entre sócio único e pluralidade de sócios: *vide* sobre o ponto CONCETTO COSTA, p. 17 –, a denominou como sociedade de *pluralidade eventual* (cfr. "Relazioni di sintese", *La società a responsabilità limitata con unico socio*, Seminario di Studio, Messina, 8 maggio 1993, 1994, p. 64). Também FABRIZIO GUERRERA, p. 50, entende que o esquema societário seguido pela SQU encontra uma estrutura que se apresenta intrinsecamente com a susceptibilidade *potencial* para evoluir para um esquema de organização *colectiva*. Essa evolução pode ocorrer dentro da SQU, tornando-a mais complexa e dialéctica nas relações entre órgãos, ainda que unipessoal, como na circunstância de uma sociedade por quotas com um único sócio, que é simultaneamente seu único gerente, e sem a obrigatoriedade de *passar a ter* um conselho fiscal ou *designar* um revisor oficial de contas (no direito português, sempre que não se preencha a previsão do art. 262º, nº 2; saliente-se que a fiscalização, quando imperativa, é alternativa, de acordo com a 1ª parte do nº 2 do art. 262º: ou se constitui o órgão, de composição colectiva, de que faz parte como membro efectivo um revisor oficial de contas, como manda o aplicável art. 414º, nº 1, ou individual, o chamado fiscal único também importado do regime da anónima, e que deve ser igualmente revisor ou sociedade de revisores, ou se nomeia *a título próprio* o revisor oficial de contas), *apresentar supervenientemente* a nomeação de gerentes externos (pois em regra, como se observa em alguns pactos sociais publicados na III Série do DR, se a SQU for constituída por pessoa singular, será o sócio a encarnar o órgão administrativo) e um órgão de fiscalização (cuja designação, se o sócio reunir a qualidade de gerente e de único titular da(s) quota(s) sociais, será rara: cfr. GIORGIO MARIA ZAMPERETTI, *La società...*, ob. cit., pp. 146-7; GIORGIO MARIA ZAMPERETTI [*et all.*], p. 111, com apoio casístico para a Itália), que pode mesmo resultar de uma deliberação que accione os termos que a pertinente cláusula estatutária definiu para a existência de um conselho fiscal. Ou assentar no devir em direcção à tradicional forma da sociedade bi ou pluripessoal. [Por falar dessa constituição do conselho fiscal, e do que dissemos a esse pretexto, interessamo-nos por clarificar alguns pontos. Ao contrário do direito italiano, que permite que a nomeação dos componentes do *collegio sindacale* seja feita no acto constitutivo da sociedade ou sucessivamente por actuação da assembleia ordinária, o que legitima, para alguma doutrina, que o pacto social possa estabelecer normas particulares para a sua nomeação, sem que se ponha em causa os poderes de nomeação da assembleia – cfr., por todos, GIAN FRANCO CAMPOBASSO, *Diritto Commerciale. 2...*, ob. cit., p. 380, n. (1) –, entre nós a lei é taxativa e estatui a inadmissibilidade de esse órgão fiscalizador ser criado por uma deliberação simples dos sócios (sobre a matéria, cfr. RAÚL VENTURA, *Sociedades por quotas. Comentário ao Código das*

comum"³⁹², de acordo com a contratualidade e a cooperação subjectiva que lhe subjazem³⁹³.

Sociedades Comerciais, volume III, 1991, p. 206). Parece, a nosso ver, que ainda estará dentro do articulado do n° 1 do art. 262° a determinação estatutária de que a sociedade tenha um conselho fiscal se ocorrer determinada circunstância, p. ex., se se proceder ao aumento do seu capital social que o eleve a um montante igual ou superior a um certo valor. Mas não será depois uma deliberação a decidir da existência do conselho fiscal, o que não salvaguardaria os termos legais? Vejamos. Em rigor, a sua criação foi criada *originariamente* pela cláusula pertinente do negócio social primitivo, o que satisfaz a lei. O que acontece quando se verifica(m) o(s) pressuposto(s) da sua constituição é a necessidade de *projectar na vida da sociedade* o órgão que já se tinha decidido criar, e, para esse efeito, "em consequência do clausulado no pacto social, uma vez verificada a condição de que se fez depender a constituição do conselho fiscal, ..." (poderia assim dizer a deliberação), o que urge é *designar os membros do órgão de fiscalização*. É sobre esta matéria, nesse momento, que a deliberação vai incidir (salvo se o negócio social dispuser em sentido diverso), ao abrigo de uma das competências dispositivas ou suplementares atribuídas ao poder deliberativo do(s) sócio(s), nos termos da al. b) do n° 2 do art. 246°.]

Essa potencial "colectivização" da sociedade unipessoal foi justamente apontada na doutrina alemã defensora, *de iure condendo*, da SQU, antes de 1980, como cerne argumentativo para sustentar a permanência da qualificação como *Gesellschaftsvertrag* da declaração unilateral de constituição da sociedade originariamente unipessoal, visto que, além de se ter que respeitar as formalidades legais de criação de uma sociedade normal, a sociedade unipessoal poderia em qualquer altura poder ser convertida numa sociedade com vários sócios: cfr. KARL OTTO KONOW, p. 145. Como se sabe, o § 2 da *GmbHG* manteve a expressão "contrato social", referindo-a, por isso, ainda à constituição unipessoal. Mas a jurisprudência desse país destrinçou sem rodeios as diversas hipóteses de criação de sociedades de responsabilidade limitada. A este propósito, resultam particularmente paradigmáticas, nos tribunais alemães, as decisões do **Bayerisches Oberstes Landesgericht**, de **30.Dezembro.1982** (in *DB*, 1983, p. 604, ss), e do **OLG de Hamm**, de **15.Agosto.1983** (in *DB*, 1983, pp. 2679-80), nas quais, com maior incisividade na última, se denega a natureza contratual do acto de constituição unilateral da sociedade (para efeitos de aplicação dos emolumentos notariais reservados aos actos unilaterais, em detrimento dos que se referem aos contratos), "mesmo que", como disseram os juízes no último dos arestos, "em qualquer momento, seja possível que, através da entrada de um sócio ulterior, se crie uma verdadeira sociedade com vínculos contratuais" (... *weil es jederzeit durch Eintritt eines weiteren Gesellschafters zur Entstehung einer wirklichen Gesellschaft mit vertraglicher Verbundenheit kommen kann*).

³⁹² FEDERICO TASSINARI, p. 716.

³⁹³ Nesta linha também se parece inserir SÁNCHEZ ALVAREZ, p. 236, quando afirma que a sociedade unipessoal não se vê despojada do seu carácter *associativo*, uma vez que a persistência da divisão do capital social em partes "permite a *reconstrução* da pluralidade em qualquer momento" (sublinhado conforme o original).

Assim, de acordo com a doutrina percorrida, a introdução do negócio unilateral como facto jurídico susceptível de constituir uma sociedade por quotas não colocaria em causa o paradigma contratual *no que tange à aplicação das normas respectivas*[394]. Hermeneuticamente, para esse fim, compunha-se o nascimento *in itinere* de relações contratuais societárias entre os sócios por efeito dos negócios de venda das participações, que conduziriam à pluralidade de sócios, engenhando-se efeitos associativos destes contratos meramente potenciais. Digamos que não era necessário tanto, mas se a natureza contratual, congeminada com tal *subtilitas*, é uma via escorreita para atingir *resultados interpretativos* mais cómodos, não vemos grandes entraves nessa construção[395].

---

[394] Sublinhando esta posição, cfr. FRANCESCO CORSI, "Cassazione e contrattualismo societario: un incontro?", *GC*, 1996, p. 351: "também a constituição por acto unilateral mantém ainda sempre uma *natureza negocial* e isto abre a porta à possibilidade de sustentar aplicável *boa parte* da disciplina do código expressa em referência aos contratos" (sublinhado nosso). Em geral, há quem se revele contra a resolução de problemas específicos das sociedades comerciais com o recurso à disciplina geral dos contratos, porque isso seria incompatível com a constituição do *ordenamento privado* consequente ao contrato de sociedade, caracterizado por regras próprias adequadas a responder à *complexa articulação de interesses* do instituto societário: cfr. PIER GIUSTO JAEGER, "Cassazione e contrattualismo societario: un incontro?", *GC*, 1996, pp. 335 e 337. Outra questão é a de saber, concordando com a aplicação às sociedades comerciais das normas respeitantes à regulamentação geral dos contratos, decifrar quais os princípios e regras que devem ser inequivocamente convocados e aqueles que devem ser recusados com base em incompatibilidade com o sistema legislativo das sociedades de capitais: cfr., sobre esta interessante tarefa hermenêutica, FRANCESCO GALGANO, "Contrattualismo e no per le società di capitali", *CI*, 1998, p. 1, ss.

[395] Assim sendo, a uniformidade entre o acto constituinte de SQU e o contrato social (que também se conseguirá pela perspectiva de entre eles ver uma homogeneidade funcional, tal como a veremos mais à frente em texto) consente que seja aplicável à constituição unilateral a disciplina *específica* do contrato de sociedade, desde que se respeite a diferença estrutural relativa à ausência da pluralidade de sócios. Desde logo, p. ex., o regime da validade do acto constituinte (o contrato social, na sua estrita significação *negocial*) e, com maior relevo, o da sua interpretação, que não estarão conexionados com a vontade individual do fundador e se devem estribar em critérios de interpretação tendencialmente objectivos, em face da prevalência do valor organizativo do fenómeno societário perante uma perspectiva negocial individualista (neste sentido, cfr. CARLO ANGELICI, "Società unipersonale e progetto...", loc. cit., p. 62; IDEM, "Società unipersonali: l'esperienza comparatistica", loc. cit., pp. 895-6; na fileira, MARCO SPOLIDORO, "La legge sulla s.r.l. unipersonale", loc. cit., p. 104; CARLO IBBA, *La società...*, ob. cit., pp. 53-4). Em sede interpretativa, portanto, a atenção aos mesmos critérios que devem guiar a interpretação "pareceria justificar-se pelo facto de o interesse do único sócio que se manifesta através

Mais do que isso, ou mais do que para esse efeito, é que se nos afigura ir longe de mais: quanto mais não fosse pelo facto de essa potencialidade poder nunca se concretizar e uma SQU nunca evoluir no seu tempo de vida para a pluralidade de associados. Importa sim destacar as evidências.

Há quem se tenha decidido pela subsistência de um princípio de uniformidade causal entre sociedades contratuais e não contratuais. De acordo com CARLO IBBA, de facto, estaria no *espírito do sistema* que a componente causal de um determinado fenómeno associativo não fosse

---

da estipulação do acto unilateral constitutivo de sociedade de responsabilidade limitada originariamente unipessoal (não diversamente do que acontece numa situação de «pluripessoalidade» mediante a estipulação do contrato social) não ser juridicamente direccionado (ou, pelo menos, não tanto) à constituição de situações subjectivas activas e passivas de acordo com os esquemas tradicionais do direito subjectivo e da obrigação, mas antes esse ser principalmente dirigido a disciplinar o desenvolvimento de uma actividade (na espécie: actividade social) e a criar uma «organização societária» pela qual e na base da qual vêm valorados os interesses do único sócio como sujeito participante na mesma organização; estes últimos relevam na condição de interesses *uti socius* e não, ao invés, *uti singulus*" (ILARIA CHIEFFI, *La società unipersonale...*, ob. cit., pp. 134-5).Também na Alemanha se defendeu que o espaço de intervenção do subjectivismo, nomeadamente em sede interpretativa, devia ser reduzido, em nome dos interesses de terceiros, e deveria induzir a consideração do acto constitutivo de um modo objectivo, pelo menos naqueles aspectos que transcendem o interesse individual do fundador (UWE JOHN, *Die Gründung der Einmann-GmbH*, ob. cit., *apud* MARCO SPOLIDORO, "La costituzione unipersonale delle società...", loc. cit., p. 842).

Posto isto, parece razoável entender-se que este objectivismo deve ser, como é em geral, deveras predominante na interpretação de cláusulas estatutárias de organização e de funcionamento social que contendam com os interesses e a actuação de sócios futuros, credores e outras classes de terceiros. Não obstante, poderá ceder um pouco, no sentido de atentar na vontade real do sócio fundador e aferir da imputabilidade de um sentido objectivo ao declarante (ainda que, para se chegar a um sentido que não tenha um mínimo de correspondência no documento estatutário, se deva atender necessariamente ao nº 2 do art. 238.º do CCiv., já que estamos perante um negócio formal – mas diga-se que não nos parece que os seus requisitos sejam obstáculo, tanto mais que não se deverão justificar «as razões determinantes da forma legal»: por todos, cfr. CARVALHO FERNANDES, *Teoria Geral do Direito Civil*, volume II, 2001, pp. 418-20), na decifração do sentido de cláusulas que definam relações entre o sócio e a SQU, ou, no caso da formulação de estatutos já integrados por regras prontas a entrar em acção quando a sociedade se abrir à pluralidade, entre sócios. Sobre este regime da interpretação do acto constituinte das sociedades, que seguimos de perto para configurar a nossa opinião, atenda-se à lição de COUTINHO DE ABREU, *Direito Comercial. Relatório sobre o programa, os conteúdos e os métodos de ensino*, Coimbra, 1999, p. 62; IDEM, *Curso...*, volume II, ob. cit., pp. 140-2, com referências bibliográficas.

influenciada pela diversa estrutura (unilateral ou plural) do acto de fundação. Assim sendo, uma vez determinado pelo legislador o *tipo de resultado* para que é preordenado um certo esquema organizativo de activação bilateral ou plurilateral – tido em conta pelo conceito de sociedade precipitado na lei –, o mesmo tipo de resultado deveria entender-se atribuído, implicitamente, ao mesmo esquema, ainda quando originado por uma iniciativa unilateral ou, de qualquer modo, não contratual[396].

Uma vez mais, deve sublinhar-se que esta *suposta* uniformidade se avalia no momento da fundação da sociedade e da consequente escolha de um tipo. E aqui não há como esconder que o acto constitutivo de uma sociedade deixou de se referir *sempre*, desde que o legislador assim o decida, a um momento associativo em sentido estrito, *sem que com isso venha, no essencial, afectada a convocação da disciplina correspondente*. Destarte, uma coisa será o acto de adopção de um tipo, outra coisa será a disciplina desse tipo. Na primeira, a heterogeneidade *constitutiva* é óbvia e cada vez mais frequente, na segunda surgem fenómenos de adaptação de um regime, como é o societário, pensado e formulado para entes plurais, a entes que não o são ou nunca o virão a ser. Assim, o nó górdio da questão é não olvidar que o legislador decidiu que esse regime fosse activado também na ausência da pluralidade, aproveitando o conjunto de regras estipuladas para o exercício societário e ressalvando a sua *integral* aplicação em certos domínios que pressupõem a existência de uma relação associativa (e a pluralidade).

Além dessa cisão entre a *natureza do acto* (que dá vida a uma relação e a um organismo que se regista numa regulamentação de tipo associativo) e a *regulação da actividade económica a que ele deu causa*, vejamos ainda que a imagem de perspectivação do *momento genético-estrutural* é naturalmente inconfundível: em sede de concretização da obrigação da realização das entradas, *colocar as forças em conjunto*, próprio do contrato de sociedade, será necessariamente distinto de *isolar uma parte do património pessoal* do sócio único[397].

Tudo ponderado, parece que a sociedade perdeu a sua homogeneidade *causal*, afirmemos com ROBERTO WEIGMANN, num "processo de evaporação da tradicional causa do contrato de sociedade"[398]. Não

---

[396] Cfr. "La s.r.l unipersonale fra...", loc. cit., p. 258, e, antes e mais desenvolvidamente, *La società...*, ob. cit., pp. 20 e ss.
[397] Cfr. ANTONIO ROSSI, p. 121.
[398] "Le società unipersonali...", loc. cit., p. 834.

obstante, esta *ambiguidade genética* do fenómeno não parece desvirtuar, apesar de estrutural e subjectivamente o negócio unilateral e o contrato serem situações bem diversas, uma *homogeneidade funcional*, em virtude da *equivalência* desses factos jurídicos para gerar uma sociedade e da *abdicação da pluralidade* como requisito essencial desse facto[399].

Esta homogeneidade, a nosso ver, parece granjear alguma solidez. Senão veja-se. Ao contrário dos contratos comutativos[400], a admissão da

---

[399] Cfr. CARLO ANGELICI, "Società unipersonale e progetto...", loc. cit., pp. 61-2 (tal como o continuou a expressar numa intervenção ulterior, referindo-se à homogeneidade *substancial* entre o acto unilateral e o contrato plurilateral: "Società unipersonali: l'esperienza comparatistica", loc. cit., p. 895). Na sua esteira, cfr. GIAN DOMENICO MOSCO, p. 57 e n. (86); ILARIA CHIEFFI, *La società unipersonale*..., ob. cit., pp. 123 e 126.

Esta é apenas mais uma confirmação da *tendência de funcionalização* dos contratos associativos, na direcção ditada pela necessidade de um mesmo objectivo poder ser perseguido mediante o recurso a esquemas organizativos diversos, de acordo com a utilização que deles se pretende fazer (cfr., sobre este ponto, PAOLO FERRO-LUZZI, *I contratti associativi*, ob. cit., pp. 373-4; FLORIANO D'ALESSANDRO, "I contratti associativi in un libro recente", *Studi in memoria di Domenico Pettiti*, volume I, 1973, pp. 481-2). Neste contexto se poderá entender as palavras de GIORGIO MARIA ZAMPERETTI [*et all*.], p. 100, que recusam, ao invés, que a sociedade por quotas possa ser uma categoria *tipologicamente* homogénea, pois a sociedade por quotas ordinária estaria *funcionalmente* adstrita ao exercício da empresa *colectiva*, enquanto que a SQU estaria vocacionada para acolher a empresa *individual*. Assim, e neste particular a bondade do apontamento desta doutrina italiana é de assinalar, a constituição unissubjectiva não seria bem uma alternativa à constituição plurissubjectiva em virtude de ambas se separarem *geneticamente* pela ausência ou presença de um *momento associativo* a integrar a vontade do(s) fundador(es). Inversamente, a *verdadeira alternativa de facto* à sociedade unilateralmente instituída seria a chamada sociedade fictícia ou de favor, posto que quem quer servir-se da forma societária para realizar uma actividade individual em condições de responsabilidade limitada pode recorrer a esse funcionamento de sociedade, que se quereria erradicado depois da possibilidade dada pela lei de formar orginariamente uma sociedade unipessoal. De facto, no nosso sistema, por vontade expressa do legislador, o confronto que se deveria agilizar na prática será o que se deparará entre a SQU e o EIRL, o que quererá dizer em qualquer caso a manifestação volitiva do sujeito em prosseguir o exercício de uma actividade empresarial através de uma espécie societária, criando uma nova pessoa jurídica no tráfico, ou através do aproveitamento em sede patrimonial da sua própria personalidade jurídica singular, para o efeito discriminada e formalizada numa parcela autonomizada.

[400] Quanto a este assunto, cfr., para uma vista mais específica do que se contrapõe, PIER GIUSTO JAEGER/FRANCESCO DENOZZA, pp. 110-13. A propósito, foi observado que, enquanto nos contratos de prestações recíprocas se pode afirmar uma substancial corres-

sociedade unipessoal originária molda o acto constitutivo à função de disciplinar, *organizando*, o desenvolvimento e funcionamento da actividade *social* programada (desde logo, em matéria de entradas), sem necessidade de haver entre os sócios um nexo de reciprocidade[401], como não há na sociedade unipessoal. Antes predomina a manifestação volitiva de utilizar o mecanismo societário, como meio idóneo e talvez necessário para fixar as bases de organização para levar a cabo essa mesma actividade programada, no sentido de perseguir o resultado para que se tende[402], mesmo que não comum, como será na sociedade unipessoal. Assim configurado o acto, não será essencial a participação de um mínimo de duas pessoas, pelo menos funcionalmente, para vermos aí uma sociedade[403].

Desta feita, a unicidade da figura societária em discussão (enquanto tipo societário) deverá abstrair-se do requisito do exercício *comum* de uma

---

pondência entre o esquema jurídico contratual e a operação económica realizada pelas partes, reconhecendo-se a fórmula técnica da relação *direito subjectivo-obrigação*, um discurso deste tipo dificilmente se ajusta ao fenómeno societário (pelo menos no seu *interior*), uma vez que, no seu conjunto, se cria uma situação jurídica que prescinde da exigência típica, para aquela relação, de individualizar uma pluralidade de sujeitos e de posições subjectivas: logo, o dado de maior relevo é precisamente o *efectivo desenvolvimento* da actividade (assim, por nós conjugado, ambos de CARLO ANGELICI, *La società nulla*, ob. cit., pp. 54-5, e "Società unipersonale e progetto...", loc. cit., p. 61, bem como GIOVANNI B. FERRI, *Causa e tipo nella teoria del negozio giuridico*, 1968, p. 334). Tal como confirma GIUSEPPE FERRI (cfr., desde logo, as primeiras cogitações em "La società come contratto", *Studi in memoria di Francesco Ferrara*, 1943, pp. 261 e ss, e depois, com meditação breve e sólida, *Le società*, ob. cit., p. 5), o conteúdo do acto constitutivo não é tanto a criação de posições subjectivas recíprocas (direitos e obrigações) entre os participantes, mas sobretudo a fixação da posição de cada um no âmbito do grupo (em referência tanto à acção unitária que esse desenvolve e aos seus resultados, como ao interesse unitário, que, através dessa acção, o grupo persegue), que fundamentalmente se dirige, mais do que aos direitos e às obrigações, aos poderes, aos deveres e às responsabilidades.

[401] Veja-se o inequívoco conferimento à declaração unilateral do único sócio de um perfil estatutário (*Satzungscharakter*) dado por KARSTEN SCHMIDT, *Gesellschaftsrecht*, ob. cit., p. 1241.

[402] Cfr. PAOLO FERRO-LUZZI, *I contratti associativi*, ob. cit., p. 215, que destaca o reporte das formas jurídicas de desenvolvimento da actividade social ao valor do acto inicial-constitutivo, e GIUSEPPE FERRI, *últ. ob. e loc. cit.*, também ele atento à função do acto constitutivo de "se determinar aquela organização de elementos pessoais e de elementos patrimoniais que constitui o substrato necessário, ainda que não suficiente, da personalidade jurídica".

[403] Em sentido próximo, cfr. ILARIA CHIEFFI, *La società unipersonale...*, ob. cit., pp. 125-6.

actividade económica com o escopo de *distribuição* de lucros, próprio da *origem contratual dado pela pluripessoalidade*, para se fundar, como ambivalente momento de qualificação do negócio, no "puro equipamento estrutural querido pelas partes e reconhecido como típico pelo legislador"[404]. Uma vez que a função do negócio societário, quando unilateral, não pode ser a instalação de uma actividade cooperativa, nem a distribuição de lucros, a uniformidade que se pretende acaba inevitavelmente por fazer soçobrar a ideia de sociedade como sinónimo de uma pluralidade de pessoas, e sobrelevar antes uma organização com uma estrutura peculiar e predeterminada, perfeitamente compatível, seja com a unicidade, seja com a pluralidade de sócios, em que o respectivo acto constitutivo não representa mais do que um "pressuposto externo da sociedade"[405], uma mera "veste formal da sociedade-organização"[406-407].

---

[404] ANTONIO ROSSI, p. 124, que sugere *de iure condendo* ser esta a fundamentação dogmática para assimilar, enquanto instrumentos funcionais típicos, o contrato e o acto unilateral constitutivos de uma sociedade de responsabilidade limitada, o que se concretizaria numa modificação pertinente do conteúdo do art. 2247 do *CCIt.*, pois este era manifestamente incoadunável com a intrínseca inidoneidade do negócio unilateral em fundar uma actividade comum com o fim de repartir os lucros obtidos.

[405] GIOVANNI B. FERRI, p. 34.

[406] GIAN DOMENICO MOSCO, p. 58.

[407] Neste prisma, o aspecto fundamental que discrimina uma estrutura societária originariamente unipessoal de uma estrutura societária originariamente pluripessoal será de individualizar essencialmente nas relações *internas* (entre os sócios): cfr. ILARIA CHIEFFI, *La società unipersonale...*, ob. cit., p. 113. O sublinhar da irrelevância da existência de um acto de natureza negocial multilateral como meio necessário para pôr de pé uma estrutura social de raiz não pode obnubilar, pois, que essa estrutura se caracterizará, seja na fase constitutiva, seja na fase operativa, pela ausência dessa relação entre sócios.

Por tal motivo, houve quem, no passado da exclusiva superveniência da unipessoalidade, fosse de opinião que as normas respeitantes às relações internas não tinham como se aplicar à sociedade unipessoal (pois a personalidade jurídica da sociedade tornava-se inoperante no interior da sociedade quando faltasse a pluralidade de sócios, desempenhando apenas a sua função no confronto com terceiros), dando-se o exemplo manifesto da assembleia, que não tinha que funcionar: cfr. GIANGUIDO SCALFI, pp. 57-9. A tese foi depois criticada pela doutrina ulterior, hoje dominante e recepcionada mesmo na nossa lei, que pugnou pela aplicabilidade, *em princípio*, da disciplina comum da sociedade respectiva, inclusive a que respeita ao funcionamento administrativo e orgânico da sociedade, ressalvada que era a necessidade de identificar as normas da disciplina comum, convocadas só tendencialmente, que depois teriam que ser desaplicadas: cfr. FILIPPO DE MARCO, "Le società con un solo socio", *Dir. Fall.*, 1953, pp. 20-2; TULIO ASCARELLI, "In tema...", loc. cit., p. 1115; ANGELO GRISOLI, *Le società con un solo socio,*

Ora, se a tradicional causa societária se modifica para que se admita a unipessoalidade originária, fica clara uma *acentuação* do aspecto de valor organizativo do acto constituinte, idóneo a produzir efeitos jurídicos nas relações internas e nas relações externas, e, em consequência, a predominância identificativa do fenómeno societário como uma *estrutura organizativa da empresa*[408-409].

---

ob. cit., pp. 372-3, frisando "a necessidade de um funcionamento normal como antídoto à posição privilegiada do único sócio", entendida *cum granu salis*, "porque, inevitavelmente, a unipessoalidade em alguma medida incide sobre a vida da sociedade alterando-lhe o modo habitual de operar"; GASTONE COTTINO, "Società per azioni", loc. cit., p. 578, n. (7); FRANCESCO GALGANO, *La società per azioni*, Trattato di Diritto Commerciale e di Diritto Pubblico dell'Economia, volume VII, 1988, p. 118; CARLO ANGELICI, "Le disposizioni generali...", loc. cit., p. 221. No nosso país, em apoio desta corrente, cfr. FERRER CORREIA, *Lições...*, ob. cit., p. 189.

Já no campo das relações *externas*, a nova SQU pode considerar-se em conformidade com o modelo organizativo do tipo social considerado, definido, desde logo, em termos de responsabilidade patrimonial pelas obrigações sociais assumidas no exercício da actividade económica. De facto, pese embora a totalidade do capital social se referir a um só sócio, a sociedade unipessoal permanece como um sujeito *a se stante*: por definição, se goza de personalidade jurídica, é um centro de imputação de relações jurídicas que a ela fazem referência. Daqui, em geral, se realiza que todas as situações jurídicas subjectivas, activas e passivas, de tipo absoluto e de tipo relativo, se referem *directamente* à sociedade e não são imputáveis à pessoa do sócio. Como consequência mais evidente, tal facto não impede que, de princípio, se efective a perfeita separação do património da sociedade e o património individual do único sócio e, móbil da aspiração concretizada pelo instituto, *das relativas responsabilidades*, característica que se supõe necessariamente (ou supletivamente...) subsistente no tipo quotista. A não ser que depois se abuse do instituto e se tenha de fazer entrar na liça o art. 270º-F, nº 4, com a eventual extensão da sua aplicação, como se verá já de passagem no ponto 10.1., e, mais pormenorizadamente, no Capítulo IV.

[408] O reforço das teses que reconstroem a *facti species* em termos de a sua organização e actividade serem os seus elementos caracterizantes e realçam o *valor* organizativo do acto constitutivo das sociedades – vide, entre outros, PAOLO FERRO-LUZZI, *I contratti associativi*, ob. cit., pp. 234 e ss (em esp. 242 e ss); CARLO ANGELICI, *La società nulla*, ob. cit., pp. 116 e ss; IDEM, "La costituzione della società per azioni", *Trattato di Diritto Privato*, diretto da Pietro Rescigno, volume 16, Impresa e Lavoro, t. secondo, pp. 229-30; ALESSANDRO BORGIOLI, "Treunternehmen, Anstalten e la Cassazione", loc. cit., pp. 1169 e ss; IDEM, *Consorzi e società consortili*, ob. cit., pp. 65 e ss, esp. p. 70; na doutrina portuguesa, cfr. PINTO FURTADO, *Curso de Direito das Sociedades*, ob. cit., p. 168 – conferido pela introdução da sociedade unipessoal tem sido consensualmente exaltado pela doutrina. A propósito da recepção da unipessoalidade originária na *GmbHG*, a doutrina tudesca dominante valorou o evento negocial de criação de uma sociedade como um

Esta observação consequencial da criação da SQU parece-nos dever ser frisada sem receio. A habilitação da unipessoalidade na sociedade por quotas não significa tanto (ou mais uma vez...) que as sociedades podem

---

Organisationsakt: cfr., entre vários, na literatura germânica, ainda com algumas referências bibliográficas, KARSTEN SCHMIDT, "Grundzüge der GmbH-Novelle", *NJW*, 1980, p. 1774; KARL-HEINZ FEZER, p. 613; GÖTZ HUECK, *Gesellschaftsrecht*, ob. cit., p. 349; IDEM, "Erster Abschnitt...", loc. cit., § 2, *Rdn.* 7, p. 33. Em Itália, para a valorização do *atto di organizzazione*, apenas exemplificativamente, cfr. CARLO ANGELICI, "Società unipersonale e progetto...", loc. cit., p. 61; GIAN DOMENICO MOSCO, pp. 57-8; DOMENICO SANNINO, p. CLXVI; CONCETTO COSTA, p. 16; GIOVANNI CABRAS, p. 282; ANDREA PISANI MASSAMORMILE, pp. 399-400 (para esta doutrina, o que se destacava neste pormenor não era o facto de a sociedade poder constituir-se através de um acto unilateral, mas sim a possibilidade de se consentir e, melhor, impor que a organização social permaneça e funcione mesmo quando não é organização da "contitularidade" actual da empresa); FRANCESCO DI BELMONTE, pp. 797-8; GIOVANNI CESÀRO, p. 17; ILARIA CHIEFFI, *La società unipersonale...*, ob. cit., pp. 123-6; GIORGIO MARIA ZAMPERETTI [*et all.*], p. 99, para os quais uma das potencialidades da SQU era o enfoque definitivo da sociedade comercial como "instrumento organizativo da empresa, na qual o momento associativo será mera eventualidade, se não (será demasiado) puro acidente"; GIUSEPPE FERRI, *Manuale di diritto commerciale*, ob. cit., p. 322. *Vide*, para a Espanha, ALONSO UREBA, pp. 108-9; SÁNCHEZ ALVAREZ, p. 237; SÁNCHEZ CALERO, "Derecho de las sociedades...", loc. cit., p. 1289.

[409] Chegamos a este ponto com a consciência de dar ao problema em discussão a sua resposta mais consensual, porquanto a sociedade, seja unipessoal ou não, como entidade a que se aplica uma certa disciplina, é fundamentalmente essa organização estruturalmente disciplinada desse modo, para isso concorrendo o acto constituinte. Ademais, como bem nota BARRERA GRAF, pp. 259-60, ao seu tempo acérrimo adversário da sociedade unipessoal, qualquer das teorias dispostas para explicar a natureza jurídica do negócio social não se combina com as características tão peculiares da sociedade unipessoal. Com efeito, não pode ser ajustada ao *contrato de organização*, porque tal pressupõe uma relação interna entre os sócios e entre eles e a sociedade (direitos e obrigações entre eles, as entradas, as participações no capital, na administração, nas deliberações e nas decisões sociais), que remete para uma sistematização grupal e de interesses entre os sócios, o pessoal da empresa e a sociedade em si mesma: ora, estas relações *internas*, e não as relações da sociedade com terceiros, que caracterizam e distinguem os diversos tipos de sociedades comerciais, faltam na organização da sociedade. Nem pode ser figurada como *técnica jurídica* ou *acto institucional*. Não se compreenderia, por um lado, como e porque a mesma instituição sociedade recorria umas vezes e outras vezes prescindia de factores técnicos (como a colegialidade, o princípio maioritário, os possíveis conflitos de interesses, a protecção de minorias, as acções de impugnação de assembleias e acordos sociais, entre outros), por outro, não se entende como pode o institucionalismo, proposto e elaborado tendo como base fenómenos sociais (como o Estado e a família) e grupos humanos

não ter um étimo contratual – pois isso já sabíamos antes –, mas sobretudo (retirando daí consistência da safra) que *o momento genético não caracteriza a sociedade*. Daí o termo sociedade parecer passar, em termos ponderosos, a referir-se *predominantemente* à organização operativa, uma vez que este aspecto do fenómeno societário é que é o responsável pela prossecução do interesse típico: representa, por isso, mais do que um simples esquema regulamentar predisposto pela lei e aproveitado pelos sujeitos interessados ao accionar o instrumento constitutivo. Logo, sendo indiferente que o acto seja unilateral ou plurilateral, esse, "sem a actividade que se lhe segue, dá lugar a uma *manifestação incompleta* do fenómeno típico"[410].

Este dado deve induzir o intérprete, por isso, dizemos como MARIO PORZIO, a "destacar sem rodeios a disciplina da organização societária da disciplina do acto que a constitui no momento genético", considerando-se a sociedade "como um mero *facto jurídico*", o que permite concluir que "a disciplina das sociedades se aplica sempre que exista actividade social, sem que tenhamos que pesquisar esse *acto constitutivo*", tendo como "pressuposto necessário e suficiente a organização social, qualquer que seja o facto jurídico que a gerou"[411].

---

homogéneos e com finalidades transcendentais relativamente aos membros componentes, recolher no seu seio dogmático a figura unipessoal, na qual se destrói sem apelo o centro de interesses constituído pela *colectividade de sócios*. Pois, então, já este Autor dizia estar-se em presença, a haver unipessoalidade numa sociedade nascida de um contrato (responsável pelo desaparecimento desta origem no funcionamento da sociedade), de um negócio *especial* de organização.

[410] ALESSANDRO BORGIOLI, *La nullità della società per azioni*, ob. cit., p. 22, itálico nosso. Para uma evidência da relação sistematicamente *unitária* do confronto entre contrato e organização, enquadrada numa original dicotomia dogmática *realização* (momento histórico-temporal estático)-*imputação* (momento objectivamente dinâmico do desenvolvimento da actividade) do fenómeno societário, *vide* CARLO ANGELICI, *La società nulla*, ob. cit., pp. 55-6, 88 e ss (em esp. 92-5 e 110-14), 333-5.

[411] Todas as citações de "La rubrica...", loc. cit., pp. 1007 e 1009, com sublinhado em conformidade com o original. Este Autor faz ainda uma ilustração das suas (nossas) afirmações através do aproveitamento do regime dos direitos reais, que nos parece curioso reeditar: tal como os direitos reais têm uma disciplina que *prescinde* dos modos de aquisição desses mesmos direitos, também a disciplina das sociedades, segundo os vários tipos, é ditada pelo legislador *independentemente dos modos de aquisição*. Também ENZO ROPPO, p. 119, se parece conformar, na exemplificação da não necessária relação de causa-efeito entre o vínculo de tipicidade dos contratos e a eventual tipicidade das estruturas ou situações jurídicas de que os contratos são fonte, com o facto de que

Materializando as considerações no tipo a que pertence a SQU, poderemos dizer que se intensifica a fronteira entre o momento da constituição de uma sociedade por quotas, que deixará de ser relevante, já que o que passará a interessar é a *aquisição da personalidade jurídica pelo novo ente societário* aquando da *conclusão* ou *perfeição do respectivo procedimento constitutivo*, do restante tempo de desenvolvimento das relações societárias[412]. De facto, estas relações serão reguladas, salvo as peculiaridades da SQU *ex vi legis*, seja qual for o acto genético da sociedade por quotas, pelas mesmas normas, porquanto deve ser pacífico que o esquema estrutural que deriva da fonte negocial constitutiva, contrato ou negócio jurídico unilateral, sinteticamente reconduzível ao conceito de *tipo*, seja o mesmo em ambos os casos[413].

A distinção entre estes dois elementos da noção de sociedade, *negocial-legal* e *organizativo*, pode assim explicar a possibilidade que o segundo tem de conservar idênticos os seus próprios e autónomos caracteres, despegadamente do eventual diverso perfil do primeiro. A regulamentação do segundo emancipa-se, portanto, do fenómeno abstracto da sociedade, dispondo-se em função de tipos concretos e determinados de organização social, com fisionomias privativas e radicadas na matriz de onde provêm, ou seja, o acto (não necessariamente contratual) que os accionou[414]. Sem receios de, com SABINO FORTUNATO, o reiterar, a verdade é que "a constituição unilateral reforça a orientação que faz da sociedade uma normatividade de organização da actividade *tendencialmente neutra* e desprendida, dentro de certos limites, da espécie constitutiva"[415].

"uma estrutura societária típica possa nascer de fonte *atípica*..." (sublinhado da nossa responsabilidade).

[412] Muito próximo, GIOVANNI CABRAS, p. 282. Ainda CLAUDE CHAMPAUD, "Sociétés Commerciales. I. Sociétés en général", loc. cit., pp.173-4 (como exemplo da perda da influência da tese contratualista em detrimento da tese institucionalista refere-se que "não é mais o consentimento unânime dos associados no pacto social que faz nascer a personalidade jurídica mas o formalismo oficial da inscrição no registo comercial") e 179. Sobre a independência conceitual entre facto jurídico criador da sociedade de capitais e a sociedade como função e organização, será sempre de passar os olhos por PAOLO SPADA, "La Monte titoli s.pa. tra legge ed autonomia statutaria", *RDC*, 1987, pp. 549 e ss.

[413] Cfr. ANTONIO ROSSI, p. 117.

[414] Nesta linha, cfr. GIUSEFFE FERRI, *Manuale di diritto commerciale*, ob. cit., p. 245.

[415] "Il diritto societario...", loc. cit., p. 438, sublinhado inserido a propósito. Concordando, ANTONIO ROSSI, p. 141.

A noção de sociedade contrai evidentemente no ordenamento jurídico um *valor estipulativo*, por não se referir tanto (ou sequer) ao grupo social que a linguagem comum subentende, mas, sobretudo, às soluções jurídicas de que se reveste para regular uma organização e actividade com ela desenvolvida[416]. Assim, da matriz contratual, apenas resta à sociedade unipessoal *ab origine*, ao contrário do que defendem os institucionalistas mais acérrimos, pelo menos neste tipo social, a *génese voluntária*, que a distingue das empresas sociais que derivam da lei, de um acto de autoridade ou de traço coactivo[417]: na verdade, com MARIO ROTONDI, apura-se "no processo formativo da sociedade uma verdadeira transição do regime do *contractus* para o regime do *status*"[418].

Tem-se sustentado sem insensibilidades essa visão *organizativo- -negocial* do acto jurídico constitutivo de uma sociedade comercial[419], que a reduz a um *esquema organizativo funcionalmente neutro da gestão autónoma de um património, independente da sua condição subjectiva*[420]. Em Portugal, com o peso de voz autoritária, numa das suas intervenções

---

[416] Mais uma achega de CARLO ANGELICI, "Il progetto...", loc. cit., p. 404.

[417] Cfr. ANGELO DE MARTINI, pp. 454-5, que convictamente fundamentava a sua posição no facto de as sociedades, mesmo nas suas expressões mais avançadas e revolucionárias (como seria a hipótese de uma sociedade nascida de um acto unilateral), dependerem sempre de um acto de autonomia privada, livre e voluntário, que podia ser plurissubjectivo ou também unissubjectivo, um contrato (acordo) ou negócio unilateral, ou, em hipóteses marginais, mero acto jurídico, mas sempre expressão da vontade de um sujeito no campo do direito privado (ainda que fosse um ente público).

[418] "Per la limitazione...", loc. cit., pp. 66-7.

[419] Entre nós, a doutrina societária mais recente enfatiza esta tónica ao qualificar o acto constituinte das sociedades unipessoais *ab initio* como negócio "de organização" e já não, naturalmente, de fim comum, conferindo àquela natureza o teor de um negócio que "faz nascer uma entidade estruturada orgânico-funcionalmente": calcorreamos COUTINHO DE ABREU, *Curso...*, volume II, ob. cit., pp. 91 e 92.

[420] Cfr., na doutrina italiana, sobre o acentuar progressivo da sociedade (de capitais) como um organismo dotado de *neutralidade estrutural* e de *flexibilidade subjectiva*, GUIDO ROSSI, pp. 296-8; GERARDO SANTINI, "Tramonto dello scopo lucrativo nelle società di capitali", *RDC*, 1974, pp. 153-5; GIORGIO MARASÁ, *Le «società» senza scopo di lucro*, ob. cit., p. 123; PASQUALE MACHIARELLI, p. 986; ERNESTO SIMONETTO, "La società unipersonale...", loc. cit., p. 850 ("sociedade deverá deixar de entender-se como pluralidade de pessoas, mas antes como *organismo* possuidor de uma certa estrutura adaptável tanto à pluralidade como à unicidade dos sócios" – sublinhado da nossa responsabilidade); ROBERTO WEIGMANN, "Le società unipersonali...", loc. cit., p. 834 e 837; ANTONIO ROSSI, p. 117; GERARDO VILLANACCI/GIOVANNI CALAFIORE, pp. 415-17; GIOVANNI CESÀRO, p. 17.

últimas sobre o direito societário, FERRER CORREIA veio asselar que "a sociedade comercial de responsabilidade limitada, mais do que o enquadramento jurídico-formal de uma associação de pessoas que decidem congregar os seus esforços para o exercício de uma actividade económica, é antes uma *nua forma*, e também uma *técnica*, já usada como tal para fins não comerciais, e que do mesmo modo o poderá ser para qualquer empresário (mesmo não comerciante): um empresário que, desejando tirar dessa forma económico-jurídica as vantagens que comporta, se sujeita à disciplina inerente e aos concomitantes rigores"[421].

Em resumo. É mister considerar, mesmo sem essas alternativas de enquadramento, a estrutura pluripessoal do acto constitutivo de uma sociedade, no actual estado da legislação, apenas como "o resultado de uma tradição histórica e não como uma necessidade conceitual ou uma exigência política"[422], antes se devendo realçar, através de um *método de conciliação*, a sociedade (por quotas) como um fenómeno constituído por um *negócio jurídico organizativo*, de carácter *aberto*[423] e *dotado de grande elasticidade*[424], em virtude da: (i) sempre existente possibilidade de acesso de novos sócios a uma sociedade unipessoal *ab initio* (por ex., através de uma divisão e alienação da quota ou de uma operação de aumento de capital); (ii) faculdade legal de transformar a sociedade bipessoal ou pluripessoal numa sociedade unipessoal superveniente, em virtude, e independentemente da causa, da (re)concentração das participações quotistas *ab initio* (*vide* art. 270º-A, nos 2 e 3); num processo em que, para o negócio societário assim entendido, *a unidade e a pluralidade societária é um mero reflexo da vontade dos sujeitos jurídicos interessados na utilização de tal mecanismo de estruturação empresarial*[425].

Chegando a este ponto terminal da excursão, parece que há que enfatizar o carácter *de negócio jurídico, seja ele unilateral, seja ele bilateral*, que a sociedade desfruta para se constituir, disponível para que *uma* ou

---

[421] "Sobre a projectada...", loc. cit., p. 20, n. (2). No mesmo sentido, cfr. ANA MARIA PERALTA, p. 255, n. (9); ALEXANDRE SOVERAL MARTINS, "Código das Sociedades...", loc. cit., pp. 306-7, n. (3).

[422] VINCENZO GRECO, "Le *Anstalten*...", loc. cit., p. 233.

[423] Cfr. BARRERA GRAF, p. 245.

[424] Cfr. RAFFAELE TOMMASINI, p. 7: "o carácter peculiar da sociedade unipessoal de responsabilidade limitada é a sua extrema elasticidade, no sentido de que pode ser constituída através desta forma peculiar, mas pode também resultar de transformação por concentração das quotas numa só pessoa".

[425] Cfr. GIORGIO OPPO, "Società, contratto, responsabilità...", loc. cit., p. 187.

mais pessoas se obriguem a contribuir com bens ou serviços para a constituição de um património autónomo destinado ao exercício de certa actividade económica, exercida individualmente ou em comum, que não seja de mera fruição, com o fim de obter lucros, acumuláveis pelo sócio único ou distribuíveis pelos sócios[426].

Visto que a emersão no nosso ordenamento do fenómeno da unipessoalidade na forma de fundação originário-unilateral por um único sócio é expressão de uma tendência que, passo a passo, se dirige a registar uma gradual *neutralidade funcional* dos traços que anteriormente eram caracterizantes e imprescindíveis no fenómeno das sociedades comerciais, verificámos que a consagração da SQU é mais um episódio, na série de várias espécies normativas de constituição unipessoal e/ou unilateral, que evidencia como o princípio da pluralidade na criação dos entes societários deixou de ser um dogma intransponível do ordenamento jurídico. Se assim é, não teremos de retirar daí, em conformidade com a subsunção da sociedade unipessoal ainda no conceito de sociedade, que se deixe de aplicar também às SQU o conteúdo normativo colorido pela definição *contratual* de sociedade.

Antes de mais, como anotámos, a referência no art. 980º do CCiv. ao «exercício em comum» da actividade social não se preenche no caso das SQU, como é óbvio. Porém, se formos rigorosos, quem exerce essa actividade é *a sociedade* através dos órgãos próprios, nos quais os sócios têm assento, directo ou indirecto, ou faculdades de fiscalização[427]. Assim, tanto faz ser um só sócio ou vários sócios a integrar(em) a *pessoa societária deles distinta* para o pressuposto se preencher, pois o que interessa é que seja esta nova entidade personificada a levar a cabo a actividade. Torna-se, assim, irrelevante a menção da "comunhão", mesmo que em sentido estrito ela só possa respeitar às sociedades plurais em que os associados se juntam para uma actividade conduzida *por meio* da sociedade formada.

Por seu turno, aquela subsunção na figura societária implica sobretudo questionar se o complexo legislativo da unipessoalidade deixa entender também (mais) um elemento a favor do enfraquecimento do escopo lucrativo como elemento indissociável do conteúdo essencial e mínimo de

---

[426] No mesmo sentido de empreender precisões à noção de sociedade para a afeiçoar à unipessoalidade de raiz, cfr., na doutrina nacional, BRITO CORREIA, *Direito Comercial. Sociedades Comerciais*, volume II, ob. cit., p. 9 (numa perspectiva de sociedade-negócio), e COUTINHO DE ABREU, *Curso...*, volume II, ob. cit., p. 21 (num prisma de sociedade-entidade).

[427] Assim, cfr. COUTINHO DE ABREU, *últ. ob. cit.*, pp. 13-14.

sociedade[428], a juntar a outros fenómenos normativos contemporâneos em que o legislador, apesar da etiqueta, se valeu da sociedade, em campos não essencialmente análogos aos considerados pela norma fundamental, como instrumento de fungibilidade do esquema societário para finalidades concretas, mas não necessariamente com um escopo lucrativo em sentido técnico, e com a repartição do lucro obtido.

Para isso se afirma que o fim de realizar uma actividade económica com o intuito de lucro não é característica nuclear da sociedade unipes-

---

[428] Aludimos à doutrina que remonta a GERARDO SANTINI, "Tramonto...", loc. cit., pp. 151 e ss (esp. p. 155, ss), que, com diversos argumentos – baseados algumas vezes no reconhecimento *extracodicístico* da fruição de tipos societários capitalísticos para escopos não lucrativos, outras em disposições codicísticas, como o art. 2332 do *CCIt*. (no texto reformado em 1969 para aplicação da I Directiva), que, por não integrar em matéria de causas taxativas de nulidade das sociedades por acções a falta de escopo lucrativo, permitiria que fosse registado e válido um contrato de sociedade, cujo objectivo real não passava pela obtenção de lucros e respectiva distribuição, o que não passaria de uma "cláusula de estilo" desprovida de sentido em face da função substancial a perseguir com o esquema societário adoptado (em seu apoio, através de exemplos actualizados, dos quais ressalta o regime das sociedades desportivas, cfr. ANTONIO ROSSI, pp. 125-8) –, viu eventos de deformação da fisionomia originária dos esquemas jurídicos societários disponíveis e sustentou a legitimidade da utilização dos tipos de sociedades para a realização de escoposnão económicos, invadindo-se assim a área causal tradicionalmente reservada às outras figuras corporativas, as associações, mau-grado a conservação dos pressupostos e dos conceitos na lei vigente. Já antes de Santini, GUIDO ROSSI, p. 296, tinha vindo reconhecer que parecia oportuno dar relevo ao facto de alguns tradicionais feiticismos privatísticos, entre os quais o do interesse concebido exclusivamente sobre o parâmetro do escopo lucrativo, estarem destinados a perder a sua importância, de modo a adequarem--se a uma concepção societária muito mais instrumental e ideologicamente neutra, disponível para abranger interesses mais amplos e menos rigorosamente qualificados de um ponto de vista privatístico. Aliás, vem desde o início do século a moção de alargamento do contrato de sociedade a outros escopos, porventura mais nobres (a educação moral ou religiosa, a cultura, o incremento das ciências e das artes, etc.), que não implicassem o lucro: cfr. ULISSE MANARA, *Delle società e delle associazioni commerciali*, 1902, pp. 236-9. Para a defesa *de iure condendo* de uma disciplina geral dos entes personificados e dotados de reconhecimento estadual que não perseguem o lucro, que se aplicaria à multiforme variedade de organizações criadas por legislação extravagante, *vide* MARIA VITA DE GIORGI, "Il nuovo diritto degli enti senza scopo di lucro: dalla povertà delle forme codicistiche al groviglio delle leggi speciali", *RDC*, 1999, pp. 287 e ss, em esp. pp. 297-311 e 315-23.

Entre nós, COUTINHO DE ABREU apoia esta tese de neutralidade formal-estrutural da sociedade *apenas* no que se prende com as sociedades de capitais públicos, que, *constituídas nos termos civis-societários*, suportem uma sistemática eliminação das finalidades lucrativas devido à necessidade, ditada pelos interesses públicos e determinada pelos

soal[429]. Nesta perspectiva, sendo a *produção* de ganhos traduzíveis num incremento do património da sociedade (o lucro objectivo) e a sua *distribuição* entre os sócios (o lucro subjectivo), enquanto elemento composto desses dois momentos, uma das notas que concorrem para a formação da base comum a todos os tipos de organização societária[430], sustenta-se, por um lado, que a SQU não entraria dentro desse conceito, e,

---

poderes reforçados da assembleia geral, de actuação em actividades essencialmente deficitárias, bem como aquelas, *constituídas por lei ou outro meio jurídico-público permitido legalmente*, em que o acto constituinte estabelece de modo explícito ou implícito a exclusão de intuito lucrativo. Cfr., do Autor, *Da empresarialidade...*, ob. cit., 154-8, bem como *Curso...*, volume II, ob. cit., pp. 19-21, e faça-se a ponte, em outro tempo e com dados de um outro ordenamento, com as conclusões de Santini sobre o panorama da intervenção do Estado na economia expendidas a p. 170: "... basta considerar participações de outros entes públicos, territoriais ou não, e participações totalitárias para constatar como o mesmo instrumento – as sociedades por acções – possa sofrer desde o início ou no decurso da sua vida a radical eliminação do escopo lucrativo. E também se se verificar o fenómeno – análogo ao do objecto estatutário diferente do real – de um escopo lucrativo declarado, mas nunca perseguido, ainda e sempre será conclamado o divórcio entre sociedade-estrutura e escopo lucrativo". Neste quadro, GIORGIO MARASÁ, *Le «società» senza scopo di lucro*, ob. cit., pp. 341 e ss, 511 e ss; *Le società...*, ob. cit., pp. 40 e 220 e ss (com individualização dos variados casos), distingue entre sociedades em que a discrepância entre o escopo concreto e o fim típico pode resultar da declaração contratual (as chamadas sociedades *declaradamente* sem escopo de lucro) ou pode emergir na fase de actuação da sociedade (as sociedades *de facto* sem escopo de lucro).

[429] Na Alemanha, em face do teor literal das normas definitórias de sociedade (veja-se, para o que nos interessa, o § 1 da *GmbHG*, que sanciona qualquer «fim legalmente lícito»), o problema não se coloca, atendendo à largueza, mesmo para além do campo da economicidade não lucrativa, dos fins possíveis (*Zulässige Zwecke*): entre outros, cfr. JOACHIM MEYER-LANDRUT, "Erster Abschnitt. Errichtung der Gesellschaft", in JOACHIM MEYER-LANDRUT/F. GEORG MILLER/RUDOLF J. NIEHUS, *Gesetz betreffend die Gesellschaften mit beschränkter Haftung (GmbHG)*, 1987, § 1, Rdn. 5, ss, pp. 11-12; PETER ULMER, "Erster Abschnitt. Errichtung der Gesellschaft", loc. cit., § 1, *Rdn.* 12, ss, pp. 116 e ss; FRITZ RITTNER/CHRISTIAN SCHMIDT-LEITHOFF, "Erster Abschnitt. Errichtung der Gesellschaft", in HEINZ ROWEDDER/HANS FUHRMANN/FRITZ RITTNER [*et all.*], *GmbHG – Gesetz betreffend die Gesellschaften mit beschränkter Haftung*, 1997, § 1, *Rdn.* 6, ss, pp. 129-31.

[430] Tornou-se corrente na literatura italiana descortinar esta discriminação: cfr., com indicações bibliográficas (o primeiro) e normativas (o segundo), PIETRO ABBADESSA, "Le disposizioni generali sulla società", *Trattato di Diritto Privato*, diretto da Pietro Rescigno, volume 16, t. II, 1985, pp. 29-30; GIORGIO MARASÀ, *Le società. Società in generale*, ob. cit., p. 183.

por outro, dessa conclusão se deveria atear uma reformulação da noção de sociedade[431-432].

Em primeiro lugar, diz-se que o escopo de lucro não é um requisito indispensável de espécies societárias que não ingressem no âmbito das sociedades por não terem a sua base num contrato, o que é confirmado pelo acesso do sócio único à estrutura da sociedade com responsabilidade limitada. Uma vez que esses esquemas contratuais, reservados para o desenvolvimento de actividades mais "arriscadas", por corresponderem à natureza económico-lucrativa, merecedoras de maiores cautelas de regime, passam a dispensar a pluralidade que esse regime requisitava, tal medida faz transparecer a falta de um *princípio superior* (na ausência de norma expressa) que impeça o desenvolvimento de actividades menos arriscadas para terceiros através da mesma estrutura. Depois, verifica-se, na outra banda, a inexistência de *interesses superiores* que imponham a utilização exclusiva do esquema das associações (ou das fundações) para o desenvolvimento de actividades não económicas, e não para outras próprias da estrutura das sociedades, bem como desaconselhem a expansão da *capacidade funcional* da *facti species* unipessoal: se assim é, o sócio único pode declarar no acto unilateral de constituição da SQU um objecto que corresponda a uma qualquer actividade *não lucrativa* e, até, não económica (desde que não de mero gozo dos bens afectados à sociedade), possível, lícita, determinada ou deter-

---

[431] Ficaremos pela discussão da preservação do intuito lucrativo, como elemento essencial do conceito de sociedade, na sua modalidade unipessoal. Já fugirá manifestamente das nossas cogitações problematizar, numa sede tipicamente dogmática, se todas as figuras que vão surgindo no comércio jurídico sob o revestimento formal de sociedades comerciais e que não se propõem a realizar incrementos patrimoniais assimiláveis ao lucro ou a distribuírem-no tendem a configurar uma ampliação da noção de sociedade comercial. De todo o modo, este não é um tema estranho à nossa doutrina e já foi registada essa tendência com algum abono: cfr. FERRER CORREIA, "A sociedade por quotas de responsabilidade limitada segundo o Código das Sociedades Comerciais", *ROA*, 1987, p. 664; VASCO LOBO XAVIER, *Sociedades comerciais...*, ob. cit., pp. 29-30.

[432] Além das interrogações hesitantes de muitos Autores consultados (a título exemplificativo, MARIO PORZIO, "La rubrica...", loc. cit., p. 1009; CARLO IBBA, *La società...*, ob. cit., p. 17), destacamos a intervenção resoluta de ANTONIO ROSSI, pp. 124 e ss, que descreveremos de perto no texto. Também GIORGIO OPPO, "Società, contratto, responsabilità...", loc. cit., p. 187, apesar de não prescindir do lucro como momento *da empresa* (com carácter fundacional) constituída *sob a forma societária*, desconfia da certeza acerca do respeito desse fim, abrindo a porta para (legítimas) utilizações do instrumento societário para fins diversos (o que, segundo este Autor, aumenta a *margem de discricionariedade* no emprego deste mecanismo privilegiado de acção individual).

minável. Mesmo a eventualidade de a SQU se abrir à entrada de novos sócios e a pluralidade sucessiva obrigar à programação de uma actividade económico-lucrativa era contornada por esta doutrina com a redacção nos estatutos da SQU, que aja em função de um escopo não lucrativo, de uma cláusula que proibisse o fraccionamento da quota (ao abrigo do art. 2482 do CCIt. – veja-se o nosso art. 221°, n° 3), obstaculizando assim *qualquer digressão no campo da contratualidade*.

Será de corroborar o fundamental destes raciocínios? Pelo contrário, entendemos ponderado exibir o nosso dissenso. Desde logo, por uma questão de coerência, atento o fio condutor dos nossos argumentos anteriores. Na realidade, se a defendida recondução da SQU à espécie societária (quotista) se norteia pelo seu valor organizativo e o seu principal interesse reside na (afirmativa) aplicação das respectivas normas (civis e societárias), fundadas ainda no modelo e na terminologia da matriz contratual-multilateral, não se poderá depois abdicar de uma das notas essenciais da sociedade-modelo: pode adaptar-se, mas não eliminá-las. Por isso, não é só o colectivo de sócios que pode (deve) perseguir o lucro, e este não é algo que demande necessariamente o colectivo de sócios. São, ademais, as próprias normas que não excluem o lucro do âmbito de actuação societário-unipessoal, porque da sua disciplina só excluem aqueles preceitos que pressupõem a pluralidade[433].

Além da *indissociação das fronteiras* que destrinçam as pessoas colectivas corporativas (onde acaba a associação e a fundação e onde começa a sociedade?, como fica o jogo de patrimonialidade-pessoalidade nessas figuras assim *mais fluidas*?)[434], com os consequentes problemas de regime que isso levanta (à falta de prescrições inequívocas), a tese de Rossi parece não dar o devido valor à categoria aberta que a SQU pode constituir. Se para salvaguardar *ad eternum* o fim não lucrativo se terá que clausular a proibição de divisão de quota, isso também impedirá que a SQU evolua para uma estrutura plurissubjectiva, o que significa sacrificar imenso para tirar porventura pouco (ou essencialmente pouco), quando há recursos técnicos alternativos. Com isso, *enrijece-se* a SQU de suposto

---

[433] Como menciona COUTINHO DE ABREU, *Curso...*, volume II, ob. cit., p. 19, os arts. 2°, 6°, nos 1 a 3, e 10°, n° 5, al. a), são exemplos claros de preceitos que se aplicam directa e literalmente às sociedades unipessoais, por não estarem no campo de exclusão do art. 270°-G.

[434] É certo que, na senda de PIETRO RESCIGNO, "Personalità giuridica e gruppi organizzati", loc. cit., p. 106, ainda que a tradicional distinção entre organizações com escopo proveitoso (*a scopo di profitto*) e organizações com escopo não proveitoso tenha vindo a ser desmerecida pelo frequente fenómeno de dissociação entre forma jurídica e conteúdo económico, "essa é ainda indispensável para compreender as *opções de base* operadas pelo legislador" (sublinhado da nossa responsabilidade).

escopo não lucrativo, imutável às necessidades de ingresso de novos sujeitos durante a vida da sociedade, desvirtuando a sua flexibilidade e maleabilidade subjectivas.

Ora, temos para nós que esta intrínseca elasticidade é a *maior funcionalidade* da SQU, conferindo a manutenção de uma mesma organização, aqui e ali ajustada, ao serviço das necessidades determinadas pela evolução da empresa social. E parece não ser de a ponderar em desvantagem perante a possível maior elasticidade *teleológica* das actividades potencialmente programáveis para a SQU (que podem *in casu* não se quedarem sem resposta...). Antes deve prevalecer. Logo, a especialidade estrutural da SQU permite ditar a extracção de um princípio de *não indivisibilidade* (mesmo que só relativa a certo tempo ou a certa espécie de transmissão futura) da quota. A consagração da divisão e cessão da quota no art. 270°-D é desse nexo entre unipessoalidade e fraccionabilidade da participação indesmentível reforço: ou não seria a proibição negocial-estatutária da cessão parcial de quota uma das formas possíveis de exprimir a proibição da divisão[435], porque sem causa não pode haver efeito? Somando tudo, as convicções, a sinalização do legislador e o perfil dogmático-estrutural da SQU, pensamos ser de excluir, com base no art. 270°-G, o art. 221°, n° 3, do respectivo regime, por ele não poder assentar na unipessoalidade originária (e sucessiva, será o mesmo, pois não se poderá alterar o contrato de sociedade para proibir a divisão de uma eventual quota única ou unificada) e pressupor a pluralidade de sócios como requisito indefectível de aplicação, retirando-se, assim, algum do ímpeto à tese criticada.

Logo, mesmo que *neutralizada* em alguns dos seus traços – porque ela própria é manifestação da neutralidade das sociedades, vistas como organizações que podem prescindir da sua fonte e do seu substracto pessoal típicos –, não extirpemos da introdução da SQU mais do que ela pode dar, colocando um ponto firme no princípio de que as sociedades são uma estrutura (em regra, na qual se insere a SQU) lucrativa, ao lado de outras técnicas disponíveis para o exercício de uma empresa, das quais se distingue pela finalidade própria do *ganho*: se a técnica organizativa escolhida foi a SQU, pois que se respeitem na íntegra todos os seus elementos e, portanto, também o escopo de lucro[436]. Com a adaptação única de aí

---

[435] Cfr. RAÚL VENTURA, *Sociedades por quotas. Comentário...*, volume I, ob. cit., p. 469.

[436] Sobre este ponto, cfr. GIUSEPPE RAGUSA MAGGIORE, "Rinascita dello scopo lucrativo nelle società", *Dir. Fall.*, 1993, p. 195.

Nada invalida, como será óbvio, que a empresa social seja manipulada (nas suas contas, desde logo) pelo sócio único para não obter lucros ou não os declarar, mas essa *execução* do negócio social nada contende com a necessária consecução, em abstracto,

deixar de haver um fim lucrativo *comum, destinado a ser distribuído*, e passar a haver um fim *individual* de lucro do sócio único, destinado a ser por si *acumulado*[437].

Para que não restassem dúvidas sobre a ampliação dos instrumentos negociais geradores de uma sociedade comercial, tendo em conta não só a SQU como de igual modo as restantes situações de unipessoalidade societária, julgamos, em conclusão proponente, que seria sensato ponderar a reformulação da definição de sociedade contida no art. 980º do CCiv. (à imagem das experiências feitas no direito comparado), não por ela não ser compreensível para o que se refere, mas em homenagem a exigências de *coerência sistemática* que advertem para a necessidade de não se manterem estranhas à definição legislativa as sociedades não contratuais[438].

Com efeito, a nossa definição legislativa parece ser do tipo *per genus et differentiam*, uma vez que o legislador, para a regulação da sociedade, disse expressamente que tratava do contrato de sociedade. Assim, essa noção exclui que a sociedade, *como relação*, possa ter origem não contratual (ou até negocial). Logo, não pode ser considerada como referida às sociedades comerciais em geral, remetendo-se inclusivamente para o seu funcionamento, pois deve entender-se que esse normativo apenas diz respeito ao *contrato* como *um dos modos de constituição* de uma sociedade comercial. Não é possível, digamo-lo com clareza, mesmo que com base numa homogeneidade funcional entre os possíveis actos gera-

---

de um fim lucrativo. O mesmo se poderá passar na sociedade anónima unipessoal do art. 488º mediante a instrumentalização feita pela sócia única dominante [sublinhando o ponto, cfr. COUTINHO DE ABREU, *Curso*..., volume II, ob. cit., p. 19, n. (45)]. Portanto, o lucro *efectivo* não é condição indispensável à noção de empresa, mas a carência da *finalidade lucrativa* em geral e ao princípio já não deve proceder.

[437] Neste sentido de precisar a noção genérica de sociedade em função da realidade das sociedades unipessoais, já COUTINHO DE ABREU, *últ. ob. cit.*, p. 15, n. (31), observa que, "em vez de fim de obtenção de lucros para «repartição» («divisão» ou «distribuição») pelos sócios, deve falar-se no fim de obtenção de lucros para *atribuição* ao(s) sócio(s) – apesar de o paradigma no CCiv. e no CSC (com menos propriedade neste) ser o das sociedades pluripessoais..." (sublinhado nosso).

[438] Neste sentido, para a mesma medida na norma simétrica do ordenamento italiano, como já sabemos o art. 2247 do *CCIt.*, antes mesmo da consagração legislativa do mesmo fenómeno e em sede de discussão de aplicação da XII Directiva, cfr. SCOTTI CAMUZZI, "Srl con unico socio...", loc. cit., p. 502; também ANTONIO ROSSI, p. 123. Em sentido contrário, cfr. GIORGIO MARASÀ, "Su una proposta...", loc. cit., p. 1008.

dores de uma sociedade comercial de capitais, subsumir o *negócio jurídico unilateral* criador de uma sociedade unipessoal e o *acto legislativo* de criação de sociedades no âmbito de aplicação do art. 980°. Ainda que este preceito se refira à figura contratual, é certo que é no seu corpo que se encontram os elementos essenciais do conceito genérico de sociedade. Ou seja, a noção de sociedade, que deverá ser averiguada sempre que surja a interrogação sobre a existência de um ente societário (ainda que comercial), reporta-se sempre ao art. 980°. Se assim é, com base nessa mesma homogeneidade[439], seria aconselhável corrigir o texto legal – ultrapassando de vez os *ruídos gramaticais* que indiscutivelmente levanta, a fim de se coordenar o ingresso da nova figura societária no seio da normatividade já existente e solidificada[440] –, dando-lhe uma feição consentânea com os dados actuais do ordenamento (não esquecendo de nele adaptar a restrita compreensão de uma actividade fundada num «exercício em comum», «a fim de [os sócios] repartirem os lucros resultantes dessa actividade»)[441].

---

[439] *Vide supra* n. 404.

[440] Deste modo, encontramos uma *fundamentação inversa* na existência de diversas hipóteses de constituição unilateral de sociedade *exteriores* ao CSC: este facto não deve levar o legislador a reputar como preferível abster-se de modificar ou reformular a previsão legal pertinente, como fez o legislador "histórico" por ocasião da recepção da XII Directiva (sobre o ponto, cfr. GIULIANA SCOGNAMIGLIO, "La disciplina...", loc. cit., p. 239), ao invés deve promover a intervenção conducente à *clarificação* do panorama que se vislumbra na prática jurídica e negocial.

[441] Assim, já não seria estranho referir ao âmbito de previsão do art. 980° o negócio constitutivo da SQU, cuja função típica e mais básica consiste, apoiando a fórmula recusada por ANTONIO ROSSI, p. 123, na "destinação de um património autónomo para o desenvolvimento de uma actividade económica com o escopo de obter lucros". Igualmente nesta perspectiva *de lege ferenda* parece ter estado ANA MARIA PERALTA, p. 261, n. (25), quando considerou: "Melhor andou, a nosso ver, o legislador francês que, concomitantemente, com a aprovação da nova lei que admite a unipessoalidade originária, alterou o art. 1382.° do Code Civil de molde a prever a constituição da sociedade por acto unilateral".

10. A precisão de um conceito legal: a «titularidade da totalidade do capital social»

No sentido supletivo fornecido pelo art. 197°, n° 3, a adopção do tipo quotista implica que a responsabilidade pelas obrigações sociais assumidas pela sociedade, ou de igual modo contraídas a seu cargo, uma vez inscrita no registo da sociedade, seja circunscrita ao património social. A norma em exame faculta, como *normal* sociedade por quotas que é a SQU, a manutenção do princípio legal exposto também na hipótese de *unipessoalidade*, seja originária ou superveniente[442].

---

[442] Como se aludiu na Introdução, esta possibilidade veio criar uma antítese entre a *vigente* disciplina do sócio único quotista e a *persistente* disciplina do único accionista (para uma crítica no direito italiano, *vide* GIAN FRANCO CAMPOBASSO, *Diritto Commerciale. 2...*, ob. cit., p. 288). Para aquele último, tal como precedentemente para o único quotista, a concentração de todas as acções nas mãos de uma única pessoa continua a ser, nas condições do art. 84°, sancionada com a responsabilidade ilimitada, ainda que de uma forma subsidiária relativamente à responsabilidade do património social (para este ponto, com as indicações bibliográficas pertinentes, *vide supra* Introdução e Capítulo I, ponto 5, em esp. as ns. 210 e 211), pelas obrigações sociais contraídas no período de titularidade solitária das acções. A esta regra escapará o quotista supervenientemente único que transforme a sociedade em SQU. Esta escolha, além de ter evitado a utilização da sociedade anónima como meio de atingir indirectamente o resultado da limitação da responsabilidade associada ao exercício individual da empresa, permite mencionar de uma forma segura que, até ao momento em que o legislador se resolva a unificar a disciplina da sociedade capitalística unipessoal, a regra, *no sentido do art. 84°* (pois as suas condições podem não vir a verificar-se e a sociedade continuar a usufruir da responsabilidade limitada), para a sociedade anónima unipessoal é e continua a ser a da responsabilidade ilimitada do sócio único. Enquanto isso, deve reiterar-se que a responsabilidade ilimitada para a SQU, ao contrário da sociedade anónima, é, de acordo com a normatividade actual, a excepção e não mais a regra. Claro que, deveremos precisar, que a responsabilidade ilimitada será uma sanção que não atinge a condição de *unicidade* do sócio, entendida objectivamente (em sentido próximo, cfr. GUILIANA SCOGNAMIGLIO, "La disciplina...", loc. cit., p. 253), antes actua em face do sócio único que *se encontre em determinadas condições*

Porém, o art. 270º-A, se rasga uma valoração nova, ao considerar a unipessoalidade insuficiente para fazer cair a limitação da responsabilidade, prevê que essa mesma qualidade subjectiva seja indispensável para que essa consequência se produza. Isto é, a primeira condição para que a responsabilidade limitada se propague em benefício da esfera jurídica do sócio é que a SQU seja «constituída por um sócio único, pessoa singular ou colectiva, que é o titular da totalidade do capital social», ou que resulte «da concentração na titularidade de um único sócio das quotas de uma sociedade por quotas». Em suma, conferindo rigor às expressões da lei, que o sócio seja o *único titular da ou das participações sociais*.

Afigura-se, portanto, útil estabelecer o exacto significado a atribuir a estas fórmulas usadas pelo legislador, de tal modo que possamos determinar as situações em que uma sociedade por quotas pode ser considerada unipessoal e se preencha o requisito *básico* para a aplicação da disciplina prevista. A própria lei deixa ao intérprete a perplexidade exegética de circunscrever com exactidão o âmbito de aplicação do instituto. Surge, deste modo, a necessidade de clarificar, à luz da definição normativa, os casos em que é correcto falar de *sociedade com único sócio*, pois esse é o pressuposto necessário e inalienável para a requisição das novas prescrições.

---

legais ou tenha desempenhado algum tipo de conduta reprovável (*vide infra* Capítulo IV, em esp. o ponto 20).

Além disso, estamos perante um efeito sancionatório que, pelo facto de não estar associado a uma determinada posição objectiva *de sócio único* e dizer respeito à condição subjectiva de *um determinado sócio em concreto*, não é susceptível de se "transferir" por ocasião da transmissão da totalidade da quota (ou quotas) para um só sujeito. Isto é, em concordância com GIORGIO OPPO, "Società, contratto, responsabilità...", loc. cit., p. 188, o adquirente da totalidade das participações sociais pode usufruir da responsabilidade limitada inerente ao tipo social, ainda que esse benefício se tenha excluído ou desperdiçado pelo alienante, uma vez que o adquirente poderá *autonomamente* activar as condições legais e funcionais para a limitação ser recuperada relativamente à sua pessoa.

Outra questão, arguida em Itália e respondida afirmativamente (*vide supra* n. 265), é a de permitir a constituição unilateral de uma sociedade de responsabilidade limitada que não reúne as condições para beneficiar dessa limitação de responsabilidade no exercício da sociedade. Entende-se que o pode fazer, embora depois não a goze, já que não se demanda uma "perfeita coincidência entre os requisitos subjectivos requeridos para a exclusão da responsabilidade ilimitada do único sócio pelas obrigações sociais e aqueles que deverão subsistir para o exercício da faculdade de proceder à constituição de uma sociedade de responsabilidade limitada por meio de acto unilateral" (MARIO CLAUDIO CAPPONI, "La società unipersonale a r.l. ...", loc. cit., p. 443; para mais desenvolvimentos, cfr., por todos, LUIGI SALVATO, pp. 407-8).

10.1. *O conceito formal e unitário de sócio único*

Sabemos, de facto, que a premissa da lei para a aplicação da disciplina da SQU é, independentemente da fase da vida da sociedade, a titularidade da totalidade da quota ou das quotas (em noção ampla, a *quota totalitária*) pertencer a *um só s*ujeito. Logo, parece que a lei nacional optou por um conceito puramente *objectivo* e *formal* de sócio único, de tal maneira que a mera presença de uma pluralidade declarada de sócios impedirá a qualificação da sociedade como unipessoal. O factor decisivo, com efeito, para que exista uma sociedade por quotas em situação *qualificante* de unipessoal e se aplique de forma directa a disciplina especial da SQU é que a sociedade tenha sido instituída por uma única pessoa, assumindo esta *ab initio* o núcleo integral de participações na sociedade, ou que todas as participações tenham passado a ser detidas pelo mesmo sujeito.

A rubrica legislativa aponta-nos essa direcção, se bem que, sendo a letra da lei um elemento constituinte da interpretação de um artigo de lei, não seja de todo decisivo nem prioritário. O texto do preceito não impede, por isso, uma leitura menos formalística do problema, que pode abrir-se a uma compreensão mais lata. Na realidade, uma outra tendência será expandir a área de abrangência do regime particular da SQU para outras *situações próximas* ou que a *visem contornar*. Na base dessa interpretação estaria uma interpretação ampla do conceito de «titularidade da totalidade do capital social», disponível para receber uma construção *substancial* que se regozija com a *disponibilidade material* de todo esse capital social.

Para esta tese, na hipótese (mais vulgar) de atribuição meramente *complacente* ou *fiduciária* a terceiros de uma mínima participação social, a participação devia pertencer, para efeitos de individualização do único sócio e de aplicação do novo texto aplicável às SQU, ao titular *efectivo* da sociedade e não ao titular *aparente*, ainda que aquele não fosse proprietário de todas as participações sociais.

Naturalmente que esta via interpretativa oferece o inilidível conveniente de permitir a fiscalização pelo regime específico da unipessoalidade de hipóteses em que a pluripessoalidade é meramente formal, colocando sob a apreciação da disciplina da SQU uma circunstância societária focada sob a perspectiva da titularidade ou da disposição *de facto* dos direitos político-administrativos correspondentes à socialidade.

Esta solução exegética será também aquela que melhor corresponderia à vontade do legislador em excluir do tráfico jurídico a fundação de sociedades por quotas com pluralidade inicial aparente. Em coerência, esta circunstância merece ser penalizada na exacta medida em que se configura como um procedimento mediatamente tendente a tornear a regulação da SQU, com um resultado equivalente àquele que os seus preceitos não querem perseguir e que se desdobra, exemplificativamente, numa omissa declaração da unipessoalidade na firma, na fuga às limitações de constituição de SQU, na ausência de qualquer prescrição directa para afrontar a falta de transparência das operações sociais e as práticas menos correctas.

A introdução de um instrumento que abre a possibilidade de se legitimarem fenómenos de separação patrimonial no ordenamento, como é a SQU, indica ao intérprete um forte vínculo a recusar qualquer margem de licitude à conduta de um operador económico que venha a limitar a sua responsabilidade através do recurso a um esquema social e da serventia de sócios complacentes, desprovidos da vontade de assumir a qualidade e a responsabilidade de sócios, do interesse de desenvolver a actividade social e com um papel meramente passivo. Por outras palavras: se (um)a finalidade assumida pelo legislador quando configurou a regulamentação do instituto uninominal é evitar que o empresário individual se esconda por detrás de um ente protector, mediante a criação simulada de um esquema substancialmente fictício, não se deverá pactuar, *tratando à parte*, com as clássicas situações de atribuição a um segundo sujeito de uma fracção do capital social. Se se pretendeu clarificar a limitação da responsabilidade do empresário individual *sem a utilização de sócios de complacência*, que apenas encenavam o funcionamento de uma sociedade no interesse de uma só pessoa que exerce de um modo absoluto todos os poderes de controlo sobre a sociedade, este cenário deveria ser impossibilitado e encaixar igualmente na disciplina da SQU.

Tanto mais que, uma vez que a interposição de testas-de-ferro ou de fiduciários teria como único escopo o interesse de iludir as normas que sancionam essas actuações, estas deveriam aplicar-se extensivamente *atendendo à situação efectiva* da sociedade. Vale por dizer que os contratos de sociedades outorgados com a interposição simulada de um ou mais sócios de complacência, ou a interposição real de sócios fiduciários, seriam desviados de uma sanção decorrente de um vício originário, antes estariam, mais simples e eficazmente, submetidos como *fattispecie* à disciplina da SQU, com plena aplicação de cada uma das normas que constituem o estatuto especial desse organismo societário[443].

A dimensão do intento interpretativo parece evidente. Como não é mais necessário socorrer-se de subterfúgios por quem quer investir por si próprio o seu capital numa empresa (em princípio) comercial, beneficiando

---

[443] Neste sentido, cfr. FEDERICO TASSINARI, p. 712.

do regime de responsabilidade limitada, a continuação dessas práticas de se conluiar com sócios de favor ou fiduciários, em óbvia *antítese* com as regras de transparência a cujo cumprimento e respeito a responsabilidade limitada do sócio único da SQU está subordinada, deverá ter o risco de precludir a esse mesmo sócio a possibilidade de gozar daquele benefício. Sob pena de ser sempre mais conveniente operar nas conhecidas e bem limadas formas da sociedade fictícia plural, até porque a nova SQU implicaria mais exigências, mais restrições e mais desvantagens substanciais.

A noção de titularidade total do capital social não se identificaria, assim, só com o encabeçamento formal da(s) quota(s) por um único sujeito, mas teria um alcance mais vasto, idóneo a compreender também as hipóteses nas quais se possa afirmar que todo o capital, ainda que parcialmente entregue a sócios de favor ou a sócios de confiança, é expressão de *um único centro de interesses*, identificável com um só sujeito relativamente a quem pertence *na realidade* a totalidade das participações sociais[444]. Far-se-ia então, por intermédio de uma *individualização inte-*

---

[444] Tal solução do problema é proposta, em Itália, por RENATO RORDORF, "Socio unico di società di capitali", *Società*, 1994, pp. 595-6 e 598-9; IDEM, "Fallimento...", loc. cit., pp. 553 e 555-6; e, em Espanha, por DUQUE DOMÍNGUEZ, "Recientes desarollos del derecho de los grupos de sociedades en el derecho español", *Conferências na Faculdade de Direito de Coimbra 1999/2000*, Studia Juridica 48 (*Colloquia 6*), pp. 54-5 e 57-8.

A propensão para esta corrente de pensamento é extraordinariamente apelativa em Itália, já que aí houve lugar a um vastíssimo debate doutrinal e jurisprudencial sobre a *facti species* a que o art. 2362 do *CCIt*. se referia quando faz menção ao conceito de "pertença" (*appartenenza*) totalitária. Na realidade, nesse país colocou-se a questão de estabelecer se também para a SQU seriam reenviados os resultados da discussão desse preceito. Isto é, se o conceito de pertença implicava a necessidade da titularidade formal de todo o capital social para configurar a hipótese de sociedade unipessoal – para aqui se inclinou a jurisprudência maioritária, que variadas vezes sustentou a exclusão da aplicabilidade da norma no facto de a sociedade apresentar um segundo sócio, ainda que absolutamente minoritário, com o que afastava a importância nesta matéria do domínio *económico* ou *substancial* do sócio dominante nas situações de sócio soberano ou *tiranno* (vide infra Capítulo IV) e de controlo totalitário mediato, sobrelevando o corolário da suficiência da presença de um outro sócio para manter a favor da pluralidade a limitação da responsabilidade ao valor da entrada – ou se, pelo contrário, ocorria fazer referência à situação substancial e, portanto, às hipóteses de *material* domínio de facto sobre a sociedade, ainda que na ausência daquele tipo de titularidade, abrangendo uma multiplicidade de relações jurídicas entre objecto (as acções ou quotas) e sujeito (o accionista ou o quotista), através das quais se pode conseguir a sua disponibilidade – avançada em maior grau pela predominante doutrina defensora de uma interpretação extensiva do art. 2362 (pode ver-se, entre vários, GIOVANNI PELLIZZI, "Unico azionista e controllo totalitario indiretto", *GC*,

gral das práticas incorrectas e abusivas, chegar o braço da lei a um estado de transparência absoluta na generalidade dos operadores económicos que

---

1981, pp. 617 e ss; TOMMASO CORDA/EMANUELE CALÒ, "Nuovo orientamento della Cassazione in materia di responsabilità ex art. 2362 c.c. della società per azioni unico azionista", *Vita Not.*, 1982, pp. 103 e ss; GASTONE COTTINO, *Diritto commerciale...*, ob. cit., p. 299; FRANCO DI SABATO, *Manuale delle Società*, ob. cit., p. 228), apesar de alguns exprimirem a posição contrária de, para os efeitos de responsabilidade desse preceito, aferir a condição da unicidade de sócio pela posse de *todas* as acções ou quotas da sociedade: cfr., entre outros, GIORGIO OPPO, "L'impresa come fattispecie", *RDC*, 1982, p. 123; CARLO ANGELICI, "Le disposizione generali...", loc. cit., p. 222 e n. (101); GIAN FRANCO CAMPOBASSO, *Diritto Commerciale. 2...*, ob. cit., pp. 289-92. Dando conta desta problemática matéria da conexão entre responsabilidade e totalidade da titularidade das participações, com variadas problematizações doutrinais e jurisprudenciais, *vide* as detalhadas resenhas de SCOTTI CAMUZZI, "L'unico azionista", loc. cit., pp. 854 e ss, e LOREDANA NAZZICONE, pp. 68 e ss.

Estas situações de possível responsabilidade ilimitada do verdadeiro titular da empresa *ex vi* art. 2362 do *CCIt.*, por aplicação directa e não por via analógica, cruzavam--se com a prática de interposição de pessoas na atribuição formal de uma ou mais participações sociais, sendo a sociedade, apesar de faltar uma posição totalitária, de facto, unipessoal. Para esse fim, "ele distribui-lhes [aos restantes associados] ainda que parcimoniosamente as partes ou acções da «sociedade», «sua» sociedade, e estipula nos estatutos as cláusulas de acordo próprias a desencorajar os associados a ceder os seus direitos sociais a outros que não a si mesmo" (JACQUES AUSSEDAT, p. 244). Mau-grado a existência aparente de vários associados, a sociedade assim constituída é, na essência, a coisa de uma só pessoa que emprega um procedimento próprio da constituição de uma sociedade comercial mas com o qual apenas intenta tornar-se invulnerável, para além do valor da sua entrada, à acção dos credores com quem contrata e escapar às sanções da falência. Aqui, a jurisprudência italiana voltou-se em grande medida para responsabilizar pessoal e ilimitadamente o sócio maioritário, desde que se provasse que a titularidade das participações do sócio de minoria fosse adquirida exclusivamente para realizar o interesse daquele [cfr., com indicações de decisões judiciais, LOREDANA NAZZICONE, pp. 82-3 e 84-5, n. (40)]. Daí que se discuta essas hipóteses na determinação do conceito de sócio único. O que aqui se menciona são, portanto, as clássicas situações da titularidade societária em que o sócio detém o pacote esmagador das participações (expresso na obtenção de uma sua elevadíssima percentagem... mas esta não é *conditio sine qua non* para deduzir a exclusividade de poder na sociedade), em que, a despeito de ter recorrido a sócios meramente aparentes que conduziam a um fraccionamento fictício por vários sujeitos, não obnubilava a *efectiva disponibilidade de todo o capital investido na sociedade* e a condição de exercer a sua posição dentro da sociedade sobre todas as participações (tal como se fosse proprietário de todas elas). Típica será a situação, apontada mas não exemplificada, por FEDERICO TASSINARI, p. 713, JOSEFINA BOQUERA MATARREDONA, *La sociedad unipersonal de responsabilidad limitada*, ob. cit., p. 88, JIMÉNEZ SÁNCHEZ/DÍAZ MORENO, p. 62, em que esse sócio domina a sociedade por uma situação qualificada pela faculdade de, apesar de a titularidade das participações se encontrar mais ou menos disseminada, concentrar na sua vontade a totalidade dos direitos de voto correspondentes a essas participações sociais pelo total domínio da assembleia de que dispõe. Supomos que neste lote de situações se possam incluir os casos em que as quotas de uma sociedade pertencem a cinco sócios, os sujeitos A, B, C, D e E. O quotista A é titular de 60% do capital social declarado, enquanto que B, C, D e E são titulares em partes iguais de 10% do capital sobrante. Acontece, porém, que A é usufrutuário das quotas de B e C e credor pignoratício das quotas tituladas por D e E. Em acrescento, os estatutos desta sociedade por quotas estipulam que a titularidade de um direito de penhor sobre alguma das quotas por qualquer dos sócios atribui ao seu titular o exercício de todos os direitos sociais inerentes à participação. Esta faculdade convencional (legitimada pelo art. 23°, n° 4), aliada à aplicação conjugada na matéria dos direitos do usufrutuário do n° 2 do art. 23° e dos arts. 1466° e 1467° do CCiv., permite dizer que, além do resto, o *poder deliberativo-decisório* (com excepção das matérias referentes à alteração dos estatutos e à dissolução da sociedade, em que o direito de voto pertenceria conjuntamente a A com B e a A com C, em virtude do disposto no art. 1467°, n° 2, do CCiv.) está concentrado nas mãos do sócio A.

Além destes casos de interposição fictícia, acrescentou-se, importando as soluções avançadas para a unicidade social do art. 2362 do *CCIt.*, o caso da interposição real, coligada a um pacto fiduciário de transmissão de quotas celebrado com terceiros (sujeito singular ou sociedade). Esta realidade já não representa uma mera ficção, mas sim um verdadeiro e efectivo instrumento negocial querido e declarado entre o sujeito interposto--fiduciário e o sujeito interponente-fiduciante (em rigor, estaremos em presença de dois contratos, um com efeitos reais, respeitante à transmissão da participação, o outro com efeitos meramente obrigacionais, inerente à convenção de retransmissão), ao qual permanece entregue o poder de ordenar instruções ao fiduciário para o exercício dos poderes nascidos da participação social e a faculdade contratual de os (re)transferir para a sua esfera jurídica logo que para isso o fiduciário seja interpelado. Também nestes casos se legitima a interpretação extensiva capaz de identificar o único sócio na posição jurídica do fiduciante e abraçar, para além da titularidade do direito de propriedade sobre as quotas sociais, esses sujeitos que têm a *possibilidade na prática de dispor* de todo o círculo de poderes que brotam da totalidade do pacote societário – mesmo quando se esteja perante a fidúcia germânica, em contraponto à mais corrente fidúcia "romanística" (caracterizada pela passagem para o fiduciário da propriedade dos títulos), ou quando ao sócio fiduciário venha atribuída uma pura e simples administração "estática" da quota, sem poderes para dela dispor ou reinvestir os valores que lhe foram confiados pelo fiduciante, como que adquirindo (ou estando investido da) a *legitimação para o exercício dos direitos* mas prescindindo da respectiva titularidade, a qual se conserva na esfera jurídica do fiduciante. Sobre o ponto, cfr. PIER GIUSTO JAEGER, "Sull'intestazione fuduciaria di quote di società a responsabilità limitata", *GC*, 1979, pp. 182 e ss; UGO CARNEVALI, "Intestazione simulata di quote di s.r.l.?"; *GC*, 1982, pp. 34 e ss; para uma passagem pela proliferação destas relações fudiciárias na casuística norte-americana, a fim de atingir formalmente o número de sócios necessários para constituir as sociedades, em que, além da disposição material, os títulos se mantinham na propriedade do "maitre de l'affaire", cfr. ANGELO GRISOLI, *Le società con un solo socio*, ob. cit., pp. 163-4; sobre o negócio fiduciário como categoria dogmática e suas possíveis configurações, *vide*, por todos, VINCENZO MICHELE TRIMARCHI, "Negozio fiduciario", *ED*, 1978, pp. 34 e ss. Para algumas dúvidas sobre a aplicação do art. 2362 em casos de atribuição fiduciária a um terceiro de um exíguo número de acções, ainda que defensável em via de princípio, *vide* FRANCESCO DENOZZA/GAETANO PRESTI, "Questioni in tema di «unico azionista», *GC*, 1982, pp. 614 e ss, em esp. pp. 626--30. Defendendo expressamente a atribuição da condição de sócio único na SQU ao titular efectivo (fiduciante) e não ao titular aparente (fiduciário), cfr. ILARIA CHIEFFI, "La nuova s.r.l. unipersonale", loc. cit., p. 535.

A outra figura através da qual se pode fazer actuar a interposição real é o mandato *sem* representação. Sendo do mandante a titularidade efectiva das participações, quando este é único, não haverá distinção entre mandante e mandatário, pois a actividade deste acaba por ser imputável ao mandante (veja-se o disposto no art. 1181º do CCiv). Tanto nas situações de sociedades participadas pelo mandatário, como nas situações em que vários mandatários, ainda que agindo separadamente, adquirem todo o pacote accionista ou quotista por conta de um único mandante, como nos informa LOREDANA NAZZICONE, pp. 88-9, a jurisprudência italiana tem resolvido responsabilizar o mandante com base no art. 2362. Para uma distinção rigorosa das duas últimas figuras, *vide* VALERIA CAREDDA, "Intestazione fiduciaria di quote di società a responsabilità limitata e mandato", *BBT*, 1994, pp. 540 e ss, em esp. pp. 544-5.

Ulterior hipótese digna de consideração no entendimento amplo da condição de sócio único é aquela em que a sociedade é composta, além da sua posição, por uma sociedade que esteja inteiramente nas mãos desse sócio que dispõe das restantes quotas da sociedade participada, parecendo lícito determinar que a disciplina legal estabelecida em sede de único quotista de sociedade por quotas se estenda igualmente aos casos de *integral titularidade indirectamente detida* através da presença na estrutura da sociedade em análise através de uma outra sociedade participante. Seja o caso de uma sociedade-mãe, através de várias sociedades controladas a 100%, ter a totalidade das participações da sociedade, ou o caso análogo de uma sociedade A possuir a esmagadora parte das quotas da sociedade B e a totalidade das participações da sociedade C, que por seu turno é titular de uma ínfima percentagem das quotas da sociedade B, correspondente *grosso modo* ao conhecido caso *Raytheon* da jurisprudência italiana, referente à decisão de **5.Novembro.1980**, da **Corte d'Apello de Palermo** (in *GC*, 1981, II, p. 615, ss), depois confirmada pela pronúncia da **Cassazione Civile**, de **9.Dezembro.1982** (in *Giur. It.*, 1983, I, 1, p. 201, ss: *vide infra* n. 456).

Nessa assimilação da unicidade da qualidade de sócio quotista não se incluiriam, no dizer da doutrina dominante, as hipóteses de proeminência de um sócio em relação aos

escolhessem a sociedade por quotas como solução organizativa de gestão de um património separado[445].

---

restantes, que sempre teriam uma actuação na equipa social, de acordo com as regras legais da dialéctica funcional entre maioria e minoria, nem sempre vinculadas à decisão do sócio predominante, que poderia não ser o gestor, o líder da empresa ou, de qualquer modo, pela sua influência, aquele a quem se imputa juridicamente a actividade da empresa social.

[445] Para a defesa da linha *substancialista* de interpretação da espécie de unipessoalidade requerida pelo tipo sociedade por quotas, cfr., ainda em Itália, ILARIA CHIEFFI, *La societá unipersonale...*, ob. cit., pp. 34 e ss; em Espanha, cfr. CABANAS TREJO/CALAVIA MOLINERO, *Ley de sociedades de responsabilidad limitada*, 1995, p. 751, para quem se "se pretende evitar que sociedades materialmente unipessoais apareçam formalmente como sociedades pluripessoais, tanto sejam «sociedades de favor» em sentido estrito ou «sociedades preordenadas à unipessoalidade efectiva», iludindo assim o regime especificamente aplicável àquelas (...), teria sido mais conforme submeter as ditas sociedades ao regime das sociedades unipessoais".

Na jurisprudência italiana, as coordenadas desta corrente interpretativa trazida pelo novo ambiente normativo foram já adoptadas pelo aresto do **Tribunal de Milano**, de **19.Outubro.1995** (in *Società*, 1996, p. 550, ss), na senda do mesmo critério seguido, numa época de domínio jurisprudencial da orientação restritiva, pela decisão da **Corte d'Appelo de Roma**, de **5. Fevereiro.1982** (in *GC*, 1982, II, p. 614, ss). Segundo a jurisdição milanesa, a alteração da legislação societária destinada a dar entrada no sistema jurídico da SQU, em harmonia com a normativa comunitária, não produziu o efeito de impedir, antes pelo contrário, que a lei continuasse a ter a valência semântica idónea para "abranger qualquer forma, directa ou indirecta – ou seja, mediante o instrumento da atribuição fiduciária [a que o caso *sub judice* fazia referência]–, através da qual se consiga a disponibilidade das acções ou quotas sociais". Nesta perspectiva, não assume qualquer relevo a medida em que resulta formalmente subdividido o capital social entre os sócios. Para uma crítica da decisão, fundamentalmente pelo facto de essa ter declarado a falência como único quotista do titular de 0,82% do capital social com base numa declaração do outro sócio de ser declaratário fiduciário, sem que se tenha averiguado se a interposição era real ou fictícia, e de ter declarado a responsabilidade ilimitada do falido, com base na al. c) do art. 2497, § 2°, do *CCIt*., por não ter inscrito no registo comercial a sua qualidade de sócio único, quando essa inscrição não teria sido possível obter por manifesta recusa dos serviços em aceitar o requerimento de inscrição como único sócio apresentado pelo titular dessa percentagem do capital social, cfr. CARLO IBBA, "La s.r.l unipersonale fra...", loc. cit., p. 267. Também indicativa da tendência *material* (e, portanto, da capacidade expansiva do conceito de titularidade totalitária) acentuada pelo novo regime italiano da SQU é a anterior sentença do **Tribunal de Ferrara**, de **7.Março.1994** (a que voltaremos mais à frente na n. 917, mas veja-se desde já in *GC*, 1995, II, p. 403, ss), que responsabilizou ilimitadamente o sócio dominante, apesar de titular de metade do capital com a sua mulher, e gerente de uma sociedade, que havia administrado como coisa própria, confundindo os

Apesar deste forte apelo de ampliação da letra da lei para que se acolha uma concepção *material* de sócio único, não terá esta tese a virtude de se coadunar com a visão que sugere que as hipóteses de responsabilidade ilimitada do sócio único correspondem a *situações excepcionais*: em conformidade com este cânone hermenêutico geral, a identificação da qualidade de sócio único é qualquer coisa que implica algo de diverso em relação à valoração dos casos em que esse pode ser chamado a responder a título pessoal. Em termos lógicos, o que se discute na excepção é, uma vez dada conta da existência de uma situação *normal* de unipessoalidade, *se e quando o sócio único responde ilimitadamente*, não tendo estas conclusões que ser interpretadas no estabelecimento da condição de único sócio[446].

---

patrimónios pessoal e social e abusando da personalidade jurídica societária como mero esquema de cobertura da sua actividade empresarial individual. Enfim, fazendo dela um mero instrumento de colocar entre si e terceiros o écran de um sujeito jurídico para fruir indevidamente do benefício da limitação da responsabilidade.

Note-se que esta decisão em si mesma não contende, como faz a anteriormente citada, com a condição de sócio único, ou seja, não submete o sócio *materialmente predominante* na sociedade ao regime da SQU, retira-lhe é a sua responsabilidade limitada dada pelo mecanismo societário. Deste modo, coloca a questão de se desencadear o perigo de tratar pior o sócio *quase* único do que o *verdadeiro* sócio único, pois aquele, não querendo fundar uma SQU e não estando sujeito às suas especiais restrições, não poderia usufruir do benefício da responsabilidade limitada. No entanto, o que verdadeiramente se discute (e a decisão arvora a fundamento) é servirmo-nos ou não da introdução da sociedade unipessoal para sancionar com mais atenção as circunstâncias anómalas emergentes em hipóteses "suspeitas" de sociedades com um sócio quase totalitário e sancioná-las com a responsabilidade ilimitada. De resto, como se verá ainda neste Capítulo e mais à frente no Capítulo IV, com argumentos adicionais, temos *campo normativo* no nosso regime da SQU para este ser usado (e ampliado) às situações societárias-plurais *materialmente idênticas* às situações de unipessoalidade *nas suas manifestações de abuso*: trata-se do art. 270°-F, n° 4.

Com o que se defende não se altera a posição de fundo que exporemos no ponto respeitante à identificação da qualidade de sócio único requisitada pelo regime especial da SQU. Naturalmente que se entenderá que a interpretação de uma *norma singular* – em concreto, a extensão *teleológica* do art. 270°-F, n° 4 –, conducente a nela abranger as situações de pluralidade em que o domínio de facto de uma única pessoa sobre uma empresa formalmente societária foi causalmente responsável por condutas abusivas da posição de poder detida no interior da organização societária, é um contexto distinto e conduz a resultados diversos daqueles que dessa mesma interpretação se inculcariam em termos de aferição da *unipessoalidade relevante* para a aplicação *de todo* o regime da SQU.

[446] Em sentido próximo ao do texto, cfr. CARLO IBBA, *La società...*, ob. cit., pp. 169-70; também ROBERTO ROSAPEPE, pp. 134-5. Na qualidade de uma doutrina que preclude a possibilidade de *em qualquer caso e acriticamente* estender à sociedade por

De qualquer modo, poderá aflorar-se uma clara proximidade entre a norma do art. 84º, provavelmente mais susceptível a uma aplicação extensiva a situações de soberania monossubjectiva (à imagem do seu modelo comparatístico mais próximo, o art. 2362 do *CCIt.*), e a do art. 270º-F, nº 4: mudariam os pressupostos de relevância da unipessoalidade, mas a sanção seria a mesma. Tal como a natureza: não será também a prescrição do art. 84º, num quadro de tolerância da unipessoalidade derivada, uma norma de intervenção limite, que implica, além da falência, que o sócio único, "por si ou através do gerente da sociedade, não se conformou na respectiva gestão com as normas que a lei consigna em ordem a assegurar que os bens sociais se mantenham rigorosamente afectados aos bens da empresa, antes procedeu como se esta tivesse sido absorvida já no seu património geral"[447]?

---

quotas as soluções que para a sociedade anónima encontravam fundamento nesse dado substancial do domínio de facto da sociedade, ainda que com abertura suficiente para aceitar a correcção desta interpretação restritiva através da prova de atribuição *fictícia ou fraudulenta* de uma parte das participações sociais da sociedade (p. ex., nas hipóteses de controlo totalitário indirecto por intermédio de uma sociedade controlada), *vide* GIAN FRANCO CAMPOBASSO, "La responsabilità...", loc. cit., pp. 229-31. Aprovando esta abertura, cfr. FEDERICO TASSINARI, p. 733, n. (70); GIOVANNI CABRAS, pp. 283-4.

Um aresto recente reiterou esta doutrina, embora para fazer improceder *a final* a pretensão de responsabilizar o sócio minoritário, por manifesta e objectiva contraposição ou divergência de interesses entre este e outro sócio maioritário. Falamos da sentença do **Tribunal de Roma**, de **10.Maio.1995** (in *RDComm.*, Ano XCVI, 1998, p. 141, ss), onde, no respectivo Sumário, se pode ler que, para efeito de responsabilizar ilimitadamente o sócio único de uma sociedade de capitais, "por «sócio único» se deve entender exclusivamente o sujeito que se revele titular de todas as acções ou quotas da sociedade. A tal noção aliás se reconduzem tanto o caso da atribuição simulada de uma fracção do capital a um sujeito diverso, quanto a atribuição fiduciária declarada em fraude à lei". Além do mais, a demonstração dessa fraude à lei foi constantemente chamada à colação pela jurisprudência dominante em Itália para abrir o campo de aplicação do art. 2362 às hipóteses de interposição fictícia ou real, ou de intervenção de sociedade controlada na íntegra pelo sócio único, e, portanto, da atribuição de responsabilidade ilimitada ao único sócio realmente interessado na sociedade. Cfr., por todos, SCOTTI CAMUZZI, "L'unico azionista", pp. 900--1, bem como as respectivas ns. (139) e (140), Autor que desde a sua intervenção em "Unico azionista, gruppi, «lettres de patronage", *RS*, 1973, p. 564, sustentava a aplicação do art. 2362 aos casos de *intestazione fiduciaria*; neste mesmo sentido, cfr., em complemento, FRANCO FARINA, pp. 3133-4.

[447] FERRER CORREIA/VASCO LOBO XAVIER/MARIA ÂNGELA COELHO/ANTÓNIO CAEIRO, pp. 132-33, em anotação ao art. 140º, nº 2, que constituiu no Anteprojecto de Coimbra o antecedente histórico imediato do art. 84º, nº 1. Aliás, esta redacção foi dada por se entender como demasiada drástica e excessiva a solução do art. 2362 do *CCIt.*, que,

Apesar disso, aquela era uma prescrição excepcional *dentro da excepcionalidade*. Na verdade, qualquer que seja a opinião seguida em relação aos parâmetros de coordenação entre responsabilidade limitada e ilimitada, não se pode negar uma diferença *sensível* entre o art. 84º, por um lado, e o texto (e as circunstâncias que nele se podem abrigar em benefício dos credores sociais...) em que se estabelece uma responsabilidade ilimitada para o sócio único quotista. O primeiro preceito nasceu para obstaculizar que, uma vez negada a admissão de empresas individuais de responsabilidade limitada, o empresário singular pudesse atingir a mesma ambição mediante uma sociedade inteiramente possuída por si e com isso exercesse o comércio sem arriscar nessa actividade mais do que os valores investidos no estabelecimento, sem ser penalizado nas situações de clara agressão das expectativas e direitos dos credores por uma condução gravemente irregular dos negócios sociais. Vivia-se, à altura da entrada em vigor do art. 84º, um momento de transição na compreensão da unipessoalidade social, mercê do reconhecimento mitigado do fenómeno na sua vertente derivada. Este era simplesmente tolerado, é certo, pois se considerava adequado tutelar os interesses específicos do único sócio e dos credores da sociedade, além do interesse geral na conservação da empresa. Logo, considerava-se razoável permitir ao sócio único a reconstituição da colectividade social primitiva, sem atender a qualquer favor prestado ao interesse do empresário na limitação da sua responsabilidade patrimonial pelos actos de gestão da empresa.

Resumindo, os tempos eram de incentivo da *spes refectionis*, não eram ainda de permitir o ingresso da unipessoalidade. Por isso se desconfiava dos perigos decorrentes da concentração da sociedade nas mãos de

---

fortemente influenciada pelas doutrinas da soberania e do domínio absoluto sobre a empresa (*vide supra* n. 165), estatuía a responsabilidade ilimitada por simples efeito da insolvência e sem que se estabelecesse qualquer nexo de imputabilidade dessa declaração à circunstância de a sociedade se encontrar reduzida a um único sócio. Por isso, só se admitiu o princípio da responsabilidade ilimitada do sócio único se ficasse demonstrado que alguma conexão haveria entre a falência e o facto de ele ter administrado ou ter feito administrar a sociedade "como se os bens desta não constituíssem um património rigorosamente separado do seu próprio e estritamente vinculado a cumprir os seus fins específicos", isto concretizado na agressão das normas referidas no texto ou em "casos em que, segundo a lei, os gerentes ou os administradores respondam eles próprios, perante terceiros, por violações de preceitos legais ou estatutários, desde que tais violações tenham sido cometidas por ordem ou, pelo menos, com o conhecimento do único associado" (ambos os trechos de FERRER CORREIA, "O problema das sociedades unipessoais", loc. cit., pp. 214 e 216).

uma única pessoa e se defendiam os credores de eventuais abusos pelo preceito inibidor do art. 84º[448].

Enquanto isso, a prescrição especial da SQU brota de premissas opostas, sancionando – ou podendo sancionar, como defenderemos – com a responsabilidade ilimitada o sócio único que, lançando mão da possibilidade de utilizar o esquema da sociedade por quotas para o exercício individual da empresa, tenha violado directamente as disposições ditadas, para a SQU, em matéria de negócios jurídicos celebrados entre a sociedade e o sócio, ou tenha agredido as regras confortadas pela tutela dos interesses de terceiros[449].

Em suma, o art. 84º insere-se ainda numa *visão patológica da espécie societária unipessoal*, enquanto o art. 270º-F, nº 4, se acciona numa disciplina marcada pela *fisiológica unipessoalidade* da sociedade por quotas. Nesta base, não parece ser dotado de qualquer bom senso transferir para o campo da normatividade correspondente à unipessoalidade quotista, que expulsou do seu âmbito essa percepção patológica, uma representação *punitiva* da unipessoalidade e *de tudo o que se assemelha à unipessoalidade*[450].

Porém, a persuasão de uma sensibilidade restritiva deverá ser ancorada em argumentos ainda mais convincentes. Actualmente a unicidade do sócio quotista delineia uma disciplina especial que *não se esgota na matéria reguladora da responsabilidade ilimitada do sócio único*. Esta parcela do regime está coligada com todos os restantes aspectos que o legislador desenhou para a SQU *de um modo unitário*. Ora, relativamente a todos esses momentos tidos em conta pela lei, a *facti species* "sócio único"

---

[448] Sobre estas valorações subjacentes à norma em análise, seguimos de perto os escritos de FERRER CORREIA, "O problema das sociedades unipessoais", loc. cit., pp. 213-4, bem como "A sociedade por quotas...", loc. cit., pp. 683-4.

[449] Em termos muito semelhantes, ainda que lidando com a articulação muito específica do art. 2362 (sobre a intenção do legislador italiano em "atingir a concentração das acções nas mãos de um só accionista, sempre que usada como meio de iludir a responsabilidade pessoal", cfr. SCOTTI CAMUZZI, "L'unico azionista", loc. cit., pp. 678-9) com as características subjectivas e as limitações indicadas em sede de realização de entradas e de cumprimento dos ditames publicitários pela nova formulação do art. 2497, § 2º, ambos do *CCIt.*, cfr. ROBERTO ROSAPEPE, pp. 133-4. Na mesma linha de recusa da conexão entre o *novo* regime de responsabilidade ilimitada do sócio único e a *velha* reprovação em sede de responsabilidade ilimitada do único sócio por força de uma presunção absoluta de domínio desse sujeito sobre o ente societário, cfr. GIAN FRANCO CAMPOBASSO, "La responsabilità...", loc. cit., p. 231; GIORGIO MARIA ZAMPERETTI, "Rilievi in tema...", loc. cit., p. 416.

[450] Como foi notado por CARLO IBBA, "La s.r.l. unipersonale fra...", loc. cit., p. 267.

é sempre a mesma, não muda em função do momento regulativo, não pode deixar de ser também *unitária*. Mais claramente, o "sócio único", que é antecedente (ou coantecedente) de todos os registos da disciplina especial, deverá tendencialmente ser identificado *mediante um único critério*.

Assim sendo, não se justifica de todo que o critério investigado para preencher o conceito que indagamos possa ser extrapolado interpretativamente sobre a base de uma só disposição, que exprime uma síntese pontual de interesses que é apenas parcial na área da sociedade por quotas, tomando como referência uma *singular norma*. Nesta perspectiva, se o sócio único é, e *deve ser*, entendido assim *para todas as situações especialmente reguladas e para todos os seus efeitos*, a fórmula legal deve ser encontrada na apreensão *integral* do regime especial da SQU. A unipessoalidade da sociedade, enquanto requisito geral da arquitectura da lei, não pode ser, *in thesi*, inferida de um fragmento ditado para a caducidade da especial disciplina limitativa da responsabilidade, naturalmente mais chegado à reverência *para efeitos da sua própria disciplina* perante o domínio fáctico de uma pessoa sobre uma empresa formalmente societária. Parece-nos forçado, então, argumentar sobre a formalidade ou a substancialidade da unipessoalidade pressuposta pelo regime da SQU com os olhos postos nas condições de (ir)responsabilidade patrimonial do sócio. Não pode, portanto, servir-se da identificação que mais convirá a esse pedaço sancionatório, ou seja, a disponibilidade substancial de todas as quotas da sociedade pelo mesmo sujeito[451].

Mesmo que assim fosse, não se compreenderia a razão pela qual a vontade legislativa tivesse ido no sentido de atribuir relevo, naquele caso concreto do negócio entre a sociedade e o sócio único, à situação substancial em detrimento da formal, ficando esta afastada de todas as outras dis-

---

[451] Para a linha adoptada, cfr. CARLO IBBA, *La società...*, ob. cit., pp. 170-1. Em sentido oposto, baseado no "papel absolutamente central" dos critérios de exclusão da responsabilidade limitada na sociedade de responsabilidade limitada unipessoal, pois aí "se encontram os critérios legais que presidem à eventual passagem do regime de responsabilidade limitada ao de responsabilidade ilimitada do sócio – não mais ligados à tipologia da sociedade enquanto tal, mas dependentes, justamente, do modo em que concretamente se posicionam esses diversos elementos" que condicionam o acesso à responsabilidade limitada –, cfr. RENATO RORDORF, "Fallimento...", loc. cit., p. 555. Em sentido intermédio, isto é, apoiante do critério da titularidade formal mas condescendente com uma visão substancial dessa noção, na exacta medida em que os credores sociais demonstrem a natureza fictícia ou fraudulenta da pluralidade da estrutura social, de modo a justificar nessa fraude a "deterioração" do tratamento da posição do sócio "quase-único", cfr. MASSIMO FABIANI, pp. 174-5.

posições. É pois razoável crer que a situação de unipessoalidade que procuramos acertar deva ser diagnosticada sobre a base de um critério extrapolado do *microssistema de preceitos reguladores em que a SQU assenta como instituto, considerado no seu complexo*[452], ao invés de assumir um ponto de referência parcialmente colocado sobre a base dos fundamentos normativos da responsabilidade (i)limitada do sócio único.

Compreende-se que a nossa opção apresente a nada desdenhável vantagem da certeza e da segurança jurídicas. Fica indiscutivelmente determinado o critério que há-de servir para dilucidar se é de aplicar a disciplina própria das situações de unipessoalidade quotista. Não seria razoável ter que lidar com uma dúplice, ou múltipla, identificação da unipessoalidade, mesmo que se entenda como relativa a posição da *hipótese* em relação à disciplina. Não nos parece que o nosso legislador tenha enveredado por esse caminho *nesse microssistema*. Não existem indícios normativos em tal sentido, antes se verifica, numa primeira leitura, uma submissão de toda a disciplina à pessoa que é, ou fica, «titular de todo o capital social», enunciada logo nos dois primeiros números do art. 270º-A, sem discriminações que, até em razão das recentes alterações do regime da SQU, deveriam merecer expressa atenção se fosse essa a intenção do legislador.

Numa segunda leitura, ao invés, mesmo que *involuntariamente*, emergem de uma ou outra formulação normativa do regime da SQU alguns sinais (e, à falta de dados inequívocos, disso só se trata) que parecem testemunhar a favor da atenção do legislador por uma concepção objectiva e formal de unipessoalidade, indiferente ao domínio substancial da sociedade por parte de um só sujeito no preenchimento da previsão de "sócio único".

Antes de mais, em matéria de transformação de uma sociedade por quotas plural em SQU, o legislador é claro em ditar, nos termos do art. 270º-A, nº 5, a inaplicabilidade de todas as disposições estatutárias originárias que pressupusessem a pluralidade de sócios. Logo, a presença ou a ausência de uma situação de unipessoalidade tem a susceptibilidade de decidir da própria conformação *funcional* da sociedade, posto que se expurga da vida da SQU os preceitos clausulados em função de uma dinâmica societária de grupo. A área da unipessoalidade considerada para esse efeito não parece compreender, então, simples situações de pluralidade em que existe *domínio* ou *supremacia* substancial do sócio sobre a

---

[452] Seguimos aqui alguma da terminologia expressivamente usada por CARLO IBBA, "La s.r.l. unipersonale fra...", loc. cit., p. 265.

sociedade[453], já que a unicidade estará excluída em todas aquelas situações em que o facto que incide sobre a unipessoalidade *hipoteticamente* em discussão é estranho à sociedade cuja situação unissubjectiva se discute. Isto é, ou se declara que tem um sócio ou se declara que tem mais que um, fazendo condicionar desse único facto a sorte da sociedade, não interessando para o efeito o conhecimento de circunstâncias estranhas à constituição da sociedade.

Não se pode negligenciar a expressa menção da lei aos eventos de divisão e cessão da quota ou de aumento de capital social como fontes possíveis de a SQU adquirir a pluralidade social. De facto, o art. 270º-D refere-se a essas circunstâncias de um modo demasiado atencioso – pois essas possibilidades já se perspectivavam no regime geral... – para que daí não seja legítimo inferir que, na visão do legislador, esses serão os factos que, *em condições normais*, conduzirão a uma *modificação subjectiva* da SQU. Em caso de sociedade *substancialmente* unipessoal, a notícia da "entrada de novo sócio" não releva, pois continua a *ser apenas mais um sócio numa sociedade plural*. Aqui, a preferência do legislador por uma identificação da unicidade social confiada a índices objectivos e formais leva-o a pronunciar-se, a deixar de lado qualquer esquecimento sobre a mudança operada na sociedade em concreto.

Trata-se, parece, de uma mesma *espécie normativa* aplicável a todos os casos de regulação. Caso contrário, ademais, seria manifestamente irrazoável que, figurando situações que se chumbam, um sujeito, exonerado da observância dos requisitos de validade dos negócios celebrados entre si e a sua sociedade por quotas, viesse depois a ser responsabilizado ilimitadamente pela omissão enquanto sócio único *ex vi* art. 270º-F, nº 4. Tal como seria imprudente permitir que um sócio "não totalitário" pudesse prescindir da outorga de escritura pública de constituição de uma sociedade por quotas *formalmente* plural nos termos do art. 270º-A, nº 4, o que supõe que a identificação do sócio fundador de que fala o art. 9º, nº 1, a)[454], seja sempre regida pelo mesmo critério que presidiu à identificação do "sócio único" que a norma em comentário prevê.

---

[453] A nossa lei utiliza justamente esta figura de sócio *dominante* na regulação do art. 83º, em sede de determinação da sua responsabilidade solidária com o gerente, administrador ou membro do órgão de fiscalização designado ou eleito culposamente e responsável por danos causados à sociedade ou aos sócios.

[454] Em conjugação com a parte final do art. 7º, nº 2, quando este se refere à celebração de escritura pública (nº 1 do mesmo preceito) nos casos em que a lei permita que a sociedade seja constituída por *uma só pessoa*.

As consequências da opção do legislador por um conceito formal de sócio único na formulação do art. 270º-A revestem-se de grande importância. De acordo com o exposto, a simples presença de uma pluralidade formal de sócios determina o carácter não unipessoal da sociedade por quotas[455]. E neste sentido, para a exclusão de uma situação de unipessoalidade, não só será irrelevante a circunstância de que essa pluralidade seja mais ou menos ampla, tal como também a medida em que cada um dos sócios participe no capital social e a existência entre os sócios de alguma relação de vínculo ou de domínio, como acontecerá em regra nas sociedades familiares "fechadas", constituídas entre cônjuges ou por um pai e o seu filho. Nem o sócio maioritário, por mais elevada que seja a sua

---

[455] Esta é a posição corrente na doutrina espanhola: veja-se JOSEFINA BOQUERA MATARREDONA, *La sociedad unipersonal de responsabilidad limitada*, ob. cit., pp. 88-9; ÁVILA NAVARRO, p. 1016; ARANGUREN URRIZA, p. 1425; SÁNCHEZ-CRESPO CASANOVA, p. 22; SÁNCHEZ ALVAREZ, pp. 223 e 248-9, que acrescenta que a solução material desvirtuaria o mandato da XII Directiva e, com isso, impediria a aplicação *de facto* da própria viabilidade da sociedade unipessoal; IGLESIAS PRADA, "La sociedad de responsabilidad limitada unipersonal", p. 1019; LÓPEZ PARDIÑAS, "Sociedad de Responsabilidad Limitada Unipersonal", *Sociedades de Responsabilidad Limitada*, 1997, p. 133; JIMÉNEZ SÁNCHEZ/DÍAZ MORENO, pp. 61 e ss; ANTONIO PÉREZ DE LA CRUZ, "La sociedad de responsabilidad limitada", *Derecho mercantil*, coordinación de Jiménez Sánchez, 1999, p. 379; implicitamente, SOTO VÁSQUEZ, p. 512. Antes da positivação legal, cfr. BISBAL I MÉNDEZ, "La sociedad anónima unipersonal", *La reforma de la Ley de Sociedades Anónimas*, 1987, pp. 100-1, que, em sede de apreciação da legislação reformadora da sociedade anónima, não reconhecia na expressão "accionista único" a figura do sócio tirano; também, numa primeira versão "pré-Directiva", DUQUE DOMÍNGUEZ, "La 12.ª Directiva...", loc. cit., p. 274, ao distinguir sociedade unipessoal em sentido estrito, que seria aquela que tem as suas participações ou partes de interesse concentradas em poder de uma só pessoa, de sociedade unipessoal em sentido amplo, esta claramente dominada por um só sócio, refere que a esta última categoria nem sempre seriam de aplicar as normas previstas para o tipo específico da unipessoalidade, baseado no dado formal de sócio único e não de sócio dominante ou soberano. Em sentido contrário se pronunciou SOTO BISQUERT, pp. 277 e 295, adepto de uma unidade de tratamento jurídico da sociedade unipessoal e da sociedade com sócio predominante, sempre que se fundamente nas ideias básicas de existência da sociedade e suas consequências, já que outra posição seria "atender exclusivamente ao puro formalismo externo da pluralidade de sócios e não ao interno e real controlo único", embora reconhecesse que as soluções poderiam não ser idênticas, nomeadamente quando divergissem os motivos da constituição dessas sociedades e os fins com elas perseguidos. Seguindo entre nós a doutrina espanhola actual, cfr. CATARINA SERRA, "As *novas* sociedades unipessoais por quotas", loc. cit., p. 138, n. (80).

participação, parece ter merecido a consideração legal de sócio único, nem tão-pouco deve merecer a qualificação de unipessoal aquela sociedade cujo capital está repartido por dois ou mais sócios-pessoas humanas ou sociedades que pertencem a um mesmo grupo, qualquer que seja a sua estrutura ou nível de centralização, ou cujo capital é possuído na íntegra pela mesma sociedade-mãe, estando ambas as hipóteses coligadas pela submissão da pluralidade de sócios a uma mesma *unidade de direcção*. Mesmo as situações de controlo *indirecto*, de que o caso de uma sociedade por quotas ter dois sócios em que um deles é uma sociedade integralmente participada pelo outro ou de as quotas pertencerem a uma ou mais sociedades dominadas pela sociedade emitente das participações podem ser os exemplos mais gritantes, devem seguir a interpretação proposta[456].

---

[456] Na linha oposta, em coerência com a defendida concepção *material* de titularidade do capital social, cfr. ILARIA CHIEFFI, "La nuova s.r.l. unipersonale", loc. cit. pp. 536--7; IDEM, "S.r.l. unipersonale e gruppi societari", *RDComm.*, 1996, pp. 113-14; RENATO RORDORF, "Socio unico di società di capitali", loc. cit., p. 598. Esta posição vem no seguimento da interpretação jurisprudencial dada ao caso *Raytheon* (*vide supra* n. 444). Nessa oportunidade, confirmando a tendência formalista na decifração do conceito de *appartenenza* para o efeito de declarar a sua responsabilidade ilimitada pelas obrigações sociais, os tribunais superiores italianos não consideraram único accionista aquele que, sendo titular de 99,16% das acções da sociedade em causa, era o único accionista de uma sociedade por acções à qual pertencia o residual 0,84%. A doutrina considerou criticável esta solução para os casos de titularidade indirecta das participações do capital de uma sociedade através de uma sociedade inteiramente participada, pois se havia de entender como único accionista o sujeito *no interesse do qual* se possuíam todas as acções. Em particular, veja-se o aprofundado estudo de SCOTTI CAMUZZI, "L'unico azionista", loc. cit., pp. 832 e ss, onde, em fecho, se diz, na n. (171) a pp. 837-8: "Certo que, formalmente as acções tituladas pela sociedade participada a 100% não são nem se tornam da propriedade do único accionista; mas substancialmente *pertencem*-lhe: uma vez que seja reconhecida a relevância determinante, a fim de definir a espécie "único accionista", ao interesse, esta conclusão é inexorável" (itálico do Autor). Já para anteriores considerações sobre esta particular *fattispecie*, veja-se do Autor os seus "Unico azionista, gruppi, «lettres de patronage»", loc. cit., pp. 564-5; "Osservazioni in tema di responsabilità dell'unico azionista", *Jus*, 1977, pp. 154 e ss, 163 – com esta elucidativa passagem: "... o art. 2362 contém um princípio de disciplina dos grupos, susceptível seja de intervir directamente, como norma de responsabilidade (garantia) e assim de organização das sociedades controladas em uma mais vasta unidade (justamente aquela dos grupos), seja de influenciar indirectamente toda a sistemática da normatividade sobre os grupos..." – e 234; bem como "La società con unico azionista come fenomeno tipico del gruppo societario", *RS*, 1986, pp. 502 e ss, e esp. pp. 528-34.

Defendendo a aplicação do art. 2362 do *CCIt*. a este caso de controlo totalitário indirecto, em particular por se verificar ser esta a única disposição de direito positivo que

Certamente que o entendimento escolhido não assegura a perfeição. Seguro é, sem dúvida, reconhecer a unititularidade das quotas para detectar o sujeito a quem afectam as normas dos arts. 270°-A e ss. Mas não se

---

consente uma aplicação da regra da responsabilidade ilimitada no fenómeno das agregações societárias, cfr., só para exemplo, GIOVANNI PELLIZZI, "Unico azionista...", loc. cit., pp. 621 e ss (dando continuidade à verificação da convocação do art. 2362 para pessoas colectivas em situação de titularidade substancial das participações, ainda que por via de outras pessoas colectivas, feita em "Responsabilità del socio unico come garanzia del credito concesso alla società", *Le garanzie reali e personali nei contratti bancari*, 1976, pp. 185 e ss, 193-4); FRANCESCO GALGANO, "La società e lo schermo della personalità giuridica", *GC*, 1983, pp. 14-15; VINCENZO GRECO, "L'abuso...", loc. cit., pp. 180-1; VITO MANGINI, "Società con unico azionista: recenti sviluppi giurisprudenziale e prospettive", *GC*, 1984, pp. 681 e ss; MARCO IEVA, "In tema di responsabilità dell'unico azionista", *Riv. Not.*, 1984, pp. 655-7; ROBERTO WEIGMANN, "Oltre l'unico azionista", *GC*, 1986, p. 551 e ss, 580-1; GIUSEPPE FERRI, *Le società*, ob. cit., p. 391; GIOVANNI LO CASCIO, "Sull'abuso della personalità giuridica qualcosa si muove: recenti profili interpretativi nella giurisprudenza di merito", *Giust. Civ.*, 1996, pp. 1813-15. Em sentido oposto, cfr. GIUSEPPE RAGUSA MAGGIORE, "Socio tirano, azionista unico e persistenza della personalità giuridica", *Dir. Fall.*, 1982, p. 302, ss; IDEM, "Appartenenza e titolarità della società dominante ai sensi dell'art. 2362 c.c.", *Dir. Fall.*, volume LVIII, 1983, pp. 112-13; a fim de evitar "a evidente confusão que derivaria da assimilação a sócio único, com as consequências ditadas pelo art. 2362 cod. civ., de duas distintas e diversas pessoas jurídicas sócias de uma sociedade...", VINCENZO SIRACUSA, "La responsabilità prevista dall'art. 2362 cod. civ. riferita a società collegate", *Dir. Fall.*, 1983, pp. 432 e ss, em esp. pp. 439--40; GIAN FRANCO CAMPOBASSO, *Diritto Commerciale. 2...*, ob. cit., pp. 290-2. Para apontamentos jurisprudenciais maioritariamente opostos à aplicação da norma sobre responsabilidade ilimitada do sócio único, cfr. LOREDANA NAZZICONE, p. 69, n. (18).

Em Espanha, estes casos de controlo totalitário indirecto têm merecido uma especial atenção da doutrina depois do reconhecimento da unipessoalidade de raiz. Apesar de se ter confirmado normalmente nesta situação o enfoque claramente restritivo e rígido do conceito legal de unipessoalidade (cfr., entre outros, GARCÍA COLLANTES, pp. 545-6; JIMÉNEZ SÁNCHEZ/DÍAZ MORENO, p. 65), uma corrente particularmente notória tem-se batido pela *identidade de razões* entre a hipótese de uma carteira de quotas próprias e os pressupostos de uma participação mediata no capital da sociedade (*autocartera indirecta*), reclamando essa identidade de tratamento, que se concretizaria numa interpretação analógica da 2ª parte do art. 125, al. b), da *LSRLE*: cfr. IGLESIAS PRADA, "La sociedad de responsabilidad limitada unipersonal", loc. cit., p. 1021-22 e n. (48), e RODRIGO URÍA/AURELIO MENÉNDEZ/IGLESIAS PRADA, p. 1226. Os Autores baseiam-se na *vis atractiva* que terá de atribuir-se ao tratamento unitário que as duas hipóteses convocam, como apelam à conveniência de evitar que o recurso à participação indirecta possa inutilizar a previsão do legislador. Além do mais, salvaguardam que as situações de participações pertencentes a sociedades do mesmo grupo (que não abordam) são de uma amplitude manifestamente maior que a posse de participações de uma sociedade por outra dominada por ela, que se

olvide que este método comporta naturalmente riscos ao deixar de fora do regime da SQU essas diversas situações em que, não obstante a pluralidade formal de sócios, pode identificar-se uma unipessoalidade substancial. Ao mesmo tempo, acresce a disfunção suplementar de se submeter ao regime da unipessoalidade quotista ocasiões em que acontece uma unipessoalidade formal que oculta ou encobre uma situação de pluralidade material ou de exercício plural da empresa social[457]. Não obstante, acrescenta IGLESIAS PRADA, "tem de reconhecer-se, também, que não menores riscos comportaria a aceitação de uma concepção substancial, mais aberta e menos rígida, da unipessoalidade. E neste tipo de alternativas, em que não parece fácil encontrar o *ponto ideal de equilíbrio*, parece preferível sacrificar as possibilidades de aproximação ao fenómeno se com elas se evita a insegurança sobre os pressupostos de facto compreendidos na norma e se proporciona maior certeza na sua aplicação"[458].

10.2. *O usufruto, o penhor, a contitularidade e a comunhão conjugal*

Sobram ainda algumas questões respeitantes à definição de uma sociedade por quotas como unipessoal. Questões que se relacionam com o tipo de direito subjectivo real que inicidirá sobre a quota para determinarmos a sua unicidade, tal como com a decisão do problema quando todas as participações ou a única se encontram numa hipótese de contitularidade.

---

deve equiparar à detenção de participações próprias por aquela sociedade para efeitos de se considerar unipessoal. No mesmo sentido de uma unipessoalidade *delimitada substancialmente* nesta matéria, cfr. DUQUE DOMÍNGUEZ, "Recientes desarollos...", loc. cit., p. 57.

[457] Neste sentido, cfr. IGLESIAS PRADA, últ. loc. cit., p. 1019, n. (40); SÁNCHEZ ALVAREZ, pp. 62 e 63-4. Para ilustrar as hipóteses em que a unipersonalidade formal esconde uma pluralidade material ou efectiva de sujeitos, vejam-se, devidamente adaptadas, as situações que, na jurisprudência comparada, levantaram a autonomia desse grupo de casos. Por um lado, sempre que o sócio único A da SQU tenha dado em penhor a totalidade (ou parte, se for o caso, nomeadamente nas circunstâncias de a unipessoalidade superveniente ter desencadeado a concentração de várias quotas nas mãos do sócio remanescente) da sua participação quotista aos sujeitos B e C, sendo estes credores pignoratícios que exercem os respectivos direitos sociais (esta é a hipótese inversa da já referida *supra* na n. 444). Por seu turno, também o será quando se está em presença de um sócio único, titular da participação da SQU em cumprimento de um mandato sem representação conferido disjuntivamente por conta dos sujeitos B e C, interessados em adquirir posições na referida sociedade, enquanto não transferir a quota para os seus mandantes, depois de dividida nas condições do art. 221º.

[458] Últ. loc. cit., com sublinhado da nossa responsabilidade.

Dilucidar estes assuntos, como é bom de ver, significa decidir da maior ou menor pureza do critério formal adoptado.

A primeira questão implica responder à pergunta: será de defender a exclusiva fundação da identificação das hipóteses de unipessoalidade na *titularidade da quota única a título de propriedade*? Esta controvérsia está ineluctavelmente ligada às consequências a retirar da visualização no texto legal de um conceito jurídico-formal de sócio único, já que esta visão impede a classificação como unipessoal de uma sociedade por quotas em que se verifica uma situação efectiva de exclusiva concentração numa pessoa da legitimidade para exercer os direitos inerentes à condição de sócio em relação a todas as participações sociais. Em coerência, a pergunta merece-nos uma resposta afirmativa, pois a existência desse critério deverá conduzir-nos à afirmação de que *a legitimação (em particular, mediante a susceptibilidade de exercício do direito de voto) não é a circunstância a ter em conta, o que decide da existência de um único sócio é a titularidade da participação social pela forma da propriedade*[459-460].

---

[459] Com esta interpretação, cfr. PATRICK SERLOOTEN, *Entreprise unipersonnelle à responsabilité limitée*, ob. cit., pp. 29-30; CARLO IBBA, *La società...*, ob. cit., p. 173; ÁVILA NAVARRO, p. 1017; JIMÉNEZ SÁNCHEZ/DÍAZ MORENO, p. 71. Em Itália, a situação de domínio de facto revelada pelo usufruto ou pelo penhor de todas as participações, desde que o direito de voto não fosse atribuído ao proprietário, não foi entendida, enquanto manifestação de um *domínio integral da assembleia*, tal como se sustentou para as sociedades anónimas [cfr., entre outros, LORENZO MOSSA, "La società per azioni in una mano", loc. cit., p. 746; GIOVANNI PELLIZZI, "Unico azionista...", loc. cit., pp. 617-18; PIETRO RESCIGNO, "La persona giuridica...", loc. cit., p. 489; SCOTTI CAMUZZI, "L'unico azionista", loc. cit., p. 862 e n. (31); em sentido discordante da relevância do domínio efectivo sobre a assembleia e sobre os órgãos da sociedade no que se refere à letra e ao fundamento dos arts. 2362 e 2497 do *CCIt.*, cfr. LOREDANA NAZZICONE, pp. 89-90], como condição suficiente para destacar a responsabilidade ilimitada pelas obrigações sociais a cargo dos sujeitos titulares desses direitos reais.

Com efeito, a recusa de transladar acriticamente a *ratio* do art. 2362 do *CCIt.*, baseada na persecução sancionatória do domínio exclusivo da sociedade, às hipóteses *objectivas* e *formais* destinadas pelo legislador a condições de perda da responsabilidade limitada pelo único quotista, aconselhava a procurar um fundamento autónomo para, em sede de disciplina da SQU, fundamentar a responsabilidade ilimitada do usufrutuário ou do credor pignoratício da quota totalitária. O que não seria fácil, disse GIAN FRANCO CAMPOBASSO, "La responsabilità...", loc. cit., p. 231, a que nos referimos – seguido por ROBERTO ROSAPEPE, pp. 138-9, e por CARLO IBBA, *ibid.*, p. 172, ainda que com diversa motivação, uma vez que se apela ao facto de ambas as situações de titularidade (propriedade, direito real limitado) serem susceptíveis de inscrição no livro social, enquanto a titularidade do voto não o é –, o que vai de encontro à sua opinião, vazada no seu *Diritto Commerciale. 2...*, ob. cit., p. 291, de encontrar o fundamento da perda da responsabilidade

Naturalmente que o critério seguido para determinar as situações de unipessoalidade abrangidas pela aplicação directa dos arts. 270º-A a 270º-F parece render alguns efeitos desagradáveis. De facto, quando o

---

limitada do sócio único, não no domínio substancial da sociedade, mas no dado objectivo da titularidade de todo o pacote de participações. Assim se compreende, no contexto desta perspectiva formal da qualidade de sócio único, que se negue a qualidade de *quotista único* ao titular desses direitos sobre a quota (ou quotas).

460 Recordemos ao leitor que temos utilizado indistintamente ao longo do texto a "titularidade" e a "propriedade" das participações sociais, para assim nos referirmos à mesma forma de domínio sobre elas. Chegou a altura de usar a última sem rodeios. Com a adopção dessa terminologia, colocamo-nos na fileira da moderna doutrina (e jurisprudência) que aceita a configuração de um direito de propriedade sobre as participações sociais. Diga-se que o CSC primou, na maioria das situações, por evitar a qualificação – prefere denominar tal posição como "titularidade" ou "contitularidade"; mas em preceitos ocasionais, como os arts. 269º, nº 4, e 462º, nº 4 (respeitantes a operações de aumento de capital nas sociedades por quotas e anónimas em que as participações estão oneradas com usufruto), inclui-se na sua previsão a referência à "propriedade plena", ainda que, nos mesmos locais, se fale de "titular da raiz" –, o que legitimava a doutrina que repudiou "a concepção de uma quota-coisa sobre a qual possa recair um direito real de propriedade" (RAÚL VENTURA, *Sociedades por quotas. Comentário...*, volume I, ob. cit., p. 498; em sentido aparentemente próximo mas não inequívoco, cfr. BRITO CORREIA, *Direito Comercial. Sociedades Comerciais*, volume II, ob. cit., p. 357).

Para o tipo quotista, essa intransigência parecia fundar-se na dicotómica apresentação da quota em dois patamares: ela, além da expressão do valor atribuído à entrada de cada sócio (*quota-capital*), será, enquanto *quota-participação*, o complexo dos direitos, poderes, faculdades, vinculações e responsabilidades, derivados do pacto e da lei, que a participação atribui a cada sócio. Ora, "concebida a quota como uma «participação na sociedade», composta pelos direitos e pelas vinculações resultantes da lei e do contrato, ela acaba por ser "uma realidade que não é uma coisa, corpórea ou incorpórea" (cfr. RAÚL VENTURA, *ibid.*, pp. 398-401), insusceptível, pois, de sobre ela recair um direito real de propriedade ou um direito de compropriedade (e de não ser fácil de conceber o usufruto de quota). Não se olvide, porém, que o facto de se prever e regular a constituição de direitos reais limitados sobre as participações sociais (a começar pelo art. 23º, que mais nos preocupará; mas também os arts. 182, nº 3, 239º, 325º, tal como os arts. 68º, nº 1, al. g), 70º, 81º e 103º do CVM, que introduz a categoria das "situação(es) jurídica(s) que onere(m) os valores mobiliários"), permite-nos, como saída mais airosa (e até mais linear), buscar (e usar) sem grande incómodo o correlativo *direito matriz* (a nua propriedade), que funcionará com uma elasticidade peculiar, determinada pelo regime específico colocado pela lei (esp. o art. 1467º do CCiv.) e pela natureza *sui generis* deste objecto (unitário) de domínio. Introduzindo esta tese entre nós, com um discurso de sustentação (normativamente) mais completo e apoio jurisprudencial, cfr. COUTINHO DE ABREU, *Curso...*, volume II, ob. cit., pp. 342-3. Em Itália, também FRANCO DI SABATO, *Manuale delle Società*, ob. cit., p. 407, em sentido contrário à maioria da doutrina mas acompanhando a jurisprudência,

exercício de direito de voto corresponde a uma só pessoa do colectivo de associados, reproduzem-se os mesmos perigos que acarreta para terceiros a existência formal de um só sócio.

Referimo-nos às situações de constituição de usufruto ou de penhor sobre as quotas da sociedade, de tal forma que o exercício dos direitos correspondentes às participações que foram objecto desses negócios reais – por força da lei, aplicando conjugadamente os arts. 23º, nº 2, e 1467º, nº 1, do CCiv., ao usufruto, ou em resultado de cláusula expressa inserida no instrumento negocial usado para constituir o penhor, ao abrigo do art. 23º, nº 4 – levam à emergência de uma situação em que *os proprietários das participações não coincidem com os sujeitos legitimados para recolher os benefícios e participar em assembleia de sócios*[461]. Nesta hipótese, a despeito de existirem vários proprietários de quotas, poderá constituir-se sobre elas um direito de usufruto (ou um direito de penhor) em favor de uma só pessoa, passando esta a dominar por si só a vida da sociedade por intermédio dos direitos que a lei ou convenção lhe conferem.

No entanto, deve considerar-se inabalável a convicção de que os titulares da raiz, da nua propriedade, ou os titulares constituintes da garantia, é que ostentam a qualidade de sócio, tanto mais que foram só eles que realizaram o valor das entradas, independentemente de a lei ou o negócio de constituição do penhor atribuírem ao usufrutuário ou ao credor pignoratício o exercício de alguns dos direitos radicados na esfera do sócio, com destaque para o poder de votar em assembleia e o poder de receber os lucros distribuídos no decurso da produção de efeitos desses direitos reais.

---

toma *a latere* posição favorável à propriedade sobre a quota, na medida em que a quota "é considerada pelo legislador como uma entidade patrimonial susceptível de constituir objecto de direitos".

[461] Levando esse direito de participar em assembleia e de votar nos assuntos sujeitos a deliberação à aquisição de outras parcelas da socialidade, como é o caso previsto na lei para o direito à informação (para outros direitos do usufrutuário, vejam-se os arts. 92º, nº 4, e 269º). Na realidade, na circunstância do usufrutuário com direito a voto (que a lei lhe atribui, por regra, na al. b) do nº 1 do referido art. 1467º, ainda que, como depois completa o nº 2 desta norma, o voto pertença conjuntamente ao usufrutuário e ao titular da participação nas deliberações que impliquem «alteração dos estatutos ou dissolução da sociedade»), é a ele que compete, ao abrigo do disposto no art. 214º, nº 8, exercer esse direito à informação em face da administração da sociedade – o que não obsta, como sustenta Coutinho de Abreu, *últ. ob. cit.*, p. 347, n. (312), a que seja reconhecido ao titular da raiz o "direito às informações de e em assembleia geral (*e somente a estas*) quando seja (co-)titular do direito de voto" (itálico nosso), ou seja, nas condições mencionadas no art. 1467º, nº 1, al. b), 2ª parte, e nº 2.

O usufruto ou o penhor são direitos reais sobre coisa da propriedade de outrem e, por isso, não são parte do domínio que compete ao proprietário: oneram, comprimindo, esse domínio, mas não o parcelam – em certas áreas nucleares, o proprietário mantém o poder de exercer em conjunto alguns dos direitos integrantes da sua participação[462]. Logo, não passa, por essa vicissitude, a poder dizer-se que a sociedade se encontra em situação de unipessoalidade, pois formalmente conta com vários sócios[463].

Da conclusão tirada se infere a tese a adoptar no reverso da medalha. Se a propriedade das participações corresponder a uma só pessoa, mas esta tiver constituído sobre elas, ou sobre uma ou várias fracções da quota dividida, um ou vários direitos de gozo ou de garantia[464], cujos titulares

---

[462] Por todos, *vide* COUTINHO DE ABREU, *últ. ob. cit.*, pp. 347-9 e 349-50, com outros argumentos e indicações bibliográficas e jurisprudenciais do estado da questão em Portugal.

[463] Nesta linha, *vide*, na doutrina espanhola, particularmente atenta a esta questão, JOSEFINA BOQUERA MATARREDONA, *La sociedad unipersonal de responsabilidad limitada*, ob. cit., p. 90; ÁVILA NAVARRO, p. 1017; ARANGUREN URRIZA, p. 1426; JIMÉNEZ SÁNCHEZ/DÍAZ MORENO, pp. 93-4; em Itália, cfr. ainda CARLO IBBA, *La società* ..., ob. cit., p. 173; veja-se no mesmo sentido, para a França, GILLES FLORES/JACQUES MESTRE, p. 25, e PATRICK SERLOOTEN, *Entreprise unipersonnelle à responsabilité limitée*, ob. cit., pp. 29-30.

[464] Uma vez admitida a divisão surgida da constituição de direitos reais de gozo ou de garantia sobre fracções da quota (esclareça-se que a divisão não é, de acordo com a interpretação do art. 221º, nº 1, aconselhada por RAÚL VENTURA, *Sociedades por quotas. Comentário...*, volume I, ob. cit., pp. 466-8, um acto jurídico autónomo, ao invés, assume-se como um *efeito* do acto jurídico que lhe está associado, apesar de existir *antes desse acto jurídico* na medida em que é *idealmente* necessária para fornecer a esse acto jurídico *um objecto definido*), destacando-se desta forma quotas menores oneradas com esses direitos, o que, tal como defende para o direito italiano GIAN CARLO RIVOLTA, *La società a responsabilità limitata*, ob. cit., pp. 260-1, não será de todo indefensável. A circunstância de o art. 221º, nº 1, pelo menos se se cogitar que é para se entender à letra essa norma («Uma quota *só* pode ser dividida mediante...»: itálico nosso), induzir o intérprete a apreender as fontes de divisão da quota exclusivamente nas hipóteses de «... amortização parcial, transmissão parcelada ou parcial, partilha ou divisão entre contitulares...» não nos ajudaria ao intento. Porém, essa possível interpretação literal do preceito é irrazoável à luz do nosso direito positivo, na medida em que é a própria lei que a desmente, ao prever outros casos de divisão da quota: desde logo, o nº 8 do mesmo art. 221º (em conjugação com o art. 204º, nº 2), mas também será esse o caso dos arts. 205º, nº 2 (venda da quota perdida pelo sócio remisso a favor da sociedade), e 231º, nº 4 (aquisição de quota para cuja cessão foi recusado o consentimento pela sociedade) – com esta opinião, cfr. COUTINHO DE ABREU, *últ. ob. cit.*, p. 224.

poderão exercer as posições societárias a elas associadas, a sociedade continuará a ser tratada como unipessoal. Com efeito, só o titular da propriedade das quotas deve ser tratado como sócio da pessoa societária, ainda que exista um outro sujeito ou uma pluralidade de outros sujeitos com *legitimidade* para exercitar alguns direitos correspondentes à socialidade detida pelo único sócio-proprietário de todas as participações[465-466].

---

[465] Assim mesmo *ex professo*, cfr. COUTINHO DE ABREU, *últ. ob. cit.*, p. 348: "também não se dirá (utilizando hipótese limite) que uma sociedade por quotas constituída por uma só pessoa passe a sociedade pluripessoal quando sobre a quota seja constituído um usufruto".

[466] Não obstante, serão pertinentes as dúvidas de JIMÉNEZ SÁNCHEZ/DÍAZ MORENO, pp. 91-2, em aplicar a norma respeitante aos negócios do sócio único com a sociedade. Na realidade, as cautelas do art. 270º-F carecem de sentido, uma vez que os direitos de voto se encontrariam distribuídos entre uma pluralidade de pessoas, garantindo assim a subsistência do jogo de tensões e de contrapesos natural das sociedades pluripessoais. Apesar disso, os Autores notam que o "verdadeiramente grave seria que resultassem iludidos os mecanismos de protecção de terceiros articulados na disciplina das sociedades por quotas de sócio único, não que tais expedientes cheguem eventualmente a entrar em campo para situações em que, por determinadas razões, quiçá a sua aplicação não fosse estritamente necessária".

Em segundo lugar, chama a atenção para a eventual existência de pactos, com relevância no plano das relações internas entre o proprietário de raiz (ou proprietário obrigado) e os usufrutuários (ou credores pignoratícios), que façam permanecer nos primeiros a titularidade do direito de voto. Esta observação terá apenas relevo, no caso da legislação nacional, para o caso do usufruto, pois esses serão os efeitos supletivos da constituição de penhor, salvo se as partes estabelecerem convencionalmente algo de diverso. Para o usufruto é que os sujeitos contraentes poderão convencionar, com independência do estatuído na lei civil no exacto respeito da imperatividade de que o art. 1467º se parece revestir, que os usufrutuários se obrigam a exercitar os direitos de voto em conformidade com as instruções do sócio-titular da raiz (ou a conceder-lhe a representação das participações para efeitos deliberativos, sempre que para isso se respeitem os termos do art. 249º), casos em que efectivamente o nu proprietário e o usufrutuário exerceriam o controle da sociedade, preenchendo-se a hipótese reclamada pelo art. 270º-F para tutelar os eventuais perigos decorrentes para terceiros.

Pelo contrário, os Autores espanhóis entendem que será ilógico aplicar o preceito similar ao art. 270º-E. A situação criada pelas circunstâncias aqui analisadas, apesar da existência formal de um único sócio, não o implicaria, mesmo se os mencionados titulares de direitos reais limitados se encontrassem obrigados a conferir a sua representação ao proprietário de raiz ou penhorante (com a possibilidade de se celebrarem assembleias universais), uma vez que, sendo eles os únicos legitimados *em face da sociedade*, poderiam sempre violar essa obrigação e revogar ou não conceder os poderes respectivos. Em tal possibilidade, abstraindo das consequências a tirar dessa conduta no plano das relações

No resto, a terem ocorrido situações de desrespeito da lei na operatividade da concentração de todos os votos nas mãos de uma só pessoa, julgamos possível, à semelhança do que se sustentará para as sociedades fictícias, defender a validade do expediente metodológico da analogia a fim de balizar essas condutas. Isto é, será de convocar a sugerida aplicação analógica de alguns preceitos do regime da SQU, sempre que seja necessário proteger os credores dos perigos próprios, mas não exclusivos, da unipessoalidade, advenientes das situações de controlo e de domínio absoluto da sociedade por uma só pessoa, sujeitando esse *único sujeito legitimado para exercer os direitos sociais* a algumas partes da disciplina da SQU[467].

Neste sentido, pondera-se como adequado defender para estas hipóteses a aplicação por analogia do art. 270º-F, na medida do possível (p. ex., não se entenderá a exigência de uma autorização a constar de escritura pública para esses negócios entre a sociedade e o sujeito legitimado, ainda que ela possa ser dada na escritura de constituição desses direitos sobre as quotas). Esta submissão ao regime próprio da SQU deve ser levada a cabo mesmo quando os legitimados desconheçam a atribuição dos direitos que a lei ou a convenção empreende. Esse facto subjectivo não abala a mudança das relações entre a sociedade e os sócios resultante dos efeitos da constituição desse direito real de gozo ou de garantia, que fazem surgir uma relação patrimonial entre a sociedade e o único legitimado como se este fosse sócio único. No caso do penhor, essa aplicação também se justifica quando a atribuição dos direitos inerentes à participação não foi objecto de acordo pelas partes, mantendo-se assim na esfera dos obrigados. Assim pensamos porque o sujeito titular dessa garantia poderá ignorar essa conservação de direitos pelos sócios *no que tange às suas relações com a sociedade*, pensando que essa conservação, realizada por imediato efeito da ausência de regulação convencional sobre a matéria, se

---

internas, o único sócio, não legitimado perante a sociedade, careceria sempre de faculdades para decidir no exercício das competências da assembleia. No mesmo sentido, oposto a fazer referência a uma assembleia de sócio único nesta hipótese, cfr., para o direito italiano, GIORGIO MARIA ZAMPERETTI, *La società...*, ob. cit., pp. 117-1. Mais: esta doutrina, com vário sustento bibliográfico, sublinha que a atribuição do direito de voto aos titulares desses direitos nega a admissibilidade da participação na assembleia do único sócio, uma vez que "a intervenção se encontra numa posição de substancial instrumentalidade em relação ao exercício do direito de voto...", sob pena de o *mesmo poder* ser exercido por dois sujeitos.

[467] Sobre este assunto, cfr. JIMÉNEZ SÁNCHEZ/DÍAZ MORENO, pp. 94-5.

produzirá apenas nas relações internas entre o sócio e o legitimado. Só se fizer prova de que não intentava exercer (ou nunca exerceu) os direitos sociais, porque conhecia a falta de poderes para tal, estará em condições de se poder exonerar do cumprimento das regras ditadas para os negócios feitos entre si e a sociedade e evitar as consequências da respectiva infracção: nesse caso, comportou-se ou comportar-se-ia como nunca tendo à sua disposição os direitos que lhe dariam o domínio da sociedade.

Por seu lado, não parece desajustado alargar ao pressuposto em análise a norma do art. 270º-E, na exacta medida em que a *única* pessoa legitimada para votar terá a posição para exercer as competências da assembleia com a formalidade exigida pelo nº 2 dessa prescrição.

Igual sorte se discute para a(s) quota(s) indivisa(s) e pertencente(s) a vários titulares (ou melhor, contitulares), previstas e reguladas no art. 222º a 224º. É possível que tal situação se produza sobre todo o conjunto de participações[468], ou sobre a única participação existente, de uma sociedade por quotas, nomeadamente propiciada por um fenómeno de sucessão *mortis causa*, sendo de perguntar se todos os sujeitos em comunhão são sócios ou existe um só sócio, de forma a definir se a sociedade se encontra também configurada em termos de unipessoalidade.

A doutrina divide-se. De um lado, há quem refira que cada um dos contitulares da participação, ou das participações, ostenta a condição de sócio, independentemente do *modo de exercício* dos direitos sociais, pelo que será forçoso reconhecer que, nessa hipótese, a sociedade não tem carácter unipessoal[469].

No campo oposto, colocam-se aqueles que são de opinião que, quando várias pessoas têm *pro indiviso* todas as participações de uma sociedade, devem ser consideradas *o único* sócio dessa mesma sociedade[470]. Argumentam que existe uma só relação de propriedade entre os

---

[468] *Rectius*, sobre cada uma delas, já que "a contitularidade de *várias quotas* é sempre uma justaposição de várias contitularidades, isto é, a quota constitui o elemento diferenciador e relativamente a cada quota deverá considerar-se e tratar-se uma situação de contitularidade, embora, por hipótese, sejam as mesmas pessoas contitulares de cada uma delas e seja idêntico o regime jurídico de todas elas": RAÚL VENTURA, *Sociedades por quotas. Comentário...*, volume I, ob. cit., p. 495.

[469] Cfr. GILLES FLORES/JACQUES MESTRE, p. 25; GIORGIO OPPO, "Società, contratto, responsabilità...", loc. cit., pp. 188-9; GIAN FRANCO CAMPOBASSO, "La responsabilità...", loc. cit., p. 231; ÁVILA NAVARRO, p. 1016; SÁNCHEZ ALVAREZ, p. 223; JIMÉNEZ SÁNCHEZ/DÍAZ MORENO, p. 72, ss; JEAN DE FAULTRIER/PATRICK ROQUET, p. 35.

[470] Cfr. JOSEFINA BOQUERA MATARREDONA, *La sociedad unipersonal de respon-*

contitulares das participações e as partes em que se divide o capital da sociedade por quotas, devido ao encabeçamento em bloco sobre a participação: uma vez esta indivisa, a titularidade plural não dá lugar a tantos sócios da sociedade quantos os proprietários das participações[471]. Ademais, a exigência legal, feita entre nós no art. 222º, nº 1, de os contitulares da quotas apenas poderem exercer, em regra (veja-se o teor do nº 4 dessa norma), os respectivos direitos sociais através de um representante comum, demonstrava que essa quota ou quotas seriam *objecto de uma gestão unitária*.

Inclinamo-nos a tomar ainda como decisiva a *unicidade da titularidade*, em detrimento do número de sujeitos legitimados para exercer os direitos atribuídos pelas participações. Assim sendo, a unipessoalidade não será compatível com a titularidade comum que recai sobre a totalidade das participações, mesmo quando a actuação desses vários titulares se preenche junto da sociedade através da actuação de uma só pessoa, o representante comum. Vejamos mais de perto este argumento da doutrina contrária à que supomos mais bondosa.

Com efeito, aquele representante não pode ser visto como sócio único, já que, como ressalta da leitura do art. 222º, ele é *nomeado* pelos contitulares (sempre que não for designado pela própria lei, por disposição

---

sabilidad limitada, ob. cit., p. 89; IGLESIAS PRADA, "La sociedad de responsabilidad limitada unipersonal", loc. cit., p. 1019, n. (40); ARANGUREN URRIZA, pp. 1425-6.

[471] Ao contrário do art. 9º da LSQ, que designava esta realidade no seio da compropriedade, a nossa actual lei societária repudiou expressamente essa configuração técnica do fenómeno. Com a opção vai subjacente um claro repúdio do entendimento da figura como uma comunhão sobre uma quota-coisa, na qual recai um direito real de propriedade, e uma inclinação para encarar o fenómeno sob o prisma de um património colectivo (sobre a categoria, cfr. MANUEL DE ANDRADE, *Teoria Geral da Relação Jurídica*, volume I, ob. cit., pp. 225-6; CARVALHO FERNANDES, *Teoria Geral...*, volume I, ob. cit., pp. 154-5). Surge assim uma *verdadeira* contitularidade de todos, que tem por objecto a chamada quota de participação (*Geschäftsanteil*), isto é, o complexo de direitos e obrigações sociais do sócio que compõe, ou resultam, da quota, que dará, a cada um, uma quota de liquidação quando vier a ocorrer a divisão da participação titulada. Apesar da distinção, tal não obstará à aplicação subsidiária dos preceitos disciplinadores da compropriedade, pois, na senda de RAÚL VENTURA, *Sociedades por quotas. Comentário...*, volume I, ob. cit., pp. 498-9, os "traços expressos da regulamentação específica da contitularidade de quotas mostram que o legislador se inspirou na compropriedade de direitos reais mais do que na contitularidade de direitos de crédito; e se assim acontece na regulamentação expressa, assim deverá suceder quando o intérprete tiver de suprir lacunas daquela".

testamentária ou até pelo tribunal) para «exercer perante a sociedade todos os poderes inerentes à quota indivisa» (n° 5 do art. 223°), poderes esses cuja titularidade lhes pertence, o que é distinto da legitimação para exercer os seus direitos de sócio. Por sua vez, aliás, assinale-se que o representante dos contitulares pode ser, ao abrigo do disposto no n° 2, 1ª parte, do art. 223°, *um deles*[472], caso em que se despirá da sua condição de sócio, de titular da participação em concorrência com outros, para passar a ser o representante da comunidade perante a sociedade. Além do mais, parece que só compreendendo a condição societária de cada um dos contitulares se poderá explicar a razão de o art. 222°, n° 3, os ter feito responsáveis solidários perante a sociedade pelas obrigações patrimoniais correspondentes à quota (tais como as prestações em falta para a realização integral da entrada, as prestações suplementares ou a responsabilidade por incumprimento das prestações dos outros sócios).

Sob um outro prisma, observe-se que pode até nem haver representante comum. Ser esse o princípio de actuação dos contitulares é a óbvia intenção da lei. As prescrições legais visam sobretudo tutelar os interesses da sociedade em face das incertezas, contradições, dificuldades e confusões que derivariam do exercício individual dos direitos de sócio por cada um dos vários titulares, embaraçando o funcionamento da sociedade. Dada a indivisão da participação, surge a necessidade de designar um sujeito que aja em nome dos contitulares e unifique, no interesse precípuo da sociedade, o exercício dos direitos e dos deveres de que são investidos[473]. Não obstante, essa regra, na hipótese de ausência de designação, não poderá impedir o regular funcionamento da sociedade, avançando então os próprios contitulares (todos, ou, se o objecto da deliberação não for um para o qual se exige, nos termos do art. 224°, n° 1, o consenti-

---

[472] Veja-se igualmente o art. 222°, n° 2, *in fine*.

[473] Para a confirmação da *ratio* do princípio do exercício em comum dos direitos correspondentes à quota através de representante, cfr. FERRER CORREIA/VASCO LOBO XAVIER/MARIA ÂNGELA COELHO/ANTÓNIO CAEIRO, p. 204, em anotação ao art. 46° do Anteprojecto; RAÚL VENTURA, *últ. ob. cit.*, p. 501; lá fora, *vide*, sobre o art. 2347 do *CCIt.*, aplicável às sociedades por quotas por expressa determinação do art. 2482, GASTONE COTTINO, *Diritto Commerciale...*, ob. cit., pp. 373-4; FRANCO DI SABATO, *Manuale delle Società*, ob. cit., p. 170; FRANCESCO FERRARA Jr./FRANCESCO CORSI, p. 440; sobre o art. 163, al. 2ª, da *LSCF* (aplicável às sociedades anónimas, mas igual nos termos à norma civilística que se convoca no regime das sociedades de responsabilidade limitada, o art. 1844, al. 2ª, do *Code Civil*), cfr. MICHEL DE JUGLART/BENJAMIN IPPOLITO, *Cours de Droit Commercial avec travaux dirigés et sujets d'examen. Les sociétés commerciales*, 1992, pp. 437 e 647, e PHILIPPE MERLE, p. 294.

mento de todos, a maioria representativa de metade do valor da quota), em caso de impedimentos do representante comum ou de a sua nomeação, mesmo a judicial, ainda não ter sido feita, para suprir a necessidade de intervenção do representante comum no exercício do respectivo direito de voto, nas condições do art. 222º, nº 4. Ora, assim é porque os contitulares nunca deixam de ser sócios, apenas transmitem o seu quadro de poderes a uma pessoa que os representa e poderão ocupar o seu lugar por nunca se terem desprendido dessa qualidade.

Mais. Pode nem ser da competência do representante comum o exercício de alguns dos direitos que apenas poderão ser exercidos individualmente, como o são, pela sua própria natureza, o direito de uso de coisas sociais, o direito de ser eleito para determinados cargos da sociedade ou o direito de ser informado pela gerência acerca de uma questão que implique com o sentido de voto a expressar em assembleia pelos contitulares (na falta de representante). Noutro sentido, a própria lei, no nº 6 do art. 223º, vedou ao representante comum a actuação em certas matérias. Isto prova que em certos domínios a vontade dos contitulares é inalienável e indelegável, constituindo estes um reduto *natural* da manutenção da condição de sócio. Deste modo, a forma *não exclusivamente exercida por representante comum* dos direitos correspondentes à quota conduz à benigna afirmação de que todos os contitulares das participações continuam a apresentar *individualmente* o *status* de sócio.

Em suma, se é possível e lícito que os contitulares exerçam individualmente alguns dos seus direitos *pessoais*, além de, em certas circunstâncias, a unanimidade ou a maioria dos contitulares poder(em) exercer conjuntamente os direitos inerentes à participação detida, desde que a protecção dos interesses dos vários titulares se encontre assegurada, resultará sensato o desfecho de se decidir que, em caso de contitularidade de quota indivisa totalitária (ou de todas as quotas), a sociedade merecerá a qualificação de subjectivamente plural[474-475].

---

[474] Para esta situação, não se deve excluir igualmente, apesar do que foi dito, a averiguação da possível aplicação por analogia de algumas das normas que conformam a disciplina específica da unipessoalidade. Todavia, impõe-se não defender algo que introduza um indesejável factor de incerteza no funcionamento destas sociedades por quotas plurais, o que recomenda uma grande parcimónia na identificação dos preceitos a convocar. De facto, ao buscar a identidade de razões dadas pelos perigos que se desejam acautelar em cada um dos preceitos, essa aplicação analógica deverá ser restringida ao âmbito normativo do art. 270º-E, sempre que o representante comum se encontre legitimado para exercer as competências da assembleia, e, apenas em casos excepcionais, do art. 270º-F

Hipótese digna de ulterior atenção se produz nas situações de as participações sociais, aplicando as regras pertinentes que integram o regime

---

(assim, *vide*, para as normas análogas no direito espanhol, JIMÉNEZ SÁNCHEZ/DÍAZ MORENO, pp. 75 e ss).

No que respeita a este preceito, a transparência e a responsabilização do sócio único (penalizando as vantagens obtidas em prejuízo da sociedade) perseguidas por esse ditame legal não se procuram atingir, por norma, numa situação de contitularidade de todas as participações sociais. Aqui a actuação e a subsistência do representante comum estarão sempre na dependência volitiva da nomeação e da destituição feitas pelos contitulares, razão pela qual não se poderá dizer que qualquer dos sócios contitulares estará em condições de se fazer prevalecer da sua condição ao contratar com a sociedade cujos órgãos de representação foram designados por todos os contitulares através do representante comum. Em suma, a contratação da sociedade com qualquer um dos seus sócios será controlada pelo resto da comunidade social que intervém no processo de tomada de decisões. A excepção alinhada reside em hipóteses de um dos contitulares possuir de facto o domínio total da sociedade sem que os restantes sócios controlem de qualquer modo a sua actuação (p. ex., por serem sociedades dominadas pelo primeiro ou por serem familiares chegados e influenciáveis). Só nesta descrição, então, estariam preenchidos os pressupostos de aplicação do art. 270º-F aos negócios feitos entre a sociedade por quotas e um dos seus contitulares.

[475] Apesar do disposto pelo art. 7º, nº 3, que determina que contam como *uma só parte no contrato de sociedade* as pessoas cuja participação social for adquirida em regime de contitularidade, essa estatuição não prejudica a nossa tese, atendendo aos argumentos aduzidos para a sustentar. Naturalmente que essa disposição legal se enquadra na restrita hipótese da constituição das sociedades (o preceito está elaborado «para os efeitos do número anterior», que fala do número mínimo de partes imposto para a celebração do contrato de sociedade e das respectivas categorias de excepções), mas, perante ela, não podemos deixar de nos sentir estupefactos, tendo em conta que as normas particulares sobre a dinâmica de actuação funcional da quota detida em regime de contitularidade indivisa entram em notória antítese com essa estatuição. Na realidade, não é compreensível que a lei se posicione na definição de um único sujeito (naturalmente sócio...) quando a comunidade de sujeitos contitulares, enquanto bloco, carece de qualquer *grau de personificação* (assim correctamente argumentando, cfr. JIMÉNEZ SÁNCHEZ/DÍAZ MORENO, p. 73, e JEAN DE FAULTRIER/PATRICK ROQUET, p. 35), pelo que tão-pouco poderá aspirar ao estatuto de sócio que a lei lhe confere. Noutra vertente, a actuação desta comunidade não apaga em absoluto a qualidade individual de sócio de cada um dos membros da contitularidade (p. ex., não se justificaria, se não fosse assim, que os contitulares respondessem solidariamente pelas obrigações legais ou estatutárias para com a sociedade, bem como não se entenderia que os mesmos contitulares pudessem exercer os direitos de seu exclusivo exercício pessoal).

Ora bem, não é, em coerência, de manter esta irrazoabilidade entre normas que se combinam. Seria melhor eliminar o art. 7º, nº 3, ou aperfeiçoá-lo. Enquanto isso não se fizer, além de tudo, diga-se que, apesar do absurdo lógico (e normativo), nada parece obstar a que se possa fundar uma SQU, ou transformar em SQU uma sociedade plural, consti-

económico matrimonial da comunhão, serem comuns aos dois cônjuges, tanto quando forem adquiriridas, originária ou supervenientemente, como quando vierem à comunhão conjugal de ambos os cônjuges, p. ex., através de um fenómeno sucessório. *Quid juris* se estiver em causa a totalidade das participações relativamente a quem celebra o negócio social ou àquele que fez ingressar a participar na comunhão?[476] Há que decidir a quem corresponde, sendo isso ou não uma qualidade indissociável da titularidade da quota, a qualidade de sócio, uma vez que o carácter de *bem comum* da única quota ou da totalidade das ditas participações, determinado pela aplicação do regime matrimonial em matéria de património conjugal, poderá impor que tanto o marido como a mulher ostentem a condição de sócio[477].

---

tuída por uma só participação social detida em regime de contitularidade por mais do que uma pessoa, pois essa contitularidade consubstancia para a lei uma só parte e um só sócio, ao qual se aplicará directamente as normas peculiares do regime da SQU.

Todavia, essa é uma situação que se nos afigura ilógica e, mais grave, tal será, a nosso ver, fonte de diversos equívocos aplicativos. Senão veja-se, a título de mero e sumário exercício. Sendo a comunidade de contitulares que exerce as competências da assembleia na ausência de representante comum, quem deve assinar as actas onde se registam as deliberações: todos ou a maioria? Será que as regras de validade dos negócios celebrados entre a SQU e o sócio único só se aplicam quando um dos contraentes for a contitularidade dos sujeitos ou também quando for um deles a título individual? Poderá um dos sujeitos contitulares ser sócio único de uma outra SQU?

[476] Dando como adquirida a tomada de posição por uma de duas opções que, à partida se vislumbravam. Ou se entende que a participação social constitui um bem excluído da comunhão conjugal, sendo, na sua totalidade, um bem próprio do cônjuge que a adquiriu ou que participou no acto constituinte da sociedade. Ou se entende que tal participação se inclui, na íntegra, na comunhão conjugal, comportando-se em relação a esta como qualquer outro bem. Sobre o ponto, em sentido favorável a esta posição perante os dados *juscivilísticos* pertinentes, cfr. RITA LOBO XAVIER, *Reflexões sobre a posição do cônjuge meeiro em sociedades por quotas*, 1993, p. 65, ss.

[477] Situação subtilmente diversa é aquela em que a participação social ingressa na comunhão conjugal através da *intervenção conjunta de ambos os cônjuges* no acto de constituição da sociedade ou de aquisição da participação. Se ambos participam nesse acto, ficam ambos identificados como seus titulares, consubstanciando-se uma situação típica de contitularidade, pois ficam os dois como comproprietários da quota. Aqui, em conformidade com o que se defendeu antes (ainda que ressalvado criticamente o disposto pelo nº 3 do art. 7º em sede de SQU), se só houver esses dois sujeitos intervenientes, a sociedade por quotas tem dois sócios, independentemente de quem vier a legitimar-se em face da sociedade para exercer os respectivos poderes administrativos. Portanto, supondo que se tenha adquirido a totalidade das participações, não procede a aplicação do regime da SQU. Os cônjuges terão que se sujeitar à disciplina da contitularidade da quota

O CSC, através do seu art. 8º, nº 2, ordena que se considere como sócio, nas relações com a sociedade, aquele cônjuge que tenha celebrado o contrato de sociedade ou aquele a quem se imputa o ingresso da participação no património do casal. Além de declarar que uma participação social se comporta relativamente à comunhão como qualquer outro bem, a regra enunciada parece ser simples: cônjuge de sócio não é sócio, é um sujeito estranho à sociedade. Logo, a quota social adquirida por um cônjuge, nos regimes matrimoniais de comunhão, só se comunica ao cônjuge meeiro no que tange ao seu *valor económico-patrimonial*, já que este cônjuge *não adquire a qualidade de sócio* pelo facto de o regime de casamento lhe conferir comunhão em bens adquiridos pelo seu cônjuge[478].

---

indivisa, em particular através da nomeação de um representante comum para o exercício dos direitos sociais.

O que se discute em texto também é, em rigor, uma situação de contitularidade relativamente à participação como bem patrimonial. No entanto, aquela situação só é considerada pela lei societária quando ambos os cônjuges se identificam como sócios. Enquanto isso, o art. 8º, nºs 2 e 3, é reservado para esclarecer as hipóteses em que só *um dos cônjuges* se identifica, adquire em seu exclusivo nome as participações sociais e a situação de comunhão patrimonial não se exterioriza. Por isso, importava resolver a questão de saber quem possui a qualidade de sócio nessa circunstância.

[478] A questão que aqui se coloca não foi, na realidade, resolvida em sentido unívoco antes da entrada em vigor do CSC, tendo sido arguida a propósito da aplicação das regras legais ou estatutárias à transmissibilidade das participações, atendendo à necessidade de consentimento do cônjuge do sócio, consoante ele fosse visto também como sócio ou como um estranho. Isto era assim no que respeita à sociedade por quotas, já que os elementos de direito positivo davam uma achega importante para uma solução mais consensual no domínio das sociedades de tipo personalista (sociedades civis simples, sociedades em nome colectivo e sociedades em comandita quanto aos sócios comanditados). Tratando-se de sociedades regidas por uma forte presença do *intuitus personae*, fundadas num nexo de mútua confiança entre os seus componentes, a entrada de novos sócios estava forçosamente dependente da declaração de conformidade dos sócios já participantes na sociedade (como confirmavam os arts. 161º, 200º e 201º do CCom., para aquelas sociedades comerciais, e o art. 995º, nº 1, do CCiv.), tal como, em matéria de transmissão por morte das participações das ditas sociedades, a evolução do art. 120º, § 1º, do CCom. para o art. 1001º, nº 1, do CCiv., não escondia a reserva que se imputava à mudança dos sócios originários. Daqui decorria que o cônjuge de um sócio casado em regime de comunhão de bens não adquiria por força do regime matrimonial a qualidade social (o que equivaleria à entrada de um novo sócio para a sociedade), embora visse entrar na comunhão o valor patrimonial da participação. A ideia retirada da natureza dessas sociedades e do conteúdo das normas foi avançada pela doutrina (cfr. JOSÉ GONÇALVES, p. 652; FERRER CORREIA, *Lições...*, ob. cit., p. 28, n. (1), onde, na esteira de Cunha

Ao atribuir ao cônjuge que adquire a participação social o exercício perante a sociedade dos direitos inerentes à participação, partindo da dicotomia *pessoal-patrimonial* inerente à posição de sócio que subjaz à coorde-

---

Gonçalves, se assimila a situação a uma estipulação tácita de um contrato de associação ou de agregação à quota do cônjuge não-sócio adquirida pelo outro; IDEM, "Cessão de quota a meeiro de sócio", *CJ*, 1989, pp. 33-4; ainda BRITO CORREIA, *Direito Comercial*, volume I, 1982, p. 438) e reiterada pela jurisprudência superior: *vide* **Ac. do STJ**, de **24.Outubro.1969** (in *BMJ*, n° 190, Novembro.1969, p. 344, com Anotação concordante de VAZ SERRA, in *RLJ*, Ano 103°, n° 3438, 1971, p. 522, ss, em esp. pp. 524-5); **Ac. do STJ**, de **28.Novembro.1969 do STJ** (in *BMJ*, n° 191, Dezembro.1969, p. 300); **Ac. de 3.Fevereiro.1981 do STJ** (in *BMJ*, n° 304, Março.1981, p. 424); **Ac. de 30.Julho.1987 da Relação de Lisboa** (in *CJ*, Ano XII, 1987, tomo III, p. 139).

Quanto às sociedades por quotas, as posições doutrinais extremaram-se. Uma das posições seguia a tese tida por melhor para as sociedades de acento personalístico sempre que a sociedade por quotas em concreto, ou seja, de acordo com a modelação feita nas estipulações do pacto social, também revelasse essa tonalidade (p. ex., quando a admissão de novos sócios ou a cessão de quotas a estranhos tivesse ficado dependente do expresso e prévio consentimento da sociedade e de cada um dos sócios-membros). Logo, sócio era, perante a sociedade, apenas o cônjuge por quem a quota tinha vindo ao casal (outorgando na escritura social ou adquirindo posteriormente a quota). Sendo comum só o valor da parte social, não se comunicava ao cônjuge do sócio a quota como *síntese ou fonte de direitos e deveres corporativos*, id est, como *título de socialidade*: neste sentido, seguimos FERRER CORREIA, últ. loc. cit., pp. 34-5. Para exemplo de arestos que sufragaram esta solução, vejam-se os **Acs. de 21.Julho.1964 do STJ** (in *BMJ*, n° 139, Outubro.1964, p. 345), de **11.Outubro.1983 da Relação de Lisboa** (in *CJ*, Ano VIII, 1983, tomo IV, p. 123); de **11.Julho.1989 da Relação de Lisboa** (in *CJ*, Ano XIV, 1989, tomo IV, p. 121); de **26.Abril.1990 da Relação de Lisboa** (in *CJ*, Ano XV, 1990, tomo II, p. 166); de **25.Setembro.1990 da Relação do Porto** (in *CJ*, Ano XV, 1990, tomo IV, p. 220). Mas houve quem entendesse que no domínio da *LSQ* a natureza de bem comum da quota adquirida por um dos cônjuges fazia com que surgisse sobre a parte social o regime de compropriedade da quota, estabelecido no art. 9° daquele diploma, pelo que ambos os cônjuges, comproprietários das quotas, e verificados que fossem os requisitos da entrada em comunhão, deviam ser considerados sócios (cfr., todos de RAÚL VENTURA, *Compropriedade da quota*, 1966, pp. 23-5; *Associação à quota*, 1968, p. 79; "Cessão da quota a meeiro de sócio", *CJ*, 1989, pp. 39 e ss). O Autor, além disso, alicerçava a sua opinião, por um lado, na "dessacralização" do personalismo da sociedade por quotas, que se sedimentaria na responsabilidade limitada dos quotistas pelas obrigações sociais, que, em contraste com a sociedade em nome colectivo, torna menos relevante o ingresso de novos associados. Por outro, dizia ser insustentável afirmar-se que aquele que também era titular da participação social não fosse sócio da sociedade, já que essa dissociação entre o "valor da quota" e a "qualidade de sócio" – ou entre a *parte da quota respeitante à individualidade da posição social* e a *parte económica da quota* –, não podia proceder, pois isso significaria ignorar que *a qualidade de sócio exprimia necessariamente a titularidade da*

nada legal, parece que estamos perante uma titularidade *formal* e uma titularidade *substancial* da quota.

A primeira é privativa do cônjuge adquirente, leva consigo o título de sócio inerente à pessoa (carreador da exclusividade para o exercício dos direitos de sócio, em particular, os de natureza administrativa) e está

---

quota. A sua corrente de integração na sociedade do cônjuge meeiro como sócio em resultado da comunicação da quota *em plena* consequência da comunhão conjugal tinha sido adoptada pelos **Acs. do STJ** de **15.Dezembro.1964** (in *BMJ*, n° 142, Janeiro.1965, p. 362) e de **11.Fevereiro.1966** (in *BMJ*, n° 154, Março.1966, p. 353).

O art. 8°, n° 2, optou pelo primeiro termo da controvérsia, consagrando o princípio da pessoalidade na legitimação do direito de sócio, o que, nas palavras condenatórias de Raúl Ventura, últ. loc. cit., p. 44, criou "uma excepcional legitimação de um dos cônjuges nas relações com a sociedade". Com esta intervenção legal, será de ver nela o reconhecimento, *rectius*, a demonstração normativa da cindibilidade da participação social *qua tale* num núcleo de posições patrimoniais, concretizado em poderes e deveres de natureza económica (a "quota-valor", onde se identifica, p. ex., o direito ao lucro), e num outro de posições pessoais, que dizem respeito ao feixe de direitos e de obrigações associativos ou políticos decorrentes da posição de socialidade (a "quota-social, exemplificável no direito de voto). Só aquela constelação patrimonial se comunica ao cônjuge-não sócio no regime da comunhão de bens, mesmo que, como entendemos, não seja por ele exercida (exemplificando, quem recebe os lucros é o cônjuge-sócio, mas essa percepção terá repercussão no património conjugal). E só para esta constelação o art. 8°, n° 3, atribui, excepcionalmente em caso de impedimento do cônjuge sócio (veja-se o art. 1678°, n° 2, al. f), do CCiv.), ao consorte-não sócio os respectivos poderes de exercício inerentes à participação do cônjuge no seio da sociedade (não estando, em coerência, prejudicados os direitos deste último à participação em caso de morte daquele que figura como sócio). Nesta linha, cfr. Pinto Furtado, *Curso de Direito das Sociedades*, ob. cit., pp. 231-3; veja-se ainda António Caeiro, "Sobre a participação dos cônjuges em sociedades por quotas", *Estudos em homenagem ao Prof. Doutor Ferrer-Correia*, volume II, 1989, pp. 349-50, relativamente ao art. 24° do Projecto de Código das Sociedades; Albino Matos, *Constituição de sociedades*..., ob. cit., pp. 41-2; com interesse, o Parecer do Conselho Técnico da Direcção Geral dos Registos e do Notariado, de 14. Março.1990, in *RN*, 1990, n° 3, p. 431. Para uma visão crítica da prescrição do art. 8°, n° 2, na perspectiva de conjugar o regime societário com as normas pertinentes do direito da família, *vide* Rita Lobo Xavier, pp. 77 e ss. Aparentemente numa linha também crítica aos termos da lei, pois entende que, sendo fundamental discernir nesta questão a viabilidade de se distinguir entre a *titularidade da quota* e a *qualidade* de sócio, "a atribuição de um poder de administração, por regras diferentes das do direito matrimonial, a um só dos cônjuges não implica a retirada da qualidade de sócio ao outro", também Oliveira Ascensão, *Direito Comercial. Sociedades Comerciais*, ob. cit., p. 360, ss. Na jurisprudência, consultem-se, a título de mera amostra, os seguintes **Acs. da Relação de Lisboa**: de **13.Outubro.1995**, in *CJ*, Ano XX, 1995, tomo IV, p. 113, e de **20.Março.1997**, in *CJ*, Ano XXII, 1997, tomo II, p. 86.

sujeita às limitações societárias colocadas à transmissão/cessão da quota.

A segunda corresponde ao conteúdo económico da participação, pertence a ambos os cônjuges e é, por isso, em regra, livremente alienável ou onerável em relação à vontade do outro cônjuge, nos termos do art. 1682º, nº 2, do CCiv., pelo cônjuge que usufrui dos poderes de administração[479].

Será na primeira que se enquadram as relações entre o cônjuge-sócio e a sociedade: e só aquele tem legitimidade para votar e deliberar em assembleia, impugnar essas deliberações, usar as coisas da sociedade, para participar nos órgãos sociais e eleger os seus membros, para se informar, para receber os lucros, para dar suprimentos, para lhe serem exigidas prestações acessórias ou suplementares, para exercer preferência nos aumentos de capital e para alienar esse direito, independentemente do exercício de algum desses direitos patrimoniais representar uma vantagem para o cônjuge-não sócio por via do enriquecimento do património comum. Para além deste relacionamento com a sociedade, mesmo não tendo merecido a menção da norma, também é o cônjuge-sócio o único sujeito que perante terceiros é sócio. Pois não será exclusivamente ele que poderá representar a sociedade perante o exterior, *maxime* quando a administrar, não será ele o único a responder pelas dívidas sociais, ainda que isso possa afectar, se lhe for imputada uma responsabilidade pessoal e ilimitada, o seu quinhão no património conjugal? Julgamos que também aqui a condição do cônjuge-sócio é infungível, porque é de todo ilógico comunicar essas responsabilidades a um sujeito impedido de exercer os direitos pessoais de sócio.

Se este é o estado da questão, no pressuposto de pertencer a totalidade de todas as quotas a um só dos cônjuges em regime de comunhão de bens que lhe dê a qualificação de bem comum[480], estaremos perante um estado de unipessoalidade quotista.

---

[479] Ressalva-se a possibilidade de o cônjuge estar impossibilitado, como aliás prevê o art. 8º, nº 3, de exercer os poderes de administração sobre a quota. Para este caso, atento o disposto no art. 1682º, nº 3, al. b), do CCiv., carece o cônjuge-sócio do consentimento do seu consorte para que a alienação ou oneração da quota seja válida, sob pena de o negócio poder ser anulado de acordo com o art. 1687º, ainda do CCiv.

[480] Observe-se que só nos colocamos na hipótese de a participação merecer a qualificação de bem comum. Assim, teremos sempre, no regime da comunhão de adquiridos, que verificar à custa de que bens, próprios ou comuns, total ou parcialmente, foi adquirida a participação, pois isso poderá fazer a diferença. Na verdade, se a participação for adquirida com bens próprios do outro cônjuge (p. ex., nas circunstâncias dos arts. 1723º e 1726º, do CCiv.), a participação será da titularidade desse cônjuge. Então não poderemos dizer que a condição de sócio recai exclusivamente sobre o cônjuge que levou a cabo a aquisição. Ele terá a administração desse bem que é a participação, ou por aplicação das als. e), f) e g),

Se a aquisição for superveniente à criação da sociedade, estamos perante uma hipótese normal de unipessoalidade derivada. E das duas uma. Ou o sócio único-cônjuge não declara a transformação da sociedade em SQU, merecendo a concentração das quotas a aplicação do regime geral do tipo quotista e o regime comum da dissolução e de responsabilidade ilimitada requisitada pela unipessoalidade, acompanhada pela defendida aplicação analógica de algumas normas da regulação da SQU (como os arts. 270°-E e 270°-F)[481]. Ou fá-lo em virtude de ser sócio único, accionando o art. 270°-A, nos 2 e 3, e submetendo-se depois disso à disciplina da SQU.

O mesmo se entenderá se o que estiver em causa for a celebração de um negócio jurídico unilateral de constituição de uma SQU. As coisas serão simples se o proposto sócio único tiver poderes de disposição sobre os bens comuns com que cumpre a sua obrigação de entrada. Mas se assim não for, já as coisas se poderão complicar. Na realidade, importará, no quadro de um regime matrimonial comunitário, saber se os bens afectados à realização da entrada revestem uma natureza que implique o consentimento do cônjuge do sócio único, pois é bem provável que as entradas se façam com bens cuja disposição precise de autorização do outro cônjuge (falamos, principalmente, de alguns móveis, como os automóveis, de imóveis ou de estabelecimento comercial, à luz do disposto nos arts. 1682°, n° 1, e 1682°-A, n° 1, do CCiv.). Com efeito, o cônjuge que não autorize essa disposição a favor da sociedade pode demandar a anulação do acto, salvo confirmação operada nos termos do art. 288° do CCiv. Claro que, se não o fizer, a participação é comum *no plano civil-familiar* e a qualidade de sócio é *no plano societário* do cônjuge que realiza a entrada, prosseguindo a sociedade uma vida normal. Mas se o fizer, com a anulação pedida a ser julgada procedente, pode a sociedade caminhar para a

---

do art. 1678°, n° 2, do CCiv., ou por preenchimento da faculdade dada pelo art. 1681°, n° 3, que lhe permitirá entrar na administração de um bem próprio do outro cônjuge se para isso beneficiar do conhecimento e da não oposição expressa do seu cônjuge. Aqui a titularidade formal da participação não é conjunta, pelo que não se poderá entregar exclusivamente a condição de sócio ao cônjuge não-proprietário. Até porque pode não ter legitimidade por si só para alienar ou onerar a participação, pelo menos se o caso fugir da aplicação do art. 1678° e tiver que se integrar na previsão do art. 1682°, n° 3, al. b), sempre do CCiv. E nesses casos será mais fácil obter o consentimento do cônjuge por meio do seu consentimento como sócio. Resulta, pois, que nestes casos só um dos cônjuges desfruta da qualidade formal de sócio, não obstante o facto de ser o outro cônjuge que se encontra *materialmente* legitimado para administrar a posição social e exercer os direitos inerentes à participação.

[481] Sobre os contornos da nossa posição nesta matéria, que nos limitamos a reproduzir nesta situação, *vide supra* n. 259.

extinção. Na realidade, os efeitos dessa anulação levam à restituição do bem dado em prestação, associada à contribuição de carácter patrimonial feita a favor do fundo da sociedade por *troca* da quota adquirida como contraprestação, ao património comum da célula conjugal. Ora bem, nesse caso, o sócio passa a estar em falta para com a sociedade na prestação realizada por conta das entradas *em espécie* a que se vinculou. Este vício dará legitimidade para ser intentada uma acção de declaração de nulidade, nos termos dos arts. 42°, n° 1, al. d), e 44°, n° 1, em conjugação com os arts. 26° e 202°, n° 2, que determinará a entrada da sociedade em liquidação, de acordo com o definido pelo arts. 52° e 165°[482].

Para evitar esta tramitação indesejável e atentatória da estabilidade do comércio jurídico societário, é vivamente aconselhável a intervenção do cônjuge do sócio único no acto constitutivo da SQU. Com efeito, o sócio único, se levar para a sociedade bens comuns para cujo acto de disposição em favor dela não tenha poderes insindicáveis em relação ao seu cônjuge, deve, parece-nos, obter do seu consorte uma confirmação expressa do seu conhecimento e acordo no que respeita a esse acto. No caso de haver escritura pública, essa confirmação (ou a sua presença no acto) deve ser sempre fiscalizada (verificando se os bens dados em entrada preenchem a hipótese) e, em caso afirmativo, alertada pelo notário[483]. Se apenas houver escrito particular, os estatutos deveriam ser complementados com essa declaração no momento da sua apresentação a registo[484-485].

---

[482] Note-se que, tal como está a lei concatenada nesta parte do seu regime, a declaração de nulidade do acto constituinte não determina necessariamente a invalidade da sociedade, já que, mesmo depois da decisão, a sociedade (como o próprio acto gerador) continua a produzir os seus efeitos, ou os efeitos indispensáveis, associados a uma sociedade em liquidação. Por isso, pode dizer-se que as denominadas causas de invalidade previstas no art. 42° são, singularmente, verdadeiras causas de liquidação da sociedade, em vez de serem invalidades propriamente ditas, no seu sentido juscivilístico comum. Para todo este ponto, com as referências legais necessárias, *vide* COUTINHO DE ABREU, *Curso...*, volume II, ob. cit., pp. 150-3.

[483] Veja-se o teor do art. 174°, n° 1, do CNot.

[484] A competência do conservador em «apreciar a viabilidade do pedido de registo, em face das disposições legais aplicáveis, (...) verificando especialmente a legitimidade dos interessados, a regularidade formal dos títulos e a validade dos actos neles contidos» (art. 47° do CRC) pode desempenhar aqui uma importância sindicante relevante na constituição destas sociedades.

[485] Em França, o disposto no art. 1832-2, do *Code Civil*, não obstante reconhecer expressamente a qualidade de associado ao cônjuge que realiza a entrada ou faça uma aquisição de partes sociais, determina que um cônjuge não pode, sob pena de invalidade anulatória do acto, dispor de bens comuns do casal para realizar uma entrada numa sociedade ou adquirir partes sociais sem que o seu consorte seja advertido e que essa infor-

10.3. *A opção pela* unipessoalidade material *na aquisição de quotas próprias e no recurso à sociedade em comandita simples*

Não se faça da regra de índole formal a que se apela para dizer quais as situações de sócio único, porém, um padrão de monolitismo. Casos haverá em que a falta de transparência interpretativa na exclusão da unipessoalidade devem arrematar uma outra solução, uma vez que aí seria difícil de justificar uma aplicação rigorosa do critério adoptado.

Na verdade, existe um pressuposto em que, não obstante a pluralidade formal de sócios, se deve declarar que estamos perante uma SQU. Já o dissemos antes, mas agora reforçamo-lo[486]. Falamos da circunstância, que não será de todo abundante na prática em virtude das contadas situações figuráveis para que essa vicissitude se preencha validamente, de, para além de um sócio, as restantes quotas pertencerem à própria sociedade. Nesse caso, à imagem do exemplo alemão e espanhol, a dualidade formal de titulares das participações (a sociedade e o sócio da sociedade) não pode evitar que se sobreponha a realidade substancial da existência *de facto* de um único sócio.

---

mação seja discriminada no acto (na prática, os estatutos da sociedade). Note-se que, em certos casos (disposição de imóveis e imóveis sujeitos a publicidade registal, estabelecimentos comerciais, direitos sociais não negociáveis, como o são nas sociedades civis e nas sociedades por quotas, etc.), a informação do cônjuge não é suficiente; é preciso também o seu consentimento, acarretando a sua falta a nulidade do negócio. Além disso, a al. 3ª atribui igualmente a condição de sócio, pela metade das partes subscritas ou adquiridas, ao cônjuge que notifique a sociedade da sua intenção de ser pessoalmente associado. Para uma panorâmica completa e breve sobre o regime societário e a condição conjugal neste país, *vide*, por todos, BARTHÉLÉMY MERCADAL/PHILIPPE JANIN, *Sociétés Commerciales*, 1999, pp. 31-4. Ora, tem-se entendido que se o cônjuge usa desta faculdade, a entrada feita com um bem comum impõe a constituição de uma sociedade de responsabilidade limitada ordinária, compreendendo os dois cônjuges como associados cada um da metade. Mesmo depois da constituição da SQU, o cônjuge poderá exercer o seu *direito de reivindicação* e o seu cônjuge não se poderá opor à sua entrada na sociedade. Só assim não será, com a consequente fundação de uma SQU sem reparos, se o cônjuge que realiza a entrada e se assume como único sócio obtiver a *renúncia definitiva a esse estado* do seu cônjuge. Neste sentido, cfr. GEORGES RIPERT/RENÉ ROBLOT, p. 1027; JEAN DE FAULTRIER/PATRICK ROQUET, p. 34.

[486] *Vide supra* n. 259, também para se aquilatar das fontes de aquisição de quotas próprias aventadas pela lei.

Esta posição será ainda mais válida se analisarmos a particular disciplina das quotas próprias[487]. O nº 4 do art. 220º, fazendo aplicar o art. 324º, que se debruça sobre o regime das acções próprias, na al. a) do seu nº 1, coloca a quota num regime de quiescência ou suspensão quanto aos direitos patrimoniais e extra-patrimoniais inerentes à participação, excepção feita à titularidade de novas quotas advindas de um aumento de capital por incorporação de reservas[488]. A quota própria só o é se subsistir no património da sociedade, conservando intacta a composição da sua parcela de poder dentro da sociedade. Só que o *conteúdo* dessas posições activas (tal como a vinculação a obrigações) é paralisado pelo facto de ser própria. As quotas da sociedade acabam por permanecer neutralizadas, ficando a respectiva relação jurídica "como que adormecida"[489], e perdem visibilidade no interior da sociedade, ficando apenas a contar a socialidade dos restantes sócios. Se estes restantes não constituirem um número plural, é plausível dizer que a sociedade passará a funcionar *como se fossem* propriedade do único sócio as participações detidas pela sociedade. De facto, ao estabelecer expressamente a suspensão desses direitos, a

---

[487] Esta perspectiva de direito positivo não deve, porém, fazer menosprezar o facto de a aquisição de quotas próprias ter sido mais ou menos preparada para servir certos fins e ter levado *a final* à remanescência de um único sócio. Como se compreenderá, a aquisição de quotas próprias pode servir a possível estratégia de um dos sócios em contrabalançar o poder de decisão de um outro sócio, ou de um grupo de sócios contra um outro grupo, que será relevante em termos de, p. ex., determinar a administração da sociedade. Pode acontecer até que o que influencia decisivamente a aquisição pela sociedade de quotas próprias é apertar o cerco e pressionar alguns sócios a afastarem-se, de modo a que no futuro se possa aumentar o lucro dos sócios que ficam. Depois, pode verificar-se que, mesmo que involuntariamente e em função das vicissitudes em que uma sociedade é fértil, se proporcione a existência terminal de um só sócio entre aqueles que figuravam no pacto originário. Mesmo que não fosse procurada inicialmente, em face do regime e para dele beneficiar, não é despiciendo considerar que pode haver um aproveitamento de um processo que permite ter-se uma situação propícia a *dominar* substancialmente a sociedade por um só sócio.

[488] Esta imposição legal parece residir nas considerações dogmáticas de evitar o desconforto próprio da plena vigência de uma relação jurídica que deixa de ter sentido, por concorrerem no mesmo sujeito os aspectos passivos e activos da dita relação jurídica, o que possibilitaria à sociedade exercer o direito de voto nas suas próprias deliberações e faria confundir os direitos e as obrigações correspondentes às participações detidas na própria carteira da sociedade. Sobre o tema em geral, *vide* RAÚL VENTURA, *Sociedades por quotas. Comentário...*, volume I, ob. cit., pp. 453 e ss.

[489] A fórmula é de ORLANDO DE CARVALHO, *Teoria geral...*, ob. cit., p. 158.

sociedade formalmente plural é *apenas e só* a reprodução de uma concentração de todas as quotas numa só titularidade. Desta *equiparação material* à unipessoalidade formal derivará a submissão da hipótese à regulamentação especial da SQU[490-491].

Assim sendo o estado do problema em matéria de *excepções* à condição formal de sócio único, não pode deixar de reconhecer-se igualmente sujeita à disciplina da SQU a situação de constituição de uma sociedade em comandita simples[492], em que o único sócio comanditado é

---

[490] No mesmo sentido entre nós, cfr. TERESA ANSELMO VAZ, "A responsabilidade do accionista controlador", *O Direito*, 1996, p. 352, n. (40); também nos parece ser essa a posição de PUPO CORREIA, p. 383, n. (357).

[491] Como já se referiu *supra* na n. 259, as técnicas utilizadas no direito comparado para contemplar as situações em que as quotas se apresentam na titularidade do sócio e da sociedade sob o regime *típico* da sociedade unipessoal parecem conduzir-se a dois termos alternativos. Ou se segue o modelo alemão, corporizado nos §§ 19 e 35, ambos nas suas als. 4, e 48, al. 3, todos da *GmbHG*, em que é o próprio teor da lei a *equiparar* estes casos à unipessoalidade aquando da previsão de certos domínios do regime especial da sociedade unipessoal: a este propósito, cfr. JOACHIM MEYER-LANDRUT, "Erster Abschnitt. Errichtung der Gesellschaft", loc. cit., § 1, *Rdn*. 18, p. 11; PETER ULMER, "Erster Abschnitt. Errichtung der Gesellschaft", loc. cit., § 1, *Rdn*. 42, p. 125; GÖTZ HUECK, "Erster Abschnitt...", loc. cit., § 1, *Rdn*. 48, p. 28; HEINZ ROWEDDER, "Zweiter Abschnitt. Rechtsverhältnisse der Gesellschaft und der Gesellschafter", § 19, *Rdn*. 38, p. 443, e HANZ-GEORG KOPPENSTEINER, "Dritter Abschnitt. Vertretung und Geschäftsführung", § 35, *Rdn*. 25, p. 750, ambos em HEINZ ROWEDDER/HANS FUHRMANN/FRITZ RITTNER [*et all*.]. Ou se faz como a lei espanhola, que, na descrição das classes de sociedades unipessoais, considera, na categoria da unipessoalidade derivada, propriedade do único sócio as quotas que pertençam à sociedade unipessoal, embora se tenha entendido que essa parte final da al. b) do art. 125 seja uma previsão desnecessária para o efeito de identificar neste caso uma situação de unipessoalidade (neste sentido, cfr., por todos, JIMÉNEZ SÁNCHEZ/DÍAZ MORENO, pp. 60-1).

[492] A sociedade em comandita por acções necessitará de um mínimo de cinco fundadores comanditários para se constituir (art. 479°). Confrontada com a imperatividade da regra, esta sociedade poderá ser utilizada pelo sócio da SQU na mesma perspectiva de se disseminar o capital por quatro ou mais sócios comanditários complacentes. Aqui, todavia, esta sociedade não poderá ser tratada como SQU. Repare-se, não obstante, que este mecanismo oferece ao empresário individual ou, mais acuidadamente, a uma sociedade, a possibilidade de usar um tipo social susceptível de lhe dar ainda todo o poder de controlo da empresa, com a faculdade de daí retirar algumas vantagens na transmissibilidade das acções tituladas por si e pelos sócios comanditários *por si dominados* e em termos fiscais, bem como no acesso à mobilização de fundos alheios disponíveis no mercado de capitais, sem que perca (ou fragmente...) o poder de decisão empresarial que vai associado às sociedades que intervêm nesse mercado. Poderá, a nosso ver, a sociedade comanditária

uma SQU e o sócio comanditário é o sócio único da SQU e, supletivamente[493], gerente da sociedade em comandita[494]. Deste modo, apesar de na qualidade de comanditado não gozar do benefício da responsabilidade limitada, o seu estatuto de sociedade por quotas fá-lo responder pelas obrigações da sociedade em comandita *apenas* com as forças do património da sociedade-sócio comanditado. De facto, esse benefício "que a lei tira directamente ao sócio comanditado, pode ele *recuperá-lo por via oblíqua*, mediante recurso à interposição de uma sociedade de capitais"[495]. À imagem da espécie societária alemã da *Einpersonen-GmbH & Co. KG*, esta sociedade deverá, em nossa opinião, ser qualificada como uma verdadeira sociedade unipessoal *sempre que o sócio da sociedade por quotas é a mesma pessoa que actua como sócio comanditário*. Em suma, fundá-la assim ou através do tipo quotista significa o mesmo, pelo menos no que respeita à salvaguarda dos bens pessoais do *único* sócio, pois a diferença entre a posição jurídica do sócio de uma SQU e a do sócio comanditário de uma sociedade em comandita simples acaba por irremediavelmente *se relativizar*. Digamos que aqui nem há pessoas diferentes, nem sequer, na prática, duas categorias de sócios, o que justifica a extensão do direito das sociedades por quotas a essa maneira de constituir uma sociedade em comandita simples[496].

---

em acções servir para suprir a falta de uma sociedade anónima unipessoal *tout court*, podendo servir *tipicamente* para criar um instrumento de direcção de uma sociedade comanditária estruturada sob a forma capitalista com reserva da direcção da sociedade nas mãos do sócio fundador da SQU.

[493] Recorde-se que, nos termos do art. 470°, n° 1, a gerência, nas sociedades em comandita, é exercida pelos sócios comanditados, «salvo se o contrato de sociedade permitir a atribuição da gerência a sócios comanditários».

[494] *Vide supra* n. 18.

[495] OSÓRIO DE CASTRO, p. 354, itálico da nossa responsabilidade.

[496] Para uma visão do tema na Alemanha, cfr. NORBERT HORN, "L'entreprise personnelle...", loc. cit., p. 10; PETER ULMER, "Allgemeine Einleitung...", loc. cit., *Rdn*. 53, pp. 22-3; com variados desenvolvimentos, HELMUT HEINRICH, *Rdn*. 18 e ss, p. 97, ss. Defensora entre nós da posição assumida em texto, cfr. MARIA ÂNGELA COELHO, "A limitação...", loc. cit., pp. 21-2, n. (46).

10.4. *O tratamento das sociedades de pluralidade fictícia*

Sendo assim afinado o pressuposto de unipessoalidade que espoleta o recurso à disciplina da SQU, outra será *a priori* a posição quando ensaiamos ditar uma eventual responsabilização do sócio *factualmente* único por atitudes desrespeitadoras da personalidade jurídica da sociedade. A tese restritiva defendida na densificação do conceito de "sócio único" não nos parece prejudicar a aceitação de uma orientação mais chegada a uma configuração material ou substantiva do requisito de facto da unipessoalidade *em matéria de responsabilidade (i)limitada* do sócio único, que deixará aberta a possibilidade de penetrar no substrato pessoal "real" de sociedades formalmente pluripessoais para dele deduzir a existência de uma sociedade unipessoal nesse caso. Será isto assim porque nesta altura já não nos preocupa decifrar a unipessoalidade a que sujeitamos o especial regime da SQU. Estamos agora envolvidos na *extensão de uma das componentes do seu regime* a outras vicissitudes congéneres da unipessoalidade, de tal maneira que, em determinados casos e verificado o concurso das circunstâncias pertinentes, se possam imputar directamente ao sócio dominante as consequências da actividade social, sem que possa exonerar-se dessa responsabilidade através da oposição da heteregoneidade subjectiva.

À primeira vista, a qualificação como fraudulenta da constituição de uma sociedade cuja pluralidade é meramente formal permitiria postular a aplicação do regime especial da SQU: este constituiria o conjunto normativo apropriado para colocar tais situações antijurídicas em pousio, promovendo a realidade em detrimento da ficção. Recusámos, não obstante, afirmar a equiparação, em geral, da SQU à sociedade fictícia com domínio de um dos sócios, visto que, além de tudo o mais, o oposto baseia-se no pressuposto de que a lei pretende aplicar a disciplina dos arts. 270°-A e ss às situações de unipessoalidade material ocultas sob aparentes esquemas pluripessoais, o que é justamente *quod erat demonstrandum*. E não se demonstra, como julgamos ter salientado suficientemente. A lei segue um critério formal para a configuração da unipessoalidade, para tanto sendo indiferente a concorrência de uma pluralidade de sócios com uma relação interna de dependência que determina a vinculação a um dos sócios pelos demais, qualquer que seja a participação assumida por quem tenha a condição de sócio maioritário ou qualquer que seja a estrutura e o grau de centralização do grupo a que pertençam os sócios fundadores, ou a existência de uma unipessoalidade substantiva subjacente a uma pluralidade formal de sócios.

Problema distinto é decidir se essa equiparação deverá ser aceite no domínio da aferição da responsabilidade económico-patrimonial pelas operações realizadas pelo sócio soberano. Aqui o que se discute é prescrever, ou não, a sua ilimitação, sempre que a subordinação da prática da sociedade *a uma única fonte de vontade social*, concretizada no *comportamento abusivo ou fraudulento* de um dos sócios, que se comporta *como se fosse único*, ao *controlar e dirigir a sociedade com liberdade total*, suponha o mesmo risco para terceiros que pode representar a sociedade formalmente unipessoal. Nesta situação, ou conjunto de situações, a *identidade económica* da sociedade com o sócio dominante deverá importar *a fortiori* a relegação da independência jurídica dos sujeitos jurídicos em presença, porquanto esta invocação constituiria a violação de interesses legítimos de protecção ou mesmo um abuso de direito.

Cremos que se justifica amplamente esta interpretação extensiva do art. 270º-F, nº 4, para efeitos de regime – responsabilidade ilimitada – das sociedades fictícias que abusem da sua personalidade jurídica e da concomitante autonomia patrimonial (como das SQU que apresentem factualidade de igual reprovação, extrapolando da omissão dos requisitos de validade do negócio feito entre a sociedade e o sócio único, como veremos na sede própria do nosso estudo)[497]. À falta de um adequado tratamento legislativo para este tipo de situações, entendemos, por razões de ordem *prático-judicativa* (que passam, quanto mais não seja, pelas dificuldades em fundamentar normativamente o "levantamento do véu" em concretas pronúncias jurisdicionais), não ser de desperdiçar essa parte do regime, não só alargando-a a outras circunstâncias perigosas para terceiros e para a subsistência da própria SQU percebida formalmente, como também sancionando abusos ilícitos cometidos no funcionamento de sociedades em tudo análogas às SQU[498].

---

[497] Como já defendemos sumariamente *supra* na n. 445 e se verá mais detalhadamente no Capítulo IV, ponto 20.3.

[498] Este quadro de participação artificiosa de outros sócios em sociedades que, precisando deles apenas para proporcionar uma regular formação jurídica, acabam por funcionar no interesse e no proveito de um único dos seus sócios participantes, sem que nelas pretendam retirar quaisquer benefícios ou proveitos (percepção de dividendos, direito à quota de liquidação, intervenção na gestão da sociedade, etc.), nem estejam vinculados a deveres (desde logo, o de contribuir para a realização do capital social declarado), com excepção dos necessários para a *manutenção da aparência social*, foi várias ocasiões (talvez demasiadas...) chamado no capítulo precedente. Perceber-se-á a razão: uma das *rationes* individualizadas para receber a unipessoalidade dizia justamente respeito à

Certo que a norma só se refere a uma determinada realidade funcional da SQU. Porém, dadas as finalidades do preceito, que não podem ser investigadas a não ser no âmbito da exigência de uma maior tutela dos

---

erradicação desse vulgarizado evento. Mas também a convocámos para que se percebesse que a forma como a lei evoluiu no tratamento do fenómeno da unipessoalidade superveniente parece ter sido uma manifestação de reconhecimento da vicissitude "simulada", o que acabou por contribuir para a decadência das posições com que o jurista pôde topar no que concerne à *sanção* jurídica que esse fenómeno tortuoso mereceria. A propósito, faremos uma breve descrição desse cenário, objecto de um apurado esforço de conceitualização e delimitação, que acabou por, para além do caso da Alemanha, evoluir no mesmo sentido de falta de repercussão significativa nos tribunais europeus.

A reacção às sociedades que fingiam a pluralidade pessoal começa pois por as compreender como uma *adaptação* da instituição societária a propósitos *a priori* bem definidos. Sendo esses a comum utilização da estrutura organizativa da sociedade como pessoa jurídica, a fim de exercer uma exploração pessoal, mantendo, ao mesmo tempo, o benefício da responsabilidade limitada, foi padrão, no terreno dogmático das anomalias que afectam a validade das declarações negociais, recorrer à teoria da *sociedade simulada* (em rigor, do respectivo acto criador). Quando a sociedade constituía o instrumento de concretização de objectivos pessoais, faltaria a própria vontade social, entendida como vontade dos participantes individuais da sociedade em adquirir os direitos e os deveres inerentes ao *status* de sócio (divergindo, pois, a intenção real e a vontade manifestada na escritura de constituição), que se precipitaria na *affectio societatis*, ali ausente. O contrato de sociedade era, então, *absolutamente* simulado, se os sócios haviam declarado a constituição de uma entidade colectiva, mas, na realidade, só um deles iria exercer a empresa societariamente formada, ou por total desinteresse dos testas-de-ferro pela gestão social, ou pela execução de um pacto, expresso ou tácito, celebrado colateralmente ao de constituição da sociedade, de (re)transmissão das participações ao *dominus negotii*. E, na perspectiva do sócio verdadeiramente subscritor, seria *relativamente* simulado (simulação objectiva da causa ou do tipo social) sempre que os sócios tivessem simulado a aparência de uma sociedade de capitais, mas a empresa, ainda que com natureza colectiva, fosse desenvolvida como e na forma de uma empresa individual (o negócio real seria aqui um negócio unilateral de autonomização do património do sócio "verdadeiro" afectado à exploração de um determinado objecto comercial) ou de uma sociedade de pessoas. Num outro olhar para a qualificação das sociedades fictícias como simulação, esta não estaria no contrato de sociedade em si mesmo, e, como efeito, não respeitaria à sociedade como ente, mas deveria ser sublinhada na existência de uma interposição fictícia de pessoas, susceptível de dissimular a propriedade integral das participações sob a aparência, preordenada pelos contraentes, da titularidade do capital social estar dispersa por sujeitos diversos. De modo que o negócio de constituição da sociedade subsistia (não procedendo efectivamente uma simulação objectiva), para que se atacasse a atribuição da participação social aos sócios de favor (contra a compatibilidade da simulação com a titularidade das *singulares* participações, cfr. GIANCARLO FRÈ, *sub* art. 2362, p. 299). Registe-se que essa titularidade fictícia podia configurar tanto uma simulação absoluta (quando o interponente

terceiros, o texto legal ficou curto em relação ao *sentido de protecção* que nele se insere, ou, em rigor, ficou aquém dos possíveis sentidos emanados

---

fingisse a cessão de uma ou mais participações sociais a um adquirente simulado) como uma simulação relativa (como na hipótese de o interponente que adquire de um terceiro a quota ou a acção mas faça figurar como adquirente o interposto). Sobre esta corrente, veja-se entre nós o referencial estudo de FERRER CORREIA, *Sociedades fictícias e unipessoais*, ob. cit., pp. 17 e ss, em esp. pp. 141 e ss; também ANTÓNIO PEREIRA DE ALMEIDA, *La société...*, ob. cit., pp. 66-9; BRITO CORREIA, *Direito Comercial. Sociedades Comerciais*, volume II, ob. cit., pp. 219-220, para os casos das sociedades que simulam um número plural de sócios na sua constituição. Lá fora, em Itália, onde o problema foi sempre objecto de ampla atenção, cfr., entre vários outros, GUSTAVO BONELLI, "Sullo scioglimento...", loc. cit., p. 169; FRANCESCO DOMINEDÒ, "La costituzione fittizia delle anonime", *Studi in onore di Cesare Vivante*, volume II, 1931, pp. 661 e ss, esp. p. 684, ss; FILIPPO PESTALOZZA, "La simulazione nella anonima", *RDComm.*, 1930, pp. 121-2; GIACOMO RUSSO, "Sulla simulazione nelle società commerciali", *Giur. It.*, 1931, pp. 99 e ss; GINO DE GENNARO, "Le «società di comodo» e l'atto costitutivo", *FI*, 1934, pp. 483 e ss; ANTONIO CICU, "Simulazione di società commerciali", *RDComm.*, 1936, pp. 141 e ss; criticamente, ANGELO GRISOLI, *Le societá con un solo socio*, ob. cit., pp. 317 e ss. Em Espanha, cfr. FEDERICO DE CASTRO Y BRAVO, pp. 117-19; RODRÍGUEZ DEL BARCO, pp. 793-5; CÁMARA ALVAREZ, *Estudios de Derecho Mercantil*, I, volume 1º, 1972, pp. 373 e ss; JOAQUIN GARRIGUES/RODRIGO URÍA, *Comentario a la Ley de Sociedades Anónimas*, tomo I, pp. 230 e ss. Para uma visão do problema na Alemanha e em França, *vide*, respectivamente, ULF SIEBEL, "La società di capitali...", loc. cit., pp. 95-6; OTTMAR KUHN, pp. 127 e ss; e PASCALE ROUAST-BERTIER, "Société fictive et simulation", *Rev. Soc.*, 1993, pp. 725, ss, esp. pp. 742 e ss.

A opinião de a sociedade fictícia merecer o tratamento reservado pela simulação não foi, apesar de maioritária, unânime. Os reparos feitos a essa posição levaram a que outras configurações dogmáticas fossem sugeridas, umas no sentido da sua validade, outras no sentido da sua invalidade. Assim, destacamos, para o primeiro dos lados, a de *negócio indirecto* (precisando alguns, na modalidade de negócio fiduciário, outros na qualidade de negócio fraudulento lícito) celebrado na ambição de atingir por via oblíqua uma finalidade económico-prática transcendente da que é normalmente visada com esse negócio, aproveitando-se a sua disciplina e utilizando os seus efeitos jurídicos típicos com a vigência de um negócio que as partes *quiseram* na sua estrutura tipicizada, pois de outra maneira não teria surgido a sociedade predisposta para beneficiar daquele regime: cfr., a título exemplificativo, TULIO ASCARELLI, "Il negozio indiretto e le società commerciali", loc. cit., pp. 25 e ss, em esp. pp. 59-77; PAOLO GRECO, pp. 771 e ss; GIUSEPPE FERRI, "Responsabilità...", loc. cit., p. 724; ALESSANDRO GRAZIANI, *Diritto delle Società*, 1963, pp. 225-8; JORDANO BAREA, pp. 28 e ss; no nosso país, BRITO CORREIA, *ibid.*, p. 220, para as hipóteses de acordo de (re)transmissão das quotas. No outro, a de *negócio sem causa*, na acepção de, ainda que exista a causa *típica* em virtude de as partes representarem e fazerem surgir um negócio que a lei reconhece em abstracto como tipo (havendo a vontade de se produzirem as consequências jurídicas respectivas), os contraentes não pretendem levar a cabo *a relação de facto* (detentora do valor económico e social que convocou a sua juridicização) que a lei é chamada a regular e em razão da qual intervém: cfr. LUIGI BRAGANTINI, pp. 26 e ss, esp. pp. 52-7, com a ressalva de se ver o preceituado no art. 1325, al. 2, do *CCIt.*, que o Autor ainda não dispunha. Ainda a de negócio *in fraudem legis*, concluído com o escopo *causalmente* ilícito de evitar a aplicação da regra da proibição da ilimitação da responsabilidade no exercício individual do comércio (usando a estrutura social para alcançar fins a que essa norma obsta), através de um negócio (social) que se *quer* que produza os efeitos nas suas relações com terceiros para se servir da sociedade para fins particulares de um só dos sócios: *vide*, com precisões e indicações bibliográficas, GIUSEPPE AULETTA, *Il contratto di società commerciale*..., ob. cit., pp. 250-1; OTTMAR KUHN, pp. 139 e ss; GIOVANNI IUDICA, "Società di comodo", loc. cit., pp. 163-5. Sobre as categorias de negócio indirecto e negócio fraudulento, *vide*, por todos, ORLANDO DE CARVALHO, "Negócio jurídico indirecto (teoria geral)", *Escritos. Páginas de direito*, volume I, p. 35, *passim*, em esp. pp. 135-59.

Julgamos ser esta uma luta ultrapassada no tempo (mesmo "no seu tempo", a invalidade ou a qualificação *especialmente* armada para as sociedades fictícias foi vezes de sobra apartada: sobre a improcedência de todas estas construções, vejam-se, como exemplo, as apreciações de MARIO ROTONDI, "Per la limitazione...", loc. cit., pp. 69-72, e de GIORGIO DE SEMO, "Figura giuridica e responsabilità dell'azionista unico", loc. cit., pp. 98--9), observada a realidade económica e jurídica da actualidade. Não escondemos, por um lado, a simpatia por aqueles que declinam o relevo da simulação no plano das sociedades comerciais (veja-se, ainda que sem reproduzir os seus argumentos, SCOTTI CAMUZZI, "L'unico azionista", loc. cit., pp. 894-5; num outro sentido, GIORGIO MARASÀ, *Le società. Società in generale*, ob. cit., pp. 172-5). Uma vez adquirida a personalidade jurídica por efeito do respectivo registo, a sociedade aparece com uma vida própria, de acordo com as disposições ditadas pela lei e complementada pela vontade das partes nos estatutos, sem que possa nisso influenciar uma eventual divergência entre o que foi declarado *em sede de constituição* e aquilo que se veio a concretizar. Se a sociedade se cria na forma querida pelas partes, se aparece como um novo ente de acordo com as disposições da lei, é porque os sujeitos contraentes se irmanaram num *animus personificandi* inequívoco, tornando muito ténue ou inexistente a discrepância entre o que foi declarado e o que desejavam: pois se todos queriam que se gerasse a sociedade (mesmo que nem todos a quisessem explorar e ficar depois na sociedade...), não foi isso que foi objectivamente dito no negócio social? Isto é, ou os constituintes não querem constituir uma sociedade, ou, se o querem e o seu objecto é lícito, o contrato-sociedade é válido à luz da "única" vontade efectiva que se terá de avaliar para este efeito, ainda que se persiga(m) motivações anómalas (mas, mesmo que assim fosse, a simulação exigiria sempre a intenção de enganar terceiros: art. 240°, n° 1, do CCiv.). Portanto, repetimos, não importará para aqui uma outra, e posterior, faceta do problema, não respeitante a qualquer vício na *formulação* daquela vontade, que contende com a divergência eventual entre aquilo que foi declarado em consonância com a vontade real dos sócios no processo de constituição da sociedade e aquilo que veio a ser efectivamente realizado *no funcionamento* da sociedade. Na doutrina portuguesa, cfr. PINTO FURTADO, *Curso de Direito das Sociedades*, ob. cit., p. 242 – "Só poderia, efectivamente, falar-se rigorosamente de *simulação absoluta* quando os contraentes não quisessem alcançar nenhum efeito próprio do negócio celebrado – mas, aqui, os *subscritores de complacência* queriam realmente, todos eles, constituir a *sociedade* e obter para o favorecido o *estatuto de sócio* desta; queriam portanto, pelo menos, estes importantes efeitos próprios do contrato. Por outro lado, sustentámos ainda que não haveria *simulação relativa*, porque *também o favorecido queria realmente constituir a sociedade e obter a condição de seu sócio*, não se moldando assim uma efectiva divergência entre a sua real vontade e a vontade declarada" (sublinhado como no original) –, e, na estrangeira mais recente, FRANCESCO GALGANO, "Contrattualismo e no per le società di capitali", loc. cit., p. 8; em sentido oposto ao opinado, *vide*, com o recurso a uma discriminação entre sociedade *simulada* (total ou parcialmente), em que os sócios simuladamente participantes não têm nenhuma intenção de prosseguir um objecto social e de receber lucros ou de se sujeitar a perdas, e sociedade *de favor*, onde a pessa que entra no contrato de sociedade, mesmo que com uma insignificante parcela do capital social, aceita o estatuto de sócio e fica realmente vinculado, cfr. OLIVEIRA ASCENSÃO, *Direito Comercial. Sociedades Comerciais*, ob. cit., pp. 244 e ss.

Acresce que o acordo simulatório relativamente ao negócio constitutivo de sociedade, como fundamento de nulidade do contrato definitivamente registado, não aparece como categoria autónoma no catálogo legal e "fechado" desses fundamentos (sobre a matéria da inadmissibilidade da simulação como *fattispecie* invalidante do contrato de uma sociedade de capitais, *vide*, com completas indicações jurisprudenciais e doutrinais sobre o estado da questão em Itália, GIUSEPPE DI CHIO, "Simulazione del contratto costitutivo di società di capitali. Il Commento", *Società*, 1992, pp. 1092-5; LUIGI SANTA MARIA, "Società e simulazione, società e comunione di godimento", *RTDPC*, 1995, pp. 208 e ss). Quando muito, ela apenas operará *indirectamente* quando traduzir a falta do mínimo de dois fundadores, nos termos do art. 42º, nº 1, al. a): neste sentido, para o direito italiano, cfr. GASTONE COTTINO, *Diritto commerciale...*, ob. cit., pp. 337-8; FRANCESCO FERRARA Jr./FRANCESCO CORSI, p. 431; contra, por todos, FRANCESCO GALGANO, *La società per azioni*, ob. cit., pp. 100-1 (acrescente-se que a referência à simulação feita no art. 52º, nº 3, não procede para as sociedades de capitais reguladas no art. 42º). Mas essa pluralidade já não é inevitável na sociedade por quotas, já que a SQU é precisamente uma das excepções a ter em conta na 2ª parte dessa prescrição, facto pelo qual (agora que não temos só o EIRL) a simulação da pluralidade fictícia nesse tipo não se justifica mais. Não é de prever, pois, *no que diz respeito à aspiração a beneficiar da limitação da responsabilidade*, que continue a proliferar o recurso a sociedades fictícias com o objectivo de dissimular sociedades realmente unipessoais, porque, *nessa medida*, não se vê o que pretenderá atingir com a *fraus legi facta*.

Não se negue, todavia, como aliás se realçou no Capítulo I, que o fim de contornar algumas limitações do regime da SQU (a mais gritante será a de ser vedada a constituição de mais do que uma SQU pela mesma pessoa humana) pode conservar o expediente de recorrer a sociedades *plurais* de favor, agora para esconder uma sociedade unipessoal com a declaração de uma sociedade plural e, assim, manter a aparência da pluralidade a fim de evitar a aplicação das normas especificamente previstas para a SQU. Sem desdouro pelo efeito da nulidade para estes casos de *contra legem*, por aplicação do art. 280°, n° 1, ou do art. 294°, ambos do CCiv., note-se que as SQU que *se constituem ilicitamente em face da lei* (falamos do art. 270°-C), podem ser objecto de uma declaração judicial de dissolução, decaindo, em princípio, a valia daquelas consequências. De sorte que, se a sociedade fictícia for constituída para evitar a aplicação do art. 270°-C, não nos parece descabido *de iure condito* advogar a aplicação analógica da norma (como se recobrará mais à frente), com a possibilidade de a dissolução sobrelevar uma eventual valia da simulação e "castigar", prevenindo, esse subterfúgio.

Por seu turno, o negócio fraudulento (agora, na perspectiva de se contornar uma proibição legal expressamente prevista e frustrar a intenção legislativa) pressupõe que se persegue um fim económico fora da lei, obtido através do emprego de um meio jurídico divergente do fim que se procura, quando hoje já temos meio *societário* para o fim da irresponsabilidade pessoal do empresário individual mediante a afectação de um conjunto patrimonial determinado. Para além disso, a declaração de nulidade dos negócios simulados (ou sem causa) ou fraudulentos tinha sempre que batalhar, como sempre foi o caso, contra as dificuldades de prova da participação ou interposição de sócios com o fim de iludir a exigência de um número mínimo de fundadores. Factos que, *uma vez prognosticada a subsistência do fenómeno*, leva a diagnosticar o que oferece maior relevo prático. Mais do que retirar do tráfico uma sociedade comercial já enraizada, com os potenciais prejuízos para terceiros e para o comércio que daí poderiam resultar, afigura-se-nos crucial saber se esses terceiros, em vez de obter essa declaração judicial sobre o acto constitutivo, podem imputar responsabilidades pelos danos sofridos na condução da sociedade à pessoa que designou outras para intervir por sua conta na fundação da sociedade e, desse modo, conseguiu aceder ao domínio da actividade social como se fosse exclusivamente sua e salvaguardar os seus bens das responsabilidades da sociedade.

No estado actual da questão, de facto, terá o intérprete (e o julgador aquando da assunção dessa qualidade...) que estar ciente da verdadeira dimensão da questão. Os sócios de uma sociedade de responsabilidade limitada não respondem com o seu património pelas dívidas sociais. Este é um privilégio que a lei fornece, por efeito da natureza de pessoa jurídica da sociedade. Assim há distinção de patrimónios, correspondentes à separação entre a *condição de sócios* e a *titularidade de um património próprio*, com um acréscimo compreensível de cuidado e diligência: a participação dos sócios na vida social *deve estar à altura desse privilégio*, sob pena de *os sócios, no seu reduto pessoal, não estarem imunes às consequências dos danos efectivamente produzidos na esfera jurídica de terceiros pela actuação distorcida da sociedade*. Ora, não deverá ser indiferente que essa distorção funcional se deva ao comportamento do sócio dominante numa sociedade plural. Ou seja, as sociedades de conveniência devem ser fiscalizadas *no campo da responsabilidade do verdadeiro sócio único* dessas sociedades, mediante a averiguação das actuações que demonstrem desrespeito por esse benefício da lei. Logo, a ficção (sendo esta aquela de o contrato de sociedade esconder a actividade de uma só pessoa e através dela se *abusar* da pessoa jurídica societária formada em prejuízo de terceiros...) importará se e na medida em que a fachada que a sociedade é se manifeste na confusão real de patrimónios, na direcção deliberadamente única de património social e individual, no aproveitamento dos benefícios sociais a fim de descapitalizar a empresa, etc. O que importa aos credores é fundamentalmente identificar esses factos como *indícios nucleares* dessa ficção e acertar nesta sede a extensão da responsabilização ao verdadeiro fundador na hora de ele ser punido por um facto abusivo, independentemente das forças patrimoniais da sociedade.

Em suma, não interessa (nem nos parece acertado no que se refere à abstenção da *affectio societatis* e à invalidade simulatória) situar o fenómeno das sociedades fictícias preordenadas à limitação da responsabilidade e ao domínio de um só sócio sob a espora da simulação ou da fraude à lei. A dimensão real do problema deixa de estar nessa enunciação, para assumir valor principal a afirmação de que uma sociedade de favor, independentemente de acarretar simulação ou fraude a alguma norma imperativa, deverá ser penalizada, na pessoa e no património do seu verdadeiro sócio, quando é utilizada de um modo anómalo para fins que extravazam a normal aplicação do invólucro societário (assim será igualmente o caso do sócio único de uma SQU). O caminho delineado em texto pretende justamente não deixar passar em claro a *ilicitude* de algumas formas de emprego abusivo da sociedade de complacência (actualmente, e em princípio, menos vulgares com a vontade de limitar a responsabilidade), quando razoáveis razões de justiça e de tutela da esfera jurídica de terceiros o demandem.

Posto isto, trata-se aqui, em conclusão, de sair do âmbito da dicotomia validade--invalidade das sociedades fictícias e adoptar, na fertilidade própria da jurisprudência, uma postura cautelosa e previdente, que tenha em consideração as circunstâncias concretas dos casos, em suma, fazendo censura apenas ao *dominus societatis* que empregue ficticiamente a sociedade com claros comportamentos de fraude. Defendendo, sem desenvolvimentos, a sujeição do sócio mais ou menos totalitário ao regime de responsabilidade ilimitada previsto para a sociedade unipessoal, no caso de ser provado o carácter fictício da atribuição de quotas ao segundo sócio, cfr. GIOVANNI CABRAS, pp. 283-4. Numa outra senda, sustentando a convocação dos instrumentos específicos da luta contra a fraude à lei sempre que a constituição de sociedades materialmente unipessoais esteja preordenada a iludir a aplicação das disposições legais de "carácter complementar", previstas para a situação de unipessoalidade, cfr. SÁNCHEZ ALVAREZ, pp. 227-8 e n. (169), não obstante se ter demitido de ir um pouco mais longe (não admite a aplicação por via interpretativa das normas da SQU às sociedades de favor: *vide infra* n. 504) do que a continuidade da

pela sua própria teleologia[499]. E esta demanda tanto surgirá nas sociedades formalmente unipessoais como nas sociedades que funcionam na dependência do poder de uma só pessoa, onde será mais aleatório o respeito pelas regras de funcionamento do ente, em que os terceiros, sobretudo os credores, estão interessados.

Ora bem. Se entendemos que a plena realização do fim declarado do art. 270º-F, nº 4, implica o alargamento da sua disciplina a outras *situações de facto que não se encontram formalmente abrangidas pela terminologia literal*, urge recorrer ao método de interpretar extensivo-teleologicamente aquela norma[500]. Fica esta, assim, convertida em *princípio geral* (também aplicável às condutas do sócio único "formal", como melhor concretizaremos no Capítulo IV) destinado a possibilitar a estatuída declaração de responsabilidade ilimitada, que vá para além da determinada pela agressão das pautas de validade na conclusão de negócios entre a SQU e o sócio único. Se assim não fizéssemos, estamos convictos de que nos demitiríamos de avançar um pouco na protecção dos direitos de terceiros, sejam ou não credores, em especial nesse tipo de sociedades mais propícias a lesar os seus interesses.

Este ponto estará de acordo com a doutrina de FERRER CORREIA[501], que apontava a necessidade de desenvolver a normatividade reconhecedora da sociedade unipessoal de modo a alcançar as próprias sociedades de favor. Na realidade, segundo o Autor português, as duas situações, apesar de estru-

---

via jurisprudencial do "levantamento do véu" da personalidade jurídica e se ter conformado com "as dificuldades inerentes a esta técnica" e o facto de não ser, "de modo algum, seguro".

[499] Assim será porque, em rigor, como sustenta CASTANHEIRA NEVES, "Interpretação jurídica", loc. cit., p. 368, a extensão teleológica, enquanto método que persegue alargar o campo de aplicação de uma norma, definido textualmente, a casos não formalmente abrangidos pelo teor literal do texto, com fundamento na sua imanente teleologia que legitima a "interpretação para além dos possíveis sentidos do texto ou sacrificando o seu formal sentido impositivo", não se confunde com a interpretação extensiva, já que nesta ainda se procura a adequação ou uma final correspondência entre a norma e o espírito, entre o texto e o pensamento normativo.

[500] Ou, nas palavras de KARL LARENZ, *Metolodologia da Ciência do Direito*, 1983, pp. 480 e ss, levar a cabo a correcção teleologicamente fundamentada do texto legal. Sobre este problema, pode ver-se ainda INOCÊNCIO GALVÃO TELLES, *Introdução ao Estudo do Direito*, 1995, pp. 180-1; BAPTISTA MACHADO, *Introdução ao Direito e ao discurso legitimador*, 1995, pp. 185-6; OLIVEIRA ASCENSÃO, *O Direito...*, ob. cit., pp. 419-20.

[501] *Lições...*, ob. cit., pp. 143-5.

turalmente diferentes, podiam apresentar uma "flagrante analogia funcional", que legitimaria o reconhecimento das sociedades fictícias através do recurso à "extensão por analogia" a estas sociedades da norma legitimadora das sociedades unipessoais. A sua análise colocava-se ainda num momento demasiado longínquo e afastado relativamente ao momento actual. Hoje não precisamos de averiguar se a lei reconhece a unipessoalidade: hoje dispomos de um regime próprio para a unipessoalidade no tipo quotista. Claro que Ferrer Correia não se referia, porque não enfrentava à altura um tal estádio normativo, a interpretar analogicamente as normas da sociedade unipessoal para os casos de sociedades de favor. Parece-nos antes que se veicula a ideia de que elas deveriam ser ampliadas em função da *manifesta proximidade de situações* (e daí virá o emprego do termo analogia).

Com base na lição do Professor coimbrão, deve então distinguir-se a extensão teleológica (ou uma interpretação extensiva em geral) da analogia, apesar de vária doutrina comparada falar de interpretação extensiva com base em analogia. Aquela extensão que defendemos trabalha, como é bom de ver, ainda sobre a fonte normativa, gisando determinar em todo o seu alcance o domínio da norma, confrontado com os seus fins conhecidos (ou cognoscíveis). Pelo contrário, para haver analogia tem de se assentar a verificação da falta de qualquer regra, aproveitando outras regras ou a intencionalidade normativa do sistema para preencher a lacuna normativa ou de regulamentação de certa figura jurídica ou de determinada situação[502]. Neste sentido sim, vemos, aqui e ali no direito comparado, a emissão de um juízo favorável a que o intérprete possa admitir a aplicação analógica das normas materiais que compõem a articulada disciplina da SQU às situações em que, apesar da pluralidade formal dos sócios, não existe uma substancial pluralidade de titulares da iniciativa económica, nas quais sobressai a posição de todo absorvente de um dos sócios.

Quem se debruçou sobre semelhante perfil exegético[503], interrogou-se primeiro sobre a perspectivação da disciplina da sociedade unipessoal como uma disciplina de carácter excepcional, que derroga uma regra geral, o que, em princípio, suscitaria que não pudesse encontrar aplicação analógica a qualquer forma em que subsistisse uma efectiva pluralidade de sócios. Não foi convincente este dado apriorístico, já que se argumentou que o *ius speciale* para a unipessoalidade se reduzia à existência de uma responsabilidade pessoal e ilimitada do único sócio em caso de insolvência

---

[502] Vejam-se, a propósito, as sumárias precisões de OLIVEIRA ASCENSÃO, *últ. ob. cit.*, pp. 436-8.

[503] Seguiremos aqui, no essencial, as reflexões desenvolvidas por FEDERICO TASSINARI, pp. 739-40, reiteradas por GIORGIO MARIA ZAMPERETTI, "Rilievi in tema...", pp. 413-14.

da sociedade. Ora, onde a disciplina especial em matéria de único sócio quotista ultrapassasse os confins da limitação da responsabilidade e se estendesse a perfis estruturais e formais já não faria sentido apor a dialéctica regra-excepção: estaria em jogo uma *disciplina global* que deixaria de se afigurar como uma simples inversão da *regula iuris* societária geral. Resolvido este primeiro patamar problemático, admitia-se depois a *materialidade* das normas susceptível de atingir aquelas hipóteses que registam o mesmo alvo de ataque sob o ponto de vista substancial. Tal admissibilidade de aplicação analógica [504] era, no entanto, temperada pela afirmação de que ela não valeria *em bloco* para toda a normatividade em matéria de SQU, mas devia ser *verificada analiticamente* com referência a cada uma das singulares normas. Neste assunto, a prospecção feita tem resolvido afastar a aplicação analógica das regras em matéria de responsabilidade ilimitada do sócio único (que nós usamos através da extensão na direcção sugerida), referentes à formação da vontade social na assembleia e ao cumprimento dos deveres de publicidade da situação de unipes-soalidade. Porém, essa possibilidade não seria descartada no que respeita às normas reguladoras da integral realização das entradas e da validade dos contratos com o único sócio. A estas juntamos as prescrições condicionantes colocadas pelo art. 270º-C e facilmente iludíveis através de sociedades de carácter fictício. Pela razão simples de que, como opinámos[505], pode bem ser esta hoje a razão mais vislumbrável para a manutenção da indesejável ocorrência.

---

[504] Propugnada em Espanha por JIMÉNEZ SÁNCHEZ/DÍAZ MORENO, pp. 67 e ss, apenas e só nos casos em que se levantasse uma *identidade de razões* com os pressupostos expressamente contemplados pelas normas reguladoras da disciplina da SQU. Esta conclusão mereceu total repúdio da parte de SÁNCHEZ ALVAREZ, p. 223. O Autor adverte para os pressupostos taxativos de aplicação das normas previstas para a unipessoalidade, por estar aqui suposto um *regime especial*, pelo que haverá de interpretar-se de forma restritiva essa disciplina, sem a estender analogicamente a situações mais ou menos semelhantes, como a sociedade de complacência.

[505] *Vide supra* n. 498.

11. A disciplina da sociedade por quotas unipessoal *em constituição*

O facto de a sociedade originariamente unipessoal ter adquirido plena cidadania jurídica numa espécie de sociedade comercial do ordenamento português contende com uma das temáticas que mais discussão analítica tem merecido pelos cultores do direito societário. Trata-se da polémica questão da imputação dos actos realizados durante o procedimento constitutivo do ente societário[506], em particular no período de tempo que decorre entre a celebração da escritura do negócio social e a inscrição da sociedade no registo comercial. E, na verdade, não menos difícil se afigura o modo de disciplinar as operações (*maxime*, as respectivas vinculações) celebradas em nome da SQU antes da sua inscrição (-condição de aquisição da sua personalidade jurídica, tal como resulta do art. 5º).

A problemática investigativa sobre o modo, geral ou particular, como se regulam esses negócios exprime-se em dois fundamentais patamares de

---

[506] Falar aqui de procedimento ou processo como uma série de actos/etapas e formalidades imposta por lei é naturalmente legítimo, uma vez que para a existência da sociedade comercial como pessoa jurídica *e* como centro de imputação jurídica plenamente eficaz não basta uma única actuação dos interessados. No caso das SQU, é necessário, além do negócio social, atenta a possível dispensa da escritura pública no que toca à sua forma, o registo definitivo (e obrigatório) desse mesmo negócio (cfr. arts. 5º e 18º, nº 5, por força do art. 270º-G, e arts. 3º, al. a), 15º, nº 1, e 17º, nº 2 [ainda com referência ao montante de capital social mínimo exigido pela redacção originária do CSC para as sociedades por quotas, ao que sabemos], do CRC) e as publicações obrigatórias do negócio constituinte (cfr. arts. 166º e ss, e arts. 70º, nº 1, al. a), ainda n°s 2 e 4, 71º e 72º, do CRC). Sobre este *iter* procedimental, *vide* COUTINHO DE ABREU, *Curso*..., volume II, ob. cit., pp. 83, 85, 90, 130 e ss, 138 e ss (desenvolvendo exemplificativamente a ineficácia ou inoponibilidade do acto constituinte não publicado a terceiros); ainda as observações de MARIA ELISABETE RAMOS, "Constituição das sociedades comerciais", *Estudos de Direito das Sociedades*, sob a coordenação de Coutinho de Abreu, 2001, pp. 31-3.

preocupações. Ao primeiro, sem que esta ordem importe, compete saber se os actos praticados em nome da sociedade antes da sua inscrição vinculam a sociedade como *actos sociais*, o que determinará a *medida* da responsabilidade patrimonial de quem agiu em nome da sociedade. O segundo é seu efeito e atingirá decifrar se os actos realizados *durante esse tempo* são imputáveis ao património destinado a ser património social ou *apenas* ao património dos sócios e/ou daqueles que agiram em representação da sociedade. Reflexão essa que deve ser devidamente uniformizada com a ponderação merecida pela necessidade de um antecipado início da actividade económica a que se destina a sociedade, dirigida a não perder as oportunidades empresariais que em tal momento se apresentam[507].

Obviamente que este é um problema geral das sociedades de capitais no *iter* da sua formação como pessoas jurídicas, até porque, na prática, as actividades negociais das sociedades em constituição, muito para além de quanto é necessário para o procedimento constitutivo, são actualmente não uma excepção mas antes a *normalidade corrente* até ao culminar do processo formal em que se realiza o nascimento do ente colectivo[508]. No

---

[507] Salientando a "necessidade de começar mais cedo essas actividades" pré-registais, cfr. FERRER CORREIA/VASCO LOBO XAVIER/ANTÓNIO CAEIRO/MARIA ÂNGELA COELHO, p. 171; também COUTINHO DE ABREU, *últ. ob. cit.*, p. 115.

[508] Cfr. GÖTZ HUECK, "Vorgesellschaft", *Festschrift 100 Jahre GmbH-Gesetz*, 1992, p. 128 (itálico nosso).

O principal debate, no entanto, que surgiu na literatura germânica a propósito da *Einmanngründung*, não passou pela mais ou menos intensa actividade pré-registal da sociedade unipessoal. Foi, atendendo aos cuidados que mereceu, o da determinação da natureza jurídica da *Gründerorganisation* unipessoal, a fim de compreender a relação do sujeito-sócio com a entidade formada (*vide supra* n. 290). Neste âmbito, a bifurcação dogmática é hoje evidente em duas linhas fundamentais de rumo.

De um lado, qualifica-se a sociedade unipessoal em constituição como exemplo de "património separado com organização própria", atribuído ao fundador, mas sem que se lhe reconheça qualquer valor organizativo autónomo (cfr. WERNER FLUME, "Die Gründung...", loc. cit., pp. 1783-4; IDEM, "Die GmbH-Einmanngründung", *ZHR*, 1982, pp. 207 e ss; KARL-HEINZ FEZER, pp. 614 e ss; UWE HÜFFER, "Zuordnungsprobleme und Sicherung der Kapitalaufbringung bei der Einmanngründung der GmbH", *ZHR*, 1981, pp. 531-2; PETER ULMER/CHRISTOPH IHRIG, "Die Rechtsnatur der Einmann-Gründungsorganisation", *GmbHR*, 1988, pp. 374 e ss, esp. p. 377; MARCUS LUTTER/PETER HOMMELHOFF, *GmbH-Gesetz Kommentar*, ob. cit., § 11, *Rdn.* 24, pp. 144-5). Para esta compreensão, a figura do *Sondervermögen* parecia ser útil para qualificar os bens integrantes da organização pré-registal, ainda que não cessando de pertencer ao mesmo sujeito (o sócio único), como uma massa reservada a um certo tipo de credores, os da sociedade, com exclusão dos credores pessoais do único fundador. Por outro lado, esta qualificação jurídica teria a

plano jurídico, esse complexo de actuações concretizar-se-á em factos jurídicos de diversa natureza, de que resultarão direitos e obrigações, disponibilidade de elementos e serviços imprescindíveis ou convenientes

---

vantagem de, ao configurar a transferência do património para a sociedade através de um fenómeno de sucessão universal, dispensar a necessidade de uma actividade de liquidação sempre que não se faça (ou não se possa fazer) o registo da sociedade (tese acolhida pela jurisprudência do **Bayerisches Oberstes Landesgericht** e do **OLG de Berlin**, no ano de 1987, citada pela doutrina favorável; para uma crítica da parte relevante, e transcrita, da solução bávara, *vide* KARSTEN SCHMIDT, "Zur Rechtslage der gescheiterten Einmann-Vor--GmbH", *GmbHR*, 1988, pp. 90-1).

Sem embargo destes méritos de ordem prática, ergue-se em contraponto uma diversa solução, orientada para ver na organização unipessoal do fundador um ente com "capacidade jurídica (parcial)" e dotado de subjectividade jurídica própria (cfr. ERNST GESSLER, p. 1388; KARSTEN SCHMIDT, "Grundzüge der GmbH-Novelle", loc. cit., pp. 1774--5; IDEM, "Einmanngründung und Einmann-Vorgesellschaft", *ZHR*, 1981, pp. 556 e ss; UWE JOHN, "Zur Problematik der Vor-GmbH, insbesondere bei der Einmann-Gründung", *BB*, 1982, pp. 512-14; HELMUT FESSLER, "La società composta da un solo socio. Esperienze dal punto di vista tedesco", *Impresa e società. Nuove techniche comunitarie*, 1992, pp. 160--2), com a qual se discriminava, antes da inscrição registal da sociedade, uma nítida unidade operativa, separada do sócio fundador e idónea a ser titular de direitos e obrigações.

Essa polémica assumia como móbil nevrálgico a descrição das relações inter-correntes entre o único sócio e o património entretanto constituído, no período de tempo subsistente entre a estipulação do acto constitutivo (*Errichtung*) e a inscrição no registo (*Eintragung*). Tal era o desiderato, atendendo às dificuldades de avaliar com exactidão a posição jurídica do sócio único enquanto membro da "organização unipessoal" pré--registal. Isto é, hesitava-se num ponto fundamental de destrinça em relação às sociedades plurais: o sócio único tinha, desde o momento da estipulação do pacto, tal como o sócio fundador de uma *Mehrpersonen-Vorgesellschaft*, direitos e obrigações (de realização de entrada, desde logo) perante a sociedade organizada, ou, relativamente a si, o acto constituinte da sociedade era um acto meramente interno? A resposta daria para o qualificar como pessoa participante de um acto negocial de índole unilateral *uti singulus* ou como sujeito participante na organização *uti socius*. Além disso, essa escolha permitiria saber se os gerentes nomeados no acto constituinte ocupavam uma posição na organização social ou se se relacionavam exclusivamente com o sócio fundador. Para estes, e outros, relevos fundamentais da polémica, *vide*, desenvolvidamente, ALBERT SCHRÖDER, *Die Einmann--Vorgesellschaft*, 1984, pp. 21 e ss; de um modo sumário, PETER ULMER, "Erster Abschnitt. Errichtung der Gesellschaft", loc. cit., § 11, *Rdn*. 14, p. 490. Em Itália, a integral realização das entradas imposta para constituição da SQU levou também CARLO ANGELICI, "Società unipersonali: l'esperienza comparatistica", loc. cit., p. 896, a duvidar do entendimento do fenómeno patrimonial como "imediata criação de uma nova subjectividade ou, não considerando correcta uma tal hipótese, optar-se pela hipótese de património sem sujeito".

Tendo em conta a nossa posição quanto à natureza *societária* da SQU, não podemos deixar de concordar com KARSTEN SCHMIDT, *Gesellschaftsrecht*, ob. cit., pp. 1241-3, na

para encetar sem escolhos de maior a vida social e a vinculação inevitável a encargos derivados da realização de despesas e gastos de maior ou menor montante[509]. Mas não deixa de apresentar um particular relevo a apreciação da imputabilidade desta actividade de gestão no período que decorre entre a outorga da escritura pública e a inscrição da SQU no registo, porquanto poderá ser essa a *regra* no caso da unipessoalidade, enquanto que nas sociedades de constituição bipessoal ou pluripessoal seria uma *excepção*, ainda que recorrente, nomeadamente no caso das entradas legalmente exigidas terem sido prestadas com bens em espécie (*conferimenti in natura*, *Sachgründung*).

Se é lícito pensarmos que o novo expediente será mais aproveitado pelo empresário individual que assim beneficia da limitação da responsabilidade, a hipótese mais frequente de constituição por negócio unilate-

---

oportunidade em que o Autor alemão alerta para a *nebulosidade dogmática* do conceito de património separado, quando fundamentalmente se trata de averiguar a responsabilidade pelos negócios jurídicos concluídos *em nome da* sociedade antes do registo e de perceber os efeitos jurídicos da inscrição (veja-se ainda THOMAS MAYRHOFER, pp. 31 e ss). Questões que não divergem, por isso, da *Vorgesellschaft* pluripessoal, à qual se deve atribuir a subjectividade necessária em função organizativa e instrumental à prossecução das relações antecipadoras da personificação (*vide infra* 11.2.), tal como se entendeu na mais marcante jurisprudência alemã que se debruçou sobre o tema (elogiada, entre outros atributos, pela sua importância para a evolução futura do tema por GÖTZ HUECK, *ibid.*, p. 129), isto é, a decisão do **BGH**, de **9.Março.1981**, mais à frente analisada (*vide infra* 11.1.). Em apoio da tese alemã preferível, também ANDREA ZOPPINI, *Le fondazioni. Dalla tipi-cità alle tipologie*, ob. cit., p. 283 e n. (117), declara que, "ainda que se entenda [com o património autónomo] a situação de alteridade respeitante ao/aos fundador/fundadores e à subsistência de um centro autónomo de imputação, esta solução – confrontada com aquela que propõe a subjectividade (antecipada) da *werdende juristische Person* – transpõe o problema no plano meramente verbal, sem que daí resultem alterados *nem* os termos substanciais *nem* as soluções para isso ditadas" (sublinhado em conformidadade com o original). Também em Espanha se tomou posição favorável a uma "concepção unitária do fenómeno", pois parecia claro "que no nosso ordenamento somente cabe considerar a sociedade unipessoal em formação da mesma maneira que as pluripessoais". Neste sentido, cfr. SÁNCHEZ ALVARÉZ, p. 352, que, consciente do debate alemão, entende mesmo que a interpretação do fenómeno na unipessoalidade social como um património separado do único sócio "carece de apoio normativo, a partir do momento em que tanto o regime patrimonial como o administrativo desta sociedade é o mesmo que o da sociedade pluripessoal".

[509] Neste sentido, cfr. JIMÉNEZ SÁNCHEZ, "Sociedad anónima en formación y sociedad irregular", *Derecho Mercantil de la Comunidade Economica Europeia – Estudios en homenage a José Girón Tena*, 1991, p. 673.

ral será aquela em que o sócio-fundador dá como objecto da entrada o seu estabelecimento comercial em plena laboração. Ora, como o empresário não pode ser constrangido a suspender essa exploração no *spatium temporis* intercorrente entre a convenção do pacto e o registo da sociedade, pois aquele não se compadece com uma ruptura de gestão, tal implica que sejam adoptados e continuados todos os actos, comerciais e civis, necessários à prossecução da sua actividade sem rupturas. Logo, mais se afigura inevitável, na maior parte dos casos, a efectivação concreta dessa actuação *pré-registal*[510]. À exploração do estabelecimento, o processo de constituição da sociedade em que o estabelecimento se envolve é completamente alheio. Apenas relevará no momento do registo, porque aí nasce uma nova estrutura jurídica da sua realização, devidamente personalizada. Além de que, como será evidente, tanto nos casos de constituição originária em que o sócio único detinha até aí uma empresa em nome individual e pretende obter o benefício da responsabilidade limitada para o capital entretanto investido, dando-lhe a forma jurídica de sociedade unipessoal (na *fattispecie* sociedade por quotas), como naqueles em que, por expressa permissão legal do n° 6 do art. 270°-A, se transforme um EIRL em SQU, o contexto de necessária (ou provável) realização de actividades antes do registo mantém-se. Talvez por isso este problema se ponha em termos de maior delicadeza e se veja como mais penetrante a imputação desta actividade de gestão no caso de sociedade com carácter unipessoal[511].

Finalmente, e não de somenos importância no discurso que pretendemos encetar, tem sido focada pela doutrina a necessidade de conter os abusos que o instrumento da sociedade unipessoal possa propiciar[512], que, desde logo, se podem fazer notar na fase que antecede a aquisição da sua personalidade jurídica, até porque a separação patrimonial concomitante à personificação ainda não ocorreu mas já se poderá actuar sobre a massa de bens afectada para o exercício social e, como achamos mais adequado, titulada pela sociedade pré-registal. A este perigo de ocorrência de actuações abusivas está conexionada a absorvente ideia de as evitar, a fim

---

[510] A título ilustrativo, cfr. GIOVANNI CABRAS, pp. 287-8; CARLO ANGELICI, "Società unipersonale: l'esperienza comparatistica", loc. cit., p. 896; ILARIA CHIEFFI, "La s.r.l. unipersonale in formazione", *RDComm.*, 1996, pp. 664-5, 741, e FRANCESCO FERRARA Jr./FRANCESCO CORSI, p. 867, n. (3).

[511] Nestes termos, PASQUALE MACCHIARELLI, pp. 987 e 993.

[512] *Vide infra* o ponto 16 do Capítulo IV.

de proteger os riscos acrescidos dos terceiros que se relacionam com uma sociedade unipessoal já na sua fase constitutiva[513].

Logo, convoca-se aqui a atenção para uma *diferença substancial* entre sociedade pluripessoal e sociedade unipessoal. Com esta, no dizer de ILARIA CHIEFFI, são "ainda maiores as probabilidades de realização de operações efectuadas em nome da sociedade não inscrita, perigosas para o património destinado a ser património social e sobretudo, em definitivo, perigosas para os futuros credores da sociedade depois formada"[514]. Ao que acresce a ausência de qualquer actuação consensual, à falta de outros contraentes no pacto social que comparticipem num esquema de concurso de vontades, que iniba de qualquer modo a realização de operações danosas, no sentido antes referenciado, durante o procedimento constitutivo da SQU. No entanto, diga-se que a probabilidade de actuação pré-registal pode potenciar-se, mas as perigosidades não deverão ser enfatizadas.

O legislador português não optou por predispor qualquer regime especial, capaz de atender aos eventuais interesses que no caso da sociedade unipessoal se colocassem e proceder ao ajustamento das peculiaridades do caso, mesmo que o quadro de solução ou o modelo fornecedor dos critérios de actuação fossem os mesmos. Ou seja, adaptar à SQU aquele que deve ser o nosso guia de referência na matéria: a tutela da confiança dos terceiros.

Importa, deste modo, analisar a normatividade aplicável à actividade, em particular a eventual actividade *empresarial*, realizada antes da inscrição da SQU no registo comercial. Neste contexto afigura-se-nos útil relevar os específicos traços da aplicação do regime aplicável às sociedades de capitais em constituição em sede de SQU (por remissão do art. 270º-G), uma vez que nesse caminho, mesmo que não se coloquem problemas derivados da falta da pluripessoalidade, que não importarão no

---

[513] Para a acentuação das ponderosas razões de tutela do tráfico jurídico, que, neste caso, se equivaleriam aos interesses dos credores sociais, decantada da exposição destes a um grande risco de assunção de prejuízos nas relações com uma sociedade com tal configuração unipessoal, seguimos de perto PETER ULMER, "Erster Abschnitt. Errichtung der Gesellschaft", loc. cit., § 11, *Rdn.* 68, p. 514; PETER ULMER/CHRISTOPH IHRIG, p. 582 ("a situação de o património da *Einmann-(Vor-)GmbH* apresentar apenas um fundador e este registar poderes ilimitados de dar ordens internamente perante a administração oferece claramente aos credores menor garantia do que a situação da constituição pluripessoal"); CARLO ANGELICI, "Società unipersonale...", loc. cit., pp. 62-3; IDEM, "Il progetto...", loc. cit., p. 405; ILARIA CHIEFFI, "La s.r.l. unipersonale in formazione", loc. cit., *passim*, mas p. ex. a pp. 711 e 738.

[514] Últ. loc. cit., p. 665.

caso, pelo menos enfrentaremos dados que justificarão algumas particularidades e, porventura, um modelo de explicação com nótulas distintivas relativamente à solução geral, que se justifiquem pela específica *Interessenlage* ou *Interessenabwägung* existente na SQU em constituição[515].

O tema mais saliente que se coloca tradicionalmente no que respeita à fase respeitante à tramitação constitutiva da sociedade pluripessoal refere-se à responsabilidade «pelos negócios realizados em nome de uma sociedade por quotas ... no período compreendido entre a celebração da escritura e o registo definitivo do contrato de sociedade» (art. 40°, n° 1). O âmago do nosso labor concentrar-se-á, portanto, na individualização dos *sujeitos* responsáveis pelas operações *sociais* levadas a cabo antes da inscrição do título constitutivo, para efeitos de responsabilidade perante terceiros. Até porque só esta prescrição da disciplina das relações anteriores ao registo, em boa verdade, é aplicável às SQU.

Na economia do nosso CSC, relativamente aos negócios realizados antes da escritura pública, essa responsabilidade é, tanto nas relações internas – ou seja, relações entre sócios, que aqui não existem, e entre sócios e a sociedade – como externas, aferida pelo programa legal disposto para as sociedades civis. Assim, o previsto no art. 36°, n° 2, conduz, nas relações com terceiros, a uma responsabilidade pessoal e solidária dos sócios por essa actividade, com a faculdade processual de invocarem o benefício de prévia excussão do património já constituído (art. 997°, n°s 1 e 2, do CCiv.); por outro lado, preferem os credores sociais sobre os credores individuais do(s) sócio(s) na primazia da agressão ao património: o que, tudo por junto, confere "protecção razoável aos interesses dos credores"[516].

---

[515] As expressões são de PETER ULMER, últ. loc. cit. e p. citada, e de PETER ULMER/CHRISTOPH IHRIG, igualmente últ. loc. cit. e p. citada. Neste contexto de *ponderação de interesses* peculiar a favor da sociedade unipessoal se pronuncia igualmente CARLO ANGELICI, "Il progetto...", p. 405, a propósito da abstenção no conteúdo da XII Directiva de qualquer indicação sobre a resolução da fase constitutiva da sociedade unipessoal, matéria que também beneficiaria do reenvio para a disciplina societária geral da forma de sociedade escolhida para a unipessoalidade originária. Ao intérprete, evidencia o Autor, se colocaria a questão de verificar se tal opção era realmente "de todo idónea a satisfazer as garantias que o ordenamento exige na fase constitutiva ou seria oportuno e/ou necessário adaptar a disciplina geral à peculiaridade do caso", o que, além do mais, não deixava de "provocar incertezas aplicativas, mas sobretudo comporta inevitavelmente o risco de soluções diversas nos diversos Estados membros e portanto de uma substancial ruptura do objectivo de uniformização dos ordenamentos comunitários".

[516] FERRER CORREIA, "A sociedade por quotas...", loc. cit., pp. 673-4; antes, ainda do Autor, vide "As sociedades comerciais no período da constituição", *Estudos Vários de*

Este regime, no entanto, parece não ter maneira de se moldar à situação de unipessoalidade. De facto, nas sociedades plurais, a verosimilhança de o contrato de sociedade começar a ser executado (em particular se se efectuarem de imediato as prestações convencionadas), antes de o título de constituição da sociedade ser devidamente formalizado por escritura pública, dando-se início às operações projectadas pela sociedade, cria uma situação de *comunhão de actividades* apreendida pelo exterior como algo de assinalavelmente diferente de uma actuação isolada de cada um dos contraentes. Ao invés, esta exteriorização não é concebível numa sociedade unipessoal. Não se poderá ver com razoabilidade um sujeito a proclamar-se sócio e/ou gerente a actuar em nome de uma sociedade unipessoal, *antes da manifestação formalizada de vontade constitutiva dessa sociedade*. Não há qualificação que possa diferenciar esta *sociedade anunciada* do exercício individual da actividade negocial-empresarial por esse(s) sujeito(s). Nem de um ou vários comportamentos correspondentes a uma *actuação supostamente societária* (bastaria a exibição do pacto?) se podem derivar consequências acerca da existência de qualquer sociedade que não se apoia em manifestação volitiva expressa e formalizada nos termos das sociedades plurais. Quando muito, o regime que mais se aproximaria era o da sociedade aparente do art. 36°, n° 1[517], por nesse se pressupor a falta de uma actividade referida a uma sociedade que não existe e a ausência de um património a ela afectado.

Logo, concordamos com COUTINHO DE ABREU, quando afirma, a pretexto da inviabilização desta disciplina para as sociedades unipessoais *ab initio*, que "o acto unilateral constituinte *só releva juridicamente* quando formalizado através de escritura pública"[518], tanto no caso da sociedade anónima unipessoal (veja-se a letra do art. 488°, n° 1), como na SQU.

Argumento adicional a esta compreensão foi dado pelo legislador, com a faculdade que deu ao sócio único de dispensar a escritura pública

---

Direito, 1982, pp. 510-12. Mais recente, para a percepção da autonomia patrimonial imperfeita da "sociedade" antes da escritura, cfr. PAULO DE TARSO DOMINGUES, "O regime jurídico...", loc. cit., pp. 972 e ss.

[517] Sobre o assunto, cfr. OLIVEIRA ASCENSÃO, *Direito Comercial. Sociedades Comerciais*, ob. cit., pp. 136-7; BRITO CORREIA, *Direito Comercial. Sociedades Comerciais*, volume II, ob. cit., p. 185; criticando a sua localização sistemática, cfr. COUTINHO DE ABREU, *Curso...*, volume II, ob. cit., p. 117. No direito comparado, *vide*, por todos, FRANCO DI SABATO, *Manuale delle Società*, ob. cit., p. 42, ss.

[518] *Últ. ob. cit.*, pp. 115-16, n. (53), sublinhado nosso.

como formalização do pacto social. Se bem que, nas circunstâncias conhecidas de realização de entradas, considere suficiente a documentação particular para o acto constitutivo, o certo é que, no art. 270º-A, nº 7, *inibiu a produção de quaisquer efeitos* à SQU assim constituída até ao registo e à respectiva publicação[519].

Ora, não achamos ser mister decifrar dogmaticamente esta estatuição. A lei simplifica essa mesma constituição, mas tal só significa uma maior facilidade (formal, temporal e económica) de dar vida à pessoa societária unipessoal. De resto, essa forma sucedânea implica que nada de novo se traz ao comércio jurídico.

Nem no plano *constituinte* da formação da sociedade como entidade, uma vez que nesse caso o registo tem *eficácia plenamente constitutiva* da sociedade[520].

Nem no plano *normativo* da aplicação da disciplina que a regula antes ou depois da observância da formalidade-regra, a escritura pública, continuando o sócio a responder pela sua actividade empresarial, ainda que já pressuposta apenas no património destacado nos estatutos, com todo o seu acervo de bens (pessoal ou não, de acordo com a natureza do sujeito-sócio) pelos encargos que entretanto adquira. Pois se é razoável que assim seja, parte-se do pressuposto que a única forma possível de precipitar, *para este efeito*, a declaração negocial de constituição de uma SQU

---

[519] Não se entende a postergação dos efeitos da constituição (originária ou sucessiva) da SQU operada por documento particular para depois da publicação do registo. Na verdade, o que contará, para o que se pretende, é a aquisição da personalidade jurídica, ou seja, a definitiva constituição de um novo ente, espoletada, no caso, por uma (excepcional) menor carga formal. Não interessará, pois, assegurar a eficácia ou oponibilidade das previsões estatutárias perante terceiros, que, como sabemos, é o efeito principal da publicação do acto constituinte das sociedades a ela obrigados (cfr. art. 168º, nº 2). Logo, justifica-se advogar a redução teleológica do art. 270º-A, nº 7, *in fine*, fazendo terminar o diferimento desses efeitos para o momento do registo definitivo. Tal permitirá, no domínio das consequências práticas desta interpretação, efectuar levantamentos da conta aberta (para depósito das entradas em dinheiro entretanto realizadas: cfr. art. 202º, nº 2) em nome da SQU constituída por escrito particular logo após o registo, seguindo o regime geral do art. 202º, nº 5, al. a), sem atender ao momento da publicação. Com a mesma opinião, cfr. COUTINHO DE ABREU, *últ. ob. cit.*, p. 280.

[520] Neste sentido, cfr. COUTINHO DE ABREU, *últ. ob. cit.*, p. 133, n. (101).
Esta conclusão tem óbvios resultados práticos, tendo um deles sido, e bem, assinalado pelo mesmo Autor em outro ponto da mesma obra de que nos servimos imediatamente antes: "Assim, sendo uma sociedade por quotas unipessoal constituída por escrito particular, deve a entrada em dinheiro (pelo menos 50%) e/ou em espécie ser realizada até ao registo" (p. 280).

se reconduza à escritura pública. E só depois desta se aplicará o regime geral que enunciamos.

Sendo assim, de acordo com o preceituado no art. 40º, nº 1, por esses negócios:

«... respondem ilimitada e solidariamente todos os que no negócio agirem em representação dela, bem como os sócios que tais negócios autorizarem; os restantes sócios respondem até às importâncias das entradas a que se obrigam, acrescidas das importâncias que tenham recebido a título de lucros ou de distribuição de reservas.»[521].

A análise deste preceito implica que vejamos a responsabilidade pelos negócios celebrados em nome da sociedade desdobrada em dois planos: (i) ilimitada e solidária quanto à categoria de pessoas responsáveis *ex lege* – aqueles que, tendo ou não a qualidade de sócios, como é o caso do gerente-não sócio, actuaram como representantes da sociedade nas relações jurídicas travadas antes do registo, bem como os sócios que autorizaram tais negócios – e (ii) limitada quanto à categoria dos sócios não actuantes e não autorizantes, que respondem até ao montante das entradas a que se obrigaram, a que se somarão para efeitos de responsabilidade ainda as importâncias já eventualmente recebidas a título de lucros ou de distribuição de reservas[522].

As várias interrogações levantadas pela interpretação deste preceito transportam-se aquando da sua aplicação à SQU. Algumas delas só deverão ter resposta cabal unicamente quando os interesses que a norma visa preencher forem debatidos e desse debate nos surgir um seu *modelo de compreensão*, resultante de uma rápida excursão pelo direito comparado mais relevante, que deverá depois ser aplicável à sociedade unipessoal em constituição.

---

[521] Este preceito reconduz-se ao conteúdo do art. 7º da I Directiva, mas tem igualmente atinências com o art. 4º da II Directiva.

[522] No sentido de que a responsabilidade desta segunda categoria de sócios seja *subsidiária*, em relação ao património das pessoas incluídas na primeira categoria de sujeitos referidos no nº 1 do art. 40º, e *conjunta*, sempre que sejam vários sócios nessa situação de desconhecimento no que respeita aos negócios concluídos em nome da sociedade, cfr. COUTINHO DE ABREU, *Direito Comercial. Relatório...*, ob. cit., p. 60; IDEM, *Curso...*, volume II, ob. cit., pp. 129-30; MARIA ELISABETE RAMOS, "Constituição das sociedades comerciais", loc. cit., pp. 46-7; PAULO DE TARSO DOMINGUES, "O regime jurídico...", loc. cit., pp. 992-3; contra, BRITO CORREIA, *Direito Comercial. Sociedades Comerciais*, volume II, ob. cit., p. 191.

11.1. Os modelos de compreensão da sociedade antes do registo

Sólida é ainda a doutrina que aponta como *ratio* do regime que regula esta matéria a conjugação de duas ordens de interesses: a eficácia dos actos praticados em nome da sociedade e a conservação da integridade do capital social. O primeiro dos interesses permitia o cumprimento daqueles actos que se revelavam indispensáveis para uma profícua acção económica da sociedade. Quanto ao segundo plano, ele densificava-se na indisponibilidade das entradas já realizadas enquanto não se verificasse a superveniente inscrição[523]. Por isso, as eventuais obrigações contraídas antes da inscrição devem ser satisfeitas por um património externo ao da sociedade, correspondente ao daqueles que agiram em seu nome ou autorizaram as actuações em nome societário, de forma a impedir que o património social venha a ser onerado[524] (salvo se se verificar uma ratificação sucessiva pela sociedade dos actos praticados antes da inscrição), e, assim, a contribuição económico-patrimonial tendente à constituição do capital social não sofra reduções precoces na fase de formação da sociedade.

Este modelo descritivo deriva da qualificação da natureza da sociedade constituenda como *inexistente*, predominante até hoje na doutrina e jurisprudência em Itália. Antes da inscrição (que, nesse ordenamento, é ordenada pelo tribunal que declarou procedente o respectivo processo de homologação judicial) não existe qualquer organismo societário, o que se compreende se entendermos que, na sociedade-pessoa jurídica, a inscrição registal funciona como elemento integrador-finalizador da *fattispecie* societária, de tal modo que, sem esse acto publicitário de natureza e importância conclusivas, não se pode configurar qualquer valor associativo à convenção negocial e à comunhão de esforços e meios até aí empreendidos pelos futuros sócios[525]. Em virtude da eficácia constitutiva da formalidade publici-

---

[523] Expressamente com esta dicotomia e seu preenchimento, na explicação da *ratio* do preceito do art. 2331, § 2°, do *CCIt*. («Pelas operações realizadas em nome da sociedade antes da inscrição são ilimitada e solidariamente responsáveis perante terceiros aqueles que agiram [*coloro che hanno agito*]»), cfr., por todos, CARLO ANGELICI, *La società nulla*, ob. cit., pp. 162-4.

[524] Assim, na doutrina portuguesa antiga, vide FERRER CORREIA/ANTÓNIO CAEIRO, "Lei das Sociedades Comerciais (Anteprojecto)", in *BMJ*, n° 185, 1969, p. 62; FERRER CORREIA, "As sociedades comerciais no período da constituição", loc. cit., pp. 529-30.

[525] Neste sentido, cfr. PAOLO FERRO-LUZZI, *I contratti associativi*, ob. cit., pp. 387-8; CARLO ANGELICI, *últ. ob. cit.*, pp. 154 e ss, em esp. pp. 159-60.

tária, o facto de não se finalizar o procedimento formativo conduz à impossibilidade de o contrato social produzir efeitos, ou pelo menos (uma vez que não se sustenta que esse negócio não vincule depois da estipulação) apenas produzir aqueles efeitos preliminares (*effetti prodromici*) e preordenados ao fim de possibilitar a criação da sociedade (em matéria de depósito do montante correspondente ao cumprimento da obrigação de entrada em dinheiro já realizada, p. ex.), de âmbito limitado e que cessarão se a inscrição não tiver lugar num período imediato de tempo razoável. Na verdade, de acordo com esta posição, a inscrição constitui uma verdadeira *condictio juris* do pacto social, uma vez que o procedimento constitutivo da sociedade assenta no fenómeno da *fattispecie a formazione sucessiva*, que, a não ser integrada por todos os elementos reivindicados pela lei (veja-se a redacção do art. 2331, § 1º, do *CCIt*.), conduz à caducidade do negócio constitutivo da sociedade[526-527].

Em consequência desta concepção, os efeitos translativos do contrato social[528], que se sobredimensionarão quando o objecto das entradas dos sócios seja em espécie e, desse modo, foram realizadas num momento anterior ou simultâneo ao momento da celebração do acto homologatório, devem nesta concepção ser entendidos como estando suspensivamente subordinados à inscrição da sociedade, o que implica que a sociedade não possa ser titular de quaisquer direitos reais, de propriedade ou limitados,

---

[526] Cfr., por todos, FRANCESCO FERRARA Jr./FRANCESCO CORSI, pp. 401 e n. (1). No sentido de que, até aí, apenas existe um "complexo de posições activas e passivas dirigidas à conclusão da «*fattispecie* constitutiva»", CARLO ANGELICI, últ. ob. cit., p. 165. Para berço desta concepção, a *Relazione Ministeriale* respeitante ao *CCIt*. ofereceu um inestimável sinal, ao referir que, "na falta da inscrição no registo, no sistema do novo código nem mesmo existe uma sociedade de acções irregular, porque isso estaria em contradição com a vontade dos sócios e com o seu direito à restituição das entradas cumpridas" (passagem inserida na n. 947, 1ª parte).

[527] Para uma panorâmica, só exemplificativa, sobre a literatura defensora desta posição absolutamente dominante na doutrina, cfr. FRANCESCO MESSINEO, "Sulla pubblicità e sull'irregolarità delle società commerciali", *Studi di diritto delle società*, 1949, pp. 64 e ss; GABRIELE RACUGNO, "La iscrizione della società per azioni nel registro delle imprese e le conseguenze della mancata iscrizione", *Dir. Giur.*, 1968, pp. 678 e ss; GASTONE COTTINO, "Società per azioni", loc. cit., p. 587; PAOLO SPADA, *La tipicità delle società*, ob. cit., pp. 444 e ss; ALESSANDRO BORGIOLI, *La nullità delle società per azioni*, ob. cit., pp. 234 e ss; ROBERTO WEIGMANN, "Società per azioni", *RTDPC*, 1992, pp. 1431 e ss; FRANCESCO GALGANO, *Diritto Commerciale. 2. Le società*, ob. cit., p. 172; GIANCARLO FRÈ/GIUSEPPE SBISÀ, sub art. 2331, pp. 88 e ss. Para uma recolha de alguns arestos judicativos relevantes, consulte-se ILARIA CHIEFFI, "La s.r.l. unipersonale in formazione", loc. cit., p. 659, n. (19).

[528] Cfr., no nosso direito, o art. 408º do CCiv.

sobre esses bens, e que os gerentes ou administradores da sociedade não possam utilizar essas coisas na actividade social[529]. Logo, defende-se que, não podendo haver património social de um ente que não existe, a responsabilidade daqueles que actuaram com terceiros seja exclusiva e apenas seja de aceitar a responsabilidade dos subscritores iniciais pelas despesas e prejuízos que aqueles que actuaram em nome da sociedade arcaram e sofreram, apenas na qualidade e enquanto *mandatários*[530]. Depois do seu nascimento como ente jurídico, e só aí, defendem os cultores deste perfil da figura a possibilidade de aquisição retroactiva dos direitos antes adquiridos e até aí suspensos, através de ratificação que faça próprios os actos anteriormente praticados[531-532].

---

[529] Retirando tais consequências da construção adoptada, cfr., por todos, GIAN FRANCO CAMPOBASSO, *Diritto Commerciale. 2...*, ob. cit., p. 167 e n. (1).

[530] Neste sentido, a título exemplificativo, cfr. a sentença da **Cassazione Civile**, de **9.Maio.1989** (in *RDComm.*, 1999, volume II, p. 273, ss), em que se afirmou que o negócio celebrado em nome de uma sociedade de capitais em constituição é um negócio *in itinere* ou de formação progresiva não inválido, mas ineficaz perante a sociedade até que esta venha a existir e ratifique esse acto negocial mediante vontade manifestada pelo órgão competente. Ainda no domínio da jurisprudência, veja-se o estudo de PAOLO REVIGLIONO, "Osservazioni sulla responsabilità *ex* articolo 2331, 2, c.c.", *GC*, 1991, pp. 42 e ss.

[531] Esta situação de inexistência da sociedade até ao preenchimento do ónus registal até se reconhecia ser inconveniente para a manutenção do capital social mínimo (associado às entradas), na medida em que a titularidade jurídica desses bens se conserva na esfera dos sócios convencionais, submetidos ao exercício das faculdades jurídicas secundárias ínsitas nesses direitos, nomeadamente o poder de disposição em favor de outrem, além de estarem expostos ao eventual ataque da ambição de cumprimento, por dívidas pessoais e familiares dos futuros sócios, a manifestar em pretensão executiva pelos seus credores individuais. Mas este defeito não podia ser superado, já que era (e é) inabalável a convicção de que a capacidade jurídica apenas viria com a aquisição da personalidade jurídica, o que significava que, antes do registo, não se formava qualquer complexo de bens e posições patrimoniais activas que pudesse configurar um património social. Cfr., por todos, ROBERTO WEIGMANN, "*Nota* a Cassazione Civile, 7 luglio 1989, n. 3228", *GC*, 1991, pp. 24 e ss; para uma recuperação mais próxima, RUBINO DE RITIS, "Gli acquisti immobiliari delle società di capitali prima dell'iscrizione nel registro delle imprese", *RS*, 1993, pp. 602 e ss.

Insistente adversário da posição esmagadoramente seguida em Itália (p. ex., confirmada por GIULIO LEVI, "Sulla assoggettabilità al fallimento di società di capitali non iscritte", *RDComm.*, 1979, p. 24), é GIUSEPPE PORTALE, "Conferimenti in natura ed effettività del capitale nella «società per azioni in formazione»", *RS*, 1994, pp. 9-10, 40-1, 58-9, com um rol de críticas que se podem resumir brevemente. Primeiro que tudo, não fica claro como se pode compreender que uma condição legal possa ser simultaneamente ele

Precisamente apostados em superar essa impossibilidade de vislumbrar qualquer configuração patrimonial-real referente à sociedade no estado

---

mento constitutivo da *fattispecie* da sociedade. Depois, não se encontra qualquer base legal especial no direito societário susceptível de excepcionar a operatividade juscivilística do consenso translativo e assim legitimar que o contrato social não seja produtivo de efeitos, ou pelo menos de efeitos reais, ou pelo menos de efeitos reais concretizados na criação de um verdadeiro e próprio património social titulado de imediato pelo ente societário, com a consequente obrigação de atribuição ou entrega dos bens em espécie aos gerentes e administradores designados no acto constitutivo durante o período até ao registo (aparentemente convergente, cfr. CARLO IBBA, "S.r.l. unipersonale e responsabilità...", loc. cit., p. 613). Não bastante, duvida-se ainda da eficácia retroactiva operada pela actuação de condições legais, quando isso não seja expressamente previsto ou resulte como necessário da estrutura jurídica do instituto, a respeito da aquisição *ex tunc* da propriedade dos bens objecto de entrada a favor da sociedade-pessoa jurídica que nasce somente com o registo (eficácia *ex nunc*).

[532] Na doutrina e jurisprudência portuguesas, no domínio do direito anterior ao CSC, era preponderante a visão de incluir a *pré-vida* da sociedade como categoria da ampla *sociedade irregular*, para a caracterizar enquanto ente ao qual, no seu procedimento de constituição, se verificou o incumprimento dos requisitos e trâmites formais considerados essenciais pela lei (e a discussão era fundamentalmente motivada pelo teor do art. 107º do CCom.). A sua natureza jurídica foi sendo, no entanto, qualificada de modo diferente, de acordo com os preceitos ulteriormente à disposição no ordenamento: sociedade inexistente em virtude da nulidade do contrato, em todo o caso constituindo uma comunhão de facto disciplinada pela compropriedade (Abranches Ferrão, Cunha Gonçalves, J. G. Pinto Coelho), sociedade inexistente devido à falta de personalidade jurídica (José Tavares), sociedade inexistente com a respectiva declaração judicial a ter efeitos exclusivamente *ex nunc* (Barbosa de Magalhães, Mário de Figueiredo, L. Pinto Coelho), contrato de sociedade nulo, com conversão *ope legis* da sociedade irregular em sociedade civil (Ferrer Correia), sociedades sem personalidade jurídica em razão do vício gerador da irregularidade (Pinto Furtado), contrato de sociedade nulo por aplicação do regime geral juscivilístico, com regime de arguição específico, sem recondução a qualquer figura estereotipada (Pupo Correia): vide, por todos, FERRER CORREIA, *Lições...*, ob. cit., pp. 277 e ss (esp. pp. 294 e ss); PUPO CORREIA, pp. 447-50.

Contudo, parecia evidente à doutrina mais proeminente que para as sociedades por quotas o registo tinha eficácia constitutiva, em face do teor do § 4º do art. 61º, nº 4, da LSQ, e nesse caso, mesmo quem, para a abstenção dos outros trâmites, optava pela sanção da nulidade do contrato, nesta situação suportou, pela emergência de um processo genético-causal deficiente por falta de um seu termo essencial, que "a sociedade não registada é *menos*, diríamos, do que uma sociedade nula – porque é uma sociedade por quotas *inexistente*. Antes do registo, a sociedade por quotas não existe *enquanto tal* " (FERRER CORREIA, *ibid.*, pp. 308 e ss, sublinhado do Autor na citação).

Entre nós, esta é a opção (hesitante e um pouco nublosa) que ainda parece hoje

anterior à aquisição da personalidade jurídica, pretendem alguns ver aí uma situação tecnicamente qualificável como *património autónomo*, que seria integrado pelas entradas dos sócios e pertenceria aos sócios enquanto colectividade ou "grupo social". Sem embargo, os sócios estariam desprovidos de quaisquer poderes para o exercício de uma actividade societária a que os órgãos já delineados potencialmente apenas poderiam aspirar, mesmo nos casos de a entrada ser constituída por um estabelecimento já em exploração[533].

A esta hipótese construtiva reparou-se que fugia da natureza básica da autonomia patrimonial, consistente na satisfação, pelos bens que integram esse património, das pretensões de determinados credores com preferência ou exclusão de outros credores. Este cenário não sucedia no património formado pelas entradas iniciais, porquanto não existia qualquer tipo de destinação dos bens naquele momento de espera pela regularização definitiva da

---

defender PUPO CORREIA, pp. 455-6, uma vez que, apesar de continuar a falar, como é tradicional na literatura nacional, de sociedade *irregular*, conclui que "a *falta de personalidade jurídica* [efeito da falta de registo] *e a inexistência*, como sociedade comercial *qua tale*, da sociedade não registada, implica que ela não é comerciante" (sublinhado do Autor), e daqui tira a devida consequência de os sócios *responsáveis* pelas dívidas sociais não poderem invocar o privilégio de excussão prévia referido no art. 997º do CCiv., pelo que o fundo patrimonial constituído pelas entradas e outros bens adquiridos consubstanciará uma autonomia patrimonial *imperfeita* (uma vez que pode haver sócios que nem sequer respondem pelos débitos contraídos e, neste caso, há um certo isolamento patrimonial em relação a estes sócios *irresponsáveis*).

[533] *Vide* GIUSEPPE AULETTA, *La forma nel contratto di società di capitali*, 1947, pp. 9 e ss, em esp. pp. 9-12 e n. (25).

Em Portugal, NOGUEIRA SERENS, p. 24, configura a *pré-sociedade*, nas suas relações com terceiros, como património autónomo *imperfeito* (enquanto fundo patrimonial a que se imputam as vinculações e direitos emergentes da prossecução da actividade empresarial levada a cabo antes de haver pessoa jurídica, da qual esse fundo patrimonial é o indispensável substrato material), no sentido de que só garante certas dívidas, embora por essas dívidas outros patrimónios possam ser agredidos; também BRITO CORREIA, *Direito Comercial. Sociedades Comerciais*, volume II, ob. cit., p. 194, recorre ao conceito de "um património autónomo, embora a sua autonomia não seja plena"; igualmente OLIVEIRA ASCENSÃO, *Direito Comercial. Sociedades Comerciais*, ob. cit., p. 146, para quem o conteúdo prescritivo dos arts. 38º a 40º vai "no sentido de valorizar o significado do património autónomo formado". Inequivocamente, para esta matéria, ao entender que "a sociedade irregular, à falta de poder ser considerada um verdadeiro ente jurídico, e por constituir um centro autonomizado de criação e imputação de interesses juridicamente relevantes, se configura como um património autónomo que daquele é substrato essencial", cfr. JOÃO LABAREDA, "Sociedades irregulares – algumas reflexões", *Novas perspectivas do direito comercial*, 1988, p. 195.

sociedade, um hiato de tempo que singelamente configurava uma situação de pendência ou quiescência[534].

Por isso, para outra formulação crente na ultrapassagem dos inconvenientes do modelo dominante, ainda que derivada dessa, não nos encontraríamos aqui perante um património *simplesmente* autónomo, antes se configuraria um património *em estado de indisponibilidade*, intangível *medio tempore* quanto aos bens atribuídos, que deveriam estar vinculados ao fim de favorecer e permitir a constituição *a final* da sociedade[535].

Ambos os caminhos continuavam a partilhar os pressupostos que impediam vislumbrar um património *social*, o que acarretava que toda e qualquer actividade exercida em nome ou para a sociedade em formação não pudesse ser imputada e produzir efeitos sobre o complexo patrimonial da sociedade constituenda, uma vez que não existia durante esse período um centro de interesses já personalizado e com capacidade jurídica. Por outro lado, não se compreendia como é que o mesmo contrato social podia ser eficaz no que tangia aos seus efeitos reais e atributivos, mas permanecia ineficaz no que respeita à suspensão das participações (não justificável em função da lei ou de uma qualquer homenagem a uma presumida vontade das partes) e aos poderes dos órgãos sociais[536].

Por fim, mesmo no que de mais inovador traziam – isto é, a formação de um estado de vinculação ou de um património autónomo pertencente ao grupo de sócios futuros –, esses modelos falham terminalmente, já que não conseguiriam indicar como é que se produzia (através de que fenómeno

---

[534] Cfr., em particular, as ponderações críticas elaboradas por ANTONIO PAVONE LA ROSA, *Il registro delle imprese. Contributo alla teoria della pubblicità*, 1954, pp. 338-9, 350-1, 384 e ss, que suporta serem *actuais* os efeitos reais do contrato social e *definitivas* as correspondentes atribuições patrimoniais, mas suspensos os seus efeitos até ao registo.

[535] Cfr., pelo menos, ANTONIO PAVONE LA ROSA, últ. ob. cit., *passim*, mas pp. 343 e 349; ALESSANDRO GRAZIANI, *Diritto delle Società*, ob. cit., pp. 218-19; CARLO ANGELICI, *La società nulla*, ob. cit., pp. 163-4, n. (104).

Apesar dessa diferença, parece que ambas as concepções encontraram um trilho comum no facto de admitirem que o contrato de sociedade, enquanto produtor de efeitos reais translativos relativamente aos bens em espécie, propiciaria a transcrição dessas aquisições no registo imobiliário ainda antes da inscrição da sociedade no registo competente, ainda que a transcrição não se referisse directamente à denominação final da sociedade, mas sim a um signo convencional idóneo a individualizar o "grupo social" ou a uma expressão de referência subjectiva instrumental (e não final) na mora da conclusão do processo de aquisição de vida pela sociedade [referindo-se às qualificações expendidas por Gazzoni, cfr. GIUSEPPE PORTALE, "Conferimenti in natura...", loc. cit., p. 8, n. (17)].

[536] Crítica formulada por GIORGIO OPPO, "Società, contratto, responsabilità...", loc. cit., p. 177.

transmissivo ou regime legal...) a transferência da propriedade do complexo patrimonial existente depois da contratualização societária para a titularidade da sociedade registada[537].

---

[537] Neste sentido, GIUSEPPE PORTALE, "Conferimenti in natura...", loc. cit., p. 10.
O mesmo Autor alerta ainda (a p. 11) para a ausente preocupação que as construções até aqui apreciadas mostram pela concretização do princípio da efectiva realização das entradas e, consequentemente, da *exacta formação do capital social* indicado no pacto constitutivo – isto é, a correspondência entre o valor do património constituído pelas entradas dos sócios e o valor do capital social nominal –, não obstante terem arvorado como núcleo central das suas teses a não prejudicialidade da consistência do património destinado a ser social antes do fecho do procedimento constitutivo, em todos os casos em que, entre o momento de estipulação convencional do pacto e o da inscrição, se venham a verificar acontecimentos e fenómenos que reduzam, ou mesmo anulem (p. ex., perdas-incidentes sobre a empresa comercial, perecimento, destruição ou inutilização funcional dos bens atribuídos para a actividade social), o valor das entradas, em virtude da estatuição do regime geral do risco pelo perecimento ou deterioração da coisa transmitida, que corre por conta do adquirente, isto é, a sociedade futura (o nosso art. 796º, nº 1, aplicável *ex vi* art. 984º, al. a), ambos do CCiv., o que constitui igual técnica e conteúdo à conjugação dos arts. 2254º, § 1º, e 1465º, § 1º, do *CCIt.*, ambos subsidiários da recepção genérica em direito comparado do princípio romanístico *res perit domino* ou *casum sentit creditor*). Neste contexto, houve quem chamasse a atenção para a subsistência, de acordo com as consequências de se configurar a sociedade em constituição como uma sociedade inexistente cuja libertação dos seus efeitos prévios depende da condição-inscrição no registo, de uma disparidade de tratamento entre quem leva bens para a sociedade em sede de constituição da sociedade e quem os atribui em sede de aumento do capital social: cfr. VITTORIO MENESINI, "Sulla società per azioni prima dell'iscrizione", *Studi in memoria di Domenico Pettiti*, 1973, pp. 881-2. Em matéria de transferência de risco quando as entradas em espécie são efectuadas com a transmissão da propriedade dos bens para a sociedade, *vide* GIUSEPPE PORTALE, "Principio consensualistico e conferimento di beni in proprietà", *RS*, 1970, pp. 927 e ss.
Poderia objectar-se, contudo, que tal risco de agressão à formação do capital social nominal não sucede entre nós, uma vez que esses casos entrariam na previsão do nº 3 do art. 25º, directamente ou por extensão teleológica, respeitante *in casu* à hipótese em que a sociedade é privada do bem prestado por sócio por «se tornar impossível a prestação», o que permitiria que tal falha não desembocasse simplesmente no regime geral do risco e fosse suprida pela obrigatoriedade de realizar a sua prestação em dinheiro que o regime especial prescreve (para uma visão completa no direito comparado do ponto referente à falta de realização das entradas em espécie e sua superação, *vide* GIUSEPPE PORTALE, "La mancata attuazione del conferimento in natura nelle società per azioni", *Studi in onore di Pietro Rescigno*, volume IV, 1998, pp. 461 e ss, esp. 484-90). Na verdade, tal norma inspirou-se no Anteprojecto de Coimbra, 2ª versão, art. 13º, nº 3, e insere-se no conjunto de preceitos, como o nº 2 do art. 14º do mesmo Anteprojecto, que se destinam, segundo os seus

De acordo com este *modelo imposto pela proibição de oneração prévia do património destinado a ser património social*, os actos praticados antes da inscrição no registo comercial devem ser considerados válidos, eficazes e vinculativos para aqueles que os realizaram, concretizando uma relação jurídica plenamente válida e eficaz entre esses e o terceiro. Em contrapartida, não se vincula o património destinado a ser património social, que deve permanecer insensível aos efeitos desses actos (*divieto di indebitamento*), com a possibilidade de a sociedade, obtida a inscrição no registo, se apropriar dos efeitos produzidos por tais actos através de uma actividade de ratificação assuntiva.

Um outro caminho direccionado a realizar um diverso equilíbrio de interesses, foi o percorrido pelo direito alemão no que toca à configuração jurídica da sociedade em constituição como *Vorgesellschaft*[538], o que se

---

Autores, a dar execução, em matéria de entradas em espécie, ao princípio da plena realização do capital social (assim, cfr. FERRER CORREIA/VASCO LOBO XAVIER/MARIA ÂNGELA COELHO/ANTÓNIO CAEIRO, pp. 165 e ss), consideração que legitimaria uma ampliação do âmbito de previsão da norma aos casos em que, como o que aqui problematizamos, estivesse em causa essa realização e consequente tutela de terceiros futuramente envolvidos com a sociedade.

Sobre a adequação deste princípio de formação exacta, sob o ponto de vista valorístico, do capital social e não da aplicação neste ponto de uma simples emanação do princípio da *intangibilidade ou integridade do capital social*, que deverá referir-se em rigor aos normativos dirigidos a tutelar o capital social real (por outras palavras, os bens do património líquido que cobrem a cifra do capital social nominal) contra actos patrimoniais da sociedade em proveito dos sócios, ou outros de diferente espécie, que o diminuam, ou mesmo do princípio da *efectividade*, que, mais restritamente, apenas se refere aos preceitos que pretendem que esse mesmo capital social real seja idóneo a garantir os terceiros, cfr. ERNESTO SIMONETTO, "Idoneitá alla garanzia del capitale sociale", *RDComm.*, 1957, pp. 197 e ss, esp. pp. 200 e ss, 207 e ss; seu seguidor na literatura portuguesa recente, *vide* PAULO DE TARSO DOMINGUES, *Do capital social...*, pp. 67 e 117.

[538] Também na Alemanha reinava o convencimento generalizado, tanto na vigência do Código de Comércio Geral de 1861, relativamente ao seu art. 211, § 1º, como na vigência do § 11, al. 1, da *GmbHG* (digamos que o § 41, al. 1, da *AGesetz*, já vê a luz do dia num período de *reconstrução* do problema), da inexistência de uma estrutura societária, e de qualquer actividade de cariz societário, antes da inscrição no registo comercial, o que assegurava a integridade do património que a sociedade receberia. Devem-se ao trabalho jurisprudencial as primeiras posições conducentes ao reconhecer de uma *forma associativa*, apesar de sempre, numa primeira fase, se ter evitado abordar a questão construtiva da configuração jurídica da figura pré-societária e se ter formulado uma reiterada proibição de pré-oneração do património. Assim se reconduziu esse fenómeno associativo à "associação não reconhecida" (*nichtrechtsfähiger Verein*), à sociedade

atingiu graças a um tipo de construção denodada e reiteradamente edificado pela sua jurisprudência. De facto, esse trilho judicativo consubstanciou-se na exigência de fundar a conjugação de duas medidas: por um lado, a

---

civil (*Gesellschaft des bürgerlichen Rechts*) e à sociedade em nome colectivo (*offene Handelsgessellschaft*), no caso de entrada para a sociedade com estabelecimento, até que se começou a discutir e a aceitar a existência no período de constituição da sociedade de um *tipo societário* autónomo e preliminar.

E foi de facto a jurisprudência do **BGH**, pela omnicitada decisão de **12.Julho.1956**, a dar um impulso definitivo para o reconhecimento da autonomia de uma forma *sui generis* do ente definitivo antes da inscrição. Da sua perspectiva interpretativa, que encontrou depois o favor da doutrina, derivava, em primeiro lugar, a aplicação a essa organização societária de um direito especial (*Sonderrecht*), composto pelas disposições especialmente previstas na lei e no contrato social para a fase constitutiva, bem como das regras da sociedade respectiva em tudo quanto não fosse pressuposta a inscrição, no que respeita ao domínio das relações internas. Isto é, à sociedade preliminar deveria ser atribuída a qualificação de sociedade comercial (=estrutura social-corporativa) modelada sobre a futura pessoa jurídica – mas não é líquido que assim seja, uma vez que tem sido objecto de profunda discussão a integração da sociedade preliminar no esquema geral dos tipos sociais ou, para os que mais intransigentemente sustentam o princípio do *numerus clausus* nesta sede, no esquema das formas associativas –, com o escopo de chegar à aquisição de personalidade jurídica, com a legitimação daí decorrente, nomeadamente o facto de isso lhe consentir o exercício de poderes de administração e de representação, respectivamente nas relações internas e nas relações com terceiros (através dos gerentes e administradores na veste de representantes orgânicos). Mas também modernamente com o escopo de permitir a conservação funcional e económica das entradas em espécie, nomeadamente a assente num estabelecimento trazido para a sociedade futura, que deve ser preservado e promovido até ao momento da formalização da pessoa societária em constituição. Em resumo, a *Vorgesellschaft* aparece como um tipo societário transitório (ou existente numa fase transitória: *Durchgangsstadium*, *Vorstufe*), com capacidade jurídica negocial – logo, é a sociedade preliminar enquanto tal que adquire a propriedade dos bens trazidos como entrada, com consequências ao nível do risco do perecimento e do risco da sua desvalorização por eventos que se verifiquem entre a data do pacto constitutivo e a data do nascimento da pessoa colectiva, além de também ser aquela, enquanto titular da empresa objecto da entrada, que suporta o risco de perdas e resultados negativos, é ela que tem as contas correntes, dispõe de capacidade cambiário-cartular, legitimidade processual activa e passiva, podendo estar sujeita a um processo falimentar e mesmo ser sócia de outras sociedades, com funções organizativas relevantes (aquela mais importante apontada pela generalidade da doutrina consistia na faculdade de consentir a cessão, parcial ou integral, das quotas ou das acções, e o reflexo que esta actuação jurídica podia acarretar para o princípio da exacta formação do capital social) – durante um período de tempo restrito e limitado objectivamente pela sua provisoriedade. Se o fim do percurso não chegar a acontecer por qualquer acontecimento que impeça a conclusão do procedimento (como seja a vontade de criar a sociedade deixar de existir ou ser improcedente a homologação), sem que se proceda à

permissão da prática de actos úteis e mesmo indispensáveis para o encetar, até numas ocasiões o profícuo continuar, da actividade social; por outro, a busca da permanência de um património social efectivamente consistente no momento da inscrição, portanto baseada na protecção da integridade, ou melhor, da exacta formação do capital social[539].

Partindo de uma solução correspondente ao modelo anterior, preventivamente impeditivo do ataque ao património destinado à sociedade durante a fase constitutiva (*Vorbelastungsverbot*), a consagração de uma *pré-sociedade*, como figura associativa primeiro e depois como tipo societário autónomo ou "organismo colectivo *sui generis*"[540], representada pelos seus administradores e gerentes, capaz juridicamente para adquirir direitos e contrair obrigações, tornava viável afirmar um *modelo de oneração e endividamento do património social*. Porém, a outra ordem de preocupações obrigava a que esse acervo fosse depois garantido por uma responsabilidade *pro-quota* dos sócios fundadores pela diferença eventualmente subsistente entre o valor representado pelo capital social nominal e o efectivo e real valor (consistência) do património, ao momento da aquisição da personalidade jurídica pelo registo (obrigação denominada como *Differenzhaftung*, *Unterbilanzhaftung* ou *Vorbelastungshaftung*).

Esta fulcral viragem foi levada a cabo pela pronúncia de **9.Março.1981**, do **BGH**[541], uma vez que aí, estando em causa uma sociedade por quotas e a interpretação do § 11 da *GmbHG*, se consagraram as soluções que já se vinham formulando na progressão decisória dos tribunais superiores e, maior revolução, se fixaram outras regras que serviram depois de referência. A saber: (i) "uma *Vorgesellschaft*, ainda que tenha sido constituída só com entradas em dinheiro, fica vinculada por

---

respectiva liquidação, estaremos então no domínio da sociedade preliminar *impura*, que será regulada pelas regras da sociedade civil ou da sociedade em nome colectivo, conforme a natureza da actividade exercida. Para o percurso relatado, cfr. FRITZ RITTNER, pp. 111 e ss, 130 e ss; WERNER FLUME, "Die werdende juristische Person", *Festschrift für Ernst Gessler*, 1971, pp. 1 e ss; GÖTZ HUECK, "Vorgesellschaft", loc. cit., pp. 130 e ss; MARCUS LUTTER/PETER HOMMELHOFF, *GmbH-Gesetz Kommentar*, ob. cit., § 11, *Rdn.* 2, ss, pp. 132 e ss; HOLGER ALTMEPPEN/GÜNTER ROTH, *Gesetz betreffend die Gesellschaften mit beschränkter Haftung (GmbHG)*, 1997, § 11, *Rdn.* 36, ss, p. 121; KARSTEN SCHMIDT, *Gesellschaftsrecht*, ob. cit., pp. 1016 e ss. Na literatura italiana, veja-se a síntese de GIUSEPPE PORTALE, "Conferimenti in natura...", loc. cit., pp. 11-17.

[539] Cfr, neste sentido, por todos, GÖTZ HUECK, "Erster Abschnitt...", loc. cit., § 11, *Rdn.* 4, p. 147.

[540] Cfr. GÖTZ HUECK, últ. loc. cit., *Rdn.* 6, p. 148.

[541] Cfr., p. ex., *NJW*, 1981, p. 1373, ss.

todos os negócios celebrados em nome da sociedade pelos administradores com a autorização de todos os sócios fundadores": afirma-se destarte o "princípio da oneração" do património destinado à sociedade durante a fase precedente à sua inscrição; (ii) "os direitos e obrigações que nascem de tais negócios, com o registo, transferem-se para a sociedade de responsabilidade limitada"; (iii) "se, em consequência dos deveres resultantes dos negócios referidos, o património líquido, no momento do registo, ficar inferior ao capital social, os sócios respondem [em face da sociedade] proporcionalmente à sua quota"[542].

Assentes a eliminação da insusceptibilidade de oneração do património[543] da futura sociedade e a afirmação da responsabilidade dos

---

[542] Tal sentença acolhe as sugestões antes formuladas *de iure condendo* pela doutrina por PETER ULMER, "Das Vorbelastungsverbot im Recht der GmbH-Vorgesellschaft – notwendiges oder überholtes Dogma?", *Festschrift für Kurt Ballersted*, 1976, pp. 279 e ss, segundo informação recolhida em ANDREA ZOPPINI, "Circolazione e recezione di un modello giurisprudenziale: la «società di capitali in formazione», *GC*, 1996, p. 668, mas tais questões tinham sido discutidas já por outra doutrina, como ULRICH HUBER, "Die Vorgesellschaft mit beschränkter Haftung – de lege ferenda betrachtet", *Festschrift für Robert Fischer*, 1979, pp. 272 e ss.

Relativamente à chamada *Vorbelastungshaftung*, a jurisprudência mais recente tem aproveitado para esclarecer que essa "responsabilidade pela diferença" à qual os sócios ficam vinculados não se refere apenas à cifra do capital social nominal, permanecendo esse dever dos sócios pela cobertura dessa *décalage* ainda quando as perdas reduzissem o património líquido a valores negativos (cfr., exemplificativamente, a decisão do **BGH**, de **24.Outubro.1989**, in *NJW*, 1989, p. 710, ss), pelo que, pode ainda ler-se na famosa e discutida decisão, "só a *Differenzhaftung* pode permitir a paridade de tratamento entre novos e velhos credores: uma vez que a ambos se proporcionam idênticas possibilidades de poderem obter satisfação sobre o património da sociedade reconstituído com as atribuições suplementares dos sócios" (p. 1376). Para manifestações favoráveis às regras da sentença de 1981 e chamadas de atenção para o facto de o *deficit* poder superar a cifra do capital social e não estar limitada ao valor das entradas, sempre que se sobrecarregue a sociedade de débitos, *vide* KARSTEN SCHMIDT, "Die Vor-GmbH als Unternehmerin und als Komplementärin", *NWJ*, 1981, pp. 1345 e ss (a favor de uma responsabilidade dos sócios fundadores até ao valor das entradas); WERNER FLUME, "Zur Enträtselung der Vorgesellschaft", *NJW*, 1981, pp. 1753 e ss (entendendo que a responsabilidade é ilimitada, tal como mais tarde WOLFGANG THEOBALD, *Vor-GmbH und Gründerhaftung*, 1984, pp. 121 e ss). Para uma distinção aturada entre a *Differenzhaftung*, ainda ancorada normativamente no § 9, al. 1, da *GmbHG*, e as restantes qualificações sucedâneas, cfr. KARSTEN SCHMIDT, "Unterbilanzhaftung-Vorbelastungshaftung-Gesellschafterhaftung", *ZHR*, 1992, pp. 93 e ss.

[543] A tal destino também se conduziam as soluções favoráveis, na doutrina italiana, à possibilidade de qualificar o ente pré-registal como sociedade *irregular* enquanto não

sócios, *limitada* perante terceiros credores da pré-sociedade ao valor das suas entradas, convertida em *ilimitada* perante a sociedade com a inscrição no registo e, por tal facto, o nascimento da pessoa jurídica, o desafio

fosse inscrita, acolhendo o trabalho originariamente desenvolvido por GIORGIO OPPO, verdadeiro precursor na tarefa de desmistificar essa inscrição no livro publicitário como necessário ao nascimento da sociedade de capitais e assimilar a sociedade ainda não inscrita àquela definitivamente inscrita (*vide* os essenciais "Contratti parasociali", *Diritto delle Società. Scritti giuridici. II*, 1992 [primeiramente publicado em 1942], pp. 21 e ss; "Forma e pubblicità nelle società di capitali", *RDC*, 1966, pp. 120 e ss, esp. pp. 133-5, 139-42, 145 e ss), e o mais próximo que esse país exibiu durante muito tempo das mais recentes evoluções germânicas. Façamos, para se ver em particular o acerto de muitas das posições, um resumo.

O seu raciocínio de base parte do facto de os princípios jurídicos gerais não impedirem a existência da sociedade ainda não inscrita, em virtude de a disciplina que se lhe aplica não frustrar de todo a vontade dos sócios, já que a regra geral consiste em o programa contratual acordado entre as partes soltar imediatamente os efeitos jurídicos do consenso, independentemente de se preverem consequências específicas da (in)observância de limites e ónus legais: aqui esse não é alterado no sentido de criar uma sociedade *diversa* através de um acordo que se acrescenta ao contrato originário. Além de tal asserção não dever apenas ser consentida se para isso houvesse norma expressa com conteúdo afirmativo da existência da sociedade nesse caso, porque a realidade de uma relação contratual e de uma autonomia patrimonial é um efeito *próprio* e *reconhecido* do contrato de sociedade eficaz, enquanto tal.

Como a falta de personalidade jurídica não significa, em si e por si, nem ineficácia do contrato social (até porque a lei, em vez de a proclamar inequivocamente, apenas impõe alguns singulares efeitos e contadas proibições decorrentes da falta de registo, em questão de entradas em dinheiro ou de circulação de títulos, p. ex.), nem falta de autonomia patrimonial (a conclusão do contrato social faz derivar *hoc sensu* a destinação unitária dos bens recolhidos a título de entrada para o património social), não se pode confundir a situação, ditada pelo art. 2231, § 1º, do *CCIt.*, de o registo ter eficácia constitutiva da *personalidade jurídica*, com a eficácia constitutiva da *relação e da sociedade*: a primeira é constitutiva da autonomia do tipo, mais densa devido à publicidade, a segunda incide sobre um mínimo de autonomia, aquele típico da sociedade civil, que prescinde da publicidade. Além de que esse preceito, dispondo que «com a inscrição no registo das empresas a sociedade adquire a personalidade jurídica», depõe claramente a favor da existência da sociedade: (i) no plano literal, *aquilo* que adquire a personalidade e pré-existe à personalidade é já qualificado como *sociedade* (§ 1º) e *aqueles* a que o legislador se refere enquanto contraentes são denominados, não como simples "subscritores", mas como *sócios* (§ 2º). No plano material, a proposição normativa em causa, cujo mecanismo e conteúdo vai no sentido de acrescentar à *fattispecie* da autonomia privada um efeito *não contratual*, em vez de lhe subtrair efeitos ou eficácia ao contrato, não pode ser interpretada como um critério de exclusão de efeitos contratuais: a hipótese mais verosímil é identificá-la como a *sedes materiae* onde se estatuem as consequências da inscrição e da sua falta.

Por outro lado, a responsabilidade dos sujeitos que agem *em nome* da sociedade, prescrita pela lei, deve explicar-se pela *mens legislatoris* de estender a responsabilidade àqueles que actuaram sem terem poderes de administração, isto porque a expressão «em nome da sociedade» não se refere ao *comportamento em si mesmo*, que baseia a responsabilidade, mas às *operações* pelas quais se responde. O que pressupõe que responsáveis também já poderiam ser os que realizaram actos de administração interna e os que deliberaram ou concorreram para a deliberação sobre essas operações. O que se torna bem difícil de conciliar com a tese da inexistência da sociedade, uma vez que apenas se entende que os que contribuem para a formação de uma vontade de administração interna são responsáveis, solidariamente e *não individualmente*, se referirmos essa actividade e participação a uma organização, a qual somente pode ser a organização social, a quem devem ser imputados os efeitos. A responsabilidade de quem age em nome da sociedade é, portanto, uma mera responsabilidade *de garantia*, uma vez que todo o programa contratual até aí acordado é referido ao *dominus*, a sociedade já existente não inscrita, destinatária de uma responsabilidade *actual*, que mais se justifica se a adoptarmos como uma manifestação da *teoria da confiança* (enquanto tutela da aparência de uma sociedade regularmente constituída e inscrita), depositada pelos terceiros relativamente à existência de um sujeito por eles considerado como *social*, em virtude das suas indesmentíveis e constantes manifestações e do seu modo corrente de operar.

Mas falando também dos efeitos *activos* da actividade no seu complexo de típica actividade de empresa, a tese da inexistência, aqui combatida, não consegue fugir à evidência de que esses efeitos, nomeadamente quando translativos, não se produzem na esfera jurídica daqueles que agiram em nome da sociedade. Na verdade, não há qualquer conversão *ipso iure* do acto praticado em nome da sociedade em acto praticado em nome próprio, sob pena de deixar cair a *contemplatio domini* da situação e de se impedir a ratificação e, em geral, a imputação sucessiva à sociedade inscrita. Em particular, para além dos efeitos obrigacionais dos negócios contraídos, a produção de direitos reais não pode ser vista como uma aquisição para o património do contraente de bens adquiridos em nome de outrem, até porque a construção de uma aquisição provisória com cláusula de transferência de propriedade dá-se mal com a possível não inscrição no registo, que faria não aparecer o destinatário dos efeitos negociais, logo, só contribuiria para a formação de um património autónomo (para confirmação das suas ideias, cfr. "Il decreto di attuazione in Italia. Rilievi sistematici", *RDC*, 1986, pp. 568 e ss).

No que aos efeitos diz respeito, a esta sociedade irregular aplicar-se-ia a disciplina própria do tipo social nas relações organizativas internas entre sócios e entre estes e os órgãos sociais, por fidelidade ao regime acordado no contrato social. No que concerne à responsabilidade dos sócios nas relações com terceiros, essa seria *limitada* por aplicação do regime de responsabilidade dos sócios comanditários nas sociedades em comandita simples irregulares (só respondem ilimitada e pessoalmente os que agiram em nome da sociedade). Mais importante, os credores da sociedade não inscrita poderão atacar os bens integrados no património social, concorrendo com a responsabilidade dos que agem em

fundamental consistia em decifrar "o enigma da responsabilidade dos sócios na *Vorgesellschaft*"⁵⁴⁴.

Ora essa era a pedra de toque deste modelo de oneração *condicionada* do património social. Verificava-se, em primeiro lugar, que se

---

nome da sociedade. Os credores particulares dos sócios (excluída a possibilidade de executar o património social pela própria existência da sociedade) não estarão inibidos de agir sobre as suas participações, seja directamente ou por prévia liquidação da quota do seu devedor, o que se explica como um temperamento da autonomia patrimonial da sociedade em favor desse tipo de credores, por aplicação do regime da sociedade simples. Para construções dogmáticas próximas do legado de Oppo para a sociedade contratualizada antes do registo, cfr. SALVATORE PUGLIATI, *La trascrizione*. *La pubblicità in generale*, *Trattato di Diritto Civile e Commerciale*, diretto da Antonio Cicu e Antonio Messineo, volume XIV – I, t. 1, 1957, pp. 197 e ss; ERNESTO SIMONETTO, "La nuova stesura dell'art. 2332 e la società di capitali irregolare", *RDC*, 1974, pp. 337 e ss, esp. pp. 345 ("a sociedade existe, actua e realiza actos válidos antes da inscrição, (...) a cargo portanto de um património já constituído e que as partes privadas quiseram constituir para tutela de terceiros, por um lado, e para desenvolver o programa social (objecto), por outro") e 351; GIULIO LEVI, pp. 15-16, 24 e ss; PAOLO GUIDA, "Società di capital irregolare: prospettive nuove per um vecchio problema", *Riv. Not.*, 1983, pp. 508 e ss; admitindo-a, PAOLO SPADA, *La tipicità della società*, ob. cit., pp. 459-60.

No sentido de se falar de uma *sociedade irregular*, na concepção clássica entre nós de sociedade que omitiu no seu procedimento constitutivo algum dos requisitos legais, cfr. JOÃO LABAREDA, pp. 180-1; BRITO CORREIA, *Direito Comercial. Sociedades Comerciais*, volume II, ob. cit., p. 194, que sustenta que "o contrato de sociedade validamente celebrado por escritura pública, mas não registado, dá origem (...) a uma sociedade irregular – sem personalidade, não sendo por isso comerciante, mas com personalidade judiciária"; ANTÓNIO PEREIRA DE ALMEIDA, *Sociedades Comerciais*, ob. cit., pp. 159 e ss (abrangendo aí, além da situação da sociedade em pré-vida registal, também a sociedade inquinada com vícios de forma ou substanciais, além das sociedades de facto); COUTINHO DE ABREU, *Curso...*, volume II, ob. cit., p. 115 – "sem escritura pública (para já não falar do registo) a sociedade não está perfeitamente constituída, está em situação irregular" – e n. (52), onde observa a existência da terminologia no art. 174º, nº 1, al. e). Evitando falar de sociedade irregular, uma vez que "a lei considera as fases relativas à pré-vida da sociedade como situações normais e não como situações irregulares, (...) como infracções que devam ser sancionadas", até porque o registo é só *condição de perfeição* do tipo de sociedade comercial correspondente, cfr. OLIVEIRA ASCENSÃO, *Direito Comercial. Sociedades Comerciais*, ob. cit., pp. 132 e ss, 173. Na jurisprudência recente, também é essa qualificação que conhece aceitação nos tribunais superiores – cfr., exemplificativamente, **Ac. do STJ, de 18.Junho.1991**, in *BMJ*, nº 408, Julho.1991, p. 608, ss: "As sociedades comerciais irregulares gozam de personalidade judiciária, não podendo opor a terceiros, demandantes, a irregularidade da sua constituição..." [ponto I do respectivo Sumário].

⁵⁴⁴ KARSTEN SCHMIDT, "Unterbilanzhaftung-...", loc. cit., p. 94.

poderia preservar a exacta formação do capital social até ao momento do registo, ainda que através da introdução de uma "obrigação de cobertura das perdas", considerada um instrumento idóneo para tutelar a integridade do capital social até ao registo da sociedade e eliminar as consequências prejudiciais (o risco de diminuição da consistência patrimonial) associadas às operações económicas e aos contratos concluídos em nome da sociedade ainda não inscrita[545].

Por sua vez, a possibilidade de agressão ao património da *Vorgesellschaft*, pelo menos para a opinião dominante, implica que os sócios tenham unanimemente dado o seu consentimento ao início antecipado da actividade económico-social. Pelo que, sem um correspondente mandato conferido pelos fundadores, os administradores apenas estão autorizados, em sequência da jurisprudência e doutrina consolidadas, ao cumprimento das operações indispensáveis para a realização do procedimento constitutivo, ou seja, as actividades *necessárias* para a inscrição e expressamente contempladas enquanto tal no acto constitutivo (*notwendige Geschäfte*). Por sua vez, no âmbito dos negócios *não necessários* para a constituição, só poderá o património social ser atacado e entrar em liça a *Unterbilanzhaftung der Gründer* se os sujeitos actuantes o fizerem no uso de poderes representativos para o efeito, no sentido de terem sido autorizados por *todos*[546] os sócios fundadores, de uma forma geral ou limitada a actos circunscritos (os negócios incluídos no objecto social).

Só assim os efeitos daqueles outros negócios que dão início à actividade económica, tal como já era sustentado pela tese dos "negócios necessários" (que deles excluía o princípio da *Vorbelastungsverbot*), devem ser imputados *ipso iure* à sociedade ainda não constituída como ente jurídico novo, respondendo com o seu património pelas obrigações

---

[545] Esta preocupação de obter uma rigorosa tutela do património *inicial* da sociedade corresponde a um dos princípios gerais do nosso direito societário, densificado num complexo de normas cujo conjunto, directa ou indirectamente, evidencia a necessidade de o capital social ser rigorosamente formado em consonância *real* pelo valor constituído pela soma das entradas dos sócios, tanto em sede de constituição, como em sede de aumento, e reclama que ele possa ser salvaguardado perante negócios e factos jurídicos que possam afectar essa coincidência (que coincidirá, pelo menos inicialmente, com a sua consistência). *Vide*, sem preocupação de indicação exaustiva, os arts. 25º, 26º, 27º, 28º, nº 1, 29º, 30º, nº 1, al. a), 52º, nº 4, 89º, 178º, nº 1, 197º, nº 1, 202º, 219º, nº 1, 277º, 279º, ss, complementada pela cuidada análise deste princípio regulador da disciplina jurídica do capital social, nas diversas implicações das soluções normativas, de PAULO DE TARSO DOMINGUES, *Do capital social...*, ob. cit., pp. 66 e ss.

[546] Logo, com exclusão nesta sede do princípio da maioria.

contraídas na mora do procedimento. Isto condiciona desde logo os poderes de gestão e representação dos gerentes – se deles extrapolarem, essa actuação não pode depois vir a recair nos seus efeitos sobre o património social. Mas se não extrapolarem deles, essa transferência pode determinar a redução do valor do património social, aferido no momento da inscrição e ocorrida no período intercorrente entre a escritura do pacto social e a personalização da pré-sociedade, para um valor aquém do montante nominal do capital social: nesse caso, porque os interesses que procuram balançar não passam pelo sacrifício da integridade do capital social, entra a "responsabilidade pelo défice" dos sócios.

Em suma, relativamente às operações necessárias para a constituição e não necessárias devidamente autorizadas pelo título da unanimidade, realizadas antes da inscrição, responderá o património social e sobre os sócios incide a regra predisposta a reintegrar as eventuais perdas de capital verificadas na fase de formação. Assim, chamavam-se a reintegrar o património social aqueles que, tendo autorizado as operações económicas não necessárias para a constituição da actividade, são os responsáveis pelas eventuais consequências danosas causadas pelo início antecipado da actividade económica. Se esses negócios não necessários forem celebrados por gerentes que actuem em nome da sociedade ainda não inscrita sem para isso terem poderes ou excedendo os poderes que lhes foram conferidos, nada justifica que o património social venha a ser onerado, antes devem ser esses mesmos gerentes que devem responder pelas obrigações derivadas desses actos pré-registais, isto é, nos termos gerais da al. 2 do § 11 da *GmbHG* [«Aqueles que actuam em nome da sociedade antes da inscrição, respondem pessoal e solidariamente»], excepto se depois a sociedade inscrita vier a assumir os efeitos de tais negócios[547-548].

---

[547] Para todos estes pontos de referência do direito germânico, cfr., entre outros, sempre com mais desenvolvimentos e várias referências jurisprudenciais, WOLFGANG THEOBALD, pp. 37 e ss; MARCUS LUTTER, "Haftungsrisiken bei der Gründung einer GmbH", *JuS*, 1988, pp. 1075 e ss; PETER ULMER, "Erster Abschnitt. Errichtung der Gesellschaft", loc. cit., § 11, *Rdn.* 25, ss, pp. 496-7, *Rdn.* 81, ss, pp. 519 e ss; MARCUS LUTTER/PETER HOMMELHOFF, "Il diritto delle imprese...", loc. cit., pp. 146-8; IDEM, *GmbH-Gesetz Kommentar*, ob. cit., § 11, *Rdn.* 7, pp. 135 e ss.

No direito italiano, relativamente à interpretação do art. 2331, § 2°, do *CCIt.*, falando relativamente aos que agiram em nome da sociedade de *representantes sem poderes*, e sustentando tal ratificação só para os "negócios não necessários", já que, relativamente às obrigações e encargos derivados das "operações necessárias" para a constituição da sociedade, esta deveria automaticamente assumi-las e reembolsá-las, cfr.

GIANCARLO FRÈ/GIUSEPPE SBISA, *sub* art. 2331, pp. 103-6; FRANCO DI SABATO, *Manuale delle Società*, ob. cit., pp. 155-6; GIAN FRANCO CAMPOBASSO, *Diritto Commerciale. 2...*, ob. cit., pp. 164-5; contra a necessidade de uma actividade de ratificação, seja para operações necessárias ou não necessárias, pois persiste sempre e definitivamente, para protecção da confiança de terceiros, a responsabilidade dos que agiram, cfr. SALVATORE TONDO, "Atti in nome di società di capitali non ancora iscritte", *RDComm.*, 1996, pp. 28 e ss; FRANCESCO FERRARA Jr./FRANCESCO CORSI, pp. 427-8 e n. (3).

Apesar de tudo, a vinculação da sociedade pelos actos de quem agiu em nome da sociedade não tem sido encarada pela jurisprudência italiana em termos absolutos, que não tem resolvido os conflitos de interesses originados pelo início antecipado da actividade social sempre de forma a imputá-los aos agentes, nomeadamente quando estes sejam "de facto" representantes sem poderes, quando seja operada uma actuação, explícita ou implícita, em nome da sociedade ou quando se trate de efeitos jurídico-reais. Sobre o assunto, *vide* o quadro de regras jurisprudenciais que governam os actos realizados entre a conclusão do negócio associativo e a inscrição no registo, anotado por ANDREA ZOPPINI, "Circolazione e recezione...", loc. cit., pp. 665-6, assentes em: "1) que não se assiste a um desvio na disciplina do *falsus procurator*, se quem age é completamente *estranho* à sociedade; 2) que a responsabilidade pessoal do agente pressupõe uma valoração de *conformidade* do acto realizado ao organismo societário; 3) que é tutelado o interesse do terceiro em concluir o contrato *com* a sociedade (e não com os seus administradores)" (sublinhado do Autor).

548 No nosso ordenamento, os trabalhos preparatórios da actual legislação societária consagravam as ideias essenciais nesta matéria da doutrina e jurisprudência germânicas, relativamente aos "negócios necessários" e aos "negócios não necessários" (cfr., relativamente aos arts. 16° e 17°, FERRER CORREIA/ANTÓNIO CAEIRO, pp. 27 e ss, em esp. pp. 35-6; FERRER CORREIA/VASCO LOBO XAVIER/ANTÓNIO CAEIRO/MARIA ÂNGELA COELHO, pp. 170-2, 182-4, relativamente aos arts. 18°, 30° e 31°; *vide* ainda esse expresso reconhecimento em FERRER CORREIA, "A sociedade por quotas ...", loc. cit., p. 675). Essas normas tiveram óbvia influência na *formulação literal* do art. 19°, responsável pela disciplina da assunção *ipso iure* e assunção voluntária dos efeitos (direitos e obrigações) decorrentes de actos e negócios realizados em nome da sociedade antes do registo. E o rasto dessa dicotomia permaneceu no teor da doutrina de NOGUEIRA SERENS, pp. 30-1. Segundo este Autor, esta norma deve ser interpretada retomando a distinção entre negócios "necessários" e "não necessários": os primeiros seriam apenas os que respeitam às despesas ou custos de constituição da sociedades previstos no n° 1 (parece-nos que se refere à al. a), atenta a sua relação com o art. 16°, n° 1), relativamente aos quais o património social responderia em virtude da assunção e desresponsabilizaria sempre os sujeitos referidos no art. 40°; os segundos referiam-se aos negócios determinados nas als. b) e c) do mesmo n° 1, bem como os redigidos pelo n° 2, e da sua qualificação se retirava, à imagem da doutrina da *Unterbilanzhaftung*, que o seu recebimento pela sociedade apenas libera a responsabi-

11.2. *O modelo adoptado: a configuração da sociedade pré-personificada como entidade dotada de* **subjectividade jurídica**

As ressonâncias destes modelos de compreensão da entidade societária antes do registo e a responsabilidade pelas suas vinculações não têm feito esbater as contradições insanáveis que o direito pátrio apresenta relativamente à conjugação da responsabilidade estatuída *de iure condito* para os sócios com a possível resposta do património entretanto constituído para ser titulado pela futura sociedade.

Uns propendem para a agressão em primeira linha desse património, através da invocação da sua excussão prévia[549], não sobrevalorizando a

---

lidade das pessoas indicadas no art. 40°, em virtude da assunção de *pleno direito* (n° 1) e/ou pelo *órgão competente* (n° 2), *se e na medida* em que a integridade do capital social nominal o permitir, porquanto, se tal não estiver salvaguardado, essas pessoas continuam responsáveis no exacto montante necessário para igualar o património social ao capital social.

Não obstante, foi o próprio FERRER CORREIA, últ. loc. cit., p. 676, a reconhecer que "no Código não se faz a distinção entre a categoria dos actos necessários e a dos actos não necessários", pois, na sua opinião, "não se atribui, portanto, a devida importância à conveniência de evitar que a sociedade surja, após o registo, com um património já diminuído, em virtude da realização de operações não necessárias, nem tão-pouco baseada numa deliberação unânime dos associados". E se a distinção feita no direito tudesco é legítima enquanto densificadora do regime da responsabilidade do passivo da *Vorgesellschaft*, cá a lei predispôs regime próprio e, se não seguiu essa discriminação que aí era adoptada expressamente, isso significa que a previsão da lei é, no intuito de rejeitar essa solução, manifesta e inequivocamente *indiferenciadora* – neste sentido, PAULO DE TARSO DOMINGUES, *Do capital social...*, ob. cit., p. 102, n. (337), observou certeiramente que o n° 3 do art. 19° remete indiscriminadamente para os diferentes negócios previstos nos anteriores números. Além do mais, uma tal escolha implica, a nosso ver, algumas refracções pouco confortáveis. Só para ilustração: deveremos considerarmo-nos no núcleo dos negócios "não necessários" quando falamos da conservação e desenvolvimento de uma empresa que já labora (al. b) do n° 1), ou, mesmo que o sejam, deveremos daí extrair efeitos quando esses negócios foram pelos sócios ratificados na escritura *ex tunc* ou aí autorizados *ex nunc* (als. c) e d) do mesmo n° 1)? Neste sentido contrário à admissibilidade da distinção entre a categoria dos actos necessários e a dos actos não necessários na previsão do art. 19°, cfr. ainda FAZENDA MARTINS, *Os efeitos do registo e das publicações obrigatórias na constituição das sociedades comerciais*, 1994, p. 51; COUTINHO DE ABREU, *Curso...*, volume II, ob. cit., p. 136, n. (108); MARIA ELISABETE RAMOS, "Constituição das sociedades comerciais", loc. cit., p. 53.

[549] Cfr. JOÃO LABAREDA, p. 196 e ss ("Doutro modo garantir-se-ia, em prejuízo dos credores particulares, uma protecção excessiva aos credores sociais que, em boa verdade, nem sequer se justificaria em atenção dos motivos e das expectativas que acompanharam o nascimento das dívidas sociais"); OLIVEIRA ASCENSÃO, *Direito Comercial. Sociedades*

possibilidade de, por esse modo, se potenciar a inferiorização do património perante o capital social. Evitar isto, para outros, torna-se critério reitor no sentido de se sustentar a responsabilidade exclusiva das pessoas referidas no art. 40º^{550}.

Tradicionalmente, a determinação de um regime de responsabilidade vigente antes do registo é fundamentada na urgência de pressionar os associados interessados a inscrever a sociedade o mais cedo possível, de forma a não prolongar uma situação indesejável (*Druckfunktion*). Todavia, não

---

comerciais, ob. cit., p. 146; FAZENDA MARTINS, *passim*, mas *vide* pp. 62 e ss; ANTÓNIO PEREIRA DE ALMEIDA, *Sociedades comerciais*, ob. cit., p. 163; COUTINHO DE ABREU, *últ. ob. cit.*, pp. 121 e ss (que aproveitaremos mais em pormenor ao longo da exposição seguinte).

^{550} Entre nós, apesar de se mover no campo da aceitação de uma *pré-sociedade* ou *sociedade em formação* antes do registo – apenas, parece-nos, no domínio das relações entre sócios, já que nesta circunstância estaríamos mesmo perante "uma verdadeira sociedade do tipo escolhido pelas partes (...), sujeita ao respectivo regime, com excepção das normas cuja aplicação pressuponha exactamente o prévio registo" (p. 26), na senda de FERRER CORREIA, "As sociedades comerciais no período da constituição", loc. cit., pp. 524 e ss; "A sociedade por quotas ...", loc. cit., pp. 674-5 –, e nela ver, nas relações com terceiros, "um *quid* não redutível às pessoas dos contraentes" titular do fundo patrimonial já eventualmente constituído, NOGUEIRA SERENS, pp. 27 e ss, propende para excluir a possibilidade de agredir, para os devidos efeitos de estatuição do art. 40º, o património da sociedade em formação ou pré-sociedade, face aos encargos aí em causa, com uma pertinente argumentação, ancorada no plano dos interesses perseguidos (no caso, o preenchimento da exacta formação do capital social no momento do nascimento da pessoa colectiva societária capitalística, porque se trata aqui de curar da "vida da sociedade"). A esta compreensão não foi alheio com certeza o espírito das normas reguladoras desta matéria nos Anteprojectos de Coimbra, que se voltavam para a irresponsabilidade do património social pelas dívidas contraídas durante o curso do *iter* constitutivo das sociedades. Neste contexto, *vide* o art. 9º, nº 1, do Anteprojecto de Lei das Sociedades Comerciais, a cargo de FERRER CORREIA/ANTÓNIO CAEIRO, que, a p. 62, enunciam como um dos seus objectivos "conservar o património da futura sociedade livre de encargos até ao registo, para que o capital da sociedade corresponda exactamente ao nominal declarado, protegendo-se deste modo a confiança de terceiros e os próprios sócios", e o art. 18º, nº 1, do Anteprojecto de Lei da Sociedade por quotas de responsabilidade limitada, a cargo de Ferrer Correia, Vasco Lobo Xavier, António Caeiro e Maria Ângela Coelho, por nós já conhecido no local referenciado; em perspectiva crítica, cfr. RAÚL VENTURA, "Adaptação do direito português...", loc. cit., pp. 14 e ss. Mas também nessa linha se devem inserir BRITO CORREIA, *Direito Comercial. Sociedades Comerciais*, volume II, ob. cit., p. 192; PUPO CORREIA, p. 456 ("os sócios responsáveis pelas dívidas sociais não podem invocar o privilégio de excussão prévia referido no art. 997º, nº 2, do C. Civ.").

seria essa a única *ratio* do estabelecimento de tal responsabilidade *ex lege*, uma vez que mais relevante seria criar um devedor perante o terceiro contraparte, a quem pudesse pedir contas, garantindo assim a protecção das expectativas de terceiros, de forma, acima de tudo, a neutralizar o risco de não surgimento da sociedade. Além de que a alternativa da aplicação do regime geral da representação sem poderes ou abuso da representação seria sempre imperfeita, já que o seu regime, conducente à ineficácia[551], não conduz a uma responsabilidade do representante *ilegítimo* ou *excessivo* pela execução do negócio jurídico[552].

Com este jogo de interesses por detrás do regime sobre que nos debruçamos nada pareceria mais legítimo do que excluir em absoluto a relevância do património já constituído como garantia dos créditos de terceiros. Ora, esta exclusão é um risco para os credores, e por este deverão apenas responder aqueles que o criam, isto é, os que agem e os que concordam com o início antecipado da actividade social[553].

Não obstante o poder destes argumentos, aparentemente enraizados na *ratio* da lei, esta posição conduz-nos, expressa ou implicitamente, a entender a sociedade como *inexistente* até ao registo[554]. Mas não nos parece razoável essa posição – inspirada até, ainda que involuntariamente, por um certo conceitualismo –, uma vez que o facto de a *sociedade-pessoa jurídica* ter que passar por um processo de constituição, antes de adquirir a personalidade jurídica com a inscrição registal, não obvia a que se constitua como organismo societário autónomo, naturalmente mais nítido a partir da formalização do respectivo título constitutivo (*maxime*, a escritura pública). Logo que reúna os elementos caracterizadores de uma sociedade comercial, podemos dizer que a sociedade

---

[551] Cfr. arts. 268º e 269º do CCiv.

[552] Para todo este ponto, cfr., a título exemplificativo, FERRER CORREIA/ANTÓNIO CAEIRO, pp. 62 e ss, esp. p. 64; FERRER CORREIA, "As sociedades comerciais no período da constituição", loc. cit., pp. 528-9; NOGUEIRA SERENS, pp. 23-4.

[553] Assim, FERRER CORREIA, últ. loc. cit., pp. 530-1.

[554] Esta percepção foi, em diferentes momentos, claramente assumida, também entre nós, por FERRER CORREIA/ANTÓNIO CAEIRO, p. 64, quando arquitectavam as normas pelas quais se definisse o sujeito a responder pelo cumprimento das obrigações emergentes dos negócios concluídos antes do registo: "algum sujeito diferente da sociedade, que *ainda não existe*" (sublinhado nosso); ademais, *vide supra* n. 531. Já com o CSC em vigor, RAÚL VENTURA, *Sociedades por quotas. Comentário...*, volume I, ob. cit., p. 214, a propósito da aplicação do art. 28º, nº 1, 2ª parte, no período de constituição da sociedade, reproduziu a ideia exactamente com os mesmos termos: "ainda não existe sociedade, ainda não pode haver deliberações de sócios...".

existe e está pronta a actuar como organismo independente dos seus fundadores. A isto acrescenta-se, pelo menos no período posterior à escritura pública, a reunião de um fundo patrimonial decantado do cumprimento das obrigações de entrada e/ou da existência de créditos relativamente a essas mesmas entradas, completado ainda pelos direitos e obrigações resultantes da actividade pré-regital, de que só a sociedade parece poder ser titular.[555]

Ora, esta configuração societária da entidade e a discriminação patrimonial envolvem, não uma situação de pousio, mas antes a capacidade jurídica da sociedade, que a lei depreende nos arts. 36º, nº 2, e 38º a 40º, que continuará depois do registo, necessária para o preenchimento das necessidades organizatórias da restante fase constitutiva e para a participação no tráfico jurídico *medio tempore*. Isto é, na representação da sociedade *pré-pessoa jurídica* pelos seus administradores designados e na entrega para utilização dos bens *da sociedade* atribuídos pelos sócios, na possibilidade de iniciar (ou continuar) a sua actividade económico-mercantil e assim adquirir a qualidade de comerciante[556], na susceptibilidade de encetar relações jurídicas cartulares, na aquisição de bens, direitos e participações sociais, não se encontram razões para duvidarmos que o caso é o mesmo da sociedade *futura*, só que ainda desprovida de personalidade jurídica.

Com isto, através do reconhecimento da *sociedade-entidade*[557] antes de finalizado o processo conducente à aquisição da personalidade jurídica, está a admitir-se a antecipação na sociedade pré-regital da "organização capitalístico-corporativa da sociedade-pessoa jurídica (distribuição capitalístico-corporativa das competências)"[558]. Com o que se confere um

---

[555] Neste sentido, cfr. COUTINHO DE ABREU, *Direito Comercial. Relatório...*, ob. cit., p. 54; IDEM, *Curso...*, volume II, ob. cit., pp. 88-90, 119, 122, 133 e 167.

[556] Assim, COUTINHO DE ABREU, *Curso...*, volume I, ob. cit., pp. 129-31; expressamente contra, cfr. PUPO CORREIA, p. 455.

[557] *Vide supra* Capítulo II, ponto 9.1., em esp. n. 329.

[558] GIUSEPPE PORTALE, "Conferimenti in natura...", loc. cit., pp. 49.

Registe-se que Portale (neste estudo, em particular a pp. 32 e ss, 57-8) se destaca hoje em Itália por, aproveitando os ensinamentos da evolução jurisprudencial alemã e contra a corrente maioritária, considerar a sociedade ainda não inscrita como existente e defender a admissibilidade de uma *sociedade preliminar*, como tipo intrinsecamente transitório e "momento (organizativo) necessário da sequência procedimental que conduz à formação da sociedade pessoa-jurídica". Para esta doutrina, a regulamentação da constituição societária no ordenamento italiano (em particular, os arts. 2331, § 1º, 2329, § 2º, 2330, § 2º, 2338, § 2º, 2342, § 2º, *in fine*, 2328, § 1º, todos do *CCIt*.) baseia inelutavel-

elemento de *continuidade* entre a sociedade, antes e depois do registo, a que, com este, se junta a *novidade* resultante da concessão da personalidade jurídica e da individualização do regime jurídico que pertence ao mecanismo societário personificado[559].

---

mente a asserção de que já antes da inscrição no registo se deve atribuir relevo *real* (metaindividual) ao contrato, pelo qual se pressupõe a existência de uma sociedade para a qual sugerem essas normas apenas excertos da disciplina societária. Destarte, o reconhecimento da sociedade preliminar deriva da existência regulamentativa de indícios normativos que tornam a sociedade preliminar uma antecipação da estrutura societária futura, a que se imputam as perdas patrimoniais que se devam determinar no período precedente à inscrição. Em sentido muito próximo vemos a intervenção de ORLANDO DE CARVALHO, quando, no seu ensino oral (Curso de Direito Comercial, F.D.U.C., Ano Lectivo 1993-94), sustentava que a sociedade de capitais *irregular* se distinguia, entre o momento da formalização e o momento do registo constitutivo, por emitir uma "ante-projecção em *feed-back* do ente colectivo, no período anterior ao seu aparecimento definitivo".

[559] Esta interessante terminologia corresponde à resposta mais moderna da doutrina alemã, impulsionada pelos termos da decisão do **BGH** de **9.Março.1981,** para explicar a relação entre a *Vorgesellschaft* e a sucessiva sociedade-pessoa jurídica. Referimo-nos à teoria da identidade ou da continuidade, segundo a qual, em traços largos, ambas as entidades são idênticas na estrutura e existência, tratando-se assim sempre de uma mesma *Personenverband*, à qual com a inscrição é apenas conferida uma especial e adicional qualidade, a *Rechtsfähigkeit*. No que mais interessa, a transição para a entidade já personalizada dá-se por um fenómeno de transformação por modificação da forma jurídica do titular do património e dos direitos e obrigações adquiridos e contraídas, sem que se vislumbre qualquer fenómeno de tipo sucessório: *vide*, por todos, KARSTEN SCHMIDT, *Gesellschaftsrecht*, ob. cit., pp. 310-12, 314-15, 1027-8 (criticamente, cfr. PETER ULMER, "Erster Abschnitt. Errichtung der Gesellschaft", loc. cit., § 11, *Rdn*. 10, p. 488), com apoio em Itália de GIUSEPPE PORTALE, últ. loc. cit., pp. 48-50, 58-9 (e reconhecimento em CARLO ANGELICI, *La società nulla*, ob. cit., pp. 156, n. (90), 158), e, em Espanha, de SÁNCHEZ ALVAREZ, pp. 341 e ss. Esta concepção tem o principal relevo de nos permitir enquadrar com facilidade a *continuação* e *consolidação* da titularidade do complexo patrimonial existente para a sociedade registada e esclarecer inequivocamente que os credores pessoais dos sócios fundadores não podem agredir os bens que sejam afectos ao património da sociedade antes do registo.

Note-se que, por determinação do art. 37°, as relações internas entre os sócios e entre estes e a sociedade (consubstanciadas *grosso modo* na organização e funcionamento da sociedade que não implicam o relacionamento com terceiros) são quase coincidentemente reguladas pelo regime aplicável depois de registado o acto constitutivo da sociedade. Mas atente-se igualmente que as ressalvas aí feitas, ou são de difícil descoberta, porque se referem aos preceitos que pressupõem o acto definitivamente registado – assim, COUTINHO DE ABREU, *Curso...*, volume II, ob. cit., p. 118, n. (59) –, ou exigem o consentimento unânime dos sócios (para a transmissão das participações e as modificações

Aliás, a não presença da personalidade jurídica nem será decisiva em termos dogmáticos, uma vez que, para os efeitos pretendidos no *iter* antes da personificação, não há necessidade de dar importância à sua falta, "enquanto conceito expressivo de autónoma subjectividade (de separação da esfera jurídica da pessoa colectiva da de outras pessoas – membros ou não daquela"[560]). A sua presença não se deverá exprimir, portanto, como um requisito decisivo da condição jurídica da sociedade, antes como um pressuposto, promotor de diferenças, da disciplina jurídico-legal respectiva[561]. Assim, bastará identificar a sociedade *pré-personificação*, na esteira de COUTINHO DE ABREU, como um ente não personalizado dotado de *subjectividade jurídica*[562], e, fundamentalmente, concretizado na

---

do pacto), que naturalmente não se aplicam à SQU. Logo, em matéria de orgânica interna, a SQU, se tiver sido formalizado o negócio constitutivo por escritura pública, funciona, entre sócio e sociedade, *primo conspectu*, tal como se fosse já pessoa jurídica societária.

[560] COUTINHO DE ABREU, *Da empresarialidade*..., ob. cit., p. 203.

[561] Uma outra passagem de COUTINHO DE ABREU impõe-se aqui para solidificar as ideias, recolhida no seu *Direito Comercial. Relatório*..., ob. cit., p. 65: "... marca-se que a disciplina societária aplicável na fase pós-aquisição da personalidade é fundamentalmente determinada pela lei, não essencialmente deduzível do conceito de pessoa colectiva, não se impõe pelo facto de a sociedade ter adquirido em certo momento personalidade (*v. g.*, poderia o legislador consagrar a autonomia patrimonial perfeita antes de reconhecer a sociedade como pessoa, poderia o legislador atribuir a personalidade antes do registo do acto constituinte e consagrar a autonomia patrimonial somente a partir do registo)...".

[562] Sempre com apoio normativo, cfr. *Da empresarialidade*..., ob. cit., pp. 201-2, e *Curso*..., volume II, ob. cit., pp. 122-3, 166-8.

Também no direito comparado se utiliza esta categoria da subjectividade jurídica, ainda que mesmo esses apontem limitações e precisões exigidas pela peculiar disciplina dos entes a que se aplica, para admitir a existência de organizações susceptíveis de serem centros autónomos de relações jurídicas que, apesar disso, não são pessoas jurídicas por decisão do legislador: *vide* FRANCESCO GALGANO, "Struttura logica...", loc. cit., pp. 598 e ss, em esp. pp. 614-15, num esforço de a delimitar como categoria geral dos grupos organizados; GIOVANNI PELLIZZI, "Soggettività giuridica", *Saggi di diritto commerciale*, 1988, pp. 67 e ss; PIER GIUSTO JAEGER/FRANCESCO DENOZZA, pp. 135-6, ss. Na doutrina nacional, veja-se o elenco de técnicas jurídicas de tratamento de interesses colectivos para além da *personificação* empreendido por CARVALHO FERNANDES (*vide supra* n. 2, para rever a indicação bibliográfica da sua *Teoria Geral*..., volume I). De todas elas, parece-nos, por uma razão de *identidade* com as sociedades civis simples, quando não sejam pessoas colectivas, e ainda pelo facto de as entidades não personificadas mas titulares de personalidade judiciária merecerem tal enquadramento a p. 439, que a situação das sociedades não personalizadas mereceria do Autor a qualificação de entidades modeladas por uma esquema de *unificação do colectivo*.

capacidade negocial de gozo e de exercício de direitos, bem como na personalidade e capacidade judiciárias[563].

Ver, por isso, esta entidade já societária como um centro autónomo de imputação dos interesses que congrega e dos actos praticados em seu nome (fazendo nascer direitos e vinculações que nele se sustentam como expressão de uma actividade distinta da actividade dos sócios ou dos seus agentes e representantes[564]), sobre a base de um património social a que se vinculam os poderes e as obrigações desses actos resultantes[565], assegura uma compreensão nítida em relação a quem se imputam esses direitos e obrigações da sociedade subjectivada, ainda que como pessoa jurídica *in fieri*, em contraponto à *personalidade jurídica* dos sócios e aos seus patrimónios.

Claro que a exacta formação do capital social constitui um princípio cogente do direito societário, que resulta da concatenação de várias normas do respectivo ordenamento, *maxime* os arts. 25º e ss[566]. A lei preocupa-se com a existência, valor e realização das entradas, a fim de haver uma coincidência entre a cifra capitalística e o valor do património constituído pelas entradas a que os sócios se vincularam e que baseiam o valor do capital. Será este o alcance do princípio e, por isso, se deve distingui-lo da ponderosa conservação da intangibilidade e efectividade do capital social[567]. Se os destrinçamos, não podemos arvorar o primeiro a argumento destinado a desonerar em absoluto o fundo patrimonial constituído antes do registo *ou* impor aos sócios, reportando ao momento do registo, uma obrigação de cobrir a diferença entre o valor patrimonial líquido e a cifra de capital indicada no pacto[568].

---

[563] *Vide* arts. 6º, al. d), e 9º, do CPC; depois cfr. ANTUNES VARELA/MIGUEL BEZERRA/SAMPAIO NORA, *Manual de Processo Civil*, 1985, pp. 109-10, e n. (3), 113-15.

[564] E a personalidade jurídica não é necessária, na senda de COUTINHO DE ABREU, *Direito Comercial. Relatório...*, ob. cit., p. 65, para a sociedade adquirir a propriedade dos bens, poder ter conta bancária, ter capacidade para requerer actos de registo, ter capacidade para responder por actos ilícitos civis, por contra-ordenações e crimes, etc.

[565] Deste modo, por todos, cfr. JOÃO LABAREDA, p. 194. No direito comparado, cfr. ANDREA ZOPPINI, "Circolazione e recezione...", loc. cit., p. 664.

[566] *Vide supra* n. 545.

[567] Cfr. PAULO DE TARSO DOMINGUES, *Do capital social...*, loc. cit., pp. 103 e ss, 117 e ss.

[568] Entre nós, discute-se se os termos da normatividade pertinente não aconselha à adopção de um modelo proibitivo da oneração do património social quando manifesta uma precipitação do dever de cobrir as perdas patrimoniais até ao valor do capital nominal declarado. Assim será para quem veja na parte final do art. 19º, nº 3 [«A assunção pela

De facto, não consideramos que o móbil do modelo que procuramos (e da definição da operatividade do nosso art. 40°) seja a concretização desse princípio da exacta formação do capital social, de maneira que,

---

sociedade dos negócios indicados nos n.ᵒˢ 1 e 2 retrotrai os seus efeitos à data da respectiva celebração e libera as pessoas indicadas no art. 40.° da responsabilidade aí prevista, *a não ser que por lei estas continuem responsáveis»* (sublinhado nosso)], uma refracção da *Differenzhaftung* introduzida pelos tribunais alemães, como é o caso de NOGUEIRA SERENS, pp. 30-1 (*vide supra* n. 548). Esta corrente encontrou eco junto de PAULO DE TARSO DOMINGUES, *Do capital social...*, ob. cit., p. 100-2, embora acabe por considerar discutível a consagração da teoria da "responsabilidade pela diferença" no seu mais recente "O regime jurídico...", loc. cit., pp. 985 e 991, n. (84)

Expressamente contra tal interpretação se manifesta COUTINHO DE ABREU, *Curso...*, volume II, ob. cit., pp. 136-7. Resumindo o mais relevante. Por um lado, pela adopção de um modelo de sociedade em constituição do qual importamos o essencial – uma sociedade-entidade dotada de subjectividade-capacidade jurídicas, que continua e se consolida patrimonialmente no momento da personificação – e pela precisão do exacto alcance do que significa a exacta formação do capital social no momento da formalização notarial. Por outro lado, pela dificuldade de encontrar "a lei" a que a parte final da norma se refere, que não podia ser outra que não aquela que, confirmando a responsabilidade do património da sociedade, impusesse tal responsabilidade de cobrir a diferença aos sócios (como faz o art. 15, n° 4, em articulação com o n° 2, da *LSAE*: *vide*, sobre essa relevância no direito espanhol, JIMÉNEZ SÁNCHEZ, p. 679; FRANCISCO GARDEAZÁBAL DEL RÍO, "La sociedad de responsabilidad limitada antes de la inscripción en el Registro Mercantil: la sociedad en formación y la sociedad irregular", in GARRIDO DE PALMA [*et all*.], *La sociedad de responsabilidad limitada*, tomo I, 1995, pp. 247-9; GARCÍA-CRUCES GONZÁLEZ, *La sociedad de capital en formación*, 1996, pp. 153 e ss, 171 e ss).

Depois, Coutinho de Abreu esclarece o plausível sentido da parte final do n° 3 em causa, cuja ressalva se aplica, como será o caso das hipóteses previstas nos arts. 198° (estipulação convencional de uma responsabilidade directa dos sócios para com os credores sociais nas sociedades por quotas), 465°, n° 1 (responsabilidade ilimitada dos sócios comanditados nas sociedades em comandita por acções), e arts. 488°-491°, 493° e ss, 501° (responsabilidade dos sócios-sociedades totalmente dominantes ou directoras), às situações em que por lei os sócios permanecem responsáveis pelas dívidas sociais, depois de registado o contrato de sociedade. Também MARIA ÂNGELA COELHO, no seu ensino oral, decide por aí integrar "os sócios que mantêm responsabilidade pessoal mesmo depois do registo da sociedade" [cfr. PAULO DE TARSO DOMINGUES, *Do capital social...*, ob. cit., pp. 101-2, n. (335)]; em sentido idêntico, FAZENDA MARTINS, p. 55, ao dizer que o alcance do que interpretamos "parece ser apenas o de prever a actuação de normas especiais extensivas da responsabilidade, nos tipos de responsabilidade limitada".

Finalmente, aponta-se a clara contradição entre a responsabilidade de que trata o art. 19°, n° 3, que é uma responsabilidade perante terceiros, enquanto a *Differenzhaftung* é, como sabemos, uma responsabilidade *perante a sociedade*. E, de facto, importa bem destacar que a contradição parece condenar ao fracasso qualquer tentativa de introduzir tal in-

mesmo quando atacado, se chamem a reintegrar o património social aqueles que, tendo dado o consentimento, expresso ou tácito, para a celebração das actividades operadas, são por isso mesmo responsáveis pelas eventuais consequências danosas referentes à promoção antecipada de uma actividade negocial em nome e por conta da sociedade. Note-se, ao invés, que a preocupação de tutelar terceiros e a sociedade através da integralidade do capital social é garantida pelo notário, responsável pelo controlo da realização das entradas[569]. De modo que esses interesses tutelados desaparecem em grande medida depois da escritura da sociedade, já que após essa outorga cessam as expectativas, com o fluir da actividade jurídico--negocial, na coincidência entre o capital e o património[570].

Ora, se a sociedade antes do registo não é inibida de agir no mercado e entabular relações negociais, o que é depreendido pela lei, fá-lo com o seu património, uma vez fiscalizados os preceitos relativos à formação e existência do capital[571]. E foi para isso que ele foi reunido, sofrendo natu-

---

fluência nos nossos dados normativos. Ora, se o que nós pretendemos averiguar é exactamente a intervenção e a medida da responsabilidade dos sócios fundadores pelas operações realizadas na fase precedente à inscrição, em face de terceiros estranhos à pessoa jurídica social, esta é sempre uma responsabilidade *externa*, em face dos credores sociais, ao contrário da *Unterbilanzhaftung*, que se assume como uma responsabilidade *interna*. Além de tudo, não parece razoável impor a sócios, que buscam a ilimitação de responsabilidade com a adopção do instrumento societário para a realização da sua *performance* económica, antes mesmo do nascimento do ente personificado, uma responsabilidade pessoal como efeito automático da inscrição registal, pelo *deficit* entre o património e o capital, quando ainda pode vir a responder *ex lege* perante terceiros. Se considerarmos mesmo que essa diferença necessitada de neutralização ultrapasse já o montante de capital social (o que até dependerá do valor capitalístico indicado...), então podíamos chegar à situação extrema de a *Differenzhaftung* superar o valor das entradas a que os sócios se obrigaram. Não nos parece que possamos, atento o objecto da sua confiança, proteger os credores, ainda que correspondentes a diferentes fases da vida da sociedade, de tal modo que, sem fundamentação de peso contrário, coloquemos os sócios numa posição insustentável e lesiva das suas expectativas quando recorrem a um mecanismo societário. Em sentido crítico da contradição, cfr. ULRICH HUBER, pp. 290 e ss; GIUSEPPE PORTALE, "Conferimenti in natura...", loc. cit., pp. 60 e ss.

[569] Cfr. arts. 25º, nº 1 (com referência ao art. 28º), 26º, e 202º, nºs 2 a 5.

[570] Nesta linha, cfr. FAZENDA MARTINS, p. 55, n. (89); COUTINHO DE ABREU, *Curso...*, volume II, ob. cit., pp. 124, 136-7.

[571] Parece-nos evidente que, no caso de SQU constituída por escrito particular, terá o conservador do registo comercial que fazer as vezes do notário no que toca ao controlo sobre o cumprimento desses preceitos. Na verdade, terá nesse caso uma força redobrada o âmbito preceptivo do art. 47º do CRC e as suas potencialidades para legitimar uma apre-

rais variações no fundo de direitos e bens que tem como característica nuclear a susceptibilidade de variar em montante e composição.

Naturalmente que é salutar que não seja gasto de tal forma que deixe de corresponder *em medida excessiva* à cifra do capital. Assim será sempre, aliás, na vida futura da sociedade. Mas isso não implica que tenhamos de entender que *aprioristicamente* o património não possa ser atacado, na medida em que o desenvolvimento de uma actividade antes do registo sustenta-se sobre o fundo comum de bens que os sócios já constituíram. Dessa actuação nascem direitos e contraem-se obrigações, que nesse mesmo fundo têm a sua *natural garantia*[572]. O fundo patrimonial foi constituído para ser usado e responder por esse uso, até porque, nesta fase, disso estão cientes os terceiros: "a actividade social anterior ao registo pode ocasionar diminuições (*bem como acréscimos*) patrimoniais e sabem que outras regras tuteladoras dos seus interesses já nessa fase vigoram (*v. g.*, a regra sobre a conservação do capital – arts. 31.º e ss – e sobre a responsabilidade civil dos administradores – arts. 71.º e ss)"[573].

Por seu turno, se o interesse essencial de um regime de responsabilidade pelos encargos pré-registais é o de tutelar a confiança dos terceiros, não nos parece que esta confiança envolva tal inviolabilidade patrimonial.

---

ciação pelo conservador da constituição de uma SQU [que, aliás, o art. 28º, nº 6, mesmo depois de o assunto passar pelo crivo do notário a propósito da fiscalização da correspondência entre património e valor das participações (veja-se o art. 25º, nº 1), parece atribuir-lhe *para todos os casos* em matéria de sindicação das entradas em espécie: neste sentido, cfr. PAULO DE TARSO DOMINGUES, *Do capital social...*, ob. cit., p. 95, n. (319)], pois nesse caso se concentra na inscrição registal, tal como foi objectivo de FERRER CORREIA e dos Anteprojectos que liderou, "o essencial das operações do controlo (preventivo) da legalidade da constituição da sociedade e da efectiva realização do respectivo capital" ("A sociedade por quotas...", loc. cit., p. 676). Por isso, concretizando, será ele que terá a incumbência de verificar o comprovativo do depósito do dinheiro depositado na conta corrente aberta em nome da sociedade para depositar as entradas dessa índole já realizadas ou exigir a declaração sob responsabilidade do sócio que o comprove, nos termos dos nos 3 e 4 do art. 202º, bem como conferir o relatório do revisor oficial de contas atinente às entradas em espécie (defendendo igualmente esta solução, cfr. COUTINHO DE ABREU, *Curso...*, volume II, ob. cit., p. 280).

[572] Neste sentido, cfr. JOÃO LABAREDA, p. 193. A única fiscalização, portanto, que se faz antes da constituição em *sede patrimonial* é "averiguar qual o capital social e a correspondência entre as entradas e o capital (p. ex., relativamente a uma sociedade por quotas com 50 000 euros de capital, o notário averiguará se o valor das entradas é pelo menos igual ao desse capital e se tais entradas estão já realizadas..." [COUTINHO DE ABREU, *últ. ob. cit.*, p. 125, n. (80)].

[573] COUTINHO DE ABREU, *últ. ob. cit.*, pp. 124-5, sublinhado nosso.

Ao terceiro tanto lhe faz quem paga ou o que paga, logo que seja pago e em tempo. O seu verdadeiro e real drama é o risco de insolvência e o de mora no pagamento do seu crédito. Portanto, ser o património social a pagar ou o património de quem agiu e autorizou (ou não) é irrelevante – na perspectiva desse terceiro. Melhor dizendo, até pode ser relevante, porque, pelo menos, quanto ao património já constituído, ele sabe que existe *ex vi legis* e, se for esse a responder, o credor não corre riscos quanto ao valor do seu montante nem quanto à sua consistência, porque se encontra excluído da concorrência dos credores pessoais dos sócios.

Na verdade, uma suposta insusceptibilidade de agressão dada pela proibição de vinculações prévias do património da sociedade *pré-regista*l parece-nos desaconselhável, pois, nesse caso, é que estaríamos a violar a *única* confiança de que o terceiro é portador: estar crente de que o seu contraente está caucionado por uma sociedade com um certo património (já que negociaram com a sociedade e não com aqueles que agiram em nome dela[574]) e depois, no que aos negócios correspondentes ao nº 2 do art. 19º diz respeito, se a sociedade não decidir ratificar o negócio nos casos em que dispõe dessa liberdade, *sair-lhe* o património do agente ou sócio que conduziram as negociações em nome da sociedade[575].

Este é, por nossa voz, o modelo *racional* de compreensão dos interesses que se movem à volta da sociedade (por quotas) *pré-pessoa jurídica*, se quisermos *funcionalizado* pela particularidade da situação do ente societário antes do registo. Mas também este parece-nos resultar hermeneuticamente confirmado por uma leitura sistemática dos preceitos

---

[574] Ainda se analisarmos o regime de vinculação da sociedade registada para com terceiros pelos actos dos gerentes (art. 260º, em particular o seu nº 2), poderemos reparar que, se depois do registo, se estatui a inoponibilidade em certas circunstâncias desses actos praticados em nome da sociedade por falta de poderes representativos, para que se alcance uma conveniente protecção das suas expectativas, num momento em que a sociedade foi já registada e feitas as publicações obrigatórias, tal inoponibilidade ainda mais se deverá assumir antes do registo, em virtude de durante esse período as expectativas depositadas pelo terceiro em ter contratado com alguém que actuou em nome de uma *sociedade* serem acrescidas. Neste momento, o terceiro julga na realidade estar a contratar com a sociedade (e, subsequentemente, a lidar com o património dela como garante preferencial dos seus créditos: para a tutela desta "convicção razoável", cfr. JOÃO LABAREDA, p. 194) e pretende, para todos os efeitos, que o sujeito com quem contratou seja a sociedade, e não o gerente, um representante *ad hoc* ou um sócio, como pessoas individuais e a responder só eles com o seu património pessoal.

[575] Para este último ponto, cfr. FAZENDA MARTINS, pp. 64-5, bem como COUTINHO DE ABREU, *últ. ob. cit.*, p. 127.

a que se aplica, como sabemos, os arts. 19º e 40º. Da sua simples apreensão – na última volta da viagem, agora com destino ao regime aplicável – deriva, tal como se entendeu, que a sociedade antes do registo se *materializa externamente* numa massa de bens, e é com esta que vai agir, tendo a sociedade *como referência*, "em defesa dos direitos existentes, desenvolvendo todas as iniciativas e promovendo todas as diligências necessárias à salvaguarda e à realização dos mesmos"[576].

De facto, em primeiro lugar, registámos que, logo após o negócio de sociedade ter sido objecto da forma pública, reuniu-se um acervo patrimonial relevante, composto pelas entradas dos sócios. Se há património, se há exigências de actuação social, parece o legislador entender que estão reunidas as condições para a sociedade formanda entrar no tráfico jurídico, adquirir direitos e assumir deveres. Para isso *escolheu* um elenco *taxativo* de factos jurídicos, no art. 19º, nº 1, dos quais nascem direitos e obrigações que são assumidos *automaticamente* por força da lei pela sociedade, independentemente de ratificação do órgão próprio da sociedade. Dessa feita, o legislador optou por se excluir do modelo que proíbe a oneração prévia ao registo do fundo patrimonial até aí agregado e a responsabilidade exclusiva dos agentes dos sócios e agentes que actuaram em nome da sociedade, pois, ao estatuir de modo imperativo, que, depois do registo, a sociedade passa a ser titular dos efeitos jurídicos dos actos praticados, sem possibilidade de pronúncia em contrário, legitima a prática desses actos como *verdadeiros actos para a sociedade*[577], sem possibilidade de se decidir em sentido contrário. Se assim não fosse, não se compreenderia por que razão a previsão do artigo se refere a assunção pela *sociedade*, num claro aviso de que o complexo de relações jurídicas até aí tituladas se referem à sua esfera jurídica, e não à esfera pessoal dos sócios e de quem agiu em nome da sociedade[578].

Então, para quê se pronunciou nesse momento a lei? Somente para qualificar certos actos como *exclusivamente* vinculantes da sociedade, responsabilizando-a pelos direitos e obrigações que já a si se referiam no preciso momento em que esses efeitos se libertam por mera consequência da inscrição no registo, mas sem *a ajuda complementar* dos sujeitos referidos no art. 40º, nº 1[579].

---

[576] JOÃO LABAREDA, p. 195.
[577] Assim, FAZENDA MARTINS, p. 51.
[578] Continuamos a seguir FAZENDA MARTINS, p. 52.
[579] A favor de uma responsabilidade *concorrente* entre o património da sociedade e o património das pessoas mencionadas no art. 40º pelas obrigações que se subsumam nos

Além desse ponto, a sua articulação com o nº 3 indica que os efeitos desses negócios retrotraem-se à data da sua celebração, o que demonstra com mais vigor que esses negócios já *eram* da sociedade, mas a falta de personalidade jurídica, que não a impede de actuar no mercado, apenas legitima que os *consolide como seus* depois do registo constitutivo[580].

Em segundo patamar de análise, não se olvide o que a doutrina tem reparado ao olhar para a medida da responsabilidade dos sócios indicados na 2ª parte do nº 1 do art. 40º: se eles se responsabilizam até às importâncias das entradas, é porque os credores podem exigir a realização total das suas entradas, a fim de que a sociedade disponha dos meios patrimoniais para cumprir as obrigações e esses sejam chamados a responder[581].

---

actos a que se refere o art. 19º, no período compreendido entre a escritura e o registo, ficando a sociedade por elas *exclusivamente* responsável depois do registo, cfr. PAULO DE TARSO DOMINGUES, *Do capital social...*, ob. cit., pp. 97 e ss, em esp. pp. 99, 102 e n. (339). A consequência visível da diferença é a de que, depois do registo, só se pode demandar a sociedade, enquanto que, antes do registo, se podia exigir o cumprimento de tais obrigações a uma das pessoas que agiu ou a um sócio que consentiu, podendo este, depois do registo, exigir o regresso do que reembolsou indevidamente. Em sentido similar, cfr. COUTINHO DE ABREU, *Curso...*, volume II, ob. cit., pp. 135-6: "se algum dos sujeitos liberados da referida responsabilidade tiver cumprido alguma obrigação *social* contraída antes do registo terá o direito de exigir da sociedade o equivalente daquilo que prestou", com sublinhado nosso.

No direito comparado, sem positivação normativa, também se sustenta que, mesmo que um credor venha a demandar o cumprimento de uma qualquer obrigação contraída antes do registo, em virtude da assunção automática e exclusiva dessas obrigações pela sociedade registada, pode o sujeito responsável (sócio ou não) que tenha pago o *quantum* em falta vir a exigir da sociedade esse montante: cfr. MARCUS LUTTER/PETER HOMMELHOFF, *GmbH-Gesetz Kommentar*, ob. cit., § 11, *Rdn.* 22, p. 143; GIUSEPPE PORTALE, "Conferimenti in natura...", loc. cit., p. 57, n. (125).

Registe-se que Paulo de Tarso Domingues reclama para todo o restante leque de encargos pré-registais (excepto se se tiver mobilizado a faculdade condicional do nº 2 do art. 40º) uma responsabilidade exclusiva das pessoas nomeadas no art. 40º, mesmo depois de o registo ter sido observado. Por sua vez, esta derradeira posição é defendida por COUTINHO DE ABREU, *ibid.*, pp. 127-8, apenas para as obrigações insusceptíveis de serem assumidas pela sociedade, ao abrigo do disposto no art. 19º, nº 4.

[580] Favorável a este ponto, em crítica ao argumento possível de que o art. 19º, regulando a assunção de direitos e obrigações, estaria a denunciar que a sociedade não era antes do registo sujeito titular desses direitos e obrigações, cfr. COUTINHO DE ABREU, *últ. ob. cit.*, p. 126.

[581] Neste sentido, MARIA ÂNGELA COELHO, de acordo com o respectivo ensino oral relatado por PAULO DE TARSO DOMINGUES, *Do capital social...*, ob. cit., p. 97, e COUTINHO DE ABREU, *últ. ob. cit.*, pp. 126-7.

Em última análise, demonstremos ainda algo mais. O facto de se responsabilizar quem agiu em *representação* é um importante indício de que se reconhece uma *entidade representada*, e não de que a lei defere a responsabilidade apenas aos agentes, excluindo o património social, pelo facto de não haver ainda pessoa jurídica[582]. Mesmo que se desconfie que o art. 40º, nº 1, abrange ainda as situações de representação imprópria, a eventualidade não nos impressiona, porque mesmo a representação própria pode degenerar, na sua actuação concreta, para as patologias decorrentes da falta de poderes para um acto não especificado no âmbito dos poderes representativos ou de abuso dos poderes atribuídos. Não obstante isso, continua a haver um fenómeno representativo, viciado é certo, mas ainda assim supostamente representa-se um ente distinto do representante, que "é algo que está para além deles; é um «quid» por quem eles agem"[583].

Depois de tudo, qual será o significado do art. 40º, nº 1, neste contexto de saber quem é responsável pelas obrigações sociais assumidas antes do registo? Por nós aferido à luz da afirmação de uma sociedade pré-personificada e dotada de subjectividade jurídica, antecipadora do esquema organizativo-legal *completo* da futura pessoa jurídica, apenas vem dizer *algo mais* do que já deveríamos aceitar, *id est*, a responsabilidade com o seu património da sociedade *pré-pessoa jurídica* por uma actividade *já* social (pelos débitos acumulados).

Em que termos? Acrescentando a responsabilidade das pessoas referidas aí para reforçar a garantia patrimonial dos terceiros que contrataram com a sociedade[584].

Como? Respondendo, simultânea e solidariamente, o património dos sujeitos referidos na 1ª parte do nº 1 com o património social[585]. Depois,

---

[582] FAZENDA MARTINS, pp. 62-3.
[583] JOÃO LABAREDA, p. 192.
[584] Não resistimos a transcrever neste momento a súmula argumentativa de COUTINHO DE ABREU, *Curso...*, volume II, ob. cit., p. 127: "Os negócios são realizados *"em nome da sociedade"*. Natural, portanto, que os *terceiros* participantes nesses negócios *confiem* ser o património social garante dos seus créditos, nada aconselhando que se defraude essa confiança. Porém, dado não haver ainda registo (...), impõe a lei a responsabilidade de sócios e/ou de quem actua em nome da sociedade. É uma responsabilidade que *deve acrescer* – não substituir ou impedir – à responsabilidade da sociedade; *a tutela dos credores exige o reforço* da responsabilidade, não a sua diminuição" (itálico como no original).
[585] Quem defende a solidariedade e a simultaneidade da responsabilidade do património social e do património dos sócios ou gerentes ou representantes que agiram em nome da sociedade, bem como dos sócios que consentiram no negócio, é MARIA ÂNGELA COELHO, tal como é referido por PAULO DE TARSO DOMINGUES, *Do capital social...*,

se esta massa responsável solidariamente não chegar para satisfazer os débitos acumulados, entrará na liça o património dos sujeitos mencionados na respectiva 2ª parte, nas circunstâncias aí descritas.

11.3 *A operatividade da remissão para os arts. 40º e 19º*

Interpretado o preceito que interessa ao regime da SQU, importa agora fornecer uma possibilidade da sua interpretação quando a actuação social pré-registal que se mobilize respeite a uma situação de unipessoalidade quotista.

Pode reparar-se, *primo conspectu*, que a previsão legal, quando a pretendemos requisitar para a SQU, inclui na sua redacção sócios a mais para

ob. cit., p. 96, assim como este último, extraindo consequências distintas conforme estivermos perante negócios respeitantes à previsão do art. 19º (responsabilidade concorrente e solidária como a defendida em texto) e negócios fora dessa previsão (responsabilidade exclusiva das pessoas previstas no art. 40º, nº 1). Também COUTINHO DE ABREU, *últ. ob. cit.*, p. 129, e n. (92), entende que os sócios responsáveis nos termos do art. 40º, nº 1, 1ª parte, bem como os administradores (de direito ou de facto), respondem solidariamente com as respectivas sociedades, fundamentando essa solidariedade (tal como antes JOÃO LABAREDA, pp. 196-8) na analogia com o disposto no art. 36º, nº 2, que remete por sua vez para o art. 997º, nºs 1 e 2, onde se iria buscar a faculdade de excepcionar a excussão prévia do património.

Chegados aqui, temos algumas reservas em conceber que essa solidariedade não funcione em pleno e haja a possibilidade de fazer responder o património social em posição privilegiada, e só depois os sócios autorizantes e os agentes representantes. Não parece que essa solução, retirada *a fortiori* do arts. 36º, nº 2, e 997º, nº 2, do CCiv., case bem com a (ainda assim) diferente mobilização de interesses que se colocam à sociedade não escriturada, que não faz chocar que o património se esboroe pela gula dos credores insatisfeitos, por via da acção tendente ao cumprimento coactivo das obrigações emergentes do exercício da actividade então empreendida pelos sócios, e aqueles que se encontram numa fase mais adiantada e consolidada da vida da sociedade escriturada e ainda não registada, tendo já incutido no tráfico uma certa solidez (inclusive patrimonial), embora sem que tal signifique que esse não possa ser consumido (ou expandido). Para além disso, parece-nos que a responsabilidade subsidiária das pessoas enumeradas na 2ª parte do nº 1 em referência se coaduna melhor com a compreensão de a massa patrimonial constituída e os patrimónios dos sujeitos referidos na 1ª parte do nº 1 do art. 40º responderem solidariamente, sem que aquela possa responder preferencialmente, pois aí entraríamos numa cascata de insuficiências patrimoniais sucessivas, quando a subsidiariedade da 2ª parte da norma apenas parece precaver a falta de bens de que a sociedade é credora ou que já saíram da sociedade. Esta responsabilidade parece ser a única subsidiária, pois esta é que poderá ser entendida como reforço *adicional* (alternativa) da garantia patrimonial dos terceiros: com a do património da sociedade eles já contavam como garantia *natural*; com a das pessoas previstas na 1ª parte, passam a contar em virtude do regime de garantia *legal* imposto pela norma.

se aplicar a uma disciplina em que nos surge apenas um único fundador da sociedade ou um só sócio remanescente na sociedade. O que nos obriga, numa primeira tarefa exegética, a excluir, no caso concreto, uma categoria: a do sócio *autorizante* ou a do sócio *não autorizante*, conforme as situações e para cada negócio individualizado. É a adaptação necessariamente conforme aos termos da importação do regime geral, em virtude da ausência da pluralidade de sócios. E é a solução mais razoável, porque a outra (levando à letra a parte final do art. 270º-G: «... salvo as que pressupõem a pluralidade de sócios») seria excluir *in limine* a aplicação do art. 40º, já que aí os termos da responsabilidade operada partiria de um pressuposto de pluripessoalidade.

Essa opção radical parece-nos descabida, não só porque é de entender que quando o legislador prescreve que serão de aplicar as normas que regulam as sociedades por quotas quereria dizer que também essas serão objecto de adaptação em sede aplicativa, mas sobretudo porque, se assim não fosse, ficaríamos com um vazio de regime que não seria fácil de preencher sem obstáculos de monta.

Observe-se, antes de mais, que o regime a adaptar pode cumular-se com o regime da responsabilidade civil dos gerentes, já que a responsabilidade do sócio fundador poderá advir da sua qualidade de sujeito que decidiu e perfeccionou a actuação jurídica levada a cabo na mora do procedimento constitutivo, isto é, enquanto gerente designado e, portanto, responsável *in re ipsa*[586]. Por outro, não se esqueça o que evidenciámos ao início. Poderá ser caso corrente que seja um estabelecimento comercial o objecto da entrada em espécie quando se constitui uma SQU. Nessa circunstância, as obrigações contraídas na exploração dessa empresa serão imputáveis exclusivamente à sociedade e afasta-se qualquer responsabilidade do sócio: assim manda o art. 19º, nº 1, al. b)[587].

Contudo, quando esse não for o cenário que nos é colocado, deverá o sócio único beneficiar dos termos do regime geral e poderá subtrair-se à responsabilidade fazendo-se valer do facto de não ter autorizado o negócio do qual deriva o crédito que se pretende satisfazer?

---

[586] Utilizando esta qualificação nessa circunstância, ILARIA CHIEFFI, "La s.r.l. unipersonale in formazione", loc. cit., p. 655.

[587] Nestes casos em que a empresa pertença antes ao sócio, assumirá importância fulcral o regime fiscalizador do art. 28º e, no caso de ele ter sido contornado pela via da aquisição do estabelecimento após a sua constituição, lamenta-se que não se aplique às sociedades por quotas o regime do art. 29º [neste sentido, cfr. PAULO DE TARSO DOMINGUES, *Do capital social...*, ob. cit., p. 77 e n. (244)].

Façamos, então, o mais fácil, que é ler a norma quando for aplicável à SQU. Com o mero ajustamento da letra da lei, o art. 40º preceitua:

«Pelos negócios realizados em nome de uma sociedade por quotas *unipessoal*... no período compreendido entre a celebração da escritura e o registo definitivo do contrato de sociedade respondem ilimitada e solidariamente todos os que no negócio agirem em representação dela, bem como *o sócio que [se] tais negócios autorizou; se o sócio não agiu no negócio em representação da sociedade nem os autorizou, responde* até às importâncias das entradas a que se *obrigou*, acrescidas das importâncias que *tenha* recebido a título de lucros ou de distribuição de reservas.»[588].

Lida assim a prescrição, tornar-se-á mais nítido o que importa resolver.

O modelo em que fundamos a posição antecedente resulta evidentemente numa responsabilidade dos representantes que actuaram em nome da sociedade e do sócio único que interveio ou autorizou os actos negociais em causa solidariamente com o património autónomo já formado pelas entradas efectuadas pelo sócio fundador. A responsabilidade do sócio único *actuante* ou *autorizante* será, assim, *externa* – pois é configurável em face de terceiros –, *ilimitada* e *solidária* – pois junta-se à responsabilidade patrimonial da sociedade *pré-pessoa jurídica*.

Isto significa que, com a adaptação pelo nosso direito da XII Directiva, deve entender-se que a aplicação do art. 40º, nº 1, por via do art. 270º--G, não ilude que o legislador ofereceu a possibilidade ao empresário individual de exercer o seu negócio mercantil em regime de limitação da responsabilidade através do instrumento jurídico de uma sociedade de responsabilidade limitada por quotas unipessoal, modificando através dela o regime ordinário de responsabilidade patrimonial individual. Mas essa possibilidade, como em qualquer outra sociedade pluripessoal, só actuará *incondicionalmente* a partir da inscrição da sociedade no registo comercial[589].

---

[588] Sublinhado colocado nas alterações pertinentes.

[589] E também assim o será quanto aos actos praticados antes mas assumidos *ope legis* pela SQU por força do nº 1 do art. 19º, que automaticamente liberta o sócio e as pessoas responsáveis pela negociação da sua responsabilidade. Sobre o ponto, lá fora, cfr. ILARIA CHIEFFI, "La s.r.l. unipersonale in formazione", loc. cit., pp. 705-6.

No direito comparado, sem dados legislativos precisos, afirma-se que a inscrição da sociedade (e, se for o caso, também a ratificação: sobre esta, cfr. GIUSEPPE FERRI Jr., "Tutela preventiva dell'impresa e atti in nome di società non iscritta", *Studi Mat.*, 1992--1995, pp. 7 e ss) produz o efeito de eliminar a responsabilidade do sócio único fundador

Porém, o regime pré-registal de responsabilidade pessoal ilimitada não é irremediável. O sócio único poderá a ela subtrair-se se demonstrar que não agiu em representação da sociedade ou que não autorizou o negócio concluído. Não obstante, tem-se defendido no direito comparado que a consideração da especial situação da unipessoalidade importa reter soluções mais rigorosas.

Dentro desta linha de raciocínio, é generalizadamente entendido que a actividade realizada por uma SQU antes do registo foi tomada no âmbito de um processo decisório protagonizado e/ou controlado pelo sócio único. O que, em virtude do funcionamento de uma presunção que sobre o sócio único recai respeitante à sua determinação exclusiva desse processo, conduz a que o sócio, enquanto único sujeito interessado na actuação negocial, tenha participado no procedimento realizado por outros em nome da sociedade ainda não inscrita. Assim, estaria excluída a possibilidade de invocar o seu desconhecimento das operações realizadas. Isto é, voltando à nossa norma, estaria excluída a possibilidade de invocar a sua não autorização como pressuposto para afastar a responsabilidade ilimitada de sócio autorizante.

De acordo com esta versão do problema, poderíamos ainda distinguir duas leituras. Uma que reflecte ser presumível que o mesmo sócio único tenha determinado todas as operações concretizadas até ao registo. Para outra vista, opta-se pela responsabilização do sócio único pelo próprio facto de ele ser sócio único e, por conseguinte, manipular e controlar insindicadamente o processo decisório, implicando isto que o sócio fundador, enquanto único sujeito substancialmente interessado no evento negocial, estaria inibido de demonstrar o seu desconhecimento das operações realizadas em nome da sociedade antes da inscrição[590].

---

e de quem agiu em nome da sociedade: cfr. SALVATORE TONDO, pp. 21 e ss, esp. a n. (81) a p. 23; ILARIA CHIEFFI, "La nuova s.r.l. unipersonale", loc. cit., p. 574; IDEM, "La s.r.l. unipersonale in formazione", loc. cit., pp. 705, 735-6. Em sentido contrário, cfr. CARLO IBBA, "S.r.l. unipersonale e responsabilità...", loc. cit., p. 615, que defende ser mais correcto sustentar que "o fundador responda (no que apenas respeita às operações realizadas em nome da sociedade antes da inscrição) sem limites de tempo, ou, dizendo melhor, prescindindo da inscrição, ou falta dela, da sociedade"; ROBERTO ROSAPEPE, pp. 40-1; GIAN FRANCO CAMPOBASSO, *Diritto Commerciale. 2...*, ob. cit., p. 514. Para o problema em geral, GIUSEPPE PORTALE, "Conferimenti in natura...", loc. cit., pp. 45, 56-7, e n. (125), recusa a primeira corrente (extinção da responsabilidade pré-registal com o registo) e sanciona a responsabilidade concorrente dos agentes, mesmo depois do registo, com a responsabilidade da sociedade.

[590] Esta espécie (ou espécies) de presunção *ex lege* foi avançada em Itália como um entendimento possível para a responsabilidade pré-registal do sócio único, depois de a

Com este fundamento, desde logo se responsabilizaria o sócio único na hipótese em que tivesse nomeado um ou mais gerentes e lhes tivesse determinado o cumprimento de um complexo de operações durante a fase formativa, pois seria presumível que aqueles que foram nomeados convencionalmente como gerentes tenham agido no interesse e sob as indicações do sócio fundador, porquanto relativamente a eles se sustenta estarem-lhes inequivocamente atribuídos poderes de representação da sociedade da parte do sócio fundador.

Porém, nem sempre os sujeitos que representam a sociedade antes do registo são os gerentes nomeados no pacto social. De facto, quando as operações referidas à sociedade antes do registo forem conduzidas e concluídas por sujeitos que nada têm a ver com a organização societária (um advogado ou um contabilista no exercício de um mandato ou de um contrato de prestação de serviços, um técnico de vendas, um representante da sociedade numa certa área geográfica de irradiação da empresa que se instala, etc.), poderá levantar algumas perplexidades responsabilizar ainda e de qualquer modo o património pessoal do sócio único quando se pratiquem actos que escaparam da sua actividade decisória e relativamente

---

Relazione do Decreto Legislativo nº 88, de 3.Março.1993, que aprovou o regime jurídico da sociedade de responsabilidade limitada unipessoal *ab origine* em Itália e dispôs que a responsabilidade daqueles que agiram em nome da sociedade fosse solidária com a do sócio fundador (art. 2475, § 3º, *CCIt.*), ter remetido a solução para o facto de se ter que predispor "um mecanismo adequado para conter os abusos que do instrumento da sociedade unipessoal poderiam derivar na fase antecedente à sua inscrição", fundamentado na asserção de uma norma "não ser mais que uma presunção *iuris et de iure* de que quem agiu em nome da sociedade ainda não inscrita seja um «instrumento» do único sócio". Levantando a proposição interpretativa, cfr., essencialmente, CARLO ANGELICI, "Società unipersonali: l'esperienza comparatistica", loc. cit., p. 898, que antes, a p. 897, já tinha levantada a hipótese de a prescrição italiana impor ao fundador "uma responsabilidade que em termos operativos substancialmente corresponde aos resultados que se pretendem obter com a afirmação de uma *Differenzhaftung*..." (o que foi expressamente recusado por GIUSEPPE PORTALE, "Conferimenti in natura...", loc. cit., p. 62, n. (136), por não existir qualquer relação entre a responsabilidade ilimitada dos sócios pelas operações concluídas em nome da sociedade antes do registo e aquela responsabilidade perante a sociedade). O entendimento descrito ao início foi depois *relatado* sucintamente por PASQUALE MACCHIARELLI, p. 993; *apoiado*, em oposição a uma tese segundo a qual "a responsabilidade do fundador se activaria apenas com a presença de um concurso do fundador na gestão", por CARLO IBBA, "S.r.l. unipersonale e responsabilità...", loc. cit., pp. 614-15, e por MARCO SPOLIDORO, "La legge sulla s.r.l. unipersonale", loc. cit., p. 104, quando reitera que "a responsabilidade do único fundador é de todo independente do ter participado nas operações, as ter autorizado ou conscientemente tolerado"; e *criticado* por FEDERICO

aos quais não se pronunciou, ou, mesmo que se tenha pronunciado, através de uma declaração tácita, não teve a percepção dos efeitos jurídicos produzidos por essa vinculação.

Nesses casos, mesmo assim, a responsabilidade do sócio fundador ainda se ancoraria no facto de que em todos os casos de desenvolvimento de operações económicas por parte de um terceiro (aquele que agiu), em nome da sociedade antes da sua inscrição, esse início antecipado da actividade económica surgia sempre imputável ao mesmo sócio fundador, agindo o terceiro por indicação desse[591].

Esta responsabilidade, grave e pesada, pessoal e ilimitada, que incide sobre o sócio único, dir-se-á, dependente apenas da circunstância puramente *objectiva* de se terem realizado operações e negócios em nome da sociedade ainda não inscrita por parte de quem agiu nessa qualidade – "portanto, independente da posição de gerente"[592] –, encontra-se manifestamente sediada na minoritária corrente da literatura germânica que assim a propugna (em concurso com a responsabilidade da sociedade como entidade jurídica de pleno direito e os indivíduos que actuaram em nome dela). Essencialmente por duas ordens de razões. Na realidade, a definição de um exclusivo interesse do sócio e respectivo domínio absoluto imporia, por razões de tutela do tráfico jurídico, coincidentes com os interesses dos credores sociais expostos a maior probabilidade de ocorrência de prejuízos nas relações entabuladas com uma sociedade desse tipo, que o sócio único, sempre que se verificasse o início antecipado da actividade social antes do registo, devesse ser sempre considerado ilimitadamente responsável. Por sua vez, também na Alemanha se via diferença entre a constituição plural e unipessoal no que respeita ao dever de cobrir as perdas até ao "arranque" da sociedade personificada. Ao contrário da actuação da *Unterbilanzhaftung* na sociedade pluripessoal, onde pelo menos haverá fiscalização do cumprimento dessa obrigação para com a sociedade pelos outros sócios, esse dever de reintegrar o capital social (*rectius*, o património social

---

TASSINARI, pp. 719-20 e n. (36), com base na reconstrução de carácter ficcional que a tal conduz e à evitável recondução do sócio único à figura do administrador de facto.

[591] Cfr., sobre o ponto, GIULIANA SCOGNAMIGLIO, "La disciplina...", loc. cit., p. 251, baseando essa presunção no facto de, à falta de outros sócios, existir uma possibilidade efectiva de o fundador influenciar e dirigir "passo a passo" a conduta de quem concretamente age em nome e por conta da sociedade ainda não inscrita. Também GIOVANNI CABRAS, p. 287, sustenta que "a responsabilidade não é só de quem agiu, mas também do fundador único que é parte do ordenamento social e que, em virtude da posição totalitária, está em posição de exercer um controlo sobre a actividade social".

[592] KARSTEN SCHMIDT, *Gesellschaftsrecht*, ob. cit., p. 1244.

"delapidado" pelo assalto dos credores) depois da constituição da sociedade é, sob um ponto de vista operativo, de fácil e provável inobservância pelo único sócio perante a sociedade, que é por si exclusivamente fundada e organizada. Logo, acabaria por se contribuir, numa situação em que o sócio era devedor e *dominus* do credor, para a formação de um organismo social cujo património era constituído, desde o início do seu funcionamento, por um crédito de cumprimento(-reivindicação) extraordinariamente incerto e duvidoso[593].

Para a tornear, defende-se que a irrazoabilidade dessa responsabilidade deverá ser superada por uma interpretação hábil, destinada a restringir o núcleo dos representantes da sociedade àqueles que foram nomeados formalmente gerentes no acto convencional, ou àqueles que a representaram sob indicação do único sócio fundador (através de uma procuração com poderes especiais, de um contrato de mandato ou de outro negócio atributivo de poderes idóneos), de forma a isentar a responsabilidade pessoal do fundador por factos vinculativos para a sociedade pré--inscrita, protagonizados por sujeitos diversos daqueles que actuaram sob a égide das suas instruções. Com tal expediente, abstraíamo-nos do vínculo de pertença posicional ou não à organização societária.

Ao invés, o que seria relevante para aferir a responsabilidade objectiva, ilimitada e solidária do sócio fundador era denominar a actividade dos sujeitos que representaram a sociedade como uma actuação *inequivo-*

---

[593] Repare-se que as "diferentes" condições de responsabilidade no estado de constituição de uma *Einmann-Vor-GmbH* não é afectado pela querela em redor da natureza jurídica da organização constituída unipessoalmente, vendo-se ambas as correntes a pugnarem pela responsabilidade ilimitada do sócio-fundador. Neste sentido, cfr., essencialmente, KARSTEN SCHMIDT, "Einmanngründung und Einmann-Vorgesellschaft", loc. cit., pp. 561-2; IDEM, *Gesellschaftsrecht*, ob. cit., pp. 1243-4; UWE JOHN, "Zur Problematik...", loc. cit., pp. 509 e ss (que, um pouco mais deslocado do assunto, a pp. 513-14, chega a propor, nomeadamente no caso de se seguir a regra adoptada para as sociedades plurais, em consequência das reservas formuladas relativamente ao cumprimento da responsabilidade do défice pelo sócio único, que no registo se pudesse fazer depender a inscrição da sociedade unipessoal da constituição de adequadas garantias, em caso de dúvidas objectivamente fundadas sobre essa capacidade ou vontade); PETER ULMER/CHRISTOPH IHRIG, pp. 381-2. Aparentemente a favor, no direito italiano, cfr. ANDREA ZOPPINI, *Le fondazioni. Dalla tipicità alle tipologie*, ob. cit., p. 282. Recorde-se que essa mesma doutrina acentua que a responsabilidade ilimitada e pessoal pré-registal do sócio estará em ordem com a ponderação legislativa em exigir ao sócio único, na frase 3 da al. 2 do § 7 da *GmbHG*, a prestação de garantias em relação a entradas de capital por realizar no momento do registo.

camente feita no interesse e sob a determinação instrumental do sócio fundador – ficando o ónus de provar tal circunstância a recair sobre aqueles que pretendem fazer sobressair a responsabilidade do sócio único, isto é, os credores anteriores à inscrição personificadora[594].

Só desta forma seria aceitável juntar à responsabilidade daqueles que agiram em representação da sociedade a responsabilidade ilimitada e solidária do sócio fundador, o que seria legitimado pelo facto de, assim, isso significar "estabelecer um nexo juridicamente relevante entre o único fundador e aqueles que actuaram"[595].

Em boa verdade, parece-nos exagerada uma qualquer posição de princípio que entenda que o sócio responda *sempre* ilimitadamente pelas obrigações pré-registais, forçando notoriamente a interpretação do art. 40º, nº 1.

Para isso, reparemos bem na letra da lei. Aí fala-se, primeiro, em «todos os que no negócio agirem em representação» da sociedade. Neste núcleo, devem entender-se incluídos todo e qualquer sujeito que age em representação da sociedade, tenha ou não poderes de representação orgânica da sociedade (seja ou não gerente ou administrador, de direito ou "de facto"), incluindo o sócio *actuante*[596]. Categoria demasiado ampla para

---

[594] A favor, em sede de sociedade unipessoal, ILARIA CHIEFFI, "La nuova s.r.l. unipersonale", loc. cit., pp. 558 e ss; IDEM, "La s.r.l. unipersonale in formazione", loc. cit., pp. 666 e ss, quando se pronuncia a favor de uma interpretação restritiva do art. 2231 do *CCIt.*, quando aplicado por convocação do § 3º do art. 2475, preenchendo o âmbito de aplicação da norma apenas quando actuem aqueles que foram nomeados gerentes no acto convencional ou que agiram com poderes representativos voluntários, por ser excessivo determinar que o único sócio possa ser responsabilizado pessoalmente por operações realizadas no arco de tempo transcorrido entre a formalização do pacto social e a inscrição por sujeitos diversos desses. Ainda mais restritivo é CARLO ANGELICI: "se a responsabilidade, ao contrário, devesse envolver também o património (agora já) social, seria evidentemente necessário limitarmo-nos a uma consideração daqueles que já formalmente possuem o poder relativo, portanto unicamente os administradores nomeados no acto constitutivo..." ("Societá unipersonali: l'esperienza comparatistica", loc. cit., p. 898).

[595] ILARIA CHIEFFI, "La nuova s.r.l. unipersonale", loc. cit., p. 560, cujo discurso de interpretação do preceito italiano em discussão temos vindo a seguir por último (também "La s.r.l. unipersonale in formazione", loc. cit, p. 668).

[596] A letra da lei parece sancionar esta compreensão, apesar de algumas reservas que uma clarificação da redacção da parcela relevante do preceito poderia resolver. No entanto, aparentemente neste sentido estão entre nós FAZENDA MARTINS, pp. 62-4, ao referir-se às qualidades de "membro de órgão da sociedade" e "agentes" da sociedade e ao defender a inoponibilidade a terceiros da falta de qualidade de membro de órgão da

que nos possamos, a nosso ver, abstrair do vínculo de pertença posicional à organização societária desses representantes, pelo menos na situação concreta de uma SQU. Com essa análise concreta no horizonte, poderemos estabelecer com alguma sensatez uma divisão de regime conforme estejamos ou não perante indivíduos que pertençam à estrutura organizativa da SQU. Outra solução pode não ser plausível com o fito da adaptação intentada, a ponderar num equilíbrio entre o relevo a dar ao *poder exclusivo do sócio único* na estrutura social e a *confiança incutida nos terceiros*.

---

sociedade; PAULO DE TARSO DOMINGUES, *Do capital social*..., ob. cit., p. 98, n. (327); IDEM, "O regime jurídico...", loc. cit., p. 975, n. (30): "Responsável será quem age em representação da sociedade...", "tenha ou não poderes de representação...".

Em sentido (demasiado) restritivo, mencionando para este efeito, em sede de sociedades anónimas, os administradores nomeados, cfr. NOGUEIRA SERENS, p. 27. Por sua vez, COUTINHO DE ABREU, *Curso*..., volume II, ob. cit., p. 127, n. (86), fala, para os que agem em nome da sociedade, dos membros do órgão de administração e representação (sócios ou não) e sócios-não membros desse órgão (os "administradores de facto"). E é certo que, na Alemanha, tem vindo a defender-se, repetidamente na doutrina e na jurisprudência, sobre o tema da delimitação subjectiva da norma correspondente em análise (a determinação da fórmula *Handelnden* do § 11, al. 2, da *GmbHG*), que a responsabilidade deve entender-se referida, em primeiro lugar, aos membros dos órgãos representativos (*Mitglieder des Vertretungsorgans*) da pré-sociedade, isto é, aos gerentes, o que significará que a *fattispecie* não se preenche sempre que os que agem em nome da sociedade não inscrita sejam os sócios fundadores apenas e só *qua tale* (mesmo os fundadores que, sem serem membros dos órgãos referidos, tenham aprovado o início antecipado da actividade económica que deverá ser desenvolvida pelos gerentes), pelo que se não pertencerem a esses órgãos não poderão ser considerados "agentes" no sentido requerido pela previsão do preceito. Assim, de acordo com os comentadores consultados, não se aplicará a norma discutida, para além do mais, sempre que estejamos perante sujeitos activos que, ainda que se encontrem subordinados sob o ponto de vista *direccional* nos seus actos pelas orientações da pré-sociedade, desde logo, procuradores, mandatários e outros representantes desse tipo, não façam parte do órgão de representação (sendo a sua responsabilidade ditada pela disciplina da representação sem poderes). Essa regra geral apenas poderá ser derrogada, prefigurando-se assim um segundo nível de responsabilização subjectiva, na circunstância, e na medida, em que os sócios fundadores enquanto tal ou os agentes que operem em nome da sociedade levem a cabo operações económicas em nome da sociedade em formação como se fossem "administradores de facto" (*faktische Geschäftsführer*), isto é, desprovidos dessa qualificação em sentido formal e dos consequentes poderes representativos. Na doutrina, cfr. PETER ULMER, "Erster Abschnitt. Errichtung der Gesellschaft", loc. cit., § 11, *Rdn*. 105--7, pp. 530-1; MARCUS LUTTER/PETER HOMMELHOFF, *GmbH-Gesetz Kommentar*, ob. cit., *Rdn*. 17, ss, pp. 141-3; GÖTZ HUECK, "Erster Abschnitt...", loc. cit., § 11, *Rdn*. 44, ss, pp. 163-4. Sobre o ponto, no direito francês, vide YVES CHARTIER, "De la notion de «personne qui a agi au nom d'une société en formation»", *Rev. Soc.*, 1996, pp. 770-1.

De acordo com o conteúdo expendido, pensamos ser razoável interpretar o regime da responsabilidade do sócio único, enquanto sujeito referido na 1ª parte do nº 1 do art. 40º e responsável solidariamente com o património constituído, atendendo às particularidades da SQU, de acordo com o *tipo de laço* existente entre quem participa nas actuações (se não for o sócio) e a composição pessoal da estrutura organizatória definida no pacto social formalizado. Vejamos como esse juízo se pode densificar.

Relativamente a sujeitos estranhos à organização societária, a especialidade da sociedade por quotas originariamente unipessoal não será de relevar, ainda que se possa dizer que na sociedade constituída por um único sócio a previsão normal de salvaguarda do sócio não tem razão de subsistir. Isto é, mesmo que se apreenda que há uma presunção de absoluto controlo por parte do sócio fundador sobre toda a operação realizada em nome da sociedade, que torna todo e qualquer representante um mero instrumento desse sócio, essa responsabilidade não será de presumir como se estivessem em causa os sujeitos inseridos na organização societária[597]. Tudo dependerá de se demonstrar em concreto circunstâncias que evidenciem ou não que esses representantes da sociedade em formação actuaram *de facto* segundo as instruções e as indicações do próprio fundador ou baseados em sua decisão deliberativa[598]. Logo, será mais adequado sustentar que, relativamente a actos praticados por agentes estranhos aos órgãos da sociedade, a responsabilidade do sócio, enquanto *sócio que tais negócios autorizou*, deverá ser sempre baseada num carrear de provas próprias para demonstrar que o representante da sociedade o é efectivamente e actuou no estrito e inequívoco cumprimento das instruções do sócio fundador.

Relativamente a sujeitos não estranhos à organização societária, a especialidade da sociedade unipessoal parece merecer uma outra atenção. Nesta oportunidade, quando o sócio não se nomeia como gerente ou faz parte da gerência plural mas não é ele que vincula a sociedade, assume-se como mais razoável não reivindicar uma autorização *expressa* para o início (ou continuação) da actividade económico-societária. Tal consenti-

---

[597] Tal juízo não ocorrerá mesmo nas sociedades plurais de domínio social notório de um dos sócios, já que, mesmo nessa situação, o concurso de vários fundadores faz emergir como curial tutelar o interesse dos sócios que, aderindo à sociedade, não tenham, porém, participado na decisão de levar a cabo as operações executadas pelos representantes-agentes da sociedade.

[598] Neste sentido, a título de hipótese interpretativa, cfr. CARLO ANGELICI, "Società unipersonali: l'esperienza comparatistica", loc. cit., p. 898.

mento poderá ser presumido a partir do momento em que o (ou os gerentes) *actuantes* foram autorizados *implicitamente* para o efeito pelo sócio fundador, na qualidade de sujeito-sócio *realmente* interessado na actividade negocial desenvolvida (a desenvolver), com a respectiva designação no negócio social.

Nestes casos, parece que se justifica indiciar no direito constituído (e sugerir para o direito constituendo...) a interpretação da norma, relativamente a actos praticados por agentes funcionalmente inseridos nos órgãos da sociedade, na parte em que prescreve a responsabilidade do *sócio* que tais negócios *autorizou*, como facultando uma presunção *iuris tantum*, portanto ilidível com a apresentação de prova que a contrarie[599]. Em suma, o ónus da prova inverte-se e não será ao terceiro demandante que incumbe fazer prova de que o sujeito com quem celebrou o negócio agiu em representação da sociedade, manifestada pela vontade do sócio único, antes será a este que caberá carrear elementos probatórios suficientes para demonstrar que o negócio foi feito sem poderes ou com abuso dos poderes para tal concedidos, e afastar a produção de efeitos vinculativos na sua esfera jurídica patrimonial. Se o não fizer ou não conseguir produzir convicção judicativa nesse sentido, não se subtrairá a esse encargo solidário com a sociedade. Se o conseguir, deverá responder na categoria dos «restantes sócios» de que o n° 1, 2ª parte, do art. 40° fala, ou seja, como sócio não autorizante, que, insista-se, só será chamado a responder nessa qualidade (em princípio, subsidiariamente) se ilidir a presunção de que autorizou o negócio realizado em nome da SQU[600].

---

[599] Outra questão, igualmente (mais claramente...) visível, arvorado o critério apontado a *regra de experiência*, será a possibilidade de, em litígio judicial, o julgador usar de uma presunção judicial na apreciação da situação de facto, ao abrigo do disposto no art. 351° do CCiv. Sobre o ponto, cfr. ANTUNES VARELA/MIGUEL BEZERRA/SAMPAIO E NORA, p. 502.

[600] Observe-se, neste contexto, que não seria de todo impróprio abrir-se a discussão referente à diferença de regime, no que respeita ao consentimento dos sócios relativamente a esses negócios pré-registais e à respectiva responsabilidade pelos negócios realizados em nome da sociedade não registada, entre os arts. 38° e 39°, em que esse consentimento é objecto de uma presunção *iuris tantum*, de natureza ilidível (cfr. MANUEL DE ANDRADE, com a colaboração de Antunes Varela, *Noções elementares de processo civil*, 1993, p. 216), e o art. 40°, n° 1, que nada estabelece em matéria de presunções. É evidente que se pode identificar uma diferença literal entre o corpo do n° 1 do art. 38° (respeitante às sociedades em nome colectivo) e do n° 1 do art. 39° (referente às sociedades em comandita simples), em que se expressa que «o referido consentimento presume-se», e a estatuição do n° 1 do art. 40°, em que se nota a ausência de semelhante referência, e daí extrair a

As complexidades não terminam, porém, por aqui, no que respeita ao âmbito de aplicação do art. 40°, n° 1. Retornando um pouco atrás, recorde--se ao leitor que o art. 19°, n° 2, oferece ao órgão de administração da

---

conclusão de que a presunção só vale pensadamente para os sócios de responsabilidade *ilimitada*. No entanto, sem grandes ponderações, logo se poderia objectar com a circunstância, derivada precisamente da lei, de que antes do registo os sócios respondem *sempre* ilimitadamente, sem que nisso influa de todo a diferente natureza caracterizadora da responsabilidade perante terceiros da sociedade depois de registada. Isto é, antes do registo essa diferença parece ser *irrelevante*, o que poderia recomendar uma interpretação mais conforme com a *unidade de regime* das relações dos sócios *com terceiros* antes do registo, uma vez que dos arts. 38°, 39° e 40° dimana, *para todos os tipos sociais*, uma obrigação pessoal, solidária e ilimitada a cargo dos sócios que autorizaram tais negócios. Não é este, todavia, o momento de consolidar ou recusar uma mera impressão superficial que pode extrair-se desta disciplina pré-registal das relações da sociedade perante terceiros.

No que nos interessa, importa reconhecer a metodologia usada no nosso trajecto. De facto, mesmo no plano do direito positivo (adaptado), a previsão normativa do art. 40°, n° 1, quando moldada à unipessoalidade quotista, poderá fundamentar uma certa *valoração legal* conducente a induzir de um facto secundário (a integração do agente na estrutura societária) o facto principal que se inclui na previsão da norma aplicável (o consentimento do sócio), no sentido de que o julgador, em presença de um facto conhecido, "presume" a existência de um facto desconhecido (sobre o ponto das presunções como instrumento do *juízo de facto*, cfr. ELIO FAZZALARI, *Istituzione di diritto processuale*, 1989, p. 367). Quando um preceito estabelece uma presunção, a lei substancial pretende justamente dar uma *determinada configuração* a uma relação ou a um estado ou posição jurídica e obtém *tecnicamente* esse resultado através da dispensa do *onus probandi* do(s) facto(s) que a/o integra(m) – vide, a este propósito, CRISANTO MANDRIOLI, *Corso di Diritto Processuale Civile. II. Il processo di cognizione: il procedimento di primo grado. Il sistema delle impugnazioni*, 1985, p. 144; ENRICO LIEBMAN, *Manuale di Diritto Processuale Civile*, 1992, p. 344; rectius, "a *presunção* não elimina o *ónus da prova*, nem modifica o resultado da sua repartição entre as partes. Apenas altera o *facto* que ao onerado incumbe provar: em lugar de provar o *facto presumido*, a parte onerada terá de demonstrar a realidade do facto que serve de *base à presunção*": ANTUNES VARELA/MIGUEL BEZERRA/SAMPAIO NORA, p. 503 (sublinhado dos Autores) –, já que dela nenhum critério se extrai acerca da sua refutabilidade ou irrefutabilidade, por admitir ou não contraprova ou prova do contrário. Deste modo, poderá, neste exercício interpretativo *de iure condito* que fazemos, fundar-se a presunção *iuris tantum* sugerida nas *circunstâncias objectivas de integração, ou não, do agente na organização societária*. Isto tendo como cenário de fundo a melhor doutrina processualista, que dita a (im)possibilidade de adoptar de uma norma uma presunção desse género, e a consequente insusceptibilidade ou susceptibilidade de contraprova e prova do contrário, em conformidade com o regime subjacente das relações de direito substancial (com especial atenção à sua *ratio legis*) e não com o método e os meios de prova *quoad factum*. Para um pertinente sublinhar da fundamentação que delineamos, cfr. ENRICO REDENTI, *Diritto Processuale Civile. 2. Il processo ordinario di cognizione: il*

sociedade registada, no caso a gerência, a faculdade de assumir exclusivamente os direitos e obrigações que resultem de operações realizadas em nome da sociedade mas não incluídos nas quatro alíneas do art. 19º, nº 1. Com esse exercício, fica a responsabilidade-regra pós-registal do sócio a valer também para esses actos. Claro que quanto a estes se gera o problema de saber se não haverá um conflito de interesses sempre que o sócio tiver intervindo nos negócios ou os tiver consentido *e* desempenhe o papel de gerente.

Tradicionalmente, entendia-se que, nesse caso, a matéria dependeria de deliberação dos sócios[601]. Mas ainda ficaremos pior na hipótese de unipessoalidade quando se legitime a competência da assembleia para decidir sobre essa matéria, pois aí será sempre o sócio a deliberar (*rectius*, a decidir) sobre tal ratificação e consequente liberação da sua responsabilidade, ou seja, sempre estaríamos em situação de conflito de interesses relevante para efeitos de aplicação do art. 251º[602].

Voltando à competência da gerência, avulta hoje a doutrina que considera que nessa tomada de decisão não podem participar os membros que tenham intervindo nos negócios jurídicos em causa, mediante aplicação analógica do art. 410º, nº 6[603]. Logo, nunca aí poderia o sócio-gerente *decidir* da assunção. Não obstante, mesmo no caso da gerência não coincidir com o sócio único, no todo ou em parte, entendemos que a situação poderá ser idêntica no seu vício. Em coerência com o fio condutor de con-

---

procedimento di primo grado, il sistema delle impugnazioni, 1985, p. 62; em sentido paralelamente assertivo deste caminho, quando diz que a presunção legal não é um meio de prova nem tem natureza processual, pois não se destina a convencer o juiz, antes influencia as regras de distribuição do ónus da prova, inspirando-se na evidente finalidade de *facilitar a tutela de determinadas situações jurídicas*, cfr. CRISANTO MANDRIOLI, pp. 144--5. Mesmo assim, as dúvidas ainda nos assaltam. Assim seja por agora, à falta de norma legal expressa, que, a ver luz do dia, faria repousar o manto de vacilação que embaraça o intérprete...

[601] Foi esta a posição vazada pelo art. 30º, nº 3, do Anteprojecto de lei (2ª redacção), como defendem, com base na influência germânica, FERRER CORREIA//VASCO LOBO XAVIER/ANTÓNIO CAEIRO/MARIA ÂNGELA COELHO, p. 183.

[602] Tal como por nós será concebido, ou seja, como regra matriz do regime de conflito de interesses da actividade decisória do sócio único, vista, por isso, como impedimento de decisão: *vide infra* Capítulo III, ponto 16. Sobre o conflito de interesses que se coloca no momento da ratificação, cfr., em geral, SALVATORE TONDO, p. 31; para a sociedade unipessoal, GIOVANNI CABRAS, p. 287; GUILIANA SCOGNAMIGLIO, "La disciplina...", loc. cit., p. 252, n. (25).

[603] Cfr. COUTINHO DE ABREU, *Curso*..., volume II, ob. cit., p. 135.

siderações precedentes, o conflito de interesses também poderá incidir sobre o gerente não sócio, na medida em que *é presumível que aqueles que foram formalmente nomeados como gerentes ajam no interesse de desresponsabilização patrimonial do sócio fundador* mediante a assunção desses actos pela sociedade registada.

Por um caminho ou outro, não logramos neutralizar esse conflito espoletado pela unipessoalidade, individualizando o órgão competente para decidir da assunção, em cada caso concreto, de acordo com quem tivesse agido em nome da sociedade[604]. Ora, assim sendo, mesmo se aceitássemos a gerência não associada como o órgão competente para tal ratificação, a concorrência de interesses comprometeria também o sócio único. Por esta compreensão, ao aceitarmos em qualquer dos órgãos uma *ilegitimidade ratificativa*, a hipótese de o sócio único se demitir da sua responsabilidade pré-registal afigura-se-nos de elevada probabilidade prática, seja a gerência ou a assembleia-sócio único a decidir nesse sentido.

Com a agravante de um simples acto de execução voluntária do negócio, ainda que parcial, depois do registo, poder ter efeitos liberatórios da responsabilidade ilimitada e pessoal do sócio, se se entender que assume o valor de *ratificação tácita*[605] desses negócios.

Com a agravante suplementar de assim se poder decidir uma responsabilidade única, solidariamente com o património já constituído, bem entendido, dos representantes e agentes não pertencentes à organização societária – nem o sócio, nem o(s) gerente(s) –, se foram os únicos a celebrar negócios (não incluídos na previsão do nº 1 do art. 19º) em nome da

---

[604] Isto é, na hipótese em que, na mora do procedimento constitutivo, fossem realizadas operações em nome da SQU pelos gerentes(-não sócio) nomeados no negócio social, o órgão social competente para os termos do art. 19º, nº 2, seria a assembleia. Ao invés, quando as operações fossem concluídas pelo sócio único-gerente ou por agentes que agiram com poderes representativos expressamente atribuídos por instrumento idóneo pelo sócio único, deveria ser indicada a gerência, como órgão de administração, a ratificar esses actos, mesmo que tacitamente (seguindo aqui o discurso de ILARIA CHIEFFI, "La s.r.l. unipersonale in formazione", loc. cit., pp. 729-31).

[605] Assim, ILARIA CHIEFFI, "La s.r.l. unipersonale in formazione", *loc. cit.*, pp. 720 e ss. Dando exemplos: o pagamento de uma renda respeitante a um contrato de mútuo depois da inscrição da sociedade, concluído junto de uma instituição financeira para financiar a aquisição de um armazém para instalação de máquinas, celebrada em nome da sociedade antes do registo; ou o pagamento da primeira prestação referente a um contrato de compra e venda de fornecimento de matéria-prima, celebrado antes do registo com obrigação de pagamento diferido e fraccionado no tempo, depois de se ter obtido o registo da sociedade.

sociedade antes do registo, já que a sua (ir)responsabilidade estaria na inteira *disponibilidade volitiva* do sócio, gerente ou não, ou do gerente nomeado no negócio gerador da SQU.

Com a agravante terminal de submeter os terceiros contraentes a disciplinarem-se à decisão única da sociedade, em posição de indiscutível subordinação.

Sem que haja formas de evitar de forma segura tais riscos e resultados injustos, abusivos e seguramente não queridos por um legislador que se depreende *razoável* nos termos do n° 3 do art. 9° do CCiv., deve entender-se (pelo menos enquanto não dispusermos de um regime novo para a questão) que, no caso de uma SQU, é inaplicável o art. 19°, n° 2, em virtude de a pluralidade dos sócios ausente promover uma situação de conflito de interesses que não se coaduna com a previsão e os termos da assunção do preceito. Assim, chegaremos ao resultado hermenêutico pretendido por aplicação do art. 270°-G, 2ª parte, precisamente por aí se ressalvar a aplicação das normas reguladoras das sociedades por quotas que pressuponham a pluralidade dos sócios. Com isto, exclui-se do âmbito da competência orgânica da SQU os actos cujos efeitos devam continuar a recair sobre o património do sócio, solidariamente com os outros sujeitos responsáveis e a sociedade.

12. Breves notas sobre a utilização da sociedade por quotas unipessoal no âmbito dos grupos de sociedades

I. Se reduzirmos o campo de atendibilidade temática ao discurso preparatório, e ao teor de um dos «Considerandos», da XII Directiva, a ideia integral do instituto da SQU parece dever ser, acima de tudo, um instrumento de promoção do desenvolvimento e da difusão do pequeno e médio ente empresarial. Daí se alcançaria que, entre os *sujeitos legitimados* para recorrer à nova figura societária e obter a limitação da responsabilidade pelo e no exercício da empresa, deverá surgir, na linha nevrálgica do acesso à nova vantagem, o sujeito singular. Assim o demonstra o total desinteresse que a legislação comunitária mostrou pelo aproveitamento do instituto para se abalançar pelos caminhos da estruturação dos grupos de empresas, *maxime* outras sociedades comerciais[606], do mesmo tipo ou não, com a mesma feição subjectiva ou outra[607].

---

[606] Não é rigoroso assimilar a expressão *grupos de empresas* à fórmula *grupos de sociedades*, tendencialmente (e legalmente) mais restrita. Apesar de em grande parte dos casos a coincidência ser possível, o facto de termos uma codificação de direito *dos grupos* aconselha um outro rigor. Na esteira de COUTINHO DE ABREU, *Grupos de sociedades e direito do trabalho*, 1990, pp. 11-12, deve assinalar-se que: (i) há empresas não societárias em grupo, desde que falemos de "objectos, instrumentos, organizações produtivas de empresários", que não sejam pessoas jurídicas; (ii) nos grupos de sociedades podem integrar-se sociedades comerciais que não instrumentalizam qualquer tipo de empresa *stricto sensu* (como é o caso da sociedade *holding* na versão normativizada de sociedade gestora de participações sociais: sobre a sua especificidade, *vide* ENGRÁCIA ANTUNES, *Os Grupos de Sociedades...*, ob. cit., pp. 61-4); (iii) as relações jurídicas entre entidades de um *grupo* de sociedades, tal como é regulado no nosso CSC, não se podem referir a relações entre empresas (ainda que não sociais) sem personalidade jurídica.

Essa regulação, na realidade, como evidencia FRANCISCO PEREIRA COELHO, "Grupos de sociedades. Anotação preliminar aos arts. 488.º a 508.º do Código das Sociedades Comerciais", *BFD*, 1988, p. 299, n. (1), atende a empresas organizadas, em princípio, por forma social: "não apenas os específicos interesses em jogo no direito dos grupos (o inte-

A formulação definitiva do art. 2º da XII Directiva, no entanto, como já acenámos em alguns pontos da exposição[608], depois de uma leitura atenta ao seu precedente, parece ser um instrumento de *neutralização* desse terreno privilegiado de adopção da forma societária em exame. Apesar dessa filosofia inspiradora da Directiva não poder ser posta em causa, a expurgação das desconfianças reguladoras que incidiam sobre a sociedade unipessoal constituída por pessoa colectiva (e da política jurídica comunitária anexa a este ponto) indiciou a expansão do campo teórico de utilização da SQU e a admissão de uma mais ampla compreensão da sua funcionalidade. Tal evolução depura a disciplina avançada primeiramente de disposições restritivas que surgiam mais eivadas de orientações preconceituosas do que de demandas realmente justificadas e consciencializa a sociedade unipessoal, para além dos preferenciais propósitos de facilitar o acesso da empresa individual detida pela pessoa humana, entidade que se pretendia tutelar em lugar primordial, à limitação da responsabilidade patrimonial, como uma ferramenta extraordinariamente útil na formação e desenvolvimento de grupos de empresas.

Na verdade, os órgãos comunitários evitaram tomar uma posição precisa acerca dos limites de utilização da sociedade unipessoal, parecendo responder a uma concepção mais ampla e aberta do fenómeno da

---

resse da protecção da autonomia da vontade própria de uma sociedade; o interesse da sociedade na recomposição do seu património; os interesses dos sócios livres ou externos na compensação do dano, por eles suportado, de não poderem fazer valer, através do voto, a sua posição; os interesses dos credores na responsabilização da sociedade dominante) supõem que as «empresas» que se agrupam revestem a forma societária (a protecção dos *sócios* minoritários, por exemplo, supõe naturalmente que a empresa dependente está estruturada em sociedade; a protecção dos *credores* da sociedade dependente supõe também naturalmente que a correspondente empresa está estruturada em forma de sociedade, pois de outra forma não surgiria o específico problema levantado aqui pela sua autonomia patrimonial; etc.)..." (itálico do Autor).

[607] Poderia até dizer-se que, sob um ponto de vista de organização das actividades económicas, o nosso sistema apresentava, até à introdução entre nós da SQU, uma *demarcação* entre o que era reservado para as pessoas singulares e o que era destinado às pessoas colectivas societárias, no que tange à realização *singular* de um certo empreendimento. Em substância, quanto ao perfil titulado pela pessoa singular, ditava-se uma disciplina peculiar para o EIRL, enquanto no que se referia às sociedades, consentia-se, numa espécie de privilégio *ad hoc*, a possibilidade de se constituir uma anónima unipessoal ao abrigo do art. 488º, nº 1. Com a admissibilidade da constituição de uma sociedade por quotas com um acto unilateral, tanto de pessoa singular, como de pessoa colectiva, essa fronteira parece ter-se esbatido.

[608] *Vide supra*, em particular, ns. 9, 37 e 286.

unipessoalidade societária ao conferir maior liberdade às escolhas dos legisladores nacionais. Em consequência, como foi expressamente reconhecido pelo art. 2°, n° 2, da XII Directiva, reenviaram qualquer decisão sobre a matéria para um momento posterior, aguardando pela «coordenação das disposições nacionais em matéria de direito de grupos»[609]. De

---

[609] É verdade que os regimes a que está submetido o fenómeno dos grupos (ou coligações) de sociedades variam muito nos Estados-membros. Contudo, pode dizer-se que eles se podem colocar em dois planos. O primeiro, a que pertencemos juntamente com a Alemanha, em que se dispõe de um regime complexo e uniforme das vertentes de coligação societária nos §§ 15 a 22 e 291 a 338 da *AGesetz*. O segundo, claramente dominante, o de todos os países que não possuem essa regulamentação sistemática de todos os aspectos que essas formações empresariais-societárias oferecem, mas apresentam, em múltiplos domínios, seja nas leis civis-societárias gerais ou em diplomas avulsos, disposições isoladas que se ocupam (ou podem aplicar-se) de alguns e determinados assuntos dessas relações, atinentes à definição de participação e de dependência, à tutela do capital social e dos interesses dos credores das sociedades dominadas, à disciplina da insolvência e da falência, às relações de trabalho no grupo de empresas, às situações de tributação fiscal, entre outros. Para uma panorâmica geral, ainda que já não muito recente (mas preciosa para alguns ordenamentos escassamente divulgados entre nós), sobre os principais caracteres de alguns países deste segundo grupo de hipóteses, *vide* os contributos, publicados em *Groups of Companies in European Laws. Legal and Economic Analyses on Multinational Enterprises*, volume II, 1982, de ROGER HOUIN, "Les groupes de sociétés en droit français", p. 45, ss; PIERRE VAN OMMESLAGHE, "Les groupes de sociétés et l'expérience du droit belge", p. 57, ss; D. D. PRENTICE, "Groups of Companies: The English Experience", p. 99, ss; KNUT RODHE, "Groups in Scandinavian Company Law", p. 142, ss. Para a Itália, é fundamental consultar a exaustiva monografia de NICOLA RONDINONE, *I gruppi di imprese fra diritto comune e diritto speciale*, 1999, na qual se pretende precipitar no ordenamento italiano as influências do direito germânico dos grupos encontradas no regime da *AktG*; numa perspectiva mais simples e descritiva, veja-se GIOVANNI LO CASCIO, "I gruppi di imprese: problemi di diritto sostanziale", *Giust. Civ.*, 1994, pp. 263 e ss; FRANCO DI SABATO, "Riflessione sparse sui gruppi: direzione unitaria, rapporti intragrupo, rapporti creditizi di gruppo", *Riv. dir. imp.*, 1995, pp. 243 e ss.

Entre nós, foi ponderada a questão de saber se é necessária uma regulamentação específica para os grupos de sociedades, na busca de compreender a demora em avançar com uma disciplina definitiva de harmonização comunitária, atrofiada pelo esquecimento feito em relação à Nona Directiva. Apesar de algumas intervenções no direito comparado se direccionarem no sentido da suficiência da disciplina geral do direito civil e societário (os institutos do abuso de direito – *maxime* para as deliberações dos sócios e dos órgãos de administração –, do conflito de interesses, da separação patrimonial, a desconsideração da personalidade jurídica colectiva, a responsabilidade civil dos gestores e da sociedade dominante), a "necessidade de um global regime jurídico específico dos grupos" foi claramente sustentada por COUTINHO DE ABREU, *Da empresarialidade...*, ob. cit., pp. 272

modo que esse adiamento acaba por reconhecer que a legitimidade jurídica da constituição a título originário ou derivado de uma SQU não se pode confinar a um benefício para a pequena e média empresa. Os seus interesses levaram a primazia – o *efeito central* da Directiva – mas a importante reforma do instituto societário entregou um eficaz meio de organização à empresa de grandes dimensões.

Hão-de ser interesses desse tipo de empresa que muitas vezes justificarão lançar mão da SQU, que se prefigurará como um instrumento organizativo de realidades económico-empresariais articuladas. Numas ocasiões, porque urge disseminar por várias sociedades com objectos distintos a tutela de uma empresa. Em outras, porque a racionalidade produtiva exige que se separem algumas áreas da exploração económica destinada ao mesmo objecto de actividade. Ou quando se pretende montar uma rede de filiais, dentro ou fora da geografia territorial onde está sediada a sociedade-matriz. Ou ainda sempre que se queiram lançar novos negócios ou explorar empreendimentos relativamente isolados[610].

---

e ss. Primeiro, o reconhecimento jurídico das relações de grupo teria a vantagem de ditar uma disciplina que, perante as ineptidões dos instrumentos comuns, pudesse *legalizar* aquilo que as sociedades dominantes fazem em contravenção do direito societário ordinário (no plano das instruções desvantajosas para as sociedades dominadas) e *proteger* devidamente os interesses dos sócios minoritários e dos credores das sociedades dominadas (sobre o sentido teleológico nos modelos de regulação codificados da *tutela da sociedade-filha, respectivos sócios e credores sociais*, "ou seja, de uma disciplina jurídica de protecção e compensação daqueles destinatários jurídico-societários cujo estatuto e interesses se vêem afectados em primeira linha pela criação e subsistência de uma relação de coligação intersocietária", como contrapartida da legitimação do *exercício de um poder de direcção da sociedade-mãe sobre as sociedades integrantes do grupo*, ainda que precipitado em directrizes (vinculantes) prejudiciais a estas sociedades, vide ENGRÁCIA ANTUNES, *Os Grupos de Sociedades...*, ob. cit., pp. 140-141, onde se reclama igualmente o benefício de "mecanismos especiais de tutela que se substituam aos mecanismos gerais de protecção do direito comum das sociedades, incapazes ou inadequados para proteger eficazmente tais interesses"). Segundo ponto: a harmonização do direito dos grupos teria a virtude de neutralizar as discriminações entre os Estados-membros no que tange à concorrência (promovendo a consequencial segurança jurídica). Tal se demonstraria na justa aplicação das regras comunitárias e nacionais de concorrência, *maxime* no que respeita à delimitação do âmbito de aplicação do art. 81º do Tratado de Roma (anterior art. 85º).

[610] Mesmo para as pessoas colectivas de natureza não societária, o instituto unipessoal apresenta interessantes possibilidades de flexibilização das suas actividades, nomeadamente quando pretendem explorar uma actividade de objecto comercial ou criar uma rede autonomizada, mais ou menos ampla, de serviços de apoio e complemento, igualmente organizados sob forma societária, à actividade principal da pessoa colectiva.

A tendência final não foi, todavia, respeitada pelos instrumentos normativos de actuação da Directiva em vários dos ordenamentos nacionais. Ou melhor, em geral, foi utilizada a faculdade dada pelo art. 2º, nº 2, de limitar a utilização da SQU. Isto significa que as intenções *de fundo* do legislador comunitário foram vistas – vejam-se, p. ex., as limitações colocadas, antes da Directiva, pelo art. 36-2 da *LSCF* e, depois dela, pelo art. 2497 do *CCIt*. – como *adversas* ao aparecimento da sociedade unipessoal, não já como empresa individual autónoma, mas como elemento de um grupo de empresas, representado ou pela *soma entre SQU e a sócia pessoa jurídica*, ou pela *soma das várias SQU tendo a mesma pessoa singular como sócio*. Hipóteses estas nas quais o âmbito e a dimensão da nova figura resultariam, tanto na substância como na forma, superados. Daí a activação de mecanismos normativos que desencorajam, *em tal caso*, o recurso ao instituto, não obstante o propósito do legislador comunitário em introduzir um instrumento que pudesse estar também ao alcance da estruturação grupal – como foi opção clara, em contraponto, do legislador espanhol[611].

---

[611] Sobre esta coincidência entre os critérios de política jurídica seguidos pela redacção final da normatividade comunitária e do ordenamento societário-unipessoal, cfr., por todos, RODRIGO URÍA/AURELIO MENÉNDEZ/IGLESIAS PRADA, pp. 1224-5.

O legislador espanhol não introduziu quaisquer limitações à condição de sócio da sociedade unipessoal, não dando qualquer actuação à possibilidade outorgada pelo art. 2º, nº 2, da XII Directiva. Por isso, nada impede que uma pessoa jurídica, inclusivamente uma SQU, possa ser sócio único de múltiplas sociedades unipessoais e criar-se uma cadeia delas "mediante a detenção de todas as participações em outras empresas ou mediante a criação de filiais e subfiliais" (JOSEFINA BOQUERA MATAREDONA, *La sociedad unipersonal de responsabilidad limitada*, ob. cit., p. 96), fazendo da sociedade unipessoal, nomeadamente as de elevado capital social, "instrumento adequado para constituir filiais em que o sócio único é a sociedade matriz" (ARANGUREN URRIZA, p. 1455). A Exposição de Motivos do diploma de 1995 é sobre o assunto muito límpido: "... admite-se expressamente que a sociedade unipessoal possa ser constituída por outra sociedade – inclusivamente quando a fundadora seja, por sua vez, unipessoal...", ainda que essa legislação não tenha ratificado a 2ª frase, na 1ª versão do actual art. 125, al. b), da *LSRLE*, do art. 126, al. b), do Projecto aprovado pelo Congresso dos Deputados, segundo a qual se consideravam como propriedade do único sócio também "as participações sociais que pertençam... a sociedades do mesmo grupo". Esta lata compreensão do instituto é considerada como uma das razões essenciais para se ter resolvido em sentido positivo o dilema de alargar a unipessoalidade *ab origine* à sociedade anónima, ainda que, dado o carácter polivalente do tipo quotista, "a sociedade unipessoal de responsabilidade limitada pode cumprir (e quiçá com vantagem, dada a menor rigidez da regulação da sociedade de responsabilidade limitada em comparação com a anónima...) o papel que se reclama para

Interessa, pois, indagar se o legislador nacional, ao admitir que *a sociedade por quotas* tivesse *ab origine* uma estrutura unipessoal e lhe fosse concedida o benefício da limitação de responsabilidade, quis ou não encorajar a estruturação de grupos societários através da SQU, seja ao nível do *vértice* seja ao nível de simples sociedade controlada.

Antes de mais, repita-se que a norma do art. 2º, nº 2, da XII Directiva, não vinculava o legislador português[612]. Na realidade, encorajar ou não encorajar a *reserva da utilização* da SQU às empresas individuais de pequena e média dimensão e corpo organizativo unitário apenas se deveria entender como tarefa dos países que *não apresentassem uma disciplina de regulamentação dos grupos de sociedades*, que aguardam ainda a coordenação *de lege lata* em matéria de direito dos grupos para a elaborar. Não é o nosso caso, que, desde o CSC, dispomos de regulação específica e de contornos apertados nessa matéria. Não estava, portanto, em relação a Portugal, preenchida a hipótese da norma comunitária.

A despeito disso, a transposição da Directiva foi desencadeada *a olhar* fundamentalmente para países que não dispõem dessa singularidade e que, em face da perdurante carência de uma uniforme disciplina dos grupos societários nas legislações nacionais, viram o instituto ainda a pensar na "figura do merceeiro que procura a todo o custo esquivar-se à sua própria responsabilidade!"[613]. Com a agravante de, por esse motivo, não se atender a uma recomendável articulação da disciplina da SQU com o disposto em matéria de grupos de sociedades[614].

---

a sociedade unipessoal dentro da estrutura e da dinâmica dos grupos" (JIMÉNEZ SÁNCHEZ/DÍAZ MORENO, p. 18). No entanto, aquele não reconhecimento da vertente atinente à temática dos grupos foi criticado pelo facto de se ter desperdiçado "a oportunidade de regular, apesar de ser através de um modo imediato e parcial, os grupos de sociedades, matéria pendente do nosso Direito das sociedades" (SÁNCHEZ-TÉRAN HERNÁNDEZ/ /VICTORIA FERNÁNDEZ LÓPEZ, "Sociedad unipersonal de responsabilidad limitada", in ALZAGA VILLAAMIL/RODRIGUEZ-MIRANDA GÓMEZ, *Comentarios a la Ley 2/1995 de Sociedades de Responsabilidad Limitada*, 1995, p. 509).

[612] *Vide supra* n. 265, onde nos revemos no pensamento de Coutinho de Abreu, citado nessa ocasião.

[613] ANTONIO PIRAS, "Gruppi e società unipersonali", loc. cit., p. 594.

[614] A falta de perspicácia do legislador desaproveitou a oportunidade que teve para conferir à sociedade unipessoal o *salto qualitativo-funcional* relativamente ao mero e simples instrumento de utilização em função da limitação da responsabilidade. Esse arrojo devia ter colocado a sociedade unipessoal – por agora, a SQU, mas no futuro, trata-se de abordar a sociedade de capitais unipessoal – (também) na rota das realidades da organização pluriempresarial sob a clara tutela do ordenamento, com precisas e garantidas

Daí que importe esmiuçar a dimensão dos preceitos do art. 270°-C. No seu n° 1, determina-se que «Uma pessoa singular só pode ser sócia de uma única sociedade unipessoal por quotas»; no n° 2, *completa-se* nestes termos a norma precedente: «Uma sociedade por quotas não pode ter como sócio único uma sociedade unipessoal por quotas.». Um e outro estão *em sintonia*. Se o fito é impedir que uma só pessoa singular tenha mais de uma SQU – atacando a indesejada subjectivação contemporânea de diferentes partes (empresas) do respectivo património –, então proíbe-se a forma mais natural de contornar essa limitação. Essa seria a constituição de uma SQU como sociedade-mãe a controlar totalitariamente uma ou várias outras SQU: aí já não seria formalmente a pessoa singular a ser delas titular, mas antes a pessoa colectiva societária-quotista a aparecer como sócia única dessa ou dessas SQU inteiramente participadas pela SQU-mãe. Posto isto, parece-nos transparente a densificação da *ratio* das *duas normas em conjunto*: (i) circunscrever *ao limite* o uso da SQU por uma só pessoa singular, e (ii) sentenciar a esterilidade da SQU para formar outras SQU em cascata.[615]

---

técnicas para os sócios minoritários (se os houver) e os credores das sociedades participadas por uma SQU e rigorosos expedientes para determinar a responsabilidade da SQU--mãe, sempre que esta submeta substancialmente a actividade das sociedades (de qualquer índole subjectiva e formalmente autónomas) controladas à lógica e ao interesse do grupo. Na verdade, mesmo que isso não tenha sido feito, a SQU tem sido empregue (mais uma vez recorremos a casos concretos de pactos sociais de SQU publicados na III Série do DR), como seria inevitável, dada a *elasticidade do modelo legal do tipo quotista*, por empresas sociais de média e grande dimensão (algumas de elevado capital social e provavelmente já organizadas numa estrutura de coligação ou de grupos), no ensejo de atribuírem a essas "filiais" (produtivas ou de outra natureza, partes ou não da empresa considerada no seu todo) a forma de uma sociedade juridicamente autónoma, mas dependente sob o ponto de vista económico, tendo em conta a simultaneidade de se ser sócio único e sócia-mãe. Mesmo para as sociedades com sede no estrangeiro (veja-se sempre o art. 4°), esta é uma oportunidade (que é usada, pelo que nos é dado ver pela mesma metodologia de consulta) para adquirir a titularidade directa e exclusiva das participações de uma sociedade de responsabilidade limitada portuguesa, vedada que lhes estava a constituição de sociedades anónimas portuguesas originariamente unipessoais pelo efeito restritivo ditado pelo art. 481°, n° 2 (ainda que não estivessem proibidas de adquirirem por via derivada a totalidade das participações de uma sociedade portuguesa, ficando dessa forma sujeitas às normas gerais societárias previstas para a unipessoalidade – veja-se a referência ao art. 84° que o art. 481°, n° 2, al. c) faz – e desprovidas do regime excepcional definido nos arts. 489° e ss), com a vantagem de o regime de deveres e garantias aplicável ao caso da anónima unipessoal não ser chamado para a circunstância de constituição da SQU.

[615] É manifesto que a redacção do art. 270°-C, n° 1, tem toda a sua inspiração (e teor literal... que corresponde a uma tradução parcial) no art. 36-2, da *LSCF*. Porém, o

Mas se é razoável dizer que a possibilidade de fazer assumir a SQU na veste piramidal de um grupo de sociedades unipessoais sob a forma quotista foi vedada pela lei, esta assume, por outro lado, que a utilidade da

---

preceito gaulês que o nosso legislador consultou estaria com toda a certeza desactualizado, uma vez que a 1ª frase da 1ª alínea, que vedava a uma pessoa singular a possibilidade de ser sócio único de mais do que uma *E.U.R.L.*, tinha já sido revogada em 1994. Não obstante, essa interdição, juntamente com a insusceptibilidade de uma sociedade de responsabilidade limitada ter como associado único uma outra sociedade da mesma espécie, composta por uma só pessoa, singular ou colectiva, passou para a lei portuguesa, quando a resistência legal às críticas da doutrina já tinha cessado no país de importação da nossa prescrição (*vide supra* n. 265).

Na doutrina desse país, na verdade, não encontramos qualquer intervenção que relacione esse articulado legal com qualquer interdição de princípio da utilização da SQU na formação de grupos. Ao invés, essa prescrição, ainda que fosse notório que a instauração da sociedade unipessoal tinha em vista "proporcionar aos artesãos, comerciantes e pequenos industriais e em geral aos administradores das pequenas e médias empresas uma estrutura jurídica susceptível de lhes arranjar uma certa segurança no domínio económico e no domínio social" (PATRICK SERLOOTEN, *Entreprise unipersonnelle à responsabilité limitée*, ob. cit., p. 24), abria a possibilidade de uma sociedade anónima ou uma sociedade por quotas pluripessoal poder criar várias filiais sob a forma de SQU, o que satisfazia, segundo a doutrina desse país, os grupos que, até então, constituíam essas filiais com uma participação de 99%, mediante a utilização de sociedades de fachada, onde participavam no capital sujeitos terceiros cúmplices, para que fosse satisfeita a exigência da pluralidade de associados, ou através do funcionamento de órgãos de gestão inteiramente fictícios. Permitia-se, assim e de uma forma clara, a estruturação jurídica de grupos de sociedades homogéneos, resultantes do fraccionamento das actividades da empresa em filiais e ramos de actividade formalizadas através do domínio a 100% das sociedades unipessoais, sobre as quais se possuía a totalidade dos poderes e se beneficiava de uma forma susceptível de evolução (*vide*, entre outros, DOMINIQUE RANDOUX, "Une société très spécifique: l'E.U.R.L.", loc. cit., p. 358; JEAN PAILUSSEAU, "L'E.U.R.L. ...", loc. cit., ns. 91-2; CLAUDE CHAMPAUD/PAUL LE FLOCH, p. 253).

No entanto, a utilização da SQU no seio de um grupo de sociedades não era desprovida de algumas restrições de funcionamento. Em primeiro lugar, as que resultavam do regime das participações recíprocas, em particular o art. 359 da *LSCF*, que conduz a proibir as sociedades unipessoais, que tenham por associado único sociedades por acções, de deterem títulos emitidos por estas sociedades. Por outro lado, essa constituição grupal seria consideravelmente oprimida pela restrição feita ao tipo quotista, pelo art. 51 do mesmo diploma, de efectivar empréstimos aos seus associados ou de garantir as suas obrigações pessoais. Finalmente, a sujeição obrigatória ao imposto sobre as sociedades da sociedade unipessoal filial privava a sociedade-mãe do regime de "transparência fiscal" ao nível dos resultados do grupo, embora se pudesse reportar o défice da filial à sociedade-mãe, em virtude da aplicação do regime da "integração fiscal" (PATRICK SERLOOTEN, *ibid.*, p. 15). Cfr., por todos, sobre aqueles pontos de "contrariedade" à serventia da

SQU pode ser decantada quando se queira utilizá-la como sociedade-filha num grupo. A inibição de constituir, directamente, mais do que uma SQU, de facto, vem só definida para as pessoas singulares. Nada é dito para as outras pessoas colectivas, a começar pelas sociedades de qualquer espécie, excepção feita à SQU, que nem sequer uma outra SQU pode constituir. Mas repare-se, à laia de advertência, que uma sociedade por quotas (ou uma anónima) plural já pode constituir uma, ou mais, SQU.

Estando assim a lei, o ditado no art. 270º-C impõe obstáculos, sob pena de dissolução, a que uma pessoa humana constitua mais do que uma SQU ou que faça da SQU que constituiu a cabeça de uma pluralidade de SQU controladas totalitariamente por esta última. Porém, não se importa de não impedir que iniciativas económicas configuradas através do recurso à SQU se reconduzam a um só sujeito jurídico colectivo.

Confessamos que os traços da lei não nos parecem congruentes, tanto pela ambiguidade que apresentam relativamente às características do direito dos grupos, como até com a outra regulação já feita no ordenamento nacional a propósito da unipessoalidade *ab initio*.

Digamos, desde já, que a existência de uma sociedade anónima unipessoal abre a porta à elusão da proibição do preceito[616]. De acordo com a aplicação do art. 488º, nº 1, em conjunto com o art. 481º, nº 1, uma SQU pode legitimamente criar uma sociedade anónima unipessoal por "domínio total inicial". Estando esta constituída, poderá esta, por sua vez, constituir uma SQU, e mais uma, e outra, e mais outra. Passa a ser a sociedade anónima unipessoal o vértice de um grupo que reporta à verdadeira sociedade dominante, que é a SQU primeiramente constituída. Esta, pelo controlo total que tem da sociedade anónima unipessoal por si criada, é materialmente a sociedade-mãe, sendo que o seu sócio-pessoa singular, por essa via, distribui as várias empresas sociais que pretende estabelecer e dominar (como se esquematiza).

---

sociedade unipessoal nos mecanismos de funcionamento dos grupos societários, GILLES FLORES/JACQUES MESTRE, pp. 26-7.

[616] Tal como já foi verificado por ALBINO MATOS, *Constituição de sociedades...*, ob. cit., pp. 34-5, que, na ocasião, propugna *de iure condendo* que à SQU, "por exigência de coerência normativa", se vede a faculdade de constituição da sociedade anónima unipessoal.

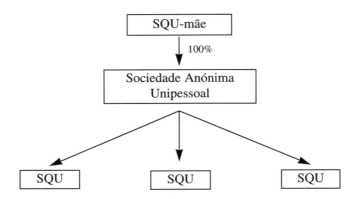

Repare-se, todavia, que o art. 5°, n° 1, do DL n° 212/94, responsável pelo regime *especial* aplicável às sociedades de capitais unipessoais licenciadas para operar na Zona Franca da Madeira, prescreve que «É vedado a uma sociedade unipessoal constituir outras sociedades de que seja a única sócia». Com certeza que se referia à impossibilidade de se constituir uma sociedade por quotas ou uma sociedade anónima unipessoal, enquanto entes societários monossubjectivos regulados nesse diploma, mas com o preceituado abarca-se naturalmente a modalidade de unipessoalidade anónima prevista em particular pelo CSC. Portanto, a regra nesse regime é a ilegalidade da criação de um grupo de sociedades tendo como sociedade-mãe uma sociedade unipessoal[617]. Pelo que a hipótese aventada para contornar a proibição do art. 270°-C não seria possível se o comando normativo fosse o do DL n° 212/94.

Não se percebe muito bem esta dissonância de soluções sobre o mesmo problema. Tanto mais que o legislador de 1994 trabalhou no contexto e em atenta fidelidade ao disposto pela XII Directiva[618]. Para a evitar, bastava que o legislador que elaborou o n° 2 do art. 270°-C se tivesse referido a "uma sociedade" em vez de "uma sociedade por quotas". Tal

---

[617] Mais uma vez, é essa a posição crítica de ALBINO MATOS, *Constituição de sociedades*..., ob. cit., p. 35, relativamente ao teor do actual art. 270°-C, n° 2, cuja regra "deveria ser alargada identicamente à sociedade anónima unipessoal...".

[618] Fidelidade até excessiva, que, em alguns casos, se limitou a "transcrever" e a exercer as opções alternativas dadas pelas normas da Directiva. É o caso do art. 4°, n° 1, do DL n° 212/94, que, em matéria de decisões do sócio único, segue o art. 4° da Directiva, bem como o n° 2 daquela norma, que, no que tange aos contratos celebrados entre sócio único e sociedade unipessoal, define as obrigações formais, e as circunstâncias que as podem excepcionar, alvitradas pelo art. 5° da Directiva.

desiderato, porém, só seria viável se o legislador de 1996 tivesse tido em conta aquilo que expressamente para as sociedades unipessoais da Zona Franca da Madeira o legislador de 1994 considerou: a existência no direito interno de "casos de admissibilidade limitada de sociedades unipessoais"[619], que não foi manifestamente avaliada na devida ponderação aquando da construção do regime da SQU[620].

Se o tivesse sido, ou se se tivesse em consideração a desejada uniformização das estatuições normativas, não estaria o sistema a abrir imediatamente a estrada para ser facilmente contornado, mediante a constituição *secundo legem* de uma anónima unipessoal como sociedade filial da SQU primeiramente criada, cujo integral capital accionista é subscrito pela SQU interessada[621].

Neste ângulo de perspectivação, percebe-se que a lei não quis a SQU como vértice de um grupo de SQU, apesar de isso poder ser contornado, mas pactuou com a SQU como sociedade-mãe de um grupo de sociedades por quotas plurais ou sociedades anónimas (unipessoais ou plurais) e como sociedade-filha. Sob este ângulo, diga-se, a lei não ajuda em nada o intérprete a resolver os problemas que neste seio se podem colocar. Quando quer desincentivar a SQU-mãe, não o consegue. Se pretende que o instru-

---

[619] Assim são justificadas no Preâmbulo do DL nº 212/94, para além do suporte dado pela XII Directiva, as soluções consagradas nesse diploma.

[620] Recorde-se, em complemento, que, ao contrário do disposto pelo art. 270º-C, nº 1, nada se prescreve a impedir que a mesma pessoa humana possa ser sócio de várias SQU.

[621] Note-se que as possibilidades de contornar o comando legal não se ficam por aqui. Basta, como se já aludiu em outros pontos da investigação, fazer com que a SQU seja composta por mais do que o sócio verdadeiramente interessado na exploração social, ficcionando a pluralidade inicial. Ou então constituir sociedades participadas pela SQU, em que, além da SQU, se fizessem acompanhar de gerentes ou quadros da sociedade-mãe, de outras filiais societárias constituídas neste esquema, de pessoas com quem se mantém relações próximas de parentesco, afinidade ou amizade, sem que o domínio deixasse de ser objectivo (tanto económica como juridicamente). Também aqui se contornaria a proibição legal, na medida em que o caso está integrado nas relações de coligação societária respeitantes às sociedades em relação de domínio (art. 486º, nº 1 e 2). Não se olvide ainda a possibilidade, talvez meramente hipotética e decorrente dos casos de pluralidade de complacência, de recorrer a uma sociedade gestora de participações por quotas unipessoal, decantada da hipótese do art. 8º, nº 1, do DL nº 495/88. Suponhamos uma sociedade por quotas plural fictícia A, que entretanto criou várias SQU, das quais é sócio único, facto que possibilita a constituição, com essas participações, de uma sociedade gestora unipessoal daquela natureza B, tendo como sócio único a sociedade A, à qual se reconduziam todas as participações correspondentes às SQU (sem que valha o impedimento do art. 270º-C, nº 2, que se confina à disciplina da SQU).

mento jurídico não seja utilizado, na prática, para fins diversos daqueles para que foi pensado em primeira linha, desconsidera a forte probabilidade. Ao fazê-lo está a desvalorizar as questões aplicativas que a *desobediência* espoleta, ao recorrer-se à SQU como instrumento de uma actividade empresarial que nessa única sociedade não se esgota, nomeadamente quando está em causa a integridade do património social dessas SQU enquanto sociedades dominadas-participadas[622].

Devemos ainda ir um pouco mais longe. Com a presença no ordenamento de uma disciplina orgânica em matéria de coligação e grupos de sociedades, se, pelo facto de o nosso legislador ter vedado que uma SQU constituísse uma outra SQU, sancionando-a com a dissolução, se tinha em mente evitar que por essa via o sócio único pudesse multiplicar os seus centros de imputação empresarial sob a forma societário-unipessoal, registe-se que o intento cai num logro absoluto. Basta que o empresário o queira e terá o seu grupo a funcionar, devidamente articulado na relação de dependência em face da direcção económica unitária exercida pela SQU dominante, e concretizada, sem embargo da personalidade jurídica própria de cada uma das sociedades da cadeia, numa unidade funcional--orgânica e patrimonial reportada ao seu poder de decisão.

Afora esse reconhecimento, a função decisiva do art. 270º-C, nº 2, não pode, em coerência, ser observada como uma suposta restrição da utilização da SQU como cabeça de um grupo. A intenção declarada no Preâmbulo do DL nº 257/96 foi a de, "sobretudo em relação às pequenas e médias empresas", introduzir um instrumento que "facilite a sua legalização e uma adaptação maior ao importante papel que desempenham no tecido económico nacional"[623]. Em complemento, dá-se total primazia às estruturas empresariais unitárias e impede-se a multiplicação de SQU referidas a um único sujeito. Para que essa proibição não seja iludida, interdita-se que o veto imediatamente anterior possa ser ladeado pela personalização societária do empresário sob a forma de SQU. Neste percurso *racional* do esquema legal, o que motiva o legislador é coibir o empresário individual – pessoa singular ou utilizando o expediente da pessoa jurídica

---

[622] Visto fundamentalmente aqui na sua dúplice função de instrumento destinado a garantir as pretensões dos terceiros credores e de soma de valores (referidos a bens) entendidos como indispensáveis para assegurar a vitalidade e o desenvolvimento da empresa social e demonstrativos da situação económica da sociedade (sobre este ponto das funções *externas* à sociedade do capital social, com referências bibliográficas, *vide* PAULO DE TARSO DOMINGUES, *Do capital social...*, ob. cit. 1998, pp. 138-46 e 183-5).

[623] Cfr. DR, I Série-A, de 31.Dezembro.1996, p. 4703.

stricto sensu – de constituir duas ou mais SQU. Nele não se individualiza qualquer vontade de estorvar a possibilidade de a SQU ser a mãe de outras sociedades, unipessoais ou não, quotistas ou anónimas: caso o legislador tivesse entendido referir-se ao fenómeno dos grupos de sociedades, devia ter sido mais explícito e não restringir à SQU o tipo de sociedades *participantes de uma SQU e dominadas por uma SQU*[624].

O respectivo fundamento, portanto, só se pode apreender tomando como conjunto o nº 1 e o nº 2 do art. 270º-C, como duas peças indissociáveis do mesmo desiderato, sem que se possa separar o nº 2 para nele vermos uma hipotética contrariedade da utilização da SQU no âmbito da constituição de grupos[625]. Com isto, podemos acertar que *essa utilização não pode ser considerada proibida porque não está em contradição com a razão de ser da norma, não podendo ser decretada como um procedimento em fraude à lei* uma conduta que não viola aquilo que o legislador quis alcançar com a interdição.

---

[624] Tanto mais que o «Considerando» VI da XII Directiva dá aos Estados, como se sabe, a possibilidade de dispor normas especiais ou sanções – por um lado, "restrições ao acesso à sociedade unipessoal", por outro, "a responsabilidade ilimitada do sócio único" – para o caso, que se desdobra em duas hipóteses (discriminadas nas als. do nº 2 do art. 2º), "de uma pessoa singular ser o único sócio de diversas sociedades" (primeira situação) ou "quando uma sociedade unipessoal ou qualquer *outra pessoa colectiva* for o único sócio de *uma sociedade*" (segunda situação: itálico nosso). A diferença entre o âmbito de condicionamento facultado na segunda situação descrita – atendido em razão das "particularidades actualmente existentes em determinadas legislações nacionais", com o que esse «Considerando» se referia aos ordenamentos alemão e português – e o que é previsto pelo nº 2 do art. 270º-C legitima o intérprete a deduzir que aquela hipótese, direccionada para o controlo da formação de grupos, foi ignorada pelo legislador delegado nacional. Se assim não tivesse sido, teria, pelo menos, que tomar na devida conta dois pressupostos para essa limitação: em primeiro lugar, não deveria ter impedido apenas a SQU de constituir uma outra SQU; em segundo lugar, deveria ter alargado o núcleo de sociedades impedidas de serem participadas na íntegra por uma SQU. Não o fazendo, parece ser razoável concluir, na área deste argumento, que essa intenção do legislador comunitário, deixada à discricionariedade de cada um dos Estados-membros, não foi comungada pela lei nacional, para o devido efeito da sua interpretação.

[625] Em sentido aparentemente próximo, cfr. CATARINA SERRA, "As *novas* sociedades unipessoais por quotas", loc. cit., pp. 136-7, ao irmanar ambos os preceitos – "têm inspiração comum e inserem-se na linha de providências tendentes a impedir usos abusivos e ilegítimos da faculdade de constituição de sociedades unipessoais" – no impedimento de uma mesma pessoa singular repartir todo o seu património por múltiplas sociedades unipessoais e, em complemento, de um sujeito ser único senhor de várias sociedades em cadeia, sob a camuflagem da única sociedade de que seria sócio ("dirigindo confortavelmente em seu proveito todo um grupo de sociedades"...).

Isto vem a significar que a nova disciplina do art. 270º-C não se reconduz ao escopo de controlar o fenómeno dos grupos de sociedades, o que implicaria ter, pelo menos, como móbil garantir a solvabilidade das obrigações contraídas pelas SQU inseridas no âmbito de um grupo. O mais sensato teria sido exprimir uma clara intervenção, para assegurar a adequada tutela dos interesses que se movem no âmbito da edificação de um grupo de sociedades em que se recorra às SQU. Em particular, para precisar com rigor as regras aplicáveis à responsabilidade pelas obrigações de cada uma das sociedades integradas na unidade grupal. Ou, pelo menos, permitir que tanto às sociedades pluripessoais dos diversos tipos como às sociedades anónimas unipessoais permitidas no ordenamento e às SQU fosse possibilitada a constituição de SQU e fossem as relações de domínio integral reguladas pelo regime dos grupos dos arts. 488º e ss[626]. Não o tendo feito, resta-nos, se o conseguirmos, aplicar as regras ditadas para o direito das coligações societárias, ou, se não o conseguirmos, os expedientes gerais do direito comum das sociedades, acompanhados dos mecanismos específicos que visam garantir a sua eficácia na tutela da sociedade dependente e seus credores[627].

II. Concentremo-nos então na hipótese (tida por lícita) de constituir, como acima se figurou, o encadeamento vertical de sociedades unipessoais. Situamo-nos só na hipótese mais provável de formação daquele conjunto de sociedades que, apesar de manterem a sua individualidade jurídica, se encontram submetidas a uma *direcção unitária* da SQU--mãe[628], concretizada no exercício da gestão das sociedades dominadas em atenção ao interesse da sociedade dominante na cabeça do grupo. Será um grupo em que os laços que sedimentam a respectiva unidade económica se ancoram, antes de tudo, na existência das participações totalitárias no capital social das sociedades unipessoais constituídas em *estrutura*

---

[626] Neste sentido, cfr. COUTINHO DE ABREU, *Curso...*, volume II, ob. cit., p. 95, n. (23).

[627] Sem que se atenda ao perfil da tutela dos interesses dos outros sócios, por não existirem.

[628] Sobre este "verdadeiro centro de gravidade operatório da estrutura organizacional da empresa de grupo", sem o qual não haverá rigorosamente um grupo, directamente subsidiário da *direcção económica unitária* estipulada no § 18, al. 1, frase 1, da *AGesetz*, cfr., entre nós, por todos, ENGRÁCIA ANTUNES, *Os Grupos de sociedades...*, ob. cit., pp. 26-7, 85 e ss.

piramidal submetidas em uníssono à vontade da sociedade que encabeça a cascata, pois a ela pertence, ainda que mediatamente no caso das SQU--filhas, a detenção do poder de decisão, a designação e a destituição do órgão de administração e o controlo da gestão. Para essa coesão contribuirá, depois, a possibilidade de os administradores e gerentes das sociedade coincidirem, dando corpo à rede de participações sociais e ao controlo, directo e indirecto, que a SQU-mãe exerce sobre as participadas-dominadas. Mesmo que não coincidam, nomeadamente na anónima unipessoal, esses sujeitos serão meros testas-de-ferro *executores* da vontade do sócio único.

Além desta base societária e pessoal do grupo, há que aferi-lo à luz da tradicional dicotomia entre *grupos de direito* e *grupos de facto* e ao reflexo que ela teve no sistema normativo dos grupos. Estes últimos foram definidos por ENGRÁCIA ANTUNES como sendo todos aqueles "em que o poder de direcção detido pela sociedade-mãe sobre as suas filhas tem a sua origem num outro instrumento – maxime, participações maioritárias, acordos parassociais, contratos interempresariais, uniões pessoais, relações económico-fácticas de dependência – e ao qual a lei não fez associar qualquer regime jurídico especial – o que significa que aquele poder, a existir e a ser exercido, apenas o pode ser como um mero poder de facto, que vive sujeito e enquadrado pelos cânones gerais do direito das sociedades"[629]. Isto é, este poder de direcção não procede, directa ou indirectamente, de qualquer instrumento jurídico-positivo de criação da unidade de direcção económica e de um regime especialmente aplicável ao grupo (que origina um *grupo de direito*[630]), nomeadamente um contrato de subordinação concluído pelas sociedades agrupadas, mas pura e simplesmente dos direitos decisórios e executivos que essa participação financeira proporciona. Esta

---

[629] *Últ. ob. cit.*, p. 46.

[630] Na nossa lei societária, o lote desses instrumentos jurídicos eleitos para a constituição *formal* de um grupo inclui o domínio total, dos arts. 488º e 489º, o contrato de grupo paritário (art. 492º) e o contrato de subordinação (art. 493º), a "cuja organização e funcionamento se fez associar um regime jurídico *excepcional*, derrogador dos cânones gerais do direito das sociedades – regime esse traduzido, por um lado, na legitimação do poder de direcção da sociedade-mãe sobre as sociedades-filhas e da subordinação dos interesses individuais destas ao interesse geral do grupo (em derrogação do princípio básico de acordo com o qual a sociedade deve conduzir os negócios sociais à luz da sua vontade e interesse sociais distintos) e, por outro, no estabelecimento de contrapartidas especiais de protecção para estas últimas sociedades, seus sócios minoritários e credores sociais" (ENGRÁCIA ANTUNES, *Os Grupos de Sociedades...*, ob. cit., pp. 45-6).

é a tangente essencial para avaliarmos da aplicação do regime jurídico excepcional que o exercício de um *poder legal* por parte da sociedade-mãe impulsiona, por se achar preenchida a nota da *dependência efectiva e actual* (não meramente potencial e fáctica[631]) das sociedades dominadas em face da SQU-mãe, *atribuída por um instrumento formal*, traduzida sobretudo na circunstância de a sociedade qualificada como dominante poder emitir ordens ou instruções vinculantes, mesmo desvantajosas (nos termos do art. 503º, nº 2), para a sociedade qualificada como dependente[632]. E, em princípio, será essa formalidade positivo-normativa do instrumento criador da direcção unitária que confirmará, no seu sentido

---

[631] Nesta destrinça *de intensidade* estará a fronteira que pemite distinguir *normativamente* a relação de grupo de uma outra emergência do fenómeno do controlo intersocietário, como é a relação de domínio – à qual se adicionam, para ENGRÁCIA ANTUNES, *últ. ob. cit.*, pp. 27, n. (45), 146, n. (328), 360, n. (697), as relações de dependência (simples, diremos nós) –, que atribuem somente a *possibilidade de exercício* de uma influência dominante sobre outra sociedade. Só quando se verifica a legitimação do uso de um verdadeiro poder de direcção sobre a sociedade dominada, é que se constitui uma unidade económica plurissocietária, resultante da subordinação de várias sociedades ao poder de direcção unitário. Enquanto não se verificar essa *qualificação da dependência*, há apenas uma situação de mero controlo potencial entre duas sociedades economicamente autónomas, que, em princípio, desautoriza a sociedade dominante a perseguir, no âmbito de actuação da sociedade dependente, algo de contrário à vontade e ao interesse social desta. Aqui, COUTINHO DE ABREU, *Grupos de sociedades e direito do trabalho*, ob. cit., p. 10, n. (12), dá uma achega aparentemente oposta à necessidade de *uso efectivo* da possibilidade de influência nas relações de grupo, ao considerar que os poderes inerentes ao «direito de dar instruções» não necessitam de ser *efectivamente utilizados* para configurarem uma direcção unitária: (i) "apesar do não uso, é sempre possível e lícito usá-los"; (ii) "o não uso desses poderes significará normalmente a sintonia dos critérios de gestão adoptados pelas sociedades dependentes ou subordinadas...". Apesar desta directriz dogmática de inspiração alemã, a mesma doutrina nacional não descura, em face da tangente separação *do direito português* entre a situação de grupo (arts. 488º e ss) e as restantes situações de coligação intersocietária (arts. 483º a 487º), a atendibilidade de uma designação *ampla* de grupos de facto, referida "a toda a fenomenologia daquela coligação, envolvendo ou não a existência de uma direcção unitária e de um grupo societário em sentido próprio", que, não estando abrangida pelo *ius singulare* dos arts. 488º e ss, "cai na órbita de regulação do *ius comunis* societário e do escasso *ius speciale*" disposto pelos arts. 483º e ss (vide n. (96) a pp. 47-8).

[632] Note-se, com a precisão de FRANCISCO PEREIRA COELHO, p. 309, n. (30), que um grupo que não se constitua *de direito* não é rigorosamente um *facto* (não-direito), "pois que se funda nos (directos ou indirectos) efeitos jurídicos da detenção de determinada taxa de capital", que na nossa análise é total, "que por seu turno forçosamente se adquiriu mediante o adequado negócio jurídico".

mais específico, o distanciamento entre um grupo de facto e um grupo de direito. Tendo estes nortes, a nossa hipótese não merece um enquadramento normativo linear, partindo do pressuposto de que *não se adoptou qualquer instrumento contratual de subordinação* das sociedades subordinadas[633], já que sob o poder material de uma só pessoa, deverá esta responder sempre afirmativamente à questão formulada por COUTINHO DE ABREU: "Para quê fazê-lo, se com isso ficam as sociedades dominantes sujeitas a especiais encargos (*maxime*, os decorrentes dos arts. 500.º--502.º)?"[634]. Mas vejamos bem as ciruncunstâncias aplicativas, pois nem sempre a dispensa daquele facto negocial nos afastará daquele regime e, fundamentalmente, exonerará a SQU-mãe de responsabilidade pelas sociedades por si participadas totalmente.

Na verdade, a unidade de relações estabelecidas entre a SQU-mãe e a anónima unipessoal intermédia e entre esta e as SQU-filhas é qualificável *no seu todo* como grupo, quando a unipessoalidade destas tenha ocorrido supervenientemente. Só assim é em ambos os níveis da cadeia por se ter utilizado um (*rectius*, mais do que um, em diferentes momentos) instrumento jurídico normativizado pelos preceitos próprios dos grupos para a sua constituição por *domínio* total: (i) na vertente *inicial* ditada pelo art. 488º, nº 1, entre a SQU-mãe e a anónima unipessoal; (ii) na *vertente superveniente* ditada pelo art. 489º, nº 1, no momento em que as sociedades por quotas inicialmente plurais se transformaram em SQU[635].

Nesta exacta situação, apesar de o legislador não ter tomado posição no que diz respeito à criação de SQU, a cadeia vertical de sociedades será regulada pelo direito dos grupos[636]. Esta verificação é importante, uma vez que tem imediatas consequências em sede de aplicação de normas. Se

---

[633] Esta é a roupagem que damos ao problema em análise, configurando o grupo sujeito à direcção unitária da SQU-mãe como um agrupamento societário de facto. Se outro for o caso (improvável, diga-se), aplicar-se-ão as regras próprias e excepcionais dos grupos contratuais.

[634] *Grupos de sociedades e direito do trabalho*, ob. cit., p. 30.

[635] Estas relações de grupo concorrem ainda com a existência de uma relação de domínio entre a sociedade totalitariamente participante e as participadas, o que significa a aplicação cumulativa das consequências jurídicas próprias desta última relação de coligação intersocietária (arts. 486º e 487º).

[636] Tal como serão aplicáveis os arts. 489º e ss ao caso das SQU criadas derivadamente e que sejam participadas por domínio total por uma qualquer sociedade por quotas, desde que não unipessoal, uma anónima ou uma comandita por acções. Com pronúncia favorável na literatura nacional, cfr. ALEXANDRE SOVERAL MARTINS, "Código das Sociedades...", loc. cit., p. 308, n. (5).

à SQU é legítimo usar da faculdade de constituir uma sociedade anónima por domínio total inicial, a SQU-mãe responderá pelas obrigações e pelas perdas da sociedade anónima unipessoal nos termos dos arts. 501° e 502°, aplicáveis pelo art. 491°. Havendo depois o domínio total da SQU-mãe, por intermédio da anónima unipessoal, das SQU-filhas, por sua vez, estas e a mãe formam entre si um grupo[637], legitimando, com os mesmos fundamentos legais, a comunicabilidade à mãe da responsabilidade directa pelas dívidas perante os credores e das perdas sociais das sociedades assim dominadas na íntegra[638].

A margem de irresponsabilidade que se precaveio, pelo menos no que concerne à SQU-mãe (ainda que não ao seu sócio, beneficiário directo da autonomia patrimonial concedida à sociedade por si constituída a solo), pelo facto de as sociedades dominadas se terem constituído *antes da situação de domínio total, densificada através de terceira sociedade que*

---

[637] Relação grupal esta que é decisivamente impulsionada pelo (discutido) alcance do art. 490°, que neste caso pode mesmo ser visto como uma *promoção potestativa* da unipessoalidade superveniente nas sociedades por quotas dominadas pela anónima unipessoal. De facto, a existência de um preceito deste género acentua, a nosso ver, ainda mais, a formação de uma relação de grupo com recurso a sociedades por quotas plurais transformadas em unipessoais, constituindo uma importante via para os agrupamentos de empresas sociais, atendendo à exclusão forçada do(s) sócio(s) minoritário(s) das sociedades por quotas plurais dominadas [sobre o ponto, inclusivamente com menção às dúvidas levantadas sobre a legalidade jurídico-constitucional e jurídico-societária do preceito, cfr. ENGRÁCIA ANTUNES, *Os Grupos de Sociedades...*, ob. cit., pp. 732-3 e n. (1424)].

[638] Isto porque a lei, na conjugação feita entre o art. 489°, n° 1, e o art. 483°, n° 2, previu a possibilidade de domínio total superveniente através da existência de relações indirectas ou mediatas de coligação entre sociedades (somente as que se consideram no art. 481°, n° 1), considerando-se aqui como relevante a titularidade substancial que uma sociedade tem sobre outra através de uma interposta sociedade, seja ela uma sociedade *em relação de domínio* ou em *relação de grupo* com a sociedade a quem é imputada a participação, ou ainda uma qualquer pessoa que disponha de uma tal participação por conta da sociedade a que essa participação se refere. Para a nossa conclusão não briga uma defendida interpretação restritivo-correctiva do art. 489°, n° 1, feita a pensar na consideração exclusiva de relação de domínio total indirecto superveniente nas hipóteses de interposição de sociedades em relação de grupo com a sociedade dominante, excluindo da previsão legal, portanto, "aquele «grupo» em que uma sociedade domina totalmente outra, dominando esta «simplesmente» uma terceira" (neste sentido, FRANCISCO PEREIRA COELHO, pp. 335-6). Expressamente contra a incomunicabilidade do domínio total nas situações de relação de domínio é a posição, por nós seguida mas sem relevo para o nosso ponto, de ENGRÁCIA ANTUNES, *Os Grupos de Sociedades...*, ob. cit., pp. 253-4 e 717-18, n. (1395).

domina totalmente aquelas e com a qual a sociedade dominante está em relação de grupo, já não se alcançará, por sua vez, quando o domínio total pela anónima intermédia das SQU-dominadas *é contemporâneo da constituição destas sociedades unipessoais*. Ora, nesse caso, nem os requisitos do art. 488º, nº 1, nem os do art. 489º, nº 1, se encontram verificados, o que significa retirar a qualidade de grupo à situação intersocietária. Apenas se pode imputar à participação totalitária da anónima unipessoal nas SQU por si constituídas a geração de uma *influência dominante* (evidente pelo monopólio estável e imediato sobre a vida interna das SQU), com relevo para qualificarmos a hipótese como uma relação de domínio prevista no art. 486º, nº 1 (e presumida na al. a) do respectivo nº 2)[639]: estaremos perante um grupo de facto, caracterizado ainda pela direcção unitária, mas excluído do conceito normativo de grupo[640].

O segundo nível da cadeia vertical de participações societárias não tem, pois, *na particularidade mais provável quando se pretende constituir*

---

[639] Por um argumento de maioria de razão, a alínea, que apenas fala de uma participação maioritária no capital da sociedade dominada, deverá ser interpretada extensivamente a fim de abarcar a participação totalitária. Ademais, como defende ENGRÁCIA ANTUNES, Os *Grupos de Sociedades*..., ob. cit., p. 392, isso resulta de um argumento sistemático, depois de se confrontarem a figura da relação de domínio *não grupal* com a da relação *grupal* de domínio total: "se é a própria lei que fala de «domínio total» de uma sociedade por outra sempre que aquela detenha todas as acções ou quotas desta, então parece curial que tal sociedade será titular também de uma influência dominante – *quem possui o mais, possui o menos*" (sublinhado nosso).

[640] Para uma crítica velada da redução normativa do fenómeno de grupo a uma visão monolítica, limitado ao grupo de base contratual, ao qual se equiparam os de formação não contratual quando em relação de domínio total, cfr. ELISEU FIGUEIRA, "Disciplina jurídica dos grupos de sociedades – Breves notas sobre o papel e a função do grupo de empresas e sua disciplina jurídica", *CJ*, 1990, pp. 46 e 57, justamente por a estrutura tipológica da lei fazer com que se exclua da noção de grupo, e da sua disciplina jurídica atenta à tutela das sociedades dependentes e preordenada à repressão das indevidas consequências do exercício da direcção unitária, quase todas as coligações de sociedades organizadas em grupo (incluídas ainda nos denominados grupos de facto), como modo de organização estratégica da sua sobrevivência e crescimento da grande empresa (instrumentalizado, portanto, no elemento comum da noção de grupo, a *einheitliche Leitung* do direito alemão). Isto é, coloca-se fora do regime normativo de regulação dos grupos "o grosso da coluna, já que a quase totalidade dos grupos não reveste a forma dos tipos legais", quando, na linha de COUTINHO DE ABREU, *Grupos de sociedades e direito do trabalho*, ob. cit., p. 30, "ninguém ignora que as sociedades dominantes-não directoras, embora não possam, *de direito*, dirigir as dependentes [cfr. art. 503º], podem, *de facto*, fazê-lo..." (sublinhado do Autor).

várias filiais da SQU-mãe através da anónima intermédia, relevância ao nível das consequências jurídicas decantadas dessa relação de coligação. Para além da proibição que pesa sobre as sociedades dominadas de adquirirem as participações sociais da sociedade dominante, ou da SQU que por ela as domina, por disposição no art. 487°, n° 1 (inócua no caso), fica por cumprir o dever, previsto pelo art. 486°, n° 3, de declarar a existência de domínio (sem significado, uma vez que a percentagem de domínio é absoluta, a sociedade por quotas é unipessoal e obedece, por isso, a um regime especial que visa, no mesmo sentido, a transparência e a publicidade que se pretende na disciplina da coligação). Em tudo o mais, ainda que *in casu* se trate de um grupo de facto, prevalece a ausência de disposições singulares aptas a proteger *especificamente* as SQU dominadas e os seus credores[641].

---

[641] Isto é assim em virtude da escassa atenção com que os grupos de facto viram a luz do dia no direito societário, como se disse na nota anterior. Ao contrário da acrescida protecção que eles mereceram do legislador alemão, dando, em cumulação com as regras gerais, um conjunto de regras suplementares que pretendem dar amparo, nos §§ 311 a 318 da *AGesetz* (e na presunção da existência de um grupo quando há relação de domínio-dependência estatuída pelo § 18, al. 1, frase 3), à sociedade facticamente dependente, respectivos sócios e credores (em atenção, no essencial, à possibilidade excepcional de as sociedades detentoras de participações da maioria do capital exercerem a sua influência dominante num sentido prejudicial ou oposto aos interesses das sociedades participadas, desde que essa actuação seja ocasional), assente, entre outros mecanismos de tutela, na indemnização e compensação dos prejuízos causados por aquela actuação prejudicial em violação da regra (não obstante isso, a doutrina alemã tem censurado a ineptidão deste mesmo regime suplementar para tutelar aqueles sujeitos, em particular quando o poder de direcção se *qualifica*, pelo que melhor seria referir a disciplina a um grupo descentralizado, no qual o vínculo da *Unternehmen* dominante é frouxo e o *Vorstand* da sociedade dependente preserva um certo grau de liberdade decisória: cfr., por todos, KARSTEN SCHMIDT, *Gesellschaftsrecht*, ob. cit., pp. 963-4; para outras perspectivas sobre o insucesso prático dessa disciplina, *vide* MARCUS LUTTER, "Dieci anni di diritto tedesco dei gruppi: valutazione di un'esperienza", *RS*, 1975, pp. 1306-9, que estão na base de algumas propostas de reforma, como acentua HERBERT WIEDEMANN, "The german experience with the Law of Affiliated Enterprises", *Groups of Companies in European Laws. Legal and Economic Analyses on Multinational Enterprises*, volume II, 1982, pp. 37-8), "o nosso sistema optou por uma clara *desconsideração dos grupos de facto*" (FRANCISCO PEREIRA COELHO, p. 332, sublinhado do Autor), tendo perdido o CSC "uma boa oportunidade para não estar calado..." (COUTINHO DE ABREU, *Grupos de sociedades e direito do trabalho*, ob. cit., p. 29).

Na realidade, a marginalização (na omissão de reforço da eficácia da protecção dos preceitos jurídico-societários comuns) da figura das sociedades em relação de domínio (*vide supra* n. 631) leva a que os grupos de facto (em sentido restrito, compreenda-se, marcado

O que fica, destarte, ao dispor da salvaguarda destes interesses? A pauta de diligência do art. 64°; o regime ordinário da responsabilidade civil *directa* dos membros da administração; a possível valência da responsabilidade subjectiva *in eligendo* e *in instruendo* da sociedade dominante "controladora", solidária com a gerência (responsável por danos à SQU dominada) por ela designada, prevista no art. 83° (no caso, o n° 3 e o n° 4, atendendo ao poder exclusivo de decisão da sociedade dominante[642]);

---

pela existência e exercício vigente de uma direcção unitária, ainda que gerada informalmente) "não vivam" fora dos casos previstos pelos arts. 488° e ss e da disciplina relevante para este tipo de relações grupais e, fora deles, não obstante se poder fazer uso da influência dominante para organizar uma direcção unitária para o conjunto das sociedades participadas-dominadas, se enquadrem, por efeito directo da economia legal, "pela estrita observância dos princípios jurídico-societários mais gerais em matéria do governo e administração da sociedade independente e individual" [ENGRÁCIA ANTUNES, *Os Grupos de Sociedades...*, ob. cit., p. 47, n. (95)].

[642] Uma vez que a norma é aplicável à sociedade dominante que disponha do poder maioritário de voto, *a fortiori* é aplicável à sociedade dominante que detenha só ela o poder de decisão na SQU dominada. Norma esta que terá maior importância na hipótese de a sociedade dominada pertencer ao tipo quotista, atendendo à possibilidade genérica, por parte dos sócios, de emitir instruções em matéria de gestão social, que se exponencia (embora com limites, como se defenderá: *vide infra* Capítulo III, ponto 15) quando é exclusiva e não colegial no caso em que a sociedade é unipessoal. Por outro lado, esta relevância é aqui puxada dando por adquirida a aplicação da regra, retirada *em especial* do art. 78°, n° 2, de sub-rogação do credor da sociedade dominada a esta no exercício dos seus créditos indemnizatórios sobre a sociedade dominante, sendo que àquela se dá o poder de se fazer ressarcir da integralidade dos prejuízos indistintamente, seja da sociedade que designa, seja do gerente designado.

Sobre o regime do art. 83° e da figura da responsabilidade do sócio "controlador" como mecanismo de grande alcance na supressão da lacuna gerada pela "situação de desprotecção da sociedade dependente adveniente da ausência de disposições legais específicas previstas para a respectiva tutela", cfr. ENGRÁCIA ANTUNES, *Os Grupos de Sociedades...*, ob. cit., pp. 469-71. No entanto, concorde-se com TERESA ANSELMO VAZ, p. 373, quando alerta para que o âmbito de aplicação do art. 83° é fortemente condicionado pela exclusão de responsabilidade dos gerentes determinada no art. 72°, n° 4, em atenção ao facto de o acto ou omissão lesivos ter assentado em deliberação dos sócios, ainda que anulável. Por outro lado, registe-se convergentemente a frustração, no que concerne à tutela dos legítimos interesses dos credores da sociedade dominada, resultante da aplicação das regras do art. 83° nas situações de domínio (qualificado) de uma sociedade sobre outras – "dada a completa perda de autonomia da administração da sociedade dominada, não é possível precisar os singulares actos praticados em prejuízo da dominada determinados pela dominante –, que COUTINHO DE ABREU, *Curso...*, volume II, ob. cit., p. 181, teve oportunidade de reconhecer.

a invalidade das deliberações (aqui e ali reforçada por se tratar de *decisões* de uma SQU, nomeadamente no que se refere à aplicação da disciplina do impedimento de decisão nas SQU-filhas, previsto no art. 251º[643]); e, numa outra perspectiva, o recurso *geral* à desconsideração da personalidade da anónima unipessoal, a fim de ver a SQU-mãe a instrumentalizá-la em seu exclusivo proveito e responsabilizá-la perante os credores das SQU--filhas[644], e/ou o recurso *específico* ao expediente do art. 270º-F, nº 4, a ser este um *princípio geral* de responsabilidade ilimitada do sócio único de SQU pelas obrigações sociais em caso de comportamentos abusivos[645], que levará à convocação, por via mediata, da SQU-mãe[646].

A alçada dos princípios gerais do direito das sociedades, acompanhados dos especiais preceitos da disciplina da SQU, não oferecem, por isso, as garantias (imediatas) aos credores das SQU-filhas que o regime do domínio total permitem. Assim tanto mais será atendendo a que a dicotomia estanque entre a situação de grupo e as restantes situações de coligação intersocietária, particularmente incisiva entre as relações de domínio não grupal e as de grupo por domínio total[647], nos indica um

---

[643] *Vide infra* Capítulo II, ponto 16.

Este raciocínio é, com as devidas adaptações, meridianamente claro em HERBERT KRONKE, "Società di persone e a responsabilità limitata come articolazioni di un gruppo di società: problemi e orientamenti nel diritto tedesco", *CI*, 1987, p. 476, em referência ao § 47, al. 4, da *GmbHG*, que se aplicaria em situações de grupo no caso em que o sócio (que, por sua vez, pode ser uma sociedade), por força de uma participação em outra sociedade, possa exercer uma influência decisiva para a conclusão de um negócio jurídico com esta sociedade, de maneira a que se impeça que um sócio imponha os seus interesses pessoais sobre a sociedade controlada.

[644] Seguindo, com o indispensável ajustamento, a proposta de COUTINHO DE ABREU, *últ. ob.* e *loc. cit.*, para superar a inservibilidade, para o domínio qualificado nas relações intersocietárias, da(s) estatuição(ões) do art. 83º.

[645] *Vide infra* Capítulo IV, em esp. o ponto 20 (particularmente o seu subponto 2).

[646] Ir mais longe, no sentido de, se necessário *no caso concreto*, atingir o *próprio sócio único da SQU-mãe*, é que nos parece só ser legítimo lançando mão, *a título sucessivo*, da desconsideração para efeito de eliminar a autonomia patrimonial de que beneficia.

[647] Deixemos aqui uma passagem elucidativa da *diferente natureza* das duas figuras, da lavra de ENGRÁCIA ANTUNES, *Os Grupos de Sociedades...*, ob. cit., pp. 392-3, n. (767), capaz de irremediavelmente nos livrar de qualquer tentação em fazer a ponte *aplicativa* entre os dois institutos e respectivos regimes na hipótese em análise de a sociedade dominada (ainda que indirectamente) ser uma (ou várias) SQU. Atente-se. "Haverá ainda que ponderar que, a existir apenas uma mera diferença de espécie e não de género entre tais figuras, mal se compreenderia a profunda diversidade da disciplina jurídica que a lei faz associar a cada uma delas: ao passo que as relações de domínio estão abrangidas

regime de "privilégio ou de radical exclusividade" do *ius speciale* que informa o domínio total *grupal-normativo*, o que tornará insuperável a proibição de aplicação analógica dessas normas excepcionais[648].

Uma melhor solução, até para acentuar o "nexo funcional" de "instrumentalidade-servidão" entre a SQU como meio e os grupos como objectivo a realizar mediante o emprego de tal meio[649], parece-nos que passaria por uma remissão expressa para o regime do direito dos grupos, como diligente e avisadamente faz o art. 5º, nº 2, do DL nº 212/94 («A sociedade unipessoal e a sociedade que totalmente a domine consideram-se em relação de grupo, independentemente da localização da sede da sociedade dominante, relação essa que termina nos casos previstos pelas alíneas b) e c) do n.º 4 do art. 489.º do Código das Sociedades Comerciais.»). Não o tendo feito... para a hipótese da unipessoalidade das SQU-filhas ser originária, a SQU-mãe responde apenas e só com o património social investido pelo sócio único perante o crédito da anónima unipessoal, não se podendo atacar, na substância, a cúpula hierárquica em compensação do seu poder de gestão e controlo sobre as SQU-filhas. Em síntese, aquela, *em princípio*, não responde com todo o seu património em face

---

pelas regras gerais do direito comum das sociedades e não são fonte da produção de especiais efeitos jurídicos (...), as relações de grupo introduzem uma entorse fundamental àquelas regras gerais, sendo objecto de um regime jurídico excepcional e inovador (...); aliás, pela negativa, não implicaria a tese que pretende assimilar as sociedades em relação de domínio às sociedades em relação de grupo por domínio total a potencial extensão do regime jurídico especial aplicável às últimas também às primeiras – quando é certo que, da sistemática adoptada pela lei (...), parece justamente resultar a inequívoca vontade do legislador em separar claramente os dois tipos de coligação societária e em delimitar taxativamente os casos em que a aplicação de tal regime jurídico especial terá lugar?".

[648] Cfr. CASTANHEIRA NEVES, *Metodologia Jurídica. Problemas fundamentais*, 1993, pp. 273-6, citação desta última página.

Já tendo chegado igualmente a esta conclusão para os casos de unipessoalidade quotista originária nos grupos, cfr. ALEXANDRE SOVERAL MARTINS, "Código das Sociedades...", loc. cit., pp. 308-9, n. (5). Aparentemente na mesma senda, em geral, estiveram ELISEU FIGUEIRA, p. 49: "Não é de aplicar por analogia ao *grupo de facto* previsto no art. 486º do CSC o regime jurídico definido para o conceito de *grupo* nas modalidades tipicizadas nos arts. 488.º a 508.º do mesmo código...", e TERESA ANSELMO VAZ, p. 355, ao defender inequivocamente que o poder de controlo que não se subsuma aos pressupostos da relação de grupo por domínio total "só poderá ser exercido dentro dos limites previstos no CSC para o exercício dos direitos sociais, não se lhe aplicando as regras das sociedades em relação de grupo, mas sim as mesmas regras que forem aplicáveis aos restantes casos, com o recurso aos instrumentos jurídicos próprios do direito societário".

[649] Cfr. ANTONIO PIRAS, "Gruppi e società unipersonali", loc. cit., p. 589.

dessa componente de articulação orgânica entre as sociedades, ainda que a essa resposta esteja vinculada se a unipessoalidade das SQU for instituída supervenientemente.

Independentemente de a SQU-mãe responder ilimitadamente ou limitadamente pelas obrigações sociais enquanto sociedade de cúpula do grupo, o que é indiscutível é que o sujeito que detém a participação exclusiva no seu capital social – se for pessoa colectiva, também funcionará a seu favor a respectiva autonomia patrimonial – manterá o benefício da irresponsabilidade pessoal que a constituição da SQU lhe confere, salvaguardado que está pelas diferentes massas patrimoniais afectadas para as sociedades dominadas e, em última instância, pela base patrimonial consistente na entrada realizada na sua primitiva SQU.

Bem longe, nesta matéria da responsabilidade ilimitada do sócio único de sociedade colocada no âmbito de actuação de um grupo de sociedades, foi a jurisprudência superior da Alemanha, confrontada com o facto de não se dispor no ordenamento específico da sociedade por quotas de normas ditadas para as relações de grupo e de, não obstante os esforços de codificação de um *GmbH-Konzernrecht*, ter que recorrer às soluções definidas para a sociedade anónima e para a sociedade em comandita por acções[650]. Neste particular, falamos da essencial discussão, dentro da temática dos grupos de facto regulados na *AGesetz*, que se confronta com a admissibilidade do grupo de facto qualificado (*qualifizierte faktische Konzern*), ou seja, da legitimidade de um exercício de tal forma absoluto do poder directivo da empresa dominante do grupo que deixa de se poder falar de uma autonomia da sociedade dependente como entidade económica[651].

---

[650] Sobre o ponto, cfr. HEINZ-DIETER ASSMANN, "Der faktische GmbH-Konzern", *Festschrift 100 Jahre GmbH-Gesetz*, 1992, pp. 657-64, e, mais resumidamente, KARSTEN SCHMIDT, *Gesellschaftsrecht*, ob. cit., pp. 1207-9. E o importante labor da jurisprudência na aplicação dessas normas levou a doutrina a questionar se não era tempo de proceder em definitivo a essa codificação específica (cfr., por todos, PETER ULMER, "Fehlerhafte Unternehmensverträge im GmbH-Recht", *BB*, 1989, p. 10), cujas bases fundamentais, inclusivamente, foram sendo avançadas por vária literatura: p. ex., cfr. WOLFGANG SCHILLING, "Grundlagen eines GmbH-Konzernrechts", *Festschrift für Wolfgang Hefermehl zum 70. Geberstag am 18. September 1976. Strukturen und Entwicklungen im Handels-, Gesellschafts- und Wirtschaftsrecht*, 1976, pp. 396-9.

[651] A discussão desta matéria encontra fundamentalmente duas linhas de rumo. Ou se sustenta a proibição de grupos desse género, em particular porque se evitaria que a essa empresa dominante fosse dada a possibilidade de criar um grupo societário com os mesmos traços de um grupo de sociedades de base contratual, sem estar sujeito a essa estipulação (*Unternehmensvertrag*) e às consequências gravosas que ela acarreta, e se centra a preocupação em identificar as sanções previstas para a violação dessa proibição. Ou se

Ao contrário dos simples, os grupos de facto qualificados estariam desintegrados dos instrumentos normativos para a tutela dos sócios e dos credores predisposta nos §§ 311 e ss da *AGesetz*, dada a acentuada incorporação ou integração (*Eingliederung*) da sociedade dominada no grupo da empresa dominante, feita de uma constante e ilimitada interferência da sociedade dominante nas decisões e na gestão da sociedade dominada[652].

Na realidade, o direito societário germânico não recolhe qualquer especial disciplina legislativa sobre grupos de facto qualificados, sendo esta uma espécie de grupos reconhecida basicamente pelo direito pretório, à qual se reconduzem determinados tipos de *casos característicos* que substancialmente não se enquadram na funcionalidade das normas que regulam os grupos de facto simples no sistema das sociedades anónimas. Estas disposições não eram suficientes para a tutela dos credores e sócios das sociedades dominadas e deveriam ser integradas por outras prescrições, nomeadamente no que dizia respeito ao sistema legal de responsabilidade, fundado sobre "intervenções pontuais" e "directivas genéricas" em face da sociedade dependente e a indemnização-compensação pelos prejuízos causados pela intervenção em contrariedade ao interesse social dessa mesma sociedade. Ora, estes pressupostos falhavam nas situações em que a influência da empresa dominante era de tal amplitude e espessura que não era possível isolar ordens singulares e acertar os respectivos efeitos em cada momento.

Ponto de florescimento dessa superação, no que tange à sociedade por quotas, foram as decisões do **BGH**, que entrararam na história do direito

---

legitima esse exercício de poder nas coligações societárias e se soergue os pressupostos com base nos quais os sócios podem eficazmente consentir na formação de grupos com esta índole particularmente castrante das sociedades dependentes. Desenvolvidamente, vide VOLKER EMMERICH/JÜRGEN SONNENSCHEIN, *Konzernrecht. Das Recht der verbundenen Unternehmen bei Aktiengesellschaft, GmbH, Personengesellschaften, Genossenschaft, Verein und Stiftung*, 1993, pp. 404 e ss, 452 e ss.

[652] Sobre o explícito reconhecimento dos grupos de facto qualificados como *facti species* de impulso jurisprudencial e admitido na literatura alemã, ainda que com uma tipologia ainda praticamente reduzida ao tipo organizativo quotista, vejam-se, para desenvolvimentos, KLAUS-PETER MARTENS, "Das Konzernrecht nach dem Referentenentwurf eines GmbH-Gesetzes", *DB*, 1970, pp. 813 e 865 e ss; EBERHARD SCHEFFLER, "Der qualifizierte fakische Konzern. Versuch einer betriebswirtschaflichen Definition", *AG*, 1990, pp. 173 e ss; WOLFGANG GÄBELEIN, "Definition eines qualifizierten faktischen Konzerns", *AG*, 1990, pp. 185 e ss; VOLKER EMMERICH/JÜRGEN SONNENSCHEIN, pp. 389 e ss, 445 e ss; PETER ULMER, "Fünfer Abschnitt. Auflösung und Nichtigkeit der Gesellschaft. Anhang nach § 77. GmbH-Konzernrecht", in MAX HACHENBURG, *Gesetz betreffend die Gesellschaften mit beschränkter Haftung (GmbHG) – Großkommentar*, 1997, Rdn. 97, ss, pp. 631 e ss (estes últimos com amplas considerações sobre as vicissitudes da orientação jurisprudencial a seguir focada).

dos grupos sob as denominações *Autokran* (**16.Setembro.1985**[653]), *Tiefbau* (**20.Fevereiro.1989**[654]), *Video* (**23.Setembro.1991**[655]) e *TBB* (**29.Março.1993**[656])[657], às quais se seguiram outras que se perfilaram na sua linha. Sendo esta substancialmente, ainda que não homogeneamente, afinada em declarar a responsabilidade pessoal e ilimitada do sócio, maioritário ou único (era precisamente uma sociedade unipessoal que estava em causa nos autos do caso *Video*[658]) *e* gerente de sociedade por quotas (tendo

---

[653] Cfr. *BB*, 1985, p. 2065, ss.
[654] Cfr. *NJW*, 1989, p. 1800, ss.
[655] Cfr. *DStR*, 1991, p. 1394, ss.
[656] Cfr. *NJW*, 1993, p. 1200, ss.
[657] Existe em língua nacional uma possível leitura dos contornos fácticos de todas estas situações submetidas a apreciação judicial na Alemanha, inclusive com as suas incidências pelas instâncias judicativas inferiores: devemo-la a MENEZES CORDEIRO, *O levantamento da personalidade colectiva no direito civil e comercial*, 2000, pp. 137-44, para o qual remetemos o leitor mais interessado (também se podem ver em língua acessível em EDOARDO COURIR, *Limiti...*, ob. cit., pp. 101-4).
[658] Importa reter aqui as alíneas do Sumário da posição assumida pelo *Bundesgerischtshof* neste caso. Com esta parte-se do princípio de que o único sócio ou sócio de maioria e gerente único de uma sociedade por quotas, cuja ulterior actividade se esgota no contemporâneo exercício de uma empresa individual, pode ser considerado pessoalmente responsável de acordo com os princípios elaborados jurisprudencialmente em matéria de grupos de facto qualificados. A al. b) determina que no grupo de facto qualificado de sociedades por quotas *também* o sócio único é obrigado à compensação de perdas (*Im qualifizierten faktischen GmbH-Konzern ist auch der Einamnngesellschafter zum Verlustausgleich verplichtet*). Nas als. c) e d) sublinha-se e concretiza-se a aplicação analógica da específica disciplina predisposta pelo legislador alemão em sede de grupos de base contratual, contida no § 303 da *AGesetz*. Para comentários deste aresto, *vide*, entre outros, DIETER MAYER, "Die Haftung im qualifizierten und faktischen GmbH-Konzern unter besonderer Berücksichtigung des «Video-Urteils» des BGH vom 23.9.1991, *DStR*, 1992, pp. 791 e ss; WOLFGANG BAUDER, "Neue Haftungsrisiken im qualifizierten faktischen GmbH-Konzern", *BB*, 1992, pp. 1009 e ss; KARL EDUARD von der HEYDT, "Die Haftung im qualifizierten faktischen Konzern", *DStR*, 1992, pp. 147 e ss.

Particular atenção mereceu a aplicação dos princípios elaborados pela jurisprudência em matéria de grupos de facto qualificado, mesmo depois da transposição feita pelo ordenamento alemão da XII Directiva, precisamente por serem hipóteses em que o sócio único-pessoa singular de uma sociedade por quotas é sócio de uma sociedade plural, mesmo que nela participe de forma determinante, e/ou actue como empresário individual (como era a situação do caso *Video*), tendo em conta a compatibilidade de tal orientação jurisprudencial sobre a responsabilidade ilimitada do sócio único – ancorada na asserção de que esse sócio exerce um poder que pode ser qualificado de tal modo absorvente que deixa de se poder falar de autonomia da "sociedade dependente" em face da "empresa dominante" –, tendo a ela subjacente uma interpretação (criticada pela doutrina) muito

participações em outras sociedades, como no caso *Autokran*, e empresas individuais, como na situação avaliada no caso *Video*, por si dominadas), em função do exclusivo e unilateral poder de direcção desempenhado por esse sócio, que se apresentava como verdadeiro empresário individual junto dos credores da(s) sociedade(s). Para isso, impunha-se a qualificação dessa pessoa singular (*Einzelperson*), simultaneamente sócio quotista e único gerente, como empresa dominante (*herrschendes Unternehmen*) no sentido do § 17 da *AGesetz*. Para a densificação do desiderato, convocou-se a aplicação analógica dos §§ 302 – que prevê a obrigação de a empresa dominante, nos grupos de base contratual, reparar ou cobrir (*Ausgleich*) todas as perdas da sociedade dependente –, 303 – em caso de cessação da relação de grupo em virtude da superveniente insolvência da sociedade dependente, determina a prestação de garantias pela empresa dominante aos credores daquela sociedade em substituição da obrigação de compensação de perdas, o que se transforma em responsabilidade directa da empresa dominante se a sociedade dominada se encontra desprovida de património – e 322, nomeadamente as als. 2 e 3 – responsável pelo estabelecimento da responsabilidade solidária e ilimitada da empresa dominante por todas as dívidas da sociedade integrada –, da *AGesetz*, em função da *condução continuada, ampla e completa* dos negócios da sociedade por quotas dominada, que equipara substancialmente, na óptica do tribunal superior alemão, a situação de uma *GmbH* controlada nestes termos e aquela de uma sociedade por acções controlada por força de relações contratuais de subordinação.

Paralelamente a esta espécie de desconsideração da personalidade das sociedades em causa *com recurso ao direito dos grupos da anónima*[659], jus-

---

ampla do controlo de facto qualificado, e o conteúdo, ainda que ambíguo, do art. 2º, nº 2, da XII Directiva, e o seu espírito, que aparece claramente orientado a fornecer o benefício da responsabilidade limitada ao empresário individual. Para considerações pouco abonatórias, cfr. WIENAND MEILICKE, "Unvereinbarkeit der Video-Rechtsprechung mit EG-Recht", *DB*, 1992, pp. 1867 e ss; BRIGITTE KNOBBE-KEUK, "Zum Erdbeden «Video»", *DB*, 1992, pp. 1464-5; VOLKER EMMERICH/JÜRGEN SONNENSCHEIN, pp. 450-2; PETER KINDLER, "Gläubigerschutz im qualifizierten faktischen Einmann-GmbH-Konzern", *JuS*, 1992, p. 640; expressamente em sentido contrário a essa violação do comando comunitário, cfr., por todos, PETER ULMER, "Fünfer Abschnitt...", loc. cit., *Rdn.* 117-19, pp. 641-2.

[659] De facto, depois de consolidada a corrente jurisprudencial, ela foi mesmo usada para fazer subsistir situações típicas de *Durchgriffshaftung*, ainda que não fosse de todo claro a configuração de um *Konzern*. Foi precisamente assim no caso *TBB*, em que o sujeito responsabilizado pessoalmente era o gerente de uma sociedade por quotas em que o seu cônjuge era o sócio único; para esse efeito, esse mesmo cônjuge foi considerado como mero testa-de-ferro e a sua participação na sociedade unipessoal devia ser imputada àquele que dispunha de toda a direcção e domínio administrativo da empresa. Aliás, estes casos jurisprudenciais foram vistos como um sinal de as hipóteses de desconsideração

tificada pela formulação (na prática, é isso que se retira) da existência de um grupo entre o sócio-gerente predominante ou único e as suas sociedades – demandante das mesmas exigências de suprir os perigos para credores a que se fazem frente com os meios de protecção próprios da disciplina dos grupos –, onde o sócio é empresa dominante e a sociedade é a empresa controlada, o que afastou as decisões entre si foi o fundamento da responsabilidade assim afirmada do sócio director, e que de igual modo reflecte a caracterização da responsabilidade da empresa dominante. Isto é, decidir se essa responsabilidade é de qualificar como *Verschuldenshaftung* ou *Verhaltenshaftung* – uma responsabilidade culposa por comportamento abusivo –, como resolveu afirmar-se nos casos *Autokran*[660] e *TBB*; ou como *Zustandshaftung* ou *Gefährdungshaftung* – uma responsabilidade "estrutural ou objectiva", desencadeada pelo facto de se adoptar um esquema organizativo não consentido pela lei que legitima o entendimento de ver nessa situação de domínio uma presunção de prejudicialidade relativamente à sociedade dominada, como se decretou nos casos *Tiefbau* e *Video*. Em suma, decidir isto é optar por responsabilizar a empresa dominante (ou quem é assim denominado) no confronto da sociedade dependente, na espécie de grupo de facto qualificado, *somente* com base na direcção *objectivamente* continuada da sociedade dominada; ou exigir uma ulterior característica *qualificante*, marcada pela silente consideração dos interesses próprios da sociedade dependente por parte da empresa dominante no interesse do grupo, o que implicará *subjectivamente* uma conduta abusiva e desrespeitadora da autonomia e/ou um prejuízo culposo da sociedade dependente por parte da empresa dominante[661].

---

serem no futuro a excepção, visto a protecção dos credores ter sido feita com o recurso a normas da codificação dos grupos (neste sentido, cfr. JOACHIM MEYER-LANDRUT, "Erster Abschnitt. Errichtung der Gesellschaft", loc. cit., § 1, *Rdn.* 29, pp. 16-17).

[660] Contra a interpretação dominante, p. ex., HERBERT KRONKE, p. 479, afirma que, neste aresto, "a responsabilidade pela controlada é objectiva e nasce *sem mais* no fim da relação de controlo" (itálico nosso).

[661] Sobre os vários contornos e consequências deste núcleo jurisprudencial básico do tratamento dos grupos de facto qualificados, aos quais fomos buscar o essencial para a nossa análise, cfr. KARSTEN SCHMIDT, ""Zum Haftungsdurchgriff wegen Sphärenvermischung und zur Haftungsverfassung im GmbH-Konzern", *BB*, 1985, pp. 2076 e ss; IDEM, *Gesellschaftsrecht*, ob. cit., pp. 1217 e ss, 1991; HANS-JOACHIM FLECK, "Die Rechtsprechung des Bundesgerichtshofes zum Recht der verbundenen Unternehmen", *WM*, 1986, pp. 1211-13; HANS-DIETER ASSMANN, "Gläubigerschutz im faktischen GmbH--Konzern durch richterliche Rechtsfortbildung", *JZ*, 1986, pp. 881 e ss, 928 e ss; IDEM, "Der faktische GmbH-Konzern", loc. cit., pp. 669 e ss; PETER ULMER, "Gläubigerschutz im «qualifizierten» faktischen GmbH-Konzern", *NJW*, 1986, pp. 1579 e ss; KLAUS ZIEGLER, "Verlustausgleich und Haftungsdurchgriff beim qualifiziert faktischen GmbH-

Em Itália, o facto de o art. 2497, § 2°, al. a), do *CCIt.*, ter declarado a responsabilidade ilimitada do sócio único que também o é em outras sociedades de capitais e daquele que é pessoa colectiva não impede que um empresário singular-pessoa singular, ao invés de constituir duas SQU (incorrendo, de tal modo, na perda do benefício da responsabilidade limitada), constitua apenas uma e a utilize como sociedade-mãe, fazendo-a controlar inteiramente uma ou mais sociedades, perdendo o benefício se a sociedade dominada for uma SQU mas mantendo-o se as controladas totalitariamente revestirem a forma plural de sociedade por quotas ou de sociedade anónima. Mesmo quando a SQU-mãe deva responder ilimitadamente pelas obrigações das sociedades controladas unipessoais (pois é sócio único-pessoa jurídica)[662], o que é certo é que a pessoa singular que detém a inteira participação e constitui à volta da "sua" SQU uma ou mais SQU está de fora do âmbito de aplicação do art. 2497, não podendo ser chamada enquanto tal a responder para além do montante de capital investido na empresa. A ambiguidade do texto normativo foi reparada pela doutrina e as suas possibilidades de elusão foram objecto de advertência. A título de exemplo, alguns comentários[663] confirmaram o contorno das limitações legais, através da colocação no vértice do grupo de uma sociedade unipessoal, que participaria depois numa série de sociedades por quotas e anónimas, combinando nas sociedades-filhas a participação de controlo da sociedade-mãe com pequenas participações de outras sociedades-filhas, de modo a assegurar a pluralidade de sócios e obter para todas as sociedades a

---

-Konzern", *WM*, 1989, pp. 1041 e ss; WOLFGANG VONEMMAN, "Die Haftung im qualifizierten faktischen GmbH-Konzern", *BB*, 1990, pp. 217 e ss, em esp. pp. 220-3; CARSTEN THOMAS EBENROTH/OLIVER WILKEN, "Verlustübernahme als Substitut konzernspezif- -ischer Kapitalerhaltung", *BB*, 1991, pp. 2229 e ss, esp. pp. 2232-3; WALTER STIMPEL, "Haftung im qualifizierten faktischen GmbH-Konzern", *ZGR*, 1991, pp. 145 e ss, em esp. pp. 146-8 e, para a sociedade unipessoal, 156-9; WULF GOETTE, "Haftungsvoraussetzungen im qualiziert faktischen Konzern", *DStR*, 1993, pp. 568 e ss; ULRICH BURGARD, "Die Tatbestandsmerkmale des qualifizierten faktischen GmbH-Konzerns und ihre Konkretisierung nach «TBB»", *WM*, 1993, pp. 925 e ss. Para um registo sobre a falta de uma perspectiva doutrinal sólida sobre a problemática das relações entre SQU e grupos societários, *vide* VOLKER EMMERICH/JÜRGEN SONNENSCHEIN, pp. 461 e ss.

[662] O que levou, de uma forma demasiado imediata, CARLO ANGELICI, "Società unipersonali: l'esperienza comparatistica", loc. cit., p. 864, a afirmar que "no plano das relações entre a sociedade unipessoal e a disciplina dos grupos a solução adoptada pelo legislador italiano (...) parece em substância orientada para uma espécie de preclusão da utilização da sociedade unipessoal como instrumento para a organização de um grupo" (no mesmo sentido, cfr. ILARIA CHIEFFI, "La nuova s.r.l. unipersonale", loc. cit., p. 537; GIULIANA SCOGNAMIGLIO, "La disciplina...", loc. cit., p. 241).

[663] Cfr. GIOVANNI CABRAS, p. 292.

limitação da responsabilidade e, desse modo, o fraccionamento do risco. Por seu turno, outros[664], em mera derivação de hipóteses, notam que um sujeito, sócio único de duas SQU, também não responderia ilimitadamente pelas obrigações das eventuais sociedades constituídas, seja na forma de sociedade anónima, seja na forma de sociedade por quotas, pelas duas SQU inteiramente participadas por ele.

Em face da contradição da lei, alguns não se têm conformado com ela, tentando ir um pouco mais longe do que a tradicional responsabilização do

---

[664] ILARIA CHIEFFI, "S.r.l. unipersonali e gruppi societari", loc. cit., p. 121.

Esta doutrina viu no art. 2497 uma forma embrionária de disciplina especial do grupo de sociedades, na espécie do chamado grupo de facto qualificado, na qual se podia definir o respectivo modelo de responsabilidade. Em substância, a sua tese é vislumbrar na excepção criada pelo legislador na al. a), do § 2°, uma previsão acolhedora da experiência jurídica tudesca nessa matéria. Pelo menos, considera-se a norma que configurou essa responsabilidade como estando exclusivamente ligada à subsistência de uma ligação de dependência entre empresas, decorrente de uma relação de controlo instaurado de facto entre duas ou mais sociedades e a adveniente formação de um grupo, sem necessidade de provar qualquer comportamento culposo do sócio único (para avaliar a óbvia influência que aqui teve a substancial recepção da tese da *Strukturhaftung* nesta espécie qualificada de grupos de facto, cfr., por todos, VOLKER EMMERICH/JÜRGEN SONNENSCHEIN, pp. 464--5). Deste modo, tal norma *legitimava* a edificação de grupos de empresas fundadas no controlo de facto absoluto sobre uma ou mais sociedades dependentes através do exercício do poder de direcção por parte do sócio único-empresa dominante mas *sancionava* como responsabilidade *estrutural* a obrigação do sujeito dominante (desde que sócio único de outras sociedades de capitais e pessoa colectiva) de responder pelas obrigações dos sujeitos controlados em face dos seus credores, nos casos em que o controlo totalitário fosse reportado à figura do grupo de facto qualificado, sob a base da presunção absoluta de que se exerceu uma direcção continuada e fortemente delimitadora da autonomia gestora da sociedade controlada, facilmente disponível para lhe sacrificar os interesses (cfr. ILARIA CHIEFFI, *ibid.*, pp. 97 e ss, 151 e ss e 170-5; para mais alguns desenvolvimentos, veja-se a sua monografia *Il gruppo di fatto qualificato*, 1996, pp. 185 e ss, em esp. 216 e ss). No entanto, esta extrapolação "sob a batuta da experiência alemã" da norma específica da SQU foi expressamente criticada por um sector da doutrina italiana (NICOLA RONDINONE, p. 46), nos seguintes termos: (i) os grupos em geral, incluindo os grupos de facto qualificados, nem sempre se constroem mediante relações de controlo totalitário; (ii) nem mesmo se pode dizer que a excepção ditada pela norma se pode alargar a todas as formas figuradas de controlo totalitário no seio de um grupo, uma vez que, contrariando a tese da fraude à lei, não se estende ao caso em que a SQU seja posta no vértice do grupo nem às hipóteses de controlo totalitário indirecto, bem como outras em que o sócio único detém a qualidade de *Unternehmen* (como as sociedades privadas de personalidade jurídica, isto é, as sociedades de pessoas), controla outras sociedades, mas não está abrangido pela restrição legal.

controlo totalitário, directo ou indirecto, pela via de uma interpretação substancial e extensiva do art. 2362 do *CCIt*.[665] Por um lado, sustentando, mais ou menos dubitativamente, que se deveria contrariar esses procedimentos que contornam essa norma de responsabilidade ilimitada, atingindo resultados equivalentes àqueles que a intenção do legislador quis impedir, com a preclusão de tal esquema "formalmente legítimo" mediante a aplicação da técnica da fraude à lei e a consequente perda do benefício da responsabilidade limitada[666]. Com outra via de contrariar essas circunstâncias, uma orientação minoritária aplica analogicamente o art. 2497, § 2°, al. a), "a todas aquelas hipóteses que, ainda que não previstas pela norma, desvirtuam a sua *ratio*"[667].

No pólo oposto da livre utilização das sociedades unipessoais no âmbito de relações de grupo, encontramos, como sabemos, o caso espanhol. Precisamente por isso, e na ausência de uma disciplina sistemática sobre a matéria, o facto de o legislador espanhol ter incrementado a sociedade unipessoal como elemento da denominada *empresa policorporativa* ou *plurissocietária*[668], ao optar por deixar de lado as opções normativas da XII Directiva que significariam um entorpecimento da formação e funcionamento de grupos integrados por sociedades unipessoais, motivou que a doutrina vizinha reflectisse sobre a possibilidade de a utilização da sociedade de capitais unipessoal justificar a perda dos benefícios previstos na lei – em particular, a responsabilidade limitada "só" pelas "suas" obrigações sociais –, em casos de conflito surgidos quando o sócio único de uma sociedade unipessoal e titular de outras empresas é também uma sociedade ou o titular unipessoal em várias sociedades. Isto é, quando se dê um conflito entre o interesse da sociedade unipessoal e o interesse da empresa ou empresas do sócio único, titular da sociedade unipessoal dominante (precisamente a situação que a nossa lei veda mas é possível contornar...), num contexto de direcção unitária protagonizada

---

[665] Seguida como fundamental por ELENA GELATO, pp. 689-90, na linha da doutrina sobre o controlo totalitário indirecto, ou de segundo grau (*vide supra* n. 456).

[666] Cfr., pelo menos, LUIGI SALVATO, p. 412; GIAN FRANCO CAMPOBASSO, "La responsabilità...", loc. cit., p. 236; ILARIA CHIEFFI, "S.r.l. unipersonali e gruppi societari", loc. cit., pp. 120-1.

[667] BARBARA PETRAZZINI, pp. 366-8.

[668] Recorrendo-se aqui a uma linguagem vulgarizada na literatura especializada, mas não desconhecendo a inquietação de saber se o grupo de sociedades será uma empresa de grupo, que levará a duvidar da inerente tese da unidade empresarial do grupo: para uma resposta negativa, cfr. COUTINHO DE ABREU, *Da empresarialidade...*, ob. cit., pp. 256 e ss, com a bibliografia aí referenciada e discutida, em esp. pp. 262-72; para uma resposta afirmativa, cfr., no direito comparado, GIORGIO SCHIANO DI PEPE, *Il gruppo di imprese*, 1990, pp. 130 e ss, esp. 136-7.

pelo sócio único. Para chegar a uma solução que proteja os interesses da sociedade unipessoal dominada (e dos sujeitos interessados nessa protecção), Duque Domínguez invoca a doutrina do levantamento do véu da personalidade jurídica da sociedade unipessoal, ainda que para a tornar operativa seja necessário *qualificá-la* com circunstâncias legitimadoras da penetração no esquema formal da personalidade, para obter essa protecção da esfera própria de interesses de uma sociedade unipessoal integrada num grupo.

Assim, para a imposição de responsabilidade, não chega o mero exercício, ainda que duradouro e absoluto, do poder de direcção pela sociedade dominante (ou do órgão que forma as decisões comuns), inerente à definição e funcionamento do grupo. Isto porque, tal como a unipessoalidade, uma vez reconhecida legalmente, não justifica a imposição de responsabilidade ilimitada sem mais, também o poder de controlo do sócio único não acarreta uma responsabilidade *estrutural* como empresa dominante, mesmo quando o interesse da sociedade unipessoal dominada resulte prejudicado no âmbito da unidade económica. A qualificação sugerida pelo Autor espanhol está precisamente em provar que "o sócio único utilizou o ente jurídico interposto como instrumento para prejudicar os interesses de quem reclama a indemnização – quer dizer, a sociedade unipessoal como dominada..." (ainda que hesite na questão da legitimidade activa para o pedido dos credores interessados e, em caso afirmativo, no destino da indemnização decretada: a reparação do prejuízo dos credores peticionantes ou a reconstrução do património social em benefício de todos os credores), importando demonstrar que *"na actuação do sócio único existe um elemento adicional* que justifica o dever de ressarcimento". Esse fundamento encontra-se no (incumprimento do) *dever de fidelidade* do sócio único em face da sociedade – uma notória (e não confessada pelo Autor espanhol) espécie de adaptação do *Treuepflicht* referido[669], com maior intensidade relativamente ao *ius commune* de onde provêm, no direito alemão dos grupos e utilizado expressamente no caso *ITT*, do **BGH**, de **5.Junho.1975**[670], como âncora para determinar que a sociedade domi-

---

[669] Dever esse ao qual foi dado, fundamentalmente com base na experiência alemã, uma importante densidade dogmática por Coutinho de Abreu, como veremos: *vide infra* Capítulo III, ponto 16, e n. 787, com as pertinentes referências bibliográficas.

[670] Cfr. *AG*, 1976, p. 16, ss. Na doutrina, *vide*, para além das referências anteriormente feitas (que passam sempre por essa decisão como amostra da insuficiência da regulação societária dos grupos de facto), só para amostra do alcance da *Treuepflichtverletzung*, HERBERT WIEDEMANN, "Die Bedeutung der ITT-Entscheidung", *JZ*, 1976, pp. 392 e ss; ECKARD REHBINDER, "Treuepflichten im GmbH-Konzern", *ZGR*, 1976, pp. 386 e ss.

nante salvaguarde (sem pôr em acção operações prejudiciais, já se vê...) a autonomia e o interesse social da sociedade por quotas dependente e, assim, empreender a tutela ressarcitória da minoria social numa hipótese de grupo de facto simples –, concretizado na obrigação indemnizatória, em consequência da (não) utilização dos seus poderes – em princípio, tanto densificados em actos *activamente* favoráveis ao interesse da sociedade unipessoal como na abstenção de actos que o prejudiquem – em conformidade com a observância de uma conduta *não culposa* (nem dolosa nem negligente) e do (não) *abuso* das suas faculdades de gestão da sociedade unipessoal. Essa espécie de *dever-quadro* (assim o vemos) – cuja violação será, no essencial, feita com o comportamento abusivo da sociedade do sócio único como sociedade com influência dominante – será a pauta nuclear para que o sócio único que produz um dano à sociedade unipessoal dominada em consequência de um acto seu esteja obrigado a compensar esse prejuízo com vantagens no interior do grupo, suprindo-se o interesse lesado e dotando-se, com este grau acrescido de sindicação da ilicitude, os grupos de sociedades de uma flexibilidade que lhes permita cumprir a sua função[671].

Num sentido mais geral, ainda em Espanha, a doutrina da desconsideração é utilizada por Josefina Boquera Matarredona para a protecção dos credores sociais das sociedades dominadas[672], na esteira das sentenças do **Tribunal Supremo**, de **16.Outubro.1989** e de **3.Junho.1991**[673], que declararam, em hipóteses de sociedades anónimas totalmente participadas por uma outra sociedade anónima, o levantamento do véu da personalidade da pessoa societária dominante, com base na realização de actos em fraude à lei, em prejuízo da boa fé de terceiros e no uso anti-social do direito. O facto de aquela categoria de credores apenas contar com o património social como garantia dos seus créditos pode vir a ser lesado com as actuações determinadas pelo interesse da sociedade dominante (e do grupo enquanto unidade económica) e condicionantes da integridade desse património. Em face dos inconvenientes do recurso à acção social de responsabilidade contra os administradores que exerceram a direcção unitária sobre as empresas "agrupadas", a Autora espanhola, perante a maior facilidade de se darem fenómenos de utilização da independência societária para iludir o cumprimento das obrigações em face de terceiros, prescinde do artifício formal da personalidade jurídica como meio preferível (até pode ser o "único viável") de fazer comunicar a responsabilidade por dívidas aos componentes do

---

[671] Para todo este pedaço de texto, *vide* DUQUE DOMÍNGUEZ, "Recientes desarollos...", loc. cit., pp. 60-2 (sublinhados colocados nas citações como no original).
[672] Cfr. *Levantamiento del velo...*, ob. cit., pp. 396 e ss.
[673] Relatadas, na sua parte relevante, a pp. 360-3 da obra citada.

grupo, *desde que* os factos praticados possam ser qualificados como fraudulentos, abusivos ou que esses conduzam a resultados que se devem neutralizar[674]. *De iure condendo,* não deixa, porém, de sugerir o estabelecimento no direito positivo de uma responsabilidade solidária de segundo grau entre a sociedade dominante e a sociedade dominada (ou até uma responsabilidade de grupo...).

---

[674] Na mesma direcção, cfr. LUIZ FERNÁNDEZ DE LA GÁNDARA, "La Ley...", loc. cit., pp. 14 e 15, depois de se ter interrogado sobre a eficácia do dispositivo regulador dos contratos entre o sócio único e a sociedade unipessoal para eliminar, e sancionar, "maquinações fraudulentas" no caso de sociedades unipessoais deterem exclusivamente outras.

CAPÍTULO III

O ÓRGÃO ASSEMBLEIA NA SOCIEDADE POR QUOTAS UNIPESSOAL E AS DECISÕES DO SÓCIO ÚNICO

Sumário: 13. A assembleia da sociedade por quotas unipessoal como centro de atribuição de competências. – **14.** O possível funcionamento (suavizado) do procedimento da assembleia. – **15.** A delicada relação entre o sócio único decisor e o órgão gerência na organização interna da sociedade por quotas unipessoal. – **16.** O conflito de interesses entre o sócio único e a sociedade por quotas unipessoal e a interpretação do art. 251º como *impedimento de decisão*.

13. A assembleia da sociedade por quotas unipessoal como centro de atribuição de competências

Depois de termos representado a subsistência na SQU de uma natureza *justificadamente* societária, é sensato excogitar, em geral, que da posição de sócio único não brota *numa perspectiva normativa* um diverso e maior *nível de poderes* sobre a sociedade e a empresa que ela incorpora. Os poderes atribuídos ao sócio devem ser, formal e substancialmente, aqueles que ordinariamente pertencem aos sócios de uma sociedade por quotas. Tal como, em princípio, estará confirmada a manutenção da estrutura orgânica da sociedade por quotas nas situações de unipessoalidade.

Com esta asserção como pano de fundo, há que investir de um modo mais desenvolvido na matéria da competência deliberativa[675], uma das mais importantes faces da disciplina interna da SQU, de modo a que saibamos (re)construir as regras que presidem à formação daquilo a que

---

[675] Aqui se abordam as deliberações tomadas *pelos sócios* nessa qualidade, em referência à assembleia geral ou aos outros mecanismos que os sócios têm ao seu dispor para exercer os poderes de orientação interna da sociedade. Não se refere aqui essa expressão às decisões dos restantes órgãos gestor e fiscalizador que compõem a sociedade, que, em rigor, também são deliberações da sociedade. Para mais desenvolvimentos sobre esta distinção, *vide* VASCO LOBO XAVIER, *Anulação...*, ob. cit., p. 33, ss, n. (1), e p. 45, n. (16). Em seu abono, cfr. COUTINHO DE ABREU, *Do abuso...*, ob. cit., pp. 99-100.

lei designa de *decisões do sócio*. Esta é justamente a epígrafe do art. 270º--E, que, no respectivo nº 1, determina que «Nas sociedades unipessoais por quotas o sócio único exerce as competências das assembleias gerais...», o que parece reiterar, numa leitura superficial, o que dissemos como preâmbulo às considerações que desejamos proceder *hic et nunc*.

A inquietação basilar que primeiramente nos move prende-se com a imaginada adopção de uma postura *neutral* na utilização do termo "decisões", isto é, saber se será ou não de lhe atribuir alguma conotação no que respeita ao problema da possível identificação entre decisão do sócio[676] e deliberação da assembleia. Isto porque o molde organizativo da assembleia, tradicionalmente considerada como o "órgão supremo da sociedade", mas, na realidade, dependente de quem a constitui, já que "o poder não emana dela, *mas de quem a domina ou dirige*"[677], mostra-se *prima facie* em antinomia com a sociedade unipessoal. De facto, se o conceito de assembleia reclama a ideia de uma pluralidade de pessoas que dispõem do direito de voto para discutirem questões de interesse comum e que se subordinam ao princípio da maioria, isso excluirá que essa definição se refira à vontade que é a expressão de um sujeito isolado e titular exclusivo do poder volitivo que a sustenta[678].

---

[676] Também preferindo esta terminologia – "o sócio único não «delibera» mas «decide»" –, que a própria lei utiliza na formulação do art. 270º-E, nº 2 (*vide supra* Capítulo I, ponto 6), cfr. COUTINHO DE ABREU, *Curso...*, volume II, ob. cit., p. 232, n. (52).

[677] VAZ SERRA, "Assembleia geral", *BMJ*, 1970, p. 23, itálico nosso.

[678] Antes da introdução da sociedade de responsabilidade limitada unipessoal, em razão desta aparente contradição, foi arguida lá fora a subsistência e o funcionamento normal do órgão assembleia depois de um evento de concentração das participações num único sujeito.

Na Alemanha, a dúvida foi resolvida pela doutrina e pela jurisprudência tendo em conta que na figura da sociedade com sócio único a assembleia geral era necessariamente assimilada pela situação da assembleia totalitária, dando sentido à necessidade de respeitar os procedimentos e as formas necessárias para o válido e regular funcionamento da assembleia ordinária e do exercício do voto do sócio (na decisão de **24.Fevereiro.1954**, do **BGH**) e até respondendo positivamente à possibilidade de a assembleia não ter lugar e ser suficiente, fazendo as vezes da respectiva deliberação, a simples decisão do sócio ou do seu representante (nas resoluções de **13.Maio.1968** e de **18.Novembro.1968**, igualmente da mesma instância superior, ambas pescadas em MARCO TRONTI, pp. 1439-40): cfr., entre outros, ULF SIEBEL, "La società di capitali...", loc. cit., pp. 98-9, e FRANZ SCHOLZ, § 48, *Rdn*. 3, p. 527.

Por seu turno, na doutrina italiana, antes do *CCIt.*, debatiam-se duas correntes: a que retia não ser possível a subsistência da assembleia em função do falecimento da estrutura

Tradicionalmente, a resolução da dúvida acerca da subsistência da assembleia geral emerge na nossa doutrina com um conteúdo claramente coibitivo. Entendia-se que a sociedade unipessoal poderia manter em

---

social e da privação de uma vontade da sociedade distinta da vontade do único sócio (cfr., a título de exemplo, GINO DE GENNARO, p. 486); e a que considerava que a circunstância de o voto ser atribuído à participação (à acção, no caso era a anónima unipessoal que se discutia) e não ao sócio era determinante para reputar como admissível a assembleia constituída com um só sócio e demonstrava como a assembleia podia prescindir do elemento da colegialidade, emergindo como um órgão substancialmente individual (cfr. GIUSEPPE FERRI, "Responsabilità...", loc. cit., p. 730). Para uma discussão problematizante da hesitante jurisprudência deste período, cfr. GIORGIO MARIA ZAMPERETTI, *La società* ..., ob. cit., pp. 37-40.

Depois da codificação de 1942, a tese dominante era a que afirmava em geral o respeito pela sobrevivência da assembleia como órgão, argumentando que o método colegial tinha que continuar a ser observado na hipótese de unicidade dos sócios, enquanto elemento *funcional-orgânico* imprescindível que era ao sustento da conservação, nessa situação, da estrutura corporativa da sociedade como pessoa jurídica distinta dos sócios – cfr. FILIPPO DE MARCO, p. 21; LORENZO MOSSA, "La societá per azioni in una mano", loc. cit., p. 749 ("Ponto essencial para a S.p.A. [Sociedade por Acções] unipessoal é o da deliberação social. De facto, somente por esta via o accionista único transforma a sua vontade em vontade social, e evita os perigos da empresa estritamente pessoal. Percebe-se que a vontade que move a S.p.A. é a sua e unicamente a sua, mas uma coisa é a vontade não formal e não orgânica, e outra coisa uma vontade que nasce com crisma orgânico. Não há dúvida, portanto, que desde que a sua vontade social não se manifeste na forma de assembleia e de uma deliberação, assiste-se ao perfeito desmantelamento do organismo da S.p.A. com as consequências mais graves, acima de tudo com a confusão da sociedade e da sua empresa com a pessoa do sócio e a sua empresa pessoal..."); ALESSANDRO GRAZIANI, *Diritto delle Società*, ob. cit., p. 347. Ou então, como protagonizou ALBERTO AMATUCCI, pp. 161-5, assente na valoração dogmática já conhecida de compreender a redução à unipessoalidade de uma situação de intersubjectividade como a fonte de uma relação instaurada directamente entre o sujeito e a particular disciplina que regula a espécie, tal se fundava na aplicação *integral* da normatividade societária (com excepção das normas que pressupusessem um substrato pluripessoal). Assim, os órgãos da sociedade continuavam a operar e a desenvolver as suas funções características ainda mesmo na situação unipessoal, o que compreendia logicamente a assembleia, uma vez que o sócio, para poder deliberar validamente e esta deliberação constituir vontade do ente social, deveria observar todas as normas que disciplinassem o procedimento da assembleia, cuja função se individualizava, além da tutela dos sócios (de minoria, mas em geral de todos), na protecção de terceiros, os quais encontrariam na rigidez do procedimento colegial a contrapartida para a limitação da responsabilidade usufruída pelo sócio. De igual modo ANGELO GRISOLI, *Le società con un solo socio*, ob. cit., p. 372 e n. (63), e SCOTTI CAMUZZI, "L'unico azionista", loc. cit., pp. 796 e 800-1 e n. (72) – "A assembleia é antes *forma necessária* da manifestação de vontade societária do único sócio: p. ex., para a aprovação do balanço; e como poderia o

funcionamento os órgãos que legal e estatutariamente fossem essenciais, mas a redução da entidade societária à unidade subjectiva acarretava a impossibilidade de existência de um órgão que implicava uma colegiali-

---

único accionista modificar o estatuto se não com uma deliberação em assembleia?" (sublinhado da nossa escolha) –, se posicionaram na aceitação do funcionamento da orgânica da sociedade em situação de unipessoalidade, moldado por um juízo de compatibilidade técnica das prescrições do procedimento da assembleia com a particular estrutura do órgão. Na jurisprudência, destaquem-se os arestos de **7.Maio.1951**, do **Tribunal de Napoli** (in *Dir. Giur.*, 1951, p. 205, ss, com anotação de LUIGI MAJO, "Assemblea con unico azionista e proposta di concordato fallimentare in una società per azioni", p. 206, ss) e de **28.Maio.1963**, da **Corte d'Appelo de Milano** (in *Riv. Not.*, 1963, p. 563, ss).

Houve, porém, apelos destoantes. A favor da impossibilidade de funcionamento do organismo social (e, como efeito lógico, da assembleia) devido ao insanável conflito de interesses na relação entre a sociedade e o sócio, determinado pelo facto de diferentes posições orgânicas se imputarem ao único sócio, ou seja, "quando um dos sujeitos é ao mesmo tempo o órgão que faz agir o outro sujeito", cfr. SALVATORE PUGLIATTI, "Il rapporto giuridico unisoggettivo", loc. cit., pp. 224 e 226. Segundo outros, a coincidência do interesse da sociedade com o interesse do sócio determinaria a operatividade da personificação social somente nas relações externas, com a consequencial paralisia da assembleia, pois se não há sócios e relações entre eles, não há necessidade do órgão que as expressa (falamos do nosso conhecido GIANGUIDO SCALFI, p. 58). Igualmente não vislumbrando como se pode preservar um órgão que supõe a pluralidade de pessoas associadas participantes, quando esta era, por sua vez, o *estado de facto* que se assumia como o pressuposto imprescindível para dar provimento à personalidade jurídica das sociedades comerciais, que, não dispondo dessa pluralidade, não podiam ter o órgão, que se confundia com a própria corporação, idóneo a exprimir a vontade unitária da pessoa jurídica, cfr. LUIGI BRAGANTINI, pp. 117 e ss, em esp. pp. 124-5. Tendo em conta a necessária colegialidade ínsita ao conceito de assembleia, também AURELIO CANDIAN, *Nullità e annullabilità di delibere di assemblea delle società per azioni*, 1942, p. 57, assevera que "não é sequer caso de falar" na sua persistência uma vez desaparecida a pluripessoalidade. Neste sentido da impossibilidade "jurídica" de funcionamento de assembleia de sociedade reduzida a um só sócio, veja-se a jurisprudência do **Tribunal de Modena**, de **27.Agosto.1946** (transcrita e repudiada na *Riv. Not.*, 1947, III, pp. 299-300).

Numa outra vertente de carácter *negativo* sobre a questão, encontramos aquela doutrina que analisa os interesses subjacentes à disciplina do procedimento da assembleia. Primeiro, depois de reconhecer como um formalismo sem sentido a exigência da reunião da sociedade unipessoal e negar a possibilidade de haver deliberações aí tomadas nas sociedades com único sócio (na mesma orientação de aqui "não ter evidentemente sentido falar de «procedimento da assembleia formal»", cfr. PIER GIUSTO JAEGER, *L'interesse sociale*, ob. cit., p. 144, n. (59), que abandonou essa opinião em "Il problema delle convenzioni di voto", *GC*, 1989, pp. 225-6, n. (74), por ser de parecer que, mal-grado se extinguir a colegialidade, a assembleia concretiza um conjunto de *regras formais* que devem ser respeitadas), até porque, no plano dos interesses perseguidos pelas pertinentes normas

dade perdida. Em vez das *deliberações* adoptadas na assembleia aquando da pluripessoalidade, uma vez que todo o poder deliberativo passava *ipso facto* para o único titular das participações, surgiam as *decisões* do único

---

de funcionamento, o juízo solitário do sócio único assegurava um maior grau de adesão aos interesses objectivos da sociedade por provir de quem é maioritariamente interessado no respectivo incremento, GIORGIO OPPO, "Contratti parasociali", loc. cit., pp. 162 e ss, optava pela inaplicabilidade *em bloco* da disciplina da assembleia e pela aplicabilidade, em contrapartida, das regras que respeitavam a tomada da deliberação enquanto, em coerência, dispensava a disciplina do respectivo procedimento formativo (de facto, nem toda a deliberação se esgota na reunião em assembleia). Depois, outrossim PIETRO ABADESSA, "Deliberazioni senza assemblea nelle società di capitali", *RDComm.*, 1968, pp. 300 e ss, em esp. 306 e ss, 314 e ss, recuperou essa distinção entre a disciplina das deliberações e a disciplina da formação das decisões deliberativas e ponderou-a à luz dos interesses tutelados pelo princípio da colegialidade, chegando à mesma conclusão de Giorgio Oppo: por um lado, por contestar a afirmação de que o método colegial seria arvorado também para tutela dos terceiros, por outro, registando que a maior ponderação das decisões, que seria o traço funcional nomeado para sustentar a inderrogabilidade do método colegial, constituía um interesse plenamente disponível por parte dos sócios. Na jurisprudência *obter dictum*, consulte-se a proníncia de **9.Março.1984**, da **Cassazione Civile** (in *GC*, 1984, II, p. 694, ss).

Numa categoria intermédia, ou seja, que não se reduzia à simples alternativa entre aplicação e não aplicação integral da disciplina societária aos órgãos da sociedade unipessoal, PIETRO MARCHETTI, "In tema di assemblea e proroga di società ridotta ad unico socio", *RDC*, 1965, pp. 159 e ss, nunca duvidando de que a vontade da sociedade unipessoal se exprimia através das competências específicas da assembleia, preocupou-se em esclarecer *em que medida* o procedimento da assembleia devia ser aplicado: seguindo uma pauta teleológico-funcional de escalpelização das normas que regem o funcionamento do órgão assembleia, postulou como aplicáveis as normas reconhecidamente tuteladoras de interesses de terceiros ou gerais e inaplicáveis as prescrições voltadas para o abrigo de um interesse exclusivo [contra, arguindo a falta de justificação dessa limitação, cfr. SCOTTI CAMUZZI, *ibid.*, p. 796, n. (54)].

Houve ainda uma tese residual, vinda do legado jurisprudencial anterior ao *CCIt*. (*vide* **Corte d'Appelo de Milano, 27.Novembro.1925**, in *RDComm.*, 1926, II, p. 167, ss), que pronunciava a possibilidade de funcionamento da assembleia resultante da disposição por parte do sócio único em fazer intervir na junta uma pluralidade fictícia de intervenientes (nomeadamente, fazendo recurso ao esquema dos mandatos sem representação, sem a divulgação exterior da identidade da proveniência das participações sociais), sob pena de dissolução da sociedade: cfr. ENRICO SOPRANO, p. 26; GIORGIO DE SEMO, "Figura giuridica e responsabilità dell'azionista unico", loc. cit., pp. 97-8; também LORENZO MOSSA, *ibid.*, pp. 749-50, considerou o descrito mecanismo – nas suas palavras, de "participação na assembleia de accionistas, nomeados ou investidos no direito de voto para a ocasião", representando, no fundo, a qualidade de "representantes e fiduciários do accionista para a manifestação do voto" – como alternativo à validade da assembleia de único sócio, detentor da *qualidade de órgão social* deliberativo perante terceiros e titular da *vontade social*679.

Entretanto, a disciplina (no seu conjunto *minimalista*) trazida pela XII Directiva veio, em face dos equívocos que esta sensível matéria acarretava, prever no seu art. 4° que: (i) o sócio único exerce os poderes

---

sócio e ao respeito das regras de salvaguarda do organismo social. Entre outros, a figuração de uma falsa pluralidade no órgão para assegurar a sua inata colegialidade foi repudiada por PIETRO MARCHETTI, p. 160, n. (29), e SCOTTI CAMUZZI, *ibid.*, p. 802.

Por fim, uma pincelada sobre o nosso vizinho ibérico. Apesar de se referir comummente que, em contraposição ao espaço germânico, nos ordenamentos de raiz latina dificilmente se encarava a conformidade entre as noções de sociedade unipessoal e assembleia geral de sócios, tanto por razões terminológicas (assembleia, por definição, é uma reunião de pessoas) como conceituais (a assembleia não determina a formação de uma "vontade social", visto que se limita a expressar a vontade do sócio único), a sucessiva e sólida tolerância perante a unipessoalidade derivada foi acompanhada predominantemente pelo apoio à validade da assembleia geral, a manter como órgão instrumental para a formação e expressão da vontade social, independentemente de esta se formar com um ou mais indivíduos: cfr., com outros sustentáculos bibliográficos e remissões jurisprudenciais, JORDANO BAREA, p. 26, ss; SOTO BISQUERT, pp. 299 e ss; BADIA LABAL, p. 791; SUAREZ SÁNCHEZ--VENTURA, pp. 741 e ss. Com dúvidas, PALÁ BERDEJO, "La Junta General con assistencia de un solo socio", *RDM*, 1964, pp. 253 e ss. Em sentido oposto, cfr. JESUS RUBIO, pp. 230--1; JOAQUIN GARRIGUES/RODRIGO URÍA, *Comentario a la Ley de Sociedades Anónimas*, ob. cit., tomo I, p. 602, tomo II, p. 800 (em complemento, *vide supra* n. 77), tal como a *opinio jurisprudentiae*, sinalizada pela vulgarmente referida sentença de **19.Abril.1960**, do **Tribunal Supremo** (*vide* a transcrição pertinente in *RDM*, volume XXXII, 1961, p. 212).

679 Cfr., sempre de FERRER CORREIA, "Sociedades unipessoais de responsabilidade limitada", loc. cit., pp. 348-9, *Sociedades fictícias e unipessoais*, ob. cit., p. 305; "O problema das sociedades unipessoais", loc. cit., p. 35; MANUEL DE ALARCÃO, p. 263-6, com diálogo com alguma doutrina citada na nota anterior (veja-se ainda a p. 315). Igualmente na jurisprudência se recusou o funcionamento de uma assembleia só com um sócio no **Ac. do STJ**, de **11.Julho.1969** (in *BMJ*, n° 189, Outubro.1969, p. 305, ss): "... por forma alguma, se podem considerar como tomadas em assembleia as deliberações que dessa acta constam, por certo que não constitui assembleia um acto a que apenas assistiu um sócio".

Aparentemente a favor da "existência de uma autêntica assembleia – e, portanto, da respectiva deliberação..." –, sem a presença de, pelo menos, dois participantes, uma vez que a doutrina contrária, "que *sacrifica a um conceito*, de resto arbitrário, *interesses muito legítimos*, não merece aceitação e tem contra si a generalidade dos sufrágios", cfr. VASCO LOBO XAVIER, *Anulação*..., ob. cit., pp. 206-7, n. (94); o que foi também reconhecido por AZEVEDO SOUTO, p. 163. Por esta banda, na jurisprudência nacional, *vide*, com menção afirmativa do reconhecimento da assembleia em sociedade com sócio único, o **Ac. da Relação do Porto**, de **24.Novembro.1972** (in *BMJ*, n° 221, Dezembro.1972, pp. 275-6).

atribuídos à assembleia geral de sócios; (ii) ele deve, porém, documentar as próprias decisões, as quais devem ser lavradas em acta ou redigidas por escrito.

Parece, desta forma, que o legislador comunitário não quis ir tão longe que admitisse a incongruência de impor (admitindo) uma reunião sem mais do que um participante, mas não negligenciou que fosse o sócio único a assumir as deliberações respeitantes à vida societária em lugar da assembleia. Ao mesmo tempo, no seio da perseguida agilização e desburocratização do exercício da empresa individual mediante a adopção da forma societária, tudo aponta para que também nesta matéria as finalidades de simplificação próprias da Directiva indicaram que se prescindisse da conservação ou da cogência do esquema organizativo e procedimental da assembleia, que, parece subentender-se do articulado (e da sua envolvência anterior), surge na SQU desprovido de utilidade[680].

---

[680] O legislador comunitário parece ter sido extremamente *cauteloso* na sua postura relativamente à matéria da assembleia da sociedade unipessoal. Na perspectiva de FEDERICO TASSINARI, pp. 736-7, baseando-se nas considerações feitas pela Relação da Proposta da XII Directiva (*vide supra* n. 9), esse comportamento previdente deve explicar-se no facto de a normatividade em matéria de assembleia não estar ainda harmonizada ao nível comunitário (veja-se a Proposta de Quinta Directiva), nem no plano do procedimento, nem no que respeita à forma das deliberações, nem no que concerne às competências mínimas inderrogáveis; qualquer disciplina directa do instituto em sede de XII Directiva seria sempre inoportuna, quer num plano sistemático quer sob o ponto de vista da política legislativa. Por outro lado, sublinhou-se o pragmatismo de que, em face da dificuldade lógica inerente à imposição do conceito de assembleia e do respectivo regime, o legislador da Comunidade fez jus ao determinar uma disciplina em que se equipara, no que tange à forma e às competências mínimas indelegáveis, as decisões do sócio único e as deliberações da assembleia, desinteressando-se assim de uma recuperação dessa equivalência no que respeita às regras procedimentais através das quais a manifestação da vontade social se vem a precipitar. Conclui-se, posto isto, que a norma comunitária sugeriria aos legisladores nacionais a mera possibilidade de desaplicar a disciplina da assembleia, desde que fossem respeitados determinados limites predispostos à tutela de terceiros, e não já a obrigação de o fazer.

Este delineamento consagra, segundo GIORGIO MARIA ZAMPERETTI, *La società...*, ob. cit., p. 74, ss, a atribuição ao preceito de um carácter de alternatividade, que se recusa, a nosso ver bem, por não estar ínsito no dado literal e não parecer recomendado por outros elementos da Directiva ou dos trabalhos preparatórios da mesma. Ao invés, esses elementos contrastam com a alternativa de manter na SQU o procedimento do método da assembleia e eram suficientes para reter que a *ratio* da norma era o de simplificar a estrutura da sociedade de responsabilidade limitada com um só sócio ou, pelo menos, consentir tal simplificação através da expressão da autonomia estatutária. Na Relação da Proposta,

Depois, seguramente em atenção a razões de estabilidade e de certeza jurídicas que os níveis de transparência almejados para a sociedade unipessoal alvitram, infligiu a obrigação da formalidade escrita. Em tudo o resto, a Directiva reenvia simplesmente para a oportuna diligência dos direitos internos de cada um dos Estados.

Sobre a compatibilidade entre assembleia e unipessoalidade, o articulado comunitário reiterou, em termos quase literais, a solução adoptada pelo legislador francês (vejam-se os arts. 34, al. 2, 2ª parte, e 60-1, da *LSCF*)[681] e respondeu na linha seguida pela doutrina germânica. Esta tem confirmado, a propósito da interpretação do § 48, al. 3, da *GmbHG*, a sobrevivência da assembleia como órgão, apesar da existência de um sócio único, mediante a sustentação do *âmbito de competências próprio e exclusivo* da assembleia geral com independência dos *membros do órgão*, isto é, *da pessoa* ou pessoas habilitadas para exercer essas mesmas competências[682].

---

fala-se em decisões tomadas pelo sócio único *em lugar* da assembleia de sócios; na Relação da Proposta modificada, faz-se referência às decisões adoptadas pelo sócio *na qualidade* de assembleia geral de sócios, expressão que se repete no «Considerando» VIII da Directiva. Ora, "a utilização de um termo diferente daquele que é tecnicamente empregue para representar a expressão da vontade social, a identificação em um sujeito (o único sócio) de um conceito (a assembleia), parecem deixar entender uma atenção ao problema do rito e uma vontade de o resolver...", tendo em conta "a incongruência da manutenção na s.r.l. unipessoal de um processo decisório que tem por pressuposto ordinário a colegialidade", no sentido do "abandono das regras ordinárias previstas para a assembleia dos sócios, valorando-se como resultado digno de registo a simplificação da técnica de formação da vontade social num organismo – diremos – celular como é a s.r.l. unipessoal..." (pp. 77-8). Igualmente concordando que a fórmula comunitária, que reproduz as já utilizadas pelo legislador francês e pelo belga, "intenta desvincular o sócio único da observância do procedimento da assembleia ordinariamente previsto", cfr. CARLO IBBA, *La società...*, ob. cit., pp. 35-6.

[681] A legislação gaulesa veio atribuir ao sócio único o conjunto dos poderes reconhecidos à assembleia geral, por um lado, e declara inaplicáveis certas regras e competências da assembleia na sociedade unipessoal. Com isso, não quis restringir o âmbito das decisões unilaterais do sócio, mas simplesmente descartar as disposições referentes à reunião da assembleia (convocação, participação dos associados, maioria aplicável a certas decisões colectivas), cuja inadequação era evidente. Cfr. DOMINIQUE RANDOUX, "Une société très spécifique: l'E.U.R.L.", loc. cit., p. 359; PATRICK SERLOOTEN, *Entreprise unipersonnelle à responsabilité limitée*, ob. cit., p. 42; GEORGES RIPERT/RENÉ ROBLOT, p. 1028.

[682] A separação clara entre a noção de *órgão* social, que pressupõe uma esfera de competências, e as pessoas que o integram, escorada no perpetuar da *objectivação* da condição de sócio produzida nas sociedades mercantis corporativo-capitalísticas, ainda na

Em actuação da Directiva, o legislador português pouco *especializou*, mas diga-se que, partindo de uma formulação tripartida dos *pontos cardeais* da disciplina societária – a saber, o perfil organizativo, o perfil publicitário e o respeitante à tutela de terceiros –, parece que, pelo menos, não se deixou em branco o que primeiramente se referiu. No nº 1 do art. 270º-E, reiterou, exemplificativamente, que o sócio único podia, «designadamente, nomear gerentes»[683]. No nº 2, enveredou por uma das formas propostas pela determinação comunitária: «As decisões do sócio de natureza igual às deliberações da assembleia geral devem ser registadas em acta por ele assinada.».

Nesta linha de continuidade, a nossa prescrição deve ser igualmente interpretada como uma *convalidação da estrutura orgânica* da sociedade por quotas em situações de unipessoalidade declarada. Com efeito, a formulação legal parece dissipar as dúvidas sobre a conservação e a actividade da assembleia como órgão deliberativo-interno e estende igualmente a situação de *normalidade* ao funcionamento do órgão executivo, que assume a gestão social e a representação perante terceiros[684].

---

circunstância de todas as participações se concentrarem nas mãos de um só titular, é, com uma ou outra nuance, o aprumo dominante, em solo germânico, para a admissibilidade na doutrina a respeito do funcionamento da *Gesellschafterversammlung* na circunstância da unipessoalidade. Essa consideração implica, portanto, a necessidade de que a actividade da sociedade unipessoal se desenvolva segundo o procedimento típico de formação da vontade social requerido no esquema organizativo societário no método da assembleia. Embora se mantenha o órgão, esta convicção é acompanhada pela derrogabilidade do procedimento sempre que possa ser substituído pela manifestação escrita da vontade unânime do sócio único ou por outros mecanismos previstos no acto constitutivo. Cfr., sobre este assunto, MARCUS LUTTER/PETER HOMMELHOFF, *GmbH-Gesetz Kommentar*, ob. cit., § 48, *Rdn.* 15-16, p. 613; GÖTZ HUECK, "Erster Abschnitt...", loc. cit., § 1, *Rdn.* 54, p. 30; WOLFGANG ZÖLLNER, "Dritter Abschnitt. Vertretung und Geschäftsführung", in ADOLF BAUMBACH/ALFRED HUECK, *GmbH-Gesetz...*, ob. cit. (1996), § 48, *Rdn.* 28, p. 929.

[683] Era de todo dispensável, a nosso ver, esta menção do legislador. Como veremos, se as competências de *decisão* do sócio único correspondem às competências deliberativas atribuídas pelo complexo de poderes da assembleia, a designação de gerentes é (ainda que em termos dispositivos ou supletivos) uma delas: está prevista no art. 246º, nº 2, al. a). Poderíamos, contudo, topar na formulação legislativa uma espécie de *chamada normativa de atenção* para a faculdade de se poder designar para o cargo de gerente uma pessoa diferente do sócio, ainda que isso passasse em claro no pacto social. Mesmo assim, continuamos a enfrentar uma reprodução da disciplina ordinária da composição da gerência, definida no art. 252º, nºs 1 e 2, aplicável sem mais à SQU.

[684] A subsistência dos órgãos sociais do tipo social respectivo na sociedade unipessoal é uma constante saliência na doutrina comparada. Só para o confirmar, cfr. GÖTZ

Esta alusão pode ser demasiado óbvia e até supérflua, deixando de lado algumas afinações que a curiosidade do intérprete indubitavelmente suscita. Contudo, além do significado mais imediato da disposição legal, diga-se, mesmo que a tomada de posição não fosse a mais consciente, que a norma específica da SQU excede o *mero* cumprimento do estabelecido na XII Directiva e acarreta uma (ou mais uma) importante refracção da *normalidade da SQU*, agora referida à vigência e realização dos órgãos sociais ainda que se verifiquem os pressupostos particulares da unipessoalidade.

Precisamos, todavia, de levar a cabo algumas precisões, de modo que a menção de assembleia na SQU se torne realmente verosímil.

Com efeito, estamos em crer que a lei diz o que diz tendo em conta a situação que será mais corrente: a concentração do poder decisório e executivo nas mãos do sócio único, ou seja, ele ser também o gerente da SQU. Para este caso, parece-nos evidente que não se abdica da imprescindível preservação *funcional* dos poderes que definem a assembleia na estrutura da sociedade por quotas. Mas como não há pluralidade de sócios, deixa-se claro que essas competências serão desempenhadas por intermédio de um *exercício pessoal* do sócio único.

De facto, a assembleia é a reunião de várias entidades, a começar pelos sócios, para a deliberação sobre determinados assuntos indicados na sua convocação. A regulamentação legislativa da assembleia pressupõe, por isso, na sua articulação (relativa ao *modus* de convocação, ao quórum constitutivo e deliberativo, à discussão e votação), uma reunião de pessoas. Mesmo quando na assembleia participa um único sócio, titular de uma quantidade de participações sociais susceptível de preencher o quórum constitutivo e o quórum deliberativo, a reunião continua a estar implícita, pelo menos na potencialidade de participação dos restantes sócios assegurada pela regularidade da convocação. Logo, diz-se o que se podia dizer: a assembleia geral na SQU subsiste como um *centro de*

HUECK, *Gesellschaftsrecht*, ob. cit., pp. 350-1; KARSTEN SCHMIDT, *Gesellschaftsrecht*, ob. cit., p. 1247; GIOVANNI CABRAS, p. 292; GIORGIO MARIA ZAMPERETTI, *La società...*, ob. cit., *passim*, mas veja-se a p. 134; ORESTE CAGNASSO/MAURIZIO IRRERA, p. 188; em França, ALAN SAYAG, "De nouvelles structures pour l'entreprise", loc. cit., n. 19; PATRICK SERLOOTEN, "L'entreprise unipersonnelle à responsabilité limitée", loc. cit., p. 193, n. 42; para a Espanha, ALONSO UREBA, p. 110; IGLESIAS PRADA, "La sociedad de responsabilidad limitada unipersonal", loc. cit., pp. 1022-3; GARCÍA COLLANTES, pp. 547-8; JOSEFINA BOQUERA MATARREDONA, *La sociedad unipersonal de responsabilidad limitada*, ob. cit., p. 122; JIMENEZ SÁNCHEZ/DÍAZ MORENO, pp. 154-5.

atribuição de um conjunto de faculdades, mas não pode ser entendida na sua concepção elementar de *reunião de sócios e interorgânica ou junta com procedimento colegial*. Porque não pode representar essa realidade se não há colectivo para reunir, a assembleia só perdura *enquanto se afigura como órgão-função dotado de uma certa esfera de competências*, no sentido de que o único sócio se identifica nas atribuições que a caracterizam[685].

A particular estrutura do ente vem, portanto, a influenciar radicalmente o perfil organizativo concernente à expressão da vontade da sociedade em si mesma. Com algumas implicações.

Acima de tudo, é imprescindível garantir que o sócio único se constitui em assembleia geral, sob pena de estarmos a aprovar um mero simulacro do órgão deliberativo – as suas decisões não são adoptadas em assembleia (enquanto concílio dos sócios)[686] e, *em regra*, não serão tomadas em qualquer reunião.

Depois, é inexacto dizer que a assembleia na SQU tem carácter *universal* (ou totalitário) por definição, que representaria, segundo muitos, a melhor solução de enquadramento normativo[687-688].

---

[685] Nestas diversas linhas, cfr., em Itália, GIOVANNI CABRAS, p. 292; GIORGIO MARIA ZAMPERETTI, *La società*..., ob. cit., p. 134. Em Espanha, ALONSO UREBA, p. 111; JOSEFINA BOQUERA MATARREDONA, *últ. ob. cit.*, p. 128; ARANGUREN URRIZA, pp. 1442--3; IGLESIAS PRADA, últ. loc. cit., p. 1024, n. (54); JIMENEZ SÁNCHEZ/DÍAZ MORENO, p. 155; RODRIGO URÍA/AURELIO MENÉNDEZ/IGLESIAS PRADA, p. 1230.

[686] Neste preciso sentido, as suas decisões não são tomadas em reunião "consigo mesmo": ALEXANDRE SOVERAL MARTINS, "Código das Sociedades...", loc. cit., p. 311.

[687] Como sustentam, na literatura estrangeira, JOACHIM MEYER-LANDRUT, "Erster Abschnitt. Errichtung der Gesellschaft", loc. cit., § 1, *Rdn*. 23, p. 14; SCOTTI CAMUZZI, "Srl con unico socio..."; loc. cit., p. 502; ALONSO UREBA, p. 111; LOREDANA NAZZICONE, p. 31; MARCO ROMEO/DAVIDE SBERTOLI, "Problemi attuali in tema di srl con socio unico", *Archiv. Civ.*, 1995, p. 485; JOSEFINA BOQUERA MATARREDONA, *últ. ob. cit.*, p. 128; LÓPEZ PARDIÑAS, p. 141; WOLFGANG ZÖLLNER, § 48, *Rdn*. 28, p. 929. Implicitamente, ainda ROBERTO WEIGMANN, "Società di un solo socio", loc. cit., pp. 215-16, quando considera que se desperdiçou em Itália a oportunidade para esclarecer que à sociedade de responsabilidade limitada unipessoal se aplica a norma respeitante à assembleia totalitária; entre nós, ALEXANDRE SOVERAL MARTINS, "Código das Sociedades...", loc. cit., p. 310, n. (7): "Poderá dizer-se que o sócio único não tem de decidir em assembleia geral mas também nada impedirá que o faça e, nesse caso, o sócio único poderá sempre decidir em *assembleia geral sem observância de formalidades prévias*: segundo o nº 1 do artigo 54.º do Código das Sociedades Comerciais, os sócios podem «reunir-se em assembleia geral, sem observância de formalidades prévias, desde que todos estejam presentes e todos manifestem a vontade de que a assembleia se constitua e delibere sobre determinado assunto»

Na verdade, a assembleia (de sócios) só funcionará se a sociedade for plural, pois é a pluralidade matricial da sociedade que exije assembleia, mas protestar sem mais contra a admissibilidade da assembleia em razão da

---

(preceito este que o número 1 do artigo 247.º manda aplicar às sociedades por quotas). *Se está presente o sócio único, estão presentes todos os sócios*" (sublinhado nosso). Contra, exemplificativamente, cfr. IGLESIAS PRADA, "La sociedad de responsabilidad limitada unipersonal", loc. cit., p. 1024, n. (54); JIMENEZ SÁNCHEZ/DÍAZ MORENO, p. 155.

[688] No que se refere à necessidade de o sócio se constituir em assembleia geral, o art. 270º-E comporta uma simplificação de procedimentos (em matéria de convocação, das regras do quórum, essencialmente) que a exclui por natureza como reunião (entendida a hipótese como o *caso típico* – mas veremos ser possível configurar uma reunião *com o sócio*, ainda que nunca, como é evidente, uma assembleia *de sócios*, a que nos referimos aqui) *e* dispensa o recurso às regras relativas ao seu funcionamento (colocadas ao serviço da devida protecção dos sócios em caso de pluralidade), o que é compatível com o facto de a subsistência orgânica da assembleia geral se reportar ao respectivo elenco de competências.

A assimilação à assembleia universal também não se sufraga quase que por efeito. Ela só seria descortinável se com ela se quisesse realçar a improcedência da aplicação do regime da convocação da assembleia. Porém, a natureza de assembleia universal *em si mesmo* e o respeito devido à prescrição do art. 54º, nº 2, primeiro, não é compatível com a inexistência de qualquer assembleia em sentido técnico-colegial de reunião (sobre a assembleia universal como uma "verdadeira assembleia" que se coloca no mesmo plano das assembleias convocadas, vide RAÚL VENTURA, *Assembleias gerais totalitárias*, 1979, pp. 11-17), e, segundo, não legitima a improcedência das regras relativas ao funcionamento da assembleia e à adopção de deliberações no seio do órgão, que resultaria da circunstância da unipessoalidade. O que entra, mais uma vez, em notória contradição com a suavização procedimental que a falta de pluralidade acarreta, o que é igual a ausência de reunião e desaplicação das normas referentes ao procedimento deliberativo comum.

Mas note-se, *em ambas as realidades negadas*, que ainda e apenas nos estamos a referir ao caso de a SQU apresentar uma estrutura organizatória o mais simples possível, em que o sócio único coincide com o gerente e não há conselho fiscal [ou um fiscal único, que, enquanto alternativa ao órgão, depois do DL nº 257/96, responsável pela alteração da redacção do art. 413º, nº 1, deve ser necessariamente revisor oficial de contas ou sociedade de revisores oficiais de contas (defendendo a aplicação do regime de fiscal único da sociedade anónima na sociedade por quotas, por considerar a remissão do art. 262º, nº 1, entendida para o órgão de fiscalização da sociedade anónima, seja conselho fiscal ou fiscal único, cfr. RAÚL VENTURA, *Sociedades por quotas. Comentário...*, volume III, ob. cit., p. 207; no mesmo sentido, PEDRO MAIA, "Tipos de sociedades comerciais", loc. cit., p. 21), o que debilita essa alternativa de fiscalização *orgânica mas individual*, tendo em conta que, na sociedade por quotas, a alternativa *ao órgão*, sendo a fiscalização supletiva ou obrigatória, recairá sempre na figura do revisor oficial de contas: *vide* art. 262.º, nos 2 e 3]. Se a estrutura orgânica da SQU se complexificar, como veremos, estes princípios de enquadramento já não se verificarão.

sua intrínseca colegialidade e da sua vocação deliberativa não compreende a total sensibilidade do problema. Parafraseando COUTINHO DE ABREU, rigoroso é declarar que "o sócio único toma decisões (formalizadas) sobre as matérias em que (...) compete à assembleia geral deliberar; *não tem portanto o sócio único de se constituir em assembleia geral*"[689].

Logo, a assembleia não desaparece, continua a existir como *órgão de referência* de poderes[690]. Ainda que *fisicamente não se exteriorize*, a

---

[689] *Da empresarialidade*..., ob. cit., p. 145, sublinhado nosso.

[690] Segundo COUTINHO DE ABREU, *últ. ob. cit.*, p. 146, na esteira da doutrina alemã (*vide supra* n. 682), a assembleia pode mesmo ser dispensada (desde logo nos estatutos), por não reunir os requisitos essenciais de organização e de funcionamento que lhe são característicos. Na mesma linha, em Itália, verificando que o domínio pessoal sobre a empresa, particularidade resultante da unicidade do sócio, se tornara compatível, pelo menos para a sociedade por quotas, com a conservação do benefício da responsabilidade limitada nas situações de unipessoalidade, houve também quem suportasse *a fortiori* que, em presença de uma SQU, a fruição desse benefício por parte do sócio não estivesse subordinada ao respeito do ordenamento corporativo, pelo que seria perfeitamente admissível uma cláusula (estatutária, subentende-se) pela qual se superasse o método da assembleia: cfr. GIUSEPPE ZANARONE, "S.r.l. contro s.p.a. nella legislazione recente", loc. cit., p. 415.

Não seríamos tão lineares nesta faculdade de dispensa da assembleia como órgão, que nos parece ser referida aqui na sua acepção de espaço de intercâmbio dos intervenientes legitimados para o efeito. Naturalmente que, no caso de o sócio único constituir o único centro de imputação organizativo-executivo e não haver conselho fiscal/fiscal único (ou revisor oficial de contas) na SQU, não haverá grande hipótese de se formalizar uma reunião. Fisicamente, a assembleia nunca pode existir. O que existe é o sócio a decidir *em relação às matérias para que a assembleia é competente*, preservando-a, assim, como órgão dotado de um núcleo de competências. Mas chegou a altura de o leitor estar consciente de que nem sempre é desprovido de sentido falar de uma reunião colegial numa SQU: pensamos, como aprofundaremos de seguida, que ela será possível (ou aconselhável, se se quiser...) para o sócio decidir sobre certos aspectos da vida social na hipótese de ele já não concentrar em si a titularidade dos órgãos necessários da sociedade e haver o órgão de fiscalização. Ora, neste caso, não vemos como será de dispensar a assembleia (um certo tipo de assembleia, entenda-se, mais simples e breve, uma reunião sem *um número plural de sócios*) como *encontro físico de pessoas*. Atendendo à potencialidade evolutiva da SQU (e nessa se inclui, desde logo, o preenchimento das condições legais que tornam obrigatório, nos termos do art. 262º, nº 2, o revisor oficial de contas ou, em seu lugar, o conselho fiscal ou o fiscal único), julgamos que essa eliminação estatutária não traz qualquer valor acrescentado ao funcionamento da SQU (será mesmo inútil...) e pode até originar problemas futuros quando a necessidade de uma reunião se colocar. Já se sabe que nuns casos essa reunião não é, por natureza, possível; em outros, as *decisões* do sócio único poderão ser assumidas através do método da assembleia (mais suavizado, como veremos).

Agora, o que cremos é que a liberdade estatutária do sócio único pode servir, nesta

assembleia *actua* – com a incolumidade dos aspectos da sua disciplina que não sejam incompatíveis com a circunstância da unipessoalidade – *para assegurar o preenchimento das respectivas competências*, a exercer pelo sócio único, de acordo com os limites legais e estatutários que o regime ordinário lhe prescreve. Aqui, na sua verdadeira acepção, se nota que o sócio se indissocia como verdadeiro órgão *deliberativo-decisório* da sociedade e tradutor da denominada vontade social[691].

---

matéria, para ele legitimamente redigir algumas ressalvas expressas à disciplina da assembleia, a fim de dissipar quaisquer dúvidas sobre a (in)aplicabilidade de algumas das suas regras e licenciar a desejada simplificação do (eventual) procedimento a adoptar *nas situações em que se justifique a constituição de uma assembleia* para decidir determinados assuntos da vida social. Veja-se a faculdade avisada de, a título exemplificativo, no que se refere ao art. 377º, nº 6, o pacto social poder dispor um outro local (ou um espaço alternativo), que não o da sede da sociedade, para se efectuar a assembleia, convocada ou reunida universalmente. Ora, esta parece-nos ser a melhor atitude a adoptar nesta matéria, considerando, como pressuposto metodológico anunciado, que o direito societário comum deve ser sempre alvo de um *juízo de compatibilidade* com a estrutura do ente unipessoal (esta é a nossa postura metodológica de princípio – *vide supra* Introdução): não eliminar radicalmente um órgão que, à partida, pode não funcionar na sua condição extrínseca, mas que poderá vir a fazê-lo, derrogadas que sejam algumas disposições.

Este é o quadro geral de funcionamento "deliberativo" de uma SQU induzido pelo art. 270º-E, nº 1, que demonstra a *regra* de a exteriorização decisória do sócio único prescindir, *em concreto* (e sem qualquer prognose desnessária nos estatutos), de uma assembleia realizada regularmente. Podia também conjecturar-se, como fez no mesmo passo Coutinho de Abreu, num raciocínio, assinale-se, anterior à entrada em vigor da disciplina da SQU, que o esquema da competência deliberativa do sócio único, em alternativa ao exercício da assembleia *possível mas não necessária*, podia ser densificado pela adopção de deliberações unânimes por escrito, nos termos do art. 54º, nº 1 (que seria convocado para a SQU por remissão expressa do art. 247º, nº 1), sendo que "não há possibilidade de um qualquer outro sócio o impedir..." (no mesmo sentido, cfr. RAÚL VENTURA, *Sociedades por quotas. Comentário...*, volume II, ob. cit., p. 167, ressalvando as situações de o sócio único coexistir com a titularidade de participações pertencentes à sociedade).

O direito actual, porém, com a consagração do nosso instituto, retirou o relevo a essa faculdade de deliberação unânime nas sociedades unipessoais do tipo quotista. Por definição, esta é uma forma de deliberação admitida no CSC (nitidamente próxima, teleologicamente e sistematicamente, das deliberações adoptadas em assembleia universal), que proporciona a sua adopção sem a reunião da assembleia e sem o formalismo que lhe é próprio. A situação é a de todos os sócios estarem presentes sem terem sido convocados para uma assembleia e estarem todos de acordo com a expressão imediata de uma certa deliberação em certo sentido (que não passa, por isso, pela activação do princípio da maioria, com o que se distingue da deliberação tomada em assembleia universal), registando-a no livro de actas, como será mais adequado, ou em documento escrito avulso (ou autêntico, se for essa

Vai ser esta circunstância, tirada da gramática legal, que indica de um modo expresso e inequívoco que o sócio único está desonerado do respeito das fases do procedimento do método da assembleia[692]. Logo, determina-se à SQU a ignorância dos preceitos tangentes ao seu funcionamento. Este complexo normativo é um direito que apenas pertence à disciplina da SQU como uma regulamentação convocada na medida compulsória para a exte-

---

a opção), com essa qualidade da unanimidade (cfr. PINTO FURTADO, *Deliberações dos sócios. Comentário...*, ob. cit., pp. 201-3). Logo, se assim é, não vemos lugar para esta modalidade de deliberação nas SQU, porque nos parece notório que a decisão do sócio único a que o art. 270º-E, nº 2, se refere *absorve* a deliberação unânime por escrito prevista no art. 54º, nº 1. De facto, essa decisão, independentemente de ser tomada isoladamente ou em consequência de uma assembleia (quase) ordinariamente constituída, seja esta convocada ou constituída, em aproveitamento do esquema de uma assembleia universal, sem convocação, é tomada com a presença do sócio (o que assegura a unanimidade, que se confunde com a totalidade das participações sociais...) e, ainda que enriquecido numa discussão a travar numa eventual reunião, corresponde sem mais a um processo de formação mental-intelectivo que pertence em monopólio ao sócio (ninguém a ele se oporá, por falta de discussão e voto para o efeito do resultado decisório), o que já se sabe, mesmo antes de dar início a uma possível reunião com outros sujeitos. Em síntese, se a deliberação unânime por escrito constitui uma derrogação expressa ao método da assembleia (assim, PEDRO MAIA, "Deliberações dos sócios", *Estudos de Direito das Sociedades*, sob a coordenação de Coutinho de Abreu, 2001, p. 176; com dúvidas, cfr. PINTO FURTADO, *Deliberações dos Sócios. Comentário...*, ob. cit., pp. 78-9), a possibilidade dada pela lei de o sócio único *decidir sem assembleia* é-lhe equiparável e elimina-a do espectro vislumbrável de formas de deliberação presentes no regime da SQU. Por isso, também entendemos que o art. 54º, nº 1, 1ª parte, por interpretação combinada do art. 270º-E e do art. 270º-G, na medida em que pressupõe a pluralidade de sócios, não se aplica à SQU.

[691] Cfr., por todos, COUTINHO DE ABREU, *Curso...*, volume II, ob. cit., p. 57.

[692] Para uma ideia breve desse trajecto das deliberações adoptadas em assembleia de sócios, cfr., desenvolvidamente, BRANCA MARTINS DA CRUZ, *Assembleias gerais nas sociedades por quotas*, 1988, pp. 13 e ss; sucintamente, PINTO FURTADO, *Curso de Direito das Sociedades*, ob. cit., pp. 398 e ss.

Depois, percorra-se a embaraçante ficção de uma suposta passagem de uma deliberação da SQU por uma reunião, sublinhada (ironicamente) por GIANCARLO IACCARINO, p. 683, e VINCENZO PANUCCIO, p. 61. O único sócio lavra a acta de uma assembleia "inexistente", assume a sua presidência, refere que foi regularmente convocada, verifica que o órgão de administração "está presente" e que "o sócio" interveio. Depois abre uma discussão – ou seja, um monólogo – a fim de evidenciar à assembleia a oportunidade de aprovar "unanimemente" os assuntos colocados na ordem do dia. Por fim, regista e lança para a acta o voto "favorável" da assembleia. Mais tarde, impugnaria as próprias deliberações, tal e qual o sujeito que se agride a ele próprio (*autolesionista*)...

riorização da vontade social⁶⁹³. Parece claro, pois, que essa *indiferença normativa* se consubstancia no facto de os preceitos referentes à assembleia geral de sócios, por terem como pressuposto a necessidade de concorrerem numa reunião uma pluralidade de associados, não se deverem aplicar.⁶⁹⁴

---

⁶⁹³ Não é o espaço para abrir este debate, mas não nos parece, como problematiza e parece resolver em sentido afirmativo alguma doutrina (cfr., como exemplo, GIORGIO MARIA ZAMPERETTI, *La società...*, ob. cit., pp. 85 e 87-8, ss, 122 e 132-3), que se possa lidimar a regulamentação do método da assembleia como uma disciplina de carácter dispositivo nas situações de unipessoalidade, disponível para ser suprida por indicações estatutárias que as venham substituir por outros mecanismos de expressão deliberativa do sócio único. Não é caso disso, pois ou não há a assembleia (sempre como reunião), ou há de um modo breve e simplificado. Neste último caso, julgamos que a hipótese deixada em aberto atentaria contra valores de segurança e certeza dos terceiros no que toca ao funcionamento da sociedade e seria como que convalidar uma espécie de configuração não societária no plano interno da SQU. Dispomo-nos, pois, como é inevitável, a derrogar quase tudo (tirando a documentação...) ou a suavizar as regras gerais de formação da vontade social indicadas no regime da assembleia em razão da situação unanimística... mas ir mais longe é ignorar alguns valores que não devem ser desprezados e afastar uma normatividade que assegura direitos de terceiros (recusando esse espectro, cfr. CARLO IBBA, *La società...*, ob. cit., p. 37), quando precisamente o regime da SQU os pretende atender em lugar de primazia.

⁶⁹⁴ Em Itália, o diploma de introdução da sociedade de responsabilidade limitada unipessoal ignorou pensadamente a incorporação do art. 4º da XII Directiva, não elaborando qualquer norma em sede de organização corporativa da entidade unipessoal. Ora, se da fórmula dessa prescrição comunitária se subentende a desvinculação do sócio único da observância do procedimento ordinariamente previsto para o funcionamento da assembleia, o facto de a lei italiana não ter ditado qualquer disposição específica nessa matéria constrange o único sócio a deliberar nos termos formalmente ordenados. A escolha, oposta à seguida maioritariamente pelos restantes países, veio justificada na *Relazione* ao Decreto n. 88 de 1993 com a consideração de que, indo de encontro à orientação dominante na jurisprudência e na doutrina, a sociedade unipessoal, como mera variante do tipo codificado sociedade de responsabilidade limitada, não foge à preservação do órgão e à aplicação de todas as normas tangentes à assembleia (convocação, ordem do dia, participação de gerentes e membros do conselho fiscal, redução a escrito, etc.). Entendeu-se, por isso, que a elaboração de uma norma *ad hoc* poderia patrocinar o equívoco de que o sócio único estaria exonerado da observância das formas e dos ritos do procedimento deliberativo tomado em assembleia.

Os primeiros intérpretes na doutrina transalpina do silêncio legislativo sufragaram em geral a opção *omissiva* do seu legislador, atribuindo-lhe explicitamente a intenção de ter querido afirmar, através da indiferença relativamente à norma comunitária, o relevo das regras ordinárias da assembleia também para o novo instituto. Cfr., sobre o assunto, a

Estarão nesse grupo as disposições sobre a convocação, reunião e deliberação da e em assembleia – art. 248º, nᵒˢ 3 e 4, e arts. 375º, 376º,

---

maior parte dos quais reproduziremos de uma forma sistematizada, FEDERICO TASSINARI, pp. 737-8; LUIGI SALVATO, p. 415; CONCETTO COSTA, p. 21; GIOVANNI CABRAS, p. 292; DOMENICO SANNINO, p. CLXXX; MARCO IEVA, p. 578; MARCO ROMEO/DAVIDE SBERTOLI, p. 485; GIOVANNI CESÀRO, p. 32; GIUSEPPE AULETTA/NICCOLÒ SALANTRINO, p. 255, entre outros.

Essa interpretação, além do conforto dado pela *Relazione* ministerial, era legitimada, antes de tudo, precisamente, por não ser admissível a desaplicação do procedimento comum da assembleia quando a sociedade por quotas fosse dotada de um administrador estranho e de conselho fiscal. Este é, sob o ponto de vista estrutural, um facto demasiado óbvio e naturalmente decisivo para alargar o tratamento do funcionamento da assembleia na SQU, tal como destacaremos em texto.

Mas não foi só por esse pormenor que o silêncio legislativo foi aplaudido. Desde logo, porque não teria sido possível, sem criar uma injustificada disparidade de tratamento, introduzir o novo instituto das *decisões do sócio único* para a sociedade por quotas, permanecendo intacto o regime da assembleia da sociedade anónima com único accionista. Afora isso, a disciplina dessas "decisões", em consideração dos vínculos postos pelo legislador comunitário, não poderia ser diversa, justamente no plano das competências e da forma requerida, da que é ditada para a assembleia. Daí se concluiu que o esforço feito a evitar o simulacro de uma reunião e de uma documentação não consentiria soluções substancialmente diferentes das que resultam da aplicação também às decisões do único sócio da disciplina em matéria do órgão assembleia, antes acabaria por redundar provavelmente em criar problemas e dúvidas que, ao invés, à luz da preferência concretamente feita, não encontravam razão para se colocarem.

Por seu turno, a SQU é encarada como uma estrutura fluida e idónea para originar uma relação social em sentido estrito logo que o único sócio efectue uma cessão parcial de quota ou cessão disjuntiva a mais sujeitos, sem que isso comporte algum fenómeno de mudança do tipo. Uma vez que a *fattispecie* não nasce e vive como tipo "autónomo" e "separado" no seio da constelação societária, mas representa um momento fisiológico da vida do ente e potencialmente destinado a mudar, as exigências de continuidade impõe que haja uma continuação, sem fracturas insanáveis, *também documental* da vida da sociedade.

Relevo absoluto mereceria, para este ponto, o verificar que a unicidade do sócio não incide negativamente sobre a sua permanente alteridade em relação à sociedade. A determinação volitiva do sócio é dirigida a destacar-se de si mesmo para constituir a vontade de um outro sujeito, sendo o método da assembleia o procedimento ineludível para a formação e a exteriorização dessa vontade. Com essa distinta subjectividade do ente em face da unicidade subjectiva da composição da sociedade, não se podia advogar, o que é ainda o mais significativo, a não aplicação das normas respeitantes à disciplina da assembleia, inspiradas fundamentalmente na tutela de terceiros e na ponderosa informação do público interessado na vida da sociedade.

No coro quase unânime desta corrente concordante com a confirmação da imperturbabilidade legal sobre o pressuposto da aplicação à sociedade unipessoal das normas sobre a assembleia, "que sanciona o feliz conúbio entre sócio único e funcionamento colegial da sociedade" (GASTONE COTTINO, *Diritto commerciale...*, ob. cit., p. 295, irónico quanto baste!), algumas intervenções hesitaram nesta matéria da aplicabilidade do rito da assembleia na SQU.

Por um lado, sublinhou-se que a imunidade da SQU em face da disciplina da assembleia não podia instaurar um regime de privilégio relativamente ao direito comum das sociedades de capitais pluripessoais. Mas, apesar de tudo, uma reformulação do problema era exigida pela nova realidade desprovida da pluralidade de sócios. Na verdade, "nas sociedades com mais sócios, a prescrição de certas formas e de um certo procedimento para a formação das deliberações tende à tutela de determinados interesses, a saber, a garantia da informação e da participação de todos os membros da colectividade organizada". Ora, parecia a GIULIANA SCOGNAMIGLIO, "La disciplina...", loc. cit., p. 256, que "estes interesses não exigem uma tutela tão intensa na sociedade unipessoal, tanto mais não seja pela ausência dos sujeitos que deles seriam portadores".

Por outro, em referência à falta de transposição do art. 4º da XII Directiva, CARLO IBBA, *La società...*, ob. cit., p. 36, e "La s.r.l. unipersonale fra...", loc. cit., p. 260, observou que o silêncio não tem o mesmo sentido e o mesmo peso de um reenvio legislativo para a disciplina da assembleia, inserido na disciplina especial da SQU, sustentando-se portanto a oportunidade de adoptar um critério, baseado na distinção dos interesses protegidos pelas singulares disposições, destinado a evitar os inúteis formalismos que resultariam da aplicação integral da disciplina da assembleia. Por isso, o Autor italiano sustenta a validade das cláusulas estatutárias que "astutamente" definam que o sócio único "exerce os poderes da assembleia": qual seria o tribunal que iria refutar a homologação da sociedade com base na presença de uma cláusula que reproduz textualmente uma norma da Directiva? E, uma vez obtida a homologação, qual seria o tribunal, em sede contenciosa, que poderia invalidar as decisões do sócio único pela inobservância daquelas formalidades do método da assembleia de que a Directiva se pretendeu desvincular? Na mesma linha, confirmou-se que aqueles formalismos, na perspectiva de GIANCARLO IACCARINO, p. 683, poderiam ter sido evitados "se um legislador mais atento tivesse abolido o procedimento da assembleia, para a sociedade unipessoal, atribuindo o exercício dos poderes da assembleia ao sócio único", ou, pelo menos, qualificasse esse procedimento em termos não imperativos (GIORGIO MARIA ZAMPERETTI, *La società...*, ob. cit., pp. 133-4).

Não de dúvidas mas de certezas se povoa o pensamento de ALDO SCHERMI, pp. 131-2 e 134-5, que, partindo, como sabemos (*vide supra* n. 359), da visão da SQU como empresa individual não dotada de personalidade jurídica, nega a própria susceptibilidade da assembleia, quando apenas se concebem decisões deliberadas e manifestadas pelo único sócio. Há, segundo esta doutrina, uma total *diversidade ontológica* entre deliberações tomadas em assembleia, no âmbito de numa estrutura plurissubjectiva articulada em órgãos, e *determinações* de um sujeito numa estrutura simples e monossubjectiva. Numa estrutura orgânica plurissubjectiva, é essencial o modo de determinação da vontade no

377º, nºs 5 a 8, 379º, 381º, 382º, 383º, nº 1[695], 385º, 386º, nº 5, 387º, todos da disciplina da anónima e aplicáveis *ex vi* art. 248º, nº 1 –, sobre o quórum deliberativo – como é o caso dos arts. 250º, nº 3, 257º, nº 2, e 265º, nº 1[696] – ou sobre a representação dos sócios em assembleia (art. 249º). Todas elas perdem o seu relevo, pois não há que falar de constituição em assembleia do sócio único. Ou sequer da reunião de assembleias universais, nos termos do art. 54º, nº 1, 2ª parte, e nº 2, que implica uma vontade *dos sócios em se constituirem em assembleia* e *deliberarem* sobre determinado assunto.

Na prática, a situação de unipessoalidade descarta, nesta circunstância, a "chamada" do sócio para uma reunião: ele adopta as suas decisões em qualquer momento e por iniciativa própria, dando-as, se for o caso e pelo meio mais conveniente, para execução à gerência.

A norma específica de tratamento da assembleia da SQU anuncia, como vimos, a inobservância das regras ordinárias formais do procedimento da assembleia. Fica o caminho aberto para se estruturar o arquétipo das

---

órgão primário, uma vez que, participando nessa deteminação volitiva os vários sujeitos participantes no órgão, é necessária a predisposição e a regulamentação do *iter* procedimental para a formação da vontade do órgão. *Iter* esse que se concretiza nas modalidades de convocação dos sócios, nas regras de participação (directa ou através de representantes) e de legitimação para o exercício do direito de voto, nos pressupostos em matéria de quórum para a regular constituição da assembleia e para a formação da maioria dos votos expressos idónea a formar a deliberação, finalmente transcrita, como resultado de uma votação, na acta da assembleia. Quando a estrutura é monossubjectiva, nenhum *iter* procedimental é necessário: aqui a formação da vontade é expressão de um procedimento exclusivamente psicológico, interior e pertencente ao foro interno do sujeito decisor. Logo, seria inconcebível e inútil uma qualquer regulamentação legislativa dessa exteriorização da vontade do único sócio.

[695] Aplicável à sociedade por quotas apenas para ressalvar a manutenção da liberdade negocial em matéria de regulamentação de quórum nos estatutos: p. ex., seguindo BRANCA MARTINS DA CRUZ, pp. 38-9, para disciplinar em concreto as assembleias gerais de segunda convocação, que o art. 249º, nº 4, pressupõe.

[696] A lei não prescreve qualquer quórum constitutivo para as sociedades por quotas (que pode, não obstante, ser fixado no pacto social, o que não deixa de ter apenas uma influência *residual* na maioria de votos determinada pela regra geral do art. 250º, nº 3, pois se não se verificar, a assembleia pura e simplesmente... não funciona) e tem-se defendido, no delicado tema do relacionamento das disciplinas da sociedade por quotas e da sociedade anónima em matéria de quórum, a *autonomia* da regulação quotista: *vide* BRANCA MARTINS DA CRUZ, pp. 27 e ss, em esp. pp. 35-7; RAÚL VENTURA, *Sociedades por quotas. Comentário...*, volume II, ob. cit., pp. 198-9 e 231 e ss.

decisões do sócio único como categoria deliberativa na sociedade por quotas. A derrogação quase integral do método da assembleia, pelo menos na situação até aqui vista (a seguir aperceber-nos-emos de que também há lugar a uma assembleia-reunião na SQU, com a consequencial tramitação, suavizada de algum do processo formativo inerente às deliberações tomadas em assembleia...), acarreta consigo o desprezo pelos interesses associados à manutenção da colegialidade a que esse procedimento faz referência. A doutrina refere, em particular, o interesse *geral* do correcto funcionamento do organismo societário e o interesse *particular* dos terceiros em que sejam acatados os preceitos e os controlos que garantem a integridade do capital social e justificam a autonomia patrimonial da sociedade e o concomitante privilégio da subtracção do património pessoal dos sócios à garantia genérica dos credores[697]. Contudo, a obrigatória redacção de uma acta onde se registem as decisões de natureza deliberativa do sócio único, assinada pelo sócio único (constante do respectivo livro de actas ou lavrada em folha solta, nos termos gerais do art. 63º, nº 4), imposta pelo art. 270º-E, nº 2, constitui um último e inelutável reduto dessa protecção[698]. Serve essencialmente para isso, pois não se deveria duvidar da aplicação adaptada *ex lege* dessa formalidade documental, demandada pelo art. 388º, nº 1, e 248º, nº 6. De qualquer maneira, havia sempre que reproduzir a exigência (escolhendo um dos respectivos termos da alternativa aí posta...) do nº 2 do art. 4º da XII Directiva. E, diga--se, optou-se pela solução mais adequada ao regime geral de documentação das deliberações da sociedade.

Em concreto, essa imposição (implicasse ou não o registo em acta) estaria sempre ao serviço do conhecimento ou da cognoscibilidade da actividade do ente unipessoal. Tendo em conta que só certas determinações sociais, de particular relevo ou de modificação da estrutura organizativa da sociedade, são formalizadas e, por esse modo, publicitadas, a disciplina da documentação parece responder, como defende GIORGIO MARIA ZAMPERETTI, "a um interesse objectivo de reconstrução da vida do organismo societário, que transcende portanto o simples interesse do sócio" e "a assumir a essencial função de atribuir *qualificação social* às decisões do

---

[697] Pondo em causa essa bateria de interesses respeitantes à tutela de terceiros, nomeadamente pelo facto de os verdadeiros tutores do património social serem os administradores, não a assembleia ou os sócios, até porque é sobre eles que incide a responsabilidade respectiva para com a sociedade e para com terceiros, *vide* GIORGIO MARIA ZAMPERETTI, *La società...*, ob. cit., pp. 97-101.

[698] Em todo o caso, esta exigência terá de ser considerada como um requisito de formalização mínimo, mas não máximo. Realçamo-lo para que não fiquem dúvidas que, afora a consignação das decisões do sócio único em acta assinada, lhe são exigidas o resto das formalidades que a nossa legislação societária estabelece para certas deliberações: a escritura pública e a inscrição no registo comercial.

sócio único, distinguindo-as das não assumidas em tal veste"[699]. No entanto, a exigência legal, ao reclamar para as decisões do sócio único o mesmo rigor documental característico das deliberações típicas quando tinha a alternativa da assunção por aquelas decisões da forma escrita avulsa, parece profundamente reveladora da preocupação de assegurar a transparência no âmbito da unipessoalidade societária e evitar manipulações *a posteriori* dos termos da decisão, com a aplicação do sistema de garantias inerente ao art. 63º. Atribui-se, em consequência, ao sócio (ou ao seu representante) a responsabilidade de confeccionar a acta com as menções das alíneas do nº 2 daquele preceito que sejam possíveis – pelo menos, o mais elementar e óbvio, correspondente à identificação da sociedade, do lugar e do dia da sua adopção, o conteúdo da decisão tomada e, parece-nos recomendável, a menção de esta ter sido adoptada pelo próprio sócio ou por meio de representante –, ou justificáveis, se houver reunião – na qual os presentes poderão pedir a identidade do representante e a demonstração da atribuição dos poderes representativos dados pelo sócio –, e assiná-la[700].

Neste contexto, a acta que recolha as decisões do sócio único e que venha assinada por outra pessoa que não seja o sócio ou o seu representante legítimo (p. ex., o gerente único) não será de todo regular. Tal como o não será a inserção de estampilhas, assinaturas mecânicas ou electrónicas ou a inclusão de outros signos que possam, abstractamente consideradas, identificar o sujeito ao qual resultam imputáveis as declarações contidas na acta. Precisamente porque o art. 270º-E, nº 2, requer a assinatura do sócio como meio de assegurar a autoria da acta[701], sem deixar espaço para outros possíveis instrumentos de autenticação.[702] Muito menos, como entenderemos,

---

[699] *Últ. ob. cit.*, p. 123, sublinhado nosso.

[700] Salientando estes aspectos, cfr., por todos, IGLESIAS PRADA, "La sociedad de responsabilidad limitada unipersonal", loc. cit., pp. 1025-6 e n. (59).

No entanto, se houver lugar a reunião, a acta deverá ser lavrada pelo secretário da SQU, se esta dele dispor por designação feita pelo sócio único, em decisão tomada no exercício da competência da assembleia atribuída para esse efeito pelo nº 2 do art. 446º--D, nº 2. Esta designação é facultativa para as sociedades por quotas, mas pode assumir grande relevo nas SQU de alguma dimensão, normalmente as que estejam integradas em relações de grupo, e naquelas outras que são compostas por pessoas colectivas. Se assim for, o art. 466º-B, nº 1, al. b), dá-lhe o poder de redigir a acta e assiná-la conjuntamente com o sócio-presidente da assembleia, além de organizar, ao abrigo do disposto na imediatamente a seguir al. c), todo o processo de conservação, guarda, manutenção, e zelo de todo o expediente, inerente ao registo das decisões em acta.

[701] Logo, até em conformidade com o estatuído para as sociedades plurais no art. 63º, nº 3, a acta que não seja assinada não terá a força probatória que lhe é própria.

[702] No direito espanhol, cfr. ARANGUREN URRIZA, p. 1447; JIMÉNEZ SÁNCHEZ/DÍAZ MORENO, p. 179.

será válida a decisão do sócio quando este não cumpra a obrigação de a consignar em acta. Assim, estes dois momentos – o registo em acta e a sua assinatura pelo sócio – farão parte do incontornável *instrumento de documentação* da decisão tomada em SQU[703]. Sempre que for desrespeitado, serão aplicáveis em tal situação, à falta de qualquer consequência específica no regime das SQU, os mesmos princípios que regem esta matéria para as sociedades pluripessoais, porventura enriquecidos com uma outra consideração suplementar em função das especiais valorações moldadas pela unipessoalidade.

Vejamos então o que importa sublinhar. A documentação da decisão do sócio único reentra, *mesmo que essa não seja a posição a ter se a sociedade for plural*, naquele tipo de actos que, para este efeito peculiar da SQU, constituem o procedimento da decisão, uma vez que a decisão unilateral *pode* mesmo, *de iure condito, esgotar-se procedimentalmente nessa documentação*. Basta que não haja qualquer tipo de reunião, caso em que só a acta serve para documentar a decisão. Se houver reunião, como veremos que é possível, então já a acta se preencherá em pleno como um texto que relata todos os factos juridicamente relevantes ocorridos no decurso dessa reunião, que culmina com a adopção da deliberação individual. Por isso, face à especialidade da composição subjectivamente individual da decisão na SQU, a redacção em acta pode, as mais das vezes assim é, *significar todo o procedimento decisório* e *comportar toda a possibilidade de verificação e controlo da formação da vontade social*. Daí se compreende o cuidado da

---

[703] Orientamos o nosso estudo somente para a acta particular, lavrada em livro próprio ou folhas soltas. Deixamos de lado a acta social constante de documento avulso (n° 8 do art. 63°), bem como as que constam de actos notariais por que se podem documentar as deliberações, como se sabe, a escritura pública e instrumento público avulso, regulados pelos n°s 7 e 8 do mesmo preceito (abertos a serem utilizados *a fortiori* no processo de formação da decisão do sócio único, pelo menos se os pressupostos legais, convenientemente adaptados, forem susceptíveis de ser verificados no funcionamento em concreto da SQU – quando não seja a própria lei a exigi-los –, uma vez que a acta exigida por lei é uma documentação mínima e indispensável mas não ablará documentações com valor probatório mais denso: *vide*, em Itália, sobre algumas particularidades que o assunto levanta, *Gazzetta Notarile*, "Modalità di redazione del «verbale» notarile delle deliberazioni assembleari nella società a responsabilità limitata unipersonale", 1994, pp. 1161 e 1164). Todos são documentos comprovativos das deliberações da sociedade, embora não integrem, em rigor, a forma da deliberação respectiva, ao contrário dos documentos onde se constituem as deliberações tomadas por escrito, a que a 2ª metade do art. 63°, n° 1, faz referência. Para algumas precisões a este respeito, *vide* PINTO FURTADO, *Deliberações dos sócios. Comentário...*, ob. cit. pp. 652-9 e 668; IDEM, *Curso de Direito das Sociedades*, ob. cit., pp. 417-24.

lei, instado pelo cânone comunitário, em esclarecer a obrigatoriedade irrecusável e imperativa de se registarem as decisões em acta, não confiando na natural remissão que se faria para o art. 388º.

Sendo uma vicissitude procedimental[704], a sua ausência, como a sua irregularidade, deve produzir a mesma consequência de um *error in procedendo*: trata-se de um vício ocorrido no procedimento, em desconformidade, portanto, com o disposto na lei para a produção do efeito final dessa decisão de natureza deliberativa.

Visto isto, devemos tirar daí as conclusões. De uma leitura conjugada dos arts. 56º, nº 1, als. a) e b), e do 58º, nº 1, al. a), se retira ser a anulabilidade a regra geral das deliberações viciadas no seu processo formativo[705]. Mais: "ao contrário do que constitui regra no direito civil, as deliberações cujo procedimento atente contra uma norma legal imperativa só serão nulas nos casos previstos no art. 56º, nº 1, als. a) e b). Outro tanto é dizer que a violação, no procedimento deliberativo, de um preceito de carácter imperativo não torna a deliberação nula – como sucederia caso se lhe aplicasse o art. 294º CCiv –, mas meramente anulável..."[706]. Logo, deve afastar-se, para a falta ou irregularidade do cumprimento do procedimento e meio de prova que o registo em acta da decisão constitui, tanto a inexistência – "não só a transcrição para a acta não consubstancia uma «qualidade essencial da deliberação», tão só inviabilizando a sua prova judicial, que, não fora o preceito do n.º 1 do art. 63.º, até poderia ser efectuada por qualquer outro meio, como esta pressuposta *inexistência* carece sempre e só faz sentido quando numa acção judicial se verifique e declare aquela impossibilidade de prova que lhe está na origem" –, bem como a nulidade – mesmo que se entenda

---

[704] Aparentemente a favor da integração da redacção da deliberação social em acta no "processo de formação das deliberações da assembleia geral", cfr. VASCO LOBO XAVIER, *Anulação...*, ob. cit., pp. 185 e 190; opondo-se, PINTO FURTADO, *Deliberações dos sócios. Comentário...*, ob. cit., p. 668.

[705] Tal como sustentava a doutrina nacional antes da vigência do CSC. Atente-se nas elucidativas passagens de VASCO LOBO XAVIER, *Anulação...*, ob. cit., pp. 195-6: "Temos, assim, que, em princípio, a deliberação cujo processo formativo infringe os preceitos legais que o regulam – cogentes embora – deve julgar-se tão-somente anulável", e 223: "Este princípio só se justifica na medida em que o legislador entendeu que tais violações dos preceitos cogentes presentemente encarados (...), enquanto incidem apenas no processo formativo das deliberações, não contendem com esses interesses, mas unicamente com os interesses disponíveis de quem à data é sócio e, nesta qualidade, está legitimado para a impugnação". No mesmo sentido, cfr. PINTO FURTADO, *Código Comercial Anotado. Das Sociedades em especial*, volume II, t. II, 1986, pp. 582 e ss, esp. 591-3.

[706] PEDRO MAIA, "Deliberações dos sócios", loc. cit., p. 191. Cfr. ainda PINTO FURTADO, *Deliberações dos sócios. Comentário...*, ob. cit., p. 294, ss, 361, ss; IDEM, *Curso de Direito das Sociedades*, ob. cit., pp. 441-2.

ser um documento formalmente *ad substantiam* configurado nos termos do art. 364º do CCiv.⁷⁰⁷ e o seu desrespeito devesse merecer a nulidade estatuída pelo art. 220º, "o legislador não previu no art. 56.º a falta da acta como causa de nulidade das deliberações sociais, mostrando-se-nos duvidosa a hipótese do alargamento dos casos aí previstos, tanto mais que no art. 58º, nº 1, al. a) se sancionam expressamente com a anulabilidade

---

⁷⁰⁷ No direito anterior, PINTO FURTADO, *Código Comercial Anotado. Das Sociedades em especial*, ob. cit., pp. 576-8, era favorável à compreensão da acta como documento *ad probationem*: "a acta tem naturalmente a função de reconstituir, apenas, o conteúdo «histórico» da *deliberação* tomada, a qual certamente existe e é válida à margem de tal registo, desde que por outro meio possa ser reconstituída..." (itálico do Autor). À luz do art. 63º, nº 1, Pinto Furtado, em conjugação com os termos predispostos pelo art. 59º, nº 4, considera que as actas, como meio de documentação das deliberações, serão indispensáveis para a demonstração da sua validade e eficácia, mas dispensáveis para a obtenção da sua anulação (veja-se *Deliberações dos sócios. Comentário...*, ob. cit., pp. 671-4). Isto porque a acção de anulação não depende de apresentação da acta e pode prosseguir mesmo depois de terminado o prazo processual dilatório para a sua junção ao processo. Logo, se se pode impugnar e anular uma deliberação *a final*, sem juntar a acta que só por ela podia ser documentada, a falta de documentação não obvia a que o tribunal se certifique da prolação de uma deliberação, cuja validade está a ser atacada, *através de outro meio de prova* (sobre o ponto, ALBINO MATOS, "A documentação das deliberações sociais no Projecto de Código das Sociedades", *RN*, 1986, p. 68, com sublinhado nosso, afirma que "... só a deliberação *propriamente dita* é que terá de ser provada pela acta; quanto ao procedimento deliberativo, aos restantes elementos do conteúdo da documentação, talvez se deva admitir a sua prova por outro meio, em caso de necessidade, nomeadamente por testemunhas"). Atento o direito positivo, Pinto Furtado conclui, assim, que: (i) o princípio posto no art. 63º, nº 1, funciona como a regra geral de organização dos instrumentos probatórios *admissíveis* de tais deliberações; (ii) a acta não tem a natureza de um meio de prova absolutamente infungível, antes constitui uma formalidade *ad substantiam secundum eventum litis*, no que concerne à afirmação positiva da deliberação, e uma pura formalidade *ad probationem*, no que respeita à sua destruição judicial por uma sentença constitutiva. Até em sentido mais radical relativamente a este assunto parece ter estado RAÚL VENTURA, *Sociedades por quotas. Comentário...*, volume II, ob. cit., pp. 253-5. Para o demonstrar, ilustremo-lo com dois passos, com itálico nosso: (i) "... há sempre possibilidade de destruir o valor probatório da acta, mais ou menos dificilmente e segundo diversos métodos processuais. Deste modo, a deliberação nunca é fixada pela acta, pois *existe sempre a possibilidade de o tribunal infirmar a acta, destruindo a prova*, mais ou menos forte, que ela possa fazer"; (ii) "Uma vez que a deliberação só pela acta pode ser provada, o Tribunal não pode julgar que, além das que já constem da acta, foi tomada uma outra deliberação expressa (...). Seria, porém, levar esta regra demasiado longe entender que o tribunal está impossibilitado de declarar, em acção de simples apreciação e com base em elementos constantes da acta *ou outros*, que na realidade foi tomada (...) uma deliberação diferente da documentada pela acta...".

as deliberações que «violem disposições (...) da lei, *quando ao caso não caiba a nulidade*», isto é, quando «*o caso*» não se encontre previsto no art. 56.º"[708-709].

A solução, no plano da validade, parece-nos poder ser esta, pelo menos se aceitarmos que fazer constar a decisão da SQU em acta é um procedimento incontornável, com base no qual a sua falta pode ser base para a impugnação anulatória da decisão invocada[710]. Tratamos aqui de uma irregularidade procedimental que se transmite à decisão e ingressa no âmbito de aplicação do art. 58º, nº 1, al. a)[711].

Apesar disso, importa dizer que, em termos de *legitimidade*, a sanção da nulidade da decisão do sócio protegeria melhor os interesses de terceiros (e sobretudo dos credores sociais)[712]. Com efeito, a anulabilidade só pode

---

[708] Ambas as citações em BRANCA MARTINS DA CRUZ, pp. 65-7, em conformidade com o original.

[709] Em Itália, tem sido reiterado o efeito anulatório (ordinário) da falta da transcrição em acta das deliberações tomadas em assembleia, em contraponto à constante jurisprudência virada para a inexistência: *vide*, para algumas ponderações com a jurisprudência, em geral e em particular, SILVESTRO LANDOLFI, "Validità, invalidità ed efficacia delle delibere assembleari", *Società*, 1992, pp. 1178-80; FILIPPO LAURINI, "La verbalizzazione delle delibere assembleari", *Società*, 1993, pp. 11 e ss, em esp. pp. 13-14.

[710] Repetimos que esta será a posição mais razoável em sede de SQU, atento o disposto no art. 270º-E, nº 2, e que não terá, de acordo com os termos desse quadro legal, de seguir uma outra solução que se adopte para a deliberação que não figure em acta. Além do mais, uma solução encontrada fora do âmbito da validade das decisões tomadas pela SQU atirar-nos-ia, como coisa certa, somente para a responsabilidade penal prescrita pelo art. 521º para a recusa ilícita de lavrar acta: algo de manifestamente insuficiente à luz da imperatividade realçada pela lei na norma *ad hoc* para a SQU.

[711] Para uma crítica válida à configuração da deliberação sem acta como um caso de suspensão de eficácia (esta era a posição de VASCO LOBO XAVIER, "O regime das deliberações sociais no Projecto de Código das Sociedades", *Temas de direito comercial*, 1986, p. 17) ou a consideração da documentação em acta como uma condição de eficácia (em sentido estrito) da deliberação (ALBINO MATOS, "A documentação...", loc. cit., pp. 73--4, ss), surgidas em comentário ao Projecto do CSC, *vide* PINTO FURTADO, *Deliberações dos sócios. Comentário...*, ob. cit., pp. 668 e ss, viabilizando-se, assim, com esse fundamento, a anulação de uma deliberação que, apesar de não ter acta, existe juridicamente e pode ser demonstrada por outro meio de prova em juízo.

[712] Ou, eventualmente, a ineficácia (entendida em sentido definitivo e absoluto, como consequência definitiva e irremediável do vício), que, assim, se aproximaria manifestamente da nulidade quanto aos seus efeitos práticos (neste sentido, cfr. ALBINO MATOS, "A documentação...", loc. cit., pp. 75-6). Mas esta solução parece-nos levantar problemas de subsunção insolúveis no esquema sancionador dos defeitos das deliberações previsto no CSC, atendendo fundamentalmente ao âmbito de actuação "residual" do

ser arguida pelo órgão de fiscalização ou por qualquer sócio que preencha os requisitos do art. 59°, n° 1[713]. Ou seja, a decisão da SQU só pode vir a ser anulada na prática pelo conselho fiscal[714]. Se este órgão não existir (e

---

art. 55° (*vide* VASCO LOBO XAVIER, "O regime...", loc. cit., p. 24; PEDRO MAIA, "Deliberações dos sócios", loc. cit., p. 183, ss), cuja superação escapa às ambições do nosso trabalho.

[713] De acordo com este preceito, o sócio com legitimidade para arguir a anulabilidade das deliberações é aquele que «não tenha votado no sentido que fez vencimento nem posteriormente tenha aprovado a deliberação, expressa ou tacitamente». Portanto, mesmo que o quisesse, nunca o sócio-único decisor-não votante preenche os requisitos que se requerem para pedir em juízo a anulação de uma sua decisão, à luz das regras societárias da legitimidade processual activa.

[714] Na doutrina nacional, PINTO FURTADO, *Deliberações dos sócios. Comentário...*, ob. cit., pp. 425 e, implicitamente, 435, defende que, nas sociedades que não tenham órgão de fiscalização, se deve reconhecer legitimidade processual activa aos gerentes para a propositura da acção de anulação [tal como CARLOS OLAVO, "Impugnação das deliberações sociais", *CJ*, 1998, p. 27, n. (55)]. Fundamenta essa extensão do preceito atributivo de legitimidade na existência de uma norma expressa para esse efeito no regime das deliberações nulas (art. 57°, n° 4). Não cremos que possamos ir tão longe. O art. 59° é demasiado linear para se poder alargá-lo, quando as regras de legitimação processual devem merecer plena completude por parte do legislador, por óbvias razões de certeza jurídica em sede adjectiva. Além de que a analogia não se compreende quando estão em causa regimes correspondentes a duas distintas formas de invalidade, com algumas especialidades em matéria societária relativamente ao regime-tipo do direito civil.

Não obstante a discordância no que respeita ao direito de a gerência arguir a anulabilidade das deliberações, que se reproduz na SQU, em ponto contíguo estamos de acordo com Pinto Furtado. Falamos da equiparação do revisor oficial de contas ao órgão de fiscalização nesta mesma sede, apesar de não ser órgão da sociedade e desempenhar estatutariamente as suas funções em regime de independência relativamente à sociedade que beneficia dos seus serviços (*vide* a obra citada a pp. 353-5 e 435-6). Evidentemente que ele não é *órgão social* na sociedade por quotas, mas é um dos termos possíveis *ex vi legis* de dar corpo ao seu *órgão de fiscalização* (como já tivemos oportunidade de realçar anteriormente): tanto quando se opta voluntariamente pelo regime de fiscal único, como na situação de deliberação obrigatória prevista no art. 262°, n° 2. Logo, fica com os poderes de demanda judicial que são reconhecidos ao órgão de fiscalização enquanto tal, sem que com isso lhe resultem prejuízos decorrentes das acções propostas contra a sociedade, em face do disposto pelo art. 60°, n° 3. Esta perspectiva foi tacitamente confirmada pela prescrição do art. 262°-A, que, para efeitos do dever de prevenção aí regulado, colocou no mesmo pé o revisor oficial de contas e os membros do conselho fiscal. Por maioria de razão... deve ter pensado o legislador, na postura razoável que se lhe presume.

Pois bem. Feitos estes esclarecimentos, resta-nos o que está na lei, e esta não fornece qualquer suporte a que se possa ver noutro órgão, no caso a gerência, o poder de sindicar a validade das decisões tomadas pelo sócio único na SQU. Logo, mesmo quando

mesmo que exista...), o sócio único pode tranquilamente tomar as decisões para que tem competência sem se preocupar em respeitar o procedimento mínimo previsto pela lei pois elas não serão atacadas judicialmente com base nessa irregularidade. Além de que esse ataque, a ser protagonizado pelo conselho fiscal, a haver, seria de todo inútil, porque se estaria a tentar destruir uma decisão que só o sócio único poderia comprovar (diferente poderá ser o quadro se houver lugar a reunião e se se entender que a decisão possa ser reconstituída por outros meios de prova...).

Logo, a aplicação à SQU das normas gerais sobre a anulabilidade das deliberações poderá frustrar por completo as intenções que presidiram à exigência da escrituração em acta das decisões do sócio único. Em particular, os credores sociais não terão qualquer forma de impugnar a decisão *de qua*, ao contrário do que dispõe a *LSCF*, que, no seu art. 60-1, al. 4, permite a qualquer interessado anular as decisões que violem a obrigatoriedade de consignação num registo[715].

Aqui chegados, devemos escolher: ou se mantém a lacuna de regulamentação, derivada do facto de a XII Directiva ter deixado nas mãos das legislações nacionais a sanção correspondente ao desrespeito da consignação por escrito das decisões unilateralmente adoptadas pelo sócio, ou se avança para a sua neutralização, tomando conta dos interesses desiludidos, de modo a conferir algum suplemento protector aos credores desprovidos de qualquer remédio para lutar contra o vício procedimental.

No nosso vizinho ibérico, a obrigatoriedade da "forma" escrita para as decisões adoptadas pelo sócio único foi considerada com o superior significado de transcrever necessariamente para um documento o respectivo

---

o gerente não é sócio, só o órgão de fiscalização fica com a legitimidade para invocar a anulabilidade da deliberação nos termos do art. 59º. Com a probabilidade de essa não ser exercida, pura e simplesmente ou nas condições apertadas do preceito, mantêm-se as debilidades na adequada perspicuidade da SQU. Mesmo que não falemos de anulação com base em falta de redacção em acta da decisão do sócio, o sistema geral da lei é aqui muito frágil. Por isso, atendendo à maior garantia que isso poderia trazer para a posição dos terceiros, poderia ser prevista no regime da SQU (ou de uma futura disciplina da sociedade de capitais unipessoal...) a constituição obrigatória de um conselho fiscal e/ou um mecanismo diverso que consentisse aos terceiros qualificados (como os credores sociais) ter a iniciativa processual em sede de invalidade das decisões do sócio. Em sentido mais restrito, reservado à fiscalização das relações negociais entre a sociedade e sócio, também GIORGIO OPPO, "Società, contratto, responsabilità...", loc. cit., p. 185, viu com bons olhos a obrigatoriedade da presença de conselho fiscal na SQU.

[715] Criticando a particular severidade desta sanção, que não é só para a falta de redacção da decisão no registo (antes para todas as prescrições do art. 60-1), para este especial caso de inobservância da documentação, cfr. DOMINIQUE RANDOUX, "Une société très spécifique: l'E.U.R.L.", loc. cit., p. 360.

processo mental e, possivelmente, verbal. Essa imperatividade motivaria pois que a inobservância da prescrição fosse sancionada com a nulidade da decisão, aplicando o art. 6º, nº 3, do Código Civil espanhol, análogo ao nosso art. 294º do CCiv.[716]. Mas vimos já que esta consequência é incom-

---

[716] Cfr. JOSEFINA BOQUERA MATARREDONA, "Sociedad unipersonal de responsabilidad limitada", *Comentarios a la Ley de Sociedades de Responsabilidad Limitada*, 1997, p. 1252. Pelo contrário, a maioria da restante doutrina não acrescenta qualquer sanção ao incumprimento da obrigação de documentar as decisões, assumindo que, como disse ARANGUREN URRIZA, p. 1448, "o preceito perde a sua virtualidade protectora de terceiros, subsistindo unicamente o mecanismo das acções ordinárias por fraude ou má fé, ou a responsabilidade dos administradores por incumprimento das suas obrigações como representantes da sociedade". Não obstante se reconhecer que as particularidades dos mecanismos de constituição da vontade social em situações de unipessoalidade aconselharia a ter como seu veículo de expressão ou declaração da vontade do sócio, no exercício das competências da assembleia, uma acta subscrita por ele, desautoriza-se a constituição da acta como um requisito formal *ad solemnitatem* da validade das decisões do sócio único (nada obsta, portanto, a que as suas decisões se manifestem verbalmente e que se documentem com posterioridade... mas esta é uma clara contrariedade aos termos, não só do art. 127 da *LSRLE*, como do art. 97, nº 2, do Regulamento do Registo Mercantil, que parecem determinar imperativamente a consignação em acta!). Logo, na ausência de previsões legais específicas sobre as consequências do incumprimento da exigência de consignação em acta das decisões, deverá atribuir-se no caso o valor e a eficácia que lhe corresponde no âmbito da documentação das deliberações sociais. Consequentemente, considera-se predominantemente em Espanha que as decisões do sócio único são plenamente válidas desde o momento da sua adopção. A falta de acta tão-pouco impede a execução das decisões, ainda que autoriza os gerentes a negarem-se a dar-lhes cumprimento se decorresse para a sua esfera jurídica responsabilidade daí resultante. Finalmente, uma vez que o art. 97, nº 3, do Regulamento do Registo Mercantil, dispõe que «as circunstâncias e os requisitos estabelecidos neste Regulamento no que respeita às actas e seus livros e certidões se entenderão exigidos para os efeitos exclusivos da inscrição no Registo Mercantil», a aplicação das regras gerais implicaria, no caso de serem decisões sociais obrigatoriamente inscritas no Registo Mercantil, que a carência de acta impossibilitasse a sua inscrição, com o que se perderá a eficácia que o ordenamento confere no caso de publicidade registal. Entre vários, cfr. IGLESIAS PRADA, "La sociedad de responsabilidad limitada unipersonal", loc. cit., pp. 1025-6 e n. (58), apesar de admitir que a previsão legal de exigência de acta só poderia ser expressiva de um propósito claro do legislador em reforçar a relativa segurança que poderia derivar da *simples* imposição de uma constância escrita das decisões do sócio único com a adição de aquelas outras garantias de certeza que integram a submissão desse modo de documentação ao regime específico das actas da assembleia geral; LÓPEZ PARDIÑAS, p. 143; JIMÈNEZ SÀNCHEZ/DÍAZ MORENO, pp. 180-2, com outras referências bibliográficas.

Parte da doutrina desse país, não obstante, em comentário ao Projecto de Lei que veio a ser aprovado em 1995, defendia até uma solução mais drástica e radical no que

patível com a arquitectura *taxativa* do edifício de invalidades desenhado no CSC para as deliberações. Em Itália, houve quem sustentasse que a solução preferível para proteger os credores da SQU era respigar a orientação jurisprudencial dominante, segundo a qual a deliberação não consignada em acta era inexistente e como tal não imputável à assembleia e, por isso, à sociedade. De facto, a deliberação *dos sócios* é em abstracto reconstruível como facto *histórico* também quando tenha sido omitida a redacção da acta, no sentido de que deve ser possível provar que num certo dia e em certo lugar foi feita uma reunião dos sócios, que discutiram e deliberaram sobre certos assuntos, etc. Essa possibilidade de recuperação será de excluir na decisão assumida pelo sócio único, em que a falta de documentação escrita incide sobre a própria possibilidade de identificar a espécie decisória[717].

Pensamos que não será necessário ir tão longe por causa da tutela da certeza dos terceiros e da transparência da sociedade, que a particularidade da SQU deixa de facto pior tratada. Aqui, o que interessará sobremaneira é proporcionar aos terceiros meios susceptíveis de não serem surpreendidos por uma decisão não documentada. Para essa salvaguarda tendem as propostas da doutrina alemã, depois de confrontada com a modificação do texto da *Novelle*, que inicialmente previa a nulidade como consequência da falta de documentação por escrito da decisão tomada pelo único sócio[718].

---

respeita à documentação das decisões do sócio único. De facto, ALONSO UREBA, pp. 92 e 94, era favorável *de iure condendo* à exigência de uma acta lavrada notarialmente, podendo dar-se inclusivamente a este requisito carácter essencial, tanto para a validade, como para a eficácia das decisões, o que "daria garantias suficientes, não só de transparência, como também de que não podem produzir-se manipulações ulteriores". Depois da entrada em vigor da nova *LSRLE*, ARANGUREN URRIZA, p. 1447, sufragou o essencial desta corrente, já que, se a finalidade da documentação exigida era evitar a manipulação posterior dos termos da decisão por parte do sócio único, essa *ratio* exigiria a imposição de uma formalidade suplementar que dotasse a decisão de maior garantia. Mas outros não apreciaram as vantagens aludidas de um sistema de documentação escrita da vontade social separado das normas gerais, contidas nos arts. 25 do *Código de Comercio*, 97 e 99 do Regulamento do Registo Mercantil, 54 da *LSRLE* e 113 da *LSAE*. Para SÁNCHEZ RUZ, estas normas (nas quais se incluem aquelas que respeitam à aprovação das actas) atendiam fundamentalmente às relações internas e à protecção da minoria e careciam de todo o sentido na sociedade unipessoal.

[717] Neste sentido, cfr. GIULIANA SCOGNAMIGLIO, "La disciplina...", loc. cit., p. 257; GIOVANNI CESÀRO, p. 35.

[718] Foi arredada essa solução por se ter considerado que poderia vir a prejudicar os interesses de terceiros e da própria sociedade, como no caso em que a nulidade pudesse ser invocada na falta de documentação escrita para o sócio se vir a exonerar de responsabilidades decorrentes dessa sua decisão não documentada (sobre a decisão da Comissão

Perante a versão final do § 48, frase 3, da *GmbHG*, uns retêm que o sócio não poderá provar perante terceiros o conteúdo da sua decisão por outros meios que não passem pela documentação escrita exigida[719]. Numa outra perspectiva, outros admitem que o sócio pode fazer prova da existência da decisão por qualquer meio, mas o terceiro poderá sempre fazer valer a decisão de que teve conhecimento, sem limitações probatórias, quando essa não tenha sido redigida por escrito[720].

Parece-nos que o carácter indiscutivelmente imperativo do nosso art. 270º-E, nº 2, 2ª parte[721], impede o sócio de provar de qualquer outro modo a sua decisão, independentemente de haver ou não reunião. A disposição foi aí colocada para o obrigar a precipitar as suas decisões num instrumento de pleno reconhecimento e autenticado por si. Com ela, parece evidente que se quer garantir que não se produzirá qualquer confusão entre os actos do sócio único na qualidade de membro da SQU e aqueles efectuados no campo do seu património pessoal. Paralelamente a ela, não se elaboraram normas que garantissem o efectivo respeito da obrigatoriedade da documentação escrita. Assim, o sócio não a deve evitar, não a pode contornar e só a ela se fará referência na expressão da vontade social. Só esse documento poderá provar a decisão do sócio no confronto com terceiros ou no plano das relações internas da sociedade, de forma a esclarecer a formação de uma decisão e torná-la acessível. Neste sentido, a acta, na disciplina da SQU, será *sempre*, sem margem para hesitações, em juízo ou fora dele, um documento com a força probatória que caracteriza as for-

---

Jurídica do *Bundestag*, cfr. KARSTEN SCHMIDT, "Grundzüge der GmbH-Novelle", loc. cit., pp. 1775-6). Observe-se que a *GmbHG*, ao contrário da nulidade prescrita pelo nº 2 do § 241 da *AGesetz*, é silente em relação à obrigatoriedade de lavrar acta das deliberações tomadas nessa forma social, a não ser na circunstância de essa se referir a uma alteração do pacto social, caso em que terá de ser documentada notarialmente, nos termos do § 53, al. 2, frase 1 (essa violação seria, analogamente à consequência ditada para a sociedade por acções, considerada motivo de nulidade: para uma completa discussão da matéria, *vide* MARCUS LUTTER/PETER HOMMELHOFF, *GmbH-Gesetz Kommentar*, ob. cit., § 53, *Rdn.* 14, pp. 669-70).

[719] Cfr. KARSTEN SCHMIDT, *Gesellschaftsrecht*, ob. cit., p. 1249; HANS-GEORG KOPPENSTEINER, § 48, *Rdn.* 23, p. 1206 (com outras indicações bibliográficas).

[720] Cfr. WOLFGANG ZÖLLNER, § 48, *Rdn.* 29, p. 929.

[721] Sugerindo, ao invés, o carácter meramente dispositivo da proposição da al. 3 do § 48 da *GmbHG* e remetendo as consequências da inobservância da documentação escrita para os princípios gerais da responsabilidade contratual ou extracontratual do sócio único, cfr., por todos, JOACHIM MEYER-LANDRUT, "Rechnungslesung", in JOACHIM MEYER-LANDRUT/F. GEORG MILLER/RUDOLF J. NIEHUS, *Gesetz betreffend die Gesellschaften mit beschränkter Haftung (GmbH)*, 1987, sub § 48, *Rdn.* 33, pp. 1375-6.

malidades *ad substantiam*, insusceptível de ser substituído por outro género de prova e verdadeiramente constitutivo da decisão respectiva[722]. Assim, só a acta fará prova da existência e da veracidade da decisão unilateral adoptada em SQU. Será esse o sentido útil do preceito e o que melhor tutela os ponderosos interesses de bom funcionamento interno da sociedade e de acautelamento da posição dos sujeitos que se relacionam com a SQU, que estão irremediavelmente ligados a uma condução transparente e não-precária dos negócios sociais.

---

[722] Podia argumentar-se que esta *restrição* de prova que se defende apenas operaria para o sócio único e os terceiros deveriam dispor de uma incondicionada possibilidade de prova das decisões do sócio único. Todavia, razões de ordem prática e de ordem adjectivo-processual acrescentam valor à nossa posição. De facto, se não houver reunião e a decisão pertencer exclusivamente ao foro intelectivo-racional do sócio (que parece ter sido a única hipótese ponderada pelo legislador), não há outra maneira de provar a decisão que não passe pela sua redacção a escrito (só se o sócio confessar, o que não será crível quando ele não lavrou nem lavrará acta...). Por sua vez, se houver reunião, em sede forense, apenas vislumbramos a possibilidade de ser admitida a prova testemunhal para reconstituir o desenvolvimento da discussão que terminou com a adopção da decisão. Porém, colidimos com a insuperável limitação do art. 393º, nº 1, do CCiv. Aqui, afasta-se expressamente esta modalidade de prova sempre que a lei exige, como pensamos ser na circunstância da decisão do sócio único, que a declaração – e no caso ambas as hipóteses se preenchem – haja de se reduzir a escrito ou necessite de ser provada por documento. Posto isto, teremos que manter a universalidade subjectiva da reserva de prova feita exclusivamente a favor da acta, que em nada incomoda os terceiros e em tudo abona à segurança e à certeza jurídicas.

14. O possível funcionamento (suavizado) do procedimento da assembleia

A XII Directiva e a nossa lei parecem ter regulado a presente matéria com os olhos postos na faceta mais elementar da questão: aquela em que a SQU apresenta uma organização interna reduzida à pessoa do sócio único e destituída de órgão de fiscalização. Em tal caso, numa única pessoa se assumem os poderes de organização e de gestão da empresa social, conformando-se um estado de "absoluta unissubjectividade orgânica"[723]. Acaba por não existir, *sob o ponto de vista da articulação subjectiva*, uma distinção entre órgãos. Logo, quando o sócio decide, sem passar minimamente pela metodologia característica da assembleia, esse é o vértice de uma operação exclusivamente intelectiva, em que o procedimento (na perspectiva *participativa* do termo) não teria qualquer influência.

Mas tal pode não acontecer, sempre que subsista estruturalmente, ainda que parcialmente, o esquema de pluralidade de titulares dos órgãos da sociedade. Referimo-nos a todas as SQU em que o gerente é um sujeito que não coincide com a pessoa do sócio (ou constitui a gerência com o sócio numa administração colegial pluripessoal) e em que, por estipulação no acto constitutivo ou por imposição da lei, existe conselho fiscal.

Levando em linha de conta as relações entre os órgãos fixadas pela disciplina codicística vigente para o órgão deliberativo, pode, nestes casos, o gerente ou o conselho fiscal convocar a assembleia, nos termos do art. 248º, nº 3 (e nº 1)[724]. Haverá depois uma *verdadeira reunião*, já que

---

[723] GIORGIO MARIA ZAMPERETTI, *La società*..., ob. cit., p. 102, n. (169). Esse estado levou CARLO IBBA, *La società*..., ob. cit., p. 38, a notar que, nessas situações, a SQU corria o risco de se configurar, substancialmente, como uma sociedade "atrofiada".

[724] Entende-se que o art. 377º, nº 1, que dá poderes ao presidente da mesa da assembleia geral da sociedade anónima para a respectiva convocação, não é aplicável à sociedade por quotas, vigorando aqui a competência *em regra* do gerente para o efeito, à qual se junta a do conselho fiscal e a do tribunal, nos casos previstos pela lei, por aplicação

devem ser também convocados, além do sócio, os membros do órgão de fiscalização, bem como, pontualmente, os revisores oficiais de contas, se for caso disso[725].

Atente-se que poderão também estar presentes os obrigacionistas e o seu representante comum, sempre que a SQU tenha emitido essa espécie de valores mobiliários negociáveis que são as obrigações[726], nos termos do art. 379º, n.os 3 e 4, aplicáveis *ex vi* art. 248º, nº 1. Finalmente, podem estar presentes outras pessoas – suponhamos, um profissional qualificado e detentor de conhecimentos e informações essenciais para a decisão de um ponto ou mais pontos submetidos à consideração na ordem de trabalhos –, cuja admissão ao concílio se prevê no art. 379º, nº 6[727].

(ordenada pela remissão do art. 248º, nº 1) das compatíveis normas dos arts. 377º, nº 1, 2ª parte, e nº 7, e ainda o 420º, nº 1, al. h), da disciplina da anónima (cfr., nesta linha, BRANCA MARTINS DA CRUZ, pp. 14 e ss, com um raciocínio convincente; RAÚL VENTURA, *Sociedades por quotas. Comentário...*, volume II, ob. cit., p. 204 ; o Anteprojecto de lei da Sociedade por quotas de responsabilidade limitada estabelecia, no nº 3 do seu art. 102º, que "Também o fiscal único ou o conselho fiscal podem convocar a assembleia geral, mas só depois de terem requerido, sem resultado, a convocação por intermédio da gerência", o que nos parece ter protagonizado uma competência *subsidiária* do órgão de fiscalização relativamente à gerência, por quem teria sempre que passar a disponibilidade primária da convocação). A competência do conselho fiscal assume particular importância no nosso caso, uma vez que, ao lado desse órgão fiscalizador, o sócio único pode acumular o cargo de gerente único.

[725] Lembre-se que nas assembleias gerais devem estar presentes os gerentes e os membros do conselho fiscal, por aplicação do art. 379º, nº 4, demandado, mais uma vez, por força da remissão genérica feita pelo art. 248º, nº 1. Também se podem juntar os revisores oficiais de contas, se não corresponderem organicamente ao conselho fiscal, que tenham analisado as contas, se se tratar da assembleia geral anual a ter nos moldes determinados para a sociedade anónima pelo art. 376º.

[726] A capacidade das sociedades por quotas emitirem obrigações está consagrada no art. único do DL nº 160/87, de 3.Abril: «As sociedades por quotas podem emitir obrigações, devendo observar-se, na parte aplicável, as disposições legais relativas às emissões de obrigações das sociedades anónimas.». Nenhum interesse parece inviabilizar essa modalidade de financiamento na SQU, pois essa legitimidade não implica de todo a pluralidade de sócios no tipo quotista (tal como na sociedade anónima dominada totalmente nos termos do art. 488º, nº 1, por aplicação do art. 348º, nº 1).

[727] Dir-se-á que esta hipótese de *formalização da assembleia* será meramente académica. Quanto mais não fosse, tudo se resolveria numa discussão *extra-assembleia* entre o sócio único, o ou os gerentes – "a *longa manus* fiduciária do «patrão»" – e os membros do conselho fiscal – "chamado pelo mesmo patrão a fiscalizar os próprios mandantes" (ambas as citações de GASTONE COTTINO, presentes em vários escritos do Autor, desde "Società per azioni", loc. cit., p. 578, a *Diritto Commerciale...*, ob. cit., p. 295, para

O art. 270º-E deixa de fora estas hipóteses, pois o seu arrazoado depreende sempre a ausência de qualquer tipo de colegialidade que fundamente uma reunião de pessoas. Com isso, a disposição supõe que o sócio assumirá todas as decisões *que impliquem a competência da assembleia*, sem ter que a reunir e sem ter que passar pela observância do essencial da sua metodologia procedimental. Esta consideração exprime, nas palavras resumidas de SCOTTI CAMUZZI, "uma posição de *substancialismo* simplificador", que parece desconhecer que "a assembleia não é só celebrada pelo sócio único mas também pelos administradores (que podem ser diferentes dele) e, quando devam ser nomeados, pelos membros do conselho fiscal"[728].

Nesta circunstância, poderá afirmar-se que a assembleia, mais do que existir, *funciona como reunião* e os interesses a que se vincula esse ajuntamento enquanto ritual mantêm-se objecto de densificação. Realce-se que

---

ilustrar caricaturalmente a relação interorgânica na sociedade unipessoal). Mas pode não ser assim, já que nem sempre, na hipótese aventada, será possível um contacto estreito entre o sócio e a gerência, que se alcandore à alternativa credível à constituição da assembleia, ou a decisão se faça somente com uma "provocação" da gerência para o sócio adoptar alguma decisão que não seja da sua competência enquanto órgão de gestão. Avancemos algumas circunstâncias particularmente verosímeis na vida (social) de uma SQU.

Uma será quando a dimensão da actividade social é de grande envergadura e só o gerente está por dentro do que se pretende decidir e é da competência exclusiva do sócio decidir. Outra será quando o único sócio é uma pessoa colectiva (sociedade ou não), estando mais distante da realidade quotidiana dos negócios sociais, e o gerente terá que *estar* em contacto com os representantes orgânicos dessa pessoa colectiva, que, como único sócio, decide *aliunde*. Ainda outra se passará sempre que a assembleia disponha da competência para decidir sobre matérias que seriam, em princípio, da área do órgão de administração, o que provocará a convocação de uma reunião para a gerência se fundamentar na decisão do sócio. Finalmente, concorrendo com as situações anteriores, pode o sócio único ter interesse, por qualquer razão, em reunir-se formalmente com os gerentes e os membros do órgão de fiscalização [como salienta COUTINHO DE ABREU, *Da empresarialidade...*, ob. cit., p. 146, n. (379)], de modo a que se registe as incidências dessa reunião: p. ex., se tiver tenções de destituir os componentes desses órgãos ou contra eles propor acções judiciais (ou até pode ser o gerente-não sócio a ter interesse em promover a celebração da assembleia para evitar a sua responsabilidade em certos casos); ou se entender que chegou a hora de dividir a quota e produzir-se uma cessão susceptível de promover a multiplicação dos sócios. Em todas estas, ou outras, a assembleia não será reduzida ao solilóquio de que Gastone Cottino fala nos locais aqui citados. Poderá ser até uma estrutura cuja subsistência poderá apaziguar eventuais conflitos entre os órgãos e preparar melhor as decisões do exclusivo detentor do poder de decisão.

[728] "Srl con unico socio...", loc. cit., p. 502.

chegamos aqui com este à-vontade porque nunca abdicamos da manutenção do papel orgânico e funcional da assembleia na SQU, fruto da normalidade da figura como sociedade dotada de personalidade jurídica. Esta verificação não significa mais do que a possibilidade de continuar a aplicar a disciplina ditada pelo CSC para as sociedades por quotas ainda *nas situações que de facto divergem da hipótese tida em conta como pressuposto* para a normal aplicação das previsões dessa mesma disciplina. Ora, essa *continuidade de aplicação* não implica que se chamem todas as normas ditadas para o tipo, numa postura de *tudo ou nada*. Antes a introdução da unipessoalidade inculca que se respeite, com o funcionamento ágil e flexível do órgão como fito essencial, as linhas essenciais da disciplina da assembleia, se for o caso... como *pode* ser.

Na verdade, quando a reunião não pode ser vista como uma mera aparência, o *processo de constituição e de deliberação* em assembleia geral deve ser observado, ainda que com forçosas e manifestas simplificações.

A convocação feita pela gerência ou pelo conselho fiscal – inclusivamente a requerimento do sócio[729] – deve mencionar claramente o assunto ou assuntos sobre os quais vai incidir a ordem de trabalhos. Em princípio, a assembleia terá lugar na sede da sociedade. É presidida, salvo qualquer disposição diversa do pacto que não se entende plausível no caso, pelo sócio, por aplicação da prescrição relativa à escolha e figura do presidente da assembleia geral pronunciada pelo n° 4 do art. 248°[730]. A gerência deve apresentar a sua proposta de "deliberação", se a tiver, acompanhada dos relatórios ou justificação que a devam instruir[731], que será depois aprovada ou rejeitada pelo sócio, sem haver, logicamente, discussão da proposta (no sentido de diálogo *inter socii*). O que pode haver, evidentemente, é o requerimento pelo sócio às pessoas presentes da

---

[729] Aplica-se, pois, o art. 248°, n° 2 (em conjugação com o art. 375°, n° 2), que dá inequivocamente ao sócio único, nessa qualidade, legitimidade para requerer a convocação da assembleia.

[730] Contra a aplicação desta norma, cfr. ANGELO GRISOLI, *Le società con un solo socio*, ob. cit., p. 372, n. (63); a favor, por todos, SCOTTI CAMUZZI, "L'unico azionista", loc. cit., p. 801.

[731] Na realidade, aplica-se igualmente ao regime da assembleia da sociedade quotista o articulado no art. 289°, referente à disponibilidade perante os sócios da consulta prévia das informações pertinentes para a reunião a ter lugar. Entendemos que esta prescrição não se deverá aplicar integralmente à categoria vertente de SQU – desde logo no dever de facultar no prazo de 15 dias ao sócio todos os dados discriminados nessa norma –, mas algumas das suas determinações podem ser exigidas pelo sócio único *no decurso da reunião*, como é o caso da al. c) do n° 1, a que fazemos menção no texto.

prestação de todas as informações que ele julgue decisivas para «formar opinião fundamentada sobre os assuntos sujeitos a deliberação» (art. 290º, nº 1)[732] e o ulterior confronto de ideias – a discussão a que se refere uma assembleia na SQU – entre os sujeitos intervenientes, que não será *só* com os órgãos sociais habilitados a dar essas informações. Mesmo sem esse requerimento, essa discussão *entre os participantes* terá sempre lugar... pois de outra forma não se justificava a reunião formalmente realizada. Finalmente, tudo se reduz a uma pronúncia do sócio, sobre a matéria constante da ordem de trabalhos, e à ulterior redacção da acta, com o conteúdo e assinatura do sócio "deliberante", de acordo com o estabelecido no art. 63º, nos 2 e 3[733].

Aqui sim, podemos afirmar que se constitui uma assembleia como *espaço de encontro físico*, ainda que deformada quando comparada com o seu esquema normal[734]. Foi da iniciativa do órgão cujo titular não é o

---

[732] O exercício (*rectius*, a faculdade de exercer) deste direito de requerimento de informações pelo sócio como verdadeira base instrutória das suas decisões é, para nós, um poderoso argumento para a valia da constituição formal da assembleia e para a sua destrinça dos casos de decisão monocrática do único sócio de uma SQU. De facto, poderá ser essa reunião e a informação aí obtida que poderá mudar o rumo da ponderação feita *a priori* pelo sócio antes do procedimento da assembleia se desenrolar – apesar de não ser imprescindível este contexto formalizado para o sócio obter as informações necessárias ... mas nem sempre será possível obter informações através de um contacto informal com os outros órgãos da sociedade, nem sempre se dominam todas as variáveis da decisão antes da reunião e nem sempre o sócio único terá um domínio integral da vida da SQU, particularmente quando seja uma outra pessoa colectiva, que o dispense de estar simultaneamente com os restantes órgãos da sociedade, nomeadamente o gerente (mesmo que se diga, como afirma GIORGIO MARIA ZAMPERETTI, *La società...*, ob. cit., p. 110, que, no caso de a SQU ser colocada no âmbito de um grupo, os fluxos informativos *da e para a sociedade-mãe* prescindem habitualmente do contexto procedimentalmente *sobrecarregado* da assembleia). A favor dessa influência proporcionada pelo encontro formal entre os órgãos está a natureza *quase indisponível* do dever de informar pelo destinatário do requerimento (a recusa só poder ser legítima em situações que originem grave prejuízo para a sociedade ou outra sociedade com ela coligada ou de violação de sigilo imposto por lei: art. 290º, nº 2), e a consequência anulatória que a recusa *ilegítima* da prestação das informações traz para a deliberação tomada (nº 3 do art. 290º).

[733] Em sentido próximo, mas não integralmente sobreponível, *vide*, antes da actual legislação societária da unipessoalidade quotista, em anotação à al. 3 do § 43 da *GmbHG*, RAÚL VENTURA, *Sociedades por quotas. Comentário...*, volume II, ob. cit., pp. 167-8.

[734] A favor, cfr. WOLFGANG ZÖLLNER, § 48, *Rdn*. 28, p. 929; em sentido contrário, por nunca configurar a possibilidade da realização de uma reunião na SQU, que seria substituída por formas de comunicação entre sócio e órgãos da sociedade (p. ex., se o gerente

sócio único. Envolveu o encontro de pessoas em representação da estrutura orgânica da sociedade. Pode ter promovido a discussão inerente à auscultação de informações e esclarecimentos entre os seus intervenientes. Ainda aqui, porém, a assembleia vai ser a expressão de uma única voz e terminar com uma decisão do sócio único (ou dos seus representantes[735]): mas essa vai ser condicionada pelo contraditório gerado e

---

quisesse instar o sócio a tomar certas decisões, legais ou estatutárias), *vide* JIMÉNEZ SÁNCHEZ/DÍAZ MORENO, pp. 162 e ss.

Radicalmente contrário à idoneidade da presença dos gerentes e dos membros do conselho fiscal para se constituir uma assembleia *dos sócios* na sociedade unipessoal, por falta de qualquer *articulação orgânica* própria de uma estrutura complexa plurissubjectiva, *vide* ALDO SCHERMI, pp. 132, 136 e 137-8. Para este Autor, mesmo que o sócio único tenha atribuído os poderes de administração a uma outra pessoa, esta nomeação deve ser considerada como uma *preposizione institutoria*, uma figura próxima da representação prevista nos arts. 2203 e ss do *CCIt.* para o exercício da empresa comercial por pessoa diferente do titular da empresa; enquanto isso, o conselho fiscal, ao ser inserido, obrigatória ou facultativamente, na estrutura da sociedade unipessoal, perde toda a sua individualidade como órgão de controlo, parecendo mais desempenhar o papel de um mero "cargo externo" (*ufficio esterno*) à SQU, ao qual é conferido a fiscalização da actividade do sócio único.

[735] Para além dos casos de representação orgânica (em que o sócio único seja pessoa colectiva) e de representação legal (em que seja um incapaz de exercício), em que esse expediente se afigura necessário para que o sócio possa actuar através da intervenção jurídica de uma outra pessoa, o sócio único pode adoptar as suas decisões por meio de representante voluntário nestas hipóteses de reunião. Mais uma vez, retiramos uma norma do lote de preceitos, referentes à assembleia geral *de sócios*, que declaramos indiferentes no caso da SQU (*vide supra* ponto 13). De facto, apesar de o art. 270º-E não fazer referência expressa à intervenção de um representante na adopção da decisão, não se vê por que seria de excepcionar a regra geral em termos de representação voluntária, havendo assembleia-reunião, no caso da sociedade unipessoal. Foi, no entanto, essa a intenção inicial do legislador comunitário. Na verdade, o art. 4º, nº 1, da Proposta inicial de XII Directiva, proibia a delegação de poderes que correspondiam à assembleia geral a pessoas distintas do sócio único (para alguns comentários, cfr., por todos, ALONSO UREBA, pp. 91--2; DUQUE DOMÍNGUEZ, "La 12.ª Directiva...", loc. cit., p. 288). O desaparecimento dessa inibição no texto definitivo confirma a inevitabilidade da necessidade prática de se recorrer à delegação de poderes nos casos de unipessoalidade, justamente para assegurar a subsistência e a normalidade de funcionamento da sociedade unipessoal, tanto nas hipóteses de impedimento físico que possam afectar o sócio único-pessoa humana ou nos casos em que a pessoa colectiva se faz representar por mandatário especial e não pelos seus gerentes, administradores ou directores.

Será, assim, de convocar para o regime da SQU as normas contempladas no art. 249º para a representação voluntária (sobre a individualidade do preceito em relação

desenvolvido na reunião tida com os titulares dos restantes órgãos da SQU, representando um *posterius* ao procedimento seguido para o seu arranjo (em contraponto ao *prius* lógico em face do procedimento quando

---

ao regime previsto para as sociedades anónimas nos arts. 380° e 381°, cfr. BRANCA MARTINS DA CRUZ, pp. 56-60). Todavia, os ajustamentos a que importa proceder a esta norma quase que a deixa apenas como a manifestação de um princípio geral de possibilidade de representação voluntária. Por outras palavras, regerá aqui, na sua maior parte, o regime geral dessa representação.

Parece evidente, em primeiro lugar, que a interdição que o n° 1 indica para as deliberações por voto escrito não pode em absoluto ser de aplicação para a unipessoalidade. Tal como o n° 4 não se pode aplicar à SQU por depreender a não coincidência entre o presidente da assembleia e o sócio representado (embora o facto da representação dada para uma *determinada* assembleia, se não for conhecido dos sujeitos que podem ter assento na reunião, lhes deva ser comunicado, antes ou contemporaneamente à reunião, e por eles deve ser fiscalizado com a maior diligência no que respeita à sua validade).

Por sua vez, entendemos que o n° 2 não se aplica para a SQU. Aí entende-se que a regra será a reunião em assembleia regularmente convocada. Isto não será assim na SQU, em que a regra deverá ser a decisão *individual* do sócio único ou, até, se for o caso, a tomada de decisão em assembleia universal não previamente convocada. Logicamente, o sentido da estatuição do n° 2 não se densifica na ausência da pluralidade de sócios, que em princípio deliberam em assembleia convocada. Não se justifica, portanto, que o instrumento de representação que não mencione as formas de deliberação alternativas à assembleia regularmente convocada não valha a não ser para decisões a tomar em assembleia convocada, quando esta será uma hipótese prognosticamente menos provável. Face à especialidade da SQU, o instrumento de representação deve valer, independentemente de menção, para todas as decisões do sócio único, seja qual for o procedimento seguido para essa decisão. No entanto, nada obriga a que a representação para decisões "sociais" tenha que ser específica e não possa fazer parte da atribuição de poderes representativos mais amplos e tão-pouco discriminados ao pormenor (manifestando toda a confiança no mandatário nomeado). Tal como nenhum interesse veda ao sócio único a possibilidade de excluir dos poderes do representado alguns possíveis objectos de decisões para as quais confere poderes.

Um pouco na sequência, igual juízo nos merece o n° 5, que restringe o círculo de pessoas que podem representar os sócios nas deliberações. Ou seja, essa limitação não será de aplicar, podendo o sócio único conferir com toda a liberdade quem deseje para adoptar em seu nome as decisões pertinentes. De acordo com SOTO VÁSQUEZ, pp. 521-2, e JIMÉNEZ SÁNCHEZ/DÍAZ MORENO, pp. 169-71, aquando da problemática aplicativa do análogo art. 49, n° 2, da *LSRLE*, a restrição efectuada no regime das sociedades por quotas em relação ao círculo legal de representantes justifica-se em nome de circunstâncias que não se verificam nas sociedades unipessoais. Com efeito, essa motivação prende-se com o elemento "personalista" inerente ao tipo supletivo considerado pela lei e com o carácter essencialmente fechado do tipo quotista, que se exteriorizam na vontade de preservar a sua intimidade para com pessoas que pudessem participar nas deliberações da

não há qualquer interacção entre órgãos). Esse seu processo decisório *não se formou*, apesar de só a ele caber *in fine* a resolução, no seu exclusivo foro interno-intelectivo, alheio a e prescindindo de qualquer esquema externo. A circunstância de o sócio único formar a própria decisão em presença de outras pessoas pode mesmo desembocar em resultados decisórios diversos dos que caracterizariam a elaboração individualista da decisão, pois a adopção daquele procedimento pode ter contribuído para a amadurecer e a sedimentar em outros moldes. Com isto, é inegável que a sua formulação exigiu um certo *ambiente colegial* próprio da assembleia pura[736].

---

sociedade (implicitamente, vide RAÚL VENTURA, *Sociedades por quotas. Comentário*..., volume II, ob. cit., p. 215), ressalvada, como faz a segunda metade do art. 249°, n° 5, a expressa permissão em sentido contrário dos estatutos. Assim, o *intuitus personae* das sociedades por quotas, que tem aqui uma das suas manifestações na disciplina positiva legal, implica a razoabilidade de os sócios não terem que admitir no seio do órgão decisório da sociedade alguém que não é sócio ou que não é muito próximo à sua pessoa ou aos seus interesses por estreitos laços familiares. Porém, se existe um só sócio, não se vê razões para ele não nomear quem ache conveniente como representante, posto que *o único afectado pela intromissão de um estranho será ele mesmo*. Por seu turno, note-se que a norma legal não é imperativa e o sócio pode em qualquer momento adoptar a decisão de modificar os estatutos e conferir expressamente a legitimidade representativa a pessoas diferentes das enumeradas na primeira metade do n° 5: que sentido e utilidade teriam impedir a sua representação a pessoa não mencionada nessa norma se tem nas suas mãos a possibilidade exclusiva de alterar o pacto e abrir a admissão representativa a outras pessoas no mesmo momento em que outorga esse poder?

[736] Em sentido próximo, fazendo eco de uma noção mais ampla de colegialidade, que se estende ao encontro de órgãos com competências funcionais diferentes e de pessoas interessadas na vida da sociedade, cfr. GIORGIO MARIA ZAMPERETTI, *La società*..., loc. cit., pp. 103-7, para quem, nas circunstâncias por nós abordadas, "... é possível que seja conservado um traço, diremos intercorporativo, daquele método colegial que desenvolve habitualmente a sua função ponderatória na discussão entre os sócios...".

Evidentemente que, como precisa o Autor, os administradores e os membros do conselho fiscal não ingressam na configuração da assembleia enquanto órgão de encontro da colectividade dos sócios e de expressão dos titulares das participações sociais (ou daqueles que têm determinada relação com a participação social, como o usufrutuário e o credor pignoratício). Antes interagem *com* a assembleia no que ela tem de procedimento e de disciplina (na imperatividade da sua convocação, na possibilidade ou no dever de presença, na possibilidade de impugnar as deliberações) e não entram propriamente na sua estrutura. Apesar do rigor, a colegialidade da assembleia não nos parece ter em conta só a discussão entre sócios mas também uma certa relação entre órgãos. Estes não serão meros terceiros em relação à assembleia, que lá estarão somente como observadores ou cooperadores para um melhor desenvolvimento da assembleia. P. ex., comprove-se o papel activo – que é um autêntico dever e não um mero poder, ou um poder-dever, associado à função de controlo dos procedimentos seguidos na assembleia e de vigilância do respeito das normas legais e estatutárias, que se deve reconhecer ao órgão de fiscalização (cfr., por todos, VINCENZO ALLEGRI, "Il collegio sindicale", *Diritto Commerciale*, 1999, pp. 317-8) – que o conselho fiscal desempenha no que respeita à comunicação aos sócios da nulidade de uma deliberação, à renovação ou à promoção da declaração judicial de deliberações nulas, consagrado pelo art. 57°, n° 1. [Esta será, para nós, uma importante base para defender a subsistência de uma assembleia-reunião no caso de o sócio único ser gerente e, como contrapeso a esta relação orgânica "monocrática", por opção negocial-estatutária ou por obrigação legal, haver conselho fiscal – aparentemente em sentido oposto, arguindo que o legislador impôs a participação na assembleia desse órgão *só em relação à existência de um procedimento deliberativo* de mais sujeitos, cfr. GIORGIO MARIA ZAMPERETTI, *ibid.*, pp. 119-20.] Antes têm o direito de integrarem *constitucionalmente* o colégio e nele participam mais ou menos activamente. Aliás, o art. 379°, n° 4, é explícito demais para que a *necessária* presença dos gerentes e dos membros do órgão de fiscalização na assembleia seja estabelecida unicamente para o exercício de uma mera assistência da ordem de trabalhos. Mesmo aos próprios obrigacionistas e ao respectivo representante comum (às duas categorias de sujeitos, numa valoração uniforme que se abstrai dos diferentes termos gramaticais empregues no n° 2 – «... podem assistir às assembleias gerais e participar na discussão dos assuntos...» – e no n° 3 – «Podem ainda estar presentes...» – do art. 379°) se deve reconhecer, mais do que uma mera faculdade de presença na assembleia, um direito normativamente reconhecido a *intervir* e a *participar* no desenvolvimento das discussões levadas a cabo pelos sócios da sociedade emitente (a titulo de exemplo, para que possam inteirar-se e desenredar, no conveniente acautelamento da sua posição de credores, algumas questões consideradas relevantes, como a sua situação financeira ou as suas opções estratégicas; ou ainda para dar a conhecer as suas opiniões sobre os temas levados à assembleia e, assim, ajudar a clarear o sentido de voto dos sócios): neste sentido, *vide* NUNO BARBOSA, *Competência das assembleias de obrigacionistas*, 2002, p. 114, ss, n. (279), onde se juntam ainda outras provas ao raciocínio; sobre o ponto no direito comparado, cfr. SALVATORE PESCATORE, "Il rappresentante comune degli obbligazionisti", *RDComm.*, 1968, pp. 151-2.

Tanto é assim que a doutrina nacional tem reputado a comparência dos titulares dos órgãos de administração e de fiscalização da sociedade, bem como dos obrigacionistas (e, dizemos nós, do seu representante comum, em conformidade com o tratamento uniforme da sua participação anteriormente seguido), na assembleia, à face do regime efectivamente estabelecido pelo CSC, como requisito de validade da deliberação tomada. Tal como os sócios com direito de voto, todos estes sujeitos têm se ser convocados para a assembleia e a anómala situação em que não o tenham sido fundamenta a anulabilidade das deliberações tomadas nessa assembleia, atento o disposto na al. a) do art. 58°, n° 1, completado pelo regime impugnatório do art. 59° (pois assim terá que ser, atento o princípio da tipicidade das nulidades de que as deliberações dos sócios são susceptíveis, à luz do art. 56°,

Não se pode dizer, portanto, que a assembleia, neste(s) pressuposto(s), se constitui "para ser a paródia de si mesma"[737] ou que o cumprimento de alguns dos seus mandamentos procedimentais se assume com "aspectos grotescos de sabor «kafkiano»"[738-739].

"atirando" outra qualquer anomalia, como a realçada, ainda que análoga, para a regra geral da anulabilidade nas deliberações com vícios de procedimento – neste sentido, cfr. PINTO FURTADO, *Deliberações dos Sócios. Comentário...*, ob. cit., pp. 192-3 e n. (187) para apoio doutrinal alemão, e igualmente as pp. 294-7 e 361-3; para uma longa exposição sobre o efeito *anulatório* da infracção do processo formativo das deliberações, incluindo aqui a regularidade e a observância da convocação para quem tem o direito de participar na assembleia, fundamentado na adequada tutela dos interesses aqui em disputa, *vide*, com vastíssimas referências juscomparatísticas, VASCO LOBO XAVIER, *Anulação...*, ob. cit., pp. 180 e ss, em esp. a n. (94) a pp. 207-9; também ANTÓNIO CAEIRO, "Assembleia totalitária ou universal. Direito do administrador a uma percentagem dos lucros. Indemnização do administrador destituído sem justa causa", *Temas de direito das sociedades*, 1984, p. 470, ss. Se essa presença, em conclusão, parece ser requisito da regular constituição das assembleias gerais, mais nos convencemos da integração desses sujeitos na colegialidade do concílio e da validade das duas decisões.

[737] GASTONE COTTINO, *Diritto Commerciale...*, ob. cit., p. 708.

Esse carácter "parodista" de uma assembleia constituída em situações de unipessoalidade não deve ser sobrevalorizada, pelo menos enquanto for apelido exclusivo para a circunstância da unipessoalidade. Na verdade, essa mesma situação não é de todo peculiar à SQU. Ocorre frequentemente nas sociedades com mais sócios, onde não haja conselho fiscal e apenas esteja presente uma só pessoa, na dúplice veste de sócio detentor do quociente necessário para preencher o quórum para deliberar e de titular do cargo de gerente único. Ou nas sociedades de dois sócios que se encontram perfeitamente de encontro entre eles, ou nas sociedades de dezenas de sócios mas dominadas por uma forte maioria pré-constituída, que pode ser formada por uma pessoa ou por uma coligação de pessoas (são os exemplos de SCOTTI CAMUZZI, "L'unico azionista", loc. cit., p. 801). Ainda nas sociedades plurais em que "a discussão pode estar de todo ausente, reconduzindo-se assim a reunião ao momento onde vêm enunciadas as decisões anteriormente tomadas e não mais remíveis, as quais se encaminham, numa espécie de automatismo gélido, para a deliberação da assembleia" (GIORGIO MARIA ZAMPERETTI, *La società...*, ob. cit., p. 108). E também se verifica no "funcionamento" que é dado às assembleias de sociedades de capitais exclusivamente públicos pelas leis que as constituem: para algumas apreciações, *vide* COUTINHO DE ABREU, *Da empresarialidade...*, ob. cit., pp. 146-7.

[738] GIANCARLO IACCARINO, p. 683.

[739] Neste contexto, mantemos que também aqui não será possível fazer apelo a uma possível deliberação unânime por escrito, a concretizar o resultado da assembleia tida. A decisão foi formada (ou pode ter sido: nada impede que o sócio conserve a mesma convicção sobre a matéria *sub collegium*) com a concorrência de influências externas

Parece, pois, oportuno, no âmbito da disciplina do órgão e do seu processo de funcionamento, discriminar *aquela área* em que não há assembleia e a aplicação das suas normas desencadeariam um "absurdo formalismo que não aproveita a ninguém"[740], *daquela outra* em que ela se faz e se aplicam algumas normas que, "apesar de terem sido ditadas no pressuposto da existência de uma pluralidade de sócios, podem – devem até – operar também em relação a situações de unipessoalidade"[741].

Apreendida com concisão a plenitude do fenómeno, de acordo com a maior ou menor complexidade orgânico-estrutural da SQU, ambas as realidades descritas – SQU sem e com constituição de uma assembleia – se irmanam, mais ou menos vinculadas a um procedimento, numa mesma característica. A expressão da vontade social nunca será precipitada através de uma deliberação, entendida como um acto de uma pluralidade organizada de sujeitos (*Beschlüsse*), antes sempre se expressará através de

---

mas a decisão final pertence ao sócio único a solo, com o que se consome a unanimidade.

Caso diferente será, uma vez admitida a constituição de assembleia na SQU, a susceptibilidade, argumentando *a fortiori*, de vermos a possibilidade de a SQU se poder reunir em assembleia universal. Para aqui vale na plenitude a perspectiva de recorrer a esse arquétipo de deliberação (aqui decisão) previsto no CSC, que se diferencia da assembleia analisada em texto pela *falta de convocação* do sócio e dos sujeitos que devem e podem estar na assembleia. Suponhamos que o sócio se encontrava com o gerente, com o fiscal da sociedade e com um profissional qualificado para instruir uma delicada decisão a tomar na sociedade. Verificam que necessitam de ponderar essa matéria em conjunto e todos têm disponibilidade para esse efeito. Se o sócio (i) está presente, (ii) manifesta a vontade de se constituir a assembleia, (iii) e de a assembleia vir a proporcionar uma sua decisão sobre esse assunto (preenchendo-se cumulativamente os pressupostos determinados no art. 54º, nº 1, 2ª parte), e (iv) todas as pessoas que deveriam ser convocadas (Pinto Furtado, com com o qual concordamos), ou seriam convocadas para a ocasião, estão presentes, está perfeitamente pintado o quadro da legítima ocorrência de uma assembleia universal. Que depois seguirá os passos sucintos do procedimento da assembleia que focamos, excluindo a convocação prévia que se omitiu. Note-se que também aqui será imprescindível a presença, pelo menos, da administração e do órgão de vigilância, sob pena de as decisões adoptadas serem anuláveis por essa razão (na interpretação do art. 181º do CCom., Raúl Ventura, *Assembleias gerais totalitárias*, 1979, pp. 23-5; em sentido contrário, já para direito anterior, Pinto Furtado, *Código Comercial Anotado. Das Sociedades em especial*, ob. cit., 1986, pp. 470-1).

[740] Giorgio Oppo, "Contratti parasociali", loc. cit., p. 163.
[741] Carlo Ibba, *La società...*, ob. cit., p. 37. No mesmo sentido, *vide*, entre outros, Giovanni Cabras, p. 292.

uma *decisão* do sócio único (*Entschlüsse*)⁷⁴². Esta será a terminologia jurídica rigorosamente aderente à realidade de facto de ambas as situações, uma vez que nelas, em conclusão, a redução à unidade da equipa social preclude a tradicional função deliberante da assembleia *prévia* à formação da vontade social.

---

⁷⁴² Este facto é frequentemente sublinhado na doutrina alemã: exemplarmente, *vide* GÖTZ HUECK, "Erster Abschnitt...", loc. cit., § 1, *Rdn.* 54, p. 30; FRIEDRICH KÜBLER, p. 309. Igualmente na doutrina italiana, numa perspectiva revisionista da tese dominante no seu país, o notou GIULIANA SCOGNAMIGLIO, "La disciplina...", loc. cit., p. 256; em sentido expressamente contrário, CARLO ANGELICI, "Società unipersonale e progetto...", loc. cit., pp. 58-9, opinava *de lege ferenda* "a necessidade de que a actividade da sociedade unipessoal se desenvolva segundo os procedimentos requeridos pelo esquema organizativo societário, não, portanto, como poderia exteriormente deduzir-se, através de *Entschlüsse* do único sócio, antes sobre a base de *Beschlüsse* da sociedade". Porém, insistindo no carácter deliberativo *ad hoc* das decisões do sócio (*Einmannbeschlusses*), cfr. WOLFGANG ZÖLLNER, § 48, *Rdn.* 30-1, p. 930; no mesmo sentido, LOREDANA NAZZICONE, p. 32.

Diga-se, além do mais, que esta comunhão parece ter apoio legal quando o n° 2 do art. 270°-E equipara a natureza das decisões do sócio à das deliberações da assembleia geral.

15. A delicada relação entre o sócio decisor e o órgão gerência na organização interna da sociedade por quotas unipessoal

Na banda da disciplina que se conserva no estatuto da SQU, não se duvida que subsistem as regras legais relativas à competência, configuração e funcionamento da gerência. Logo, a administração da SQU terá de confiar-se a um órgão cuja estrutura poderá ser plural ou unipessoal, composta pelo sócio, por representantes (orgânicos, em regra) do sócio (no caso de este ser pessoa colectiva) ou por pessoas estranhas à sociedade – a conformidade com o art. 252º, nº 1, é inabalável –, com os poderes que lhe correspondem de acordo com as previsões da lei e dos estatutos e sujeito às mesmas regras de funcionamento e de responsabilidade perante a sociedade e perante terceiros que se oferecem para as sociedades com pluralidade de sócios.

A entrega da gerência a uma outra pessoa pode revelar-se, no entanto, um ponto fulcral para se exercer a reserva, em favor da assembleia, de usufruir, em detrimento da administração, das faculdades de actuação sobre assuntos de gestão que lhe correspondam por disposição legal ou estatutária. Será até normal que a *simplicidade da estrutura* recomende o incremento dessa reserva em detrimento dos gerentes, em conformidade com os interesses do sócio em não ser ultrapassado[743]. Contudo, essa *simplificação da actividade social interna* da SQU não pode, em contrapartida, caucionar uma eventual *usurpação* do campo de atribuições

---

[743] Parece ser esta a opinião da doutrina francesa, em face da possível actuação da gerência-não associada entrar, em homenagem ao interesse da sociedade e à prossecução do objecto social, em contradição com os interesses do sócio único. Por isso, entende-se que será prudente prever nos estatutos a necessidade de uma autorização prévia do associado único para a outorga pelo gerente-não sócio de actos importantes, como a compra e venda de imóveis ou de estabelecimentos comerciais, empréstimos, hipotecas sobre os imóveis sociais ou garantias sobre o estabelecimento (cfr. GILLES FLORES/ /JACQUES MESTRE, pp. 30-1).

específico do órgão de administração, gorando-se a inata *duplicidade orgânica* da sociedade por quotas[744]. É que aqui a *normalidade* subjacente

---

[744] A característica fundante do regime orgânico-funcional do tipo quotista articula-se sobre a existência de uma pluralidade dual de órgãos (descontando o órgão de fiscalização, que pode nem sequer ter condições para existir se os associados assim não o quiserem), estabelecida a propósito de uma estrutura organizatória fixada por normas imperativas da lei, cada um deles titular de um específico campo de atribuições e de funções, actuando por intermédio de certas modalidades e pressupostos de funcionamento, titulados pela categoria de sujeitos chamados a exercer essas funções, em ordem à explicitação da actividade social. As suas competências determinam-se confrontando os arts. 246°, para a assembleia, e 252°, n° 1, e 259°, para a gerência, traves-mestras da organização de poderes entre estes dois órgãos. No direito comparado, sobre o tema, *vide* HANS-JOACHIM MERTENS, "Dritter Abschnitt. Vertretung und Geschäftsführung", in MAX HACHENBURG, *Gesetz betreffend die Gesellschaften mit beschränkter Haftung (GmbHG) – Großkommentar*, 1997, § 35, Rdn. 1-4, pp. 5-6; FRIEDRICH KÜBLER, p. 240, ss; FRANCESCO FERRARA Jr./FRANCESCO CORSI, pp. 501-2, ss; GIANCARLO FRÈ/GIUSEPPE SBISÀ, *sub* art. 2362, p. 561, ss; PÉREZ DE LA CRUZ, "Órganos sociales; modificación de estructura; cuentas anuales", *Derecho Mercantil*, 1999, pp. 400-1.

Antes de mais, como refere RAÚL VENTURA, *Sociedades por quotas. Comentário...*, volume II, ob. cit., p. 163, "em bom rigor, o órgão que a doutrina tem em vista não é a «assembleia geral»; órgão *são os sócios* (considerados global e não individualmente), reunidos ou não em assembleia geral, funcionando por meio de deliberação tomada por qualquer das formas admitidas pela lei" (sublinhado do Autor). Convergentemente, COUTINHO DE ABREU, *Curso...*, volume II, ob. cit., pp. 57-8 e 232, de onde se extrai, respectivamente, que as "*sociedades de qualquer tipo têm um órgão deliberativo-interno*, composto pelo sócio único (nas sociedades unipessoais) ou pelos sócios em conjunto (pela colectividade ou globalidade dos sócios) – cfr., *v. g.*, arts. 53.°, ss., 189.°, 246.°, ss., 270.°--E, 373.°, ss., 472.°"', e, na mesma linha, que as "*deliberações de sócios são decisões tomadas pelo órgão social de formação de vontade* – o sócio único ou a colectividade de sócios" (itálico da responsabilidade do Autor); ainda, ao preferir a menção ao órgão *colectividade de sócios*, PEDRO MAIA, "Tipos de sociedades comerciais", loc. cit., p. 20. Para uma confirmação na doutrina germânica e francesa, onde é mais vulgar encontrar essa precisão, cfr. KARSTEN SCHMIDT, *Gesellschaftsrecht*, ob. cit., pp. 1069 e 1090-1, e YVES GUYON, *Droit des Affaires...*, ob. cit., p. 518.

A esse complexo de poderes, titulado pelos sócios, se referem as mais importantes e nucleares matérias da vida (com relevância interna e externa) da sociedade por quotas (vejam-se os assuntos dependentes de deliberação *imperativa* ou *supletiva* dos sócios enumerados no art. 246°, a começar na eleição dos membros dos órgãos de gestão e de fiscalização da sociedade e a acabar nas alterações do pacto social e na decisão respeitante à fusão, cisão, transformação ou dissolução da sociedade). Daqui se extrai que os sócios, no exercício da sua competência *deliberativa* – não necessariamente instrumentalizada pelo método da assembleia geral (convocada ou universal), uma vez que este pode ser derrogado pelas deliberações unânimes por escrito ou por voto escrito –, possuem, no essencial,

à variante unissubjectiva da SQU também deve extrapolar-se em toda a sua dimensão, de forma a que a actuação e o funcionamento da gerência se acomodem ao regime que resulta aplicável em geral a este órgão.

Note-se que as matérias sujeitas a deliberação tomadas em assembleia geral são as determinadas por lei (em particular, veja-se o art. 246º) e aquelas outras que os estatutos expressamente indicarem (veja-se o corpo do nº 1 e do nº 2 do mesmo artigo). Logo, serão essas as competências a exercer pelo sócio único. Porém, o poder de inclusão *estatutária* de várias outras matérias na área de *competência deliberativa* não nos parece que possa ser utilizada para *esvaziar* o terreno típico de *gestão e representação da sociedade, em conformidade com a realização do objecto social e as deliberações adoptadas*, que, nos termos dos arts. 252º e 259º, compete à gerência[745].

Na realidade, esta temática assumirá aqui uma maior relevância prática, pela frequência, já presente nas pequenas e médias empresas

---

um complexo normativo que os investe como *depositários do poder ou de faculdades decisórias*, expressas ou não em assembleia. Isso mesmo entendido *mediatamente*, na medida em que são eles que são responsáveis pela eleição (normalmente) e pela destituição (obrigatoriamente) dos sujeitos que executarão a vontade da sociedade e a representarão no campo das relações com o exterior.

No pólo da detenção do *poder de gestão, de representação da vontade social e de vinculação da sociedade para com terceiros*, existe *necessariamente* a gerência (no sentido de que este é um órgão imposto pela lei e insusceptível de ser precludido pelo pacto social, sem que isso implique que tenha que ser provido a todo o tempo por pessoas que sejam os gerentes *tout court* da sociedade, pois, à falta temporária ou definitiva de quem seja gerente, a lei, através do art. 253º, nos 1 e 2, permite aos sócios a assunção dos poderes de gerência). As suas atribuições não são objecto de uma discriminação de específicas obrigações em relação a vicissitudes bem pormenorizadas da sociedade. O CSC limita-se a enunciar um princípio de actuação básico, através do qual se conjugam actividades, nem sempre estanques, atinentes, no plano interno, à gestão quotidiana e, no plano externo, aos actos e negócios celebrados com terceiros. Assim, o comando do art. 259º legitima a afirmação de que "os gerentes são o órgão de actuação da sociedade; por isso têm o poder e o dever genérico de praticar todos os actos que forem necessários ou convenientes para a realização do objecto social, ou seja da actividade para cujo exercício a sociedade foi criada" (RAÚL VENTURA, *Sociedades por quotas. Comentário...*, volume III, ob. cit., p. 134).

[745] É extremamente salientado pela doutrina espanhola o facto de a unipessoalidade não poder justificar a eliminação da essencial duplicidade orgânica da sociedade por quotas: cfr., entre vários, SÁNCHEZ RUZ, p. 12952; GARCÍA COLLANTES, p. 548; JOSEFINA BOQUERA MATARREDONA, *La sociedad unipersonal de responsabilidad limitada*, ob. cit., p. 133; ARANGUREN URRIZA, p. 1445; IGLESIAS PRADA, "La sociedad de responsabilidad limitada unipersonal", loc. cit., pp. 1023; JIMENEZ SÁNCHEZ/DÍAZ MORENO, p. 156.

societárias de forte vínculo pessoal dos sócios, com que se produzirão fricções de competência entre a assembleia e a administração. Ora, será inegável que na SQU essa tendência seja elevada. Se é o sócio que exerce as suas competências, não surgirá qualquer óbice à frequência e à celeridade com que se devem tomar as decisões, pelo menos as de carácter mais ordinário e quotidiano, de natureza administrativa. Aqui a assembleia, que surgirá como orgão para discriminar competências que são assumidas pelo sócio único, não se apresenta, em razão da sua *típica* reunião periódica e espaçada no tempo, estruturalmente e funcionalmente *inadequada* para exercer funções assíduas e correntes de gestão, em regra encomendadas à gerência[746]. Posta a verificação, urge acorrer a um impulso de *aglutinação de competências* no mesmo órgão e declarar inaceitável que se possa ampliar a competência da assembleia até privar o órgão gerência do

---

[746] Nas sociedades plurais capitalísticas, em face da repartição de poderes elaborada pelo direito constituído, não é à assembleia que se encontra entregue por natureza a prática de actos relativos à gestão da empresa social. Como já dissemos, trata-se de um órgão de formação da vontade da sociedade, mas não a manifesta em regra para o exterior, pois, em princípio, não entra em relações com terceiros, circunscrevendo o seu terreno às relações entre sócios e entre titulares de órgãos. Além disso, a representação da sociedade perante terceiros, feita da intervenção dos sócios (nesta qualidade) no comércio jurídico quotidiano da empresa, "terá necessariamente de ser", como salientou VASCO LOBO XAVIER, *Anulação...*, ob. cit., p. 349, n. (101), "esporádica e excepcional, dado o carácter intermitente do funcionamento da assembleia, a provável falta de competência técnica dos seus componentes e a escassa consistência da ligação destes à corporação". Enquanto isso, a gerência é concebido como o órgão central na vida da sociedade, já que, de acordo com FERRER CORREIA, *Lições...*, ob. cit., p. 333, desenvolve uma actuação permanente nos planos interno e externo – "No plano interno, incumbe à administração a orientação técnico-económica da empresa, nomeadamente a escolha, a organização e a direcção dos elementos pessoais e dos meios materiais necessários ao seu funcionamento, e ainda, para além disso, a escrituração regular de todas as operações sociais. No plano externo, cabe-lhe *representar* a sociedade em todos os actos jurídicos que seja necessário praticar para a realização do seu escopo" (itálico do Autor). Estas asserções *fronteiriças* poderão, à primeira vista, não se densificarem no plano das sociedades unipessoais: não há colectividade social, o sócio está por dentro do giro empresarial, a estrutura orgânica é mais simples, a tentação de dominar a administração é potencialmente acrescida. Como lidar com esta realidade de interferência do sócio na gestão (quando esta é entregue a outra pessoa, em particular) é a questão que nos interessa e que iremos enfrentar, buscando suporte em alguns apontamentos doutrinais que abordam a vinculação dos administradores às deliberações do colégio que incidem sobre funções atribuídas ao órgão de administração e de representação (sobre este assunto, para uma vasta panorâmica de direito comparado, cfr. VASCO LOBO XAVIER, *ibid.*, pp. 350-6).

seu conteúdo administrativo fundamental (*rectius*, ampliar o elenco de actos dependentes de deliberação e restringir o espaço de liberdade dos gerentes)[747]. Tão-pouco será razoável atribuir à assembleia, *personificada no sócio*, a representação da sociedade, necessariamente atribuída ao(s) gerente(s) enquanto titular de um órgão de relacionamento com o exterior da sociedade, estando assim vetada ao órgão de deliberação interno[748].

Este é o princípio que deve ser mantido, para que a gerência não se dissipe nas determinações do pacto, quando em sede de SQU continua a ser um órgão de "existência potestativa"[749] sem que se deva ser inflexível.

---

[747] Tradicionalmente, no direito pregresso, a doutrina portuguesa apresentava duas correntes bem definidas nesta matéria. De um lado, FERRER CORREIA, *últ. ob. cit.*, pp. 340--2 e n. (3) da p. 341, era defensor acérrimo dos *limites de competências* entre os vários órgãos, o que se traduzia na impossibilidade de a assembleia geral invadir a esfera reservada à competência dos administradores e na insusceptibilidade de vinculação das directivas de gestão que derivassem do órgão deliberativo. No entanto, não se pode dizer que esta doutrina fosse absolutamente rígida, uma vez que admite que se realizem estatutariamente reservas de competência a favor da assembleia para intervir de modo directo nas operações de gestão da sociedade, *desde que não ultrapassassem certo limite*, que, entretanto, não densificava. Do outro lado, temos a perspectiva mais liberal de VASCO LOBO XAVIER, *últ. ob. cit.*, pp. 357, n. (101), e 386, n. (5), que se afigurava em princípio favorável à existência de um poder de direcção activa do colégio dos sócios em relação à actividade do órgão administrativo, impondo-lhe ordens positivas e cerceando-lhe os poderes de representação, "num direito como o nosso, onde a assembleia geral, quer das sociedades por quotas quer das sociedades anónimas, é admitida a deliberar, *por sua iniciativa*, em matéria de exploração da empresa, mesmo na falta de determinação dos estatutos que tal preveja".

[748] A derrogabilidade das competências do órgão administrativo das sociedades de capitais pela inserção das cláusulas pertinentes nos estatutos encontra, depois de aceite pela generalidade da doutrina francesa (em sentido contrário, cfr. JEAN-PIERRE BERDAH, *Fonctions et responsabilité des dirigeants de sociétés par actions*, 1974, p. 72), tratando da exegese dos arts. 49, al. 4 (para a gerência da sociedade de responsabilidade limitada), e, para a estrutura tradicional da sociedade anónima, 98 (para o conselho de administração) e 113 (para o presidente do conselho), todos da *LSCF*, uma limitação na impossibilidade de se esvaziar o órgão do respectivo poder geral de administração e confiná-lo ao papel de simples executante, isto em homenagem à preservação de um princípio de hierarquia dos órgãos e de separação dos poderes que lhes são próprios. *Vide*, em particular, MAURICE COZIAN/ALAIN VIANDIER, *Droit des sociétés*, 1998, pp. 134-6, 265-8 e 436; BARTHÉLÉMY MERCADAL/PHILIPPE JANIN, pp. 301, 443 e 481; mas igualmente, de passagem, MICHEL DE JUGLART/BENJAMIN IPPOLITO, p. 547; GEORGES RIPERT/RENÉ ROBLOT, pp. 1002 e 1250.

[749] MARTÍN ROMERO, "La sociedad unipersonal de responsabilidad limitada", *La empresa familiar...* cit., p. 150.

Pelo que nos parece sensato não vedar à liberdade negocial-estatutária a distribuição de competências julgada conveniente para uma maior agilização da sociedade em face da sua *rudimentar composição pessoal*, mas sem se vazar absolutamente de conteúdo a posição e a função legal dos gerentes. Neste sentido, "os estatutos poderão atribuir à assembleia competências de intervenção na gestão da sociedade (*em nenhum caso de representação*[750]) em relação a assuntos extraordinários ou de grande transcendência para a vida social ou, inclusive, ocasionalmente em relação a assuntos ordinários, mas nunca chegando a suprimir um mínimo de competência administrativa autónoma dos administradores"[751].

O que se problematiza, em abstracto, é a transferência por via do pacto social de poderes do órgão gerência – acometido com a *competência executiva geral*, feita de "*poderes próprios* e não derivados da assem-

---

[750] *Vide* alguns desenvolvimentos a este propósito *infra* na n. 759.
[751] JIMÉNEZ SÁNCHEZ/DÍAZ MORENO, p. 157, sublinhado de acordo com o original.
O exercício desta derrogabilidade estatutária dos poderes do órgão de administração a favor da assembleia tem sido exemplificada pela doutrina. Em Itália, enuncia-se ser frequente a previsão de cláusulas que requerem uma deliberação da assembleia para as operações que superam um certo montante, para as aquisições e as vendas imobiliárias [para esta matéria, veja-se o nosso art. 246º, nº 2, al. c)] ou para todos os actos que excedam a administração ordinária (FRANCESCO GALGANO, *Diritto Commerciale. 2. Le società*, ob. cit., p. 233), numa linha que preclude a submissão *genérica* de toda a actividade de gestão à prévia autorização da assembleia, o que reduziria o órgão de administração a um mero *nuncius* da vontade dos sócios e excluiria substancialmente a favor da assembleia o poder *autónomo* de gestão dos administradores, e sanciona a inserção de cláusulas que exigem, em certos pontos, o controlo preventivo dos sócios através da reserva para o cumprimento de actos individualizados ou parte da actividade administrativa (assim, cfr. FRANCO DI SABATO, *Manuale delle Società*, ob. cit., pp. 245-6). Pelo mesmo diapasão afina a literatura francesa que encontramos a pronunciar-se sobre a matéria. De acordo com BARTHÉLÉMY MERCADAL/PHILIPPE JANIN, p. 301, a limitação dos poderes da gerência pelos estatutos concretiza-se na autorização prévia da colectividade dos sócios para a conclusão de certos contratos ou a realização de certas operações julgadas demasiado importantes para serem deixadas à iniciativa solitária do ou dos gerentes – como a contracção de empréstimos fora do crédito bancário, a constituição de hipotecas sobre os imóveis sociais ou garantias sobre estabelecimentos, entradas em sociedades, vendas de certos elementos do activo imobilizado, obrigações contratuais que excedam uma soma fixada nos estatutos, etc. Na doutrina espanhola, ALCOVER GARAU, "Órganos sociales", *Comentarios a la Ley de Sociedades de Responsabilidad Limitada*, 1997, p. 521, seguindo Esteban Velasco, dá como exemplos desses assuntos concretos de especial importância "puxados" pela assembleia os "actos ou categorias de actos que se refiram à estrutura ou organização financeira da empresa ou que pretençam à chamada administração extraordinária".

bleia, exercitáveis em posição de *plena autonomia* em relação à mesma assembleia"[752], para a administração relativa a todos os actos da empresa que não se reservem por lei para a assembleia e se coloquem em relação instrumental no que tange à realização do objecto social – para o órgão assembleia – afora os poderes *específicos* de administração que a lei confere à assembleia, como a designação e destituição dos gerentes e membros do órgão de fiscalização, a aprovação do relatório de gestão e das contas do exercício, a demanda de responsabilidade aos outros órgãos, a atribuição de lucros e o tratamento dos prejuízos e a alienação ou oneração de bens imóveis e de estabelecimento comercial (bem como a sua locação) –, pois neste a única pessoa a beneficiar dessa concentração será sempre o sócio único. Para o caso, tanto fará que o sócio único seja ou não gerente, ou que venha ou não a ser, pois em ambos os casos se desrespeita o modelo legal de repartição das competências no funcionamento orgânico de uma sociedade por quotas. Mas é evidente que a hipótese terá a sua mais plena acuidade quando a posição de sócio não coincidir com a pessoa (ou pessoas) que é designada para ser gerente da SQU. Nesta circunstância, na realidade, o facto de estar ausente a *partilha das funções pelo mesmo sujeito* ainda reforça mais o que se acomete, uma vez que o *âmbito de responsabilidade das actuações* não se sobrepõe. Vejamos por que será assim.

A distribuição de prerrogativas entre a assembleia e a gerência, que se concretizam *ex lege* em esferas de poderes originários, não é concebida em termos absolutamente mecânicos e rígidos. É a própria lei que consente a interferência da assembleia – dos sócios, portanto – na *direcção* da empresa social. A partilha decorrente desse consentimento deve, no entanto, conciliar-se com as *exigências normativas* do sistema, de modo a que a vinculação dos administradores às instruções e directivas emanadas da assembleia para a prática de actos de gestão se pondere à luz da operatividade de outros preceitos que afectam a actuação da administração.

Será neste ponto que se deverá encontrar aquele círculo mínimo de atribuições da gerência, pois só se se atender aos mecanismos de controlo recíprocos entre órgãos e de cumprimento das obrigações exoneratórias de responsabilidade, se poderá chegar a um equilibrado sentido das competências administrativas deferidas à assembleia. Logo, mais do que um qualquer critério *gramatical*, a amplitude dessa faculdade de estipulação estatutária deve ser circunscrita às exigências expressas pelo ordenamento

---

[752] GIAN FRANCO CAMPOBASSO, *Diritto Commerciale. 2...*, ob. cit., p. 345, itálico como no original.

em outras normas. Essas serão aquelas que disciplinam a responsabilidade do órgão administrativo pelos actos de gestão, ditadas para tutela do *superior interesse de uma direcção ordenada e prudente* da empresa social. Este é o limite lógico mais verosímil para consagrar uma *esfera de autonomia* da administração perante as deliberações dos sócios, na exacta medida em que correspondem ao âmbito *inderrogável* da sua responsabilidade perante terceiros e os credores da sociedade[753].

Veja-se que, por um lado, os gerentes respondem para com os credores por danos causados por actos de delapidação patrimonial radicados na inobservância culposa das disposições legais ou contratuais, em consequência do disposto no n° 1 do art. 78°, pela prática de actos sem a diligência com que devem desempenhar o cargo, nos termos do art. 64°, ou ainda pela preterição culposa de deveres legais e contratuais (se os credores resolverem substituir-se na demanda à sociedade). Por outro, que os gerentes, *em face dos credores sociais*, não se exonerarão da sua responsabilidade pelo facto de o acto ou omissão lesivos assentar em deliberação da assembleia geral (art. 78°, n° 3, embora essa regra de exoneração se aplique na responsabilidade perante a sociedade, os sócios e outros terceiros[754]), além de que uma eventual cláusula, inserida ou não no negócio social, que exclua ou limite a responsabilidade dos gerentes será nula (art. 74°, n° 1, 1ª parte, aplicável *ex vi* art. 78°, n° 5). Estes apontamentos normativos parecem alumiar uma alçada balizada de competências na qual os gerentes têm o dever inalienável de actuar com independência das directrizes da assembleia, mesmo que isso implique uma *resistência* ao conteúdo das deliberações ou às instruções delas emanadas.

Logo, por maioria de razão, mesmo que essas ordens ou instruções tenham sido desenvolvidas no preenchimento das competências de gestão que tenham sido atribuídas pelos estatutos, a gerência deve rebatê-las se elas se imiscuírem dentro da *órbita autónoma* que corresponde à responsabilidade do órgão de administração *relativamente a terceiros*[755], que

---

[753] Tanto a responsabilidade directa do art. 78°, como a ditada para com terceiros determinada no art. 79°, tal como ainda, em virtude do direito de sub-rogação previsto pelo art. 78°, n° 2, a responsabilidade indirectamente exercida por intermédio da acção social. Mas não se olvide a eventual responsabilidade penal dos gerentes...

[754] Cfr. arts. 72°, n° 4, e 79°, n° 2, sendo de excluir a remissão do art. 78°, n° 5 para o 72°, n° 2, em face justamente da expressa menção feita à hipótese pelo n° 3 do art. 78°.

[755] Pelo contrário, já quanto à acção social de responsabilidade do órgão administrativo perante a sociedade, prevista no art. 72°, ela exclui-se *legalmente* pelo facto de o acto ou omissão do gerente, que terá de ser ilícito por ter violado deveres legais ou con-

infirma ser excepção à sua relevância o respectivo fundamento em deliberação da assembleia.

Assim se perfilou VASCO LOBO XAVIER: "Na verdade, a protecção dos interesses de terceiros ou do interesse público conferida pelas normas que estabelecem a aludida responsabilidade não pode ser arredada pela circunstância de a conduta dos administradores se ter baseado numa deliberação dos sócios (...). Ora seria absurdo que os sujeitos em referência estivessem obrigados para com a sociedade a executar instruções da assembleia, quando esta execução os sujeitaria a sanções penais ou provocaria a sua responsabilização perante terceiros"[756].

---

tratuais (estatutários) e culposo, assentar em deliberação dos sócios, independentemente da sua validade, em conformidade com o que estatui o seu nº 4.

[756] *Anulação*..., ob. cit., p. 358, n. (101).

De acordo com a doutrina do ínsigne comercialista (vejam-se ainda, na mesma nota de fundo de página, as pp. 359-62), essas normas não definem uma "exclusão indiscriminada do carácter vinculativo das deliberações que endereçem à administração ordens ou directivas acerca do giro da empresa". Tão-somente as deliberações que prescrevessem condutas susceptíveis de fazer com que os administradores respondessem civilmente perante terceiros, perante credores sociais, directamente ou através de sub-rogação, seriam deliberações nulas (nomeadamente quando violassem as normas cogentes de tutela dos credores da sociedade), ou anuláveis (se as normas tuteladoras dos interesses dos credores surgissem nos estatutos), que, como tal, o órgão de administração não estaria obrigado a executar, pois se afastariam do padrão de observância do dever de praticarem actos de gestão não contrários ao interesse da sociedade, tal como os avaliaria "um gestor criterioso e ordenado".

Esta ponderada corrente nacional vem na linha do que tem sido a interpretação avisada do art. 2364, § 1º, nº 4, do *CCIt.*, que prescreve a faculdade de a assembleia das sociedades anónimas e por quotas deliberar sobre assuntos atinentes à gestão da sociedade, reservados à sua competência *pelo acto constitutivo*, ou submetidos ao seu exame pelos administradores, por um relevante sector da doutrina italiana.

Sobre este assunto (as possibilidades de intervenção da assembleia na administração caso o pacto social *não seja silente* sobre a matéria, pois na hipótese de silêncio estatutário a descrição e os termos de análise já não são os mesmos: sobre o assunto, cfr., por todos, GIAN FRANCO CAMPOBASSO, *Diritto Commerciale. 2*..., ob. cit., pp. 344-6, com as orientações doutrinais e jurisprudenciais pertinentes), registam-se, mais ou menos longínquas e próximas no tempo, posições radicalmente opostas. Houve quem tivesse afirmado que se afigurava inerrável a vinculação, mais ou menos exclusiva, dos administradores a essas directivas da assembleia no domínio da gestão, configurado pela lei na competência do órgão administrativo. Tal como se via essa devolução de competências em termos de tal maneira genéricos que não se encontravam limites a essa autonomia estatutária, aberta a compreender nos poderes da assembleia toda a actividade inerente ao *exercício da empresa social*, ainda que fossem inderrogáveis as competências normativas

Relativamente ao exposto, pontualize-se ainda que o sócio que delibera em *clara intromissão* no círculo de poderes da gerência não irá depois responder solidariamente com o gerente responsabilizado pelos prejuízos

da administração respeitantes à actividade inerente à organização da sociedade e tuteladoras dos interesses de terceiros (assim, GUSTAVO MINERVINI, *Gli amministratori di società per azioni*, 1956, pp. 218 e ss, em esp. pp. 223-4). Na posição extrema aludiu-se à insusceptibilidade de vinculação para os administradores das deliberações da assembleia, mesmo quando a competência viesse conferida pelo contrato social (a tese vem de longe, VASCO LOBO XAVIER, *Anulação*..., ob. cit., dá exemplos, na n. (101) a pp. 353-4, de quem sustenta a completa independência da administração em face das deliberações tomadas pela assembleia ao abrigo da competência convencionada estatutariamente; mais recentemente, FRANCO BONELLI, *Gli amministratori di società per azioni*, 1985, pp. 9 e ss, voltou a sufragá-la, quando já antes FRANCESCO CORSI, "Poteri dell'assemblea e poteri del consiglio d'amministrazione in rapporto all'art. 2362, n. 4, c. c.", *FI*, 1974, p. 238, ss, restringia o âmbito de aplicação do polémico preceito ao poder de, nas matérias retiradas da competência dos administradores, a assembleia *autorizar* os actos propostos e a praticar ou *aprovar* os actos já celebrados, inibindo-a de assumir um papel activo e de iniciativa relativamente a actos relativamente aos quais a administração nunca a perderá).

Numa linha intermédia, aparece-nos a dominante aceitação do poder estatutário configurado por esse n° 4 do art. 2364 como a aposição de condicionamentos que não neutralizem de todo a função acometida à administração na repartição legal de competências entre os órgãos da sociedade. Neste contexto, vinha de longe a tendência para restringir (por vezes, quase até ao limite...) essa faculdade de transmissão contratual-estatutária de poderes de gestão da empresa para a assembleia tendo como *critério* a articulação com as prescrições de responsabilidade penal e civil que, no interesse de terceiros, fiscalizam o adequado exercício das funções atribuídas aos administradores [cfr., p. ex., AURELIO CANDIAN, pp. 193 e ss; GIUSEPPE ROMANO-PAVONI, *Le deliberazioni delle assemblee delle società*, 1951, p. 146, ss, e n. (132)]. Note-se que esta questão da matéria entregue pelo pacto social à área de competência dos administradores apresenta outras variantes. Não só por se avançarem outros critérios, *mais ou menos genéricos* e, na maior parte, sem atendimento *a dados normativos específicos*, para se evitar o esgotamento completo das suas competências, mas também por se discutir o valor das deliberações adoptadas pela assembleia no exercício da competência que o pacto lhe haja atribuído no campo da gestão e a influência que uma eventual invalidade (ou outras circunstâncias, como a ocorrência de novos factos após o processo deliberativo, o défice de informação ao dispor dos sócios aquando da votação) tem sobre a consequencial não vinculação do órgão administrativo [para uma notícia e diálogo bilbiográfico sobre estas matérias, *vide* PEDRO MAIA, *Função e funcionamento*..., ob. cit., pp. 143-4, relativas à n. (215)].

Esse critério sistemático assente na responsabilidade em que os administradores podem incorrer acaba quase por integrar a resolução da relação assembleia–administração na última corrente, uma vez que essa responsabilização legal pressupõe a exclusiva competência dos administradores para o exercício da empresa social e, portanto, para providenciar sobre a conservação do património da sociedade. Será a essa degradação das

causados aos credores e a terceiros. De facto, esta solidariedade, que poderia abranger por aplicação directa ou analógica do art. 83º o único sócio de uma SQU, está apenas sentenciada para os episódios de responsabilidade

---

directivas em sede administrativa da assembleia a poderes meramente autorizativos ou consultivos que conduz quem afirma que elas revestem a "natureza de simples *pareceres não vinculantes*" (sublinhado da nossa responsabilidade). Porém, quem assim qualifica (FRANCESCO GALGANO, *Diritto Commerciale. 2. Le società*, ob. cit., pp. 234-5), fá-lo depois de palmilhar um raciocínio que nos merece aplauso e não tão restritivo como se perceberia artificialmente. Com efeito, essa exclusiva competência dos administradores não pode ser derrogável pelo acto constitutivo, mas se o é, deve admitir-se que esses mesmos administradores sejam livres de avaliar autonomamente a oportunidade de todas as operações sociais e de desatender as eventuais instruções da assembleia julgadas perigosas para a integridade do património social e, por isso, fonte da sua responsabilidade perante terceiros. Isto é, "o acto constitutivo pode (...) estabelecer que sobre determinados actos ou sobre determinadas categorias de actos, pertencentes à competência do órgão administrativo, se deva pronunciar a assembleia dos sócios, permanecendo subsistente a faculdade de os administradores *conformarem* ou *inobservarem* as deliberações da assembleia". Menos radical do que *prima facie* se pensaria. Assim, o consentimento que a lei prevê à intervenção da assembleia em assuntos da estrita competência do órgão de gestão não pode significar, sob pena de se promover uma grave desarmonia do sistema, que as respectivas deliberações constituam ordens a que os administradores não se podem subtrair. A autonomia dos mesmos quanto à *escolha última* nos actos de gestão, ainda que demandados pela competência da assembleia, não pode ser alterada sem que se proceda a uma *inadmissível derrogação ao regime da responsabilidade* que, no interesse da sociedade, lhe governa o comportamento. A autonomia privada não estaria convidada a alterar o regime das competências, mas poderia entregar uma *função ponderatória* ao órgão assembleia sobre matérias atinentes à gestão, normalmente excluídas da sua competência (nesta linha, cfr. GIOVANNI GRIPPO, "L'assemblea nella società per azioni", *Trattato di Diritto Privato*, diretto da Pietro Rescigno, 16, Impresa e Lavoro, t. II, 1985, p. 362). Em suma, não existe uma obrigação incondicionada dos administradores de respeitarem as directivas da assembleia e de lhes darem execução sem mais. As regras da sua responsabilidade impõem, de acordo com GIAN FRANCO CAMPOBASSO, *Diritto Commerciale. 2...*, ob. cit., p. 347, que "vinculantes para os administradores são só as deliberações da assembleia sobre gestão que não violam preceitos elaborados para a salvaguarda da integridade do património social e não coenvolvam por isso a sua responsabilidade perante os credores sociais. Caso contrário, os administradores podem e devem recusar-se a dar execução às directivas da assembleia".

Diremos que a supletividade ditada pelo corpo do nº 1 do art. 246º se encontra na mesma linha do art. 2364 do CCIt., uma vez que ambos autorizam o acto constitutivo a atribuir à assembleia actos referentes à competência da gerência. A diferença reside na explicitação inequívoca dessa reserva, feita pelo legislador italiano, para «objectos atinentes à gestão da sociedade», que não surge na letra genérica do nosso preceito. Mas o problema é o mesmo e os pontos angariados na interpretação dessa norma estrangeira mais

dos gerentes perante a sociedade ou os seus sócios. Logo, o gerente que cumpre com as deliberações *que foram afastadas* do seu âmbito legal-natural de acção e delas derivam prejuízos para credores ou terceiros

---

próxima da nossa são valiosos para dilucidar até onde pode ir o *incremento* das prerrogativas da assembleia.

Esta não é, seguramente, o órgão soberano que tradicionalmente as codificações novecentistas investiam de poderes para a formação da vontade social e para as decisões sobre a direcção da sociedade, nem na sociedade por quotas, muito menos na sociedade anónima (cfr., a título exemplificativo, ALEXANDRE SOVERAL MARTINS, *Os poderes de representação dos administradores de sociedades anónimas*, 1998, p. 11, ss). Todavia, no tipo quotista, não é a assembleia um órgão imperativamente excluído da gestão da sociedade, tal como vem delineado no § 119 da *AGesetz*. Mas também não nos parece que seja de importar a ampla opinião de PETER ULMER, "Allgemeine Einleitung", loc. cit., *Rdn*. 28, pp. 14-15, de acordo com a qual, independentemente da possibilidade de os sócios acrescentarem nos estatutos outras competências deliberativas à assembleia, e olhando para o contexto dos §§ 37, 45 e 52, da *GmbHG*, é essencial nas relações entre os órgãos da sociedade quotista a faculdade (tendencialmente) *ilimitada* que tem a assembleia para dar instruções ou ordens vinculantes aos gerentes (sendo que os únicos limites a essa faculdade directora se encontravam nas tarefas que lhes eram próprias no intuito de proteger os credores sociais e nas restantes normas imperativas de protecção de credores, como as contidas nos §§ 30 e 33 da *GmbHG*).

Na realidade, o corpo do n° 1 do art. 246°, ao admitir que o pacto social surja como um instrumento de colocação de certos actos dependentes de deliberação dos sócios, alarga a competência imperativa dos sócios e diminui o espaço de iniciativa dos gerentes. O seu confronto com o art. 259°, n° 1, 2ª parte, poderia ainda induzir a supor que a gerência deve não só respeito às deliberações tomadas em relação às matérias desviadas pelo pacto para a competência deliberativa dos sócios mas igualmente deve subordinar-se às ordens dos sócios sobre toda e qualquer matéria: poderia, portanto, essa competência dos sócios ser exercida quanto a qualquer assunto que, em princípio, seja de competência dos gerentes, fazendo vigorar um princípio de dependência de ordens ou instruções dos sócios a que corresponderia um princípio de obediência *ilimitada* dos gerentes (neste sentido, cfr. RAÚL VENTURA, *Sociedades por quotas. Comentário...*, volume III, ob. cit., pp. 138-9). No entanto, do disposto no art. 259°, como nos precisa PEDRO MAIA, "Deliberações dos sócios", loc. cit., pp. 180-1, resulta apenas uma competência *residual*, definida no facto de os sócios poderem deliberar sobre todos os assuntos relativos à sociedade, a não ser que *tais matérias se inscrevam*, por força da lei ou do contrato, na esfera de competência de outro órgão. Logo, não haverá aqui uma supremacia incondicionada da assembleia sobre a gerência, susceptível de a todo o momento evaporar o seu núcleo de poderes.

Naturalmente que a assembleia poderá sempre adoptar deliberações que determinem directamente a gestão social, que virão a vincular os administradores, mesmo quando o pacto nada diga sobre isso. Decisões que, as mais das vezes, serão instruções ou a estipulação da necessidade de submeter certos actos a autorização dos sócios. Mas essa competência da assembleia relativamente à gestão tem ser ponderada com a necessidade

terá que arcar com a imputação exclusiva da responsabilidade decretada. Isto é, fazer numa área da sua competência o que outros mandaram, sem ter por princípio poder para decidir fazer, ainda pode *a final* comprometer quem devia aí decidir *e* fazer. Não se compreende, então, a razão pela qual a gerência há-de observar esse tipo de deliberações e respeitar escrupulosamente o respeito *por essas* deliberações prescrito pela 2ª parte do art. 259º, quando a assembleia é um órgão *irresponsável*.

Visto isto, diremos que o círculo autónomo de competências dos gerentes abrange todos os actos que, se violarem a lei, os estatutos ou o dever de diligência a que estão vinculados, afectam o cumprimento das suas funções de administração e podem ser fonte de responsabilidade. O que significa que *a competência para realizar aqueles actos dos quais pode derivar a responsabilidade do(s) seu(s) membro(s) é exclusiva do órgão de administração*, ministrando-lhe um direito (que será simultaneamente um dever) de evitar dar cumprimento ou execução às deliberações e às instruções vindas da assembleia susceptíveis de gerar uma responsabilidade que lhes possa vir a ser imputada[757].

---

de preservar uma esfera de poder de decisão administrativa suficiente para justamente salvaguardar a função e a responsabilidade dos titulares da gerência. Por isso, pensamos que a combinação das normas de distribuição de poderes tida em conta pelo legislador nacional parece advogar uma solução *intermédia*, caracterizada por um quadro inspirado pelo princípio da divisão dos poderes, mas também capaz, enquanto dispositivo *em matéria de gestão da empresa*, de ser substituído por um diverso modelo de raiz negocial-estatutária, atributivo de mais ou menos relevantes porções da gestão social à assembleia (nesta linha, cfr. GIUSEPPE ZANARONE, "L'assemblea", *Diritto Commerciale*, 1999, pp. 233-4), desde que essa autonomia respeite o domínio de execução *privativo* dos administradores, exactamente por envolver a sua responsabilidade por esses actos de execução. Esta compreensão deve ser, portanto, plenamente realizada na SQU, uma vez que essa parcela da gestão da sociedade (e até a representação dela) poderão vir a ser facilmente espoliadas da esfera de poder do gerente-não sócio em sede de fixação do pacto. Urge, por isso, fiscalizá-la com rigor nos termos que se irão sugerir...

[757] Com um raciocínio próximo do nosso, *vide* JIMENEZ SÁNCHEZ/DÍAZ MORENO, pp. 157-60, que, de acordo com a doutrina maioritária do seu país, nos brinda com algo mais. Fazem questão, na realidade, de ainda esclarecer que a faculdade concedida à assembleia, salvo disposição contrária contida nos estatutos, de dirigir instruções ao órgão de administração ou de submeter à sua autorização a adopção por esse órgão de decisões ou actos sobre determinados assuntos de gestão – os Autores incidem a sua ponderação sobre esse conteúdo literal do art. 44, nº 2, da *LSRLE*, mas veja-se o nosso, ainda que vago, art. 259º, 2ª parte, que é interpretado com a mesma tonalidade pela nossa doutrina: "Os sócios têm, pois, o *poder de dar instruções* aos gerentes sobre as matérias em que estes têm competência própria e esse poder tanto pode ser exercido por meio de deliberações normativas

Estes mesmos registos parecem-nos ser, em síntese, de grande importância nas situações de unipessoalidade, onde a propensão para *concentrar poderes* e/ou *influenciar o órgão administrativo*, mesmo se lhe

---

ou de execução permanente, como por meio de deliberações individuais, que ordenem, condicionem ou proíbam a prática de certo acto" (RAÚL VENTURA, *Sociedades por quotas. Comentário...*, volume II, ob. cit., p. 165, sublinhado conforme o original) –, não deve induzir a considerar que a lei deu à assembleia uma espécie de "salvo conduto" universal para lhe permitir a pronúncia sobre qualquer matéria, o que agrediria *as fronteiras existentes entre o âmbito específico de competências dos distintos órgãos sociais*.

Continuando as reflexões da nota anterior, a supremacia da assembleia nas sociedades por quotas, aparentemente pressuposta na letra do art. 259º, quando vincula a actividade da gerência ao «... respeito pelas deliberações sociais», não legitima uma arbitrária invasão nas esferas funcionais inalienáveis do órgão de gestão e de representação. Pelo que o respeito pelo vigor anexo à preeminência de "poderem os sócios determinar a política de *gestão*" (sentido dado por COUTINHO DE ABREU, *Da empresarialidade...*, ob. cit., p. 231, com itálico nosso, ao art. 259º) não pode privar de sentido a *especialização orgânica formal* que se realiza como essencial na sociedade por quotas, preenchida na *associação normativa* entre os arts. 246º, 252º, nº 1, e 259º, e as regras de responsabilidade dos gerentes, e que, para culminar, se deve considerar *imperativa* para efeitos de uma eventual sanção do seu desrespeito aquando da ressalva estatutária a favor da assembleia de funções da gerência.

Com isto não queremos aqui trazer qualquer ressonância para o regime da sociedade por quotas do princípio explicitado no art. 373º, nºs 2 – «Os accionistas deliberam sobre as matérias que lhes são especialmente atribuídas pela lei ou pelo contrato e sobre as que não estejam compreendidas nas atribuições de outros órgãos da sociedade.» – e 3 – "Sobre matérias de gestão da sociedade, os accionistas só podem deliberar a pedido do órgão de administração." –, para as sociedades anónimas. Segundo esse, designa-se, então, uma rigída independência e divisão de competências entre os sócios e o órgão administrativo, ao qual caberá em exclusivo o exercício da gestão da sociedade, sem qualquer intromissão (ainda que com poderes de fiscalização) dos sócios. Ponderou-se se este mesmo princípio se aplicaria às sociedades por quotas, no âmbito da remissão do art. 248º, nº 1. De acordo com PUPO CORREIA, p. 548, esses preceitos devem entender-se "como susceptíveis de serem aplicados, suprindo qualquer lacuna, nos outros tipos sociais". Resposta negativa deu-a BRANCA MARTINS DA CRUZ, pp. 47-8, e com acerto. Primeiro, porque os dois tipos societários pressupõem protagonismos diferentes do órgão competente para a administração. Na sociedade anónima, os accionistas estão mais longe da gestão da sociedade, o que viabiliza uma "maior liberdade de acção dos gestores" e imuniza "paralisações na vida societária a que a necessidade de constantes decisões colegiais dos accionistas poderia conduzir". Na sociedade por quotas, pelo menos nas de menor dimensão, há uma maior ligação entre a pessoa dos sócios e a vida quotidiana da sociedade e entre os próprios sócios (muitas vezes, são conexões familiares...), que é logicamente propiciadora de "uma maior permissividade de ingerência, ao ponto de a gestão poder vir a ser exercida por todos os sócios quando os gerentes se não encontrem designados, nos termos do art. 253.º,

foram retiradas algumas das suas prerrogativas, será frequentemente a situação padronizada: desde logo, no momento da conformação estatutária, depois com grande facilidade através das decisões do sócio único.

---

n°s 1 e 2". Em segundo lugar, ao sócio quotista assiste a faculdade de requerer a convocação da assembleia, o que lhe dá uma grande disponibilidade sobre as matérias que poderá sujeitar a deliberação, mesmo que elas sejam só para formular recomendações ou pareceres à administração em assuntos considerados do interesse da sociedade.

Excluída a aplicação dessas normas (que não estaria desde logo, a nosso ver, no campo das prescrições *estritamente* reguladoras *das assembleias gerais* que a remissão do art. 248°, n° 1, depreende, antes são precludidas, como já demos a entender, pelos textos dos arts. 246°, 252°, n° 1, e 259°: implicitamente, RAÚL VENTURA, *Sociedades por quotas. Comentário...*, volume II, ob. cit., p. 162, e, expressamente, p. 203), digamos também que a irrestringibilidade desse princípio de funcionamento orgânico-interno da anónima parece ser *prima facie* meramente tendencial-dispositivo, atento o disposto no art. 405°, n° 1: «Compete ao conselho de administração gerir as actividades da sociedade, devendo subordinar-se às deliberações dos accionistas ou às intervenções do conselho fiscal apenas nos casos em que a lei ou o contrato de sociedade o determinarem.». Daqui se poderia inferir implicitamente que será admissível outorgar à assembleia geral a gestão da empresa através da pertinente inserção de cláusula no pacto social (assim, ALBINO MATOS, *Constituição de sociedades...*, ob. cit., pp. 238-9). Não é assim para PEDRO MAIA, *Função e funcionamento...*, ob. cit., pp. 135 e ss, 153 e ss (com uma exaustiva notícia e ponderação de direito comparado, em particular da al. 2 do § 119 da *AGesetz*, que o art. 373°, n° 3, traduz fielmente, para as quais nos permitimos endereçar), depois de atentamente lidas as normas à luz da sua inserção sistemática, do seu espírito e dos interesses que as envolvem, para quem, do jogo entre os preceitos em causa, nunca caberá à assembleia, pela manifesta imperatividade do art. 373°, n° 3, na parte em que se exige um pedido do órgão de administração para que os accionistas se pronunciem sobre assuntos de gestão social, desencadear *por sua iniciativa* a aprovação de uma deliberação em matéria de gestão, antes se restringe a amplitude da norma àquilo em que ela é clara: permitir a consagração estatutária da subordinação-obediência do conselho às determinações da assembleia no âmbito da gestão social, permanecendo ainda o órgão estatutário como "único depositário da *iniciativa* dessa deliberação" [no mesmo sentido da existência de um princípio de separação estrita da esfera de competências dos órgãos sociais deliberativos e executivos no contexto da estrutura organizativa do tipo social anónimo, cfr. ENGRÁCIA ANTUNES, *Os Grupos de Sociedades...*, ob. cit., p. ex. a p. 472, n. (923)]. De todo o modo, esta faceta normativa das relações entre os dois órgãos da sociedade anónima (que, para NOGUEIRA SERENS, pp. 47-8, motiva a nulidade das deliberações da respectiva assembleia geral que toquem "matérias de gestão"; contra e mostrando-se adepta da anulabilidade destas deliberações à luz do art. 58°, n° 1, al. a), cfr. TERESA ANSELMO VAZ, p. 359, n. (47), porque "não é a «natureza» do conteúdo da deliberação em causa que impede que os accionistas possam deliberar sobre matéria de gestão, (...) mas o facto de ela competir a outro órgão, que tem também o poder, se quiser, de submeter tal deliberação a deliberação dos sócios"), não deixa de certa forma "intocada" a intransponível separação entre o órgão deliberativo-

Tanto num como no outro caso, apesar de aceitarmos que a exigência de *fiscalização ou autorização prévia* pelo sócio único da actividade executiva do gerente-não sócio seja amiúde coagulada nos estatutos de uma sociedade unipessoal, o nº 1 do art. 270º-E não deve abrir o caminho para que o sócio único, nessa sua qualidade, assuma plenamente a gestão e a representação da SQU.

Esta resolução, enquanto tal, consubstanciará mais uma adaptação que, enfrentando-se a falta de uma disciplina da SQU mais pontual, articulada e previdente, se retira *interpretativamente* da urgência em adequar a SQU à disciplina comum das sociedades plurais. Esta será mais uma etapa do encargo que recai sobre o intérprete de averiguar, passo a passo, a superação das lacunas entrevistas na prognose de funcionamento de uma SQU, podendo ser uma ancila *de lege ferenda* de um futuro regime das sociedades de responsabilidade limitada unipessoais, mais completo e pormenorizado em relação às especialidades da disciplina da SQU determinadas pelas modificações directamente trazidas pela lei de 1996.

De facto, a necessária coexistência na sociedade unipessoal dos distintos núcleos de poderes da assembleia geral e da gerência não quer dizer que se tenha que seguir à risca a delimitação feita para as sociedades plurais[758], já que os imperativos de flexibilidade que a estrita vinculação do

---

-interno e o órgão executivo e avizinha o seu regime, *nos casos de densificação estatutária*, da maior proximidade entre os órgãos que é característica do tipo quotista.

[758] Em razão desta especialidade, o ordenamento espanhol consagrou mesmo a faculdade de o sócio único formalizar e *executar* as decisões por ele tomadas no exercício das competências correspondentes à assembleia geral. Esta formulação da parte final do art. 127 da *LSRLE* tem sido, por isso, entendida como o validar de uma *certa* alteração do regime geral de distribuição de competências, na medida em que, sem reduzir o âmbito de faculdades próprio dos administradores, reconhece ao sócio único determinadas faculdades *concorrentes* com as desses no âmbito externo, resultantes do seu poder típico e legal de representação (cfr., entre outros, MARTÍN ROMERO, "La sociedad unipersonal de responsabilidad limitada", *RGD* cit., p. 5583; ARANGUREN URRIZA, p. 1445), ainda que não se mexa com a execução e a formalização de actos do órgão de administração nem com as suas competências de gestão, uma vez que a previsão se deve limitar "à exclusiva actividade de exteriorização das decisões compreendidas na área de competências próprias da Assembleia Geral, sem que possa comportar – nem comporte – alteração alguma no regime próprio *da representação social* que deve permanecer atribuída ao órgão de administração, qualquer que seja a pessoa ou pessoas que o integrem" (RODRIGO URÍA/AURELIO MENÉNDEZ/IGLESIAS PRADA, p. 1231, itálico nosso; em complemento, veja-se ainda SÁNCHEZ RUZ, p. 12951). Por isso, opinou-se que a modificação legal foi demasiado violenta e, sobretudo, não era necessária, na medida em que o sócio único será fielmente obedecido pelos gerentes ou pode sempre substituí-los por outros mais obedientes

sócio com os negócios sociais reclama assim o podem solicitar. Mas dentro dos limites que salvaguardam ao gerente um *espaço de reserva* (*inalienável* em matéria de representação[759], *flexível* em matéria de

---

(cfr., p. ex., ÁVILA NAVARRO, p. 1030). Desenvolvidamente sobre o alcance do preceito, vide JIMÉNEZ SÁNCHEZ/DÍAZ MORENO, p. 187, ss.

[759] De facto, se há nota que distingue funcionalmente a gerência, mais do que a direcção dos negócios da sociedade, onde a assembleia pode interferir dentro de certas balizas, essa é o poder de representar (-vincular) a sociedade nas suas relações com terceiros. Isto foi singelamente anotado por RAÚL VENTURA, *Sociedades por quotas. Comentário...*, volume III, ob. cit., pp. 131-2, quando afirmou que "gerência é, por força da lei e salvo casos excepcionais, o órgão da sociedade criado para lhe permitir actuar no comércio jurídico, criando, modificando, extinguindo, relações jurídicas com outros sujeitos de direito". Admitem-se, de facto, alguns condicionamentos aos gerais poderes representativos da gerência *em juízo* (vejam-se os arts. 246º, nº1, al. g), 257º, nº 3, 242º, nº 2, bem como o art. 21º, nºˢ 2 e 3, do CPC). Mas essas são limitações que a própria lei indica, restringindo, por ter legitimidade para isso, aquilo que tinha consagrado como regra. Outra coisa é proporcionar aos estatutos a base para limitar de qualquer modo os poderes representativos. Ora, na falta de uma norma que caucione essa limitação ao que é prescrito no art. 252º, nº 1, deve entender-se que uma restrição da função representativa da gerência não está integrada nas convenções estatutárias que o art. 246º, nº 1, legitima em favor da assembleia. Porém, para além desta norma, o legislador português, seguindo as preocupações da lei alemã, clarificou o problema numa outra prescrição.

De facto, na Alemanha, os poderes de representação da sociedade conferidos aos *Geschäftsführer* na al. 1 do § 35 são restringíveis pela limitação estatutária ou promovida por deliberação dos sócios, permitidas pelo § 37, al. 1. No entanto, mesmo que os sócios introduzissem essas limitações ao poder de representação, a que os gerentes ficam vinculados em face da sociedade, segundo a frase 2 desta última norma, não produzem efeitos jurídicos (*rechtliche Wirkung*) perante terceiros, nomeadamente quando a representação se confine unicamente a determinados negócios ou classes de negócios, quando tenha lugar para um tempo determinado ou para espaços individualizados, ou quando se requeira o consentimento dos sócios ou de um órgão da sociedade em relação a negócios concretos: quanto a esta matéria, vide HOLGER ALTMEPPEN/GÜNTER ROTH, § 35, *Rdn.* 7, ss, pp. 384--6, e § 37, *Rdn.* 15, ss, pp. 406 e ss; HANS-JOACHIM MERTENS, "Dritter Abschnitt. Vertretung und Geschäftsführung", loc. cit., § 35, *Rdn.* 42, ss, pp. 19 e ss, e § 37, *Rdn.* 3, ss, pp. 143 e ss.

Por sua vez, o art. 260º vem tornar indiferentes perante terceiros as eventuais limitações à extensão dos poderes representativos da gerência. A sociedade não pode, por isso, criar, nem originariamente nos seus estatutos nem posteriormente por deliberação dos sócios, restrições a esses poderes que extravasam a esfera administrativa da gestão da empresa (que se reflecte na ordem interna da sociedade). O expediente técnico encontrado pela lei para precipitar esse princípio de ilimitação dos poderes representativos dos gerentes e de vinculação plena da sociedade pelos actos com relevância externa praticados pelos gerentes, mesmo sendo alheios ao objecto social, foi justamente este da inoponi-

gestão) conciliável logicamente com a responsabilidade definida para fiscalizar o cumprimento dos deveres administrativos estabelecidos em benefício dos interesses sociais e de credores e terceiros em geral.

---

bilidade a terceiros das limitações que não tenham fonte na própria lei (quanto a este assunto, cfr. RAÚL VENTURA, *ibid.*, pp. 158-69 e 172-3), devendo, pois, reger uma regra semelhante à que se definiu para a sociedade anónima, apesar da diferença tipológica, nos termos do art. 405°, n° 2, onde se atribui *exclusivos* e *plenos* poderes representativos ao conselho de administração (sobre o alcance do preceito, nomeadamente da sua precipitação nos arts. 408° e 409°, *vide* ALEXANDRE SOVERAL MARTINS, *Os poderes de representação...*, ob. cit., *passim*, mas, em geral, vejam-se as pp. 27 e ss). Evidentemente que o facto de os gerentes serem "dotados de um poder de representação da sociedade por quotas ilimitado e ilimitável, que, por isso, não podem ser suplantados nem postergados neste âmbito pela assembleia geral" (as categóricas palavras são de PETER ULMER, "Allgemeine Einleitung", loc. cit., *Rdn*. 30, p. 15), se justifica pela protecção dos interesses de terceiros, uma vez que estamos aqui no domínio da projecção externa da sociedade, evitando-se que aqueles estejam sujeitos a restrições criadas pelos sócios no seu próprio interesse e cujo conhecimento não é certo (cfr., neste sentido, o art. 9°, n° 1, 1° §, da I Directiva). Esta teleologia é ainda mais premente no caso da SQU, em que a urgência em garantir a transparência vinculativa da sociedade em face de terceiros adquire valor acrescentado. Porém, apesar de serem limitações diferentes, o que vai dito não obstará a uma protecção cega dos terceiros que afaste a aplicação do princípio geral do art. 260°, n° 2, com o que poderá inequivocamente a SQU excepcionar a sua vinculação, pela via da ineficácia, sempre que haja conhecimento ou cognoscibilidade pelo terceiro de o acto praticado pela gerência não respeitar a cláusula referente ao objecto social (sobre o alcance do preceito, veja-se ainda RAÚL VENTURA, *ibid.*, pp. 173-5; mas também COUTINHO DE ABREU, *Curso...*, volume II, ob. cit., pp. 189-90).

Esta exclusividade da representação – que não se coarcta com a estipulação convencional ou deliberativa expressa de subordinar a eficácia de um acto, ou certa categoria de actos, concluído pela gerência em representação da sociedade à aprovação por deliberação dos sócios, o que não é a mesma coisa que transferir esses poderes para a esfera dos sócios – da sociedade nas mãos da gerência tem, ademais, outros reflexos, que confirmam, num efeito de ricochete, a regra da ilimitação. O mais destacado (e revelador, *hoc sensu*, da sua inviolabilidade) implica a falta de legitimidade da assembleia para outorgar poderes. O que a assembleia faz é nomear a gerência, singular ou plural, e é a esta que a lei atribui a representação *orgânica* da sociedade. Será depois a gerência que pode, se o achar oportuno, designar procuradores ou mandatários que representem a sociedade em sua vez (com atribuições gerais ou especiais), em particular quanto a poderes de representação *do foro técnico ou particularizado* a entregar a certos sujeitos *especializados*. Isso mesmo se consagra no n° 6 do art. 252°. Não se confunda, porém, esta representação em segundo grau da sociedade com a delegação da representação *no interior dos componentes da gerência*. Aqui dá-se uma delegação de poderes, que só será eficaz (no sentido de vincular a sociedade) caso o acto de delegação atribua expressamente esse poder. Repare-se, *ex abundanti*, que a representação da gerência por sujeitos estranhos à sociedade não

Claro que se o sócio for gerente da SQU, ele *exerce* (no caso da assembleia) e *é* o mesmo *centro de atribuições*. As razões podem até ser válidas: elimina a autonomia do órgão administrativo para realizar uma condução directa da empresa, sem vínculos procedimentais nem a intermediação de outras pessoas e órgãos[760]. A ultrapassagem dessas justificações parece significar que há um desrespeito intolerável pelos mecanismos internos de funcionamento da sociedade por quotas. Mas, ao menos, essa situação deriva da designação de si próprio como administrador e *não da sua qualidade (ou influência) de (como) sócio único*. Por sua opção, o acto constituinte da SQU configura a administração como o conteúdo de um verdadeiro poder dos sócios, mas a sua qualidade de gerente, dando-lhe as funções típicas desse órgão, fá-lo assim assumir a respectiva responsabilidade, contrabalançando a expropriação de faculdades da gerência[761]. Pese embora isso, que será suficiente para manter intacta a validade da cláusula que assim arquitecte a organização interna da SQU, essa estruturação estará desvirtuada no momento em que vier a evoluir para a pluripessoalidade... o que motivará uma modificação do negócio de sociedade.

De outra sorte será o caso de o gerente nomeado não ser o sócio único. Tal translação de competências para a *esfera de disponibilidade* do sócio único traduz uma reprovável assunção da gestão da SQU e uma dis-

---

necessita de cláusula contratual permissiva expressa, o que ainda mais acentua o seu grau de independência nesta sede.

[760] Em sentido favorável à validade destas cláusulas estatutárias, cfr. GIUSEPPE ZANARONE, "S.r.l. contro s.p.a. nella legislazione recente", loc. cit., p. 415.

[761] Na Alemanha, tem sido entendido, à luz do § 45, al. 1, da *GmbHG*, que o negócio social pode estruturar a administração como um verdadeiro e próprio direito dos sócios (para desenvolvimentos breves sobre a matéria, *vide*, naturalmente entre outros, MARCUS LUTTER/PETER HOMMELHOFF, *GmbH-Gesetz Kommentar*, ob. cit., § 45, *Rdn.* 1, ss, pp. 566-8; HANS-GEORG KOPPENSTEINER, § 45, *Rdn.* 4, ss, pp. 1111 e ss), mas, nessa circunstância, porém, eles acrescentarão *automaticamente* à condição de associados a qualidade de administradores e estarão legitimados a dirigir qualquer tipo de função própria desses, *assumindo em consequência a respectiva responsabilidade* (cfr., por todos, com outras referências bibliográficas e jurisprudenciais sobre o assunto, GÖTZ HUECK, "Erster Abschnitt...", loc. cit., § 6, *Rdn.* 14-15, pp. 113-14). À mesma consequência se chega no direito estado-unidense, onde o art. 351 da *General Corporation Law* do Estado do Delaware autoriza o acto constitutivo de uma *close corporation* a deferir a designação dos *directors*, entregando a empresa aos sócios, com a consequência de estes serem sujeitos à responsabilidade civil e penal dos primeiros [informação recolhida em GIUSEPPE ZANARONE, últ. loc. cit. e p. citada, n. (69)].

cutível manutenção de um círculo *somente residual* de poderes nas mãos do gerente. Se esse círculo representar a exclusão da temática inexpropriável da competência da gestão, então a cláusula estatutária privativa dessa parcela de gestão (ou da tarefa representativa) deve reputar-se nula[762].

Na realidade, esta solução é a mais consentânea com a possível resistência que a gerência pode e deve fazer (independentemente da validade dessas decisões, que deverão seguir a mesma sorte...[763]) quando

---

[762] Atente-se que se refere aqui a nulidade *de uma cláusula* do pacto social – à imagem do que se sustenta na doutrina espanhola para a "cláusula estatutária que praticamente prive a gestão aos administradores": cfr. ALCOVER GRAU, p. 521 – que não terá a potencialidade para arrastar consigo a invalidade de todo o negócio. Por isso, não se tratará aqui de declarar a nulidade *do negócio* de sociedade, pois isso não seria de todo possível à luz das causas taxativamente previstas para esse efeito (no n° 1 do art. 42°), depois de registado o negócio. Uma vez levantada a questão, o negócio, depois de tida como nula tal cláusula e, como tal, não produtora de efeitos, deve ser reduzido e valer na parte restante não afectada por qualquer vício. Na verdade, o recurso à vontade hipotética ou conjectural determinada pelo art. 292° do CCiv. («A nulidade ou anulação parcial não determina a invalidade de todo o negócio, salvo quando se mostre que este não teria sido concluído sem a parte viciada.») faz admitir no caso que o sócio único-declarante, se soubesse que tal cláusula estatutária se opunha aos princípios de repartição de competências orgânicas e de funcionamento da SQU que se retiram das disposições legais, provavelmente, sempre teria outorgado o negócio social na restante (e predominante) parcela estatutária não directamente atingida pela invalidade (sobre o preenchimento do critério da lei civil, cfr., por todos, MOTA PINTO, *Teoria Geral do Direito Civil*, ob. cit., pp. 625-6, ss). Ora, a vontade hipotética do declarante será naturalmente no sentido da manutenção do negócio social uma vez que se extraiu ao hemisfério de poderes da gerência a quase-totalidade das suas competências legais. Se assim é, até pela convocação da conformidade com a boa fé (e do mecanismo da redução teleológica), é legítimo afirmar que a parte que resulta nula não tem qualquer relevância para o sócio e toda para a gerência, pois permite que aquele usufrua dos poderes decisórios em matéria executiva e representativos sem arcar com as eventuais consequências negativas (indemnizatórias), em virtude de não assumir o estatuto de gerente.

[763] De facto, já para o direito antigo FERRER CORREIA, *Lições...*, ob. cit., pp. 368- -9, sentenciava que as deliberações que alterassem a competência *fundamental* de cada um dos órgãos sociais eram nulas, exemplificando-as na categoria daquelas que "violam preceitos legais exclusiva ou predominantemente estabelecidos para protecção dos credores ou do interesse público e ainda as deliberações de conteúdo imoral". Já na vigência do CSC, atento o plano mais irredutível da competência *representativa* da gerência, concretizado nos termos imperativos do art. 260°, n° 1 (*vide supra* n. 759), foi também este o entendimento nos litígios dirimidos pelos **Acs. do STJ**, de **26.Abril.1995** (in *CJ/Acórdãos do Supremo Tribunal de Justiça*, 1995, tomo II, p. 49, ss) e de **15.Outubro.1996**

chegar a altura de executar decisões de administração que julga estarem em contrariedade com uma legal e ordenada gestão da sociedade, atendendo aos nefastos efeitos *paralisadores* que daí lhe podem advir. Aliás, se se nomeou gerente diferente da pessoa do sócio, é porque o exercício das funções que lhe são próprias estavam ao seu alcance. Não deve depois abdicar-se da sua função e empurrá-lo para assumir as consequências daquilo que é da sua esfera mas não decidiu ou não instruiu.

Temos clara consciência que uma formal manutenção da distribuição de competências entre os órgãos sociais, numa perspectiva de conservação das *fronteiras mínimas* de cada um dos espaços de actuação, não esconderá a situação normal de um pleno controlo do sócio totalitário sobre a sociedade. Na maior parte das situações, em particular nas empresas de menor dimensão e de maior estreitamento com a pessoa do único sócio, este será um *verdadeiro administrador* quando não exerce simultaneamente essas funções. Mas será esta a fundamental razão para preservarmos a todo o custo a dualidade orgânica nas SQU em que o sócio único não acumula a sua condição de sócio com a de gerente. Se o sócio nomeia gerente, que condiciona, e ainda por cima reserva para si a gestão dos negócios sociais, eliminando *na prática* o órgão administrativo e sujeitando-o à mera execução de decisões que eram, no modelo legal, da competência da gerência, este quadro não pode demitir depois o sócio da sua responsabilidade, à custa das regras legais de responsabilidade dos gerentes perante a sociedade e terceiros, fazendo-a cair sobre as costas do gerente.

Como se vê, portanto, teremos que averiguar a composição orgânica da SQU.

Se o sócio for gerente, a assunção de funções administrativas não tem consequências sobre a validade da estipulação que a fundamentou, já que ele *assume a responsabilidade* dessa aquisição de poderes.

Se não o for, a cláusula será, pelo contrário, proibida, sempre que reservar para o sócio poderes em matérias de gestão *inderrogável* e de representação (por natureza, *intransmissível*) da gerência. Será esta a solução mais razoável, a não ser que se proceda posteriormente a uma alteração do pacto social destinada a que o sócio único avoque o cargo de gerente.

(in *CJ/Acórdãos do Supremo Tribunal de Justiça*, 1996, tomo III, p. 62, ss), isto é, o de declarar nulas, ao abrigo do previsto no art. 56°, n° 1, al. d), as deliberações que limitem (ou esvaziem...), ao nível da representação, os poderes dos gerentes de uma sociedade por quotas.

16. O conflito de interesses entre o sócio único e a sociedade por quotas unipessoal e a interpretação do art. 251º como *impedimento de decisão*

Intrinsecamente ligado ao tema das decisões do sócio, ainda que, em rigor, dele distinto, é o problema do conflito de interesses do sócio com a sociedade, disciplinado para a sociedade por quotas pelo art. 251º. Este preceito contém a regulamentação destinada aos impedimentos de voto nas sociedades por quotas. O sistema da lei assenta na fixação de uma cláusula geral que aponta a situação *abstracta* de impedimento legal de voto, associando-a, relativamente à matéria da deliberação, a um conflito de interesses entre o sócio e a sociedade e, depois, numa enumeração exemplificativa dos casos julgados mais comuns e relevantes de um conflito de interesses (com o que não se exclui que outras circunstâncias caibam em concreto naquele conceito mas se proíbe, no nº 2 da norma, que as situações exemplificadas sejam afastadas no pacto)[764].

Na espécie da sociedade unipessoal, a questão assume clara sensibilidade, porquanto parece que o interesse da sociedade – enquanto se define, numa clássica visão contratualista, como "um interesse *comum* a *todos* os sócios enquanto tais", comunidade essa que se traduz na preten-

---

[764] O Projecto de CSC, no seu art. 254º, registava, ao invés, uma regulação completa dos impedimentos de voto no tipo quotista, desdobrada em duas variantes: (i) os impedimentos que resultavam de proibições legais; (ii) e os impedimentos que derivavam de certos e determinados objectos da deliberação, que assim se investiam de um carácter taxativo (cfr. *BMJ*, nº 327, Junho.1983, p. 193). A versão definitiva do preceito veio, no entanto, a alterar o texto provisório, antes reproduzindo quase na íntegra o art. 109º do Anteprojecto de Lei de sociedades por quotas de responsabilidade limitada (cfr. FERRER CORREIA/VASCO LOBO XAVIER/MARIA ÂNGELA COELHO/ANTÓNIO CAEIRO, pp. 406-7). Criticando a solução final, fundamentalmente pela desarmonia criada em confronto com o preceituado no art. 384º, nº 6, para a mesma disciplina da sociedade anónima, que não apresenta qualquer disposição de carácter geral e segue a técnica taxativa proposta pelo Projecto para a sociedade quotista, *vide* RAÚL VENTURA, *Sociedade por quotas. Comentário...*, volume II, ob. cit., pp. 283-4.

são de todo e qualquer sócio "obter o máximo lucro através da actividade da empresa social" na relação que se estabelece "entre a necessidade de todo o sócio enquanto tal na obtenção de lucros e o meio julgado apto para satisfazê-la"[765] – coincide, na ausência de sócios de minoria ou de quaisquer outros sócios, com o interesse do único sócio.

Ora, é precisamente este o ponto da controvérsia. Partindo da ligação dos institutos societários à noção de interesse, "de grupo ou de série" (que têm subjacente um colectivo plural de pessoas)[766], discute-se se se pode patentear um interesse social *externo* às motivações particulares e às decisões de cariz individual do sócio único. O desafio é, por isso, saber se na sociedade com um só sócio se podem dar conflitos de interesses entre o associado singular e a sociedade, consoante se surpreenda uma *identidade* ou uma *alteridade* do interesse de um e do (suposto) interesse de outra.

Essa identidade de interesses entre a sociedade unipessoal e o seu único sócio foi tradicionalmente avançada na doutrina nacional que se

---

[765] COUTINHO DE ABREU, *Da empresarialidade...*, ob. cit., p. 226 (veja-se ainda do Autor o seu anterior *Do abuso...*, ob. cit., pp. 118-21).

Seguindo predominantemente tonalidades contratualistas, a doutrina portuguesa acentua, no essencial, o interesse do sócio (de todos os sócios) na obtenção (e distribuição) do maior lucro possível através da actividade da empresa social: a título exemplificativo, cfr. FERRER CORREIA, *Lições...*, ob. cit., p. 234; VASCO LOBO XAVIER, *Anulação...*, ob. cit., pp. 169, n. (76), e 242, n. (116); OSÓRIO DE CASTRO, p. 349; RAÚL VENTURA, *Sociedades por quotas. Comentário...*, volume III, ob. cit., p. 151.

Porém, significativo avanço dogmático foi dado a esta questão por COUTINHO DE ABREU, que, fundamentalmente na busca de um enquadramento coerente para a valência do discutido art. 64º – «Os gerentes, administradores ou directores de uma sociedade devem actuar com a diligência de um gestor criterioso e ordenado, no interesse da sociedade, tendo em conta os interesses dos sócios e dos trabalhadores.» –, renuncia a uma noção unitária de interesse social e aponta o contratualismo como quadro de referência válido para o comportamento (essencialmente deliberativo) dos sócios e um institucionalismo (moderado, "já por apenas os interesses dos trabalhadores deverem ser tidos em conta juntamente com os interesses dos sócios, já porque aqueles interesses possuem menor peso do que estes") como quadro de referência válido para a actuação de outros órgãos sociais, especialmente do órgão de administração e representação (cfr. *Curso...*, volume II, pp. 286 e ss, citação da p. 302 – com vários confrontos doutrinais e hipóteses práticas de operatividade dos quadros de referência –, na continuidade do seu pensamento exposto em *Da empresarialidade...*, ob. cit., pp. 225 e ss, em esp. pp. 230-3; já lhe tínhamos feito, a este propósito, uma primeira referência na n. 325).

[766] Sobre esta terminologia e adequada distinção, cfr. PIER GIUSTO JAEGER, *L'interesse sociale*, ob. cit., pp. 10-12.

ocupou da unipessoalidade derivada. Sem embargo de a sociedade e o sócio formarem pessoas jurídicas distintas – "uma coisa é a esfera dos direitos e deveres do sócio, outra, em princípio totalmente separada, a dos direitos e deveres da própria sociedade" –, FERRER CORREIA era de opinião de que a ideia de que a sociedade unipessoal era *ainda e apesar de tudo* sociedade não podia consentir que se fizesse "abstracção completa da identidade *efectiva* entre sociedade e sócio"[767]. Isto é, não se caucionava uma teoria que identificasse sem mais e em geral o sócio com a sociedade, até porque ao funcionamento da sociedade de um único associado seriam em princípio aplicáveis todas as disposições legais e estatutárias concernentes à respectiva espécie jurídica, mas acentuava-se que, para a resolução adequada de alguns passos da disciplina das relações entre a sociedade e o sócio (como o negócio entre a sociedade e o sócio), e entre aquela e este e terceiros (como a responsabilidade patrimonial do sócio único em face dos credores da sociedade), impunha-se um procedimento orientado pela concepção de identidade *material* entre a sociedade unipessoal e o sócio. Pois, se é verdade que "*materialmente* a sociedade comercial não é fim de si mesma, antes o simples instrumento forjado para a satisfação de certos interesses individuais (dos sócios)", quando "a sociedade é unipessoal, ela acha-se votada ao serviço do interesse de um único indivíduo. Por todo o tempo em que a situação se mantiver, há um só interessado *efectivo* no bom rendimento da exploração da empresa, porque as perdas eventuais dessa exploração serão integralmente suportadas por uma só pessoa"[768]. Em suma, apesar de haver duas esferas jurídicas distintas, os interesses da sociedade coincidiam substancialmente com os interesses do sócio, "e este pode, em virtude da sua posição de domínio incontestado, dirigir a sociedade e a empresa ao sabor das suas conveniências e da sua vontade"[769].

Na doutrina pátria imediatamente anterior à entrada no direito societário da SQU, a posição continuou a ser essa. A emanação da XII Directiva constituiu a ocasião apropriada para COUTINHO DE ABREU apadrinhar a exposição precedente, dando razão à não conflitualidade dos interesses

---

[767] *Sociedades fictícias e unipessoais*, ob. cit., pp. 324-5, de onde foram retiradas as citações, com itálico da responsabilidade do Autor.

[768] FERRER CORREIA, *últ. ob. cit.*, p. 312 (sublinhado conforme com o original), mas vejam-se as concretizações em algumas facetas problemáticas de regulação da unipessoalidade nas pp. 312 e ss. Cfr. ainda do Autor as suas *Lições...*, ob. cit., pp. 188 e ss, em esp. pp. 203-5.

[769] MANUEL DE ALARCÃO, p. 311 (mas verifiquem-se ainda as pp. 270-1).

do sócio estranhos à sua participação na sociedade e os interesses da sociedade: mais uma vez, *"substancialmente*, aqueles interesses do sócio e os da sociedade são tudo interesses da mesma pessoa; substancialmente ou, se se quiser, *indirectamente*, o património social pertence ao sócio; as «perdas» que por via dos negócios celebrados entre sociedade e sócio se registem no património social são compensadas pelos «ganhos» registados no património de afectação geral do mesmo sócio – o património global deste fica, imediatamente, na mesma; as referidas perdas da sociedade são perdas suportadas pelo sócio ao nível do património social"[770].

Esta era uma tendência comummente enraizada na doutrina comparada. Entendia-se há muito que a continuidade de funcionamento de uma organização social *tout court* com um só indivíduo era uma mera ilusão. A delegação da administração seria sempre feita em mandatários constituídos para a sua representação e não para o exercício de órgãos sociais, uma vez que a "única vontade dirigente é a sua, e seu somente (pelo menos durante esse momento) o interesse"[771].

Além disso, a confusão ou não dos interesses sociais e os interesses pessoais do sócio foi o mote utilizado para abordar a responsabilidade (ilimitada) do único accionista pelos débitos da sociedade: segundo uma corrente, quando todas as acções se concentravam nas mãos de um único sócio, uma vontade e um interesse próprio da sociedade, diferente do interesse individual do sócio, deixavam de ser materialmente possíveis[772], ainda que para outra tese essa responsabilidade ilimitada fosse de repudiar aprioristicamente, entre outros argumentos, pelo preservar da separação entre os interesses da sociedade e os interesses do sócio único[773]. O que era certo é que não se aceitava de bom-grado que numa sociedade onde não existiam relações internas entre sócios, o sócio ainda se opusesse à sociedade enquanto pessoa; logo, na circunstância de não haver pluralidade de sócios, as posições de ambos tinham de coincidir, uma vez que não subsistindo relação, não se espoletaria a antítese de interesses que podia dar lugar à correlação direito-dever em relação aos titulares desses mesmos interesses[774].

---

[770] *Da empresarialidade*..., ob. cit., p. 149, sublinhado nosso – o discurso visava, no entanto, apenas basear o afastamento da proibição do negócio consigo mesmo para as sociedades unipessoais.

[771] GUSTAVO BONELLI, "La personalità giuridica...", loc. cit., p. 590.

[772] Cfr. LUIGI BRAGANTINI, pp. 205-6.

[773] Referimo-nos a GIUSEPPE AULETTA, *Il contratto di società*..., ob. cit., pp. 241-2.

[774] Assim, cfr. GIANGUIDO SCALFI, p. 58. Na mesma linha, *vide*, para a Alemanha, WOLFGANG SCHILLING, "Die Einmanngesellschaft und das Einzelunternehmen mbH",

O problema foi levantado também a propósito das deliberações adoptadas com o consenso da totalidade dos sócios e que abrangia de todo o modo também as sociedades com um único sócio. Num passo frequentemente mencionado de PIER GIUSTO JAEGER, em que se discute a bondade da concepção que identifica o interesse social com qualquer interesse colectivo de que sejam titulares as pessoas dos sócios[775], o Autor italiano refere que, se assim fosse, não haveria um potencial conflito intersubjectivo de interesses, antes ele se resolveria num conflito intrassubjectivo, juridicamente irrelevante e inibidor da intervenção do ordenamento[776]. "Neste caso", diz a dado passo, "a situação não é dissemelhante daquela que se verifica quando uma pessoa efectua uma escolha entre a satisfação de um próprio interesse individual e a satisfação de um outro interesse individual incompatível com o primeiro: (...) tal situação, a

---

loc. cit., p. 165, onde se diz expressamente que, se os interesses do sócio único coincidem necessariamente com os da sociedade, não é necessário colocar entre ambos a parede separadora da personalidade jurídica (*Es ist nicht erforderlich, zwischen beide die Trennwand der juristischen Persönlichkeit zu schieben*).

[775] O exemplo que se tornou paradigmático era o de cinco sócios, únicos condóminos em partes iguais de um imóvel e únicos sócios com iguais participações sociais, deliberarem na respectiva assembleia a aquisição desse imóvel a um preço muito superior ao seu valor real. Será que poderia dizer-se que essa deliberação era conforme ao interesse social da sociedade ou válida porque preenchia essa conformidade, como se depreende dessa equivalência, quando o interesse perseguido *por todos os sócios* nessa deliberação é estranho e conflituante com o interesse que esses mesmos sócios partilham de que a sociedade conclua operações com o máximo proveito? A esta questão já tinha respondido GUSTAVO MINERVINI, "Deliberazione assunta da tutti i soci in conflitto di interessi con la società?", *Giur. It.*, 1960, pp. 585-6, quando afirmou que "o interesse comum em concreto de todos os sócios num determinado momento histórico pode divergir do interesse social, (...) se e na medida em que para todos os sócios – e em igual proporção – subsista um idêntico interesse extrassocial: o somatório de tais interesses extrassociais não constitui, com toda a evidência, o interesse social".

[776] Ou seja, a aplicação do art. 2373 do *CCIt.*, que sanciona o impedimento de voto à imagem do que faz o nosso art. 251º. Para um realce desta disciplina como uma regra posta ao serviço de um adequado procedimento da deliberação social em conformidade com a relação entre a maioria e a minoria nas sociedades, cfr. AGOSTINO GAMBINO, pp. 179 e ss, em esp. pp. 262-71. Aqui se precisa que a norma não se põe ao serviço integral da tutela das minorias, que apenas vem parcialmente realizada, mas fundamentalmente persegue a tutela primária do ordenamento social através da preservação do património destinado à actividade comum. Simultaneamente, fornece-se uma garantia substancial de legalidade ao procedimento deliberativo com a prevalecente função de proteger aqueles sócios cujo prejuízo patrimonal não viria neutralizado pela obtenção de vantagens extrassociais.

menos que um dos dois interesses em questão interfira com os interesses de outros sujeitos, resolve-se, como qualquer contraste de motivações, no foro interno do indivíduo. Também esta última situação pode apresentar--se numa sociedade por acções, quando aí tenha um único sócio; é claro (...) que o accionista único tem a possibilidade jurídica de servir-se da sociedade como melhor crê (salvo as garantias que dizem respeito aos terceiros credores), e portanto também de a sacrificar (renunciando às utilidades que ela lhe poderia trazer) para perseguir outros interesses, estranhos à mesma sociedade. Mas, voltando novamente ao problema desenvolvido anteriormente, seria manifestamente absurdo concluir que, assim, o único accionista *age sempre* no interesse social"[777].

À mesma conclusão sobre a impossibilidade de aplicar a disciplina do conflito de interesses à sociedade unipessoal chegou uma outra parte da doutrina, argumentando que essa desaplicação, imposta pela necessária e permanente identificação do interesse social com o interesse do único accionista e atenta à função da norma respectiva como instrumento de tutela das minorias, teria como contrapeso a responsabilidade ilimitada prevista para o único sócio pelo art. 2362 do *CCIt*.[778]. Esta seria, não o

---

[777] *L'interesse sociale*, ob. cit., pp. 181-4 (citação das últimas duas páginas, com sublinhado como no original).

[778] Cfr. SCOTTI CAMUZZI, "L'unico azionista", loc. cit., pp. 781-2, ss.

Numa via de explicação aparentemente alternativa se pronunciara PIERGAETANO MARCHETTI, p. 155, que, pelo menos em abstracto e objectivamente, configura a possibilidade de um conflito de interesses entre a sociedade e o sócio único, ainda que, no caso de ser aplicada a norma do art. 2362 e desencadeada a sanção da responsabilidade ilimitada, estivesse em causa a *sucumbência* do interesse social em face do interesse extrassocial do sócio ou a *prevalência*, em concreto, desse interesse extrasssocial e pessoal do sócio.

Aquela asserção da identidade de interesses, à qual está subjacente a percepção de o único sócio poder ser sempre livre de privilegiar o interesse social ou um interesse conflituante extrassocial, tal como o indivíduo singular faz quando tem de escolher entre a satisfação de um ou outro dos próprios interesses pessoais (cfr. LOREDANA NAZZICONE, p. 34), proliferou no âmbito dos estudos sobre o fenómeno do controlo totalitário de sociedades por outras sociedades, onde a instrumentalidade da sociedade integralmente controlada impunha que não se visualizasse qualquer situação de conflito no interior do grupo: *vide*, entre outros, SCOTTI CAMUZZI, "La società con unico azionista...", loc. cit., pp. 473 e 477; PAOLO SPADA, "L'amministrazione della s.p.a. tra interesse sociale ed interesse di gruppo", *RDC*, 1989, pp. 237 e ss; FRANCO BONELLI, "Conflitto di interesse nei gruppi di società", *GC*, 1992, pp. 219 e ss (em sentido problematizante); GIUSEPPE FERRI, *Manuale di Diritto Commerciale*, ob. cit., p. 521. Em sentido absolutamente contrário, com debate jurisprudencial, por considerar que a sociedade controlada mantém a autonomia e a individualidade jurídica apesar de estar integrada num grupo cujo interesse

reflexo de o sócio ter o *poder de usar* a sociedade no seu interesse pessoal, mas a consequência de o *direito a fazê-lo ser um acto de legítima posição de poder*, ainda que respeitando as formas da subjectivação e da organização societária e observando as normas estabelecidas para tutela da integridade do património social. Seria, portanto, essa uma norma que se baseava no pressuposto (implícito, mas necessário e correspondente à situação de facto) que ao exercício de tal poder não se colocava, por falta de sentido, o vínculo derivante da regra geral do conflito de interesses, submetendo o sócio, uma vez afastada a gestão social dessa regra constituída em função da correcta actuação do princípio da maioria, ao risco económico da empresa, como se ela fosse própria e apenas no interesse próprio[779].

Com a introdução da unipessoalidade de raiz num tipo social onde o sócio único usufrui *por norma* do privilégio da responsabilidade limitada pelas dívidas sociais, caiu esse importante argumento com que se travava a inconfigurabilidade de um conflito de interesses, com base no sacrifício do interesse social a favor daquele pessoal, suprido, por sua vez, pela

---

é desenhado pela *holding* que, de facto ou de direito, exerce o controlo e elabora as políticas a seguir sobre as diversas fases das empresas do grupo, *vide* ANTONIO GRIECO, "Il conflito di interessi in generale e nell'ambito dei gruppi di società", *Giust. Civ.*, 1991, pp. 161 e ss. Segundo este Autor, essa individualidade seria notória e provocaria um manifesto conflito de interesses contrastantes entre sociedade controlante e sociedade controlada, ambos merecedores de tutela, nomeadamente quando os sócios minoritários e os credores desta última fossem especificamente prejudicados por operações concebidas e efectuadas em obséquio à *policy* da sociedade-mãe, na veste de titular das participações de controlo, contrárias aos interesses (evidentemente a obtenção do maior lucro possível para essa sociedade) e escopos específicos da sociedade participada e idóneas a causar-lhe danos *efectivos*, ainda que em conformidade com os interesses das sociedades do grupo (ou dos sócios maioritários da sociedade *holding*).

[779] A favor da inaplicabilidade desse regime do conflito de interesses à sociedade unipessoal em virtude da identificação exacta do interesse da sociedade com o interesse do sócio, sem mais desenvolvimentos, cfr., em momentos diferentes, ANGELO GRISOLI, *Le società con un solo socio*, ob. cit., p. 372, n. (64), e PIER LUCA TROJANI, p. 1359.

Depois da introdução da *E.U.R.L.* em França, a doutrina não se mostrou igualmente aberta a que a defesa dos interesses do empresário fossem colocados em patamar diverso do dos interesses da "sua" empresa: cfr. MARIE-THÉRÈSE CALAIS-AULOY, p. 250; YVES GUYON, *Droit des Affaires*..., ob. cit., p. 543, em termos categóricos mas sem problematização: "... um interesse social, que se confunde com o interesse do sócio único". Na mesma linha, para a Alemanha, em apoio da jurisprudência que afirma a identidade da vontade da sociedade com a vontade do seu sócio, cfr. MARCUS LUTTER/PETER HOMMELHOFF, *GmbH-Gesetz Kommentar*, ob. cit., § 13, *Rdn.* 22, p. 162.

responsabilidade pessoal e ilimitada do singular sujeito titular daquele interesse individual.

O quadro de concepção contratualista do fenómeno societário mantinha alguns, porém, presos à ideia de que o único sócio, penalizado com fortes limitações à autonomia privada pelo *ius speciale* da unipessoalidade, tinha razões para exercer o poder de se servir da empresa social para o seu próprio interesse. Na realidade, à decadência daquele argumento veio objectar-se que *também* a disciplina da SQU, embora renuncie a tal compensação, contempla, *em sua vez*, uma série de previsões relativas à particular posição do sócio, as quais podem ser entendidas como *contrapesos autónomos* à desactivação da norma sobre o conflito de interesses[780].

Contudo, a questão terá que ser dilucidada fora da estrita conexão explicativa da prescrição da responsabilidade ilimitada do único sócio, que, como vimos, aparece como regra, também entre nós, *se* forem observados os requisitos do art. 84°, para a unipessoalidade superveniente e *não assumida* como estatuto subjectivo da sociedade. Na SQU, em que a unicidade se declara como a composição pessoal do ente, a responsabilidade ilimitada aparece como excepção, uma vez que ao organismo societário criado pelo negócio constitutivo se confere sem mais, ressalvadas as incompatibilidades, a regulamentação de *tipo associativo* de que desfrutam as sociedades plurais. Logo, se o único quotista é legalmente imune ao risco de que o exercício incorrecto do seu poder de controlo determine a falência da sociedade, e, com essa, a sua responsabilidade pessoal, o fenómeno decorrente da intervenção legislativa não se pode resolver ainda no contexto compreensivo do direito anterior a essa intervenção[781].

Também não nos parece que a perspectivação de um conflito de interesses nas relações entre sócio e sociedade totalitariamente "possuída" se possa raciocinar com o recurso a uma apriorística e abstracta adesão às (variadas) teses contratualistas, agrupadas pela ideia de que o interesse da sociedade se aloja exclusivamente na protecção de motivações endossocietárias e se afasta de valorações de índole externa à sociedade, ou melhor, dos seus sócios enquanto comunidade. Parece que, estando superados os excessos dessa antinomia, entendida em termos radicais[782], cada

---

[780] Cfr. FEDERICO TASSINARI, p. 741 e n. (85); *vide supra* n. 181.

[781] Para uma defesa desta perspectiva no direito italiano, cfr. FABRIZIO GUERRERA, p. 51, e CARLO IBBA, *La società...*, ob. cit., p. 116.

[782] Recordem-se alguns dos fragmentos da (vaga) discussão contratualismo-institucionalismo registada *supra* na n. 325.

instituto enriquece esse debate, mais do que ser sentenciado por ele. Isto é, a sensação que fica é a de que não será correcto fazer depender a solução do nosso problema da escolha prévia de uma ou outra concepção de interesse social, tanto mais tratando-se de concepções elaboradas relativamente a um ambiente normativo entretanto modificado – de uma forma deveras significativa, atendendo à consagração da unipessoalidade de raiz –, antes é possível que a própria introdução da SQU possa condicionar a delimitação do conceito de interesse social, em vez de ser por ele condicionado[783], ao menos no que ao seu espaço diz respeito.

Vejamos bem o cenário. É natural que o sócio singular seja, a não ser que o não queira ser, o *dominus* da sociedade. Todavia, a justificação causal do organismo societário delineada pelo art. 980º do CCiv. – impregnando a criação de uma sociedade como as outras[784] – radica ineluctavelmente a persecução do interesse pessoal mediante a consecução, por um caminho mediato que passou pela constituição do ente societário, do interesse social, com o respeito das regras operativas determinadas em matéria societária e activada a assunção dos mecanismos *gerais* de responsabilidade para os órgãos sociais responsáveis por esse controlo (e pela tutela do interesse dos credores sociais). Vale, em suma, e deve ser respeitada, a regra da *separação* dos patrimónios, pessoal e "social", prevalecendo a responsabilidade limitada. E vale, desde logo por isso, a possibilidade de distinguir entre interesse pessoal do sócio e interesse da sociedade por si composta[785].

Neste contexto, depois da introdução da SQU, a doutrina nacional anteriormente apontada teve oportunidade para se dedicar *ex professo* ao assunto, (evoluindo e) reconhecendo que existe uma esfera de interesses extrassociais do sócio – enquanto terceiro equiparável a um não-sócio, ou seja, como sujeito fora da sociedade – que se distingue da esfera de interesses da sociedade. Referimo-nos a COUTINHO DE ABREU, que, por um lado, determina o interesse da sociedade unipessoal como, "consoante os casos, o interesse do sócio enquanto tal ou a conjugação dos interesses do sócio enquanto tal e dos trabalhadores"[786], e, por outro lado, consigna a

---

[783] Fizemos este último caminho na companhia de CARLO IBBA, *La società...*, ob. cit., p. 117, e GIORGIO MARIA ZAMPERETTI, *La società...*, ob. cit., pp. 127-8.

[784] *Vide supra* as várias etapas percorridas no excurso feito no ponto 9 do Capítulo II.

[785] Em sentido próximo, cfr. GIORGIO OPPO, "Società, contratto, responsabilità...", loc. cit., p. 185.

[786] *Curso...*, volume II, ob. cit., p. 303, n. (230).

validade, também para o sócio único, de um dever de lealdade ou/e de actuação compatível com o interesse social – pois "*o interesse da sociedade será o interesse do sócio único mas enquanto sócio*. Os interesses dele podem ser uns na sociedade e outros fora dela. Exercer um sujeito individual e directamente certa actividade não é o mesmo que exercer essa actividade através de uma sociedade"[787].

Para além disso, a presença no ordenamento de um ente que pode, originária e definitivamente, prescindir da pluralidade de sócios sem que com isso encontre alguma penalização, *em princípio*, na responsabilidade patrimonial do sócio único, foi conotada com laivos de perigosidade, devida ao facto de, não havendo outros sócios e podendo não existir o controlo interorgânico, vir a falecer aquela tutela indirecta dos interesses dos sócios de minoria e a faltar a eficácia da fiscalização efectiva entre os órgãos sociais. Estando o CSC fundado sobre pressupostos que encaravam esta factualidade unissubjectiva como mera excepcionalidade, confronta-se o intérprete com alguns meios "correctivos" para prevenir ou reprimir a utilização *deficiente* de um instrumento societário ao qual falta a dimensão de grupo da base social. Esses fragmentos normativos – que são seguramente de maior monta nas legislações comparadas mais próximas, como já o leitor se apercebeu – podem representar pontos de identificação de *interesses diversos e que não se esgotam na esfera de interesses pessoais do sócio único*.

De facto, pensamos que a subsistência de um interesse próprio e autónomo da SQU pode ser verificada no nosso material normativo[788]. As indicações normativas dadas ao nível da exigência da menção da unipessoalidade na firma, a proibição de uma única pessoa singular constituir mais do que uma SQU, a necessária redacção escrita em acta das decisões do sócio único, a escolha de disciplinar os contratos entre o sócio único e a sociedade, são manifestações suficientes de que a estrutura societária delineada nas escassas normas do CSC sobre a SQU é, na perspectiva do legislador, um "centro de interesses que não se exaurem naqueles do (actual) único sócio"[789]. Pelo menos, do interpretar da disciplina extrai-

---

[787] *Últ. ob. cit.*, p. 313, sublinhado como no original. Sobre o conteúdo, fundamento e alcance daquele dever, fundamentalmente bebido da experiência germânica e aí tratado pelo Autor com um desenvolvimento precursor entre nós, *vide* pp. 286, 303 e ss.

[788] Assim como se deduz da expressa referência na Relação à Proposta de XII Directiva, aquando da ilustração do art. 5º, ao surgimento *acrescido* de um conflito de interesses sempre que se celebrasse um negócio entre a sociedade e o sócio e no momento de serem tomadas as decisões pelo sócio único em lugar da assembleia de sócios.

[789] CARLO IBBA, *La società...*, ob. cit., p. 119.

-se, portanto, "a não automática exclusão de um núcleo mínimo de interesse social, a atenção por aspectos organizativos colocados para tutela dos futuros sócios e dos terceiros, a exigência de que mesmo o interesse do único sócio venha perseguido em termos e mediante modalidades *sociais* (não, por assim dizer, meramente individuais)"[790]. Logo, "... numa medida limitada a sociedade *não é um instrumento cuja sorte e emprego está absolutamente nas mãos do sócio único*", até porque o facto de o sócio único não poder "*obter nem directa nem indirectamente vantagens à custa da sociedade*, valendo-se da celebração de contratos na sua qualidade de sócio único" mais acentua "esta protecção substancial dos interesses da sociedade perante o sócio único", claramente demonstrativa de que "a sociedade configura uma esfera própria de interesses que o sócio único não pode menosprezar"[791].

Aqui reside a influência do novo instituto, assente na não imediata coincidência entre interesse do sócio e interesse da sociedade, no possível locupletamento da noção de interesse social. Pois este, na SQU, é "capaz de abranger também interesses não estritamente pertinentes aos membros actuais da estrutura social e todavia ainda sempre fazendo indissoluvelmente referência à organização societária enquanto dotada de um determinado grau de autonomia e de *eficácia real*"[792]. Como sejam os de terceiros, em particular os *credores* (a vários títulos), da sociedade[793]. Os de *sócios futuros*[794], atendendo à eventualidade (propiciada pela lei) de uma

---

[790] ANDREA PISANI MASSAMORMILE, p. 398, sublinhado como no original.

[791] Todas as últimas citações pertencem a DUQUE DOMÍNGUEZ, "Recientes desarollos...", loc. cit., p. 59, com sublinhados em conformidade com o original.

[792] GIULIANA SCOGNAMIGLIO, "La disciplina...", loc. cit., p. 263, itálico da Autora.

[793] Em função das importantes funções de publicidade da gestão social e das modificações estatutárias e exigências de integridade do capital inicial que o complexo de regras da SQU hipostasia (ou deveria fazer...) e que os interesses dos terceiros reclamam, ao lado do interesse do sócio em dispor de um ágil instrumento de exercício da actividade económica gerida, ILARIA CHIEFFI, *La società unipessonale...*, ob. cit., pp. 18-19, representa o interesse social para a SQU na realização plena das "potencialidades produtivas do organismo constituído".

[794] Salientando a importância de o interesse da SQU estar fortemente associado ao interesse de *todos aqueles* que virão, no decurso da SQU, a integrar a composição ou a equipa social, cfr. CONCETTO COSTA, pp. 17-18. No entanto, para os contratualistas, a apresentação da sociedade (anónima, em particular) como sujeito que não se resolve apenas nos interesses dos actuais associados mas se refere aos sócios que virão a integrar a sociedade, ou era recusado (ARIBERTO MIGNOLI, "L'interesse sociale", *RS*, 1958, pp. 749--51), ou, enquanto interesse instrumentalizado a uma melhor eficiência e a um melhor

sucessiva mudança ou ampliação da base social (basta o simples mecanismo da cessão de quotas), o que demonstra a evidente e acentuada agilidade da passagem da unipessoalidade à pluripessoalidade, com a qual a lei

---

funcionamento da empresa societária, viria a desembocar em resultados nada diferentes dos procurados pelos institucionalistas (PIER GIUSTO JAEGER, *L'interesse sociale*, ob. cit., pp. 88-92, 121-3 e 162-7). Porém, o ordenamento especial da SQU parece-nos reconhecer uma evidente preocupação, por um lado, pela definição dos termos de acesso de novos sócios, como pela manutenção de objectivas exigências de viabilidade do organismo económico que torne a SQU uma sociedade capaz de viver bem e suficiente tempo para acolher novos membros. Digamos que a SQU é vista como o início de uma entidade que pode crescer empresarialmente e que não está feita, como é regra dizer-se para as sociedades por quotas de pequena dimensão e de restrita composição pessoal, para durar apenas enquanto vivem os seus fundadores (ou, eventualmente, os seus herdeiros). É certo que a modificação de uma SQU em sociedade plural, na primeira fase da sociedade, depende exclusivamente do sócio fundador, que até pode resolver dissolver a SQU. Durante este período inicial, de facto, é ao sócio que assiste o monopólio (mais um...) de decidir se entrarão mais sócios para o acompanharem na vida da sociedade. Mesmo assim, se essa for a sua decisão, a sua intenção só terá êxito se entretanto a gestão social for comandada ao sabor do respeito das regras societárias consideradas fundamentais para um funcionamento saudável da sociedade. Se assim for, a sociedade tornar-se-á atractiva para os potenciais sócios. Se assim não acontecer, nomeadamente porque o sócio confundiu o interesse da sociedade com o seu interesse pessoal, a organização social, mesmo que se queira alargar na base subjectiva, não adquirirá decerto a pluripessoalidade. Precisamente por estas razões, muito próprias da SQU, é que não podemos concordar com VASCO LOBO XAVIER, *Anulação*..., ob. cit., p. 231, ss, quando defendia estar a consideração dos futuros sócios – tal como era vista para as sociedades anónimas (vejam-se as pp. 159 e ss), ou seja, enquanto garantia aos novos accionistas da vigência de determinado esquema de regulamentação da sociedade, explicado pelo seu "número potencialmente vastíssimo" e, em virtude da "facilidade e rapidez com que podem adquirir tal qualidade", pelo risco de desconhecimento das cláusulas estatutárias ou das deliberações sociais que viessem a fixar disciplina contrária à prevista no mencionado esquema legal – fora do âmbito de tutela das normas que regulam as sociedades por quotas (em opinião contrária à expressada então na Alemanha por ADOLF BAUMBACH/GÖTZ HUECK, *GmbH-Gesetz: Gesetz betr. Die Gesellschaften mit beschränkter Haftung*, "Anhang nach § 47. Nichtigkeit und Anfechtung von Gesellschafterbeschlüssen", 1970, pp. 245-6).

Ora, calcorreando em sentido contrário os argumentos do Autor nacional para a *específica situação da SQU*, ainda longe dos dados do direito actual (inclusive do CSC), a disciplina legal da SQU está dirigida a propiciar o ingresso na entidade societária de outros membros, mesmo que depois o regime estatutário venha a estabelecer obstáculos a admissões ulteriores. Por outro lado, é certo que a formalidade inerente aos actos jurídicos que permitem essa aquisição da qualidade de sócio estimula a ponderação dos interessados, mas a natural opacidade de algumas informações sobre a vida social podem baralhar as suas reflexões. Reside fundamentalmente neste possível manipular das decisões

fornece um instrumento dúctil e atractivo para o "mercado" de potenciais novos empresários se interessar pelo ente unipessoal. E até os da *economia e do tráfico em geral*, baseada na reivindicação, a que a demanda de uma sociedade de responsabilidade limitada com um único fundador esteve sempre associada, mais ou menos urgente, de acabar com a prejudicialidade para a transparência do comércio jurídico movida pela proliferação de sociedades de pluralidade fictícia[795].

Não é esta a sede para ir mais longe. Certos estamos de que o que adiantámos parece dar algum apoio à susceptibilidade de um conflito entre os distintos interesses do sócio e da sociedade e fazer aplicar a disciplina respectiva, mesmo que com isso acabemos por colorir de feição mais institucional o interesse da SQU. Tal como estamos convictos de que a disciplina da XII Directiva, no que respeita às matérias típicas da conflitualidade, como é a contratação entre o sócio único e a sociedade a que o art. 5º do diploma comunitário faz referência, se ficou por uma simples consideração de ordem formal, atinente à transparência desses negócios, precisamente porque se saberia que todas as legislações dispunham de um regime *substancial* do conflito de interesses, que seria convocado para a unipessoalidade sem que a Directiva para isso tivesse que providenciar[796]. Pelo que chegamos a uma resposta afirmativa sobre a dúvida inicial, chamando à colação o art. 251º para a disciplina da SQU.

---

tomadas pelo sócio único, e em função das suas consequências, a especial atenção que a sorte dos novos sócios merece quando problematizamos o atendimento dos interesses específicos das pessoas, singulares ou colectivas, que podem e querem participar numa SQU depois da sua constituição.

[795] A respeito desta inclusão das prescrições específicas da SQU entre aquelas que podem igualmente, sem embargo de organizarem a vida interna da sociedade, visar atingir a defesa do comércio jurídico, é interessante respigar a noção restritiva de interesse público, enquanto *objecto da tutela normativa*, dada por VASCO LOBO XAVIER, *últ. ob. cit.*, p. 135, ss, e n. (28), à qual subtraía "todos os casos em que, no fundo, se trata de um interesse de sujeitos privados, mesmo quando a amplitude e a indeterminação da esfera dos respectivos portadores (*v. g.*, terceiros) leva geralmente a considerá-lo interesse público", isto é, limitava-o "às hipóteses em que não é possível divisar sujeitos privados como suportes do interesse protegido pelo preceito". Para uma concepção mais ampla, mais próxima da nossa, pois insere na contrariedade a esse interesse público, p. ex., as deliberações que aprovem a distribuição de dividendos fictícios, que autorizem a distribuição pelos sócios de quantias necessárias para manter intacto o fundo de reserva legal ou que alterem a competência fundamental de cada um dos órgãos sociais, cfr. FERRER CORREIA, *Lições...*, ob. cit., pp. 368-9.

[796] Neste sentido, cfr. GIORGIO MARIA ZAMPERETTI, *La società...*, ob. cit., p. 129.

Mas, dir-se-á, fez-se o mais difícil, ao configurar-se o conflito que a norma prevê, e descurou-se o que de mais óbvio o preceito integra na sua hipótese, ou seja, a possibilidade do exercício do direito de voto. Não adianta depreender esse conflito se, no caso, não é concebível o mecanismo da votação (enquanto procedimento englobado pelo exercício do voto, pela contagem dos votos e pelo apuramento do resultado desses votos), nem sequer tem existência jurídica o direito de voto.

Neste âmbito, RAÚL VENTURA opinou, no direito anterior à agregação da SQU no sistema societário, que não haveria impedimentos de voto do sócio único, logo não haveria lugar à aplicação do art. 251º, sendo que as eventuais condutas irregulares do sócio único eram remetidas para a sanção do art. 84º. Seguia então a dominante doutrina alemã, que não via como possível a situação de conflito entre o interesse do sócio e o interesse da sociedade[797] e explicava-se desta maneira: "Na sociedade unipessoal, um impedimento de voto do sócio único significaria a impossibilidade de a sociedade tomar deliberações; ora, estas continuam a ser necessárias, embora talvez não com a frequência usual"[798].

Recentemente, igual resposta foi dada por COUTINHO DE ABREU, ainda que não recuse a possibilidade de conflito de interesses entre o sócio único e a sociedade. Em primeiro lugar, porque as situações de conflito previstas no art. 251º relevam apenas *residualmente* nas sociedades unipessoais e, a serem aplicadas, implicariam a inviabilidade de o sócio tomar decisões sobre certas matérias, ao contrário das sociedades plurais. Em segundo lugar, na medida em que há outros meios que podem obviar à tomada de

---

[797] Essa doutrina foi aplicada à impossibilidade de aplicação do § 47, al. 4, da *GmbHG*, nas sociedades unipessoais, ou seja, do impedimento de voto nos casos de deliberação for força da qual o sócio se possa liberar de uma responsabilidade social, desvincular de uma obrigação, que preveja a conclusão de um negócio jurídico com a sociedade ou que decida da interposição ou termo de uma acção judicial contra ele. De facto, os comentadores tudescos não encontram na *ratio* da norma, e no seu confronto com a específica prescrição da al. 4 do § 35, espaço para a sua aplicação às decisões na sociedade de um só sócio – cfr., por todos, UWE HÜFFER, "Dritter Abschnitt. Vertretung und Geschäftsführung. § 47. Abstimmung", in MAX HACHENBURG, *Gesetz betreffend die Gesellschaften mit beschränkter Haftung (GmbHG) – Großkommentar*, 1997, *Rdn.* 125, p. 119: "A regulação do § 35, al. 4, permanece intacta, mas, uma vez que a tomada de decisão (*Beschlußfassung*) da sociedade sobre o auto-negócio entre o sócio único-gerente com a sociedade é possível, tal não se opõe à *redução* do § 47, al. 4" (sublinhado nosso) – , e a jurisprudência tem-nos seguido – vejam-se, a título de exemplo, os termos da decisão do **Bayerisches Oberstes Landesgericht**, de **7.Maio.1984** (in *BB*, 1984, pp. 1117-18).

[798] *Sociedades por quotas. Comentário...*, volume II, ob. cit., p. 294.

decisões cujo conteúdo se revele contrário ao interesse social – invalidades estatuídas pelos arts. 56°, n° 1, al. d), e 58°, n° 1, al. b) – ou sejam lesivas de terceiros (em particular, credores) por terem favorecido os interesses extrassociais do sócio – o recurso, p. ex., à impugnação pauliana, à responsabilização de administrador (independentemente da qualidade de sócio, ao abrigo do art. 78°) e do sócio (nos termos dos arts. 83° e 84°)[799].

Não obstante o mérito do que precede[800], parece-nos que não é de excluir *in limine* o regime dos impedimentos de voto na SQU. Haverá condições para seguir uma diversa linha de raciocínio e usufruir com proveito dessa disciplina.

Actualmente a sociedade unipessoal não é mais, no tipo quotista, uma anomalia puramente eventual e tendencialmente transitória, podendo assumir os traços da origem e da definitividade. A actividade deliberativa da SQU é a actividade normal de uma sociedade por quotas. Mas de voto nela não se pode falar, tanto na acepção que o art. 251° considera – a *(i)legitimidade para exercer* o direito de voto em face da sua posição perante a sociedade quanto ao assunto a deliberar[801] –, como na qualidade de *direito* do sócio, tal como ele é visto no art. 21°, n° 1, al. b). Assim é, mas a importância que este regime pode apresentar para a especial condição da SQU não nos faz esmorecer. Por nós, urge, por isso, levar a cabo a adaptação do regime geral da disciplina do impedimento de voto à particularidade da SQU, à imagem do que se tem que fazer para outras normas do direito comum das sociedades e do tipo quotista.

A falta da pluralidade não nos parece ser obstáculo, porque a excepção à regra do art. 270°-G não implica que se exclua da disciplina especial da SQU tudo aquilo que *prima facie* envolva *mecanismos plurais*. A interpretação deve ser mais apurada do que isso e chegar a resultados que partam do princípio de que o modelo organizativo-legal das sociedades se aplica, ainda que com a necessidade de se proceder a modificações e adaptações – se não, não teria valido a pena ter conquistado o expediente para o exercício singular do comércio[802].

---

[799] Cfr. *Curso*..., volume II, ob. cit., pp. 243-4.

[800] Especialmente no que se refere aos meios de defesa, civis e societários, de tutela dos interesses de terceiros perante as decisões do sócio único, pois esses não devem ser vistos como alternativa ao que se sustentará, antes como complemento válido e actuante (se possível).

[801] Cfr. PINTO FURTADO, *Deliberações dos sócios. Comentário*..., ob. cit., p. 103.

[802] A aplicação da disciplina geral do modelo organizativo da sociedade comercial e do tipo societário que entra em consideração é, como sublinha, entre outros, CARLO

E do que se trata é mesmo de adaptar. Pois se não há voto, porque só há um sócio (inaplicável é, isso sim, o art. 250°), *há decisão*, que deve ser para este efeito equiparada à deliberação que se adoptou com o concurso do voto do sócio que para isso estava inibido. Portanto, quando estamos perante uma SQU, aplicar o art. 251° significa determinar que «o sócio não pode *decidir* ... quando, relativamente à matéria da *decisão*, se encontre em situação de conflito de interesses com a sociedade»[803-804].

O art. 251°, uma vez aplicado às SQU, deixa de respeitar às deliberações adoptadas em desconformidade com o disposto na lei ou no acto constituinte a respeito da votação (dizendo quem não pode votar quando as deliberações tenham um objecto, até disposto por cláusula estatutária[805], que envolve um interesse antagónico entre sociedade e sócio).

ANGELICI, "Società unipersonale e progetto...", loc. cit., p. 59, a via mais coerente e conformada com os interesses substancialmente coenvolvidos. Por um lado, o do único sócio, em utilizar esse modelo, com o que resulta contraditória a eventualidade de esse mesmo modelo não ser respeitado. Por outro, o dos terceiros, uma vez que é nas regras organizativas que compõem esse modelo que eles encontram o principal instrumento de tutela, como estamos neste preciso momento a registar.

[803] O sublinhado é da nossa iniciativa.

[804] Declarando a aplicabilidade do art. 2373 do *CCIt*. às decisões do sócio único, sem que com isso se pense que tal possa evitar em absoluto as tentativas de empobrecimento da sociedade por parte do sócio único, em prejuízo dos credores sociais, cfr. GIORGIO MARIA ZAMPERETTI, *La società*..., ob. cit. pp. 129-30, visto que, estando a norma predisposta a sancionar as deliberações em conflito de interesses e elaborada em nome da tutela das relações intrassocietárias e acabando tais interesses por coincidir com os interesses daqueles sujeitos terceiros em relação à sociedade e aos sócios, "implicitamente a disposição pode proteger, por via indirecta, ainda este últimos" [na esteira da doutrina que via a tutela das minorias na regra do conflito de interesses como uma protecção que, ainda que não causalmente, beneficia a protecção do crédito: cfr. SCOTTI CAMUZZI, "L'unico azionista", loc. cit., p. 783 e n. (19)]. Parece-nos ser também esta a posição (ainda que pouco convicta e aprofundada) de ILARIA CHIEFFI, "La nuova s.r.l. unipersonale", loc. cit., pp. 595-6, no que concerne à aplicação desse preceito à sociedade de responsabilidade limitada unipessoal, "no pressuposto de ter sido adoptado um acto (*rectius*: uma deliberação) no qual se manifeste o conflito entre o interesse pessoal do único sócio e o interesse à conservação da integridade do património (ou do capital) da sociedade".

[805] Essa faculdade de *ampliar* no pacto social o leque de assuntos, previstos nas alíneas no n° 1 do art. 251°, em que há fundamento para o sócio ser impedido de votar, por motivo baseado na situação de conflito de interesses, é abonada pela mudança de redacção do art. 254°, n° 2, do Projecto do CSC, que proibia essa ampliação, e o "regresso" à formulação do Anteprojecto liderado por Ferrer Correia. Neste sentido, mas criticando a ilusão do intento dos reformuladores do Projecto, uma vez que, defendendo *em primeira linha* como mais acertado sustentar que não haveria lugar a qualquer ampliação contratual da

Passa a regular a validade das decisões que têm como *thema deliberandum* uma regulamentação de interesses que não podia ser decidido pelo sócio[806].

Esse controlo sobre as decisões não adoptadas em conformidade com o art. 251° estará condenado a não ampliar significativamente a tutela dos interesses sociais *que não sejam os do sócio* se se seguir a sanção aceite na doutrina para a violação do art. 251°. Na verdade, ocorrendo uma infracção dessa disciplina atinente ao voto, estamos caídos num desrespeito do processo formativo de uma dada deliberação (a ilegal emissão do voto), que deverá ser suprida através da acção anulatória, adequada em regra para os vícios de procedimento[807]. Destarte, estaríamos de novo caí-

---

enumeração das als. do art. 251°, n° 1, de qualquer modo, o contrato de sociedade nunca poderia retirar o direito de voto para além do enquadramento na referida regra geral do conflito de interesses, porquanto a regra, em si mesma, não poderia ser ampliada, cfr. RAÚL VENTURA, *Sociedades por quotas. Comentário...*, volume II, ob. cit., pp. 286-9. Próximo desta doutrina, ainda que menos restritivo na inibição de acrescentos estatutários, que admite *em primeira linha*, cfr. COUTINHO DE ABREU, *Curso...*, volume II, ob. cit., p. 241.

[806] Quando o sócio único seja pessoa colectiva e as decisões sejam tomadas pelo seu, ou pelos seus, representante(s) orgânico(s), a inibição de decidir coloca-se nos mesmos termos, mas merece algumas precisões.

Se o interesse em conflito com o da SQU se imputa à própria pessoa colectiva, o tratamento é o mesmo que se dá aos casos de o sócio único ser pessoa humana – não pode, pois, a pessoa colectiva decidir através do seu representante orgânico. Se a incompatibilidade se der entre o interesse da SQU e o interesse *particular e individual* do representante orgânico da pessoa-única titular da SQU, enquanto pessoa singular despida da veste de titular orgânico da pessoa colectiva detentora da totalidade da participação social na SQU, parece-nos que, recolhendo *cum grano salis* o ensinamento de RAÚL VENTURA, *últ. ob. cit.*, pp. 292-3, importa distinguir consoante essa representação, ainda que reportando a um *único representado*, seja singular ou plural, de modo a que se tenha em devida conta a influência que a pessoa em conflito tem na formação da vontade da SQU. Na verdade, se esse representante é um só, deve interpretar-se extensivamente a norma do art. 251°, fazendo com que se proíba a decisão que incida sobre assuntos em que esse mesmo representante tem interesse directo e contrastante com o da SQU, independentemente de isso não corresponder ao interesse (e a uma outra expressão de "vontade"...) da pessoa colectiva-sócia única. Fazendo, ao fim e ao cabo, que, para o fim de aplicação da norma, o confito de interesses situado no representante do sócio seja tomado como residindo na esfera do sócio. No entanto, tal não será de entender se a composição dessa representação é plural, caso em que um só (mesmo que sejam dois) não terá peso suficiente para decidir em nome do seu interesse e em detrimento do interesse da SQU, ou, mesmo que uma maioria tenha, sempre haverá uma minoria para resistir e comunicar o sucedido à pessoa representada.

[807] Cfr., para o art. 39°, § 3°, da *LSQ*, VASCO LOBO XAVIER, *Anulação...*, ob. cit., pp. 47-9, n. (20), 593-5, e PINTO FURTADO, *Código Comercial Anotado. Das Sociedades*

dos na insuficiência já conhecida da norma atributiva de legitimidade para a impugnação de decisões anuláveis do sócio único. Ou seja, estaríamos numa situação de quase-paralisia do impedimento de decisão por antagonismo recíproco de interesses com a SQU. Mesmo quando existisse órgão de fiscalização, para tal legitimado, o temor reverencial em face do único e efectivo *dominus* fragilizaria a faculdade de controlo.

Parece, porém, que tal vício não se coloca no procedimento da decisão. Não temos aqui qualquer exercíco do direito de voto, mas sim uma decisão. E esta infringe a "regulamentação de interesses a que o acto dá vida"[808], isto é, o respectivo conteúdo. O que é ilícito é aquilo que se decidiu contra a regulamentação do art. 251º, o qual veda ao sócio decidir sobre matérias em que tenha um interesse particular antagónico com o da sociedade.

Pois bem. Sendo este qualificável como um vício do conteúdo, merecerá a sanção da nulidade se a norma violada for de carácter *imperativo* ou *cogente*, no sentido de que tais normas serão aquelas que "não podem ser arredadas nos estatutos primitivos, e que, portanto, nem à vontade unânime dos sócios é consentido vir mais tarde subverter *através de deliberação que estabeleça uma disciplina divergente*"[809]. Essa imperatividade, seguindo a linha de VASCO LOBO XAVIER, só se explica pela preocupação com interesses que estão *fora da* tutela daqueles que no momento do acto eram sócios e se podiam defender através da acção anulatória. Na hipótese do art. 251º, quando aplicado às sociedades por quotas plurais, seriam os restantes sócios que concorreram para uma deliberação que foi procedimentalmente mal formada. Quando demandado pela SQU, esses interesses fracassam: não havendo outros sócios para além do sócio único no

---

em especial, ob. cit., pp. 528-9, que aludem ambos, implícita ou expressamente, a um princípio geral de ocorrência de conflito de interesses susceptível de conduzir à privação de voto no direito das associações (ou corporações), em face do disposto pelo art. 176º, nº 1, do CCiv. Na vigência do art. 251º, desenvolvidamente, *vide* RAÚL VENTURA, *últ. ob. cit.*, pp. 259 e ss (veja-se a coincidência de pontos de vista com o Autores citados anteriormente a pp. 266-7, 290 e 308-9). Não obstante, a jurisprudência de última instância já ordenou orientação diferente, quando o **Ac. do STJ**, de **9.Fevereiro.1995** (in *CJ/Acórdãos do Supremo Tribunal de Justiça*, 1995, tomo I, p. 72, ss), veio determinar a nulidade de uma deliberação que incidiu sobre a exclusão de sócio e violou o impedimento do art. 251º, atendendo a que, fazendo menção ao ponto V do respectivo Sumário, "Se o sócio votar não se está perante a deliberação viciada, mas perante declaração pessoal que não ganha a qualidade de voto formativo da deliberação".

[808] VASCO LOBO XAVIER, *últ. ob. cit.*, p. 384, n. (3).
[809] VASCO LOBO XAVIER, *últ. ob. cit.*, p. 153, sublinhado do Autor.

momento do acto, não existe a possibilidade de serem defendidos interesses para os quais não existem titulares.

Antes será de entender que essa norma, quando incluída na disciplina da SQU, é verdadeiramente de conteúdo imperativo para a liberdade decisória do sócio único, uma vez que dela resultam protegidos, no fundamental, conquanto por forma indirecta, os interesses dos credores sociais e dos sócios futuros, enquanto interessados na boa gestão da sociedade.

Os *credores*, na fórmula de VASCO LOBO XAVIER, que aqui chamamos novamente, pois "estão aqui garantidos apenas pelo património da sociedade, não lhes é decerto indiferente um ordenado funcionamento da organização social, que, directa ou indirectamente, possibilite a conveniente gestão daquele património"[810].

Os *sócios futuros*, porque certamente o legislador quis que a promoção da autonomia e da criteriosa e não subvertida exploração de uma sociedade conferida pelas cautelas do esquema legal predisposto fosse assegurada a todo aquele que se interessasse e viesse a integrar a sociedade, suprindo assim as deficiências e os atritos que possam surgir na obtenção das informações recolhidas no processo conducente à aquisição da qualidade de sócio.

O carácter cogente do preceito aludido parece justificar-se neste âmbito de tutela, decorrente de termos *valorizado* a individualidade e a especificidade do interesse da SQU, destacando-o da pessoa do empresário individual e remetendo-o para outros sujeitos exteriores à orgânica da sociedade. O que faz com que, quando o sócio decide em contravenção ao art. 251º, está a proceder "a uma regulamentação dos interesses distinta daquela que a lei efectuou e que foi subtraída à autonomia privada"[811]. Logo, se esta interpretação em concreto da norma reguladora do *impedimento de decisão* está correcta à luz da tarefa exegético-interpretativa legada pela melhor doutrina[812], a decisão em SQU que se adopte em violação de uma norma legal que está subtraída à disponibilidade

---

810 *Últ. ob. cit.*, pp. 236-7.

811 PEDRO MAIA, "Deliberações dos sócios", loc. cit., p. 191.

812 VASCO LOBO XAVIER, *Invalidade e ineficácia das deliberações sociais no direito português, constituido e constituendo; confronto com o direito espanhol*, 1985, pp. 11 e ss; IDEM, "O regime...", loc. cit., pp. 7-8. Com um desenvolvimento extraordinário dos interesses que motivam os preceitos e lhes ditam a sanção no caso de serem violados, deve continuar a remeter-se para a sua monografia doutoral *Anulação...*, ob. cit., pp. 146 e ss, esp. as conclusões a pp. 260-1, que serviram de inspiração fundamental para o actual regime de invalidade das deliberações vigente no CSC.

do sócio, como é o art. 251º, deve ser considerada nula, à luz do art. 56º, nº 1, al. d)[813].

Com o diagnóstico de um fundamento de nulidade da decisão, esta pode vir a ser impugnada pelo conselho fiscal, ou pelo gerente, se aquele órgão não existir, que têm o dever de comunicar ao sócio (no caso do gerente, se não for o sócio) a invalidade da decisão e de promover a acção de declaração judicial de nulidade (veja-se o art. 57º, nºs 1 e 4). Ademais, a deliberação pode ser sempre sindicada, nos termos do regime geral do art. 286º, do CCiv., pelos terceiros, se nisso demonstrarem interesse. Logo, é configurável uma intervenção *externa*, em função de fiscalização da actuação *interna* do sócio[814].

De resto, esta escolha de disciplinar o impedimento decisório na SQU chamando a pertinente regulação sobre o conflito de interesses, vem criar, na nossa perspectiva, um *panorama de uniformidade* entre o art. 251º e o art. 270º-F, responsável pela pormenorizada estatuição dos negócios realizados pelo sócio com a SQU. Aqui se fixam várias

---

[813] Aproveitamos assim, de um modo (superficialmente) fundamentado, o facto de, nas palavras de OLIVEIRA ASCENSÃO, *Direito comercial. Sociedades Comerciais*, ob. cit. p. 288, ser esta "a previsão de maior generalidade", em que "a tipicidade se conjuga com uma *capacidade expansiva* muito razoável", ficando isso dependente da "determinação do carácter derrogável ou inderrogável (portanto, injuntivo ou dispositivo) do preceito em causa" (itálico nosso).

[814] Mas nem todas as sociedades constituídas por um só sócio ou tidas como unipessoais para efeitos de aplicação do regime da SQU deverão estar sujeitas a este ajustamento de disciplina e à sujeição ao regime da nulidade. Pensamos, p. ex., naquelas em que a propriedade da quota pertence a uma só pessoa (o sócio único), mas sobre ela, ou respectivas fracções, se constituírem um ou mais direitos de usufruto (*vide supra* ponto 10.2. do Capítulo II), cujos titulares têm a legitimidade para decidir (fazendo a conveniente adaptação do art. 1467º, nº 1, al. b), e nº 2, do CCiv.) ou votar em assembleia. Apesar de a sociedade ser tratada como unipessoal, existe uma, ou outras pessoas, dotadas de legitimidade para exercer a competência decisória ou emitir o voto em deliberação colegial. Nestes casos, cremos que é de manter a doutrina de RAÚL VENTURA, *Sociedades por quotas. Comentário...*, volume II, ob. cit., p. 290. Quando o interesse em conflito com o da sociedade pertença ao usufrutuário, ele deve ser tido como sócio e não poderá decidir ou votar; se o interesse pertence só ao titular da raiz, o usufrutuário poderá decidir ou votar, pois o direito de voto compete-lhe pessoalmente e não como representante daquele (excepto, dizemos nós, se entre eles tiver sido convencionado, paralelamente ao determinado pelo art. 1467º, que o(s) usufrutuário(s) exercitasse(m) a competência para decidir ou exercer os direitos de voto em conformidade com as ordens do sócio-titular da raiz, hipótese em que efectivamente a independência volitiva do usufrutuário estaria integralmente defraudada – para outros acertos, *vide supra* n. 465).

condições de legalidade de tais negócios, de ordem substancial, formal, como de cariz publicitário[815]. A violação das prescrições aí determinadas é precisamente sancionada com a nulidade. Terá sido assim igualmente "porque o legislador terá provavelmente entendido que estariam em causa outros interesses que não apenas os da sociedade"[816], ou seja, interesses que não podem ser defendidos pelo sócio ou pelos seus órgãos porque atinentes a outros sujeitos, em particular os terceiros eventualmente lesados com a manipulação do património da SQU em proveito próprio.

Repare-se que esta norma veio legitimar a auto-contratação, impondo uma certa limpidez nas relações negociais entre sócio e sociedade, de modo que essas operações não comportem uma diminuição substancial da consistência patrimonial da SQU, a qual acarretaria prejuízos às pretensões dos terceiros credores. Mediante a utilização de certos pressupostos, porventura demasiado exigentes no seu todo, o legislador nacional admite a possibilidade ordinária das operações negociais concluídas entre o sócio único e a sociedade, desde que *todas* elas cumpram as obrigações materiais, formais e publicitárias que as condicionam. Incluem-se, por regra, todos os negócios, unilaterais ou bilaterais, celebrados entre sócio e SQU, que nos remetem para actos *jurídico-individuais* da sociedade, mas a eles parecem escapar aquelas *relações que encontram a sua causa na participação social*, mais atinentes à gestão da *actividade social*, qualificáveis como *sozialrechtlich*[817]. Relações essas que poderão perfeitamente vir a ser sancionadas, se se motivarem em decisão insusceptível de ser tomada em situação de conflito de interesses, através do art. 251º. Fora isso, resta--nos desentranhar um princípio geral de *reacção aos abusos* dessa mesma actuação social, assente nas potencialidades interpretativas do art. 270º-F, nº 4[818].

Essa sindicação é tanto mais aconselhável quanto uma análise rápida pelos casos *exemplificados* pela lei nas alíneas do nº 1 do art. 251º não parece atirar a nossa hipótese interpretativa apenas e só para o preenchimento da cláusula geral do corpo desse mesmo preceito e apanham esse tipo de relações.

---

[815] Pormenorizadamente sobre esta disciplina, *vide infra* Capítulo IV, ponto 20.1.

[816] ALEXANDRE SOVERAL MARTINS, "Código das Sociedades...", loc. cit., p. 313, n. (12).

[817] Fazendo esta distinção em termos genéricos, cfr. CARLO ANGELICI, "Il progetto...", loc. cit., p. 406; IDEM, "Società unipersonali: l'esperienza comparatistica", loc. cit., p. 900.

[818] Como já demos a entender *supra* no Capítulo II, ponto 10.4., e melhor desenvolveremos no Capítulo IV.

Ora, não poderá o sócio tomar uma decisão, destinada a daí emanar a vontade da sociedade em cada uma dessas circunstâncias, que recaia sobre a «Liberação de uma obrigação ou responsabilidade própria do sócio, quer nessa qualidade quer como gerente ou membro do órgão de fiscalização» [al. a)] ou o «Consentimento previsto no art. 254°, n° 1» [al. e), para efeito de o(s) gerente(s), não sócio(s), poder(em) exercer, por conta própria ou alheia, actividade concorrente com a da SQU]?

E, dentro da capacidade de acolhimento da cláusula geral[819], não pode o sócio decidir constituir uma hipoteca ou um penhor sobre um bem do património da SQU para garantir uma sua dívida particular (configurando-se uma hipoteca ou um penhor constituída por terceiro, que a SQU é relativamente ao credor pessoal do sócio, nos termos dos arts. 666° e 686° do CCiv.)[820]?

---

[819] Talvez se encontre aqui a principal fonte da razão de ser da divergência entre nós e a doutrina de Raúl Ventura e de Coutinho de Abreu sobre a aplicabilidade da disciplina do art. 251° às sociedades unipessoais. Isto é, a potencialidade de concretização *aberta* da regra geral do conflito de interesses, implícita no nosso discurso, distingue-se da visão restritiva que dela apresentam os Autores mencionados. É certo que os seus discursos não vedam a sua aplicação (embora RAÚL VENTURA, *Sociedades por quotas. Comentário...*, volume II, ob. cit., pp. 284-6, com sublinhado como no original – "a enumeração [do art. 251°, n° 2] é *taxativa relativamente a todas as deliberações de sócios cujo objecto se encontra previsto no CSC, quer em preceitos isolados, quer no art. 246.°.* (...) Para além destas existem, contudo, deliberações às quais a regra geral do conflito de interesses continua aplicável: deliberações previstas ou exigidas somente pelo contrato de sociedade e, ainda mais, deliberações que surjam na vida da sociedade, sem a lei ou o contrato as preverem, e para as quais o conflito de interesses pode surgir" – o pareça fazer, pelo menos à primeira vista, com mais intensidade que COUTINHO DE ABREU, *Curso...*, volume II, ob. cit., pp. 241-42 – "em princípio, não se verificam situações de conflito de interesses relevantes para impedir o voto quanto às deliberações cujo objecto se encontra previsto no Código (designadamente no art. 246.°) mas não no art. 251.° (o silêncio da lei neste preceito deve relevar, na dúvida, a favor do voto)", mas o alargamento do campo de possibilidade de voto em deliberações que poderiam ser sancionadas mediante a cláusula geral do n° 1 do art. 251° acaba por ter lógica consequência aquando da sua transposição para usufruto em sede de unipessoalidade, prejudicando, a nosso ver, a densificação na SQU do art. 251° como manifestação normativa do dever de actuação compatível com o interesse social.

[820] De todos os modos, seria sempre de averiguar o eventual concurso da norma proibitiva, em sede de capacidade jurídica de gozo da SQU, do art. 6°, n°s 1 e 3 (a propósito, *vide infra* n. 949) – sobre a interpretação destes preceitos, *vide*, por todos, COUTINHO DE ABREU, *últ. ob. cit.*, pp. 183 e ss, 195 e ss –, bem como das disposições que fiscalizam a actuação da gerência.

E não pode fixar uma remuneração manifestamente desproporcionada para as funções de gerente, por si desempenhadas[821]?

Mais até, no sentido de separar convenientemente as águas entre os dois preceitos. Não tem o sócio ao seu alcance a possibilidade de decidir que a SQU compre a si mesmo um bem, cujo negócio de execução dessa decisão social virá a respeitar os requisitos do art. 270º-F, por um preço notoriamente inadequado *em desfavor da sociedade*?

Todas estas são situações igualmente lesivas da integridade patrimonial-societária visada pelos terceiros e pelos sócios futuros, que estarão ao seu alcance repristinar, de maneira a evitar prejuízos, já ocorridos ou não na esfera da SQU[822], e que não se reprimiriam através do art. 270º-F. Ora,

---

[821] Note-se que esta fixação desproporcionada só pode ser reduzida pelo tribunal a requerimento de qualquer sócio... que não há-se ser o sócio-gerente que decidiu a sua própria remuneração (cfr. art. 255º, nos 1 e 2). Aliás, defende-se no direito comparado uma atitude de maior rigor no problema de determinação da remuneração deliberada pelo sócio-gerente único, que, *de lege ferenda*, poderia passar pela adopção da norma do projecto de anónima unipessoal de Cesare Vivante (*vide supra* n. 93), que previa expressamente a obrigatoriedade de indicação de tal remuneração no estatuto social: assim, cfr. GIULIANA SCOGNAMIGLIO, "La disciplina...", loc. cit., p. 258.

[822] Repare-se, porém, que não alinhamos pelo mesmo diapasão que fez escola (forçada) na doutrina e jurisprudência italianas, em face da redacção do 2º § do art. 2373 do *CCIt.*, segundo o qual a prova da possibilidade *ou* existência de um dano (*ou*, pelo menos, um *perigo* de dano, consubstanciado na potencialidade do prejuízo) no património da sociedade (ou para o interesse comum dos sócios) constitui uma condição indispensável para a impugnabilidade da deliberação tomada com o voto determinante (este é um outro requisito da norma italiana, que, sem o voto dos sócios que se deviam ter abstido da votação, se não tivesse alcançado a maioria necessária) de um sócio em conflito de interesses: cfr., por todos, com referências, na literatura geral, FRANCESCO GALGANO, *Diritto Commerciale. 2. Le società*, ob. cit., pp. 253-5; PIER GIUSTO JAEGER/FRANCESCO DENOZZA, pp. 351-2; em particular, ANTONIO GRIECO, pp. 156-60. No nosso direito antigo, PINTO FURTADO, *Código Comercial Anotado. Das Sociedades em especial*, ob. cit., p. 535, mostrava simpatia por uma das ressonâncias da corrente dominante em Itália. Sem embargo de ter declarado que a possibilidade de dano constituía o "simples desdobramento analítico e explicativo do *conflito de interesses*", uma vez que "este, por si só, já contém no seu próprio sentido intrínseco (...) a compressão ou sacrifício do outro e portanto um *dano* ou *possibilidade de dano*", era de requerer, apesar da omissão legal, "se não que se tenha efectivamente produzido um *dano*, que ao menos exista a *possibilidade* dele" (itálicos do Autor). Não cremos, todavia, e agora atendendo à vigência do art. 251º, que Pinto Furtado tivesse que dar este passo complementar, parecendo que a anulação de uma deliberação com esse fundamento tenha que implicar a prova específica de dano ou de susceptibilidade de dano da sociedade. Esta possibilidade, como resultado ilícito mínimo, é, como afirma RAÚL VENTURA, *Sociedades por quotas. Comentário...*, volume II, ob. cit.,

aí têm à mão um preceito que *completa, em coordenação de âmbitos*, o regime dos *actos viciados por conflito de interesses*, na área do *comportamento decisório* do sócio único.

Um e outro, apresentam-se, em suma, como o quadro de instrumentos *particulares* destinados a: (i) evitar as *relações* caracterizadas por um grau de perigosidade ligado à presumível tentação de indissociar os interesses da sociedade com os próprios interesses do sócio; (ii) proporcionar um poder de destruir os efeitos dessas relações aos sujeitos materialmente portadores de interesses atendíveis nessa direcção, na salvaguarda do bom funcionamento do mecanismo social e na prossecução do conservar das suas garantias de bom pagamento.

O quadro normativo assim desenhado pela combinação do art. 251º com o art. 270º-F encerra, como será bom em conclusão acentuar, algumas particularidades. Como vimos, os âmbitos de tutela das normas podem ser complementares, pois vários assuntos que são ou podem ser previsão do art. 251º escaparão ao âmbito de tutela do art. 270º-F. Mas outros não, podendo haver coincidência (ou sobreposição, ainda que parcial) de matérias objecto de *decisão e de conclusão negocial* (pensamos, fundamentalmente, na al. g) do art. 251º, que parece referir-se às relações extrassociais entre sócio e sociedade). Nesse caso, prevalecerá a regra de legitimação da auto-contratação permitida pelo art. 270º-F.

Ainda assim, poderemos não nos conformar, *atendendo às circunstâncias do caso*, com essa solução, na medida em que essa prevalência não excluirá *sem mais* a relevância do conflito de interesses entre dois distintos centros de imputação jurídica, sempre que as diversas vontades a que esses centros correspondem se tenham manifestado, em concreto, de modo *desigual* e *desequilibrado*.

Aproveitemos o último exemplo dado em texto, recorrendo à figuração mais clássica de alienação de bens. A sociedade é proprietária de um

---

p. 303, "pressuposta na própria noção de conflito de interesses. Com efeito, se o sócio é impedido de votar [na hipótese da SQU, de decidir] porque se encontra numa situação de conflito de interesses com a sociedade e se tal situação acarreta o eventual sacrifício de um dos interesses em conflito, *é esse sacrifício eventual do interesse da sociedade que constitui o possível dano*" (sublinhado nosso). Ademais, configura-se, tal como nas sociedades plurais, este conflito de interesses como objectivamente existente *antes de a decisão ser tomada*; logo, o impedimento no momento anterior à decisão inquina-a se for tomada (para um aturado estudo da "finalidade preventiva" da proibição de voto baseada na existência de um conflito de interesses, *vide*, com os dados comparatísticos aí indicados, M.ª ANGELES ALCALÁ DÍAZ, "El conflicto de interes socio-sociedad en las sociedades de capital", *RDS*, 1997, pp. 94 e ss).

imóvel e, no exercício das competências atribuídas pelo art. 246°, n° 2, al. b), o sócio decide vender esse imóvel a si mesmo. O negócio conclui-se (sendo ele ou não gerente, na qualidade de representante da SQU nesse negócio). Houve autorização na escritura pública de constituição da SQU para se empreenderem essas modalidades de negócio, foi outorgada a escritura formalmente exigida, o sócio anexou à escritura o relatório de gestão e os documentos de prestação de contas. Na própria decisão, veio fundamentar-se a operação com base na necessidade de "adquirir liquidez com o produto da venda, a fim de efectuar a curto-prazo investimentos em mobilizado corpóreo destinado a aumentar a produtividade": com o que parece respeitar-se o pressuposto de esse acto negocial servir a prossecução do objecto da sociedade, pedido pelo n° 1 do art. 270°-F. No caso das sociedades plurais, aplicar-se-ia a disciplina do impedimento de voto para este sócio (em princípio, por aplicação da al. g) do n° 1), como *medida cautelar*: não haveria *sequer* que averiguar, à luz da sua *ratio*, qual dos dois interesses o sócio decidiu satisfazer, se o seu interesse de comprador a adquirir nas condições de preço mais vantajosas ou o seu interesse de sócio da sociedade vendedora a vender ao preço mais alto[823], porque, fosse como fosse, o sócio deve abster-se de votar. Nas SQU, esse impedimento de decisão não deve ignorar que essas medidas cautelares são, nas matérias de coincidência, protagonizadas pelo regime específico do art. 270°-F. Logo, em princípio, o negócio é válido.

Porém, vamos supor que se vem a verificar (mais tarde ou mais cedo) que o negócio se deu em condições manifestamente desvantajosas para a SQU, uma vez que o imóvel foi vendido abaixo do valor real do mercado. Um escrutínio *ex post* da operação define que a operação foi executada em prejuízo (patrimonial) da SQU, ainda que lhe tenha servido naquele momento à realização da gestão social pretendida (não achamos, por isso, que seja de fazer uma directa e necessária associação entre a prejudicialidade patrimonial e a contrariedade à prossecução do objecto social...). Devem os interessados condescender?

Julgamos razoável que tal passividade não deva acontecer, se esses mesmos interessados acharem que com os efeitos (restitutivos e retroactivos) de uma declaração de nulidade a SQU pode vir a ganhar (p. ex., se encontrarem um comprador que esteja disposto a pagar o valor real do imóvel, depois de ele voltar à propriedade da sociedade). Para isso devem poder recorrer ao art. 251°, seja através da sua cláusula geral ou através da al. g) do n° 1.

Note-se, no entanto, que isso só será possível se estiver em causa a execução de uma decisão de carácter deliberativo do sócio, o que restringe o campo de hipóteses em causa – muitos outros negócios, que passem pelo

---

[823] A propósito, *vide* RAÚL VENTURA, *últ. ob. cit.*, pp. 304-8.

crivo do art. 270°-F, podem prejudicar a SQU sem passar necessariamente por uma decisão do único sócio, mesmo quando ele não desempenhe o papel de gerente. Naturalmente que, na circunstância figurada, a *primeira filtragem* de cariz preventivo parece ter sido superada, mas as condições objectivas da operação vieram a demonstrar que o sócio único tinha feito subordinar o interesse da sociedade ao seu interesse pessoal, prejudicando-a. Desta forma, concretizou-se o dano que a disciplina do conflito de interesses tem nela ínsito, ainda que não tenha que se produzir em concreto. O que é certo é que se produziu, *actualizando* o conflito e tornando-o sancionável.

CAPÍTULO IV

A RESPONSABILIDADE DO SÓCIO ÚNICO POR FACTOS ABUSIVOS DA PERSONALIDADE JURÍDICA E DA AUTONOMIA PATRIMONIAL DA SOCIEDADE POR QUOTAS UNIPESSOAL

Sumário: **17.** A consagração da unipessoalidade em sede de sociedades por quotas e os perigos daí decorrentes, em detrimento da garantia patrimonial dos credores sociais: a postura metodológica. – **18.** A instrumentalização da personalidade jurídica da sociedade por quotas unipessoal pelo sócio único e a possível ampliação da responsabilidade patrimonial do sócio único em *sede societária*. – **19.** As soluções de referência destinadas a promover o combate do abuso da personalidade jurídica: a revisão crítica do conceito de pessoa jurídica e a desconsideração da personalidade jurídica. A ilimitação da responsabilidade do sócio como resultado comum. – **20.** O art. 270º-F como uma válvula de segurança exoneratória do benefício da responsabilidade limitada e princípio geral de sanção de abusos. 20.1 *A regulação do negócio concluído entre a sociedade por quotas unipessoal e o sócio único: o art. 270º-F como hipótese legal de desconsideração da personalidade jurídica*. 20.2. A extensão teleológica *do art. 270º-F (nº 4): justificação e casos típicos de responsabilidade ilimitada do sócio único*. 20.3. *O alargamento da ilimitação da responsabilidade do sócio único às sociedades* materialmente *unipessoais*. 20.4. *A circunscrição do art. 84º às hipóteses de unipessoalidade superveniente* não declarada.

17. A consagração da unipessoalidade em sede de sociedades por quotas e os perigos daí decorrentes, em detrimento da garantia patrimonial dos credores sociais: a postura metodológica

A normalidade *possível* que deve presidir à integração da SQU no âmbito normativo da disciplina da sociedade por quotas, baseada na remissão do seu regime para a aplicação da disciplina geral do tipo e na sua dotação de algumas especialidades próprias (que também derivam da insusceptibilidade de aplicação de alguns preceitos por carência de uma pluralidade de sócios), não faz olvidar a natural preocupação pelos aspectos relativos à *transparência* indispensável para deixar intacta a posição dos terceiros que se relacionam com um ente societário unipessoal. Porém, este cuidado não parece dever ser visto como uma resposta à tendência anterior em enxergar as sociedades unipessoais como um instrumento *anómalo* e facilmente usado para cometer abusos e encobrir situações de fraude. A propensão pode ser potencialmente mais elevada, mas a unipessoalidade societário-quotista, depois de admitida no nosso Direito positivo, não pode ser vista de um modo diferente em relação à pluralidade.

Importa sublinhar, desde já no alinhamento de partida, que se devem recusar os fundamentalismos estéreis e sem sentido que conduzam a uma discriminação *penalizadora* (no que mais interessa, relativamente ao benefício de actuar no tráfico negocial com limitação de responsabilidade) da SQU relativamente à sua congénere pluripessoal. *In primis*, porque a experiência não demonstra que a pluralidade de sócios constitua maior garantia para terceiros, designadamente a que se liga à autonomia patrimonial da sociedade e à função tutelar do seu capital social (ou, melhor, da consistência efectiva do seu património). *In secundis*, porque está ainda por provar que a empresa social titulada por uma única pessoa é uma fonte incontrolável de abusos e de fraudes.

De todo o modo, convém igualmente não desprezar a importância que pode revestir para a protecção de terceiros o estabelecimento de algumas medidas *praeter legem*, que possam cumprir no comércio negocial-societário uma eficaz *função de tutela*. Essa atitude de natural cautela, todavia, não deverá propender a conferir à SQU uma personalidade jurídica *distinta*, ou de *qualidade diversa*, resquício de uma inicial reticência em face do fenómeno da unipessoalidade societária: essa atribuição eivada de desconfiança e de suspeição poderá traduzir-se numa severidade de tratamento quando se trate de averiguar da existência de uma utilização abusiva ou fraudulenta dessa forma social unissubjectiva[824]. Antes os seus problemas sócio-económicos *típicos*, como sejam a comunicação entre o património social e o património particular do sócio (*maxime*, pessoa humana) e a subcapitalização ou descapitalização da sociedade, devem merecer, de uma maneira razoável e sem precipitações carecidas de justificação, alguns cuidados especiais para reprimir a fraude aos preceitos que tutelam os interesses de preservação da garantia patrimonial da sociedade.

Mas em nenhum caso o singelo facto da unipessoalidade pode motivar uma ignorância da personalidade jurídica da SQU *só por o ser* e sem *uma indagação de circunstâncias concretas desrespeitadoras das regras de delimitação da personalidade social e do exercício dos direitos e dos*

---

[824] A este propósito, cfr. IGLESIAS PRADA, "La sociedad de responsabilidad limitada unipersonal", loc. cit., p. 1010.

deveres decantados da posição social, de tal maneira que se possam imputar directamente ao sócio único as consequências da actividade social. Será sempre necessário um ulterior elemento de qualificação, que possa conduzir à ultrapassagem da barreira societária e à agressão directa dos bens do sócio. Em síntese, a conhecida desconsideração da personalidade jurídica aplicada à SQU não se poder arpoar no facto de existir um único sócio, mas sempre na *utilização anti-jurídica do instituto societário*, para, por seu intermédio, cometer fraudes à lei, causar danos ao património social e prejudicar terceiros[825].

Será esta a postura a ter em linha de conta quando nos confrontamos com as advertências da doutrina para a necessidade de conter os abusos que o instrumento da sociedade unipessoal possa propiciar (subcapitalização da sociedade, financiamentos da vida pessoal e familiar do sócio único com os réditos da empresa social em detrimento da sua saúde financeira e da garantia dos terceiros e credores sociais, confusão entre o património individual e o da sociedade, negócios prejudiciais realizados pelo sócio plenipotenciário e a sociedade enquanto entes jurídicos distintos, etc.)[826]. O aviso é relevante, particularmente se nos debruçarmos sobre a empresa de pequena e média dimensão, já que na *prática negocial corrente* daquele que será sócio fundador e único não se precipitará a separação de patrimónios que a constituição da sociedade de um só sócio propicia, ainda que isso não possa ser linearmente configurado sob o ponto de vista juridico[827]. O que poderá

---

[825] Para uma apreensão no direito comparado de discursos próximos respeitantes à *posição de domínio* dos sócios sobre a sociedade, cfr. KARSTEN SCHMIDT, *Gesellschaftsrecht*, ob. cit., pp. 245-7; EDOARDO COURIR, *Limiti alla responsabilità...*, ob. cit., pp. 79-80.

[826] Cfr., entre outros, destacando que a sociedade de capitais unipessoal é tradicionalmente considerada como um "instrumento perigoso nas mãos do único accionista (ou do único quotista) e potencialmente lesivo de interesses diversos (como, por exemplo, e sobretudo, aqueles de terceiros, de futuros sócios e, mais em geral, aquele que respeita ao princípio geral de tutela da integridade do capital social para salvaguarda, também, da solidez patrimonial e portanto da eficiência da sociedade)", ILARIA CHIEFFI, *La società unipersonale...*, ob. cit., p. 6.

[827] No sentido de o fenómeno da unipessoalidade se apresentar "como âmbito propício para que se produza uma situação de *confusão de patrimónios ou esferas*", desde que "em si sejam situações fraudulentas" – uma vez que o dado decisivo da relevância de *ilicitude* da confusão patrimonial será a utilização da forma social para realizar uma fraude à lei, com o que a unipessoalidade societária *apenas* divergiria da pluripessoalidade pelo facto de aquela *facilitar* a comissão da fraude –, o que não sucederá se o sócio mantém bem diferenciados o seu património individual e o património social, cfr. CARMEN BOLDÓ RODA, "Levantamiento del velo de la persona juridica en un caso de responsabili-

permitir onerações ou delapidações do património destinado a ser o fundo de bens para exploração na sociedade (ou, *hoc sensu*, do capital correspondente ao investimento inicial).

A este perigo de ocorrência de actuações abusivas está conexionado a absorvente ideia de as evitar de modo a proteger os credores sociais, nos seus interesses de carácter *indisponível*, que se relacionam com uma sociedade unipessoal, o que nos remete para o patamar mais amplo de tutela dos interesses do tráfico jurídico-negocial. De facto, o domínio absoluto da SQU por um único sujeito, mesmo que a ele não se atribuam os poderes de gestão social, reúne as condições para promover todo um quadro de *identidade patrimonial* entre a esfera da sociedade e a sua esfera jurídica – em que as consequências (benefícios e perdas) experimentadas por um dos patrimónios se repercutem *de facto* no outro[828] –, acompanhada pela possível promiscuidade de negócios e instrumentalização da SQU para alcançar os propósitos individuais do sócio na comunidade financeira e comercial.

Esta possível factualidade é potenciada pela falta de qualquer actuação consensual (na ausência de outros contraentes no pacto social e contribuintes para o funcionamento da sociedade) entre sócios-protagonistas a comparticipar num esquema de concurso de vontades, que poderia inibir de qualquer modo a realização de operações ilícitas, no sentido de uma utilização indevida da personalidade jurídica, sendo esta que, por sua vez, legitima a distinção entre o património do sócio e o património destinado à pessoa societária. Isto porque o aproveitamento da forma personalizadora, e da autonomia patrimonial que ela propicia, resultará sempre de o

---

dad extracontratual", *RDS*, 1996, pp. 251-2 (citação com sublinhado em conformidade com o original).

[828] Cfr., com um discurso próximo, FABRIZIO GUERRERA, pp. 53-4; JIMÉNEZ SÁNCHEZ/DÍAZ MORENO, p. 44.

Neste capítulo, dirigimos a nossa atenção para a circunstância de o sócio único ser uma pessoa singular, na medida em que se for uma pessoa colectiva, particularmente uma outra sociedade pluripessoal, outras considerações e outras temáticas se deveriam levantar (algumas já superficialmente sobrevoadas no Capítulo II, ponto 12). Com isto delimitamos o campo de trabalho ao alerta para os perigos de abuso na situação de a SQU ser formada por uma pessoa singular, porque é relativamente a esta que se procura determinar um quadro de responsabilização patrimonial (e, numa outra perspectiva, extranegocial subjectiva por factos ilícitos). Quando a SQU tiver como sócio uma outra sociedade comercial (excepção feita a uma outra SQU, por imposição do art. 270º-C, nº 2), alguns destes perigos se abafam, mas emergem outros, de diferente índole e em geral associados à problemática das relações de grupo entre sociedades, ainda que envolvendo porventura, além dos mecanismos legais de tutela dos credores, a técnica da desconsideração.

sujeito que dela se aproveita apresentar um completo domínio sobre a da pessoa jurídica (obviamente através do exercício do *direito de decisão exclusivo ou proponderante* subjacente à participação social)[829].

A *escassa* intervenção do legislador comunitário não atendeu igualmente à circunstanciada previsão de sanções gerais contra os possíveis abusos da unipessoalidade por parte do sócio único[830]. Na mesma linha, a lei portuguesa não decidiu predispor um regime especial, capaz de atender

---

[829] É recorrente a atenção (como vimos *supra* no Capítulo I, ponto 4), mais ou menos explícita, sobre o atrofiamento ou ausência, na presença de um único sócio, do sistema legal firmado sobre o controlo dos sócios e dos restantes órgãos na vida da sociedade, como condição que justifica a atribuição da responsabilidade limitada: para além de outras referências (até mais recentes) já apontadas ao leitor, cfr. FRANCESCO GALGANO, *Delle persone giuridiche (sub art. 11-35)*, Commentario del Codice Civile, a cura di Antonio Scialoja e Giuseppe Branca, 1969, p. 51; PIETRO RESCIGNO, "La persona giuridica...", loc. cit., p. 492; BRUNO INZITARI, "La «vulnerabile» persona giuridica", *CI*, 1985, pp. 699-700; UMBERTO MORELLO, "Le società unipersonali (L'esperienza italiana)", *Riv. Not.*, 1990, p. 46. Contra a disparidade de tratamento entre a pessoa jurídica usada como instrumento de dois ou mais sujeitos e aquela utilizada por um só, "enquanto nesta permanece intacta a organização legal e estatutária das competências fixadas em garantia de terceiros", cfr. ROBERTO WEIGMANN, "Oltre l'unico azionista", loc. cit., pp. 572-4.

Quanto a esta problemática dos perigos da sociedade unipessoal, suscitada pela falta de fiscalização e de pressão que os sócios devem exercer uns sobre os outros e o mecanismo social sobre todos, cfr. FERRER CORREIA, *Sociedades fictícias e unipessoais*, ob. cit., pp. 259-60. Porém, mais tarde, o Autor nacional, em "O problema das sociedades unipessoais", loc. cit., p. 211, posicionava-se num recanto menos radical, evitando sobreestimar os perigos, nomeadamente as menores garantias para os credores que o domínio da sociedade pelo sócio único trazia, porque "todos sabemos que a fiscalização das grandes sociedades [o Autor falava do reconhecimento da anónima unipessoal] pelos próprios accionistas está largamente desacreditada: a tendência dos accionistas para não comparecer nas assembleias gerais, o facto de aquela fiscalização requerer tantas vezes preparação técnica adequada, a circunstância averiguada de os sócios, quando discutem, deliberam e votam, se preocuparem muito mais com os seus interesses particulares do que com os da empresa e os dos seus credores ...".

[830] Quanto a nós, podemos dizer que a abstenção comunitária foi premeditada, uma vez que uma leitura atenta do Quinto «Considerando» que precede o articulado da XII Directiva dá perfeitamente a entender que nessa área se deviam respeitar os casos excepcionalmente consagrados de responsabilidade ilimitada pelas obrigações sociais em cada um dos Estados-membros. A compreensão desta filosofia, isto é, da manutenção desses preceitos gerais para a unipessoalidade, é ainda confirmada pela ignorância a que a Comissão votou a recomendação do Parlamento Europeu em inserir na versão orginária do art. 2º, nº 1, a proibição, salvo casos excepcionais, de o sócio único-pessoa singular responder com os seus bens próprios ou pessoais pelas obrigações contraídas pela sociedade.

aos interesses que no caso da sociedade unipessoal se colocam. Estes, mesmo que o quadro de solução ou o modelo fornecedor dos critérios de actuação fossem os mesmos que a sociedade pluripessoal mobiliza, sugerem que teria sido mais avisado prever a responsabilidade ilimitada do único sócio nas *principais hipóteses* de entrada em crise da empresa social por danos causados por uma actuação e gestão incorrectas[831].

Com a previsão de regras rigorosas e mais severas do que aquelas que balizam a forma tradicional da sociedade pluripessoal – precisamente para, através delas, criar mais e melhor vigilância perante a actuação do sócio – se garantiria suplementarmente, com uma maior dose de segurança, a *realização substancial* do desdobramento de personalidade entre sócio e sociedade unipessoal, pressuposto necessário para a atribuição do benefício da responsabilidade limitada ao único quotista. E assim se impediriam ou reduziriam as possíveis manifestações abusivas em prejuízo de terceiros[832], mediante a predisposição de um *quadro legal e individualizado* de repressão eficaz dos abusos da autonomia patrimonial da SQU e a consequente definição das consequências daí advenientes para o sócio, no dúplice sentido de *garantia patrimonial* para terceiros e de *responsabilidade ressarcitória* do exclusivo detentor da participação social e do exercício do poder de controlo sobre a SQU.

Não obstante, essa prudência não deveria ser exagerada, para que não se corresse o risco da astenia do instituto. É de toda a justiça reconhecer que a unipessoalidade não constitui o único procedimento susceptível de levar

---

[831] Enfatizou-se a ideia expressa e ignorada pelo legislador pátrio, tanto no que respeita à abstenção comunitária (cfr. UMBERTO MORELLO, "Le società unipersonali (L'esperienza italiana)", loc. cit., p. 56; MARIA ARMANNO, p. 133; GIAN DOMENICO MOSCO, p. 41; EDOARDO COURIR, *Limiti alla responsabilità...*, ob. cit., p. 296), como no tocante à falta de "medidas particulares de protecção do património social aplicáveis às situações de unipessoalidade..." [IGLESIAS PRADA, "La sociedad de responsabilidad limitada unipersonal", loc. cit., p. 1009 e n. (18)].

[832] O que significa que entre nós não se adoptou uma normatividade habilitada a estabelecer formas de transparência *completa* das relações entre o sócio e a sua sociedade, deste modo demonstrando o legislador alguma inabilidade no combate aos fenómenos de instrumentalização abusiva da personalidade colectiva que se pretendiam extintos porque são os mesmos que se extroverteriam nas sociedades por quotas pluripessoais (geralmente bipessoais) com "sócio de favor". Com a agravante de essa ter sido a realidade que o legislador reconhece como o "alvo a abater" no momento da introdução da SQU, que permitirá "que os empreendedores se dediquem, sem recurso a sociedades fictícias *indesejáveis*, à actividade comercial, beneficiando do regime da responsabilidade limitada" (*vide* Preâmbulo do DL nº 257/96, nº 2, sublinhado nosso).

a cabo condutas de minguada limpidez, não podendo ser para ela reservado todo um conjunto de inibições que outras situações não merecem. Por outro lado, um *sobredimensionado tratamento restritivo* da questão dos abusos da personalidade jurídica da SQU poderia desencadear o *efeito contrário* de estimular a utilização de procedimentos pouco ortodoxos ou a manutenção indesejável do recurso a sociedades fictícias, que, pelo menos no que respeita ao tipo sociedade por quotas, se deseja eliminar.

Acentue-se esta ideia, demonstrativa da nossa *petição de princípio* nesta delicada matéria, porque nos parece importante. A sociedade unipessoal pode *potenciar* situações de abuso e de desrespeito pelas normas vigentes, que devem ser prevenidas e punidas em sede própria, principalmente fazendo uso da cessação do privilégio de que a pessoa sócia única dispõe quando a constitui e, em consequência, tornando operativa a imposição da responsabilidade ilimitada[833]. Sem cairmos em maniqueísmos estéreis que acabariam por tolher toda a capacidade de crescimento e de desenvolvimento que o instrumento da unipessoalidade permite, não devemos assim confundir o *conhecimento dos riscos de distorção do modelo legal* com a *intolerância perante o fenómeno*. Mas sem nos demitirmos de conferir, nomeadamente para actuação jurisprudencial, um quadro normativo *sancionatório* concreto, mais determinado e seguro do que uma remissão indiscriminada para as doutrinas do abuso ou da desconsideração da personalidade jurídica[834].

---

[833] Nem todos, porém, pensaram assim antes de se dar cumprimento à XII Directiva nos Estados-membros. Em sentido adverso, a título de exemplo pontual, em virtude de essa exclusão da responsabilidade limitada, mesmo que referida ao incumprimento das exigências previstas nos arts. 3°, 4° e 5° da Directiva, ser desproporcionada e implicar uma "desfiguração substancial do «tipo societário» que é o que precisamente quer evitar a Directiva", cfr. ALONSO UREBA, pp. 90-1. Para a literatura italiana, GIAN DOMENICO MOSCO, p. 40, salientou a contradição, em face do espírito da Directiva, em admitir a sociedade com um só sócio e, simultaneamente, dispor *em geral* a responsabilidade ilimitada e pessoal desse mesmo sócio.

[834] A nossa doutrina – referimo-nos a ENGRÁCIA ANTUNES, *Direito das sociedades...*, ob. cit., pp. 100-1 – prontamente reconheceu que um dos *planos problemáticos* essenciais no estudo da SQU, que se situam no "novo horizonte de reflexão doutrinal e dogmática tornada inevitável pela necessidade de readaptação de parâmetros jurídico--societários originariamente concebidos para agrupamentos de base pluripessoal", é aquele que se movimenta ao redor das "garantias dos credores sociais" e da "imposição de eventuais limites ao benefício da responsabilidade limitada do sócio único (como forma de evitar a utilização abusiva da figura)".

Uma das razões, até morais, que se lançavam para não reconhecer a unipessoalidade (por acréscimo, um instrumento limitativo da responsabilidade empresarial do indivíduo comerciante) sempre foi a *suspeição* contra o sócio hegemónico, que se sedimentou nas consciências dos juristas e dos legisladores, de que iria prejudicar, com irregularidades e falácias, os interesses de terceiras pessoas. Se esse estado foi superado e possibilitou a admissão de uma figura ainda até há bem pouco tempo impensável[835], sejamos razoáveis e deixemo-la caminhar pelo seu próprio pé, sem lhe colocar constantes armadilhas no trajecto. Com isto não alteraremos a nossa sensibilidade sobre a lei nacional: parece ser insuficiente, em especial neste tema. Mas com isto não desejamos em alternativa averiguar e penalizar tudo: *apenas o mais provável*, aquilo que em pronose se pode entender como evitável e que poderá, à imagem e exemplo das sociedades pluripessoais de reduzida composição pessoal, mais depressa ocorrer. Por isso, se as regras de funcionamento da pessoa jurídica societária são exemplarmente cumpridas pelo único quotista, não se deve accionar qualquer salvaguarda prioritária das razões do crédito da empresa. Se, ao invés, os ordinários mecanismos de funcionamento são despedaçados, será oportuno pôr ao serviço desses interesses uma sanção dessas degenerações.

Esta é a nossa atitude quando nos abalançamos para este capítulo, pois a tendência não deve ser a de desconfiar do instituto, correndo o risco de não ter valido a pena consagrá-lo. A única forma de o salvaguardar é, portanto, reservar-lhe uma protecção dos abusos mais correntes, pois, em nome da certeza e da segurança jurídicas, são esses que merecem a reprovação do direito, que não poderá em caso algum raciocinar sobre a base de inquietações e de suspeitas[836].

---

[835] Numa evolução só possível por aquilo que DUQUE DOMÍNGUEZ, "La 12.ª Directiva...", loc. cit., p. 272, denominou de *inversão de tendência*: em vez de se agravar a responsabilidade do sócio único, mediante a responsabilidade ilimitada pelas dívidas sociais, admite-se a sociedade de responsabilidade limitada com um único sócio para determinadas hipóteses socialmente necessitadas de estímulo, em troca da observância de determinadas garantias em benefício de credores e de (eventuais futuros) sócios.

[836] Neste sentido, a doutrina alemã recusa-se a encetar uma desconsideração possível *por princípio* nas situações de unipessoalidade, o que, desde logo, era desaconselhado pela inviabilidade da identificação do interesse da SQU com o interesse do sócio: cfr., por todos, JOACHIM MEYER-LANDRUT, "Erster Abschnitt. Errichtung der Gesellschaft", loc. cit., § 1, *Rdn.* 29, p. 18.

18. A instrumentalização da personalidade jurídica da sociedade por quotas unipessoal pelo sócio único e a possível ampliação da responsabilidade patrimonial do sócio único em *sede societária*

Com a constituição de uma SQU, o sócio único ascende a um mecanismo de actuação que lhe proporciona os benefícios decorrentes da personalização colectiva: a imputação à própria sociedade de todos os actos ilícitos cometidos pelos seus suportes orgânicos[837] e a limitação ao património social da responsabilidade pelas obrigações assumidas pelo ente societário, em virtude do denominado princípio da separação patrimonial (*Trennungsprinzip*) entre a sociedade e os membros que a integram[838]. A um sujeito novo corresponde como realidade objectiva um património *a se stante*, diferenciado dos patrimónios dos associados, neste caso do único sócio, que deverá estar afecto aos fins sociais predestinados no negócio de sociedade.

A personalidade jurídica adquirida pela SQU com a inscrição do negócio de sociedade (escriturado ou documentado particularmente) no registo comercial e a autonomia patrimonial perfeita de que passa a usufruir promovem a imputabilidade exclusiva à SQU dos actos praticados e da actividade desenvolvida em seu nome, bem como das suas con-

---

[837] Sobre a responsabilidade civil das pessoas colectivas pelas condutas ilícitas e danosas praticadas pelos seus órgãos, representantes, agentes e mandatários, tanto em sede contratual (*rectius*, negocial), como em sede extranegocial, *vide*, para uma análise dos arts. 165° e 500° do CCiv., bem como da norma especial mas *remissiva* do n° 5 do art. 6°, entre outros, MOTA PINTO, *Teoria Geral do Direito Civil*, ob. cit., pp. 314-16, 320-4; CARVALHO FERNANDES, *Teoria Geral...*, volume I, ob. cit., pp. 609 e ss. Mais específico para as sociedades comerciais, BRITO CORREIA, *Direito Comercial. Sociedades Comerciais*, volume II, ob. cit., pp. 253 e ss, com as suficientes referências à evolução doutrinal nesta matéria.

[838] Neste sentido se pronuncia MENEZES CORDEIRO, "Do levantamento da personalidade colectiva", *DJ*, 1989/90, p. 150; IDEM, *Da responsabilidade civil dos administradores das sociedades anónimas*, 1997, p. 321.

sequências passivas. Com o efeito principal de, em conformidade com dados legais do sistema normativo vigente, não ser admissível que o sócio de uma SQU, como sociedade de capitais que é, seja submetido a uma responsabilidade pessoal e ilimitada.

Desta forma, a introdução da SQU acarreta o facto de a falta da pluralidade de sócios não comportar consequências sobre a estrutura da sociedade, que conserva intactas a personalidade jurídica, a organização, as regras de actuação. Com essa personificação, confere-se, como sempre, uma espécie de "concessão que assume a forma de privilégio: isenção da regra de direito comum da responsabilidade individual ilimitada"[839].

Porém, se os benefícios da personalização do ente social forem um meio e não constituírem um fim em si mesmo, porque *materialmente* o sócio único continua a actuar como se de um empresário ou comerciante individual se tratasse, ignorando o quadro de organização societária que escolheu para levar a cabo a sua actividade económica e violando os cânones de funcionamento com que essa organização se deve manifestar no tráfico, deverá o ordenamento jurídico desprezar essa instrumentalização do mecanismo jurídico-societário?

Precisemos melhor. Se se decide atribuir a técnica societária para se tornar viável aquela separação patrimonial, o sócio que dela se serve tem que superar a natural tendência para a confusão de patrimónios e respeitar rigorosamente as regras de defesa da integridade do capital social para *estar à altura das prerrogativas que lhe permitem beneficiar da responsabilidade limitada*. Ainda mais concretamente. Se, sob o ponto de vista da *assunção económica da posição concreta pelo sujeito sócio na organização da sociedade*, ele continua a comportar-se no tráfico negocial, com os seus clientes e fornecedores, com a banca, com prestadores de serviços e potenciais interessados na sua actividade, *como um empresário individual*, que deveria estar submetido ao risco da responsabilidade pessoal ilimitada, a sua *formalização* como sociedade unipessoal não é mais do que o recurso a uma veste jurídica fictícia (porventura apenas reduzida à utilização do nome da SQU, que aparece assim como o sujeito em nome do qual a actividade comercial se exerce), que individualiza um uso distorcido e perturbante da personalidade jurídica colectiva e da concomitante autonomia patrimonial como instrumentos jurídicos idóneos e orientados para a prossecução de determinados fins do nosso ordenamento em matéria societária.

---

[839] PIETRO RESCIGNO, "Personalità giuridica e gruppi organizzati", loc. cit., p. 115.

Daqui resulta que a sociedade unipessoal constituída em conformidade com as normas legais, mas manipulada instrumentalmente para iludir e prejudicar direitos de terceiros, deverá impelir o intérprete a privilegiar, sob certas condições, aqueles direitos de terceiros que mereçam consideração preferencial[840]. Porquanto, depois da subjectivação jurídico-societária da empresa individual de responsabilidade limitada, o fulcral problema será *enriquecer* o complexo de regras de competências e de controlos pertencente ao tipo quotista, de tal maneira que os riscos de quem estabelece relações negociais com a pessoa societária unipessoal se supram, mediante uma adequada compensação da possível depauperação do património do ente.

Posto isto, o que pretendemos discutir remete-nos para a posição e o valor da pessoa jurídica perante os membros que a integram *e* o significado do abuso do utensílio jurídico que ela constitui e da autonomia patrimonial que ela permite realizar. Daí poderá resultar o preenchimento do objectivo de subtrair o património pessoal do sócio único ao benefício da responsabilidade limitada, submetendo-o, *se for caso disso*, à sanção da responsabilidade pessoal, como *linha de fundo* através da qual se forneça o instrumento para alvejar o autor da corrupção dos esquemas societários, mediatamente atrofiadores da segurança do tráfico[841].

---

[840] Em sentido próximo, cfr. HANS-JOACHIM MERTENS, "Zweiter Abschnitt. Rechtsverhältnisse der Gesellschaft und der Gesellschafter. Anhang § 13. Durchgriff", in MAX HACHENBURG, *Gesetz betreffend die Gesellschaften mit beschränkter Haftung (GmbHG) – Grokommentar*, 1992, *Rdn.* 27, pp. 584-5; LUIGI SANTA MARIA, p. 235.

[841] A outra linha, residual e tratada em último sopro da investigação, consiste em representar uma imputação delitual dos prejuízos causados pela actuação do sócio único através do instrumento comum da responsabilidade civil indemnizatória (*vide infra* n. 951).

19. As soluções de referência destinadas a promover o combate do abuso da personalidade jurídica: a revisão crítica do conceito de pessoa jurídica e a desconsideração da personalidade jurídica. A ilimitação da responsabilidade do sócio como resultado comum.

A difusão da utilização do esquema das sociedades de capitais para fins diversos daqueles típicos para os quais se predispuseram e foram disciplinadas pelo legislador – nomeadamente com o escopo de se trabalhar salvaguardado da responsabilidade pessoal ilimitada – fez surgir a necessidade de individualizar meios e remédios idóneos para reprimir os *abusos da personalidade jurídica*[842]. Estes seriam aqueles que consubstanciariam um uso anormal de tais estruturas colectivas, que notoriamente as desviassem das finalidades previstas e tuteladas pelo ordenamento, susceptíveis de ferirem especificamente os interesses e as expectativas dos credores sociais[843]. Por esta razão se exerce com particular intensidade, em maior

---

[842] A qualificação dogmática assim feita encontra-se na literatura de FRANCESCO GALGANO, a começar na sua primeira e referencial intervenção sobre o argumento: cfr. "Struttura logica...", loc. cit., pp. 577 e ss (mas veja-se a p. 583). Em França, também GEORGES RIPERT/RENÉ ROBLOT, pp. 893-4, falam de "utilização abusiva da personalidade jurídica", bem como, em Espanha, o referencial VICENT CHULIÁ, p. 324.

[843] Note-se que a categoria empírica dos denominados abusos da personalidade jurídica não se basta apenas com os eventos anómalos referidos no texto e nos quais o *abuso* aparece fundamentalmente conotado com a responsabilidade limitada que acompanha a concessão da personalidade jurídica. Em verdade, ela recolhe toda uma ampla e heterogénea gama de espécies (para uma clássica referência dessas formas de abuso, cfr. PIERO VERRUCOLI, *Il superamento della personalità giuridica delle società di capitali nella* common law *e nella* civil law, 1964, p. 1) em que a situação de alteridade entre a sociedade e os sócios surge a comprometer interesses havidos como dignos de serem tutelados (como os de terceiros em geral, do Estado, bem como dos próprios sócios). Nesta perspectiva, o reconhecimento da personalidade jurídica, através do qual o Estado eleva sem discricionariedade (na atribuição do privilégio, entenda-se) a sujeito de direito uma organização que reúna certos requisitos e se proponha a atingir determinados objectivos,

ou menor medida, em quase todos os ordenamentos um permanente movimento de tensão destinado a encontrar, seja no plano normativo ou na elaboração doutrinal e jurisprudencial, esses instrumentos, capazes de consentir, pelo menos em certos casos e subsistindo certos pressupostos de facto, a participação directa nessa satisfação de patrimónios diversos (*in casu*, os dos sócios) do património das sociedades dotadas de personalidade jurídica.

Neste particular, a doutrina italiana destacou-se de há muito tempo a esta parte, atento o terreno aberto pelos arts. 2362 e 2497 do *CCIt.* para derrogar a regra da responsabilidade limitada dos sócios únicos de capital, por facultar a desvalorização da distinção entre ente-sociedade e os seus componentes, mediante a qual se conserva a subjectividade do primeiro, mas se imputa aos sujeitos (em regra, mas não necessariamente, pessoas singulares) que compõem o substracto pessoal das sociedades de capitais a responsabilidade individual pelos actos e obrigações sociais, por intermédio da superação das conotações de *despersonalização* e *concentração* (limitação) do risco que caracterizam este tipo de sociedades[844].

Mais radical foi, no entanto, a teoria *revisionista* da pessoa jurídica, que deixou de se mover no pressuposto do reconhecimento (e da necessidade) de uma *alteridade subjectiva* entre a sociedade e o sócio, mesmo que este fosse ilimitadamente responsável, para conceber esta ilimitação em função de um "uso programaticamente incorrecto do ente e a falta de respeito pelas regras do jogo"[845]. A essa corrente dedicaremos as próximas linhas[846].

---

comporta a faculdade vasta de proteger todos aqueles que se vêem afectados pela utilização do esquema das sociedades de capitais para fins diversos dos que foram considerados pelo legislador. O que deve significar, nas palavras de GIANCARLO LAURINI, p. 46, "a possibilidade para o Estado de obviar, *ex post*, aos desvios e aos abusos que se possam manifestar na vida do ente, quando se concretizem em danos ou para o *próprio Estado* ou para os *terceiros* que tiveram relações com o ente ou para o seus *próprios membros*" (itálico nosso). Feita a precisão, o aspecto que merecerá a nossa atenção é somente aquele que toca aos abusos do princípio (ou do privilégio) da responsabilidade limitada dos sócios (do sócio único), em relação *aos interesses e às expectativas* dos credores da sociedade, onde se encontra claramente maior espaço para as exigências de remediar os usos distorcidos do princípio da limitação do risco e da responsabilidade em benefício da necessidade de assegurar a esses sujeitos o máximo possível de satisfação.

[844] Cfr. ALESSANDRO NIGRO, "Le società per azioni nelle procedure concorsuali", *Trattato delle società per azioni*, 1993, p. 434.

[845] GIORGIO MARIA ZAMPERETTI, "Rilievi...", loc. cit., p. 411.

[846] Faremos aqui referência aos estudos sobre a matéria protagonizados por FRANCESCO GALGANO, centrados, no quadro geral da teoria "reducionista" ou "relativista"

Para isso se solidificou um tratamento reflexivo da personalização jurídica enquanto fenómeno de subjectivação de um conjunto de pessoas e de bens que não originava a assunção (ou a posição) de um sujeito ulte-

da pessoa jurídica por si proposta, sobre a reflexão crítica que a subjectividade da pessoa jurídica merece, de forma a obter uma técnica de solução "repressiva" do recurso abusivo à forma jurídica das sociedades de capitais. Das suas reflexões reproduzidas coerentemente durante as últimas três décadas retiramos o essencial deste e dos seguintes troços do nosso discurso: cfr. o inicial "Struttura logica...", loc. cit., pp. 577 e ss, 615 e ss; depois, "Il costo della persona giuridica", *RS*, 1968, pp. 1 e ss; *Delle persone giuridiche (sub art. 11-35)*, ob. cit., pp. 3 e ss, em particular pp. 15-18, 37 e ss; "Persona giuridica e no", *RS*, 1971, pp. 50 e ss; "La società e lo schermo della persona giuridica", loc. cit., pp. 8 e ss, em esp. pp. 14-16; *La società per azioni*, ob. cit., pp. 105 e ss, esp. 124 e ss; *Diritto Commerciale. 2. Le società*, ob. cit., pp. 181 e ss, em esp. pp. 187-9. Esse mecanismo baseia--se, como se verá, na atribuição de uma responsabilidade ilimitada ao sócio "abusador", *a título próprio e originário*, isto é, fundada, não sobre a imputação de responsabilidade de um sujeito (a sociedade) a um outro sujeito (o sócio-membro), mas antes, uma vez defendida a superação do dogma de um ente ou uma organização colectiva apresentar uma subjectividade da mesma natureza conceptual da que é própria da pessoa humana, na concepção da personalidade jurídica como especial disciplina desaplicável em certas circunstâncias e na recuperação da responsabilidade por dívidas ditada pelo regime ordinário.
Esta corrente a que daremos maior atenção, até por se contrapor com mais acuidade às tentativas tradicionais de proceder a um efectivo *disregard* da personalidade jurídica colectiva, colheu os frutos de um profícuo trabalho dogmático anterior. Na verdade, fazendo coincidir o conceito de pessoa jurídica colectiva com uma realidade que não é diversa da que corresponde ao conceito de pessoa singular, assentando numa disciplina que prescinde de termos de imputação diferentes dos respeitantes às pessoas humanas, a revisão *conceptual-nominalista*, mesmo de outros, como Floriano d'Alessandro e Guido Rossi, da personalidade jurídica colectiva (sobre esta matéria, *vide*, com um desenvolvimento que nos será alheio e as referências bibliográficas, MASSIMO BASILE/ANGELO FALZEA, "Persona giuridica (diritto privato)", *ED*, 1983, pp. 257 e ss), encontra as suas raízes nos originários estudos empreendidos, em Itália, com a índole marcadamente *normativista* responsável pela desvalorização da autonomia subjectiva da pessoa colectiva, de TULIO ASCARELLI – *vide*, fundamentalmente, "Considerazioni in tema...", loc. cit., pp. 245 e ss, 333 e ss, 421 e ss; "Personalità giuridica e problemi delle società", *RS*, 1957, pp. 981 e ss; ainda revelador do pensamento do notável Autor transalpino, "Cooperativa e società. Concettualismo giuridico e magia delle parole", *RS*, 1957, pp. 430 e ss; "Ancora sul socio sovrano e sulla partecipazione di una società di capitali a una societá di persone", *FI*, 1957, p. 1447, n. (9).
Numa rápida síntese, a principal contribuição dogmática da corrente "ascarelliana" foi entender a personalidade jurídica como expressão "abreviada" de uma determinada disciplina, de modo que o seu alcance é aquele e só aquele da normatividade que assume. Por isso, ainda que este conjunto de normas se refira à personalidade jurídica, não é a esta que se recorre para a solução dos problemas que são estranhos ao regime normativo assim

rior relativamente à pessoa singular. Com isto não se recusava valor ao reconhecimento da personalidade conferida ao grupo, concretizado tecnicamente na exclusão do direito comum, mas abala-se a rígida *distinção*

configurado, uma vez que essa disciplina se refere, na essência, a uma distinção entre massas patrimoniais em relação à imputabilidade dos actos e da relativa responsabilidade à colectividade personificada ou ao indivíduo singular, dirigida justamente a conciliar interesses de terceiros com a distinção patrimonial e a correlativa responsabilidade limitada dos sócios. Deste modo, não haveria qualquer contradição na admissão, por um lado, da preservação do princípio da personalidade jurídica a fim de opor a responsabilidade em face de terceiros, e, por outro, admitir que seja necessário superar a protecção da personalidade jurídica, precisamente porque a normatividade que se pretende assumir com o termo "personalidade jurídica" diz respeito à separação de patrimónios e não às normas *discriminatórias* colocadas pela lei. Posto isto, não seria correcto falar de abuso da personalidade, pois esta realiza-se sempre num complexo de normas, instrumental à satisfação de interesses humanos e individuais. Assim, tratava-se ainda e só de negar que a expressão pessoa jurídica pudesse autorizar consequências diversas daquelas que a normatividade por si pressuposta permite (ou seja, a legitimação para a adopção de uma certa actividade e a responsabilidade pelas suas consequências), a fim de identificar as hipóteses que subingressam ou, ao invés, não se enquadram na disciplina assim configurada (porque estranhas aos preceitos que a "personalidade" subentende).

Paralela e contemporaneamente, deveu-se uma primeira e original tentativa de ampliar a responsabilidade patrimonial e reagir a espécies de abuso tidos como merecedores de sanção, ainda em Itália, aos estudos levados a cabo por WALTER BIGIAVI sobre o "empresário oculto" ou "indirecto", a respeito da discussão do art. 2362 do *CCIt.*, enquanto disposição do ordenamento italiano que expressamente permitia derrogar, em certas condições e dentro de certos limites, o princípio da irresponsabilidade patrimonial dos accionistas. *Vide*, do Autor, *L'imprenditore occulto*, 1954, *passim*, esp. pp. 161 e ss; "Fallimento di soci sovrani, pluralità di imprenditori occulti, confusione di patrimonio", *Giur. It.*, 1954, pp. 691 e ss; "L'imprenditore occulto nelle società di capitali e il suo fallimento «in estensione»", *Giur. It.*, 1959, pp. 149 e ss; "Società controllata e società adoperata «come cosa propria»", *Giur. It.*, 1959, pp. 623 e ss; "Responsabilità ilimitata del socio «tiranno»", *FI*, 1960, pp. 1180 e ss; *Difesa dell'«imprenditore occulto»*, 1962, *passim*, esp. pp. 205 e ss; para uma síntese do pensamento do Autor, cfr., desenvolvidamente, PAVONE LA ROSA, "La teoria dell'«imprenditore occulto» nell'opera di W. Bigiavi", *RDC*, 1967, pp. 623 e ss, que lhe sublinha a estreita ligação com o princípio da indissociação entre poder de direcção da empresa e responsabilidade ilimitada.

Na essência, essa norma, pelo facto de prever a responsabilidade ilimitada do único sócio pelas obrigações sociais, implicaria uma presunção *iuris et de iure* do domínio ou de tirania do sócio sobre a sociedade (*rectius*, sobre a empresa social), de uma espécie de *degradação* desta como *mero instrumento* daquele. Daqui viria a qualificação do único sócio (accionista) como empresário "indirecto", independentemente do grau concreto de comprometimento na sociedade. Além da situação de sócio único, todas as vezes que, em concreto, sem embargo de haver uma pluralidade de sócios, fosse possível identificar

subjectiva entre a sociedade e a esfera jurídica dos seus sócios. Uma vez que a subjectividade jurídica das organizações colectivas não é da mesma natureza da que caracteriza a das pessoas humanas, acolhia-se o postulado

---

situações análogas de domínio-tirania da parte de um ou mais sócios (como nas situações paradigmáticas de confusão de patrimónios, degradação da sociedade em mero instrumento de gestão própria, etc.), também aí se convocariam as consequências da figura do "empresário oculto", entre as quais, justamente, estavam a sujeição do(s) sócio(s) ao regime da responsabilidade ilimitada pelas obrigações sociais e, eventualmente, à falência (embora, neste caso, tanto para o sócio único como para o sócio dominante, essa declaração não era feita atendendo à sua qualidade de sócio ilimitadamente responsável).

Perceber-se-á a nossa opção pela notícia desta teoria em nota, não a incluindo no elenco de soluções apresentadas. Claro que os resultados da doutrina do empresário oculto se traduzem numa verdadeira superação da personalidade jurídica, mediante a desvalorização do significado e do alcance da separação entre a esfera jurídico-patrimonial social e a esfera jurídico-patrimonial individual e a imputação ao sócio (ou aos sócios) dos actos realizados pelo sujeito social (neste sentido, cfr. PIERO VERRUCOLI, *Il superamento...*, loc. cit., pp. 180-2). Mas será precisamente essa superação que distingue Galgano dos restantes: ele não precisa de a fazer, na medida em que prescinde do grupo como autónomo sujeito de direitos. Assim, a metodologia de Bigiavi, virada para identificar quem é o sujeito empresarial e arvorar destarte um princípio geral de imputação da actividade empresarial, deixa na sombra o dogma tradicional da personalidade jurídica, que apenas *mediatamente* afronta, e a disponibilidade da sua protecção regulamentar (neste sentido compreensivo-dogmático das teses bigiavianas, cfr. NADIA ZORZI "Il superamento della personalità giuridica nella giurisprudenza di merito", *CI*, 1994, p. 1066; GIORGIO MARIA ZAMPERETTI, "Rilievi in tema...", loc. cit., pp. 410-11).

Repare-se que, apenas com ocasionais excepções – vejam-se, a propósito, os apontamentos de BRUNO INZITARI, "La «vulnerabile» persona giuridica", loc. cit., p. 683, ss; ALESSANDRO NIGRO, p. 451, n. (19) –, a jurisprudência italiana, seguindo a corrente dominante da Corte Suprema (fidelizada na exclusiva imputação à sociedade dotada de autonomia patrimonial perfeita dos actos realizados em seu nome e das correspondentes consequências passivas), não demonstrou grande entusiasmo em receber as indicações de Bigiavi (tal como em desaplicar a disciplina da personalidade jurídica, em substância, a responsabilidade limitada, pugnada por Galgano: cfr., entre outros, criticamente, PAOLO SPADA, "Della permeabilità differenziata della personalità giuridica nell'ultima giurisprudenza commerciale", *GC*, 1992, pp. 430-1), já que constantemente recusou a responsabilização ilimitada em situações de titularidade da quase totalidade das participações sociais e de domínio absoluto, em particular se essa prepotência *fáctica* não fosse acompanhada por um esgotamento da referência do capital social a esse sócio (cfr. VITO MANGINI, pp. 687-8, com sublinhado do Autor, que fala de "permeabilidade reduzida da jurisprudência aos estímulos de interpretação *evolutivos*"; GIULIO COLOMBO, "Socio quasi totalitario di s.r.l. e attuazione della XII Direttiva CEE", *GC*, 1993, pp. 662-3, com especial atenção para as indicações jurisprudenciais da n. (3); SCOTTI CAMUZZI, "L'unico azionista", loc. cit., p. 688 e ss, e n. (32) com amplas referências a sustentar o fluxo jurisprudencial;

de que as relações jurídicas, em presença de um grupo reconhecido como pessoa jurídica, teriam que ser ainda imputáveis com referência às pessoas singulares que as compõem ou actuam em seu nome.

---

em sentido concordante com a predominante uniformidade de juízo no que respeita à não aplicação do art. 2362 ao sócio *sovrano* ou *tiranno*, cfr. VALERIA BUTITA, pp. LXXIV-V).

Por sua vez, apesar de tal perspectiva interpretativa ter encontrado um recente fôlego em presença de controvérsias que registavam abusos da personalidade jurídica e uma incorrecta gestão da empresa societária (a algumas delas faremos referência, quando abordarmos mais à frente a confusão de patrimónios), não encontramos qualquer doutrina que acompanhasse o aviso de se ver no único sócio ou no sócio dominante o qualificado empresário indirecto. Como amostras, mais ou menos próximas no tempo, cfr. GIUSEPPE FERRI, talvez o mais céptico, desde o seu longínquo "Socio sovrano, imprenditore occulto e fallimento del socio nelle società per azioni", *Studi in onore di Giuseppe Valeri*, volume I, 1955, pp. 288 e ss, onde alerta para a perigosidade de, na ânsia de tutelar alguns credores, se subverter o amplo espaço da economia das sociedades capitalísticas, pondo na mão dos juízes uma arma que atinge empresas independentes e autónomas só porque economicamente se reduzem a uma ou mais pessoas determinadas, até ao seu actual *Manuale di Diritto Commerciale*, ob. cit., pp. 102 e ss, aproveitadas para clamar contra a subversão do sistema da responsabilidade limitada pelas obrigações sociais que a construção do empresário oculto pode desencadear, pelo que se devia a todo o custo manter dogmaticamente a "extensão a outro sujeito da responsabilidade da empresa" e evitar a configuração de uma "substituição de um sujeito por outro na posição de empresário"; CARMELO NATOLI, "Azionista unico e ad azionista sovrano", *Monit. Trib.*, 1958, pp. 77 e ss, esp. p. 80 – "Se, como no caso do accionista único, não são previstas a solidariedade passiva (caracterizada pelo interesse passivo comum) e a corresponsabilidade por todas as obrigações [sociais], deve excluir-se a participação pessoal na empresa e, com essa, a figura do empresário indirecto"; GIORGIO DE SEMO, "Sulla teoria del preteso socio o imprenditore occulto", *Studi in onore di Tulio Ascarelli*, volume I, 1969, pp. 454 e ss, onde, depois de aturadamente se ter repelido as razões de Bigiavi, se defendeu implicitamente *a final* a integração do art. 2362 com uma disposição que expressamente atingisse com a sanção da responsabilidade ilimitada e com a sujeição a falência o disponente indirecto (comerciante) do património e dos destinos da sociedade; GIUSEPPE RAGUSA MAGGIORE, "Il falso problema dell'imprenditore occulto", *Vita Not.*, 1983, pp.1362 e ss, oportunidade para se contrapor a permanência, não obstante a responsabilidade do sócio único ou quase único, do sujeito societário como empresário e a impossibilidade da criação de uma dúplice titularidade ou de uma plurititularidade em relação à mesma empresa da sociedade e do seu sócio único ou sócio dominante; SCOTTI CAMUZZI, *ibid.*, p. 686, ss; FRANCESCO FERRARA Jr./FRANCESCO CORSI, pp. 46-7; FRANCO DI SABATO, *Manuale delle Società*, ob. cit., p. 46, ss, cuja reprovação se nota quando diz, a p. 48, que a doutrina em exame peca por "transpor automaticamente um conceito económico (a unicidade da empresa de que é titular o empresário oculto, e é gestor o empresário fictício) para aquilo que, na falta de uma directa disciplina do fenómeno económico, se torna um preconceito jurídico: ser, a saber, a titularidade da empresa determinada pela titularidade do interesse económico, enquanto

O que FRANCESCO GALGANO, a que reportamos, especializa é o facto de considerar a propriedade e o débito da pessoa jurídica – ainda e sempre propriedade e débito de cada um dos seus membros – sujeitos a uma especial disciplina normativa, atendendo a que são relações jurídicas reguladas de forma diversa das correspondentes relações de direito comum. Logo, não é distinto, sempre que estamos perante um grupo reconhecido como pessoa jurídica, o sujeito a que se imputa as relações jurídicas. O que muda é o *conteúdo jurídico* das relações respeitantes aos membros dessa pessoa jurídica.

No que mais aqui interessa, esse conteúdo normativo do conceito de pessoa jurídica (societária) exprime-se num *privilégio*, reconhecido aos grupos de sujeitos associados de acordo com o esquema predisposto pela lei, consistente na exclusão da aplicação do princípio geral do direito civil da responsabilidade ilimitada pelas obrigações próprias do devedor. E a pessoa jurídica, sendo, sob o ponto de vista ideológico, uma invenção jurídico-doutrinal, recebida com um mero e substancial valor linguístico – que não deve atrofiar os supostos limites decorrentes de uma somente analógica aproximação entre a condição jurídica dos entes colectivos e das pessoas humanas[847] –, é justamente responsável pela transformação da

---

o nosso sistema é pelo contrário edificado sobre a imputação jurídica"; GIAN FRANCO CAMPOBASSO, *Diritto Commerciale. 1. Diritto dell'impresa*, 1999, pp. 91 e ss, que afasta de todo esta técnica para reprimir os possíveis abusos do esquema societário, visto que as normas societárias e falimentares não permitem demonstrar que um sujeito pode ser chamado a responder (e muito menos adquirir a qualidade de empresário pelo facto de a soberania de facto sobre a empresa representar o critério jurídico de imputação da actividade empresarial) só porque é o *dominus* de uma empresa individual formalmente imputável a um outro sujeito ou de uma sociedade de capitais – a própria disciplina introduzida pela criação da SQU em Itália, na qual não basta ser sócio único para incorrer em responsabilidade ilimitada, antes é necessário que ocorram outras condições objectivas e formais, desmente a suposta asserção de que nas sociedades de capitais a responsabilidade ilimitada pelas obrigações sociais pudesse estar indissociavelmente conexionada ao dado substancial do poder de gestão. Excepção a este quadro doutrinal decepcionado com o valor da teoria do empresário oculto, só a visualizamos em NADIA ZORZI, p. 1068 e ss, Autora que chama a atenção para a negligenciada, em especial pela jurisprudência, importância *real* desta perspectiva.

[847] Neste sentido, em complemento, tratando a personalidade colectiva como símbolo linguístico incompleto, desprovido de correspondência fáctica imediata num ente a que se imputem comportamentos, cfr. FLORIANO D'ALESSANDRO, "Persone giuridiche e analisi del linguaggio", *Studi in memoria di Tulio Ascarelli*, volume I, 1969, pp. 277 e ss. Contra, afirmando que "a subjectividade da sociedade não é apenas um expediente de linguagem, mas *dado normativo*", cfr. SCOTTI CAMUZZI, "L'unico azionista", loc. cit., p. 698 (sublinhado nosso).

responsabilidade limitada das sociedades de capitais numa verdadeira *irresponsabilidade* dos sócios pelas dívidas de um outro sujeito jurídico, a sociedade. Como? Constituindo a personalidade jurídica uma supra-estrutura dogmática funcionalizada ao mister de reconduzir aos esquemas do direito comum a disciplina especial *derrogatória* que as estruturas legais oferecem aos membros do grupo[848], como que ocultando a existência de uma disciplina especial feita da concessão de uma isenção em face do direito comum.

Porém, o *suposto* muro entre a pessoa colectiva e os seus sócios, para com terceiros, sustentáculo da condição jurídica das organizações personalizadas, aparece-nos como um *benefício condicionado* e *formalmente excepcional*[849], até porque a lei configurou situações nada coerentes com

---

[848] Repare-se que esse conteúdo varia, dando origem a situações bem diferenciadas, de acordo com o tipo de pessoa colectiva, neste caso de tipo social, tido em específica conta pelo legislador. Portanto, para Galgano, não se pode encontrar anexado ao conceito de pessoa jurídica um *direito especial* comum a todos os grupos, ou seja, uma disciplina idêntica que homogeneize a categoria das entidades dotadas de personalidade jurídica (diferente da categoria oposta, a dos entes desprovidos dela). Pelo contrário, a lei, ao prever regulamentações específicas para cada pessoa colectiva e para cada tipo social, tornou impossível uma formulação unitária de pessoa jurídica.

[849] Tal qualificação da responsabilidade limitada não impede o Autor de reconhecer que a maior parte dos recursos patrimoniais formados na economia actual se deve aos bens concentrados na actividade das sociedades de capitais, o que modifica a *relação entre a regra e a excepção*: na maior parte dos casos o credor contrapõe-se a um devedor que goza do benefício da responsabilidade limitada (cfr. *Diritto Commerciale. 2...*, ob. cit., pp. 127, 187-8). O que se concilia com a generalização da responsabilidade limitada (e das sociedades mercantis que a veiculam, como *modelos gerais* de sociedade para o tráfico comercial) como instrumento privilegiado e princípio básico do *sistema de organização da vida económica*, uma vez que essa vertente de configuração da responsabilidade empresarial constituiu-se como a peça central do regime de competência que ordena *normativamente* o risco pela actividade e selecciona, incentivando a associação, as empresas que se instalam no mercado (*vide*, realçando esta vertente da actual vida económico-jurídica, Luiz Fernandez de la Gándara, *La atipicidad en derecho de sociedades*, ob. cit., pp. 466 e ss; Vincenzo Greco, "L'abuso...", loc. cit., pp. 173-5; para o direito americano, Phillip Blumberg, *The multinational challenge to corporation law. The search for a New Corporate Personality*, 1993, pp. 121 e ss, bem como Matteo Tonello, "La dottrina del piercing the veil nell'american corporate law", *CI*, 1995, pp. 174-8). Facto este, acrescentamos, confirmado pela aceitação da empresa individual-societária de responsabilidade limitada, ainda (e mais recente) resposta às exigências de *regulação legal* da moderna sociedade industrial, demandante da abertura da *ordenação societária* à pequena e média empresa.

a ideia de que a sociedade é um sujeito *terceiro* no que respeita à pessoa dos seus sócios. Na verdade, não é regra a afirmação de que os sócios nas sociedades de capitais não assumam uma responsabilidade directa e mais extensa perante terceiros[850], tal como é predisposto nas sociedades em comandita por acções a existência de sócios ilimitadamente responsáveis. Daqui se conclui que o benefício da responsabilidade limitada *não é nem poderia ser* consequência *fatal* da atribuição da personalidade jurídica[851].

Nem os membros dos grupos personificados, além do mais, adquirem tal benefício (nem o conservam, tendo-o conquistado) se não se submetem às condições de que depende a limitação da responsabilidade. Logo, a fruição desse benefício tem que ser impedida no âmbito de acção que extrapole os limites dentro dos quais o legislador o previu e o compreendeu.

O que interessa, nesta medida, é determinar as *condições do seu uso* pelos sujeitos que a ele recorrem, e, para isso, a tarefa do intérprete consiste em individualizar e decifrar as normas jurídicas que integram a disciplina que está relacionada com o conceito. E essa regulamentação, como disciplina especial que é, apenas deve ser aplicada objectivamente para regular as situações para que foi estatuída. Se essas condições não forem respeitadas, os membros voltam a sujeitar-se à aplicação do direito comum, não se produzindo, a seu favor, qualquer efeito decorrente do facto de serem membros de uma pessoa jurídica.

Depois de discriminadas as condições a que a lei subordina a atribuição dessa isenção (isto é, a limitação da responsabilidade) para o exercício de uma actividade económica sob a forma de um grupo organizado, pode verificar-se a ausência do respeito das regras de funcionamento e de organização corporativa que caracterizam a sociedade dotada de personalidade jurídica[852]. Compete, por isso, ao intérprete avaliar, caso a

---

[850] Na nossa lei basta referirmos, para as sociedades de capitais em geral, o art. 84º, e em sede de regime das sociedades por quotas, que mais directamente nos interessa, os arts. 198º (responsabilidade directa dos sócios), 210º (quanto às prestações suplementares dos sócios), e, não esquecendo a normatividade mais específica das sociedades unipessoais, o 270º-F, nº 4, que nos ocupará com mais especificidade no estudo subsequente.

[851] Concordando com as ideias de Francesco Galgano, cfr., entre nós, COUTINHO DE ABREU, *Curso...*, volume II, ob. cit., pp. 170-1.

[852] Na doutrina nacional, sensivelmente próximo da certificação da utilização da personalidade colectiva de acordo com os fins justificativos do seu reconhecimento se mostra CARVALHO FERNANDES, *Teoria Geral...*, volume I, ob. cit., p. 535: "... a pessoa colectiva pressupõe uma entidade autónoma e organizada, que vai assumir como seus os interesses colectivos por ela prosseguidos e os correspondentes direitos e vinculações",

caso, o preenchimento dos pressupostos de aquisição da personalidade jurídica para a *fattispecie* concreta e desaplicar, em caso de verificação negativa, a disciplina *especial* aplicável à pessoa jurídica, repristinando o regime comum da responsabilidade ilimitada[853].

---

pelo que "não pode ser vista como um fim em si mesma" e é "inadequado transformar em substancial o que é meramente instrumental; ignorar «a outrance» a realidade subjacente à pessoa colectiva seria fazer prevalecer, sobre a substância das coisas, o seu enquadramento formal. Quando devidamente entendida, a técnica da personificação colectiva contém em si mesma, em geral, os *limites do seu uso adequado*..." (itálico nosso), mas esse facto não implica que deixe de "ser necessária a intervenção específica do legislador para, digamos assim, *travar* a dinâmica do próprio instituto, afastando-o para obter uma melhor tutela de terceiros ou até do interesse geral" (itálico do Autor).

[853] Cfr. FRANCESCO GALGANO, "L'abuso della personalità giuridica nella giurisprudenza di merito (e negli «obter dicta» della Cassazione)", *CI*, 1987, p. 381.

Diversamente, alguma doutrina tem defendido que a tese de Galgano para sancionar os abusos da personalidade jurídica coincide no essencial com a teoria que Bigiavi desenvolveu: nada mais era que a translação e uma oportuna transformação dessa, importando para o patamar societário uma reflexão dogmaticamente ancorada no plano da empresa (assim, cfr. SCOTTI CAMUZZI, "Osservazioni...", loc. cit., p. 169). É verdade que tanto Bigiavi como Galgano coincidem no fundamento da responsabilidade patrimonial ilimitada do único sócio – a *posição de domínio absoluto* ou *qualificado* sobre a empresa social –, mas logo aqui começam as diferenças. Para o primeiro esse domínio devia concretizar-se na *degradação da sociedade em mero instrumento pessoal* (cfr. *L'imprenditore occulto*, ob. cit., pp. 192 e ss), enquanto que para o último isso se afigurará quando as *regras de organização corporativa* da sociedade sejam *inaplicáveis* ou *iludidas*, precisamente porque não se preenche a pluralidade sujectiva da sociedade (cfr., conjugadamente, "Delle persone giuridiche (sub artt. 11-35)", loc. cit., pp. 49-52, e, aproveitando a publicação mais recente, *Diritto civile e commerciale*..., ob. cit., pp. 121-3). Além de a titularidade das obrigações sociais divergir: no primeiro, o sócio responde pelas dívidas de um outro sujeito, a sociedade, na condição de empresário comercial indirecto e não como sócio ilimitadamente responsável; no segundo, o sócio responde por débitos que na origem já lhe pertenciam e relativamente aos quais ele respondia limitadamente em virtude da disciplina compendiada no conceito de pessoa jurídica. Para um apanhado argumentativo dos "equívocos" dos Autores em discussão, cfr. SCOTTI CAMUZZI, "L'unico azionista", loc. cit., pp. 693 e ss; confessando o requinte da elaboração conceitual e o objectivo de equidade e justiça substancial que caracterizam e inspiram ambas as construções, mas apreciando negativamente a sua conformidade com os dados do sistema normativo, cfr. ALESSANDRO NIGRO, p. 453, ss.

A verdadeira pedra de toque, contudo, e muito sucintamente, parece-nos ser outra. De facto, Bigiavi ocupa-se de um campo de trabalho diverso, uma vez que se debruça sobre a actividade da empresa, para a ela aplicar um *princípio especial*, segundo o qual o mandato atribuído pelo empresário oculto ao seu companheiro complacente é vinculante

Nesta óptica, a repressão do abuso da personalidade jurídica não trata de endossar a um sujeito os débitos de um *outro* sujeito – sendo inexacto, portanto, falar de desconsideração ou superação da personalidade jurí-

---

para esse mesmo mandante. O postulado tenta ser claro, na aceitação da presença de dois sujeitos distintos, mandante e mandatário, e chama a responder também o primeiro quando se trate de actividade empresarial exercida formalmente pelo segundo. Assim, não se aplicando em relação a essa actividade de empresa (social ou não) o princípio geral de exclusiva vinculação do mandatário no caso de falta de representação (*vide* o art. 1705 do *CCIt.*, bem como o nosso art. 1180º do CCiv.), o mandato atribuído pelo empresário oculto – o *verdadeiro* sócio numa sociedade fictícia, quando a sua tese é aplicada analogicamente ao caso das sociedades de capitais fictícias; o sócio *soberano* a que pertence a maioria quase totalitária das acções ou das quotas, ou a participação de controlo, quando se empreende a mesma aplicação às sociedades que apresentam tal característica na sua estrutura de participações (cfr. VITO MANGINI, p. 685) – ao mandatário – a pessoa jurídica social, no caso das extensões referenciadas – vincula o próprio mandante. Com essa construção, o mandante – o sócio *material* ou *ditador* que utiliza a sociedade como uma empresa individual própria ou abusa da posição de controlo – deve responder pela actividade da empresa, mesmo quando essa é realizada *formalmente* pelo mandatário – sociedade constituída com sócios *de favor* ou sociedade dominada. Assim se percebe por que a norma que estabelece uma responsabilidade ilimitada e pessoal do *único* sócio exprimiria uma presunção inilidível de domínio absoluto sobre a sociedade (com evidente influência da antiga teoria da responsabilidade do único sócio baseada na sua *soberania* sobre a existência e a actividade da sociedade, protagonizada por LORENZO MOSSA, antes – "Responsabilità...", loc. cit., pp. 323 e ss – e depois da entrada em vigor do *CCIt.*, e seus seguidores – *vide supra* n. 165), que não seria mais do que um instrumento, um "homem de palha", do sócio único.

As ambições desta tese, que aponta o sumo do seu conteúdo para a sujeição do sócio *oculto*, em conjunto com a sua sociedade declarada falida, à responsabilidade decorrente do procedimento falimentar, não passa, portanto, pela discussão da identidade conceptual entre os sujeitos como centros de imputação de direitos – as pessoas singulares e as pessoas colectivas –, já que não abala a convicção da existência da sociedade como um sujeito jurídico distinto do sócio. De facto, a identidade atrás falada, inerente à concepção tradicional de pessoa jurídica, é pressuposto no momento de alargar à pessoa singular a norma aplicável à pessoa colectiva. Depois, o que se sustenta como consequência da *ficção* ou do *domínio* é apenas e só o *chamamento* de um sujeito a responder pelos encargos de um outro sujeito (a sociedade), juntando à sua responsabilidade a responsabilidade do sócio. Esta responsabilidade, portanto, não resulta da qualidade de sócio, ainda que soberano, mas antes de um título diverso de tal qualidade, concretizado na mencionada relação *especial* de mandato sem representação. Como realça FRANCESCO GALGANO, *La società per azioni*, ob. cit., pp. 122-3, deriva do facto de ter abusado do domínio na sociedade e, com isso, a ter degradado como seu mero instrumento de acção, manifestando um desprezo absoluto pelas regras fundamentais do direito societário. À *tirannia*, enquanto abuso da "soberania" (entendida, esta, como legítima posição de controlo), a doutrina de Bigiavi

dica –, mas de decidir, sempre que haja uma sistemática trangressão das regras de organização societária, da aplicação das normas de direito comum, que impõem ao devedor responsabilidade ilimitada. Nesta circunstância, procede-se ao *regresso à disciplina geral* como castigo pelo uso indevido da pessoa societária, sempre que a resposta ao quesito for negativa, ou seja, faltem os requisitos que justificam a recepção do privilégio normativo[854]. Portanto, deve dizer-se que nessas circunstâncias não se cumpriram os pressupostos da especial norma da responsabilidade limitada, razão pela qual, pelos débitos da sociedade, que já eram do sócio mas pelos quais ele respondia na medida dos limites da entrada subscrita ou realizada, o sócio responde ilimitadamente de acordo com a regra geral, correspondente ao estatuído pelo nosso art. 601º do CCiv.

Da visão relatada, importa reter que o cerne do problema se situa nos excessos e/ou nos abusos do benefício da responsabilidade limitada, atribuída *ex lege* aos sujeitos jurídicos organizados como sociedades comerciais de capitais, onde se integra a SQU. Mesmo que esta sociedade tenha

---

dá o relevo que confere à manifestação, no seio da sociedade, de uma *posição extrassocial* do sócio: esta qualidade apenas torna mais fácil a descoberta dessa posição que constitui o título para a sua subordinação à responsabilidade ilimitada, que ainda dependeria do preenchimento de circunstâncias violadoras das regras de organização corporativa interna e da falta de distinção entre patrimónios, qualificada pela presença de uma série de alguns *indícios de facto* (confusão patrimonial, utilização da sociedade para a prossecução de objectivos pessoais, etc.).

[854] Apoiando a concepção revisionista da pessoa jurídica e a repressão, por "desaplicação de normas" e retorno à regra ordinária da responsabilidade do devedor comum pelas obrigações com todo o seu património, do abuso da personalidade jurídica através da responsabilidade ilimitada do sócio formalmente único, ou do sócio que é realmente o exclusivo centro de interesses da sociedade com um aparente fraccionamento do capital, e que abusa das regras de organização societária, cfr. PIETRO RESCIGNO, "La persona giuridica...", loc. cit., p. pp. 484 e ss; GIOVANNI PELLIZZI, "La società persona giuridica: dove è realtá e dove è vuota formula (esperienze delle banche)", *RDC*, 1981, p. 483; BRUNO INZITARI, "La «vulnerabile» persona giuridica", loc. cit, pp. 698-700; VITO MANGINI, p. 686; ANDREA AUDINO, "Società di capitali e abuso della personalità giuridica", *Foro Pad.*, 1988, p. 131; NADIA ZORZI, pp. 1074, 1076 e ss; GIORGIO MARIA ZAMPERETTI, "Rilievi in tema...", loc. cit., p. 411; LUIGI SANTA MARIA, pp. 233-4; GIOVANNI LO CASCIO, "Sull'abuso...", loc. cit., pp. 1810-11. Na jurisprudência superior italiana, talvez o mais fiel reflexo da concepção galganiana seja a decisão de **8.Novembro.1984**, da **Cassazione Civile** (in *Giur. It.*, 1985, I, Sez. 1, p. 426, ss), suficientemente comentada, em manifesto regozijo pela renúncia judicativa ao "valor axiomático absoluto" da pessoa colectiva num caso de repressão do abuso, por FRANCESCO GALGANO, "Persona giuridica", *Digesto. Discipline privatistiche. Sezione civile*, volume XIII, 1995, p. 404.

sido constituída de acordo com os requisitos legais, isso não deverá impedir que, por ocasião do apuramento de circunstâncias peculiares, claramente indicadoras de que a sociedade comercial é usada com o fim (não declarado, mas *evidente*) de prejudicar os direitos e os interesses de terceiros, seja superada a personalidade jurídica da sociedade *instrumentalizada*.

A técnica *relativista* de Galgano, neste contexto, tem a vantagem de fazer malograr os abusos da personalidade jurídica ainda no âmbito de um *juízo segundo o direito* e sem recorrer às técnicas que, para atingir pessoalmente os membros de uma sociedade, se vêem obrigados a pôr de parte a subjectividade dessa mesma sociedade em face dos seus componentes. O processo de averiguação do abuso da personalidade jurídica é, neste sentido, *directo*, por não recorrer ao subterfúgio *mediatamente* utilizado pela técnica tradicional para tutelar os interesses atendíveis de terceiros e *identificar a substancial natureza subjectiva* de uma certa relação jurídica referida, *primo conspectu*, a um sujeito colectivo.

Com origem jurisprudencial nos Estados Unidos da América e solidificação doutrinal na Europa, referimo-nos à técnica conhecida por *piercing* ou *lifting the corporate veil* ou *disregard of legal entity*[855], divulgada

---

[855] É unânime a verificação de que a génese da *disregard doctrine* sediou-se nos esforços dos juízes norte-americanos para neutralizar resultados inaceitáveis sob o ponto de vista da *justiça substancial*, decorrentes da rigidez do princípio da *limited liability* inerente à personalidade jurídica. O seu emprego mais comum serviu justamente para autorizar os credores de uma sociedade de capitais a superar a personalidade jurídica e impor aos sócios uma responsabilidade pessoal ou à sociedade atacada uma responsabilidade ilimitada, sempre que, em sede de actuação da *business corporation* ou de um grupo de sociedades, o sócio ou sociedade que controla e domina a sociedade utilizasse a entidade dominada para fins estranhos aos que lhe são típicos, em geral e no caso em que é constituída. É aliás recorrente os autores americanos referirem-se à jurisprudência do *piercing the veil* como uma verdadeira "válvula de segurança" desaplicadora da responsabilidade limitada e impeditiva de resultados inaceitáveis, derivados da rígida aplicação do regime dos entes legais: cfr., por todos, PHILLIP BLUMBERG, *passim*, mas vejam-se as pp. 87-8.

A princípio com carácter sancionatório de *ultima ratio* para evitar desvios e *penetrar* na personalidade jurídica colectiva quando se usasse o conceito de *legal entity* para, entre outras fórmulas (mas esta é communmente mencionada como uma regra máxima), "agredir o interesse público, justificar ilicitudes [*justify wrong*], proteger a fraude ou defender o crime" (Juiz Sanborn no caso *United States v. Milwaukee Refrigerator Transit Co.*, citado em MATEO TONELLO, "La dottrina del piercing the viel nell'american corporate law", *CI*, 1988, p. 180), sem que se determinassem com rigor os pressupostos de relevância e se pegasse num fio condutor-judicativo preciso. Depois operando com várias tendências, inspiradas na equidade, que apelaram a vários conceitos *standards*, como a boa-fé, destinadas a penalizar, nomeadamente, a *fraude* (à lei, a obrigações contratuais, em

essencialmente na Alemanha como *Durchgriff bei juristischen Person* ou *Mißachtung der juristischen Person*[856], e entre nós conhecida como *desconsideração*[857] ou *superação* [858] da personalidade jurídica.

---

prejuízo para os credores sociais: sobre este ponto, *vide* as considerações sobre o dolo exigido na utilização fraudulenta da *corporate structure*, atendendo ao precedente do nosso conhecido caso *Salomon*, expendidas por JENNIFER PAYNE, "Lifting the corporate veil: a reassessment of the fraud excepcion", *Camb. LJ*, 1997, pp. 284 e ss) e a *instrumentalização* da sociedade para a concretização de fins pessoais. Evidentemente que acompanhar os contornos do direito norte-americano através de uma sistematização suficientemente racional para o leitor é tarefa que nos transcende; mais do que isso, apreender a casuística, tão refractária e dispersa, num quadro aceitável de *rationes decidendi* é algo de ciclópico. Felizmente, podemos hoje remeter para vastos estudos, em línguas próximas, sobre a principiologia enunciada e a descrição de várias controvérsias: cfr., para além do clássico e datado PIERO VERRUCOLLI, *Il superamento...*, ob. cit., pp. 117 e ss, CARMEN BOLDÓ RODA, *Levantamiento del velo...*, ob. cit., pp. 136 e ss; EDOARDO COURIR, *Limiti alla responsabilità...*, ob. cit., pp. 17 e ss; MATTEO TONELLO, *ibid.*, pp. 178 e ss (esp. este com as mais amplas referências bibliográficas e jurisprudenciais).

[856] Também na Alemanha foi a jurisprudência a iniciar a divulgação do *Durchgriff* no contexto da repressão dos abusos da personalidade jurídica das pessoas colectivas, necessariamente com feições imprecisas e multiformes, mas particularmente nos arestos primitivos do *Reichsgericht* respeitantes a situações de unipessoalidade societária derivada e preordenada. Parece mesmo que foi a propósito de uma sociedade unipessoal que se engravidou a linha de desvalorização da personalidade jurídica, já que, uma vez reconhecida a preservação da sua personalidade, se afirmou a possibilidade de ultrapassar a barreira societária para consentir a responsabilização do sócio único no intuito concreto de satisfazer os credores sociais: falamos da omnicitada decisão do **Reichsgericht**, de **22.Junho.1920** (cfr. ERICH SCHANZE, *Einmanngesellschaft und Durchgriffshaftung als Konzeptionalisierungsprobleme gesellschaftsrechtlicher Zurechnung*, 1975, pp. 68-9; na doutrina nacional, MENEZES CORDEIRO, *O levantamento...*, ob. cit., p. 104, ss). A este propósito da importância impulsionadora de hipóteses concernentes a sociedades unipessoais para o impulso da *Durchgriffshaftung*, a doutrina alemã é farta em reconhecer essa precocidade, em tempos remotos em que o instituto era controverso, mas igualmente, no que mais nos interessa, em admitir que "também no futuro será a sociedade unipessoal o domínio onde o *Durchgriff* será objecto de maior aplicação" (HEINZ ROWEDDER, §13, Rdn. 24, pp. 322-3). Para uma viagem sobre os principais arestos que optaram, ou não, mas sempre levantando a questão, pela superação da distinção entre sócio único e sociedade, em várias instâncias especializadas, nomeadamente do BGH, *vide* ERICH SCHANZE, pp. 72 e ss, com a descrição sumária do *thema decidendum* (sublinha-se que a fórmula objectiva, apelando ao conteúdo da desconsideração como abuso de instituto, das considerações da decisão do **BGH**, de **30.Janeiro.1956**, foi mecanicamente reproduzida posteriormente por outros arestos); MARCO TRONTI, p. 1445, ss; bem como a síntese de MENEZES CORDEIRO, *ibid.*, pp. 106-7.

Só muito depois do lançamento *pragmático-operativo* da figura é que, com as obras básicas de ROLF SERICK, *Rechtsform und Realität juristischer Personen*, de 1955 – con-

De todas as variantes e combinações que a problemática da desconsideração da personalidade jurídica convocou na Alemanha, resultou uma reiterada classificação *bipartida* da sistematização doutrinal, que se

---

sultada por nós na versão castelhana *Apariencia y realidad en las sociedades mercantiles. El abuso de derecho por medio de la persona jurídica*, 1958, em particular nas suas pp. 241 e ss, onde o pioneiro Autor elabora as *regras fundamentais* que determinam a possibilidade de penetrar no substrato da pessoa jurídica (sobre o alcance deste estudo para a concepção tradicional da pessoa jurídica, cfr. HANS-JOACHIM BAUSCKE, "Mit dem «durchgriff» ins kommende Jahrhundert?", *BB*, 1984, pp. 698-9) –, e de WOLFRAM MÜLLER-FREIENFELS, "Zur Lehre von sogenannten «Durchgriff» bei juristischen Personen im Privatrecht", *AcP*, 1957, pp. 522 e ss, em esp. pp. 542-3, se empreendeu o debate e a reconstrução dogmática que racionalizou o diverso arsenal judicativo e descreveu fórmulas teóricas aplicáveis às situações retiradas dos tribunais. Para uma notícia circunstanciada das várias variantes dogmáticas que a doutrina alemã nos ofereceu, cfr., na Alemanha, ERICH SCHANZE, pp. 56 e ss; DIETMAR BANNE, *Haftungsdurchgriff bei der GmbH insbesondere im Fall der Unterkapitalisierung*, 1978, pp. 4 e ss; em língua portuguesa, *vide* a completa resenha, até ao tempo da investigação, de LAMARTINE CORRÊA DE OLIVEIRA, *A dupla crise da pessoa jurídica*, 1979, pp. 294 e ss.

[857] São as expressões mais recorrentes em Portugal: cfr. MOTA PINTO, *Teoria Geral do Direito Civil*, ob. cit., p. 127, n. (1); PEDRO CORDEIRO, "A desconsideração da personalidade jurídica das sociedades comerciais", *Novas perspectivas de direito comercial*, 1988, pp. 291-2; IDEM, *A desconsideração da personalidade jurídica das sociedades comerciais*, 1994, p. 13; HEINRICH HÖRSTER, p. 359; OLIVEIRA ASCENSÃO, *Direito Comercial. Sociedades Comerciais*, ob. cit., 57-8 (fazendo menção igualmente a "afastar-se o véu"); COUTINHO DE ABREU, tanto em *Da empresarialidade...*, ob. cit., p. 205, como em *Curso...*, volume II, ob. cit., p. 174 (que também alude a "levantar o véu"); BRITO CORREIA, *Direito Comercial. Sociedades comerciais*, volume II, ob. cit., pp. 237 e ss; PEREIRA DE ALMEIDA, *Sociedades Comerciais*, ob. cit., p. 32; PUPO CORREIA, pp. 475-7. Diferentemente, ORLANDO DE CARVALHO, *Teoria geral do direito civil. Relatório sobre o programa, conteúdo e métodos de* ensino, 1976, p. 46, tal como, numa primeira versão, MENEZES CORDEIRO, *Da boa fé no Direito Civil*, 1997 (1984), p. 1232, referem-se à teoria da *penetração* da pessoa colectiva. Depois, o último Autor mudou de rota e optou, pelo seu conteúdo *indirecto* e *valorativamente neutro* (?), por a designar por *levantamento* da pessoa colectiva (cfr. "Do levantamento da personalidade colectiva", loc. cit., p. 151, n. (21); *Da responsabilidade civil* ..., ob. cit., p. 321-2), enquanto que a primeiramente adoptada e a desconsideração seriam, entre outros defeitos, uma *inelegantia* [cfr. *O levantamento...*, ob. cit., pp. 102-3; em sentido crítico desse(s) apontado(s) vício(s) da terminologia maioritária, *vide* COUTINHO DE ABREU, *últ. ob. cit.*, p. 175, n. (32)].

[858] Terminologia proposta por INOCÊNCIO GALVÃO TELLES, "Venda a descendentes e o problema da superação da personalidade jurídica das sociedades", *ROA*, 1979, pp. 513 e ss, em esp. pp. 531 e ss, a respeito da sua contribuição para o **Ac. do STJ**, de **6.Janeiro.1976** (in *BMJ*, n° 253, Fevereiro.1976, p. 150, ss), e seguida por CARVALHO FERNANDES, *Teoria Geral...*, volume I, ob. cit., p. 531.

encontram fundamentalmente enquadradas em duas amplas sedes: a teoria da desconsideração institucional (*institutionelle Durchgriffslehre*) e a teoria da aplicação da norma (*Normzwecklehre*).

A primeira supera o princípio de separação entre sociedade e sócio sempre que a utilização da pessoa jurídica contrasta com o ordenamento jurídico, recorrendo-se ao correctivo baseado no conceito de *Rechtsmiβbrauch* (abuso de direito). Seja essa desconformidade, que permite prescindir da estrutura formal da personalidade jurídica, dada por um *abuso subjectivo* (iniciada por Serick, e hoje praticamente abandonada), entendido como a intenção de, através da pessoa colectiva, realizar fins ilícitos, relacionar contra a boa fé (*Treu und Glauben*, fundamentada no § 242 do *BGB*) certas normas jurídicas atinentes com a alteridade da pessoa colectiva, contornar ou defraudar prescrições legais, violar deveres contratuais e prejudicar fraudulentamente terceiros. Ou dada por um *abuso objectivo da forma*, concepção que parte da ideia da pessoa colectiva como instituto jurídico que se subordina a princípios jurídicos superiores, à sua função, à sua estrutura e ao seu fim, que definem os seus *limites imanentes* ou *intrínsecos*, para *punir*, desconsiderando, a transposição desses limites, o que consubstanciaria um abuso *de instituto*, pois a pessoa colectiva não fora empregue de acordo com o catalógo teleológico que a ordem jurídica lhe reserva (isto, note-se, sem dependência ou relevância da culpa ou intenção danosa da pessoa-membro que actua em desconformidade com o ordenamento).

Para a segunda (tese intermédia e elaborada por Müller-Freienfels), a questão da transposição da personalidade jurídica não diz tanto respeito a esta mas resolve-se numa dinâmica de aplicação em concreto das normas. Isto é, defende-se a recondução das situações merecedoras de *Durchgriff* à elucidação do sentido e alcance teleológico das normas jurídicas concretas e vigentes no sistema jurídico (*interpretação*), numa primeira e nevrálgica etapa, para depois se decidir da sua *aplicação* relativamente à pessoa colectiva e à respectiva unidade de imputação. Metodologicamente, e em caso de se afirmar positivamente a tarefa, trata-se de uma restrição da esfera de aplicação da norma que estabelece a personalização, por extensão do âmbito de aplicação de um outro preceito, que passará a disciplinar a relação jurídica, sob pena de não se realizar a finalidade tuteladora da norma eludida[859-860].

---

[859] Neste sentido, cfr. ECKARD REHBINDER, "Zehn Jahre Rechstsprechung zum Durchgriff im Gesellschaftsrecht", *Festschrift für Robert Fisher*, 1979, p. 580.

[860] Para uma consulta destas teorias (às quais também se adicionam as teorias mistas ou eclécticas, para as quais parece ter contribuído ECKARD REHBINDER, últ. loc. cit.,

A principal crítica dirigida às técnicas desconsideradoras da personalidade colectiva consiste na *insegurança jurídica* e *falta de determinação dos pressupostos de aplicação* que a sua utilização judicativa propicia[861]. Por isso, é comum falar-se de *excepcionalidade* nesta matéria e do desiderato de obstaculizar apenas a produção de *resultados injustos e iníquos*, uma vez que se deixaria nas mãos de cada julgador, em valoração complexiva de todas as circunstâncias do caso concreto, a decisão quase livre ou discricionária de levantar ou não a personalidade em cada caso[862], o que mais acentua a *relatividade* e a *formulação lata* da técnica de "levantamento do véu". Por um lado, essa hipótese estará submetida à concorrência de determinados requisitos; por outro, a sua efectivação deve sujeitar-se ao cumprimento de uma finalidade específica. De tal sorte que, na dúvida sobre os critérios a seguir, tem a doutrina mais recente tentado sistematizar os *casos sintomáticos (Fallgrupen)* que podem exigir a desconsideração da personalidade colectiva, nomeadamente ao submeter a teoria ao domínio das sociedades comerciais.

---

pp. 582-3, apostado em combinar metodológico-dogmaticamente a *Durchgriffslösung* com a *Normzwecklösung*), cfr. HELMUT HABERLANDT, "Zur Problematik der Durchgriffshaftung Identität und Durchgriff", *BB*, 1980, p. 848; HANS-JOACHIM MERTENS, "Zweiter Abschnitt...", loc. cit., *Rdn.* 28, ss, pp. 585-7; GÖTZ HUECK, "Zweiter Abschnitt. Rechtsverhältnisse der Gesellschaft und der Gesellschafter", in ADOLF BAUMBACH/ALFRED HUECK, *GmbH-Gesetz...*, ob. cit., § 13, *Rdn.* 10, ss, pp. 178-9; KARSTEN SCHMIDT, *Gesellschaftsrecht*, ob. cit., pp. 229-31. Entre nós, vejam-se as recensões de PEDRO CORDEIRO, *A desconsideração...*, ob. cit., pp. 28 e ss; BRITO CORREIA, *Direito Comercial. Sociedades Comerciais*, volume II, ob. cit., pp. 240 e ss; COUTINHO DE ABREU, *Da empresarialidade...*, ob. cit., pp. 207-8; MENEZES CORDEIRO, *O levantamento...*, ob. cit., pp. 123 e ss.

[861] Entre outros, GÖTZ HUECK, últ. loc. cit., *Rdn.* 10, p. 178, evidencia a incapacidade de fundamentar dogmaticamente o instituto jurídico do *Durchgriff* "em termos unitários e sistemáticos, pecando mesmo por a terminologia não ser homogénea". Tais razões induziram alguma doutrina alemã a negar autonomia à desconsideração da personalidade enquanto instituto, em virtude da sua vaguidão e insegurança, que melhor seriam compensadas com a instituição de deveres concretos a incidir sobre os membros das pessoas colectivas: cfr. JAN WILHELM, *Rechtsform und Haftung bei der juristischen Person*, 1981, *passim*, mas esp. pp. 285, ss, e 330, ss, *apud* KARSTEN SCHMIDT, *Gesellschaftsrecht*, ob. cit., pp. 231-2, e MENEZES CORDEIRO, *últ. ob. cit.*, pp. 129-30. Em termos judicativos, a título de exemplo, a jurisprudência do **BGH**, por decisão de **12.Novembro.1984** (in *WM*, 1985, p. 54, ss), também revela hesitação em aceitar a adequação da figura da desconsideração e aconselha a aplicação dos princípios gerais civilísticos da responsabilidade.

[862] Cfr., em Itália, FRANCESCO GALGANO, *La società per azioni*, ob. cit., pp. 125-6; na literatura espanhola, CAPILLA RONCERO, *La persona jurídica: funciones y disfunciones*, 1984, pp. 70-1; CARMEN BOLDÓ RODA, *Levantamiento del velo...*, ob. cit., pp. 23-4.

De entre esses casos, avultam precisamente os que se agrupam em situações de *Durchgriffshaftung*, nos quais se propaga aos sócios a responsabilidade da sociedade dotada de personalidade jurídica, através da ruptura da regra da limitação de responsabilidade de que eles beneficiam[863].

A esta categoria se remetem as hipóteses de confusão ou promiscuidade de negócios sociais e negócios individuais ou de patrimónios e esferas jurídicas, subcapitalização, atentado a terceiros, abuso do instituto da pessoa jurídica, domínio no contexto de grupos societários, sempre que elas se conjuguem com a demanda técnico-jurídica de poderem responder por obrigações da sociedade de responsabilidade limitada um ou mais sócios, solidariamente ou em vez dela, quando se revele *inapropriado* ou *insuficiente* o património social para responder por dívidas contraídas no interesse exclusivo ou predominante desse(s) sócio(s) que a controla(m) ou dirige(m) de um modo soberano e se tenha desrespeitado a separação patrimonial entre o seu património e o património da sociedade[864].

---

[863] Há quem sustente uma *restrição conceitual* da desconsideração da personalidade jurídica a estas situações de *Durchgriffshaftung* ou só a considere nesta perspectiva: p. ex., HERBERT WIEDEMANN, *Gesellshaftsrecht...*, ob. cit., pp. 221-2, 229, ss; KARSTEN SCHMIDT, *Gesellschaftsrecht*, ob. cit., pp. 226-7; assim, na doutrina italiana, cfr. VINCENZO FRANCESCHELLI/MICHAEL LEHMANN, "Superamento della personalità giuridica e società collegate: sviluppi di diritto continentale", *Responsabilità limitata e gruppi di società*, 1987, pp. 98; entre nós, PEDRO CORDEIRO, *A desconsideração...*, ob. cit., pp. 104-5, 159 e 172-3; admitindo o facto de ser esta "a figura que mais interessou os intérpretes", OLIVEIRA ASCENSÃO, *Direito Comercial. Sociedades Comerciais*, ob. cit., p. 61; registando o exagero da exclusividade, COUTINHO DE ABREU, *Da empresarialidade...*, ob. cit., p. 206, n. (531). Porém, a temática do *Durchgriff* abrange toda a problemática geral da real separação da entidade societária relativamente aos seus sócios e não só aquela relativa à possibilidade de os declarar responsáveis pelos débitos da sociedade (de entre essas hipóteses, as questões podem passar pela legitimidade processual de um sócio testemunhar em lide em que a sociedade é parte até à validade da aquisição pelo sócio de um imóvel da sociedade...). Note-se, de imediato, que, para o âmbito do nosso estudo, esta não é uma verificação de nevralgia basilar, já que nos movemos *apenas* na arena de problematizar a extensão da responsabilidade dos sócios da pessoa colectiva – do sócio da SQU – com fonte em responsabilidade patrimonial por dívidas e em facto ilícito e culposo com relevância civil.

[864] Para uma apreensão das "constelações" de casos concretos em que a desconsideração se manifesta, cfr., entre muitos outros, HELMUT HABERLANDT, pp. 849 e ss; HERBERT WIEDEMANN, *Gesellschaftsrecht...*, ob. cit., pp. 223 e ss; MARCUS LUTTER/ /PETER HOMMELHOFF, *GmbH-Gesetz Kommentar*, ob. cit., § 13, *Rdn.* 11, ss, pp. 157 e ss; KARSTEN SCHMIDT, *Gesellschaftsrecht*, ob. cit., pp. 233 e ss, e, em particular para o agrupamento mais atinente com a superação do princípio da separação patrimonial previsto

Esta é naturalmente a faceta da desconsideração que *hic et nunc* nos interessa, pois é à procura da responsabilização pessoal do sócio único que andamos. Claro que isso implicará fazer declinar, *na medida necessária*, os alicerces da personalidade jurídica da SQU e perceber que ela será insusceptível de ser encarada numa perspectiva hermética[865] e absolutizadora[866], de maneira que a sua instrumentalização indevida conduza à

---

na 2ª al. do § 13 da *GmbHG*, a saber, a mistura de esferas jurídicas, o domínio da sociedade e a subcapitalização, pp. 241-52; HOLGER ALTMEPPEN/GÜNTER ROTH, § 13, *Rdn*. 18, ss, pp. 143-6, sendo que a SQU é ancorada a caso típico de *Haftungsdurchgriff* na *Rdn*. 21; FRIEDRICH KÜBLER, pp. 314-16.

Na literatura de língua portuguesa, *vide* COUTINHO DE ABREU, *Da empresarialidade...*, ob. cit., p. 208, em resumo célere, e, com outra profundidade e exemplos para a "mistura de esferas de actividade e patrimoniais", a "subcapitalização" e o "domínio qualificado de uma sociedade sobre outra(s)", o seu *Curso...*, volume II, ob. cit., pp. 178-81. Ainda, com referências jurisprudenciais e doutrinais (nem sempre coerentes), MENEZES CORDEIRO, *O levantamento...*, ob. cit., pp. 115 e ss, e 131 e ss (para os grupos de sociedades).

[865] O dogma do *hermetismo* da pessoa colectiva, associado à concepção formalista da sua natureza, implica que os entes dotados de personalidade jurídica se considerem sujeitos de direitos subjectivos e relações jurídicas, autónomos e separados relativamente aos sujeitos humanos concretos que integram, organizam e dirigem a sua actividade: entre a pessoa colectiva e as pessoas-membros existiria uma "relação irreversível de *alheamento recíproco*" (CAPILLA RONCERO, p. 64, sublinhado nosso). Sobre o tema, cfr. FEDERICO DE CASTRO Y BRAVO, pp. 53 e ss, 85 e ss, esp. 94-104, 129 e ss.

[866] Alertando, pioneiramente no direito português (e europeu, como bem nota MENEZES CORDEIRO, *últ. ob. cit.*, p. 111-12), para o facto de a separação patrimonial entre a esfera jurídica do sócio e a esfera jurídica da sociedade, ainda que ditasse que "todos os contactos entre as duas esferas patrimoniais de sociedade e sócio devem realizar-se exactamente nos termos e segundo as formas que de direito seriam indispensáveis se elas tivessem por titulares, *mesmo materialmente*, pessoas distintas", não poder "ser invocada para legitimar atitudes do *dominus societatis* que estejam em conflito, quer com a vontade contratual expressa ou tácita das partes, quer com os princípios da *boa-fé* e do *abuso de direito*", estando esse abandono da separação de personalidades entregue "ao largo papel a desempenhar" pelo "prudente arbítrio do julgador, o seu humano sentido da justiça devida às coisas – o seu bom senso", cfr. FERRER CORREIA, *Sociedades Fictícias e Unipessoais*, ob. cit., pp. 307-8 e 325, respectivamente (sublinhado na citação em conformidade com o original), sem, contudo, apelar à autonomização de um instituto jurídico próprio.

Depois de Ferrer Correia, para o desenvolvimento de uma dogmática *não formalista* e *desvalorizadora* da personalidade colectiva, com efeitos sobre o tratamento "transparente" da personalidade, legitimado, frustrada a obtenção de uma solução unitária para a desconsideração no direito comparado, "através do recurso a operadores jurídicos como, nomeadamente (e consoante os casos), a interpretação teleológica de disposições legais

ignorância da respectiva estrutura dogmática e dos seus efeitos jurídicos. No essencial, a obter "a derrogação ou não observância da autonomia jurídico-subjectiva e/ou patrimonial da pessoa colectiva em face dos seus membros"[867].

Isto dito, depreende-se que se procura encontrar, para os devidos efeitos de *os responsabilizar*, os *verdadeiros sujeitos actuantes* em caso de terem subvertido o esquema societário e abusado, em consequência, das vantagens que conseguiram quando à sua iniciativa foi reconhecida a personalidade jurídica. Em suma, *transpor-se o obstáculo da pessoa jurídica e atingirem-se os homens que estão sob o seu amparo*, o que permitirá o "regresso directo aos componentes do substrato pessoal"[868].

Do precedente excurso sobre a perspectivação das técnicas usadas para castigar o abuso ilegítimo da pessoa jurídica societária, ressalta que ambas registam *um dado uniforme* e desembocam num *resultado comum*. Na primeira comunhão, o exame feito indica que não existe um princípio geral que possa servir de guia ordinário e, portanto, sempre aplicável para superar o "dogma". Porém, retira-se algo que generalizadamente se aceita. Se não se respeitam as condições de utilização da sociedade comercial, se não se conforma a actuação social a uma actuação legítima no quadro de uma pessoa jurídica distinta dos seus sócios, desprezamos a especial disciplina da sociedade-pessoa colectiva *ou* penetramos no ser substrato subjectivo para obtermos a recuperação da disciplina que se excepcionou *ou* a atribuição de uma responsabilidade ilimitada aos sócios por dívidas da sociedade.

Por isso, quando queremos imputar ao sócio único certas consequências, decantadas da celebração de actos formalmente imputáveis à sociedade, esse desiderato não precisa que alinhemos numa *integral* desconsideração da personalidade jurídica. Julgamos que essa questão deve ser tratada como um problema de responsabilidade, que parte de um regime positivo de irresponsabilidade, do sócio *enquanto tal*[869], sem que

---

e contratuais e o abuso de direito" (indicações que nos influenciarão decisivamente nos resultados interpretativos propostos nos discursos subsequentes), cfr., sempre ao Autor referidos, COUTINHO DE ABREU, *Do abuso de direito...*, ob. cit., p. 102, ss, em esp. 105-6; *Da empresarialidade...*, ob. cit., pp. 197-204, 209-10; *Curso...*, volume II, ob. cit., pp. 161 e ss, 174-6.

[867] COUTINHO DE ABREU, *Da empresarialidade...*, ob. cit., p. 205 (também em "Personnalité morale, subjectivité juridique et entreprises", *RIDE*, 1996, p. 175).

[868] A sugestiva expressão pertence a HEINRICH HÖRSTER, p. 359.

[869] Neste sentido, cfr. GIUSEPPE PORTALE, "Capitale sociale e società per azioni sottocapitalizzata", *RS*, 1991, p. 84.

seja legítimo defender uma *desconsideração da personalidade* da sua sociedade[870].

Insistamos um pouco mais. Compreender a personalização é perceber que a pessoa jurídica revela a natureza de mera técnica, que é técnica de separação de riscos e de responsabilidades. Personalizar é criar um centro autónomo de imputação de relações jurídicas, fazendo o Direito nascer, aproveitemos a lição de MANUEL DE ANDRADE, um "instrumento de que ele se serve para a protecção de certos interesses, posto que lhes corresponda um qualquer substrato material (...) – uma forma jurídica de concentração e unificação de dadas relações"[871]. Desse substrato resulta a individualidade própria da pessoa colectiva, em contraposição aos interesses individuais dos seus membros enquanto pessoas singulares. A sua extensão ao indivíduo singular através do reconhecimento da SQU alarga até ao limite essa mesma técnica. Reconheçamos que tal lhe permite desdobrar-se com ele próprio, tornando-se, se quisermos ver assim as coisas, terceiro relativamente a si mesmo[872].

Essa individualidade *distintiva* da pessoa colectiva societária como sujeito de direito densifica-se num *regime jurídico compatível* com a sua realidade substancial, que lhe proporciona a disponibilidade de meios técnicos susceptíveis de formar e manifestar uma *vontade juridicamente relevante*[873]. Incumbindo ao legislador fixar os mecanismos técnico-jurídicos de actuação da pessoa colectiva, sempre a personalidade jurídica societária exprime um regime positivo, disciplinador de várias relações e comportamentos. Por isso, ser sociedade é também ser um centro de imputação *de normas jurídicas*, que a qualificam como uma entidade com capacidade de autodeterminação, no espaço de legitimidade conferido pelos direitos que adquire e pelas obrigações que contrai[874], associada a

---

[870] O mesmo pensamos para os casos de imputação (*Zurechnungsdurchgriff*) de "determinados conhecimentos, qualidades ou comportamentos do sócio (...) à sociedade e viceversa" (COUTINHO DE ABREU, *Da empresarialidade...*, ob. cit., p. 208; com a estruturação de hipóteses, cfr. IDEM, *Curso...*, volume II, ob. cit., pp. 176-8): apenas se trata de os atribuir ao sócio, passando por cima da pessoa colectiva social, permanecendo todos os restantes efeitos da personalização colectiva e da personalidade singular imutáveis. Se quisermos, aí desconsideramos *para imputar*, caso a caso, e dogmaticamente nada mais.

[871] *Teoria Geral da Relação Jurídica,* volume I, ob. cit., p. 52. No mesmo sentido, cfr. ORLANDO DE CARVALHO, *Teoria Geral...*, ob. cit., p. 25.

[872] Cfr. FRANCESCO GALGANO, "Persona giuridica", loc. cit., p. 393.

[873] Cfr., a este propósito, o elucidativo trecho de CARVALHO FERNANDES, *Teoria Geral...*, volume I, ob. cit., p. 517.

[874] Cfr. MENEZES CORDEIRO, *Da responsabilidade civil...*, ob. cit., pp. 318-19.

uma estrutura organizatória definida, ainda que, nos seus traços mínimos, pelas normas respeitantes ao tipo social em causa. Este complexo normativo, por fim, repousa numa "relação de mútua implicação entre a estrutura organizatória e a natureza da responsabilidade dos sócios em cada tipo de sociedade", que contribui para o imprescindível *"equilíbrio interno* de cada sociedade, (...) essencial para a prossecução dos interesses que norteiam a instituição do princípio da tipicidade" e resultante "da articulação de um determinado tipo de responsabilidade dos sócios (perante a sociedade e perante os credores sociais) com uma certa estrutura organizatória"[875].

Pois bem. Essa ponderação normativa da pessoa colectiva societária, como acentua MARCUS LUTTER, dá azo a que as sociedades comerciais personalizadas sejam um verdadeiro "instituto finalístico" (*Zweckgebilde*) a que o ordenamento jurídico entrega a realização de determinadas missões económicas e sociais, "extraordinariamente apto, seja para forma de uma cooperação duradoura, seja para uma limitação de responsabilidade"; e, por ser assim, o ordenamento não deve ser "vítima frágil da própria criação, quando tem a possibilidade segura, ao invés, de nortear a sua invenção dentro das balizas congruentes da sua própria finalidade"[876]. Estando entre esses fins legítimos a que o instituto pode servir o da limitação de responsabilidade, a estatuição da bateria normativa correspondente não deverá funcionar, em situações extremas e excepcionais, por forma a responsabilizar quem executa, violando, os mecanismos de imputação dos direitos e deveres.

Por isso, só neste sentido e direcção repousa a nossa preocupação: o de ignorar as prescrições relativas à responsabilidade limitada e à autonomia patrimonial que *escudam* os sócios. Em rigor, repisamos, todos os restantes preceitos, cuja aplicabilidade deriva da personalidade jurídica, mantêm a sua vigência no caso. Logo, não ultrapassamos a personalidade jurídica *na íntegra*, porque não podemos eliminar as várias consequências da personalidade colectiva[877]. Em última instância, isso poder-nos-ia levar

---

[875] PEDRO MAIA, "Tipos de sociedades", loc. cit., p. 11, com sublinhado conforme o original.

[876] "Zivilrechtliche Haftung in der Unternehmensgruppe", *ZGR*, 1982, p. 248.

[877] Como sejam os factos qualificadores de as entradas dos sócios se resolverem em alienações à sociedade ou de a dissolução abrir uma relação de sucessão em que os sócios vêm suceder à pessoa jurídica social na titularidade dos seus bens e direitos (sobre o ponto, cfr., por todos, FERRER CORREIA, *Lições*..., ob. cit., p. 91, ss).

a desprezar a qualidade de sócio dos sujeitos a responsabilizar e a sua posição de socialidade (*Mitgliedschaft*)[878]. Quando apenas o queremos fazer para impedir que a separação patrimonial da sua sociedade espolete as suas consequências legais em detrimento de interesses atendíveis.

Em suma, a entidade societária personalizada dota-se (*rectius*, é dotada *ex vi legis*) de adequados meios técnico-jurídicos para a formação de uma *vontade negocial* e para a prossecução de uma *actuação jurídica* distinta da dos seus componentes, ficando esses disponíveis pelas pessoas humanas como "instrumento adequado à *deslocação*, do seu campo de acção individual, de certos interesses que entendam prosseguir por recurso ao meio técnico da personificação colectiva"[879]. Este funcionaliza-se com a autonomia patrimonial. Porém, quando esses interesses individuais se sobrepõem à obediência ao mecanismo de funcionamento e justificam a satisfação de desígnios pessoais dos sócios, frustrando os direitos e expectativas de terceiros, deixa de fazer sentido a invocação da separação patrimonial. Avança então a *consideração* do substrato pessoal subjacente, *desconsiderando* a técnica personificadora para atingir a realidade material dos interesses e actuações das pessoas que com ela beneficiam, para a ela imputar responsabilidades. Parece-nos que a medida, *de facto*, não bule com essa distinção de esferas, sob pena de a esvaziar – antes a *ignora* em certas circunstâncias, relativas a casos de interesses dignos de protecção ("[o Direito] passa, se se quiser, dum *modo colectivo* a um *modo singular*")[880].

Logo, quando aqui se *evita* ou *desconsidera* a personalidade jurídica de uma sociedade de capitais, pela ocorrência de fenómenos de *patologia estrutural*, o que realmente se empreende, para este efeito, é *somente* a

---

[878] Sejamos claros. Se vamos responsabilizar ilimitadamente um sócio pelos débitos da sociedade, isso não retira força aos seus direitos de quinhoar nos lucros, de continuar a participar na actividade deliberativa da sociedade, de poder ser nomeado para os órgãos de administração e de fiscalização da sociedade, nem faz desaparecer a vinculatividade dos seus deveres. Sobre o conceito e conteúdo da participação social, cfr. FERRER CORREIA, *Lições*..., ob. cit., pp. 59-60; ALEXANDRE SOVERAL MARTINS/MARIA ELISABETE RAMOS, "As participações sociais", *Estudos de Direito das Sociedades*, sob a coordenação de Coutinho de Abreu, 2001, pp. 91 e ss, 100 e ss; COUTINHO DE ABREU, *Curso*..., volume II, ob. cit., pp. 205 e ss, 231 e ss.

[879] CARVALHO FERNANDES, *Teoria Geral*..., volume I, ob. cit., p. 530, sublinhado nosso.

[880] Seguindo a afirmação de MENEZES CORDEIRO, *Da responsabilidade civil*...., ob. cit., p. 321, com sublinhado do Autor.

desconsideração do particular regime de limitação da responsabilidade limitada que lhe é própria[881], visto que esse "não é um fenómeno de direito natural, nem uma liberdade garantida pela constituição, apenas um privilégio que o ordenamento não atribui *incondicionalmente*"[882].

---

[881] Seguimos neste ponto a posição defendida por ENGRÁCIA ANTUNES a pretexto da desconsideração nos grupos de sociedades, enquanto instrumento jurisprudencial de protecção dos credores sociais das sociedades-filhas, que possibilita a imputação à sociedade-mãe da responsabilidade por actos praticados formalmente por essas mas imputáveis ao controlo material da sociedade-mãe (cfr. *Os Grupos de Sociedades...*, ob. cit., p. 125, n. (264), 667, n. (1293), e, implícito no discurso, *Liability of Corporate Groups. Autonomy and control in parent-subsidiary relationships in US, German and EU law. An international and comparative perspective*, 1994, pp. 304-6). Em sentido próximo parece-nos estar, igualmente na doutrina lusa, PUPO CORREIA, p. 477, quando este situa a problemática da desconsideração, mais do que numa questão de abuso da personalidade jurídica das sociedades comerciais, como predominantemente respeitante ao "abuso da *autonomia patrimonial* de que elas gozam, isto é, à colheita de vantagens ilícitas com a manipulação da separação do património da sociedade em relação aos sócios" (itálico como no original).

Reparemos, de facto, nos resultados, perante a nossa lei, da aplicação das teses de Galgano e das duas correntes fundamentais da dogmática germânica em sede de desconsideração do regime de responsabilidade limitada. A teoria do abuso institucional *levanta* em situações excepcionais o véu da pessoa jurídico-social e responsabiliza pessoalmente o sócio. A teoria do "fim da norma" *preclude* a aplicação das normas que prevêem a responsabilidade exclusiva, se nada em contrário for estipulado, da sociedade pelas suas próprias dívidas, através de uma *redução teleológica* (sobre o assunto, *vide* o essencial KARL LARENZ, pp. 473 e ss) do art. 197°, n° 3, para as sociedades por quotas, e do art. 271°, para as sociedades anónimas (sobre esta conclusão, cfr., no direito comparado, HERBERT WIEDEMANN, *Gesellschaftsrecht...*, ob. cit., p. 571; GIUSEPPE PORTALE, "Capitale sociale e società...", loc. cit., pp. 97-8, 100). A tese revisionista retorna à regra civilística comum em sede de responsabilidade por dívidas. O que significam todas? Apenas e só a responsabilidade ilimitada dos sócios nas sociedades de capitais, em circunstâncias de inadequado uso da sociedade e/ou abuso de direito (*Rechtsmißbrauch*), com a reexpansão do art. 601° do CCiv.

[882] Palavras, a cuja citação confessadamente não resistimos, de HERBERT WIEDEMANN, in WIEDEMANN/BÄR/DABIN, *Die Haftung des Gesellschafters in der GmbH*, 1968, p. 6, *apud* GIUSEPPE PORTALE, últ. loc. cit., p. 45 (sublinhado nosso).

20. O art. 270º- F do CSC como uma válvula de segurança exoneratória do benefício da responsabilidade limitada e princípio geral de sanção de abusos

Reparou-se decerto que algumas das circunstâncias determinadas na *Fallgruppenbildung* alemã configuram vertentes fácticas que nos remetem para o vasto sector das sociedades em que um ou mais sócios apresentam um intenso *nível de domínio* ou *influência* na sociedade. São, por isso, muitas delas baseadas na unipessoalidade societária, alcandorando-se a caso típico e recorrente a manipulação da pessoa jurídica-sociedade para fins *extrassociais*, estranhos àqueles para que foi concebida e estruturada. Será assim quando se pretende evitar a responsabilidade perante terceiros em prejuízo dos credores, depois de se ter abusado do mecanismo societário.

Como foi saciadamente evidenciado, a nova forma societária, se propicia que o empresário individual exerça uma actividade económica com as vantagens próprias do esquema societário, o reverso da medalha não deve de igual modo ser olvidado. O sócio titular da participação social única deve respeitar as regras fundamentais do direito societário, em geral, e do direito especial das sociedades por quotas. Para tal, o legislador português tomou algumas cautelas para obviar aos perigos de abuso da unipessoalidade. Mas poucas. Terá confiado exageradamente na regulação experimentada do tipo quotista e "poupou-se a maiores cuidados"[883]. Tal excesso de confiança deverá obrigar-nos a um esforço de interpretação de maior alcance para o regime criado.

---

[883] Neste sentido, cfr. CATARINA SERRA, "As *novas* sociedades unipessoais por quotas", loc. cit., p. 133.

20.1. A regulação do negócio concluído entre a sociedade por quotas unipessoal e o sócio único: o art. 270º-F como hipótese legal de desconsideração da personalidade jurídica

Neste âmbito, granjeia referência primordial a atenção que mereceu da lei o *negócio jurídico celebrado entre o sócio único e a sociedade*, regulamentado pelo art. 270º-F. De acordo com esta norma, esses negócios devem sujeitar-se às *especiais* condições aí preceituadas. Vejamos quais são.

Materialmente (nº 1), a compatibilidade com a prossecução do objecto da sociedade, por um lado, e a autorização expressa para o efeito constante, conforme os casos, da escritura de constituição da sociedade (*rectius*, do negócio constituinte da SQU[884]), da escritura de alteração do negócio de sociedade[885], ou da escritura de aumento do capital social, por outro[886].

---

[884] Em face da recente modificação do art. 270º-A, o seu actual nº 4 dispensa, em circunstâncias já por nós conhecidas, a celebração de escritura pública e determina a suficiência de documento particular para a formalização do negócio constitutivo da SQU. Esta era uma realidade normativa a que o art. 270º-F, nº 1, era naturalmente estranho... e ao qual permaneceu indiferente. Atendendo a esse ambivalente quadro de forma negocial-societária, julgamos que a exigência material feita para a celebração do contrato do sócio com a SQU deve sofrer uma interpretação extensiva, a fim de se entender a autorização, aí consignada imperativamente, para *o pacto social, outorgado ou não por escritura pública*.

Deste modo, no caso de poder passar sem escritura pública, será de todo necessário ao sócio redigir essa elaboração estatutária em documento particular, a fim de clausular nessa ocasião a autorização para a celebração de negócios da SQU com a sua pessoa enquanto sujeito singular ou pessoa colectiva associada. Isto porque a lei parece ser definitiva quanto ao *instrumento negocial* idóneo a receber essa autorização – apenas aquele que promove formalmente a constituição da unipessoalidade –, e não outros (*maxime*, uma decisão de carácter deliberativo) que supervenientemente a viesse conferir.

[885] Equivocamente, o legislador refere-se a «escritura de alteração do contrato de sociedade» para designar a este propósito o acto gerador da SQU, escapando-lhe que a norma é aplicável, não só às sociedades unipessoais supervenientes geradas inicialmente por contrato, mas também àquelas que já sofreram outras vicissitudes de fluidez entre unipessoalidade e pluralidade mas que foram primitivamente sociedades unipessoais originárias geradas por negócio jurídico unilateral [igualmente atenta à inexactidão, cfr. CATARINA SERRA, últ. loc. cit., p. 138, n. (78)]. Mas já sabemos que a qualificação *não contratual* do acto gerador da sociedade demorará a aparecer com a acuidade que se deseja...

De qualquer modo, não é isso o mais importante. Na realidade, esta *segunda categoria de actos susceptíveis de incluir a autorização* pareceria esquecer a aptidão para o efeito dos *actos tipificados* de constituição derivada de SQU. De acordo com a lei, esta faz-se por declaração de transformação da sociedade por quotas plural supervenientemente

Formalmente (n° 2), ao contrário da liberdade de forma estatuída pelo art. 219° do CCiv., o respeito da solenidade mínima correspondente ao documento escrito, se outra forma mais solene não for demandada para o tipo de negócio em causa.

Ao nível da publicidade (n° 3), a apresentação, com os documentos de que constem os negócios jurídicos em causa, do relatório de gestão e dos documentos de prestação de contas *e* a disponibilidade desses documentos negociais para consulta, a todo o tempo, por qualquer interessado na sede social[887].

---

unipessoal em SQU, que se formaliza através da escritura de cessão de quotas que proporciona a concentração em um só sócio da titularidade das participações sociais (não do capital social, como reza imprecisamente a al. a) do art. 270°-A, n° 3), ou de escritura pública (ou escrito particular, se for o caso) individualizada(o) para o efeito, tanto na circunstância de ela não se ter feito na oportunidade da cessão, como, sem outra hipótese, em todas as restantes vicissitudes possíveis de concentração das quotas nas mãos de um único sócio (*vide supra* n. 259). Mas não nos parece de todo que seja esquecimento. O que se vislumbra, pesando o particular melindre dessas relações negociais e a razão de ser da norma, é que o legislador foi claro quando aqui se refere à escritura pública de alteração do negócio de sociedade. Está a decretar que essa autorização *não pode acompanhar* a declaração de transformação e, se tal fosse, aproveitar-se dos actos em que ela se precipita. Com isto, deduzimos que o cuidado com esta autorização é tal que a sua expressa menção, na circunstância de a SQU ser formada a título derivado, deve ser sempre incluída no pacto social (como se faz para a constituição originária), fazendo-se para o efeito a pertinente introdução dessa cláusula, nos termos gerais do art. 85°, n° 1, aquando da alteração dos estatutos da sociedade – *pelo menos* necessária para alterar a firma, nos termos do art. 270°-B, e descrever-actualizar a situação do capital social e a sua correspondência com a participação social e o respectivo titular, às quais se deverão acrescentar outras modificações, como as que respeitam à gerência, mas sem que se tenha que mudar tudo, dado que as disposições estatutárias que pressupõem a pluralidade, por força do n° 5 do art. 270°-A, se expurgam *ex vi legis* da regulação das relações societárias – e a respectiva formalização legal.

Mas, a finalizar, se se der o caso de o pacto social da sociedade que tiver sido unipessoal originariamente dispor nos estatutos inaugurais da dita autorização? Servirá essa? Tudo aponta para uma resposta afirmativa, ainda que porventura se possa reflectir sobre a imposição *de iure condendo* de uma *nova autorização* nos casos em que se dê a circunstância de o sócio único não ser o mesmo (mas aí através de uma outra forma, já que não se ia modificar o pacto, eliminando uma cláusula para apor uma outra igual...).

[886] Não obstante serem pressupostos materiais distintos, a esmagadora maioria dos pactos sociais de SQU por nós consultados na III Série do DR congrega na mesma disposição ambos os requisitos. A fórmula-chapa utilizada é geralmente esta: "A sociedade poderá celebrar negócios jurídicos com o sócio único, desde que sirvam a prossecução do objecto social".

[887] A doutrina portuguesa viu nestas medidas a tentativa de, assumida a inexistência da "saudável contraposição de interesses de que depende o equilíbro de todo o negó-

Desta forma, em matéria de auto-contratação, pretendeu a lei, na senda do art. 5°, n° 1, da XII Directiva, apesar de largamente a transcender e definir uma solução algo inovadora no direito comparado, impor "uma certa transparência nas relações contratuais entre sócio e sociedade, a fim de os terceiros melhor poderem fazer valer eventuais direitos"[888].

---

cio bilateral", "evitar a hipótese de sucumbência do interesse social, dissuadir o sócio de comportamentos abusivos que venham a converter a sociedade, ao arrepio da função que o legislador reservou para ela (de operador *autónomo* da actividade económica), em mero instrumento de realização dos seus planos pessoais e que possam lesar interesses de terceiros" (CATARINA SERRA, últ. loc. cit., pp. 137-8). No direito comparado, porém, duvida-se da *eficácia substancial* deste género de disposições, reguladoras das relações jurídicas concluídas entre a sociedade unipessoal e o sócio único, uma vez que, fundamentalmente, as exigências de documentação podem ser subvertidas, mesmo cronologicamente, "na tentativa de mascarar ou regularizar um depauperamento do património social em prejuízo dos credores" (neste sentido, MARIO CLAUDIO CAPPONI, "Società unipersonale a r.l. ...", loc. cit., p. 445).

[888] COUTINHO DE ABREU, *Da empresarialidade*..., ob. cit., p. 149.

Este Autor, opinando antes da vigência da norma, tomou posição no polémico debate sobre a aplicação, com a consequente invalidade por via do art. 261°, n° 1, do CCiv., ou não, da disciplina do "negócio consigo mesmo" às relações jurídicas estabelecidas entre a sociedade unipessoal e o seu sócio único, para nele responder negativamente (propugnando a redução teleológica da norma no que respeitasse às sociedades unipessoais), como já era comum na doutrina que se tinha debruçado sobre o assunto (cfr. FERRER CORREIA, *Sociedades fictícias e unipessoais*, ob. cit., p. 314, ss; MANUEL DE ALARCÃO, pp. 271 e ss), por falta do antagonismo de interesses que fundamenta esse regime invalidante.

Na Alemanha, o § 35, al. 4, da *GmbHG*, manda aplicar aos negócios celebrados entre o sócio e a sociedade, nas hipóteses em que o sócio seja o único gerente, o § 181 do *BGB* (que estatui a proibição, salvo autorização, do negócio consigo mesmo para os representantes, sob pena, portanto, de o negócio concluído em violação do preceito juscivilístico ser ineficaz), indo contra o sentido da doutrina e da jurisprudência que até aí tinham dominado a partir dos anos 70 (para um apanhado, cfr. FRIEDRICH KÜBLER, p. 309; na jurisprudência, veja-se, por todos, a decisão-exemplo de **19.Novembro.1979**, do **BGH**, in *BB*, 1980, p. 439, ss, que define como improcedente para a protecção dos credores essa prescrição comum, antes seriam necessários meios mais severos de prova do negócio consigo mesmo e das vantagens adquiridas pelo sócio). Perante a nova norma societária, considerou-se, porém, que esses contratos serão válidos, exceptuando a proibição, se for estipulada no pacto social a expressa autorização em contrário (não sendo suficiente deliberação do sócio, mesmo que documentada de acordo com o § 48, frase 3: neste sentido, cfr. ERNST GESSLER, p. 1389, onde se aproveita para criticar a não exigência de redução a escrito dos contratos concluídos entre a sociedade unipessoal e o sócio único-gerente, que se imporia com base na ponderosa proteccção de terceiros – observação que veio a ser recolhida com a adição de um segundo período à norma depois da redacção atribuída em 1991, onde, seja ou não seja o sócio o único gerente, esses negócios passaram a observar

Para esse desiderato, prescreveu, no subsequente n° 4, sempre que se inobservassem os requisitos enumerados pelos n°s 1, 2 e 3 da norma para

um dever de documentação e devem ser lavrados em acta após a sua execução), depois publicitada no momento da inscrição no registo comercial (isto para natural, já vimos que insuficiente para alguma doutrina, tutela do conhecimento ou cognoscibilidade do facto autorizativo por terceiros). Para estes e outros desenvolvimentos, *vide* GEORG MILLER, "Dritter Abschnitt. Vertretung und Geschäftsführung", in JOACHIM MEYER--LANDRUT/F. GEORG MILLER/RUDOLF J. NIEHUS, *Gesetz betreffend die Gesellschaften mit beschränkter Haftung (GmbHG)*, 1987, § 35, *Rdn.* 20, ss, pp. 400-3, com a vária doutrina e jurisprudência aí indicada sobre a contratação do sócio com a sociedade (em língua mais acessível, vejam-se as anotações jurisprudenciais, antes da alteração de 1991, coligidas por MARCO TRONTI, pp. 1454-6); HELMUT HEINRICH, p. 94; UWE HÜFFER, *Gesellschaftsrecht*, ob. cit., pp. 323-4; MARCUS LUTTER/PETER HOMMELHOFF, *GmbH-Gesetz Kommentar*, ob. cit., § 35, *Rdn.* 18, ss, pp. 415-17.

Em Itália, antes da lei de 1993 e em comentário à prescrição anteriormente relatada da *GmbHG*, CARLO ANGELICI, "Il progetto...", loc. cit., p. 406, veio sustentar que uma norma que regulasse as operações (contratuais) entre a sociedade e o único sócio devia *emancipar* em certo sentido a disciplina do conflito de interesses, como a que respeita ao negócio consigo mesmo, da referência a uma *situação substancial de interesses* e explicar o seu papel em termos essencialmente *organizativos e procedimentais*: "isto é, no sentido que essa diz respeito aos requisitos, para certos aspectos formais, mediante os quais vem regulada a formação das decisões da sociedade e não pressupõe, ao invés, necessariamente que da parte do intérprete se individualize um objectivo «interesse social»". O que é certo é que, perante a insuficiência que tem sido apontada à disciplina "estritamente formal" do art. 2490 *bis* do CCIt., operando exclusivamente no plano da documentação das relações entre sócio único e sociedade, e omissa, pelo contrário, de resoluções no plano substancial, deixando, demasiadamente "confiante", para a disciplina geral as reacções perante vícios e abusos (particularmente em prejuízo do património social) nesses negócios (cfr., entre outros, GASTONE COTTINO, *Diritto Commerciale...*, ob. cit., p. 708; GIORGIO OPPO, "Società, contratto, responsabilità...", loc. cit., p. 185), o regime dos arts. 1394 e 1395, do *CCIt.* (disciplinadores, em sede de representação, do contrato concluído em conflito de interesses e contrato consigo mesmo), tem sido indicado como um dado normativo importante para suprir essa insuficiência de tutela material, sempre que haja identidade entre a pessoa do sócio único e a do representante legal da sociedade (cfr. GIULIANA SCOGNAMIGLIO, p. 263; CARLO ANGELICI, "Società unipersonali: l'esperienza comparatistica", loc. cit., p. 900; CARLO IBBA, *La società...*, ob. cit., pp. 114-15 e 120).

Apesar da experiência comparatística, devemos olhar para o nosso actual direito positivo e tomar posição na (eventual) querela, nomeadamente para quem, como nós, faça subsistir um interesse autónomo da SQU em face do seu sócio e abra uma conflitualidade de interesses, sobre a possibilidade de aplicar conjuntamente a disciplina *especial* ditada para o conflito de interesses na SQU – feita, entre nós, da conjugação coordenada dos arts. 270°-F e 251° (tal como defendemos *supra* no Capítulo III, ponto 16) e ainda porventura enriquecida com os arts. 397°, n°s 1 e 2, para suprir *em casos concretos de pre-*

a conclusão desses negócios, a *nulidade* do negócio celebrado[889] e a *responsabilidade ilimitada* do sócio único (pelas obrigações sociais, entenda-se)[890-891].

---

juízos na consistência do património social algumas lacunas de regulação (*vide infra* as superficiais sugestões da n. 891) – e a disciplina civilística comum. E tomar posição para dizer que esta combinação nos parece estar de todo arredada do cenário aplicativo da SQU.

Em primeiro lugar, importa hoje reconhecer bondade, ainda que com pressupostos de partida diferentes (o argumento da identidade efectiva de interesses não nos parece proceder, tal como se viu *supra* no ponto 16 do Capítulo III), aos argumentos de FERRER CORREIA, *Sociedades fictícias e unipessoais*, ob. cit., pp. 313 e, esp., 315, e de COUTINHO DE ABREU, *Da empresarialidade...*, ob. cit., pp.149-50, n. (388). Por um lado, a circunstância de, sendo a sanção confiada pelo art. 261º, nº 1, do CCiv., a anulabilidade, a aplicação geral do art. 287º, nº 1, também do CCiv., reservar o poder de arguir tal invalidade ao representado (no caso, a SQU na qualidade de representada), torna provavelmente a disciplina civilística inútil e insuficiente (excepto, como referem, entre outros, ILARIA CHIEFFI, "La nuova s.r.l. unipersonale", loc. cit., p. 598, e FABRIZIO GUERRERA, p. 52, se a sociedade se tornar pluripessoal num momento sucessivo e os novos sócios possam desencadear o aproveitamento da acção anulatória predisposta pelo art. 261º). Por sua vez, mesmo que essa anulabilidade viesse a ser arguida, poderia ser precludida essa pretensão com fundamento na proibição do *venire contra factum proprium*. Em segundo lugar, *descendo à lei*, porque o regime legal específico ditado pelo art. 270º-F, nº 1, parece fazer encaixar literalmente a situação *lícita* de auto-contrato na SQU numa das hipóteses que excepciona a aplicação do art. 261º, nº 1, a saber, o específico consentimento do representado na celebração do contrato. Logo, se para esse negócio ser válido tem que existir uma autorização expressa nos instrumentos referidos no preceito societário, deve considerar-se que esta cláusula preenche a excepção da proibição do negócio consigo mesmo. Ademais, se não houver essa autorização, também o efeito sancionatório do art. 261º, nº 1, se fosse de convocar, seria absorvido pela sanção *mais grave* da nulidade prevista em especial pela regra normativa da SQU.

[889] Achando ser de difícil aceitação que a nulidade seja igualmente o efeito sancionatório para o negócio que não foi apresentado com o relatório de gestão e os documentos de prestação de contas ou que não foi disponibilizado para consulta por qualquer interessado (violação do nº 3), cfr. ALEXANDRE SOVERAL MARTINS, "O Código das Sociedades...", loc. cit., pp. 313-14. Com dúvidas sobre esse *dever publicitário*, sem se deter sobre a questão da respectiva sanção em caso de incumprimento, em virtude de poder promover resultados de todo contrários aos pretendidos, em última instância inibindo o recurso às SQU e a continuidade da proliferação de sociedades *de favor*, cfr. CATARINA SERRA, "As *novas* sociedades unipessoais por quotas", loc. cit., p. 138, que, na senda de JOSEFINA BOQUERA MATARREDONA, *La sociedad unipersonal de responsabilidad limitada*, ob. cit., p. 145, sublinha a incomodidade que deriva para as SQU do facto de essa acessibilidade poder colidir com o segredo negocial exigido pela concorrência com as outras sociedades.

[890] Não parece que esta sanção se refira apenas às eventuais consequências obrigacionais de um negócio em concreto que tenha violado os requisitos da norma, até porque... esse negócio, nesse caso, é nulo. O que se entende é que a lei pretendeu pressionar o sócio

Percebe-se que este regime tenha tido sobretudo em atenção as sociedades em que o sócio único é igualmente o gerente único da sociedade, de forma a fiscalizar com acuidade a legalidade dos contratos

---

único a observar essas *normas de segurança*. Desde que o não faça, a partir desse momento, além da nulidade dos negócios (bastará um só), será responsável ilimitadamente (a título subsidiário, como será mais razoável: *vide infra* n. 911), pelos débitos contraídos a partir de então pela SQU. Também neste sentido, mas sem desenvolvimentos, cfr. ALEXANDRE SOVERAL MARTINS, últ. loc. cit., p. 314.

Aproveitando o balanço, mais umas notas pertinentes de direito comparado. O art. 2490 *bis* do *CCIt*. estabelece que os contratos entre a sociedade e o único sócio, bem como as operações em favor dele (incluindo, por isso, também os negócios jurídicos unilaterais), devem ser transcritos no livro de sessões e deliberações da administração da sociedade ou observar a forma escrita, mesmo quando o sócio não beneficie da responsabilidade limitada por falta de cumprimento das regras de publicidade previstas no art. 2475 *bis* e estatuída no art. 2497, § 2°, al. c). Se assim não fizer, não poderá o sócio prevalecer-se dos direitos que deriva desses negócios, bem como das garantias estabelecidas para satisfação dos seus créditos (impedindo por esta forma que o sócio único possa assegurar a satisfação dos seus próprios créditos mediante a constituição de direitos reais de garantia sobre bens da propriedade social, em detrimento dos credores sociais concorrentes): *vide* ILARIA CHIEFFI, "La nuova s.r.l. unipersonale", loc. cit., pp. 585-6; IDEM, "Sottocapitalizzazione della società, s.r.l. unipersonale e art. 2490-*bis*^{2} cod. civ.", *GC*, 1996, pp. 517- -19; GIAN FRANCO CAMPOBASSO, *Diritto Commerciale. 2*..., ob. cit., p. 515-16; reparando na insuficiência do regime, na medida em que a verdadeira solução do problema, nos casos de falência da sociedade, deveria ter sido individualizada na postergação dos créditos do sócio (pelo menos aqueles que derivassem de negócios estipulados fora das condições de mercado), relativamente aos créditos nascidos das ordinárias relações financeiras e comerciais da sociedade, cfr. FABRIZIO GUERRERA, p. 53. Quanto às consequências, tem sido, à falta de lei explícita como a nossa, a ineficácia relativa ou inoponibilidade perante terceiros a sanção encontrada predominantemente pela doutrina italiana para a violação da obrigação de documentação escrita, recorrendo à categoria da forma *ad regularitatem*: cfr., entre outros, MARCO SPOLIDORO, "La legge sulla s.r.l. unipersonale", loc. cit., p. 110; FEDERICO TASSINARI, pp. 728-9; LOREDANA NAZZICONE, pp. 12-13, n. (20); FABRIZIO KUSTERMANN, p. 737-8; CARLO ANGELICI, "Società unipersonali: l'esperienza comparatistica", loc. cit., p. 900; porém, falam de nulidade e de ineficácia absoluta (também perante a sociedade), respectivamente, MARIO CLAUDIO CAPPONI, "Società unipersonale a r.l. ...", loc. cit., p. 444, e VINCENZO CATALDO, "I contratti tra la società a responsabilità limitata unipersonale ed il socio unico. Prime proposte interpretative", *GC*, 1995, pp. 347- -9. Quanto a esta violação do dever de documentação, alguma doutrina italiana tem-se ainda mostrado favorável *de iure condendo* à decadência do benefício da responsabilidade limitada, se: (i) da documentação em que se exararem esses negócios advir que esses actos jurídicos, atenta a sua específica justificação, extravasaram o interesse social; (ii) se registar a sistemática violação da inobservância da documentação escrita (assim, FRANCESCO GALGANO, *Diritto Commerciale. 2. Le società*, ob. cit., p. 413, que defende

outorgados pelo sócio na *dupla veste* de pessoa singular e administrador e representante legal da SQU. Poderá ser esse o caso mais corrente e o mais visado. Não fez o legislador, todavia, qualquer discriminação na previsão

igualmente que os direitos adquiridos *em violação do exigido legalmente*, sempre que exercidos, devem considerar-se como *indevidamente* recebidos). Outra corrente entra mesmo sem rodeios pelo caminho da desconsideração, ao afirmar que a omissão dessa formalidade legal, colocada em protecção dos credores sociais, pode "eventualmente constituir argumento para uma acção directa com fundamento em abuso que o sócio único possa ter feito da estrutura societária, com prejuízo para terceiros" (FRANCESCO FERRARA JR./FRANCESCO CORSI, p. 885). Para todos os restantes desenvolvimentos sobre o alcance desta norma, remetemos o leitor para CARLO IBBA, *La società...*, ob. cit., pp. 100 e ss, com os exigidos diálogos doutrinais.

Em Espanha, o art 128 da *LSRLE* determina, no seu n° 3, que o sócio responderá indemnizatoriamente em face da sociedade pelas vantagens que directa ou indirectamente obtenha em prejuízo dela como consequência dos auto-contratos celebrados. Esta acção de reparação directa do património social, feito mecanismo específico no estabelecimento de relações contratuais entre a sociedade e o sócio para tutela óbvia dos credores sociais e dos sócios futuros, que joga com um elemento *objectivo e não intencional* de prejuízo patrimonial (sobre o expediente, cfr. JIMÉNEZ SÁNCHEZ/DÍAZ MORENO, pp. 242-6), a que a nossa lei é desconfortavelmente alheia, tem sido visto como prognosticamente importante na neutralização dos correspondentes recursos abusivos e mesmo como um vantajoso sucedâneo da via tradicional do levantamento do véu da personalidade jurídica na correcção do abuso e da fraude em prejuízo de terceiros (cfr. IGLESIAS PRADA, "La sociedad de responsabilidad limitada unipersonal", loc. cit., p. 1033), voz, no entanto, isolada no meio da doutrina que nada retira da nova norma e continua a remeter indiscriminadamente para o instrumento do "levantamento do véu" (cfr., entre outros, SÁNCHEZ RUZ, pp. 12943- -5; SÁNCHEZ-CRESPO CASANOVA, "Sociedades unipersonales", *BICAM*, 1996, pp. 33-5; ÁVILA NAVARRO, pp. 1014-15). Para além disso, tem-se isoladamente defendido a invalidade desses negócios, em caso de incumprimento da obrigação de consignação por escrito prescrita no n° 1, por aplicação dos arts. 51 e 52, 1°, do *Código de Comercio* (neste sentido, JOSEFINA BOQUERA MATARREDONA, *La sociedad unipersonal de responsabilidad limitada*, ob. cit., pp. 145-6); contra, por todos, sustentando a total falta de repercussão da violação da formalização escrita sobre a validade e a eficácia desses negócios, que não derive das regras ordinárias, utilize-se ainda JIMÉNEZ SÁNCHEZ/DÍAZ MORENO, pp. 215 e ss.

Finalmente, em França, os contratos concluídos entre a sociedade unipessoal e o sócio, gerente ou não, estão submetidos ao direito comum (arts. 50 e 51 da *LSCF*), havendo apenas a especialidade de na SQU os negócios celebrados entre o sócio e a sociedade serem sujeitos a menção no registo das deliberações. Esta simplificação do regime ordinário, na perspectiva de GEORGES RIPERT/RENÉ ROBLOT, p. 1029, é inútil, pois o art. 51, apesar da 3ª al. do art. 50 a que nos referimos, que não distingue entre o sócio que é gerente e o que não o é, dever continuar a aplicar-se. Com isso, o sócio único não pode celebrar empréstimos com a sociedade, consentir por ela a prestação de adiantamentos, nem fazer garantir por ela as suas obrigações em face de terceiros, sob pena de nulidade. Da

normativa que permita restringir o âmbito de aplicação da lei apenas a estes casos, pelo que a disciplina se deve aplicar independentemente da *qualidade* do sujeito outorgante em nome e representação da sociedade: tanto o é nas situações em que o sócio seja gerente, como naquelas em que o representante da SQU é um gerente não-sócio, um mandatário ou um procurador com poderes especiais (*vide* art. 252º, nº 6)[892]. Em todas essas

---

inobservância da menção dos negócios no registo, não parece a doutrina consultada retirar qualquer efeito, uma vez que essa referência escrita é vista como uma *justificação* para certos actos, como movimentos de tesouraria ou um acto particular no contexto de alguma dificuldade da empresa (cfr. JEAN DE FAULTRIER/PATRICK ROQUET, p. 122). Outra corrente entende que o desrespeito dessa obrigação de documentação apenas dará azo à condenação a uma multa por contravenção, de acordo com o art. 53 do Decreto nº 67-236 (assim, cfr. GILLES FLORES/JACQUES MESTRE, p. 32).

[891] Comentando esta mesma norma, ALEXANDRE SOVERAL MARTINS, "Código das Sociedades...", loc. cit., p. 313, n. (12), foi de opinião que este regime concreto aproxima-va-o da disciplina que vigora para os negócios celebrados entre a sociedade anónima e os seus administradores, previsto no art. 397º, nºˢ 1 e 2, designadamente este último. O que pensamos, em contraponto, é que a regulação do art. 270º-F aproxima o regime das SQU do particular regime das sociedades anónimas ou em comandita por acções para a aquisição de bens aos sócios, previsto no art. 29º (veja-se, nomeadamente, o seu nº 4).

Posta a questão assim em termos de *aproximação*, o que, a este pretexto, se pode perguntar é se o art. 397º, nº 2 pode, uma vez aceite a sua aplicação para as sociedades por quotas plurais (neste sentido, cfr. COUTINHO DE ABREU, *Da empresarialidade*..., ob. cit., p. 148, n. (384); contra e remetendo para o art. 261º, nº 1, do CCiv., RAÚL VENTURA, *Sociedades por quotas. Comentário*..., volume III, pp. 176-7), ser demandado com utilidade para a específica situação da SQU, em particular quando nesta o sócio único não coincida com o gerente ou a gerência seja plural e até haja conselho fiscal. Nos restantes casos, perante a apertada malha dos seus requisitos, ele não terá utilidade para a específica situação da SQU, em particular quando nesta o sócio único seja gerente único, sendo absorvido pelo regime do art. 270º-F.

Por maioria de razão, também não nos repugna que se *pondere*, no âmbito perspectivado da existência de uma lacuna *in casu*, a transposição para o regime das SQU do art. 397º, nº 1. Esse âmbito seria o de essas relações jurídicas aí proibidas se entabularem com o gerente que não fosse sócio (uma vez que se o for, prevalecerá a especialidade do art. 270º-F, complementado, se for o caso, com o art. 251º), porventura em conluio simulatório com o sócio único para contornar o regime do art. 270º-F... Ambas as normas, portanto, não incomodam a prevalência do regime especial, em sede de conflito de interesses, ditado pelos arts. 270º-F e 251º. Mas da sua aplicação pode resultar a integração de algumas lacunas no que respeita a actos *em concreto* fraudulentos e lesivos da integridade do património social da SQU.

[892] Acentuando este ponto, cfr. ALEXANDRE SOVERAL MARTINS, últ. loc. cit., p. 312.

situações estão pressupostos de igual modo os elementos de suspeição e de perigosidade em que repousa a imposição de uma regra de transparência desta índole, na medida em que seria mera estultícia pensar que o potencial dano que deriva para os terceiros da contratação entre o sócio único e a SQU, atendendo ao controlo *de facto* que ele sempre exercerá sobre os gerentes ou outros representantes da sociedade, desapareceria quando a representação é ostentada por um terceiro[893].

O risco que se intenta erradicar é evidente: a confusão do património pessoal do sócio e do património social e com ela a prática de actos susceptíveis de empobrecer os activos da sociedade, por um lado, e de onerar o seu passivo, por outro. Mas recorde-se a precisão da sua hipótese. No seu âmbito de operatividade parece ingressar em exclusivo aquela ordem de relações negociais que se qualificam como *individualrechtlich*, nas quais o sócio participa como terceiro em relação à sociedade, como normal contraparte contratual (desde vendedor a locatário)[894]. A predisposição de uma particular disciplina normativa vem precisamente do facto de o sócio único não ser, em relação à SQU, *um contraente como todos os outros*[895-896].

Apesar de ser indiscriminada (no patamar negocial, entenda-se), a sua função é, por conseguinte, acima de tudo uma *função de protecção* da SQU e dos seus credores relativamente a possíveis prevaricações do sócio único. Com ela, como já o demos a entender em outro ponto[897], o legislador não ambiciona evitar todas as *substanciais perversões* do sócio,

---

[893] No mesmo sentido, cfr., por todos, porque muitos, no direito comparado, GIULIANA SCOGNAMIGLIO, "La disciplina...", loc. cit., p. 260, e JIMÉNEZ SÁNCHEZ/DÍAZ MORENO, p. 207.

[894] *Vide supra* Capítulo III, ponto 16.

[895] Neste sentido, cfr. GIULIANA SCOGNAMIGLIO, últ. loc. cit., p. 259.

A disciplina do art. 270º-F já não parece directamente aplicável se a pessoa do sócio único intervier em representação de outra pessoa singular (aí deve estar-se atento a uma possível interposição subjectiva fictícia que consubstancie uma simulação...) ou de uma pessoa colectiva, *maxime* uma sociedade.

[896] Esta delimitação objectiva do art. 270º-F não sofrerá, parece-nos, qualquer derrogação quando nela ainda justificarmos a submissão dos suprimentos ao quadro de exigências do art. 270º-F, uma vez que, sendo o mutuante o sócio, ele mantém a sua qualidade de credor perante a sociedade-mutuária, embora com algumas particularidades na definição do seu crédito, que se exponenciam na SQU para o efeito de serem valorados os interesses extrassociais do sócio-credor (para a apreensão das nossas razões, *vide infra* n. 937).

[897] Mais uma vez, *vide supra* Capítulo III, ponto 16.

como as que decorrem da conclusão de negócios desequilibrados a favor dele (se fosse essa a sua ambição, teria que ter trazido a concurso o elemento da prejudicialidade...). O que se pode assegurar é, apesar do aparato do preceito, a perspicuidade possível, com o fito de impedir o sócio único de manipular *ex post* as suas relações com a SQU, reconstruindo ulteriormente a realidade e a natureza jurídica das operações realizadas com a sociedade (com as exigências materiais e formais) e de subtrair esses negócios à falta de qualquer possibilidade de controlo por parte de quem quer relacionar-se contratualmente com ela (com os deveres publicitários).

Assim, identifica-se que, pelo menos, se deseja promover a *separação dos patrimónios* entre sociedade e sócio, risco sempre presente nas pequenas e médias estruturas empresariais, *e* garantir a cognoscibilidade desses actos jurídicos a terceiros, que poderão assim aceder a elementos de informação sobre a condição patrimonial da sociedade e da sua capacidade de crédito[898], susceptíveis de fortalecer a confiança do tráfico na aceitação daquela sociedade como parceiro negocial.

Sendo essa a função, a consequência da inobservância de tal disposição é avaliada pelo legislador como uma (*a única expressa*) situação de particular perigosidade para os credores de uma sociedade unipessoal (ou também, verosimilmente, da posição dos sócios futuros e até dos credores pessoais do sócio), idónea a determinar, no caso de desrespeito das suas condições de validade, a responsabilidade ilimitada.

Ainda no que se refere à *ratio* da exclusão do benefício da responsabilidade limitada para o único sócio de uma SQU na hipótese prevista no art. 270º-F, repare-se que a personalidade jurídica da SQU não é posta em causa, apenas se vai buscar a responsabilidade pessoal, ilimitada e genérica do sócio único. Quer dizer, do seu património pessoal, *nomeadamente* quando o negócio não serviu o objecto da sociedade[899], vai sair a garantia patrimonial dos credores sociais. A função proeminentemente assumida pelas dis-

---

[898] Evitando, assim, a sua tendência para suprir o seu desconhecimento da consistência patrimonial da SQU com a exigência de garantias pelo sócio único.

[899] Parece-nos, de facto, que o verdadeiro crivo da validade desses negócios será esse pressuposto material, uma vez que os requisitos de forma e publicidade adicionais em nada influem e são facilmente cumpridos, pelo que, em caso de formalidade *ad substantiam* exigida para o negócio, a entidade pública (focamos a situação do notário na outorga da escritura pública) deverá fiscalizar, *como é seu dever*, a legalidade desse negócio. Se entender que esta não se cumpre, uma vez que a cominação estatuída por lei é a nulidade, o notário deve recusar a prática do acto, nos termos do art. 173º, nº 1, al. a), do CNot.

posições do preceito parece ser a de limitar a *potencialidade de dano*, no interesse dos terceiros credores que empreendem relações com uma SQU.

Assim, o fundamento dessa responsabilidade passa a ter, *em sede de disciplina da SQU*, uma *origem legal*, disposta que está a lei, ainda que num contexto de favor em relação ao novo princípio que consagra limitadamente responsável o empresário individual, a não consentir excepcionalmente o regime-regra da responsabilidade limitada para evitar aos credores sociais da SQU os inconvenientes que se realizam (ou podem realizar) pela presença de um único sujeito protagonista.

Mais um caso de consagração *ex lege* de desconsideração da personalidade jurídica, dir-se-á. Sem mais concordamos. Então aproveitemo-lo. Se dispomos da norma, logremos explorá-la proficuamente e apontar-lhe caminhos mais sumarentos. Isto porque o CSC apenas regula como causa pela qual o sócio único perde a responsabilidade limitada o incumprimento das formalidades inerentes à auto-negociação. E só para esta será curial fundamentar a sua subsistência dogmática na teoria da desconsideração ou na teoria do abuso da personalidade jurídica. Para as restantes situações, com o instrumento legal de que dispomos, não precisamos de todo de desconsiderar ou de *represtinar* o regime comum. Coerentemente sustentamos que a regra metodológica, não sendo a desconsideração, para o que aqui é chamada, um instrumento apto a desaplicar o benefício da responsabilidade limitada em casos contados, deverá ser sempre a de procurar no ordenamento jurídico os meios que nos conduzam a esse *mesmo resultado*. Com isto queremos dizer que *os problemas que convocam a desconsideração devem ser solucionados, sempre que possível, sem recorrer à desconsideração*[900].

20.2. A extensão teleológica *do art. 270º-F (nº 4): justificação e casos típicos de responsabilidade ilimitada do sócio único*

Coloquemos então à prova a metodologia *aprioristicamente* defendida para o nosso problema. Se o legislador estava ciente dos riscos colocados pela nova forma societária – por isso pretendeu introduzir "alguns princípios de segurança, tanto do sócio único como de terceiros"[901] –, esses riscos, já o dissemos, devem ser suprimidos, sempre que o concreto

---

[900] Na linha proposta por KARSTEN SCHMIDT, *Gesellschaftsrecht*, ob. cit., pp. 232-3.

[901] Cfr. ponto 2, *in fine*, do Preâmbulo do DL nº 257/96.

exercício da estrutura jurídico-organizatória da SQU não respeite as regras fundamentais do direito societário, com uma hábil utilização dos dados do sistema positivo. Isto é, não desmerecendo os instrumentos dados pela lei para densificar esses princípios. O mais claro é o art. 270°-F, n° 4, na parte em que faz cessar o privilégio da responsabilidade limitada.

Como julgamos que o podemos empreender? *Alargando a sua aplicação* a todas as situações em que se possibilitou a uma pessoa singular ou a uma pessoa colectiva o exercício de uma actividade empresarial com as vantagens da pessoa societária e essa apresentou comportamentos abusivos e ilegítimos que extravasam a medida de atribuição de um privilégio que só pode actuar na presença de determinadas condições.

Decifrar o sentido de uma norma, uma vez superado o dogmatismo interpretativo, é, nas sempre actuais palavras de CASTANHEIRA NEVES, "determinar um sentido à fonte interpretanda que se obtenha e justifique perspectivando-a sobretudo pelos fins práticos que com ela se visam alcançar, um sentido teleologicamente funcional, e assim mediante uma hermenêutica de racionalidade prática (comprometida com a *praxis* e as suas exigências) que privilegie antes a intenção de justeza ou plausibilidade «pragmática», e pela qual o direito como que se compreende essencialmente pelos seus resultados"[902]. Se devemos olhar para a norma tentando *realizar a particular intenção prática que o direito visa cumprir*[903], não nos podemos fechar na auto-suficiência das exigências do sistema e dos seus pressupostos fundamentos dogmáticos, uma vez que esses devem abrir-se "a uma intencionalidade materialmente normativa, que, na sua concreta e judicativo-decisória realização, se oriente decerto por aquelas mediações dogmáticas, mas que ao mesmo tempo as problematize e as reconstitua pela sua experimentação concretizadora"[904].

Este é o caminho que nos leva a alargar o campo de aplicação da norma, definido pela sua letra, com fundamento na sua ínsita teleologia, a casos que pelo texto da lei não estariam formalmente integrados. Tal prescrição parece ser, assim, susceptível de uma *extensão teleológica*, por forma a abranger todas as circunstâncias que justifiquem a derrogação do princí-

---

[902] *Introdução ao Estudo de Direito. Interpretação jurídica*, ob. cit., pp. 48-9 (sublinhado do Autor).

[903] Cfr. CASTANHEIRA NEVES, *últ. ob. cit.*, p. 49 (em complemento, *vide* OLIVEIRA ASCENSÃO, *O Direito...*, ob. cit., pp. 408-9: "... é elemento a ponderar na interpretação o que podemos chamar a justificação social da lei. A finalidade proposta é tida em conta para que a ela seja adequada a regra resultante").

[904] CASTANHEIRA NEVES, *últ. ob. cit.*, p. 56.

pio legal da separação entre a personalidade do sócio e a da SQU – por mistura de patrimónios, por práticas obrigacionais excessivas da sociedade, pela sua subcapitalização ou descapitalização intencional e preordenada à constituição de outras sociedades, pelo seu domínio prejudicial aos interesses dos trabalhadores e dos credores em geral –, por todas elas justificarem a mesma finalidade: *prevenir*, *persuadir* e *reprimir* condutas abusivas[905].

Depois, chegaremos aqui por um argumento de unidade normativa do sistema jurídico, segundo o qual parece ser esta a posição mais razoável. No actual ordenamento jurídico coexistem dois institutos destinados a permitir a limitação da responsabilidade ao empresário individual. Cronologicamente, num assomo único em termos de direito comparado, revelador da relutância em abrir brechas no tradicional *princípio da contratualidade* na trincheira das sociedades comerciais, o nosso legislador optou primeiro pelo EIRL, ou seja, por uma figura *não societária*, com as acrescidas complexidades de regulamentação que determinava. O que

---

[905] O que se propõe segue a linha metodológica iniciada por Ferrer Correia – defendida por MANUEL DE ALARCÃO, a pp. 304-5, para fundamentar os casos de responsabilidade ilimitada do sócio único – e de certo modo continuada por Coutinho de Abreu (nos termos já referenciados a n. 866), embora tenha sido a moção deste último Autor que mais decisivamente nos atraiu, essencialmente quando convida o jurista a legitimar intrassistematicamente a desconsideração através do expediente da *interpretação teleológica* de *disposições legais* (sobre a extensão teleológica como modo interpretativo, *vide supra* as indicações bibliográficas das ns. 499 e 500).

No decurso do nosso trabalho, não foi incomum encontrarmos tal atitude, em termos mais ou menos coincidentes, a ser invocada como *paradigma aberto* às aplicações que os casos concretos de abuso inculcassem como merecedores. Anotemos duas dessas contribuições. Na década de cinquenta do século XX, no direito suíço, era esse o sentido da intervenção seguida por PAUL CARRY, "La limitation...", loc. cit., pp. 149-50, uma vez que, seguindo as ilações das decisões jurisprudenciais mais relevantes em matéria de unipessoalidade, incluindo aí as situações de *influência preponderante* de um sócio com uma participação meramente decorativa do(s) restante(s), entendia que, sendo "*praticamente* impossível evitar a sociedade de membro único, não é tanto através da colocação de regras teóricas que se lutará eficazmente contra os seus abusos, mas sobretudo fazendo apelo aos princípios da boa fé e às noções de direito já existentes e salutarmente aplicados" (sublinhado em conformidade com o original). No espaço espanhol, VICENTE Y GELLA, p. 172, considerava acertado corroborar "a regra de que o accionista-proprietário não pode fazer através da sociedade o que não poderia efectuar individualmente, e que em nenhum caso pode prevaler-se dessa independência [entre si e a sociedade, esclarecemos] em face a toda a actuação que derive de uma infracção das normas da boa fé, moral e confiança. Estes preceitos – moral e boa fé – hão-de decidir até onde pode actuar a separação de pessoas e de patrimónios" (*vide* ainda pp. 181-2).

motivou uma cuidada e completa disciplina do património de afectação especial criado com tal instituto, fundamentalmente no que tange à adequada tutela das garantias de terceiros. Com este intuito, pretendeu assegurar-se, entre outras medidas, "a efectividade da separação patrimonial, prevendo, designadamente, que o comerciante passe a responder com a totalidade dos seus bens pelas dívidas comerciais, sempre que não respeite aquela separação"[906].

Será a esta luz que se identifica a *ratio* do nº 2 do art. 11º do DL nº 248/86 (complementado pelo nº 3), que excepciona a separação patrimonial sempre que o titular não observou as suas regras, ao fazer responder universalmente o titular do EIRL por dívidas relacionadas com a actividade do estabelecimento[907].

A redacção é equívoca e levanta dúvidas, mas parece que se deverá sufragar quem defende a restrição do sentido da norma, por forma a que a sanção corresponda ao ataque de todo o património do titular do EIRL, aos casos de *ocorrência de abusos por confusão de patrimónios*[908]. A forma por que o legislador terá procurado a *desconsideração da separação pa-*

---

[906] Cfr. o ponto 9 do Prâmbulo do DL nº 248/86.

[907] Em princípio, a separação patrimonial do EIRL é completa, de acordo com o estatuído nos arts. 10º, nº 1, e 11º, nº 1: os únicos bens que respondem pelas dívidas relacionadas com a sua actividade serão apenas os que o respectivo titular tiver destinado ao estabelecimento, estando excluídos dessa responsabilidade os seus restantes bens patrimoniais. No entanto, o fecho desse círculo de autonomia patrimonial não foi concluído na perfeição. Não só em virtude da convocação do restante património do titular por dívidas relacionadas com o EIRL no caso da prescrição do art. 11º, nº 2 (o que se compreende e está até em consonância com a referência societária mais próxima que a lei tinha, o art. 84º), mas também, embora isso já não toque na imunidade do património pessoal (sem que não se deixe de frustrar o intento de delimitação dos campos de responsabilidade), o próprio estabelecimento como um todo pode ser objecto de penhora pelos credores pessoais do comerciante, sempre que os seus restantes bens sejam insuficientes para satisfazer esses mesmos créditos, nos termos do art. 22º (e al. d) do art. 24º). Atestando a conclusão – "não obstante a aparência contrária resultante do art. 10.º, o EIRL (e o «seu» património) respondem por dívidas alheias ao seu exercício" –, cfr. OLIVEIRA ASCENSÃO, "O estabelecimento individual...", loc. cit., pp. 24-5.

[908] Neste sentido, cfr. ANTÓNIO PEREIRA DE ALMEIDA, "A limitação da responsabilidade...", loc. cit., p. 278.

[909] Cfr. OLIVEIRA ASCENSÃO, "Estabelecimento comercial...", loc. cit., p. 9; PEDRO CORDEIRO, *A desconsideração...*, ob. cit., pp. 175-6. No sentido de alargar as hipóteses de desconsideração relativamente a entidades não dotadas de personalidade jurídica, cfr., por todos, KARSTEN SCHMIDT, *Gesellschaftsrecht*, ob. cit., p. 226; entre nós, crismando o

trimonial ou da *limitação da responsabilidade*[909] pode ter sido tecnicamente imprecisa, mas a sua aproximação à teoria da desconsideração como meio de repressão de práticas abusivas não engana: "em caso de abuso da função de separação patrimonial, nos termos já conhecidos do art. 11°, n° 2, o património pessoal do comerciante responde"[910].

Ora bem, o regime jurídico do EIRL não foi revogado nem sobre ele se dispôs qualquer norma transitória especial que acautelasse os estabelecimentos constituídos e em funcionamento e, assim, abrisse caminho para a extinção do instituto. Mantém-se em vigor, coexistindo, como já afirmámos, com o regime jurídico da SQU. Ambos como institutos predispostos ao mesmo fim, como dois termos possíveis de uma escolha. Com a necessária consequência de se ajustar o significado das normas que comunguem das finalidades nos regimes de ambas as figuras. Como o são o art. 11, n° 2, regulador do EIRL, e o art. 270°- F, n° 4, disciplinador da SQU, que cobrem ambos situações merecedoras da teoria da desconsideração aí aplicada.

Não será imprudente concluir, neste contexto, que a tomada de posição *genérica* em matéria de EIRL – reservando para uma única norma todos os casos, *sem distinção*, de abuso da separação patrimonial pelo comerciante – legitima que o regime das SQU não possa ser considerado menos severo e rigoroso, só pelo facto de prever uma norma *específica* – apresentando um único fundamento para a responsabilidade pessoal do sócio único. Assim sendo, o que urge dizer é que um *legislador razoável* (como o pressupõe o art. 9°, n° 3, do CCiv.) não poderia, para combater fenómenos de semelhante teor, em institutos *sucedâneos*, usar a *mesma sanção* para *distintos âmbitos de aplicação*.

---

fenómeno como de "desconsideração da subjectividade jurídica", cfr. COUTINHO DE ABREU, *Da empresarialidade...*, ob. cit., p. 210, n. (542).

[910] OLIVEIRA ASCENSÃO, últ. loc. cit., p. 11.

É evidente que a inspiração deste art. 11°, n° 2, no art. 84° é óbvia e coincidente na conexão feita entre o estado da falência e a violação dos princípios da separação patrimonial (*vide supra* Capítulo II, ponto 10.1, em esp. n. 447). Mais: como nos diz OLIVEIRA ASCENSÃO, "O estabelecimento individual...", loc. cit., pp. 26-7, em ambas as hipóteses se manifesta a "intrínseca limitação funcional de todo o instituto jurídico" que justificaria a desconsideração da separação patrimonial.

Daí se poderia dizer que a argumentação expendida sempre procederia sem o recurso ao regime do EIRL. O que é certo é que a disciplina mais próxima da SQU, em termos institucionais e funcionais, é a do EIRL, e não a do art. 84°, que se deve hoje, como acentuaremos mais tarde (*vide infra* ponto 20.4.), circunscrever à unipessoalidade quotista derivada não declarada.

Sem mais, a esta luz se pode rematar que o postulado hermenêutico da unidade do sistema demanda, nos termos do nº 1 do art. 9º citado, uma solução *uniforme* quanto à aplicação dos preceitos em causa, conciliando o seu significado e paralisando as contradições no seu seio.

A opção do legislador em salvaguardar a correcta utilização do novo instrumento societário colocado à disposição dos sujeitos jurídicos foi clara, mas a concretização desse sentido fundamental foi parca e nitidamente insuficiente. Os termos restritos em que o fez, *reservando, apenas para uma causa e para uma prescrição, uma sanção que outras causas e outras situações mereceriam*, resulta em não negligenciável dano para a sua ideia inicial e, em consequência, para a certeza e a segurança jurídicas que das soluções normativas se espera que resultem. Deve, portanto, interpretar-se extensivamente a estatuição em análise, fazendo incluir no seu alcance todos os casos compatíveis com o seu desiderato. Ou seja, corrigir as consequências jurídicas da imputação à SQU, segundo as regras gerais, de certos actos que, pelo seu carácter abusivo ou pela sua finalidade extrassocietária, devem obrigar o património do sócio único.

Desta forma, será legítimo, pela comunhão de fim e pela unidade sistemática com a disciplina de uma figura próxima, e uma vez dissecada a *ratio* da norma em discussão, elevar o art. 270º-F, nº 4, a norma central de uma *disciplina geral dos abusos do sócio único* em sede de SQU, na perspectiva de um preceito atributivo de responsabilidade pessoal e ilimitada.[911]

---

[911] Deve tomar-se ainda posição sobre a natureza da responsabilidade ilimitada do sócio único pelas obrigações sociais. Mesmo antes da entrada em vigor do CSC, FERRER CORREIA (cfr. *Sociedades fictícias e unipessoais*, pp. 266-7; IDEM, "O problema das sociedades unipessoais", loc. cit., pp. 210-11, 214, ss) expressou a sua opinião pelo lado da *subsidiariedade* da responsabilidade pessoal ilimitada do sócio único. No mesmo sentido, cfr. RAÚL VENTURA, "Apontamentos...", loc. cit., p. 121.

Ao contrário, na interpretação do art. 84º, a favor da responsabilidade solidária com a sociedade do sócio único, cfr. COUTINHO DE ABREU, *Curso...*, volume II, ob. cit., pp. 56-7. Entretanto, em matéria de desconsideração da responsabilidade limitada com fundamento na subcapitalização das sociedades, também JOÃO AVEIRO PEREIRA, *O contrato de suprimento*, 1997, p. 36, se manifesta favorável, uma vez arredada a personalidade jurídica, à responsabilidade solidária dos sócios pelas dívidas da sociedade (porém, nesta peculiar situação desconsideradora, COUTINHO DE ABREU, *ibid.*, p. 180, advoga a responsabilidade ilimitada mas de convocação subsidiária).

Depois de ponderados os interesses atendíveis ao caso, continuamos a ver com acerto os argumentos de Ferrer Correia. Por um lado, a discutida responsabilidade constitui uma garantia para terceiros, que funcionará depois de rateada a garantia principal, constituída pelos bens da corporação unipessoal. Por outro, é um factor de inibição do

Uma vez que o nosso legislador não identificou (as) *hipóteses de abuso* relevantes numa estrutura societária unipessoal, por forma a evitar e castigar, na medida do possível, a realização de comportamentos ilegítimos por parte do quotista único (em particular, como se diz em Itália desde

---

empresário, afastando-o da prática dos actos susceptíveis de fazer perigar a *autonomia efectiva* do património da sociedade. Finalmente, outra solução não será compatível com o interesse, satisfeito pela sociedade unipessoal, dos comerciantes em limitar o seu risco pessoal pela exploração da empresa mercantil. Aliás, veio a entroncar directamente nos seus estudos a letra do art. 84º (veja-se a proposta de norma feita no nº 4 do articulado sugerido a p. 217 do citado "O problema das sociedades unipessoais), que, se recusamos como norma resolutora dos nossos problemas, não lhe negamos a proximidade metodológica capaz de nos auxiliar na delucidação do que agora nos ocupa.

O tipo de responsabilidade desse preceito é ainda discutido entre nós. De entre aqueles que o abordaram, ANA MARIA PERALTA, p. 266, sustenta a tese da responsabilidade em primeira linha, logo solidária com a da sociedade, do património pessoal do sócio único, tal como ENGRÁCIA ANTUNES, *Os Grupos de Sociedades...*, ob. cit., p. 742. [E responsabilidade solidária e ilimitada dos gerentes, administradores e directores de sociedades, de direito ou de facto, estatui o art. 126º-A, nº 1, do CPEREF, pelos débitos da sociedade falida, no caso de actuação contributiva para a situação de insolvência. No entanto, o modelo do legislador gaulês não foi seguido, ou por distracção ou por opção. De facto, o art. 180º da Lei francesa nº 85-98, de 25.Janeiro.1985 (que regulamenta o *redressement et liquidation judiciaires des entreprises*, entretanto alterada pela Lei nº 94-475, de 10.Junho.1994), disponente da *action en comblement du passif* que lhe serviu de fonte, declara responsabilidade similar, para situações de erros de gestão que tenha contribuído para a insuficiência do activo, «com ou sem solidariedade»...]. A Autora ancora-se na indiscriminação da letra da lei entre sociedades de responsabilidade limitada e ilimitada, quando, reparamos nós, parece que o espírito da norma apenas se associará às sociedades de responsabilidade limitada e aos sócios comanditários das sociedades em comandita por acções – assim, apoiante da tese da responsabilidade subsidiária, cfr. CATARINA SERRA, *Falências derivadas...*, ob. cit., pp. 122, n. (293), e 193, "porquanto não faria sentido impor, como medida sancionatória, responsabilidade ilimitada a quem, por natureza, é sócio de responsabilidade limitada" – e no regime-regra do art. 100º do CCom., verbo de alguma fortaleza mas ultrapassável no plano dos interesses. E neste plano não vemos razões, antes a aplaudimos, para contrariar a opinião do mentor da lei. Neste sentido, para a interpretação similar do art. 2362 do *CCIt.*, só a título de exemplo, cfr. SCOTTI CAMUZZI, "L'unico azionista", loc. cit., pp. 732 e ss, com as várias remissões bibliográficas pertinentes; GIAN FRANCO CAMPOBASSO, *Diritto Commerciale. 2...*, ob. cit., p. 289. Na Alemanha, também se atribui natureza subsidiária à responsabilidade pelo défice (*Ausfallhaftung*), como nas sociedades em nome colectivo: cfr., por todos, PETER ULMER, "Zweiter Abschnitt. Rechtsverhältnissse der Gesellschaft und der Gesellschafter. Anhang nach § 30. Gesellschaterhaftung bei Unterkapitalisierung", in MAX HACHENBURG, *Gesetz betreffend die Gesellschaften mit beschränkter Haftung (GmbHG) – Großkommentar*, 1992, Rdn. 52a, pp. 1087-8.

os estudos pioneiros de Walter Bigiavi, quando a SQU é gerida "como se fosse coisa própria")[912], não se nos afigura de todo descabido afirmar esta *regra geral*, que, ainda extraída de um enunciado legal pertinente, possa, com intervenções jurisprudenciais atentas, desempenhar um papel de *sustentação* do regime normativo das SQU. Com a vantagem de poder incentivar a jurisprudência a desenvolver um caminho de repressão de abusos com base na lei, evitando outras vias de menor conforto.

---

[912] Essa identificação não teria que passar por um elenco exaustivo dessas mesmas situações indiciadoras de abuso. Bastará redigir uma adequada cláusula geral, exemplificada pelas circunstâncias mais usuais e comprovadas de manipulação da estrutura societária. Com isto recusamos uma técnica legislativa avulsa e gratuita que insira num mesmo campo de reprovação variadas circunstâncias de teor diverso. Parece ter sido, porém, este o método do legislador, quando se ocupou da redacção das alíneas do nº 2 do recente art. 126º-A do CPEREF, respeitante à acção de falência conjunta dos membros de órgão de administração e dirigentes de facto por contribuição significativa para a situação de insolvência (com a consequente responsabilidade ilimitada e solidária no pagamento dos débitos da falida). Diga-se, em abono da verdade, que o articulado apresenta uma óbvia influência literal do art. 182 da Lei nº 85-98, disciplinadora da extensão da falência da sociedade ao *dirigeant de droit ou de fait* em caso de *redressement judiciaire* ou de *liquidation judicaire*, que, no corpo da sua 1ª al., se serve de uma enumeração de hipóteses abusivas na condução da sociedade. Em geral, sobre o alcance desconsiderador desta previsão legislativa, *vide*, por todos, GEORGES RIPERT/RENÉ ROBLOT, p. 1311-12. Considerando que este regime, em conjugação com o art. 180 já referido, contribuirá para que a *E.U.R.L.* não seja mais do que uma grande ilusão, cfr. YVES GUYON, *Droit des Affaires...*, ob. cit., pp. 542-3, conclusão a que chega fundamentalmente nos casos em que o sócio único é simultaneamente gerente da sociedade (se o não é, o sócio único deveria ter o cuidado de não se transformar em gerente de facto, respeitando, pois, a competência própria do gerente se quisesse evitar a convocação da sua responsabilidade pessoal a haver *redressement judiciaire*). Na realidade, diz Guyon, se o sócio acumula a qualidade de gerente, corre um duplo risco. "Por um lado, se cometeu erros de gestão, o tribunal poderá condená-lo a pagar aos credores sociais com os seus bens pessoais [de acordo com o art. 180]. Por outro lado, se ele confundiu o património social com o seu património pessoal, o tribunal poderá responsabilizá-lo pessoalmente [nos termos do art. 182] (...). Nos dois casos o sócio terá a impressão de ter sido enganado, uma vez que a limitação de responsabilidade, prevista pela lei de 11 de Julho de 1985, não funcionou no preciso momento em que teria sido útil".

Apesar de tudo, alguns desses *factos contributivos* para a insolvência deverão desempenhar neste domínio de aplicação do art. 270º-F, nº 4, uma importante tarefa de unidade interpretativa e auxiliar judicativo. Na realidade, sempre que essas alíneas nos remetam para a indissociação das identidades pessoais e patrimoniais do sócio e da SQU (uso pessoal de bens, p. ex.), o sacrifício do interesse da SQU ou manifestações claras de abuso em prejuízo dos credores, poderão ser base de referência para a densificação do princípio geral delineado no contexto da SQU.

Tal regra corresponde, como já tivemos oportunidade de realçar[913], além do mais, a uma das intenções expressas pelo legislador comunitário, que, no V «Considerando», depois de aconselhar aos Estados-membros "a criação de um instrumento jurídico que permita a limitação da responsabilidade do empresário individual", mostra pretender cercear a inovação quando ressalva, na 2ª parte do mesmo «Considerando», o emprego das disposições dos Estados-membros que impõem, *em casos excepcionais*, "a responsabilidade desse empresário relativamente às obrigações da empresa"[914].

Depois da proposta feita, o passo seguinte será sistematizar os casos *indiciários*, referentes a potenciais refracções de *controlo sem limites* do sócio único, que, pela sua idoneidade, possam ser resolvidos mediante o recurso a essa disciplina geral. Dizendo de outro modo, trata-se de "estabelecer as *condições* e as *circunstâncias* que definem o abuso e que admitem aplicar a regra geral da responsabilidade ilimitada"[915].

Adiantemos então, sumariamente, alguma coisa relevante sobre essa sistematização. De entre os casos *tipicizados* como situações merecedoras da aplicação problematizante da desconsideração da personalidade jurídica e como dados rectificadores dos critérios abstratos da atribuição de responsabilidade, parece-nos razoável destacar a mistura ou confusão de patrimónios (que, mais amplamente, se reconduzirá a uma indissociação de *esferas jurídicas*[916]) e a subcapitalização, pelo facto de constituírem no

---

[913] *Vide supra* n. 830.

[914] Focando igualmente este ponto, cfr. ILARIA CHIEFFI, "La nuova s.r.l. unipersonale", loc. cit., p. 599.

[915] UMBERTO MORELLO, "Le società unipersonali (L'esperienza italiana)", loc. cit., p. 52.

[916] Aqui se distingue mistura de patrimónios (*Sphärenvermischung*) de mistura de esferas jurídicas (*Vermögensvermischung*), termo este mais amplo e susceptível de abarcar, não somente o hemisfério patrimonial, mas também a sobreposição de identidade entre o sócio e a sociedade através da omissão das formalidades societárias exigidas para o efeito, que é generalizadamente aceite pela doutrina alemã (cfr. GÖTZ HUECK, "Zweiter Abschnitt...", loc. cit., § 13, *Rdn.* 15, pp. 179-80; MARCUS LUTTER/PETER HOMMELHOFF, *GmbH-Gesetz Kommentar*, ob. cit., § 13, *Rdn.* 15-16, p. 160). Por sua vez, dentro da categoria mais ampla, KARSTEN SCHMIDT, "Zum Haftungsdurchgriff...", loc. cit., pp. 2075-6, a fim de se distinguirem as duas situações merecedoras de ruptura da separação patrimonial assegurada pela personalidade jurídica societária, destrinça entre a mistura de *sujeitos de responsabilidade* e a mistura *objectiva ou concreta de esferas* (para mais desenvolvimentos e discussão jurisprudencial, cfr., ainda do Autor, o seu *Gesellschaftsrecht*, ob. cit., pp. 242-5). Seguindo o Autor alemão na doutrina portuguesa, cfr. PEDRO CORDEIRO,

contexto das SQU as circunstâncias de mais evidente abuso do instituto da pessoa jurídica, tal como o demonstra a análise da jurisprudência estrangeira.

A referida *confusão* concretiza-se com o tratamento e a disposição dos bens da titularidade da SQU pelo sócio único como se de coisas próprias se tratassem, que se precipita essencialmente no tratamento dos bens da sociedade como bens próprios e viceversa[917]. Tal como com o exercício em

---

A desconsideração..., ob. cit., pp. 102-3, inserindo na primeira categoria a "existência de uma unidade de posse das quotas ou da identidade dos membros da administração de duas ou mais sociedades, do desrespeito pelas formalidades societárias, ou ainda da localização no mesmo endereço de várias sociedades de responsabilidade limitada com firmas e ramos de actividade parecidos", e, na segunda, a que chama mistura de *esferas patrimoniais*, "por exemplo, quando a escrituração, notas bancárias e valores patrimoniais da sociedade e do «homem oculto» não se distinguirem, ou os patrimónios de ambos não forem suficientemente diferenciados".

[917] Quanto a esta particular faceta da confusão patrimonial, será justo aqui dar relevo significativo, quanto mais não fosse pelo valor simbólico (pelo menos de uma crescente sensibilização, por parte da jurisprudência, para o fenómeno da revisão do conceito da personalidade jurídica) que para a doutrina italiana tem os contornos de tal sentença, o caso da decisão do **Tribunal de Ferrara**, de **7.Março.1994** (já mencionada *supra* no Capítulo II, ponto 10.1., n. 445). Na hipótese *sub judice*, optou-se pela responsabilização ilimitada do sócio-gerente pelas obrigações sociais de uma sociedade de responsabilidade limitada declarada falida, pelo facto de, ainda que detendo *formalmente* 50% do capital social (nominalmente coincidente com o montante mínimo legal), revelar um domínio absoluto da gestão social, comportando-se como se a sociedade fosse coisa sua, efectuando pagamentos de débitos sociais com dinheiro ou bens próprios e arrecadando somas pecuniárias que pertenciam à sociedade. Pelo que a descrita situação de despotismo do sócio justificou, porquanto não duvidou o tribunal da utilização da sociedade como máscara para a actividade empresarial *substancialmente* individual, indiciada fundamentalmente pela absoluta fusão entre o património do sócio e o património da sociedade, a ruptura *in casu* da fruição da limitação da responsabilidade, submetendo o sócio de responsabilidade limitada à regra da lei falimentar prevista para os sócios de responsabilidade ilimitada. Assim, preferiu-se *"levantar o véu* da personalidade jurídica e atingir mais directamente quem se serviu abusivamente da sua protecção" (NADIA ZORZI, p. 1064). Sobre a decisão, *vide*, entre muitos, GIORGIO MARIA ZAMPERETTI, "Rilievi in tema...", loc. cit., p. 407, ss (o Autor reclama que, para além da mistura patrimonial, a situação de domínio do sócio administrador inclui ainda a insindicância social da gestão da sociedade); GASTONE COTTINO, *"Nota* a Tribunale Ferrara, 7 marzo 1994", *Giur. It.*, 1994, pp. 629-30; ROBERTO WEIGMANN, *"Nota* a Tribunale Ferrara, 7 marzo 1994", loc. cit., pp. 303 e ss; GUIDO PETTARIN/LUCA PONTI, pp. 711 e ss.

Não se trata de um caso de unipessoalidade formal, como já sabe o leitor. Mas o aresto é de grande relevo por ter recorrido ao espírito da normatividade da SQU para ir contra a doutrina maioritária nesta matéria. Na realidade, nele se pode ler, à laia de fun-

nome da sociedade, ou na veste de sócio, de actos e negócios jurídicos respeitantes a bens da titularidade individual, ainda que conjugada com outrem (p. ex., o seu cônjuge, familiar ou amigo conluiado), do sócio único[918]. A isto se deve acrescentar a verdadeira *osmose*[919] das posições integradas na esfera jurídica das duas pessoas susceptíveis de indiscriminação, a esfera social e a esfera pessoal[920]. Entre os mais recorrentes indícios reveladores desta situação de abuso encontram-se os sistemáticos recursos à tesouraria da sociedade para a extinção de dívidas pessoais e, em contraponto, o paga-

---

damento sobre a condenação *a final*, que a introdução da sociedade de responsabilidade limitada unipessoal introduziu "elementos de novidade tais que (...) são capazes de determinar uma evolução interpretativa que consente abrir uma brecha no insuperável muro que o sujeito-sociedade parece interpor entre os sócios e os terceiros". Contudo, alguma doutrina não parece sensível à influência que a XII Directiva e a legislação italiana, que retirou a responsabilidade limitada ao sócio único em certas condições, possam ter sobre o sistema da disciplina da personalidade jurídica e, portanto, sobre controvérsias não directamente tocadas pela inovação legislativa. Frontalmente contra novos alentos interpretativos retirados da introdução da SQU, cfr. GIUSEPPE RAGUSA MAGGIORE, "Revisione critica del concetto di personalità giuridica e fallimento dell'unico socio: la realtà virtuale", *Dir. Fall.*, 1994, pp. 295 e ss, em esp. pp. 296, 298 e 300-1, que vem, aliás, na linha de recusa do Autor em superar, em casos de abuso, a personalidade jurídica das sociedades "usadas como coisa própria", explanada, entre outras oportunidades, em "Socio tiranno, unico azionista e persistenza della personalità giuridica", *Dir. Fall.*, 1982, pp. 302 e ss, a pretexto da decisão a isso favorável e aí transcrita da **Corte Suprema di Cassazione**, de **19.Novembro.1981**.

[918] Cfr., a este propósito, FRANCESCO GALGANO, "L'abuso...", loc. cit., pp. 365 e ss, esp. p. 369.

[919] A expressiva terminologia é ainda da lavra de FRANCESCO GALGANO, *La società per azioni*, ob. cit., p. 130.

[920] Aqui ao lado, MANUEL OLIVENCIA RUIZ, "La confusión de patrimónios y el artículo 285 del Código de Comercio", *Estudios de Derecho Mercantil en homenaje a Rodrigo Uría*, 1978, pp. 504 e ss, em esp. p. 509, menciona acertadamente que a confusão de patrimónios não é redutível a uma figura conceitual de patologia jurídica, com uma natureza própria e sujeita a específicas medidas correctoras. Antes se deve configurar como uma *situação de facto*, cuja origem se deve a causas muito díspares. Isto é, dizemos nós, mais do que uma categoria de confusão, temos *circunstâncias* de confusão, eventualmente denunciadoras do abuso da personalidade jurídica. Nesta linha, na literatura portuguesa, COUTINHO DE ABREU, *Da empresarialidade...*, ob. cit., p. 208, dá os exemplos da confusão relativamente à sede da sociedade, aos locais de trabalho, aos assalariados (supomos que referindo-se fundamentalmente à natureza e subordinação jurídico-subjectiva do seu vínculo), às linhas telefónicas (outro exemplo, respeitante a uma sociedade por quotas constituída por marido e mulher, ambos gerentes, que actuam como se o património social fosse património comum do casal, sem qualquer respeito pela separação patrimonial societária, é indicado pelo Autor no *Curso...*, volume II, ob. cit., p. 178).

mento de débitos da sociedade por meio das contas bancárias pessoais do único sócio.

Quando tais situações transitam de um patamar de *anormalidade ocasional* para se figurarem como manifestações normais de *utilização persistente e reiterada* do nome e das estruturas formais de exteriorização da SQU nas relações com terceiros[921], toda a organização da sociedade deixa de ter uma relevância autó-noma para ser *substancialmente* a organização da empresa individual do sócio único[922]. Será esse o quadro de sindicação da boa utilização das regras de funcionamento da organização societária[923].

---

[921] Para o que foi defendido como *critério de relevância*, excogitamos reflexamente a orientação da jurisprudência germânica superior expendida a propósito do nosso já conhecido caso *Autokran* (**BGH**, de **16.Setembro.1985**: *vide supra* Capítulo II, ponto 12), no qual se acabou por optar pelo não preenchimento *in casu* do pressuposto de procedência da confusão entre patrimónios, não tendo sido essa a fonte da responsabilidade ilimitada do sócio: cfr., por todos, HANS-JOACHIM FLECK, pp. 1211-12. Daí se decanta que não terá relevo *desconsiderador* um acto esporádico de confusão protagonizado pelo sócio único, antes deverá exigir-se uma conduta que, pela sua repetição, cessa a sua transparência, derivando deste facto a incontrolabilidade da função de garantia que o património social representa em face dos credores sociais. Logo, a demanda de tal pressuposto transporta consigo implicitamente que a responsabilidade ilimitada e pessoal do sócio deverá ser considerada como um *remédio excepcional*, com um campo restrito de aplicação, incapaz de abalar, nos casos de menor gravidade, o princípio geral da separação entre a sociedade e o seu sócio, como autónomos sujeitos de direito (neste sentido, para a doutrina italiana, cfr. NADIA ZORZI, p. 1083).

[922] Nestes últimos termos se pronunciou a magistratura italiana na decisão de **6.Agosto.1982** do **Tribunal de Veneza**, no âmbito do comum "fenómeno da redução da sociedade a simples protecção formal da iniciativa individual" (referida por FRANCESCO GALGANO, "L'abuso...", loc. cit., p. 372). Neste contexto, ainda deveremos sublinhar as pronúncias da **Corte d'Appelo de Roma**, de **19 de Fevereiro de 1981** (in *RDComm.*, 1981, II, p. 145, ss: *vide* os comentários de ITALO SCALERA, "Lo scheletro nell'armadio", *Dir. Fall.*, 1981, pp. 146-8, e FRANCESCO GALGANO, *La società per azioni*, ob. cit., pp. 115-6), da **Corte d'Appelo de Bologna**, decisão de **21.Setembro.1991** (in *Giur. It.*, 1991, I, Sez. 2, p. 170, ss), e a sentença do **Tribunal de Messina**, de **15.Fevereiro.1996** (in *Giust. Civ.*, 1996, I, p. 1799, ss).

[923] No nosso direito, em sede de interpretação do art. 84°, RAÚL VENTURA, *Dissolução e liquidação...*, ob. cit., p. 194, adiantou algumas ideias fundamentais sobre a confusão entre o património do sócio e o património da sociedade unipessoal. Em geral, diz-nos que a confusão relevante é apenas aquela que origina prejuízo para a sociedade, ainda que possa suceder que o movimento de bens se tenha dado em sentido inverso. Mais em concreto, vindica como inservível averiguar se a conduta do sócio afectou o "capital" da sociedade, ou se o beneficiário do emprego indevido dos bens sociais foi o sócio ou outra

Por seu turno, a *subcapitalização* de uma sociedade de capitais resume-se a uma *insuficiência* de recursos patrimoniais próprios, necessários para concretizar o objecto social e consonantes com a dimensão da empresa e os seus imperativos financeiros, a médio e longo prazo, com base no volume de actividade económica programada ou efectiva. Isto seja pelo carácter insignificante, normalmente identificado com a cifra mínima exigida por lei[924], ou manifestamente insuficiente, do capital social, como o seja igualmente pelo facto de essa desadequação não ser superada por um financiamento dessas exigências (externo, através do recurso à banca ou a um instrumento financeiro de recolha de meios financeiros, como um empréstimo obrigacionista ou a emissão de papel comercial, p. ex., ou ainda o prolongamento de prazos de pagamento a fornecedores, e/ou interno, com o recurso a empréstimos dos sócios).

Tem a jurisprudência (pioneiramente na Alemanha) e a doutrina apelidado de *material* esta falta de meios próprios, próprios ou externos[925]. Todavia, a forma de a neutralizar produz geralmente um efeito perverso: gera um outro tipo de subcapitalização, a *formal* ou *nominal*, caracterizado pela presença dos meios necessários para a prossecução da actividade

---

entidade (neste caso, bastaria "saber que o desvio ocorreu enquanto o sócio devia e podia evitá-lo").

[924] A ocorrência deste tipo de subcapitalização é facilitada pela exigência legal de um montante mínimo de capital social manifestamente exíguo para a constituição de sociedades, ainda para mais com a faculdade legal de diferir a realização das entradas – recorde-se que, no caso das SQU, apenas metade das entradas em dinheiro deve ser realizada até à escritura do negócio social, embora a realização das entradas em espécie convencionadas não possa ser diferida (arts. 202º, nº 2, e 26º, respectivamente, *ex vi* art. 270º-G); atente-se, porém, no exemplo do legislador italiano, que, no regime da SQU, consagrou a realização integral das entradas em dinheiro pelo sócio único, em excepção ao regime geral (art. 2476, § 2º, do *CCIt*.), sob pena de não se poder prevalecer da regra da responsabilidade limitada (art. 2497, § 2º, al. b), do *CCIt*.) –, o que obviamente prejudica o desempenho expressivo pelo capital social da função de garantia de terceiros (sobre este aspecto funcional, cfr., por todos, GIUSEPPE PORTALE, "Capitale sociale e società...", loc. cit., pp. 15 e ss; PAULO DE TARSO DOMINGUES, *Do capital social...*, ob. cit., pp. 138 e ss, *vide* esp. 157-9).

[925] Ainda dogmaticamente desdobrada em *originária* e *superveniente*, conforme o desfasamento entre o substrato financeiro e o âmbito das responsabilidades empresariais referido se verifique no momento da constituição da sociedade ou surja posteriormente com: (i) o aumento da magnitude das ambições da sociedade (expresso num alargamento do objecto social ou num recrudescimento da dimensão objectiva da empresa, ditada pelo alargamento dos mercados-alvo ou pelo volume de transacções reivindicado pela comercialização dos produtos laborados), ou (ii) o excesso de endividamento e o seu efeito na estrutura financeira relacional entre activo e passivo.

social, que dotam o património da consistência suficiente, mas desajustam o capital social, uma vez que aqueles meios não resultaram do capital próprio da sociedade mas antes de capital de crédito[926].

Ora, como a procura de financiamento da empresa, sobretudo nas pequenas e médias sociedades por quotas, não é, na verdade, bem acolhida pelos financiadores externos, a não ser com a prestação de avultadas e poderosas garantias[927], a dotação dos meios financeiros acaba por ser levada a cabo pelos empréstimos dos sócios – os suprimentos, se for o caso[928] –, que assim se tornam *normais* credores da sociedade[929].

Os créditos dos sócios substituem-se, assim, à única forma de reforçar os capitais próprios sem aumentar o passivo contabilístico, ou seja, uma operação de aumento do capital social[930]. Esta solução faz perigar os inte-

---

[926] Sobre a pacífica distinção, cfr., entre outros, PETER ULMER, "Gesellschafterdarlehen und unterkapitalisierung bei GmbH und GmbH & CO KG", *Festschrift für Konrad Duden zum 70. Geburstag*, 1977, pp. 670-1; HERBERT WIEDEMANN, *Gesellschaftsrecht...*, ob. cit., pp. 568 e 570; GIUSEPPE PORTALE, últ. loc. cit., pp. 29-30; KARSTEN SCHMIDT, *Gesellschaftsrecht*, ob. cit., p. 248.

[927] Esta é uma realidade que constitui uma tónica inalterável na vida comercial deste tipo quotista. Já há muito tempo atrás RAÚL VENTURA realçava, mesmo em termos de experiência jurídica comparada, que a concessão de crédito bancário às sociedades por quotas depende, pelo menos dizemos nós, da celebração de uma fiança dos sócios, que "sabem que, para conseguir financiamentos para a sociedade, deverão vir a assumir responsabilidade pessoal e se por acaso não o souberem na altura em que constituem a sociedade virão a sabê-lo mais tarde, quando negociarem o primeiro financiamento" ["Apontamentos para a reforma das Sociedades por Quotas de Responsabilidade Limitada", *BMJ*, 1969, p. 118 e n. (69)].

[928] O mesmo RAÚL VENTURA, *Sociedades por quotas. Comentário...*, volume II, ob. cit., p. 76, atribui o desenvolvimento das sociedades por quotas a estes dois factos, ou melhor, ao facto de os elementos económicos da sua actuação provirem dos financiamentos dos sócios a título de suprimentos e da responsabilidade assumida voluntariamente pelos sócios em garantia dos débitos da sociedade.

[929] Sobre as situações de subcapitalização material como *génese* dos suprimentos, cfr. RAÚL VENTURA, "Apontamentos...", loc. cit., pp. 117, 126 e ss; recentemente na doutrina portuguesa, JOÃO AVEIRO PEREIRA, pp. 15-18. No direito comparado, *vide* GÜNTHER WÜST, "Wege des Gläubigerschtzes bei materieller Unterkapitalisierung einer GmbH", *DStR*, 1991, pp. 1389-90.

[930] Para uma acentuação *funcional* dos suprimentos como instrumento adequado para *suprir* insuficiências do capital social e, assim, substituir novas entradas de capital, destinados a satisfazer necessidades sociais não momentâneas ou passageiras da sociedade e a satisfazer mediatamente os interesses do sócio enquanto sócio ("é esperável que os suprimentos promovam a consecução de lucros ou maiores lucros sociais"), *vide* COUTINHO DE ABREU, *Curso...*, volume II, ob. cit., pp. 329, 331, 332-3 e 334.

resses de terceiros, já que a mudança de cenário económico-financeiro acarretada pelos negócios de injecção de dinheiro[931] atribui ao sócio mutuante a qualidade de credor da sociedade, quer no montante dos suprimentos, quer no dos respectivos juros, que é a remuneração do mútuo oneroso. Sem que isso corresponda, todavia, a um aumento do *risco de perda*, porquanto não aumenta a responsabilidade assumida para com terceiros pela actividade social. Os sócios assumem, de tal modo, uma dupla qualidade relativamente à sociedade: a de sócio, com responsabilidade limitada, direito de administração e aos lucros a distribuir, e a de credor da sociedade[932-933].

[931] Nem só dinheiro pode ser o objecto do contrato de suprimento concedido pelo sócio à sociedade. A lei fala ainda de «outra coisa fungível» e de «diferimento do vencimento de créditos seus sobre ela [sociedade]» (art. 243º, nº 1). O primeiro é um verdadeiro *objecto* do negócio de mútuo, enquanto que o acordo de postergação do prazo de cobrança de créditos da sua titularidade sobre a sociedade (p. ex., a percepção de lucros já vencidos) constitui uma *modalidade* do contrato de suprimento. Apresentando estas realidades como constituindo as duas modalidades do contrato nominado e típico que o suprimento configura, isto é, (i) empréstimo de dinheiro *ou* outra coisa fungível e (ii) diferimento de crédito, cfr. COUTINHO DE ABREU, *últ. ob. cit.*, p. 328.

[932] Sublinhando esta *dupla qualidade* do sócio mutuante de suprimentos à sociedade, cfr. RAÚL VENTURA, *Sociedades por quotas. Comentário...*, volume II, ob. cit., p. 85; BRITO CORREIA, *Direito Comercial. Sociedades Comerciais*, volume II, ob. cit., p. 490.

[933] Para obviar a que um sócio mutuante fosse qualificado como credor comum, em posição concursal idêntica aos demais credores da sociedade, de forma a tutelar os interesses dos outros sócios (sujeitos ao regime dos arts. 154º e 156º no momento da liquidação do passivo social e da partilha do activo remanescente, se o houver) e dos restantes credores sociais, a lei nacional colocou os créditos por suprimentos num *patamar intermédio* de graduação, em caso de falência ou dissolução da sociedade, entre os créditos sociais externos e o saldo de liquidação, nos termos do art. 245º, nºs 3, al. a), e 4 (sobre estes pontos, cfr. RAÚL VENTURA, *últ. ob. cit.*, pp. 144-6; BRITO CORREIA, *últ. ob. cit.*, pp. 314-6 e 496). Deste modo, a tutela dos credores, na circunstância de subcapitalização motivada por empréstimos dos sócios à sociedade, manifestou-se através de um afastamento da personalidade jurídica de *menor intensidade*, fazendo uma *limitada* penetração na personalidade mediante a referida "seriação de créditos" (assim, cfr. RAÚL VENTURA, "Apontamentos...", loc. cit., p. 120).
Para evitar os perigos para os credores sociais da subcapitalização nominal e adoptando um tipo de sanção diversa da técnica do *Durchgriffshaftung*, na Alemanha, o § 32a (em conjugação com o § 32b) da *GmbHG requalifica* os empréstimos efectuados pelos quotistas como entradas destinadas a aumentar o capital social, logo, como capital próprio (*Eigenkapitalersetzende Gesellschafterdarlehen*), sempre que tenham ocorrido num momento em que seriam exigíveis prestações de capital, de acordo com o critério do *comerciante diligente*. Trata-se de uma ponderação legislativa destinada, em situações em que a sociedade já não obteria crédito em face das vigentes condições de mercado, a inibir

Estas hipóteses de subcapitalização formal apresentam uma *potencial* maior frequência nas SQU, como é bom de ver se atendermos a alguns factos, mesmo que não sejam de natureza jurídico-legal. Vejamos.

---

a transferência do risco de financiamento para os credores exteriores à sociedade, concretizada, no essencial, na impossibilidade de se requerer a restituição desses empréstimos em processo falimentar. Apesar de tudo, a doutrina tem entendido que essa sujeição apenas deveria ser feita para os empréstimos provenientes de sócios com uma participação consistente (tendo sido a fasquia colocada nos 10% do capital social). Cfr., a estes propósitos, por todos, NORBERT HILL/BERTHOLD SCHÄFFER, "Das Stehenlassen von GmbH-Gesellschafterdarlehen bis zum Eintritt der Krise", *BB*, 1989, pp. 459 e ss; MARCUS LUTTER/PETER HOMMELHOFF, *GmbH-Gesetz Kommentar*, ob. cit., §§ 32a-32b, *Rdn.* 1, ss, pp. 330 e ss, *Rdn.* 51 e ss, pp. 347-9; FRIEDRICH KÜBLER, pp. 247-8. Para um desenvolvimento da evolução doutrinal--dogmática e jurisprudencial que antecedeu essas normas introduzidas pela *GmbH-Novelle*, vide ERNST VON CAEMMERER, "Unterkapitalisierung und Gesellschafterdarlehen", *Quo vadis, ius societatum? Liber amicorum Pieter Sanders*, 1972, pp. 17 e ss; PETER ULMER, "Gesellschafterdarlehen...", loc. cit., pp. 665-6 e 671 e ss. Entre nós, cfr. as referências feitas por MARIA ÂNGELA COELHO, "A reforma...", loc. cit., pp. 64-6, e PAULO DE TARSO DOMINGUES, *Do capital social* ..., ob. cit., pp. 161-2. Na jurisprudência, assinale-se, pelo rigor assertivo dos seus termos para o que nos interessa, a decisão do **BGH**, de **26.Março.1984** (in *ZIP*, 1984, p. 572, ss, e citado, no direito italiano, por GIUSEPPE PORTALE, "Capitale sociale e società...", loc. cit., p. 31), da qual resulta até uma variada principiologia geral da empresa societária, extraída das normas *supra* indicadas: dessa realce-se a proibição de violação das normas tuteladoras da integridade do capital social com o expediente dos suprimentos dos sócios, tal como a responsabilidade do sócio pelo correcto financiamento da empresa (para uma viagem da aplicação dos preceitos nas pronúncias do *Bundesgerichtshof*, cfr. KARSTEN SCHMIDT, *Gesellschaftsrecht*, ob. cit., pp. 1151 e ss).

Em Itália, perante a lacuna de disciplina desta matéria, o princípio de "requalificação forçada" dos empréstimos dos sócios como entradas de capital tem sido sustentado pela doutrina para prevenir a lesão de interesses legítimos dos credores sociais e a segurança do tráfico, numa estrada alternativa à repressão do abuso da personalidade jurídica, recorrendo-se, em particular, pelos estudos de GIUSEPPE PORTALE, ao instituto da simulação [cfr. "Capitale sociale e conferimenti nella società per azioni", *RS*, 1970, p. 88, n. (118)], e, mais recente, à fraude à lei (cfr. "Capitale sociale e società...", loc. cit., pp. 108 e ss, em esp. 114-17, com a notícia e referências de outras construções dadas pela literatura italiana, para as quais nos permitimos remeter).

Em Espanha, o facto de a subcapitalização nominal não ter igualmente tratamento legislativo específico tem sido também resolvido, nas hipóteses de empréstimos concedidos à sociedade em substituição do capital próprio, através da dogmática do negócio em fraude à lei, sempre que a *intenção* do sócio é utilizar o negócio de suprimento (com garantia hipotecária sobre bens imóveis sociais – com preferência, portanto, sobre os outros credores da sociedade) para evitar que aquilo que, na realidade, é uma entrada se integre no património social-garantia dos credores. As consequências seriam, então, o tratamento do mútuo de acordo com as regras que disciplinam as entradas, a nulidade do negócio

Se as sociedades por quotas pluripessoais recorrem, por falta de liquidez no seu quotidiano comercial, aos suprimentos, parece-nos provável que mais isso acontecerá nas sociedades constituídas por um único sócio, em que o prolongamento do seu património pessoal ao património *social* é mais evidente. Se nas sociedades por quotas pluripessoais se "sub-factura" a actividade desenvolvida e prestada[934], mais será a tentação e a consequente prática nas SQU, com a liberdade de actuação a ser plena e exclusiva para o sócio único, onde a interposição de um novo sujeito jurídico – logo, também de um novo sujeito passivo tributário – incentivará essa táctica de evasão fiscal. O sócio diminui o rendimento colectável, aumenta o passivo com a celebração dos suprimentos e atinge a suavização, quiçá mesmo a neutralização[935], do *quantum* da colecta da SQU.

Ainda mais: a decisão sobre a remuneração dos suprimentos e sobre a oportunidade do seu reembolso pertence ao órgão administrativo da SQU, ou seja, a gerência[936]. Mesmo que o sócio único não seja gerente, é ele que

---

hipotecário e a preferência dos credores interessados (cfr. ALCOVER GARAU, "Préstamo de socio a sociedad: la infracapitalizácion de las sociedades de capital de capital y el negocio en fraude a la ley", *RDS*, 1997, pp. 294-6).

No que respeita à sociedade unipessoal, perante a formulação do art. 2490 *bis*, § 2º, do *CCIt.* (*vide supra* n. 890), já se *requalificaram* os créditos do sócio em face da *sua* sociedade como *financiamentos* concedidos num momento em que se deveria ter aumentado os capitais próprios da sociedade unipessoal, passando de créditos privilegiados a créditos comuns, com base numa presunção inilidível legitimada pela estrutura unissubjectiva da pessoa social e da actuação do sócio único nessa qualidade, o que prescinde da prova do facto de o sócio único ter abusado da sua posição de poder em prejuízo dos interesses da SQU (ou daqueles que com ela se relacionam): cfr. ILARIA CHIEFFI, "Sottocapitalizzazione della società...", loc. cit., pp. 525 e ss, em esp. pp. 528-30).

[934] Entre nós, PAULO DE TARSO DOMINGUES, *últ. ob. cit.*, p. 161, n. (575), chama a atenção para a vulgarização da "sub-facturação" dos serviços ou mercadorias prestados ou fornecidas como evento responsável pela celebração de suprimentos. Depois, na realidade, a forma que se encontra para contabilizar o dinheiro entrado é imputar a esse título de suprimentos as quantias correspondentes a esse fornecimento, isento de comprovação para efeitos contabilísticos, ou seja, sem relevância fiscal por não entrarem na rubrica das receitas por via das vendas (não constituindo lucro tributável).

[935] Outras tácticas podem ser utilizadas pelo sócio único, combinadas e advenientes da confusão de esferas jurídicas (já tratada), como a imputação à SQU de despesas e custos efectuados em seu proveito e sem nenhuma conexão com a actividade social (dando relevância fulcral à questão fiscal, cfr. CATARINA SERRA, "As *novas* sociedades unipessoais por quotas", loc. cit., p. 125).

[936] Na vigência do direito anterior, importante doutrina pátria [cfr. VASCO LOBO XAVIER, *Anulação*..., ob. cit., p. 133, n. (26)] defendia, acompanhada pela jurisprudência pertinente, que o acordo com o sócio acerca do reembolso dos suprimentos – por se tratar

influencia em última instância as decisões do gerente, tanto mais não fosse porque a ele compete *em exclusivo* a sua designação no negócio social ou posterior nomeação. Tal como a ele se confia a duração temporal do exercício da gerência, por ter nas suas mãos o poder decisório respeitante à destituição dos gerentes da sua sociedade, ao abrigo do disposto no art. 257°. Logo, é o único sócio que decide sobre as condições do retorno financeiro do seu mútuo e do momento para ver regressar à sua esfera jurídica os montantes mutuados, em possível detrimento da saúde financeira da SQU por si constituída. Estará então aberta a via para a ligeireza *incontrolável* da prática de suprimentos para financiar a SQU, quando o que se justificaria era o aumento do capital social e a realização de entradas para integrar o património. E da restituição dos mesmos para equilibrar a esfera jurídica pessoal do sócio irá um pequeno passo. Pensamos que se assim for estamos perante uma utilização *indevida* da técnica societária, se essa for intencionalmente abusiva e atentória da sobrevivência da sociedade[937].

---

de matéria dispositiva de direitos creditórios de um sócio na qualidade de terceiro que, em virtude da sua *natureza contratual*, exigia sempre uma manifestação de vontade da sociedade – deveria, sob pena de nulidade justificável por exorbitância da competência da assembleia geral se para o efeito fosse órgão *representativo* da sociedade, ser decidida, representando a sociedade, pelo seu órgão administrativo, ainda que através de uma declaração de vontade tácita. Em sede de sociedades por quotas, tal posição significa, à luz do direito vigente, atribuir a competência para decidir dessa restituição à gerência, integrando-a no complexo de «actos que forem necessários ou convenientes para a realização do objecto social» (art. 259°). O que se confirma pela apreensão do elenco de matérias da competência imperativa dos sócios enumerado no art. 246°, bem como pela capacidade representativa dos gerentes para a celebração do *próprio* contrato de suprimento (tomando como certa a competência, cfr. BRITO CORREIA, *Direito Comercial. Sociedades comerciais*, volume II, ob. cit., pp. 490 e 493).

[937] Repare-se, contudo, que a segurança jurídica não estará tão debilitada nas SQU, como à primeira vista poderia parecer, e como parece estar nas sociedades pluripessoais. Na verdade, os contratos de suprimento nas SQU deverão, a nosso ver, em confirmação da regra de delimitação objectiva da norma (*vide supra* n. 896), sujeitar-se às condições de validade *especiais* que o art. 270°-F preceitua para os negócios jurídicos celebrados entre o sócio único e a sociedade unipessoal. De entre essas, assume aqui importância fulcral a exigência de formalidade, prevista pelo respectivo n° 2. Deste resulta que, ao contrário da liberdade de forma estatuída pelo n° 6 do art. 243°, será necessário sempre respeitar a solenidade mínima correspondente ao documento escrito.

Mais duvidoso será, em face do perfil *típico* que distingue o suprimento do mútuo civil, ir ainda mais longe na prevenção dos abusos e, com esse fito, puxar para o campo de aplicação das SQU o art. 1143° do CCiv., de maneira que se demandasse forma mais solene em função do valor do suprimento do sócio único. P. ex., se o suprimento consistir no empréstimo de uma quantia superior a 20.000 euros, será de defender que o suprimento

Por sua vez, os fenómenos de subcapitalização material levantam a urgência em reclamar, nas palavras de GIUSEPPE PORTALE, "a necessidade de um controlo (...), motivada, na doutrina, para além da exigência de protecção dos credores e de todos os outros interessados na vitalidade da empresa (...), por razões de tutela institucional do mercado e de credibili-

---

só será válido, nos termos conjugados do art. 220º do CCiv. e do art. 270º-F, nº 2, 1ª parte, e nº 4, 1ª parte, se for consignado em escritura pública?
    Por outro lado, a prática desta estratégia de financiamento, atenta a disciplina legal dos arts. 243º e 245º, não implicará que o risco das operações de financiamento, particularmente em situações falimentares, corra por conta dos credores sociais. Sem embargo, o sócio que empresta dinheiro à SQU não deixa, porém, de ser credor e terceiro relativamente à sociedade, escapando assim à disciplina geral de recuperação liquidatória das entradas e do património social restante. Mas podemos fazer piorar o cenário. De facto, não achamos pouco crível que seja usual, se se souber *temporalmente* contornar os cuidados especiais das normas reguladoras do instituto (especialmente para efeitos do seu reembolso), praticar empréstimos ou diferimentos de créditos meramente ocasionais e de reduzida duração. Como o sócio não deixa de decidir sobre a conveniência de ser reembolsado *em tempo apropriado*, desde que respeite o *período de carência* que a lei demanda para submeter ao regime especial do contrato de suprimento o empréstimo feito à sociedade, nos termos do art. 243º, nºˢ 2 e 3 (mas veja-se o nº 4) – sobre os índices (ou presunções) do "carácter de permanência" do crédito por suprimentos, cfr. FERRER CORREIA/VASCO LOBO XAVIER/ANTÓNIO CAEIRO/MARIA ÂNGELA COELHO, p. 91; RAÚL VENTURA, *Sociedades por Quotas. Comentário...*, vol. II, ob. cit., pp. 114 e ss; JOÃO AVEIRO PEREIRA, pp. 69 e ss; COUTINHO DE ABREU, *Curso...*, volume II, ob. cit., pp. 330--3 –, está nas suas mãos condicionar as determinações desse regime especial, especialmente relevante no que tange à lista de graduação de créditos e à proibição de constituição de garantias reais relativas à obrigação de reembolso (cfr. nº 6 do art. 245º).
    De todo o modo, parece-nos que esta possível prática parece *não prejudicar* os chamados credores *fortes*, aqueles que, pelo seu peso e importância para a subsistência financeira da sociedade, se munem com garantias pessoais e reais dos seus créditos: como bem afirmou ANDREA AUDINO, p. 130, são "os credores dotados de particular força contratual" que "estão normalmente em condições de se subtraírem às consequências do abuso". Os restantes credores, frágeis na sua capacidade reivindicativa e desprotegidos pelo regime protector, sofrem por completo a transferência do risco associado à actividade social. Relativamente à sua exigência de satisfação, o sócio único é *na realidade* limitadamente responsável à entrada realizada, enquanto que para os credores mais robustos o mesmo sócio assume uma posição nada diferente da que é reservada aos sócios das sociedades que não dispõem do benefício da responsabilidade limitada. Portanto, a *normalização* do financiamento através de capital de crédito comum precariza a situação de fornecedores de pequena dimensão, de trabalhadores da SQU, de empresas subcontratadas, entre outros, precisamente aqueles que não estão em condições de impor ao sócio a prestação de garantias. Sobre o referido fenómeno, nas sociedades de capitais, da transferência para terceiros do risco empresarial que supere o montante de capital investido e

dade da constituição económica"⁹³⁸. Por uns assente na construção de uma regra de necessária compatibilidade entre o capital e actividade da empresa social, por outros reconduvível à inibição de circunstâncias que permitam a entrada no tráfico económico de uma sociedade com capital manifestamente insuficiente⁹³⁹.

---

a derivada distinção entre credores fortes e credores fracos, resultante do objectivo de impedir juridicamente os efeitos desse risco, cfr. BRUNO INZITARI, "La «vulnerabile» persona giuridica", loc. cit., pp. 689-91, com incidência sobre a banca como credor privilegiado; GIUSEPPE NICCOLINI, "Società sottocapitalizzata e responsabilità degli amministratori: una sentenza francese", *GC*, 1986, p. 664, n. (46), com várias referências; FRANCESCO GALGANO, *La società per azioni*, ob. cit., pp. 7 e ss.

⁹³⁸ GIUSEPPE PORTALE, "Capitale sociale e società...", loc. cit., p. 32. Na doutrina alemã, *vide*, para um destaque desta necessidade de tutela do tráfico em face dos riscos de uma actividade empresarial descapitalizada, ULRICH IMMENGA, *Die personalistische Kapitalgesellschaft*, 1970, pp. 418 e ss, e, sumariamente, HERBERT WIEDEMANN, *Gesellschaftsrecht...*, ob. cit., pp. 567-8.

⁹³⁹ Na doutrina alemã e italiana, têm soado ecos de revolta contra a legitimidade da constituição de uma sociedade de capitais através da subscrição da cifra capitalística mínima, ainda que manifestamente insuficiente para a prossecução do objecto social (por todos, cfr. GIAN CARLO RIVOLTA, *La societá a responsabilità limitata*, ob. cit., pp. 89 e ss), reclamando-se em seu suprimento um princípio de *necessária congruência quantitativa* (ou, pelo menos, de *não manifesta insuficiência ou inadequação*) entre o capital social e o escopo e dimensão da actividade assinalada no pacto social (*Geschäftszweck und Geschäftsumfang*), com o qual se asseguraria o equilíbrio económico-financeiro da empresa, sob pena de os sócios responderem pessoal e ilimitadamente. Só para amostra, cfr. ULRICH IMMENGA, pp. 408 e ss; GEORG WINTER, *Die Haftung der Gesellschafter im Konkours der unterkapitalisierten GmbH*, 1973, *passim*, mas pp. 92-3; GEORG KUHN, "Haften die GmbH-Gesellschafter für Gesellschaftsschulden persönlich?", *Festschrift für Robert Fisher*, 1979, pp. 357 e ss; ECKARD REHBINDER, "Zehn Jahre...", loc. cit., pp. 584-6; HERBERT WIEDEMANN, *últ. ob. cit.*, pp. 570 e ss; ULRICH KHALER, "Die Haftung des Gesellschafters im Falle der Unterkapitalisierung einer GmbH", *BB*, 1985, pp. 1430-1; PETER ULMER, "Allgemeine Einleitung...", loc. cit., *Rdn*. 45-6, p. 20. Em Itália, GIUSEPPE PORTALE, "Tra sottocapitalizzazione «nominale» e sottocapitalizzazione «materiale» nelle società di capitali", *BBT*, 1986, pp. 203-5 e "Capitale sociale e società...", loc. cit., pp. 27--9, 45 e ss (com remissões bibliográficas exaustivas), e 104 e ss. Enfrentando o problema apenas em sede de dissolução da sociedade por impossibilidade do objecto social, cfr. GIUSEPPE NICOLLINI, *Il capitale sociale minimo*, 1981, pp. 18 e ss; IDEM, "Società sotto--capitalizzata ...", loc. cit., p. 671.

Em sede de unipessoalidade quotista, no entanto, parece que a corrente dominante apoia a tese jurisprudencial de não submeter a desconsideração e atacar o património do sócio nas situações de disparidade entre o capital social e o volume de negócios (antes se devendo discutir os problemas apenas no âmbito dos preceitos reguladores dos empréstimos). Não obstante, se acontecesse uma dotação de capital insuficiente com intenção

Tanto na subcapitalização formal como na material, o que se deve exigir para a SQU é sempre uma relação de correspectividade entre a *vantagem* (económica) de limitar a responsabilidade ao património social e a *vi-*

---

de produção de dano, ou causação de falência, os sócios já poderiam ser demandados pelos prejuízos dos credores. *Vide*, com referências, JOACHIM MEYER-LANDRUT, "Erster Abschnitt. Errichtung der Gesellschaft", loc. cit., § 1, *Rdn.* 29, pp. 17-18; KARSTEN SCHMIDT, *Gesellschaftsrecht*, ob. cit., p. 1252.

Na doutrina nacional, para uma defesa da responsabilização dos sócios fundadores pela integral realização do capital social indicado de uma sociedade aquando da sua fundação, em prejuízo das expectativas de terceiros (subcapitalização material originária), cfr. ORLANDO DE CARVALHO, "Anotação ao Acórdão de 20 de Junho de 1972 do S.T.J.", *RLJ*, 1973-74, pp. 269 e ss, em esp. pp. 270 e 272. Numa perspectiva mais cautelosa, RAÚL VENTURA, "Apontamentos...", loc. cit., p. 123, ss, afirmou que nem sempre a inadequação do capital às finalidades propostas pela sociedade constituirá delito contra a organização da sociedade com meios financeiros suficientes. Apenas o seria quando houvesse uma notória e considerável subcapitalização, aferido por um critério objectivo: a verificação, do ponto de vista do capital da sociedade, se um terceiro estaria ou não disposto a colocar à disposição dela, com crédito, os meios necessários a longo prazo em condições aceitáveis; não o estando, a sociedade estaria subcapitalizada e forçada a recorrer a empréstimos dos sócios ou a substituir o necessário crédito a longo prazo por manobras creditícias de curto prazo. Os princípios da limitação da responsabilidade cederiam então, acrescidos pelo elemento subjectivo de esses meios serem destinados a prejudicar, ou poderem prejudicar, os interesses dos credores sociais.

Mais próximo no tempo, JOÃO AVEIRO PEREIRA, p. 33, foi de opinião que "nas hipóteses em que a subcapitalização decorre de uma *irrisória dotação de capital* por parte dos sócios, não repugna a postergação da personalidade colectiva, com base na figura do abuso de direito, prevista no art. 334º do CC" (sublinhado da nossa responsabilidade), posição essa que alargava à personalidade societário-quotista unipessoal, "desde que se mostrem preenchidos os mesmos requisitos que são exigidos para a superação da personalidade colectiva das sociedades pluripessoais" (p. 35). Mais sistemático, também COUTINHO DE ABREU, *Curso...*, volume II, ob. cit., p. 180 (itálico do Autor), reconhece "a legitimidade de chamar os *sócios a responder (subsidiária mas) ilimitadamente* perante os credores sociais em casos de *manifesta ou qualificada subcapitalização material – todos* os sócios, quando ela seja *originária* ou inicial (a desproporção anormal entre o capital social e a actividade que os sócios se propõem desenvolver através da sociedade é evidente logo quando esta nasce), ou os sócios *controladores* da sociedade (os sócios com poder para deliberar um aumento do capital ou a dissolução da sociedade, nos casos de subcapitalização *superveniente* (devida, *v. g.*, a consideráveis perdas sucessivas ou à amplicação da actividade social)", mas, seguindo a doutrina alemã, afasta essa responsabilidade ilimitada em benefício dos credores, geralmente os fortes, que conheçam a situação de subcapitalização e/ou assumiram voluntária e especulativamente os riscos advenientes. Quanto à nossa figura, muito antes, porém, MANUEL DE ALARCÃO, pp. 309-10, emitiu considerações adversas a esta responsabilidade do sócio de sociedade unipessoal por insu-

nculação a constituir um património suficientemente consistente, de modo a que possamos concluir que ela constitui, como referiu RAÚL VENTURA, um "vício de organização"[940]. À falta de critérios decisivos que determinem o automático sucesso de uma responsabilidade ilimitada do sócio por essa causa, demandada pelos interessados com base no art. 270º-F, nº 4, parece, de facto, que a acrescida *margem de discricionariedade* acerca da modalidade de financiamento da sociedade pode incrementar uma *notória e abusiva subcapitalização* da SQU, essencialmente quando esta se precipita na manutenção consciente ou premeditada de uma SQU desprovida do capital e dos meios patrimoniais suficientes. No entanto, julgamos que esse será sempre um indício que deve ser inserido (ou acompanhado) por outras circunstâncias que *qualifiquem* uma débil situação económico-financeira da sociedade provocada por (outros) comportamentos que violem, em particular, a *ratio* das normas respeitantes à conservação do capital social. Se assim for, haverá razão para reivindicar a superação do abrigo societário[941-942].

20.3. *O alargamento da ilimitação da responsabilidade do sócio único às sociedades* materialmente *unipessoais*

Finalmente, o problema final da solução interpretativa proposta é o de afirmar a responsabilidade pessoal do único sócio tão-só nas hipóteses de SQU, ou abarcar também as sociedades, ainda que compostas por uma pluralidade de sócios, constituídas e funcionalizadas no interesse de uma só pessoa, que exerce monopolisticamente os poderes de controlo da

---

ficiência do capital social para o volume das operações que a sociedade se propõe realizar, o que "seria abrir a porta para graves incertezas acerca da responsabilidade dos sócios", interrogando-se: "Como avaliar o volume da empresa? Que proporção deveria estabelecer-se entre o capital e esse volume?".

[940] "Apontamentos...", loc. cit. p. 122.

[941] Não obstante esta solução terminal, somos de opinião que deverá ser de densidade mais profunda a função notarial de *fiscalização* da legalidade do acto constitutivo da sociedade (se for caso de escritura pública) quanto à possibilidade da prossecução do capital social em face do capital social subscrito. Neste contexto, PAULO DE TARSO DOMINGUES, *Do capital social...*, ob. cit., pp. 179-80, aponta como critério para a improcedência da pretensão de celebrar escritura pública a "impossibilidade absoluta e objectiva de, com os meios disponibilizados pelos sócios, realizar o objecto social".

[942] Para uma visão de variadas controvérsias sobre abuso do património social e subcapitalização na jurisprudência norte-americana, *vide* MATEO TONELLO, *L'abuso della responsabilità limitata nelle società di capitali*, 1999, pp. 214, ss, 238, ss.

sociedade. A diversidade de pressupostos e a distinta caracterização jurídica destas situações, que muitas vezes foram conjuntamente tratadas como hipóteses de unipessoalidade *em sentido amplo,* impedem um tratamento *unitário.* Talvez assim se explique que nenhum ordenamento tenha resolvido laborar disposições particularmente aplicáveis às sociedades fictícias. Apesar disso, sem mais de palpável, não será importante acudir ao regime da SQU para colmatar esse vazio nesta sede?

Já o afirmámos antes[943]. Cremos que sim, sob pena de incorrermos numa contradição de valorações dificilmente justificável. Importa, pois, que o sócio que recorre a uma sociedade por quotas como um mecanismo destinado a criar em terceiros a aparência de uma *actividade empresarial associativa,* dissimulando uma real *empresa individual* ou *imputada a uma só pessoa* cujo património desfruta da responsabilidade resultante da aplicação da disciplina societária, não possa afastar a aplicação *normativamente razoável e proporcionada* de um preceito que pretenderá proteger o mesmo núcleo de interesses. Isto equivale a afirmar que, sempre que se intente realizar uma limitação indevida da responsabilidade mediante o uso enviesado da forma societária, o princípio da ilimitação da responsabilidade do art. 270º-F, nº 4, 2ª parte, deve encontrar aplicação no caso de sócio *substancialmente dotado de uma posição dominante.*

O mesmo expediente interpretativo usado para o sócio formalmente único poderá, portanto, ser beneficamente utilizado, para além dos problemas respeitantes à garantia patrimonial dos débitos da SQU, também como forma de assegurar a transparência nas sociedades, bipessoais ou pluripessoais, fictícias, *a pari*[944], sempre que sejam claramente dominadas por um único sócio, nas suas manifestações de abuso, por *identidade material* com as situações de unipessoalidade[945].

---

[943] *Vide supra* Capítulo II, pontos 10.1., em esp. n. (445), e 10.4.

[944] De facto, "onde a razão de decidir seja a mesma, a mesma deve ser a decisão" (BAPTISTA MACHADO, *Introdução ao Direito e ao discurso legitimador,* ob. cit., p. 186).

[945] Em sentido concordante, na doutrina italiana, se encontra a posição de FEDERICO TASSINARI, p. 740, uma vez que caracteriza a disciplina da sociedade de responsabilidade limitada unipessoal como um conjunto de normas materiais, destinadas a uma aplicação analógica às situações de unipessoalidade *substancial,* através de uma verificação singular de cada uma das normas – não respeitando a possibilidade, portanto, à disciplina no seu todo –, para as empregar em todas as hipóteses em que, por trás de uma formal pluralidade de sócios, não exista uma pluralidade substancial de titulares da iniciativa económica, tendo em conta a posição proeminente assumida por um dos sócios. Sublinhando ainda a *valência interpretativa* do regime das sociedades unipessoais em sede de

Se assim não for, poderá frustrar-se a expressa intenção legislativa de combater as sociedades *de favor*, uma vez que haverá a tendência para evitar a aplicação das regras de funcionamento mais exigentes da SQU, continuando desse modo os agentes económicos a actuar sob o quadro técnico-jurídico, experimentado e mais seguro, das sociedades fictícias. De uma outra forma, o recurso impune a essas sociedades como expediente fácil para enganar e prejudicar continuaria e para o fazer cessar, sem pactuar mais com a violação das normas centrais que regem o tráfico jurídico-societário, nada se teria tirado das garantias determinadas pela introdução da SQU. Só assim, aliás, se poderá assegurar que a nova disciplina, tornando possível obter por via legal aquilo que é possível obter através dessas outras sociedades a eliminar, "tornará menos indulgentes os juízes perante o fenómeno das sociedades que só aparentemente dispõem de uma pluralidade de sócios"[946-947].

---

sociedades fictícias, cfr. GIORGIO MARIA ZAMPERETTI, "Rilievi in tema...", loc. cit., pp. 414-15 e 417; NADIA ZORZI, p. 1077.

[946] ALESSANDRO GRAZIANI [*et all.*], p. 240.

[947] A este raciocínio está implicitamente subjacente a orientação do legislador nacional em apresentar a SQU, de ora em diante, como um esquema de limitação da responsabilidade *alternativo* da constituição de sociedades de favor (neste sentido, em Itália, cfr. GIORGIO MARIA ZAMPERETTI [*et all.*], p. 101). Não nos parece, nesta linha, que a criação das SQU fosse perspectivada como o único esquema organizativo-social lícito para o exercício da empresa individual em condições de responsabilidade limitada, embora para aí se deva *tendencialmente* caminhar, mediante a adopção de outros mecanismos de transparência das sociedades de favor. Enquanto o quadro normativo for este, não haverá legitimidade para reprovar *sempre e em qualquer circunstância* a sociedade fictícia (nomeadamente, em termos de perda da responsabilidade limitada). O que está bem é fiscalizar a actuação do sócio dominante nas sociedades fictícias, porventura agora de modo mais vigilante e apertado, pois esse recurso a sócios aparentes através da atribuição de partes sociais minúsculas passou a ser desnecessário depois da criação da SQU. Este é o seu principal significado no funcionamento das sociedades fictícias. Apertar a malha da repressão dos eventuais abusos da sociedade *quase* unipessoal, mas sem que se atinja arbitrariamente qualquer um que dela se sirva, mas apenas aqueles que comprovadamente *se serviram da sociedade em clara violação das regras fundamentais do direito societário*. Sem algo de novo que toque directamente no tema das sociedades fictícias, parece-nos ser esta uma nuclear consequência da inovação legislativa. Em sentido similar, cfr. CARLO ANGELICI, "Società unipersonali: l'esperienza comparatistica", loc. cit., p. 900; GIULIO COLOMBO, pp. 673-4. Em oposição à conformação das sociedades fictícias aos princípios e ao modelo legislativo da sociedade unipessoal, que obrigassem todas as situações sociais a uma adequação ou sujeição a um "obrigatório *restyling* sob pena do seu «*big bang*»", cfr. GUIDO PETTARIN/LUCA PONTI, pp. 714-15.

Com a tarefa interpretativa empreendida resulta, a nosso ver, a solução a contento de um fulcral problema sem que saíssemos das fronteiras do sistema jurídico da SQU. O que nos faz pensar, parafraseando CASTANHEIRA NEVES, que, "quando a realização do direito possa operar pela mediação de uma norma – i. é, quando uma norma jurídica positiva possa ser utilizada como imediato critério normativo, e isto pressupõe ainda resolvido um outro problema metodológico, o problema da "norma aplicável" –, essa norma será apenas o eixo de um processo metodológico complexo em que, por um lado, ela se vê amplamente transcendida (transcendida a sua positiva normatividade abstracta) já pela intenção normativo--jurídica fundamentante manifestada pelo sistema, já pelo problemático concretum decidendo, e em que, por outro lado, vem a ser interpretada pela assimilação, ou enquanto assimila, o resultado normativo-jurídico da dialéctica metodológica da própria realização concreta do direito que a utiliza. O que quer dizer que a norma, *se é convocada a orientar a realização concreta como seu critério, é simultaneamente determinada e reconstituída por e nessa realização*"[948].

Este tópico, em toda a sua amplitude, aconselha que a nova norma introduzida pelo regime das SQU constitua uma *válvula de segurança exoneratória* do benefício da responsabilidade limitada concedida ao sócio quotista único. Assim como funcionará no que toca ao sócio quotista que apresente *no plano substancial* uma igual situação de domínio – exclusivo ou predominante, ainda que disfarçada sob o usual recurso ao esquema da sociedade por quotas pluripessoal –, em função do risco de instrumentalização abusiva da personalidade jurídica da sociedade, quando esse perigo vier densificado em factos de *abuso relevante* da posição de poder detida no interior da organização societária[949-950].

---

[948] *Introdução ao Estudo do Direito. Interpretação jurídica*, ob. cit., pp. 80-1, sublinhados nossos.

[949] Sem embargo da aplicabilidade do regime societário geral – p. ex., em sede das especialidades ditadas pelo art. 6º para a capacidade das sociedades, de distribuição de lucros, de preservação da intangibilidade do capital social, de alterações do negócio social, etc.: neste sentido, cfr. COUTINHO DE ABREU, *Da empresarialidade...*, ob. cit., pp. 150 e 209, n. (359); CATARINA SERRA, "As *novas* sociedades unipessoais por quotas", loc. cit., pp. 133-4 – e de a este regime especial centrado no art. 270º-F, nº 4, se acrescentar, nos termos em que o gizámos no Capítulo III, ponto 16, a aplicação *adaptada* da disciplina ditada em tema de conflito de interesses sobre impedimento de voto – no caso, decisão de natureza deliberativa – do sócio, prevista no art. 251º.

[950] A actuação deste princípio implicará, em princípio, a existência de um efeito prejudicial a terceiros. Para ser relevante a lesão patrimonial desses sujeitos, pensamos

A ser bondosa tal perspectiva, fica estabelecido um verdadeiro e operativo princípio geral de prevenção e de sanção de abusos da personalidade jurídica da SQU (e das sociedades que lhe são equiparáveis para

---

que os dados fácticos averiguados devem configurar que a separação da pessoa jurídica da pessoa humana foi utilizada para fins diferentes daqueles para que foi concebida, como pode ser, em geral, o de se eximir ao cumprimento de obrigações perante terceiros (*resultado*) mediante a elisão da norma do art. 601º do CCiv. (*meio*). Já sabíamos. Ora, se é assim, se o complexo de interesses perseguido pelos factos protagonizados pelo sócio *durante societate* são *diversos* daqueles que são próprios do esquema de organização societária, o que consubstanciará a ilegitimidade de esse conflito ser resolvido em favor do interesse do sócio e em desfavor do *interesse social*, é razoável concluir que o agente actua *fraudulentamente*. Em outros termos, parece dever reter-se que à factualidade fundante da responsabilidade pessoal se deverá juntar a nótula da actuação proibida em fraude à lei – aliás, um dos institutos tradicionalmente utilizados para justificar, e mesmo desencadear como pressuposto (em particular na jurisprudência da *common law*), numa perspectiva eminentemente subjectiva, a aplicação da doutrina da desconsideração da personalidade jurídica colectiva: cfr. LAMARTINE CORRÊA DE OLIVEIRA, *passim*, mas p. ex. pp. 480 e ss, 500 e ss (referindo-se a doutrina de Ferrer Correia não publicada); LUIGI SANTA MARIA, pp. 235 e ss; CARMEN BOLDÓ RODA, *Levantamiento del velo*..., ob. cit., pp. 23 e ss, 95 e ss, 116 e ss, 277 e ss –, de modo a fazer aplicar, nos termos sugeridos, a consequência do art. 270º-F, nº 4, 2ª parte. Sobre a aplicação directa da norma *elidida* como consequência da fraude à lei, *vide*, por todos, UMBERTO MORELLO, *Frode alla legge*, 1969, pp. 337-8; quanto à inclusão de *procedimentos complexos* no âmbito da fraude à lei, ou seja, "contratos ou actos entre si ligados, em estreita sucessão temporal, de forma a construir um complexo procedimento caracterizado por um escopo bem preciso: o de eludir uma disposição que aparece como desfavorável às partes", cfr. IDEM, "Negozio in frode alla legge", *EG*, volume XX, 1990, p. 13.

O que se discute aqui não é tanto um ou alguns negócios fraudulentos, enquanto actos negociais através dos quais se tenta elidir uma norma imperativa de maneira a alcançar um resultado análogo ao resultado proibido (cfr. SANTORO-PASSARELLI, *Teoria Geral do Direito Civil*, 1967, pp. 156-7; ANTONIO PUGLIESE, "Riflessioni sul negozio in frode alla legge", *RDComm.*, 1990, p. 169), antes um conjunto alargado e reiterado no tempo de actuações negociais e jurídicas susceptíveis de evitar a aplicação da regra da responsabilidade universal e pessoal pelos encargos formalmente imputados à sociedade unipessoal, e determinadas pela procura de satisfação desse interesse concreto, que se afigura ilegítimo (aparentemente em sentido menos restritivo, para a interpretação do art. 84º, cfr. RAÚL VENTURA, *Dissolução e liquidação*..., ob. cit., pp. 194-5, com sublinhado nosso: "o tribunal deverá apreciar a relevância que a conduta do sócio – *um só acto ou um conjunto deles* – teve para alterar a situação patrimonial da sociedade"). Com isso, não estamos a dizer que a constituição da SQU foi levada a cabo "em fraude" a um número indeterminado de normas, porque essa perspectiva não substituirá a que temos vindo a empreender: a utilização do mecanismo normativo competente para reprimir os abusos, através da técnica interpretativa proposta (sobre a inadmissibilidade da "fraude

este efeito), em garantia dos credores, da sua posição e dos seus interesses em face da saúde patrimonial da sociedade[951].

à lei" a um "sistema" demasiado amplo de normas, cfr. UMBERTO MORELLO, últ. loc. cit., pp. 8-9).

Outra questão é, independentemente da norma iludida, os negócios sofrerem de invalidade, numa perspectiva individual, porque o objecto negocial será tido como inidóneo por falta da *licitude* exigida pelo art. 280°, n° 1, do CCiv., isto é, nas palavras de MOTA PINTO, *Teoria Geral do Direito Civil*, ob. cit., p. 551, "quando se constate, *por interpretação*, que a lei quis impedir, de todo em todo, um certo resultado, os negócios que procuram contornar uma proibição legal, tentando chegar ao mesmo resultado por caminhos diversos dos que a lei expressamente previu e proibiu" (sublinhado a nós imputável). [Reconhece-se que, entre nós, o instituto da *fraudem legis* não tem autonomia dogmática nem reconhecimento legal directo, sendo reconduzido enquanto tal ao da exacta interpretação da norma proibitiva, segundo a sua finalidade e alcance substancial: cfr. MENEZES CORDEIRO, *Tratado...*, ob. cit., pp. 427 e ss.]

O que nos interessa para estes precisos termos é visualizar na conduta do agente, numa construção de síntese, uma combinação de actos, ainda que formalmente lícitos, para prosseguir um fim ilícito, visível num resultado danoso. Sem que revele decisivamente o *animus fraudandi*, que sempre suscitaria dificuldades probatórias acrescidas (sobre as teorias objectiva e subjectiva da figura, aderindo à primeira – "o direito privado, em matéria preceptiva ou proibitiva, não deve curar nem cura de intenções, mas só de actos e resultados" –, cfr., resumidamente, MANUEL DE ANDRADE, *Teoria Geral da Relação Jurídica*, volume II, ob. cit., p. 338; no direito italiano, cfr. MASSIMO BIANCA, *Diritto Civile. III. Il contratto*, 1987, p. 588, mediando subjectivismo e objectivismo na figura da fraude; prescindindo de uma exclusiva intenção subjectiva e relevando o resultado objectivo obtido pelo sujeito, cfr. UMBERTO MORELLO, *Frode alla legge*, ob. cit., pp. 218, 263, 300 e ss). Nesta óptica, tendo em conta a possibilidade de subsistência económica, a conduta do sócio único distinguir-se-á por uma actuação *concertadamente fraudulenta* de desfavorecimento dos interesses de autonomia e suficiência da SQU – investigada, em relação às *situações indiciárias*, sobre o inquérito da debilitação da situação económico-patrimonial da SQU –, emergente para este efeito no momento de insatisfação dos direitos dos credores da sociedade. A este pretexto, vejam-se as análises da jurisprudência italiana sobre a utilização fraudulenta das sociedades fictícias, ou sociedades com atribuição fiduciária de participações sociais, para eludir a aplicação do art. 2362 do *CCIt.*, recenseadas criticamente, pela sua rigidez, já a nós conhecida, por GREGORIO GITTI, "Il contrato in frode alla legge: itinerari della giurisprudenza", *RCDP*, 1989, pp. 718 e ss. Para refracções da figura em temas atinentes ou incidentes sobre os abusos da personalidade societária (inclusive a da sociedade unipessoal), cfr., para além das que já foram feitas, VITO MANGINI, pp. 681 e ss; ROBERTO WEIGMANN, "Oltre l'unico azonista", loc. cit., p. 541; GIUSEPPE PORTALE, "Capitale sociale e società...", loc. cit., pp. 114-15; GIULIO COLOMBO, p. 674.

[951] Para concluir uma prospecção que já vai longa, cabem ainda uns derradeiros apontamentos sobre a sujeição *civilística* do sócio único a uma responsabilidade delitual

em caso de utilização ilícita da SQU. Até aqui falou-se de responsabilizar individualmente o sócio único por dívidas da sociedade, em determinadas circunstâncias e com base na lei. Isto é, se quisermos determinar uma fórmula mais chegada à linguagem mais comum nesta sede, "desconsideramos" a personalidade jurídica da SQU para demandar o sócio a responder pelas obrigações sociais, na qualidade de um terceiro obrigado ao cumprimento de dívidas alheias. [E sempre residirá aqui a principal crítica que se fará, apesar do resultado comum com as técnicas de *Durchgriff*, à construção de Francesco Galgano. Independentemente da concepção de pessoa jurídica que se acolha, há uma contaminação de planos na sua teoria que importa superar, justamente neste ponto. Na verdade, a distribuição das imputações derivada da participação das pessoas singulares na estrutura de uma pessoa societária de responsabilidade limitada traz consigo a irresponsabilidade dos sócios e a responsabilidade da sociedade pelos seus débitos. Quando a responsabilidade ilimitada do art. 270º-F, nº 4, opera, estamos num plano *externo ou formal* de relacionamento do ente com terceiros, que, por regra, se contrapõe à irresponsabilidade dos sócios, mas, excepcionalmente, se ignora para que os sócios respondam *por dívidas de outrem*. Não há, assim, qualquer relação com a regra geral juscivilística do art. 601º do CCiv., mas antes uma derrogação à regra geral nesse tipo de sociedades da *irresponsabilidade* do sócio pelas dívidas da sociedade.] Para esse resultado se verificar, dissemos que os credores têm que provar os abusos perpetrados, directa ou indirectamente, pelo sócio único, *mas não estão sujeitos à inevitabilidade de demandarem a desconsideração da personalidade societária*, em face da *subsistência de uma específica regra legislativa* e da sua *adequada interpretação*.

Do que tratamos na responsabilidade *ex vi* art. 270º-F, nº 4, foi, portanto, da protecção dos credores da sociedade abusivamente instrumentalizada por *créditos incumpridos da SQU*. O direito comparado ensina-nos, porém, que atender à superação *legal--societária* da personalidade jurídica da SQU, para se fundamentar o ataque directo ao sócio tendente a este responder pessoalmente pelas obrigações sociais, não esgota a garantia dos credores. Estes não deverão apenas *ser pagos*, deverão ainda poder *ser indemnizados* ou *ressarcidos* dos prejuízos sofridos pela violação das normas que os tutelam, as mesmas normas que protegem a sociedade como meio económico do tráfico. Importa, por isso, atender à protecção dos credores na perspectiva da sua tutela ressarcitória, respeitante à *modalidade extranegocial ou delitual de responsabilidade*, imputável aos sujeitos diferentes da sociedade comercial com personalidade jurídica, a título *directo* e *originário* em comportamento *próprio*.

Esta superação da *estrita fórmula desconsideradora* (ou desconsideração em sentido próprio: cfr., por todos, HANS-JOACHIM MERTENS, "Zweiter Abschnitt...", loc. cit., *Rdn*. 37, p. 587) resulta, se formos rigorosos, da dicotómica base de fundamentação seguida, na Alemanha, para fundamentar a responsabilidade pessoal dos sócios. Ao lado do *Durchgriff durch die Rechtspersönlichkeit*, correspondente ao tratamento do direito societário e do direito da economia, propõe-se um outro *modelo de solução* para dar resposta ao problema, assente nos preceitos civilísticos comuns do direito privado (criticamente sobre a contraposição, cfr. KARSTEN SCHMIDT, *Gesellschaftsrecht*, ob. cit., pp. 232-3), do qual se realça a qualificação dos casos abusivos como situações de responsabilidade extranegocial subjectiva dos sócios por condutas que prejudicam a autonomia patrimonial da sociedade e os interesses dos credores. [Todavia, há quem, entre nós, integre numa concepção ampla de desconsideração (admitida por MENEZES CORDEIRO, *Da responsabilidade civil...*, ob. cit., p. 333) as hipóteses previstas por lei de responsabilidade dos sócios e/ou membros dos órgãos sociais previstas nos arts. 78° e ss (abrangendo aí *previsões de responsabilidade civil delitual*), bem como de responsabilidade da sociedade directora ou dominante no contexto de agrupamentos societários (*vide* arts. 501° e 502°, também, pela remissão, o art. 491°): *vide* BRITO CORREIA, *Direito Comercial. Sociedades Comerciais*, volume II, ob. cit., p. 244; em sentido oposto, para o último grupo de normas, cfr. ENGRÁCIA ANTUNES, *Os Grupos de Sociedades...*, ob. cit., pp. 662-3: "veio assim o legislador, em derrogação ao princípio jurídico-societário tradicional da responsabilidade limitada dos sócios-quotistas e accionistas (ou ao princípio geral da irresponsabilidade por actos e dívidas alheias, consoante a sociedade directora possua ou não fracções do capital da subordinada), consagrar a favor destes credores (da sociedade subordinada – acrescentamos nós) uma garantia adicional dos respectivos créditos, consistente na *responsabilidade pessoal, ilimitada e acessória da sociedade directora* por todas as dívidas e obrigações da sociedade subordinada..." (sublinhado nosso); 667, n. (1293).]

No essencial, as correntes que preferiam manter intocada a subjectividade jurídica das sociedades de capitais fazem uso do sistema desenhado para a responsabilidade por facto ilícito pela al. 2 do § 823 – violação de disposição legal de protecção (*Schutzgesetz*), consubstanciadora da segunda modalidade de ilicitude – e pelo § 826 – produção dolosa de um dano em contrariedade aos bons costumes (*guten Sitten*), mais usado na jurisprudência –, do *BGB* (para uma representação do sistema germânico de responsabilidade aquiliana, *vide* CLAUS WILHELM CANARIS, "Norme di protezione, obblighi del traffico, doveri di protezione", *RCDP*, 1993, pp. 567 e ss). Para caracterizar os abusos da personalidade jurídica (em particular as situações de subcapitalização) como uma situação de lesão do património dos terceiros credores, a doutrina e a jurisprudência lançaram mão, fundamentalmente, da norma aberta da tutela de normas legais de protecção, apoiando-se em normas de direito societário (mesmo penal) ou de direito falimentar. Para um quadro destas opções, *vide* ECKARD REHBINDER, "Zehn Jahre...", loc. cit., p. 584; HERBERT WIEDEMANN, *Gesellschaftsrecht...*, ob. cit., pp. 221-2; PETER WESTERMANN, "Haftungsdurchgriff auf deliktsrechtliche Grundlage", *AG*, 1985, pp. 201 e ss; HANS-JOACHIM MERTENS, *ibid.*, *Rdn.* 15 e 18, pp. 580 e 581-2. Para a subcapitalização e várias referências à unipessoalidade, cfr. ULRICH KHALER, p. 1431; PETER ULMER, "Zweiter Abschnitt...", loc. cit., *Rdn.* 30-2, pp. 1077-8, *Rdn.* 41, ss, pp. 1082 e ss. Sobre a responsabilidade extranegocial do sócio único por condutas que prejudicam a autonomia patrimonial da sociedade e os interesses dos credores, antes da *Novelle*, cfr. WOLFGANG

SCHILLING, "Die Einmanngesellschaft und das Einzelunternehmen mbH", loc. cit., p. 162; ULF SIEBEL, "La società di capitali...", loc. cit., p. 104.

De uma análise superficial pela jurisprudência referenciada pela doutrina (veja-se também MARCO TRONTI, pp. 1456 e ss), ressalta a responsabilização delitual do sócio--gerente por violação do dever de apresentação à falência da sociedade insolvente ou excessivamente endividada, previsto no § 64, al. 1, da *GmbHG* (representado como norma de tutela para o efeito de se aplicar o § 823, al. 2, do *BGB*) e fundamentada na existência de *culpa in contrahendo* do gerente (para exemplo na unipessoalidade quotista, cfr. a decisão de **20.Setembro.1993**, do **BGH**, reproduzida in *Società*, 1994, p. 563, ss). Ora, foi muitas vezes essa a saída de muita doutrina para explicar e resolver a fundamentação jurídica da responsabilidade pessoal dos sócios. P. ex., parece indesmentível que PETER ULMER, *ibid.*, *Rdn.* 27, 36 e 39, pp.1075-6, 1079-81, tende para uma "responsabilidade pela aparência jurídica" (*Rechtsscheinhaftung*) ou "por vício na organização" (*Organisationsfehlerhaftung*), que remetia para a violação de deveres de conduta exigidos no tráfico jurídico-negocial. Para uma resenha e crítica sobre as principais teses da "responsabilidade pela confiança", *vide* SINDE MONTEIRO, *Responsabilidade por conselhos, recomendações ou informações*, 1989, pp. 488-96, 500-1, 505-8.

Daí que se veja sempre como possível, na doutrina alemã comentadora da SQU, uma desconsideração baseada no § 826 quando é suscitada para o exterior a aparência de uma responsabilidade pessoal do sócio único, nomeadamente quando se viole a obrigação de esclarecimento em "negócios de risco" a que está vinculado o sócio-gerente (cfr., entre outros, JOACHIM MEYER-LANDRUT, "Erster Abschnitt. Errichtung der Gesellschaft", loc. cit., § 1, *Rdn.* 29, p. 17). Ainda na Alemanha, KARSTEN SCHMIDT, *Gesellschaftsrecht*, ob. cit., p. 1253, expressa-se a favor da responsabilidade delitual-comum do sócio único "em virtude de engano consciente a terceiros sobre a solvabilidade" da sociedade. Na doutrina nacional, os comportamentos dos sócios que induzam expectativas nos credores acerca da satisfação pessoal dos seus créditos merecem também uma solução extranegocial por parte de COUTINHO DE ABREU, *Da empresarialidade*..., ob. cit., p. 209, n. (539): "o sócio responderá então, não por dívida alheia (da sociedade), mas por dívida própria, derivada de comportamento («autovinculador») gerador de confiança juridicamente tutelável".

Em Itália, também encontramos quem trabalhasse no campo da responsabilidade extranegocial. Na realidade, aproveitando a tendência evolutiva das regras do ilícito delitual – que têm conduzido a dar corpo e relevância à lesão do crédito e da "integridade patrimonial" na responsabilidade extranegocial por factos ilícitos e culposos (sobre o ponto, cfr. ADOLFO DI MAJO, "Il problema del danno al patrimonio", *RCDP*, 1984, pp. 297 e ss, em esp. pp. 306 e ss) –, há quem faça responder o sócio que desrespeitou as regras organizativas da sociedade mediante uma responsabilidade "por indução" ou "cumplicidade" no incumprimento levado a cabo pelos administradores: *vide* ALESSANDRO NIGRO, pp. 468 e ss. O que, ainda assim, implicava uma *comunicação* ao sócio ou ao sócio dominante da responsabilidade em princípio própria dos administradores, mas adequada a fazê-lo responder *directamente* perante os credores, pela conexa *mala gestio* da administração controlada, em termos de prejuízo das possibilidades de satisfação dos seus direitos, causalmente resultante da violação das regras essenciais da sociedade. Expressamente a favor desta corresponsabilidade, a título de concurso no ilícito, para a SQU, cfr. FABRIZIO GUERRERA, p. 53; LUIGI SALVATO, p. 429.

Essa qualificação do comportamento abusivo ou anómalo como fonte de responsabilidade visava, essencialmente, ultrapassar a ausência de consenso quanto à procedência da técnica da imputação da responsabilidade ao sócio na qualidade de *administrador de facto* – aquele que, não obstante não ter sido designado formalmente para o competente órgão social, participa em concreto na gestão social e influencia contínua e sistematicamente os processos decisórios e próprios dos gerentes legítimos –, que conduziria à sua sujeição (juntamente com os administradores de direito) à responsabilidade por actos ilícitos *ex vi* arts. 2392 e 2394 do *CCIt.*, em caso de insuficiência do património social e para satisfação dos credores. No que respeita a esta técnica, cfr. GIUSEPPE MINERVINI, *Gli amministratori di società per azioni*, ob. cit., pp. 107-11; ALESSANDRO BORGIOLI, "Amministratori di fatto e direttori generali", *GC*, 1985, pp. 593 e ss; DANIELA PATRICELLI, "A proposito di amministratore di fatto", *Giust. Civ.*, 1984, pp. 3108-10; FRANCO BONELLI, *Gli amministratori di società per azioni*, ob. cit., pp. 253 e ss, em esp. pp. 259 e ss. [Repare-se, só para uma visão da complexidade do tema, que, para o sector maioritário da doutrina transalpina, a responsabilidade dos administradores perante a sociedade e os credores sociais é de natureza *contratual* (p. ex., cfr. FRANCO BONELLI, "Gli obblighi e la responsabilità degli amministratori", *Trattato delle società per azioni*, diretto da G. E. Colombo e G. B. Portale, volume 4, 1991, pp. 324, 437 e ss; GIANCARLO FRÈ/GIUSEPPE SBISÀ, *sub* arts. 2393 e 2394, pp. 852-4 e 862; contra, FRANCESCO GALGANO, "Le mobili frontiere del danno ingiusto", *CI*, 1985, p. 21; IDEM, *La società per azioni*, ob. cit., pp. 208, 298 e ss, qualificando-a como *delitual* por emergente da violação do dever genérico de *neminen laedere*; MASSIMO FRANZONI, "La responsabilità civili degli amministratori di società di capitali", *Trattato di Diritto Commerciale e di Diritto Pubblico dell'Economia*, volume XIX, 1994, pp. 7, 78 e ss; para um resumo, cfr. ALFIERO FARINEA, "Sulla natura della responsabilità degli amministratori", *Nuova Giur. Civ. Com.*, 1992, pp. 287 e ss), o que casará mal com a responsabilidade de um administrador de facto sem qualquer vínculo orgânico à sociedade (neste sentido, cfr. GIOVANNI LO CASCIO, "La responsabilità dell'amministratore di fatto della società di capitali", *GC*, 1986, pp. 197-9)].

Apesar das críticas à subsistência dessa construção, particularmente insistida na regulação dos grupos societários (cfr., entre outros, PIER GIUSTO JAEGER, "«Direzione unitaria» di gruppo e responsabilità degli amministratori", *RS*, 1985, pp. 824-6; GIULIANA SCOGNAMIGLIO, "La responsabilità della società capogruppo: problemi ed orientamenti", *RDC*, 1988, pp. 371-2; MATTEO RESCIGNO, "I gruppi di società nel diritto italiano", *Jus*, 1989, pp. 179-80; GIUSEPPE PORTALE, "Capitale sociale e società...", loc. cit., pp. 84 e ss), observe-se que a doutrina tem recuperado a sua fertilidade na circunstância do único quotista que não seja gerente de direito, dada a sua natural propensão a interferir na gestão de uma sociedade inteiramente possuída e a protagonizar comportamentos abusivos. Em tal hipótese, p. ex., LUIGI RAGAZZINI, "Sulla responsabilità del socio unico quale amministratore, legitimmo o «di fatto», di società unipersonale", *Riv. Not.*, 1994, pp. 939 e ss (esp. pp. 942 e ss), e NICCOLÒ ABRIANI, *Gli amministratori di fatto delle società di capitali*, 1998, pp. 85 e ss, defendem que ele poderá ser chamado a responder por danos em face de credores e terceiros, ao abrigo do disposto pelos arts. 2394 e 2395 do *CCIt.*, encontrando-se assim uma forma de imputação pessoal da responsabilidade ao sócio. Dessa categoria parte também CARLO IBBA, *La società...*, ob. cit., pp. 122-3, para edificar uma responsabilidade por abusos baseada numa presunção de que o sócio único é, enquanto tal, uma espécie de administrador *indirecto* (normativamente solidificada pela especial disciplina criada para a responsabilidade dos actos realizados antes da inscrição registal).

Entre nós, é ponderável o aproveitamento da *espécie* do gerente de facto no terreno da responsabilidade do sócio único em proveito dos credores, pois parece que o art. 83º, nº 4, a reconhece na sua previsão, quando se refere ao sócio que «pelo uso da sua influência determine» gerente, administrador, director ou membro do órgão de fiscalização «a praticar ou omitir um acto», definindo que deve ser responsabilizado solidariamente com essa pessoa, na circunstância de esta incorrer em responsabilidade para com a sociedade. A valia deste preceito vê-se nomeadamente, em sede de SQU, se se recorrer à acção subrogatória *ex* art. 78º, nº 2, de que os credores usufruem (sobre a relevância dos comportamentos previstos no art. 83º como manifestações do dever de *actuação compatível com o interesse social* nas sociedades unipessoais, em particular pela extrapolação de que "o sócio único não-gerente não deverá influenciar a administração de modo a que esta cause prejuízos à sociedade", cfr. COUTINHO DE ABREU, *Curso...*, volume II, ob. cit., p. 313). Ademais, essa figura foi plenamente positivada pelo ordenamento justributário, ao reconhecer nas suas previsões a responsabilidade *subsidiária*, por dívidas fiscais das empresas societárias, dos administradores, directores e gerentes que exerçam *de facto* as funções de administração nas sociedades de responsabilidade limitada. Primeiro, foi o art. 13º, nº 1, do *Código de Processo Tributário* (DL nº 154/91, de 23.Abril, com a redacção introduzida pelo art. 52º, nº 1, da Lei nº 52-C/96, de 27.Dezembro). Agora, tal é previsto pelo art. 24º, nº 1, als. a) e b), da *Lei Geral Tributária* (DL nº 398/99, de 17.Dezembro). Sobre este tema, vide ANTÓNIO CARVALHO MARTINS, *Responsabilidade dos administradores ou gerentes por dívidas de impostos*, 1999, pp. 87 e ss, 121 e ss.

Apesar de por ela não passar, parece-nos que a noção de administrador de facto também influencia, ainda que não declaradamente mas implicitamente – com a sociedade unipessoal "é certamente mais verosímil afirmar, por um lado, a absoluta possibilidade de controlo pelo sócio único das operações dos administradores (ou do administrador único); por outro, que o administrador ou os administradores que gerem a sociedade sejam um «instrumento» do único sócio" –, a forma proposta de tutela dos interesses dos credores sociais da SQU por ILARIA CHIEFFI, *La società unipersonale*..., ob. cit., pp. 354-7, dirigida a ultrapassar as insuficiências das normas de protecção da integridade do capital social e de regulação do conflito de interesses. Esta doutrina, no entanto, não a leva até às últimas consequências, pois sugere o recurso à normatividade disciplinadora da responsabilidade dos administradores perante os credores sociais (e só do art. 2394 do *CCIt*. fala, norma paralela ao nosso art. 78°), mesmo quando a sociedade unipessoal fosse gerida por administradores não sócios, mas prevê apenas o ataque *ao gerente*, não ao sócio que o controla, ainda que *em virtude desse controlo* (em sentido análogo, cfr. LUIGI SALVATO, pp. 427-8: "A importância das regras da organização societária e das que tutelam a efectividade do capital e a correcção da gestão, se não pode ser valorizada para fazer cair o véu que protege a pessoa jurídica, pode e deve, em alternativa, ser recuperada para identificar outras tantas espécies de responsabilidade do administrador, seja na perspectiva da violação de normas específicas, seja das cláusulas gerais que regulam a actividade de administração"). Apontava-se, então, esse instrumento legal como um meio eficaz de obter do gerente, *a título de ressarcimento do dano* (doloso ou meramente negligente), a diferença entre o montante do crédito originário e a prestação efectivamente realizada pela sociedade, sempre que a menorização do património social, conduzindo-o à insuficiência pedida por lei, se devesse a actos e operações manifestamente abusivos e ilegais (subtracção de parte do património social, restituição parcial ao sócio das entradas, distribuição de lucros fictícios ou a entrega dos valores objecto de suprimento sem que a sociedade estivesse em condições de o fazer). Numa linha próxima, em sentido adverso à adopção da via das acções de responsabilidade contra os administradores para responsabilizar pessoalmente o sócio quando este não ostentar esse cargo, cfr. CARMEN BOLDÓ RODA, "Levantamiento del velo...", loc. cit., p. 252 (com preferência, relatada a p. 254, pelo instituto da fraude à lei, "dotada do seu próprio regime jurídico, requisitos e efeitos", na resolução dos casos emergentes de desconsideração sem recorrer a construções estranhas ao ordenamento; entre nós, referindo-se à fraude à lei como causa de responsabilidade dos sócios por factos ilícitos, cfr. PUPO CORREIA, p. 477).

No entanto, observe-se que, em sede de abusos assentes na subcapitalização (manifesta) da sociedade, já se desencadeou a aplicação analógica dos preceitos definidores da responsabilidade dos gerentes. Na Alemanha, para este aspecto, é particularmente interessante a posição de WERNER FLUME, *Allgemeiner Teil*..., ob. cit., pp. 85 e ss, em esp. pp. 87-89, ao sancionar *tripartidamente* os sócios dominantes com uma "responsabilidade orgânica" por aplicação analógica do § 43 da *GmbHG* (responsabilidade dos gerentes para com a sociedade, também aventada para a SQU por KARSTEN SCHMIDT, *ibid*., p. 1252), além de uma "responsabilidade por gestão de negócios" em face da sociedade e, finalmente, uma responsabilidade delitual perante os credores sociais com fundamento no § 826 do *BGB*. Por seu turno, em Itália, a GIUSEPPE PORTALE, *ibid.*, pp. 91-2, não repugna o aproveitamento em via igualmente analógica dos dados normativos dos arts. 2394 e 2395 para sancionar a constituição de uma sociedade com capital absolutamente insuficiente.

Não nos percamos (pelo menos quando caminhamos para o fim, já que em outras ocasiões não o diligenciámos...) e regressemos ao início desta última volta. Isto porque, a pretexto de alguns desenvolvimentos, chamamos à colação perspectivas de fundamentação *não autonomamente* delitual, diferente portanto da que nos chamou neste quase último sopro da viagem encetada há muito. Transpondo para o nosso sistema juscivilístico a base comparatística de sustentação delitual dos interesses dos credores – o que nós resolvemos, em primeira linha, através do ataque ao património pessoal do sócio, pela via da extensão teleológica do art. 270º-F: por isso, enunciamos claramente a resolução do problema "em sede societária" –, importa recuperar o rigor porventura perdido. Pois do que nós falamos nesta paragem é da responsabilidade do sócio único por factos abusivos e ilegítimos, susceptível de fundamentar uma pretensão ressarcitória distinta (e possivelmente cumulativa...) da de cumprimento do seus direitos de crédito. Fazendo a aplicação necessária, aqui não se chama o sócio a responder pelo incumprimento de uma obrigação em sentido técnico-jurídico da SQU, embora os factos fundadores da responsabilidade e consubstanciadores de abusos da personalidade jurídica sejam os mesmos. Aqui temos que identificar comportamentos ilícitos por violação de preceitos de protecção dos lesados, protagonizados pelo sócio único na gestão, ou seu condicionamento, da SQU, que lhe debilitam, directamente, o património, contribuindo para a sua insuficiência, e impossibilitam, indirectamente, o cumprimento dos seus deveres contratuais.

Embora a mesma factualidade possa servir, em termos negociais, para fundar a responsabilidade pessoal do sócio para além da prescrição do art. 270º-F, nº 4, isso não leva à coincidência dos tipos de responsabilidade e origina pressupostos diferentes. Pelo art. 270º-F, nº 4, o fundamento da responsabilidade é sempre o incumprimento obrigacional, a determinação do seu responsável é que muda com a ponderação trazida pelo comportamento abusivo. Aliás, a dívida da SQU continuará a ser dela, apenas não entrará em acção a sua responsabilidade limitada na relação, em sede da execução do seu direito de crédito, com o credor lesado obrigacionalmente, que poderá recorrer *subsidiariamente* ao sócio. Enquanto isso, a relação delitual é entre o sócio como pessoa singular, *a título principal*, e o sujeito (credor) lesado delitualmente. Sendo assim, as fundamentações da responsabilidade do sócio único trabalhadas no direito comparado mediante a convocação do regime delitual encontra entre nós resposta no art. 483º, nº 1, do CCiv. Pegando nele, poderemos qualificar para esse fim aplicativo o comportamento anómalo ou abusivo do sócio como ilícito, no que respeita aos credores sociais, enquanto se concretize (e na medida em que) seja concretizada uma violação de «qualquer disposição legal destinada a proteger interesses alheios», justamente as que são previstas (e impostas) pelo ordenamento societário em função da tutela daqueles credores.

Porém, a responsabilidade extranegocial do sócio único definida nos termos do sistema sancionatório geral do art. 483º do CCiv. não contende com a responsabilidade do sócio único-gerente, ditada pelos arts. 78º, para a inobservância especial das obrigações inerentes à conservação da integridade do património social, mediatamente causador de danos no património dos credores, e 79º, pelo incumprimento delitual comum em prejuízo imediato do património de terceiros. Independentemente disso, o que mais nos interessa é afirmar que esta responsabilidade é vista, entre nós, como extranegocial (ou extracontratual, como se vê qualificar mais). [Cfr., entre outros, RAÚL VENTURA/BRITO CORREIA, "Responsabilidade civil dos administradores de sociedades anónimas e dos gerentes de sociedades por quotas", *BMJ*, nº 195, Abril.1970, pp. 45 ("a doutrina comum considera de natureza delitual a responsabilidade dos administradores para com terceiros, pela simples razão de que não preexiste – entre uns e outros qualquer contrato ou relação obrigacional. Esta responsabilidade nasce da violação pelo administrador de um dever geral") e 66 (para os arts. 23º, 1, e 24º, nº 1, do DL nº 49 381, de 15.Novembro.1969, antecedente literal dos actuais 78º, nº 1, e 79º, nº 1); VASCO LOBO XAVIER, *Anulação...*, ob. cit., p. 359, n. (101); NOGUEIRA SERENS, pp. 99-100; MENEZES CORDEIRO, *últ. ob. cit.*, pp. 494-6 – "as hipóteses de imputação obrigacional pressuporiam vínculos específicos, entre os administradores e os credores sociais, uns e outros nessa qualidade. Não existem: a personalidade das sociedades comerciais coloca as relações em causa, num plano diferenciado" (citação em obediência ao original).] Ora, se o é, demandam sempre uma integração operada pelo regime de direito comum estabelecido pela lei civil para a responsabilidade extranegocial por factos ilícitos e subjectiva. Mas o contrário não é menos verdade. Se queremos aferir com rigor os requisitos constitutivos da responsabilidade delitual do sócio único, gerente ou não gerente, de uma SQU – até porque recai sobre os credores sociais lesados o ónus da prova dos pressupostos constitutivos da responsabilidade pelo ilícito –, será da maior utilidade consultar como têm sido densificados esses mesmos pressupostos, isto é, os arts. 483º e ss, bem como os arts. 562º e ss (quanto à obrigação de indemnizar), sempre do CCiv., na interpretação da responsabilidade civil dos membros do órgão de administração perante os credores sociais, em particular o art. 78º. Para essa função exegética, *vide* MARIA ELISABETE RAMOS, *Responsabilidade civil dos administradores e directores de sociedades anónimas perante os credores sociais*, 1995, pp. 173 e ss.

Claro que nessa concretização, por estarmos no contexto da segunda modalidade de ilicitude fornecida pelo art. 483º, nº 1 – cfr., sobre o assunto, ANTUNES VARELA, *Das Obrigações em geral*, volume I, 2000, pp. 532-3 e 536 e ss; ALMEIDA COSTA, *Direito das Obrigações*, 2000, pp. 505-7 –, deverá dar-se cuidada atenção à individualização das normas que atendem directamente aos interesses dos credores (como as que tutelam a *exacta formação*, *intangibilidade* ou *integridade* e *efectividade* do capital social: cfr., com a enumeração das concretizações normativas e sustento bibliográfico, PAULO DE TARSO DOMINGUES, *Do capital social...*, ob. cit., pp. 66 e ss, 103 e ss, 117 e ss, do qual adoptamos a nomenclatura), mas também, é nossa crença, identificar outros preceitos que, em segunda linha, para além de protegerem os sócios, amparam reflexamente os interesses dos terceiros e credores em particular, como sucede com as que promovem o ordenado funcionamento da organização social, na medida em que possibilitam assim a conveniente gestão do património social. Se estes preceitos facilitam a prossecução do fim lucrativo da sociedade, com reflexos positivos na consistência do seu património, única garantia geral, se outra responsabilidade não resultar em contrário da regra supletiva, dos credores sociais, também estes se encontram deste modo indirecto protegidos pelas normas que tal escopo apresentam (esta a posição sustentada por VASCO LOBO XAVIER, *Anulação*..., ob. cit., pp. 140-1, ns. (34): "a garantia dos credores da sociedade está fundamentalmente ligada, na realidade, antes que ao funcionamento das regras sobre o capital social, à *salubridade financeira* da empresa e à sua *aptidão creditícia*", sublinhado nosso, (35), (36), 152-3, n. (56), 236 e ss, com alguns exemplos do ordenamento societário anterior ao CSC). Com este fito de alargamento da *zona normativa de protecção*, poderemos avançar com uma hipótese simples. Parece razoável dizer que as previsões relativas ao relatório de gestão da sociedade, aos documentos contabilísticos do exercício e a demais documentação respeitante às contas da sociedade, dos arts. 65º e 66º, defendem também os credores. Se forem manipulados contabilisticamente esses dados, sobreavaliando os activos, revalorizando o imobilizado relativamente a bens activos inexistentes, omitindo ou subvalorizando as amortizações, toda uma *imagem da sociedade* resulta errada, que não o seria se o sócio usasse da diligência de um indivíduo prudente e correcto. Daí também resulta a frustração dos interesses dos credores, que, confiando neles, podem, p. ex., concluir negócios com a sociedade, que não o teriam sido se conhecessem a efectiva situação patrimonial e financeira da sociedade. As normas em análise, logo, incluem no seu âmbito os interesses desses sujeitos exteriores à sociedade, pois estará preenchido o requisito *próprio da ilicitude*, consubstanciado na necessidade de "o dano cair dentro do *âmbito de protecção pessoal e material da norma*" (RUI DE ALARCÃO, *Direito das Obrigações*, Texto elaborado pelos Drs. J. Sousa Ribeiro, J. Sinde Monteiro, Almeno de Sá e J. C. Proença, com base nas lições do Prof. Doutor Rui de Alarcão ao 3.º Ano Jurídico, 1983, p. 244, sublinhado em conformidade com o original).

Queremos notar, por fim, que o insucesso deste *processo de identificação e relevância* das normas agredidas, no contexto da segunda modalidade de ilicitude apresentada pelo art. 483º do CCiv., seja qual for a razão, não será frustrante do nosso desiderato de obrigar o sócio único a reparar os danos produzidos em sede delitual. Relembramos o que em diversas oportunidades alegámos: o facto, reprovável, do quotista é abusivo da personalidade jurídica e da autonomia patrimonial da SQU. Portanto, parece poder assistir-se aqui a uma sindicação desse seu carácter do comportamento do sócio, manobrando com a propósito a *cláusula residual* de ilicitude que o art. 334º do CCiv. nos oferece (claramente contra a possibilidade de recorrer ao art. 334º para fundamentar obrigações de indemnização fora do art. 483º, nº 1, cfr. HEINRICH HÖRSTER, p. 288). Na realidade, o facto de a norma sancionadora do abuso de direito preencher o espaço *limítrofe* das directivas de qualificação de um acto determinado como ilícito determinadas pelo art. 483º do CCiv. (violação dos direitos de outrem e violação de uma disposição legal destinada a proteger interesses alheios), tal como o § 826 do *BGB* o faz relativamente às duas alíneas do § 823, permite que dela se desentranhe, aproveitando a doutrina de SINDE MONTEIRO, pp. 180-1, 545 e ss, uma proibição genérica que, a ser violada, será de particular relevo nas hipóteses em que existem danos mas estes não serão ressarcíveis pela falta de aptidão do direito ou pela ausência de protecção dos interesses por uma norma legal de tutela. Sobre o abuso de direito, a ilicitude e a responsabilidade civil, cfr., em geral, CUNHA DE SÁ, *Abuso do direito*, 1997 (1973), pp. 496 e ss; COUTINHO DE ABREU, *Do abuso de direito...*, ob. cit., pp. 76-7; ANTUNES VARELA, *ibid.*, p. 544-5, 547-8; ALMEIDA COSTA, p. 507.

Entende-se que o abuso de direito constitui uma *fiscalização última* da (i)licitude [*vide* ORLANDO DE CARVALHO, *Teoria Geral...*, ob. cit., pp. 51, 54, 57-8, 72-3, sendo esse a última instância de um itinerário previamente exaurido com a fiscalização dos princípios cogentes do sistema jurídico, da boa fé e dos bons costumes; criticamente sobre essa construção, cfr. SOUSA RIBEIRO, *O problema do contrato. As cláusulas contratuais gerais e o princípio da liberdade contratual*, 1999, pp. 507-8, n. (639)] e, por concordarmos, só o deveremos convocar como instrumento gerador de responsabilidade quando nos falhe a violação de normas predispostas à tutela dos interesses prejudicados com os danos verificados como outras instâncias de ilícito. Mas não podemos negar a operatividade às instruções positivas do art. 334°, que bem nos devem servir para tornar mais transparentes e claras, por mais facilitada fundamentação legal, as soluções obtidas. O contrário era ignorar a sediação positiva do instituto e os seus critérios indiciadores. Portanto, não deve desaproveitar-se a prestação de *ultima ratio* do abuso de direito, enquanto instrumento fiscalizador de ilicitude relevante, sempre que as outras concretizações da antijuridicidade não possam funcionar no caso. Pois ele sempre existirá e terá que ser sancionado se outro meio não fecundar a justa pretensão do lesado.

Desde logo pela mediação do conceito da boa fé, que sancionaria de qualquer modo a conduta, ou o conjunto concertado de condutas [VAZ SERRA, "Abuso de direito (em matéria de responsabilidade civil)", *BMJ*, 1959, p. 266, n. (35)], sempre que exista entre a sociedade unipessoal (indirectamente com o sócio único) e o credor a relação especial de confiança que se exige para proporcionar a tutela do princípio normativo. Veja-se, a propósito, que, em sede de levantamento da personalidade jurídica colectiva, MENEZES CORDEIRO (*Da boa fé no direito civil*, ob. cit., pp. 1232-3; *Da responsabilidade civil...*, ob. cit., p. 334; ainda em *O levantamento...*, ob. cit., p. 149) sugere que a boa fé desempenhe, em alternativa à função económica e social, o papel decisivo para legitimar o abuso de direito como o sustentáculo de ignorância da separação entre a pessoa colectiva e os seus suportes singulares. Estaríamos assim numa situação de abuso *individual* nas circunstâncias em que a pretensão manifestada – em geral, a de se exonerar da responsabilidade patrimonial própria pela interposição da personalidade jurídica da sociedade – pelo sócio merecesse um claro juízo negativo de desvalor ético-jurídico (cfr. SOUSA RIBEIRO, *ibid.*, pp. 505 e 509), particularmente evidente quando o sujeito lesante prejudica os interesses do credor-parceiro de negócio ou vai contra a confiança nele depositada. Sobre o requisito do relacionamento particularizado como pressuposto dominantemente observado para a actuação da boa fé, cfr., entre todos, ORLANDO DE CARVALHO, *ibid.*, pp. 55-6 (aí se fala sugestivamente de "legítima expectação de conduta"); RUI DE ALARCÃO, pp. 117 e ss; MENEZES CORDEIRO, *Da boa fé no direito civil*, ob. cit., *passim*, esp. pp. 645-8, 760, 1223. Para algumas concretizações do exercício inadmissível perante a boa fé, cfr. SINDE MONTEIRO, p. 544; HEINRICH HÖRSTER, pp. 284 e ss; MENEZES CORDEIRO, *últ. ob. cit.*, pp. 719 e ss. Sobre a tutela da confiança e o surgimento de uma *normatividade intersubjectiva*, vide BAPTISTA MACHADO, "Tutela da confiança e «venire contra factum proprium»", *Obra dispersa*, volume I, 1991, pp. 362 e ss, esp. pp. 380 e ss.

A confiança que legitimamente se deposita não se relaciona somente com a possibilidade de a SQU solver em tempo, com o seu património próprio, os negócios celebrados e as obrigações contraídas. As expectativas dos sujeitos na negociação e no tráfico vão mais longe, porquanto a conduta, no sentido de uma atitude global, deve pautar-se por uma postura de correcção, de manutenção de um procedimento honesto e leal, segundo uma consciência razoável e uma lógica de fidelidade para com a parte credora (cfr., a título exemplificativo, ALMEIDA COSTA, p. 104; em matéria de responsabilidade de instituição financeira por recusa de crédito, considere-se o estudo de ALMENO DE SÁ, *Responsabilidade bancária. Dever de informação. Corte de crédito*, 1998, pp. 105-6).

Mas, tradicionalmente na doutrina, há-de convir-se, a constituição de uma pessoa jurídica como meio de irresponsabilização pessoal e posterior invocação da autonomia jurídica da pessoa jurídica, motivante de *Durchgriffshaftung*, costuma ser exemplo paradigmático do denominado abuso *institucional*, em que se requerem concretizações qualificadas de um exercício do direito em contrariedade e incongruência com o fim e a função do instituto jurídico em que se integra. O comportamento, objectivamente considerado como desconforme com o sentido do quadro de interesses assinalado às competências funcionais, será assim abusivo se, ao instrumentalizar-se a SQU como instituto, como será a nossa hipótese, se desrespeitaram os limites funcionais desse como se fosse de outros institutos, "para fins que eles não comportam, numa palavra, a sua utilização fora da base funcional que os legitima e sustenta" (SOUSA RIBEIRO, *ibid.*, p. 512, com as referências bibliográficas fundamentais da literatura alemã mais proeminente; *vide* ainda SINDE MONTEIRO, p. 538, n. (286); paralelamente, COUTINHO DE ABREU, *Do abuso...*, ob. cit., p. 29). Poderão ser, em especial e caso concreto a caso concreto, verdadeiros direitos subjectivos, nomeadamente de índole negocial, cujo exercício se sindique como contrário à finalidade da estrutura societária que o espoletou. Em geral, porém, o *procedimento concertado de abuso* envia-nos para a ilegitimidade do "direito de constituir pessoas colectivas e de exercer actividades por intermédio delas" (BRITO CORREIA, *Direito Comercial. Sociedades comerciais*, volume II, ob. cit., p. 244), permitindo "que alguém use as possibilidades legais de formação e actuação das sociedades comerciais de uma maneira formalmente correcta – de acordo com as condições e limites legais – prosseguindo, contudo, objectivos institucionalmente ilegais" (PEDRO CORDEIRO, *A desconsideração...*, ob. cit., p. 118).

Recentemente, colhemos, no contexto do nosso estudo, um significativo conforto jurisprudencial, que depreendemos do **Ac. do Tribunal da Relação de Évora**, de **21.Maio.1998**[952]. Em primeiro lugar, pelos termos da decisão, ao considerar como um *facto ilícito* sancionado nos termos dos arts. 483º, nº 1, do CCiv., e 78º, nº 1, uma vez discutidos e preenchidos os respectivos pressupostos gerais e especiais nas circunstâncias concretas do caso *sub judice*, a actuação *abusiva* dos sócios-gerentes que constituem primeiramente a sociedade A (nesta, depois, um dos sócios renunciou à gerência, ficando apenas o outro a exercê-la[953]), depois a sociedade B, sensivelmente com o mesmo objecto social, passando por fim a transmitir a titularidade da maior parte dos bens de maior valor económico da sociedade A para a esfera jurídica da sociedade B. Com este comportamento, a sociedade A foi descapitalizada no seu património social, que ficou reduzido, na sua parte activa, a créditos de cobrança duvidosa, em prejuízo dos interesses dos seus credores. Depois, pela motivação e fundamen-

---

Positivamente, esta configuração de abuso será mediada pelo excesso manifesto dos limites impostos pelo fim económico e social (nesta perspectiva, HEINRICH HÖRSTER, p. 283; no tratamento dogmático da desconsideração, veja-se OLIVEIRA ASCENSÃO, *Direito Comercial. Sociedades Comerciais, ob. cit.*, pp. 68-9, ainda com maior alcance: "é a própria função de todo o instituto jurídico que está em causa, independentemente da colocação particular que foi dada à função social"), mas o uso ilegítimo que se reprova respeita, em rigor, a uma posição jurídica fundada numa *faculdade jurídica primária*, a de constituir a SQU através de negócio jurídico unilateral. [Sobre as faculdades jurídicas primárias como poderes em que se desdobra o poder de autodeterminação e através dos quais a pessoa se transforma em sujeito de efectivas relações jurídico-civis, "um verdadeiro prius dos direitos subjectivos", cfr. ORLANDO DE CARVALHO, *ibid.*, pp. 91 e ss; sobre o abuso da faculdade de contratar, vejam-se, por todos, as apreciações de SOUSA RIBEIRO, *ibid.*, pp. 513-14. Ampliando o âmbito de aplicação do art. 334º do CCiv. a outras figuras que não sejam tecnicamente direitos subjectivos, como os meros poderes, liberdades ou faculdades imediatamente resultantes da capacidade jurídica (denominada no texto como jurídica primária), cfr., entre outros, CUNHA SÁ, p. 574 e ss; COUTINHO DE ABREU, *últ. ob. cit.*, pp. 67-8; MENEZES CORDEIRO, *últ. ob. cit.*, p. 898; ALMEIDA COSTA, p. 75 e n. (2); ALMENO DE SÁ, p. 98; SOUSA RIBEIRO, *ibid.*, pp. 229-30, n. (579), 512. Em sentido contrário, numa interpretação agarrada à letra da lei, cfr. HEINRICH HÖRSTER, p. 287.] A reprovação está, pois, em essa prerrogativa jurídico-subjectiva, ainda que observando a estrutura formal de poder que a lei confere ao sujeito de adquirir a qualidade de sócio pela titularidade de uma participação social, no caso uma só, numa sociedade comercial, ultrapassar aqui os limites dos interesses que legitimam o modelo de concessão desse poder (cfr., a título de exemplo, ANTUNES VARELA, *Das Obrigações em geral*, ob. cit., pp. 546-7).

[952] Cfr. *CJ*, 1998, tomo III, p. 258, ss.

[953] Em boa verdade, pelos contornos dos factos provados, parece que a hipótese sobre que o aresto incide configura uma sociedade fictícia, em que aparece o sócio renunciante como *testa-de-ferro* do sócio-gerente.

tação jurídica com que os juízes de Évora alicerçaram a sua pronúncia, que envolveram considerações sobre a *autonomia patrimonial* das sociedades comerciais, o *interesse dos credores sociais na conservação e incremento do património social*, o *abuso da personalidade jurídica* das sociedades e a respectiva geração de um *direito indemnizatório* dos credores (embora não vá por este caminho para responsabilizar delitualmente, o que é de aplaudir: situam a questão nesse terreno, mas resolvem-na ancorando a obrigação de indemnizar pelo abuso do direito nos preceitos que a lei lhes coloca ao dispor, ou seja, sem desconsiderar).

Em face disto, é manifesto que se aludiu a razões estruturantes de uma *ratio decidendi* que nos agrada e – *apesar* de não se ter equacionado um problema de unipessoalidade, mas o *reflexo útil* de uma situação próxima e potencialmente configurável nessa sede é inegável[954] – apresenta as virtudes pedidas para encetar uma posição sindicante de *penalização de abusos da personalidade jurídica das sociedades, em geral, e da sociedade unipessoal em especial*, mesmo que com outros fundamentos legais, que merecerá consolidar-se nos nossos tribunais.

20.4. *A circunscrição do art. 84° às hipóteses de unipessoalidade* superviente não declarada

Entre nós, a doutrina já sugeriu, com o mesmo efeito e alcance com que o fazemos através do art. 270°-F, n° 4, a possibilidade de aplicação do art. 84° para sancionar o sócio único que expõe o património social a fins extrassociais, vislumbrando no preceito "grande utilidade na prevenção (e repressão) do conhecido fenómeno da desconsideração da personalidade jurídica da sociedade"[955]. Troquemos algumas palavras finais para se perceber melhor como hoje se distinguirão os dois preceitos.

---

[954] Veja-se, p. ex., esta *significativa* referência do Ac.: "Assim a constituição pelos requeridos da ... [sociedade B] para prosseguir, como efectivamente veio a prosseguir, determinada actividade e para cujo património *transferiram parte do património* da ... [sociedade A], a *descapitalização* e *privação dos meios* desta para prosseguir a actividade para que fora constituída e que coincide praticamente com a daquela, constitui abuso do direito e, como tal, gerador do direito dos credores a indemnização" (loc. cit., p. 261, sublinhados nossos).

[955] CATARINA SERRA, "As *novas* sociedades unipessoais por quotas", loc. cit., p. 134. Aliás, alertamos, sem rigor a este propósito: o que se previne e reprime não é a técnica da desconsideração, mas os casos que motivam a transposição da personalidade jurídica da sociedade, que, *hoc sensu*, tradicionalmente a convocam como factor de subsistência dogmática.

Em geral para todos os casos de utilização abusiva da personalidade jurídica e do respectivo benefício da limitação da responsabilidade, também PAULO DE TARSO

Não desconhece tal corrente que a situação de sócio único a que se refere o art. 84º respeita a uma situação de unipessoalidade superveniente, uma vez que iniciou a sua vigência num momento em que ao ordenamento jurídico-societário repugnava ainda a unipessoalidade[956]. Não ignora também que um dos requisitos de aplicação seja a declaração de falência da sociedade[957]. No entanto, não retira qualquer consequência normativa do novo regime das SQU, que poderá determinar a inaplicabilidade do art. 84º para o fim que temos vindo a tratar.

Não tanto pelo facto de a norma se referir a casos de falência, porque isso era argumento literal que não levantaria escolhos de maior. Como já vimos, tal argumento não nos impediu de colocar no mesmo *plano de soluções a uniformizar* os arts. 11º, n°s 2 e 3, do DL nº 248/86, e o art. 270º-F, nº 4, apesar de o primeiro se referir à falência do titular do EIRL. Sobretudo o que está em causa é o anacronismo da proposta. Pelo menos agora, em que prescrição mais adequada e acertada nos oferece o sistema jurídico, sem o violentarmos com interpretações forçadas. Ainda mais agora, em que, como é evidente, o art. 84º já não terá para o tipo quotista o intuito fundamental de "obstar ao prolongamento da situação de unipessoalidade" e desmotivar "a preordenação à unipessoalidade"[958].

Antes da consagração explícita da unipessoalidade quotista originária, na verdade, admitíamos que o art. 84º pudesse ser, através de uma interpretação analógica (uma vez assente o seu carácter *não excepcional*), a expressão *possível* de um princípio geral de superação da personalidade

---

DOMINGUES, *Do capital social...*, ob. cit., p. 172, encontra o fundamento normativo da desconsideração para efeitos de responsabilização pessoal dos sócios na aplicação analógica do art. 84º.

[956] *Vide supra* as nossas considerações na Introdução e no Capítulo II, ponto 10.1.

[957] *Vide*, ainda, CATARINA SERRA, *Falências derivadas...*, ob. cit., pp. 120, ss, n. (288), onde se verifica a mesma imprecisão imediatamente antes mencionada, quando diz que um dos outros pressupostos é a desconsideração da personalidade jurídica. Parece-nos que o certo era ter dito que o requisito a que se reportava é a inobservância, durante o período posterior ao da concentração das quotas ou das acções na titularidade de um único sócio, dos princípios legais que atribuem autonomia patrimonial à sociedade e que limitam a responsabilidade pelas respectivas obrigações a esse património. Isto é, em suma, *o sócio não desconsidera a personalidade jurídica da sociedade*, *o sócio abusa dela*, e, para o responsabilizar directamente por tal facto, a lei, esta sim, concede aos operadores judiciários a faculdade de desconsiderar a personalidade jurídica, que, como já o dissemos, para o que nos importa, nada mais significa do que estabelecer uma derrogação do benefício que lhe assistia por actuar sob o manto de uma sociedade comercial.

[958] ANA MARIA PERALTA, p. 265.

jurídica, com referência às situações de sociedades com um único sócio. Tal como foram entendidos pela jurisprudência e doutrina italianas os arts. 2362 e 2497, do *CCit.*, que têm servido de base de aplicação da regra da responsabilidade ilimitada (bem como da extensão da falência) às situações de abuso da unipessoalidade *stricto sensu*, bem como, em menor número, às de *soberania* – domínio da gestão social através do valor da respectiva participação social (*socio sovrano*) – e *tirania* – sócio que abusa da posição de domínio, desrespeitando a autonomia patrimonial em proveito próprio (*socio tiranno*)[959]. A analogia, de facto, com base nesse

---

[959] Em geral, quanto ao aproveitamento destas normas para esse efeito, para além de todas as referências que ao longo do trabalho foram feitas a respeito dessa norma-fonte do nosso art. 84º, cfr. PIERO VERRUCOLI, *Il superamento...*, ob. cit., pp. 158-9 ("A afirmação legislativa do princípio da responsabilidade ilimitada do accionista, em função de uma mais adequada tutela dos credores sociais, não pode não considerar-se, no fundo, como uma hipótese típica de superação legislativa da personalidade jurídica...", que "não implica anulação da personalidade jurídica social (...), mas só consideração imediata, para fins determinados, do substrato pessoal"); PAVONE LA ROSA, "La teoria...", loc. cit., pp. 670 e ss; PIETRO RESCIGNO, "La persona giuridica...", loc. cit., pp. 498-9; GIOVANNI PELLIZZI, "Unico azionista...", loc. cit., p. 634; VITO MANGINI, pp. 683 e 697-8; BRUNO INZITARI, "La «vulnerabile» persona giuridica", loc. cit., p. 698; ROBERTO WEIGMANN, "Oltre l'unico azionista", loc. cit., pp. 572 e ss; NADIA ZORZI, p. 1078. Em sentido diverso e confirmativo da excepcionalidade das prescrições, cfr. ALESSANDRO NIGRO, pp. 458-9; GIULIO COLOMBO, pp. 669-74; GIOVANNI LO CASCIO, "Sull'abuso...", loc. cit., pp.1815-15 (em matéria de grupos de sociedades); FABIO RICCI, pp. 152 e ss, em esp. 156- -7; FRANCO DI SABATO, *Manuale delle Società*, ob. cit., p. 228; GIAN FRANCO CAMPOBASSO, *Diritto Commerciale. 2...*, ob. cit., pp. 290-2.

Indo mais longe na contrariedade, GASTONE COTTINO, *Diritto Commerciale...*, ob. cit., pp. 300-1, que encontra na espécie normativa ditada *ex* art. 2362 o único caso de "abuso da personalidade jurídica", nega, porém, que desta norma se possa retirar uma regra geral de repressão dos abusos das estruturas organizativas da sociedade, tanto mais depois de introduzida a SQU, que acentua o carácter excepcional da norma e a restrição da sua esfera de aplicação. Em face do reexame deste quadro interpretativo por ocasião da entrada em vigor do consentimento da constituição de sociedades de responsabilidade limitada unipessoais, este mesmo Autor, a pp. 304-5, não vislumbra qualquer possibilidade de atingir por aquela norma os abusos por parte do *socio tiranno*, o que apenas poderia ser superado com uma intervenção legislativa específica. Já ROBERTO WEIGMANN, *ibid.*, p. 585, numa época em que alguns ordenamentos, nomeadamente o alemão e o francês, passaram a admitir a sociedade de responsabilidade limitada com único sócio, sustentava que o verdadeiro problema não consistiria no alargamento do alcance da responsabilidade automática do accionista ou quotista único, mas antes, palavras proféticas, no "encontrar instrumentos que atinjam os autores das degenerações dos esquemas societários, pluri ou unipessoais, pois são esses que realmente atentam contra a segurança do tráfico". Muito

princípio, permitiria uma adequada tutela dos credores sociais, assente numa presunção legal de abuso da personalidade jurídica pelo sócio único ou equiparado.

Porém, hoje não necessitamos de sair da disciplina da SQU para atingirmos o mesmo resultado, ainda que ambos os preceitos possuam inegáveis semelhanças no plano das fundamentações e coincidam no espírito. Mesmo quando a SQU entre em falência, se os credores vierem reclamar a satisfação dos seus créditos com base em violação dos princípios disciplinadores da separação patrimonial, podem fazê-lo com base no art. 270º-F, nº 4: a dispensa do art. 84º torna-se aceitável, já que um dos requisitos da sua aplicação se subsume na situação prevista pelo art. 270º-F, nº 4, extensivamente aplicado (*maxime*, a confusão de esferas jurídicas).

Assim, ao desrespeito das regras societárias na SQU sucederá a caducidade da especial *disciplina-regra* limitativa da responsabilidade, mas *no campo de aplicação da regulamentação* através da qual o legislador prescindiu do requisito da pluralidade subjectiva para atribuir essa mesma limitação da responsabilidade. Aplica-se, pois, o art. 270º-F (nº 4).

Para os restantes casos em que a unipessoalidade se considere excepcional (a título superveniente), aí continuará a avançar-se precisamente com a norma que trava, *desde que se verifiquem os seus pressupostos*, as consequências dessa situação unissubjectiva. Logo, enquanto não haja declaração de transformação em SQU, aplica-se o art. 84º[960].

---

antes, MARIO CLAUDIO CAPPONI, em face da dificuldade da jurisprudência em enfrentar o problema dos abusos da personalidade jurídica, estava convicto, na esteira de PIERO VERRUCOLI, *ibid.*, p. 202, da necessidade de uma intervenção legislativa específica na matéria dos abusos das formas societárias (cfr. "L'impiego dell'art. 2362 c.c. in materia di superamento della personalità giuridica", *Vita Not.*, 1987, p. 556; "Il superamento della personalità giuridica: un problema ancora attuale", *Vita Not.*, 1988, p. 1311), tendo sido seguido por VINCENZO SALAFIA, "Socio unico azionista e socio tiranno", *Società*, 1999, pp. 686 e ss (com um óptimo sumário do estado da questão e dos remédios alternativos à previsão do único sócio), em esp. p. 689.

[960] A favor da aplicação do art. 84º à SQU, sem que veja entre o seu regime e aquele preceito qualquer incompatibilidade que legitimasse uma revogação implícita da norma, cfr. MARIA PRAZERES FERREIRA, "Responsabilidade ilimitada do sócio único em caso de falência da sociedade unipessoal por quotas", *Jornal APOTEC*, 1999, pp. 2-4 e n. (4): "Se porventura entendessemos que o art. 84º do CSC não se aplica agora à unipessoalidade originária, sempre se colocaria também a questão da sua subsistência em relação aos casos de unipessoalidade superveniente (como até aqui ocorria). Ora, não se aplicando

naquele caso, opção que não partilhamos, também, por maioria de razão, não se aplicaria na unipessoalidade superveniente".

No entanto, como é nossa conclusão, a chave do problema está em destrinçar a unipessoalidade derivada *não declarada* da unipessoalidade *declarada por transformação de uma sociedade originariamente plural*. A concisão será de toda a importância, uma vez que a diferença aplicativa pode resumir-se ao facto de, nos casos de superveniência, o sócio único declarar ou não a transformação da sociedade plural derivadamente unipessoal em SQU. Enquanto o não fizer, está sujeito ao regime do art. 84°, justamente elaborado para essas situações. Se o fizer, o sócio único passa a usufruir de um outro estatuto normativo, que o faz ingressar no âmbito de operatividade do art. 270°-F, n° 4, tal como o oferecemos.

BIBLIOGRAFIA

ABBADESSA, Pietro, "Deliberazioni senza assemblea nelle società di capitali", in *RDComm.*, Ano XV, 1968, I, p. 300.
– "Le disposizioni generali sulla società", in *Trattato di Diritto Privato*, diretto da Pietro Rescigno, 16, Impresa e Lavoro, t. II, UTET, Torino, 1985, p. 3.

ABREU, Jorge Manuel Coutinho de, *Limites constitucionais à iniciativa económica privada*, Separata do número especial do Boletim da Faculdade de Direito de Coimbra – «Estudos em Homenagem ao Prof. Doutor António de Arruda Ferrer Correia» – 1984, Coimbra, 1986.
– *Definição de empresa pública*, separata do volume XXXIV do Suplemento ao Boletim da Faculdade de Direito da Universidade de Coimbra, Coimbra, 1990.
– *Grupos de sociedades e direito do trabalho*, Separata do volume LXVI do Boletim da Faculdade de Direito da Universidade de Coimbra, Coimbra, 1990.
– *Da empresarialidade (As empresas no direito)*, Livraria Almedina, Coimbra, 1996.
– "Personnalité morale, subjectivité juridique et entreprises", in *RIDE*, 1996, n. 2, p. 171.
– Do *abuso de direito. Ensaio de um critério em direito civil e nas deliberações sociais*, reimpressão da 1ª edição de 1983, Livraria Almedina, Coimbra, 1999.
– *Direito Comercial. Relatório sobre o programa, os conteúdos e os métodos de ensino*, Coimbra, 1999, inédito.
– *Curso de Direito Comercial*, volume I, *Introdução, Actos de comércio, Comerciantes, Empresas, Sinais distintivos*, 2ª edição, Livraria Almedina, Coimbra, 2000.
– *Curso de Direito Comercial*, volume II, *Das Sociedades*, Livraria Almedina, Coimbra, 2002.

ABRIANI, Niccolò, *Gli amministratori di fatto delle società di capitali*, Dott. A. Giuffrè Editore, Milano, 1998.

ALARCÃO, Manuel de, "Sociedades Unipessoais", in *BFD*, Suplemento XIII, 1961, p. 203.

ALARCÃO, Rui de, *Direito das Obrigações*, Texto elaborado pelos Drs. J. Sousa Ribeiro, J. Sinde Monteiro, Almeno de Sá e J. C. Proença, com base nas lições do Prof. Doutor Rui de Alarcão ao 3.º Ano Jurídico, edição policopiada, Coimbra, 1983.

ALBAMONTE, Adalberto, "L'Anstalt del Liechtenstein e l'ordinamento italiano", in *Riv. Not.*, Ano XXXI, 1977, I, p. 869.

ALCALÁ DÍAZ, M.ª Angeles, "El conflicto de interes socio-sociedad en las sociedades de capital", in *RDS*, Ano V, 1997, núm. 9, p. 89.

ALCOVER GARAU, Guillermo, "Órganos sociales", in *Comentarios a la Ley de Sociedades de Responsabilidad Limitada*, Coordinadores: Ignacio Arroyo e José Miguel Embid, Tecnos, Madrid, 1997, p. 515.
– "Préstamo de socio a sociedad: la infracapitalización de las sociedades de capital y el negocio en fraude a la ley", in *RDS*, Ano V, 1997, núm. 9, p. 294.

ALFANDARI, Elie/JEANTIN, Michel, "Sociétés et autres groupements. III. Sociétés civiles, associations e autres groupements", in *RTDC*, tomo XXXIX, 1986, p. 103, ss, p. 522, ss.

ALIBERT, Daniel, "A la recherche d'une structure juridique pour l'entreprise individuelle", in *Dix ans de droit de l'entreprise*, Fondation Nationale pour le droit de l'entreprise, Bibliothèque de droit de l'entreprise, tomo 7, Librairies Techniques, Paris, 1978, p. 63.

ALLEGRI, Vincenzo, "Il collegio sindicale", in *Diritto Commerciale*, 3ª edição, Monduzzi Editore, Bologna, 1999, p. 309.

ALMEIDA, António Pereira de, *La société a responsabilité limitée en droit portugais et sa réforme*, Thése pour le Doctorat, Université de Droit, d'Économie et de Sciences Sociales, Paris, 1971.
– "A limitação da responsabilidade do comerciante individual", in *Novas Perspectivas do Direito Comercial*, Livraria Almedina, Coimbra, 1988, p. 269.
– *Sociedades Comerciais*, Coimbra Editora, Coimbra, 1997.

ALMEIDA, Carlos Ferreira de, *Direito económico*, I Parte, AAFDL, Lisboa, 1979.
– *Introdução ao Direito Comparado*, 2ª edição, Livraria Almedina, Coimbra, 1998.

ALMENO DE SÁ, *Responsabilidade bancária. Dever de informação. Corte de crédito*, Coimbra Editora, Coimbra, 1998.

ALONSO ESPINOSA, Francisco José, "La sociedad de responsabilidad limitada, ¿corporación personalizable?", in *RDS*, Ano IV, 1996, núm. 7, p. 31.

ALONSO UREBA, Alberto, "La 12.ª Directiva comunitaria em materia de Sociedades relativa a la sociedad de capital unipersonal y su incidencia en el Derecho, doctrina y jurisprudencia española, con particular consideracion de la RDGNR de 21 de junio de 1990", in *Derecho Mercantil de la Comunidade Economica Economica Europeia – Estudios en homenage a José Girón Tena*, Consejo General de los Colegios Oficiales de Corredores de Comercio/Editorial Civitas, Madrid, 1991, p. 63.

ALTAMURA, Ana Maria, "La società a responsabilità limitata unipersonale", in *Giur. Piem.*, 1995, nos 3/4, p. 283.

ALTMEPPEN, Holger/ROTH, Günter H., *Gesetz betreffend die Gesellschaften mit beschränkter Haftung (GmbHG)*, C. H. Beck'sche Verlagsbuchhandlung, München,1997.

AMADEI, Luca, "Cause di perdita del beneficio della responsabilità limitata", in *Società*, Ano XII, 1993, n° 9, p. 1171.

AMATUCCI, Alberto, "La societá unipersonale e il problema della qualificazione del rapporto giuridico", in *RTDPC*, Ano XVIII, 1964, p. 133.

AMORIM, João Pacheco de, *As empresas públicas no direito português. Em especial, as empresas municipais*, Livraria Almedina, Coimbra, 2000.

ANDRADE, Manuel A. Domingues de, *Teoria Geral da Relação Jurídica*, volume I, *Sujeitos e Objecto*, Livraria Almedina, Coimbra, 1992.
– *Teoria Geral da Relação Jurídica*, volume II, *Facto Jurídico, em especial Negócio Jurídico*, Livraria Almedina, Coimbra, 1992.
– *Noções elementares de processo civil*, com a colaboração de Antunes Varela, Coimbra Editora, Coimbra, 1993.

ANGELICI, Carlo, *La società nulla*, Dott. A. Giuffrè Editore, Milano, 1975.
– "La novella tedesca sulle società a responsabilità limitata", in *RDComm.*, Ano LXXIX, 1981, I, p. 185.
– "Le disposizioni generali sulla società per azioni", in *Trattato di Diritto Privato*, diretto da Pietro Rescigno, 16, Impresa e Lavoro, t. II, UTET, Torino, 1985, p. 195.
– "La costituzione della società per azioni", in *Trattato di Diritto Privato*, diretto da Pietro Rescigno, 16, Impresa e Lavoro, t. II, UTET, Torino, 1985, p. 227.
– "Società unipersonali e progetto argentino di unificazione dei codici", in *RDComm.*, Ano LXXXVI, 1988, I, p. 51.
– "Il progetto di direttiva C.E.E. sulla società unipersonale", in *RDComm.*, Ano LXXXVI, 1988, I, p. 403.
– "Società unipersonali: l'esperienza comparatistica", in *Società*, Ano XII, 1993, n° 7, p. 893.

ANTUNES, José Engrácia, *Les Groupes de Sociétés et la Crise du Modèle Légal*

Classique de la Société Anonyme. EUI Working Paper (Law nº 92/24), Florence, 1992.
— *Os Grupos de Sociedades. Estrutura e organização jurídica da empresa plurissocietária*, Livraria Almedina, Coimbra, 1993.
— *Liability of corporate groups. Autonomy and control in parent-subsidiary relationships in US, German and EU law. An international and comparative perspective*, Kluver Law and Taxation Publishers, Deventer-Boston, 1994.
— *Direito das sociedades comerciais. Perspectivas do seu ensino*, Livraria Almedina, Coimbra, 2000.

ARANGUREN URRIZA, Francisco José, "Sociedad Unipersonal de Responsabilidad Limitada", in *La sociedad de responsabilidad limitada*, tomo I, Editorial Trivium, Madrid, 1996, p. 1407.

ARAUJO BOYD, Marcos, "La adaptación del Derecho español a la Duodecima Directiva del Consejo en materia de Derecho de Sociedades, relativa a las sociedades de responsabilidad limitada de socio único", in *La Ley*, 1992, 1, p. 924.

ARENA, Andrea, *Le società commerciali pubbliche (natura e costituzione). Contributo allo studio delle persone giuridiche*, Dott. A. Giuffrè Editore, Milano, 1942.

ARMANNO, Maria, *La società a responsabilità limitata tra società di capitali e società di persone. L'esperiennza delle «close corporations» negli Stati Uniti d'America e delle «sociétés unipersonnelles» in Francia*, CEDAM, Padova, 1990.

ASCARELLI, Tulio, "Il negozio indiretto e le società commerciali", in *Studi di Diritto Commerciale in onore di Cesare Vivante*, volume I, Società Editrice del «Foro Italiano», Roma, 1931, p. 23.
— "In tema di societá per azioni com un solo azionista e di divisione ereditaria", in *FI*, volume LXXIII, 1950, I, p. 1114.
— "Considerazioni in tema de società e personalità giuridica", in *RDComm.*, volume LII, 1954, I, p. 245 (I), 333 (II), 421 (III).
— "Ancora sul socio sovrano e sulla partecipazione di una società di capitali a una società di persone", in *FI*, volume LXXX, 1957, I, p. 1443.
— "Cooperativa e società. Concettualismo giuridico e magia delle parole", in *RS*, Ano II, 1957, p. 397.
— "Personalità giuridica e problemi delle società", in *RS*, Ano II, 1957, p. 981.

ASCENSÃO, José de Oliveira, "Estabelecimento comercial e estabelecimento individual de responsabilidade limitada", in *ROA*, ano 47, 1987, p. 5.
— "O estabelecimento individual de responsabilidade limitada ou o falido rico", in *O Direito*, 1988, nos 1-2, p. 17.

– *Direito Comercial. Sociedades Comerciais*, volume IV, Lisboa, 1993.
– *O Direito. Introdução e Teoria Geral. Uma perspectiva luso-brasileira*, 10ª edição, Livraria Almedina, Coimbra, 1997.

ASQUINI, Alberto, "Profili dell'impresa", in *RDComm.*, volume XLI, 1943, I, p. 1.

ASSMANN, Heinz-Dieter, "Gläubigerschtz im faktischen GmbH-Konsern durch richterliche Rechtsfortbildung", in *JZ*, 1986, p. 881 (Teil 1), p. 928 (Teil 2).
– "Der faktische GmbH-Konzern", in *Festschrift 100 Jahre GmbH-Gesetz*, herausgegeben von Marcus Lutter/Peter Ulmer/Wolfgang Zöllner, Verlag Dr. Otto Schmidt, Köln, 1992, p. 657.

AUBRY/RAU, *Cours de droit civil français d'aprés la méthode de Zachariae*, 5ª edição, revista e actualizada por ETIENNE BARTIN, tomo IX, Paris, Marchal et Godde, Successeurs, 1917.

AUDINO, Andrea, "Società di capitali e abuso della personalitá giuridica", in *Foro Pad.*, 1988, p. 129.

AULETTA, Giuseppe Giacomo, *Il contratto di società commerciale. Requisiti – Conclusione – Vizi*, Dott. A. Giuffrè Editore, Milano, 1937.
– *La forma nel contratto di società di capitali*, Casa Editrice Dott. Eugenio Jovene, Napoli, 1947.

AULETTA, Giuseppe/SALANTRINO, Niccolò, *Diritto Commerciale*, 10ª edição, Dott. A. Giuffrè Editore, Milano, 1996.

AUSSEDAT, Jacques, "Société unipersonnelle et patrimoine d'affection", in *Rev. Soc.*, 92º Ano, 1974, p. 221.

ÁVILA NAVARRO, Pedro, *La sociedad limitada. Modificación. Transformación. Fusión y escisión. Cuentas anuales. Disolución. Sociedad unipersonal*, tomo II, Bosch, Casa Editorial, Barcelona, 1996.

BADIA LABAL, Enric, "Sociedades unipersonales o de accionista único", in *RJC*, Ano LXXXV, 1986, núm. 3, p. 227.

BALLARINO, Tito, "Le direttive comunitarie sull'armonizzazione del diritto delle società", in *Verso un diritto europeo delle società*, Edizioni Giuridiche Economiche Aziendali dell'Università Bocconi e Giuffrè Editore, Milano, 1991, p. 1.

BALSANO, Laura, "Un seminario sulle imprese unipersonali a responsabilità limitata", in *Giust. Civ.*, 1988, II, p. 228.

BALZARINI, Paola, "L'impresa individuale a responsabilità limitata in Portogallo", in *RS*, Ano 33º, 1988, p. 848.

BARBIERA, Lelio, *Responsabilità patrimoniale. Disposizioni generali*, in *Il Codice Civile. Commentario*, diretto da Piero Schlesinger, artt. 2919-2929, Giuffrè Editore, Milano, 1991.

BARBOSA, Nuno, *Competência das assembleias de obrigacionistas*, Livraria Almedina, Coimbra, 2002.

BARBOSA DE MAGALHÃES, "As sociedades unipessoais à face da legislação portuguesa", in *Revista da Faculdade de Direito da Universidade de São Paulo*, volume XLIII, 1948, p. 26 (depois reproduzido em *Jornal do Foro*, Ano 14°, 1950, Lisboa, n° 93, p. 241, e n° 94, p. 5).

BAREA, Jordano, "La sociedad de un solo socio", in *RDM*, 1964, p. 7.

BARRERA, Graf, "La sociedad de un solo socio en el derecho mexicano", in *RDM*, 1979, p. 241.

BASILE, Massimo/FALZEA, Angelo, "Persona giuridica (diritto privato)", in *ED*, volume XXXIII, Giuffrè Editore, Milano, 1983, p. 234.

BASTIAN, Daniel, "La limitation de la responsabilité dans les entreprises commerciales et les moyens de parer à ses dangers. Rapport sur le droit allemand", in *TAss.HC*, 1957, tomo IX, p. 152.

BAUMBACH, Adolf/HUECK, Alfred, *GmbH-Gesetz: Gesetz betr. die Gesellschaften mit beschränkter Haftung*, 13ª edição, C.H. Beck'sche Verlagsbuchhandlung, München, 1970.

BAUSCHKE, Hans-Joachim, "Mit dem «Durchgriff» ins kommende Jahrhundert?", in *BB*, 1984, Heft 11, p. 698.

BAUER, Wolfgang, "Neue Haftungsrisiken im qualifizierten faktischen GmbH-Konzern", in *BB*, Heft 15, 1992, p. 1009.
– "Neue Entwicklingen beim qualifizierten faktischen GmbH-Konzern?", in *BB*, 1992, Heft 26, p. 1797.

BAUGNIET, Jean, "La société d'une personne", in *Rapports belges au VIIe Congrès international de droit comparé*, Uppsala, 6-13 août 1966, C.I.D.C. – Place Jean Jacobs, Bruxelles, 1966, p. 169.

BENNE, Dietmar, *Haftungsdurchgriff bei der GmbH insbesondere im Fall der Unterkapitalisierung*, Verlag Dr. Otto Schmidt, Köln, 1978.

BERDAH, Jean-Pierre, *Fonctions et responsabilité des dirigeants de sociétés par actions*, Librairie Sirey, Paris, 1974.

BERNARDO, Hernâni de Barros, "Da firma individual de responsabilidade individual", in *RCC*, Ano XXI, 1953, n° 8, p. 409.

BERTREL, Jean-Pierre, "Liberté contractuelle et sociétés. Essai d'une théorie du «justte milieu» en droit des sociétés", in *RTDC*, 49° ano, 1996, n° 4, p. 595.
– "Droit des sociétés", in *Droit de l'entreprise. L'essentiel pour comprendre*, Lamy, Paris, 2000, parte 2, p. 147.

BIANCA, Massimo C., *Diritto civile. III. Il contratto*, Dott. A. Giuffrè Editore, Milano, 1987.

BIGIAVI, Walter, *La "piccola" impresa*, Dott. A. Giuffrè Editore, Milano, 1947.
— *L'imprenditore occulto*, CEDAM, Padova, 1954.
— "Fallimento di soci sovrani, pluralità di imprenditori occulti, confusione di patrimoni", in *Giur. It.*, volume CVI, 1954, I, sez. II, p. 691.
— "L'imprenditore occulto nella società di capitali e il suo fallimento «in estensione»", in *Giur. It.*, volume CXI, 1959, I, sez. II, p. 149.
— "Società controllata e società adoperata «come cosa propria»", in *Giur. It.*, volume CXI, 1959, I, sez. II, p. 623.
— "Responsabilità illimitata del socio «tiranno»", in *FI*, volume LXXXIII, 1960, I, p. 1180.
— *Difesa dell'imprenditore occulto*, CEDAM, Padova, 1962.

BISBAL I MÉNDEZ, Joaquín, "La sociedad anónima unipersonal", in *La reforma de la Ley de Sociedades Anónimas*, Editorial Civitas, Madrid, 1987, p. 71.

BLUMBERG, Phillip I., "The multinational challenge to corporational law. The search for a New Corporate Personality", Oxford University Press, New York/Oxford, 1993.

BOKELMANN, Gunther, "Reform des GmbH-Rechts", in *ZRP*, 1978, Heft 2, p. 33.

BOLÁS AFONSO, Juan/ARMAS OMEDES, Francisco/GARCIA DE PARADA, Pedro Carrión [*et all.*], *La sociedad de responsabilidad limitada*, Comentarios a la Ley, tras da reforma de 25-VII-89 y el Rgto. del Registro Mercantil de 29-XII-89, 2ª edição, Editorial Civitas, Madrid, 1992.

BOLDÓ RODA, Carmen, "Levantamiento del velo de la persona jurídica en un caso de responsabilidade extracontratual", in *RDS*, 1996, núm. 6, p. 244.
— *Levantamiento del velo y persona jurídica en el derecho privado español*, Revista de Derecho de Sociedades, Coleccíon de Monografias, Editorial Aranzadi, Pamplona, 1996.

BONELLI, Franco, *Gli amministratori di società per azioni*, Giuffrè Editore, Milano, 1985.
— "Gli obblighi e la responsabilità degli amministratori", in *Trattato delle società per azioni*, diretto da G. E. Colombo e G. B. Portale, volume 4, UTET, Torino, 1991, p. 323.
— "Conflito di interesse nei gruppi di società", in *GC*, Ano XIX, 1992, I, p. 219.

BONELLI, Gustavo, "La personalità giuridica della società anonima con un solo azionista", in *RDComm.*, volume IX, 1911, I, p. 589.
— "A proposito della società con un solo socio", in *RDComm.*, volume X, 1912, I, p. 253.
— "Sullo scioglimento e sulla liquidazione della società ridotta ad un solo azionista", in *RDComm.*, volume XXIV, 1926, II, p. 167.

BONFANTE, Pietro/SRAFFA, Angelo, "Società anonime in *fraudem legis*?", in *RDComm.*, volume XX, 1922, I, p. 649.

BONNEAU, Thierry, "L'associé unique d'une entreprise unipersonnelle à responsabilité limitée peut-il être une association?", in *Dr. Sociétés*, 1995, p. 3.

BOQUERA MATARREDONA, Josefina, *La concentración de acciones en un solo socio en las sociedades anónimas*, Editorial Tecnos, Madrid, 1990.
– *La sociedad unipersonal de responsabilidad limitada*, Editorial Civitas, Madrid, 1996.
– "La sociedad unipersonal de responsabilidad limitada", in *Comentarios a la Ley de Sociedades de Responsabilidad Limitada*, Coordinadores: Ignacio Arroyo e José Miguel Embid, Tecnos, Madrid, 1997, p. 1233.

BORGIOLI, Alessandro, "Amministratori di fatto e direttori generali", in *GC*, Ano II, 1975, I, p. 593.
– *La nullità della società per azioni*, Dott. A. Giuffrè Editore, Milano, 1977.
– "Treuunternehnmen, Anstalten e la Cassazione", in *RS*, Ano 22°, 1977, p. 1156.
– *Consorzi e società consortili*, in *Trattato di Diritto Civile e Commerciale*, già diretto da Antonio Cicu e Francesco Messineo, continuato da Luigi Mengoni, volume XLI, t. 3, Dott. A. Giuffrè Editore, Milano, 1985.

BOTANA AGRA, M., "La sociedad de responsabilidad limitada de socio único en los Derechos comunitario y español", in *CDC*, 1990, 8, p. 31.

BOTER, F., "Anónimas unipersonales", in *RDP*, tomo XXXI, 1947, p. 31.

BOVESI, Massimiliano, "La dodicesima direttiva CEE sulle società unipersonali a responsabilità limitata e il suo recepimento da parte dell'Italia", in *Dir. com. sc. int.*, Ano XXXIII, 1994, n°s 1/2, p. 477.

BRAGANTINI, Luigi, *L'anonima con un solo azionista*, Casa Editrice Dottor Francesco Vallardi, Milano, 1940.

BRINKMANN, Thomas, *Unternehmensinteresse und Unternehmensrechtsstruktur*, Verlag Peter Lang, Frankfurt am Main-Bern, 1983.

BROSETA PONT, Manuel, "Las empresas públicas en forma de sociedad anónima", in *RDM*, 1966, p. 267.

BURGARD, Ulrich, "Die Tatbestandsmerkmale des qualifizierten faktischen GmbH-Konzerns und ihre Konkretisierung nach «TTB»", in *WM*, 1993, p. 925.

BUTTITTA, Valeria, "Articolo 2362 c.c. – unico azionista", in *Vit. Not.*, Ano XLIII, parte III, 1991, p. LXXV.

CABANAS TREJO, Ricardo/CALAVIA MOLINERO, José Manuel (Coordinadores), *Ley de sociedades de responsabilidad limitada*, Comentarios de urgencia a la Ley 2/1995, de 23 de marzo, de Sociedades de Responsabilidad Limitada, Editorial Praxis, Barcelona, 1995.

CABRAS, GIOVANNI, "Le società unipersonali", in *Giust. Civ.*, Ano XLIV, 1994, II, p. 279.

CAEIRO, António, "A exclusão estatutária do direito de voto nas sociedades por quotas", in *Temas de direito das sociedades*, Livraria Almedina, Coimbra, 1984, p. 9.
  – "Assembleia totalitária ou universal. Direito do administrador a uma percentagem dos lucros. Indemnização do administrador destituído sem justa causa", in *Temas de direito das sociedades*, Livraria Almedina, Coimbra, 1984, p. 461.
  – *As sociedades de pessoas no Código das Sociedades Comerciais*, Separata do número especial do Boletim da Faculdade de Direito de Coimbra – «Estudos em homenagem ao Prof. Doutor Eduardo Correia», Coimbra, 1984.
  – "O projecto de Código das Sociedades. Parte geral. Sociedade em nome colectivo", in *RDE*, Ano X/XI, 1984/85, p. 53.

CAEMMERER, Ernst von, "Unterkapitalisierung und Gesellschafterdarlehen", in *Quo Vadis, Ius Societatum? Liber amicorum Pieter Sanders*, Kluwer--Deventer/Martinus Nijhoff – 's-Gravenhage, 1972, p. 17.

CAGNASSO, Oreste/IRRERA, Maurizio, "Società a responsabilità limitata", in *Digesto delle Discipline Privatistiche. Sezione Commerciale*, volume XIV, UTET, Torino, 1997, p. 183.

CALAIS-AULOY, Marie-Thérèse, "Appréciation critique de la loi du 11 juillet 1985 instituant l'E.U.R.L.", in *RD*, Chronique – XL, 34e Cahier, 1986, p. 249.

CALDERONI, Claudio, "S.r.l. unipersonale ed esercizio dell'attività sportiva", *Dir. Giur.*, Ano 109, volume L, 1994, p. 65.

CALENDINI, Jean-Michel, "Compte rendu de la conférence débat: la société unipersonnelle en France et dans les États membres des Communautés Européennes", in *Rev. Soc.*, 98º Ano, 1980, p. 636.

CALVO SORIANO, Álvaro, "Consideraciones a la empresa mercantil individual de responsabilidad limitada", in *Homenaje a Juan Berchmans Vallet de Goytisolo*, volume III, Junta de Decanos de los Colegios Notariales de España, Consejo General del Notariato, Madrid, 1988, p. 161.

CÁMARA ALVAREZ, Manuel de la, *Estudios de Derecho Mercantil*, I, volume 1º, Centro de Estudos Tributarios, Madrid, 1972.

CAMPOBASSO, Gian Franco, "La responsabilità del socio nella s.r.l. unipersonale", in *GC*, Ano XXI, 1994, I, p. 229.
  – *Diritto Commerciale.1. Diritto dell'impresa*, UTET, Torino, 1999.
  – *Diritto Commerciale.2. Diritto delle società*, UTET, Torino, 1999.

CAMUZZI, Sergio Scotti, "Unico azionista, gruppi, «lettres de patronage»", in *RS*, Ano XVIII, 1973, p. 564.
- "Osservazioni in tema di responsabilità dell'unico azionista", in *Jus*, Ano XXIV, 1977, p. 147.
- "La società con unico azionista come fenomeno tipico del gruppo societario", in *RS*, Ano 31°, 1986, p. 465.
- "Srl con unico socio non responsabile e impresa individuale a responsabilità limitata nella 12ª Direttiva CEE", in *RS*, Ano 35°, 1990, p. 500.
- "L'unico azionista", in *Trattato delle società per azioni*, diretto da G. E. Colombo e G. B. Portale, UTET, volume 2, t. II, p. 665.

CANARIS, Claus Wilhelm, "Norme di protezione, obblighi del traffico, doveri di protezione", Sez. I e II, in *RCDP*, Ano I, 1983, n° 3, p. 567 (tradução do original "Schtzgesetze – Verkehrspflitchen – Schutzpflichten", in *Festschrift für Karl Larenz zum 80. Geburstag*, a cargo de Adolfo di Majo e M. R. Marella).

CANDIAN, Aurelio, *Nullità e annulabilità di delibere di assemblea delle società per azioni*, Dott. A. Giuffrè Editore, Milano, 1942.

CANOTILHO, José Joaquim Gomes, *Direito Constitucional e Teoria da Constituição*, 3ª edição, Livraria Almedina, Coimbra, 1999.

CAPELLI, Fausto, "Portata ed efficacia delle direttive Cee in materia societaria", in *Società*, Ano X, 1991, n° 4, p. 440.

CAPILLA RONCERO, *La persona jurídica: funciones y disfunciones*, Tecnos, Madrid, 1984.

CAPPONI, Bruno, "Le società unipersonali a responsabilità limitata", in *Società*, Ano VII, 1988, n° 11, p. 1121.
- "Le società unipersonali nel diritto comunitario", in *Società*, Ano IX, 1990, n° 7, p. 873.

CAPPONI, Mario Claudio, "L'impiego dell' art. 2362 c.c. in materia di superamento della personalità giuridica", in *Vita Not.*, Ano XXXIX, 1987, p. 548.
- "Il superamento della personalità giuridica: un problema ancora attuale", in *Vita Not.*, Ano XL, 1988, p. 1305.
- "Società unipersonale a r.l.: finalmente una realtà per l'ordinamento italiano", in *Società*, Ano XII, 1993, n° 4, p. 441.

CAPRIGLIONE, Francesco, "Evoluzione del sistema finanziario italiano e riforme legislative (Prima riflessione sulla legge «Amato»)", in *BBT*, Ano LIV, 1991, I, p. 41.

CAREDDA, Valeria, "Intestazione fiduciaria di quote di società a responsabilità limitata e mandato", in *BBT*, Ano LVII, 1994, II, p. 540.

CARNEVALI, Ugo, "Intestazione simulata di quote di società a responsabilità limitata?", in *GC*, Ano IX, 1982, I, p. 34.

CARRY, Paul, *La responsabilité limitée du commerçant individuel*, Librairie Georg & Cie, S.A., Genéve, 1928.
- "La limitation de la responsabilité dans les entreprises commerciales et les moyens de parer à ses dangers. Rapport sur le droit suisse", in *Tass.HC*, 1957, tomo IX, p. 138.

CARVALHO, Orlando de, "Anotação ao Acórdão de 20 de Junho de 1972 do S.T.J.", in *RLJ*, ano 106, 1973-1974, p. 269.
- *Teoria geral do direito civil. Relatório sobre o programa, conteúdo e métodos de ensino*, Coimbra, 1976.
- *Teoria Geral do Direito Civil. Sumários desenvolvidos para uso dos alunos do 2º Ano (1ª Turma) do Curso Jurídico de 1980/81*, Centelha, Coimbra, 1981.
- "Empresa e lógica empresarial", in *BFD* – «Estudos em Homenagem ao Prof. Doutor A. Ferrer-Correia», IV, Coimbra, 1997, p. 3.
- "Para um novo paradigma interpretativo: o Projecto Social Global", in *BFD*, vol. LXXIII, 1997, p. 1.
- "Negócio jurídico indirecto (teoria geral)", *Escritos. Páginas de direito*, volume I, Livraria Almedina, Coimbra, 1998, p. 31.

CASSONI, Giuseppe, "L'*Anstalt* nel diritto internazionale privato italiano", in *Riv. dir. int.*, Ano XII, 1976, p. 210.

CASTRO, Carlos Osório de, "Participação no capital das sociedades anónimas e poder de influência. Breve relance", in *RDES*, Ano XXXVI, 1994, p. 333.

CAUSSAIN, Jean-Jacques, "Du bon usage de la SAS dans l'organization des pouvoirs", in *Sem. Jur.*, Entreprise et Affaires, 1999, nº 42, p. 1644.

CERRAI, Alessandro, "Trasformazione, fusione e scissione", in *Diritto Commerciale*, 3ª edição, Monduzzi Editore, Bolonha, 1999, p. 459.

CESÀRO, Giovanni, "In tema di S.r.l. unipersonale", in *Riv. dir. imp.*, 1996, p. 15.

CHAMPAUD, Claude, "Sociétés Commerciales. I. Sociétés en général", in *RTDC*, 20º Ano, 1967, p. 168, ss, 510, ss, 788, ss.
- "L'entreprise personnelle à responsabilitée limitée. Rapport du group d'étude chargé d'étudier la possibilité d'introduire l'E.P.R.L dans le droit français", in *RTDC*, tomo XXXII, 1979, p. 579.

CHAMPAUD, Claude/LE FLOCH, Paul, "Sociétés et autres groupements. I. Sociétés en general", in *RTDC*, tomo XXXIX, 1986, p. 251.

CHAMPAUD, Claude/DANET, Didier, "Sociétés et autres groupements. I. Sociétés en général. Régles générales. Entreprise unipersonnelle a responsabilité limitée", in *RTDC*, 47º Ano, 1994, nº 2, p. 289.
- "Sociétés et autres groupements. I. Sociétés en général. Formes de sociétés. Règles générales. Réforme de la SAS. Introduction d'une société par actions simplifiée unipersonnelle", in *RTDC*, 52º Ano, 1999, nº 4, p. 872.

CHARTIER, Yves, "De la notion de «personne qui a agi au nom d'une société en formation»", in *Rev. Soc.*, Ano 114º, 1996, p. 770.

CHIARELLI, Lorenzo, "La dodicesima Direttiva CEE alla luce di alcuni ordinamenti nazionali", in *RDC*, Ano XXXVIII, 1992, p. 139.

CHIEFFI, Ilaria, "La nuova s.r.l. unipersonale", in *RS*, Ano 39º, 1994, p. 525.
- "La s.r.l. unipersonale in formazione", in *RDComm.*, Ano XCIV, 1996, I, p. 643.
- "S.r.l. unipersonale e gruppi societari", in *RDC*, Ano XCIV, 1996, p. 81.
- "Conferimenti in danaro e s.r.l. unipersonale", in *RDC*, Ano XCIV, 1996, p. 851.
- "Sottocapitalizzazione della società, s.r.l. unipersonale e art. 2490-*bis*^{2} cod. civ.", in *GC*, Ano XXIII, 1996, I, p. 511.
- *La società unipersonale a responsabilità limitata*, Caderni Fiorentini di Diritto Commerciale, a cura di Alessandro Borgioli, G. Giappichelli Editore, Torino, 1996.

CICU, Antonio, "Simulazione di società commerciali", in *RDComm.*, volume XXXIV, 1936, II, p. 141.

COELHO, Eduardo de Melo Lucas, *A formação das deliberações sociais. Assembleia geral das sociedades anónimas*, Coimbra Editora, Coimbra, 1994.

COELHO, Francisco Manuel de Brito Pereira, "Grupos de sociedades. Anotação preliminar aos arts. 488.º a 508.º do Código das Sociedades Comerciais", in *BFD*, volume LXIV, 1988, p. 297.

COELHO, José Gabriel Pinto, *Lições de Direito Comercial*, fascículo I, Carlos Ernesto Martins Souto, Lisboa, 1946.
- "Anotação ao Acórdão do STJ, de 31 de Dezembro de 1958", in *RLJ*, 91º Ano, 1958-59, p. 274.

COELHO, Maria Ângela, "A limitação da responsabilidade do comerciante em nome individual", in *RDE*, Coimbra, 1980/81, p. 3.
- "A reforma da sociedade de responsabilidade limitada (GmbH) pela lei alemã de 4 de Julho de 1980 (GmbH-Novelle)", in *RDE*, 1980/81, p. 49.
- "Sociedades em nome colectivo, sociedades em comandita, sociedades por quotas", in *Direito das Empresas*, capítulo XIX, sob a coordenação de Diogo Leite de Campos, Instituto Nacional de Administração, Lisboa, 1990, p. 579.

COIPEL, Michel, "Introduction à l'étude de la loi du 14 juillet 1987", in *La S.P.R.L. unipersonelle. Approche théorique et pratique*, Bruylant, Bruxelles, 1988, p. 1.
- "Les freins dans l'accès à la S.P.R.L. unipersonnelle", in *La S.P.R.L.*

unipersonelle. Approche théorique et pratique, Bruylant, Bruxelles, 1988, p. 91.

COLOMBO, Giovanni E., "Il Rapport Sudreau sulla riforma dell'impresa", in *RS*, Ano XX, 1975, p. 311.
– "La «GmbH-Novelle» del 1980", in *RS*, Ano 26°, 1981, p. 673.

COLOMBO, Giulio F., "Socio quasi totalitario di s.r.l. e attuazione della XII Direttiva CEE", in *GC*, Ano XX, 1993, II, p. 662.

CORDA, Tommaso Antonio/CALÒ, Emanuele, "Nuovo orientamento della Cassazione in materia di responsabilità ex art. 2362 c.c. della società per azioni unico azionista", in *Vita Not.*, 1982, I, p. 103.

CORDEIRO, António Menezes, "Do levantamento da personalidade colectiva", in *RDJ*, volume IV, 1989/90, p. 147.
– *Da boa fé no direito civil*, reimpressão da edição de 1983, Livraria Almedina, Coimbra, 1997.
– *Da responsabilidade civil dos administradores das sociedades comerciais*, Lex, Lisboa, 1997.
– *Tratado de Direito Civil. I. Parte Geral*, tomo I, Livraria Almedina, Coimbra, 1999.
– *O levantamento da personalidade colectiva no direito civil e comercial*, Livraria Almedina, Coimbra, 2000.

CORDEIRO, Pedro, "A desconsideração da personalidade jurídica das sociedades comerciais", in *Novas Perspectivas do Direito Comercial*, Livraria Almedina, Coimbra, 1988, p. 289.
– *A desconsideração da personalidade jurídica das sociedades comerciais*, AAFDL, Lisboa, 1994.

CORREIA, A. A. Ferrer, "Sociedades unipessoais de responsabilidade limitada", in *RDES*, Ano 1, Coimbra, 1945-46, p. 231, 339.
– *Sociedades fictícias e unipessoais*, Livraria Atlântida, Coimbra, 1948.
– "O problema das sociedades unipessoais", in *BMJ*, n° 166, 1967, p. 183.
– *Lições de Direito Comercial*, volume II, *Sociedades Comerciais. Doutrina Geral*, com a colaboração de Vasco Lobo Xavier, Manuel Henrique Mesquita, José Manuel Sampaio Cabral e António A. Caeiro, Coimbra, 1968.
– "As sociedades comerciais no período da constituição", in *Estudos Vários de Direito*, Acta Universitatis Conimbrigensis, Coimbra, 1982, p. 507.
– "A autonomia patrimonial como pressuposto da personalidade jurídica", in *Estudos Vários de Direito*, Acta Universitatis Conimbrigensis, Coimbra, 1982, p. 547.
– "Sobre a projectada reforma da legislação comercial portuguesa", in *ROA*, ano 44, 1984, p. 5.

- "A sociedade por quotas de responsabilidade limitada segundo o Código das Sociedades Comerciais", in *ROA*, ano 47, 1987, p. 659.
- "Cessão de quota a meeiro de sócio", in *CJ*, Ano XIV, 1989, tomo IV, p. 31.

CORREIA, A. A. Ferrer/CAEIRO, António, "Lei das Sociedades Comerciais (Anteprojecto)", in *BMJ*, n° 185, Abril.1969, p. 25, n° 191, Dezembro. 1969, p. 5.

CORREIA, A. A. Ferrer/XAVIER, Vasco Lobo/COELHO, Maria Ângelo/CAEIRO, António, "Sociedade por quotas de responsabilidade limitada. Anteprojecto de lei – 2ª redacção e exposição de motivos", in *RDE*, Ano III, 1977, n°s 1 e 2, p. 153, e Ano V, 1979, n° 1, p. 111.

CORREIA, Luís Brito, *Direito Comercial*, Sumários desenvolvidos das lições dadas à turma B/dia do 3° ano jurídico de 1981/82, volume I, AAFDL, 1982.
- *Direito Comercial. Deliberações dos sócios*, volume III, AAFDL, Lisboa, 1990.
- *Direito Comercial. Sociedades Comerciais*, volume II, 3ª tiragem da edição de 1989, AAFDL, Lisboa, 1997.

CORREIA, Miguel J. A. Pupo, *Direito Comercial*, 6ª edição revista e actualizada, Ediforum, Lisboa, 1999.

CORSI, Francesco, "Poteri dell'assemblea e poteri del consiglio d'amministrazione in rapporto all'art. 2362, n. 4, cod. civile", in *FI*, volume XCVII, 1974, I, p. 236.
- "Cassazione e contrattualismo societario: un incontro?", in *GC*, Ano XXIII, 1996, II, p. 351.

COSTA, Concetto, "Brevi considerazioni sulla società a responsabilità limitata con unico socio", in *La società a responsabilità limitata con unico socio*, Seminario di Studio, Messina, 8 maggio 1993, Dott. A. Giuffrè Editore, Milano, 1994, p. 13.

COSTA, Mário Júlio de Almeida, *Direito das Obrigações*, 8ª edição revista e aumentada, Livraria Almedina, Coimbra, 2000.

COSTI, Renzo, "Le innovazioni nel settore creditizio e societario", *Società*, Ano X, 1991, n° 4, p. 433.

COTTINO, Gastone, "Società per azioni", in *Novissimo Digesto Italiano*, volume XVII, UTET, Torino, 1970 (?), p. 570.
- *Diritto Commerciale. Le società e le altre associazioni economiche*, volume I, t. II, 3ª edição, CEDAM, Padova, 1994.
- "La sociedad de responsabilidad limitada entre norma y realidad: reflexiones sobre un proyecto de reforma", in *RDS*, Ano II, 1994, núm. 3, p. 133.

- "*Nota* a Tribunale Ferrara, 7 marzo 1994", *Giur. It.*, Ano 146°, 1994, I, sez. II, p. 629.

COURET, M. Alain, "Le concept d'entreprise familiale et as place dans les economies nationales et europeennes", in *Annales de l'Université des Sciences Sociales de Toulouse*, tomo XLI, Presses de l'Université des Sciences Sociales, Toulouse, 1993, p. 9.

COURIR, Edoardo, "Per una limitazione della responsabilità limitata", in *Quad.*, 1992, n. 1, p. 704.
- *Limiti alla responsabilità imprenditoriale e rischi dei terzi*, Dott. A. Giuffrè Editore, Milano, 1997.

COZIAN, Maurice/VIANDIER, Alain, *Droit des sociétés*, 11ª edição, Litec, Paris, 1998.

CRUZ, Branca Martins da, *Assembleias gerais nas sociedades por quotas*, Livraria Almedina, Coimbra, 1988.

CUNHA DE SÁ, Fernando Augusto, *Abuso do direito*, reimpressão da edição de 1973, Livraria Almedina, Coimbra, 1997.

D'ALESSANDRO, Floriano, "Persone giuridiche e analisi del linguaggio", in *Studi in memoria di Tulio Ascarelli*, volume I, Casa Editrice Dott. A. Giuffrè, Milano, 1969, p. 241.
- "I contratti associativi in un libro recente", in *Studi in memoria di Domenico Pettiti*, volume I, Dott. A. Giuffrè Editore, Milano, 1973.
- "Il diritto delle società da i «batelli del Reno» alle «navi vichinge»", in *FI*, volume CXI, 1988, V, p. 48.
- "La scissione della società", in *Riv. Not.*, Ano XLIV, 1990, I, p. 873.

DAIGRE, Jean-Jacques, "Défense de l'entreprise unipersonnelle à responsabilité limitée (Loi n° 85-697 du 11 juillet 1985, Titre Ier)", in *Sem. Jur.*, Général, 1986, p. 3225.
- "La société unipersonnelle en droit français", in *RIDC*, 1990, p. 665.

DAVIES, Paul L., *Gower's Principles of Modern Company Law*, with a contribution from D. D. Prentice, Sweet & Maxwell, London, 1997.

DE CASTRO Y BRAVO, Federico, "Formación y deformación del concepto de persona jurídica", in *Centenario de la Ley del Notariado. Sección tercera. Estudos Jurídicos Varios*, volume I, Junta de Decanos de los Colegios Notariles de España/Instituto Editorial Reus, Madrid, 1964, p. 7.

DE FERRA, Giampaolo, "La scissione delle società", in *RS*, Ano 36°, 1991, p. 213.

DE GENNARO, Gino, "Le «società di comodo» e l'atto costitutivo", in *FI*, volume LIX, 1934, I, p. 483.

DE GIORGI, Maria Vita, "Il nuovo diritto degli enti senza scopo di lucro: dalla povertà delle forme codicistiche al groviglio delle leggi speciali", in *RDC*, Ano XLV, 1999, p. 287.

DE GISPERT, Mª Teresa, "Afectación del patrimonio de pequeños empresarios a los riesgos de negocio", in *RDM*, 1982, p. 283.

DE GREGORIO, Alfredo, *Corso di Diritto Commerciale. Imprenditori – Società*, Società Editrice Dante Alighieri, Roma-Napoli-Città di Castello, 1954.

DE MARCO, Filippo, "Le società con un solo socio", in *Dir. Fall.*, volume XXVI--II, 1953, I, p. 13.

DE MARTINI, Angelo, "Attuali prospettive della società per azioni sul piano nazionale e su quello europeo", in *Tema Rom.*, XIX, 1970, p. 445.

DE RITIS, Massimo Rubino, "Gli acquisti immobiliari delle società di capitali prima dell'iscrizione nel registro delle imprese", in *RS,* ano 38°, 1993, p. 602.

DE SEMO, Giorgio, "Figura giuridica e responsabilità dell'unico azionista", in *Dir. Fall.*, volume XXXVI, 1961, I, p. 89.
 – "Sulla teoria del preteso socio o imprenditore occulto", in *Studi in memoria di Tulio Ascarelli*, volume I, Casa Editrice Dott. A. Giuffrè, Milano, 1969, p. 451.

DENOZZA, Francesco, *Responsabilità dei soci e rischio d'impresa nelle società personali*, Dott. A. Giuffrè Editore, Milano, 1973.

DENOZZA, Francesco/PRESTI, Gaetano, "Questioni in tema di «*unico azionista*»", in *GC*, Ano IX, 1982, II, p. 614.

DERRUPPÉ, Jean, "Chroniques de Législation et de Jurisprudence françaises. I. Organisation générale du commerce", in *RTDC*, tomo XXXVIII, 1985, p. 737.

DI BELMONTE, Francesco di Tarsia, "Le società a responsabilità con unico socio", in *Riv. Not.*, Ano L, 1996, I, p. 793.

DI CATALDO, Vincenzo, "I contratti tra la società a responsabilità limitata unipersonale ed il socio único. Prime proposte interpretative", in *GC*, Anno XXII, 1995, I, p. 340.

DI CHIO, Giuseppe, "Simulazione del contratto costitutivo di società di capitali. Il Commento", in *Società*, Ano XI, 1992, n° 8, p. 1092.

DI MAJO, Adolfo, "Il problema del danno al patrimonio", in *RCDP*, Ano II, 1984, n° 2, p. 297.

DI MARCO, Giuseppe, "Applicazione delle direttive negli Stati membri. Commento", in *Società*, Ano X, 1991, n° 2, p. 180.

DI PEPE, Giorgio Schiano, *Il gruppo di imprese*, Quaderni di Giurisprudenza Commerciale, 112, Dott. A. Giuffrè Editore, Milano, 1990.

DI SABATO, Franco, "Riflessioni sparse sui gruppi: direzione unitaria, rapporti

intragruppo, rapporti creditizi di gruppo", in *Riv. dir. imp.*, 1995, p. 243.
- *Manuale delle società*, UTET, Torino, 1999.

DOMINEDÒ, Francesco M., "La costituzione fittizia delle anonime", in *Studi in onore di Cesare Vivante*, volume II, Società Editrice del «Foro Italiano», Roma, 1931, p. 659.

DOMINGUES, Paulo de Tarso, *Do Capital Social. Noção, Princípios e Funções*, Studia Juridica 33, Coimbra Editora, Coimbra, 1998.
- "O regime jurídico das sociedades de capitais em formação", in *Estudos em comemoração dos cinco anos (1995-2000) da Faculdade de Direito da Universidade do Porto*, Coimbra Editora, Coimbra, 2001, p. 965.

DUARTE, Rui Pinto, *Tipicidade e atipicidade dos contratos*, Livraria Almedina, Coimbra, 2000.

DUCOULOUX-FAVARD, Claude, "La société d'un seul, technique de gestion", in *RS*, Ano XVIII, 1973, p. 1263.
- "Société d'un seul, entreprise unipersonnelle", in *Gazz. Palais*, 1990, p. 577.
- "Actionnariat et pouvoir", in *RD*, 1995, p. 177.

DUQUE DOMÍNGUEZ, Justino F., "La escisión de sociedades", in *Estudios de Derecho Mercantil en homenaje a Rodrigo Uría*, Editorial Civitas, Madrid, 1978, p. 125.
- "La 12.ª Directiva del Consejo (89/67/CEE de 21 Deciembre de 1989) sobre la sociedad de responsabilidad limitada de socio único en el horizonte de la empresa individual de responsabilidad limitada", in *Derecho Mercantil de la Comunidade Economica Europeia – Estudios en homenage a José Girón Tena*, Consejo General de los Colegios Oficiales de Corredores de Comercio/Editorial Civitas, Madrid, 1991, p. 241.
- "Recientes desarrollos del Derecho de los Grupos de Sociedades en el Derecho Español", in *Conferências na Faculdade de Direito de Coimbra 1999/2000*, Studia Juridica 48 (*Colloquia 6*), Coimbra Editora, Coimbra, 2000, p. 43.

EBENROTH, Carsten Thomas/WILKEN, Oliver, "Verlustübernahme als Substitut konzernspezifischer Kapitalerhaltung", in *BB*, 1991, Heft 32, p. 2230.

ELÍAS-OSTÚA Y RIPIO, Raúl, "Actualidad de la sociedad unipersonal de responsabilidad limitada", in *CT*, 1986, núm. 56, p. 63.

EMBID IRUJO, José Miguel/MARTÍNEZ SANZ, Fernando, "Libertad de configuración estatutaria en el derecho español de sociedades de capital", in *RDS*, Ano IV, 1996, núm. 7, p. 11.

EMMERICH, Volker/SONNENSCHEIN, Jürgen, *Konzernrecht. Das Recht der verbundenen Unternehmen bei Aktiengesellschaft, GmbH, Personengesellschaften, Genossenschaft, Verein und Stiftung*, 5ª edição, C. H. Beck'sche Verlagsbuchhandlung, München, 1993.

ERSOCH, Massimo, "Da impresa individuale a società unipersonale", in *Il Notaro*, Ano LXXXII, 1994, p. 1.

FABIANI, Massimo, *Società insolvente e responsabilità del socio unico*, Quaderni di Giurisprudenza Commerciale, 145, Casa Editrice Giuffrè, Milano, 1999.

FARINA, Franco, "Società per azioni, unico azionista e impresa unipersonale", in *Giust. Civ.*, Ano XXXIV, 1984, I, p. 3133.

FARINEA, Alfiero, "Sulla natura della responsabilità degli amministratori", in *Nuova Giur. Civ. Com.*, Ano VIII, 1992, I, p. 287.

FARRAR, John H./HANNIGAN, Brenda, *Farrar's Company Law*, with contributions by Nigel E. Furey and Philip Wylie, 4ª edição, Butterworths, London--Edinburg-Dublin, 1998.

FAULTRIER, Jean de/ ROQUET, Patrick, *Entreprise unipersonnelle à responsabilité limitée*, 8ª edição, Collection Encyclopedie Delmas, Dalloz, Paris, 1999.

FAZZALARI, Elio, *Istituzione di diritto processuale*, 5ª edição, CEDAM, Padova, 198

FERNANDES, Luís A. Carvalho, *Teoria Geral do Direito Civil*, volume I, *Introdução. Pressupostos da Relação Jurídica*, 3ª edição revista e actualizada, Universidade Católica Editora, Lisboa, 2001.
– *Teoria Geral do Direito Civil*, volume II, *Fontes, conteúdo e garantia da relação jurídica*, 3ª edição revista e actualizada, Universidade Católica Editora, Lisboa, 2001.

FERNÁNDEZ DE LA GÁNDARA, Luis, *La atipicidad en derecho de sociedades*, Libros Pórtico, Zaragoza, 1977.
– "La Ley de Sociedades de Responsabilidad Limitada: acto final", in *RDS*, Ano III, 1995, núm. 5, p. 11.

FERNÁNDEZ DEL POZO, Luis, "La sociedad de capital de base personalista en el marco de la reforma del Derecho de sociedades de responsabilidad limitada", in *RGD*, Ano L, 1994, p. 5431.

FERRARA Jr., Francesco/CORSI, Francesco, *Gli imprenditori e le società*, 11ª edição, Giuffrè Editore, Milano, 1999.

FERRARI, Emanuele, "La société d'une personne", in *Vita Not.*, Ano XXXVIII, 1986, II, p. 1001.
– "Società unipersonali ed esperienze stranieri", in *Riv. Not.*, Ano XLVI, 1992, I, p. 1401.

FERREIRA, Durval, *Cisão de Sociedades. No direito português e comparado e no projecto do Código das Sociedades*, edição do Autor, Vila Nova de Famalicão, 1985.

FERREIRA, Maria Antónia Prazeres, "Responsabilidade ilimitada do sócio único em caso de falência da sociedade unipessoal por quotas", in *Jornal APOTEC*, Associação Portuguesa de Técnicos de Contabilidade, Março 1999, www.apotec.pt, p. 1.

FERRI, Giovanni B., *Causa e tipo nella teoria del negozio giuridico*, Dott. A. Giuffrè Editore, Milano, 1968.

FERRI, Giuseppe, "Responsabilità dell'unico socio di un'anonima", in *FI*, volume LVII, 1932, I, p. 722.
 – "La società come contratto", in *Studi in memoria di Francesco Ferrara*, volume I, Dott. A. Giuffrè Editore, 1943, p. 259.
 – "Socio sovrano, imprenditore occulto e fallimento del socio nelle società di capitali", in *Studi in onore di Giuseppe Valeri*, volume I, Dott. A. Giuffrè, Milano, 1955, p. 285.
 – *Le società*, in Trattato di Diritto Civile, fondato da Filippo Vassali, volume X, t. III, 2ª edição, UTET, Torino, 1985.
 – *Manuale di Diritto Commerciale*, a cura di Carlo Angelici/Giovanni B. Ferri, 10ª edição, UTET, Torino, 1999.

FERRI Jr., Giuseppe, "Tutela preventiva dell'impresa e atti in nome do società non iscritta", in *Studi Mat.*, 4, 1992-1995, p. 3.

FERRO-LUZZI, Paolo, *I contratti associativi*, Dott. A. Giuffrè Editore, 1971.
 – "La nozione di scissione", in *GC*, Ano XVIII, 1991, I, p. 1003.

FERRO-LUZZI, Paolo/ MARCHETTI, Piergaetano, "La disciplina del gruppo creditizio", in *RS*, Ano 37°, 1992, p. 786

FESSLER, Helmut, "La società composta da un solo socio. Esperienze dal punto di vista tedesco", in *Impresa e Società. Nuove tecniche comunitarie*, Giornate di studio 12 – Campione d'Italia 11 Maggio 1991, Giuffrè Editore, Milano, 1991, p. 155.

FEZER, Karl-Heinz, "Die Einmanngründung der GmbH", in *JZ*, 1981, p. 608.

FIGUEIRA, Eliseu, "Disciplina jurídica dos grupos de sociedades", in *CJ*, Ano XV, 1990, tomo IV, p. 35.

FLECK, Hans-Joachim, "Die Rechtsprechung des Bundesgerichtshofes zum Recht der verbundenen Unternehmen", in *WM*, 1990, p. 1205.

FLORES, Gilles/MESTRE, Jacques, "L'entreprise unipersonnelle à responsabilité limitée", in *Rev. Soc.*, 104° Ano, 1986, p. 15.

FLUME, Werner, "Die werdende juristische Person", in *Festschrift für Ernst Gessler*, Verlag Franz Vahlen, München, 1971.

– "Die Gründung der Einmann-GmbH nach der novelle zum GmbH--Gesetz", in *DB*, 1980, Heft 37, p. 1781.
– "Zur Enträtselung der Vorgesellschaft", in *NJW*, 1981, Heft 33, p. 1753.
– "Die GmbH-Einmanngründung", in *ZHR*, 146, 1982, p. 205.

FORTUNATO, Sabino, "L'armonizzazione comunitaria del diritto societario: tecniche e metodologie", in *Società*, Ano XII, 1993, n° 7, p. 901.
– "Il diritto societario in prospettiva europea: principi generali e ricadute comunitarie", in *RS*, ano 39°, 1994, p. 426.

FRANCESCHELLI, Vincenzo/LEHMANN, Michael, "Superamento della personalità giuridica e società collegate: sviluppi di diritto continentale", in *Responsabilità limitata e gruppi di società*, Dott. A. Giuffrè Editore, Milano, 1987, p. 69.

FRANZONI, Massimo, "La responsabilità civile degli amministratori di società di capitali", in *Trattato di Diritto Commerciale e di Diritto Pubblico dell'Economia*, volume XIX, CEDAM, Padova, 1994, p. 1.

FRÈ, Giancarlo, *Società per azioni. Art. 2325-2461*, in Commentario del Codice Civile a cura di Antonio Scialoja e Giuseppe Branca, Libro quinto – Del Lavoro, 5ª edição, Nicola Zanichelli Editore/Soc. Ed. Del Foro Italiano, Bologna/Roma, 1982.

FRÈ, Giancarlo/SBISA, Giuseppe, *Della società per azioni. Art. 2325-2409*, tomo I, in Commentario del Codice Civile Scialoja-Branca, a cura di Francesco Galgano, 6ª edição, Nicola Zanichelli Editore/Soc. Ed. del Foro Italiano, Bologna / Roma, 1997.

FULLER, Warner, "The incorporated individual: a study of the one-man company", in *HarvardLR*, volume LI, 1937-38, p. 1373.

FURTADO, Jorge Pinto, *Código Comercial Anotado. Das Sociedades em especial*, volume II, t. II, artigos 179° a 206°, Livraria Almedina, Coimbra, 1986.
– *Código das Sociedades Comerciais*, Índice ideográfico – Notas – Legislação complementar, 3ª edição, Livraria Almedina, Coimbra, 1989.
– *Deliberações dos sócios. Comentário ao Código das Sociedades Comerciais*, Livraria Almedina, Coimbra, 1993.
– *Curso de Direito das Sociedades*, 3ª edição, Livraria Almedina, Coimbra, 2000.

FUSARO, Andrea, "S.r.l. con unico socio persona giuridica", in *Vita Not.*, 1994, p. 1477.

GÄBELEIN, Wolfgang, "Definition eines qualifizierten faktischen Konzerns", in *AG*, 1990, p. 185.

GALGANO, Francesco, "Struttura logica e contenuto normativo del concetto di persona giuridica", in *RDC*, volume I, 1965, p. 553.
- *"Il costo della persona giuridica"*, in *RS*, Ano XIII, 1968, p. 1.
- *Delle persone giuridiche (sub art. 11-35)*, in Commentario del Codice Civile, a cura di Antonio Scialoja e Giuseppe Branca, Nicola Zanichelli Editore/Soc. Ed. Del Foro Italiano, Bologna/Roma, 1969.
- "Persona giuridica e no", in *RS*, Ano XVI, 1971, p. 50.
- "La società per azioni e classi sociali", in *RS*, Ano XVII, 1972, p. 941.
- *Il contratto di società. Le società di persone*, Nicola Zanichelli, Bolonha, 1973.
- *Storia del diritto commerciale*, Società Editrice Il Mulino, Bologna, 1980.
- "La società e lo schermo della personalità giuridica", in *GC*, Ano X, 1983, I, p. 5.
- "Le mobili frontiere del danno ingiusto", in *CI*, 1985, p. 1.
- "L'abuso della personalità giuridica nella giurisprudenza di merito (e negli «obter dicta» della Cassazione), in *CI*, 1987, p. 365.
- *La società per azioni*, in Trattato di Diritto Commerciale e di Diritto Pubblico dell'Economia, volume VII, 2ª edição, CEDAM, Padova, 1988.
- "Persona giuridica", in *Digesto. Discipline privatistiche. Sezione civile*, volume XIII, UTET, Torino, 1995, p. 392.
- "Contratto e persona giuridica nelle società di capitali", in *CI*, 1996, p. 1.
- *Diritto Privato,* 9ª edição, CEDAM, Padova, 1996.
- *Diritto Commerciale. 2. Le società,* Contratto di società. Società di persone. Società per azioni. Altre società di capitali. Società cooperative, Nicola Zanichelli, Bologna, 1996/97.
- "Contrattualismo e no per le società di capitali", in *CI*, 1998, p. 1.
- *Diritto civile e commerciale. L'impresa e le società. Le società di capitali e le cooperative*, volume III, t. 2, 3ª edição, CEDAM, Padova, 1999.

GAMBINO, Agostino, *Il principio di correttezza nell'ordinamento delle società per azioni (abuso di potere nel procedimento assembleare)*, Dott. A. Giuffrè Editore, Milano, 1987.

GARCÍA-CRUCES GONZÁLEZ, José Antonio, *La sociedad de capital en formación*, Aranzadi Editorial, Pamplona, 1996.

GARCÍA COLLANTES, José Manuel, "Sociedad unipersonal de responsabilidad limitada", in *La sociedad de responsabilidad limitada*, tomo I, Colegios Notariales de España, 1995, p. 541.

GARDEAZÁBAL DEL RÍO, Francisco Javier, "La Sociedad de Responsabilidad Limitada antes de la inscripción en el Registro Mercantil: la sociedad en formación y la sociedad irregular", in GARRIDO DE PALMA, Víctor M. [et all.], *La sociedad de responsabilidad limitada*, tomo I, Editorial Trivium, Madrid, 1996, p. 199.

GARRIGUES, Joaquin/URÍA, Rodrigo, *Comentario a la Ley de Sociedades Anónimas*, tomos I e II, 3ª edição, revista, corrrigida e actualizada por Aurelio Menendez/Manuel Olivencia, Imprenta Aguirre, Madrid, 1976.

GASPERONI, Nicola, *La trasformazione delle società*, Dott. A. Giuffrè Editore, Milano, 1952.

Gazzetta Notarile, "Modalità di redazione del «verbale» notarile delle deliberazioni assembleari nella società a responsabilità limitata unipersonale", Contributi di Studio, Ano XVIX, 1994, p. 1160.

GELATO, Elena, "«Gruppi» e «società unipersonali»: note sulla limitazione di responsabilità nelle s.r.l. monosocio", in *GC*, Ano XXIII, 1996, I, p. 674.

GERMAIN, Michel, "La société par actions simplifiée", in *Sem. Jur.*, Général, 1994, n° 12, p. 3749.
– "La SAS libérée. L. n° 99-587, 12 juill. 1999, art. 3", in *Sem. Jur.*, Entreprise et Affaires, 1999, n° 39, p. 1505.

GESSLER, Ernst, "Die GmbH-Novelle", in *BB*, 1980, Heft 27, p. 1385.

GITTI, Gregorio, "Il contratto in frode alla legge: itinerari della giurisprudenza", in *RCDP*, Ano VII, 1989, n° 4, p. 697.

Giurisprudenza Commerciale, "Dodicesima direttiva CEE in materia societaria", in *GC*, Ano XVII, 1990, I, p. 330.

GOETTE, Wulf, "Haftungsvoraussetzungen im qualifiziert faktischen Konzern", in *DStR*, 1993, Heft 15/16, p. 568.

GOMES, Nuno Sá, "Notas sobre a função e regime jurídico das pessoas colectivas públicas de direito privado", in *CTF*, nos 343/345, 1987, p. 7.

GRAZIANI, Alessandro, "La società a responsabilità limitata", in *Scritti Giuridici in onore di Antonio Scialoja*, volume II, Diritto Commerciale e Industriale, Nicola Zanichelli Editore, Bologna, 1953, p. 419.
– *Diritto delle Società*, Morano Editore, Napoli, 1963.

GRAZIANI, Alessandro/ MINERVINI, Gustavo/BELVISO, Umberto, *Manuale di Diritto Commerciale*, 2ª edição, Morano Editore, Napoli, 1994.

GRECO, Paolo, "Le società di «comodo» e il negozio indiretto", in *RDComm.*, volume XXX, 1930, I, p. 757.

GRECO, Vincenzo, "Le *Anstalten* del Liechtenstein nell'ordinamento italiano", in *BBT*, Ano XXXIV, 1971, I, p. 216.
– "L'abuso dello schermo societario. Profili di responsabilità", in *Dir. Imp.*, 1984, p. 171.

GRIECO, Antonio, "Il conflitto di interessi in generale e nell'ambito dei gruppi di società", in *Giust. Civ.*, Ano XLI, 1991, II, p. 141.

GRIER, Nicholas, *UK Company Law*, John Wiley & Sons, Chichester-New York--Weinheim-Brisbane-Singapore-Toronto, 1998.

GRIPPO, Giovanni, "L'assemblea nella società per azioni", in *Trattato di Diritto Privato*, diretto da Pietro Rescigno, 16, Impresa e Lavoro, t. II, UTET, Torino, 1985, p. 357.

GRISOLI, Angelo, "La disciplina delle società di persone ridotte a un solo socio", in *RDComm.*, Ano LXIV, 1966, I, p. 180.
- "Sociedades unipersonales y empresa individual de responsabilidad limitada", in *Libro-Homenage a la memoria de Roberto Goldschmidt*, Universidad Central de Venezuela, Facultad de Derecho, Caracas, 1967, p. 429.
- "Unipersonalità, patrimonio separato, impresa individuale a responsabilità limitata e problemi afini", in *RTDPC*, Ano XXI, 1967, p. 286 (depois reproduzido como "L'impresa individuale a responsabilità limitata", in *Impresa e Società. Scritti in memoria di Alessandro Graziani*, volume terzo, Morano Editore, Napoli, 1968, p. 893).
- "Società unipersonali e società di «comodo»", in *RS*, Ano XIII, 1968, p. 17.
- "Fondazioni ed istituzioni autonome unipersonali, imprese individuali a responsabilità limitata e società com un solo socio (L'esperienza del Liechtenstein)", in *BBT*, Ano XXXII, 1969, I, p. 568.
- "Premisas al estudio comparado de las sociedades com un solo socio", in *Libro-Homenaje a la memoria de Lorenzo Herrera Mendoza*, volume II, Caracas, 1970, p. 2.
- *Le società con un solo socio*, CEDAM, Padova, 1971.
- "Impresa individuale a responsabiità limitata e la sua configurabilità come patrimonio di destinazione", in *Studi in onore di Giuseppe Grosso*, volume quinto, G. Giappichelli Editore, Torino, 1972, p. 905.
- "La società con un solo socio", in *I grandi problemi della società per azioni nelle legislazioni vigenti*, M. Rotondi: Inchieste di Diritto Comparato, CEDAM, Padova, 1976, p. 423.

GROSS, Thomas, "La GmbH & Co.KG – forme particulière de société de droit allemand: structure, fonctionnement et régime fiscal", in *Rev. Soc.*, 90° Ano, 1972, p. 657.

GUERRERA, Fabrizio, "La s.r.l. con unico socio. Osservazioni sparse", in *La società a responsabilità limitata con unico socio*, Seminario di Studio, Messina, 8 maggio 1993, Dott. A. Giuffrè Editore, Milano, 1994, p. 49.

GUIDA, Paolo, "Società di capitali irregolare: prospettive nuove per un vecchio problema", in *Riv. Not.*, Ano XXXVII, 1983, II, p. 508.

GUI MORI, Tomas, "La sociedad unipersonal. Comentario a la Resolución de 21 de Junio de 1990 DGRN", in *La Ley*, 1990, 4, p. 886.

GUYON, Yves, "Présentation générale de la société par actions simplifiée", in *Rev. Soc.*, 112° Ano, 1994, n° 2, p. 207.
- *Droit des Affaires. 1. Droit commercial général et Sociétés*, 10ª edição, Ed. Economica, Paris, 1998.

HABERLANDT, Helmut, "Zur Problematik der Durchgriffshaftung. Identität und Durchgriff", in *BB*, 1980, Heft 17, p. 847.

HAHN, Jürgen, "«Kleine AG», eine rechtspolitische Idee zum unternehmerischen Erfolg", in *DB*, 1994, Heft 33, p. 1659.

HEINRICH, Helmut, "Kapitel. Die Entstehung der Gesellschaft. § 10. Besonderheiten der Einpersonen-Gründung", in HANS-JOACHIM PRIESTER/DIETER MAYER, *Münchener Handbuch des Gesellschaftsrechts, Band 3 – Gesellschaft mit beschränkter Haftung*, C.H. Beck'sche Verlagsbuchhandlung, München, 1996, p. 92.

HERRERO MORO, Guillermo/ FERNÁNDEZ DEL POZO, Luiz/ GONZÁLEZ DEL VALLE GARCIA, F. Javier, "El empresario individual de responsabilidad limitada: ventajas, problemas, soluciones", in *RCDI*, Ano LXVI, 1990, p. 15.

HEYDT, Eduard von der, "Die Haftung im qualifizierten faktischen Konzern", in *DStR*, 1992, Heft 5, p. 147.

HILL, Norbert/SCHÄFFER, Berthold, "Das Stehenlassen von Gesellschafterdarlehen bis zum Eintritt der Krise, in *BB*, 1989, Heft 7, p. 458.

HORN, Norbert, "L'entreprise personelle à responsalitée limitée. L'experience allemande", in *RTDC*, tomo XXXVII, 1984, p. 1.

HÖRSTER, Heinrich Ewald, *A parte geral do Código Civil português. Teoria geral do direito civil*, reimpressão da edição de 1992, Livraria Almedina, Coimbra, 2000.

HOUIN, Roger,"Le IIIe Congrès des S.A.R.L.", in *RTDC*, tomo III, 1950, p. 196.
– "La limitation de la responsabilité dans les entreprises commerciales et les moyens de parer à ses dangers. Discussion", in *TAss.HC*, 1957, tomo IX, p. 167.
– "Les groupes de sociétés en droit français", in *Groups of Companies in European Laws. Legal and Economic Analyses on Multinational Enterprises*, volume II, edited by Klaus J. Hopt, Walter de Gruyter, Berlin-New York, 1982, p. 45.

HUBER, Ulrich, "Die Vorgesellschaft mit beschränkter Haftung – de lege ferenda betrachtet", in *Fetschrift für Robert Fischer*, Walter de Gruyter, Berlin-New York, 1979, p. 263.

HUECK, Götz, *Gesellschaftsrecht*, 19ª edição, C.H. Beck'sche Verlagsbuchhandlung, München, 1991.
– "Erster Abschnitt. Errichtung der Gesellschaft", in ADOLF BAUMBACH/ALFRED HUECK, *GmbH-Gesetz: Gesetz betreffend die Gesellschaften mit beschränkter Haftung*, 16ª edição, Verlag C.H. Beck, München, 1996, p. 14.
– "Zweiter Abschnitt. Rechtsverhältnisse der Gesellschaft und der Gesellschafter", in ADOLF BAUMBACH/ALFRED HUECK, *GmbH-Gesetz:*

Gesetz betreffend die Gesellschaften mit beschränkter Haftung, 16ª edição, Verlag C.H. Beck, München, 1996, p. 174.

HÜFFER, Uwe, "Vorgesellschaft, Kapitalaufbringung und Drittbeziehungen bei der Einmanngründung – Rechtsfragen nach dem Entwurf der Bundesregierung zur Änderung des GmbHG", in *ZHR*, 142, 1978, p. 486.
– "Zuordnungsprobleme und Sicherung der Kapitalaufbring bei der Einmanngründung der GmbH", in *ZHR*, 145, 1981, p. 521.
– *Gesellschaftsrecht*, 4ª edição, C.H. Beck'sche Verlagsbuchhandlung, München, 1996.
– "Dritter Abschnitt. Vertretung und Geschäftsführung. § 47. Abstimmung", in MAX HACHENBURG, *Gesetz betreffend die Gesellschaften mit beschränkter Haftung (GmbHG) – Grokommentar*, herausgegeben von Peter Ulmer, Zweiter Band, 8ª edição, Walter de Gruyter, Berlin/New York, 1997, p. 61.

IACCARINO, Giancarlo, "Le società unipersonali «il giorno diopo»", in *Società*, Ano XII, 1993, n° 5, p. 681.

IBBA, Carlo, "Scissione, scorporo e società unipersonali", in *RDC*, Ano XXXVII, 1991, II, p. 693.
– *Le società «legali»*, UTET, Torino, 1992.
– "Gli statuti singolari", in *Trattato delle società per azioni*, diretto da G. E. Colombo e G. B. Portale, volume 8, t. 2, UTET, Torino, 1992, p. 625.
– "Società unipersonali", in *Enciclopedia Giuridica Trecanni*, Istituto della Enciclopedia Italiano, volume XXIX, Roma, 1994.
– *La società a responsabilità limitata con un solo socio*, G. Giappichelli Editore, Torino, 1995.
– "S.r.l. unipersonale e responsabilità del fondatore: dalla giurisprudenza tedesca alla legge italiana", in *GC*, Ano XXIII, 1996, I, p. 611.
– "La s.r.l. unipersonale fra alterità soggettiva e separazione patrimoniale", in *Studi in onore di Pietro Rescigno*, IV – Diritto Privato, 3. Impresa, società e lavoro, Dott. A. Giuffrè Editore, Milano, 1998, p. 249.

IEVA, Marco, "In tema di responsabilità dell'unico azionista", in *Riv. Not.*, Ano XXXVIII, 1984, II, p. 653.
– "Le società a responsabilità limitata unipersonali:profili organizativi e applicativi", in *Riv. Not.*, Ano XLVIII, 1994, I, p. 571.

IGLESIAS PRADA, Juan Luis, "La sociedad unipersonal y el Proyecto de Ley de Sociedades de Responsabilidad Limitada", in *La reforma de la sociedad de responsabilidad limitada*, Consejo General de los Colegios Officales de Corredores de Comercio, Coordinadores: Rafael Bonardell Lenzano/Javier Mejías Gómez/Ubaldo Nieto Carol, Editorial Dykinson, Madrid, 1994, p. 907.
– "La sociedad de responsabilidad limitada unipersonal", in *Tratando de la*

Sociedad Limitada, coordinador Cándido Paz-Ares, Fundación Cultural del Notariato, Madrid, 1997, p. 999.

IMMENGA, Ulrich, *Die personalistische Kapitalgesellschaft*, Athenäum Verlag-
-Bad Homburg v.d.H., Manheim, 1970.

INZITARI, Bruno, "La «vulnerabile» persona giuridica", in *CI*, 1985, p. 679.
- "La limitazione di responsabilità dell'único socio nella proposta CEE di società unipersonale. Il commento", in *Corr. Giur.*, Ano V, 1988, p. 1321.

ISCHER, Roger, *Vers la responsabilité limitée du commerçant individuel*, Lausanne, 1939.

IUDICA, Giovanni, "La direttiva CEE sulla «società a responsabilità limitata con un unico socio", in *RS*, Ano 33°, 1988, p. 814.
- "Società di comodo", in *Quad.*, 1988, n° 1, p. 147.
- "La direttiva CEE sulla società a responsabilità limitata con socio unico", in *RS*, Ano 34°, 1989, p. 1256.
- "La limitazione di responsabilità dell'unico socio nella disciplina comunitaria. Il commento", in *Corr. Giur.*, Ano VII, Maio 1990, p. 515.
- "La società unipersonale e l'impresa individuale a responsabilità limitata", in *Impresa e Società. Nuove tecniche comunitarie*, Giornate di studio 12 – Campione d'Italia 11 Maggio 1991, Giuffrè Editore, Milano, 1991, p. 145.

JAEGER, Pier Giusto, *L'interesse sociale*, Milano, Dott. A. Giuffrè Editore, 1964.
- "Sull'intestazione fiduciaria di quote di società a responsabilità limitata", in *GC*, Ano VI, 1979, I, p. 181.
- "«Direzione unitaria» di gruppo e responsabilità degli amministratori", in *RS*, Ano 30°, 1985, p. 817.
- "Il problema delle convenzioni di voto", in *GC*, Ano XVI, 1989, I, p. 201.
- "Problemi attuali delle privatizzazioni in Italia", in *GC*, Ano XIX, 1992, I, p. 989.
- "Cassazione e contrattualismo societario: un incontro?", in *GC*, Ano XXIII, 1996, II, p. 334.

JAEGER, Pier Giusto/DENOZZA, Francesco, *Appunti di diritto commerciale. I. Impresa e Società*, 4ª edição, Dott. A. Giuffrè Editore, Milano, 1997.

JIMÉNEZ SÁNCHEZ, Guillermo J., "La sociedad anónima en formación y la sociedad irregular", in *Derecho Mercantil de la Comunidad Economica Europeia – Estudios en homenage a José Girón Tena*, Consejo General de los Colegios Oficiales de Corredores de Comercio/Editorial Civitas, Madrid, 1991, p. 665.

JIMÉNEZ SÁNCHEZ, Guillermo J./DÍAZ MORENO, Alberto, *Sociedad unipersonal de responsabilidad limitada*, Comentario al regimen legal de las sociedades mercantiles, tomo XIV, volume 5°, dirigido por Rodrigo Uría/Aurelio Menéndez/Manuel Olivencia, Editorial Civitas, Madrid, 1998.

JOHN, Uwe, "Zur Problematik der Vor-GmbH, insbesondere bei der Einmann--Gründung", in *BB*, 1982, Heft 9, p. 505.

JUGLART, Michel de/IPPOLITO, Benjamin, *Cours de Droit Commercial avec travaux dirigés et sujets d'examen. Les sociétés commerciales*, segundo volume, Montchrestien, Paris, 1992.

JUSTO, António Santos, *As Acções do Pretor*, edição policopiada, Coimbra, 1990.

KALLMEYER, Harald, "Das neue Umwandlungsgesetz", in *ZIP*, 1994, Heft 22, p. 1746.

KHALER, Ulrich, "Die Haftung des Gesellschafters im Falle der Unterkapitalisierung einer GmbH", in *BB*, 1985, Heft 22, p. 1429.

KINDLER, Peter, "Gläubigerschutz im qualifizierten faktischen Einmann-GmbH--Konzern", in *JuS*, 1992, p. 636.
– "Die Aktiengesellschaft für den Mittelstand", in *NJW*, 1994, Heft 47, p. 3041.

KNOBBE-KEUK, Brigitte, "Zum Erdbeden «Video»", in *DB*, 1992, Heft 29, p. 1461.

KOCH, Wolfgang, *Das Unternehmensinteresse als Verhaltensmaßstab der Aufsichtsratsmitglieder im mitbestimmten Aufsichtsrat einer Aktiengesellschaft*, Verlag Peter Lang, Frankfurt am Main-Bern-New York, 1983.

KONOW, Karl Otto, "Zum Problem der Gründung einer Einmann-GmbH", in *GmbHR*, 1967, p. 143.

KOPPENSTEINER, Hans-Georg, "Dritter Abschnitt. Vertretung und Geschäftsführung", in HEINZ ROWEDDER/HANS FUHRMANN/FRITZ RITTNER [et all.],*GmbHG – Gesetz betreffend die Gesellschaften mit beschränkter Haftung*, 3ª edição, Verlag Franz Vahlen, München, 1997, p. 737.

KRONKE, Herbert, "Società di persone e a responsabilità limitata come articolazioni di un gruppo di società: problemi e orientamenti nel diritto tedesco", in *CI*, 1987, p. 468.

KUHN, Georg, "Haften die GmbH-Gesellschafter für Gesellschaftsschulden persönlich?", in *Festschrift für Robert Fischer*, Walter de Gruyter, Berlin-New York, 1979, p. 351.

KHUN, Ottmar, *Strohmanngründung bei Kapitalgesellschaften*, J.C.B. Mohr (Paul Siebeck), Tübingen, 1964.

KÜBLER, Friedrich, *Gesellschaftsrecht*, 5ª edição, C.F. Müller Verlag, Heidelberg, 1998.

KUSTERMANN, Fabrizio, "Osservazioni sulla s.r.l. unipersonale italiana", in *Società*, Ano XII, 1993, n° 6, p. 733.

LA ROSA, Antonio Pavone, "Società a responsabilità limitata costituita da una sola persona? Società a responsabilità limitata a tempo indeterminato?", in *RTDPC*, Ano IV, 1950, p. 394.
 – *Il registro delle imprese. Contributo alla teoria della pubblicità*, Dott. Antonino Giuffrè Editore, Milano, 1954.
 – "La teoria dell'«imprenditore occulto» nell' opera di Walter Bigiavi", in *RDC*, Ano XIII, 1967, I, p. 623.

LABAREDA, João, "Sociedades irregulares – algumas reflexões", in *Novas Perspectivas do Direito Comercial*, Livraria Almedina, Coimbra, 1988, p. 177.

LAGARDE, M. G., "La limitation de la responsabilité dans les entreprises commerciales et les moyens de parer à ses dangers. Rapport sur le droit français", in *TAss.HC*, tomo IX, 1957, p. 69.

LAMBERT-FAIVRE, Yvonne, "L'entreprise et ses formes juridiques", in *RTDC*, tomo XXI, 1968, p. 907.

LANDOLFI, Silvestro, "Validità, invalidità ed efficacia delle delibere assembleari", in *Società*, Ano XI, 1992, n° 9, p. 1175.

LARENZ, Karl, *Metodologia da Ciência do Direito*, 2ª edição, Fundação Calouste Gulbenkian, Lisboa, 1983.

LAURINI, Filippo, "La verbalizzazione delle delibere assembleari", in *Società*, Ano XII, 1993, n° 1, p. 11.

LAURINI, Giancarlo, "L'impresa individuale a responsabilità limitata e il superamento della personalità giuridica della società di capitali", in *Riv. Not.*, Ano XXVIII, 1974, I, p. 1.

LEBLOND, Jean, "De la réunion de toutes les parts ou actions d'une société entre les mains d'une seule personne au point de vue juridique et fiscal", in *RTDC*, 16° Ano, 1963, p. 417.

LEVI, Augusto J., "From one-man company to commercial foundation", in *Annuario Dir. Comp.*, volume XLI, 1967, p. 261.

LEVI, Giulio, "Sulla assoggettabilità al fallimento di società di capitali non iscritte", in *RDComm.*, Ano LXXVII, 1979, I, p. 15.

LIEBMAN, Enrico Tulio, *Manuale di Diritto Processuale Civile. Principi*, 5ª edição, Dott. A. Giuffrè Editore, Milano, 1992.

LIEVI, Giulio, "Sulla assoggettabilità al fallimento di società di capitali non iscritte", in *RDComm.*, Ano LXXVII, 1979, I, p. 15.

LIMA, Pires de/VARELA, Antunes, *Código Civil Anotado*, com a colaboração de

M. Henrique Mesquita, volume I, 4ª edição revista e actualizada, Coimbra Editora, Coimbra, 1987.

LIMBACH, Jutta, *Theorie und Wirklichkeit der GmbH*, Duncker & Humblot, Berlin, 1966.

LINDE, Jens, "Modificate le leggi societarie danesi", in *Società*, Ano XII, 1993, nº 8, p. 1135.

LO CASCIO, Giovanni, "La responsabilità dell'amministratore di fatto della società di capitali", in *GC*, Ano XIII, 1986, I, p. 189.
- "I gruppi di imprese: problemi di diritto sostanziale", in *Giust. Civ.*, Ano XLIV, 1994, II, p. 263.
- "Sull'abuso della personalità giuridica qualcosa si muove: recenti profili interpretativi nella giurisprudenza di merito", in *Giust. Civ.*, Ano XLVI, 1996, I, p. 1809.

LÓPEZ PARDIÑAS, Manuel, "Sociedad de Responsabilidad Limitada Unipersonal", in *Sociedades de Responsabilidad Limitada*, coordinador Javier Gimeno Gómez-Lafuente, Ilustre Colegio Notarial de Bilbao, Registradores de la Propiedad y Mercantiles del País Vasco, Aranzadi Editorial, 1997, p. 125.

LUCENA e VALE, "Sociedades Unipessoais", in *RNRP*, Ano 28º, 1955, nº 2, p. 17.

LUTTER, Marcus, "Dieci anni di diritto tedesco dei gruppi: valutazione di un'esperienza", in *RS*, Ano XX, 1975, p. 1295.
- "Zivilrechtliche Haftung in der Unternehmensgruppe", in *ZGR*, 1982, p. 244.
- "Die Entwicklung der GmbH in Europa und in der Welt", in *Festschrift 100 Jahre GmbH-Gesetz*, herausgegeben von Marcus Lutter/Peter Ulmer/Wolfgang Zöllner, Verlag Dr. Otto Schmidt, Köln, 1992, p. 49.
- "Das neue «Gesetz für kleine Aktiengesellschaften und zur Deregulierung des Aktienrechts", in *AG*, 1994, p. 429.
- "Haftungsrisiken bei der Gründung einer GmbH", in *JuS*, 1998, p. 1073.

LUTTER, Marcus/HOMMELHOFF, Peter, "Il diritto delle imprese e delle società nella Repubblica Federale Tedesca (1980-1984)", in *RS*, Ano 31º, 1986, p. 112.
- *GmbH-Gesetz Kommentar*, 14ª edição, Verlag Dr. Otto Schmidt, Köln, 1995.

MACCHIARELLI, Pasquale, "La s.r.l. unipersonale", in *Riv. Not.*, Ano XLVIII, 1994, I, p. 983.

MACHADO, João Baptista, "Tutela da confiança e «venire contra factum proprium»", in *Obra dispersa*, volume I, Braga, 1991, p. 345.
– *Introdução ao Direito e ao discurso legitimador*, Livraria Almedina, Coimbra, 1995.

MACHADO, José Pedro, *Dicionário etimológico da língua portuguesa*, 1ª edição, s/d.

MACHADO, Sylvio Marcondes, *Limitação da responsabilidade de comerciante individual*, São Paulo, 1956.

MAGALHÃES, Barbosa de, "As Sociedades unipessoais à face da Legislação Portuguesa", in *RFDUSP*, 1948, Volume XLIII, p. 26 (reproduzido in *JF*, Ano 14, 1950, p. 241; Ano 15, 1951, p. 5).

MAGGIORE, "Osservazioni e proposte sullo schema di disegno di legge per la riforma delle società commerciale", in *Dir. Fall.*, volume XLI, 1966, I, p. 159.
– "Nota a Bundesgerichtshof, 28 giugno 1966", in *Dir. Fall.*, volume XLII, 1967, II, p. 237.
– "Il rapporto unisoggettivo nell'ambito dell'organizzazzione e del rapporto organico (istituti bancari, enti pubblici, società)", in *Dir. Fall.*, volume XLII, 1967, I, p. 16.
– "Azionista unico può essere anche una società di capitali", in *Dir. Fall.*, volume LVII, 1982, II, p. 279.
– "Socio tirano, azionista unico e persistenza della personalità giuridica", in *Dir. Fall.*, volume LVII, 1982, II, p. 302.
– "Appartenenza e titolarità della società dominante ai sensi dell'art. 2362 c.c.", in *Dir. Fall.*, volume LVIII, 1983, II, p. 112.
– "Il falso problema dell'imprenditore occulto", in *Vita Not.*, 1983, II, p. 1338.
– "Rinascita dello scopo lucrativo nelle società", in *Dir. Fall.*, Ano LXVI-II, 1993, I, p. 193.
– "Il legislatore funambolo e la società a responsabilità limitata", in *Dir. Fall.*, Ano LXVIII, 1993, I, p. 573.
– "Revisione critica del concetto di personalità giuridica e fallimento dell'unico socio: la realtà virtuale", in *Dir. Fall.*, Ano LXIX, 1994, II, p. 295.

MAIA, Pedro, *Função e funcionamento do Conselho de Administração da sociedade anónima*, Dissertação de Mestrado, Faculdade de Direito da Universidade de Coimbra, Coimbra, 1994.
– "Tipos de Sociedades Comerciais", in *Estudos de Direito das Sociedades*, sob a coordenação de J. M. Coutinho de Abreu, 4ª edição, Livraria Almedina, Coimbra, 2001, p. 7.
– "Deliberações dos sócios", in *Estudos de Direito das Sociedades*, sob a coordenação de J. M. Coutinho de Abreu, 4ª edição, Livraria Almedina, Coimbra, 2001, p. 171.

MAITLAND, F. W., "The corporation sole", in *LQR*, volume XVI, 1900, p. 335.

MAJO, Luigi, "Assemblea con unico azionista e proposta di concordato fallimentare in una società per azioni", in *Dir. Giur.*, volume VII, 1951, p. 206.

MANARA, Ulisse, *Delle società e delle associazioni commerciali*, Parte generale. I. Definizione e requisiti essenziali del contratto di società commerciale. Diverse specie di società commerciali, UTET, Torino, 1902.
– "La pretesa personalità giuridica di una così detta società anonima con un solo azionista", in *RDComm.*, volume IX, 1911, I, p. 1059.

MANDRIOLI, Crisanto, *Corso di Diritto Processuale Civile. II. Il processo di cognizione*, G. Giappichelli Editore, Torino, 1991.

MANGINI, Vito, "Società con un unico azionista: recenti sviluppi giurisprudenziali e prospettive", in *GC*, Ano XI, 1984, I, p. 681.

MARASÁ, Giorgio, *Le "società" senza scopo di lucro*, Dott. A. Giuffrè Editore, Milano, 1984.
– *Le società. Società in generale*, Trattato di Diritto Privato, a cura di Giovanni Iudica e Paolo Zatti, Giuffrè, Milano, 1991.
– "Su una proposta di riforma dell'art. 2247 c.c. La nuova nozione di società", in *GC*, Ano XIX, 1992, I, p. 1005.
– "Nuovi confini della trasformazione e della fusione nei contratti associativi", in *RDC*, Ano XL, 1994, I, p. 311.

MARCHETTI, Piergartano, "In tema di assemblea e proroga di società ridotta ad unico socio", in *RDC*, Ano XI, 1965, II, p. 149.

MARCOS, Rui Manuel de Figueiredo, *As companhias pombalinas. Contributo para a história das sociedades por acções em Portugal*, Livraria Almedina, Coimbra, 1997.

MARTENS, Klaus-Peter, "Das Konzernrecht nach dem Referentenentwurf eines GmbH-Gesetzes", in *DB*, 1970, nr. 18, Teil I, p. 813, nr. 19, Teil II, p. 865.

MARTIN, Pascal/CASERTANO, Gaetano, "La società unipersonale nel diritto lussemburghese", in *Società*, Ano XIII, 1994, n° 1, p. 125.

MARTÍN ROMERO, Juan Carlos, "La sociedad unipersonal de responsabilidad limitada", in *RGD*, Ano L, 1994, p. 5553.
– "La sociedad unipersonal de responsabilidad limitada", in *La empresa familiar ante el derecho. El empresario individual y la sociedad de caracter* familiar, Seminario organizado por el Consejo General del Notariado en la UIMP, Editorial Civitas, Madrid, 1995, p. 115.

MARTINS, António Carvalho, *Responsabilidade dos administradores ou gerentes por dívidas de impostos*, Coimbra Editora, Coimbra, 1999.

MARTINS, José Pedro Fazenda, *Os efeitos do registo e das publicações obri-*

gatórias na constituição das sociedades comerciais, Lex, Lisboa, 1994.

MASSAMORMILE, Andrea Pisani, "Prime riflessioni sulla s.r.l. unipersonale", in *Riv. dir. imp.*, 1994, p. 387.

MASTROGIACOMO, Massimo, "Le società unipersonali: problemi operativi", in *Riv. dott. comm.*, Ano XLV, 1994, p. 729.

MATOS, Albino, "A documentação das deliberações sociais no Projecto de Código das Sociedades", in *RN*, 1986, n° 1, p. 43.

– *Constituição de sociedades*, 4ª edição, Livraria Almedina, Coimbra, 1998.

MAYER, Dieter, "Die Haftung im qualifizierten und faktischen GmbH-Konzern unter besonderer Berücksichtitung des «Video-Urteils» des BGH vom 23.9.1991", Teil 2, *DStR*, 1992, Heft 23, p. 791.

MAYRHOFER, Thomas, *Französische und deutsche Einmann-GmbH*, C. H. Beck'sche Verlagsbuchhandlung, München, 1992.

MAUGERI, Marco, "L'introduzione della scissione di società nell'ordinamento italiano: prime note sull'attuazione della VI direttiva CEE", in *GC*, Ano XVIII, 1991, I, p. 745.

MEILICKE, Wienand, "Unvereinbarkeit der Video-Rechtsprechung mit EG--Recht", in *DB*, 1992, Heft 37, p. 1867.

MENDES, João de Castro, *Teoria Geral do Direito Civil*, volume I, reimpressão da edição de 1978, AAFDL, Lisboa, 1997.

MENESINI, Vittorio, Sulla società per azioni prima dell'iscrizione", in *Studi in memoria di Domenico Petiti*, II, Dott. A. Giuffrè Editore, Milano, 1973, p. 873.

MERCADAL, Barthélémy/JANIN, Philippe, *Sociétés Commerciales*, Mémento pratique Francis Lefebvre, Éditions Francis Lefebvre, Levallois, 1999.

MERLE, Philippe, *Droit commercial. Sociétés commerciales*, 6ª edição, Dalloz, Paris, 1998.

MERTENS, Hans-Joachim, "Zweiter Abschnitt. Rechtsverhältnisse der Gesellschaft und der Gesellschafter. Anhang § 13. Durchgriff", in MAX HACHENBURG, *Gesetz betreffend die Gesellschaften mit beschränkter Haftung (GmbHG) – Grokommentar*, herausgegeben von Peter Ulmer, Erster Band, 8ª edição, Walter de Gruyter, Berlin/New York, 1992, p. 572.

– "Dritter Abschnitt. Vertretung und Geschäftsführung", in MAX HACHENBURG, *Gesetz betreffend die Gesellschaften mit beschränkter Haftung (GmbHG) – Grokommentar*, herausgegeben von Peter Ulmer, Zweiter Band, 8ª edição, Walter de Gruyter, Berlin/New York, 1997, p. 1.

MESSINEO, Francesco, *Manuale di diritto civile e commerciale*, Dott. A. Giuffrè – Editore, Milano, 1947.
– "Sulla pubblicità e sull'irregolarità delle società commerciali", in *Studi di diritto delle società*, Dott. A. Giuffrè – Editore, Milano, 1949.

MEYER-CORDING, Ulrich, "Der Kritiker der Einmann-GmbH – ein Rufer in der Wüste?", in *JZ*, 1978, p. 10.

MEYER-LANDRUT, Joachim, "Erster Abschnitt. Errichtung der Gesellschaft", in JOACHIM MEYER-LANDRUT/F. GEORG MILLER/RUDOLF J. NIEHUS, *Gesetz betreffend die Gesellschaften mit beschränkter Haftung (GmbHG)*, Walter de Gruyter, Berlin/New York, 1987, p. 1.
– "Rechnungslesung", in JOACHIM MEYER-LANDRUT/F. GEORG MILLER/ /RUDOLF J. NIEHUS, *Gesetz betreffend die Gesellschaften mit beschränkter Haftung (GmbHG)*, Walter de Gruyter, Berlin/New York, 1987, p. 1364.

MICHEL, Hubert, "Présentation de la nouvelle legislation au regard du droit des sociétés », in *La société d'une personne a responsabilité limitée*, Academia.Edition et Diffusion, Bruxelles, 1987, p. 7.

MIGNOLI, Ariberto, "L'interesse sociale", in *RS*, Ano III, 1958, p. 725.

MILLER, F. Georg, "Dritter Abschnitt. Vertretung und Geschäftsführung", in JOACHIM MEYER-LANDRUT/F. GEORG MILLER/RUDOLF J. NIEHUS, *Gesetz betreffend die Gesellschaften mit beschränkter Haftung (GmbHG)*, Walter de Gruyter, Berlin/New York, 1987, p. 380.

MINERVINI, Gustavo, *Gli amministratori di società per azioni*, Dott. A. Giuffrè – Editore, Milano, 1956.
– "Deliberazione assunta da tutti i soci in conflitto di interessi con la società?", in *Giur. It.*, volume CXII, 1960, p. 585.

MIRANDA, Jorge, *Manual de Direito Constitucional – Direitos fundamentais*, tomo IV, 2ª edição revista e actualizada, Coimbra Editora, Coimbra, 1993.

MONTAGNANI, Caterina, *Responsabilità limitata ed assunzione di responsabilità personale nel diritto delle società*, CEDAM, Padova, 1988.

MONTEIRO, António Pinto, *Cláusulas limitativas e de exclusão de responsabilidade civil*, Separata do volume XXVIII do Suplemento da Faculdade de Direito da Universidade de Coimbra, Coimbra, 1985.
– "Contratos de adesão: o regime jurídico das cláusulas contratuais gerais instituído pelo Decreto-Lei nº 446/85, de 25 de Outubro", in *ROA*, Ano 46, 1986, p. 733.
– "Contrato de agência (Anteprojecto)", in *BMJ*, nº 360, 1986, p. 43.
– *Cláusula penal e indemnização*, Livraria Almedina, Coimbra, 1990.

MONTEIRO, Jorge Ferreira Sinde, *Responsabilidade por conselhos, recomendações ou informações*, Livraria Almedina, Coimbra, 1989.

MORANO, Alberto, "Prime osservazioni in tema di scissione", in *Società*, Ano X, 1991, n° 10, p. 1305.

MORELLO, Umberto, *Frode alla legge*, Dott. A. Giuffré Editore, Milano, 1969.
– "Le società unipersonali (L'esperienza italiana)", in *Riv. Not.*, Ano XLIV, 1990, I, p. 45.
– "Negozio in frode alla legge", in *EG*, volume XX, 1990.

MOSCO, Gian Domenico, "La dodicesima direttiva CEE sulle società unipersonali a responsabilità limitata", in *GP*, Ano XVIII, 1991, p. 30.

MOSSA, Lorenzo, "Responsabilità dell'único socio di un'anonima", in *RDComm.*, volume XXIX, 1931, II, p. 315.
– *Diritto Commerciale*, I, Società Editrice Libraria, Milano, 1937.
– *Trattato del Nuovo Diritto Commerciale. III. Società a responsabilità limitata*, CEDAM, Padova, 1953.
– "La società per azioni in una mano", in *Studi in onore di Antonio Ambrosini*, Dott. A. Giuffrè Editore, Milano, 1957, p. 741.
– "Diritto comparato e società a responsabilità limitata del codice civile", in *Atti del Primo Convegno Nazionale di Studi Giuridico-Comparativo*, s/d, p. 411.

MÜLLER-FREIENFELS, Wolfram, "Zur Lehre vom sogenannten «Durchgriff» bei juristischen Person im Privatrecht", in *AcP*, 1957, p. 522.

NATOLI, Carmelo, "Azionista unico ed azionista sovrano", in *Monit. Trib.*, serie VII, 1958, volume III, p. 77.

NAZZICONE, Loredana, *Le società unipersonali*, in Teoria e Pratica del Diritto, Sezione II: Commerciale, 14, 8°, pag. X-208, Giuffrè Editore, Milano, 1993.

NEVES, António Castanheira, *Introdução ao Estudo do Direito*, edição policopiada, Coimbra, 1971-2.
– *O instituto dos «assentos» e a função jurídica dos Supremos Tribunais*, Coimbra Editora, Coimbra, 1983.
– *Metodologia Jurídica. Problemas fundamentais*, Studia Juridica 1, Coimbra Editora, Coimbra, 1993.
– *Digesta. Escritos acerca do Direito, do Pensamento Jurídico, da sua Metodologia e Outros*, volume 2°, Coimbra Editora, Coimbra, 1995.

NICCOLINI, Giuseppe, *Il capitale sociale minimo*, Quaderni di Giurisprudenza Commerciale, 36, Dott. A. Giuffrè Editore, Milano, 1981.
– "Società sottocapitalizzata e responsabilità degli amministratori: una sentenza francese", in *GC*, Ano XIII, 1986, II, p. 652.

NIGRO, Alessandro, "Le società per azioni nelle procedure concursuali", in *Trattato delle società per azioni*, diretto da G. E. Colombo e G. B. Portale, volume 9, t. II, UTET, Torino, 1993, p. 207.

NUNES, António Joaquim Avelãs, *O direito de exclusão de sócios nas sociedades de capitais*, Dissertação apresentada para a licenciatura em Ciências Jurídicas na Faculdade de Direito de Coimbra, Coimbra, 1967.

OLAVO, Carlos, "Impugnação das deliberações sociais", in *CJ*, Ano XIII, 1988, tomo III, p. 20.

OLIVEIRA, J. Lamartine Corrêa de, *A Dupla Crise da Pessoa Jurídica*, Edição Saraiva, São Paulo, 1979.

OLIVEIRA, Fernando, "Sociedades Unipessoais", in *ROA*, Anos 14°, 15° e 16°, 1954/55/56, p. 133.

OLIVENCIA RUIZ, Manuel, "La confusión de patrimónios y el artículo 285 del Código de Comercio", in *Estudios de Derecho Mercantil en homenaje a Rodrigo Uría*, Editorial Civitas, Madrid, 1978, p. 497.

OLIVIERI, Gustavo, *I conferimenti in natura nella società per azioni*, CEDAM, Padova, 1989.

OPPO, Giorgio, "Forma e pubblicità nelle società di capitali", in *RDC*, Ano XII, 1966, I, p. 109.
– "L'impresa come fattispecie", in *RDC*, Ano XXVIII, 1982, I, p. 109.
– "Il decreto di attuazione in Italia. Rilievi sistematici", in *RDC*, Ano XXXII, 1986, I, p. 565.
– "Fusione e scissione delle società secondo il D. Leg. 1991 n. 22: profili generali", in *RDC*, Ano XXXVII, 1991, II, p. 501.
– "Contratti parasociali", in *Diritto delle Società. Scritti giuridici. II*, CEDAM, Padova, 1992, p. 1.
– "Società, contratto, responsabilità (a proposito della nuova società a responsabilità limitata)", in *RDC*, Ano XXXIX, 1993, II, p. 183.

ORTSCHEIDT, Pierre, "La société unipersonnelle (11e Journées Juridiques Franco-Latino-Américaines)", in *RIDC*, 1990, p. 378.

PAILUSSEAU, Jean, *La société anonyme. Technique d'organization de l'entreprise*, Librairie Sirey, Paris, 1967.
– "Les fondements du droit moderne des sociétés", in *Sem. Jur.*, Général, 1984, p. 3148.
– "L'E.U.R.L. ou des intérêts pratiques et des conséquences théoriques de la société unipersonnelle", in *Sem. Jur.*, Général, 1986, p. 3242.

– "La modernisation du droit des sociétés commerciales", in *RD*, 1996, p. 287.
– "La nouvelle société par actions simplifiée. Le big-bang du droit des sociétés!", in *RD*, 1999, p. 333.

PAYNE, Jennifer, "Lifting the corporate veil: a reassessment of the fraud exception", in *Camb. LJ*, 1997, p. 284.

PALÁ BERDEJO, Francisco, "La Junta General con assistencia de un solo socio", in *RDM*, 1964, p. 253.

PANUCCIO, Vincenzo, "Relazione di sintesi", in *La società a responsabilità limitata con unico socio*, Seminario di Studio, Messina, 8 maggio 1993, Dott. A. Giuffrè Editore, Milano, 1994, p. 59.

PATRICELLI, Daniela, "A proposito di amministratore di fatto", in *Giust. Civ.*, Ano XXXIV, 1984, I, p. 3108.

PELLIZZI, Giovanni Luigi, "Sui poteri indisponibili della maggioranza assembleare", in *RDC*, Ano XIII, 1967, I, p. 113.
– "Responsabilità del socio unico come garanzia del credito concesso alla società", in *Le garanzie reali e personali nei contratti bancari,* a cura del Banco di Sardegna, Centro Internazionale di Studi Giuridici, Dott. A. Giuffrè Editore, Milano, 1976, p. 181.
– "Unico azionista e controllo totalitario indiretto", in *GC*, Ano VIII, 1981, II, p. 615.
– "La società persona giuridica: dove è realtà e dove è vuota formula (esperienze delle banche)", in *RDC*, Ano XXVII, 1981, I, p. 481.
– "Soggettività giuridica", in *Saggi di Diritto Commerciale*, Dott. A. Giuffrè Editore, Milano, 1988, p. 61.

PENNINGTON, Robert R., *Company Law*, Butterworths, London, 1985.

PERALTA, Ana Maria, "Sociedades Unipessoais", in *Novas Perspectivas do Direito Comercial*, Livraria Almedina, Coimbra, 1988, p. 249.

PEREIRA, João Aveiro, *O contrato de suprimento*, Coimbra Editora, Coimbra, 1997.

PÉREZ DE LA CRUZ BLANCO, Antonio, *La reducción del capital en sociedades anónimas y de responsabilidad limitada*, Publicaciones del Real Colegio de España en Bolonia, Madrid (?), 1973.

PÉREZ DE LA CRUZ, Antonio, "La sociedad de responsabilidad limitada", in *Derecho Mercantil*, coordinación de Guillermo J. Jiménez Sánchez, 5ª edição, Editorial Ariel, Barcelona, 1999, p. 374.
– "Órganos sociales; modificación de estrtuctura; cuentas anuales", in *Derecho Mercantil*, coordinación de Guillermo J. Jiménez Sánchez, 5ª edição, Editorial Ariel, Barcelona, 1999, p. 400.

PÉREZ FONTANA, Sagunto F., "Responsabilità limitata del commerciante", in *RDComm.*, volume LVIII, 1960, I, p. 325.

PESCATORE, Salvatore, "Il rappresentante comune degli obbligazionisti", in *RDComm.*, volume LXVI, 1968, I, p. 107.

PESTALOZZA, Filippo, "Società anonima con un solo azionista", in *RDComm.*, volume XXIV, 1926, I, p. 466.
 – "La simulazione nella anonima", in *RDComm.*, volume XXVIII, 1930, II, p. 120.
 – "Responsabilità dell'unico socio di un'anonima", in *RDComm.*, volume XXX, 1932, I, p. 363.

PETRAZZINI, Barbara, "S.r.l. Unipersonale come holding?", in *Giur. It.*, Ano 148°, 1996, IV, p. 362.

PETTARIN, Guido Germano/PONTI, Luca, "Fallibilità del socio di società di capitali e s.r.l. unipersonale", in *Nuova Giur. Civ. Comm.*, Ano XI, 1995, I, p. 711.

PINTO, Carlos Alberto da Mota, *Cessão da posição contratual*, reimpressão da edição de 1970, Livraria Almedina, Coimbra, 1982.
 – *Teoria Geral do Direito Civil*, 3ª edição, Coimbra Editora, Coimbra, 1985.

PINTO, Maria da Glória Ferreira, "Princípio da igualdade – fórmula vazia ou fórmula «carregada» de sentido?", in *BMJ*, n° 358, 1986, p. 19.

PIRAS, Antonio, "Aspetti e problemi della *«Strohmanngründung»* nel dirito tedesco", in *Studi in memoria di Giovan Battista Funaioli*, Dott. A. Giuffrè Editore, Milano, 1961, p. 167.
 – *Il problema delle società unipersonali*, Giuffrè Editore, Milano, 1964.
 – "Gruppi e società unipersonali", in *RS*, Ano 38°, 1993, p. 588.

PIRET, M. R., "La limitation de la responsabilité dans les entreprises commerciales et les moyens de parer à ses dangers. Rapport général", in *Tass.HC*, 1957, tomo IX, p. 49.

PISAPIA, Vittorio, "Recepita la direttiva sulla società a responsabilità limitata con un unico socio. Il commento", in *Corr. Giur.*, Ano X, Julho 1993, p. 655.

PLANCK, Marina, "Kleine AG als Rechtsform-Alternative zur GmbH", in *GmbHR*, 1994, p. 501.

PLANTIN, Sybille, "Transformer une société anonyme en société par actions simplifiée: motifs et procédure", *Sem. Jur.*, Entreprise et Affaires,1999, n° 48, p. 1906.

POLO, Antonio, "Reflexiones sobre la reforma del ordenamiento jurídico mercantil", in *Estudios de Derecho Mercantil en homenaje a Rodrigo Uría*, Editorial Civitas, Madrid, 1978, p. 547.

PORTALE, Giuseppe, "Principio consensualistico e conferimento di beni in proprietà", in *RS*, Ano XV, 1970, p. 913.
— "Tra sottocapitalizzazione «nominale» e sottocapitalizzazione «materiale» nelle società di capitali", in *BBT*, Ano XLIX,1986, I, p. 201.
— "Capitale sociale e società per azioni sottocapitalizzata", in *RS*, Ano 36°, 1991, p. 3.
— "Conferimenti in natura ed effettività del capitale nella «società per azioni in formazione», in *RS*, Ano 39°, 1994, p. 1.
— "La mancata attuazione del conferimento in natura nelle società per azioni", in *Studi in onore di Pietro Rescigno*, IV — Diritto Privato, 3. Impresa, società e lavoro, Milano, Dott. A. Giuffrè Editore, Milano, 1998, p. 461.

PORZIO, Mario, "Sulla disciplina della società di persone con un solo socio", in *RS*, Ano X, 1965, p. 286.
— "La rubrica dell'art. 2247 del codice civile", in *GC*, Ano XXI, 1994, I, p. 1000.

PRENTICE, D. D., "Groups of companies: the english experience", in *Groups of Companies in European Laws. Legal and Economic Analyses on Multinational Enterprises*, volume II, edited by Klaus J. Hopt, Walter de Gruyter, Berlin-New York, 1982, p. 99.

PRIESTER, Hans-Joachim/MAYER, Dieter, *Münchener Handbuch des Gesellschaftsrechts. 3. Gesellschat mit beschränkter Haftung*, C.H. Bech'sche Verlagsbuchhandlung, München, 1996.

PUGLIATI, Salvatore, *La trascrizione. La pubblicità in generale*, in *Trattato di Diritto Civile e Commerciale*, diretto da Antonio Cicu e Antonio Messineo, volume XIV — I, t. 1, Dott. A. Giuffrè Editore, Milano, 1957.
— "Il rapporto giuridico unisoggettivo", in *Studi in onore di Antonio Cicu*, volume II, Dott. A. Giuffrè Editore, Milano, 1951, p. 155.

PUGLIESE, Antonio, "Riflessioni sul negozio in frode alla legge", in *RDComm.*, Ano LXXXVIII, 1990, I, p. 161.

RACUGNO, Gabriele, "La iscrizione della società per azioni nel registro delle imprese e le conseguenze della mancata iscrizione", in *Dir. Giur.*, volume XXIV, 1968, p. 678.
— "La riforma della società a responsabilità limitata in Belgio", in *RS*, Ano 30°, 1985, p. 1408.

RAGAZZINI, Luigi, "Sulla responsabilità del socio unico quale amministratore, legitimo o «di fatto», di società unipersonale", in *Riv. Not.*, Ano XLVIII, 1994, I, p. 939.

RAGUSA, Vittorio E., "Note preliminari ad una ricerca sulle *Anstalten* del Liechtenstein", in *Dir. Fall.*, Volume LXVII, 1992, I, p. 11.

RAISER, Thomas, "Die neuen Gründungs– und Kapitalerhöhungsvorshriften für die GmbH", *Das neue GmbH-Recht in der Diskussion*, Verlag Dr. Otto Schmidt, Köln, 1981, p. 21.

RAMOS, Maria Elisabete, *Responsabilidade civil dos administradores e directores de sociedades anónimas perante os credores sociais*, Dissertação de Mestrado, Faculdade de Direito da Universidade de Coimbra, Coimbra, 1995.
 – "Constituição das sociedades comerciais", in *Estudos de Direito das Sociedades*, sob a coordenação de J. M. Coutinho de Abreu, 4ª edição, Coimbra, 2001, p. 31.

RANDOUX, Dominique, "Une société très spécifique: l'E.U.R.L.", in *Sem. Jur.*, Notarile, 1985, I, p. 355.
 – "Une forme sociale ordinaire: la société par actions simplifiée (SAS)", in *Sem. Jur.*, Entreprise et Affaires, 1999, nº 46, p. 1812.

RAVÀ, Tito, "Esame comparato di alcune questioni fondamentali in materia di società per azioni", in *RDComm*, Ano 50º, 1952, I, p. 294.

REDENTI, Enrico, "Le società «fasulle»", in *RTDPC*, Ano XIV, 1960, p. 561.
 – *Diritto Processuale Civile. 2. Il processo ordinario di cognizione: il procedimento di primo grado, il sistema delle impugnazioni*, 3ª edição, Giuffrè Editore, Milano, 1985.

REHBINDER, Eckard, "Treuepflichten im GmbH-Konzern", in *ZGR*, 1976, p. 386.
 – "Zehn Jahre Rechtsprechung zum Durchgriff im Gesellschaftsrecht", in *Festschrift für Robert Fischer*, Walter de Gruyter, Berlin-New York, 1979, p. 579.

REINHARD, Yves, *Droit des Sociétés*, Editions Liaisons, Paris, 1993.
 – "Sociétés et autres groupements. Sociétés par actions. Société par actions simplifiée", in *RTDC*, 47º Ano, 1994, nº 2, p. 300.
 – "Sociétés et autres groupements. Sociétés par actions. La nouvelle société par actions simplifiée est arrivée", in *RTDC*, 52º Ano, 1999, nº 4, p. 898.

REINHARDT, Rudolf, "Considerazioni sul problema dell'identità dinanzi alla società in una mano", in *Nuova Riv. Dir. Comm.*, volume nono, 1956, I, p. 259.

RESCIGNO, Matteo, "I gruppi di società nel diritto italiano", in *Jus*, Ano XXXVI, 1989, p. 155.

RESCIGNO, Pietro, "La persona giuridica «unico azionista» (note attorno all'art. 2362 C.C.)", in *BBT*, Ano XXXIV, 1971, I, p. 479.
 – "Le società intermedie", in *Persona e comunità. Saggi di diritto privato*, CEDAM, Padova, 1987, p. 29.
 – "Personalità giuridica e gruppi organizzati", in *Persona e comunità. Saggi di diritto privato*, volume II, CEDAM, Padova, 1988, p. 103.

– "Enti di fatto e persona giuridica", in *Persona e comunità. Saggi di diritto privato*, volume II, CEDAM, Padova, 1988, p. 119.

REVIGLIONO, Paolo, "Osservazioni sulla responsabilità *ex* articolo 2331 c.c.", in *GC*, Ano XVIII, 1991, II, p. 42.

Revista de Legislação e Jurisprudência, *Resposta a uma consulta*, 59º Ano, 1986--7, p. 25.

Revista dos Tribunais, *Anotação ao Acórdão do Supremo Tribunal de Justiça de 7 de Janeiro de 1944*, Ano 62º, 1944, p. 104.

RIBEIRO, Joaquim de Sousa, "Constitucionalização do direito civil", in *BFD*, volume LXXIV, 1998, p. 729.
  – *O problema do contrato. As cláusulas contratuais gerais e o princípio da liberdade contratual*, Livraria Almedina, Coimbra, 1999.

RICCI, Fabio, "Nozione di «socio unico» ed eccezionalità della disciplina: ragioni di una riaffermazione", in *RDComm.*, Ano XCVI, 1998, II, p. 144.

RIPERT, Georges/ROBLOT, René, *Traité de Droit Commercial*, par Michel Germain e Louis Vogel, Tomo I, 17ª edição, L.G.D.J., Paris, 1998.

RITTNER, Fritz, *Die werdende juristiche Person*, J.C.B. Mohr (Paul Siebeck), Tübingen, 1973.

RITTNER, Fritz/SCHMIDT-LEITHOFF, Christian, "Erster Abschnitt. Errightung der Gesellschaft", in HEINZ ROWEDDER/HANS FUHRMANN/FRITZ RITTNER [*et all.*], *GmbHG – Gesetz betreffend die Gesellschaften mit beschränkter Haftung*, 3ª edição, Verlag Franz Vahlen, 1997, p. 125.

RIVERO ALEMÁN, Santiago, "La sociedad unipersonal como respuesta de la Lei 2/1995, de 23 de Marzo, a la responsabilidad limitada", in *AC*, 1996, nos 13/25, p. 307.

RIVOLTA, Gian Carlo M., "Sulla società a responsabilità limitata: precedenti storici ed orientamenti interpretativi", in *RDC*, Ano XXVI, 1980, I, p. 477.
  – *La società a responsabilità limitata*, in Trattato di Diritto Civile e Commerciale, volume XXX, t. 1, già diretto da Antonio Cicu/Francesco Messineo, continuato da Luigi Mengoni, Dott. A. Giuffrè Editore, Milano, 1982.
  – "Gli atti d'impresa", in *RDC*, Ano XL, 1994, I, p. 107.
  – "Società a responsabilità limitata", in *Enciclopedia Giuridica Trecanni*, volume XXIX, 1997.

ROCA FERNÁNDEZ-CASTANYS, Juan Antonio, "Reflexiones en torno a la sociedad unipersonal", in *RDM*, 1991, p. 437.

RODHE, Knut, "Groups in Scandinavian Company Law", in *Groups of Companies in European Laws. Legal and Economic Analyses on Multinational Enterprises*, volume II, edited by Klaus J. Hopt, Walter de Gruyter, Berlin-New York, 1982, p. 142.

RODRÍGUEZ DEL BARCO, José, "Sociedades y empresas mercantiles unipersonales", in *RGD*, Ano XXII, 1966, p. 786.

ROMANO-PAVONI, Giuseppe, *Le deliberazioni delle assemblee delle società*, Dott. A. Giuffrè Editore, Milano, 1951.

ROMEO, Marco/SBERTOLI, Davide, "Problemi attuali in tema di srl con socio unico", *Archiv. Civ.*, 1995, p. 485.

RONDINONE, Nicola, *I gruppi di imprese fra diritto comune e diritto speciale*, Dott. A. Giuffrè Editore, Milano, 1999.

ROPPO, Enzo, "Contratto", in *Digesto delle Discipline Privatistiche. Sezione Civile*, IV, UTET, Torino, 1989.

RORDORF, Renato, "Socio unico di società di capitali", in *Società*, Ano XIII, 1994, n° 4, p. 593.

– "Fallimento del socio unico di società a responsabilità limitata unipersonale. Il commento", in *Società*, Ano XV, 1996, n° 5, p. 552.

ROSAPEPE, Roberto, *La società a responsabilità limitata unipersonale*, Quaderni di Giurisprudenza Commerciale, 174, Casa Editrice Giuffrè, Milano, 1996.

ROSSI, Antonio, "S.r.l. unipersonale e «tramonto dello scopo lucrativo»", in *GC*, Ano XXIV, 1997, I, p. 115.

ROSSI, Guido, "Impresa pubblica e riforma delle società per azioni", in *RS*, Ano XVI, 1971, p. 292.

ROUAST-BERTIER, Pascale, "Société fictive et simulation", in *Rev. Soc.*, Ano 111°, 1993, p. 725.

ROTONDI, Mario, "Per la limitazione della responsabilità mediante fondazione di un ente autonomo (proposta di un progetto de legge comune europea)", in *Études de Droit Commercial en l'honneur de Paul Carry*, Mémoires publiés par la Faculté de Droit de Genève, n° 18, Librairie de l'Université Georg & Cie S.A., Genève, 1964, p. 51 (depois reproduzido em *Studi di Diritto Comparato e Teoria Generale*, CEDAM, Padova, Casa Editrice Dott. Antonio Milani, 1972, p. 617).

– "La limitation de la responsabilité dans l'entreprise individuelle", in *RTDC*, volume XXI, 1968, p. 1.

ROWEDDER, Heinz, "Zweiter Abschnitt. Rechtsverhältnisse der Gesellschaft und der Gesellschafter", in HEINZ ROWEDDER/HANS FUHRMANN/FRITZ RITTNER [*et all.*],*GmbHG – Gesetz betreffend die Gesellschaften mit beschränkter Haftung*, 3ª edição, Verlag Franz Vahlen, München, 1997, p. 299.

Rubio, Jesus, *Curso de derecho de sociedades anonimas*, 3ª edição, Editorial de Derecho Financiero, Madrid, 1974.

Russo, Giacomo, "Sulla simulazione nelle società commerciali", in *Giur. It.*, volume LXXXIII, 1931, parte IV, p. 99.

Sá Carneiro, José Gualberto de, "Cláusulas de conservação e sociedades unipessoais", in *RT*, ano 65, 1947, nº 1547, p. 162; nº 1548, p. 178; nº 1549, p. 194; nº 1550, p. 210; nº 1551, p. 226; nº 1552, p. 242; nº 1553, p. 258; nº 1554, p. 274.

Salandra, Vittorio, "Le società fittizie", in *RDComm.*, volume XXX, 1932, I, p. 290.
– "Società commerciali", in *Nuovo Digesto Italiano*, volume XII, I, Unione Tipografico – Editrice Torinese, Torino, 1940, p. 430.

Salvato, Luigi, "La società unipersonale a responsabilità limitata: osservazioni sulla tutela dei terzi e dei creditori", in *Riv. dir. imp.*, 1994, p. 401.

Sánchez Alvarez, Manuel, *La fundación de la sociedad anónima*, McGraw-Hill, Madrid, 1996.

Sánchez Calero, Fernando, "Derecho de das sociedades de responsabilidad limitada y el derecho de la sociedad anónima. Una valoración de la reforma", in *Tratando de la sociedad limitada*, Fundación Cultural del Notariado, Madrid, 1997, p. 1253.
– *Instituciones de Derecho Mercantil. I. Introducción, Empresa y Sociedades*, 21ª edição, McGraw-Hill, Madrid, 1998.

Sánchez-Crespo Casanova, Antonio J., "Las sociedades unipersonales", in *BICAM*, 1996, nº 3, p. 7.

Sánchez Ruz, Helidoro, "La sociedad de un solo socio", in *RGD*, Ano LI, 1994, p. 12911.

Sánchez-Téran Hernández, Miguel Angel/Fernández López, Victoria, "Sociedade unipersonal de responsabilidade limitada", in Oscar Alzaga Villaamil/Santiago Rodrigues-Miranda Gómez, *Comentarios a la Ley 2/1995 de sociedades de Responsabilidad Limitda*, Editoriales de Derecho Reunidas, Madrid, 1995.

Sannino, Domenico Maria, "La società a responsabilità limitata con un unico socio", in *Vita Not.*, Ano XLVI, 1994, III, p. CLXV.

Santa Maria, Luigi, "Società e simulazione, società e comunione di godimento", in *RTDPC*, Ano XLIX, 1995, p. 205.

Santini, Gerardo, "Tramonto dello scopo lucrativo nelle società di capitali", in *RDC*, Ano XIX, 1973, I, p. 151.

— *Della società a responsabilità limitata*, in Commentario del Codice Civile Scialoja-Branca, a cura di Francesco Galgano, Libro quinto — Del Lavoro, 4ª edição, Zanichelli Editore/Soc. Ed. del Foro Italiano, Roma/ /Bologna,1992.

SANTONASTASO, Felice, "Limitazione della responsabilità e impresa individuale a responsabilità limitata (Riflessioni sull'Anstalt del Liechtenstein)", in *RDComm.*, Ano LXVII, 1969, I, p. 320.

SANTORO-PASSARELLI, F., *Teoria Geral do Direito Civil*, tradução de Manuel de Alarcão, Atlântida Editora, Coimbra, 1967.

SANTOS LOURENÇO, *Das Sociedades por Cotas. Comentário á lei de 11 de Abril de 1901*, Artigos 26.º a 65.º, II volume, Livraria Morais, Lisboa, 1926.

SARALE, Marcella, "La trasformazione della società con unico socio e i limiti dell'ordinamento", in *GC*, Ano XXIV, 1997, II, p. 793.

SAVATIER, René, *Métamorphoses économiques et sociales du droit privé d'aujourd'hui*, Troisième série, Librairie Dalloz, Paris, 1959.

SAYAG, Alain, "De nouvelles structures pour l'enterprise", in *Sem. Jur.*, Général, 1985, p. 3217.

SAYAG, Alain/JAUFFRET-SPINOSI, Camille, *L'entreprise personnelle. 1. Expériences européennes*, Étude du Centre de Recherche sur le Droit des Affaires, Paris (?), 1978.

SCALERA, Italo, "Lo scheletro nell' armadio", in *Dir. Fall.*, volume LVI, 1982, II, p. 146.

SCALFI, Gianguido, "I c. d. rapporti interni nella società con un solo socio e la sucessione dell'unico azionista", in *RDComm.*, Ano XLVIII, 1950, II, p. 56.

SCHANZE, Erich, *Einmanngesellschaft und Durchgriffshaftung als Konzeptionalisierungsprobleme gesellschaftsrechtlicher Zurechnung*, Alfred Metzner Verlag, Frankfurt, 1975.

SCHEFFLER, Eberhard, "Der qualifizierte faktische Konzern", in *AG*, 1990, p. 173.

SCHERMI, Aldo, "Riflessioni sulla società a responsabilità limitata con unico socio", in *Giust. Civ.*, Ano XLV, 1995, II, p. 127.

SCHILLING, Wolfgang, "Die Einmanngesellschaft und das Einzelunternehmen GmbH", in *JZ*, 1953, p. 161.
— "Zweiter Abschnitt. Rechtsverhältnisse der Gesellschaft und der Gesellschafter. Anhang zu § 13", in MAX HACHENBURG, *Kommentar zum Gesetz betreffend die Gesellschaften mit beschränkter Haftung*, Erster Band (§§ 1-34), 6ª edição, Walter de Gruyter, Berlin, 1956, p. 339.
— "Grundlagen eines GmbH-Konzernrechts", in *Festschrift für Wolfgang Hefermehl zum 70. Geberstag am 18. September 1976. Strukturen und*

Entwicklungen im Handels –, Gesellschafts– und Wirtschaftsrecht, C.H.Beck'sche Verlagsbuchhandlung, München, 1976, p. 383.

SCHLESINGER, Piero, "La legge sulla privatizzazione degli enti pubblici economici", in *RS*, Ano 37°, 1992, p. 126.

SCHMIDT, Karsten, "Grundzüge der GmbH-Novelle", in *NJW*, 1980, Heft 33, p. 1769.
– "Einmanngründung und Einmann-Vorgesellschaft", in *ZHR*, 145, 1981, p. 540.
– "Die Vor-GmbH als Unternehmerin und als Komplementärin", in *NWJ*, 1981, p. 1345.
– "Zum Haftungsdurchgriff wegen Sphärenvermischung und zur Haftungsverfassung im GmbH-Konzern", in *BB*, 1985, Heft 32, p. 2074.
– "Zur Rechtslage der gescheiterten Einmann-Vor-GmbH", in *GmbHR*, 1988, p. 89.
– "Unterbilanzhaftung-Vorbelastungshaftung-Gesellschafterhaftung", in *ZHR*, 146, 1992, p. 93.
– *Gesellschaftsrecht*, 3ª edição, Carl Heymanns Verlag, Köln. Berlin. Bonn. München, 1997.

SCHMIDT, Olaf, "Una struttura piú flessible per l'accesso ai mercati di capitali: la piccola s.p.a.", in *Società*, Ano XIV, 1995, n° 4, p. 580.

SCHMITTHOFF, Clive M., "How the English discovered the private company", in *Quo Vadis, Ius Societatum? Liber amicorum Pieter Sanders*, Kluwer-Deventer / Martinus Nijhoff – 's-Gravenhage, 1972, p. 183.
– *Palmer's Company Law. I. The treatise*, in collaboration with Maurice Kay and Geoffrey K. Morse, 22ª edição, Stevens and Sons – W. Green & Son, London-Edinburgh, 1976.

SCHOLZ, Franz, *Kommentar zum GmbH-Gesetz*, 4ª edição, Verlag Dr. Otto Schmidt, Köln-Marienburg, 1960.

SCHRÖDER, Albert, *Die Einmann-Vorgesellschaft*, Nomos Verlagsgesellschaft, Baden-Baden, 1984.

SCOGNAMIGLIO, Giuliana, "La responsabilità della società capogruppo: problemi ed orientamenti", in *RDC*, Ano XXXIV, 1988, I, p. 365.
– "La disciplina della s.r.l. unipersonale: profili ricostruttivi", in *GC*, Ano XXI, 1994, I, p. 237.

SERLOOTEN, Patrick, "L'entreprise unipersonnelle à responsabilitè limitée", in *RD*, Chronique – XXXIII, 29ᵉ Cahier, 1985, p. 187.
– *Entreprise unipersonnelle à responsabilité limitée*, GLN Joly Editions, Paris, 1994.

SERENS, Manuel Nogueira, *Notas sobre a sociedade anónima*, 2ª edição, Studia Iuridica 14, Coimbra Editora, Coimbra, 1997.

SERICK, Rolf, *Apariencia y realidad en las sociedades mercantiles. El abuso de derecho por medio de la persona jurídica*, tradução de *Rechtsform und Realität juristischer Personen*, 1955, a cargo de Jose Puig Brutau, com prólogo de Antonio Polo Diez, Ediciones Ariel, Barcelona, 1958.

SERRA, Catarina, "As *novas* sociedades unipessoais por quotas", in *SI*, Tomo XLVI, 1997, nº 265/267, p. 115.
 – *Falências derivadas e âmbito subjectivo da falência*, Studia Juridica 37, Coimbra Editora, Coimbra, 1999.

SERRA, Adriano Vaz, "Abuso do direito (em matéria de responsabilidade civil)", in *BMJ*, nº 85, 1959, p. 243.
 – "Assembleia Geral", in *BMJ*, nº 197, 1970, p. 23.

SIBERT, Pietro, "La pseudo società anonima con un solo azionista", in *Dir. Prat. Comm.*, Ano XII, 1933, p. 125.

SIEBEL, Ulf R., "Die «gefährliche» Einmanngesellschaft", in *JZ*, 1953, p. 724.
 – "La società di capitali con unico socio nel diritto tedesco e inglese", in *RDComm.*, Ano LII, 1954, I, p. 90.

SIEBERT, Wolfgang, "Einmann-GmbH und Strohmann-Gründung", in *BB*, 1954, p. 417.

SIMONETTO, Ernesto, "Idoneitá alla garanzia del capitale sociale", in *RDComm.*, Ano LV, 1957, I, p. 197.
 – "La nuova stesura dell'art. 2332 e la società di capitali irregolare", in *RDC*, Ano XX, 1974, II, p. 337.
 – "Riforme necessarie: la società unipersonale a responsabilità limitata", in *Dir. Fall.*, volume LVI, 1981, I, p. 110.
 – "La società unipersonale a responsabilità limitata nel processo di integrazione comunitaria e nelle prospettive del 1993", in *Vita Not.*, Ano XLIII, 1991, I, p. 848.

SIRACUSA, Vincenzo, "La responsabilità prevista dall'art. 2362 cod. civ. riferita a società collegate", in *Dir. Fall.*, volume LVIII, 1983, II, p. 432.

SOLÁ CAÑIZARES, Felipe de, "L'entreprise individuelle à responsabilité limitée", in *RTDC*, 1º Ano, 1948, p. 36.
 – "Las formas juridicas de las empresas. La empresa individual limitada, el contrato de sociedade y la institución por acciones", in *RDM*, 1952, p. 293.
 – "La limitation de la responsabilité dans les entreprises commerciales et les moyens de parer à ses dangers. Rapport sur le droit espagnol", in *TAss.HC*, 1957, tomo IX, p. 113.

SOPRANO, Enrico, "L'azionista unico nel libro del lavoro del nuovo codice civile", in *Dir. Fall.*, volume XIX, 1942, I, p. 17.

SORTAIS, Jean-Pierre, "La société unipersonnelle", in *Melanges en l'honneur de Daniel Bastian. I. Droit des Sociétés*, Librairies Techniques, Paris, 1974, p. 325.

SOTO BISQUERT, Antonio, "La sociedad unipersonal", in *RDN*, Ano XXXIV, 1986, p. 261.

SOTO VÁZQUES, Rodolfo, *Tratato práctico de la sociedad de responsabilidad limitada*, Editorial Comares, Granada, 1996.

SOUSA, Marcelo Rebelo de, "A transposição das directivas comunitárias na ordem jurídica portuguesa", in *O Direito Comunitário e a construção europeia*, Studia Juridica 38 (*Colloquia 1*), Coimbra Editora, Coimbra, 1999, p. 65.

SOUSA, Rabindranath Capelo de, *Teoria Geral do Direito Civil*, volume I, edição policopiada e em publicação, Coimbra, 1998.

SOUTO, Adolpho de Azevedo, *Lei das Sociedades por Quotas. Anotada*, 7ª edição (1ª edição – 1913), revista e actualizada por Manuel Baptista Dias da Fonseca, Coimbra Editora, Coimbra, 1973.

SOVERAL MARTINS, Alexandre, *Os poderes de representação dos administradores de sociedades anónimas*, Studia Iuridica 34, Coimbra Editora, Coimbra, 1998.
 – "Código das Sociedades Comerciais – alterações introduzidas pelo Decreto-Lei nº 257/96, de 31 de Dezembro", in *RJUM*, Ano I, 1998, nº 1, p. 305.

SOVERAL MARTINS, Alexandre/RAMOS, Maria Elisabete, "As participações sociais", in *Estudos de Direito das* Sociedades, sob a coordenação de Coutinho de Abreu, 4ª edição, Livraria Almedina, Coimbra, 2001, p. 91.

SPADA, Paolo, *La tipicità delle società*, CEDAM, Padova, 1974.
 – "La Monte titoli s.pa. tra legge ed autonomia statutaria", in *RDC*, Ano XXXIII, 1987, II, p. 549.
 – "L'amministrazione della societá per azioni tra interesse sociale ed interesse di grupo", in *RDC*, Ano XXXV, 1989, I, p. 233.
 – "Della permeabilità differenziata della personalità giuridica nell'ultima giurisprudenza commerciale", in *GC*, Ano XIX, 1992, I, p. 429.

SPETH, Frédéric, "La limitation de la responsabilité commerciale individuelle", in *RIDC*, 1957, p. 27.

SPOLIDORO, Marco Saverio, "La costituzione unipersonale della società a responsabilità limitata in Germania", in *RS*, Ano 33º, 1988, p. 837.
 – "La società a responsabilità limitata (le ragioni di una scelta)", in *Foro Pad.*, 1991, p. 21.

– "Il tipo s.r.l.: ragioni di una scelta", in *Riv. Not.*, Ano XLVI, 1992, I, p. 1.
– "Riflessioni sulla s.r.l. unipersonale con unico socio ilimitatamente responsabile per le obligazioni sociali", in *GC*, Ano XX, 1993, I, p. 647.
– "La legge sulla s.r.l. unipersonale", in *RS*, Ano 38°, 1993, p. 97.

SRAFFA, Angelo, "L'esistenza formale di una società con un solo azionista", in *RDComm.*, volume XXVII, 1929, II, p. 154.

STIMPEL, Walter, "Haftung im qualifizierten faktischen GmbH-Konzern", in *ZGR*, 1991, p. 144.

SUÁREZ SÁNCHEZ-VENTURA, José-Maria, "Las sociedades de un solo socio: ficción o realidad", in *RJC*, Ano LXXXVI, núm. 3, 1987, p. 161.

SUPERVIELLE, M. Bernardo, "La limitation de la responsabilité dans les entreprises commerciales et les moyens de parer à ses dangers. Rapport sur le droit argentin et uruguayen", in *TAss.HC*, 1957, tomo IX, p. 86.

TASSINARI, Federico, "La società a responsabilità limitata con un unico socio", in *GC*, Ano XXI, 1994, I, p. 707.

TAVARES, José, *Sociedades e Empresas Comerciais*, Coimbra Editora, Coimbra, 1924.

TELLES, Inocêncio Galvão, "Venda a descendentes e o problema da superação da personalidade jurídica das sociedades", in *ROA*, ano 39, 1979, volume III, p. 513.
– *Introdução ao Estudo do Direito*, volume I, 7ª tiragem, AAFDL, Lisboa, 1995.

TEUBNER, Gunther, "Unternehmensinteresse – das gesellschaftliche Interesse des Unternehmens "an sich"?", in *ZHR*, 149, 1985, p. 470.

THEOBALD, Wolfgang, *Vor-GmbH und Gründerhaftung*, Carl Heymanns Verlag, Köln-Berlin-Bonn-München, 1984.

TOMMASINI, Raffaele, "Relazione introdutiva", in *La società a responsabilità limitata con unico socio*, Seminario di Studio, Messina, 8 maggio 1993, Dott. A. Giuffrè Editore, Milano, 1994, p. 1.

TONDO, Salvatore, "Atti in nome di società di capitali non ancora iscritte", in *RDComm.*, Ano XCII, 1994, p. 1.

TONELLO, Matteo, "La dottrina del piercing the viel nell'american corporate law", in *CI*, 1998, p. 165.
– *L'abuso della responsabilità limitata nelle società di capitali*, CEDAM, Padova, 1999.

TRIMARCHI, Vincenzo Michele, "Negozio fiduciario", in *ED*, volume XXVIII, 1978, p. 32.

TROJANI, Pier Luca, "*De iure condendo*: la società unipersonale in margine ad una proposta di direttiva comunitaria", in *Vita Not.*, Ano XL, 1988, p. 1343.

TRONTI, Marco, "La *Einmann-GmbH* nella giurisprudenza tedesca", in *RS*, Ano 38º, 1993, p. 1425.

ULMER, Peter, "Gesellschafterdarlehen und unterkapitalisierung bei GmbH und GmbH & CO KG", in *Festchrift für Konrad Duden zum 70. Geburstag*, C.H.Beck'sche Verlagsbuchhandlung, München, 1977, p. 661.
 – "Die Einmanngründung der GmbH – ein Danaergeschenk?", in *BB*, 1980, Heft 20, p. 1001.
 – "Gläubigerschutz im «qualifizierten» faktischen GmbH-Konzern", in *NJW*, 1986, Heft 25, p. 1579.
 – "Fehlerhafte Unternehmensvertäge im GmbH-Recht", in *BB*, 1989, Heft 1, p. 10.
 – "Allgemeine Einleitung. Die GmbH im deutschen Recht", in MAX HACHENBURG, *Gesetz betreffend die Gesellschaften mit beschränkter Haftung (GmbHG) – Grokommentar*, herausgegeben von Peter Ulmer, Erster Band, 8ª edição, Walter de Gruyter, Berlin/New York, 1992, p. 1.
 – "Erster Abschnitt. Errichtung der Gesellschaft", in MAX HACHENBURG, *Gesetz betreffend die Gesellschaften mit beschränkter Haftung (GmbHG) – Großkommentar*, Erster Band, 8ª edição, Walter de Gruyter, Berlin/New York, 1992, p. 111.
 – "Zweiter Abschnitt. Rechtsverhältnissse der Gesellschaft und der Gesellschafter. Anhang nach § 30. Gesellschaterhaftung bei Unterkapitalisierung", in MAX HACHENBURG, *Gesetz betreffend die Gesellschaften mit beschränkter Haftung (GmbHG) – Großkommentar*, Erster Band, 8ª edição, Walter de Gruyter, Berlin/New York, 1992, p. 1062.
 – "Fünfer Abschnitt. Auflösung und Nichtigkeit der Gesellschaft. Anhang nach § 77. GmbH-Konzernrecht", in MAX HACHENBURG, *Gesetz betreffend die Gesellschaften mit beschränkter Haftung (GmbHG) – Großkommentar*, Dritter Band, 8ª edição, Walter de Gruyter, Berlin/New York, 1997, p. 586.

ULMER, Peter/IHRIG, Christoff, "Die Rechtsnatur der Einmann-Gründungsorganisation", in *GmbHR*, 1988, p. 373.

URÍA, Rodrigo, *Derecho Mercantil*, 23ª edição, Marcial Pons, Madrid, 1996.

URÍA, Rodrigo/MENÉNDEZ, Aurelio/IGLESIAS PRADA, Jaun Luis, "La sociedad unipersonal", in URÍA, Rodrigo/MENÉNDEZ, Aurelio, *Curso de Derecho Mercantil*, volume I, Editorial Civitas, 1999, p. 1223.

VANDEVELDE-WINANT, J., "La limitation de la responsabilité dans les entreprises commerciales et les moyens de parer à ses dangers. Rapport sur le droit belge", in *TAss.HC*, 1957, tomo IX, p. 77.

VARELA, João de Matos Antunes, *Das obrigações em geral*, volume I, 10ª edição, Livraria Almedina, Coimbra, 2000.

VARELA, J. M. Antunes/NORA, Sampaio/BEZERRA, J. Miguel, *Manual de processo civil*, 2ª edição, Coimbra Editora, Coimbra, 1985.

VAZ, Teresa Sapiro Anselmo, "A responsabilidade do accionista controlador", in *O Direito*, Ano 128º, 1996, III-IV, p. 329.

VENTURA, Raúl, *Compropriedade da quota*, Livraria Cruz, Braga, 1966.
– *Associação à quota*, Cadernos de Ciência e Técnica Fiscal, Centro de Estudos Fiscais da Direcção-Geral das Contribuições e Impostos, Ministério das Finanças, Lisboa, 1968.
– "Apontamentos para a Reforma das Sociedades por Quotas de Responsabilidade Limitada", in *BMJ*, nº 182, 1969, p. 25.
– *Assembleias gerais totalitárias*, Livraria Cruz, Braga, 1979.
– "Projecto de Código das Sociedades", in *BMJ*, nº 327, 1983, p. 43.
– "Adaptação do Direito Português à Segunda Directiva do Conselho da Comunidade Económica Europeia sobre o Direito das Sociedades", in *DDC*, nº 3, 1980, p. 5.
– *Sociedades por quotas. Comentário ao Código das Sociedades Comerciais*, volume I, 2ª edição, Livraria Almedina, Coimbra, 1989.
– "Cessão de quota a meeiro de sócio", in *CJ*, Ano XIV, tomo IV, 1989, p. 37.
– *Sociedades por quotas. Comentário ao Código das Sociedades Comerciais*, volume III, Livraria Almedina, Coimbra, 1991.
– *Dissolução e liquidação de sociedades. Comentário ao Código das Sociedades Comerciais*, Livraria Almedina, Coimbra, 1993.
– *Sociedades por quotas. Comentário ao Código das Sociedades Comerciais*, volume II, Livraria Almedina, Coimbra, 1996.
– *Fusão, cisão, transformação de sociedades. Comentário ao Código das Sociedades Comerciais*, reimpressão da 1ª edição de 1990, Livraria Almedina, Coimbra, 1999.

VENTURA, Raúl/CORREIA, Luís Brito, "Responsabilidade civil dos administradores de sociedades por quotas e dos gerentes de sociedades por quotas", in *BMJ*, nº 192, Janeiro.1970, p. 5, a nº 195, Abril.1970, p. 21.

VERRUCOLI, Piero, "Enti pubblici e impresa", in *Nuova Riv. Dir. Comm.*, volume IV, 1951, I, p. 79.
– *Il superamento della personalità giuridica delle società di capitali nella common law e nella civil law*, Dott. A. Giuffrè Editore, Milano, 1964.
– "La société d'une seule personne en droit italien", in *Annuario Dir. Comp.*, 1966, p. 124.

VIANDIER, Alain, "Libre circulation et mobilité des sociétés", in *Actes de la conférence sur le droit des sociétés et le marché unique*, Office des publications officielles des Communautés européennes, Luxembourg, 1998, p. 25.

VICENT CHULIÁ, Francisco, *Compendio Critico de Derecho Mercantil*, tomo I, volume 1º, Comerciantes-Sociedades-Derecho Industrial, 3ª edição, José M.ª Bosch, Barcelona, 1991.

VICENTE Y GELLA, Agustin, "La responsabilidad limitada en la empresa individual", in *RDM*, 1953, p. 153.

VILLANACI, Gerardo/CALAFIORE, Giovanni, "La società a responsabilità limitata unipersonale: fallibilità dell'único socio in estensione del fallimento della società", in *Dir. Fall.*, Ano LXXI, 1996, I, p. 410.

VISCOVI, Alessandra, "Trasformazione di società unipersonale", in *Società*, Ano IX, 1990, nº 8, p. 1025.

VISENTINI, Gustavo, *Argomenti di diritto commerciale*, Dott. A. Giuffrè Editore, Milano, 1997.

VIVANTE, Cesare, *Trattato di diritto commerciale. II. Le società commerciali*, Casa Editrice Dottor Francesco Vallardi, Milano, 1929.
 – "Contributo alla riforma delle società anonime", in *RDComm.*, volume XXXII, 1934, I, p.309.

VONNEMANN, Wolfgang, "Die Haftung im qualifizierten faktischen GmbH--Konzern", in *BB*, 1990, Heft 4, p. 217.

XAVIER, Rita Lobo, *Reflexões sobre a posição do cônjuge meeiro em sociedade por quotas*, Separata do volume XXXVIII do Suplemento ao Boletim da Faculdade de Direito da Universidade de Coimbra, Coimbra, 1993.

XAVIER, Vasco da Gama Lobo, *Invalidade e ineficácia das deliberações sociais no direito português, constituido e constituendo; confronto com o direito espanhol*, Separata do volume LXI do Boletim da Faculdade de Direito da Universidade de Coimbra, Coimbra, 1985.
 – "Relatório sobre o programa, os conteúdos e os métodos do ensino de uma disciplina de Direito Comercial", in *BFD*, volume LXII, 1986, p. 437.
 – "O regime das deliberações sociais no Projecto de Código das Sociedades", in *Temas de direito comercial*, Ciclo de Conferências no Conselho Distrital do Porto da Ordem dos Advogados, Livraria Almedina, Coimbra, 1986, p. 1.
 – *Sociedades comerciais. Lições aos alunos de Direito Comercial do 4º ano jurídico*, edição policopiada, Coimbra, 1987.
 – "Sociedade por quotas", in *Polis*, Enciclopédia Verbo da Sociedade e do Estado, volume 5, Editorial Verbo, Lisboa/São Paulo, 1987, p. 942.
 – *Anulação de deliberação social e deliberações conexas*, reimpressão da edição de 1976, Livraria Almedina, Coimbra, 1998.

WEIGMANN, Roberto, "Le società unipersonali: esperienze positive e prospettive di diritto uniforme", in *CI*, 1986, p. 831.
 – "Oltre l'unico azionista", in *GC*, Ano XIII, 1986, II, p. 538.

- "*Nota* a Cassazione Civile, 7 luglio 1989", in *GC*, Ano XVIII, 1991, II, p. 24.
- "Società per azioni", in *RTDPC*, Ano XLVI, 1992, p. 1431.
- "*Nota* a Tribunale Ferrara, 7 marzo 1994", in *Giur. It.*, Ano 147°, 1995, I, sez. II, p. 303.
- "Società di un solo socio", in *Digesto delle Discipline Privatistiche. Sezione Commerciale*, XIV, UTET, Torino, 1997, p. 209.

WESTERMANN, Harm Peter, "Haftungsdurchgriff auf deliktsrechtlicher Grundlage", in *AG*, 1985, p. 201.

WIEDEMANN, Herbert, "Die Bedeutung der ITT-Entscheidung", in *JZ*, 1976, p. 392.
- *Gesellschaftsrecht. Eine Lehrbuch des Unternehmens- und Verbandsrechts*, Band I – Grundlagen, C. H. Beck'sche Verlagsbuchhandlung, München, 1980.
- "The german experience with the Law of Affiliated Enterprises", in *Groups of Companies in European Laws. Legal and Economic Analyses on Multinational Enterprises*, volume II, edited by Klaus J. Hopt, Walter de Gruyter, Berlin-New York, 1982, p. 21.

WINTER, Georg, *Die Haftung der Gesellschafter im Konkours der unterkapitalisierten GmbH*, Athenäum Verlag, Oberusel/Taunus, 1973.

WITZ, Claude/HAUPTMANN, Jean-Marc, "La constitution de la S.A.R.L. unipersonnelle en droit allemand (loi du 4 juillet 1980)", in *Gazz. Palais*, 102° ano, 1982, p. 133.

WOOLDRIDGE, Frank, "The drafth twelfth directive on single-member companies", in *J. Bus. Law*, 1989, p. 86.

WYMEERSCH, Eddy, "L'introduction de la société unipersonelle en droit belge", in *RS*, Ano 33°, 1988, p. 836.

WÜRDINGER, Hans, "Die Einmann-Gesellschaft", in *Deutsche Landesreferate zum VII. Internationalen Kongreß für Rechtsvergleichung in Uppsala 1966*, Walter de Gruyter, Berlin, 1967, p. 340.

WÜST, Günther, "Wege des Gläubigerschutzes bei materieller Unterkapitalisierung einer GmbH", Teil I, in *DStR*, 1991, Heft 42, p. 1388.

ZAMPERETTI, Giorgio Maria, "Rilievi in tema di nuova disciplina della s.r.l. unipersonale e modificazione del regime di responsabilità d'impresa", in *GC*, Ano XXII, 1995, II, p. 407.
- *La società unipersonale a responsabilità limitata. Organizzazione interna e procedimenti decisionali*, Dott. A. Giuffrè Editore, Milano, 1996.

ZAMPERETTI, Giorgio Maria/BONOMELLI, Luca/CECCON, Lorenzo, "La società unipersonale a responsabilità limitata. Uno studio sulla prassi operativa", in *GC*, Ano XXIV, 1997, I, p. 98.

ZANARONE, Giuseppe, "La società a responsabilità limitata come «tipo» normativo", in *Trattato di Diritto Commerciale e di Diritto Pubblico dell'Economia*, diretto da Francesco Galgano, volume VIII, CEDAM, Padova, 1985, p. 19.
– "S.r.l. contro s.p.a. nella legislazione recente", in *GC*, Ano XXII, 1995, I, p. 391.
– "L'assemblea", in *Diritto Commerciale*, 3ª edição, Monduzzi Editore, Bologna, 1999, p. 230.
– "Le altre società di capitali. II. La società a responsabilità limitada", in *Diritto Commerciale*, 3ª edição, Monduzzi Editore, Bolonha, 1999, p. 369.

ZÉNATI, Frédéric, "Législation française et communitaire en matière de droit privé", in *RTDCiv.*, 84º Ano, 1985, p. 770.

ZIEGLER, Klaus, "Verlustausgleich und Haftungsdurchgriff beim qualifiziert faktischen GmbH-Konzern", in *WM*, 1989, p. 1041.

ZÖLLNER, Wolfgang, "Dritter Abschnitt. Vertretung und Geschäftsführung", in ADOLF BAUMBACH/ALFRED HUECK, *GmbH-Gesetz: Gesetz betreffend die Gesellschaften mit beschränkter Haftung*, 16ª edição, Verlag C.H. Beck, München, 1996, p. 421.

ZOPPINI, Andrea, *Le fondazioni. Dalla tipicità alle tipologie*, Jovene Editore, Napoli, 1995.
– "Circolazione e recezione di un modelo giurisprudenziale: la «società di capitali in formazione", in *GC*, Ano XXIII, 1996, I, p. 664.

ZORZI, Nadia, "Il superamento della personalità giuridica nella giurisprudenza di merito", in *CI*, 1994, p. 1062.

ÍNDICE DE MATÉRIAS*

Abuso de direito: n. 951 (723, ss)

— e desconsideração da personalidade jurídica: n. 176; 668; n. 866; n. 881; n. 939 (708); n. 951 (725)

— e direito do sócio à informação: 301-2

— e sociedades fictícias ou de favor: 444

Abusos da personalidade jurídica: 49-50; 216; 653-4; 726-7; n. 959

— e desconsideração da personalidade jurídica: 665, ss; n. 959; n. 955

— e extensão teleológica do art. 270º--F (nº 4): 688, ss

— e revisão crítica do conceito de pessoa jurídica: 654, ss

— e SQU: 641, ss; 649, ss; n. 912; 693-5; 696, ss

— — e fraude à lei: n. 950

— e SQU *em constituição*: 459-60

— e teoria do "empresário oculto": n. 846 (656, ss); n. 853

Acta das deliberações dos sócios: n. 703; n. 704; n. 707; n. 709; n. 711

Administrador de facto: n. 951 (718--20)

Assembleia geral: n. 675; n. 724; n. 725; n. 736

— método/procedimento da assembleia na SQU: 561, ss; 565-6; 579, ss

— e SQU: 549, ss; 556, ss; 579, ss

— — e estrutura orgânica da SQU: 555, ss; 591, ss;

— — e liberdade negocial-estatutária: n. 690 (559-60)

— e sociedade unipessoal no direito comparado: n. 678; 554 e ns.; n. 694

— universal: 557; 565; n. 739 (589)

---

* As matérias identificam-se pelos números das páginas (que incluem as suas notas de fundo de página; no entanto, a algumas destas notas, pela sua importância, faremos menção expressa) e pelos números das notas de fundo de página (por vezes acompanhadas pelos números das páginas respectivas, em parêntesis).

Note-se que o índice não é exaustivo, uma vez que apenas se referem os principais locais de desenvolvimento dos assuntos mais relevantes.

Associação em sentido estrito: n. 14 (41)

Aumento de capital social: n. 179 (211)

Amortização de quotas: n. 259 (271-2)

Aquisição de quotas próprias: n. 259 (275-6)

— e conceito de sócio único: 439, ss

Capital social: n. 33; n. 201 (234); n. 537; n. 545; 488, ss; 707 e n. 939; n. 951 (722)

Cessão de quota(s): n. 179 (211); n. 259 (270); 300-1

Cisão de sociedades

— e constituição unilateral de sociedades: n. 53 (91, ss)

Comunhão conjugal

— e conceito de sócio único: 431, ss

Conselho fiscal: n. 391 (379-80); n. 688;

— dever de prevenção, art. 270º-A, CSC: n. 178 (209-10)

— e legitimidade para arguir a anulabilidade de deliberações: 572

Contitularidade de participações sociais (quotas): n. 460

— e compropriedade: n. 471

— e conceito de sócio único: 427, ss

Contratualismo

— e interesse social: n. 765; n. 794

— natureza jurídica do negócio constitutivo de sociedades comerciais: n. 202 (236-7)

— e relação jurídica social: n. 325; n. 326

— — e sociedade unipessoal: 345 e n. 328

Décima Segunda (XII) Directiva: n. 8 (32-3); 34, ss ; n. 36 (62, ss)

— assembleia na sociedade unipessoal: 552, ss

— alternativa entre património separado e sociedade unipessoal (art. 7º): 220, ss

— e DL nº 257/96: 32, ss

— e limitações à constituição de SQU (art. 2º): n. 9 (34, ss); n. 265 (285-6; 292-3)

— e negócio entre sócio único e sociedade unipessoal: 680

— e Proposta de XII Directiva: n. 9 (34, ss); n. 195 (228-9); n. 286 (308-9)

— e sociedade por quotas (eleição do tipo quotista): n. 91 (136-7)

Decisões do sócio único: 547, ss; 555, ss

— e assembleia universal: n. 739 (589)

— e deliberações unânimes por escrito: n. 739 (588-9)

— método/procedimento (suavizado) da assembleia: 579, ss

— registo em acta (art. 270º-E, nº 2, CSC): 566, ss

— e representação: n. 735

Deliberações
— anulabilidade: 569, ss
— ineficácia: n. 712
— nulidade: 569, ss
— — e interesses de credores, sócios futuros e do tráfico em geral: 624-5; 630-2
— inexistência: 569
— unânimes por escrito: n. 690 (560-1); n. 739 (588-9)

Desconsideração da personalidade jurídica: 665, ss; 688; n. 951 (715-16); 727; n. 957
— e disciplina da SQU em grupos de sociedades: 532
— e sanção das sociedades fictícias ou de favor: n. 176 (206-8)

Dissolução de sociedades comerciais
— e unipessoalidade superveniente
— — e CSC: 251, ss
— — e direito comparado: n. 77; n. 165 (188, ss); n. 217 (248-9)
— — e direito comunitário: n. 77 (115); 249; ns. 220 e 221
— — e direito nacional antes do CSC: 238, ss, e ns.; 245, ss
— — e Projecto de CSC: 250-1
— e SQU (art. 270°-C, CSC): 284, ss

Divisão de quota: 398; n. 424

Entradas: n. 201 (233); n. 259 (273); n. 261 (279-80); n. 519; 488; n. 568 (490); 490; n. 571; n. 572

Estabelecimento individual de responsabilidade limitada (EIRL): 257-9; n. 249; n. 251 (263-4); n. 265 (284)
— e XII Directiva (art. 7°): n. 190; n. 191; n. 193; n. 249 (261-2)
— e SQU: 259, ss
— — e ponderação fiscal: n. 251 (264-5)

Empresário individual
— limitação da responsabilidade (contexto e justificação): 113, ss; 130, ss
— — expedientes técnicos de limitação: 127, ss; 163, ss
— — projectos legislativos (França): n. 127
— — tratamento doutrinal: n. 84; n. 93
— e XII Directiva (art. 7°): 220, ss
— e fundação: 179, ss
— e património autónomo não personificado: 169, ss; n. 160
— — e projecto das três massas patrimoniais (França): 175-6
— e património autónomo personificado: 176, ss
— — e *Anstalt* (Liechtenstein): n. 164 (185, ss)
— e sociedade unipessoal: 160-1; 165, ss; 181, ss; 203, ss; n. 200

Exclusão de sócio: n. 259 (272, ss)

Exoneração de sócio: n. 259 (272); 302

Fundação

— expediente técnico de limitação da responsabilidade do empresário individual: 179, ss

— regime jurídico: n. 156;

— e natureza jurídica da SQU: 361, ss

— aproximação de regime com a SQU: n. 372

Firma: n. 201 (233-4)

Gerência na sociedade por quotas: n. 744 (593); n. 746; n. 759

— e legitimidade para arguir a anulabilidade de deliberações: n. 714

— e limites ao poderes de administração e representação (em geral e na SQU); relações entre assembleia e gerência: 593, ss; n. 756; n. 757

— — e liberdade negocial-estatutária: n. 751

— — e responsabilidade civil dos gerentes: 597, ss

— e relação com o sócio (decisor) da SQU: 591, ss

— e suprimentos: n. 936

— e ratificação dos negócios societários pré-registais: 507, ss

— vinculação da sociedade por quotas: n. 759 (607-8)

Grupos de sociedades: n. 606; n. 609; 525, ss; n. 645

Impedimento de voto-decisão: n. 764; n. 776; n. 805; n. 806; n. 819; n. 822

— e disciplina da SQU: 626, ss; n. 888 (681-2)

— — em grupos de sociedades: 532

— e sociedades fictícias ou de favor: n. 949

Inexistência de sociedade comercial

— *em constituição* (antes do registo): 465, ss; 484

— unipessoalidade superveniente

— — direito comparado: n. 77 (119, ss)

— — direito nacional antes do CSC: n. 203 (238); n. 206; n. 208 (242-3)

Indivisibilidade do património da pessoa singular: n. 137; n. 138

— e sociedade unipessoal: n. 55 (96-7)

Interesse social: 613-14

— e dever de lealdade: 622

— e SQU: 621, ss

— e sociedade unipessoal: 614, ss

Invalidade do contrato de sociedade: n. 498 (448)

Institucionalismo

— e interesse social: n. 765; n. 794

— e natureza jurídica do negócio constitutivo de sociedades comerciais: n. 202

— e relação jurídica social: 338, ss, e suas ns.

— — e sociedade unipessoal: 346, ss

Interpretação do negócio de sociedade unipessoal: n. 395

Lucro(s): 395

— e conceito genérico de sociedade: 393, ss

— e sociedade unipessoal: 395, ss

Mistura de patrimónios: n. 827; n. 864; 686; 696, ss

Negócio em fraude à lei

— e contrato de sociedade fictícia ou de favor: n. 498 (447; 449-50)

— e responsabilidade ilimitada do sócio único: n. 950

Negócio consigo mesmo

— e sociedade unipessoal: n. 888

Negócio entre a SQU e o sócio único

— e art. 270º-F, CSC: 416; 633; 670, ss

— — e suprimentos: n. 937 (705-6)

— e impedimento de decisão do sócio, art. 251º, CSC: 625; 632-3; 635, ss

Património indisponível

— modelo de compreensão da sociedade comercial *em constituição*: 470, ss

Património separado: n. 55 (94, ss)

— expediente técnico de limitação da responsabilidade do empresário individual: 169, ss

— modelo de compreensão da sociedade comercial *em constituição*: 468, ss

Pessoa colectiva: n. 2

— corporação: n. 14 (40-1)

Penhor de participações sociais (quotas)

— e conceito de sócio único: 423, ss

Pré-sociedade (*Vorgesellschaft*): 472, ss; n. 550

— e sociedade *preliminar*: n. 558 (485-6)

— e teoria da identidade com a sociedade personificada: n. 559

Quórum

— constitutivo e — deliberativo: 556; 563, ss e ns.

Quota(s)

— designação da SQU: n. 27 (48-9)

— titularidade ou propriedade: n. 460

Responsabilidade

— dos administradores e gerentes: 531; 598, ss, e ns.; n. 951 (721-2); 726

— — e art. 64º, CSC: 531

— ilimitada do sócio único, art. 84º, CSC: 68, ss; 256-7; n. 442; 411, ss; n. 911; n. 923; n. 955

— — e sociedade unipessoal superveniente não declarada: 727, ss

— ilimitada do sócio único (formal ou material), art. 270°-F, CSC: n. 37 (73); 83; 298; 413-14; 444, ss; n. 498 (449, ss); 532; n. 911; 709, ss

— — e extensão telelógica a abusos da personalidade jurídica e da autonomia patrimonial da SQU: 688, ss; n. 951 (715 e 721); 730

— — e fraude à lei: n. 950

— — e disciplina da SQU em grupos de sociedades: 532

Revisor oficial de contas ou sociedade de revisores oficiais de contas (órgão de fiscalização): n. 391 (379); n. 668

— dever de prevenção do art. 262°-A, CSC: n. 178 (209-10)

— legitimidade para arguir a anulabilidade de deliberações: n. 714

Revogação

— negócio constitutivo da SQU: n. 372

Simulação do contrato de sociedade: n. 498 (445-6; 447-8; 449-50)

Sociedade anónima europeia: n. 173 (204)

Sociedade anónima unipessoal: 45; n. 30 (51); 61; 82-3 e n. 40; n. 442; 519, ss

— e aplicação do art. 6° da XII Directiva: n. 36

— na Alemanha (*kleine AktG*): n. 38 (76-7)

— em França (*société par action simplifiée*): n. 38 (77-8)

Sociedades de capitais: n. 18 (44); n. 201; n. 212

Sociedade comercial

— e autonomia privada-negocial: n. 321 (335, ss)

— e liberdade negocial-contratual: 334, ss

— e natureza jurídica do negócio constitutivo: n. 202

— e postulado da responsabilidade-gestão: 130, ss

— processo de constituição: n. 506

— — modelos de compreensão: 465, ss; n. 558

— — e respectiva disciplina (*maxime*, arts. 40° e 19°, CSC): 461; 464; 482, ss; n. 559 (486-7); 491-2; 492, ss; n. 596; n. 600

— — e "responsabilidade pela diferença" (*Differenzhaftung*): 474, ss; n. 568

— — — e negócios necessários e não necessários: 479, ss

— e relações de grupo: 42

Sociedade-*entidade* ou *organização*: n. 321; n. 329; 485-6

Sociedade fictícia ou de favor: 42-3; 51; n. 76; n. 78; n. 159; 726-7

— e responsabilidade do sócio *materialmente* único: n. 445; 444, ss; n. 498 (449, ss)

— — e aplicação do art. 270°-F (n° 4), CSC: n. 445 (410); 444, ss; 444, ss; 709 e ss

— e aplicação (analógica) do regime da SQU: 451, ss; n. 949

— e conceito de sócio único: 443

— tratamento na Alemanha: 188, ss

— e negócio indirecto: n. 498 (446)

— e negócio sem causa: n. 498 (446-7)

Sociedades gestoras de participações sociais: n. 30 (51-2); 61; n. 621

Sociedade irregular

— modelo de compreensão da sociedade comercial *em constituição*: n. 543; n. 558 (486)

Sociedade-*negócio* ou *acto*: n. 321

Sociedades de pessoas: n. 18 (44); n. 201;

Sociedade por quotas: 133; 392

— e adequação à empresa de pequena e média dimensão: n. 91

— estrutura organizatória: n. 744

— exercício da liberdade de fixação estatutária: n. 91 (135-6; 137-8); n. 201 (233, ss)

— e obrigações (valor mobiliário): n. 726

— e postulado da responsabilidade--gestão: n. 92; 216-17; n. 186

— sociedade de pessoas ou sociedade de capitais: n. 201; n. 212

— e sócios futuros: n. 794

— versatilidade na entrada de novos sócios: n. 180

Sociedade por quotas unipessoal (SQU)

— e art. 980º do CCiv./elementos genéricos do conceito de sociedade: 355; 392, ss; 399-400

— e cessão de quota(s): 299, ss

— comportamentos abusivos: 49-50; 643, ss; 647-8; 689-90

— e XII Directiva: n. 8 (32-3); n. 9; 61, ss, e suas ns.; n. 245; n. 265 (285-6); 307, ss; 327-8; 512, ss

— — e princípio da igualdade: n. 37 (68, ss)

— e direito do sócio à informação: 301-2

— e a disciplina dos grupos de sociedades: n. 614; n. 621; 524, ss

— — e direito comparado: 534, ss

— — e os limites à constituição de SQU, art. 270º-C, CSC: 517, ss

— e disciplina dos negócios celebrados entre os administradores e a sociedade anónima, art. 397º, CSC: n. 891

— e disciplina da relação entre sócio decisor e gerência: 606, ss

— *em constituição* (pré-personificada): 455, ss;

— — antes da escritura pública: 462

— — com e sem escritura pública/ /interpretação do art. 270º-A, nº 7, CSC: 462, ss

— — e natureza jurídica: n. 508; n. 593

— — remissão para a disciplina da

sociedade *em constituição*, arts. 40º e 19º, CSC: 496, ss

— e EIRL: 259, ss; n. 316; 690, ss

— firma: n. 27 (49); n. 38 (80-1); n. 91 (137); n. 282

— fluidez entre estádios subjectivos: 356-7; 397-8

— limites à constituição (art. 270º-C, CSC): 284, ss; 517, ss

— — e fraude à lei: 523-4

— méritos: 50-1; 102-3

— natureza jurídica: 359, ss

— normalização da unipessoalidade societária: 100-1; 328-9; 356;

— novo tipo social?: 45, ss; 357-8; 370, ss; 547

— nulidade das decisões do sócio por impedimento de decisão (art. 251º, CSC): 629, ss

— reconhecimento normativo: 32; 61

— e regime fiscal: n. 251; n. 252

— regime jurídico no CSC: 85, ss; 267, ss; 298, ss.

— regime jurídico no direito comparado

— — Alemanha: 310, ss

— — França: 314, ss

— — Itália: 318-19

— — Espanha: 319, ss

— — Bélgica, Luxemburgo, Reino Unido: n. 312

— — Macau: n. 283

— relações de grupo: n. 267

— e sociedade anónima: n. 38 (80-1); 82-3;

— e sociedade em comandita simples: n. 18; 441-2

— e sociedade em comandita por acções: n. 492

— subtipo do tipo quotista?: n. 27 (48)

— sujeitos-sócios: n. 264

— superveniente

— — e art. 270º-A, CSC: n. 179; n. 259 (270, ss)

— — e art. 270º-D, CSC: n. 259 (276-7)

— — não declarada: n. 259 (277); 727, ss

Sociedade unipessoal

— abuso de direito: n. 176 (207-8)

— acolhimento no direito comparado: n. 10

— autonomia patrimonial: n. 55 (96--7)

— de capitais exclusivamente públicos: n. 30 (52, ss)

— — e sector empresarial do Estado: n. 30 (57-9)

— de capitais maioritariamente públicos: n. 30 (52-3)

— combate às sociedades de pluralidade fictícia: 155, ss; 205-6; n. 181

— conformação legislativa e evolução económica e social: n. 134

— contradição: 25-7; 329

— e (crise do) princípio da contratualidade: 27-8; 53, ss; 91 e n. 53; n. 246; 331, ss; 378, ss

— direito comunitário: n. 10 (37-8)

— disciplina uniforme da sociedade de capitais unipessoal: 51-2; 59--60; n. 37 (65, ss); n. 40 (82-3); 86--7; 606

— elementos essenciais do conceito de sociedade: 40-1

— expediente técnico de limitação da responsabilidade do empresário individual (vantagens e desvantagens): 165, ss; 181, ss; 203, ss; n. 200

— experiência na Alemanha: n. 1 (26); n. 5 (29, ss); n. 168; n. 169

— fenómeno normalizado: 82; 95, ss

— homogeneidade *funcional* com a sociedade gerada por contrato: 374, ss

— — e aplicação das normas pertinentes: 381, ss

— natureza jurídica: 108-9

— — da SQU: 359, ss

— e negócio unilateral: 354; n. 339

— reconhecimento normativo: n. 30

— — crítica à transposição da XII Directiva (art. 6º): 61, ss ; n. 36; n. 37

— regime jurídico na Zona Franca da Madeira, DL nº 212/94: n. 30 (52); 303-4; 520; 533

— regra da responsabilidade limitada: n. 4

— relações de grupo: 42 e n. 16; 148-9 e n. 102; 511, ss

— e responsabilidade ilimitada do sócio único

— — em geral: n. 50 (87, ss)

— — prevista no art. 84º, CSC: 82-3 e n. 42; 98-9

— e responsabilidade do sócio com a administração, art. 83º, CSC: n. 39; 531

— — e disciplina da SQU em grupos de sociedades: n. 642

— — e administrador de facto: n. 951 (719)

— restrição de crédito: 150, ss; n. 181 (213-14)

— ruptura com valores jurídicos tradicionais: n. 5; 87, ss

— e sociedade em comandita: n. 18

— tratamento no direito nacional (até à introdução da SQU): 233, ss

— valor *organizativo* do negócio constitutivo de sociedade: 387, ss

Sociedade unipessoal originária

— tratamento no direito comparado: n. 10; n. 164 (183)

— tratamento no direito comunitário: n. 173

— reconhecimento no direito nacional: n. 30

Sociedade unipessoal superveniente: 43; n. 159

— e responsabilidade ilimitada do sócio único

— — no direito nacional: 244 e n. 211; 727, ss

— — no direito comparado: n. 5 (30); n. 77 (116); n. 164 (183); n. 165 (192-3; 194-5)

— tratamento no direito nacional: 233, ss

— tratamento legislativo e jurisprudencial no direito comparado: n. 38 (78, ss); n. 77; n. 164 (183-4); n. 165 (185, ss);

Sócio único

— conceito no regime da SQU: 401- -2; 403, ss

— conflito de interesses com a sociedade unipessoal: 613, ss

— e controlo societário indirecto: n. 444 (408); 418

— e domínio/soberania *substancial* de sociedade plural fictícia ou de favor: 405, ss, e ns.; 417-18

— e interposição fictícia e real de sócios: n. 444 (406, ss)

— e propriedade da quota: 420-1

— responsabilidade extranegocial por factos ilícitos e abusivos da personalidade jurídica: n. 951

Subcapitalização: 700, ss; n. 951 (720)

Subjectividade jurídica: n. 562

— sociedade *em constituição* (pré-personificada): 484, ss

Suprimentos: n. 896; 701, ss, e suas ns.

Transformação: n. 261 (277-8)

— adopção de um outro tipo social: n. 261 (280, ss)

— do EIRL em SQU: 284 e n. 262

— da sociedade plural em SQU: n. 179; 277, ss, e ns.; 415

— da SQU em sociedade plural: n. 179; 377; 398; 416

Transmissão da quota: n. 259 (270- -1); 299, ss

Unificação de quotas: n. 27 (49)

Usufruto sobre participações sociais (quotas)

— e conceito de sócio único: 423, ss

ÍNDICE GERAL

APRESENTAÇÃO 7
SIGLAS DE REVISTAS E PUBLICAÇÕES PERIÓDICAS 11
ABREVIATURAS 17

INTRODUÇÃO

1. Considerações preliminares 25
2. Razão de ordem 105

CAPÍTULO I

O PROBLEMA DA UNIPESSOALIDADE SOCIETÁRIA NAS SUAS VERTENTES ECONÓMICA E JURÍDICA E O SEU TRATAMENTO LEGISLATIVO

3. O contexto de emergência da limitação da responsabilidade do empresário individual 113
4. Os instrumentos técnico-jurídicos aptos a garantir a responsabilidade limitada do comerciante singular 163
   4.1. *A sociedade unipessoal como última opção no painel de instrumentos destinados a concretizar o instituto* 165
   4.2. *A rendição ao expediente societário protagonizada pela Décima Segunda Directiva.* 220

5. A experiência jurídica portuguesa até 1997 233
6. As *especialidades* do actual quadro normativo português 267
7. Referência comparatística da unipessoalidade em sede de sociedades de responsabilidade limitada 307
   7.1. *O quadro jurídico alemão* 310
   7.2. *O quadro jurídico francês* 314
   7.3. *O quadro jurídico italiano* 318
   7.4. *O quadro jurídico espanhol* 319

CAPÍTULO II

ALGUMAS *PERPLEXIDADES* COLOCADAS PELA CONSAGRAÇÃO LEGISLATIVA DA SOCIEDADE POR QUOTAS UNIPESSOAL

8. Esclarecimento prévio 327

9. A *fundação* da sociedade unipessoal: a crise do paradigma contratualista e o ajustamento do conceito genérico de sociedade (com uma alusão sucinta pelo meio sobre a *natureza jurídica* da sociedade por quotas unipessoal) 331
   9.1. *O carácter societário da unipessoalidade quotista* 332
   9.2. *Os reflexos da homogeneidade* funcional *entre a sociedade gerada por contrato e a sociedade unipessoal* 374

10. A precisão de um conceito legal: a "titularidade da totalidade do capital social" 401
    10.1. *O conceito formal e unitário de sócio único* 403
    10.2. *O usufruto, o penhor, a contitularidade e a comunhão conjugal* 420
    10.3. *A opção pela unipessoalidade* material *na aquisição de quotas próprias e no recurso à sociedade em comandita simples* 439
    10.4. *O tratamento das sociedades de pluralidade fictícia* 443

11. A disciplina da sociedade por quotas unipessoal *em constituição* 455
    11.1. *Os modelos de compreensão da sociedade antes do registo* .. 465

11.2. *O modelo adoptado: a configuração da sociedade pré-per-sonificada como entidade dotada de* subjectividade jurídica.. 482

11.3. *A operatividade da remissão para os arts. 40º e 19º* 496

12. Breves notas sobre a utilização da sociedade por quotas unipes-soal no âmbito dos grupos de sociedades 511

CAPÍTULO III

O ÓRGÃO ASSEMBLEIA NA SOCIEDADE POR QUOTAS UNIPESSOAL E AS DECISÕES DO SÓCIO ÚNICO

13. A assembleia da sociedade por quotas unipessoal como centro de atribuição de competências 547

14. O possível funcionamento (suavizado) do procedimento da assem-bleia 579

15. A delicada relação entre o sócio decisor e o órgão gerência na organização interna da sociedade por quotas unipessoal 591

16. O conflito de interesses entre o sócio único e a sociedade por quotas unipessoal e a interpretação do art. 251º como *impedimento de decisão* 613

CAPÍTULO IV

A RESPONSABILIDADE DO SÓCIO ÚNICO POR FACTOS ABUSIVOS DA PERSONALIDADE JURÍDICA E DA AUTONOMIA PATRIMONIAL DA SOCIEDADE POR QUOTAS UNIPESSOAL

17. A consagração da unipessoalidade em sede de sociedades por quotas e os perigos daí decorrentes, em detrimento da garantia patrimonial dos credores sociais: a postura metodológica 641

18. A instrumentalização da personalidade jurídica da sociedade por quotas unipessoal pelo sócio único e a possível ampliação da responsabilidade patrimonial do sócio único em *sede societária* 649

19. As soluções de referência destinadas a promover o combate do abuso da personalidade jurídica: a revisão crítica do conceito de pessoa jurídica e a desconsideração da personalidade jurídica. A ilimitação da responsabilidade do sócio como resultado comum. . 653

20. O art. 270°- F do CSC como uma válvula de segurança exoneratória do benefício da responsabilidade limitada e princípio geral de sanção de abusos 677
    20.1. *A regulação do negócio concluído entre a sociedade por quotas unipessoal e o sócio único: o art. 270-F como hipótese legal de desconsideração da personalidade jurídica* ... 678
    20.2. *A extensão teleológica do art. 270°-F (n° 4): justificação e casos típicos de responsabilidade ilimitada do sócio único* 688
    20.3. *O alargamento da ilimitação da responsabilidade do sócio único às sociedades* materialmente *unipessoais* 709
    20.4. *A circunscrição do art. 84° às hipóteses de unipessoalidade superveniente* não declarada 727

BIBLIOGRAFIA 733

ÍNDICE DE MATÉRIAS 785

ÍNDICE GERAL 795